Politische Vierteljahresschrift Sonderheft 22/1991

Deutsche Vereinigung für Politische Wissenschaft

Staat und Stadt

Systematische, vergleichende und problemorientierte Analysen „dezentraler" Politik

Herausgegeben von Bernhard Blanke
unter Mitarbeit von Susanne Benzler

Westdeutscher Verlag

Der Westdeutsche Verlag ist ein Unternehmen der Verlagsgruppe Bertelsmann International.

ITS Text und Satz GmbH, Herford
Druck und buchbinderische Verarbeitung: Lengericher Handelsdruckerei, Lengerich
Gedruckt auf säurefreiem Papier
Printed in Germany

ISSN 0032-3470

ISBN 3-531-12277-0

Inhaltsverzeichnis

II. Länderstudien im Vergleich

III. Ausgewählte Problembereiche

Horizonte der Lokalen Politikforschung
Einleitung

Bernhard Blanke/Susanne Benzler

„Think global, act local!"

*Politikwissenschaftliche Fragestellungen**

So leicht in der öffentlichen Diskussion die Formulierung vom „*Staat,* d.h. Bund, Länder und Gemeinden" über die Lippen kommt, so schwer fällt es, die Beziehungen zwischen zentralen, regionalen und lokalen Gebietskörperschaften für die wissenschaftliche Analyse als eine *politische* Einheit zu definieren, die mehr und anderes meint als nur den staats- und verwaltungsrechtlichen Begriff. Begibt sich die Forschung bottom up in die Details dieser intergouvernementalen Netzwerke, scheint der *Gegenstand* seine Konturen zu verlieren, wenn die Bahnen der *Kommunalpolitik* verlassen werden. In der Politikwissenschaft haben sich in den vergangenen Jahrzehnten in diesem Kontext die Begriffe *Stadtpolitik* und *Lokale Politik* eingebürgert[1].

„Kommunalpolitik" orientiert sich an der Idee der gemeindlichen Selbstverwaltung, nimmt also als Gegenstandsdefinition für Deutschland das historisch gewachsene und in Art. 28 Abs. 2 GG verfassungsrechtlich garantierte Recht der Gemeinden zum Ausgangspunkt, „alle Angelegenheiten der örtlichen Gemeinschaft im Rahmen der Gesetze in eigener Verantwortung zu regeln". Die Kommunen als „Träger einer räumlich begrenzten politischen Verwaltung ... sind örtliche Ausprägungen der politischen Gesellschaft, dezentrale Träger politischer Aufgaben und Schauplätze lokalpolitischen Handelns" (Naßmacher 1983).

Mit dem Begriff „Stadtpolitik" wurde seit Anfang der 80er Jahre die gebietskörperschaftliche und territoriale Komponente des politischen Systems einerseits prononciert unter dem Blickwinkel ihrer Funktionserfüllung in sektoralen Politikbereichen (wie

---

* Wir danken allen Autoren für die vielfältigen Anregungen, die auf einen ersten „call for ideas" zur Konzeption des Bandes eintrafen. Auch während der langen Produktionszeit war die Zusammenarbeit ausgezeichnet und hat (partiell) eine aus finanziellen und zeitlichen Gründen nicht mögliche gemeinsame Tagung ersetzt. Der Band wurde konzeptionell Ende Oktober 1991 abgeschlossen, wodurch noch Ergebnisse des 18. Wissenschaftlichen Kongresses der DVPW in Hannover zum Thema „Staat und Demokratie in Europa" eingearbeitet werden konnten. Es war insofern ein glücklicher Umstand, daß der Herausgeber gleichzeitig auch diesen Kongreß vor Ort organisieren durfte.
Karl-Heinz Stange hat die mühevolle Arbeit übernommen, die Druckfahnen zu korrigieren.
Für den ersten und dritten Teil der Einführung ist im wesentlichen Bernhard Blanke verantwortlich, für den zweiten Susanne Benzler.

Sozial- und Arbeitsmarktpolitik, Strukturpolitik etc.) – vor allem durch die großen Städte – analysiert, andererseits ihre immer stärkere Einpassung in ein „System staatlicher, hierarchisch organisierter Arbeitsteilung" zum wesentlichen Gegenstand der Forschung gemacht. Das normative Ausgangsmodell der Kommunalpolitik – so wurde formuliert – erweise sich als „mit der sozioökonomischen und politischen Entwicklung in der Bundesrepublik ... kaum mehr vereinbar" (Hesse 1982: 432).
Läßt sich für „Stadtpolitik" noch ein relativ genauer Rahmen angeben, so könnte für „Lokale Politik" jenes Vorurteil zutreffen, welches Mitte der 80er Jahre gegen die Policy-Forschung erhoben wurde: bei ihr zerfasere das Fach, und die disziplinäre Identität gehe verloren; die Politikwissenschaft wildere in den Bereichen anderer – paradigmatisch gefestigter – Disziplinen und maße sich eine Fachkompetenz an, die sie nicht besitze; dadurch gingen ihr *zentrale Fragen* „nach Macht, Herrschaft und Interessen und auch ... nach der Legitimität" verloren (Hartwich 1985: 5).
Zweifelsohne treffen manche dieser kritischen Einwände Schwachstellen der *Lokalen Politikforschung*, die Mitte der 70er Jahre – nach einem Diktum von Grauhan – bewußt „aus dem Ghetto des kommunalpolitischen Systems" (Grauhan 1975: 12; Hellstern 1984) ausgebrochen war und in vielfältigen Veränderungen ihrer Konzepte und Themen (vgl. Wollmann 1991) einen Prozeß der Ausweitung ebenso wie der Binnendifferenzierung vorgenommen hatte. Hesse konnte vor einem Jahrzehnt in einer konzeptionellen Zusammenfassung sowohl konstatieren, daß „stadtpolitische Untersuchungen zu einem der produktivsten und komplexesten Zweige der westdeutschen Politikwissenschaft" geworden seien (vgl. z.B. Hesse/Wollmann 1983), als auch den zu hohen Ausdifferenzierungsgrad sowohl in thematischer wie auch in analytischer Hinsicht sowie die Gefährdung des gesellschaftstheoretischen Bezuges der politik- und verwaltungswissenschaftlichen Forschung in diesem Feld beklagen (Hesse 1982: 442).
Die Lokale Politikforschung war und ist auf der Suche nach einem Platz als „Kernbereich" der Fachwissenschaft von der Politik[2]; insoweit sie sich mit „Politik in einem physisch-ortsgebundenen und sozialraumbezogenen Interaktionssystem" (Heinelt/Wollmann 1991: 10) beschäftigt und dabei sämtliche Strukturen, Prozesse und Politikinhalte thematisiert, die auf der „lokalen Ebene" anzutreffen sind, bewegt sie sich auf einem Feld, in dem Soziologen, Regionalökonomen, Geographen, Juristen, Architekten u.a. schon lange ihre Claims in dem weiten Bereich der „Kommunalwissenschaften" (Hesse 1989) abgesteckt hatten, bevor die Politikwissenschaft es als Forschungsgebiet ebenso entdeckte wie als Professionalisierungschance.
Aber was ist daran zu kritisieren? Geht der Blick über die Landesgrenzen hinweg z.B. nach Großbritannien, so finden wir nahezu an *jeder* Universität im Bereich der Politischen Wissenschaft im weitesten Sinne ein Local Government Institute oder eine Urban Politics Group oder eine Urban Studies Research Unity oder ähnliches. Auch hier ist dieser Bereich ein contested terrain, ein umkämpftes Gebiet, wo im freien Wettbewerb, der natürlich in England eher seine Heimat hat, um Themen, Konzepte und Forschungsgelder gerungen wird. Die Politikwissenschaft im engeren Sinne hat dort ihren Platz offenbar mit einer Perspektive gefunden, die sich nur im Englischen so überzeugend ausdrücken läßt: The Politics of Local Government (Stoker 1988).
Dieser Begriff signalisiert eine Konzentration bei der Analyse der lokalen Politik auf

Fragestellungen, die hierzulande neuerdings wieder verstärkt mit *Regierungslehre* oder *Regierungsforschung* (Hartwich/Wewer 1990ff.) gemeint werden, wobei überraschenderweise in diesem Diskurs die lokale Ebene kaum thematisiert wird. Dies soll mit dem Sonderheft nachgeholt werden. Und es soll in diesem Band auch ganz bewußt die *Breite* der Themen und Problemstellungen dargeboten werden, ohne Angst vor Grenzüberschreitungen, vielmehr deutlich im interdisziplinären Dialog.

Denn es scheint unvermeidlich, daß sich im Felde der lokalen Politik, deren Bedeutung bei der *Implementation* fast der gesamten Staatstätigkeit gewachsen ist und wachsen wird (Benz 1984), alle Fachwissenschaften tummeln. Ein Versuch, sich als Politologen dort einen exklusiven Platz zurechtzuschneidern, müßte unweigerlich mit Komplexitätsverlust bezahlt werden. Ein solcher Versuch würde auch zu Einbußen bei der Professionalisierung des Faches führen, weil beispielsweise im Bereich der kommunalen und regionalen Verwaltung nach wie vor das „Juristenmonopol" vorherrscht und eine Engführung der politikwissenschaftlichen Kompetenz gerade jene Chance für Politikwissenschaftler mindern würde, die darin besteht, daß sie sich – bei adäquater Ausbildung – als die „Querdenker" profilieren können, die – angesichts der in Stadt und Land beklagten „Politiksegmentierung" und „Verwaltungsfragmentierung" (Kaufmann 1979) – überall gefragt sind.

Aber wie muß ein Politikwissenschaftler dann „denken", wenn er/sie „quer" liegen soll, ohne in den allfälligen Verdacht des Oppositionswissenschaftlers oder des Dilettanten zu geraten, stattdessen etwa Aufgaben in Planungs-, Koordinierungs- und Beratungsbereichen erfüllen soll, die dazu angelegt sind, Segmentierungs- und Fragmentierungsprobleme zu überwinden? Diese Frage ist im Fach selbst noch nicht beantwortet und stellt eine lohnenswerte Aufgabe für weitere curriculare Anstrengungen „vor Ort" dar (wo ließe sich besser Politik *beobachten* [Luhmann 1981] als am Arbeits- und Lebensort der einzelnen Bürger?). Diese Perspektive scheint jedoch ein Abgehen von der disziplinären Fixierung zwingend zu erfordern (Hesse 1982). Viel wichtiger und interessanter ist es u.E., die disziplinübergreifenden sozialwissenschaftlichen *Zugangsweisen* zur Analyse lokaler Politik näher zu beleuchten und von daher zu bestimmen, welche spezifische politikwissenschaftliche Fragestellung sich entwickeln läßt. Entgegen der häufiger anzutreffenden Klassifizierung Lokaler Politikforschung nach der dahintersteckenden „Theorie" oder dem jeweiligen Focus erscheint es hilfreicher, verschiedene Ansätze zu unterscheiden, und zwar den

- staatsrechtlichen und demokratietheoretischen („Kommunalpolitik", Naßmacher/Naßmacher 1979; Wehling 1975, 1989);
- institutionspolitisch-verwaltungswissenschaftlichen („Stadtpolitik", Hesse 1982, 1986; Fürst et al. 1984);
- policy-analytischen („Lokale Politik", Blanke et al. 1987; Wollmann 1991);
- finanzwissenschaftlichen („Kommunalfinanzen", Mäding 1991; Rehm in diesem Band);
- sozialökonomischen und -ökologischen („Regionalökonomie", „Stadtentwicklungspolitik", Fürst 1977; Friedrichs 1985);
- soziologisch-zivilisationstheoretischen („Stadtsoziologie", Zoll 1972; Korte 1986; Häußermann/Siebel 1987; Friedrichs 1988).

Die Politikwissenschaft beinhaltet fraglos die ersten drei sozialwissenschaftlichen Zugangsweisen, und zwar in autoren- und „schulen"-spezifischen Mischungen. Je mehr sich Analysen jedoch den Entscheidungs*inhalten* und dem „policy-output" (Sharpe/Newton 1984), d.h. dem, was am Ende für den Bürger „herauskommt", nähern oder die gesellschaftlichen und ökonomisch-strukturellen Voraussetzungen, Anstöße und Folgen von Politik (Hartwich 1983; Böhret 1990) miteinbeziehen, desto mehr werden zusätzlich die anderen Zugangsweisen gewählt werden müssen.
Eine politikwissenschaftliche Analyse des *lokalen Regierens* – und dies noch in komparativer Absicht – kann sich nicht mit einem institutionell scheinbar abgesicherten Terrain zufrieden geben, will sie nicht nur Segmente des gesamtstaatlichen Entscheidungs- und Implementationsprozesses betrachten, sondern ist gezwungen, ihren Gegenstand in drei Richtungen zu erweitern: auf

1) *die Einbindung der lokalen Politik in die (vertikale) Politikverflechtung, und zwar sowohl im Sinne der „intergouvernementalen" Beziehungen als auch des „interorganizational policy-making"* (Scharpf u.a. 1976; Rhodes 1986; Hesse/Benz 1990);
2) *die (horizontale) Vernetzung verschiedener sektoraler Politikbereiche auf der lokalen Ebene über die kommunalen Institutionen hinaus; die Einbeziehung sowohl der parastaatlichen Akteure („quasigovernmental organizations") als auch verbandlicher und privater Akteure in den Gesamtbereich lokaler Politik; die Differenzierung dieser Interaktionsbeziehungen nach verschiedenen Politikinhalten;*
3) *die räumlichen Entwicklungsprozesse („agglomerations"), welche historisch begründete territoriale und administrative Grenzziehungen aufgrund von über die Grenzziehungen hinweggehenden strukturellen Entwicklungen, administrativen Anforderungen und Handlungschancen (Stichwort „Regionalisierung") obsolet machen.*

Entscheidend ist dann, ob und inwieweit die Politikwissenschaft sich durch das empirische Material und die steigende Komplexität von ihren ureigenen disziplinären Fragen wegziehen läßt oder diese „offensiv" in den Markt der Forschungen einbringen kann. Die in den kritischen und selbstkritischen Anmerkungen zur Lokalen Politikforschung angemahnte *Fragestellung* läßt sich wohl damit beantworten, daß unser Fach sich mit

- der Legitimität politischer Herrschaft und Systeme,
- den realen Konflikt-, Konsens- und Machtbildungsprozessen und ihrer partizipatorischen Qualität,
- der Effizienz, Effektivität und Anpassungsfähigkeit der politischen Institutionen und
- der Gerechtigkeit (equity) politischer Entscheidungen

beschäftigt. Diese Fragestellung trifft ganz spezifisch auf die lokale Politik zu, die als „Mikrostaat" im Wechselspiel mit der und eingebunden in die gesamtstaatliche Politikverflechtung und das Public/Private Interplay in einem Maße mit der politischen *Problemverarbeitung* (Mayntz 1982) beschäftigt ist, wie dies für zentrale Regierungsebenen mit ihrer nicht nur territorialen, sondern auch sachlichen Problemferne viel weniger zutrifft.
Es ist ja das Dilemma der lokalen Politik, daß sie – gemessen an Finanzen und politischer sowie administrativer Kompetenz – in allen westlichen Industrieländern nicht nur die

„unterste" Ebene ist, sondern auch als die „schwächste" gilt, gemessen an der Aufgabenerfüllung (von den öffentlichen Investitionen über die Anzahl der Beschäftigten bis zu den sozialen Dienstleistungen) und deren Bedeutung für die „gleichwertigen Lebensverhältnisse" der Bürger als die „gewichtigste" betrachtet werden kann. Diese *Asymmetrie* zwischen (Zentral-)Staat und Stadt, die Unausbalanciertheit in den Central-Local Government Relations (Loughlin 1986; Grant 1989) ist denn auch im vergangenen Jahrzehnt (der dritten „Phase der (Re-)Politisierung lokaler Problemstellungen" [Hesse 1982: 436]) ein *zentrales* Thema des Forschungsbereiches geworden. Sie ist auch *ein* wesentlicher Focus der Beiträge zu diesem Band.

Dabei ist vorläufig umstritten, ob die ab Mitte der 80er Jahre von verschiedenen Autoren und „Schulen" behauptete Tendenz zur Aufwertung der lokalen Ebene, zur Kommune als „Gegenmacht", zu den sich ausweitenden Möglichkeiten für eine (alternative) Politik „von unten" (Blanke et al. 1986; Hesse 1986) empirisch festzustellen ist oder nicht. Während die eine Seite von einer sich immer stärker durchsetzenden *Zentralisierung* ausgeht (trotz programmatisch vorgetragener oder politisch durchgeführter *Dezentralisierungs*bestrebungen), verweist die andere Seite auf die wachsenden *Interdependenzen* und das wachsende Gewicht der „territorialen Differenzierung des staatlichen Handelns". Hesse und Benz (1990: 234) haben in ihrer vergleichenden Analyse zur „Modernisierung der Staatsorganisation" die These formuliert, daß „die Bedeutung der dezentralen Institutionen" in den vergangenen Jahren aus mehreren Gründen gestiegen ist:

- „Als Leistungsinstanz mußte sie auf veränderte Bedürfnisse reagieren, die nicht mehr durch meist zentralisierte monetäre Leistungen befriedigt werden konnten, sondern im konkreten räumlich-sozialen Kontext zu erfüllen waren; zudem wuchs der Bedarf an ergänzenden Leistungen für Probleme, die in den zentralstaatlichen Sicherungssystemen nur unzureichend berücksichtigt wurden.
- Als Vollzugseinrichtungen erweiterte sich ihr Handlungsspielraum insofern, als standardisierte Vorgaben zentralstaatlicher Programme den zunehmend heterogenen Problemausprägungen sowie den differenzierten gesellschaftlichen Lebens- und Produktionsprozessen nicht mehr angemessen waren und deshalb einer dezentralen Ausfüllung und Konkretisierung bedurften.
- Als Koordinations- und Steuerungsebene schließlich erwiesen sich dezentrale und hier vor allem regionale Politiken deshalb als bedeutsam, weil die Vielzahl sektoraler Programme zentralstaatlich kaum noch aufeinander abzustimmen und in ihrer Durchführung problembezogen zu integrieren war, und weil bei zunehmend ausgeschöpften staatlichen Ressourcen den lokalen und regionalen Entwicklungspotentialen erhebliche Aufmerksamkeit zukam" (Hesse/Benz 1990: 234).

Allerdings sind damit – auch nach Ansicht der Autoren – Fragen nach der verbesserten Wirkung der Staatstätigkeit im Sinne der *Gerechtigkeit* sowie die nach der Kontrolle im Sinne der erweiterten *Partizipation* (lokale Demokratie, vgl. Gabriel 1989) noch nicht beantwortet. Um diese Perspektiven hatten sich in den vergangenen Jahren diejenigen Arbeiten gruppiert, die nach „alternativen" Entwicklungspfaden und Politikprojekten auf der lokalen Ebene suchten[3]. Denn immer noch trifft die Feststellung zu, daß die Probleme der lokalen Politik zunehmen (vgl. z.B. Herbert/Smith 1989) und ein erheblicher Untersuchungsbedarf zur faktischen Problemverarbeitung in den städtischen und ländlichen Räumen verbleibt (Schneider 1991).

Ein *zweiter* Focus dieses Bandes sind deshalb sowohl alte als auch neue Problembereiche der lokalen Politik, deren Bewältigung zum Teil eine weitgehende Neubestimmung von Aufgaben, Kompetenzen und Ressourcenverteilung im gesamtstaatlichen System und nicht nur eine „passive" Anpassungspolitik erforderlich macht (Blanke et al. 1987; Hesse/Benz 1990).

Die hier gesammelten Aufsätze versuchen, einige der skizzierten Fragen zu beantworten. Im folgenden wollen wir den Gang der Argumentation nachzeichnen. Insgesamt lassen sich die Beiträge in eine formale Gliederung einordnen, die jedoch die Querbeziehungen zwischen ihnen nicht unterschlagen soll:

- systematische Analysen von Konzepten und Problemen „dezentraler" Politik;
- vergleichende Betrachtungen in Form von Länderstudien;
- problemorientierte Analysen von Schwerpunkten lokaler und regionaler Politikprozesse und ihrer gesellschaftlichen Voraussetzungen.

Übersicht über den Band

Den Auftakt des Bandes bildet die *Diskussion um die Bedeutung, die der lokalen Ebene gegenüber den anderen politischen Ebenen – Ländern und Zentralstaat – zukommt und in Zukunft zukommen wird.* Ob die regionale und lokale Ebene lediglich blindes Vollzugsorgan zentralstaatlicher Vorgaben und willenloser Spielball globaler ökonomischer Entwicklungen ist – die Beantwortung dieser Frage hat Folgen nicht nur für die Lokale Politikforschung, sondern ebenso für die Hoffnung, die lokale Ebene sei in der Lage, auf neue Problemstellungen mit einer an die örtlichen Bedingungen angepaßten Praxis zu antworten oder sie ermögliche gar eine Gegensteuerung gegen nicht-partizipative und sozial nicht verträgliche Entwicklungen in Ökonomie und „großer Politik".

Hartmut Häußermann geht in seinem Beitrag zu Beginn mit Vorstellungen einer „Erneuerung der Politik von unten" oder einer „kommunalen Gegenmachtpolitik" hart ins Gericht. Diese scheiterten vor allem an den gesetzten institutionellen Rahmenbedingungen, die sich im letzten Jahrhundert herausgebildet hätten und die vielbeschworene kommunale Selbstverwaltung früh zu einem Mythos werden ließen. Die Lokale Politikforschung in ihren Spielarten der marxistischen Politikanalyse, der Erforschung einzelner Politikfelder wie etwa der Wohnungs-, der Sozial- oder Gesundheitspolitik oder in der Spielart des Regulationsansatzes habe letztlich nur die organisationstheoretische Weisheit hervorgebracht, „daß Entscheidungen, wenn sie innerhalb eines vorgegebenen Rahmens dezentralisiert werden, in der Regel problemadäquater, flexibler und effizienter sind als zentrale". Die Suche nach Handlungsspielräumen bleibe zwar ein zentrales Anliegen Lokaler Politikforschung – nicht zuletzt deshalb, weil bei der konkreten Problemlösung „jeder Millimeter" zähle –, jedoch habe die Politikwissenschaft nicht die Aufgabe, die Aufwertung eines Handlungsfeldes zu betreiben, die in der Realität nicht aussichtsreich sei.

Margit Mayer geht zwar auch von gesetzten ökonomischen und institutionellen Rahmenbedingungen aus, sieht diese aber in der gegenwärtigen Entwicklung von einer fordistischen zu einer postfordistischen Regulationsweise im Fluß. Der Niedergang alter Massenproduktionsindustrien und das Aufkommen neuer ökonomischer Wachstumssektoren habe eine neue interregionale Konkurrenz zur Folge, die die Regionen und einzelne Kommunen auch intern zu innovativen Strategien besonders im Bereich der Wirtschaftsförderung zwinge. Der hieraus entstehende eher kooperative Politikstil, der auch nichtstaatliche Akteure einbeziehe, unterstütze nicht automatisch marktliberale Entwicklungen, sondern gebe auch lokalen Netzwerken und Selbsthilfepotentialen eine Chance. Wie die Stadt der Zukunft aussehen wird, würden – innerhalb der gegebenen Rahmenbedingungen – die sozialen Auseinandersetzungen auf der lokalen Ebene und die dort gesetzten politischen Prioritäten zeigen.

Udo Bullmann betont ebenfalls, daß die Akteure der lokalen Ebene nicht nur Objekte ökonomischer Entwicklungen und zentralstaatlicher Vorgaben seien, sondern auch Subjekte, die durchaus über Spielräume verfügten. Da der „lokale Staat" aber strukturell janusköpfig sei – also einerseits „Durchsetzungsagent" zentraler Strategien und andererseits möglicher „Oppositioneller" –, sei es von lokalen Auseinandersetzungen abhängig, ob die postfordistische Aufwertung der lokalen Ebene zu marktliberalen oder partizipatorischen, sozial- und umweltverträglichen Politikmustern führe. Die „neue Systemfrage" stelle sich konkret bei der Entwicklung der lokalen Umwelt-, Beschäftigungs-, Sozial- und Wirtschaftspolitik. Zwei sich an Bullmann anschließende Beiträge beschäftigen sich mit verschiedenen Formen der horizontalen Politikvernetzung, der Zusammenarbeit von politischen und administrativen, staatlichen und nichtstaatlichen Akteuren in einer Kommune oder Region.

Dietrich Fürst untersucht, welche institutionellen Arrangements die zunehmend wichtiger werdende überlokale Kooperation in Verdichtungsräumen unterstützen können. Nicht-lokalistische, sondern kosmopolitische, auf kooperative Problemlösungen zielende Orientierungen würden bei Kommunen besonders durch solche Institutionen gefördert, die Interaktionen verlangten. Stadt-Umland-Verbände als regionale Planungsverbände sieht Fürst als geeignete Organisationsformen an. Denn sie stellten in der Regel keine „hard ware" (= direktes Angebot, materielle Infrastruktur etc.) zur Verfügung, sondern entwickelten die „soft ware", die Versorgungskonzeption, auf die sich alle Beteiligten einigen könnten und die deshalb gemeindefreundlich seien. Welche Formen der Institutionalisierung solcher Stadt-Umland-Verbände im einzelnen die übergemeindliche Zusammenarbeit erleichtern oder erschweren, diskutiert Fürst anhand der Ergebnisse einer Untersuchung zu verschiedenen Modellansätzen solcher Kooperation.

Am Beispiel der Arbeitsmarktpolitik diskutiert *Hubert Heinelt* in seinem Beitrag zunächst, warum sich dieses Politikfeld immer weniger in zentralstaatlicher und immer mehr in lokaler Regie befindet und aus welchen Gründen sich diese Dezentralisierung des Wohlfahrtsstaates entwickelt hat. In einem zweiten Schritt stellt er dar, welche horizontalen Politikvernetzungen sich im Feld der lokalen Arbeitsmarktpolitik ergeben. Die lokalen Aktivitäten seien weder durch den Staat oder den Markt noch durch Individuen, Haushalte oder intermediäre Institutionen allein zu entwickeln, vielmehr ergebe sich in diesem Feld ein „public-private-mix" von Akteuren und Steuerungsinstrumenten. Obwohl diese Politik mehr Partizipation, bessere Berücksichtigung örtlicher Belange und die selektive Privilegierung örtlicher Einzelinteressen ermögliche, die horizontale Kooperation mithin positive Ergebnisse zeige, dürfe der Wohlfahrtsstaat nicht regional fragmentiert werden. Einheitliche rechtliche Interventionen müßten erhalten bleiben. Daneben müsse der lokale Wohlfahrtsstaat aber auch finanziell vom Zentralstaat unterstützt werden, um seine neue Rolle ausfüllen zu können.

Hannes Rehm knüpft inhaltlich an Diskussionen der vorangegangenen Beiträge an. In seiner finanzwissenschaftlichen Betrachtung zeigt er, daß aktuelle Probleme etwa im Bereich der Sozial-, Wohnungsbau- und Wirtschaftsförderungspolitik vom Zentralstaat auf die Kommunen überwälzt wurden, ohne jedoch für die entsprechende Dezentralisierung der Strukturen zur Problemverarbeitung zu sorgen, und zentral: ohne die notwendigen finanziellen Ressourcen bereitzustellen. Eine Lösung dieses Problems sei jedoch nicht allein in der staatlichen Finanzverteilung bzw. der Rückwälzung der Ausgabeverantwortung hin zum Zentralstaat zu suchen, vielmehr seien politische und verwaltungsmäßige Defekte in der Organisation von ausgabe- und einnahmewirksamen Entscheidungen auf der kommunalen Ebene selbst zu thematisieren. Rehm entwickelt Regelungen, die die Beseitigung dieser Fehlentwicklungen zum Ziel haben.

Ein altes Thema der Politikwissenschaft und dennoch eine neue Thematik stellt *Hiltrud Naßmacher* vor, wenn sie sich mit der Rolle der Frauen in der lokalen Politik beschäftigt. Sie stellt die „Machtfrage", indem sie empirisch fundiert aufzeigt, welchen Einfluß das Geschlecht auf die Mitwirkung von Frauen in der Kommunalpolitik – als Mandatsträger, Ratsmitglieder oder in kommunalen Führungspositionen – ausübt. Frauen müssen sich danach immer noch überall mit geringerwertigen Positionen in der Kommunalpolitik zufriedengeben. In einem zweiten Teil ihres Beitrages thematisiert Naßmacher die Frauen nicht als „Macher", sondern als Zielgruppe kommunalen Handelns. Da die kommunalen Gleichstellungsstellen die einzige „Gegenmacht" vor Ort gegen frauenfeindliche Infrastruktur, fehlende soziale Dienstleistungen (etwa im Pflegebereich) oder Defizite an Leistungen für Frauen in besonderen Situationen (z.B. Frauenhäuser) seien, stellt sie diese ausführlich dar. Sie konstatiert, daß die Gleichstellungsstellen zwar einiges zur Verbesserung des frauenpolitischen Klimas beitrügen, ihr Beitrag zur Frauenpolitik auf lokaler Ebene aber eher gering zu bewerten sei.

K. Peter Strohmeier beschließt den systematischen Teil mit einer soziologischen Analyse der Auswirkungen der Entwicklung neuer Familienformen auf die sozialräumlichen Strukturen und die Handlungsanforderungen, die sich für die Stadtpolitik daraus ergeben. Zwar sei eine Pluralisierung von Lebensstilen feststellbar, doch ergäben sich diese nur im Nicht-Familien-Sektor. Schon nach der Geburt des ersten Kindes sei der individuelle Freiheitsgrad so stark eingeschränkt, daß von einer sozialen Polarisierung in familiale und nicht-familiale Lebensformen gesprochen werden könne. Ihren räumlichen Ausdruck finde diese Polarisierung darin, daß Kernstädte zunehmend von armen und nicht-familialen Bevölkerungsgruppen sowie neuerdings „jungen Alten" nach der Familienphase bewohnt würden, während das Umland die Familien bzw. – in speziellen Sozialwohnungs-Vierteln – die Armen aufnehme. Diese sozialräumliche Trennung erfordere spezifische, auf den jeweiligen Teilraum zugeschnittene kommunale Interventionen.

Die moderne Stadt, aus: Benevolo 1990, S. 937.

Den zweiten Hauptteil bilden *Fallstudien zu westeuropäischen Ländern* – und der ehemaligen DDR. Alle Beiträge sind in sich vergleichend angelegt, einer nimmt direkt den Vergleich zweier „internationaler Städte", der Metropolen London und New York, vor. Eingangs soll wiederholt werden, was schon oft bemerkt wurde: vergleichende Forschungen im Felde der lokalen Politik haben gezeigt, wie schwierig und problematisch es ist, allgemeine Trendaussagen auf die kleinräumige Ebene anzuwenden. Dies gilt insbesondere für den internationalen Vergleich, da trotz grundlegend angeglichener Problemstrukturen sowohl die Strukturen des staatlichen Gesamtsystems sehr unterschiedlich (Hesse/Benz 1990; Page 1991) – von den zentralistischen Staaten des kontinentalen Typs über die „parlamentarische Diktatur" Großbritanniens zum amerikanischen und bundesdeutschen Föderalismus oder der niederländischen „Konkordanzdemokratie" – als auch für einzelne Städte und Regionen die historischen Ausgangspositionen nach wie vor von großem Gewicht sind (Blanke/Smith 1992). Länderstudien, die in depth gehen, sind deshalb erst einmal der Beginn.
Die ehemalige DDR haben wir an die Spitze dieser Studien gestellt. Sie ist nicht mehr „Ausland", aber aufgrund der tiefgreifenden Umstrukturierungsprozesse, denen sie

noch über einige Jahre hinaus ausgesetzt sein wird, auch noch nicht „Inland" in dem Sinne, daß die Erkenntnisse der westdeutschen Lokalen Politikforschung einfach auf sie zu übertragen wären. Die ehemalige DDR repräsentiert hier außerdem „Osteuropa", will heißen: die spezifischen Probleme des Übergangs von einer Gesellschaft, in der die lokale Ebene fast ausschließlich als „Erfüllungsgehilfe" von Bedeutung war, hin zu einer Gesellschaft, in der die lokale Ebene eine Fülle von selbständig oder in Zusammenarbeit mit anderen politischen Ebenen zu erfüllenden Aufgaben erhält.
Christoph Hauschild zeichnet die Entwicklung vom „sozialistischen Einheitsstaat in die föderale und kommunale Demokratie" minutiös nach. Er beschreibt die Zielvorstellungen des Verwaltungsumbaus in der Übergangszeit der Regierung de Maizière, die Bildung der Länder und schließlich den Aufbau der kommunalen Selbstverwaltung. Er diskutiert die DDR-einheitliche Kommunalverfassung vom 17. Mai 1990 und stellt ihre Vorteile, aber auch ihre Unzulänglichkeiten heraus. Für die Zukunft zeichne sich die Notwendigkeit länderspezifischer Gemeinde- und Kreisordnungen, einer Gebietsreform und vor allem des Aufbaus leistungsfähiger Verwaltungen ab.
Hellmut Wollmann fragt nach Institutionen bzw. Verwaltungsstrukturen und Akteuren auf der lokalen Ebene, und zwar in kritischer wie in positiver Perspektive. In einer ersten vorsichtigen Annäherung versucht er die Frage zu beantworten, welche Strukturen und Einstellungen von Akteuren (Mentalität, innere Eingestelltheit) eine negative Hinterlassenschaft darstellen, und auf der anderen Seite, an welche Erfahrungen der Verwaltungswelt der früheren DDR anzuknüpfen wäre. Insgesamt, so Wollmann, würden mehr Fragen gestellt als Antworten gegeben. Nur weitere Untersuchungen zum Umbauprozeß und Vergleiche mit Osteuropa zum institutionellen und Einstellungswandel in Kommunalpolitik und Kommunalverwaltung würden ein klareres Bild schaffen.
Stärker noch als in der Bundesrepublik wurde im Ausland das Verhältnis von zentraler und dezentraler politischer Ebene, von Nationalstaat und Kommunen diskutiert. In einigen Ländern wurde diese Diskussion durch ausgewiesene politische Programme zur Dezentralisierung unterstützt. Die Autoren der Länderstudien stellen auf diesem Hintergrund die jeweiligen Beziehungen von Zentrale und lokaler Ebene bzw. Region dar und fragen, welche Ergebnisse die Dezentralisierungsprogramme wirklich erbracht haben.
Daß Metropolen aufgrund ihres historisch begründeten konkurrierenden Führungsanspruchs gegenüber dem Nationalstaat gerne „wider den Stachel zentralstaatlicher Politik löcken", stellt *Adrienne Windhoff-Héritier* am Beispiel der zwei Metropolen London und New York dar. Sie zeigt, wie sich der Konflikt Metropole – Zentralstaat in beiden Städten entwickelt hat, von welchen Kräften innerhalb der Metropolen er aufgenommen wurde und welche „Kosten" den Metropolen aus diesem Prozeß entstanden. Zwar könne die Metropole den Zentralstaat unter bestimmten Bedingungen herausfordern, so ihr Fazit, jedoch seien solchen Bestrebungen durch ökonomische Entwicklungen sowie politische Eingriffsmöglichkeiten des Zentralstaates enge Grenze gesetzt.
Gegenüber den teils scharfen politischen Auseinandersetzungen in New York und London wirken das skandinavische Beispiel Schweden und die Niederlande als ver-

gleichsweise politische „Ruhepole". In beiden Fällen gab es in den 80er Jahren Programme zur Dezentralisierung, die z.T. widersprüchliche Effekte hatten. *Ingemar Elander* und *Stig Montin* bringen die derzeitigen Beziehungen zwischen zentralen und kommunalen Regierungen in Schweden auf die Formel: „Zentralisierung (finanzieller) Macht, Dezentralisierung von Verantwortung". Dennoch betonen sie, daß dieser Prozeß sich in einem doch recht dezentralisierten Land abspielte - die Kommunen seien fest in das „schwedische Modell" des Wohlfahrtsstaates integriert gewesen -, und daß die ähnliche parteipolitische Zusammensetzung der lokalen Parlamente und des zentralen Parlaments eine starre Konfrontation verhindere. *Peter L. Hupe* und *Theo A.J. Toonen* erörtern, ausgehend von der verfassungsrechtlichen Entwicklung der Niederlande im 19. Jahrhundert die These, daß weniger von zentral-dezentralen Auseinandersetzungen zu sprechen sei als von „Konsensentscheidungen in einer polyzentrischen institutionellen Regierungsstruktur", in der die Kommunen ihren eigenen unbestrittenen Platz einnähmen. Nicht Einheit des Staates durch hierarchische Beziehungen und zentrale Integration, sondern Einheit im Sinne von Konsensbildung und gegenseitiger Anpassung sei das zentrale Anliegen der niederländischen Verfassungsväter gewesen, und dies herauszustellen, bleibe die aktuelle Aufgabe.

Der Beitrag *Glen Bramleys* zu Großbritannien bildet insoweit den inhaltlichen Gegenpol zu den Niederlanden, als sich besonders bei der Reform des kommunalen Steuersystems - der Einführung der Poll Tax 1990 - der Konflikt zwischen Kommunen und Zentralstaat in Großbritannien erheblich verschärft hat. Bramley analysiert die Grundzüge des britischen Kommunalfinanzsystems vor der Poll Tax und die Änderungen seither. Da die Einführung des neuen Steuersystems nur als „völliges politisches und finanzielles Desaster für die Regierung" bezeichnet werden könne, erwartet Bramley weitere Reformen auf diesem Sektor und stellt mögliche Alternativen vor.

Zwei Staaten mit weitreichenden Dezentralisierungsprogrammen stellen die Beiträge zu Frankreich und Italien vor. Beide Autoren gehen dabei insbesondere auf das komplexe Zusammenspiel von zentraler und dezentraler Verwaltungsebene sowie den etablierten politischen Eliten in der Region bzw. Kommune ein. Dabei bewertet *Rainer Neef* die Frage, ob die Dezentralisierungsreform in Frankreich seit 1981 die örtliche Notabeln-Herrschaft unterstützt oder geschwächt habe, differenziert. Zwar habe die Reform das lokale Beziehungssystem begünstigt, jedoch auch die Konkurrenz und Differenzierung der territorialen Körperschaften vorangetrieben. *Simona Piattoni* konstatiert für die italienische Entwicklung der Vergangenheit, daß durch die Dezentralisierung die Regionen im Süden Italiens in das bestehende klientelistische System integriert worden seien. Eine klarere institutionelle Struktur, wie sie zur Zeit anvisiert werde, würde das traditionelle konkurrierende Nebeneinander verschiedener staatlicher und parastaatlicher Institutionen in der Region beseitigen, den Klientelismus zurückdrängen können und stattdessen Optionen auf das „kontinentale Modell" von Autoritätsschaffung (Loyalität gegenüber einer abstrakten Ordnung statt für eine bestimmte Person) eröffnen.

Problemorientierte Analysen bilden den dritten Hauptteil des Bandes. Daß die Lokale Politikforschung bezogen auf einen bestimmten Raum fast sämtliche Strukturen, Pro-

zesse und Politikinhalte thematisiert, die für andere politische Ebenen auch diskutiert werden, zeigt die außerordentliche thematische Breite dieses Teils.
Göttrik Wewer stellt die Anläufe zu einer Verfassungs- und Verwaltungsreform im Stadtstaat Hamburg dar. Zwar hätte es schon 1988 detaillierte gutachterliche Vorstellungen zu einer Verfassungs-, Bezirks- und Verwaltungsreform gegeben, diese seien jedoch durch die politischen Parteien wechselseitig blockiert worden. Die etablierte Politik habe durchaus ein Interesse an der Aufrechterhaltung des status quo – etwa am schwachen Regierungschef. Wewer beschreibt die (in sich auch nicht immer homogenen) Interessen der jeweiligen Bürgerschaftsparteien und kommt zu dem Ergebnis (Anfang 1991), daß sich hier „Negativ-Koalitionen" ergeben hätte, die politische Innovation unmöglich machten.
Mit der Entwicklung der lokalen Öffentlichkeit und den Beziehungen von „Stadtregierung" und „Bürgern" beschäftigt sich *Otfried Jarren*. Ergebnisse einer Feldstudie zum Dortmunder Kabelpilotprojekt zeigen, daß diese neuen Medien in der Lage sind, die kommunikative Infrastruktur für lokale Willensbildungs- und Entscheidungsprozesse zu verbessern und neue Bevölkerungsgruppen für lokale und lokalpolitische Themen zu interessieren. Die lokale Elite habe sich relativ schnell auf die neue Situation eingestellt und auch neue Formen der Informationspolitik/Öffentlichkeitsarbeit entwickelt bzw. entwickeln müssen. Ob die neuen lokalen Medien eher elite- („symbolische Informationspolitik") oder bürgerorientiert (als Einfallstor für organisations- und konfliktschwache Gruppen) ausgestaltet würden, hänge aber nicht zuletzt von den gewählten rechtlichen, ökonomischen und organisatorischen Rahmenbedingungen der lokalen Rundfunkanstalten ab.
Zwei Beiträge zur Wirtschaftspolitik auf dezentraler Ebene schließen sich an. *Karl-Heinz Naßmacher* analysiert den historischen Wandel sowie aktuelle und zukünftige Handlungsfelder kommunaler Wirtschaftsförderung. Neben der traditionellen Aufgabe der Ansiedlungspolitik bilde vor allem die ökonomische Dienstleistungsexpansion eine neue Herausforderung. Die „Tertiarisierung der Innenstädte" erfordere ein City-Management mit neuen Kooperationsformen und public-private-partnerships. Neue Problemlösungsstrategien sollten den Faktor Arbeit in den Mittelpunkt stellen. Technologieorientierte Wirtschaftsförderung etwa sei vor allem unternehmer- bzw. führungskräfteorientiert. Es gelte dagegen, auch die Qualifikation von Beschäftigten und Arbeitslosen als endogenes ökonomisches Potential einer Region zu entwickeln. *Rolf G. Heinze* und *Helmut Voelzkow* stellen am Beispiel der nordrhein-westfälischen Strukturpolitik dar, daß die dezentrale Entwicklung nicht nur „von unten" vorangetrieben, sondern ebenso „von oben" unterstützt werden muß. Um eine differenzierte regionale Strukturpolitik zu ermöglichen, müßten die Länder von der „etatistischen Logik" Abstand nehmen, die Unternehmen und regionale Gebietskörperschaften in der Regel nur als Adressaten oder Vollzugsträger von Länderprogrammen wahrnahm. Dagegen könne die prozedurale Steuerung, die einen lokalen Korporatismus „inszeniert", durch die Länderebene zur Stärkung der Kooperation verschiedener Akteure in den Regionen führen, von ihrer Problemkenntnis profitieren und damit effektiver gestaltet werden.
Der Beitrag von *Ekhart Hahn* zur lokalen Umweltpolitik beleuchtet eines der Politikfelder, die bis jetzt noch wenig konturiert sind, gleichwohl aber die Stadtpolitik in

Zukunft mehr und mehr prägen werden. Auch er betont die Notwendigkeit, sektorale und rein technisch ausgerichtete Handlungsstrategien zu einer Gesamtstrategie des ökologischen Stadtumbaus zusammenzuführen. Dabei sei das partizipative, demokratische Vorgehen ebenso entscheidend wie die konkrete, auf den Ort bezogene Problemlösung. Städtische „Ökostationen" müßten daher die „ökologische Quartiersentwicklung" vorantreiben.

Alf Trojan und *Helmut Hildebrandt* focussieren mit ihrer Beschreibung des Healthy-City-Projekts der Weltgesundheitsorganisation ebenfalls einen Politikbereich, der die Kommunen in neue Formen des „Politikmanagements" einbezieht. Das Ziel der Gesundheitsförderung sei nicht durch die Abarbeitung eines administrativen umverteilenden oder rechtlich-regulierenden Programms durch die Kommunalverwaltung zu erreichen. Vielmehr werde die Kommune zum Anstoßgeber, Unterstützer und Koordinator von (Bürger-)Initiativen zur Verbesserung der physischen und sozialen Lebensbedingungen am Ort, um für die Stadtbewohner ein „Maximum an Gesundheit" und eine größtmögliche Entfaltung ihrer Anlagen zu fördern.

Ulfert Herlyn und *Barbara Lettko* stellen in ihrem Beitrag zur armen Stadtbevölkerung eine ungewohnte Perspektive dar. Sie wiederholen in ihrer Analyse nicht die sozialstaatliche Individualisierung des Armutsproblems, sondern stellen ab auf die Selbsthilfepotentiale der marginalisierten Bewohner in der Stadt. Ausgangspunkt ihrer Überlegungen ist die vergleichende Untersuchung von Stadteilmilieus am Beispiel Hannover, die je unterschiedliche Selbsthilfepotentiale bergen. Indem Herlyn und Lettko Milieus und nicht Individuen Aufmerksamkeit schenken, erreichen sie zweierlei: zum einen zeigen sie auf, daß die städtischen „Armen" nicht nur Objekte, sondern Subjekte sind, die auch aktiv mit ihrer schwierigen materiellen und psychischen Situation umgehen, und zum anderen, damit verknüpft, verweisen sie auf alternative Formen sozialstaatlicher Intervention, die lokale „Milieuarbeit".

Einen Überblick über zukünftige Problemstellungen und neuere interdisziplinäre Lösungsansätze für die lokale Ebene gibt *Gerhard W. Wittkämper* im letzten Beitrag dieses Bandes. Zwar fehlten die umfassenden urbanen Visionen noch, in Teilbereichen seien sie aber schon gefunden oder würden entwickelt. Der Aufbruch in die menschliche Stadt müsse weite Bereiche des gesellschaftlichen und lokalen Lebens wie Ökonomie, Umwelt, Verkehr, Wohnung, soziale Sicherheit, Toleranz und Kultur umfassen. Schließlich solle die postmoderne Stadt ihren Vernunft- und Fortschrittsbegriff neu definieren und Stadtentwicklung als Daueraufgabe akzeptieren. Dazu müsse ganzheitliches, kommunikatives und vernetztes Denken entwickelt werden. Die Diskussion um die politische Geographie müsse neu aktualisiert werden und zur Entwicklung alternativer raumordnungspolitischer Entscheidungen, zu Diskussionen über die Effizienz von Problemlösungen und Zielstrategien führen sowie Beiträge zum Ausgleich regionaler Unterschiede im Rahmen einer integrierten Entwicklungspolitik bieten.

Die mittelalterliche Stadt, aus: Benevolo 1990, S. 349.

Perspektiven der Forschung

Auch dieser Band verdeutlicht, wie wenig sich das Feld der „lokalen Politik" in ein enges Korsett von formal-stringenter Theorie und eindeutigen Hypothesenbildungen für quantitative Analysen zwängen läßt. Dies liegt an der politischen Wirklichkeit selbst: sich verändernde Rahmenbedingungen ökonomisch-struktureller und sozio-kultureller Art, räumliche Differenzierungsprozesse und ihre Folgen für die Ressourcenverteilung, normativ-kulturelle Wandlungsprozesse sowie neue Partizipationserwartungen der Bürger konfrontieren das politisch-administrative System immer zuerst dort, wo seine *Leistungen* erbracht oder sichtbar werden, auf der lokalen Ebene - selbst wenn die „örtliche Gemeinschaft" und Kommunalpolitik nicht für die Lösung der aus den genannten Veränderungsprozessen resultierenden Probleme zuständig sind.

Die Versuchung liegt nahe, aus den Forschungen und Diskussionen der Lokalen Politikforschung die Hypothese eines „Problemzyklus" zu formulieren (ähnlich Wollmann 1991), nach der – mit einem bemerkenswerten time lag – in Abhängigkeit von ökonomischen Wachstumszyklen und sozial-strukturellen Veränderungen die lokale Politik *Phasen neuer Problemartikulationen* durchmacht, die als Herausforderung an das politisch-administrative System solange auf „Lösungen" dringen, bis in einem wechselseitigen Anpassungsprozeß der Umgang mit ihnen derart eingeübt ist, daß der Problemdruck nachläßt oder gar verschwindet. Auf welcher Ebene (lokal, zentral *oder* regional) hierbei die Hauptlast der Problemverarbeitung liegt, ist vorab nicht entschieden (vgl. z.B. Labisch 1987; Leibfried 1987), gleichwohl scheint *dezentralen* Institutionen, d.h. regionaler und lokaler Politik, eine doppelte Rolle zuzukommen: „als Widerstand gegen zentralstaatliche Modernisierung wie als Potential für eine an neuartigen Problemstellungen angepaßte Praxis" (Hesse/Benz 1990: 233). Einseitige Zentralisierungsthesen sind somit ebenso unfruchtbar wie einseitige Hoffnungen auf dezentrale Handlungspotentiale, vielmehr sollte die *Interdependenz* des gesamtstaatlichen Systems im Zentrum der weiteren Forschungen bleiben: „Die konkrete Leistungserbringung, die immer mehr aus der Domäne zentraler Institutionen heraus verlagert wurde, ist heute die eigentliche Machtbasis des Staates; hieraus beziehen die regionalen und lokalen Institutionen ihren Einfluß nicht nur gegenüber den Bürgern, sondern auch gegenüber dem regulierenden und kontrollierenden, letztlich aber nur rahmensetzenden Zentralstaat. Faktisch ergibt sich dabei ein nicht-hierarchisches Geflecht von Funktionsbereichen, das durch komplexe Interdependenzbeziehungen zwischen dem 'Zentrum' und der 'Peripherie' geprägt ist" (Hesse/Benz 1990: 227).

Eine solche konzeptionelle Perspektive bietet sich aus einem weiteren Grund an: der *ungleichen Entwicklung* in verschiedenen räumlichen, gebietskörperschaftlichen und sozialen Konfigurationen (Duncan/Goodwin 1988; Schmals 1989), die sich offenbar seit Mitte der 70er Jahre eher verschärft denn abgemildert hat. In der wissenschaftlichen Literatur nehmen die „Polarisierungsthesen" zu, und mit dem Zusammenbruch des staatssozialistischen Systems wachsen auch die Befürchtungen nicht mehr kontrollierbarer Armutswanderungen. Soweit sie schon „bewahrheitet" wurden, treffen sie unmittelbar die lokale Ebene. Aber entgegen der Populäransicht sind sie nicht das verursachende Problem, sonder der Wegfall oder die Durchlöcherung der Wohlstandsgrenzen in alle Himmelsrichtungen trifft die reichen Industriestaaten zu einem Zeitpunkt, da auch intern regionale und innerstädtische Differenzierungsprozesse zwischen arm und reich (Windhoff-Héritier 1991), prosperierenden und stagnierenden Regionen und wettbewerbsfähigen, stagnierenden und ausgegrenzten Städten und innerstädtischen Stadtregionen (Häußermann/Siebel 1987) zugenommen zu haben scheinen. Diese bewußt gewählte vorsichtige Formulierung verdankt sich der Erfahrung, daß angesichts der Dynamik der Entwicklung schon häufiger in den vergangenen Jahren die Lokale Politikforschung – wohl auch aufgrund ihrer eigenen Politiknähe (Hesse 1982) – zu „Dramatisierungen" neigte.

Trotzdem sind die Anzeichen zunehmender *Ungleichheiten* auch für den Pragmatiker nicht zu übersehen. Und dadurch sind die westlichen Wohlfahrtsstaaten in ihrer gewachsenen Selbstinterpretation von Inklusion und Gleichheit (Luhmann 1981) im Kern betroffen. Waren die 80er Jahre von zwei gegenläufigen Tendenzen gekennzeichnet, der Problemabwälzung von der zentralen Ebene auf dezentrale Institutionen sowie den Versuchen über geplante Dezentralisierungspolitiken (dies in allen Ländern) die Problemlösungskapazität der Politik zu erhöhen einerseits und den Bestrebungen nach Problemrückwälzung „von unten nach oben" sowie den Versuchen, die zentrale Regierung wieder in die Pflicht zu nehmen, andererseits, so mag sich für die 90er Jahre eine Tendenz zur *Regionalisierung der Politik* abzeichnen. „Regionalisierung" ist in mindestens drei Dimensionen zu verstehen, einer

- ethnisch-kulturellen,
- ökonomischen,
- politisch-administrativen.

Zielgerichtete Politiken, die diesen Prozeß unterstützen, verstärken und bündeln wollen, haben im letzten Jahrzehnt aufgrund der zunehmenden räumlichen Differenzierung sozio-ökonomischer Entwicklungen an Gewicht gewonnen. In diesem Prozeß verbinden sich zwei Stränge der vorangegangenen „Problemzyklen". Zum einen wird der nachlassenden Kapazität zentraler Problemverarbeitung Rechnung getragen, zum anderen deutet sich in der stärkeren Betonung von regionalen Institutionen eine Erwartung an, überlokale und sachlich vernetzte Probleme (wie Umweltpolitik), die zentralstaatlich nicht zu verarbeiten sind, „am richtigen Ort" anzugehen.

Die Regionalisierung der Politik erhält ihren Impuls jedoch auch von internationalen Entwicklungen, vornehmlich der Integration in Europa (Binnenmarkt, Politische Union), von denen erwartet wird, daß sie sowohl Differenzierungsprozesse weiter verstärken als auch eine ganz neue Form von Central-Local(-Regional) Government Relations hervorbringen werden. Mit der nachlassenden Problemverarbeitungskapazität der nationalen Regierungen ist auch eine sinkende Integrationsfähigkeit verbunden, und die Entfernung der Entscheidungskompetenzen in vielen sektoralen Politikbereichen aus dem nationalen in den übernationalen Raum öffnet eine *demokratische Lücke*, die nicht nur neue Formen der administrativen Kooperation und Koordination, sondern vornehmlich neue Partizipationsmöglichkeiten erforderlich macht.

Auf der lokalen Ebene selbst ist ein weiterer Differenzierungsprozeß zu beobachten, der mit den bereits genannten in einem komplexen Zusammenhang steht. Städte und Gemeinden, kleinere und größere Regionen richten sich auf den stärker gewordenen und stärker werdenden Wettbewerbs- und Anpassungsdruck ein (Busch 1991; Jochimsen 1991).

Dabei gehen die Strategien vornehmlich in zwei Richtungen: institutionelle und verwaltungsinterne Reformen (Beyer/Brinckmann 1990) zur Erhöhung der Effizienz („Wirtschaftlichkeit") der kommunalen Verwaltungen einerseits und Veränderung der tradierten Arbeitsteilung zwischen dem öffentlichen und dem privaten Sektor (Public/Private Partnership) andererseits. Im Zusammenspiel mit einer Regionalisierung der Politik sollen diese Strategien insgesamt die *Steuerungsfähigkeit der dezentralen Institutionen* erhöhen. Die seit langem laufenden Diskussionen um die Kommunalverwaltungsreform, die auf zum großen Teil unbewiesenen Hypothesen über die unterschiedliche Leistungsfähigkeit verschiedener Kommunalverfassungen beruhten (zusammenfassend Franz 1991), scheint derzeit in eine Sackgasse geraten zu sein. Auf sie trifft offenbar das Ergebnis vergleichender Untersuchungen zu, daß nicht die direkte Veränderung von Institutionen, sondern die „prozessuale Anpassung" als gezielte „Institutionsentwicklung" (Hesse/Benz 1990: 239ff.) der erfolgversprechende Weg ist.

Bei den angestrebten Reformversuchen steht nämlich neben der territorialen Differenzierung der Aufgabenerfüllung die problemgerechte und fachübergreifende Koordination und Kooperation im Zentrum. *Integrierte* Lösungskonzepte sowohl zwischen *sektoralen* Politikbereichen als auch zwischen *gebietskörperschaftlichen* Politikebenen werden insgesamt in der wissenschaftlichen Literatur und der politischen Praxis als das Desiderat der nächsten Jahrzehnte genannt. „Lokale Politik" würde in diesem Kontext in der Tat eine erhebliche Aufwertung erfahren, allerdings nicht im „physisch-ortsgebundenen und sozialraumbezogenen" Sinne (Heinelt/Wollmann 1991: 10), sondern in einem *funktional-institutionellen* Sinn. Die Vernetzung sektoraler Politikbereiche und gebietskörperschaftlicher Politikebenen verläuft „issue-spezifisch" äußerst unterschiedlich, wie die Untersuchungen zu verschiedenen Politikinhalten auch in diesem Band zeigen. Um integrierte Problemlösungen anzugehen, ist ein Denken in Begriffen wie Information, Kommunikation und Kooperation eher angebracht als eine an räumlichen und administrativen „Einheiten" orientierte oder auf verbandlich verfestigte Interessen ausgerichtete Vorstellung, von der die meisten Vorschläge und Initiativen etwa im Bereich der Regionalisierung geprägt zu sein scheinen (z.B. „Lokaler und Regionaler Korporatismus", Heinze/Voelzkow in diesem Band).

Eine funktional-institutionelle Betrachtungsweise, die auf *Kommunikation* als zentrales Medium abstellt (Benz 1984), läßt sich auch sehr viel besser mit neuen Überlegungen zur lokalen Partizipation verknüpften, weil sie sich beim Streben nach kommunaler Demokratie nicht auf die alten Bahnen der gemeindlichen „Selbstverwaltung" und damit auf lokalistische (wenn nicht parochiale) Sichtweisen einläßt. Falls es richtig ist, daß Probleme wie die Verkehrspolitik, die Umweltpolitik oder die neue Wohnungsnot nur dann zu „lösen" sind, wenn neben rechtliche und monetäre Interventionsformen sozialökologische und sozialpädagogische Interventionen treten, was zuerst positiv für den Bereich der bürgernahen Sozialpolitik formuliert und kritisch als „staatsüberlastend" kommentiert wurde (Kaufmann 1979 und 1982; Luhmann 1981), dann ist der „etatistische Zugriff" verfehlt und sind Partizipationsformen erforderlich, die auch nach der Seite der *Legitimation* die tradierte Arbeitsteilung zwischen privatem und öffentlichem Sektor, zwischen Bürger und Staat verändern[4].

Die demokratische Lücke läßt sich nämlich ebenso für die anwachsende Verflechtung sektoraler und gebietskörperschaftlicher Bereiche und Institutionen konstatieren wie für die übernationale Kooperation. Partizipation wird in diesem Kontext nicht allein aus „residualen" normativen Gründen zu fordern sein, sondern (paradoxerweise) auch unter Effizienz- und Effektivitätsgesichtspunkten in einer *zeitlichen* Dimension (Naschold 1969). So erfolgreich die Politik im vergangenen Jahrzehnt gewesen sein mag, sich verändernden Bedingungen anzupassen und Probleme zu bewältigen, nichts täuscht darüber hinweg, daß in diesem Verarbeitungsprozeß *langfristige* Konzeptionen ins Hintertreffen geraten sind[5]. Dies mag auch daran liegen, daß gerade „korporative" oder „verflochtene" Entscheidungsprozesse in hohem Maße *konsensabhängig* sind und

Die „post-liberale" Stadt, aus: Benevolo 1990, S. 888.

dann („Selektivität") eher Durchschnittsinteressen mit dem Gravitationszentrum der ohnehin schon organisierten und konfliktfähigen Interessen sich durchsetzen (ähnlich schon Fürst 1975) als abstrakte, zukunftsorientierte „Interessen", die ein Maß an Altruismus gegenüber künftigen Generationen voraussetzen, welches dem „modernen" Menschen ohnehin abhandengekommen ist.

Ob nun ausgerechnet die lokale Ebene, mit ihrer eingebauten Tendenz zur Kirchturmspolitik (für den ländlichen Raum vgl. Schneider 1991) oder ihrer seit dem frühen Mittelalter notorischen Neigung zur Städtekonkurrenz (zu erinnern ist an den jahrhundertelangen Streit zwischen Pisa, Florenz und Siena) in der Lage sein wird, daß Maß an Partizipation zu aktivieren, welches für das langfristige Umdenken notwendig ist, kann bezweifelt werden. Die Tendenz zur „Festivalisierung" der Stadtpolitik (Olympische Spiele, Weltausstellungen, Jubiläumsfeiern) spricht vorläufig dagegen, es sei denn, gerade solche Ereignisse würden wenigstens symbolisch für eine *kosmopolitische* Neuorientierung genutzt. Dies setzt aber ein Vielfaches an Information voraus, als heute verfügbar ist.

Und hier nützt am ehesten die systematische Ausweitung der *komparativen* Arbeiten auch im Bereich der Lokalen Politikforschung, wenn sie sich die Vielfalt von Variablen zu Herzen nimmt, die Vergleiche trotz aller engen methodischen Bedenken erst sinnvoll machen (vgl. Schmidt 1988, bes. S. 20ff.). Steigerung der Information und Kommunikation bedeutet ganz im Sinne von Gregory Bateson, dem herausragenden Kommunikationsforscher, zuerst einmal Erkennen von Unterschieden, die Unterschiede machen. Vergleichende Untersuchungen der lokalen Politik müssen sich deshalb dem Problem der nahezu unüberwindlich zu sein scheinenden Unterschiede zwischen den verschiedenen nationalen und kulturellen Kontexten stellen und keine voreiligen Schlüsse aus einzelnen Variablen ziehen. Was nützt es, wenn beispielsweise englische Autoren in bester Absicht vom schönen Schein der deutschen kommunalen „Allzuständigkeit" geblendet, hier eine Chance für die Revitalisierung der local democracy in ihrem Lande sehen (Stewart/Stoker 1989)? Eher scheint der „Problemansatz" (hierzu schon Hesse 1982) geeignet, aus Vergleichen Erkenntnisse in kosmopolitischer Absicht zu ziehen; die Erkenntnis der gleichen oder ähnlichen Problemlagen der westlichen Industriegesellschaften und ihrer unterschiedlichen Lösungsversuche (similar problems, different solutions)[6]. Nur so wird vermieden werden können, daß nach dem Ende der Systemkonkurrenz das im kalten Krieg „siegreiche" westliche Lage sämtliche seiner „Problemlösungen" exportiert – wie dies schon in die Schwellenländer und die Dritte Welt erfolgte und dort u.a. zu einer maßlosen *Verstädterung* und Verelendung geführt hat – sowie den notwendigen Neuaufbau in alte Bahnen lenkt, deren Mißerfolge in langfristiger Perspektive – bis hin zur Zerstörung der Lebensgrundlagen – über den kurzfristigen Triumph vergessen werden. Es sollte ja auch nicht vergessen werden, daß der „reale Sozialismus" in vielem nur eine schlechte Kopie des westliche industriegesellschaftlichen Weges in die Moderne war.

Diese abschließenden Bemerkungen sind weitgehend spekulativer Art; sie sollen im Wortsinne Horizonte Lokaler Politikforschung öffnen und etablierte Forschungsrichtungen nicht einfach ungefragt verlängern. Denn zweifelsohne hat die Herausbildung erfahrungsgesättigter Theorien mittlerer Geltungskraft (Schmid 1974) in den letzten Jahren erhebliche Fortschritte gemacht, trotzdem ist fraglich, ob solche Theorien ausreichen, um globale Trends – wenigstens als kritischen Stachel – in die empirisch-analytische Arbeit einzubeziehen. Die Problemstellung hat der Club of Rome (1991: 104) drastisch so formuliert: „Regierungen bevorzugen Lösungen, die kurzfristigen politischen Nutzen bringen, und vernachlässigen systematisch die langfristige Perspektive. Als Folge solch gewohnheitsmäßiger Vernachlässigung tendieren die Probleme dazu, schlimmer zu werden, und Regierungen betreiben jeweils nur periodisches Krisenmanagement. Regieren verkommt zur regelmäßig wiederkehrenden Krisenbewältigung, zum Taumeln von einem Notfall zum anderen ..."

Auch Politikwissenschaftler haben beklagt, daß die Politik auf „Souveränität" verzichtet hat und mit ihrer Konzentration auf vornehmlich fiskalisch motivierte Verhandlungs- sowie kleinteilige und auch kleinräumige Problemlösungen zum Zwecke des Überlebens in durch das Ende der Nachkriegsprosperität unsicherer gewordenen Umwelten verstrickt wurde. Die Politikwissenschaft sollte dies nicht einfach – wie elaboriert auch immer – abbilden. Das bedeutet aber auch, daß sie ihre normativen Grundlagen überprüfen müßte: der kritische Maßstab der neuzeitlichen Demokratietheorien, auf den sich auch die gemeindliche Selbstverwaltung bezieht, greift zu kurz, wenn Freiheit *individualistisch*, Gleichheit *„produktivistisch"* und Solidarität *punktualistisch* verstanden werden. Die Verkehrspolitik („Kollaps der Städte") ist für dieses Dilemma das derzeit beste Beispiel.

Das vergangene Jahrhundert hat keine Vision der menschlichen Stadt hinterlassen, wie sie einmal in Idee und Bauweise der mittelalterlichen Stadt („la città ideale") verwirklicht wurde. Unübertrefflich spricht von dieser Utopie Lorenzettis Fresko im Palazzo Publico zu Siena, welches den schönen Titel „buon governo" trägt und dessen Auswirkungen zeigen will. Natürlich vergessen wir auch hier nicht die Klassengesellschaft innerhalb der Stadtmauern, und daß außerhalb im Umland („contado") die Bauern ausgebeutet wurden, weshalb die „freien Kommunen" ebenso unstabil waren (Goez 1984) wie die späteren, eine letzte Utopie andeutenden Städte und Großstadtentwürfe des liberalen Bürgertums und der frühen Genossenschaftsbewegung. Gleichwohl sprechen die Folgen der „post-liberalen" und „modernen" Stadt (Benevolo 1990), mit ihren innerstädtischen Funktionsteilungen und den vielfältigen sozialen und räumlichen Segregationsprozessen, nicht für einen Rückzug der (auch politikwissenschaftlichen) Stadtforschung aus contested terrains – nur der fachwissenschaftlichen Identität wegen. Enthaltsamkeit bedeutet hier „Utopieverzicht", welcher der *Wissenschaft* von der Politik jenen *normativen* Impuls in der Idee der „guten Regierung" nimmt, der sie gegenüber anderen Sozialwissenschaften ebenso kennzeichnet wie problemsensibel oder gar problemanfällig macht.

Also „Erneuerung der Politikwissenschaft von unten"?

Anmerkungen

1 Auffällig ist hierbei, daß – abgesehen von den auf Fragestellungen der Kommunalpolitik orientierten Autoren – diese Begriffe nicht sehr trennscharf verwendet werden, was auch ein Ausdruck für die nach wie vor bestehenden „Unsicherheiten" in der fachwissenschaftlichen Landschaft ist (Hesse 1982; Voigt 1984; Wollmann 1985; Heinelt/Wollmann 1991).

2 In neueren Überblicksbänden über politikwissenschaftliche Kernbereiche und -themen (Bandemer/Wewer 1989; Beyme/Schmidt 1990; Blanke/Wollmann 1991) kommt sie nur rudimentär oder gar nicht vor oder erscheint im Kontext der Darstellung sektoraler Politikbereiche als eine der Politikebenen, auf denen diese Felder programmiert und implementiert werden (Beyme 1986). Auch unter „Staatstätigkeit" (Schmidt 1988) wird die lokale Ebene nicht systematisch erwähnt. Das Lehrbuch von Ellwein/Hesse (1987) macht hier eine Ausnahme.

3 Vgl. die im wesentlichen auf die Felder Arbeitsmarkt- und Sozialpolitik konzentrierten Publikationen von Bullmann/Gitschmann 1985; Krüger/Pankoke 1985; Blanke et al. 1986; Hesse 1986; Maier/Wollmann 1986; Kaufmann 1987; Benzler/Heinelt 1991; Bullmann 1991. Generell kritisch hierzu Häußermann (1991) und die Diskussion in Heinelt/Wollmann (1991). Wie sehr es bei dieser Debatte um die *Spezifizität* einzelner Politikbereiche geht, zeigen Jaedicke et al. (1991), Benzler/Heinelt (1991) und die international vergleichende Untersuchung von Hesse/Benz (1990).

4 Für die Sitzung „Politik in europäischen Städten" des Arbeitskreises „Lokale Politikforschung" der DVPW, anläßlich des Kongresses in Hannover, haben Hubert Heinelt und Margit Mayer vor dem Hintergrund eines Vergleichs die Alternative pointiert so formuliert:

„Als Extreme lassen sich eine *selektive* und eine *partizipative lokale Politik* gegenüberstellen. Setzt eine selektive lokale Politik auf eine prosperierende Stadtentwicklung ohne Berücksichtigung der Lebensverhältnisse breiter Bevölkerungsschichten, wobei auch eine Exklusion von gesellschaftlichen Teilhabemöglichkeiten ... in Kauf genommen wird, so ist eine partizipative lokale Politik darauf gerichtet, durch eine möglichst breite Aktivierung von Akteuren eine Stadtentwicklung zu realisieren, die Marginalisierung verhindert oder weitgehend minimiert" (unv. Man.).

5 Dabei ist das Bild durchaus differenzierter: in einzelnen Politikbereichen ganz unterschiedlicher Provenienz (z.B. Alterssicherungspolitik oder Umweltpolitik) kann der bundesrepublikanischen Politik auch nach der ordungungspolitischen Wende der Versuch, langfristig zu programmieren, nicht abgesprochen werden. Hier gibt es eine – auch in anderen Zusammenhänge festgestellte – Kontinuität zwischen den parteipolitisch unterschiedlich zusammengesetzten Regierungen (Blanke/Wollmann 1991). Trotzdem hat sich die „Politiksegmentierung" verstärkt, so daß *insgesamt* ein Weniger an Konzeption zu finden ist.

6 Die Fragestellung hierbei könnte in Anlehnung an Sharpe/Newton (1984) so formuliert werden: „How and why do public policies differ and to what extend?" Es ist hier im übrigen das landläufige Vorurteil gegen die lokale Politikforschung zu korrigieren (welches sich wohl auch der sprachlichen Nähe zur „Lokalpolitik" verdankt), sie sei „lokalistisch". Der Vergleich spielte schon immer eine große Rolle, wenn auch (noch) nicht im bundesdeutschen Kontext (für regionale Komparatistik vgl. neuerdings Jaedicke et al. 1991; Benzler/Heinelt 1991; Jürgens/Krumbein 1991; Blanke et al. 1992).

Literatur

Wir geben hier exemplarische Literaturhinweise. Eine Auswahlbiographie ist im Anhang zu diesem Band zu finden.

Bandemer, Stephan von/Wewer, Göttrik (Hrsg.), 1989: Regierungssystem und Regierungslehre. Fragestellungen, Analysekonzepte und Forschungsstand eines Kernbereiches der Politikwissenschaft, Opladen.

Benevolo, Leonardo, 1990: Die Geschichte der Stadt, 5. Auflage, Frankfurt/New York.

Benz, Arthur, 1984: Zur Dynamik der föderativen Staatsorganisation, in: PVS, 25. Jg., Heft 1, 53-73.

Benzler, Susanne/Heinelt, Hubert, 1991: Stadt und Arbeitslosigkeit. Örtliche Arbeitsmarktpolitik im Vergleich, Opladen.

Beyer, Lothar/Brinckmann, Hans, 1990: Kommunalverwaltung im Umbruch (Band 2 der Reihe „Zukunft durch öffentliche Dienste", Hrsg. von *Monika Wulf-Mathies*), Köln.

Beyme, Klaus von (Hrsg.), 1986: Politikwissenschaft in der Bundesrepublik Deutschland. Entwicklungsprobleme einer Disziplin (PVS-Sonderheft 17), Opladen.

Beyme, Klaus von/Schmidt, Manfred G. (Hrsg.), 1990: Politik in der Bundesrepublik Deutschland, Opladen.

Blanke, Bernhard/Evers, Adalbert/Wollmann, Hellmut (Hrsg.), 1986: Die Zweite Stadt. Neue Formen lokaler Arbeits- und Sozialpolitik (Leviathan-Sonderheft 7), Opladen.

Blanke, Bernhard/Heinelt, Hubert/Macke, Carl-Wilhelm, 1987: Großstadt und Arbeitslosigkeit. Ein Problemsyndrom im Netz der lokalen Sozialpolitik, Opladen.

Blanke, Bernhard/Wollmann, Hellmut (Hrsg.), 1991: Die alte Bundesrepublik. Kontinuität und Wandel (Leviathan-Sonderheft 12), Opladen.

Blanke, Bernhard/Smith, Randall, 1992: The Future of the Medium-Sized City – Bristol-Hanover University Symposium (Anglo-German Foundation), London.

Blanke, Bernhard/Benzler, Susanne/Heinelt, Hubert, 1992: Explaining different approaches to local labour market policies in the FRG, in: Policy and Politics, Bristol (forthcoming).

Böhret, Carl, 1990: Folgen. Entwurf für eine aktive Politik gegen schleichende Katastrophen, Opladen.

Bullmann, Udo, 1991: Kommunale Strategien gegen Massenarbeitslosigkeit, Opladen.
Bullmann, Udo/Gitschmann, Peter (Hrsg.), 1985: Kommune als Gegenmacht. Alternative Politik in Städten und Gemeinden, Hamburg.
Busch, Klaus, 1991: Umbruch in Europa. Die ökonomischen, ökologischen und sozialen Perspektiven des einheitlichen Binnenmarktes (HBS Forschung 4), Köln.
Club of Rome, 1991: Die globale Revolution (Spiegel Spezial Nr. 2/1991), Hamburg.
Duncan, Simon/Goodwin, Mark, 1988: The Local State and Uneven Development. Behind the Local Government Crisis, Cambridge.
Ellwein, Thomas/Hesse, Joachim Jens, 1987: Das Regierungssystem der Bundesrepublik Deutschland, 6. Auflage, Opladen.
Franz, Eberhard, 1991: Machen Institutionen einen Unterschied? Zur Frage der Effekte unterschiedlicher Kommunalverfassungen in den Bereichen lokaler Arbeitsmarkt- und Sozialpolitik. Diskussionen und Materialien aus dem Forschungsschwerpunkt Sozialpolitik, Hannover.
Friedrichs, Jürgen (Hrsg.), 1985: Die Städte in den 80er Jahren. Demographische, ökonomische und technologische Entwicklungen, Opladen.
Friedrichs, Jürgen (Hrsg.), 1988: Soziologische Stadtforschung (KZfSS-Sonderheft 29), Opladen.
Fürst, Dietrich, 1975: Kommunale Entscheidungsprozesse. Ein Beitrag zur Selektivität politisch-administrativer Prozesse, Baden-Baden.
Fürst, Dietrich (Hrsg.), 1977: Stadtökonomie, Stuttgart.
Fürst, Dietrich/Hesse, Joachim Jens/Richter, Hartmut (Hrsg.), 1984: Stadt und Staat. Verdichtungsräume im Prozeß der föderalistischen Problemverarbeitung, Baden-Baden.
Gabriel, Oscar W. (Hrsg.), 1989: Kommunale Demokratie zwischen Politik und Verwaltung, München.
Goez, Werner, 1984: Grundzüge der Geschichte Italiens in Mittelalter und Renaissance, Darmstadt.
Grant, Malcolm, 1989: Central-Local Relations. The Balance of Power, in: *Jeffrey Jowell* und *Dawn Oliver* (Hrsg.), The Changing Constitution, Oxford, 247-272.
Grauhan, Rolf-Richard (Hrsg.), 1975: Lokale Politikforschung, 2 Bde., Frankfurt/New York.
Häußermann, Hartmut, 1991: Lokale Politik und Zentralstaat. Ist auf kommunaler Ebene eine „alternative Politik" möglich?, in: *Hubert Heinelt* und *Hellmut Wollmann* (Hrsg.), Brennpunkt Stadt. Stadtpolitik und lokale Politikforschung in den 80er und 90er Jahren, Basel-Boston-Berlin, 52-91.
Häußermann, Hartmut/Siebel, Walter, 1987: Neue Urbanität, Frankfurt/M.
Hartwich, Hans-Hermann (Hrsg.), 1983: Gesellschaftliche Probleme als Anstoß und Folge von Politik. Tagungsbericht des wissenschaftlichen Kongresses der DVPW 1982, Opladen.
Hartwich, Hans-Hermann (Hrsg.), 1985: Policy-Forschung in der Bundesrepublik Deutschland. Ihr Selbstverständnis und ihr Verhältnis zu den Grundfragen der Politikwissenschaft, Opladen.
Hartwich, Hans-Hermann/Wewer, Göttrik (Hrsg.), 1990ff.: Regieren in der Bundesrepublik, Opladen (bisher 3 Bände).
Heinelt, Hubert/Wollmann, Hellmut (Hrsg.), 1991: Brennpunkt Stadt. Stadtpolitik und lokale Politikforschung in den 80er und 90er Jahren, Basel-Boston-Berlin.
Hellstern, Gerd-Michael, 1984: Politikforschung, lokale, in: *Rüdiger Voigt* (Hrsg.), Handwörterbuch zur Kommunalpolitik, Opladen, 341-343.
Herbert, David T./Smith, David M. (Hrsg.), 1989: Social Problems and the City. New Perspectives, Oxford.
Hesse, Joachim Jens, 1982: Stadtpolitik, in: *Joachim Jens Hesse* (Hrsg.), Politikwissenschaft und Verwaltungswissenschaft (PVS-Sonderheft 13), Opladen, 431-446.
Hesse, Joachim Jens (Hrsg.), 1986: Erneuerung der Politik „von unten"? Stadtpolitik und kommunale Selbstverwaltung im Umbruch, Opladen.
Hesse, Joachim Jens (Hrsg.), 1989: Kommunalwissenschaften in der Bundesrepublik Deutschland, Baden-Baden.
Hesse, Joachim Jens/Benz, Arthur, 1990: Die Modernisierung der Staatsorganisation, Baden-Baden.

Hesse, Joachim Jens/Wollmann, Hellmut (Hrsg.), 1983: Probleme der Stadtpolitik in den 80er Jahren, Frankfurt/New York.

Jaedicke, Wolfgang/Ruhland, Kurt/Wachendorfer, Ute/Wollmann, Hellmut/Wonnenberg, Holger, 1990: Lokale Politik im Wohlfahrtsstaat. Zur Sozialpolitik der Gemeinden und ihrer Verbände in der Beschäftigungskrise, Opladen.

Jochimsen, Reimut, 1991: Finanz- und wirtschaftspolitische Rahmenbedingungen der europäischen Integration und ihrer räumlichen Entwicklung, in: Deutsche Bundesbank, Auszüge aus Presseartikeln Nr. 86, November.

Jowell, Jeffrey/Oliver, Dawn (Hrsg.), 1989: The Changing Constitution, 2. Auflage, Oxford.

Jürgens, Ulrich/Krumbein, Wolfgang (Hrsg.), 1991: Industriepolitische Strategien. Bundesländer im Vergleich, Berlin.

Kaufmann, Franz-Xaver (Hrsg.), 1979: Bürgernahe Sozialpolitik. Planung, Organisation und Vermittlung sozialer Leistungen auf lokaler Ebene, Frankfurt/New York.

Kaufmann, Franz-Xaver, 1982: Elemente einer soziologischen Theorie sozialpolitischer Interventionen, in: *Franz-Xaver Kaufmann* (Hrsg.), Staatliche Sozialpolitik und Familie, München/Wien, 49-86.

Kaufmann, Franz-Xaver (Hrsg.), 1987: Staat, intermediäre Instanzen und Selbsthilfe. Bedingungsanalysen sozialpolitischer Interventionen (Soziologie und Sozialpolitik Band 7), München.

Kevenhörster, Paul/Wollmann, Hellmut (Hrsg.), 1978: Kommunalpolitische Praxis und Lokale Politikforschung, Berlin.

Korte, Hermann, 1986: Stadtsoziologie. Forschungsprobleme und Forschungsergebnisse der 70er Jahre, Darmstadt.

Krüger, Jürgen/Pankoke, Eckart (Hrsg.), 1985: Kommunale Sozialpolitik, München/Wien.

Labisch, Alfons, 1987: Problemsicht, Problemdefinition und Problemlösungsmuster der Gesundheitssicherung durch Staat, Kommunen und primäre Gemeinschaften, in: *Franz-Xaver Kaufmann* (Hrsg.), Staat, intermediäre Instanzen und Selbsthilfe, München, 91-118.

Leibfried, Stephan/Hansen, Eckhard/Heisig, Michael, 1987: Sozialpolitik und kommunale soziale Grundsicherung: Zur Verrechtlichung des Existenzminimums nach dem Zweiten Weltkrieg und der Entstehung des Warenkorbes 1955, in: *Franz-Xaver Kaufmann* (Hrsg.), Staat, intermediäre Instanzen und Selbsthilfe, München, 41-66.

Loughlin, Martin, 1986: Local Government in the Modern State, London.

Luhmann, Niklas, 1981: Politische Theorie im Wohlfahrtsstaat, München/Wien.

Mäding, Heinrich, 1991: Finanzielle Restriktionen kommunalen Handelns, in: *Hubert Heinelt* und *Hellmut Wollmann* (Hrsg.), Brennpunkt Stadt. Stadtpolitik und lokale Politikforschung in den 80er und 90er Jahren, Basel-Boston-Berlin, 92-108.

Maier, Hans E./Wollmann, Hellmut (Hrsg.), 1986: Lokale Beschäftigungspolitik, Basel/Boston/Stuttgart.

Mayntz, Renate, 1982: Problemverarbeitung durch das politisch-administrative System: Zum Stand der Forschung, in: *Joachim Jens Hesse* (Hrsg.), Politikwissenschaft und Verwaltungswissenschaft (PVS-Sonderheft 13), Opladen, 74-89.

Naschold, Frieder, 1969: Organisation und Demokratie, Stuttgart.

Naßmacher, Hiltrud/Naßmacher, Karl-Heinz, 1979: Kommunalpolitik in der Bundesrepublik, Opladen.

Naßmacher, Karl-Heinz, 1983: Kommunalpolitik, in: Wolfgang W. Mickel (Hrsg.), Handwörterbuch der Politikwissenschaft, München, 244-249.

Page, Edward C., 1991: Localism and Centralism in Europe. The Political and Legal Bases of Local Self-Government, Oxford.

Rhodes, R.A.W., 1986: The National World of Local Government, London.

Scharpf, Fritz W., 1988: Verhandlungssysteme, Verteilungskonflikte und Pathologien der politischen Steuerung, in: *Manfred G. Schmidt* (Hrsg.), Staatstätigkeit. International und historisch vergleichende Analysen (PVS-Sonderheft 19), Opladen, 61-87.

Scharpf, Fritz W./Reissert, Bernd/Schnabel, Fritz, 1976: Politikverflechtung. Theorie und Empirie des kooperativen Föderalismus in der Bundesrepublik, Kronberg i.Ts.

Schmals, Klaus M., 1989: Soziale Ungleichheit im räumlichen Entwicklungsprozeß kapitalistischer Industriegesellschaften, in: *Ingrid Breckner* et al. (Hrsg.), Armut im Reichtum. Erscheinungsformen, Ursachen und Handlungsstrategien in ausgewählten Großstädten der Bundesrepublik, Bochum.

Schmid, Günther, 1974: Funktionsanalyse und politische Theorie. Funktionalismuskritik, Faktorenanalyse, Systemtheorie, Düsseldorf.

Schmidt, Manfred G. (Hrsg.), 1988: Staatstätigkeit. International und historisch vergleichende Analysen (PVS-Sonderheft 19), Opladen.

Schneider, Herbert, 1991: Kommunalpolitik auf dem Lande (Beiträge zur Kommunalwissenschaft 35), München.

Sharpe, Lawrence J./Newton, Kenneth, 1984: Does politics matter? The determinants of public policy, Oxford.

Stoker, Gerry, 1988: The Politics of Local Government, London.

Stewart, John/Stoker, Gerry (Hrsg.), 1989: The Future of Local Government, London.

Voigt, Rüdiger (Hrsg.), 1984: Handwörterbuch zur Kommunalpolitik, Opladen.

Voigt, Rüdiger, 1986: Kommunale Partizipation am staatlichen Entscheidungsprozeß, Würzburg.

Wehling, Hans-Georg (Hrsg.), 1975: Kommunalpolitik, Hamburg.

Wehling, Hans-Georg, 1983: Kommunalpolitik, in: *Manfred G. Schmidt* (Hrsg.), Westliche Industriegesellschaften (Pipers Wörterbuch zur Politik, Band 2), München, 174-183.

Wehling, Hans-Georg, 1989: Kommunalpolitik und Regierungslehre, in: *Stephan von Bandemer und Göttrik Wewer* (Hrsg.), Regierungssystem und Regierungslehre, Opladen, 193-206.

Windhoff-Héritier, Adrienne, 1991: Stadt der Reichen, Stadt der Armen. Politik in New York City, Frankfurt/New York.

Wollmann, Hellmut, 1985: Kommunalpolitik, in: *Dieter Nohlen* und *Rainer-Olaf Schultze* (Hrsg.), Politikwissenschaft (Pipers Wörterbuch zur Politik, Band 1), München, 434-439.

Wollmann, Helmut, 1991: Entwicklungslinien lokaler Politikforschung – Reaktionen auf oder Antizipationen von sozio-ökonomischen Entwicklungen?, in: *Hubert Heinelt* und *Hellmut Wollmann* (Hrsg.), Brennpunkt Stadt. Stadtpolitik und lokale Politikforschung in den 80er und 90er Jahren, Basel-Boston-Berlin, 15-30.

Zilleßen, Horst, 1991: Die Modernisierung der Demokratie im Zeichen der Umweltproblematik, Vortrag, DVPW-Kongreß 1991, Hannover (Manuskript).

Zoll, Ralf (Hrsg.), 1972: Gemeinde als Alibi: Materialien zur politischen Soziologie der Gemeinde, München.

I. Systematische Analysen

Die Bedeutung „lokaler Politik" – neue Forschung zu einem alten Thema

Hartmut Häußermann

Seit mit den Städteordnungen im Laufe des 19. Jahrhunderts in den deutschen Staaten die „Selbstverwaltung" der Gemeinden eingeführt worden war, haben sich vor allem Juristen und Historiker immer wieder mit der Frage beschäftigt, wie weit diese Selbstverwaltung rechtlich und faktisch ausgestaltet sei. Mehr oder weniger deutlich ausgesprochen gab dabei die Autonomie der (meisten) mittelalterlichen Städte die Orientierung, die sich in einer Art Eidgenossenschaft mit Waffengewalt als Bürgerverband gegen die Ansprüche der Grundherren etabliert hatten – zu einer Zeit also, als „keine rationale Verwaltung eines politischen Verbandes über ihnen stand" (Weber 1922: 535). Die städtische Selbstverwaltung war in Deutschland der Beginn von „rationaler Verwaltung" überhaupt; flächendeckende Verwaltungen mit hoheitlichem Anspruch entstanden erst mit den absolutistischen Territorialstaaten, und diese versuchten dann mit allen Mitteln, die überkommenen Formen von städtischer Selbstverwaltung zu beseitigen – was den neu organisierten Zentralgewalten deshalb auch weitgehend gelang, weil die zünftige Organisation der städtischen Wirtschaft im Widerstreit zur industriellen Entwicklung der Produktion stand, die von der absolutistischen Wirtschaftspolitik eingeleitet wurde.

Wie ein Leitstern stand die bürgerschaftliche Tradition der vorindustriellen Selbstverwaltung der Städte als eine Vorstellung von lokaler Autonomie bis zur jüngsten Zeit über der historischen und verwaltungswissenschaftlichen Diskussion. Bis zum Ende des Kaiserreichs hatte diese Position insofern einen realistischen Kern, als insbesondere die Steinsche Städteordnung auf die Idee der bürgerschaftlichen Selbstverwaltung als einer Einheit der Besitzenden zurückgegriffen und so auch rechtlich einen Dualismus von monarchischem Staat und demokratischer Selbstverwaltung institutionalisiert hatte. Bis zum Ende der Monarchie in Deutschland war die kommunale Selbstverwaltung der Ort, an dem sich das Bürgertum politisch betätigen konnte. In den Städteverwaltungen, die eine überaus dynamische wirtschaftliche Tätigkeit entfalteten, wurde die politische Kraft des Liberalismus allerdings auch absorbiert, was Voraussetzung für den prekären Konsens von konservativer und liberaler Politik im Kaiserreich war.

Die bürgerliche Revolution von 1848/49 war vor allem gegen die Bevormundung durch die staatliche Bürokratie gerichtet. Dieses große Ziel führte immerhin zur Gewährung von Selbstverwaltungsrechten auf kommunaler Ebene. Die kommunale Selbstverwaltung wurde so zum „Ersatz für die fehlende Durchsetzung des bürgerlichen Reformstrebens im Gesamtstaat" (Hoffmann 1981: 73). Obwohl es sich also ausdrücklich um eine politische Selbstverwaltung handelte, setzte sich – unter dem theoretischen Einfluß Gneists – ein unpolitisches Selbstverständnis der „Honoratiorenverwaltung" durch. Das Politische bestand in der Gegenüberstellung von bürgerlicher Selbstverwaltung und bevormundender staatlicher Bürokratie.

Die Autonomie-Tradition, die mit der Städteordnung als Idee sogar institutionalisiert war, und die politische Praxis der „Fortschrittlichen" auf lokaler Ebene führten zu jenem Mythos einer besonderen demokratischen Qualität kommunaler Politik, der bis heute auf jeder Festveranstaltung aus Anlaß irgendeines stadtpolitischen Jubiläums beschworen wird. Zum Konflikt zwischen „Demokratie" und „Selbstverwaltung" mußte es kommen, als mit dem Sturz der Monarchie die vertikale Aufteilung der politischen Sphären nach Organisationsprinzipien und politischer Trägerschaft nicht länger plausibel war.

Die bürgerschaftliche Selbstverwaltung im monarchischen Staat war ein „demokratischer" Fremdkörper, in dem freilich – gesichert durch Klassenwahlrecht und „Hausbesitzerklausel", nach der mindestens die Hälfte der Stadtverordneten Grundbesitzer sein mußten – keine Entscheidungen gegen die besitzenden Bürger (Bürgerinnen hatten ohnehin weder aktives noch passives Wahlrecht) möglich waren. Mit der demokratischen Verfassung von Weimar wurde die Souveränität im Staat auf das Volk übertragen und damit die politische Sonderstellung der Städte und Gemeinden beseitigt. Dennoch lebte die Vorstellung einer besonderen Qualität der kommunalen Selbstverwaltung weiter, was zu unauflöslichen Widersprüchen in der Bestimmung seines Inhalts führen mußte.

Die wissenschaftlichen Positionen verschränkten sich dabei in seltsamer Weise: während für die Apologeten eines „starken" Staates wie Carl Schmitt die Institution einer kommunalen Selbstverwaltung ein ärgerliches Hindernis für die Durchsetzung des einheitlichen Staatswillens darstellte, weil er in den Gemeinden die Kraft vermißte, den „pluralistischen Mächten einen wirksamen Widerstand entgegenzusetzen" (zitiert nach Köttgen 1968: 27), versuchten konservative Verwaltungsrechtler (das prominenteste Beispiel ist Arnold Köttgen) die demokratische Substanz der Selbstverwaltung gegen ihre Politisierung zu verteidigen.

Köttgen beklagte in seinem 1931 erschienenen Aufsatz „Die Krise der kommunalen Selbstverwaltung", von der Selbständigkeit der Gemeinden sei durch die Entwicklung in der Weimarer Republik wenig übriggeblieben. Aus der Erzbergerschen Finanzreform von 1919, mit der die Finanzautonomie der Gemeinden beseitigt und der Steuerverbund zwischen Reich, Ländern und Kommunen eingeführt worden war, folgerte er: „Im Rahmen der aus Steuermitteln unterhaltenen Verwaltungszweige kann auf jeden Fall heute von der Möglichkeit einer örtlichen Sonderbedürfnissen Rechnung tragenden Gestaltung des kommunalen Aufgabenbereichs nicht mehr gesprochen werden" (Köttgen 1968: 1). Durch den „zentralistischen Finanzausgleich" seien die Gemeinden zu „bloßen Vollzugsorganen" bzw. zur „Auftragsverwaltung" für die höheren staatlichen Ebenen geworden. Köttgen benennt als Ursachen dafür die Entwicklung des Kapitalismus, die vornehmlich im nationalstaatlichen Rahmen organisiert werde und „auch in der Gemeinde vorhandene gemeinschaftsmäßigen Bindungen zersetzt" (9). Diese „Zersetzung der genossenschaftlichen Grundlagen" (9) habe zum Aufbau einer „Beamtenverwaltung" geführt. Gegenüber diesen modernen Tendenzen hält Köttgen an der Idee einer bürgerschaftlichen Selbstverwaltung fest, die als „Raumgemeinschaft" die Aufgabe habe, „über alle sonstigen sozialen Gegensätze und Spannungen hinweg für alle vorerst nur äußerlich in einer Siedlungseinheit zusammengefaßten Personengruppen eine gemeinsame geistige Plattform zu erstellen" (9). Daher kommt Köttgen auch zu dem Schluß, es bestehe ein „unaufhebbarer Antagonismus ... zwischen dem mehr und mehr das Profil der deutschen Rechtswirklichkeit bestimmenden Parteienstaat und jeder Selbstverwaltung" (32). „Nur äußerlich" zusammengefaßt ergebe sich lediglich eine „Einwohnergemeinde", die aber eine „Verkennung des Wesens der Gemeinde" (13) darstelle, das „pluralistischen Zersetzungserscheinungen der Gegenwart preisgegeben" (28) werde.

Deutlich wird hier der Gegensatz zwischen „Gemeinschaft" und „Gesellschaft" zur Grundlage der Bestimmung des Inhalts kommunaler Selbstverwaltung gemacht. Die Gemeinde ist in dieser Sicht nicht lediglich eine politische Institution, sondern eine *soziale* Einheit, die ihre eigenen Angelegenheiten quasi familiär, d.h. unter der Prämisse des Konsenses gegenüber fremden Interessen regelt. Unterstellt wird, daß es gemeinsame lokale Interessen („wesensmäßig neutral") gibt, die von allen höher bewertet werden als die sozialen und politischen Unterschiede innerhalb der Gemeinde.

Dieses Verständnis vom „Wesen" der Gemeinde ist zumindest dem Worte nach in das Grundgesetz der Bundesrepublik eingegangen, wo im Artikel 28 Abs. 2 bestimmt wird, daß den Gemeinden „das Recht gewährleistet sein (muß), alle Angelegenheiten der *örtlichen Gemeinschaft* im Rahmen der Gesetze in eigener Verantwortung zu regeln" (Hervorhebung von mir, H.H.). Obwohl diese Formulierung von Kommunalpolitikern immer wieder als Beweis für die Eigenständigkeit und die durch den Verfassungsrang gegebene Bedeutung der kommunalen Selbstverwaltung zitiert wird, stellt sie in der Staatskonstruktion und der damit verbundenen Funktionsteilung zwischen Gemeinden, Bundesländern und Nationalstaat lediglich eine Reminiszenz dar, die weder in der weiteren gesetzlichen Ausgestaltung der Staatstätigkeit noch in der politischen Praxis hohe Relevanz hat. Preuß hat gezeigt, daß der „Dualismus von selbstkonstituiertem Beamtenstaat und demokratisch konstituierter Selbstverwaltung verfassungsrechtlich obsolet geworden" sei, und meint, daß „die Staatslehre hilflos vor Art. 28 Abs. 2 GG steht" (Preuß 1973).

Die Gegenüberstellung von lokaler Einheit und territorialem Staat, auf deren Basis Köttgen noch die besondere Qualität der kommunalen Selbstverwaltung zu begründen suchte, war allerdings schon zu Zeiten der Weimarer Republik eine rückwärtsgewandte Fiktion. Mit der Industrialisierung entwickelten sich rasch die überlokalen Bezüge sowohl der ökonomischen Aktivitäten wie der individuellen Existenzen. Durch ökonomischen Strukturwandel, demographische Verschiebungen im Zusammenhang mit der Entstehung neuer Arbeitsmärkte, überlokale Interessenorganisationen, und nicht zuletzt durch den Ausbau sozialstaatlicher Sicherungssysteme nahm die Bedeutung lokaler Sozialsysteme kontinuierlich ab – weder ökonomisch noch sozial konnte länger die „Gemeinde" der „Gesellschaft" gegenübergestellt werden. Der Vergesellschaftungsprozeß ergriff beständig immer mehr Bereiche des „Daseins" und ist bis heute ungebrochen. Vorstaatliche Formen gesellschaftlicher Beziehungen verschwanden dabei zwar nicht vollkommen, aber sie decken sich heute nur noch in seltenen Ausnahmefällen mit räumlichen Einheiten oder gar mit den administrativen Grenzen einer Gemeinde.

Die normative Sicht der älteren Staats- oder Verwaltungslehre, die - skeptisch bis ablehnend gegenüber dem Modernisierungsprozeß - an einer besonderen Qualität der kommunalen Selbstverwaltung festhalten wollte (vgl. z.B. noch Unruh 1989, der sich unmittelbar auf Köttgen beruft!), ist inzwischen nüchterneren Kommentaren gewichen. Der Vergesellschaftungsprozeß habe eine „Standardisierung der 'kommunalen Individualitäten' zu Funktionselementen einer territorial umspannenden Staatsverwaltung herbeigeführt" (Preuß 1973: 202). Das Recht auf kommunale Selbstverwaltung laufe daher weitgehend leer und habe kaum eine hohe praktische Bedeutung.

In konservativer Sicht erscheint die Beseitigung der „umfassenden Steuerautonomie der Städte" durch die Reichsfinanzreform von 1919 als „entscheidende Wende" (Unruh 1989: 11), seit der die Städte zu einem endlosen Kampf um die Wiedergewinnung ihrer „Autonomie" verdammt sind. Als Ursache für diese Wende wird dabei vor allem die Intention des Reichs gesehen, Verpflichtungen auf die Gemeinden abzuwälzen. Daß sich mit dem Übergang von der autoritären Monarchie zum demokratischen Sozialstaat Stellung und Funktion der Gemeinden prinzipiell verändert haben, wird in der Fixierung auf die Kontinuität lokaler Selbstverwaltungsrechte nicht einmal erwähnt. Die Steuerautonomie der Städte in der vordemokratischen Verfassung war, wie oben schon erwähnt, Bestandteil eines Kompromisses zwischen konservativ-reaktionären Mächten auf der Reichsebene und liberalem Bürgertum, dem die lokale Ebene als politische Spielwiese zugeteilt worden war. Die Unabhängigkeit gegenüber dem Staat hatte aber auch zur Folge, daß sich die Finanzkraft und damit Leistungsfähigkeit der Kommunalverwaltungen stark ausdifferenzierte und damit die Lebensbedingungen insbesondere für diejenigen Einwohner, die aufgrund ihrer ökonomischen Situation in größerem Maße auf öffentliche Leistungen angewiesen waren, je nach dem Ort, wo sie lebten, sehr unterschiedlich waren (vgl. Reulecke 1985). Dies gilt für die allgemeine technische Infrastruktur, aber auch für soziale Einrichtungen und insbesondere das Schulwesen, das bis 1918 Gemeindeangelegenheit war.

Mit der sozialstaatlichen Zielsetzung der Demokratie nach 1918 war dieses System nicht mehr vereinbar - nicht nur wegen ungleicher Finanzkraft verschiedener Städte, sondern auch wegen unterschiedlicher Verwendung der kommunalen Mittel. Eine Demokratisierung des Bildungs- und Gesundheitswesens, die ubiquitäre Zugänglichkeit zu Kultureinrichtungen usw. setzten entweder eine Verstaatlichung dieser Bereiche oder zumindest eine zentrale Gesetzgebung voraus, die den Handlungsspielraum der Kommunen einschränkten und ein annähernd gleiches Versorgungsniveau in allen Gemeinden sicherstellten. Sowohl Finanzausstattung wie Handlungsrahmen mußten also für alle Städte einigermaßen gleich gestaltet werden. Die sozialstaatliche Zielsetzung, einheitliche Lebensverhältnisse im gesamten Staatsgebiet zu gewährleisten, schließt eine kommunale Autonomie in der Steuererhebung und in der Mittelverwendung aus.

In der Weimarer Verfassung wurde im Art. 127 den Gemeinden das „Recht der Selbstverwaltung innerhalb der Schranken der Gesetze" gegeben (vgl. Rebentisch 1981), zur

gleichen Zeit also, als die materielle Basis dieses Rechts, die finanzielle Selbständigkeit zugunsten eines Finanzierungsverbunds mit den beiden übergeordneten staatlichen Ebenen revidiert wurde. Im Grunde ist bis heute keine endgültige Klarheit über die Bedeutung dieser verfassungsrechtlichen Stellung der Gemeinde gegenüber den „staatlichen" Ebenen der Länder und der Zentralregierung geschaffen worden. Genaue Definitionen von Kompetenzen und Aufgaben der Gemeinden gibt es nicht, ihre finanzielle Ausstattung ist von Bundes- und Landesgesetzen abhängig – und beides variiert zwischen den verschiedenen Ländern. In dieser beweglichen Bestimmung dessen, was Selbstverwaltung heißen soll, fließen offensichtlich verschiedene staatstheoretische Konstruktionen, kommunalpolitische Traditionen und aktuell bestimmte Veränderungen des föderalen Gefüges zusammen. War der Weimarische Staat einerseits nach den Vorstellungen des liberalen Staatsrechtlers Hugo Preuß ein dezentrales Gebilde mit den *drei Selbstverwaltungskörperschaften* Reich, Länder und Gemeinden, achteten andererseits die Länder auf ihre Eigenstaatlichkeit, während die nach dem Krieg zuerst wieder handlungsfähigen Städte und Gemeinden in der Durchsetzung einer „institutionellen Garantie" der Selbstverwaltung offensichtlich eine Basis sahen, an die alten Traditionen der Kommunalhoheit anknüpfen zu können. Ganz ähnlich verlief die Konstitution der Bundesrepublik: das föderale Element sollte durch die starke verfassungsrechtliche Stellung der Bundesländer gestärkt werden, der Nationalstaat wirklich nur ein Zusammenschluß der Bundesländer sein – und die Gemeinden? Sie konnten das Recht auf die selbständige Regelung „aller Angelegenheiten der örtlichen Gemeinschaft" wieder im Grundgesetz verankern, ohne daß festgelegt worden wäre, was damit eigentlich gemeint soll.
Die Gemeinden sind Körperschaften des öffentlichen Rechts, also kein Teil der staatlichen Verwaltung. Ein großer Teil der Staatstätigkeit wird allerdings von den Kommunen exekutiert, die öffentlichen Investitionen werden überwiegend von den lokalen Gebietskörperschaften vorgenommen. Sie sind also eine „mittelbare Staatsverwaltung", wie das Bundesverwaltungsgericht formulierte. Weil sie aber nicht unmittelbare Staatsverwaltung sind, ist Raum für die Aufrechterhaltung einer Selbstverwaltungsideologie gegeben, die sich vor allem gegen die „Politisierung" der Kommunalpolitik wendet – ganz konsequent in jener Traditionslinie, die den lokalen Bürgerverband anders konstituiert sieht als den territorialen Staat. Von den Theoretikern der Selbstverwaltung ist das „Eindringen" der Parteien in die Kommunalpolitik stets als eine Art Krankheit betrachtet worden, die der besonderen deutschen Tradition mehr schade als sie fortführe. Selbst die SPD-Bürgermeister der großen Städte warnten Ende der 60er Jahre, als die Jungsozialisten die Frage „Kommunalpolitik für wen?" auf die Tagesordnung ihres Kongresses gesetzt hatten, vor einer „Ideologisierung" der Kommunalpolitik (vgl. Rudzio 1977).
Im Zusammenhang mit den politisch-kulturellen Veränderungen in der Bundesrepublik in den 60er Jahren und dem Interesse an einer Reformpolitik, das mit dem Ende der seit Gründung der Bundesrepublik bestehenden CDU-Herrschaft erwachte, rückte die lokale Politik stärker in das Blickfeld von politischen Bewegungen und auch der sozialwissenschaftlichen Forschung. Bis dahin hatte die Kommunalpolitik eher ein Schattendasein geführt und wissenschaftliche Aufmerksamkeit nur bei wenigen Ex-

perten gefunden. Der vorwiegend normativ geführte Diskurs über die kommunale Selbstverwaltung wurde seitdem erweitert oder sogar abgelöst durch empirische Studien zur politischen Praxis auf lokaler Ebene.

Anstoß dazu gaben einerseits die heftigen Konflikte, die in den Städten im Zuge der Altstadtsanierung und der damit verbundenen Modernisierungspolitik entstanden waren, andererseits der Umbau der föderalen Politikverflechtung, der im Anschluß an die konjunkturelle Krise von 1966/67 vorgenommen wurde (vgl. Thränhardt 1986). Durch diese beiden politischen issues war die Praxis der Kommunalverwaltungen in den Mittelpunkt von politischen Auseinandersetzungen geraten und ihr Anspruch, „kommunale Selbstverwaltung" zu sein, von verschiedenen Seiten her in Frage gestellt: die Heftigkeit, mit der teilweise gewaltförmige Konflikte zwischen Bewohnern von Altbaugebieten und „ihrer" kommunalen Selbstverwaltung aufbrachen, drängte die Frage auf, in wessen Interesse und mit welchen Zielen diese Verwaltungen eigentlich handelten (Wollmann 1974), wenn sie so große Anstrengungen unternahmen, um den Widerstand von betroffenen Stadtbewohnern zu überwinden; und die Einbindung der kommunalen Haushalte sowie ihrer Investitionspolitik in gesamtstaatliche makroökonomische Strategien, wie sie mit „Globalplanung", Konjunktur- und Finanzplanungsrat, Städtebauförderungs- und Gemeindeverkehrsfinanzierungsgesetzen deutlich wurde, verlangte nach einer Klärung der Diskrepanz zwischen propagierter Selbstverwaltung und Erfüllung zentralstaatlicher Funktionen.

Politik auf lokaler Ebene wurde nun nicht mehr im Rahmen des Paradigmas „Krise der Selbstverwaltung" thematisiert, sondern als eine lediglich institutionell unterschiedene Ebene gesamtgesellschaftlicher Prozesse und eng verflochtener staatlicher Politik. Die ersten Analysen waren jedoch dem Selbstverwaltungsparadigma noch insofern verpflichtet, als sie die Restriktionen kommunaler Politik thematisierten (vgl. z.B. Siebel 1974). Gleichzeitig entstanden empirische und theoretische Studien, in denen die Stadtentwicklungspolitik als letzte Implementationsstufe zentralstaatlicher Programme analysiert wurde (z.B. Evers/Lehmann 1972) bzw. in denen die institutionelle Einbindung kommunaler Politik in ein globales Steuerungssystem aufgezeigt wurde (z.B. Häußermann 1972 und Rodenstein 1974).

Solche Studien verfolgten den Zweck, die Reichweite und die Erfolgsaussichten von politischen Auseinandersetzungen auf lokaler Ebene genauer zu bestimmen, indem die überlokal gesetzten Zwänge für die kommunale Politik identifiziert und der Stellenwert der lokalen politischen Arena für „Reformpolitik" relativiert wurde. Insgesamt war der Ertrag dieser ersten Phase einer empirischen Erforschung von politischen Prozessen auf lokaler Ebene ernüchternd gegenüber der trotz aller kritischen Tatbestandsaufnahme optimistischen Sicht der vorwiegend verwaltungsrechtlich argumentierenden „Kommunalwissenschaft". Die Chancen, die Anfang der 70er Jahre auf Bundesebene mit viel Reformpathos initiierten Veränderungsprozesse durch „progressive" Lokalpolitik beeinflussen und verstärken zu können, wurden überwiegend als gering eingeschätzt.

Die meisten dieser Studien knüpften an die marxistische Tradition der Politik-Analyse an und brachten die Zentralisierung staatlicher Entscheidungsprozesse in Zusammenhang mit einer wachsenden Staatsintervention, die das Ziel hat, ökonomische Krisen zu vermeiden. Da die Kommunen für staatliche Investitionen eine zentrale Stellung innehatten (und immer noch haben), und weil ihr traditionell kameralistisches Haushaltsgebaren sich zu den Anforderungen der keynesianischen Konjunktursteuerung widersprüchlich verhielt, mußten sie zwangsläufig stärker in staatliche Finanz- und Investitionspolitik eingebunden werden. Diese Perspektive führte zur These einer zunehmenden Zentralisierung von Entscheidungsmöglichkeiten, die ihren sinnfälligsten Ausdruck in den korporatistischen Gremien fand, die in den 70er Jahren auf Bundesebene etabliert wurden.

Die Zentralisierungsthese wurde von der empirischen Politikwissenschaft als zu formal kritisiert (vgl. z.B. Baestlein u.a. 1980), weil sie institutionelle Arrangements mit der politischen Wirklichkeit verwechsle. Auch und gerade unter den Bedingungen einer stärkeren institutionellen Verflechtung zwischen Staat und Kommunen bleibe den Gemeinden ein erheblicher Spielraum bei der Ausführung von Programmen und Gesetzen, die auf Landes- oder Bundesebene beschlossen werden; Wollmann (1982) spricht sogar von einer „Gegenimplementation von unten", deren Konturen er an der Wohnungspolitik skizziert. Die Wirkungen schätzte er allerdings selbst als lediglich „mikropositiv" ein. Außerdem würden die Gemeinden bei der Entwicklung solcher Programme beteiligt (Benz/Heinrich 1983). Diese Beteiligung habe um so größere Bedeutung, je stärker der Problemdruck auf lokaler Ebene sei, und je weniger routinisiert die „neuen" Probleme von der zentralen Administration im Gesetzgebungsverfahren geregelt werden könnten (Hesse 1983).

Seit einigen Jahren ist eine Diskussion in Gang gekommen, in der von einer „Erneuerung der Politik von unten" (Hesse 1986) bzw. von einer „kommunalen Gegenmachtpolitik" (Bullmann/Gitschmann 1985) die Rede ist. Angesichts der stabil scheinenden Besetzung zentralstaatlicher Positionen durch die konservativ-liberalen Parteien werden dabei Reformintentionen linker und alternativer Bewegungen vor allem auf die kommunale Politik gerichtet. Diese Orientierung lebt aus der Erinnerung an die revolutionären Traditionen vorindustrieller Stadtpolitik, in denen sich die bürgerliche Emanzipationsbewegung auf die kommunale Autonomie stützte, und sie lebt aus der Idee, auf der lokalen Ebene könnten sich aus unmittelbaren Betroffenheiten Koalitionen gegen die Tendenz zur Ökonomisierung der Politik ergeben. Tatsächlich werden Auswirkungen von Austerity-Politik und Finanzkrise ja auf lokaler Ebene zuerst und am deutlichsten spürbar, wenn die Einrichtungen des kollektiven Konsums angegriffen werden, aber eine breite Bewegung, die eine wirksame kommunale Gegensteuerung erzwingen könnte, existiert nicht.

Teils aus Resignation, teils mit der Absicht einer „Entstaatlichung" von Politik (z.B. Evers 1986) werden von kritischen Sozialwissenschaftlern neue kommunalpolitische Strategien befürwortet, bei denen den Gemeinden ein eigenständiger Handlungsspielraum unterstellt wird, der durch Bündnisse mit sozialen Bewegungen endlich genutzt oder gar erweitert werden soll.

Als Ansatzpunkte werden dabei die Felder der Wohnungs-, Sozial-, Gesundheits-, Kultur- und sogar der Arbeitsmarktpolitik gesehen, die zu neuen Formen der Selbstorganisation und genossenschaftlichem Wirtschaften, zu einer „im Zusammenwirken von administrativen Instanzen und selbstinitiierten Gruppen erneuerten Stadtpolitik"

(Bullmann/Gitschmann 1985: 13) führen sollen. Solche Überlegungen hatte schon Grauhan mit der Vorstellung einer „Kommunalisierung des Staates" (1978: 230) entwickelt, die an die Marxsche Analyse der Pariser Kommune-Bewegung von 1870 anknüpfte. Voraussetzung für die Formulierung derartiger Strategien wäre aber eine Entkoppelung der Kommunen von der staatlichen Ebene, die sich entweder in einer funktionalen Eigenständigkeit oder zumindest in qualitativ anderen Prozessen der Willensbildung zeigen lassen müßten.

Diese neuerliche Zuwendung zur kommunalen Politikebene (vgl. den Überblick bei Heinelt/Wollmann 1991) ist, wie schon Anfang der 70er Jahre, motiviert durch politische Anstöße. Die langanhaltende zweite Periode von CDU-Herrschaft in der Bundesrepublik in Verbindung mit dem Partner FDP hat programmatisch das Ende der „Reformpolitik" eingeläutet, durch die zumindest die ersten Jahre der SPD/FDP-Regierungen charakterisiert werden können. Die mit dem globalen ökonomischen Strukturwandel einsetzende Finanzkrise des Staates versuchte die konservativ-liberale Regierung durch eine Senkung der Staatsquote und durch Privatisierungsprogramme zu bewältigen. Obwohl es sich dabei vorwiegend um politische Rhetorik handelte, wurden doch einige Ausgabenblöcke vor allem im sozialpolitischen Bereich reduziert (Bieback 1985); und die mit der Arbeitsmarktkrise steigenden Ausgaben für Arbeitslosigkeit wurden ebenfalls durch eine Kürzung der Kompensationsleistungen sowie durch Abwälzung der Folgelasten auf die Kommunen zu begrenzen versucht (vgl. Blanke u.a. 1987; Benzler/Heinelt 1991). Gezielt leitete die Bundesregierung ebenfalls das „Ende des sozialen Wohnungsbaus" ein, was inzwischen unter dem Druck der neuen Wohnungsnot teilweise und vorübergehend wieder korrigiert wurde.

In dem Maße, wie die zentralstaatliche Politik aus dem Feld sozialpolitischer Prävention und Fürsorge aus finanziellen Erwägungen und aus dem Feld der Arbeitsmarkt- und Wohnungspolitik auch aus ordnungspolitischen Erwägungen sich zurückzog, richtete sich das Interesse von sozialen Bewegungen und sozialpolitisch engagierten Wissenschaftlern auf die kommunale Ebene, wo nun in den Stadtverwaltungen nach Akteuren gesucht wurde, die die durch die bundespolitische Wende geschaffene Leerstelle für eine sozial gerechte Bewältigung der Krisenfolgen füllen könnten.

Da eine solche Orientierung von Stadtverwaltungen, die von der gleichen Partei wie die Bundesregierung geleitet werden, kaum zu erwarten ist, richtete sich das Interesse vor allem auf die Städte, in denen eine SPD-Mehrheit regiert. Logische Voraussetzung für derartige Überlegungen ist aber, daß es einen Handlungsspielraum auf lokaler Ebene tatsächlich gibt, der von der einen oder anderen politischen Mehrheit mit jeweils unterschiedlichen Zielsetzungen ausgefüllt werden kann. Auf die dieser Problemstellung entsprechenden Frage, ob unterschiedliche politische Mehrheiten in den Kommunalparlamenten auch unterschiedliche politische Ergebnisse produzieren, richteten sich in den vergangenen Jahren verschiedene empirische Forschungsprojekte.

Vorläufer dazu waren Untersuchungen, die von amerikanischen Wissenschaftlern mit dem quantitativen Ansatz der Policy-Forschung („Do parties matter?") durchgeführt wurden (Fried 1976 und Rickards 1985). Diese Studien stellten nur schwache Einflüsse der parteipolitischen Steuerung fest, konnten jedoch aus methodischen Gründen nicht als endgültige Antworten auf die Frage nach den Handlungsspielräumen der Kommunalpolitik angesehen werden. Einen differenzierteren Test unternahmen (wie schon früher Georgieff u.a. 1977) Gabriel u.a. (1990), indem sie die Investitionsausgaben aller Gemeinden in einem Bundesland für solche Ausgabenbereiche verglichen, die nach der institutionellen Einbindung die geringste Abhängigkeit von staatlicher Steuerung zu haben schienen: Kultur, Sport und Erholung sowie Verkehr. Das Ergebnis ihrer aufwendigen quantitativen Analyse war, daß die Frage, ob Parteipolitik das Ausgabeverhalten von Gemeinden systematisch beeinflusse, weder generell bejaht noch verneint werden könne. Der Einfluß der parteipolitischen Machtverteilung wurde von ihnen als „allenfalls graduell“ bezeichnet (Gabriel u.a. 1990: 158f.). Zur Erklärung ziehen sie eine ganze Reihe von Faktoren heran, die dem institutionellen Rahmen zugehören, vor allem die starke Lenkungswirkung von staatlichen Zuschußangeboten: „Als wichtigster Bestimmungsfaktor der kommunalen Investitionsausgaben erweisen sich die staatlichen Investitionszuweisungen“ (159). Aber auch das „unpolitische Selbstverständnis“ der Kommunalpolitiker und die generelle Konvergenz der Programmatik der großen Parteien ziehen sie zur Erklärung heran. Sollte letzteres einen wichtigen Beitrag zur Erklärung leisten, wären allerdings Untersuchungen zum Einfluß von Parteien von vornherein sinnlos. Unterstellt man, daß die Fragestellung des Projekts sinnvoll war, dann hat es sehr eindeutig die Frage nach dem Handlungsspielraum negativ beantwortet.

Einige empirische Studien konzentrierten sich gerade auf jene Handlungsfelder, in denen die Bundespolitik besonders passiv, der Problemdruck dagegen besonders groß ist: Wohnungs-, Sozial- und Arbeitsmarktpolitik. Gerade in diesen Bereichen wurde in den letzten Jahren der Kommunalpolitik eine kompensatorische Funktion für das Nichthandeln bzw. für den Rückzug der Bundespolitik zugemutet. Studien zur Wohnungs- und Sozialpolitik entstanden unter der Leitung von Hellmut Wollmann, der in der ersten Hälfte der 80er Jahre starke Hoffnungen auf eine „Gegenpolitik von unten“ gesetzt hatte, nachdem in Implementationsstudien Spielräume der lokalen Verwaltungen beim Vollzug zentralstaatlicher Programme festgestellt worden waren. In zwei Studien hat er also seine eigenen Thesen einem empirischen Test unterzogen. Zunächst wurden die wohnungspolitischen Initiativen aller 66 westdeutschen Großstädte darauf hin untersucht, ob sich eine stärkere Aktivität und eine ausgeprägtere Problemorientierung bei SPD-regierten Städten im Vergleich zu CDU-regierten Städten zeige. Ausgangspunkt war eine tatsächliche programmatische Differenz zwischen den Parteien, so daß die ideologische Voraussetzung für die Untersuchungsfrage gegeben war. Tatsächlich zeigte sich eine allerdings recht schwache Bestätigung der erwarteten Beziehung: „SPD-Dominanz in den Städten geht mit höheren Anstrengungen im Sozialmietwohnungsbau einher“ (Grüner u.a. 1988: 54). Dieses Ergebnis konnte allerdings nur „gerettet“ werden, nachdem die wichtigsten Einflußfaktoren wie Wirtschafts- und Finanzkraft oder Ausgabentradition ausgeschaltet worden waren (vgl. 50). Außerdem zeigte sich „die große Bedeutung aktueller Handlungsanforderungen für die letztlich verfolgte kommunale Wohnungspolitik“ (54). Dies könnte einerseits tröstlich erscheinen, weil die vorhandenen Variationen eben keine „Spiel“räume indizieren, sondern Reaktionen auf verschiedene Problemkonstellationen sind, wäre da nicht der Gegenbefund, daß einer handlungswilligen Partei dann die Hände gebunden sind, wenn

die lokalen Probleme besonders drastisch sind, wie in den SPD-regierten Ruhrgebietsstädten während der letzten 20 Jahre.
Einen noch härteren Test unternahm dieselbe Forschungsgruppe, indem sie das sozialpolitische Profil von zwei Städten mit vergleichbarer Problemlage („most similar cases") und unterschiedlichen politischen Leitungen im Detail untersuchte. Die Befunde waren „widersprüchlich" (Jaedicke u.a. 1991: 206), jedenfalls ließ sich die Vermutung, daß eine SPD-regierte Stadtverwaltung auf eine vergleichbare Problemlage mit stärkerem Engagement und mit ausgeprägterer sozialpolitischer Orientierung reagiere, nicht bestätigen. Die Beschäftigungskrise hat in beiden Städten eher die klassischen Handlungsfelder der Wirtschaftsförderung gestärkt, sozialpolitisch zu bearbeitende Problemfelder gelten eher „als Störfaktor für die angestrebte Imageverbesserung" (207). Dennoch wehren sich die Autoren dagegen, in ihren Ergebnissen eine Bestätigung dafür zu sehen, daß die sozio-ökonomischen und institutionellen Rahmenbedingungen die Konvergenz der Praxis bei divergierenden politischen Positionen („Strukturhypothese") erklären könnten. Sie messen vielmehr dem lokalen „kulturellen Milieu" für die Erklärung der marginalen Unterschiede zwischen den beiden Städten große Bedeutung bei, das zu einem indirekten parteipolitischen Effekt führe (214f.): indem die Parteien das „lokale Meinungs- und Diskussionsklima prägen, stecken sie nicht nur den Horizont lokaler Handlungsmöglichkeiten ab, sondern schaffen auch ein kulturelles Milieu, das eine Politisierung sozialer Probleme begünstigt oder erschwert". Damit ist aber keine Antwort auf die Frage „Do parties matter?" gegeben, sondern eine neue Fragestellung eröffnet: welche Rolle spielen lokale Kulturen für den Erfolg einer Partei, und wie wirkt dieser Erfolg zurück auf die lokale Kultur? Die Beantwortung dieser Frage wäre aber nur dann von besonderem Interesse, wenn relevante Handlungsmöglichkeiten einer Partei in der kommunalen Verwaltung gegeben wären – daß dies gerade nicht der Fall ist, hat die Studie von Jaedicke u.a. aber selbst gezeigt.
Die bisher betrachteten Ergebnisse empirischer Studien haben die Frage, ob sich in der kommunalen Politik systematische Unterschiede je nach vorherrschender politischer Partei zeigen, überwiegend negativ beantwortet. Bei der Erklärung greifen alle Studien zumindest teilweise auf strukturelle Faktoren zurück, insbesondere auf die Einflüsse zentral finanzierter Programme. Die geringe parteipolitische Differenzierung der Kommunalpolitik in Deutschland ist also ein indirekter Hinweis darauf, daß die institutionellen Rahmenbedingungen wenig Spielraum für lokal spezifische Politik lassen. Diese Diagnose, die in den 70er Jahren vor allem in solchen Analysen, die von der Kritik der politischen Ökonomie inspiriert waren, vorgetragen worden ist, wurde in den empirischen Policy-Analysen der 80er Jahre weitgehend bestätigt.
Im Rahmen einer neueren Variante der marxistischen Kapitalismus-Analyse, der Regulationstheorie, wird dagegen in letzter Zeit die „Bedeutung" des „lokalen Staates" wieder stark hervorgehoben. Diesem Bemühen, der Analyse von lokaler Politik „analytischen Tiefgang zu verleihen" (Mayer 1991: 35), wollen wir uns daher etwas ausführlicher zuwenden. Margit Mayer hat diesen Ansatz mit dem Anspruch auf eine neue paradigmatische Programmatik vorgestellt. Indem sie das „local state"-Konzept, das sie von Duncan, Goodwin und Halford übernimmt (vgl. Duncan u.a. 1987), mit

dem „Regulationsansatz" (vgl. Lipietz 1987) kombiniert, hofft sie einen neuartigen Zugang zur Interpretation der lokalen Politik zu finden.

Was bedeutet der Terminus „local state"? Die Kommunen werden nach dieser Theorie nicht als mehr oder weniger abhängiger funktionaler Teil des gesamten politischen Systems gesehen, vielmehr wird die „Einzigartigkeit" (Mayer 1991: 33) jeder Kommune aufgrund von lokalen Arbeitsmärkten und kulturellen wie politischen Mustern behauptet, die sogar als „lokal spezifische gesellschaftliche Systeme" (32) bezeichnet werden. Der widersprüchliche Charakter des kapitalistischen Systems verlange nach lokal spezifisch konstituierten Politiken. Die „Notwendigkeit unterschiedlicher lokalstaatlicher Praktiken" wird aus der These abgeleitet, daß räumlich und zeitlich ungleiche Entwicklungen „jeweils adäquat bemessene staatliche Institutionen zur Steuerung" benötigten (32). Weil es ungleiche Entwicklung gibt, muß es also auch ungleiche Politik geben, und diese verleihe im Laufe der Geschichte jedem Ort seine Einzigartigkeit. Diese Argumentation stelle „eine systematische Begründung für lokale Politikvarianz und lokale Autonomie generell" bereit. Das sind starke Worte, die allerdings mit empirischen Beispielen nicht einmal illustriert werden. Denn wenn man die empirische Literatur zur lokalen Politik in Deutschland zur Kenntnis genommen hat (vgl. oben), fragt man sich, von welchen Unterschieden und von welcher Autonomie hier eigentlich die Rede ist.

Nach dem „local state"-Konzept wird die Regulationstheorie eingeführt. Im Gegensatz zu traditionellen marxistischen Theorien sei sie ein „Systemmodell mit offenen Horizonten" (34), „jede größere Krise (produziere) eine offene Situation" (35). Innerhalb der Grenzen von geschichtlicher Entwicklung und Produktionsbeziehungen „entscheiden soziale Kämpfe und politische Konzepte über das Resultat der Krise" (35). Diese konzeptionelle Offenheit führt konsequent zu einer kontingenten Bestimmung der Rolle lokaler Politik.

Gegenüber der fordistischen Phase, in der zentralstaatliche und großräumige Politiken vorgeherrscht haben sollen, gebe es jetzt einen „völlig neuen organisatorischen und regulativen Modus" (37), der „sehr spezifische lokale Problemlösungen notwendig" mache (39); daraus ergäben sich „neue Funktionen, Instrumente und institutionelle Arrangements", u.a. „vollkommen neue kommunale Aufgaben" (40). An dieser Stelle kann nicht die Regulationstheorie selbst diskutiert werden, wir verfolgen lediglich die daraus abgeleiteten Konsequenzen für die Analyse lokaler Politik, und dabei sind die „vollkommen neuen kommunalen Aufgaben" natürlich von besonderem Interesse. Welche sind dies?

Die neuen Funktionen des lokalen politischen Systems sind: „lokal spezifische Produktions- und Reproduktionsbedingungen organisieren und Investitionstätigkeit animieren. ... Lag der Schwerpunkt der Funktionen lokaler Politik im Fordismus auf dem Vollziehen und Verwalten, Abfedern, Filtern und Kleinarbeiten von zentralstaatlich gesetzter Politik, so erfordern die neuen deregulierten Bedingungen und die neue interregionale Konkurrenzstruktur die Entwicklung eigener unternehmerischer Strategien" (40).

Die neuen Aufgaben bestehen in Wirtschaftsförderungsprogrammen, Arbeitsbeschaffungsmaßnahmen, Beschäftigungsinitiativen und Umschulungsprogrammen sowie

Maßnahmen, die auf das Ambiente der Stadt zielen. Sie insgesamt „sind der Versuch, die neue Aufgabe der *Initiierung* und Stimulierung privater Kapitalakkumulation auf lokaler Ebene unter Einbeziehung aller relevanten Akteure und in möglichst abgestimmtem Vorgehen zu organisieren" (41). Technologieparks und Selbsthilfe-Initiativen, Umschulungsprogramme und Beschäftigungsgesellschaften sind in dieser Sicht alle gleichermaßen Ausdruck *neuer* Notwendigkeiten. In ihnen zeige sich eine „Dezentralisierung akkumulationsbezogener Entscheidungen. ... Örtliche Einmaligkeit bedeutet demnach auch lokalisierte Problemkonstellationen. Hierin liegt die materielle Basis für die Aufwertung für die lokale Ebene und die Voraussetzung für eine gewisse lokalen Autonomie begründet" (43). „Mit diesen qualitativ zu erbringenden Funktionen wächst die Bedeutung der lokalen Ebene und erweitert sich die Bedeutung von lokaler Wirtschaftsförderungspolitik" (44, Hervorhebungen von mir, H.H.).

Was „neu" an dieser Betrachtung lokaler Politik ist, kann kaum darin liegen, daß die Gemeinden als Institutionen bezeichnet werden, die die lokal spezifischen Bedingungen für die Kapitalakkumulation zu organisieren haben, denn genau dies war die zentrale These des polit-ökonomischen Ansatzes, der Anfang der 70er Jahre im Zuge der Marx-Renaissance auch für die Kommunalpolitik entwickelt wurde (vgl. Preuß 1973 und Evers 1975). Weder ist die Kooperation von Kommunalverwaltungen mit privaten Investoren, die jetzt „public-private-partnership" genannt wird, neu, noch sind die genannten Aktivitäten der Kommunalpolitik neu (vgl. die Beispiele bei Jaedicke u.a. 1991). Als „neu" kann allenfalls bezeichnet werden, daß Wirtschaftsförderung und Selbsthilfe, Technologieparks und zweite Arbeitsmärkte in dieser Sichtweise pauschal der „Wirtschaftsförderung" zugeschlagen werden. Der Wandel im Selbstverständnis der Kommunalpolitik von einem „Dienstleistungsbetrieb" für die Bevölkerung (wie es noch in den 60er Jahren hieß) zum „Unternehmen Stadt", in dem die Wirtschaftsförderung höchste Priorität hat, ist zweifellos auf veränderte ökonomische Rahmenbedingungen zurückzuführen. Aber auch schon damals gab es die „Bürgermeister-Konkurrenz" mit Gewerbeflächen und Steuernachlässen. Heute ist das Instrumentarium erweitert, nicht prinzipiell verändert. Neu ist allerdings die Konzeption der Wirtschaftsförderung: auf lokaler bzw. regionaler Ebene sollen jene Wachstums- und Innovationsmilieus erzeugt werden, die als charakteristisch für die ökonomisch erfolgreichen Regionen gelten. Insofern, als die *Kooperation* unterschiedlichster Akteure auf der regionalen Ebene eine wichtige Voraussetzung für den ökonomischen Erfolg der *einzelnen* Akteure ist, kann von einer neuen Bedeutung der Regionalpolitik gesprochen werden. Diese „Milieus" werden aber kaum durch kommunale oder staatliche Politik *erzeugt* werden können. Insbesondere ist unklar, wie sich daraus mehr „Autonomie" ergeben soll.

Mayer hat ihren Ansatz mit dem Vorteil angeboten, er biete Auswege aus der „systemfunktionalen Sackgasse" (32), in die alle bisherigen Ansätze geraten seien – aber sie begründet die undifferenzierte Gleichsetzung von High-tech-Politik und städtischen Selbsthilfe-Initiativen selbst *funktional*: Die „Stadtsanierung oder die Beschäftigungs-/ Sozialpolitik (ist) auf Initiativen im Stadtteil, in der Gesundheits-, Frauen-, Drogen-, oder Ausländerpolitik angewiesen" (48). Dies ist letztlich auch die Pointe des „local state"-Ansatzes von Duncan u.a., wenn sie von der zentralen These ausgehen, „daß alle staatliche Intervention auf irgendeine Weise der lokalen Spezifikation bedarf" (1987: 16; vgl. zur kritischen Diskussion Krätke/Schmoll 1987).

Dieses funktionale Argument ist früher schon der Bürgerbeteiligung bei Sanierungsvorhaben entgegengehalten worden: wenn sich Initiativen auf die formalen Beteiligungsverfahren einließen, so befriedigten sie damit den Informationsbedarf der Verwaltung: „In unstrukturierten, diffusen Problemlagen, wie sie für den gesamten Infrastrukturbereich typisch sind, kommt die Verwaltungspolitik mit gesetzesgebundenen ('konditionalen') Handlungsprogrammen nicht aus. ... Was zu tun sei, mit welchen Mitteln und mit welcher Priorität, was überhaupt machbar ist – das sind in dieser Situation offene Fragen. In dieser Phase erzwingt deshalb die Not eines nicht-spezifizierten Handlungsdrucks, daß die Verwaltung sich für Eingaben, Anregungen, Modelle und Strategien öffnet, um überhaupt die Problemverständnisse, die in ihrem Handlungsfeld wirksam sind, sowie die Kompromißzonen, in denen sich operieren läßt, herauszufinden" (Offe 1972: 127f.). Es handelt sich also um die einfache organisationstheoretische Weisheit, daß Entscheidungen, wenn sie innerhalb eines vorgegebenen Rahmens dezentralisiert werden, in der Regel problemadäquater, flexibler und effizienter sind als zentrale. Daß die Dezentralisierung von Entscheidungen aber immer auch mit dem Risiko der Eigensinnigkeit der Kooperationspartner bzw. der „Gegenimplementation" verbunden ist, ist ebenso selbstverständlich. Gerade auf diese Möglichkeit hatten sich die Hoffnungen für eine kompensierende Kommunalpolitik im konservativ regierten Staat, die oben vorgestellt worden sind, gestützt.

In der dezentralen, den lokal spezifischen Bedingungen angepaßten Durchführung zentral bestimmter Programme liegt mit Sicherheit einer der Gründe für die Weiterexistenz der kommunalen „Selbstverwaltung", obwohl ihr früherer gesellschaftspolitischer Zweck obsolet geworden ist. Aber aus dieser funktionalen Bestimmung auf „Autonomie" oder „gestiegene Bedeutung" zu schließen, drängt sich nun wirklich nicht auf. Und mit welcher Berechtigung bzw. mit welchem Erkenntnisgewinn die Kommunen „lokaler Staat" genannt werden sollen, wenn damit *gerade nicht* die Konvergenz von lokaler und staatlicher Politik gemeint sein soll (wie noch bei Cockburn, die diesen Begriff 1977 geprägt hat), wäre erst noch zu begründen.

Dem „local state"-Ansatz folgen auch Benzler/Heinelt (1991), die in einer empirischen Studie über lokale Arbeitsmarktpolitik verschiedene Städte vergleichend untersucht haben. Sie rechnen der „lokalen Politik" konsequenterweise alle politischen Akteure in einer bestimmten „Politik-Arena" zu, beschränken ihre Untersuchung also nicht auf die Aktivitäten der kommunalpolitischen Instanzen. Dabei stellen sie Variationen im Aktivitätsniveau bei dem Versuch fest, die Marginalisierung von Dauerarbeitslosen zu verhindern, also bei einem politischen Ziel, das die Arbeitsmarktpolitik auf Bundesebene deutlich vernachlässigt hat. In der Qualifizierung der von ihnen aufgezeigten Unterschiede bleiben sie allerdings vorsichtig und sprechen von „Variationen bei institutionellen Gegebenheiten" (47) bzw. von „Färbungen" (367). Sie können zeigen, daß spezifische Akteurskonstellationen und sozio-kulturelle Kontexte und Unterschiede in der Problemstruktur neben institutionellen Bedingungen sehr wohl dazu führen, daß die *gegebenen Handlungsspielräume* unterschiedlich ausgenützt werden. Will man dieses Ergebnis in die bisherige Diskussion einfügen, dann zeigt sich: die Frage, ob es sich um derartige Unterschiede handelt, daß daraus auf die Existenz von *relevanten* Handlungsspielräumen geschlossen werden kann, müßte anhand eines eindeutig operationalisierten Maßstabes beantwortet werden. Solange dies nicht der Fall ist, kann derselbe Tatbestand als Beweis sowohl für das Vorhandensein von Handlungsspielräumen wie als Beleg für die Marginalität der Variationen genommen werden – als Beispiel für die funktionsgerechte Ausfüllung von Rollen der „Selbstverwaltung", die in der dezentralen Konstruktion des Staatsapparates gerade erwartet werden, oder als Beweis für Handlungsspielräume der lokalen Politik. Das Glas ist eben entweder halb voll oder halb leer. Worum es sich tatsächlich handelt, wird letztlich immer von den politischen Wertungen abhängen, die den politischen Zielen zugemessen werden, deren Realisierung auf kommunaler Ebene untersucht wird.

Dies heißt allerdings nicht, daß theoretische Einschätzungen völlig beliebig sind. Die deutsche Variante der Regulationstheorie behauptet die *Notwendigkeit* von Dezentralisierung aufgrund eines veränderten Akkumulationsregimes – und argumentiert damit auf klassische Weise funktionalistisch. Obwohl im Gegensatz zur früheren marxistischen Theorie in der regulationstheoretischen Revision nationale Besonderheiten und historische Spezifika stark in den Vordergrund gestellt werden, müßten sich entsprechend dem Postulat einer weltweiten Trendwende im internationalen Vergleich zumindest Ähnlichkeiten in den Beziehungen zwischen zentraler und lokaler Ebene zeigen. Dies ist aber keineswegs der Fall, wie neueste Untersuchungen zeigen (vgl. Pickvance/Preteceille 1991). Bezieht man zur Messung von Dezentralisierung bzw. lokaler „Autonomie" die Dimensionen finanzielle Kontrolle, Selbständigkeit in der Erfüllung bestimmter Funktionen und die reale Ausgestaltung der Machtbeziehungen zwischen Gemeinden und übergeordneten staatlichen Ebenen ein, dann ergeben sich deutliche Unterschiede in den Trends. Während sich die finanzielle Kontrolle der Gemeinden in Kanada und Großbritannien deutlich verschärft hat, hat sie in Frankreich und in den USA abgenommen. Die Gemeinsamkeit aller Länder liegt in einer anderen Dimension: in der zunehmenden Bedeutung neoliberaler Positionen und der damit verbundenen Schwächung von Einrichtungen des kollektiven Konsums.

Dies verweist auf die Bedeutung eines institutionalistischen Ansatzes, der in der vergleichenden Politikforschung immer öfter seine Fruchtbarkeit beweist (vgl. z.B. Katzenstein 1987 und Streeck 1989). Ob man die bundesdeutsche Politik der Privatisierung oder die Stadtpolitik und ihre Wandlungen mit anderen Ländern vergleicht, immer wieder zeigt sich, daß die spezifische Verschränkung von politischen, sozialen und ökonomischen Prozessen im Verlauf der Entwicklung des deutschen Kapitalismus zu einem besonderen institutionellen Geflecht geführt hat, das die politischen Prozesse im Hinblick auf ihr Innovationsniveau und auf ihre Integrationsfähigkeit nachhaltig prägt (vgl. zur Verflechtung von lokaler und zentralstaatlicher Politik ausführlich: Häußermann 1991). Die Institution der kommunalen Selbstverwaltung ist Teil dieser Struktur, und weder ihre Entstehung noch ihre Funktionsweise noch ihr Wandel sind hinreichend erklärbar im Kontext von globalen Theorien, die in der Analyse des US-Kapitalismus entwickelt worden sind.

Die Frage nach den Handlungsspielräumen der kommunalen Politik bleibt eines der zentralen Themen der lokalen Politikforschung – nicht nur, weil die bisherige Forschung noch so viele Fragen offen gelassen hat, sondern insbesondere auch deshalb, weil sich im städtischen Raum so viel Engagement um kommunalpolitische Entscheidungen kristallisiert. Wenn es z.B. um lokale Arbeitsmarktpolitik geht, ist jeder Millimeter von Einfluß, der für die Reduzierung von Arbeitslosigkeit oder für die Minderung ihrer Folgen genutzt werden kann, wichtiger als die Frage, ob es sich dabei um die Ausnutzung von strukturellen Handlungsspielräumen oder um das Erzwingen von Aktivitäten handelt, zu denen die Gemeinden ohnehin verpflichtet wären. Gerade die Ernsthaftigkeit dieser Probleme sollte aber die Politische Wissenschaft auch daran hindern, Aufwertungen eines Handlungsfeldes zu propagieren, die durch die erreichbaren politischen Erfolge keineswegs eingelöst werden können.

Literatur

Benzler, S./Heinelt, H., 1991: Stadt und Arbeitslosigkeit, örtliche Arbeitsmarktpolitik im Vergleich, Opladen: Leske & Budrich.

Bieback, K.-J., 1985: Das Sozialleistungssystem in der Krise, in: Zeitschrift für Sozialreform, 31. Jg., 577-655 und 705-722.

Blanke, B./Heinelt, H./Macke, C.-W., 1986: Handlungsfelder kommunaler Politik gegen Arbeitslosigkeit in einer „normalen" Stadt – das Beispiel Hannover, in: *B. Blanke, A. Evers* und *H. Wollmann* (Hrsg.), Die zweite Stadt, neue Formen lokaler Arbeits- und Sozialpolitik, Leviathan Sonderheft 7, Opladen: Westdeutscher Verlag, 154-178.

Blanke, B./Heinelt, H./Macke, C.-W., 1987: Großstadt und Arbeitslosigkeit, Opladen: Westdeutscher Verlag.

Bullmann, U./Gitschmann, P. (Hrsg.), 1985: Kommune als Gegenmacht, Alternative Politik in Städten und Gemeinden, Hamburg: VSA.

Bullmann, Udo, 1991: Kommunale Strategien gegen Massenarbeitslosigkeit, Opladen: Leske & Budrich.

Cockburn, C., 1977: The Local State, Management of Cities and People, London: Pluto Press.

Duncan, S./Goodwin, M./Halford, S., 1987: Politikmuster im lokalen Staat: Ungleiche Entwicklung und lokale soziale Verhältnisse, in: Prokla 68, 17. Jg., 8-29.

Evers, A., 1975: Agglomerationsprozeß und Staatsfunktionen, in: *R.-R. Grauhan* (Hrsg.), Lokale Politikforschung, 2 Bände, Frankfurt/M.: Campus, 41-100.

Evers, A., 1986: Zwischen Arbeitsamt und Ehrenamt. Unkonventionelle lokale Initiativen im Schnittpunkt von Arbeit und sozialen Diensten, in: *B. Blanke, A. Evers* und *H. Wollmann* (Hrsg.), Die zweite Stadt. Neue Formen lokaler Arbeits- und Sozialpolitik, Leviathan Sonderheft 7, Opladen: Westdeutscher Verlag, 15-50.

Evers, A./Lehmann, M., 1972: Politisch-ökonomische Determinanten für Planung und Politik in den Kommunen der Bundesrepublik, Offenbach: Sozialistisches Büro.

Fried, R.C., 1976: Party and Policy in West German Cities, in: American Political Science Review, 70. Jg., 11-24.

Gabriel, E.W./Kunz, V./Zapf-Schram, T., 1990: Bestimmungsfaktoren des kommunalen Investitionsverhaltens, München: Minerva.

Georgieff, P./Laczko, S./Schäfer, G.F., 1977: Analyse kommunaler Finanzpolitik im sozialen Infrastrukturbereich, in: *F.-X. Kaufmann* (Hrsg.), Bürgernahe Gestaltung der sozialen Umwelt, Meisenheim am Glan: Verlag Anton Hain.

Grauhan, R.-R., 1978: Kommune als Strukturtypus politischer produktion, in: *R.-R. Grauhan* und *R. Hickel* (Hrsg.), Krise des Steuerstaates?, Leviathan Sonderheft 1, Opladen: Westdeutscher Verlag, 229-247.

Grüner, H./Jaedicke, W./Ruhland, K., 1988: Rote Politik im schwarzen Rathaus? Bestimmungsfaktoren der wohnungspolitischen Ausgaben bundesdeutscher Großstädte, in: Politische Vierteljahresschrift, 29. Jg., Heft 1, 42-57.

Häußermann, H., 1972: Ursachen und Funktion der kommunalen Finanznot, in: Blätter für deutsche und internationale Politik, 17. Jg., Heft 9, 960-970.

Häußermann, H., 1991: Lokale Politik und Zentralstaat. Ist auf kommunale Ebene „alternative Politik" möglich?, in: *H. Heinelt* und *H. Wollmann* (Hrsg.), Brennpunkt Stadt, Basel: Birkhäuser, 52-92.
Heinelt, H./Wollmann, H., 1991: Lokale Politikforschung in den 80er und 90er Jahren, in: *H. Heinelt* und *H. Wollmann* (Hrsg.), Brennpunkt Stadt, Basel: Birkhäuser, 7-14.
Jaedicke, W., 1990: Kommunen und Arbeitslosigkeit, ein Kommentar, in: *H. Heinelt* und *H. Wollmann* (Hrsg.), Brennpunkt Stadt, Basel: Birkhäuser, 286-290.
Jaedicke, W./Rouhland, K./Wachendorfer, U./Wollmann, H./Wonneberg, H., 1991: Lokale Politik im Wohlfahrtsstaat, zur Sozialpolitik der Gemeinden und ihrer Verbände in der Beschäftigungskrise, Opladen: Westdeutscher Verlag.
Katzenstein, P., 1987: Policy and Politics in West Germany, Philadelphia: Temple Press.
Köttgen, A., 1968: Die Krise der kommunalen Selbstverwaltung (zuerst 1931), in: *A. Köttgen*, Kommunale Selbstverwaltung zwischen Krise und Reform, Stuttgart/Berlin/Köln/Mainz: Kohlhammer, 1-36.
Krätke, S./Schmoll, F., 1987: Der lokale Staat – „Ausführungsorgan" oder „Gegenmacht", in: Prokla 68, 17. Jg., 30-72.
Lipietz, Alain, 1987: Mirages and Miracles, The crisis of global fordism, London.
Mayer, M., 1991: „Postfordismus" und „Lokaler Staat", in: *H. Heinelt* und *H. Wollmann* (Hrsg.), Brennpunkt Stadt, Basel: Birkhäuser, 31-51.
Offe, C., 1972: Demokratische Legimitation der Planung, in: *C. Offe*, Strukturprobleme des kapitalistischen Staates, Frankfurt/M.: Suhrkamp, 123-152.
Pickvance, C./Preteceille, E., 1991: Towards a comparative analysis of state restructuring and locak power, in: *C. Pickvance* und *E. Preteceille* (Hrsg.), State Restructuring and Local Power, London and new York: Pinter Publishers,, 196-224.
Preuß, U.K., 1973: Kommunale Selbstverwaltung im Strukturwandel der politischen Verfassung, in: Stadtbauwelt 39, 202 bis 205.
Rebentisch, D., 1981: Die Selbstverwaltung in der Weimarer Zeit, in: G. *Püttner* (Hrsg.), Handbuch der kommunalen Wissenschaft und Praxis, Berlin/Heidelberg/New York: Springer-Verlag, 86-100.
Reulecke, J., 1985: Geschichte der Urbanisierung in Deutschland, Frankfurt/M.: Suhrkamp.
Rickards, R.C., 1985: Ursachen für die nichtinkrementale Bildung von Haushaltsprioritäten in bundesdeutschen Städten, in: Archiv für Kommunalwissenschaften, 24. Jg., 295-309.
Rodenstein, M., 1974: Thesen zum Wandel der kommunalen Selbstverwaltung in Deutschland, in: *R. Emenlauer, H. Grymer, T. Krämer-Badoni* und *M. Rodenstein* (Hrsg.), Die Kommune in der Staatsorganisation, Frankfurt/M.: Suhrkamp.
Siebel, W., 1974: Entwicklungstendenzen kommunaler Planung, Bonn: Schriftenreihe des Bundesministers für Raumordnung, Bauwesen und Städtebau Nr. 03.028.
Streeck, W., 1989: Successful Adjustment to Turbulent Markets, in: *P. Katzenstein* (Hrsg.), Industry and Politics in West Germany, Ithaka: Cornell University Press.
Thränhardt, D., 1986: Geschichte der Bundesrepublik Deutschland, Frankfurt/M.: Suhrkamp.
Unruh, G.-C. von, 1989: Die kommunale Selbstverwaltung, Recht und Realität, in: Aus Politik und Zeitgeschichte, Beilage zur Wochenzeitung Das Parlament, B 30-31/89, 3-13.
Weber, M., 1922: Wirtschaft und Gesellschaft, Tübingen: J.C.B. Mohr.
Wollmann, H., 1974: Stadtsanierung – für wen?, in Leviathan, 2. Jg., 200-231.
Wollmann, H., 1982: Implementation durch Gegenimplementation von unten? Zur sozialen und räumlichen Selektivität der Wohnungspolitik und ihrer Implementation, in: *R. Mayntz* (Hrsg.), Implementation politischer Programme II, Opladen: Westdeutscher Verlag.
Wollmann, H., 1986: Stadtpolitik – Erosion oder Erneuerung des Sozialstaats „von unten"?, in: *B. Blanke, A. Evers* und *H. Wollmann* (Hrsg.), Die zweite Stadt. Neue Formen lokaler Arbeits- und Sozialpolitik, Leviathan Sonderheft 7, Opladen: Westdeutscher Verlag, 79-101.
Wollmann, H., 1991: Entwicklungslinien lokaler Politikforschung – Reaktionen auf oder Antizipation von sozio-ökonomischen Entwicklungen?, in: *H. Heinelt* und *H. Wollmann* (Hrsg.), Brennpunkt Stadt, Basel: Birkhäuser, 15-30.
Wollmann, H./Jaedicke, W., 1991: Neubau der Kommunalverwaltung in den FNL – zwischen Kontinuität und Umbruch – am Beispiel der kommunalen Wirtschaft und Beschäftigungsförderung, Diskussionspapier, FU Berlin: ZI für Verwaltungsforschung.

Neue Trends in der Stadtpolitik – eine Herausforderung für die Lokale Politikforschung[1]

Margit Mayer

In den letzten Jahren wurde eine Reihe von Fallstudien zu deutschen und anderen europäischen Städten vorgelegt, die sich mit den Auswirkungen globaler Umstrukturierungen und darauf reagierenden Politikprozessen befassen[2]. Die Auswirkungen des globalen ökonomischen Strukturwandels sind dabei regional recht unterschiedlich: Griechenland, Spanien oder Italien sind anders betroffen als die nordeuropäischen metropolitanen Gesellschaften, und innerhalb der einzelnen Länder gibt es ebenfalls große Unterschiede. Bei allen Unterschieden, die sich der jeweiligen Plazierung innerhalb der internationalen Arbeitsteilung oder national- wie lokalspezifischen Eigenheiten kultureller, politischer und institutioneller Natur verdanken mögen, weisen die lokal- und regionalpolitischen Anpassungsbemühungen doch auch auffallend ähnliche Tendenzen auf.
Im folgenden Beitrag werden zunächst diese Gemeinsamkeiten etwas deutlicher in den Vordergrund gerückt, um dann der Frage nachzugehen, wie national/regional spezifische Bedingungen und spezifische Politikstrukturen und -prozesse diese Trends berühren und für besondere, regional spezifische Entwicklungspfade sorgen. Die Trendübersichten deuten, bei aller Spezifik in den einzelnen Entwicklungspfaden und trotz vielerlei Ungleichzeitigkeiten, in die Richtung einer signifikanten Veränderung der klassischen Kommunalpolitik. Wenn die neuen Trends in der Tat einen qualitativen Sprung gegenüber früheren Politikmustern markieren, dann muß geklärt werden, in welcher Weise sich politische Interventionsmöglichkeiten, insbesondere Handlungsspielräume auf lokaler Ebene, dadurch verschieben. Erklärungsansätze, die für solche Klärungen geeignet sein könnten, werden im letzten Teil diskutiert.

1. *Gemeinsame Trends*

Während die politischen Systeme der verschiedenen europäischen Gesellschaften weitgehend ihre nationalspezifischen Eigenheiten behalten – ein Punkt, den Pickvance und Preteceille v.a. für die Beziehungen zwischen lokalem und zentralem Staat betonen[3] –, sind in diesen unterschiedlichen Formationen, also ausgehend von unterschiedlichen Ausgangspositionen, parallele Trends beobachtet und beschrieben worden[4], die auf drei Punkte zugespitzt werden können:

1. Eine Verschärfung sozial-räumlicher Polarisierungsprozesse auf regionaler Ebene sowie innerhalb und zwischen Städten, die durch den Wegfall nationalstaatlicher Angleichungs- und Ausgleichungsbemühungen noch intensiviert werden.
2. Eine zunehmende Mobilisierung der lokalen Politik für wirtschaftliche Entwicklung, wobei die kommunale Politik private Kapitalakkumulation unter Einbeziehung relevanter weiterer Akteure organisiert. Dadurch schwindet der traditionelle Gegensatz zwischen staatlicher Souveränität und privatem Eigennutz.
3. Eine Reduzierung und Umstrukturierung der Erbringung öffentlicher Dienstleistungen: die Kommune zieht sich aus Einrichtungen für den kollektiven Konsum zurück und läßt sich ergänzen/ersetzen durch recht unterschiedliche private, quasi-öffentliche, oder gemeinnützige Einrichtungen und Initiativen.

Obwohl nur die beiden letztgenannten Punkte sich direkt auf Veränderungen des lokalen politischen Systems beziehen, sollen zunächst kurz zentrale Kennzeichen der sich verschärfenden sozial-räumlichen Polarisierungstendenzen vorgestellt werden, weil sie den gesellschaftlichen Kontext ausmachen, in dem die lokale Politik agiert.

1.1 Verschärfung räumlicher und sozialer Polarisierungsprozesse

Ausgepägte Disparitäten zwischen Regionen innerhalb der Europäischen Gemeinschaft koexistieren mit wachsenden Ungleichheiten innerhalb der zwölf Länder. Während sich im Verlauf der 60er Jahre die Einkommensunterschiede zwischen EG-Mitgliedstaaten um ein Drittel verringerten (Kowalski 1989: 94), vergrößert sich das Gefälle zwischen arm und reich seit 1975 stetig. Diese Disparitäten sind nicht nur Resultat der Krise fordistischer Kernbranchen, die eine Unzahl von ehedem sicheren Arbeitsplätzen in der industriellen Fertigung zerstörte, sondern auch Resultat der Beschäftigungsstrukturen, die die neuen Wachstumssektoren mit sich bringen.

Seit den späten 60er Jahren sind die Massenproduktionsindustrien, die das starke ökonomische Wachstum der Nachkriegsperiode angeführt hatten, von Deindustrialisierung betroffen, wodurch viele der alten industriellen Städte und Regionen Englands, Frankreichs, Italiens und der Bundesrepublik zu stagnierenden oder schrumpfenden Krisengebieten wurden. Gleichzeitig erfuhren jedoch andere Gebiete und Sektoren rapides Wachstum – sei's auf der Basis neuer Produktionssysteme und -komplexe oder auf der Basis neuer (produktionsorientierter) Dienstleistungen –, die eine neue „Boom-Zone" in Form einer Banane über Europa legten. Diese neue zentrale Zone erstreckt sich von Manchester über Rotterdam und Frankfurt bis nach Mailand in der Lombardei (vgl. DATAR 1989). Die neuen ökonomischen Wachstumssektoren brachten jedoch nicht die „mittelständischen" Arbeitsplätze mit sich, die für das „goldene Zeitalter des Fordismus" charakteristisch waren. Vielmehr ist es so, daß sich gut bezahlte Arbeitsplätze in hochrangigen Sektoren (Finanz- und Kontrollfunktionen, High-Tech Produkt- und Verfahrensentwicklung, Marketing, Werbung, Unternehmensberatung, vgl. Reissert u.a. 1989) in den metropolitanen Regionen der neuen zentralen Zone konzentrieren (wobei neue und alte Randgebiete zu Orten niedrigrangiger Beschäftigungsmöglichkeiten werden). Gleichzeitig schaffen diese hochrangigen Wachstumssektoren ein erweitertes Feld für die Anwendung von Niedriglohnarbeit, sowohl in konsumorientierten Dienstleistungen als auch in abgewerteten Sektoren industrieller Fertigung. Hier sind v.a. ungesicherte, prekäre und niedrig entlohnte Beschäftigungsverhältnisse entstanden. Die heute expandierenden Sektoren bringen also eine polarisierte Beschäftigungsentwicklung mit sich, weil sie auf einem hohen Anteil flexibler und nicht-garantierter Arbeitsplätze basieren. Diese Polarisierung manifestiert sich keinesfalls nur zwischen den metropolitanen Zentren und den europäischen Peripherien (wo sich allerdings die Spannweite der Kluft vergrößert hat), sondern auch innerhalb der prosperierenden Regionen selbst: wo sich die Wachstumsindustrien konzentrieren, sind auch die meisten Teilzeit- und Abrufarbeitsplätze und die rapideste Ausbreitung der informellen Ökonomie zu finden: eine Polarisierung des städtischen Arbeitsmarkts, die meist auch zu einer zunehmend polarisierten sozialräumlichen Struktur führt[5]. Dies räumliche Gefälle zwischen und innerhalb von Regionen wird durch Differenzen in der staatlichen Dienstleistungs- und Ausgabenstruktur inzwischen noch verschärft. Generell wurden sozialstaatliche Leistungen reduziert: den wachsenden Anforderungen stehen vor Ort sinkende – und variable – Ressourcen gegenüber. Die Zahl der Sozialhilfeempfänger je 1000 Einwohner ist in allen bundesdeutschen Großstädten von 1970-1985 deutlich angewachsen, wobei sich die Spannweite zwischen den Städten um 78 Prozent vergrößert hat (Krätke 1991: 64).

Der neuen sozialräumlichen Segregation liegen also nicht nur die Entwicklungen der Krisenbranchen (und Krisenregionen) zugrunde, sondern auch die Polarisierung in zwei unterschiedliche, aber aufeinander bezogene dynamische Wachstumssektoren. Das stadträumliche Muster, das daraus entsteht, ist das einer kleinteiligen Heterogenisierung, in der vielfältige Formen von Lohnarbeit und – aufgrund expandierender Subcontracting-Beziehungen – Formen selbständiger Arbeit, die sich immer weniger von den Abhängigkeitsbedingungen der Lohnarbeit unterscheiden, von gesellschaftlichen Organisationen, und von kulturellen Orientierungen nebeneinander koexistieren. Der städtische Raum, der funktional und ökonomisch geteilt wird, wird sozial segregiert und kulturell differenziert. Während die soziale Distanz und die institutionellen Barrieren zwischen den verschiedenen Milieus und Subgruppen in der Stadt täglich zu wachsen scheinen, nähern sich die 'Professionals', die in den tertiarisierten Zentren, den Banken, Börsen, High-Tech- und Forschungszentren der Boom-Zone arbeiten, über nationale Grenzen hinweg einander an. Nicht nur sind sie in ihren (transregionalen und internationalen) Geschäftsbeziehungen miteinander verknüpft, auch ihre Arbeits- und Lebensstile sind faktisch miteinander verknüpft. Die (vereinfachende) Metapher von der „geteilten Stadt" pointiert diese intensivierte sozialräumliche Segregation, die auf der Segmentation der städtischen Beschäftigungsstruktur in einen (hochqualifizierten, über Beschäftigungsgarantien verfügenden) Kern und einen (flexibilisierten, prekären) „Rand", der mehr und mehr soziale und kulturelle Ähnlichkeiten zu Drittwelt-Städten aufweist, basiert.

Einzelne Städte haben diese Polarisierungsprozesse und ihre sozialen Konsequenzen in unterschiedlichem Grad als Problem identifiziert. Vielerorts, vor allem wo die lokale Wirtschaftskraft von den neuen Wachstumsschüben profitiert, tendieren die politischen Akteure (besonders die Kommune) dazu, diese neuen Formen territorialer Ungleichheit zu ignorieren; sie konzentrieren sich stattdessen darauf, unmittelbare Voraussetzungen für wirtschaftliche Entwicklung unter sich verschärfenden Konkurrenzbedingungen zu organisieren. Während solch ein Fokus die durch die ökonomischen Umstrukturierungsprozesse ausgelösten Polarisierungstendenzen noch verschärft, suchen andere Städte nach Wegen, wie Wachstum stimuliert, aber gleichzeitig den Tendenzen zu einer gespaltenen Gesellschaft entgegengewirkt werden kann.

1.2 Mobilisierung lokaler Politik für wirtschaftliche Entwicklung

Die zweite Tendenz, die unter unterschiedlichsten Bedingungen identifiziert und breit in der Literatur beschrieben wird, ist das verstärkte Engagement der lokalen Politik in der ökonomischen Entwicklung bzw. Regenerierung[6]. Dies verstärkte Engagement der Kommune bestand zunächst aus vielerlei Formen spontaner Reaktionen auf lokal sich manifestierende Probleme wie aus:

- Programmen zur Bekämpfung der Arbeitslosigkeit,
- Strategien zur Herstellung eines positiven Geschäftsklimas,
- Investitionen in Kultur- und Freizeiteinrichtungen, bisweilen sogar in die „Natur" (Beispiel Grüngürtel),
- Verbesserungen des „Images" oder des Ambiente einer Stadt,
- auch direkten Subventionen an Firmen, im Zusammenhang mit „Public-Private Partnerships", wobei bestimmte Erwartungen an die Investoren gestellt werden. Aus Einzelfallstudien wird häufig deutlich, daß die kommunalen Akteure bei den verschiedenen wirtschaftsfördernden Bemühungen zunächst keineswegs genau wußten, wie sich eine Verbesserung der lokalen Situation erzielen ließe, außer daß „Fragen der Industrie und Beschäftigung zentraler Gegenstand der lokalen Politik werden" müßten (Cochrane 1991: 21-22). Deutlich wird auch, daß die Kommunalpolitiker, unabhängig von parteipolitischer Orientierung, Vorteile für sich in diesem Politikfeld bzw. in der Ausweitung ihrer Kompetenzen in diesem Feld sahen und diese aktiv betrieben, oft mit dem Selbstverständnis, dadurch in der Machtbalance gegenüber der Zentralregierung stärker zu werden.

Dieser verstärkte lokale ökonomische Interventionismus drückt sich nicht nur in quantitativ ausgeweitetem kommunalem Ausgabevolumen für wirtschaftsfördernde Maßnahmen aus, er impliziert vor allem eine qualitative Veränderung im Ansatz der Intervention, die nämlich primär auf endogene Arbeitsmarktprofile und unternehmerische Initiative setzt, und nicht-staatliche Akteure in der Organisation der ökonomischen Bedingungen involviert. Trendübersichten lassen einen Wandel der traditionellen Aufgabenfelder von Wirtschaftsförderungsstellen erkennen (Bodenpolitik bei verknapptem Flächenangebot, Konzentration finanzieller Förderungen auf ausgewählte Zielgruppen wie z.B. innovationsfreudige Unternehmer, Stärkung der fachlichen Kompetenz im Beratungs- und Betreuungsangebot, vgl. Hesse 1988: 582ff.; Bauer u.a. 1991: 16ff.). Neue Aufgabenfelder eröffnen sich für ein lokal spezifisches Standortmarketing, für eine Betriebsbestandspolitik und Unterstützung der Gründung von neuen Betrieben, sowie für eine den alternativen Sektor unterstützende Beschäftigungspolitik (vgl.

Mayer 1990a). Insbesondere im Rahmen von kommunalen Arbeitsbeschaffungsprogrammen sind in der Bundesrepublik seit Mitte der 80er Jahre neue Strategien der Förderung von Projekten kommunaler und freier Träger entwickelt worden (vgl. Hegner 1986).

Die verschiedenen Strategien, lokale Potentiale für wirtschaftliches Wachstum zu mobilisieren und zu koordinieren, haben folgende Effekte:

1. Traditionell strikte Trennungen zwischen Politikfeldern und entsprechenden Ressorts werden aufgebrochen, v.a. zwischen Arbeitsmarkt- und Sozialpolitik, aber auch Bildungs-, Kultur- und Umweltpolitik werden auf wirtschaftspolitische Maßnahmen bezogen.
2. Innerhalb der Kommune werden sowohl neue Verwaltungen (z.B. in Sheffield ein neues und unabhängiges „Employment Department") als auch institutionalisierte Vernetzungen zwischen bestehenden Behörden etabliert.
3. Auch außerhalb der Kommune werden neue Institutionen gegründet und unterstützt: Institutionen für Wirtschaftsförderung und Technologieberatung, die primär beratende und koordinierende Funktion haben, sowie lokale „runde Tische" („Training and Enterprise Councils"), die den lokalen Politikformulierungsprozeß signifikant beeinflussen.
4. Damit hat sich das Aktionsfeld lokaler Politik faktisch weit über die Kommunalpolitik an sich ausgeweitet: an der Arbeitsmarktpolitik sind nicht nur die Kommune, sondern auch Arbeitsämter, staatliche Einzelprogramme mit ihren örtlichen Partizipanten, Wohlfahrtsverbände, kirchliche Einrichtungen, sowie in bestimmten Fällen Gewerkschaften und Firmenleitungen beteiligt. An der Stadtentwicklungsplanung sind auch private Akteure bereits in den Planungsprozeß einbezogen; umgekehrt gilt das „mixed management" auch bei der Ausführung, d.h. die Kommune hat auch im Ausführungsstadium noch mitzuentscheiden.

Um die verschiedenen involvierten Bereiche und Akteure jeweils zu koordinieren, haben sich pluralistische Verhandlungssysteme herausgebildet, die von einem kooperativen Politikstil statt einseitigen Anordungungsbeziehungen gekennzeichnet sind: der Kommune kommt hier die Funktion der Moderation zu. Solch nicht-hierarchischer Politikstil scheint Voraussetzung dafür zu sein, die Schnittstellen der unterschiedlichen Interessen identifizieren, nutzen, und gestalten zu können (vgl. Hesse 1987: 72). Dieser horizontale oder pluralistische Politikstil bedeutet allerdings nicht, daß diese Verhandlungssysteme notwendig offen für demokratischen Einfluß sind. Im Gegenteil, die Beteiligung kann mehr oder weniger exklusiv und die Interessenvermittlung mehr oder weniger selektiv sein. Auch gibt es bedeutende regionale und nationale Unterschiede, beispielsweise zwischen nord- und südeuropäischen Orten[7]. Und schließlich kann die horizontale Verhandlungskoordination mehr oder weniger erfolgreich ausfallen, wofür im zweiten Abschnitt einige Gründe benannt werden.

Das Gemeinsame und die Neuerung besteht jedoch darin, daß Verhandlungs- und Entscheidungsprozesse zunehmend auch außerhalb der traditionellen Strukturen der kommunalen Politik stattfinden, daß „Lokalstaat" sich also ausweitet auf die explizite Einbindung und Koordinierung funktionaler Interessen.

1.3 Umstrukturierung des lokalen Wohlfahrtsstaats

Der Druck (der durch die ökonomische Krise und Massenarbeitslosigkeit einerseits und abnehmende Subventionsströme der Zentralregierung andererseits entstand) und die Bereitschaft, ökonomischer Entwicklungspolitik Priorität einzuräumen, und zwar v.a. durch (unternehmerische) Mobilisierung und Koordinierung jeweiliger endogener Potentiale, bedeutete auch, daß eine der vormals zentralen Funktionen kommunaler Politik[8], nämlich die Bereitstellung kollektiver Dienstleistungen, in den Hintergrund rückte. Nicht nur sank rein quantitativ der relative Anteil der kommunalen Ausgaben für kollektive Konsum-Funktionen, sondern es fand auch hier eine Umstrukturierung statt, die mehr nicht-staatliche (private, gemeinnützige, intermediäre) Organisationen in die Erbringung der diversen Dienstleistungen involvierte, die dann von der Kommunalregierung nur noch kontrolliert und reguliert werden. Diese Verschiebung ist für den Bereich von Sozial- und Gesundheitspolitik bereits breit dokumentiert (vgl. Evers/Wintersberger 1988; Evers 1991), wo die Umstrukturierung staatlicher Verantwortlichkeit weg von der Trägerschaft von Einrichtungen und Diensten, hin zu einer „Betonung ihrer Rolle als Moderatoren und koordinierende Förder- und Planungsinstanzen" und die entsprechende Aufwertung der Verantwortung und Trägerschaft von „voluntary organizations und des informellen Sektors im Bereich sozialer und gesundheitlicher Dienste" in verschiedenen europäischen Ländern analysiert wurde (Evers 1991: 228). Auch in anderen Politikfeldern, wo vormals das Anbietermonopol der Kommune galt, werden staatsferne Träger aufgewertet: in der Stadtsanierung, Umwelt- oder Beschäftigungspolitik ist die Kommune geradezu angewiesen auf Initiativen im Stadtteil[9].

Genauso wie im Bereich der Wirtschaftsförderung sind auch im Bereich der sozialen und anderen Dienstleistungen hierarchische und kommunal-gesteuerte Formen der Erbringung und des Managements durch verschiedene private, gemeinnützige und halböffentliche Organisationen und Initiativen ergänzt bzw. ersetzt worden; ebenso wurden auch hier zwischen den verschiedenen involvierten Instanzen koordinierende Strukturen entwickelt.

Darüber hinaus wird die traditionelle wohlfahrtsstaatliche Verteilungspolitik aber auch durch beschäftigungs- und arbeitsmarktpolitische Maßnahmen ergänzt[10]: vor allem in den Krisenregionen der EG-Länder soll Sozialpolitik schließlich nicht die Investitionskraft der Stadt (noch ihr Image!) beeinträchtigen (vgl. Jädicke 1991: 207). In solchen Regionen ist häufig eine Verschiebung von „passiver" zu „aktiver" Arbeitsmarktpolitik, von Arbeitslosenunterstützung hin zu Arbeitsplatzbeschaffungs- und Fortbildungsmaßnahmen zu beobachten. Selbst in Ländern, wo der diesbezügliche Diskurs ausgeprägter ist als die reale Entwicklung (wie bspw. in Griechenland), gilt doch, daß entsprechende *aktive Interventionsformen* auf der lokalen Ebene und Zusammenarbeit mit anderen relevanten Akteuren zugenommen haben[11]. Auch werden Weiterbildungsmaßnahmen an die Stelle von sozialpolitischen Maßnahmen gesetzt, allerdings sind sie (aus zu untersuchenden Gründen) häufig unkoordiniert oder funktionieren nicht an der Nachfrage orientiert.

Die in diesen Maßnahmen sich andeutende Aufhebung der klassischen Trennung zwischen den Politikbereichen/Ressorts Wirtschafts(förderungs)- und Sozial- (Beschäftigungs-, Ausbildungs-etc.) -politik bewirkt, daß eine reale Verknüpfung zwischen lokalen Wirtschaftsprozessen und wohlfahrtsstaatlichen Prozessen hergestellt wird: „Wohlfahrt" wird in Kategorien wirtschaftlichen Erfolgs einer bestimmten Region definiert. Der (umverteilende, paternalistische) keynesianische Wohlfahrtsstaat, der durch seine Stützung massenkonsumtiver Nachfrage zur Kohärenz des fordistischen Wachstumsmodells beitrug, und dessen lokaler „Arm" v.a. als Dienstleistungsbetrieb für die lokale Bevölkerung fungierte, wird ersetzt durch einen neo-liberalen minimalistischen Staat. Dieser überträgt konkrete Funktionen zur Sicherung der gesellschaftlichen Reproduktion auf die regionale und lokale Ebene, wo die Kommune, den jeweiligen lokalen Bedingungen entsprechend, Innovations- und Kooperationsprozesse zwischen öffentlichen und privaten Akteuren initiiert und reguliert.

Soziale Absicherungen, die vormals über den zentralen Wohlfahrtsstaat garantiert waren (und lokal verteilt wurden), werden nun in fragmentierter Weise über Bedingungen an Investoren erstritten und implementiert. So werden beispielsweise zusätzliche Mittel zur Förderung des Wohnungsbaus für niedrige Einkommensgruppen, für Grünflächen oder Kindergärten über „Gebühren", die den Investoren auferlegt werden, oder im Rahmen von Public-Private Partnerships mobilisiert, wobei lokal sehr unterschiedliche Kompromisse erzielt werden. Während z.B. in Barcelona die Kommune bei der Entwicklung polyvalenter Komplexe für Dienstleistungen/Wohnungen/Erholung/Freizeit die Wohnungsversorgung, insbesondere für mittlere und untere Einkommen betonte, scheinen sich Münchener Stadtverwaltung oder Berliner Senat eher im Konsens mit den privaten Akteuren zu finden, die Büroraum, Hotels und Wohnungen für höhere Einkommensgruppen favorisieren.

Diese Umstrukturierung des lokalen Wohlfahrtsstaats, die im Kontext breiter Kritik an den bürokratischen und paternalistischen Strukturen und Verfahren des fordistischen Wohlfahrtsstaats stattfand[12], wurde keineswegs nur von marktliberalen politischen Gruppierungen ausgelöst. Mancherorts hat sie sich auch vermittelt über progressive Impulse (unter dem Motto „Dienstleistungen mit dem Bürger statt für den Bürger") durchgesetzt. Weder Konservative noch Grüne/Lokalsozialisten mochten den Lokalstaat länger in seiner Funktion als wohlfahrtsstaatliche Dienstleistungserbringungsmaschine mit den bekannten bürokratischen Mängeln belassen.

Dieser dritte Trend, der die Veränderungen in der lokalen Politik prägt, läßt sich also dahingehend zusammenfassen, daß universalistische Formen der Dienstleistungserbringung, für die bislang die Alleinzuständigkeit der Kommune galt, zunehmend ergänzt und ersetzt werden durch Formen, in denen die Kommune lediglich als Teil einer breiteren „Wachstumskoalition" agiert; erbracht werden die Dienstleistungen nicht mehr vom traditionellen Kartell der staatlichen, kommunalen oder staatsnahen „freien" Träger, sondern durch fragmentierte Strukturen mit starker Beteiligung lokaler Wirtschaftsinteressen sowie anderer Interessen und Verbände aus dem Privatsektor bzw. aus dem dritten („voluntary") Sektor. Diese Verschiebung eröffnet eine Skala von sich mehr oder weniger ausschließenden möglichen Modellen. Ob lokale Auseinandersetzungen und Verhandlungen eher in für lokale Bedürfnisse offenen und egalitären Modellen resultieren oder in solchen, die eher ausgrenzende Praktiken forcieren, in

jedem Fall besteht das Neue an diesem Politikmuster in der primär initiierenden und moderierenden Funktion der Kommune, die die Erbringung der Dienstleistungen durch andere Akteure nurmehr kontrolliert und reguliert.
Für beide Veränderungsprozesse, die Entstaatlichungstendenzen im lokalen Wohlfahrtsstaat sowie die wachsenden Funktionen des Lokalstaats im Bereich der Wirtschaftsförderung und Arbeitsmarktpolitik, waren mehr oder weniger komplexe *organisatorische* Umstrukturierungen notwendig. In vielen Städten verlagerte sich der Schwerpunkt allmählich von den während der 70er Jahre mächtigen Verwaltungsabteilungen, die den Dienstleistungsbetrieb stellten, auf die neuen auf Wirtschaftsentwicklung gerichteten Funktionen. Im Verlauf dieser Verlagerung lockerten sich die rigiden Grenzen zwischen den einzelnen Verwaltungen, was allmählich eine Form von Management ermöglicht, für die sowohl mehr interne Kohärenz als auch mehr Offenheit für externe Gruppen kennzeichnend ist. Im Feld der Sozialpolitik involvieren diese neuen Politikformen Wohlfahrtsverbände, Kirchen, Gewerkschaften und häufig auch Selbsthilfe-Gruppen und Stadtteil-Initiativen, während die Akteure, die sich an der Planung und Implementierung von Wirtschaftsförderungs- und technologischen Modernisierungsmaßnahmen beteiligen, eher Industrie- und Handelskammern, große Unternehmen, Banken, Forschungsinstitutionen und Hochschulen, sowie – je nach Kräfteverhältnis – auch Gewerkschaften und Betriebsräte sind. Vor dem Hintergrund des wachsenden Anteils ungesicherter Beschäftigungsverhältnisse, von polarisierten Arbeitsmärkten, und der vielerorts strukturellen Langzeitarbeitslosigkeit werden die traditionellen Grenzen zwischen diesen „weichen" und „harten" Politikfeldern allerdings fließend im Maß wie die Kommunen sozialpolitischen Problemen mit arbeitsmarkt- und beschäftigungspolitischen Programmen zu Leibe rücken.
Auch auf höheren staatlichen Ebenem wurden Programme installiert, die die Herausbildung von Entwicklungskonzepten auf lokaler und regionaler Ebene und die notwendigen institutionellen Arrangements befördern sollen. Fördermöglichkeiten auf Landes-, Bundes-, sowie EG-Ebene koppeln die Vergabe von Mitteln für Wirtschaftsförderung daran, daß kommunale bzw. regionale Instanzen Formen der Zusammenarbeit zwischen den relevanten Akteuren konsent geklärt haben. So wird der Trend einer dezentralen Eigenentwicklung, der von vielen Städten schon in die Wege geleitet war, auch von oben befördert – genauso wie die Erweiterung des diese Eigenentwicklung tragenden Subjekts. Subjekt ist keineswegs nurmehr die (Gebietskörperschaft) Kommune, zum Subjekt gehören nun auch Umlandverbände, intermediäre Institutionen und „runde Tische" (wie periodische Arbeitsmarktkonferenzen oder „Sozialtische"), die in nicht-hierarchischen Interaktionsprozessen zur Konsensfindung gemeinsames Handeln zu ermöglichen trachten.

2. *Lokal spezifische Entwicklungspfade*

Die Art und Weise, in der das lokale politische System örtliche Entwicklungsprozesse initiiert, stimuliert, sowie die dazu förderlichen Voraussetzungen anstößt und koordiniert, und die Wirkungen, die die lokale Politik dabei erzielt, variieren offensichtlich zwischen den verschiedenen europäischen Ländern und auch zwischen unterschiedlich affizierten Regionen innerhalb der Länder. In diesem Rahmen kann keine Typologie entwickelt werden, die zu konstatierende Variationsbreite soll lediglich veranschaulichen,

1. daß es, wie beim fordistischen Regulationsmodus, auch im „Post-Fordismus" *unterschiedliche Ausprägungen gibt,* die sich nicht nur vorgegebenen Strukturen und nicht unmittelbar beeinflußbaren Faktoren, sondern *auch* den vor Ort getroffenen Entscheidungen und Maßnahmen verdanken. In der Tat, da die Globalisierung der Wirtschaft die Nationalstaaten in mancherlei Hinsicht geschwächt hat, wurden Städte und Regionen oft zu unmittelbaren Akteuren im internationalen Kontext. Die besondere Plazierung eines Ortes innerhalb der internationalen Arbeitsteilung setzt unter Bedingungen verschärfter städtischer Konkurrenz nicht nur gewisse Constraints, sondern wird auch selbst ein Aktivposten, dessen positionale Vorteile es zu identifizieren und auszubeuten gilt.
2. daß – trotz eng reglementierter Finanzausstattung und mehr oder weniger begrenzt variierbaren institutionellen Handlungsmöglichkeiten auf lokaler Ebene – gerade die Ausweitung des lokalen politischen Systems auf diverse gesellschaftliche Akteure sowie der neue Zuschnitt der Rolle der Kommune als „enabling", als Bereitsteller eines Klimas, das Entwicklungsmaßnahmen anderer fördern soll, *Eingriffs- und Einflußmöglichkeiten neuer Art* (für soziale, Minderheiten-, Umwelt- oder Fraueninteressen) schafft, die zu nutzen sind, deren Nutzung Effekte produziert.

Die in der Literatur beschriebenen lokalen Entwicklungsinitiativen waren zunächst ein heterogenes Bündel spontaner Reaktionen auf lokal sich zeigende Probleme – steigende Arbeitslosigkeit, Abwanderung, Verfall[13], aber auch Wachstumsprobleme, Vermittlungsprobleme zwischen neuartigen Arbeitsplatzangeboten und verfügbaren Arbeitskräften, Anforderungen von Wachstumsfirmen an eine ganz bestimmte Infrastruktur.

- Einige waren pragmatisch und privatwirtschaftlich angestoßen,
- andere knüpften an ältere Strömungen genossenschaftlicher Traditionen oder an die Ideen des „municipal socialism" an,
- in einigen Fällen entstanden neue Kanäle für Klientelbeziehungen, insbesondere in Südeuropa (Griechenland, Süditalien),
- in anderen Fällen wurde der Lokalstaat als ökonomischer Akteur mobilisiert, um dadurch die Kommunalpolitik gegenüber den großen Konzernen zu stärken (von linken Labor Councils getragen, galt die Strategie sogar als „gefährlicher Radikalismus"!),
- für Nachzügler lieferten erst zentralstaatliche sowie EG-Programme den Anreiz, auf lokaler und regionaler Ebene an Wirtschaftsförderungsmaßnahmen mit anderen Organisationen zusammenzuarbeiten,
- und in manchen Städten mußte die Initiative von außerhalb kommunaler Instanzen kommen, wie beispielsweise in München, wo erst ein alternativer Wohnungsträger die Kooperation zwischen den relevanten Akteuren zuwege brachte. Gegen den Widerstand der kommunalpolitisch führenden Parteien werden hier innovative woh-

nungspolitische Programme mit Hilfe von EG-Geldern durchgesetzt (vgl. Breckner/Schmals 1991).

Variationen, die sich regional spezifischen Traditionen und Strukturen verdanken, sind dabei von Variationen, die Resultat von vor Ort entschiedenen Prioritäten und Auseinandersetzungen sind, zu unterscheiden. Ein Beispiel für den ersteren Typ von Unterschieden wären die mediterranen/kontinentalen Versionen der neuen Verhandlungssysteme. Untersuchungen zu den Veränderungsprozessen lokaler und regionaler Politik in Griechenland und Süditalien haben spezifische (informelle) Formen der Koordination lokaler Aktivitäten und ihrer Vermittlung mit (zentral)staatlichen Regelungen und Finanzierungsmöglichkeiten festgestellt, die von Klientelsystemen und dem „Patron" als „politischen Makler" geprägt sind (vgl. Piattoni in diesem Band; Getimis 1991). Gegenüber diesem „mediterranen Modell" wäre ein „kontinentales Modell" eher durch die Verpflichtung der Beteiligten auf abstrakte Regeln (und nicht auf bestimmte Personen) zu kennzeichnen.

Freilich ist es schwierig, die Wirkungen der lokalpolitischen Interventionen, etwa ihren jeweiligen Anteil an Beschäftigungszuwachsraten oder Unternehmensgründungen, direkt zuzuordnen und quantitativ zu erfassen. Der jeweilige Bedeutungszuwachs des lokalen politischen Systems kann jedoch nicht mit quantitativen Größen, z.B. dem Anteil des kommunalen Haushalts am staatlichen Gesamthaushalt, gemessen werden. Die jeweilige Bedeutung der neuen Rolle der Stimulierung von Kapitalformierungsprozessen und der Koordinierung und Steuerung von Kooperationsprozessen zwischen verschiedenen Akteuren und Institutionen ist qualitativ zu bestimmen. Während vorliegende Studien zeigen, daß in bestimmten Fällen tatsächlich synergistische Effekte eintreten und in anderen dies pure Hoffnung bleibt, kann wohl nicht mehr davon ausgegangen werden, daß „niemand Illusionen darüber hegt, daß lokale wirtschaftsfördernde Bemühungen insgesamt mehr als höchst marginale Effekte haben können", wie Pickvance und Preteceille schreiben (1991: 5). Es geht eher darum, zu eruieren, weshalb es in manchen Situationen/Orten gelingt, die „richtige" Konstellation von Bedingungen herzustellen und in anderen nicht. Dazu müßten die Hinweise und Ergebnisse vorliegender Studien systematisch ausgewertet werden, was hier nur andeutungsweise illustriert werden kann.

Scheitern, beispielsweise im Fall Athens, wird von Getimis damit erklärt, daß historisch gewachsene privilegierte Strukturen und traditionelle Mechanismen (Klientelismus, Berufsorganisationen, inoffizielle Vermittlungskanäle) eine erfolgreiche Umsetzung der breit angelegten arbeitspolitischen Maßnahmen verhinderten. Andererseits war die Durchsetzung von ähnlichen Maßnahmen und die Etablierung einer entsprechenden Verwaltungsbehörde (für Arbeits- und Beschäftigungspolitik) in Sheffield leicht zu realisieren, weil dies kein Politikfeld war, in dem sich machtvolle Verwaltungen schon eingegraben hätten: Wirtschaftsförderung war dort, wie in den meisten Städten, noch nicht der Aufgabenbereich *einer* Behörde, sondern lag quer zu den existierenden Ressorts. Gleichzeitig war dies Feld, gerade weil es noch nicht besetzt war, besonders geeignet, einen innovativen Ansatz in der lokalen Politik zu symbolisieren (Cochrane 1991: 24). Das heißt, in beiden Fällen spielen (lokal spezifische) vorgegebene, historisch gewachsene Politikstrukturen und Politikstile eine ausschlaggebende Rolle. Die Anpassungsprozesse und die Herausbildung neuer organisatorischer Strukturen vermitteln sich über eine Reihe von Faktoren, die lokal geprägt sein können: von Klassenbeziehungen[14], parteipolitischer und intermediärer Interessenvermittlung, von kulturellen Normen etc. Die Komplexität dieser Vermittlungsprozesse verweist darauf, daß vorschnelle Typenbildungen mit Vorsicht zu genießen sind[15]. Eher müßten die Bemühungen zur Identifizierung verschiedener lokaler Entwicklungspfade wohl in die Richtung gehen, daß lokal je konkrete (und sich laufend wandelnde) Bedingungen als verantwortlich dafür ausgemacht werden, ob solche Strategien erfolgreich implementiert werden oder nicht. Diese Bedingungen dürften nicht auf vorhandene institutionelle Strukturen beschränkt sein, sondern müßten auch solche Variablen wie den Grad des Reichtums und der Modernisierung einer Stadt bzw. eines Ballungsraums miteinbeziehen.

Die Unterschiede, die sich den vor Ort entschiedenen Prioritäten und politischen Auseinandersetzungen verdanken, sind zweifacher Natur: Einerseits, da die spezifischen Produktions- und Reproduktionsbedingungen weder von zentralstaatlicher Politik noch von den Firmen selbst organisiert werden können sondern nur vom lokalen politischen System, wurden dessen Kompetenz bei der Verhandlung mit supra-regionalem und multinationalem Kapital sowie die Effizienz, mit der lokale Regierung und Partnerschaften die besondere Symbiose lokaler Voraussetzungen bereitstellen, zu entscheidenden – das Profil einer Stadt wie seine Verortung innerhalb der internationalen Hierarchie prägenden – Faktoren. Andererseits gibt es Unterschiede im *Typ* der lokal entwickelten unternehmerischen Politik. Die Bandbreite der Möglichkeiten reicht hier von marktliberalen wirtschaftsfördernden Maßnahmen, wo solche Instrumente wie „Enterprise Zones" (und ähnliche auf Bundesebene bereitgehaltene Programme) zur Anwendung kommen, am einen Ende, zu radikaleren, sozial orientierten, umwelt-, frauen-, oder minoritäten-freundlichen Wirtschaftspolitiken am (utopischen) anderen Ende. Dabei ergeben sich die Endpunkte der Skala keineswegs automatisch aus parteipolitischer Programmatik nach dem links/rechts (oder grün/schwarz) Schema. Aber rot-grüne Regierungskoalitionen auf kommunaler Ebene sind ein interessantes Untersuchungsfeld. Erste Auswertungen von grüner und rot-grüner Kommunalpolitik bringen widersprüchliche Ergebnisse zutage (vgl. Roth/Wollmann 1991), überwiegend deutet sich ein Verzicht auf „große Konzepte" (Roth 1991: 177) an. Stattdessen wird die Betonung auf den Versuch gelegt, prozedurale Steuerungen mit möglichst starker Beteiligung von in der Stadtpolitik bislang ausgegrenzten Interessen auf den Weg zu bringen.

Selbst wenn wir kurzlebige und idealistische Versionen, die den Lokalstaat kurzerhand zum Vehikel für soziale Bewegungen avancieren (vgl. Clavel/Kleniewski 1990; Bullmann/Gitschmann 1985), außer acht lassen, bleiben doch unterschiedliche Typen von „unternehmerischen Stadtpolitiken" und unterschiedliche Typen von Verhandlungssystemen. Würde man den Grad sozialer Verantwortung gegenüber lokalen Bedürfnissen auf einer Achse (lokale Kommunikation und Kooperation), und mehr oder weniger ein/ausschließende Formen unternehmerischer Politik auf der anderen Achse (Partizipation/Inklusion) aufzeichnen, wären unterschiedliche Entwicklungsmöglichkeiten „post-fordistischer" Lokalpolitik analytisch zu verorten und ihr jeweiliges Po-

tential für Konsistenz und Kompatibilität mit lokalen und globalen Bedingungen zu erforschen[16].
Da die Unterschiede offensichtlich hochrelevant sind für die Lebensqualität an den jeweiligen Orten, insbesondere für die von den neuen Wachstumsindustrien nicht profitierenden oder über prekäre Beschäftigungsverhältnisse an ihnen beteiligten gesellschaftlichen Gruppen, müssen wir die Bedingungen und Konstellationen identifizieren, die Modelle begünstigen, die am ehesten den starken Polarisierungstendenzen der post-fordistischen Stadt entgegenwirken können. Während die politikwissenschaftliche Forschung schon beobachtet hat, daß die neuen Kooperations- und Verhandlungsformen zwischen kommunaler Politik und organisierten Interessen von anderen Prinzipien geleitet sind als frühere „von oben" durchgesetzte Reformpolitiken – sie respektieren die jeweilige Eigenart und die besonderen Funktionsbedingungen der einzubindenden Organisationen und Institutionen des privaten Sektors (vgl. Scharpf 1987: 119; Hesse 1987: 72) –, wurden die Differenzen zwischen den verschiedenen eingebundenen Akteursgruppen noch nicht systematisch in Untersuchungen berücksichtigt. Zwar ist es das Ziel der neuen Interaktionsprozesse, *Konsens* zu finden und Ressourcen und Kompetenzen bereitzustellen, um *kollektives* Handeln zu ermöglichen, aber die strukturellen Polarisierungstendenzen, die für die gegenwärtigen städtischen Umstrukturierungsprozesse in allen europäischen Regionen charakteristisch sind, lassen es höchst unwahrscheinlich erscheinen, daß solche Gremien tatsächlich mit „einer Stimme" sprechen (wie beispielsweise in Cochranes Beschreibung des Sheffield Economic Regeneration Committee als „die Stimme Sheffields" [1991: 48] impliziert). Jedoch obwohl wir signifikante Differenzen in der relativen Macht von Kapitalgruppen, Gewerkschaften, kommunalen Instanzen und Stadtteilgruppen unterstellen müssen, und obwohl diese Gremien sich empirisch im Grad ihrer Offenheit/Abgeschottetheit unterscheiden mögen, hat doch die schlichte Existenz dieser neuen Formen lokaler Politik das politische Terrain und die Interventionsmöglichkeiten für soziale Bewegungsgruppen wie für Ökologie-, Bürgerrechts-, oder Stadtteilorganisationen verändert.
Viele solcher Selbsthilfe-Gruppen und Stadtteilorganisationen werden längst von Kommunen eingebunden in innovative Stadterneuerungs- oder Zweite Arbeitsmarktprogramme, weil ihre Nützlichkeit im Umgang mit Dauerarbeitslosigkeit und Marginalisierungsproblemen erkannt wurde. Sie wurden so selbst Teil des lokalen „endogenen Potentials". Bislang gibt es allerdings kaum empirisch ausgewiesene, wissenschaftliche Untersuchungen über die Chancen solcher Bewegungsgruppen, die Grenzen des jeweiligen lokalen Entwicklungsmodells in Richtung auf eine offene, demokratische Stadt auszuweiten[17].

3. *Herausforderung für die Lokale Politikforschung*

Um ihren Gegenstand nicht zu verfehlen, darf die lokale Politikforschung sich offensichtlich nicht nur auf die kommunalpolitischen Instanzen im Sinne des staatsrechtlichen Gemeindebegriffs beschränken. Sie muß den Blick richten auf das ganze Netz von Institutionen, Akteuren, und Verhandlungssystemen, inklusive ihrer überregional vermittelten Dimensionen, die die Entwicklung des lokalen Systems mitbeeinflussen. Diese Vielfalt von Akteuren läßt neue Formen (pro-)aktiven und koordinierten räumlichen Managements entstehen, deren Entstehungsbedingungen, Funktionsweise und Stellenwert im einzelnen noch sehr analysebedürftig ist.

Um sowohl den Stellenwert als auch die Variationsbreite der neuen Formen des lokalen politischen Systems zu erklären, brauchen wir einen theoretischen Erklärungsansatz, der sowohl sensibel für die Rolle von Institutionen ist als auch umfassend genug, um die Wirkungen überregional determinierter Constraints zu berücksichtigen. Da wir darüberhinaus an der Frage interessiert sind, wie weit die neuen Politikformen modifiziert werden können um die Realisierung sozialer und ökologischer Ziele zu ermöglichen, muß der Erklärungsansatz gesellschaftstheoretisch verankert sein, da Mikro-Perspektiven und Ansätze mittlerer Reichweite uns weder bei der Identifizierung von Historizität noch der für eine spezifische Gesellschaftsformation zentralen Konfliktlinien und Grenzen sozialer Bewegungen helfen können.

Der gegenwärtig entwickelte Regulationsansatz, bei dem es sich noch eher um ein Forschungsprogramm als einen fertigen Theorieansatz handelt, kann möglicherweise eine solche Perspektive anbieten[18]. Der Ansatz sucht einen Ausweg aus den funktionalistischen Sackgassen (strukturalistischer) Theorien. Während solche Theorien die lokale Ebene entweder als von zentralstaatlichen Ebenen determiniert („verlängerter Arm") oder über ihre in Arbeitsteilung mit der nationalen Ebene zu erbringenden Funktionen – als Ort kollektiver Konsumtion (Castells 1983) oder reproduktions-orientierter Interessen (Hesse 1983) – ansahen, privilegiert der Regulationsansatz weder die Produktions- noch die Reproduktionsebene, und auch nicht von vornherein eine gegenüber anderen staatlichen Ebenen. In diesem Systemmodell wird kein Zentrum unterstellt, sondern die Frage ist, *wie* die verschiedenen Ebenen miteinander verknüpft sind, um eine relativ stabile gesellschaftliche Reproduktion zu gewährleisten. Mit der Unterstellung, daß eine gewisse *Korrespondenz* zwischen Akkumulationsregimen und Regulationsmodellen für die Stabilität einer gesellschaftlichen Formation Voraussetzung ist, lenkt der Ansatz unsere Aufmerksamkeit auf die (immer widersprüchlichen und konfliktträchtigen) komplexen Arrangements, politischen Praktiken, gesellschaftlichen Normen und kulturellen Formen, die es dem prinzipiell instabilen kapitalistischen System erlauben, wenigstens phasenweise stabil und kohärent zu funktionieren. Dabei sind gesellschaftliche Institutionen, soziale Bewegungen und politische Auseinandersetzungen gleichzeitig die Medien, über die vermittelt die Bedingungen für stabile Perioden gesellschaftlicher Kohärenz ausgehandelt und fixiert werden.

Das Konzept der Regulationsweise, die nichts anderes beschreibt als die gefundenen Mechanismen, die für eine historische Phase eine gewisse Dynamik zulassen, bezieht also intermediäre gesellschaftliche Ebenen (von Familien- und Wohnformen bis zu individuellen Wertorientierungen) in die Kohärenzanalyse von kapitalistischen Entwicklungsphasen ein. Sie eröffnet damit auch Raum für die Analyse der Rolle – und Veränderungen der Rolle – lokaler und sublokaler Institutionen und Bewegungen im Kontext größerer Umstrukturierungen. Die auch im Bereich lokaler Politik beobachtete

Suche nach neuen Mechanismen und Politikformen ließe sich also entlang des Bedarfs an Kohärenz zwischen neuen Rahmenbedingungen interpretieren.

Die Trendübersichten über Veränderungen im lokalen politischen System deuten, bei allen Ambivalenzen und gegenläufigen Tendenzen, eindeutig zumindest zwei bedeutende Verschiebungen an: eine Dezentralisierung akkumulationsbezogener Funktionen auf die regionale und lokale Ebene sowie eine Entwicklung weg vom keynesianischen distributiven Wohlfahrtsstaat hin zu einer Kommunalpolitik, die vor allem einen Kontext bereitstellt und moderiert, in dem andere Träger innovative Praktiken zu verhandeln und (gemeinsam) zu erbringen haben. Diese Verschiebungen wären im Rahmen des Regulationsansatzes als potentielle Komponenten einer „post-fordistischen" Regulationsweise zu analysieren. Da sich diese Trends vermittelt über national spezifische Staatsstrukturen und politische Kulturen durchsetzen, die jeweils die ökonomischen Umstrukturierungseffekte in neue Orientierungen und Innovationen staatlicher Maßnahmen übersetzen, dürfte gerade die Betonung von institutionellen Praktiken, die dem Regulationsansatz eigen ist, sich nützlich für die Erklärung nationaler und regionaler Variationen erweisen.

Im Gegensatz zu strukturalistischen Theorien unterstellt der Regulationsansatz, daß Geschichte offen und nicht vorherbestimmt ist und daß es keine notwendige Entsprechung zwischen sozioökonomischen Entwicklungsmustern und (funktionaler) staatlicher Anpassung gibt. Freilich ist Geschichte nicht *völlig* offen für sämtliche Entwicklungspfade, die technologische Entwicklungen und menschliche Phantasie in den Bereich des Vorstellbaren rücken. Wenn ein bestimmtes gesellschaftliches Entwicklungsmodell erschöpft ist (wie es seit den 80er Jahren vom fordistischen Regime behauptet wird), geschieht die Entwicklung neuer Produktions- und Arbeitsbeziehungen und die neuer institutioneller Arrangements im Verhältnis des Lokalstaats zu anderen staatlichen Ebenen und nicht-staatlichen Akteuren innerhalb gewisser Constraints, die die Regulationstheorie als Kompatibilitätserfordernisse innerhalb eines Akkumulationsregimes identifiziert. Das heißt, daß nur diejenigen neuen politischen Arrangements auf regionaler und lokaler Ebene durchsetzungsfähig sind, die mit den allgemein geltenden Zielen und Normen der jeweiligen Gesellschaft sowie der Makroökonomie und Sozialstruktur des jeweiligen Akkumulationsregimes kompatibel sind. Selbst wenn ein bestimmtes Modell in diesem Sinne durchsetzungsfähig ist, bleibt offen, ob es gelingt, in den jeweiligen Konflikt- und Verhandlungsprozessen tatsächlich solche konsistenten Strukturen zu produzieren. Deshalb betonen manche Verfechter des Regulationsansatzes Konflikt und Auseinandersetzung zwischen widerstreitenden gesellschaftlichen Interessen besonders, sowie Verhandlungsmuster und Kompromißstrukturen, die ihrerseits von den Traditionen der jeweiligen Gesellschaft beeinflußt werden[19].

Zwei Hypothesen wären folglich genauer zu untersuchen:

1. Die neuen, auf Kooperation mit nicht-staatlichen Akteuren basierenden Politiksysteme auf lokaler Ebene sind *geeignet* für eine Stadt- und Regionalpolitik unter Bedingungen globaler Integration und lokaler Fragmentierung, weil sie unter diesen Bedingungen die höchst mögliche Mobilisierung lokal spezifischen Potentials ermöglichen.

2. Die neuen lokal/regionalen Politikformen sind nur innerhalb der Logik des neuen Regulationsmodus modifizierbar. Dies würde bedeuten, daß Versuche, die Durchsetzungschancen für soziale oder ökologische Forderungen zu erhöhen, sich weniger auf traditionelle universalistische (und zentralstaatlich organisierte) Formen egalitärer Redistribution beziehen sollten als vielmehr auf die Auslotung der für die neuen lokalen und regionalen Verhandlungssysteme charakteristischen strukturellen Offenheit für externe Gruppen: hier müßte angesetzt werden, um vorhandene Spielräume möglichst nicht-exklusiver Partizipation und möglichst breiter Repräsentation, auch von bislang marginalisierten Gruppen, auszuschöpfen und auszuweiten.

3.1 Zur Angemessenheit der neuen Politiksysteme

Fordistische Kommunalpolitik, die primär im Ausbau technischer und sozialer Infrastruktur bestand, sowie in Kahlschlag-Sanierung von Altbau-Wohngebieten zugunsten eines großflächigen standardisierten Wohnungsneubaus, war insofern dem fordistischen Gesellschaftsmodell „angemessen" als sie die Zonierung des städtischen Raums vorantrieb, Konsumnormen anhob und homogenisierte, und Lebensweisen standardisierte. Verschiedene industriegeographische und regionalpolitische Studien haben aufgezeigt, daß diese städtischen Regulationsweisen für eine gewisse Periode trefflichst auf das fordistische Akkumulationsregime abgestimmt waren (vgl. Scott/Storper 1986; Albrechts u.a. 1989). Im Gegensatz zur fordistischen ist das momentan sich in europäischen Kommunen verbreitende Muster lokaler Politik von diversen Strategien charakterisiert, die auf lokaler und regionaler Ebene Investitionstätigkeit stimulieren und forcieren sollen. Anstatt lediglich zentralstaatlich gesetzte Politik zu verwalten und zu vollziehen, und ein scheinbar autonom stattfindendes Wachstum möglichst gleichmäßig im Raum zu verteilen, mobilisieren die kommunalen Instanzen nun endogene Ressourcen, initiieren Entwicklungsprozesse und etablieren Kooperationsprozesse mit anderen relevanten Akteuren, um die jeweilige Konstellation von Bedingungen zu identifizieren und bereitzustellen, unter denen wirtschaftliches Wachstum in einer besonders plazierten Situation stattfinden kann. Dabei mögen die Streuung territorial bezogener Entscheidungs- und Politikfunktionen auf eine Reihe von privaten und quasi-öffentlichen Institutionen neben der Kommune, sowie die auf verschiedenen staatlichen Ebenen stattfindende Deregulierung sich als geeignet erweisen, zur Stabilität der gesellschaftlichen Reproduktion unter Bedingungen verschärfter interregionaler Konkurrenz und geopolitischer Spannungen beizutragen. Aber die Hypothesen, die die Regulationstheorie zur Kohärenz eines post-fordistischen Entwicklungsmodells vorgeschlagen hatten, müßten noch weiter ausdifferenziert werden, um mögliche, mit jeweiligen nationalen und regionalen Bedingungen kompatible Entwicklungspfade konkret zu identifizieren. Vor allem müßten die (bislang unterentwickelten) politischen Dimensionen der Regulationstheorie weiter ausgearbeitet werden (wofür sich der local state-Ansatz als nützlich erweisen könnte), um die Effekte der Dezentralisierung einzelner Staatsfunktionen einschätzen zu können. Die Perspektive es local state-Ansatzes (vgl. Mayer 1991b: 32), die auch den lokalen Staat als Verdichtung von Klassenbeziehungen begreift, macht darauf aufmerksam, daß solche Dezentralisierungsprozesse keineswegs automatisch Demokratisierungsprozesse implizieren. Die Herabzonierung bestimmter Entscheidungsfunktionen auf die lokale Ebene, die in der gegenwärtigen Restrukturierung des Staates als gemeinsamer Trend ausgemacht wurde, kann genauso gut auf eine Stärkung bzw. Entstehung von (neuen) lokalen Eliten herauslaufen. Weitere Forschung hätte aufzuzeigen, wie die neuen proaktiven und koordinierenden Politikformen im einzelnen funktionieren und welche (gesellschaftlichen) Kosten sie verursachen. Wenn es tatsächlich zentrales Element post-fordistischer Stadtpolitik sein sollte, einen institutionellen Rahmen bereitzustellen für die Kleinarbeitung vielfältiger neuer Widersprüche (die möglicherweise ökonomisches Wachstum behindern könnten) und für das Austarieren der tiefen Gesellschaftsspaltungen, die das neue Wachstumsmodell mit sich bringt, dann verdient die Frage der Kosten und der gesellschaftlichen Durchsetzbarkeit sicherlich besondere Aufmerksamkeit.

3.2 Zu den Handlungsspielräumen innerhalb der neuen Politiksysteme

Innerhalb der Regulationstheorie markiert eine gewisse Korrespondenz zwischen politischen Regulationsweisen, Formen der Produktions- und Reproduktionsorganisation, und spezifischen gesellschaftlichen und kulturellen Normen, die während einer bestimmten Ära hegemonisch sind, Perioden einer relativ stabilen Reproduktion eines Systems, das strukturell widersprüchlich und deshalb instabil ist. Um die spezifischen Bruchstellen, entlang derer diese strukturellen Widersprüche immer wieder neu aufbrechen, zu identifizieren, und um die Bedingungen auszumachen, unter denen Widerstand gegen historisch spezifische Herrschafts- und Diskriminierungsformen möglich wird, muß man das Terrain der gesellschaftlichen und politischen Auseinandersetzungen genau kennen. Dies Terrain war bis vor kurzem durch die in Klassenauseinandersetzungen erkämpften Errungenschaften, die sich im fordistischen Klassenkompromiß, in Tarifverhandlungsstrukturen und im keynesianischen Wohlfahrtsstaat niedergeschlagen haben, strukturiert. Die Kosten dieser gesellschaftlichen Kompromißorganisation wurden spätestens durch die sozialen Bewegungen der 60er und 70er Jahre artikuliert, die ihrerseits zur Krise des Fordismus beitrugen (vgl. Hirsch/Roth 1986: 193ff.).

Mit der Ausbildung höchst polarisierter Klassenverhältnisse und lokal partikularisierter Situationen entstehen neue Polarisierungen und Spaltungen, die sich in den existierenden politischen (Parteien-)Systemen und selbst in den vertrauten Mustern sozialer Bewegungen schwer Ausdruck verschaffen können. Folglich beobachten wir unkonventionelle Bündnisse und Bewegungen: in deindustrialisierenden Regionen verbünden sich Gewerkschaften mit Industrieverbänden, um protektionistische Forderungen durchzusetzen; in Regionen rapiden Wachstums koalieren Konservative mit Progressiven gegen Investoren und Planer, deren Wachstumsstrategien die Lebensqualität einer Stadt zu zerstören drohen; städtische soziale Bewegungen und ihre intermediären Institutionen erfahren Angriffe von neu-marginalisierten Gruppen, die erstere (oder auch die Grüne Partei oder andere inzwischen institutionalisierte Relikte von Bewegungen aus den 60er und 70er Jahren) als „Gewinner“, sich selbst als „Verlierer“ jüngster Modernisierungsprozesse erfahren. Auch das Verschwinden des Ost/West-Konflikts hat neue und andere Issues auf die politische Tagesordnung gesetzt: Migration, Rassismus und Asylpolitik bezeichnen neue Konfliktlinien, die zunehmend die vertrauten zwischen „linken“ und „rechten“ Bewegungen zu überschatten scheinen.

Die Karte des postfordistischen Terrains der polarisierten Stadt muß allerdings noch gezeichnet werden; sie wird vermutlich grellere Farben benutzen um die Tiefe der sozialen Spaltungen und die Intensität der Disparitäten zu vermitteln. Daß die Herstellung von Kohärenz und Stabilität bei solch ausgeprägten Heterogenisierungstendenzen ein Problem ist, ist deutlich: es soll von den Netzwerken zwischen Städten und Regionen und Gruppen innerhalb derselben, also durch Kooperation *und* Konkurrenz bearbeitet werden. Zu diesem Zweck hat das lokale politische System neue Öffnungen für „externe“ Gruppen – größere oder kleinere, je nach den lokalen Kräfteverhältnissen – geschaffen, womit allen lokalen Akteuren eine strukturelle Chance eingeräumt wird, die Richtung der lokalen Politik mit zu beeinflussen. Weil sich (lokal-)staatliche Souveränität zunehmend im aktiven Management von Konfigurationsprozessen und in der effektiven Koordinierung von Policy-Instrumenten mit jeweiligen privaten Akteuren artikuliert, spielen nicht-staatliche lokale Akteure tatsächlich eine entscheidende Rolle. Auch das besondere und lokal-spezifische Wissen von Bewegungs- und Stadtteilgruppen und ihre innovative Kreativität sind gefragt und werden als Teil der lokalen Wirtschaftsentwicklungsstrategien eingesetzt. Diese Angewiesenheit der „unternehmerischen Stadt“ (nicht nur auf private große Investoren sondern auch) auf lokale Netzwerke und Selbsthilfe-Mobilisierungspotentiale setzt zwar für die lokalen Bewegungen eine ambivalente Situation, eröffnet aber gleichzeitig Chancen, die ergriffen und genutzt werden müssen. Wenn Klarheit herrscht über das besondere Profil und die speziellen Vorzüge, die eine Stadt oder Region anzubieten hat, können lokale politische Akteure auch Zugeständnisse von supralokalen Akteuren verlangen und Einfluß über sie ausüben. Insofern hängt die konkrete Form eines postfordistischen Entwicklungspfads auch von den gesellschaftlichen Auseinandersetzungen ab, die lokal ausgetragen werden.

Anmerkungen

1 Dieser Beitrag profitierte von zwei Sitzungen des Arbeitskreises „Lokale Politikforschung“ zu Politik in europäischen Städten, die ich zusammen mit Hubert Heinelt für den Kongreß der DVPW 1991 in Hannover organisierte. Eine Reihe von Gedanken in diesem Text entstanden im Zusammenhang von Diskussionen mit Hubert Heinelt zur Vorbereitung und Auswertung dieser Sitzungen, dem an dieser Stelle gedankt sei.

2 Siehe z.B. die Studien in Stöhr 1990 und in Logan und Swanstrom 1990; Cooke 1986 und 1989; Harloe u.a. 1990; Heinz 1990; Parkinson 1991; vgl. auch Einzelfallstudien wie Cochrane 1991 oder Getimis 1991.

3 Vgl. ihre Verteilung von sechs Ländern in dreidimensionalem Raum auf Basis der Variablen

zentrale Restrukturierungsmacht, zentrale Kontrolle über Policy und Finanzen, funktionale Zentralisierung; Pickvance/Preteceille 1991: 208.

4 Während diese Tendenzen in der Literatur einhellig wahrgenommen werden, finden sich höchst unterschiedliche Positionen dazu, wie sie zu werten seien (als Trends in Richtung Konvergenz auf ein gemeinsames Modell?) und wie die existierenden Unterschiede in den lokalen politischen Sphären zu werten seien.

5 Vgl. ausführlicher hierzu Mayer 1990a: 192ff.; Krätke 1991: 72-76.

6 Vgl. z.B. Bauer u.a. 1990: 72-86; Häußermann 1991: 78f.; Hesse 1988: 577ff.; Logan/Swanstrom 1990: 7ff.; Pickvance/Preteceille 1991: 214-217; Robert 1989: 170ff.

7 Piattoni spricht von einem „mediterranen Modell" (in Italien und Griechenland) gegenüber einem „kontinentalen" Modell. Siehe Abschnitt 2.

8 Dies galt insbesondere in Ländern, wo die Kommune relativ umfangreiche Funktionen erfüllt, wie beispielsweise in England.

9 Vgl. Bolle/Grottian 1983; Maier/Wollmann 1986; Blanke/Heinelt/Macke 1987; Blanke/Evers/Wollmann 1986; dort insbesondere Evers 1986; von Hauff 1989.

10 Während Beschäftigungspolitik darauf abzielt, allgemeine Beschäftigungsmöglichkeiten zu schaffen bzw. zu verbessern, zielt Arbeitsmarktpolitik darauf ab, die Beschäftigungschancen bestimmter Personengruppen zu verbessern, was nur auf lokaler Ebene adäquat anzugehen ist (vgl. Hegner 1986: 120f. und Heinelt in diesem Band).

11 Im Vergleich zu den hohen Ausgaben für Arbeitslosenunterstützung sind die Ausgaben für Arbeitsbeschaffungs- und Weiterbildungsmaßnahmen in Athen sehr niedrig und obendrein stark durch den EG-Sozialfonds gefördert (vgl. Getimis 1991).

12 Für die Argumente der Kritik von Seiten der Rechten und von Seiten der sozialistischen Linken vgl. Offe 1984: 147.

13 Hesse behauptet für Krisenregionen, daß die hier eingesetzten Strategien und Maßnahmen sich kaum voneinander unterscheiden, daß sich so etwas wie ein „internationaler Stand der Technik" herausgebildet habe (1988: 592). Ich würde dagegen argumentieren, daß nicht nur wegen unterschiedlicher institutionell-organisatorischen Bedingungen, sondern vor allem wegen sozial-räumlicher Spezifik und je besonderen endogenen Potentialen sich die Koordinations- und Steuerungsaufgaben für lokale und regionale Behörden höchst unterschiedlich darstellen und je adäquate Strategien und Maßnahmen erfordern. In der neuen Konkurrenz der Städte und Regionen sind sie eher gefordert, ein eigenes Profil zu entwickeln und Differenzen zu markieren (vgl. Mayer 1990b: 42f.)

14 Jeder dieser Faktoren kann durch Fallstudien inhaltlich angereichert werden. So liefert die bereits zitierte Sheffield-Studie reichhaltiges Material über die Rolle sich wandelnder Klassenbeziehungen: Bereits in den 60er Jahren kamen die Aktivisten und Gemeinderatsmitglieder der Labour Partei immer weniger aus den Rängen der Arbeiterklasse, zunehmend mehr aus den Mittelklassen. Diese waren weniger geneigt, die traditionell strikte Parteidisziplin von oben hinzunehmen - und bereiteten so den Weg für den Führungswechsel 1980, als die Linke an die Führung kam.

15 Z.B. derart, daß institutionell-organisatorische Bedingungen jene Regionen bevorteilen, „deren institutionelle Grundstruktur flexible Vorgehensweisen, eine Bündelung von Einzelinitiativen und schnelle Reaktionsweisen zuläßt" (Hesse 1988: 594).

16 Vergleichbar etwa mit den Entwicklungspfaden, die von Lipietz (1991: 85) und Dunford/Benko (1991: 303) für mögliche postfordistische Arbeits- und Beschäftigungsbeziehungen vorgestellt werden.

17 Die Ansätze, die meist zur Evaluierung der Beteiligung von Stadtteilinitiativen und intermediären Organisationen benutzt werden, sind ungenügend, um dem widersprüchlichen Charakter dieser Einbindungsprozesse gerecht zu werden. Innerhalb des Korporatismus-Ansatzes, der die Initiativen primär unter der Perspektive ihrer Inkorporierung betrachtet, erscheinen sie als nichts weiter als nützliche Idioten bei der Durchsetzung einer Modernisierungspolitik. Innerhalb der populistischen Perspektive ihre offensichtlich gestiegene Akzeptanz und wachsende Legitimität zu allzu optimistischen Einschätzungen ihrer Stabilität und Ausbreitung, wobei neue Ambivalenzen und die Entstehung neuer Spaltungsprozesse innerhalb des Bewegungssektors unterschätzt werden.

18 Verschiedene Versionen eines Regulationsansatzes liegen vor, vgl. Boyer 1986; Lipietz 1987; Hirsch/Roth 1986. Für einen Überblick siehe Jessop 1989.

19 Diese Betonung wird nicht in allen Regulationsansätzen vorgenommen. Für die Zwecke der Analyse der Veränderungen im lokalpolitischen System ist es deshalb sinnvoll, den Regulationsansatz mit dem „Lokalen Staat"-Ansatz, wie er von Duncan, Goodwin und Halford vorgelegt wurde, zu ergänzen (vgl. Duncan/Goodwin 1988; Duncan/Goodwin/Halford 1987; für einen Versuch, die beiden Ansätze miteinander zu verbinden, siehe Mayer 1990b).

Literatur

Albrechts, Louis/Moulaert, Frank/Roberts Peter/Swyngedouw, Eric (Hrsg.), 1989: Regional Policy at the Crossroads. European Perspectives, London: Jessica Kingsley Publ.

Alemann, Ulrich von/Heinze, Rolf G./Hombach, Bodo (Hrsg.), 1990: Die Kraft der Region: Nordrhein-Westfalen in Europa, Bonn: J.H.W. Dietz Nachf.

Bauer, Helfried/Brandl, Tilman/Hutter, Matthias, 1990: Aufgaben und Organisation zeitgemäßer städtischer Wirtschaftsförderung, Linz: Institut für Kommunalwissenschaft und Umweltschutz.

Benko, Georges/Dunford, Mick (Hrsg.), 1991: Industrial Change and Regional Development: The Transformation of New Industrial Spaces, London: Belhaven Press.

Blanke, Bernhard/Evers, Adalbert/Wollmann, Helmut (Hrsg.), 1986: Die Zweite Stadt. Neue Formen lokaler Arbeits- und Sozialpolitik, in: Leviathan Sonderheft 7, Opladen: Westdeutscher Verlag.

Blanke, Bernhard/Heinelt, Hubert/Macke, Carl-Wilhelm, 1987: Großstadt und Arbeitslosigkeit: ein Problemsyndrom im Netz lokaler Sozialpolitik, Opladen: Westdeutscher Verlag.

Bolle, Michael/Grottian, Peter (Hrsg.), 1983: Arbeit schaffen – jetzt!, Reinbek bei Hamburg: Rowohlt.

Borst, Renate u.a. (Hrsg.), 1990: Das neue Gesicht der Städte. Theoretische Ansätze und empirische Befunde aus der internationalen Debatte, Basel: Birkhäuser.

Boyer, Robert (Hrsg.), 1986: Capitalismes fin du siecle, Paris: PUF.

Breckner, Ingrid/Schmals, Klaus, 1990: München – Gestaltungsräume in einem polarisierten Lebensraum. Arbeitspapier Nr. 5, Soziologische Grundlagen der Raumplanung, Dortmund.

Breckner, Ingrid/Schmals, Klaus, 1991: Zwischen Isarbrücke und Luxuswohnung. Wohnungspolitik in der 2/3 Gesellschaft. Das Beispiel München, Vortrag, Tagung der DVPW, Hannover.

Bullmann, Udo, 1991: Kommunale Strategien gegen Massenarbeitslosigkeit, Opladen: Leske & Budrich.

Bullmann, Udo/Gitschmann, Peter (Hrsg.), 1985: Kommune als Gegenmacht: Alternative Politik in Städten und Gemeinden, Hamburg: VSA.

Castells, Manuel, 1983: The City and the Grassroots, London: Basil Blackwell.

Clavel, Pierre/Kleniewski, Nancy, 1990: Space for Progressive Local Policy: Examples from the United States and the United Kingdom, in: *John Logan* und *Todd Swanstrom* (Hrsg.), Beyond the City Limits. Urban Policy and Economic Restructuring in Comparative Perspective, Philadelphia, 199-234.

Cochrane, Allan, 1991: The Changing Face of Urban Politics in Sheffield: Restructuring Municipal Labourism, Vortrag, Tagung der DVPW, Hannover.

Cooke, Philip (Hrsg.), 1986: Global Restructuring, Local Response, London.

Cooke, Philip/Imrie, Rob, 1989: Little Victories: Local Economic Development in European Regions, in: Entrepreneurship & Regional Development, 4/1 (Oct.-Dec. 1989), 313-327.

DATAR, 1989: Les Villes Europeennes, Paris: La Documentation Française.

Duncan, Simon/Goodwin, Marc, 1988: The Local State and Uneven Development, Cambridge: Polity.

Duncan, Simon/Goodwin, Marc/Halford, Susan, 1987: Politikmuster im lokalen Staat: Ungleiche Entwicklung und lokale soziale Verhältnisse, in: Prokla 68, 17/3 (September 1987), 8-29.

Dunford, Mick/Benko, Georges, 1991: Neo-Fordism or Post-Fordism? Some Conclusions and Further Remarks, in: *Georges Benko* und *Mick Dunford* (Hrsg.), Industrial Change and Regional Development, 286-305.

Evers, Adalbert, 1986: Zwischen Arbeitsamt und Ehrenamt. Unkonventionelle Initiativen im Schnittpunkt von Arbeit und sozialen Diensten, in: *Bernhard Blanke, Adalbert Evers* und *Helmut Wollmann* (Hrsg.), Die Zweite Stadt. Neue Formen lokaler Arbeits- und Sozialpolitik, 221-240.

Evers, Adalbert, 1991: Pluralismus, Fragmentierung und Vermittlungsfähigkeit. Zur Aktualität intermediärer Aufgaben und Instanzen im Bereich der Sozial- und Gesundheitspolitik, in: *Hubert Heinelt* und *Helmut Wollmann* (Hrsg.), Brennpunkt Stadt. Stadtpolitik und lokale Politikforschung in den 80er und 90er Jahren, Basel, 221-240.

Evers, Adalbert/Wintersberger, Helmut (Hrsg.), 1988: Shifts in the Welfare Mix. Their Impact on Work, Social Services and Welfare Policies, Wien: Eurosocial.

Getimis, Panos, 1991: Local State Politics and Urban Labor Market: the Case of Athens, Greece, Vortrag, Jahrestagung der DVPW, Hannover.

Häußermann, Hartmut, 1991: Lokale Politik und Zentralstaat. Ist auf kommunaler Ebene eine „alternative" Politik möglich?, in: *Hubert Heinelt* und *Helmut Wollmann* (Hrsg.), Brennpunkt Stadt. Stadtpolitik und lokale Politikforschung in den 80er und 90er Jahren, Basel, 52-91.

Harloe, Michael/Pickvance, Chris/Urry, John (Hrsg.) 1990: Place, Policy and Politics. Do Localities Matter?, London: Unwin Hyman.

von Hauff, Michael, 1989: Neue Selbsthilfebewegung und staatliche Sozialpolitik. Eine analytische Gegenüberstellung, Wiesbaden: Deutscher Universitätsverlag.

Hegner, Friedhart, 1986: Handlungsfelder und Instrumente kommunaler Beschäftigungs- und Arbeitsmarktpolitik, in: *Bernhard Blanke, Adalbert Evers* und *Helmut Wollmann* (Hrsg.), Die Zweite Stadt. Neue Formen lokaler Arbeits- und Sozialpolitik, 119-153.

Heinelt, Hubert, 1991: Die Beschäftigungskrise und arbeitsmarkt- und sozialpolitische Aktivitäten in den Städten, in: *Hubert Heinelt* und *Helmut Wollmann* (Hrsg.), Brennpunkt Stadt. Stadtpolitik und lokale Politikforschung in den 80er und 90er Jahren, Basel, 257-280.

Heinelt, Hubert/Wollmann, Helmut (Hrsg.), 1991: Brennpunkt Stadt. Stadtpolitik und lokale Politikforschung in den 80er und 90er Jahren, Basel: Birkhäuser Verlag.

Heinz, Werner, 1990: Stadtentwicklung und Strukturwandel: Einschätzungen kommunaler und außerkommunaler Entscheidungsträger, Stuttgart: Kohlhammer.

Held, Gerd, 1991: 'Barcelona 2000' – Local Politics as International Strategic Action, Vortrag, Jahrestagung der DVPW, Hannover.

Hesse, Joachim Jens, 1983: Stadt und Staat: Veränderungen der Stellung und Funktion der Gemeinden im Bundesstaat?, in: *Joachim Jens Hesse* u.a. (Hrsg.), Staat und Gemeinden zwischen Konflikt und Kooperation, Baden-Baden: Nomos, 11ff.

Hesse, Joachim Jens, 1987: Aufgaben einer Staatslehre heute, in: *Thomas Ellwein* u.a. (Hrsg.), Jahrbuch zur Staats- und Verwaltungswissenschaft, Bd. 1, Baden-Baden: Nomos, 11ff.

Hesse, Joachim Jens (Hrsg.), 1988: Die Erneuerung alter Industrieregionen. Ökonomischer Strukturwandel und Regionalpolitik im internationalen Vergleich, Baden-Baden: Nomos.

Hirsch, Joachim/Roth, Roland, 1986: Das neue Gesicht des Kapitalismus. Vom Fordismus zum Post-Fordismus, Hamburg: VSA.

Jaedicke, Wolfgang/Ruhland, Kurt/Wachendorfer, Ute/Wollman, Hellmut/Wonneberg, Holger, 1991: Lokale Politik im Wohlfahrtsstaat. Zur Sozialpolitik der Gemeinden und ihrer Verbände in der Beschäftigungskrise, Opladen: Westdeutscher Verlag.

Jessop, Bob, 1986: Der Wohlfahrtsstaat im Übergang vom Fordismus zum Postfordismus, in: Prokla 65 (Dez. 1986), 4-33.

Jessop, Bob, 1989: Regulation theories in retrospect and prospect, in: Economies et Societes, Theorie de la regulation 4, 7-62.

Jürgens, Ulrich/Krumbein, Wolfgang (Hrsg.), 1991: Industriepolitische Strategien: Bundesländer im Vergleich, Berlin: edition sigma.

Kowalksi, Leo, 1989: Major Current and Future Regional Issues in the Enlarged Community, in: *Louis Albrechts* et al. (Hrsg.), Regional Policy at the Crossroads. European Perspectives, Lonon, 90-106.

Krätke, Stefan, 1991: Strukturwandel der Städte. Städtesystem und Grundstücksmarkt in der „post-fordistischen" Ära, Frankfurt/M.: Campus.

Lipietz, Alain, 1987: Mirages and Miracles: The crisis of global fordism, London: Verso.

Lipietz, Alain, 1991: Die Beziehungen zwischen Kapital und Arbeit am Vorabend des 21. Jahrhunderts, in: Leviathan 1, 79-101.

Logan, John/Swanstrom, Todd (Hrsg.), 1990: Beyond the City Limits. Urban Policy and Economic Restructuring in Comparative Perspective, Philadelphia: Temple University Press.

Maier, Hans/Wollmann, Helmut (Hrsg.), 1986: Lokale Beschäftigungspolitik, Basel: Birkhäuser.

Mayer, Margit, 1990a: Lokale Politik in der unternehmerischen Stadt, in: *Renate Borst* u.a. (Hrsg.), Das neue Gesicht der Städte. Theoretische Ansätze und empirische Befunde aus der internationalen Debatte, Basel, 190-208.

Mayer, Margit, 1990b: 'Postfordismus' und 'lokaler Staat', in: *Hubert Heinelt* und *Helmut Wollmann* (Hrsg.), Brennpunkt Stadt. Stadtpolitik und lokale Politikforschung in den 80er und 90er Jahren, Basel, 31-52.

Mühlfeld, Claus u.a. (Hrsg.), 1989: Neue Arbeit: Beschäftigungsinitiativen, Frankfurt/M.: Moritz Diesterweg.

Offe, Claus, 1984: Contradictions of the Welfare State, Cambridge, Ma.: MIT Press.

Parkinson, Michael, 1991: Strategic Responses to Economic Change in European Cities in the 80s, Annual Meeting of the American Political Science Association, Washington, D.C.

Parkinson, Michael/Foley, Bernard/Judd, Dennis (Hrsg.), 1988: Regenerating the Cities. The UK Crisis and the US Experience, Manchester: Manchester University Press.

Pickvance, Chris/Preteceille, Edmond (Hrsg.), 1991: State Restructuring and Local Power, London: Pinter.

Reissert, Bernd/Schmid, G./Jahn, S., 1989: Mehr Arbeitsplätze durch Dienstleistungen? Ein Vergleich der Beschäftigungsentwicklung in den Ballungsregionen der Bundesrepublik Deutschland. Diskussionspapier FS I 89-14, Wissenschaftszentrum Berlin.

Roberts, Peter, 1989: Local Economic Development: Alternative Forms of Local and Regional Policy for the 1990s, in: *Louis Albrechts* u.a. (Hrsg.), Regional Policy at the Crossroads. European Perspectives, London, 170-179.

Roth, Roland, 1991: Städtische soziale Bewegungen und grün-alternative Kommunalpolitik, in: *Hubert Heinelt* und *Helmut Wollmann* (Hrsg.), Brennpunkt Stadt. Stadtpolitik und lokale Politikforschung in den 80er und 90er Jahren, Basel, 167-186.

Roth, Roland/Wollmann, Helmut (Hrsg.), 1991: Grün-alternative Kommunalpolitik in der Bundesrepublik – eine Zwischenbilanz, Basel: Birkhäuser.

Scharpf, Fritz, 1987: Grenzen der institutionellen Reform, in: *Thomas Ellwein* u.a., (Hrsg.), Jahrbuch zur Staats- und Verwaltungswissenschaft, Bd. 1, Baden-Baden: Nomos, 111-151.

Scott, Allen J./Storper, Michael (Hrsg.), 1986: Production, Work, Territory. The Geographical Anatomy of Industrial Capitalism, Boston: Allen & Unwin.

Stöhr, Walter B. (Hrsg.), 1990: Global Challenge and Local Response: Initiatives for Economic Regeneration in Contemporary Europe, London: Mansell/The United Nations University.

Zur „Identität der lokalen Ebene“

Aussichten zwischen kommunaler Praxis und politikwissenschaftlicher Theorie

Udo Bullmann

1. *Die Kommune in der lokalen Politikforschung*

1.1 Ein Strukturtyp „politischer Produktion“

Wenige Jahre nach dem Erscheinen der beiden Bände zur lokalen Politikforschung (Grauhan 1975), die gemeinhin als Signal für den kritischen Aufbruch dieses Forschungsbereichs gewertet werden, wurde in einer zusammen mit Rudolf Hickel herausgegebenen Aufsatzsammlung (Grauhan/Hickel 1978) ein weiterer Debattenbeitrag Rolf-Richard Grauhans publiziert, der bereits deutlich das Ende zentralstaatlicher Reformeuphorien in der zweiten Hälfte der 70er Jahre widerspiegelte. Grauhan hat hier eine weitreichende *„Kommunalisierung des Staates“* als strukturelle Alternative zum „gegenwärtigen Trend einer Verstaatlichung der Kommunen“ (Grauhan 1978: 246) postuliert. Er führte die allseits in Gang gekommenen „Konsolidierungs-“, „Ökonomisierungs-“ und „Privatisierungsstrategien“ auf die Steuerstaatsklemme (O'Connor 1974) des bürgerlichen Staats zurück und forderte dagegen – als „Fortschrittsweg der bereits entwickelten westlichen Gesellschaft“ (Grauhan 1978: 238) – den Ausbau eines in seinen emanzipativen Gehalten freigelegten kommunalisierten Dienstleistungssektors ein. Seine Vorstellungen knüpften dabei an die historische Ausformung der kommunalen Selbstverwaltung in Deutschland als Gegenmodell zur herrschaftlichen Struktur des Staates an. In der „Form der Kommune“ mit ihrer Kombination aus (nicht berufsmäßiger) kollegialer bürgerschaftlicher Selbstregierung und der professionellen Erbringung produktiver Dienstleistungen (bei der die scharfe Trennung zwischen Leistungsanbietern und Klienten zunehmend aufzuheben sei) schien ihm der Kern eines zukunftsgerechten *Strukturtyps „politischer Produktion“* zu liegen. Die Ausdehnung eines solchen „kommunitären Typs“ politischer und ökonomischer Selbstregulierung auf lokaler Ebene sah er dabei als den „reifen“, auf der Höhe der Zeit erforderlichen Ausweg aus den Dilemmata privatwirtschaftlicher und staatsbürokratischer Rationalisierungsmuster an:

„Das politische System steht in der gegenwärtigen Epoche unausweislich unter dem Druck der Alternative, die fiskalisch bürokratische *Staats*struktur auf Kosten der Produktivkraftentwicklung öffentlicher Dienste durchzusetzen – oder die spezifische Produktivität dienstleistender

Arbeit in kommunalen Formen zu organisieren. Und zwar auch in einer kommunalen Form des politischen Systems selbst" (1978: 243f.).

Was ist aus Grauhans „Kommune als Strukturtyp politischer Produktion", aus diesem prospektiven Gegenentwurf zu gewinnwirtschaftlicher Modernisierung und bürokratischer Verstaatlichung, aus heutiger Sicht geworden? Das Fazit, das der Mehrheitsstrom der lokalen Politikforschung gut 15 Jahre nach seiner kritischen Wende zieht, muß sich eher wie ein Abgesang auf Dezentralisierungs- und Demokratisierungsutopien lesen. Hellmut Wollmann spricht im Einleitungsbeitrag zu einer als vorläufige Bilanzierung gedachten Publikation im Hinblick auf den Handlungsspielraum der Kommunen von einem „eher ernüchternden Befund" (Wollmann 1991), während Hartmut Häußermann kommunale Gestaltungsmöglichkeiten noch rigider dementiert. Er sieht die „fortschrittliche" Rolle bürgerschaftlicher Selbstverwaltung, auf die noch Grauhan rekurrierte, auf die Stellung der Städte im Mittelalter bzw. auf den „Dualismus" zwischen Staat und Kommune während der Kaiserzeit beschränkt. Angesichts der rechtlichen und finanziellen Abhängigkeiten der Kommunen von staatlichen Entscheidungen und ihrer weitgehenden faktischen Einbindung in das politische Gesamtsystem sei die Vorstellung von kommunaler Eigenständigkeit jedoch nur noch als „Mythos" anzusehen (vgl. auch den Beitrag von Hartmut Häußermann in diesem Band):

> „In Deutschland wurden nie Strategien oder praktische Ansätze entwickelt, die der kommunalen Politik eine andere Rationalität als derjenigen des kapitalistischen Staates zu geben versucht hätten. Die Gemeinden als Einfallstor für eine 'andere' Politik zu sehen, in der Gebrauchswertorientierungen und redistributive Strategien über die kapitalistische Rationalität triumphieren könnten, wie es von sozialen Bewegungen oder sozialistischen Theoretikern heute manchmal vorgeschlagen wird, geht an der Geschichte der Selbstverwaltung in Deutschland und an ihrer tatsächlichen Funktion im staatlichen System vorbei."

1.2 Die Ebene mit „Puffer- und Filterqualität"

Ähnliche Skepsis, wie hier von Häußermann geäußert, wurde bereits in weiten Teilen der Theoriedebatte der 70er Jahre gegenüber einer eigenständigen Politikfähigkeit der lokalen Ebene vorgetragen. Nach der Argumentation dieser Beiträge hatte selbst die seit Ende der 60er Jahre einsetzende neue Politisierung lokaler Angelegenheiten wenig auszurichten, da sie im Kern lediglich als Ausdruck einer öffentlichkeitswirksamen Dezentralisierung von Verantwortlichkeiten für prekäre Politikbereiche anzusehen war. Auf diese Weise werde auf lokaler Ebene regelmäßig unter großem Aufwand der beteiligten Akteure ein Streit um lokale Politikansätze inszeniert, dessen „Erfolg" letztlich nur in symbolischer Problemverarbeitung und der Partikularisierung des vorhandenen Konfliktpotentials zu messen sei. Eine solche „instrumentalistische"[1] Sichtweise, die die lokale Ebene als von zentralstaatlichen Vorgaben determiniert ansah, wurde vorwiegend in systemtheoretisch (Offe 1975) wie in neomarxistisch inspirierten Analyseansätzen (Bauer 1975; Grymer 1974; Fassbinder 1975; Rodenstein

1975) formuliert. Auf der Basis beider Analysekonzepte erschien die lokale Politikebene von systemsichernder Herrschaftslogik durchdrungen und abschließend zentralstaatlich bzw. privatwirtschaftlich funktionalisiert.
Der systemtheoretische Ansatz Offes betrachtete die Fähigkeit der Kommunen zu eigenständiger Politikgestaltung als im Zuge fortschreitender Kapitalakkumulation und staatspolitischer Zentralisierung historisch ausgehöhlt und inzwischen restlos aufgezehrt. Der Fortbestand kommunaler Politikinstanzen verdankt sich hier ausschließlich ihrer „Puffer- und Filterqualität". Die (nicht in der Sache, sondern lediglich der Form nach) gewahrte Selbstverwaltungsautonomie der unteren politischen Ebene ermögliche dem Zentralstaat, bestimmte Entscheidungsmaterien zu „lokalisieren" und das insgesamt aufgeworfene Konfliktniveau durch eine Strategie der Ausgliederung und dezentralen Absorption zu minimieren (Offe 1975: 307ff.).
In neomarxistisch orientierten Ableitungsversuchen der 70er Jahre wurde der kapitalistische Staat meist als monolithischer Block und Politik häufig als widerspruchsfreie Abbildung der Funktionsmechanismen zentraler Apparate konstruiert. Wo die Kommunen explizit Erwähnung fanden, wurden sie vornehmlich in der Eigenschaft als „Filialen" des Zentralstaats bzw. partiell selbstverantwortliche Instanzen zur frühzeitigen Bearbeitung von Zielkonflikten diskutiert (Grymer 1974: 102, 112f.). Auch hier blieb ihre Rolle für den gesellschaftlichen Gesamtprozeß vorab „von oben" systemisch definiert und auf den Charakter einer pseudo-demokratischen „Spielzone "zum Zwekke zentralstaatlicher Legitimationsbeschaffung reduziert (Rodenstein 1975: 324).
Beiden Ansätzen ist entgegengehalten worden, sie würden zwar wichtige Strukturbedingungen der lokalen Politik aufzeigen, dabei jedoch die hieraus ableitbaren allgemeinen Entwicklungstendenzen (wie die zunehmende Agglomeration und Verstädterung oder die Zentralisierung staatlicher Machtausübung) an die Stelle des konkreten historischen Prozesses selbst setzen. Wo aber auf dem Wege der Einordnung des Kommunalen in *das* kapitalistische System aus Voraussetzungen lokaler Politik unversehens „objektive" und widerspruchsfrei zu vollziehende Notwendigkeiten werden, besteht die Gefahr, die eigentliche Vermittlungsebene zwischen ökonomischen und staatsstrukturellen Zwängen auf der einen Seite und den real ins Werk zu setzenden Strategien der handelnden Akteure auf der anderen Seite zu verfehlen. Die jeweils vorfindlichen politischen Reaktionen als einzig mögliche auszugeben und ihnen bereits aufgrund ökonomischer und staatspolitischer Restriktionen von vornherein „notwendiges" Scheitern zu attestieren, muß danach zu einer unzulässigen Verengung des theoretischen Zugangs zum lokalen Politikfeld führen (vgl. Evers 1978).
Insbesondere Adalbert Evers wandte in der nachfolgenden Debatte ein, daß die beidseitige Dynamik im Staat-Kommune-Verhältnis nicht erfaßbar wird, solange die Ebene der gesellschaftlichen Akteure aus der Politikanalyse vollständig ausgeklammert bleibt. Was als entscheidendes Defizit im systemtheoretischen Ansatz schon methodisch vorgegeben sei, müsse in Untersuchungen mit historisch-kritischem Anspruch erhebliche Verkürzungen im Aussagegehalt nach sich ziehen. Wo (potentiell) oppositionelle gesellschaftliche Interessen und Bewegungen gegenüber vorherrschenden Kapitalerfordernissen und dominierenden politisch-administrativen Strategien schon *a priori* auf die Rolle von betroffenen Objekten festgeschrieben seien, werde das selbstgesteckte

Ziel der kritischen lokalen Politikforschung, die Restriktionen *und die Bedingungen* zu erhellen, unter denen sich die Subjekte der Gesellschaft als Träger gesellschaftlicher Veränderung entfalten könnten, nicht mehr einzulösen sein (1978).

2. *Wie ohnmächtig sind die Kommunen wirklich?*

2.1 Verbleibende institutionelle Handlungsmöglichkeiten

Und dennoch, wenn Häußermanns Analyse die Rolle der dezentralen Ebene von heute aus bereits abschließend benennt, erscheint auch seine Folgerung als durchaus konsequent: Die Politische Wissenschaft sollte darauf verzichten, „Aufwertungen eines Handlungsfeldes zu propagieren, die durch die erreichbaren politischen Erfolge keineswegs eingelöst werden können" (Häußermann in diesem Band).

Doch müssen Zweifel angemeldet werden, ob der vorgetragene Befund die widersprüchliche Position der lokalen Politikarena im gegenwärtig ablaufenden gesamtgesellschaftlichen Veränderungsprozeß und damit auch die dort anliegenden Handlungschancen schon hinreichend erhellt. Häußermanns Sicht konzentriert sich auf die institutionelle Stellung *der Kommunen* (nicht der *lokalen Ebene*) im politischen Gesamtsystem der Bundesrepublik und unterstreicht hier deren finanzielle und rechtliche Abhängigkeit von zentralen Vorgaben. Auch wenn der skeptischen Einschätzung hinsichtlich der zentralstaatlichen Eingebundenheit kommunaler Handlungsspielräume prinzipiell zuzustimmen ist, so läßt sich daraus aber noch nicht der Schluß auf eine pauschale „Null-Hypothese" ziehen. Natürlich kann die Stellung der Kommunen im System der bundesdeutschen Politikverflechtung nicht als „autonom" bezeichnet werden, doch sind auch unter den vorhandenen restriktiven Bedingungen Freiräume für kommunale Entscheidungen und Einflußstrategien auszumachen, die es lohnen, nicht voreilig dementiert zu werden.

So ist die kommunale Finanzsituation als durchaus unterschiedlich anzusehen. Jüngere Forschungsarbeiten (gerade auch von Häußermann und Siebel, vgl. Häußermann/Siebel 1987) belegen eine Polarisierung der Stadtentwicklung schon in den alten Bundesländern, die auch zu einer privilegierten Mittelausstattung der Kommunen in den „Gewinnerzonen" und einer vielfach opulenten Finanzausstattung der im Umland von Modernisierungszentren gelegenen „Halskrausengemeinden" führt. Von einer durchgängigen Abwesenheit finanzpolitischer Handlungsspielräume auf kommunaler Ebene kann daher nicht die Rede sein (Bundesbank 4/88, 11/89).

Sind es außer der ökonomischen Entwicklung selbstverständlich bundes- und landespolitische Entscheidungen, die den kommunalen Finanzspielraum „von oben" strukturieren, so lassen sich die konkreten haushaltspolitischen Reaktionen der Kommunen dabei dennoch nur unter gleichzeitiger Berücksichtigung der vorherrschenden lokalen Handlungsphilosophien erklären. So hatte etwa die Mehrzahl der (sehr unterschiedlich) von Finanzierungsengpässen betroffenen Gemeinden gerade in der ersten Hälfte der 80er Jahre den eigenen Handlungsraum durch einen restriktiven Haushaltskurs zusätzlich verkürzt. Während es Bund und Ländern im gleichen Zeitraum nur in geringem Umfang gelang, ihre jährlichen Haushaltsfehlbeträge zu senken, wurde das Finanzierungsdefizit der aggregierten Kommunalhaushalte in den drei Jahren von 1981 - 1983 von 10 Mrd DM auf 1 Mrd DM reduziert. Diese schnelle „Überkonsolidierung" (Eißel 1984) mit den nachfolgenden positiven Finanzierungssalden 1984 und 1985 konnte *nicht ausschließlich* erzwungenermaßen, sondern eben nur *auch* als Ergebnis einer kommunal unterstützten und hier breit verankerten „kameralistischen Haushaltslogik" zustandekommen. Das gleiche gilt für die in der Vergangenheit mehrheitlich eingeschlagenen Konsolidierungsstrategien, die keineswegs *nur* staatsstrukturelle Zwänge widerspiegelten, sondern daneben *auch* Ausdruck obwaltender lokalpolitischer Kräfteverhältnisse waren. So blieben die Kommunen dort, wo Einnahmensteigerungen zu Lasten der örtlichen Unternehmensgewinne möglich gewesen wären, etwa durch den Abbau progressiv begünstigender Sondertarife für gewerbliche Großabnehmer von kommunalen Versorgungsleistungen oder auf dem Wege durchgreifender Erhöhungen der Gewerbesteuersätze, häufig weit unter ihren Handlungsmöglichkeiten. Zwar wurden die Hebesätze der Gewerbesteuer in der ersten Hälfte der 80er Jahre zum Teil kräftig erhöht, doch stagnierten sie danach auf annähernd gleichem Niveau, was für die 80er Jahre eine jahresdurchschnittliche Anhebung von lediglich 1 Prozent ergibt. Insgesamt war die hebesatzbedingte Durchschnittsbelastung der Gewerbesteuerzahler Ende der 80er Jahre niedriger als in der zweiten Hälfte der 70er Jahre. So lag der 1989 durchschnittlich erreichte Hebesatz von 362 Prozent des Steuermaßbetrages - auch nach deutlichen Erhöhungen in einzelnen Städten - nach wie vor unter dem 1975 errechneten fiktiven Hebesatz von 370 Prozent, der die Ausfälle der 1980 abgeschafften Lohnsummensteuer durch eine rechnerisch höher angesetzte Gewerbesteuer nach Ertrag und Kapital kompensiert hätte (Karrenberg/Münstermann 1988, 1989; Bundesbank 4/88, 11/89).

Analyseansätze, die den kommunalen Instanzen ihre ausschließliche Abhängigkeit bescheinigen, erliegen nicht selten der Selbstsicht der dezentralen politischen Akteure, die ihre eigenen Spielräume bei wachsendem Handlungsdruck gerne als vollständig fremdbestimmt interpretieren. Die westdeutsche Politikverflechtung hat die Abgrenzung zwischen staatlicher Politik und nachrangigen Selbstverwaltungsaufgaben endgültig aufgelöst und eine gegenseitige Durchdringung von zentraler, regionaler und kommunaler Politikmaterie bewirkt. Die kommunale Politik wurde zum Teil eines politisch-administrativen Planungs-, Steuerungs- und Leistungsverbundes und damit als Ebene konkreter gesellschaftlicher Konfliktaustragung eigenständig profiliert. Wo übergeordnete staatliche Instanzen die Steuerungs- und Fühlungsvorteile der kommunalen Ebene zu nutzen wußten, ging zwar hier autonom zu regelndes Terrain verloren, den Kommunen fielen aber andererseits auch neuartige Umsetzungs-, Gestaltungs- und Legitimationsaufgaben zu, die ihre Bedeutung als Innovations- und Rückkopplungsebenen gesamtstaatlicher Politik vergrößerten (Scharpf u.a. 1976; Hesse 1978).

Die Kommunen tätigen in der Bundesrepublik bekanntermaßen etwa ein Viertel aller öffentlichen Ausgaben, davon zwei Drittel aller öffentlichen Sachinvestitionen, und beeinflussen gerade mit diesem Nachfragepotential quantitativ und qualitativ sowohl die Infrastrukturausstattung im öffentlichen Sektor wie die weitere Entwicklung des

Produktionsapparates im privatwirtschaftlichen Bereich. Die Gemeinden und Gemeindeverbände beschäftigen über ein Drittel aller Arbeitnehmerinnen und Arbeitnehmer der Gebietskörperschaften und prägen damit Form und Niveau weiter Teile des öffentlichen Dienstes. Weder der Bund noch die Länder verfügen über einen ausreichenden eigenen Verwaltungsunterbau, sondern bedienen sich in vielerlei Hinsicht der kommunalen Bürokratien („Auftragsangelegenheiten"). Den Gemeinden bleibt es darüber hinaus im Rahmen ihres verfassungsrechtlich garantierten Selbstverwaltungsrechtes überlassen, selbstgewählte Aufgabenfelder zu definieren („Allzuständigkeit" nach Art 28 GG) und erreichbare Ressourcen zu eigenständigen Problembearbeitungsstrategien, etwa der kommunalen Sozialpolitik (Krüger/Pankoke 1985), der Wirtschaftsförderungspolitik (Naßmacher 1987), oder der Wohnungspolitik (Evers/Lange/Wollmann 1983) zu kombinieren.
Dies schließt in der kommunalen Praxis nicht nur die Macht über den Einsatz der eigenen, intern mobilisierbaren (finanziellen, rechtlichen und administrativen) Mittel ein, sondern eröffnet auch erhebliche Spielräume bei der Anwendung und Umsetzung der Programme überörtlicher Politik. Staatliche Fachplanungen prallen meist erst auf der kommunalen Ebene aufeinander und rufen hier nachhaltigen Koordinierungsbedarf hervor. Allein die Gemeinden sind in der Lage, aus den sich vor Ort abzeichnenden staatlichen Einzelvorhaben ein umfassendes Lagebild zusammenzusetzen, wodurch ihnen gleichzeitig, gleichsam als Gegentendenz zur zentralstaatlichen Vereinnahmung ihrer Handlungsressourcen und Kompetenzen, auch die Möglichkeit einer „Gegenimplementation von unten" eröffnet wird (Wollmann 1983; Azzola u.a. 1984). Damit wird fraglich, ob sich zentralstaatliche Umsteuerungs- und Modernisierungskonzepte bruchlos als selbstläufige Automatismen realisieren. In vielen Bereichen könnten sie vielmehr mindestens auf den Vollzugskonsens, wenn nicht gar auf die aktive Unterstützung der dezentralen Politik angewiesen sein.

2.2 Reformanstrengungen als politischer Prozeß

Die Fragen „do parties matter?" und genereller „do politics matter?" haben in jüngster Zeit vermehrt auch die bundesdeutsche lokale Politikforschung bewegt. Dabei finden simple Vorstellungen wenig Bestätigung, die allein schon vom Vorhandensein konkurrierender Parteien und Programme auf die Ausbildung verschiedener kommunalpolitischer Wirklichkeiten schließen. Der „Mainstream" der etablierten Kommunalpolitik scheint auf neue politische Herausforderungen vielmehr zunächst geschlossen, entlang seiner eingefahrenen Funktionslogiken zu reagieren. Die Mehrheit sozialdemokratisch wie unionsregierter Kommunen führt etwa heute Klage über die Aufbürdung der Folgekosten hoher Massenarbeitslosigkeit, ebenso wie sie Ende der 70er und noch Anfang der 80er Jahre, vertreten durch ihre Spitzenverbände, gemeinsam gegen eine Verbesserung des Sozialhilferechts zu Felde zog. Umgekehrt gibt es offenbar Felder wie das der Wohnungspolitik, für die bei krisenhaft wachsenden Versorgungsproblemen und drohendem politischen Legitimationsentzug auch jenseits der jewei-

ligen parteipolitischen Colour gleichgelagert, eher „interventionistische“ Handlungsprofile erhoben werden (Grüner/Jaedicke/Ruhland 1988).
Hieraus jedoch bereits die Unterschiedslosigkeit (partei-)politischer Konstellationen zu folgern und das beständige Wirken großer Koalitionen zu konstatieren, dürfte eine allzu voreilige Wertung sein. So wird in vergleichenden Untersuchungen zu Recht darauf verwiesen, daß die Konturen einzelner Politikfelder und der Parteieneinfluß auf deren materielle Ergebnisse nur über konkrete *Prozeßanalysen* auszuleuchten seien (Jaedicke u.a. 1991: 214).
Fallstudien in zwei bundesdeutschen Großstädten (Dortmund und Krefeld) belegen nachdrücklich, wie am Beispiel der Arbeitsmarkt- und Beschäftigungspolitik unterschiedliche Interventionsprofile der Kommunalpolitik erst unter dem Eindruck örtlicher Auseinandersetzungen entstehen: Während anfangs die wechselseitige Orientierung der kommunalen Behörden an ihrer jeweiligen Verwaltungspraxis zu einer schnellen Verbreitung von restriktiven „Hilfe-zur-Arbeit“-Varianten führte, brach die Legitimation für einen defensiven und kontrollierenden Umgang mit dem Problem der Langzeitarbeitslosigkeit im sozialdemokratisch regierten Dortmund im Unterschied zum unionsregierten Krefeld mit zunehmendem Zeitablauf in Folge kontroverser lokalpolitischer Debatten auf. Fiel die Dortmunder Praxis noch bis Mitte der 80er Jahre hinter die Krefelder Ansätze zurück, so wurde in Dortmund schließlich doch das quantitativ und qualitativ weitaus ambitioniertere Beschäftigungsprogramm realisiert. Ursächlich hierfür war offensichtlich nicht ein von vornherein vorhandener Unterschied im Problembearbeitungskonzept der Verwaltungen, sondern in einem Fall der Anschub durch die lokale Akteurskonstellation (insbesondere aus Wissenschaft, Initiativen, Gewerkschaften und Parteigruppierungen), dem sich auch die Meinungsführer der regierenden SPD im sozialdemokratisch gefärbten Dortmunder Lokalmilieu nicht dauerhaft entziehen konnten. Nach zugespitzten öffentlichen Auseinandersetzungen sah sich die SPD-Fraktion genötigt, „Farbe zu bekennen“, entsprechende Programmvorhaben aufzulegen und über veränderte Verwaltungsorientierungen letztlich auch zu implementieren (Jaedicke u.a. 1991: 206f.).
Offenbar wird nach den Ergebnissen dieser Studien über Fragen von reformstrategischer Bedeutung nicht so sehr durch rein rechnerische Parteimehrheiten, als im konsensualen bzw. konfliktären Zusammenspiel zwischen den Eliten des kommunalpolitischen Systems und dem jeweiligen themenspezifischen lokalen Akteursumfeld („issue network“) entschieden. Wo unter dem Druck örtlicher Politisierung traditionelle Aushandlungssysteme zwischen diesen beiden Polen brüchig werden, können aber auch ansonsten außerhalb des „bürokratischen Gehäuses“ angesiedelte Akteursgruppen an Einfluß gewinnen, im Prozeß der Thematisierung des jeweiligen Politikfeldes Anstöße geben und durch ihr Engagement praktisch neue Weichenstellungen vorgeben. Wenn auf diese Weise Reformdurchbrüche auf kommunaler Ebene gelingen, lassen sich innovative Praktiken wiederum über die wechselseitige Orientierung der Kommunen aneinander generalisieren („mutual adjustment“, Jaedicke u.a. 1991: 212). Ein solches „Einklagen“ neuer „policies“ scheint jedoch auch nicht voraussetzungslos zu funktionieren. Es ist an die Existenz bzw. die Schaffung institutionalisierter Diskussionsforen gebunden, die als „Bühnen“ für die Thematisierung des jeweiligen Gegen-

standsbereichs fungieren. Die beiden Fallstudien zeigen gleichzeitig, daß die Politisierung der Arenen um so folgenreicher wird, je mehr sich die dort auftretenden Akteure ansonsten in einem verwandten, den lokalen institutionellen Kontext durchdringenden „hegemonialen Milieu" bewegen. In der örtlichen „Milieufärbung" und „Netzwerkkonstituierung" könnten so schon die eigentlichen Effekte lokaler Parteipolitik liegen, die gegenüber einem strukturell eher abgeschotteten und seiner Funktionslogik gehorchenden administrativen Apparat zunächst „indirekt" zu Buche schlagen (1991: 213).

Vermitteln solche Befunde besonders Einblicke in die Entstehungsphase politischer Innovationen, so sind bei aller Skepsis gegenüber den vereinheitlichenden Tendenzen des bundesrepublikanischen kommunalen Politiksystems auch weitere signifikante, auf das Auftreten neuer Initiativen und parteipolitischer Konfigurationen zurückzuführende Unterschiede im Politikergebnis zu registrieren. Mit der neuerlichen Politisierung des Kommunalen seit den 70er Jahren, der inzwischen breiten Palette lokaler Initiativen und einer Vielzahl rot-grüner Bündnisse in ihrem Gefolge gehen etwa nicht nur Erweiterungen des thematischen Anspruchs der Kommunalpolitik, sondern auch erste praktische Konsequenzen in der politischen Umsetzung einher. Am Beispiel Hessens läßt sich zeigen, daß die rot-grünen Kommunen seit Anfang der 80er Jahre in einer ganzen Reihe von Bereichen Wegbereiter für eine andere Landespolitik waren (so z.B. in der Energie- und Abfallwirtschaft, in der Beschäftigungs- und Frauenpolitik) und ihnen im kommunalpolitischen Geschehen eine Vorreiterrolle für neue Politikfelder zufiel. Sie zeichneten sich seither u.a. aus durch

- konsequente Schritte zu einer neuen Abfallpolitik (Getrennteinsammlung und Wiederverwertung von Müll, Ablehnung der Verbrennung, was auch eine Ausweitung der sog. thermischen Verwertung auf Landesebene verhinderte)
- Investitionen in Energiesparen und Eigenstromerzeugung,
- Ansätze einer neuen Verkehrspolitik (die Ausweitung von Fahrradwegen, die Förderung des öffentlichen Nahverkehrs durch billigere, übertragbare Monatskarten in mehreren hessischen Städten bspw., sowie eine Umorientierung im Straßenbau, die heute auch von der neuen rot-grünen Landesregierung in Form drastischer Einsparungsmaßnahmen aufgegriffen wird),
- Aufbau eines neuen kommunalen Schwerpunkts in der Umweltpolitik mit der Ausweisung entsprechender Verwaltungsabteilungen,
- ein Kontrastprogramm in der Sozial- und Beschäftigungspolitik, sowohl was die Höhe der eingesetzten Mittel als auch was die Adressaten anbelangt,
- erste Schritte zu einer neuen Frauenpolitik auf kommunaler Ebene, die es bis dahin in dieser Form nicht gab,
- die Öffnung der Kommunalpolitik für Gruppen, die bisher am Rand standen (etwa durch die Förderung freier Initiativen, die Ausweitung der Rechte von Ausländerbeiräten usw., vgl. Bullmann/Gitschmann/Henkenborg 1991).

Die skeptische Sichtweise auf die Kommunen, wie sie in den 70er Jahren am nachhaltigsten von Claus Offe und gegenwärtig von Hartmut Häußermann vertreten wird, hat in vielerlei Hinsicht die Dimensionen der Einbindung und Instrumentalisierung der unteren politischen Ebene zutreffend benannt. Sie sollte allerdings angesichts einer differenzierteren realen Entwicklung und der Breite neuer Handlungsansätze in den Kommunen, von der Umwelt- bis zur Sozialpolitik, nicht zu einer pauschalen Dementierung kommunaler Handlungsmöglichkeiten führen. Insbesondere muß sich eine prozeßbezogene Analyse der *Ausbildung dezentraler Handlungschancen* (auch neuerlich wieder) von der Fixierung auf das kommunale Institutionensystem befreien. Neben den Verwaltungsorientierungen sind es ebenso die sich organisierenden Interessen im „voradministrativen Raum", die bei der Betrachtung der Binnendynamik lokaler Politikvorgänge von unverzichtbarer Bedeutung werden.

3. *In der Phase postfordistischer Aufwertung*

3.1 Die ökonomischen und politischen Voraussetzungen

Der lokale Politikgestaltungsraum kann letztlich nur politisch praktisch, durch die örtlichen Praxisformen selbst bestimmbar werden. Ausschlaggebend für die „objektiven" Vorbedingungen sind ökonomische Systemzwänge und politische Vorgaben wie institutionalisierte staatsstrukturelle Arrangements und zentralstaatliche Strategien. Von daher gewinnen Theorien an Gewicht, die den Stellenwert der lokalen Ebene vor dem Hintergrund ökonomischer Neustrukturierungen und Veränderungen im politischen Regulierungssystem diskutieren.

Hierzu hat in jüngerer Zeit insbesondere die Postfordismusdebatte Beiträge geliefert (Aglietta 1979; Lipietz 1985, 1987; Hirsch/Roth 1986). Hier wird von strukturellen Einschnitten im Wachstumsmodell der westlichen Industrienationen ausgegangen, die seit Mitte der 70er Jahre auch zunehmend von neuen Regulierungsmodi begleitet werden. Ein auf tayloristische Arbeitsorganisation und standardisierte Massenfertigung („economies of scale") gestütztes Produktionssystem wird danach mit dem Vormarsch neuer Technologien sukzessive durch flexible Spezialisierung und Automatisierung („economies of scope") abgelöst. Den damit verfügbaren neuen Produktionskonzepten wird die Fähigkeit zugesprochen, die „Rigiditäten" der alten Arbeitsorganisation zu überwinden, Selbstkontrolle und Selbstregulation in den Arbeitsablauf zurückzuholen und durch rentable Kleinserienproduktion schnelle Anpassungen an eine wechselnde Marktnachfrage zu ermöglichen.

Auch raumstrukturell soll die Durchsetzung der neuen Produktionssysteme zu Veränderungen führen. Während es zum Teil bei den„fordistischen" Strategien von Deindustrialisierung und globalen Produktionsauslagerungen bleibt, zeigt sich neuerdings ein Trend zu räumlich zusammengefaßten Produktionskomplexen, bei denen Just-in-time-Lieferanten und abhängige Subunternehmer bewußt in enger Umgebung des Hauptbetriebs gehalten werden. Traditionelle Unternehmenskonzepte wie der weltweite Austausch einer in bestimmten Ländern und Kontinenten konzentrierten Fertigteileproduktion („global sourcing") könnten vor dem Hintergrund des damit verbundenen Zeit-, Transport- und Lageraufwands zunehmend unrentabel werden. Umgekehrt steigt die Attraktivität von integrierten Produktionen, bei denen die Fertigungsstätten in unmittelbarer Nähe der zu beliefernden Märkte angesiedelt sind. Da zahlreiche Dienstleistungsfunktionen und kaufmännischen Betriebsteile aufgrund neuer Techniken dezentralisierbar wären und gleichzeitig herkömmliche, raumgebundene Standortfaktoren (wie Bodenschätze und Wasserstraßen) auch bedingt durch branchenstrukturelle Veränderungen an Bedeutung einbüßen, hat dies insgesamt die Hoffnung auf eine breitere Streuung der Produktionsstätten genährt (Junne 1985; Mayer 1991).

Eine solche Entwicklung müßte aber auch die politische Dimension der regionalen und kommunalen Ebene aufwerten. Ging der Ausbau der standardisierten Massengüterproduktion noch mit einer Zentralisierung des Systems der öffentlichen Steuerung einher, so fordert der Trend zur „postfordistisch" flexibilisierten Fertigung aus Sicht der privaten Unternehmen ein komplexes Set an „maßgerecht" bereitgestellten Vorbedingungen.

Die Notwendigkeit zur Dezentralisierung akkumulationsbezogener Entscheidungen hat damit jeweils örtlich einmalige und auch nur lokal beantwortbare Problemkonstellationen präsentiert. Dies wird in einem Strang des Regulationsansatzes[2] gemeinhin als materielle Basis für die Aufwertung der lokalen Ebene und „Voraussetzung einer gewissen lokalen Autonomie" (Mayer 1991: 43) interpretiert. Margit Mayer macht quer zur klassischen Funktionsaufteilung der kommunalen Behörden liegende neue Handlungsfelder aus (von der Unterstützung von Selbsthilfeinitiativen und der Schaffung zweiter Arbeitsmärkte bis zur Einrichtung von Gründer- und Technologieparks), die mit Hilfe intermediärer Einrichtungen und neuer institutioneller Arrangements (bspw. „runde Tische") moderiert werden (1991). Der Einwand eines möglichen Ungleichgewichts der verschiedenen lokalen Politikfelder und Vermittlungsebenen wird in diesem Ansatz eingeräumt (Mayer spricht bezogen auf die Behandlung wirtschafts- bzw. sozialpolitischer Fragen in Anlehnung an eine Unterscheidung Olaf Sunds von Gremien „erster" resp. „zweiter Ordnung"), was aber im Ergebnis nicht zu einer Relativierung der eher optimistischen Sicht auf die dezentralen Potentialgewinne führt:

> „Einerseits werden mit Hilfe der neuen intermediären Organisationen lokale, konkrete Verbesserungen erzielt, die in vielerlei Hinsicht besser sind als vom Staat oder Kapital bereitgestellte Möglichkeiten. Zugleich werden marginalisierte Bevölkerungsgruppen, die durch traditionelle sozialstaatliche Integrationsmaßnahmen nicht erreichbar sind, zur Partizipation animiert" (1991: 48).

3.2 Kommt es zu selbstläufigen Spielraumöffnungen?

Ein solcher Ansatz kann die Verkürzungen „funktionalistischer" Analysen überwinden, die die lokale Ebene von vornherein als akkumulationsfernen Ort zur ausschließlichen Regelung reproduktionsbezogener und klassenunspezifischer Fragen konzipieren[3]. Die Formveränderungen und Weiterungen der örtlichen Politikarrangements machen vielmehr deutlich, in welchem Ausmaß die lokalen Akteure in die Ausbildung eines neuen Akkumulationsregimes einbezogen werden. Der Zuwachs an formähnlichen, quasi-korporatistischen Verhandlungen und Prozeduren darf jedoch den Blick auf die *Widersprüchlichkeit* dieser Involution der lokalen Ebene nicht verstellen. Die

Ausweitung halbinstitutionalisierter Aushandlungsverfahren, von „technokorporatistischen Verbundsystemen" bis hin zu den „Sozialtischen", kann jedenfalls nicht schon umstandslos als wohlfahrtssteigender Dezentralisierungserfolg und Ausdruck eines kontingenten lokalen Potentialgewinns gewertet werden.
Eine nähere Betrachtung der „lokalen Korporatismen" darf nicht nur die Optionen verfolgen, die mit den postfordistischen Dezentralisierungstendenzen als Möglichkeiten angekündigt werden, sie muß zunächst die realen qualitativen Veränderungen ins Auge fassen, die der Wandel des Akkumulationsregimes *konkret produziert*. Kennzeichnend für den Übergang zum postfordistischen Akkumulationsmodell scheint gerade zu sein, daß sich keynesianische, auf zentraler Ebene ausgehandelte Klassenkompromisse auflösen und die gesellschaftliche Modernisierung in einem dadurch noch forcierten und neu zugeschnittenen *strukturellen Kräfteungleichgewicht* zwischen technisch-ökonomischer Rationalisierung und öffentlich nachsorgender Arbeitsmarkt- und Sozialpolitik vorangetrieben wird. Zudem hat der gegenwärtig ablaufende Technologisierungsschub regionale Ungleichgewichte bis dato jedenfalls nicht ausgeglichen, sondern eher noch verschärft. Das bislang erkennbare Modernisierungsprofil des Postfordismus zeichnet sich weniger durch integrierte und reregionalisierte Problemlösungen aus, als durch die Dominanz weltmarktorientierter Rationalisierungsmuster, in denen sozial-ökologische und bedarfswirtschaftliche Kriterien nur eine allenfalls marginale Rolle spielen (Hirsch/Roth 1986; Esser/Hirsch 1987; Häußermann/Siebel 1987). Für die staatsstrukturelle Dimension im Prozeß der Ausbildung eines neuen Akkumulationsmodells und insbesondere für die Involution der lokalen Ebene kann diese Einseitigkeit der Modernisierungslogik nicht ohne Auswirkungen bleiben.
Während sich der Zentralstaat von sozialpolitischen Aufgaben entlastet, tritt er zusammen mit den Teilstaaten als Promoter des international ausgetragenen ökonomischen Modernisierungswettlaufs auf. In diesem insbesondere zwischen den Ballungszentren und maßgeblichen Großstädten ausgetragenen Konkurrenzkampf geht es vor allem auch darum, das jeweils vorhandene Produktions- und Infrastrukturpotential mit dem neuesten Stand an I- und K-Techniken zu versehen. Die Umschlagsgeschwindigkeit läßt sich aber nach dieser inhaltlich nicht hinterfragten Rationalisierungslogik nur erhöhen, wenn Länder und Kommunen mit einem Ausbau ihrer operativen Apparate reagieren. Vor Ort, wo technisch-ökonomische Modernisierungsprozesse stoffliche Gestalt annehmen, gilt es den Informationsfluß zu beschleunigen, spezifische Vorteile durch nur lokal produzierbare Kombinationsleistungen zu erzielen und das jeweilige Standortambiente einem für Investoren und privilegierte Konsumentenschichten attraktiven „Facelifting" zu unterziehen.
Besonders die Kommunen im Umfeld bedeutender Unternehmen und Forschungseinrichtungen werden hier benötigt, um den kapitalorientierten Erneuerungsprozeß in der Fläche abzusichern und um an relevanten Stellen Verbundsysteme zwischen Hochschulen und Privatwirtschaft zu installieren. Hieraus erklärt sich auch der Wettbewerb, den Länder und Kommunen um die Einrichtung lokaler Technologie- und Gründerzentren inszenieren, wobei die Anlage und Ausrichtung solcher wie ähnlicher Vorhaben den wirklichen regionalen und auf die Mehrheit der Bevölkerung zurückwirkenden Entwicklungsproblemen keinesfalls entsprechen muß. Im Gegenteil: Während die im

internationalen Maßstab führenden Finanz- und Produktionsstandorte ihren ökonomischen Vorsprung auch ohne kommunalen Anschub noch vergrößern können, drohen die übrigen Regionen, und letztlich auch die Metropolen selbst, das ihnen verfügbare Ressourcenpotential auf diesem Wege am eigentlichen sozial-ökologischen Innovationsbedarf vorbeizumodernisieren.

Arbeitsmarkt- und Sozialpolitik-Initiativen weisen dagegen auch in der lokalen Politikarena deutlich größere Druchsetzungsprobleme auf. Bezeichnenderweise hat der „Mainstream“ der bundesdeutschen Kommunalpolitik auf den Anstieg der Massenarbeitslosigkeit und die Übertragung ihrer Folgekosten anfangs der 80er Jahre mit einer großangelegten Ausweitung der zwangsarbeitsähnlichen Einberufung zur „Hilfe zur Arbeit“ reagiert (§ 19 Abs. 2, Alt. 2 in Verbindung mit § 25 Abs. 1 BSHG, vgl. Münder/Birk 1985). Nicht-repressive Formen der Arbeitshilfe ließen sich ebenso wie eine offensivere Unterstützung neuer sozialer Initiativen häufig erst nach langwierigen lokalen Auseinandersetzungen, durch Wechsel kommunaler Mehrheiten oder durch externen Anschub (Wissenschaft, Projekte und Gewerkschaften, verschiedentlich auch Landessozialbehörden) realisieren. Wo die dezentralen Träger etwa beim Aufbau eines solchen Feldes „lokaler Arbeitsmarktpolitik“ erfolgreich waren, nehmen sie inzwischen oftmals eine koordinierende Rolle zwischen überörtlichen Programmen, lokalen Initiativen, traditionellen Beschäftigungsstellen und Arbeitsämtern ein. Wo aber die entscheidende Verknüpfung mit der zukünftigen Entwicklung der lokalen Produktions- und Dienstleistungsbasis nicht gelingt, kann hieraus nur schwerlich der Ansatz einer „integrierten lokalen Beschäftigungspolitik“ (Bullmann 1991) entstehen. Von daher laufen lokale Initiativen in diesem Bereich ständig Gefahr, an traditionellen Wirtschaftsförderungsinteressen abzuprallen bzw. marginalisiert zu werden.

In der kommunalen Alltagswirklichkeit gibt es gleichzeitig kaum *den* „runden Tisch“, an dem die relevanten Zukunftsfragen von Stadt und Region in ihrer Interdependenz verhandelt werden. Der aktuellen politischen Realität entspricht vielmehr das Bild der verschiedenen lokalen Tischrunden mit jeweils auszutauschender Besetzung, bei denen klar gesonderte und mit unterschiedlicher Wertigkeit bedachte Themen zur Diskussion anstehen: Während die Entscheidungsträger der kommunalen Politik die Zukunft der örtlichen Produktions- und Dienstleistungsstrukturen in aller Regel mit Banken, Kommunen, Investoren und ausgewählten Hochschullehrern debattieren, neigen sie andererseits dazu, Kirchen und Gewerkschaften sowie die Szene der Wohlfahrtsverbände und selbstorganisierten Projekte nur in „nachsorgenden“ Arbeitsmarkt- und Sozialpolitikfragen zu involvieren.

Diese ausgeprägte Selektivität beim Auf- und Ausbau „korporatistischer“ Beteiligungsstrukturen findet ihre Entsprechung in der segmentierten und parzellierten Problembearbeitung auch der moderneren Kommunalverwaltungen: Während traditionelle Wirtschaftsförderungsstrukturen im Rahmen neuer Standortkonkurrenzen reüssieren und dabei vormals noch entferntere Bereiche wie die kommunale Kulturpolitik indienstnehmen, wird die Initiierung von Qualifizierungs- und Arbeitsangeboten vorwiegend den herkömmlichen Sozialämtern übertragen, die ohnehin unter dem Druck staatsstrukturell verschobener Krisenlasten kollabieren.

Der kommunalpolitische „Mainstream“ scheint bei den hier vollzogenen Formveränderungen mit einem ausgeprägten themen- und akteursspezifischen „Bias" (Thränhardt 1981) zu agieren. Das in der postfordistischen Umbruchphase noch forcierte Kräfteungleichgewicht beeinflußt auch die Policy-, Politics- und Polity-Dimensionen der lokalen Politik und könnte durch die etablierte kommunale Praxis sogar noch verstärkt werden. Auf lokaler Ebene bildet sich damit noch kein breiter Fächer von offeneren und per se demokratieträchtigeren Aushandlungsverfahren aus; es kommt vielmehr, zunächst jedenfalls, eher zu Mustern *asymmetrischer Kooperation,* die in der Gefahr stehen, ohnehin vorhandene Einflußhierarchien zu reproduzieren.

Dies muß neue Akzentsetzungen und den Aufbau politischer Alternativen auch und gerade mit Hilfe neuer Akteurskonstellationen noch keineswegs ausschließen. Nur können sich sozialreformerische Initiativen und Bewegungen nicht schon vor dem Hintergrund eines Umbaus des Akkumulations- und Regulationssystems und den damit verbundenen sehr ambivalenten Dezentralisierungstendenzen auf leichterem Terrain wähnen. Versuche der Spielraumöffnung mit gestalterischem Anspruch, die über Veränderungen im Bereich der persönlichen Lebensführung hinausgehen, müssen auch in der lokalen Politikarena mit widerstreitenden Interessen und sperrigen Strukturen kalkulieren. Sie benötigen zu ihrer Durchsetzung häufig die hartnäckige und ausdauernde Unterstützung örtlicher Koalitionen und müssen nicht selten gegen anderslautende behördliche Logiken erstritten werden.

4. *Die Chancen der lokalen Ebene*

4.1 Notwendige Umbrüche

Das fordistische Wachstumsmodell wird seit Mitte der 70er Jahre nicht nur mit neuen technischen Rationalisierungsschüben, sondern auch mit weiter eskalierenden ökologischen und sozialen Krisenphänomenen konfrontiert. Umweltkatastrophen wie das verbesserte Wissen um die Begleiterscheinungen und Spätfolgen eines ungebremsten Industrialismus haben in den entwickelten Industriegesellschaften eine umfassende „materiale Politisierung" (Kitschelt 1985) von vormals wenig hinterfragten Fortschrittsmustern ausgelöst. Der radikale Umbau der kapitalistischen Gesellschaften wird vor diesem Hintergrund zum „ökologisch-ökonomischen Imperativ" (Jänicke 1991) erklärt. Wollen die Ballungsräume des Westens nicht den Weg der ökologischen Vernichtung ihres Standorts gehen, so müssen hier die tiefgreifendsten Einschnitte ansetzen. Ihnen droht bereits der Lärm-, Müll- und Verkehrsinfarkt, selbst wenn die exponentiellen Wachstumsraten ausschließlich auf „saubere" Industrien und Dienstleistungen berechnet werden. Gleichzeitig scheinen auch gerade hohe Wachstumsziffern keine Garantien mehr für soziale Integrationsleistungen darzustellen. Neue Verarmungs- und Verelendungstendenzen mitten im Reichtum sind beredter Beleg dafür, daß sich die Strategien gesellschaftlicher Produktivkraftentwicklung vom Ziel der Steigerung sozialer Wohlfahrt bis auf weiteres abgekoppelt haben.

Global gesehen, müßten die westlichen Zentren doppelte Anstrengungen unternehmen. Negative ökologische Effekte durch wirtschaftliches Wachstum in der sogenannten Dritten Welt müßten durch einen um so dynamischeren strukturellen Wandel in den Industrieländern ausgeglichen werden. Wachsende Energieverbräuche in den ärmeren Ländern, die dort zur Sicherung eines Wohlstandsminimuns benötigt würden, müßten z.B. durch Energieeinsparungen in den reichen Ländern zumindest kompensiert werden. So muß – und kann – nach vorliegenden Studien etwa der Primärenergieverbrauch der Industrieländer je Einwohner bis zum Jahr 2020 halbiert werden, wenn ein maßvoller Zuwachs in der restlichen Welt ermöglicht werden soll (Jänicke 1991).

In den Industriegesellschaften wirft dies verschärft die Frage nach neuen, sozial und ökologisch verträglichen Entwicklungsmustern auf. Die mit dem erreichten Produktivitätsniveau und den bereits jetzt vorhandenen Techniken möglichen Optionen auf Reregionalisierungen und integrierte Problemlösungen (Junne 1985, 1990), können aber nicht im Rahmen eines Ansatzes verwirklicht werden, der Modernisierung als „von oben“ verordneten, nur verwertungsökonomischen und weltmarktorientierten Rationalisierungsprozeß begreift.

Sie sind vielmehr nur dann chancenreich, wenn die „Enträumlichung“ ökonomischer Aktivitäten schrittweise zurückgenommen wird und an die Stelle des Leitbildes einer möglichst exportorientierten regionalen Wirtschaftsstruktur bedarfswirtschaftlich abgestimmte Mischungen aus inner- und interregionalen Austauschbeziehungen treten. Zur Einleitung eines solchen sozialen Innovationsprozesses „von unten“ ist es erforderlich, die nicht machtpolitisch selektierte Breite der regional und lokal vorhandenen Potentiale auszuschöpfen und den Anspruch auf eine qualitative Gestaltung der gesellschaftlichen Produktivkraftentwicklung auch zu dezentralisieren (Eißel 1986).

Die lokale Ebene ist der Ort, an dem die von der Industriegesellschaft aufgeworfenen Probleme kumulieren und wo sich heute die „neue Systemfrage“ (Jänicke 1991: 1061) besonders deutlich stellt. Umwelt- und Beschäftigungsprobleme sind ebenso wie Fragen der Sozial- und Wirtschaftspolitik immer mehr zu kommunalen Angelegenheiten geworden. Deshalb müssen auch die Problemlösungen hier stärker ansetzen. Ohne einen drastischen Ausbau lokaler Energieversorgungssysteme wird es keinen Umstieg in der Energiepolitik geben (Hennicke u.a. 1985), ohne lokal angepaßte Konzepte zur Beschäftigungsförderung greifen wirtschafts- und arbeitsmarktpolitische Strategien ins Leere (Blanke/Evers/Wollmann 1986; Bullmann/Cooley/Einemann 1986) und ohne eine Stärkung von dezentralen Leistungsformen läßt sich keine kontextbezogene Sozialpolitik realisieren (Gitschmann 1987; Blessing 1987).

Vor dem Hintergrund des aufgetürmten Problemdrucks muß Grauhans Gegenentwurf zum in die Sackgasse geratenen Fortschrittsmuster privatwirtschaftlicher und staatsbürokratischer Rationalisierung aktueller denn je wirken. Die Idee von einem anderen Zukunftsweg der reichen und „reifen“ westlichen Gesellschaften, auf dem sich die vorhandenen Energien nicht in weiteren Spiralen der Druckkapitalisierung und Durchstaatlichung verlieren, läßt sich aus heutiger Sicht durch die ganze Palette der lokal aufgebrochenen Politikfelder deklinieren. Es gibt wohl kein Thema des inzwischen sehr viel breiter aufgefächerten Spektrums lokalpolitischer „issues“, in dem nicht eigenständige „kommunitäre“ Praxisformen entwickelt oder Forderungen nach „kommunalistischen“ Alternativen und Ausweitungen (im Wohnungsbau, im kommunalen

Gesundheitswesen etc.) vorgetragen werden. Dennoch entspricht die etablierte Kommunalpolitik noch keineswegs dem, was das Grauhansche Bild vom „Strukturtyp politischer Produktion" unterstellt. Gemessen an Grauhans Vorstellung von der Freisetzung einer neuen gesellschaftlichen Form der rationalen und partizipativen Ressourcenverausgabung müssen sich selbst im Einzelfall durchaus beachtliche Erfolge einer neuen lokalen Energie-, Sozial- oder Beschäftigungspolitik nur als erste Ansätze ausnehmen.

4.2 Der „lokale Staat" als Feld offener Auseinandersetzungen

Kommune und lokale Ebene sind zwar nicht nur als „verlängerter Arm" des Zentralstaats anzusehen, doch können umgekehrt aus strukturellen gesellschaftlichen Veränderungen wie dem gegenwärtigen Wandel des Akkumulations- und Regulationssystems auch noch keine automatischen Spielraumöffnungen abgeleitet werden. Ist es da nicht doch konsequent, in den Chor derer einzustimmen, die angesichts der rechtlichen und finanziellen Restriktionen zum Abgesang auf die Lokalpolitik anheben?
Martin Jänicke hat die Kommunen den Ort genannt, „wo die Entscheidungsschlachten der Zukunft in nahezu allen Politikbereichen toben" (Jänicke 1991: 1061). In weniger martialischer Diktion sind sie als „Experimentierbaustellen" der Gesellschaft für zukünftige Problemlösungen bezeichnet worden (Rolke 1985). Die Bilder mögen einen ersten Hinweis darauf geben, daß sich die „politische Potenz" der lokalen Ebene möglicherweise nicht allein nach der Stellung der Kommunen im staatlichen Finanz- und Verfassungssystem bemessen läßt. Das real wirksame Verhältnis zwischen Abhängigkeiten und gestalterischen Freiräumen kann sich hier vielmehr wohl erst praktisch, im Kräftedreieck zwischen ökonomischen Strukturen, vorherrschender Staatspolitik *und den vor Ort formulierten Interessen und Strategien* herstellen. Deswegen ist eine Annäherung an die dynamischen und widersprüchlichen Mechanismen der lokalen Politik erforderlich, die die Wechselwirkungen zwischen den gegenwärtigen gesamtgesellschaftlichen Veränderungsprozessen und den Orientierungen und Handlungsstrategien der lokalen Akteure reflektiert.
In neueren britischen Beiträgen ist die Fixierung auf institutionalistische Sichtweisen in der lokalen Politikanalyse zu Recht kritisiert worden (Duncan/Goodwin 1988). „Studies have often treated the local state (at least implicitly) as a static thing, more a collection of physical institutions than a process of social relations" (1988: 38). Duncan und Goodwin sehen in den institutionellen Strukturen zwischen Zentralstaat und Kommunen wie in den politischen Instanzen auf kommunaler Ebene die in Form gegossenen Ergebnisse vorausgegangener gesellschaftlicher Auseinandersetzungen, die als Resultate historisch- sozialer Prozesse auch wiederum selbst der Veränderung unterliegen. Hiervon unterschieden wird die bewußt über institutionelle Formen hinausgreifende und auf die aktuelle soziale Dynamik hin angelegte Kategorie des *„lokalen Staates"*[4], den sie offen als Ort gesellschaftlicher *Beziehungen und Konfliktaustragungen* konzipieren.
Da der Kapitalismus aus sich heraus räumliche Ungleichheit und sozial-geographische

Differenzierung produziert kann mit der Ausbildung von Staatsfunktionen auch nicht auf dezentrale Interventionsebenen verzichtet werden. Wirksame Regulierungen sind vielmehr nur möglich, wenn staatliche Eingriffssysteme auch unterhalb des Zentralstaats, auf lokaler und regionaler Ebene existieren. Kann hier einerseits das Einfallstor für eine instrumentalisierende staatspolitische Nutzung der Kommunalregierungen gesehen werden, so darf man nach Duncan und Goodwin andererseits nicht der ökonomistischen und deterministischen Vorstellung erliegen, daß die Menschen im „lokalen Staat" grundsätzlich passiv bleiben, während „der Kapitalismus" um sie herum Ungleichzeitigkeit erzeugt und ihr räumliches Lebensumfeld restrukturiert.

„Denn es sind natürlich diese Menschen, welche die sozialen und ökonomischen Prozesse zustandebringen und reproduzieren, auch wenn sie es weder unabhängig von anderen noch unter selbstgewählten Bedingungen tun und der Alptraum der Vergangenheit ständig auf ihnen lastet. Handelnde sind fähig, ihre Erfahrungen zu reflektieren und aus ihnen zu lernen, sie passen sich an und diese Anpassung kann auch den Versuch bedeuten, was um sie herum passiert zu ändern und zu beeinflussen" (Duncan/Goodwin/Halford 1987: 12).

Da unterschiedliche soziale Gruppen aber in aller Regel verschiedene Vorstellungen davon haben, welche Art der ökonomischen und sozialen Restrukturierung, welche Umgehensweise mit vorhandenen Arbeitsfertigkeiten, Produktionskapazitäten und natürlichen Ressourcen die für den jeweiligen Raum geeignete ist, und zudem lokal andere Kräfteverteilungen vorherrschen können als auf zentraler Ebene, sind zwischen „lokalem Staat" und Zentralstaat Spannungszustände angelegt, die sich im Kontext gesamtgesellschaftlicher Auseinandersetzungen historisch unterschiedlich aktualisieren (Duncan/Goodwin 1988: 42).
Der „autonome Faktor" lokaler Politik, der Umfang, in dem der Zentralstaat mit eigenständiger lokaler Politikformulierung und Interessenmobilisierung rechnen muß, wird hier weder überzeitlich festgelegt, noch auf die den kommunalen Instanzen im Rahmen staatlicher Aufgabenteilung zugewiesene Regelungsmaterie reduziert. In einem viel umfassenderen Sinn wird vielmehr wichtig, wie die jeweils in konkreten Zeitabläufen und Räumen handelnden Menschen über die in ihrer Lebensumgebung bewirkten Veränderungen denken, sie in Szene setzen und auf sie reagieren (Duncan/Goodwin 1985).
Der „lokale Staat" kann so auch nur strukturell janusköpfig sein: Während er häufig über seine administrativen Instanzen zum „Durchsetzungsagenten" zentraler Strategien wird, ist er gleichzeitig der Ort, an dem Widerstandsmomente auftreten, heimlich durch Individualisierung und Marginalisierung kleingearbeitet werden, oder sich auch, zunächst meist im voradministrativen Raum, zu Interessenbündelung und Konfliktaustragung formieren. Die Vertreter des britischen Local-state-Ansatzes sehen dabei insbesondere zwei Faktoren, die die Chancen für politische Alternativen auf der lokalen Ebene begünstigen. Im Unterschied zu staatskommissarisch verwalteten dezentralen Agenturen geht die politische Macht in Ländern mit ausgebauter kommunaler Demokratie aus nach den Prinzipien des allgemeinen und gleichen Wahlrechts abgehaltenen Wahlakten hervor. Dieses Erfordernis einer lokalen demokratischen Legitimation räumt zum vorherrschenden Kurs oppositionellen Kräften grundsätzlich

die Möglichkeit zu eigenständiger Programmformulierung und dezentraler Mehrheitsbildung ein. Wie gewählte kommunale Instanzen auf staatliche Vorgaben antworten, entlang welcher Zielsetzungen und mit wieviel Vehemenz sie ihr eigenes Ressourcenarsenal mobilisieren, bleibt daher nicht nur eine Frage der „oben" vollzogenen Weichenstellungen, sondern muß auch eine Angelegenheit des „unten" vorhandenen Kräftefeldes werden. Dies erlaubt entsprechend legitimierten Kommunalregierungen auch, die Aufgaben lokalpolitischer Regulierung im Interesse oppositioneller Anliegen neu zu definieren. So scheint die Kombination aus breiter Interessenrepräsentation mit einer markanten Uminterpretation dessen, was kommunalistisch-staatliche Tätigkeit im Gegensatz zum konservativen Zentralstaat leisten soll, auch das Erfolgsrezept „roter" Großstadtregierungen gewesen zu sein, die, wie der Greater London Council bis zu seiner zwangsweisen Auflösung, eine bis dahin wenig irritierte Thatcher-Regierung erheblich herausforderten (Duncan/Goodwin 1988: 275).
Ein an der britischen Entwicklung gewonnenes Analysekonzept kann zweifelsohne nicht bruchlos auf deutsche Verhältnisse übertragen werden. Doch könnte eine breitere Rezeption der Local-state-Debatte die auch in der Bundesrepublik vielfach zwischen „instrumentalistischen" und „funktionalistischen" Interpretationen gefangene Sichtweise auf die lokale Ebene inspirieren (Krätke/Schmoll 1989; Mayer 1991; Bullmann 1991). Grundsätzlich scheint lokale Gegengewichtspolitik auch hier weder apodiktisch aufgrund staatsstruktureller und privatwirtschaftlicher Determinierungen ausgeschlossen, noch stellt sie sich bereits selbstläufig, etwa als Ergebnis einer postfordistischen Disposition für sozial-ökologische Innovationen ein. Gerade in einem Ansatz, der die lokale Handlungsautonomie wesentlich aus lokal unterschiedlich in Szene gesetzten gesellschaftlichen Kräftekonstellationen heraus begreift, bleibt die Erklärung der Kommune zum eigenständig respondierenden lokalen Politiksystem, zur „Gegenkraft" oder zur „Gegenmacht" (Bullmann/Gitschmann 1985) notwendig programmatisch und prospektiv. Kommunale Gegenmachtpolitik bezeichnet nur *eine*, in der gegebenen Situation *mögliche*, politisch praktische Option. Inwieweit nicht auch dezentral schließlich eine konfliktneutralisierende „Sachzwanglogik" die Oberhand behält, ist jenseits der konjunkturellen Aufwertung lokaler Themen nicht antizipativ zu klären. Der Sache nach läßt sich lokale Gegenmachtspolitik insoweit realisieren, als es den Kommunen gelingt, sich staatspolitischen Instrumentalisierungen zu verweigern, aus der Rolle lediglich subsidiär krisenabfedernder Instanzen herauszutreten, und sie mit eigenen Interventionen dazu beitragen, einen sinnentleerten technisch-ökonomischen Fortschrittsbegriff nach sozial-ökologischen Kriterien zu rekonstruieren. Praktisch bedeutet dies in der gegenwärtigen Situation vor allem anderen, örtlich zunehmend erforderliche Reproduktionshilfen mit einer gebrauchswertorientierten Umgestaltung der vorhandenen Fertigungs- und Dienstleistungsstrukturen zu kombinieren. Die lokale Ebene gewinnt für „nachfordistische" Auseinandersetzungen dann an größerem Gewicht, wenn hier gegen die vorherrschende kapitalorientierte Reorganisation der gesellschaftlichen Beziehungen eine Politik zur Durchsetzung kommt, die Einkommen und Existenzen sichern hilft,Qualifikationen vermittelt und gleichzeitig die örtliche Produktionsbasis, die vorhandenen Infrastruktureinrichtungen und Dienstleistungsapparate auf den sozial-ökologischen Bedarf hin innoviert.

Die kommunalen Reaktionen auf die aktuelle Krisensituation kommen zwar unter überregional definierten ökonomischen, politischen und ideologischen Bedingungen zustande, werden aber immer erst aus der jeweiligen lokalspezifischen Kräftekonstellation heraus formuliert. Hier entscheidet sich letztlich, ob eine konfliktorientierte Kommunalpolitik „neuen Typs" in Gang gebracht werden kann, die alle dezentral verfügbaren Potentiale für eine bedarfswirtschaftliche Ressourcensteuerung mobilisiert.

Aus dem jeweiligen zeitlichen und räumlichen Kontext heraus Ansätze lokaler Gegengewichtspolitik zu formulieren, ist dabei offensichtlich nicht aus „objektiven" Bedingungen „ableitbar", sondern als originäre sozial-kulturelle und politische Leistung der betroffenen Akteure anzusehen. Wie Fallstudien zum *Entstehungsprozeß* alternativer lokalpolitischer Profile zeigen, muß hier der reformerischen *Konstruktionsarbeit* von lokalen Selbstverwaltern (aus Initiativen wie kritischen Partei- und Gewerkschaftsgruppen) auf der einen und „radical professionals" (aus Wissenschaft und kritischen Verwaltungsabteilungen) auf der anderen Seite - durchaus im Grauhanschen Sinne einer neuen Vermittlung der beiden Ebenen - besondere Aufmerksamkeit gewidmet werden. Die Erfolgsgeschichten wie die Niederlagen der sozial-ökologischen Projekte und alternativen kommunalpolitischen Versuche seit den 70er Jahren würden lohnen, gerade auf diese Schnittstellen zwischen lokalpolitischem Anschub und administrativen Praktiken hin untersucht zu werden.

Anmerkungen

1 Vgl. zur Unterscheidung von „instrumentalistischen" und „funktionalistischen" Theorieansätzen lokaler Politik Krätke/Schmoll (1987).

2 Vgl. im Unterschied hierzu Esser/Hirsch (1987), die unter Bezug auf die Regulationstheorie stärker die passive Einbindung der dezentralen Ebene in der gegenwärtigen Umbruchphase hervorheben.

3 Vgl. hierzu bspw. Castells (1977 und 1983). Auch Saunders, der Castell kritisiert, kommt mit seiner These von der „dualen" Politikstruktur letztlich zu einer funktionalen Aufteilung von produktionsbezogenen (Staat) und reproduktionsbezogenen Aufgaben (lokale Ebene) (vgl. Saunders 1984, 1987). Die deutsche verwaltungswissenschaftlich ausgerichtete Politikforschung verfährt ähnlich, wenn sie ein „antagonistisches Verhältnis" zwischen den eher „produktionsorientierten Interessen" der zentralen und den stärker „reproduktionsorientierten Interessen" der dezentralen Ebene konstatiert (Fürst/Hesse 1978; Hesse 1983; Fürst/Hesse/Richter 1984). Eine so pauschale Zuweisung läßt sich auch nach den Ergebnissen international vergleichender Studien nicht bestätigen, vgl. Page/Goldsmith 1987: 162f.).

4 Duncan und Goodwin geben dem Begriff des „local state" dabei eine andere Bedeutung als er ursprünglich bei Cynthia Cockburn hat, die ihn als Beleg für ihre „instrumentalistische" Interpretation der lokalen Ebene versteht (vgl. Cockburn 1977).

Literatur

Aglietta, Michel, 1979: A Theory of Capitalist Regulation: The US Experience, London.

Azzola, Axel u.a., 1984: Kommentar zum Grundgesetz für die Bundesrepublik Deutschland, 2 Bde., Neuwied/Darmstadt.

Bauer, Rudolph, 1975: Analyse lokaler Konflikte im Produktions- und Reproduktionsbereich als Interessenkämpfe der Gesellschaftsklassen und Klassenfraktionen, in: *R.-R. Grauhan* (Hrsg.), Lokale Politikforschung Bd. 1, Frankfurt/M.).
Blanke, Bernhard/Evers, Adalbert/Wollmann, Hellmut (Hrsg.), 1986: Die Zweite Stadt. Neue Formen lokaler Arbeits- und Sozialpolitik, Opladen.
Blessing, Karlheinz, 1987: Die Zukunft des Sozialstaats.
Bullmann, Udo, 1991: Kommunale Strategien gegen Massenarbeitslosigkeit. Ein Einstieg in die sozialökologische Erneuerung, Opladen.
Bullmann, Udo/Cooley, Mike/Einemann, Edgar, 1986: Lokale Beschäftigungsinitiativen, Marburg.
Bullmann, Udo/Gitschmann, Peter, 1985: Kommune als Gegenmacht, Hamburg.
Bullmann, Udo/Gitschmann, Peter/Henkenborg, Peter, 1991: Zwischenbilanz rot-grüner Politik in den hessischen Kommunen, in: *R. Roth* und *H. Wollmann* (Hrsg.), Grün-alternative Kommunalpolitik in der Bundesrepublik – eine Zwischenbilanz, Basel/Boston/Stuttgart i.E.
Bundesbank: Monatsberichte der Deutschen Bundesbank, versch. Jahrgänge.
Castells, Manuel, 1977: Die kapitalistische Stadt, Hamburg.
Castells, Manuel, 1983: The City and the Grassroots, London.
Cockburn, Cynthia, 1977: The Local State: Management of Cities and People, London.
Duncan, Simon S./Goodwin, Mark, 1985: Der lokale Staat und die Umstrukturierung gesellschaftlicher Beziehungen: Theorie und Praxis, in: *J. Krämer* und *R. Neef* (Hrsg.), Krise und Konflikte in der Großstadt im entwickelten Kapitalismus, Basel/Boston/Stuttgart.
Duncan, Simon S./Goodwin, Mark, 1988: The Local State and Uneven Development, Cambridge.
Duncan, Simon S./Goodwin, Mark/Halford, Susan, 1987: Politikmuster im lokalen Staat: Ungleiche Entwicklung und lokale soziale Verhältnisse, in: Prokla 68.
Eißel, Dieter, 1984: Kommunale Haushaltspolitik in den 80er Jahren: Überkonsolidierung statt Beschäftigungsimpulse, in: WSI-Mitteilungen, Heft 12.
Eißel, Dieter 1986: Antithesen zum bürokratischen Kapitalismus, in: *U. Bullmann, M. Cooley* und *E. Einemann* (Hrsg.), Lokale Beschäftigungsinitiativen, Marburg.
Esser, Josef/Hirsch, Joachim, 1987: Stadtsoziologie und Gesellschaftstheorie. Von der Fordismuskrise zur „postfordistischen" Regional- und Stadtstruktur, in: *W. Prigge* (Hrsg.), Die Materialität des Städtischen, Basel, Boston.
Evers, Adalbert, 1978: Kritische Ansätze in der lokalen Politikforschung der Bundesrepublik Deutschland – Thesen zur Frage ihres Gebrauchswertes, in: *P. Kevenhörster* und *H. Wollmann* (Hrsg.), Kommunalpolitische Praxis und lokale Politikforschung, Berlin.
Evers, Adalbert/Lange, Hans-Georg/Wollmann, Hellmut (Hrsg.), 1983: Kommunale Wohnungspolitik, Basel/Boston/Stuttgart.
Fassbinder, Helga, 1975: Preisbildung, Monopol und Spekulation beim städtischen Boden, in: *R.-R. Grauhan* (Hrsg.), Lokale Politikforschung Bd. 1, Frankfurt/M..
Fürst, Dietrich/Hesse, Joachim Jens, 1978: Zentralisierung oder Dezentralisierung politischer Problemverarbeitung? Zur Krise der Politikverflechtung in der Bundesrepublik, in: *J.J. Hesse* (Hrsg.), Politikverflechtung im föderativen Staat, Baden-Baden.
Fürst, Dietrich/Hesse, Joachim Jens/Richter, Hartmut, 1984: Stadt und Staat, Baden-Baden.
Gitschmann, Peter, 1987: Alterssozialpolitik auf kommunaler Ebene – Rahmenbedingungen und Strukturen, Berlin.
Grauhan, Rolf-Richard (Hrsg.), 1975: Lokale Politikforschung, 2 Bde., Frankfurt/M.
Grauhan, Rolf-Richard, 1978: Kommune als Strukturtyp politischer Produktion, in: *R.-R. Grauhan* und *R. Hickel* (Hrsg.), Krise des Steuerstaats? (Leviathan Sonderheft 1), Opladen.
Grauhan, Rolf-Richard/Hickel, Rudolf, 1978: Krise des Steuerstaats? Widersprüche, Perspektiven, Ausweichstrategien (Leviathan Sonderheft 1), Opladen.
Grottian, Peter/Nelles, Wilfried (Hrsg.), 1983: Großstadt und neue soziale Bewegungen, Basel/Boston/Stuttgart.
Grüner, Hans/Jaedicke, Wolfgang/Ruhland, Kurt, 1988: Rote Politik im schwarzen Rathaus? Bestimmungsfaktoren der wohnungspolitischen Ausgaben bundesdeutscher Großstädte, in: Politische Vierteljahresschrift, Heft 1.
Grymer, Herbert, 1974: Zum Verhältnis von Zentralstaat und Kommunen, in: *R. Emenlauer* u.a. (Hrsg.), Die Kommune in der Staatsorganisation, Frankfurt/M.

Häußermann, Hartmut, 1991: Lokale Politik und Zentralstaat. Ist auf kommunaler Ebene eine „alternative Politik" möglich?, in: *H. Heinelt* und *W. Wollmann* (Hrsg.), Brennpunkt Stadt, Basel/Boston/Berlin.

Häußermann, Hartmut/Siebel, Walter, 1987: Polarisierte Stadtentwicklung, in: *W. Prigge* (Hrsg.): Die Materialität des Städtischen, Basel/Boston.

Hennicke, Peter u.a., 1985: Die Energiewende ist möglich, Frankfurt/M.

Hesse, Joachim Jens (Hrsg.), 1978: Politikverflechtung im föderativen Staat, Baden-Baden.

Hesse, Joachim Jens, 1983: Stadt und Staat - Veränderungen der Stellung und Funktion der Gemeinden im Bundesstaat?, in: *J.J. Hesse* und *H. Wollmann* (Hrsg.), Probleme der Stadtpolitik in den 80er Jahren, Frankfurt/M./New York.

Hirsch, Joachim/Roth, Roland, 1986: Das neue Gesicht des Kapitalismus. Vom Fordismus zum Post-Fordismus, Hamburg.

Jaedicke, Wolfgang u.a., 1991: Lokale Politik im Wohlfahrtsstaat. Zur Sozialpolitik der Gemeinden und ihrer Verbände in der Beschäftigungskrise, Opladen.

Jänicke, Martin, 1991: Erwägungen zu einer langfristigen Strategie des ökologisch-ökonomischen Umbaus, in: Blätter für deutsche und internationale Politik, Heft 9.

Junne, Gerd, 1985: Reregionalisierung: Chancen regionaler Reintegration von Produktion und Konsum als Folge der Entwicklung neuer Technologien, in: *W. Fricke* u.a. (Hrsg.), Jahrbuch Arbeit und Technik in Nordrhein-Westfalen 1985.

Junne, Gerd, 1990: Chancen für eine Reregionalisierung der Politik, in: *U. von Alemann, R.G. Heinze* und *B. Hormbach* (Hrsg.), Die Kraft der Regionen: Nordrhein-Westfalen in Europa, Bonn.

Karrenberg, Hanns/Münstermann, Engelbert: Gemeindefinanzbericht, versch. Jahrgänge, jeweils in: Der Städtetag, Heft 2.

Kitschelt, Herbert, 1985: Materiale Politisierung der Produktion, in: Zeitschrift für Soziologie, Heft 3.

Krätke, Stefan/Schmoll, Fritz, 1987: Der lokale Staat - „Ausführungsorgan" oder „Gegenmacht"?, in: Prokla 68.

Krüger, Jürgen/Pankoke, Eckart (Hrsg.), 1985: Kommunale Sozialpolitik, München/Wien.

Lipietz, Alain, 1985: Akkumulation, Krisen und Auswege aus der Krise, in: Prokla 58, 109-137.

Lipietz, Alain, 1987: Mirages and Miracles. The crisis of global fordism, London.

Matz, Ulrich, 1979: Über politische Untugenden als Hemmnisse des Regierens im demokratischen Verfassungsstaat, in: *W. Hennis, P.G. Kielmansegg* und *U. Matz,* Regierbarkeit, Bd. 2, Stuttgart.

Mayer, Margit, 1991: „Postfordismus" und „lokaler Staat", in: *H. Heinelt* und *H. Wollmann* (Hrsg.), Brennpunkt Stadt. Stadtpolitik und lokale Politikforschung in den 80er und 90er Jahren, Basel/Boston/Berlin.

Münder, Johannes/Birk, Ulrich-Arthur, 1985: Sozialhilfe und Arbeitslosigkeit. Möglichkeiten der Ämter-Gegenwehr der Betroffenen, Neuwied und Darmstadt, 2. Aufl.

Naßmacher, Hiltrud, 1987: Wirtschaftspolitik „von unten", Basel/Boston/Stuttgart.

O'Connor, James, 1974: Die Finanzkrise des Staates, Frankfurt/M.

Offe, Claus, 1975: Zur Frage der „Identität der kommunalen Ebene", in: *R.-R. Grauhan* (Hrsg.), Lokale Politikforschung, Bd. 2, Frankfurt/M.

Page, Edward C./Goldsmith, Michael J., 1987: Centre and locality: explaining cross-national variation, in: *dies.* (Hrsg.), Central and Local Government Relations, London.

Rodenstein, Marianne, 1975: Konflikte zwischen Bund und Kommunen, in: *R.-R. Grauhan* (Hrsg.), Lokale Politikforschung, Bd. 2, Frankfurt/M.

Rolke, Lothar, 1985: Die Kommune als soziale „Experimentierbaustelle", in: *U. Bullmann* und *P. Gitschmann* (Hrsg.), Kommune als Gegenmacht, Hamburg.

Saunders, Peter, 1984: Rethinking Local Politics, in: *M. Boddy* und *C. Fudge* (Hrsg.), Local Socialism? Labour Councils and New Left Alternatives, London.

Saunders, Peter, 1987: Soziologie der Stadt, Frankfurt/M.

Scharpf, Fritz W. u.a., 1976: Politikverflechtung. Theorie und Empirie des kooperativen Föderalismus in der Bundesrepublik, Kronberg.

Thränhardt, Dietrich, 1981: Kommunaler Korporatismus. Deutsche Tradition und moderne Tendenzen, in: *D. Thränhardt* und *H. Uppendahl* (Hrsg.), Alternativen lokaler Demokratie, Königstein/Ts.

Wollmann, Hellmut, 1983: Implementation durch Gegenimplementation von unten?, in: *R. Mayntz* (Hrsg.), Implementation politischer Programme II, Opladen.

Wollmann, Hellmut, 1991: Entwicklungslinien lokaler Politikforschung - Reaktionen auf oder Antizipation von sozio-ökonomischen Entwicklungen?, in: *H. Heinelt* und *H. Wollmann* (Hrsg.), Brennpunkt Stadt, Basel/Boston/Berlin.

Stadt und Region in Verdichtungsräumen

Dietrich Fürst

1. Problemstellung

In allen hochentwickelten Ländern ist das folgende Spannungsverhältnis zu beobachten: Auf der einen Seite fördert die technologische, politische, informatorische und unternehmenspolitische Entwicklung die Vernetzung und Globalisierung von Entscheidungszentren, und individuelle Entscheidungen werden immer mehr von überlokal, vielfach schon übernational getroffenen Entscheidungen, sowie informatorischen, technischen und institutionellen Abhängigkeiten eingeengt. Auf der anderen Seite wächst das Bedürfnis nach Rückgewinnung dezentraler Handlungsspielräume, sozialer Identifikation („Heimat") und Überlagerung der Wettbewerbsstrukturen durch Solidar-Strukturen (Mayntz 1990: 233f.).

Gleichzeitig aber ist erkennbar, daß die kommunale Ebene diese Ansprüche immer weniger erfüllen kann. Denn alle Analysen zum politisch-administrativen Handlungsfeld „Gemeinde" machen deutlich, daß im Zuge funktions-räumlicher Arbeitsteilung und Verflechtung sowie wachsender Abhängigkeiten der Kommunalpolitik von Entscheidungen anderer Gemeinden, des Landes, des Bundes und der EG die kommunale Selbstverwaltung sich inhaltlich und politisch verändert hat. Inhaltlich wird die Gemeinde immer mehr in überlokale Entscheidungsfelder eingebunden; politisch wandelt sich die kommunale Autonomie immer mehr in Richtung eines Autonomiebegriffs, der Mitwirkung an überlokalen Entscheidungen statt lokale Alleinkontrolle der Entscheidungsgegenstände meint.

Diese Einbindung in immer größere Entscheidungsfelder und arbeitsteilige Abhängigkeiten ist ein generelles Problem der zunehmend „vernetzten Entscheidungssysteme". In Verdichtungsräumen ist dieses Thema wegen der interkommunalen Funktionsteilung zwischen Gemeinden heute drängender als früher und als in ländlichen Regionen. Es wird jedoch noch immer von vielen Gemeinden, insbesondere von Kernstädten der Verdichtungsräume, lokalistisch definiert (als sinkende kommunale Handlungsspielräume) und nicht kosmopolitisch[1] erweitert wahrgenommen in dem Sinne, daß die Kommunen in übergemeindlichen Entscheidungs-Kollektiven mehr Variablen kontrollieren und synergetische Effekte realisieren können als Gemeinden allein.

Nicht nur im Gebiet der ehemaligen DDR, sondern auch in anderen Regionen (z.B. Berlin, Braunschweig, Kassel, Randstadt Holland, Wien) wird über institutionelle Formen der überlokalen Kooperation nachgedacht. Dieser Beitrag bezieht sich auf diese Diskussion und will dabei der Frage nachgehen, welchen Stellenwert institutionelle

Arrangements für die Wirksamkeit der überlokalen Zusammenarbeit haben können. „Institutionell" soll hier die Aufbauorganisation bezeichnen (Definition von Kompetenzen, Aufgaben, Ressourcenzuordnungen, Entscheidungsfunktionen). Die folgende Argumentation basiert auf einer Untersuchung zu Stadt-Umland-Verbänden in Verdichtungsräumen, und zwar in größeren Verdichtungsräumen mit übernationaler Konkurrenzbeziehung, hier als „metropolitane Räume" bezeichnet (vgl. Fürst et al. 1990). Der Argumentationsgang wird in drei Schritten entwickelt. Zunächst werden die Rahmenbedingungen skizziert, die eine zunehmende regionale Kooperation der Gemeinden auslösen können; sodann werden Befunde zum Einfluß alternativer Organisationsformen vorgetragen, die aus Erfahrungen mit verschiedenen Modellen in der Bundesrepublik gewonnen wurden. Im abschließenden dritten Schritt wird eine Bewertung versucht, welche Konsequenzen sich daraus für mögliche Institutionalisierungen ziehen lassen.

2. *Regionale Kooperation induzierende Rahmenbedingungen*

Es gilt heute als unstreitig, daß in den Verdichtungsräumen der gemeindeübergreifende Kooperations- und Koordinationsbedarf in den letzten 30 Jahren gewachsen ist. Castells (1983) spricht von wachsender „collective consumption" im Gemeindebereich. *Koordination* steht dabei für alle Formen der inhaltlichen (räumlichen, sachlichen und zeitlichen) sowie strategischen Abstimmung. Sie bezieht sich auch auf eine gemeinsame Außenvertretung regionaler Belange (z.B. gegenüber Land, Bund und teilweise sogar EG oder gegenüber Groß-Unternehmen). Über die Intensität und institutionelle Verstetigung der Koordination ist dabei nichts ausgesagt – das ist teilweise auch eine Frage der gewählten Problemdefinition[2]. *Überlokale Kooperation* bezieht sich auf die Erstellung regionaler Kollektivgüter. Als Oberbegriff von Kooperation und Koordination wird im folgenden „Verflechtung" verwandt.

Als wesentliche Einflußfaktoren des gewachsenen Koordinations- und Kooperationsbedarfs werden dabei in der Literatur zwei Kategorien genannt: Erstens Kollektivgut-Vorteile der joint production und joint consumption, die a) aus Verflechtungen durch interkommunale und funktionsräumliche Arbeitsteilung sowie b) aus Optionenmehrung und Kostenreduktion bei übergemeindlicher Zusammenarbeit resultieren (insbesondere: Ver- und Entsorgungsinfrastruktur; Umweltschutzmaßnahmen). Zweitens werden Systemeffekte genannt, die aus der Einbindung der Gemeinden in immer komplexere und neue Abhängigkeiten konstituierende Steuerungs-Systeme stammen: Dazu gehören c) der wachsende *Regionen*-Wettbewerb; d) der *regionale* politische Artikulationsbedarf bei zunehmender Zentralisierung von Entscheidungen auf Bund und EG. Während die erste Gruppe der Einflußfaktoren vorwiegend horizontalen Kooperationsbedarf bestimmt, ist die zweite Gruppe auf vertikale Verflechtung ausgerichtet.

2.1 Horizontaler Kooperationsbedarf

Die funktionsräumliche Arbeitsteilung ist in Verdichtungsräumen ausgeprägter als im ländlichen Raum. Gemeinden nehmen in Arbeitsteilung mit anderen überwiegend Arbeits-, Einkaufs-, Wohn- oder Freizeitfunktionen wahr. Das wird durch privatwirtschaftliche Produktionsmuster verstärkt: intensivierte Arbeitsteilung durch Auslagerung von Teilfunktionen auf spezialisierte Betriebe und regionale Vernetzungen von Betrieben sind für moderne Wirtschaftsstrukturen kennzeichnend (vgl. Grabher 1988: 202ff.).[3] Die „economies of scope" (arbeitsteilige Differenzierungsmöglichkeiten) sind heute wichtiger geworden als economies of scale.
Mit dieser Arbeitsteilung und Vernetzung entstehen drei Typen von Kollektivgut-Entscheidungen: erstens ökonomisch-technische, zweitens verteilungspolitische und drittens organisationspolitische.

Ad 1: Ökonomisch-technische Entscheidungen treffen die Frage, ob Infrastruktureinrichtungen übergemeindlich-kollektiv billiger oder mit höherer Qualität bereitgestellt werden können – öffentlicher Personennahverkehr, hochwertige Kultureinrichtungen, Deponien, Wasserwerke etc. stehen dafür. Dieser Kollektivgut-Bedarf ist aber umstritten. Denn zum einen hat die amerikanische Finanzwissenschaft mit empirischen Kostenuntersuchungen Zweifel an den ökonomischen Vorteilen der übergemeindlichen Zusammenarbeit ausgelöst (Dente 1990: 60; ACIR 1988: 121f.). Allerdings entstammen solche Untersuchungen einem spezifischen, auf individualistische Entscheidungs-Maximen basierenden Forschungsansatz, dem „public-choice-Ansatz", der ideologisch dem Wettbewerb der kleinen Einheiten und der Steuerung durch individuelle Bürgerpräferenzen anhängt[4]. Zum anderen ist zwischen Versorgungskonzept (provision) und der Produktion der Kollektivgüter (production) zu trennen (ACIR 1987: 15f.). Das entspricht einer von uns früher bereits eingeführten Unterscheidung von „hard ware" und „soft ware" in der Infrastrukturerstellung (Fürst/Hesse 1980: 185f.). „Hard ware" bezeichnet die technische Einrichtung in ihrer materiellen Substanz; „soft ware" bezieht sich auf die Programme, die mit der technischen Einrichtung umgesetzt werden sollen. „Hard ware" sind z.B. Elektrizitätswerke, Stromleitungen, Deponien; „soft ware" sind städtische oder regionale Energieversorgungsprogramme unter Ausnutzung der Kraft-Wärme-Koppelung, alternativer Energiegewinnungsmöglichkeiten, Energiesparmaßnahmen etc. Die Produktion der „hard ware" solcher Kollektivgüter könnten auch private Anbieter übernehmen und damit gemeindeübergreifenden Handlungsbedarf überflüssig machen. Aber die politische Entscheidung über die Versorgungskonzeption, die „soft ware", wird immer mehr zum übergemeindlichen Koordinations- und Kooperationsproblem. Sie ist ein inter-organisatorisches Führungsproblem. Energieversorgung ist eben nicht mehr nur Bereitstellung von Kraftwerken und Leitungen, sondern ein Konzept, das Energiesparen, effektivere Energienutzung und alternative Energiequellen umfaßt. Abfallbeseitigung ist nicht mehr nur Bereitstellung von Deponien und Abfuhrdiensten, sondern ein Konzept zur Müllvermeidung, zum Müll-Recycling und zur ökologisch angepaßteren Müllentsorgung. Und das läßt sich bei interkommunalem Wettbewerb immer schlechter gemeindeindividuell regeln.

Die Praxis scheint auch in der Bundesrepublik die Vermutungen amerikanischer Forscher (ACIR 1988) zu bestätigen, daß es in vielen Infrastrukturbereichen nicht erforderlich ist, die Produktion des Kollektivgutes übergemeindlich zu erstellen, sondern daß es genügt, wenn die Versorgungskonzeption („soft ware“) übergemeindlich normiert wird. So hat z.B. der Umlandverband Frankfurt darauf verzichtet, die Abwasserkläranlagen, Wasserbeschaffungseinrichtungen und Freizeitanlagen selbst zu verwalten, sondern entwickelt dafür übergemeindliche Handlungskonzepte und beschränkt sich auf Beratungs- und Clearingsfunktionen (Rautenstrauch 1990: 273ff.). Zunehmend verstehen regionale Planungsverbände in Verdichtungsräumen auch räumliche Planung in dieser Funktion der „soft ware“-Produktion und weniger als Form regulativer Steuerung. Vielmehr sehen sie ihre Aufgabe im Beratungs- und Koordinations-Management.

Ad 2: Verteilungsfragen stehen letztlich im Zentrum der übergemeindlichen Zusammenarbeit. Bei übergemeindlichen Infrastruktureinrichtungen lassen sie sich i.d.R. technisch lösen (die Kosten und Nutzen der übergemeindlichen Leistungserstellung können einen Lastenausgleich erforderlich machen). Problematischer sind Verteilungsfragen, die sich aus überkommunalen Ordnungsregeln ergeben. Das gilt für die übergemeindliche räumliche Planung (Regionalplanung). Dabei entstehen redistributive Wirkungen, weil Raumordnungspläne sowohl einzelnen Gemeinden Optionen zuweisen als auch andere Gemeinden in ihrer Entwicklung restringieren können. In der räumlichen Planung erhalten einzelne Gemeinden zusätzliche Optionen, indem der Regionalplan für sie weitere Siedlungsflächen ausweist. Restriktiv wirken raumplanerische Zielaussagen, die Flächen der Besiedlung entziehen oder in ihrer Nutzbarkeit beschränken (z.B. Verbot von Gewerbeflächenausweisen in dichter Nähe von Naturschutzgebieten oder Wohngebieten der Nachbargemeinde). Eine Mischung aus Restriktion und Optionenzuweisung erzeugen i.d.R. die planerischen Funktionszuweisungen für sog. „Freiräume“, z.B. Klimafunktionen, Erholungs-, Naturschutz-, Wasserschutzfunktionen.
Zudem schaffen Gemeinden strukturelle Verteilungskonflikte, indem sie Kosten externalisieren. Immer mehr Gemeinden wollen zwar die Vorteile der Entwicklungsdynamik ihres Raumes abschöpfen, sich aber durch restriktive Ansiedlungspolitik (und damit abschreckende steigende Grundstückspreise) eine attraktive Lebensqualität sichern. Sie grenzen dabei schwächere soziale Gruppen aus und lenken deren Siedlungsdruck auf andere Gemeinden, wo „Zersiedelung der Landschaft“ droht.[5]
Verteilungsfragen können die Wahrnehmung von Kollektivgütern unmöglich machen. Hier sind „Meta-Strategien“ notwendig, um Verteilungsfragen in einem überkommunalen Institutionenrahmen überhaupt verhandelbar zu machen.

Ad 3: Organisationspolitische Entscheidungen betreffen die institutionelle Form der Aufgabenerledigung. Damit ist immer auch die Entscheidung über Autonomieverlust, Zentralisierung/Dezentralisierung von Entscheidungskompetenz und Einflußverteilung verbunden. Um diesen Problemen auszuweichen, ist von den Gemeinden intensiver die Vorfrage zu diskutieren: ob bestimmte Aufgaben überhaupt und wenn, dann als übergemeindliches Kollektivgut aufgegriffen werden sollen. Vor allem der Um-

weltbereich, in dem die Kommunen die zentrale Ebene zur Bearbeitung von Umweltschutzaufgaben darstellen (SRU 1988: 340), bietet viele Beispiele für diese Entscheidungsbedarf – vom regionalen Bodenschutzkonzept über regionale Biotopverbundsysteme bis hin zu regionalen Umwelt- und Raumbeobachtungssystemen. Dabei ist nicht immer technisch zwingend, diese Aufgaben regional (und nicht lokal) zu bewältigen – es hängt von der politisch zu wählenden Problemdefinition ab.
Dieser dritte Entscheidungstyp erzeugt ein sog. „social dilemma": Individuelle Kosten-Nutzen-Kalküle widersprechen kollektivem Handlungsbedarf und lassen das Kollektivgut gar nicht erst institutionalisieren. Aber erst durch die Institutionalisierung gelingt es, die Voraussetzungen für kollektives Handeln zu schaffen (vgl. Kartez 1991). Dabei hängt die Entscheidung für die Institutionalisierung des kollektiven Handelns wiederum eng mit der Wahrnehmung des metropolitanen Raumes als Handlungsfeld zusammen. Verstehen die Handlungsträger dieses Handlungsfeld als Addition von einzelnen Gemeinden, so wird die Kooperation und Koordination meist auf wenige wichtige Themen reduziert, wo üblicherweise unmittelbare fiskalische Vorteile resp. die Abwehr fiskalischer Nachteile für die Einzelgemeinde auf dem Spiel stehen (lokalistische Perspektive). Verstehen die Handlungsträger den metropolitanen Raum aber als System, in dem die einzelnen Gemeinden System-Elemente in arbeitsteiliger Beziehung sind, so wird die regionale Sichtweise dominieren müssen (kosmopolitische Perspektive). Dieser Umdenkungsprozeß wird gegenwärtig mit dem Mythos „EG 1993" beschleunigt. Vielfach sind hier die Länder „Lernhelfer". Denn sie haben erkannt, daß bei zunehmender internationaler Arbeitsteilung und Verflechtung die Wirtschaftsentwicklung eines Landes auch von seiner metropolitanen Region abhängt. Dabei wird immer entscheidender, die Position der metropolitanen Region im internationalen System von internationalen Metropolen, regionalen Metropolen und Provinzstädten (mit primär oberzentralen Funktionen) zu behaupten (vgl. Friedmann/Wolff 1982; Suarez-Villa 1988). Verdichtungsraum- und Stadtpolitik kann damit Teil der Wirtschaftspolitik eines Landes sein. Davon profitieren die Landes-Hauptstädte, weil nur deren Hauptstadtfunktion das Land legitimiert, entgegen dem politischen Zwang zur regionalen Gleichverteilung der Landesmaßnahmen räumliche Konzentration zu betreiben.[6]

2.2 Zunehmende vertikale Verflechtung

Vertikale Verflechtung wird durch Zentralisierungstendenzen in einzelnen Politikbereichen erzwungen. Denn in Reaktion aus Zentralisierung muß die einzelne Gemeinde versuchen, Entscheidungen in diesen Feldern „von unten" zu beeinflussen. Aber hier erweisen sich einzelgemeindliche Strategien zunehmend als suboptimal. Denn viele Entscheidungen staatlicher Fachplanungen haben in der Region übergemeindliche Auswirkung und treffen insofern mehrere Gemeinden als Kollektiv. Und immer mehr Gemeinden reagieren nicht nur auf staatliche Aktionen, sondern stoßen ihrerseits staatliches Handeln an: Die regionale Wettbewerbs-Position wird beispielsweise auch durch die Verteilung der neuen Telekommunikationstechniken (Post), durch die re-

gionale Priorisierung in den neuen Personen- und Güterverkehrskonzepten (Bundesbahn) oder durch räumliche Verteilungen von technologiepolitischen Maßnahmen (BMFT) beeinflußt.
Zum anderen engagiert sich die Privatwirtschaft in ihrer Region, um die Entwertung der Region im interregionalen Wettbewerb zu verhindern – Entwertung von Regionen bedeutet Abschreibungsbedarf für das im Standort investierte Kapital (Sach- und Humankapital). Die Privatwirtschaft ist ihrerseits daran interessiert, daß die Region im vertikalen Kampf um staatliche Zuwendungen erfolgreich ist.
Die zunehmende vertikale Verflechtung führt folglich durch zweierlei Einflüsse zu einer Aufwertung der Region: erstens durch Regionalisierungs- und teilweise sogar Dezentralisierungsprozesse in einzelnen Politikfeldern und zweitens durch neue Kooperationsformen mit privatwirtschaftlichen Handlungsträgern.

Ad 1: Es gibt keineswegs einen generellen Trend zu mehr Zentralisierung. In vielen Politikfeldern beobachten wir auch Dezentralisierungsprozesse. Zentralisierungstendenzen finden sich vor allem in Politikfeldern, die (a) von der Wirtschaft beeinflußt werden (z.B. Wirtschafts-, Technologie-, Landwirtschaftspolitik), (b) dominant regulative Steuerungsformen haben (z.B. Umweltpolitik,) oder (c) finanzintensiv sind (z.B. Sozialpolitik). Andererseits finden sich in vielen dieser Politikfelder komplementär, teilweise auch substitutiv, Dezentralisierungsprozesse. Selbsthilfe-Kräfte werden zur Entlastung der Staatsfinanzen mobilisiert, Öffentlichkeitsbeteiligung wird sowohl im Verhältnis Staat/Private als auch intra-institutionell zur Akzeptanzsicherung betrieben, „bürgernahe Verwaltung" wird notwendig, um die Institutionenverdrossenheit abzubauen (Schuppert, 1989a und 1989b). Die Dezentralisierungsprozesse verlaufen vergleichsweise geräuschlos, meist über ablauforganisatorische Regelungen. Dezentralisierung erfolgt zudem über verschiedene Wege; in der Leistungsverwaltung ist sie teilweise mit „Entbürokratisierung" und „Privatisierung" verbunden.
Jedoch führen Zentralisierungs- wie Dezentralisierungsprozesse in unserem durch vertikale Verbundstrukturen gekennzeichneten Föderalsystem selten zur Neuverteilung der Aufgaben, sondern erhöhen die Politikverflechtung[7]: Die von Entscheidungen betroffenen föderalen Ebenen werden enger in die Entscheidungen eingebunden (vgl. Scharpf 1990a), damit indirekt in die Verantwortung einbezogen. Das wird über die EG-Integration in Zukunft noch verstärkt. Die EG-Behörden erhoffen sich daraus einen besseren Zugang zu regionalen Handlungsträgern und ermuntern diese sogar (z.B. über Modellvorhaben, regionale Entwicklungsprogramme), sich mit der EG-Kommission kurzzuschließen.
Mit der Zentralisierung von Entscheidungen verbindet sich immer häufiger auch eine Regionalisierung der Fachpolitiken, um diese treffgenauer, akzeptanzfähiger und (unter Einbezug unterstützender Kräfte der Region) effektiver zu gestalten. Das erzeugt in Gegenreaktion in der Region gemeindeübergreifende „Interessenkartellierung" und die Herausforderung, regionale Belange wirksamer nach draußen zu vertreten. In der Strukturpolitik gehen einige Länder sogar noch weiter, indem sie die Regionen motivieren, ihre endogenen Entwicklungspotentiale mit staatlicher Hilfe wirksamer auszuschöpfen. So hat Nordrhein-Westfalen Zweckzuweisungsprogramme aufgelegt, die

den ökologischen und ökonomischen Umbau auf der regionalen Ebene zum Gegenstand haben und durch Programmvorschläge aus der Region in Anspruch genommen werden sollen[8]. Ähnlich hatte Niedersachsen versucht, die Regionen zu Strategien der Eigenentwicklung zu ermuntern (Ostfriesland, Süd-Ost-Niedersachsen). Während der Staat also sich entlasten und dezentrale Entwicklungspotentiale wirksamer ausschöpfen will, wird als Nebeneffekt die regionale Willensbildung und Regional-Solidarität gestärkt.

Ad 2: Ob wirklich oder nur Fiktion in den Köpfen der regionalen Entscheidungsträger: der Wettbewerb zwischen den Regionen wird im Zuge von „EG 1992" intensiver werden, was die Regionen zwingt, sich dafür zu rüsten. Anstöße werden bezeichnenderweise häufig auch von der Privatwirtschaft initiiert, die eine Entwertung ihrer Standorte befürchtet.
Der Regionenwettbewerb führt zu neuen Kooperationsformen zwischen kommunalen und privaten Akteuren. Modelle dieser „public-private partnership" haben in den USA eine gewisse Tradition (Hesse 1988; Tank 1988) und werden im Ruhrgebiet erprobt (Kruzewicz/Schuchardt 1989), finden aber auch in Hannover, Hamburg und anderen Regionen zaghaft Anwendung. In immer mehr kommunalen Handlungsfeldern wird die Trennung zwischen staatlicher und privater Sphäre fließend: Immer mehr bilden sich für einzelne Aufgabenbereiche Kooperationsformen mit privaten Handlungsträgern heraus.

Zwischenergebnis:

(1) Wachsender übergemeindlicher Handlungsbedarf tritt a) in regionaler Selbstführung, und zwar über die Entwicklung geeigneter „soft ware" (übergemeindliche Raumnutzungsplanung; übergemeindliche Konzepte für Ver- und Entsorgungsleistungen; übergemeindliche Umweltschutzkonzepte) und b) in der regionalen Außenvertretung auf.

(2) Die Aufwertung der Region als Handlungsebene entspricht einer allgemeinen Tendenz staatlichen Handelns und dessen Abbildung in politikwissenschaftlicher Analyse: die sog. „Meso-Ebene" stärker in den Vordergrund zu rücken. Für den modernen Staat mit zunehmender sektoraler Arbeitsteilung und institutioneller Ausdifferenzierung in eine Vielzahl teil-autonomer Entscheidungszentren wird die Region aus drei Gründen immer wichtiger: Sie hilft, a) Politikprogramme adressatenspezifischer zu differenzieren, b) im Sinne des „kooperativen Staates" die Mitarbeit der Politik-Adressaten zu mobilisieren und c) die fragmentierten staatlichen Entscheidungsstrukturen problembezogen zu koordinieren. Insbesondere die von unten durch Peripherisierung der Macht erzwungene und von oben zunehmend als produktiv erkannte Mitwirkung der Politikadressaten begünstigt die Regionalisierung von Politik.

(3) Damit bekommt die Region für bestimmte Aufgaben – vor allem: wirtschaftliche Entwicklungsaufgaben und Funktionen der „Ökologisierung von Fachpolitiken" – Scharnierfunktion zwischen Staat, Gemeinden und Privaten. Aber die Region muß nicht zu einer gebietskörperschaftlichen Ebene der Leistungserstellung aufgewertet

werden. Was sie vor allem bieten muß, ist, Kooperations- und regionale Steuerungsfunktionen möglich zu machen. Sie muß dafür aber nicht nur Forum sein, sondern auch Handlungsformen institutionalisieren, die diese Aufgaben der regionalen Selbstführung wahrnehmen lassen. „Intergovernmental management in interorganizational networks" (Mandell 1988) wird zunehmend herausragende Aufgabe der Region. Sie vermittelt zwischen politischen und ökonomischen Zwängen zu übergemeindlicher Politikverflechtung und sozio-kulturellen Belangen der dezentralen, kleinräumigen Politikformulierung. Notwendig werden dann politisch-administrative „Netzwerke" von staatlichen und kommunalen, sektoralen und querschnittbezogenen, öffentlichen und privaten Handlungsträgern (Junne 1990: 383; Scharpf 1990b, 36f.).

3. Überlokale Kooperation in Planungsverbänden in der Bundesrepublik

Diese Institutionalisierung regionaler Selbstführung ist noch in der Entwicklung. Die bisher üblichen Formen übergemeindlicher Zusammenarbeit beziehen sich vor allem auf die Leistungsverwaltung, und dabei auf die Erzeugung übergemeindlicher hard ware. Dafür werden vielfach Zweckverbände gegründet. Aber Zweckverbände werden dem wachsenden Kooperationsbedarf in der soft ware-Produktion nur begrenzt gerecht. Das liegt daran, daß die Art der Institutionalisierung das von der Institution aufgenommene Problemverständnis und dessen Bearbeitung prägt. Beispielsweise wird mit der Gründung von Infrastruktur-Zweckverbänden (z.B. für Energie, Abfall, Wasser) das technisch und wirtschaftlich optimale *Leistungsangebot* zur obersten Norm des Verbandes. Dabei neigen diese Verbände eher zu großtechnologischen Lösungen als zu dezentralen, auf kleinen Kreisläufen und vernetzten Aktoren-Strukturen basierenden Konzepten. Sie sind wenig flexibel hinsichtlich neuer, Fachdenken übergreifender soft ware-Konzepte, wie sie vor allem aus umweltpolitischen Belangen gefordert werden. Umweltprobleme werden vielmehr nachrangig eingestuft und eher sektoral (z.B. als reines Abfallproblem) und technisch (z.B. über neue Verfahren der Abfallbeseitigung) definiert, nicht aber integrativ (z.B. als neues regionales Abfall- und Energiekonzept).

Wenn die übergemeindliche soft ware-Erzeugung und Koordination im Sinne gemeinsamen strategischen Handelns in Verdichtungsräumen immer mehr in den Vordergrund rückt, so sind vor allem Organisationsformen gefragt, die „kosmopolitisches" Denken begünstigen können. Dafür bieten sich eher die in allen Verdichtungsräumen existierenden übergemeindlichen Planungsverbände an. Sie sind primär für die übergemeindliche Regionalplanung zuständig. Im allgemeinen sind in dem Verband die Gemeinden und Kreise der Region Mitglieder; sie werden durch „Querschnitt-Generalisten" (delegierte Kommunalpolitiker und/oder die Hauptverwaltungs-Beamten) und nicht durch „Sektor-Spezialisten" vertreten. Solche Verbände sind „soft ware"-Produzenten, weil sie nicht selbst für die Umsetzung der Pläne zuständig sind. Sie sind offen für eine große Zahl übergemeindlicher Themen, denn fast alle diese Themen haben „Raumrelevanz". Einige Entscheidungen können bindende Wirkung haben, wenn sie als Ziele im verbindlich gemachten Regionalplan verankert werden.

Solche Verbände sind sehr individuell auf die regionalen Bedingungen, politischen Kraftfelder und auf die als regional definierten Probleme abgestimmt, so daß es praktisch keine Standardversion davon gibt. Hinzu kommt, daß die zu bearbeitenden Themen meist nur ein geringes Maß an Standardisierung und Formalisierung zulassen, so daß diese Verbände offene Formen der Problembearbeitung ausbilden müssen. Bei Versuchen zur Systematisierung der Verbände wird in der Literatur – wegen der erheblichen Unterschiede in Aufgaben-, Kompetenz-und Ressourcenausstattung sowie Entscheidungsstruktur der Verbände – primär auf die *Entscheidungsstruktur* abgestellt (vgl. z.B. Wagener 1982). Danach lassen sich drei Verbandstypen unterscheiden: a) ein mehr-zweckverbandsähnliches Modell (Beispiele: Arbeitsgemeinschaft Hamburger Randkreise; Zweckverband Großraum Hannover, Kommunalverband Ruhrgebiet, Regionalverband Mittlerer Neckar (Stuttgart); Raumordnungsverband Rhein-Neckar (Mannheim)); b) ein regionales Ratsmodell, bei dem die Gemeinden und Kreise Repräsentanten in einen regionalen Rat entsenden, der über Planungsfragen zu entscheiden hat, die von einer Planungsstelle beim Regierungspräsidenten vorbereitet werden (Beispiele: Regionaler Planungsverband München, Bezirksplanungsbeiräte in Düsseldorf oder Köln); und c) ein gebietskörperschaftlich ausgerichtetes Modell, wobei direkt gewählte regionale Repräsentanten in einem regionalen Verbandstag über die dem Verband zugewiesenen regionalen Belange entscheiden, mit Ausnahme der Themen, die sich auf Fragen der Flächennutzungsplanung beziehen: Diese sind wegen Art. 28 II Grundgesetz[9] einer komplementären zweckverbandsähnlichen Kammer vorbehalten (Umlandverband Frankfurt; Stadtverband Saarbrücken). Es ist hier nicht der Ort, auf die Ausgestaltung der Verbände differenziert einzugehen (für Details s.: Die Verwaltung der Verdichtungsräume 1983; Fürst et al. 1990).

Die Stärke der Regionalverbände hängt primär davon ab, wie viel Einfluß die Mitglieder ihm zubilligen. Die Leistungsfähigkeit der Verbände hängt dann davon ab, wie gut sie als regionale Foren übergemeindliche Konfliktregelung und Konsensfindung möglich machen können. Die Frage ist, welche Elemente der Verbandsorganisation darauf Einfluß haben. Solche Untersuchungen gibt es nicht und sind auch kaum zu erwarten, weil die Konsensfähigkeit von einer Vielzahl von Faktoren (persönlicher, institutioneller, sachlicher Art) sowie von situativen Macht- und Einflußkonstellationen abhängt. Aber man kann fragen und näherungsweise Antwort bekommen, ob unterschiedliche Formen der Institutionalisierung die übergemeindliche Zusammenarbeit erleichtern oder erschweren. In einer Untersuchung sind wir dieser Frage nachgegangen (Fürst et al. 1990) und prüften die oben genannten drei Modellansätze an den Beispielen München, Frankfurt, Stuttgart, Mannheim, Ruhrgebiet und Hannover. In der Untersuchung beschränkten wir uns auf den Einfluß der Aufbauorganisation (Fürst et al., 1990: 14f.). Wegen der Kontextabhängigkeit der Untersuchungsergebnisse[10] sind generalisierende Aussagen im induktiven Wege sehr problematisch. Aber es lassen sich theoretische Zusammenhänge zwischen Aufbauorganisation und Konfliktverhalten systematisch ableiten (Fürst et al., 1990: 14-26). Und diese wiederum ergeben einen Interpretationsrahmen, um zumindest plausible Hinweise auf den Einfluß der Verbandsstruktur zu bekommen. Aufgrund dieser Kombination von deduktivem Ansatz und empirischen Beobachtungen glauben wir, daß unter anderem die folgenden Struktur-Faktoren Einfluß auf das Konfliktverhalten der Verbände haben können:

- Die rechtliche Form der institutionalisierten Entscheidungsstrukturen ist vor allem bedeutsam hinsichtlich a) Mitgliedschaftsregelungen: werden Repräsentanten von sozialen Gruppen der Region und kreisangehörige Gemeinden ausgeschlossen, ist die Konfliktregelungsfähigkeit eher eingeschränkt; b) Wahlsystem in die Gremien: bei Direktwahlsystemen ist der parteipolitische Einfluß vorprogrammiert, was parteipolitische Konfliktlinien und außerverbandliche Parteieinflüsse wirksam werden läßt; c) Stimmenverteilungen in den Entscheidungsgremien; d) Entscheidungskompetenzen der Gremien: in einigen Verbänden ist eine zweistufige Entscheidungsstruktur institutionalisiert worden, wobei die eine Ebene Rahmenvorgaben definiert, die von der zweiten Ebene ihren konkreten Planaussagen zugrundezulegen sind. Hier lassen sich „Entscheidungskaskaden" bilden, welche die politischen Kosten der Konfliktregelung durch hierarchische Steuerung, Segmentierung und Sequentierung der Entscheidungsprozesse mindern lassen (s.w.u.).
- Aufgaben und Ressourcenausstattung können das verbandliche Rekrutierungsmuster beeinflussen und dieses wiederum kann mit dem Verhalten der Planer in Beziehungen stehen. Denn Institutionen definieren Rollen- und Performance-Erwartungen, die mit bestimmten professionellen Vorbildungen (Rekrutierungsmuster) und bestimmten Verhaltensweisen verbunden sind. Aber empirisch war der Zusammenhang schwer zu belegen. Nur auf der Basis von Plausibilitätsüberlegungen lassen sich die erkennbaren Unterschiede bestimmten Strukturvariablen zuordnen. Die dabei relevanten Strukturvariablen sind vor allem Größe und Ressourcenausstattung (arbeitsteilige Spezialisierung und Professionalisierungs-Vertiefung) sowie Aufgaben, wobei die Tradition der Verbände ein zusätzlicher wichtiger Einflußfaktor ist. Der vom Institutionenrahmen bestimmte Handlungsspielraum ist zudem nicht exakt definiert, und es hängt folglich von den Planern ab, ob sie als „dynamische Unternehmer" neue Themen aufgreifen oder sich lediglich als „Planungs-Administratoren" auf die vertrauten planerischen Aufgaben beschränken. Welche Verbände dabei „dynamische Unternehmer" mit größerer Wahrscheinlichkeit rekrutieren, ist generell nicht zu bestimmen. Aber zumindest gibt es begründete Vermutungen, daß „dynamische Unternehmer" wahrscheinlich gefördert werden, wenn
- der Verband hohem Profilierungsbedarf gegenüber seinen Mitgliedern ausgesetzt ist;
- der Verband relativ frei von strukturellen Konfliktlagen ist; das ist eher der Fall, a) je weniger er in der Leistungsverwaltung engagiert ist; denn Leistungsverwaltung löst häufiger Verteilungsfragen aus und kann mit kommunalen Aufgaben, d.h. kommunalen Autonomieinteressen, konfligieren; b) je größer die Zahl von Mitgliedern ist, auf die sich der Verband abstützen kann (z.B. durch Bildung wechselnder Mehrheiten), und je weniger er von einzelnen Mitgliedern abhängt; c) je mehr relevante Gruppen der Region (z.B. Umweltschutzverbände, Fachverbände, IHKs, Gewerkschaften) über Beratungsbeiräte in die Verbandsarbeit integriert werden, so daß über die Beiräte informelle unterstützende Allianzstrukturen und eine Rationalitätsverbesserung durch Fachverstand geschaffen werden können;

- der Verband über eine ausreichende Ressourcenbasis verfügt, die ihm einen größeren Planungsapparat ermöglicht und das Personal längerfristig halten läßt. Die Verbände benötigen eine personelle Mindestgröße, um statusmäßig (z.B. Besoldungsgruppe)[11] und professionell genügend handlungsfähig zu sein (vgl. Stevenson 1990).
- Bei einem großen Teil der Wirkungen sind institutionelle Strukturen nur mittelbar relevant, sei es in Verbindung mit anderen Einflußfaktoren, sei es katalysatorisch, indem sie bestimmte Verhaltensweisen stärker als andere begünstigen. Dazu folgende Beispiele:

(a) katalysatorische Wirkungen:

- Verbandsstrukturen können *konfliktverstärkend* wirken, weil damit Foren geschaffen werden, die mit geringen „Transaktionskosten"[12] Konflikte zum Thema machen und institutionelle Eigeninteressen prononcierter gegen die regionalen Belange setzen lassen. „Schwächere" Verbände[13] verstärken den Konflikt dadurch, daß häufig eine informelle Einstimmigkeitsregel angewendet wird, was jedem Mitglied faktische Vetomacht verschafft, während „starke" Verbände konfliktverstärkend wirken können, wenn sie als überlokale Verwaltungsebene wahrgenommen werden und dadurch eine latente Gegnerschaft der Gemeinden auslösen; zudem bilden starke Verbände eher formalisierte Kommunikationsmuster aus, die informelle Konfliktregelungen behindern.
- Institutionelle Strukturen können andererseits *konfliktmindernd* wirken: Generell lassen Verbandskonstruktionen frühzeitige Konfliktregelungen zu, indem sie ein Forum für überlokale Konfliktbearbeitung anbieten. Zudem fördert die Institutionalisierung von überlokaler Kooperation den dauerhaften Dialog, läßt „Netzwerke der Interaktion" ausbilden, die den gemeinsamen Grundkonsens intensivieren, ferner Vertrauen schaffen, um egoistische Interessen zugunsten einer kompromißbereiteren Konfliktregelung zurückzustellen (Murnighan 1982: 91)[14], und Anreize ausbilden, die Kooperation nicht an einzelnen Konflikten zerbrechen zu lassen (Benz 1991: 52ff.). Zudem entwickeln sich hier leichter Regeln/Muster der kooperativen Konfliktregelung (vgl. Mandell 1988: 400 und 406). Institutionalisierung begünstigt letztlich auch die Professionalisierung und in gewissem Maße damit: Versachlichung der Konfliktbearbeitung. Aber dabei gibt es Unterschiede: Die konfliktmindernden Strukturen sind bei „schwächeren" Verbänden offenbar eher anzutreffen als bei „stärkeren", so daß die Aussagen invers zu den Beziehungen über konfliktverstärkende Wirkungen gebildet werden können.
- Institutionelle Strukturen belassen der Verbandsadministration (im folgenden: „Planer" genannt) noch beträchtlichen Handlungspielraum, so daß es letztlich von diesen abhängt, wie Verbände mit Konflikten umgehen. Je schwächer der Verband ist, um so mehr sind die Planer interessiert, Konflikte zu entpolitisieren und zu entschärfen. Dazu nutzen sie erstens extensiv ihr Potential, die Problemdefinition (= das Konfliktthema) mitzubestimmen – ob sie etwas als Planziel oder lediglich als diskussionsbedürftiges Problem im Erläuterungsbericht zum Regionalplan behandeln, ob sie etwas als Aufgabe des Verbandes oder als Angelegenheit von Fachbehörden

definieren, ob sie im Vorfeld durch plastische Darstellung des Problems politische Allianzen interessieren oder eher abstrakte Problembearbeitung anstreben, u.ä. Die „Inszenierung des Themas" ist von Planern inzwischen als eine eminent strategische Variable erkannt worden. Zweitens nutzen Planer die Möglichkeiten von Mehrebenen-Entscheidungen, indem zunächst Rahmendaten festgelegt und später konkrete räumliche Verteilungsfragen entschieden werden. Dabei sind solche Verbände begünstigt, die – wie Stuttgart und Mannheim – auf zwei Verbandsebenen operieren können[15]. Drittens bemühen sich alle Planer, für ihren Verband das Image und die Funktion von „neutralen" Mittlern und Moderatoren regionaler Problembearbeitung zu gewinnen. Das gelingt leichter in den Verbandskonstruktionen, wo a) der parteipolitische Einfluß niedrig bleibt; b) informelle Kontaktnetze leichter zu knüpfen sind; c) der Verband weniger als bedrohliche Überbehörde wahrgenommen wird.

(b) Verbindung mit anderen Einflußfaktoren:

- Einige Verbände sind stärker parteipolitisch geprägt als andere. Parteipolitischer Einfluß bewirkt ein anderes Verhalten der Konfliktregelung in Verbänden. Bindungen an Parteiinteressen können stärker sein als Bindungen an Institutionen (z.B. Gemeinden); die fachliche Auseinandersetzung reduziert sich eher auf eine kleine Elite; Paket-Kompromisse sind leichter möglich u.ä. Bei Verbänden mit gebietskörperschaftlichem Charakter ist der Parteieinfluß institutionell höher (s.o.). Bei anderen Verbandsmodellen wird der parteipolitische Einfluß stärker geprägt durch (a) die Größe der Mitgliedsgemeinden/-kreise – je größer diese sind, um so stärker ist der parteipolitische Einfluß; und (b) die Kommunalverfassung – je stärker diese zur Parteipolitisierung animiert, um so mehr gilt das auch für den Verband (Verbände in den dual-verfaßten Gemeindeordnungen von Niedersachsen und Nordrhein-Westfalen sind parteipolitischer ausgerichtet als in Gemeindeordnungen der Bürgermeisterverfassungen, Banner 1984; Winkler-Haupt 1988: 183f.; aber umstritten: Schimanke 1989).

Aussagen über Wirkungen von Institutionen-Strukturen sind, wie mehrfach betont, kontextgebunden. Folglich kommt es für die Verbandspolitik auch auf die Gestaltung der Kontextbedingungen an. Um das an Beispielen zu illustrieren:
- die Fruchtbarkeit der Verbandsarbeit hängt u.a. davon ab, ob der Verband als Mittler zwischen den Ebenen anerkannt wird. Aber häufig verlieren die Verbände diese Mittler-Neutralität, weil sie entweder von den Gemeinden als „Anspruchskartell" gegen das Land (zu erwarten bei kommunalverfaßten Verbänden) oder vom Land als Durchsetzungsapparat gegenüber den Gemeinden mißbraucht werden (eher zu erwarten beim regionalen Ratsmodell).
- Mitunter sind die politischen Kosten („Transaktionskosten") eines Verbandes, bestimmte Themen zur Bearbeitung aufzugreifen, so hoch, daß der Verband nicht tätig werden kann. Hier können die Entscheidungskosten wesentlich reduziert werden, wenn das Land über hierarchische Steuerung eingreift, z.B. finanzielle Anreize für regional koordinierte Programme gewährt, Handlungsaufträge erteilt (beispielswei-

se zu ökologisch verträglicheren regionalen Infrastrukturkonzepten), Handlungs- und Konsenslinien in der Landesplanung vorgibt oder den Spielraum für gemeinde-egoistische Strategien durch Auflagen mindert.

- Verbände können in ihren Handlungsmöglichkeiten geschwächt werden, wenn auf der Regionsebene mächtigere konkurrierende Akteure gleichartige Themen aufgreifen können. Konkurrenzbeziehungen können sich z.B. zu einem ambitionierten Regierungspräsidium, zu großen (die Region bestimmenden) Kreisen oder zu anderen Zweckverbänden ergeben. Wenn es dem Verband nicht gelingt, „Kartellabsprachen" mit den Konkurrenten zu organisieren, so reduziert er sich häufig auf konkurrenzfreie Handlungs-Nischen.
- Die für die Verbandsarbeit typische kommunikative Problembearbeitung hängt entscheidend von personellen Kontakten ab. Die Voraussetzungen dafür sind um so günstiger, je dichter das Netz personeller Kontakte ist[16], bis hin zu gemeinsamen Partei- und Club-Mitgliedschaften. Dafür ist die „politische Kultur" und das „Regionsbewußtsein" in einer Region einer der Einflußfaktoren. Verbände wie der Umlandverband Frankfurt bemühen sich deshalb, dieses Regionsbewußtsein zu stärken.

4. *Folgerungen für die Institutionalisierung regionaler Kooperation*

Solche Erkenntnisse erlauben keine Empfehlungen für den „idealen" Stadt-Umland-Verband. Aber sie können die Diskussion über geeignete Verbandsstrukturen fördern. Sie machen zumindest deutlich, daß Organisationsüberlegungen nicht ohne die jeweiligen Kontextbedingungen anzustellen sind, in denen sie wirksam sein sollen. Insofern läßt sich die geeignete Organisationsform nicht allein deduktiv von den zu erledigenden Aufgaben her gestalten. Vielmehr muß man induktiv aus den Kontextbedingungen ableiten, welche Organisationskomponenten unter diesen Kontextbedingungen eher wenig geeignet sind, bestimmte Aufgaben zu lösen. Dabei läßt sich meist nur eine solche Eingrenzung vom Negativen her leisten. Denn die Kontextbedingungen bestimmen vor allem Konfliktstrukturen und Konfliktregelungsmuster, denen institutionell Rechnung getragen werden muß. Und dabei ist leichter herauszufinden, welche organisatorischen Regelungen in diesen Kontexten störend wirken, als zu bestimmen, welche die Aufgabe optimal erledigen lassen. In positiver Formulierung läßt sich lediglich allgemein feststellen, daß für eine wirksame übergemeindliche Zusammenarbeit in dem hier im Vordergrund stehenden Handlungsbereich (soft ware-Produktion; gemeinsame regionale Außenvertretung) die kosmopolitische Orientierung der Kommunen wichtig ist. Dafür sind institutionelle Strukturen förderlich, die Interaktionen verlangen, weil Interaktionen die – im interkommunalen Zusammenspiel der Verdichtungsräume typische – „Mißtrauens-Kultur" abbauen helfen können. Kognitive Prozesse der Vertrauensbildung und wechselseitigen Verständnis-Bildung werden für die interorganisatorische Kooperation (und Lösung von Verteilungsfragen) als immer wichtiger erkannt (Scharpf/Benz 1990: 141ff.; Dente 1990: 71; Benz 1991: 57f.). Bei der konkreten Ausgestaltung der intra-institutionellen sowie inter-institutionellen „Netzwerke" und deren Verzahnung ist man wieder auf Kontextbedingungen angewiesen. Beispielsweise verengen sich Experten-Netzwerke in einem bürokratischen Kontext zu leicht in sektorale Fachbruderschaften. Generalisten-Netzwerke sind dauerhaft nur zu etablieren, wenn sie Entscheidungskompetenz haben. Dann aber hängt es von bestehenden Konkurrenzbeziehungen zu kommunalen und staatlichen Generalisten ab, ob solche Entscheidungskompetenzen konfliktfrei einzurichten sind. Bei starken Gebietskörperschaften und ausgeprägten „Fachbruderschaften" in den Gebietskörperschaften spricht einiges für hierarchisierte Interaktionssysteme. So wurden von Scharpf/Benz (1990: 141ff.) für die Hamburger Stadt-Umland-Kooperation auf der *Kommunalebene* ein „Regionalverband Unterelbe" sowie auf der Landesebene ein System von gemeinsamer Steuerungsgruppe *(Verwaltungsebene)*, gemeinsamen Kabinettsitzungen *(Exekutiv*-Ebene) und gemeinsame Parlamentsausschuß-Sitzungen (Legislativ-Ebene) neben länderübergreifenden Handelskammerbezirken und mehrerer gemeinsamer Einrichtungen für die Koordination der Wirtschaftspolitik vorgeschlagen. Andererseits institutionalisiert die organisierte übergemeindliche Zusammenarbeit immer auch Verteilungskonflikte, weil immer mehr Entscheidungen der Gemeinden jetzt von der Zustimmung anderer abhängig gemacht werden (vgl. Scharpf/Benz 1990: 80f.). Verteilungskonflikte werden dabei um so wahrscheinlicher und härter, je mehr die Einstellungen der kommunalen Handlungsträger lokalistisch ausgerichtet sind. Möglicherweise hat sich mit dem gesellschaftlichen Wertewandel zu Dezentralisierung, Partizipation und „Heimat" die lokalistische Denkweise sogar intensiviert. Das wiederum könnte zur Folge haben, daß die lokalistische Orientierung den Kollektivnutzen der übergemeindlichen Zusammenarbeit abwertet. Denn die Gemeinden könnten beim Abwägen, ob die ökonomische Effizienz der überkommunalen Leistungs-Erstellung oder mehr die Chancen der Bürgerpartizipation und Bürger-Identifikation mit ihrer Gemeinde im Vordergrund stehen sollten, letzterem höheren Stellenwert geben.

Die Fähigkeit zur Konfliktverarbeitung resp. Konsensbildung läßt sich institutionell fördern, indem man die übergemeindliche „soft ware"-Erzeugung und kommunale „hard ware"-Produktion institutionell trennt. Denn damit kann tendenziell die sachlich-konzeptionelle Arbeit (soft ware) von den interkommunalen Verteilungsfragen (z.B. über Standorte der hard ware) institutionell abgespalten werden[17]. Die soft ware-Erzeugung ist häufig noch kooperativ zu gestalten, während die hard ware-Verteilung unweigerlich Verteilungskonfikte auslöst. Man könnte sich folglich vorstellen, die soft ware-Produktion dem übergemeindlichen Verband zu übertragen, während die hard ware-Erzeugung in kommunaler Regie bleibt. Mit dieser Konstruktion könnten zudem die institutionellen Vorteile der Mehrstufen-Entscheidung (Kaskaden-Entscheidungen) genutzt werden – der Verband gibt relativ allgemein gehaltene Regeln vor, die von den Gemeinden in der hard ware zu berücksichtigen sind, ohne daß die kommunalen hard ware-Entscheidungen im Detail vom Verband getroffen werden.

Übergemeindliche Verbände in dem hier diskutierten Sinne (soft ware Produzenten; gemeinsame Außenvertretung) werden nicht ohne weiteres von den Gemeinden selbst ins Leben gerufen werden. Denn sie haben Kollektivgutcharakter: Der Nutzen von „soft ware-Verbänden" ist abstrakt, für Kommunalpolitiker aus der Perspektive der Einzelgemeinde kaum verwertbar und in der Verteilung diffus: „Output" sind Handlungsvorschläge für Fachplanungen, eventuell räumliche Planungen und möglicherweise eine gemeinsame regionale Interessenvertretung oder Wirtschaftsförderung. Nichts davon läßt sich der einzelnen Gemeinde direkt zurechnen; aber die Gemeinde kommt in den Genuß dieser Vorteile, auch wenn sie nicht Verbandsmitglied ist. Der Nutzen des Verbandes stellt sich für die Einzelgemeinde eher mittel- und langfristig und vor allem erst in der Praxis mit seinen positiven Nebeneffekten ein: ein Forum zu haben, auf dem gemeinsam interessierende Belange der Gemeinden unverbindlich besprochen werden können. Demgegenüber sind die Kosten des Verbandes – sofern er über Umlage finanziert wird – für die einzelne zahlende Mitgliedskommune klar zurechenbar und zudem relativ hoch. Infolgedessen sieht die Kosten-Nutzen-Überlegung für die Einzelgemeinde zur Zeit der Verbandsgründung häufig negativ aus: Die Kosten der Gründung überwiegen den Nutzen des Verbandes. Hier ist das Land gefordert, die Transaktionskosten zu senken, sei es durch finanzielle Anreize zur Verbandsgründung, durch bevorzugte Förderung regional abgestimmter Projektanträge oder durch direkte gesetzliche Aufforderung zur Verbandsgründung. Nicht zufällig wurden deshalb die meisten Regionalverbände der Verdichtungsräume mit staatlicher Intervention gegründet[18].

Mit institutionellen Regelungen läßt sich – sehr eingeschränkt allerdings – auch die Initiativ- und Innovationsbereitschaft der Verbände beeinflussen (vgl. zu solchen Ansätzen auch: Etzioni 1990). So sind Verbände mit finanzieller Abhängigkeit von ihren Mitgliedern stärker gezwungen, ihre Nützlichkeit zu beweisen. Dieser Zwang, Nützlichkeit für Mitglieder zu erzeugen und folglich offener für neue Aufgaben zu sein, wird intensiviert, wenn die Verbandsmitglieder aus dem Verband ausscheiden können (vgl. für die USA: Gage 1988). Solche Verbände suchen eher „Marktnischen" und können dabei Initiatoren neuer regionaler Problemlösungen sein.

Zum Teil könnte das Land noch weiter gehen und auch die Kontextbedingungen für eine positive Verbandsarbeit verbessern. Denn die Konfliktintensität – weniger in übergemeindlicher soft ware-Produktion, wohl aber in hard ware-Entscheidungen – wird durch das kommunale Finanzsystem wesentlich verstärkt. Die kommunalen Finanzen sind an Einwohner und Gewerbebetriebe gebunden. Das räumliche Standortverhalten von Einwohnern und Betrieben bestimmt folglich auch die Finanzverteilung. Raumrelevante Entscheidungen der Kommunen beeinflussen i.d.R. dieses Standortverhalten. Übergemeindliche Problemlösungen mit Raumbezug sind nun leichter zu finden, wenn es einen interkommunalen Finanzausgleich gibt, der diejenigen Gemeinden kompensiert, die von den raumrelevanten Entscheidungen nicht profitierten. Zwar können Gemeinden untereinander entsprechende Regelungen vertraglich vereinbaren[19]. Aber wegen der damit verbundenen hohen Transaktionskosten wäre es hilfreicher, wenn das Land Rahmenregelungen, gleichsam als Instrumentenkasten, einführen würde.

5. *Zusammenfassung und Schlußfolgerung*

In diesem Aufsatz wurde die Position vertreten, daß interkommunale Zusammenarbeit zunimmt, aber primär in der Produktion von „soft ware" und in der regionalen Außenvertretung, während die „hard ware" eher dezentralisiert auf Gemeindeebene realisiert werden kann. Die gewachsene *Problemvernetzung* oder/und die „vernetzte" Sichtweise der Probleme lassen für die übergemeindliche Kooperation die in Verdichtungsräumen institutionalisierten regionalen Planungsverbände (Stadt-Umland-Verbände) als besonders geeignet erscheinen: Sie sind geborene „soft ware"-Produzenten, relativ offen in ihren Themen, in den Gremien sitzen Querschnitt-Generalisten und sie erzeugen – über den Regionalplan – bindende Entscheidungen. Sie sind zudem gemeindefreundlich, weil sie kaum in die kommunalen Kompetenzen eingreifen, sondern komplementär zu diesen wirken. Aber aufgrund der regulativ-restriktiven Form deutscher Regionalplanung erhielten die Verbände vielfach ein Negativ-Image und werden von einzelnen Gemeinden sogar als Bedrohung der kommunalen Selbstverwaltung stilisiert. Zwar bemühen sich die Verbände, vor allem ihre Beratungs- und Clearingfunktion auszubauen und sich als Kooperationspartner der Gemeinden zu profilieren. Aber offenbar ist das nicht ausreichend. Vielmehr sind über institutionelle Vorkehrungen hinaus Maßnahmen erforderlich, um ein „Regionalbewußtsein" im Sinne einer kosmopolitischen Orientierung entwickeln zu lassen (vgl. Rautenstrauch 1990: 288f.).

Anmerkungen

1 Diese Unterscheidung in lokalistische und kosmopolistische Orientierung wurde von Merton in die Literatur eingeführt (Gouldner/Newcomb 1968: 239) Nach Merton (in der Interpretation von Gouldner/Newcomb) betrachten lokalistisch Denkende „die Geschehnisse in der weiteren Welt ausschließlich im Hinblick auf deren Einfluß auf ihre Gemeinde", während die kosmopolitisch Denkenden „dieselben Ereignisse im Hinblick auf einen größeren, nationalen Bezugsrahmen" sehen.

2 Mulford/Rogers (1982: 19f.) differenzieren nach Problemstellung und Aktorenkonstellation in „mutual adjustment" (unserer „negativen Koordination" vergleichbar), „alliance" (konstruktive Zusammenarbeit von selbständigen Trägern) und corporate coordination (über hierarchische Steuerung innerhalb einer bestehenden Organisationsstruktur).

3 Entsprechend entwickeln sich im Transportsystem regionale Güterverkehrszentren, wobei die unternehmerische Logistik und Lagerhaltung in weitem Maße auf Spediteure ausgelagert wird.

4 Es ist zudem umstritten, ob der theoretisch attraktive public-choice-Ansatz die Wirklichkeit der kommunalen Politik gut abbildet. Lysons und Lowery (1989) führten in zwei amerikanischen counties (Louisville-Jefferson und Lexington-Fayette/Kentucky) Befragungen durch, ob die Bevölkerung durch kleinere Gemeinden und eher fragmentierte metropolitane Entscheidungsstrukturen besser sich besser informiert fühle, partizipativer in die kommunale Entscheidung eingebunden sei und zufriedener mit der kommunalen Leistung sei. Das Ergebnis: Die von der public choice-Theorie geforderten Effekte waren nicht zu beobachten.

5 Diese Entwicklung ist in vielen stark belasteten Verdichtungsräumen heute schon zu beobachten (München, Frankfurt, Hamburg): Umlandgemeinden sind immer weniger gewillt, „Stadtflüchtlinge" aus der Kernstadt aufzunehmen, weil sie die Bodenpreise hochtreiben und der einheimischen Bevölkerung den Zugang zu Boden und Eigenheim erschweren.

6 Mittel sind u.a. die Attrahierung europäischer Institutionen, der Ausbau des metropolitanen Forschungs- und Telekommunikationssystems oder sogar spezifische Hauptstadt-Förderprogramme (z.B. „Finanzzentrum Stuttgart"-Programm).

7 Die Gemeinden erheben inzwischen wieder (wie schon in den 60er Jahren) Forderungen nach einer „zweiten Kammer" auf Bundesebene und einer Kammer auf Kreisebene (vgl. Nds. Städte- und Gemeindebund, Kommunalkatalog 1990, in: die niedersächsische gemeinde 1990: 203).

8 „Zukunftsinitiative Montanregionen" (ZIM); „Zukunftsinitiative Nordrhein-Westfalen" (ZIN).

9 Garantie der kommunalen Selbstverwaltung in Angelegenheiten der örtlichen Gemeinschaft.

10 Aufbauorganisation ist bekanntlich Teil eines Systems von Einflußfaktoren, die das Konfliktverhalten bestimmen (Fürst 1989). Situative Konfliktstrukturen, Konfliktthema, rechtliche Regelungen zur Begrenzung des Lösungsraumes etc. sind als restringierende, rahmensetzende oder vermittelnde Faktoren relevant.

11 Noch immer spielt der administrative Rang für die Kommunikation eine wichtige Rolle; Rangniedrigere haben es schwerer, mit Ranghöheren zu kommunizieren und vor allem diese persuasiv zu beeinflussen als Gleichrangige.

12 „Transaktionskosten" ist ein Terminus aus der ökonomischen Analyse von Institutionen (Richter 1990: 576f.). Gemeint sind damit alle Kosten zur Veränderung von Rechten, Situationen und Interaktionsergebnissen.

13 „Stark" und „schwach" bezieht sich auf die Kompetenzfülle und Ressourcenausstattung (vgl. Wagener 1982, der von „harten" und „weichen" Verbänden spricht).

14 Üblicherweise hat sich zwischen Kernstadt und Umlandgemeinden in Verdichtungsräumen durch historische Kämpfe um Eingemeindung und „Stadtflucht-Probleme" eine „Mißtrauens-Kultur" entwickelt, die Kooperation sehr erschwert.

15 Im Stuttgarter Raum ist der Regionalverband für das weitere Gebiet um Stuttgart, aber lediglich für regionalplanerische Entscheidungen zuständig. In Personalunion damit verbunden ist für die Flächennutzungsplanung des engeren Umlandes Stuttgarts der „Nachbarschaftsverband" tätig. Dessen Planungen können durch Vorgaben der Regionalplanung limitiert werden; umgekehrt kann der Nachbarschaftsverband Daten setzen, die für den Regionalverband faktisch unumstößlich werden. Im Raumordnungsverband Rhein-Neckar ist das Mehrebenen-System noch ausgeprägter: Mit dem Raumordnungsverband als grenzüberschreitender Dachverband (Verknüpfung von Regionen in Baden-Württemberg, Rheinland-Pfalz und Hessen) und den regionalen Planungsverbänden (jeweils für Baden-Württemberg und Rheinland-Pfalz) sind zwei relativ unabhängige Ebenen geschaffen worden, die lediglich durch die Verbandsverwaltungen in Personalunion verbunden sind. Auf der Ebene des Raumordnungsverbandes können Vorgaben gemacht werden, die den Entscheidungsspielraum auf der Ebene der Regionalplanung einengen, wie: zu bearbeitende Themen, prozessuale und inhaltliche Vorgaben zur Problembearbeitung, Grundsatzentscheidungen der Raumordnung.

16 Hier ist offenbar die deutsche Kommunalebene „verflechtungsintensiver" als beispielsweise die amerikanische (vgl. Melbeck 1990).

17 Zur Vertiefung sei auf die spieltheoretische Ableitung bei Scharpf (1988: 77f.) verwiesen.

18 I.d.R. in Verbindung mit der kommunalen Gebietsreform.

19 Schwachpunkte übergemeindlicher Zusammenarbeit sind überall – auch in den USA (Parks/Oakerson 1989: 11) – Kooperationen zur regionalen Wirtschaftsentwicklung. Sie scheitern an Fragen der Gewerbesteuer- und (anteiligen) Einkommensteuer-Verteilung. Gelegentlich werden bilaterale Vereinbarungen zwischen Kernstadt und Umlandgemeinden getroffen, für die gemeinsam betriebene Industrieansiedlung im Umland einen fiskalischen Ausgleich zu schaffen.

Literatur

ACIR (Advisory Commission on Intergovernmental Relations, Washington), 1987: The organization of local public economies, Washington/D.C., Dez. 1987 (A-109).

ACIR, 1988: Metropolitan organization: The St. Louis Case, Washington/D.C., Sept. 1988 (M-158).

Asche, M./Krieger, F., 1989: Interkommunale Zusammenarbeit. Gemeinschaftliche Industrie- und Gewerbegebiete, Dortmund (ILS-Schriften Bd. 41).

Banner, G., 1984: Kommunale Steuerung zwischen Gemeindeordnung und Parteipolitik, in: Die öffentliche Verwaltung 37, 364-72.

Benz, A., 1991: Umverteilung durch Verhandlungen? Kooperative Staatspraxis bei Verteilungskonflikten, in: Staatswissenschaften und Staatspraxis 2, 46-75.

Castells, M., 1983: The City and the Grassroots, London.

Dente, B., 1990: Metropolitan governance reconsidered, or how to avoid errors of the third type, in: Governance 3, 55-74.

Esser, H., 1987: Lokale Identifikation im Ruhrgebiet, in: Informationen zur Raumentwicklung, 109-118.

Etzioni, A., 1990: Policy implications of socio-economics, in: Policy Studies Review 9, 445-54.

Frey, B.S., 1990: Vergleichende Analyse von Institutionen: Die Sicht der politischen Ökonomie, in: Staatswissenschaften und Staatspraxis, 2, 158-75.

Friedmann, J./Wolff, G., 1982: World city formation: an agenda for research and action, in: International Journal of Urban and Regional Research 6, 309-44.

Fürst, D., 1990a: Von der Einheit des Staates zur Vielfalt öffentlicher Organisationen, in: *D. Fürst, K. Lenk, E. Lottermoser* und *P. Singer* (Hrsg.), Linien der Verwaltungsentiwcklung, Oldenburg 1990 (Verwaltungswiss. Diskussionsbeiträge 16/1990), 14-23.

Fürst, D., 1990b: Ausgewählte Stadt-Umland-Verbände der Bundesrepublik Deutschland im Vergleich, in: Aktuelle Aspekte der Regionalplanung, Hannover 1990 (Akademie für Raumforschung und Landesplanung), 133-45.

Fürst, D./Klinger, W./Knieling, J./Mönnecke, M./Zeck, H., 1990: Regionalverbände im Vergleich: Entwicklungssteuerung in Verdichtungsräumen, Baden-Baden (Schriften zur kommunalen Wissenschaft und Praxis, Bd. 4).

Fürst, D./Hesse, J.J., 1979: Dezentralisierung der Raumordnungspolitik, in: Raumordnung und staatliche Steuerungsfähigkeit, PVS-Sonderheft 10, 177-94.

Gage, R.W., 1988: Regional councils of governments at the crossroads: Implications for intergovernmental management and networks, in: International Journal of Public Administration 11, 467-501.

Gouldner, A.W./E.R. Newcomb, 1968: Eine Untersuchung über administrative Rollen, in: *R. Mayntz* (Hrsg.), Bürokratische Organisation, Köln und Berlin, 239-48.

Grabher, G., 1988: De Industrialisierung oder Neo-Industrialisierung? Innovationsprozesse und Innovationspolitik in traditionellen Industrieregionen, Berlin.

Gunst, D., 1990: Bürgerwille und Demokratie. Entsprach die kommunale Gebietsreform tatsächlich dem Gemeinwohl?, in: Archiv für Kommunalwissenschaften 29, 189-209.

Hesse, J.J. (Hrsg.), 1988: Regional Structural Change and Industrial Policy: An International Perspective, Baden-Baden.

Junne, G., 1990: Chancen für eine Reregionalisierung der Politik, in: *U. von Alemann, R.G. Heinze* und *B. Hombach* (Hrsg.), Die Kraft der Region. Nordrhein-Westfalen in Europa, Bonn, 376-87.

Kartez, Jack D., 1991: Planning for cooperation in environmental dilemmas, in: Journal of Planning Literature 5 (1991), 226-237.

Kruzewicz, M./Schuchardt, W., 1989: Public-private-partnership – neue Formen lokaler Kooperation in industriellen Verdichtungsräumen, in: Der Städtetag 12, 761-66.

Landau, M., 1969: Redundancy, rationality, and the problem of dupolication and overlap, in: Public Administration Review 29, 346-58.

Lysons, W.E./Lowery, D., 1989: Governmental fragmentation versus consolidation: five public-choice myths about how to create informed, involved, and happy citizens, in: Public Administration Review, 49, 533-43.

Mayntz, R., 1990: Föderalismus und die Gesellschaft der Gegenwart, in: Archiv des öffentlichen Rechts, 115, 232-45.

Mandell, M.P., 1988: Intergovernmental management in interorganizational networks: A revised perspective, in: International Journal of Public Administration 11, 393-416.

Melbeck, Ch., 1990: Die Machtstruktur deutscher und amerikanischer Städte in Abhängigkeit von institutionellen Rahmenbedingungen, in: Aus Politik und Zeitgeschichte, B 25/1990 vom 15. Juni 1990, 37-45.

Mulford, Ch.L./Rogers, D.L., 1982: Definitions and models, in: *D.L. Rogers* und *D.A. Whetten* (Hrsg.), Interorganizational coordination: Theory, research and implementation, Ames: Iowa State U.P., 9-72.

Murnighan, J.K., 1982: Game theory and the structure of decision-making groups, in: *R.A. Guzzo* (Hrsg.), Improving Group Decision Making in Organizations. Approaches from Theory and Research, Nwe York u.a., 73-94.

Parks, R.B./R.J. Oakerson/St. Louis, 1989: The ACIR study, in: Intergovernmental Perspective (ACIR), 15, Heft 1, 9-12.

Rautenstrauch, L., 1990: Frankfurt und sein Umland. Planung, Politik, Perspektiven im Bereich des Umlandverbandes Frankfurt, in: *M.E. Streit* und *H.-A. Haasis* (Hrsg.), Verdichtungsregionen im Umbruch. Erfahrungen und Perspektiven stadtregionaler Politik, (Studien zur gesellschaftlichen Entwicklung, Bd. 4), Baden-Baden, 233-98.

Richter, R., 1990: Sichtweise und Fragestellungen der Neuen Institutionenökonomik, in: Zeitschrift für Wirtschafts- und Sozialwissenschaften 110, 571-92.

Sabel, Ch.F., 1989: Flexible specialization and the re-emergence of regional economics, in: *P. Hirst* und *J. Zeitlin* (Hrsg.), Reversing Industrial Decline? Industrial Structure and Policy in Britain and her Competitors, Oxford/G.B., 17-70.

Sachverständigenrat für Umweltfragen (SRU), 1988: Gutachten 1987, Stuttgart.

Scharpf, F.W., 1988: Verhandlungssysteme, Verteilungskonflikte und Pathologien der politischen Steuerung, in: *M.G. Schmidt* (Hrsg.), Staatstätigkeit, Opladen (PVS-Sonderheft 19), 61-87.

Scharpf, F.W., 1990a: Entwicklungslinien des bundesdeutschen Föderalismus, Manuskript.

Scharpf, F.W., 1990b: Regionalisierung des europäischen Raums. Die Zukunft der Bundesländer im Spannungsfeld zwischen EG, Bund und Kommunen, in: *U. von Alemann, R.G. Heinze* und *B. Hombach* (Hrsg.), Die Kraft der Region: Nordrhein-Westfalen in Europa, Bonn, 32-46.

Scharpf, F.W./Benz, A., 1990: Zusammenarbeit zwischen den norddeutschen Lädern. Gutachten im Auftrag der Senatskanzlei Hamburg und der Staatskanzlei Schleswig-Holstein, Köln.

Schimanke, D., (Hrsg.), 1989: Stadtdirektor oder Bürgermeister, Basel u.a. (Stadtforschung aktuell Bd. 23).

Schuppert, G.F., 1989: Zur Neubelebung der Staatsdiskussion. Entzauberung des Staates oder „Bringing the State Back in"?, in: Der Staat 28, 59ff.

Schuppert, G.F., 1989: Selbstverwaltung, Selbststeuerung, Selbstorganiation – Zur Begrifflichkeit einer Wiederbelebung des Subsidiaritätsgedankens, in: Archiv des öffentlichen Rechts 114, 127ff.

Scott, A.J., 1988: Flexible production systems and regional development: The rise of new industrial spaces in North America and Western Europe, in: International Journal of Urban and Regional Research 12, 171-86.

Stevenson, W.B., 1990: Formal structure and networks of interaction within organizations, in: Social Science Research 19, 13-31.

Suarez-Villa, L., 1988: Metropolitan evolution, sectoral economic change, and the city size distribution, in: Urban Studies 25, 1-20.

Tank, Hannes (Hrsg.), 1988: Public-private partnership, (Forschungsinstitut der Friedrich-Ebert-Stiftung), Bonn.

Wagener, F., 1982: Stadt-Umland-Verbände, in: Handwörterbuch der kommunalen Wissenschaft und Praxis, Bd. 2, Berlin u.a., 413-30.

White, L.G., 1989: Public management in a pluralistic arena, in: Public Administration Review 49, 522-32.
Winkler-Haupt, U., 1988: Gemeindeordung und Politikfolgen, eine vergleichene Untersuchung in vier Mittelstädten, München (Innenpolitik in Theorie und Praxis Bd. 12).

Lokale Arbeitsmarktpolitik in einem sich wandelnden Wohlfahrtsstaat*

Hubert Heinelt

1. *Krise des Erwerbssystems und Politik im Wohlfahrtsstaat*

Nach Franz-Xaver Kaufmann (1983: 478f.) kann „unter 'Wohlfahrtsstaat' die politische Verfassung von Gesellschaften des privatkapitalistischen Modernisierungstyps (verstanden werden), die die Folgeprobleme ihrer Modernisierung auf der Individualebene mit Hilfe der Einräumung von sozialen Rechten und der Schaffung bzw. Förderung von Einrichtungen zur Gewährleistung dieser Rechte zu lösen versuchen". Ein wesentliches Moment dieser Art politischer Verfassung ist mit dem Begriff der *Inklusion* erfaßt worden, womit „die Einbeziehung der Gesamtbevölkerung in die Leistungen der einzelnen gesellschaftlichen Funktionssysteme" gemeint ist. Der Begriff „betrifft einerseits *Zugang* zu diesen Leistungen, andererseits *Abhängigkeit* der individuellen Lebensführung von ihnen" (Luhmann 1981: 25).

Die Fragestellung dieses Beitrags bezieht sich darauf, ob sich infolge der Krise des Erwerbssystems Strukturen wohlfahrtsstaatlicher Inklusion verändert haben, da die für sie bedeutsame gleiche Teilhabe aller an den Chancen der Erwerbsarbeit, d.h. die einer „politischen Inklusion" komplementäre „ökonomische Inklusion" (vgl. Blanke u.a. 1987b: 296f.), manifest in Frage gestellt worden ist. Konkret: welche Auswirkungen hat eine massenhaft auftretende (faktische oder drohende) *Exklusion von Erwerbsfähigen aus dem Erwerbssystem* für den Wohlfahrtsstaat – für seine Strukturen und die in ihm ablaufenden Politikprozesse?[1]

Auf diese Fragestellung lassen sich sozialwissenschaftliche Diskussionen über Besonderheiten politischer Anpassungs- bzw. Problemlösungsprozesse im Bereich der Arbeitsmarktpolitik beziehen, die um die Frage einer „Dezentralisierung des Wohlfahrtsstaates" (Jaedicke u.a. 1991: 13ff.) kreisen oder auf eine „Lokalisierung" wohlfahrtsstaatlicher Interventionen gegen Massenarbeitslosigkeit und ihre sozialen Folgen hinweisen (vgl. dazu im Überblick Heinelt 1991a). Die in diesem Politikfeld zu konstatierenden „sozialpolitischen Initiative 'von unten'" (Wollmann 1986) sind weniger als (programmatische) „Erneuerung der Politik 'von unten'" (Hesse 1986), sondern als Reaktion auf ein Politikmuster zu werten gewesen, das in gesellschaftlichen „Normalzuständen" als dominierend anzusehen ist: der inkrementalistischen Anpassungspolitik (vgl. dazu Blanke u.a. 1987a: 35)[2]. Situationsspezifisch, scheibchen- und fallweise produzierte Anpassungsreaktionen in den mit Massenarbeitslosigkeit konfrontierten Teilsystemen der sozialen Sicherung führen dazu, daß in erster Linie der lokalen Ebene

die Aufgabe zukommt, der Exklusion von im Erwerbssystem marginalisierten Personen(gruppen) entgegen zu wirken und ihnen durch arbeitsmarktpolitische Aktivitäten Reintegrationschancen offenzuhalten bzw. ihnen einen Zugang zu sozialpolitisch regulierten Formen der Nichterwerbstätigkeit zu ermöglichen.
Dabei stellt sich jedoch die Frage, warum das Problem Arbeitslosigkeit auf überörtlicher politischer Ebene nicht mit Priorität auf die Agenda gesetzt worden ist bzw. warum nicht staatliche Aktivitäten erzwungen worden sind, die über eine inkrementalistische, zur „Lokalisierung" wohlfahrtsstaatlicher Interventionen gegen Massenarbeitslosigkeit führende Anpassungspolitik hätten hinausgehen können. Eine Erklärung dafür und für die Tatsache, daß gerade auf der lokalen Ebene neue Problemlösungen vehement gesucht und praktiziert werden, liefern theoretische Erklärungen von Unterschieden lokaler und (zentral-)staatlicher Politik, wie sie in der britischen „dual state"-Debatte (vgl. Dunleavy 1980; Saunders 1986 und als Kommentar dazu Stoker 1989: 232ff. und Häußermann 1991: 52f.) anzutreffen und auch in die deutsche Diskussion von Fürst/Hesse (1978: bes. 193f.; Hesse 1983: bes. 36ff.; Fürst 1983: bes. 116ff.; Fürst u.a. 1984: bes. 23ff.) eingeführt worden sind. Danach wäre Arbeitslosigkeit als issue deswegen nicht nachdrücklich in zentrale politische Prozesse hinein zu transportieren, weil es nicht in den Kontext *produktions-*, sondern (nur) *reproduktionsorientierter* Interessen einzubinden ist. Produktionsorientierte Interessen wären danach auf zentralstaatliche Politik, die auf den *Verwertungsprozeß* bezogene sei, ausgerichtet bzw. diese prägen. Dagegen würden sich reproduktionsorientierte Interesse in lokaler Politik kristallisieren, die auf *Konsumprozesse* bezogenen sei. Entsprechend ist eine von der Sicherung der Rahmenbedingungen der Kapitalverwertung und der bürgerlichen Gesellschaft geprägte *selektive Machtstruktur* einer pluralistischen, für regional spezifische Interessen und „sekundäre" Werte (z.B. Ökologie) *offenen Machtstrukturen* gegenüberzustellen. Dies schlage sich in einem *„korporatistischen", abgeschotteten Politiktypus* auf der überörtlichen und einem *issue-/problemorientierten* auf der lokalen Ebene sowie der *Dominanz organisierter Interessen* im Zentralstaat und dem *unmittelbareren Einfluß von Bürgern und sozialen Bewegungen* im „lokalen Staat" nieder. Evidenz gewinnt eine solche Betrachtung dadurch, daß im internationalen Vergleich das Auftreten von Massenarbeitslosigkeit den Ausgänge von Wahlen zu nationalen Parlamenten nicht beeinflußt hat (vgl. Schmidt 1989) und Arbeitslose sich auch nicht zu einer überörtlichen sozialen Bewegung formiert haben – von temporären Ansätzen in Großbritannien, Italien und der Bundesrepublik Deutschland abgesehen (vgl. Heinelt/Macke 1986)[3].
Gerade solche empirischen Befunde – wie der nicht nachweisbare Niederschlag in Wahlausgängen oder die nicht erfolgte politische Organisierung von Betroffenen – verweisen aber auch auf Besonderheiten von Arbeitslosigkeit:

1. Arbeitslosigkeit als Standardrisiko abhängig Beschäftigter unterscheidet sich von anderen Standardrisiken: Alt wird jede Person und jede(r) abhängig Beschäftigte ist mit der Situation konfrontiert, ab einem bestimmten Lebensalter den Lebensunterhalt nicht mehr durch Erwerbseinkommen sichern zu können. Gleiches gilt für das Risiko, wegen Krankheit nicht mehr resp. vorübergehend nicht den Lebensunterhalt durch den Einsatz der eigenen Arbeitskraft selbständig zu gewährleisten. Anders stellt sich

die Situation bei Arbeitslosigkeit dar. Dieses soziale Risiko mag zwar alle abhängig Beschäftigten bedrohen. Tatsächlich trifft es jedoch nicht alle und es trifft vor allem nur einen Teil in der Weise, daß Erwerbschancen dauerhaft in Frage gestellt sind und eine soziale Marginalisierung erfolgt. Daraus, daß *Arbeitslosigkeit ein sozial selektives Risiko* darstellt resp. bedingt, wäre zu erklären, warum Arbeitslosigkeit - im Unterschied zu den anderen sozialen Standardrisiken - nicht mit Priorität auf die (zentral-) staatliche Agenda gesetzt[4] und grundlegende politische Reformen der betreffenden sozialen Sicherungssysteme vorgenommen worden sind.

2. Arbeitslosenversicherungssysteme und Beschäftigungspolitik sind auf ein *temporäres* Ungleichgewicht am Arbeitsmarkt ausgerichtet. Dies wird daran deutlich, daß Arbeitslosengeldleistungen nur befristet gewährt werden. Und beschäftigungspolitische Maßnahmen (Investitionshilfen, Steuererleichterungen, Infrastrukturverbesserungen usw.) zielen darauf ab, durch eine Belebung der Arbeitskräftenachfrage *allgemein* Beschäftigungsmöglichkeiten zu schaffen oder zu verbessern. Was geschieht jedoch in einer Situation, in der trotz Wirtschaftswachstum und auch teilweise nicht befriedigter Arbeitskräftenachfrage ein quantitativ beträchtlicher Teil von Erwerbspersonen keine Arbeit findet und langfristig arbeitslos bleibt?

Diese Frage verweist auf die Auseinandersetzung mit Ursachen der momentanen Krise des Erwerbssystems. Es scheint im Hinblick darauf sinnvoll zu sein, die sozialwissenschaftliche Diskussion über Veränderungen „industrieller Paradigmen", makro-ökonomischer Strukturen und institutioneller Formen aufzugreifen, wie sie der „Regulationsansatz" mit der Unterscheidung von Akkumulationsregimes und korrespondierenden Regulationsformen konzeptualisiert (vgl. dazu wegen des Bezugs auf lokale Politik insbesondere Scott 1988 und Mayer 1991): Danach müssen einheitliche Systeme der Einkommenssicherung bei Arbeitslosigkeit und globale Maßnahmen der Beschäftigungspolitik unzureichend sein, weil Beschäftigungsmöglichkeiten und Risiken der Marginalisierung am Arbeitsmarkt im Zuge des Übergangs vom Fordismus zum Post-Fordismus, von der Massenproduktion zur flexiblen Produktion oder zur flexiblen Spezialisierung ungleich verteilt sind, weil

- die „fordistische" Verknüpfung von steigendem Produktions-Output und steigendem Masseneinkommen zerbricht und
- ein neues Beschäftigungsprofil entsteht, in dem das Mittelstratum gut bezahlter Beschäftigter unbedeutend wird (vgl. u.a. Lovering 1988).

Die Schlußfolgerung kann dann kurz wie folgt beschrieben werden:

1. Weil einheitliche (überörtliche) Systeme der Einkommenssicherung nicht das strukturelle Risiko der Marginalisierung am Arbeitsmarkt abdecken können, werden finanzielle Lasten auf die lokale Ebene abgewälzt: auf Kommunen, Wohlfahrtsverbände etc. und nicht zuletzt auf private Haushalte.

2. Weil marginalisierte Gruppen der Erwerbsbevölkerung kaum von globalen Maßnahmen der Beschäftigungspolitik erreicht werden können (oder von makro-ökonomischen Steuerungsmechanismen keynesianischer Politik) wird Arbeitsmarktpolitik bedeutsam, d.h. eine Politik, die direkt auf die Verbesserung von Beschäftigungschan-

cen und die Schaffung von Beschäftigungsmöglichkeiten von Personen resp. besonderen Personengruppen abzielt. Um diese Zielgruppen zu erreichen, genügt es nicht, durch zentrale Entscheidungen Zugangsregelungen festzulegen und Finanzmittel zur Verfügung zu stellen. Es ist notwendig, daß zentral gesetzte Leistungen und Programme lokal zugeschnitten werden, um bei örtlich differierenden Bedingungen die sog. „Problemgruppen" des Arbeitsmarktes tatsächlich zu erreichen. Aus diesem Grund ist Arbeitsmarktpolitik per se ein Gegenstand lokaler politischer Prozesse.

2. *Arbeitslosigkeit in der Arena lokaler Politik*

Wie geht nun die örtliche Ebene mit dem auf sie abgewälzten Problem Arbeitslosigkeit um? Welche Besonderheiten von lokaler Politik lassen sich in diesem Problemfeld benennen?

Systematisch lassen sich folgende Bereiche des *politischen Systems auf lokaler Ebene* unterscheiden, die für arbeitsmarktpolitische Aktivitäten relevant sind:

- die Kommune als öffentlich-rechtliche Institution und Kommunalpolitik,
- die örtlichen Arbeitsämter (mit ihren Selbstverwaltungsgremien) und die Konstellationen von Trägern arbeitsmarktpolitischer Maßnahmen,
- staatliche (Einzel-)Programme und Akteursnetze ihrer örtlichen Partizipanten,
- der intermediäre Bereich von Wohlfahrtsverbänden, kirchlichen Einrichtungen und Selbsthilfe sowie
- unternehmensbezogene Auseinandersetzungen im Rahmen betrieblicher Anpassungsprozesse zwischen Belegschaften bzw. deren betrieblicher Interessenvertretung und Gewerkschaften auf der einen und Firmenleitungen auf der anderen Seite, an denen staatliche und kommunale Akteure in Form tripartistischer bzw. neo-korporatistischer Interessenvermittlung beteiligt sein können.

Aus den eben genannten Bereichen des politischen Systems auf lokaler Ebene dürfte deutlich werden, daß zwar lokale Handlungsmöglichkeiten – wie auch Lebenslagen von Arbeitslosen – von zentraler staatlicher Regulierung (mit den Steuerungsmedien Recht und Geld) abhängen. Aber die Erbringung der unterschiedlichen Formen von Leistungen wird entscheidend durch örtliche Akteure bzw. Akteurskonstellationen bestimmt.

Ferner ist zu betonen, daß sich lokale Politik beim vorliegenden Gegenstand aus einem Public/Private Mix ergibt – aus dem Zusammenwirken unterschiedlicher Sphären des Politischen[5]. Es ist ein Spannungsfeld zu konturieren, das sich aus den Wirkungen von drei Polen ergibt: staatlicher Regulierung, marktbezogener bzw. -ähnlicher Auseinandersetzungen und Vereinbarungen/Verhandlungen sowie Dispositionsmöglichkeiten von Individuen bzw. Haushalten. Innerhalb des Wirkungsfeldes dieser drei Pole, das als ein „welfare triangle" beschrieben worden ist (Evers 1988a), sind die unterschiedlichen Aktivitäten gegen Arbeitslosigkeit resp. ihre sozialen Folgeprobleme angesiedelt – und zwar als spezifische Mischformen von „public" und „private" (Public/Private Mix oder Public/Private Interplay)[6].

Wegen der Interdependenz zwischen den zuvor genannten Bereichen des lokalen politischen Systems ist ein Gravitationszentrum auf örtlicher Ebene nicht eindeutig zu verorten. Das drückt sich in den bekannten Problemen der Politiksegmentierung und Verwaltungsfragmentierung nur aus und ist darauf zurückzuführen, daß auf lokaler Ebene arbeitsmarktpolitische Aktivitäten weder durch hierarchische Steuerung, noch durch den Markt-Preis-Mechanismus und auch nicht durch „Solidarität" zu koordinieren sind, da diese Steuerungsformen jeweils nicht in all den Sphären des lokalen politischen Systems wirken können, die für Arbeitslosigkeit und ihre potentiellen sozialen Folgen relevant sind[7]: So sind beispielsweise intermediäre Organisationen (Wohlfahrtsverbände) im Prinzip nicht hierarchischer Steuerung durch „Dritte" (durch die Kommune oder die Arbeitsverwaltung) unterworfen, „Solidarität" stößt aufgrund der bei ihr erforderlichen „geteilten Wertorientierung und Situationsdefinition" (Kaufmann 1986: 59) an Steuerungsgrenzen und der Markt-Preis-Mechanismus offenbart Steuerungsdefizite nicht zuletzt bei sozialen Diensten (um nur einen der fraglichen Leistungsbereiche zu nennen).

Eine Koordination von Aktivitäten ist allenfalls über *„pluralistische Verhandlungssysteme"* möglich[8],

> „in denen nicht einseitige Anordnungs- und Weisungsbeziehungen, sondern die z.T. konfliktuelle Kooperation einer Mehrzahl von Akteuren, von denen ein jeder über einen gewissen Dispositionsspielraum verfügt, stilbildend ist. Der Begriff der Verhandlung ist (...) deswegen gewählt, weil es sich bei solchen Kooperationsformen und Vernetzungen von Akteuren nicht nur um die Abstimmung politischer und sozialer Strategien handelt, sondern auch um Neuaufteilung von Ressourcen, ökonomisch-technischer Aufgabenstellung oder auch des gesamten Profils oder der Identität einer beteiligten Organisation" (Evers 1988b: 12).

Der Begriff der „pluralistischen Verhandlungssysteme" impliziert „Offenheit" nur insofern, als einseitige Anordnung- und Weisungsbeziehungen fehlen und sollte nicht über eine mögliche Exklusivität der Beteiligung sowie Selektivität der Interessenberücksichtigung hinwegtäuschen. Solche lokalen Verhandlungssystemen können „korporatistisch", abgeschottet und müssen nicht demokratisch legitimiert sein.

3. *Zu unterschiedlichen Schwerpunkten lokaler Arbeitsmarktpolitik*

Lokale Aktivitäten gegen Arbeitslosigkeit lassen sich nach Politikbereichen bzw. *Politikinhalten* unterscheiden. Dabei ist zunächst auch auf lokaler Ebene zwischen beschäftigungs- und arbeitsmarktpolitischen Interventionen zu unterscheiden (vgl. Hegner 1986: 120f.): Sollen durch beschäftigungspolitische Maßnahmen (finanzielle bzw. Investitionshilfen, Steuererleichterungen, Infrastrukturverbesserungen, Technologietransfer, Technologiezentren, high-tech Industrieparks usw.) allgemein Beschäftigungsmöglichkeiten geschaffen oder verbessert werden, so zielen arbeitsmarktpolitische Maßnahmen auf die Verbesserung von Beschäftigungschancen und die Schaffung von Beschäftigungsmöglichkeiten von bestimmten Personen resp. besonderen Personengruppen ab. Zu letzteren Maßnahmen zählen neben Instrumenten „aktiver Arbeitsmarktpolitik“ (Arbeitsbeschaffungsmaßnahmen, Fortbildung und Umschulung, befristete Lohnkostensubventionen) z.B. die berufliche Förderung von (arbeitslosen) Jugendlichen, aber auch teilweise die Frühverrentung. Angesprochen werden sollen hier arbeitsmarktpolitische Maßnahmen, die sich nach drei, im weiteren darzulegenden inhaltlichen Aspekten unterscheiden lassen – nämlich nach einer (a) „Politik gegen soziale Marginalisierung“, (b) Öffnung von „exits“ aus dem Erwerbssystem und (c) arbeitskräfte- und arbeitsplatzbezogene Beschäftigungsförderung.

3.1 Lokale Arbeitsmarktpolitik als Politik gegen soziale Marginalisierung

Aus dem expliziten Zielgruppenbezug arbeitsmarktpolitischer Maßnahmen, die auf die Schaffung befristeter, öffentlich subventionierter Beschäftigungsverhältnisse (oder auf öffentlich geförderter Berufsvorbereitung und -ausbildung) abzielen, ergibt sich ein mehr oder weniger fließender Übergang zu sozialpolitischen Interventionen. Denn die Festlegung von Personenmerkmalen für den Zugang zum sog. *„2. Arbeitsmarkt“* (oder zu sog. *„Warteschleifen“* für arbeitslose Jugendliche) beinhaltet, daß von ungleichen Lebenslagen/-chancen ausgegangen wird, die aus sozialpolitischen Gründen auszugleichen resp. zu beheben sind.
Wenn auch die arbeitsmarktpolitische Funktionen der betreffenden Instrumente nicht überschätzt werden darf (vgl. zur Einschätzung von ABM etwa Heinelt 1989), sollten die Funktionen solcher arbeitsmarktpolitischer Maßnahmen jedoch auch nicht unterbewertet werden, wenn sie Bestandteil einer lokalen Politik sind, durch die soziale Marginalisierungstendenzen verhindert oder zumindest gebrochen werden. Leistungen dieses Bereichs lokaler Arbeitsmarktpolitik wären dann darin zu sehen, auf der kleinräumigen örtlichen Ebene Integrationschancen für Menschen zu schaffen, die aufgrund sozialer Selektionsprozesse des Arbeitsmarkt nicht nur nicht bzw. nur prekär in den Arbeitsmarkt eingegliedert werden, sondern auch andere Zugänge zum gesellschaftlichen Leben verlieren.
Die Bedeutung einer *lokalen Politik gegen Marginalisierung* liegt darin, daß sie Möglichkeiten einer sozialen Reintegration erhält oder schafft. Sie bildet damit die Basis für eine ökonomische Reintegration der von der Beschäftigungskrise dauerhaft Betroffenen – unabhängig davon, wie diese Reintegration letztlich bewirkt werden könnte. Als solche kann lokale Arbeitsmarktpolitik wohlfahrtsstaatlich bedeutsam sein, weil aus der Krise des Erwerbssystems resultierende Tendenzen gebrochen werden können, die auf eine partielle Exklusion gerichtet sind.

3.2 Lokale Arbeitsmarktpolitik und die Öffnung von „exits“ aus dem Erwerbssystem

Im Unterschied zu diesen arbeitsmarktpolitischer Aktivitäten, deren Charakteristikum darin besteht, potentielle Übergänge zum regulären Beschäftigungssystem zu schaffen bzw. offen zu halten, werden durch andere arbeitsmarktpolitische Maßnahmen *sozial-*

politisch gesicherte „exits" für einen meist endgültigen Austritt aus dem Erwerbssystem eröffnet. Auch dadurch kann die Tendenz einer partiellen Auflösung wohlfahrtsstaatlicher Inklusion gebrochen werden, die aus der Krise des Erwerbssystems resultiert. Unter solche arbeitsmarktpolitische Aktivitäten fallen in erster Linie *betriebsbezogene Maßnahmen der Frühverrentung*. Sie greifen zum einen auf überörtlich geregelte bzw. institutionalisierte Formen des Austritts aus dem Erwerbsleben zurück, stimulieren oder ermöglichen den Austritt aber zum anderen auch durch betriebliche Leistungen, die - wie das Beispiel bundesdeutscher Sozialplanregelungen zeigt - im einzelnen von örtlichen bzw. betriebsbezogenen Aushandlungsprozessen anhängen. Eingebunden sind sie meist in Politikprozesse, die nicht nur auf betriebliche Anpassungsmaßnahmen, sondern auch auf die politische Gestaltung regionalökonomischer Veränderungen abzielen. Aus diesem Grund treten bei ihnen neben betrieblichen Akteuren auch die Kommunen, staatliche Instanzen, aber auch örtliche Arbeitsverwaltungen auf (vgl. dazu die Beispiele in Benzler/Heinelt 1991: 200ff. und 294ff.).

Unter dem Gesichtspunkt, daß lokale Arbeitsmarktpolitik mit der hier angesprochenen Schwerpunktsetzung sozialpolitisch gesicherte „exits" vom Arbeitsmarkt eröffnet (und nicht wie die zuvor umrissenen lokalen arbeitsmarktpolitischen Aktivitäten auf die Erschließung von Übergängen zum regulären Erwerbssystem ausgerichtet ist), sind der Vollständigkeit halb einige weitere Bereiche zu nennen.

Zu erwähnen sind zunächst Formen der *Selbsthilfeförderung und der Förderung von Haushaltsproduktion*, die ausdrücklich nicht auf eine erwerbswirtschaftliche Formalisierung der Tätigkeit abzielen. Dabei ist anzumerken, daß ihnen in der sozialwissenschaftlichen Diskussion eine größere Bedeutung beigemessen wird (vgl. dazu u.a. Hegner 1988), als ihnen tatsächlich zukommt.

Darüber hinaus ist an Beschäftigungsprojekte zu denken, durch die dauerhafte, öffentlich subventionierte Beschäftigungsverhältnisse geschaffen werden (sollen). Die erforderliche Dauerhaftigkeit öffentlicher Unterstützung unterscheidet sie von Einrichtungen, die dem sog. 2. Arbeitsmarkt - als „temporärem Ersatzarbeitsmarkt" (Reissert 1983) - zuzuordnen sind. Begründet wird die erforderliche Dauerhaftigkeit der öffentlichen Finanzierung mit dem Hinweis auf marginale Erwerbschancen der in ihnen beschäftigten Personen und der Unzulänglichkeit von Arbeitsbeschaffungsprogrammen, die nur eine befristete Beschäftigung vorsehen. Waren solche *„beschützende Werkstätten"* in der Vergangenheit weitgehend auf die besondere Gruppe der Behinderten beschränkt, so werden aktuell angesichts anhaltender Dauerarbeitslosigkeit Forderungen nach einer Ausweitung auch auf andere Personengruppen laut. Dies gilt insbesondere für die von Trägern der Jugendberufshilfe geforderte Förderung von dauerhaften Beschäftigungsmöglichkeiten für marginalisierte junge Erwachsene.

Einen Grenzfall stellen langjährige Lohnkostensubventionen für ältere Arbeitslose (bis zur Verrentung) dar. Mit ihrer Hilfe werden zwar ältere Arbeitslose in übliche betriebliche Beschäftigungsverhältnisse integriert. Doch dort, wo solche geförderten Beschäftigungsverhältnisse in speziellen „Sozialbetrieben" angesiedelt sind, sind Übergänge zu „beschützende Werkstätten" unverkennbar, wie z.B. bei den von der evangelischen Kirche bzw. dem Diakonischen Werk initiierten „Neue Arbeit" GmbHs (vgl. Hutter 1983).

3.3 Lokale Arbeitsmarktpolitik als arbeitskräfte- und arbeitsplatzbezogene Beschäftigungsförderung

Schließlich ist ein Bereich der Arbeitsmarktpolitik zu nennen, der auf die gezielte Entwicklung eines örtlichen Arbeitskräftepotentials bzw. auf eine arbeitsplatzbezogene Verbesserung individueller Beschäftigungschancen abzielt. Diese arbeitsmarktpolitische Maßnahmen können einen fließenden Übergang zur regionalen Strukturpolitik und Wirtschaftsförderungen aufweisen. Im Unterschied zur üblichen lokalen Beschäftigungspolitik besteht in diesem Fall ein *unmittelbarer* Bezug zu örtlichen Arbeitslosen oder örtlich von Arbeitslosigkeit bedrohten Beschäftigten. Und in Absetzung zu einer Arbeitsmarktpolitik, die als „Politik gegen Marginalisierung" eher einen allgemeinen Bezug zu Problemgruppen aufweist, sind ihr folgende Ansatzpunkte eigen:

- Entweder *spezifische Arbeitskräfte* (Arbeitsfertigkeiten/skills), für die durch Um- oder Weiterqualifikation, aber auch durch Finanzhilfen Möglichkeiten geschaffen werden, in einem absehbaren Zeitraum ohne dauerhafte öffentliche Subvention Güter oder Dienstleistungen zu produzieren.
- Oder es wird auf *spezifische Produktionskapazität* gesetzt, die durch Konversionsmaßnahmen zu erhalten oder zu schließen sind.

Auf eine solche lokale Arbeitsmarktpolitik sind Diskussionen in bundesdeutschen Gewerkschaften (besonders in der IG Metall; vgl. IG Metall 1987) um sog. *Beschäftigungspläne* bezogen (vgl. Bosch 1990), die die bisherige Orientierung auf Sozialpläne ablösen sollen, die aber auch für eine neue Art von betrieblicher Mitbestimmung bei Produkt- und Prozeßinnovationen stehen (Pfeiffer 1989). In diese Richtung zielen ferner Ansätze, die Fortführung von Krisenbetrieben durch Belegschaften öffentlich zu fördern (vgl. Duhm 1990: 110ff.).

Ursprünglich bezogen sich auch Diskussionen in den neuen Bundesländern darauf, mit Hilfe arbeitsmarktpolitischer Maßnahmen Beschäftigte in von Schließung bedrohten Betrieben zu qualifizieren („Qualifizierungsgesellschaften") oder die Produktion solcher Betriebe anzupassen. Aufgrund der Privatisierungspolitik der „Treuhand" und der dramatischen Zunahme von Massenarbeitslosigkeit in diesem Teil der Bundesrepublik Deutschland ist daraus jedoch weitgehend eine Politik gegen soziale Marginalisierung werden.

4. *Lokale Arbeitsmarktpolitik in einem lokalisierten Wohlfahrtsstaat*

Eine *allgemeine* Betrachtung lokaler Arbeitsmarktpolitik wäre allein wegen der zuvor skizzierten erheblich divergierenden Politikinhalte farblos. Hinzu kommt, daß jeweils auch *konkrete, örtlich differierende Inhalte* zu berücksichtigen sind – etwa im Hinblick darauf, ob ein „2. Arbeitsmarkt" aus fiskalischen Interessen der Kommune oder aus arbeitsmarkt- und sozialpolitischen Motivation (mit hohem Qualifizierungsanteil) installiert worden ist. Dies verweist letztlich auf die Bedeutung (und die notwendige Beachtung) *lokal-spezifische Politikprozesse*, die für die Herausbildung der Inhalte maßgeblich sind (vgl. dazu – mit Bezug auf örtliche Beispiele – Benzler/Heinelt 1991: bes. 367ff.)[9].

Eine Betrachtung, die die Bedeutung *lokaler* Arbeitsmarktpolitik hervorhebt, bliebe jedoch euphemistisch, wenn nicht betont würde, daß sie Funktionen nur komplementär zu zentralen staatlich gesetzten Sicherungsleistungen bzw. Interventionen erfüllen kann. Die lokale Ebene verfügt zwar zweifellos über Ressourcen, die für die Lösung von Probleme der Massenarbeitslosigkeit entscheidend sind – nämlich die der problembezogenen Planung, Koordination und Kooperation. Planung, Koordination und Kooperation von arbeitsmarktpolitischen Aktivitäten drohen jedoch substanzlos zu werden, wenn die lokale Ebene nicht über ausreichend finanzielle Ressourcen verfügt. Und wenn die lokale Ebene nicht selbständig diese finanziellen Mittel mobilisieren kann – was der Regelfall ist –, müssen sie ihr von überörtlichen Instanzen zur Verfügung gestellt werden. Kurz: Die lokale Ebene hat zwar in einem sich wandelnden Wohlfahrtsstaat eine neue, herausgehobene Bedeutung erlangt, diese kann sie jedoch nur im Kontext der Beziehung zwischen lokaler und überörtlicher Politik ausfüllen.

Das sollte auch nicht dadurch überspielt werden, daß eine neue Qualität der Produktion von wohlfahrtsstaatlichen Leistungen betont wird; eine Qualität, die darin zu verorten wäre, daß wohlfahrtsstaatliche Leistungen entsprechend örtlicher Politikprozesse und nicht nach zentraler (obrigkeitlicher) Zielformulierung erbracht werden. Diese neue Qualität ist im übrigen höchst widersprüchlich: Die Bedeutung örtlicher Politikprozesse eröffnet zwar die Möglichkeit der Partizipation und Berücksichtigung örtlicher Belange und Interessen. Sie kann jedoch auch zur selektiven Privilegierung örtlicher Einzelinteressen führen, die durch allgemein (zentral) gesetzte Beteiligungsregelungen (einen „inszenierten Korporatismus"; Heinze/Voelzkow 1990) nur schwer zu unterbinden ist.

Ebenso droht ein lokalisierter Wohlfahrtsstaat auch zu einen regional fragmentierten zu werden. Um einheitliche Lebenschancen und Sicherungsniveaus zu garantieren, sind gerade wegen der regionalen Disparitäten von Arbeitslosigkeit und sozialer Marginalisierung einheitliche rechtliche Interventionen überörtlicher Politikebenen unverzichtbar. Ansonsten gilt: „The price of higher efficiency (durch den Bedeutungszuwachs lokaler Politik; d. Verf.) is an increased chance of catastrophe" (Sabel 1989: 57).

Das Verhältnis von lokalem und zentralem Wohlfahrtsstaat muß neu bestimmt werden, wenn davon ausgegangen wird, daß sich globale Interventionsstrategien bei der Lösung der Beschäftigungskrise überlebt haben. Nicht zuletzt wegen der vielfältigen örtlichen Lösungsversuche besteht allerdings Unsicherheit bei der Beantwortung der Frage nach einer Ausgestaltung dieses neuen Verhältnisses. Unzweifelhaft bedeutsam sind jedoch spezifische Regelungsmechanismen und institutionelle Strukturen, die sich auf das Verhältnis von lokalem und zentralem Wohlfahrtsstaat beziehen.

Dies gilt zunächst und fundamental für regionale Verteilungsschlüssel/-regelungen der Finanzierung arbeitsmarktpolitischer Maßnahmen: Eine regional differenzierte (globale) Arbeitsmarktpolitik hat räumlichen Disparitäten der Arbeitsmarktlage Rechnung zu tragen (vgl. Reissert 1988) – sei dies durch einen regional differenzierten Mitteleinsatz und/oder durch unterschiedliche Zugangsregelungen für (regionale) Problemgruppen.

Ebenso bedeutsam sind Systeme des Finanzausgleichs sowohl zwischen leistungsfähigen und leistungsschwächeren Kommunen als auch zwischen der kommunalen und staatlichen Ebenen. Denn auch wenn die Kommune nicht *das* Zentrum lokaler Politik darstellt resp. nicht als solches fungieren kann, so sind kommunale Komplementärprogramme doch bedeutsam, um lokale Aktivitäten (anderer Akteure) zu stimulieren und überörtliche Instrumente auf lokale Bedarfslagen zuzuschneiden. Ein horizontaler und vertikaler Finanzausgleich muß die Kommunen dazu in die Lage versetzen. Dies könnte über einen eher *sektoralen* (auf Anforderungen in einzelnen Politikfeldern bezogenen) Verteilungsmodus erfolgen, der die Notwendigkeit eines *Funktionsausgleichs* betont. „Damit einher geht [...] die Tendenz, daß der Finanzausgleich resonanzfähiger für Umweltveränderungen wird. Denn Sonderbelastungen sind leichter politisch zu thematisieren, weil sie politisch darstellbar sind" (Fürst 1983: 125).
Schließlich ist anzumerken, daß für die Generierung und Durchführung arbeitsmarktpolitischer Maßnahmen örtliche Policy-Netze etabliert werden müssen. Terminierte und wechselnde zentrale Förderprogramme erschweren die Herausbildung von stabilen örtlichen Strukturen und eine längerfristige Planung lokaler Aktivitäten. Aus diesem Grunde sind auf Dauer institutionalisierte überörtliche Instrumente der Arbeitsmarktpolitik eine maßgebliche Grundlage für eine wirkungsvolle lokale Politik gegen Arbeitslosigkeit.

Anmerkungen

* Der Aufsatz basiert auf einem Vortrag, der im Rahmen des Workshop „Towards a New Welfare State" am Department of Political Science des Massachusetts Institute of Technology (M.I.T.) gehalten wurde. Diskussionen über diesen Vortrag – insbesondere mit Charles F. Sabel – haben Eingang in die Formulierung dieses Beitrags gefunden.

1 Zur Bedeutung dieser Fragestellung im Kontext der Modernisierungstheorie vgl. Zapf 1990: 16ff. bzw. Zapf 1991: 47.

2 Vgl. zum Inkrementalismus komprimiert Jordan/Richardson 1987: 9ff. sowie Gregory 1989.

3 Daß die nach der Vereinigung beider deutscher Staaten in Ostdeutschland aufgetretene Massenarbeitslosigkeit zu Reaktionen auf der zentralstaatlichen Ebene geführt hat (jedoch ohne das in der „alten" Bundesrepublik etablierte institutionellen System und Instrumentarium der Arbeitsmarktpolitik grundlegend zu verändern), wäre vor dem Hintergrund diese Erklärungsansätze mit einer zweifellos gegebenen gesellschaftlichen Sondersituation zu erklären (und dem Hinweis auf die nur so zu gewährleistende Sicherung der Rahmenbedingungen der Kapitalverwertung bzw. von Bestandserfordernissen der bürgerlichen Gesellschaft).

4 Auch im Hinblick darauf wäre die politische Entwicklung nach der Vereinigung einer Sondersituation zuzuschreiben.

5 Beim Versuch, systematisch Strukturmerkmale dieses Public/Private Mix zu verdeutlichen, treten zunächst Schwierigkeiten auf der begrifflichen Ebene auf, wenn man sich der aus der angelsächsischen Diskussion übernommenen Begriffe „public" und „private" bedient (vgl. dazu Heinelt 1991b: 42ff.; Benzler/Heinelt 1991: 34ff.). Ein Festhalten an den Begrifflichkeiten rechtfertigt sich allerdings dadurch, daß sie ein Spannungsfeld markieren helfen.

6 Eine solche Betrachtung, die davon ausgeht, daß die genannten drei Pole ein Wirkungsfeld markieren, sperrt sich gegenüber einer Separierung einzelner Bereiche. Entscheidender ist vielmehr, daß das „welfare triangle" ein heuristisches Konstrukt ist, das zur Erklärung von Aktivitäten gegen Arbeitslosigkeit nur dann weiterhilft, wenn das Wirkungsfeld resp. die

Überschneidungen von Wirkungen der drei Pole betrachtet werden (vgl. dazu im einzelnen Benzler/Heinelt 1991: 35ff.).

7 Vgl. zu „Hierarchie", „Markt" und „Solidarität" als Steuerungsformen sowie zu ihren spezifischen Steuerungsdefiziten Kaufmann 1986: 52ff.

8 Vgl. allgemein zu Grenzen hierarchischer Koordination und den Möglichkeiten (und Beschränktheiten) nicht-hierarchischer Koordination durch netzwerkartige Verhandlungssysteme („horizontaler Selbstkoordination") Scharpf 1988 und Scharpf 1991.

9 Lokale Politikprozesse sind – neben örtlich differierenden konkreten Problemanforderungen – zunächst dadurch bestimmt, daß für bedeutende lokale Akteure (z.B. der Arbeitsverwaltung, aber insbesondere der Kommunen) die Finanzausstattung und institutionelle Handlungsmöglichkeiten (z.B. Gemeindeordnungen, gebietskörperschaftliche Aufgaben-/Zuständigkeitsverteilung) vorgegeben sind. Sie mögen sich regional unterschieden oder zwischen reichen und armen Städten hinsichtlich einer Bandbreite finanzieller Handlungsfähigkeit variieren, aber *örtlich spezifisch* sind die gesetzlich festgelegte Finanzausstattung und institutionelle Handlungsmöglichkeiten bedeutender lokaler Akteure invariant: Sie stecken einen Handlungskorridor ab, in dem sich lokale Akteure bewegen müssen (*institutionelle „constrains"* politischer Prozesse). Zentrale Fragen sind jedoch, wie lokale Akteure sich in einem solchen Handlungskorridor bewegen, wie sie etwa gegebene Einzelprogramme koordinieren oder wie verfügbare Eigenmittel einsetzen, und wie sie die spezifisch lokalen Ressourcen der Kommunikation und Koordination nutzen. Für die Beantwortung dieser Fragestellung ist auf Aspekte der parteipolitischen Interessenformierung und Durchsetzung, der intermediären Interessenvermittlung sowie der Wirkung und Bedeutung kultureller Werte/Normen einzugehen. Relevant sind dafür hegemoniale Strukturen (z.B. Wohlfahrtsstaats- versus Marktkonzept), die Strukturen der Interessenvermittlung (etwa tri-partistische Strukturen) sowie normative „constrains" politischer Prozesse (agrargesellschaftliche Orientierung, konfessionelle Dominanz u.ä.). Vgl. dazu Blanke u.a. 1989.

Literatur

Benzler, S./Heinelt, H., 1991: Stadt und Arbeitslosigkeit. Örtliche Arbeitsmarktpolitik im Vergleich, Opladen.

Blanke, B./Benzler, S./Heinelt, H., 1989: Arbeitslosigkeit im Kreislauf der Politik. Eine konzeptionell erweiterte Policy-Analyse zur Erklärung unterschiedlicher Aktivitäten gegen Arbeitslosigkeit auf lokaler Ebene, in: Gegenwartskunde 4, 529-560.

Blanke, B./Heinelt, H./Macke, C.-W., 1987a: Großstadt und Arbeitslosigkeit. Ein Problemsyndrom im Netz lokaler Sozialpolitik (Studien zur Sozialwissenschaft 73), Opladen.

Blanke, B./Heinelt, H./Macke, C.-W./Rüb, F.W., 1987b: Staatliche Sozialpolitik und die Regulierung der Nichterwerbstätigkeit, in: *H. Abromeit* und *B. Blanke* (Hrsg.), Arbeitsmarkt, Arbeitsbeziehungen und Politik in den 80er Jahren (Leviathan Sonderheft 8), Opladen, 296-314.

Bosch, G., 1990: Qualifizieren statt entlassen. Beschäftigungspläne in der Praxis (Sozialverträgliche Technikgestaltung 9), Opladen.

Duhm, Rainer, 1990: Wenn Belegschaften ihre Betriebe übernehmen. Probleme und Chancen selbstverwalteter Fortführung von Krisenbetrieben, Frankfurt/M./New York.

Dunleavy, P., 1980: Social and Political Theory and the Issue in Central-Local Relations, in: *G. Jones* (Hrsg.), New Approaches to the Study of Central-Local Government Relationship, Westmead, 116-136.

Evers, A., 1988a: Shifts in the Welfare Mix, Introducing a New Approach for the Study of Transformations in Welfare and Social Policy, in: *A. Evers* und *H. Wintersberger* (Hrsg.), Shifts in the Welfare Mix. Their Impact on Work, Social Services and Welfare Policies – Contibutions from Nine European Countries in a Comparative Perspective, Wien, 7-30.

Evers, A., 1988b: Intermediäre Institutionen und pluralistische Verhandlungssysteme in der lokalen Politik. Eine Problemskizze zur Produktion und Aneignung sozialer Innovationen, Ms. (vorgelegt im Arbeitskreis Lokale Politikforschung beim 17. Kongreß der Deutschen Vereinigung für Politische Wissenschaft in Darmstadt).

Fürst, D., 1983: Ansätze zu einer politischen Theorie des kommunalen Finanzausgleichs, in: *J.J. Hesse, H. Ganseforth, D. Fürst* und *E.-H. Ritter* (Hrsg.), Staat und Gemeinden zwischen Konflikt und Kooperation, Baden-Baden, 103-127.

Fürst, D./Hesse, J.J., 1978: Zentralisierung oder Dezentralisierung politischer Problemverarbeitung? Zur Krise der Politikverflechtung in der Bundesrepublik, in: *J.J. Hesse* (Hrsg.), Politikverflechtung im föderativen Staat. Studien zum Planungs- und Finanzierungsverbund zwischen Bund, Ländern und Gemeinden (Nomos Paperback 7), Baden-Baden, 191-204.

Fürst, D./Hesse, J.J./Richter, H., 1984: Stadt und Staat. Verdichtungsräume im Prozeß der föderalstaatlichen Problembearbeitung, Baden-Baden.

Gregory, R., 1989: Political Rationality or „Incrementalism"? Charles E. Lindblom's Enduring Contribution to Public Policy Making Theory, in: Policy and Politics 2, 139-153.

Häußermann, H., 1991: Lokale Politik und Zentralstaat. Ist auf kommunaler Ebene eine „alternative Politik" möglich?, in: *H. Heinelt* und *H. Wollmann* (Hrsg.), Brennpunkt Stadt. Stadtpolitik und lokale Politikforschung in den 80er und 90er Jahren (Stadtforschung aktuell 31), Basel/Boston/Berlin, 52-91.

Hegner, F., 1986: Handlungsfelder und Instrumente kommunaler Beschäftigungs- und Arbeitsmarktpolitik, in: *B. Blanke, A. Evers* und *H. Wollmann* (Hrsg.), Die Zweite Stadt. Neue Formen lokaler Arbeits- und Sozialpolitik (Leviathan-Sonderheft 7), Opladen, 119-153.

Hegner, F., 1988: Die absehbare Arbeitsmarktentwicklung und das sozial-ökonomische Gewicht der Bedarfs- und Haushaltswirtschaft, in: *P. Gross* und *P. Friedrich* (Hrsg.), Positive Wirkungen der Schattenwirtschaft? (Schriften zur öffentlichen Verwaltung und öffentlichen Wirtschaft 112), Baden-Baden, 51-86.

Heinelt, H., 1989: Chancen und Bedingungen arbeitsmarktpolitischer Regulierung am Beispiel ausgewählter Arbeitzsamtsbezirke. Zur Bedeutung der Kommunen beim Einsatz von Arbeitsbeschaffungsmaßnahmen (ABM), in: MittAB 2, 294-311.

Heinelt, H., 1991a: Die Beschäftigungskrise und arbeitsmarkt- und sozialpolitische Aktivitäten in den Städten, in: *H. Heinelt* und *H. Wollmann* (Hrsg.), Brennpunkt Stadt. Stadtpolitik und lokale Politikforschung in den 80er und 90er Jahren (Stadtforschung aktuell 31), Basel/Boston/Berlin, 257-280.

Heinelt, H., 1991b: Frühverrentung als politischer Prozeß. Institutionelle Bedingungen, soziale Effekte und finanzielle Verteilungswirkungen – im internationalen Vergleich, Wiesbaden.

Heinelt, H./Macke, C.-W., 1986: Arbeitsloseninitiativen – eine Bewegung von Arbeitslosen?, in: *K.-H. Balon, J. Dehler* und *B. Hafeneger* (Hrsg.), Arbeitslosigkeit. Wider die Gewöhnung an das Elend, Frankfurt/M., 178-192.

Heinze, R.G./Voelzkow, H., 1991: Kommunalpolitik und Verbände. Inszenierter Korporatismus auf lokaler Ebene?, in: *H. Heinelt* und *H. Wollmann* (Hrsg.), Brennpunkt Stadt. Stadtpolitik und lokale Politikforschung in den 80er und 90er Jahren (Stadtforschung aktuell 31), Basel/Boston/Berlin, 187-206.

Hesse, J.J., 1983: Stadt und Staat – Veränderungen der Stellung und Funktion der Gemeinden im Bundesstaat? Das Beispiel Bundesrepublik Deutschland, in: *J.J. Hesse, H. Ganseforth, D. Fürst* und *E.-H. Ritter* (Hrsg.), Staat und Gemeinden zwischen Konflikt und Kooperation, Baden-Baden, 11-43.

Hesse, J.J., 1986: Erneuerung der Politik „von unten"? Stadtpolitik und kommunale Selbstverwaltung im Umbruch, in: *ders.* (Hrsg.), Erneuerung der Politik „von unten"? Opladen, 11-25.

Hutter, A., 1983: Neue Arbeit GmbH – Im Mittelpunkt des Wirtschaftens steht der Mensch. Projekte von Kirche und Diakonie gegen die Arbeitslosigkeit, in: *M. Bolle* und *P. Grottian* (Hrsg.), Arbeit schaffen – jetzt, Reinbek, 198-202.

IG Metall, 1987: Beschäftigung sichern und neue Arbeitsplätze schaffen! Eine Rahmenkonzeption der IG Metall für eine Beschäftigungsgesellschaft Stahl, hrsg. vom IG Metall Vorstand, Frankfurt/M.

Jaedicke, W./Ruhland, K./Wachenhofer, U./Wollmann, H./Wonnenberg, H., 1991: Lokale Politik im Wohlfahrtsstaat. Zur Sozialpolitik der gemeinden und ihrer Verbände in der Beschäftigungskrise (Schriften des Zentralinstituts für sozialwissenschaftliche Forschung der Freien Universität Berlin 61), Opladen.

Jordan, A.G./Richardson, J.J., 1987: British Politics and the Policy Process. An Arena Approach, Boston/Sydney/Wellington.

Kaufmann, F.X., 1983: Steuerungsprobleme im Wohlfahrtsstaat, in: *J. Matthes* (Hrsg.), Krise der Arbeitsgesellschaft? Abhandlungen des 21. Deutschen Soziologentages in Bamberg, Frankfurt/M./New York, 474-490.

Kaufmann, F.X., 1986: Steuerungsprobleme der Sozialpolitik, in: *R.G. Heinze* (Hrsg.), Neue Subsidiarität. Leitidee für eine zukünftige Sozialpolitik? (Beiträge zur sozialwissenschaftlichen Forschung 81), Opladen, 39-63.

Lovering, J., 1988: The Local Economy and Local Economic Strategies, in: Policy and Politics 3, 145-157.

Luhmann, N., 1981: Politische Theorie im Wohlfahrtsstaat, München/Wien.

Mayer, M., 1991: „Postfordismus" und „lokaler Staat", in: *H. Heinelt* und *H. Wollmann* (Hrsg.), Brennpunkt Stadt. Stadtpolitik und lokale Politikforschung in den 80er und 90er Jahren (Stadtforschung aktuell 31), Basel/Boston/Berlin, 31-51.

Pfeiffer, M.-L., 1989: Neue Wege müssen wir gehen, in: Forum Wissenschaft 2, 33-37.

Reissert, B., 1983: Langzeitarbeitslosigkeit und „temporärer Ersatzarbeitsmarkt". Modellrechnung zu einem arbeitsmarktpolitischen Sofortprogramm, in: Wirtschaftsdienst 4, 178-184.

Reissert, B., 1988: Regionale Inzidenz der Arbeitsmarktpolitik und ihre Finanzierung (WZB-Diskussionspapier IFS I 88-18), Berlin.

Sabel, C.F., 1989: The Reemergence of Regional Economies (WZB Discussion Papers FS I 89-3), Berlin.

Saunders, P., 1986: Social Theory of the Urban Questions, 2. Aufl., London.

Scharpf, F.W., 1988: Verhandlungssysteme, Verteilungskonflikte und Pathologien der politischen Steuerung, in: *M.G. Schmidt* (Hrsg.), Staatstätigkeit. International und historisch vergleichende Analysen (PVS-Sonderheft 19), Opladen, 61-87.

Scharpf, F.W., 1991: Die Handlungsfähigkeit des Staates am Ende des zwanzigsten Jahrhunderts, Ms. (Vortrag während des 18. Kongresses der Deutschen Vereinigung für Politische Wissenschaft am 8.10.1991 in Hannover).

Schmid, G./Reissert, B./Bruche, G., 1987: Arbeitslosenversicherung und aktive Arbeitsmarktpolitik: Finanzierungssysteme im internationalen Vergleich, Berlin.

Schmidt, M.G., 1989: Massenarbeitslosigkeit und politische Stabilität, in: *W. Peters* (Hrsg.), Massenarbeitslosigkeit und Politik. Reaktionsweisen und Strategieoptionen in verschiedenen Politikarenen (SAMF-Arbeitspapier 1989-1), o.O. (Paderborn).

Scott, A.J., 1988: Flexible Production Systems and Regional Development. The Rise of New Industrial Spaces in North America and Western Europe, in: International Journal of Urban and Regional Research 2, 171-186.

Stoker, G., 1989; The Politics of Local Government, London.

Wollmann, H., 1986: Stadtpolitik – Erosion oder Erneuerung des Sozialstaats „von unten"?, in: *B. Blanke, A. Evers* und *H. Wollmann* (Hrsg.), Die Zweite Stadt. Neue Formen lokaler Arbeits- und Sozialpolitik (Leviathan-Sonderheft 7), Opladen, 79-101.

Zapf, W., 1990: Modernisierung und Modernisierungstheorie (WZB-Diskussionspapier P 90-104), Berlin.

Zapf, W., 1991: Der Untergang der DDR und die soziologische Theorie der Modernisierung, in: *B. Giesen* und *C. Leggewie* (Hrsg.), Experiment Vereinigung. Ein sozialer Großversuch, Berlin, 38-51.

Zur Zukunft der Kommunalfinanzen

Hannes Rehm

I.

Nicht zuletzt durch die politische, wirtschaftliche und soziale Wiedervereinigung erlangt die Frage nach der Zukunft der Kommunalfinanzen aktuelle Bedeutung. Die Zäsur der politischen Entwicklung sollte zur Reflexion über das finanzpolitische Miteinander der „Ebenen" und ggf. zu entsprechenden Korrekturen genutzt werden. Dadurch würde auch vermieden, daß im Staatsaufbau der neuen fünf ostdeutschen Bundesländer Fehlentwicklungen von vornherein angelegt werden[1]. Dies gilt um so mehr, als sich abzeichnet, daß die Prognosen für die künftige Haushaltssituation der ostdeutschen Gemeinden viel zu optimistisch waren, insbesondere im Hinblick auf die Entwicklung der ordentlichen (d.h. der Steuer-)Einnahmen[2]. Die mit der Wiedervereinigung verfolgten staatspolitischen Ziele werden sich aber nur verwirklichen lassen, wenn auch finanziell dauerhaft handlungsfähige Kommunen als funktionsfähiges föderales Element agieren können und diese nicht von vornherein durch ein unausgewogenes Verhältnis von Aufgaben-Verantwortung und Finanzierungsmöglichkeiten überfordert werden.

Im folgenden soll den eingangs genannten Hypothesen nicht mit dem Anspruch der Verifizierung im einzelnen nachgegangen werden. Der Ansatz beschränkt sich auf eine Skizzierung der relevanten Probleme. Wenn gleichwohl in den abschließenden Teilen (Abschnitt XI ff.) Ansatzpunkte zur *Korrektur* der gegenwärtigen Situation vorgetragen werden, können diese also nur als grundsätzliche Anregungen, nicht aber als detailliertes Programm verstanden werden.

II.

Die *gegenwärtige Situation der kommunalen Selbstverwaltung* läßt sich in folgenden Thesen zusammenfassen:

1. Nachdem in den sechziger und siebziger Jahren der Stellenwert der kommunalen Selbstverwaltung durch *Politikverflechtung* und *Mischfinanzierung* faktisch zunehmend in Frage gestellt wurde[3], ist seit Beginn der achtziger Jahre eine *Renaissance* des ordnungspolitischen *Gedankens der Dezentralisierung der Erfüllung* öffentlicher Aufgaben zu beobachten. Diese Entwicklung hat *mehrere* Gründe[4]. Nur die *wesentlichen* sollen hier genannt werden:

2. Zum einen ist ein zunehmendes *Mißtrauen* gegen die Problemlösungskapazitäten der übergeordneten Ebenen bzw. des Zentralstaates festzustellen. Mit der Erkenntnis, daß regelungsbedürftige Tatbestände nicht länger standardisiert und mit hohem Ressourcenaufwand „von oben" gestaltet werden können, gewinnen Dezentralisierungs- und Regionalisierungsansätze in *vielen* Politikfeldern an Bedeutung[5]. Diese gehen davon aus, daß der dezentral anfallende Problembestand am ehesten dort „abgearbeitet" werden kann, wo die Problemnähe ein Eingehen auf die jeweils *spezifische* Ausgangssituation ermöglicht.
3. Zum anderen zeichnet sich ein *gesellschaftlicher Wertewandel*[6] ab, der sich in einer merkwürdig unpräzisen, gleichwohl immer wiederkehrenden Forderung nach einer *„Erneuerung der Politik von unten"* manifestiert. Vertreter der Parteien, der Wirtschaft und der öffentlichen Administration scheinen sich zunehmend einig darin zu werden, daß die hierfür notwendigen Impulse von der lokalen bzw. regionalen Basis kommen, d.h. an den konkreten Arbeits- und Lebenszusammenhängen ansetzen sollten[7].
4. Weiterhin hat sich in den achtziger Jahren der *Konflikt zwischen faktischer Aufgaben- und Ausgabenverantwortung der einzelnen Ebenen einerseits, der diesen zugeordneten finanzpolitischen Kompetenz andererseits erheblich verschärft.* Dahinter stehen *ungelöste Verteilungsprobleme* auf verschiedenen Ebenen, und zwar sowohl zwischen dem Bund und den Ländern, zwischen den Ländern untereinander, als auch im Verhältnis der einzelnen Länder zu ihren Gemeinden und zwischen den Gemeinden selbst[8].
5. Schließlich stellt die Wiedervereinigung Deutschlands die kommunale Selbstverwaltung vor eine zusätzliche Herausforderung. Deren Verwirklichung ist einerseits Schlüssel zur Überwindung des politischen, administrativen und wirtschaftlichen Zentralismus in den neuen Bundesländern. Zum anderen setzt sie einen langfristigen Ressourcentransfer zu Gunsten der ostdeutschen Gemeinden voraus. Die damit verbundenen finanzpolitischen Konsequenzen werden dazu zwingen, die Ausprägung des gegenwärtigen „bundesrepublikanischen" Selbstverständnisses von Föderalismus zu überdenken.

III.

In der „alten" Bundesrepublik war die verfassungsrechtliche Position der kommunalen Selbstverwaltung vom liberalstaatlichen Modell des 19. Jahrhunderts geprägt: Mit dem „Einigungsvertrag" vom 31.8.1990 (BGBl. II. S. 889) ist dieser verfassungspolitische Entwurf auf die neuen ostdeutschen Länder ausgedehnt worden. Die Kommunen sind als Verbände ohne Staatsqualität Untergliederungen der Länder und werden in den Angelegenheiten der örtlichen Gemeinschaft tätig. Dabei ist zumindest für die Gemeinden (nicht für die Gemeindeverbände) vom Grundsatz der Allzuständigkeit auszugehen.
Dieses Modell war bereits mit der sozial-ökonomischen und politischen *Wirklichkeit* Westdeutschlands *kaum* mehr vereinbar. Neben den meist konjunktur- und wachstumspolitisch begründeten Eingriffen in die kommunale Mittelverwendung wurden

die Gemeinden zunehmend auch im Bereich der Aufgaben- und Entscheidungsstrukturen in ein System staatlicher Arbeitsteilung eingepaßt. Aus der Vielzahl einzelner Steuerungspolitiken des Bundes und der Länder ergab sich eine erhebliche Einbindung der kommunalen Ebene in die gesamtstaatliche Problemverarbeitung. So konstatierte bereits 1977 der Schlußbericht der *Enquete-Kommission „Verfassungsreform" des Deutschen Bundestages*: „Der in der Verfassungswirklichkeit sichtbare Bedeutungswandel in den Beziehungen zwischen Staatsverwaltung und Kommunalverwaltung, der auf eine stärkere Verzahnung der örtlichen Verwaltung mit überregionalen Entscheidungsträgern drängt, sowie die stärkere Steuerung der kommunalen Selbstverwaltung durch zentrale Entwicklungs- und Fachplanungen, die Zunahme finanzieller Abhängigkeiten vom Staat bei steigendem kommunalen Investitionsbedürfnis für Infrastrukturaufgaben sind offenkundig."[9]

Diese Entwicklung kann allerdings *nicht* generalisierend gleichgesetzt werden mit einem zunehmenden Bedeutungsverlust der gemeindlichen Aufgabenerfüllung. Im Gegenteil: Es ist eher ein *Gewinn* an politischem Potential auf der kommunalen Ebene festzustellen[10]. Dieser gründet sich

1. auf den *zunehmend* bei den *dezentralen* Gebietskörperschaften anfallenden *Problembestand;*
2. auf die *Aufwertung der Verdichtungs*räume sowie
3. auf die erkennbaren *Veränderungen im Prozeß der politischen Willensbildung.*

Die Erkenntnis der zunehmend *lokalen Inzidenz* gesellschaftlicher Problemstellungen[11] ist dabei weniger überraschend als die Tendenz, in Knappheitssituationen die auf Bundes- und Landesebene nicht gelösten Probleme zu *dezentralisieren* und/oder den kommunalen Bereich mit deren *politischen und finanziellen Folgekosten zu belasten.* Die Flankierung des ökonomischen und sozialen Strukturwandels führen offensichtlich sowohl beim Bund als auch bei den Ländern zur Übertragung bzw. Überlassung der sozialen Folgelasten auf die kommunale Ebene. Dabei wurde der von dem Bund und den Ländern *überwälzte* gesellschaftliche Problembestand bislang noch *nicht* von einer entsprechenden *Dezentralisierung* der *Strukturen der Problemverarbeitung* und der *dafür notwendigen finanziellen Ressourcen* begleitet.

IV.

Im folgenden sollen diese zunächst nur als *Thesen* genannten Aussagen an einzelnen Problembereichen *verdeutlicht* werden, und zwar am Beispiel solcher Aufgabenfelder, von denen bereits jetzt vermutet werden kann, daß diese auch in den fünf neuen Bundesländern Schwerpunkte gemeindlicher Politik sein werden[12].

1. der Sozialpolitik,
2. der Wohnungspolitik,
3. der Wirtschaftsförderung,
4. der Arbeitsmarktpolitik,
5. der Umweltschutzpolitik.

Zunächst einige Bemerkungen zur gemeindlichen *Sozialpolitik*: Die Sozialausgaben haben sich in den letzten Jahren geradezu als Sprengsatz in den städtischen Verwaltungshaushalten entwickelt. Allein im Zeitraum zwischen 1980 bis 1988 war eine Steigerungsrate der gesamten sozialen Leistungen aller Kommunen um über 85 Prozent zu konstatieren, das waren jahresdurchschnittlich über 8 Prozent. Der durchschnittliche Anteil der sozialen Leistungen in den Kommunalhaushalten hat sich von 10,6 Prozent in 1980 auf rd. 15,5 Prozent in 1990 erhöht[13]. Diese hohen Zuwächse sind auf die – gemessen an den Wachstumsraten – noch erheblich größeren Zusatzbelastungen des *Hauptbestandteils* dieser Ausgabekategorie, der *Sozialhilfe*ausgaben, zurückzuführen. Die Sozialausgaben sind dabei in den regionalen Brennpunkten der Arbeitslosigkeit noch viel belastender, als dies in den Gesamtzahlen deutlich wird. In den Zentren der Arbeitslosigkeit sind diese inzwischen bis zu zehnmal höher als zu Beginn der achtziger Jahre. Stärker als die Entwicklung der gesamten Arbeitslosenzahl wirkt sich dabei die Entwicklung der *Struktur* der Arbeitslosen, insbesondere die *zunehmende* Dauer- und Jugendarbeitslosigkeit, aus. Dazu kommt, daß die Zahl der Arbeitslosen ohne bzw. ohne ausreichenden Leistungsanspruch nach dem Arbeitsförderungsgesetz seit Jahren ansteigt. Der Entlastung des Haushalts der Bundesanstalt für Arbeit stehen dabei aufgrund der steigenden Inanspruchnahme der Sozialhilfe durch Arbeitslose erhebliche Belastungen der kommunalen Sozialhaushalte gegenüber. Bei 25 Prozent aller Sozialhilfeempfänger ist Arbeitslosigkeit inzwischen der Grund für den Bezug von Hilfe zum Lebensunterhalt. In Zentren hoher Arbeitslosigkeit liegt dieser Anteil schon bei 35 Prozent bis 40 Prozent, ohne daß dies bislang zu einer nachhaltigen Überprüfung der Leistungsnormen und der Finanzierungszuständigkeiten geführt hätte.

Im übrigen wird diese Aufgabenkategorie neben den Ausgaben für die Sozialhilfe zunehmend geprägt durch die Aufwendungen für die Heimunterbringung von älteren Menschen und Behinderten sowie für Eingliederungshilfen für Behinderte und – neuerdings – durch den Aufwand für die Integration der Aussiedler aus den osteuropäischen Staaten.

Verstärkt durch die generelle Diskussion über die Finanzierung der sozialen Sicherungssysteme hat der Prozeß zu einer *Umorientierung der lokalen Sozialpolitik*[14] geführt. So drängen die Gemeinden zum einen gegenüber dem Bund auf Änderungen im Bundessozialhilfegesetz, Jugendwohlfahrtsgesetz, im Bundesversorgungsgesetz und bei der Reichsversicherungsordnung. Zum anderen wird nachhaltiger als bisher das traditionelle kommunale Leistungsspektrum selbst überprüft[15].

Ein ähnliches Problem stellt der *Wohnungsbau*[16] dar. Auch hier kommen Gemeinden zunehmend in eine „Stellvertreterfunktion" für die durch den Bund und die Länder nicht gelösten Probleme. Die Gründe dafür sind Veränderungen in der Nachfragestruktur, wie z.B. eine steigende Zahl von kleineren Haushalten und zunehmender Wohnflächenbedarf. Diese treffen auf ein unzureichendes Angebot, bedingt durch den nahezu fehlenden freifinanzierten Mietwohnungsbau sowie einen aufgrund des Subventionsbedarfs fast zum Erliegen gekommenen sozialen Wohnungsbau[17]. Hinter allem steht ein Versagen von Stadtplanung und Wohnungspolitik in den zurückliegenden zwanzig Jahren. Das Städtebauförderungsgesetz 1971 und die Novellierung des Bundesbaugesetzes von 1977 mußten Stückwerk bleiben, da diese weder von einer grundlegenden Reform des Bodenrechts begleitet noch von einem faktisch wirksamen Eingriffs-Instrumentarium ergänzt wurden[18]. Mit anderen Worten: Der Staat verzichtete auf die Lösung ökonomischer Strukturprobleme und dezentralisierte das im Wohnungsbau angelegte Konfliktpotential. Insbesondere die Ballungsräume tragen derzeit die Folgekosten der staatlichen Versäumnisse. Dazu zählen auch die bei genereller Flächenverknappung immer mehr in den Vordergrund tretenden Fragen der Altlasten-Beseitigung. Für die Gemeinden in den neuen Bundesländern treten die Probleme der Verwaltung des aus staatlicher Regie in kommunale Verantwortung überführten ehemaligen volkseigenem Wohnbestandes hinzu. Angesichts der unzureichenden Möglichkeiten, die Bewirtschaftungskosten in den Mieten weiterzugeben, sind hier zusätzliche Haushaltsbelastungen geradezu vorprogrammiert, zumal die Kommunen hier auch mit nunmehr am Marktzins-Niveau orientierten Refinanzierungskosten konfrontiert sind. Die auf diesem Wohnungsbestand liegende Schuldenlast steht einerseits Privatisierungsüberlegungen entgegen; zum anderen belastet sie die ostdeutschen Gemeinden von vornherein mit einer erheblichen Pro-Kopf-Verschuldungsquote.

In der *kommunalen Wirtschaftsförderung*[19] haben die mit dem ökonomischen Strukturwandel eingehenden Anforderungen zu einer durchgängigen *Umorientierung* geführt. Zwar bleiben regionale Steuerungs- und Ausgleichspolitiken durch den Bund gefördert und von Länderseite formuliert, ihre *Umsetzung* wird jedoch zunehmend auf *lokaler* Ebene betrieben. *Bestandssicherung* und *Bestandspflege* sind an die Stelle von Ansiedlungs- und Umsiedlungspolitiken getreten. Der *betriebsindividuellen Förderung* kommt hierbei inzwischen ein wesentlich stärkeres Gewicht zu, als den traditionellen Instrumentarien des unspezifischen Flächenangebots, der Erbringung von Vor- und Entsorgungsleistungen sowie dem Ausbau sonstiger Infrastrukturen.

Ebenfalls neu ist die Tendenz zu einer lokalen *Arbeitsmarktpolitik*[20]. Haupttriebfeder ist dabei die Einschätzung, daß die Bundespolitik offenbar zu wenig wirksam ist oder die falschen Maßnahmen ergreift, um der spezifischen Struktur der Arbeitslosigkeit gerecht zu werden. Hinzu kommt die steigende Belastung der Kommunen mit den genannten sozialen Folgeproblemen der Arbeitslosigkeit. Kommunale Arbeitsmarkt- und Beschäftigungspolitik sind so gesehen eine politische *Notwehr* oder *Selbsthilfe* und zugleich ein Akt der Bekämpfung sozialer Folgeeffekte, die auf kommunaler Ebene am deutlichsten werden. Die neue arbeitsmarktpolitische Rolle der Städte und Gemeinden steht in einem engen Wechselverhältnis zu der oben aufgezeigten Neuorientierung der kommunalen Wirtschaftsförderung. Sie versucht, zum lokalen Ausgleich von Arbeitsangebot und Arbeitsnachfrage beizutragen, sei es durch spezifische Qualifikationspolitiken, Mobilitätshilfen und den Ausweis neuer oder zusätzlicher Arbeitsfelder und Arbeitsformen. Mit Blick auf die spezifischen Arbeitsmarktprobleme in den ostdeutschen Bundesländern und wegen der Vertrautheit mit regionalen Arbeitsmarktproblemen weist der *Sachverständigenrat zur Begutachtung der gesamtwirtschaftlichen Entwicklung* in seinem Sondergutachten von April 1991 („marktwirtschaftlichen Kurs halten – zur Wirtschaftspolitik für die neuen Bundesländer") darauf hin (22), daß den kommunalen Entscheidungsträgern bei Arbeitsbeschaffungsmaßnahmen zur Verbesserung der Infrastruktur, bei der Beseitigung von Altlasten und bei der Konzipierung von Qualifizierungsprogrammen eine Schlüssselrolle zukommt.

Zunehmend gefordert wird – insbesondere in den neuen Bundesländern – weiterhin die kommunale *Umweltpolitik*[21], da sich in den städtischen Verdichtungsräumen Probleme massieren. Luftverunreinigung, Schadstoffbelastung in Boden und Wasser sowie eine erhebliche Flächenbeanspruchung durch Gebäude, Verkehrsanlagen und anderen infrastrukturellen Besatz sind täglich erfahrbare Probleme, welche die Sensibilität weiter Kreise der Bevölkerung geschärft haben. Auf dem Gebiet der „alten" Bundesrepublik ist es in den letzten Jahren zu erheblichen Anstrengungen der Gemeinden gekommen, die dadurch entstehenden zusätzlichen finanziellen Belastungen aufzufangen. Die finanztechnischen Modelle, kommunale Aufgaben auch durch Mobilisierung von privatem Kapital zu finanzieren, konzentrieren sich auf diese Aufgabenfelder[22]. Langfristig wird es primär jedoch auf andere Maßnahmen, wie die Erhöhung der Bodenmobilität, eine konsequent Umweltkriterien beachtende Verkehrspolitik, abgabenorientierte Energiepolitiken usw. angekommen. Mit anderen Worten: Gerade im Bereich der Umwelt wird deutlich, daß hier ein hoher Koordinationsbedarf besteht, und daß dem lokalen politischen Ansatz bundes- wie landespolitische Steuerungsmaßnahmen *vorausgehen* müssen.

V.

Dieser *Kumulation* von Problemanlagen auf kommunaler Ebene ist die Finanzkraft der Gemeinden insgesamt *nicht* gewachsen[23]. Zwar ist die *globale* finanzielle Situation der Kommunen vergleichsweise besser als die des Bundes und der Länder. Der Finanzierungssaldo ist in den letzten Jahren für die Gesamtheit der Gemeinden größer gewesen als bei den übergeordneten Gebietskörperschaften, bei denen zwar Konsolidierungserfolge zu verzeichnen waren, die Salden aber anhaltend negativ blieben.

Eine *Detailanalyse* der Kommunalfinanzen zeigt jedoch erhebliche *strukturelle* Finanzierungsprobleme, und zwar sowohl im Sinne eines Nord-/Südgefälles, als auch eines zunehmenden Stadt-/Umlandfinanzproblems. Letzteres geht, wenn auch auf unterschiedlichem Niveau, quer durch die westdeutschen Bundesländer und *überlagert* somit das genannte Nord-/Südgefälle in der städtischen Finanzausstattung. Bereits jetzt ist erkennbar, daß unter Status-quo-Bedingungen ähnliche Entwicklungen auch in den ostdeutschen Ländern eintreten werden[24]. Mit den diversen Steuerreform-, Steuerentlastungs- und sonstigen Haushaltskonsolidierungs-Aktivitäten des Bundesgesetzgebers ist den Kommunen seit Mitte der siebziger Jahre ein prozyklisch wirkender Aderlaß zugemutet werden. Zum einen haben die Abschaffung der Lohnsummensteuer und die Halbierung der steuerpflichtigen Dauerschulden das Hochschrauben der Gewerbesteuerfreibeträge die wichtigste gemeindliche Einnahmequelle drastisch *ausgehöhlt*. Sie haben die Gewerbesteuer auf eine fast nur noch den Gewinn belastende *Großbetriebsteuer* reduziert. Zum anderen zehren die belastungs- und verteilungspolitisch motivierten Tarifänderungen den kommunalen Einkommensteueranteil zunehmend aus.

Die Wiedervereinigung hat die bereits bestehenden finanziellen Ungleichgewichte zu Lasten der Gemeinden weiter verschärft. Die mit der Wirtschafts- und Währungsunion einhergehende Umsatznachfrage aus der ehemaligen DDR hat zu einem deutlichen

Anstieg des Aufkommens aus der Mehrwertsteuer und spezieller Verbrauchsteuern geführt, von dem der Bund und die alten Bundesländer profitieren.
In den neuen Bundesländern werden die kommunalen Einnahmen bei weitem nicht ausreichen, um die anstehenden gemeindlichen Aufgaben zu finanzieren[25]. Bereits für 1991 wird eine Deckungslücke von 4 Mrd. DM erwartet. Nach Berechnungen des Deutschen Städtetages werden die ostdeutschen Kommunen in 1991 durchschnittlich nur über 16 Prozent der gemeindlichen Steuereinnahmen (bezogen auf die Einwohnerzahl) im bisherigen Bundesgebiet verfügen können. Selbst unter den optimistischen Annahmen der Steuerschätzung zu Beginn des Jahres 1991 würde sich diese Quote bis 1994 erst auf rd. 30 Prozent erhöhen[26]. Die Gründe dafür sind die bei den einkommen- und ertragsabhängigen Abgaben geringe Steuerbasis und die vergleichsweise hohen Pausch- und Freibeträge. Dazu kommt eine mangelnde Effizienz der Steuerverwaltung. Zudem ist die Ergiebigkeit anderer Einnahmequellen begrenzt: Dies gilt zum einen für das Aufkommen aus Gebühren und Beiträgen. Zum anderen werden die neuen Bundesländer wegen eigener Steuerschwäche kaum in der Lage sein, ihre Kommunen über die im Einigungsvertrag vorgesehene Mindestverbundquote von 20 Prozent an den Steuereinnahmen zu beteiligen[27]. Die kommunalen Einnahmen aus dem Fonds „Deutsche Einheit" belaufen sich zwar in 1991 auf 11 Mrd. DM und sind damit zunächst stärkste Einnahmequelle der ostdeutschen Gemeinden. Nach den Festlegungen des Ersten Staatsvertrages sind diese Mittel in den Folgejahren aber stark rückläufig und entfallen 1995 ganz.
Gerade an der bisherigen finanzausgleichspolitischen Bewältigung der Wiedervereinigung zeigt sich, wie unausgewogen die gegenwärtige Ausgleichsmechanik bereits auf Länderebene auf neue Anforderungen reagiert. So fixierten die Regelungen über die Umsatzsteuerverteilung den Aufkommens-Anteil der ostdeutschen Länder zunächst auf 55 Prozent des Aufkommens pro Einwohner. Damit wurden die Grundsätze des Länderfinanzausgleichs – nämlich eine Stärkung der einkommensschwächeren Regionen – bewußt mißachtet[28]. Offensichtlich befürchteten die „alten" Bundesländer einen positiven Umschichtungseffekt zu Gunsten der neuen ostdeutschen Länder. Erst nach strittigen Auseinandersetzungen konnten sich der Bund und die alten Bundesländer auf einen Kompromiß verständigen, der u.a. die neuen Bundesländer bereits ab 1991 am gesamten Aufkommen der Umsatzsteuer beteiligt (+ 5 Mrd. DM) und mit dem Bund im Rahmen seines Anteils am Fonds „Deutsche Einheit" und am „Gemeinschaftswerk zur Förderung von Investitionen in Ostdeutschland" insgesamt 17 Mrd. DM aufbringt, davon 5 Mrd. DM als unmittelbare Investitions-Zuschüsse an die ostdeutschen Gemeinden.
Das eigentliche finanzausgleichspolitische Problem ist damit jedoch nicht gelöst, es ist vielmehr bei Bruchstücken geblieben. Notwendig wären Regelungen, die eine spätere volle Einbeziehung der neuen Länder in die Finanzverfassung nicht behindern, vielmehr sich systematisch in diese einfügen. Dies ist eine Mahnung gegen die Schaffung immer neuer und in ihrem Be- und Entlastungswirkungen wenig durchschaubaren Sonderkonstruktionen. Der Verlauf und das bisherige Ergebnis der Diskussion über den horizontalen Finanzausgleich im vereinten Deutschland verdeutlichen einmal mehr, daß die Lösung des kommunalen Finanzproblems eingebettet werden muß in

eine alle „Ebenen" einschließende Konzeption. Diese muß jetzt entworfen werden, damit nicht z.B. nach Auslaufen des Fonds „Deutsche Einheit" die jetzigen Sonderregeln wegen eines kurzfristigen Problemdrucks und mangelnder Vorbereitung von wiederum neuen Übergangsregeln abgelöst werden.

Die Notwendigkeit umfassender Ansätze zeigt sich in einem weiteren strukturellen Defekt: Zwar obliegt es den Bundesländern nach Art. 106 Abs. 7 Grundgesetz sowie einschlägigen Bestimmungen der jeweiligen Landesverfassungen, finanzielle Disparitäten ihrer Kommunen auszugleichen und insgesamt die kommunale Finanzmasse aufgabengerecht zu dotieren. Notgedrungen erwarten die Kommunen auch auskömmliche Ausgleichsmittel für örtliche Schäden einer Politik staatlicher Steuerpakete von „ihrem" Bundesland. Doch die Finanzausgleichsmittel fließen in der Regel nicht so, wie es eigentlich wünschenswert wäre, zumal auch die Bundesländer vom fiskalischen Reflex staatlicher Steuerpolitik unterschiedlich betroffen werden. Eine Überforderung der Länder tritt beim kommunalen Finanzausgleich dann ein, wenn bundesgesetzgeberische Maßnahmen Länder *und* Kommunen belasten, und diese sich in extrem unterschiedlichem Ausmaß auswirken. Hinzu kommt, daß auch die einzelnen Bundesländer je nach Wirtschaftsstruktur und Wirtschaftskraft eine unterschiedliche Finanzkraft aufweisen. Diese spiegelt sich dann auch in deren Fähigkeit zu einem aufgabengerechten kommunalen Finanzausgleich wider[29].

Ein weiteres Indiz für diese konzeptionellen Defizite ist die Diskussion über eine große Steuerreform. Bei dieser blieb bislang das Problem einer grundlegenden Neugestaltung des gemeindlichen Finanz- und Steuersystem ausgespart. Auch bei der jetzt erörterten Neuausrichtung der Unternehmensbesteuerung sind die damit zusammenhängenden Fragen lediglich als Reflex anderer steuerpolitischer Ziele erörtert worden[30].

Einerseits bergen die geschilderten Entwicklungslinien die Gefahr, daß die Zunahme der gemeindlichen Finanzmasse hinter der wachstumsbedingten Einnahmedynamik beim Bund und bei den Ländern zurückbleibt. Dieser Perspektive auf der Einnahmeseite steht ein kommunaler Verwaltungshaushalt gegenüber, in dem im Durchschnitt mehr als 90 Prozent der gesamten Ausgaben durch gesetzliche, vertragliche und sonstige mittelfristig nicht korrigierbare Bindungen vorgeprägt und nicht mehr steuerbar im Sinne einer sachlichen und zeitlichen Priorisierung politischer Optionen sind[31]. Im Gegenteil, es müssen zunehmend Finanzierungsspielräume für die Verwaltungshaushalte durch Investitionsstops im Vermögenshaushalt geschaffen werden. Diese Alternative wäre gleichbedeutend mit Verzicht auf gestaltende Kommunalpolitik. Darüber hinaus würde sie bedeuten, daß die Aufbauleistung, die von den ostdeutschen Gemeinden erwartet wird, ohne entsprechende finanzwirtschaftliche Flankierung bliebe.

Andererseits ist – wie oben bereits angedeutet – festzustellen, daß die kommunale Selbstverwaltung zunehmend gesetzlich überformt wird. Die Tatsache, daß etwa 75 bis 80 Prozent aller ausführungsbedürftigen Gesetze des Bundes heute von den Gemeinden umgesetzt werden müssen (vgl. die in Fußnote 39 zitierte Veröffentlichung von Schmidt-Eichstaedt), verdeutlicht den fortgeschrittenen Grad der rechtlichen und funktionellen Verzahnung von Gemeinden und Staat, bei der sich z.B. die kommunale Planungshoheit auf „Anpassungsplanung" (so die Kritik von Knemeyer) reduziert hat. In diesem Status einer staatlicherseits indirekt steuerbaren Eigenverantwortlichkeit treten auch die ostdeutschen Kommunen ein, allerdings unter den geschilderten unzureichenden finanzwirtschaftlichen Bedingungen. Damit stellt sich noch drängender als bislang die Frage nach Lösungsmöglichkeiten dieses Konflikts. Der Antwort muß die Analyse der Faktoren und Mechanismen vorangehen, die für den Befund verantwortlich sind.

VI.

Bei der Frage nach den *Ursachen* für diese Entwicklung sollte die Perspektive *nicht* auf eine vergleichende Betrachtung der Ausgabenentwicklung der einzelnen Gebietskörperschaften *verkürzt* werden. Das Schlagwort des „Popitzschen Gesetzes von der Anziehungskraft des übergeordneten Etats" verdeckt im Zweifel mehr als es erhellt. Wesentlicher als die Ausgabenentwicklung der verschiedenen Verwaltungsebenen sind Verschiebungen in den rechtlich fixierten Entscheidungsbefugnissen, d.h. in den *Kompetenzen* der staatlichen Verwaltungseinheiten[32]. Zwischen den von einer Ebene *getätigten* Ausgaben und den von ihr *verantworteten* Volumen können wesentliche Differenzen bestehen, wenn die Aufgabenerfüllung - zumindest partiell - von anderen Instanzen vorgeschrieben wird. Dies geschieht durch die rechtlich fixierte Abgrenzung der den einzelnen Verwaltungseinheiten übertragenen Entscheidungsbefugnisse.
Im einzelnen ist hier zu unterscheiden zwischen

- der *Gestaltungskompetenz*, d.h. dem Recht, den gewünschten „output", das „Wie" der Aufgabenerfüllung, festzulegen;
- der *„Finanzierungskompetenz"*, d.h. das Recht, aber auch die Verpflichtung, über die Ressourcen für die Finanzierung bestimmter Aufgaben zu verfügen bzw. diese bereitzustellen;
- der *Ausgabenkompetenz*, d.h. die Zuständigkeit, über die konkrete Höhe der Ausgaben und damit über das „Wieviel" zu befinden sowie diese Ausgaben in Form von Zahlungen konkret vorzunehmen.

Bei der Diskussion über den Finanzausgleich in der „alten" Bundesrepublik ist es bislang nicht gelungen, die Ausgaben jeder Verwaltungsebene mit diesen Kompetenzarten, gewissermaßen als „Autonomie-Kriterien", zu gewichten. Gleichwohl sind jedoch die Veränderungen in der Kompetenzverteilung auf die einzelnen Verwaltungsebenen ermittelt und neben den üblichen Ausgabenquoten zur Beschreibung realer Entwicklungstendenzen im bundesstaatlichen Finanzausgleich der Bundesrepublik herangezogen worden[33]. Ein schlaglichtartiger Blick auf die Haupttendenzen in der Zuordnung dieser Kompetenzarten zu bestimmten Verwaltungsebenen in der Bundesrepublik läßt die These plausibel erscheinen, daß der Trend zur Zentralisierung in der öffentlichen Aufgabenerfüllung auch weiterhin virulent geblieben ist. Es hat lediglich seine Erscheinungsform verändert, *indem die „ausgabemäßige" durch eine „kompetenzmäßige" Zentralisation ersetzt wurde.* Dafür war zum einen maßgeblich, daß bei zahlreichen Aufgaben Teile der Gestaltungs- und Finanzierungskompetenzen von den untergeordneten Verwaltungseinheiten auf die Bundes- bzw. Länderebene *verlagert* wurde. Zum anderen sind in den letzten Jahrzehnten immer wieder kombinierte

Neuzuordnungen von Ausgaben- und Finanzierungskompetenzen derart durchgeführt worden, daß die Gemeinden als Folge einer Erweiterung von bundes- und landesgesetzlichen Regelungen *zusätzliche* „Auftragsangelegenheiten" auszuführen hatten[34].

Diese Veränderungen werden von den Ausgabequoten überwiegend nicht oder sogar als *ausgabemäßige Dezentralisation* reflektiert, da der Zuwachs der den Kommunen übertragenen Auftragsangelegenheiten tendenziell einen Anstieg der Ausgabenanteile untergeordneter Verwaltungseinheiten bewirkt.

VII.

In diesem Zusammenhang stellt sich die Frage, *warum* die *Gestaltungs-* und *Finanzierungskompetenz* schwergewichtig auf den *Bund* und die *Länder*, die *Ausgabenkompetenz* dagegen zunehmend auf die *Gemeinden* verlagert wurden. Die Antwort darauf hat zu berücksichtigen, daß jede Kompetenzveränderung das Ergebnis staatlicher Entscheidungsprozesse ist. Die modernen Ansätze der ökonomischen Theorie der Politik bzw. der ökonomischen Theorie der Bürokratie lassen vermuten, daß das Verhalten der an solchen Prozessen beteiligten Politiker und Bürokraten maßgeblich geprägt ist von deren Streben nach Wiederwahl (Wählerstimmen-Maximierung) sowie nach Ausweitung ihrer jeweiligen Zuständigkeitsbereiche und der von ihnen verantworteten Budgetansätze („Budget-Maximierung"). Kompetenzveränderungen im förderativen Staat sind damit *Ausdruck eines Verteilungskampfes* zwischen den Akteuren der verschiedenen Ebenen[35].

Das Ergebnis dieser Auseinandersetzung war bislang – wie angedeutet – eine *abnehmende Gestaltungs- und Finanzierungskompetenz* der Gemeinden bei gleichzeitig *zunehmender Ausgabenkompetenz auf kommunaler Ebene.* Diese Entwicklung hat mehrere Gründe:

1. Der Anspruch auf zentralstaatliche Steuerung von Verteilung, Konjunktur und Wachstum wird von der Forderung geprägt, das Einnahme- und Ausgabeverhalten der Länder und der Gemeinden diesen Zielen unterzuordnen.
2. Mit zunehmender Zentralität von Entscheidungen wächst auch die Heterogenität der Interessenlagen beim Bund. Dies läßt es offensichtlich zunehmend lohnend erscheinen, die Lösung von Konflikten durch Verlagerung von Ausgabenkompetenz „nach unten" abzuschieben[36].
3. Die Akteure des Zentralstaates haben im „Kampf um Kompetenzen" vermutlich nicht zuletzt deshalb eine starke Position, weil sie mit der Unterstützung bei den ihnen zugeordneten stabilitäts- und verteilungspolitischen Aufgaben durch jene Interessengruppen rechnen können, die Ansprüche im Bereich der Einkommens*entstehung* vertreten. Diese sind besser organisiert und „konfliktfähiger" als die Vertreter der auf die Einkommen*verwendung* gerichteten Interessen, die ein wichtiges politisches Klientel der untergeordneten Ebenen bilden[37].
4. *Die zunehmende Zentralisierung beschränkt den horizontalen „Wettbewerb" zwischen den Gemeinden.* Dadurch werden die Möglichkeiten der Bürger erschwert, interkom-

munale Leistungsvergleiche vorzunehmen und eine aus ihrer Sicht unbefriedigende Erfüllung öffentlicher Aufgaben durch einzelne Verwaltungen bei ihrer Wahl-Entscheidung zu berücksichtigen.

5. Die zunehmende *Mischfinanzierung* öffentlicher Ausgaben weckt Finanzierungsillusionen[38], weil Mehrausgaben nicht von einer bestimmten Verwaltungseinheit allein zu tragen sind. Die Konsequenzen dieser Entwicklung werden heute u.a. als Problem der Folgekosten kommunaler finanzpolitischer Entscheidungen diskutiert. Hier wird deutlich, daß die zunehmende Zentralisierung der Finanzierungskompetenz den Spielraum selbständiger, d.h. eigenverantwortlicher und gestaltender Finanzpolitik auf Gemeindeebene deutlich *eingeengt* hat[39].

Dieser bereits in den zurückliegenden Jahren beobachtbare Befund wird sich in *Zukunft* noch *deutlicher* ausprägen. Für diese Prognose sprechen folgende Gründe:

- In den ostdeutschen Gemeinden werden hohe kommunale (Sprung-)Investitionen notwendig sein, um die infrastrukturellen Voraussetzungen für privates Unternehmertum zu schaffen. Ein zügiger Ausbau und die umfassende Modernisierung der gemeindlichen Infrastruktur sind eine wesentliche Voraussetzung für die wirtschaftliche Gesundung in den neuen Bundesländern. Die Schätzungen gehen von einem jährlichen gemeindlichen Investitionsbedarf von rd. 16 Mrd. DM aus. (vgl. die Schätzungen des DIW in der in Fußnote 2 zitierten Veröffentlichung). Darüber hinaus wird der Anpassungsprozeß der Wirtschaft zum einem wesentlichen Teil auf gemeindlicher Ebene flankiert werden müssen, insbesondere im sozialen Bereich.
- Für die westdeutschen Gemeinden zeichnen sich die soziale und ökonomische Eingliederung der Aussiedler und die Hilfestellung für einen wahrscheinlich weiter steigenden Anteil ausgegrenzter oder nur temporär in den Arbeitsprozeß zu integrierender Personengruppen als Daueraufgabe ab. Daneben sind bereits heute erhebliche Investitionsnotwendigkeiten in der Entsorgung erkennbar. So werden die westdeutschen Gemeinden allein für die Sanierung der Abwässerkanäle und für die Einführung einer dritten Reinigungsstufe in den Klärwerken in den kommenden Jahren 140 – 180 Milliarden DM aufbringen müssen.

VIII.

Aus allem resultiert die Frage, was geschehen kann, damit die Gemeinden auf diese Herausforderungen eigenverantwortlich reagieren können. Die Antwort kann *nicht* allein in einer Umverteilung der staatlichen Finanzmasse oder in einer „*Rückwälzung*" von Ausgabeverantwortung von kommunalen auf übergeordnete Ebenen gesucht werden.

Die Gemeinden haben zu lange darauf gesetzt, ihre Einnahmesituation im Rahmen von Finanzausgleich-Auseinandersetzungen zu stabilisieren, sei es im Hinblick auf die Ertragshoheit über bestimmte Abgaben, sei es bei Dotationen aus den jeweiligen Länderhaushalten. Sie haben dabei unterschätzt, daß sie bei diesen Verteilungs-Auseinandersetzungen auch deshalb kaum Durchsetzungskraft haben, weil sie im Sinne der Finanzverfassung Teil der Bundesländer und damit sowohl finanzrechtlich als auch finanzpolitisch von diesen *abhängig* sind[40].

Die zurückliegenden Diskussionen über die Neuordnung des Länderfinanzausgleichs bzw. zur Umgestaltung des kommunalen Finanzausgleichs in einzelnen Bundesländern und über die Integration der ostdeutschen Länder in die Finanzverfassung haben gezeigt, wie sehr die *politische Konsens- und Kompromißfähigkeit in bezug auf einnahmewirksame Interessen nachgelassen hat*[41]. Der Weg des fallweisen Kompromisses wird in den nächsten Jahren auch deshalb nicht mehr weiterführen, weil die Ansprüche des EG-Haushaltes an die Bundesrepublik deutlich zunehmen werden, insbesondere dann, wenn es tatsächlich zu einer europäischen Währungsunion kommen sollte[42]. Eine bloße Korrektur der Finanzmassen der einzelnen Ebenen ginge auch am Kern des Dilemmas vorbei. Der finanzwirtschaftliche Befund ist nur *Symptom* für die dahinter stehenden *politischen und verwaltungsmäßigen Defekte in der Organisation von ausgabe- und einnahmewirksamen Entscheidungen.*

Es ist ein gesellschaftspolitisches Aktivum, daß sich auf der kommunalen Ebene abstrakte gesellschaftliche Mängel, Versäumnisse oder Steuerungsdefizite zu konkreten und individuell spürbaren Folgen verdichten. Die Bedeutung der Kommunen als intermediäre Instanz zwischen gesellschaftlicher und individueller Ebene[43] ist staatspolitisch erwünscht und sollte deshalb nicht nur bewahrt, sondern *gefördert* werden. Eine solche Wertung geht *weiter*, als die mitunter anzutreffende politische-instrumentale Betrachtung der Gemeindeebene in dem Sinne, daß sowohl die Vorbereitung als auch die Feinsteuerung staatlicher Programme zunehmend auf die Beteiligung der örtlichen „Zielgruppen" angewiesen sei. Im übrigen können politische Systeme *nicht allein* nach ihrer Problemlösungs-Fähigkeit beurteilt werden. Vielmehr sollte auch eine Rolle spielen, inwieweit sie dem einzelnen Bürger originäre Kompetenzen zur Gestaltung und Teilhabe an demokratischen Prozessen geben bzw. ihn dazu befähigen, sich solche Kompetenzen anzueignen[44].

Zimmermann[45] unterscheidet in diesem Zusammenhang zwischen prozeßbezogenen (i.S. von ordnungspolitischen) Staatszielen (z.B. dem förderativen Staatsaufbau) und ergebnisbezogenen Staatszielen (z.B. quantitativ definierten Ausgleichszielen). Erstere seien qualitativer und langfristiger Natur, letztere dagegen mehr quantitativer und kurzfristiger Art. Erstere verlangen ein prinzipielles Denken und drohen im politischen Prozeß vergessen zu werden, letztere beherrschen dagegen den politischen Tagesstreit. Die „prozeßpolitischen" Ziele, d.h. die ordnungspolitischen Grundprinzipien, sind deshalb strukturell benachteiligt: Die tendenziell stärkere Betonung der Ausgleichstendenzen führt zu einem entsprechenden Kompetenzverlust der unteren „Ebene".

Notwendig ist also eine erneute Verfassungsdiskussion, wie sie durch die *Enquête-Kommission für die Verfassungsreform* angestoßen werden sollte. Eine solche Erörterung sollte den Konflikt zwischen diesen beiden Zielen bewußt machen und Vorschläge für die Zielgewichte unterbreiten. Will man die gesellschafts- und staatspolitische Funktion der Gemeindeebene bewahren und fördern, sollte das Ergebnis einer solchen Diskussion eine *Neuordnung der Kompetenz* im föderalen Staatsaufbau in dreifacher Hinsicht sein:

Erstens ist eine Re-Organisation der wirtschafts- und finanzpolitischen Aufgabenstellung bzw. Verantwortung der einzelnen Ebenen angezeigt. Deren Fixierung ist notwendige Voraussetzung für die Abgrenzung entsprechender Kompetenzen auch im Sinne der Ziel-Mittel-Träger-Regel. Diese Maxime besagt, daß jedem wirtschafts-/finanzpolitischen Ziel wenigstens ein nicht auch anderweitig eingesetztes Mittel, und jeder Ziel-Mittel-Kombination ein und nur ein optimal informierter Entscheidungs- und Verantwortungsträger zuzuordnen ist (vertikale Kompetenzregel).

Zweitens ist diese „vertikale Kompetenzregel" durch eine *horizontale Kompetenznorm* zu ergänzen, welche die finanzpolitischen Verantwortungs- und Gestaltungsradien *gleichgeordneter* Ebenen normiert.

Drittens sind *Verfahrensgrundsätze* notwendig, um im *konkreten* Einzelfall *Schnittstellen-Probleme* zwischen vertikaler und horizontaler Kompetenz-Zuordnung zu lösen.

IX.

Für die *vertikale Kompetenzregel* wäre eine sinnvolle finanzausgleichspolitische Maxime, die finanzpolitische Aufgabe der Stabilisierung und Verteilung dem staatlichen Oberverband, die der Allokation dagegen den Gemeinden zuzuordnen. Die Vermischung der Verantwortlichkeiten für diese gesamtwirtschaftlichen Aufgaben der Finanzpolitik hat in der Vergangenheit zu einer ganzen Reihe von *Fehlentwicklungen*[46] geführt:

- Durch die zunehmende Delegation von verteilungspolitischer Zuständigkeit auf die Gemeinden – das gravierendste Beispiel ist der rasante Anstieg der gemeindlichen Ausgaben für Sozialhilfe – sind die kommunalen Verwaltungshaushalte immer stärker belastet und damit die Chancen für wirklich autonome finanzpolitische Entscheidungen der Gemeinden immer geringer geworden.
- Insbesondere im investiven Bereich wurde das Ausgabeverhalten der Gemeinden in der Vergangenheit zunehmend durch die Zuweisungen der übergeordneten Ebenen bestimmt.
- In dem Maße, in dem die finanzpolitische Verantwortlichkeit der Gemeinden *nicht mehr deckungsgleich* ist mit deren finanzpolitischer Kompetenz, kommt es zu *Fehlentscheidungen* in der Allokation gerade im Bereich der kommunalen Daseinsvorsorge: Wenn die finanziellen Belastungen im Zusammenhang mit bestimmten Vorhaben nicht ausschließlich den Bürgern der jeweiligen Gemeinden angelastet, sondern auch andere „Ebenen" zur Finanzierung herangezogen werden, entsteht durch *Fiskalillusion* die Neigung, die Aufgabenerfüllung und damit die Ausgaben in Umfang und Struktur zu *überziehen* bzw. falsche Schwerpunkte zu setzen. Auch ist dann eine effiziente Finanzkontrolle nicht mehr gewährleistet. Die Ergebnisse dieser Fehlentscheidungen manifestieren sich heute vor allem in kommunalen „Investitionsruinen". Deren Folgekosten führen dazu, daß kaum noch Optionen für neue kommunale Aufgaben- und Ausgabenfelder, ja nicht einmal mehr für Variationen der sachlichen und zeitlichen Priorität im Vollzug bereits begonnener Ausgabenprogramme möglich sind.

Hinsichtlich der *horizontalen Kompetenzregel* sollte dem *Prinzip der fiskalischen Kongruenz des Nutzen- und Kostenkreises sowie des Kreises der Träger finanzpolitischer Entscheidungen* Geltung verschafft werden. Dieses Prinzip – mitunter auch Prinzip des ökonomischen und politischen Verbundes genannt[47] –, ist wie das Prinzip des Selbstinteresses und der Subsidiarität eine zentrale Erklärungs- und Handlungsmaxime der modernen politischen Ökonomie. Im Kern besagt es: Ein Kollektiv kann nur dann seine knappen Ressourcen effizient und einsetzen, wenn *Nutzer, Zahler, Entscheider und Anbieter öffentlicher Güter miteinander verbunden sind, soweit dies sinnvoll möglich ist.* Diese Maxime konkretisiert sich in drei Teilprinzipien[48], nämlich

- im Prinzip der *fiskalischen Äquivalenz* (der Kreis derjenigen, die ein öffentliches Gut gemeinsam nutzen, soll sich mit dem Kreis derjenigen decken, welche die Kosten für die Bereitstellung dieses Gutes tragen müssen);
- im *Demokratieprinzip* (wer Entscheidungen über die Bereitstellung, d.h. die Beschaffung und Finanzierung von Gütern unterworfen ist, sollte auch kontrollberechtigt sein);
- im Prinzip der *Direktkontrolle* (wer kontrollberechtigt ist, sollte seine Kontrolle selbst oder durch ein von ihm direkt gewähltes Gremium ausüben dürfen).

Implizit ist in der horizontalen Kompetenzregel das Subsidiaritätsprinzip der Marktwirtschaft enthalten[49]. Dieses verlangt, daß Entscheidungen stets so bürgernah wie möglich gefällt werden, d.h. im Zweifel so lange, wie übergeordnete Ebenen keine eindeutigen Entscheidungsvorteile vorweisen können. Dies setzt (ebenso wie die anderen Prinzipien und das Funktionieren einer Marktwirtschaft überhaupt) voraus, daß grobe Verteilungsungerechtigkeiten über das öffentliche Steuer-Transfer-System ausgeglichen werden.

Mit den Kongruenzprinzip (Verbundprinzip) würde die Diskussion über die kommunale Daseinsvorsorge stärker *objektiviert.* Denn häufig postuliert die Kommunalpolitik „Bedarfe", weil deren Deckung im Regelfall einen politisch verwertbaren Erfolg verheißt. Mit anderen Worten: Es wird zunächst ein „Bedarf" verfügt, dann erst wird versucht, Nachfrage zu wecken, damit das Produkt auch abgesetzt werden kann. Das Kongruenzprinzip würde einen gewissen Zwang schaffen, bedarfsermittelnde Methoden zu entwickeln, wie sie etwa in den USA unter dem Begriff „social-marketing" seit Anfang der siebziger Jahre diskutiert werden[50]. Im Rahmen eines solchen Ansatzes entstünde für die Gemeinden auch die Notwendigkeit bzw. der Anreiz, die unterschiedlichen Aufwands- bzw. Kostenentwicklungen offenzulegen, die mit bestimmten Aufgaben und Ausgabenprogrammen verbunden sind. Das kommunale Finanzproblem hat nicht zuletzt seine Ursache im fehlenden Zwang bzw. in der fehlenden Bereitschaft der kommunalen Anbieter, dem Bürger die Wahl zwischen durchgerechneten Ausgabenalternativen zu eröffnen. Die Dominanz des politischen Kalküls hat vielmehr dazu geführt, den *gegenwärtigen* Nutzen zu *über-* und die *künftigen* Belastungen zu *unter*schätzen. Die vorliegenden empirischen Studien legen die Vermutung nahe, daß jene eigenständigen Ausgaben der Gemeinden, welche für die Einwohner eine Alternative zu privaten Gütern und Dienstleistungen sind, in Höhe und Struktur weitgehend auf *Nachfrageentscheidungen der Einwohner* beruhen[51].

X.

Die Verwirklichung der vertikalen und der horizontalen Kompetenzregel erfordert in ihrer *Umsetzung in konkrete Verwaltungsstrukturpolitik*[52], daß jeder Zentralisationsschritt, jede Vergrößerung der sozialen Distanz zum einzelnen Bürger *ökonomisch* gerechtfertigt werden muß. Dies bedeutet eine Verlagerung der „Beweislast". Die jeweils übergeordnete Ebene muß überzeugend darlegen, daß eine Zentralisierung notwendig ist. Umgekehrt muß die nachgeordnete Ebene begründen, daß eine Verlagerung von Verantwortung nach „unten" eine gesamtwirtschaftlich befriedigende Erfüllung öffentlicher Aufgaben nicht gewährleistet bzw. gefährdet.

Aus diesem Ansatz ergeben sich zugleich *Verfahrensgrundsätze* für die Zuordnung von Kompetenzen bzw. für die Lösung von Kompetenz-Schnittstellen im konkreten Einzelfall.

Die jeweils übergeordnete Ebene kann und muß bei gegebenem Anlaß *nachweisen,*

- daß ein Koordinationsmangel vorliegt;
- daß dieser Mangel bei der Verlegung der Entscheidungskompetenz auf ihre Ebene beseitigt werden kann. Mit anderen Worten: daß eine Kompetenzverlagerung nach oben zur Mängelheilung geeignet ist;
- daß selbst Alternativpläne der nachgeordneten Ebene zur Mängelheilung nicht geeignet sind, daß also die Kompetenzverlagerung tatsächlich notwendig ist;
- daß die Kompetenzverlagerung lediglich mit vertretbaren Kosten und Nebenwirkungen verbunden wäre, daß sie also als verhältnismäßig bezeichnet werden kann.

Aus diesen wenigen Grundsätzen wird bereits deutlich, daß ihre Befolgung zu einer Finanzverfassung führen würde, die nicht starr, sondern *revisionsfähig* und auf Wandel hin ausgerichtet wäre. Dafür würden die Möglichkeiten zur Klage auf Übertragung bzw. Rückübertragung von Kompetenzen sorgen, da keine Ebene sich lediglich darauf berufen könnte, daß ihr irgendwann einmal eine bestimmte Aufgabe auf Dauer zur Regelung übertragen worden sei. Vielmehr kann (und muß) dargelegt werden, daß bestimmte Kosten- und Anreizstrukturen für eine neue Kompetenzverteilung sprechen. Man mag einwenden, das sei eine vereinfachende Sicht der Dinge: Dies ist allerdings mit Blick auf die Irrungen und Wirrungen des vertikalen und horizontalen Finanzausgleichs in der Bundesrepublik während der zurückliegenden zwanzig Jahre sicherlich insofern richtig, als die Idee des Föderalismus durch ein kaum noch entwirrbares Gestrüpp finanzrechtlicher Normen bis zur Unkenntlichkeit verkompliziert und deformiert wurde[53]. Juristisches Denken dominiert wirtschaftliche Ratio, obwohl die Ökonomie klare Entscheidungsregeln und sich selbst korrigierende Gestaltungsprozesse anbietet[54], vor allem aber sich nicht nur in deskriptiv nachvollziehender Judikatur und damit in nicht steuerbarer Ausgabendynamik erschöpft, sondern normative und präskriptive (entscheidungslogische) Kriterien zur Verfügung stellt. Zumindest bietet sie entscheidende Werkzeuge für die gedanklich-theoretische Analyse der Probleme und damit auch für deren Lösung.

XI.

Aus allem folgt: Der Weg aus der kommunalen Finanzkrise muß zum Ziel haben, im Rahmen einer neuen Verwaltungsstruktur-Politik *originäre kommunale Gestaltungsspielräume* zu eröffnen, die sich in das dargestellte Kompetenzraster einordnen. Dabei ist folgendes zu berücksichtigen:

1. Der Aktionsradius für die Selbstverwaltung ist immer noch recht groß. Er wird aber aus falsch verstandenem Nachahmungs- und Anpassungstrieb oder aus Mangel an Phantasie nicht immer hinreichend genutzt[55]. Dezentralisation verlangt von der Verwaltung und vor allem von den örtlichen Politikern den Mut, den Bürgern die *differenzierenden Belastungen transparent zu machen,* die mit unterschiedlichen Ausgabenwünschen verbunden sind. Nur so kann der zunehmenden „Sozialisierung" auch rein privater Güter entgegengewirkt und die Struktur der kommunalen Leistungen auf die Nachfrage der Gemeindebürger abgestimmt werden[56]. Die kommunalen Finanzprobleme sind nur zu bewältigen, wenn es gelingt, den Bürger tatsächlich zum Interessenten, aber auch zum Belasteten kommunaler Entscheidungen zu machen.
2. Die *Binnenstruktur* der Gemeindeverwaltung selbst muß in mehreren Bereichen verändert werden:
   a) Dies setzt zunächst eine *Anpassung der Gemeindeverfassungen*[57], insbesondere in jenen Bundesländern voraus, in denen das britische Verwaltungsmodell dominiert. Die letzten Jahre haben gezeigt, daß dieses letztlich nur als „Schön-Wetter-Veranstaltung", nicht aber zum kommunalen Krisenmanagement taugt.
   b) Weiterhin ist eine umfassende *Reorganisation der Gemeindeverwaltung* mit dem Ziel angezeigt, die Betroffenen stärker zu Beteiligten zu machen. Dies gilt z.B. für den Bereich der kommunalen Wirtschaftsförderung. Hier setzt sich zunehmend die Erkenntnis durch, daß die Verselbständigung dieser Aktivitäten in privaten Organisationsformen unter Einschluß der örtlichen Wirtschaft zu sachgerechteren Lösungen führt[58].
   c) Die *Aufgabenbereiche* der kommunalen Verwaltung sollten auf bestimmte „Endprodukte" des Verwaltungshandelns eingegliedert werden, da das Verwaltungshandeln nur so dem Bürger transparent wird.
   d) Schließlich zählt dazu auch eine *Reform des kommunalen Haushaltsrechts.* Dieses trägt nicht der Tatsache Rechnung, daß kommunale Daseinsvorsorge unter den heutigen Verhältnissen in einem umfassenden „Wirtschaftskomplex Gemeinde" erbracht wird. In diesen müssen nicht nur der Gemeindehaushalt, sondern auch kommunale Wirtschaftsbetriebe und ausgegliederte Verwaltungseinheiten gleichermaßen gesteuert werden. Dazu bedarf es einer konsolidierten Rechnungslegung der gemeindlichen Wirtschaftsaktivitäten. Nur am Rande sei bemerkt, daß eine solche haushaltsrechtliche Neugestaltung auch die Möglichkeit für ein kommunales „Controlling" böte[59].

Wiewohl von verschiedenen Seiten herkommend ist der Fluchtpunkt solcher Überlegungen eine Verwaltungsstruktur, die sich an dem genannten Aspekt der gemeindlichen Kongruenz orientiert. Der gemeinsame Nenner dieser Ansätze ist – wie angedeutet –, Betroffene zu Beteiligten zu machen. Auch daran wird deutlich, daß *unabhängig* von den nicht zu leugnenden finanziellen Problemen *beachtliche Gestaltungsräume eigenständiger und eigenverantwortlicher Gemeindepolitik* bestehen.

3. Notwendig sind weiterhin *Planungsverbünde* dort, wo die Aufgabenstellung und das Kongruenzprinzip dies als notwendig und sachgerecht erscheinen lassen. Es kann nicht übersehen werden, daß die kommunale Finanzkrise ihre Ursache auch darin hat, daß in wesentlichen Bereichen der kommunalen Infrastruktur die gemeindliche Kirchtumspolitik geradezu auf die Spitze getrieben worden ist. Ein gut Teil der gegenwärtigen Folgekostenproblematik der kommunalen Haushalte ist hier zu suchen.
4. Darüber hinaus muß dem *Prinzip der fiskalischen Äquivalenz* auf Gemeindeebene *größere Bedeutung* verschafft werden, als es bislang der Fall ist. Damit sind Fragen der *gemeindlichen Finanzpublizität* insgesamt, aber auch wichtige Teilbereiche, wie jene der Gebühren- und Beitragspolitik angesprochen.

XII.

Nicht nur auf der Ausgaben-, sondern auch auf der Einnahmeseite der Gemeindehaushalte wird dieser Maxime bislang nur unzureichend Rechnung getragen. So ist im Bereich der *Gebühren und Beiträge* die Diskussion nach wie vor durch *Mißverständnisse* belastet[60]. Nach der Definition dieser Abgaben sollen jene im Grundsatz an (individuell bzw. gruppenmäßig) zurechenbare Leistungen anknüpfen. Insofern, aber auch *nur* insofern, ist der einnahmepolitische Spielraum der Gemeinden begrenzt. Dessen Potential wird aber weniger durch diese Feststellung als durch *grundsätzlich ordnungspolitische Überlegungen* bestimmt. Diese münden in die Frage, ob und inwieweit zur Abgeltung externer Effekte bei der Zurverfügungstellung öffentlicher Leistungen eine Gebühren- bzw. Beitragspflicht Platz greifen sollte.

Die Existenz einer Kollektivkomponente öffentlicher Leistungen bedeutet *nicht* zwangsläufig auch deren Verstaatlichung. Anders ausgedrückt: Die Entscheidung darüber, welche Leistungen gebühren- bzw. beitragsfähig und -pflichtig seien und welcher Kostendeckungsgrad für die einzelnen Abgaben angestrebt werden sollten, ist ein *politische.* Diese Abwägung beruht also auf einer *normativen* Wertung[61]. Je nach den Kriterien für dieses Urteil ergeben sich unterschiedliche Beitrags- und Gebührenpotentiale. Obwohl diese Abgaben in bestimmten Bereichen der kommunalen Daseinsvorsorge in den letzten Jahren deutlich angehoben wurden[62], sind die nach wie vor hohen Zuschußbedarfe, etwa bei den Bildungs- und Kultureinrichtungen ein deutliches Indiz für einen beachtlichen einnahmepolitischen Spielraum im Bereich der Leistungsentgelte[63]. Im übrigen werden die zur Bewältigung der angedeuteten Investitionsbedarfe insbesondere im Entsorgungsbereich diskutierten Finanzierungsmodelle nur zu verwirklichen sein, wenn die Betreibergesellschaften die aufgewandten Finanzierungsmittel aus einem entsprechenden Einnahmepotential der jeweiligen Projekte decken können.

Gegen eine Intensivierung der Gebühren- und Beitragshaushalte zur Finanzierung der kommunalen Leistungen könnte eingewandt werden, sie führe aufgrund der spezifischen und der differentiellen Inzidenz dieser Finanzierungsalternativen zu unerwünschten Verteilungseffekten. Dieser mögliche Einwand *verliert* jedoch an Bedeutung, wenn man bedenkt, daß die sog. „Sozialtarife" bzw. Nulltarife öffentlicher Leistungen gerade unter verteilungspolitischen Aspekten „unsozial" sein können, da sie jedem Benutzer zugute kommen, selbst wenn dieser entsprechend seinen Einkommens- oder Vermögensverhältnissen in der Lage wäre, ein kostendeckendes Entgelt zu entrichten. Daher schließt dieses Argument die Anwendung des Äquivalenzprinzips im Gebühren- und Beitragshaushalt *nicht* aus. Vielmehr verdeutlicht es die Aufgabe (des Zentralstaates), auf geeignetem Weg für eine befriedigende Einkommensverteilung zu sorgen. Einen *gewissen* Beitrag zu einer Umorientierung hin auf mehr fiskalische Äquivalenz auf Gemeindeebene kann die *Reprivatisierung* bestimmter kommunaler Leistungen im Rahmen der Leistungsverwaltung erbringen. Doch sollte man diese Möglichkeiten *nicht* überschätzen, zumal die Alternativen „kommunale" versus „private" Leistungserstellung häufig *nicht* unter *wirklich vergleichbaren* Voraussetzungen gegenübergestellt werden[64]. Gleichwohl schaffen Privatisierungsüberlegungen zum einen Anreize, Verfahrensabläufe in der Kommunalverwaltung bei der Leistungserstellung zu überdenken und auf eine größere Effizienz hin auszurichten. Zum anderen ist die Privatisierung ein organisatorisches Instrument zur kostenorientierten Verhaltensteuerung der Nutzer bestimmter Einrichtungen[65].

XIII.

Schließlich sollen die beiden Hauptsäulen der kommunalen Steuereinnahmen, die Grundsteuer und die Gewerbesteuer, im Sinne einer konsequenteren Verwirklichung des Äquivalenzprinzips verändert werden. Eine solche steuerpolitische Maxime böte die beste Gewähr dafür, daß dem Kern des kommunalen Einnahme-Problems, nämlich der Anpassungsfähigkeit des Steuersystems an unterschiedliche Gemeindestrukturen, besser als bislang Rechnung getragen würde. Eine Reform des Gemeindesteuer-Systems sollte – auch mit Blick auf die finanzwirtschaftliche Situation der ostdeutschen Gemeinden –

- die starken Steuerkraftunterschiede zwischen Städten und Gemeinden gleicher Funktion und Größe abbauen und auch strukturschwachen Städten eine bedarfsgerechtere Steuerbasis geben;
- die deutlichen Schwankungen der jährlichen Einnahmen verringern;
- die dem geltenden Gemeindesteuersystem immanenten Umverteilungs-Tendenzen zu Lasten der Städte korrigieren und
- das steuerliche Bindeglied zwischen Städten und ortsansässiger Wirtschaft stärken.

Im Hinblick auf eine Reform der *Gewerbesteuer* bedeutet dies vor allem

- eine *Verbreiterung des Kreises der Steuerpflichtigen* auf alle Unternehmen im Sinne des Umsatzsteuergesetzes;
- die Beseitigung bzw. Reduzierung der inzwischen sehr unsystematischen Freigrenzen und Freibeträge.

- Weiterhin sollten die bisherigen Besteuerungsgrundlagen Ertrag und Kapital aufgegeben und an deren Stelle neben den Gewinnen auch die übrigen bei der örtlichen Leistungsstellung entstehende Einkommen (Löhne sowie Mieten, Pachten, Zinsen) treten. Dies würde die *Steuerbasis deutlich verbreitern* und entspräche insofern den oben genannten Reformkriterien.
- Die gewinnunabhängigen Teile der Bemessungsgrundlage sollten im Interesse der örtlichen Wirtschaft dabei durch geringere Steuermeßzahlen belastet werden.

Eine so modifizierte Gewerbesteuer wäre einfacher zu erheben als die immer wieder ins Gespräch gebrachte kommunale Wertschöpfungssteuer. Gegenüber anderen Varianten für eine Reform der Gewerbesteuer bzw. sonstigen denkbaren Alternativen zu dieser Abgabe[66] hätte ein solcher Reform-Ansatz den Vorzug, daß der notwendige gesetzgeberische Aufwand begrenzt wäre und verfassungsrechtliche Bedenken ebenso wenig zu befürchten wären wie Kollisionen mit dem innerhalb der Europäischen Gemeinschaft erreichten Stand der Steuerharmonisierung.

Bei der *Grundsteuer* wäre eine Revaluierung der Einheitswerte unter aufkommens- und verteilungspolitischen Aspekten wünschenswert. Die dabei zu lösenden Probleme wären jedoch so groß, daß eher an eine Aufgabe der Einheitswerte gedacht werden sollte[67]. Deshalb ist es konsequent, wenn z.B. die „Kommission zur Verbesserung der steuerlichen Bedingungen für Investitionen und Arbeitsplätze" dafür plädiert, beim privaten Grundbesitz die Einheitswerte durch Verkehrswerte zu ersetzen[68]. Dies würde zu einem deutlichen Anstieg der Bemessungsgrundlage führen und die Grundsteuer wieder zu einer aufkommensstarken Säule des Gemeindesteuer-Systems machen. Die Gewerbesteuererhebung würde dadurch nicht tangiert, denn auf die bisherige Bemessungsgrundlage „Gewerbekapital" sollte – wie oben ausgeführt – zugunsten der (zusätzlichen) Belastung gewinnunabhängiger Größen verzichtet werden. In die richtige Richtung deutet auch der Vorschlag, im Gebiet der ehemaligen DDR auf die Feststellung neuer Einheitswerte von vornherein zu verzichten[69].

Schließlich ist zu berücksichtigen: Die Gemeinden erheben in Ausnutzung der nach dem Grundgesetz verbliebenen *Steuerfindungsmöglichkeiten* eine Reihe sog. „Bagatellsteuern" wie etwa die Vergnügungs-, die Hunde-, Jagd- und Fischereisteuer. Diese kommunalen Steuern stehen ebenfalls in der Nähe von Gebühren, sind also eine Art Entgelt für in Anspruch genommene Leistungen bzw. die Ausbeutung kommunaler Ressourcen. Die Kritik an diesen Kommunalabgaben trifft also viel weniger zu als für Bagatellsteuern des Bundes und der Länder. Oft *entsprechen diese geradezu idealerweise dem Äquivalenzprinzip*[70]. Sie sind effizienzsteigernd, so lange die Kosten der Erhebung gering sind, was im gemeindlichen Bereich – wegen der genaueren Kostenzurechnung – in der Regel überprüft werden kann. Es ist deshalb nicht ganz verständlich, weshalb man diese Steuern zunehmend beseitigt hat. Daß ein System kleinerer Kommunalsteuern mit Äquivalenz-Charakter ökonomisch sinnvoll und politisch sogar erwünscht ist, zeigt z.B. die Situation in der Schweiz, wo man (trotz direkter Demokratie) an den „Bagatellsteuern" festhält. Diese Möglichkeit der gemeindlichen Finanz-Autonomie bietet Potential für gemeindliche Finanzierungs-Kreativität und bleibt zugleich den Wettbewerb zwischen den Kommunen ausgesetzt.

XIV.

Die Verbesserung der Haushaltssituation der westdeutschen Gemeinden während der letzten zwei Jahre sollte den Blick auf strukturelle Defekte im föderalen Gefüge des vereinten Deutschlands nicht verstellen. Es ist zu befürchten, daß diese Mängel bei Fortschreiten der sozialen und wirtschaftlichen Integration beider Teile noch deutlicher werden. Vor allem sollte vermieden werden, daß von vornherein unausgewogenes Verhältnis von Aufgaben- und Ausgabenverantwortung einerseits, Finanzierungskompetenz andererseits die Entfaltung tatsächlicher kommunaler Selbstverwaltung in den neuen Bundesländern be- oder sogar verhindert. Die Haushaltsmisere der ostdeutschen Gemeinden wird auf absehbare Zeit weder durch die Übernahme der bundesdeutschen Regelungen zur kommunalen Finanzausstattung noch durch die Mittel aus dem Fonds „Deutsche Einheit“ zu beseitigen sein. Die Lösung liegt in einem umfassenden finanzausgleichspolitischen Neu-Ansatz und in der schon seit langem diskutierten Gemeindefinanzreform. „Bei allem ist außerdem ernsthaft in Rechnung zu stellen, daß die Erfahrung aus anderen Ländern lehrt: Der innere Zusammenhalt eines Bundesstaates verträgt auf Dauer keine extremen oder gar auseinanderdriftenden Entwicklungstendenzen. Es geht um nichts Geringeres als um die innere Einheit Deutschlands.“[71] Diese Herausforderung sollte Anlaß für eine staatsrechtliche und verfassungspolitische Grundsatzdiskussion sein. Dafür einige Anregungen zu geben, war Ziel dieser Ausführungen.

Anmerkungen

1 Vgl. *Deutsche Bundesbank:* Die Ausgaben der Gebietskörperschaften seit dem Jahre 1982, in: Monatsberichte der Deutschen Bundesbank, Juli 1990: 40ff., 49.; *Hanns Karrenberg/Engelbert Münstermann:* Städtische Finanzen in den 90er Jahren. Auf dem Weg zu einheitlichen Lebensverhältnissen in: Der Städtetag, Jg. 1991, Heft 2, 87ff., insbes. 89ff.

2 Vgl. *Deutsches Institut für Wirtschaftsforschung (DIW):* Öffentliche Haushalte 1990/91: Hohe Belastungen durch die deutsche Einigung, Wochenbericht 39/40 vom 27.9.1990: 545ff., 548ff.; *Sachverständigenrat zur Begutachtung der gesamtwirtschaftlichen Entwicklung:* Jahresgutachten 1990/91, Wiesbaden 1990: 22*.

3 Vgl. *Ernst-Hasso Ritter:* Kommunale Selbstverwaltung auf der Suche nach dem Standort, in: Deutscher Städtetag (Hrsg.), Im Dienste deutscher Städte 1905 bis 1980. Ein kommunales Sachbuch zum 75jährigen Jubiläum, Köln-Stuttgart 1980: 247ff.; *Winfried Brom:* Die Selbstverwaltung der Gemeinden im Verwaltungssystem der Bundesrepublik, in: Deutsches Verwaltungsblatt, Jg. 1984: 293ff.; *Wolfgang Bick:* Die veränderten Rahmenbedingungen für Kommunalpolitik und kommunale Selbstverwaltung, in: *Joachim-Jens Hesse* (Hrsg.), Zur Situation der kommunalen Selbstverwaltung heute. Stadtpolitik und kommunale Selbstverwaltung im Umbruch, Baden-Baden 1987: 33ff.

4 Vgl. zur Situation und Weiterentwicklung der kommunalen Selbstverwaltung z.B.: Politik und kommunale Selbstverwaltung – Stellungnahme des *Sachverständigenrates zur Neubestimmung der kommunalen Selbstverwaltung beim Institut für Kommunalwissenschaften der Konrad-Adenauer-Stiftung,* Köln 1984; *Adolf Janssen:* Die zunehmende Parlamentarisierung der Gemeindeverfassung als Rechtsproblem, Göttingen 1988; *Heinz-Uwe Erichsen* (Hrsg.): Kommunalverfassung heute und morgen – Bilanz und Ausblick, Kommunalwissenschaftliche Forschung und kommunale Praxis, Bd. 1, Köln u.a. 1989.

5 Vgl. *Eberhard Laux:* Kommunale Selbstverwaltung im Staat der siebziger Jahre, in: Archiv

für Kommunalwissenschaften, 2. Halbjahresband, Jg. 1970: 217ff.; *Arthur Benz:* Changing Federalism in West Germany, (Speyerer Arbeitshefte Nr. 72), Speyer 1986.

6 Vgl. *Joachim-Jens Hesse:* Erneuerung der Politik „von unten"?, Stadtpolitik und kommunale Selbstverwaltung im Umbruch, in: *Ders.* (Hrsg.), Erneuerung der Politik „von unten"?, Opladen 1986: 11ff.

7 Vgl. *Franz-Ludwig Knemeyer:* Kommunale Selbstverwaltung in Deutschland, in: *Josef H. Kaiser* (Hrsg.), Verwaltung und Verwaltungswissenschaften in Deutschland, Baden-Baden 1983: 73.

8 Vgl. *Edzard Schmidt-Jortzig:* Kommunalrecht, Stuttgart u.a., 1982: 33, 122f.

9 BT-Drs. VII/5924, Schlußbericht der *Enquête-Kommission Verfassungsreform:* 171.

10 Vgl. *Joachim-Jens Hesse:* Stadt und Staat – Veränderung der Stellung und Funktion der Gemeinden im Bundesstaat? Das Beispiel Bundesrepublik Deutschland, in: *Joachim-Jens Hesse, Hans Ganseforth, Dietrich Fürst* und *Ernst-Hasso Ritter* (Hrsg.), Staat und Gemeinden zwischen Konflikt und Kooperation, Baden-Baden 1983: 11ff.

11 Vgl. Die Beiträge in: *Dietrich Fürst/Joachim-Jens Hesse/H. Richter,* (Hrsg.), Stadt und Staat. Verdichtungsräume im Prozeß der förderalistischen Problemverarbeitung, Baden-Baden 1984.

12 Vgl. *Manfred Rommel:* Positionen der deutschen kommunalen Selbstverwaltung, Rede anläßlich des ersten gesamtdeutschen Städtetages am 13.6.1990 in Berlin, in: Der Städtetag, Jg. 1990, Heft 8: 549ff.; *Günter Püttner:* Die Kommunale Wirtschaft-Grundpfeiler der kommunalen Selbstverwaltung in Deutschland, in: Der Städtetag, Jg. 1990, Heft 12: 877ff.

13 Vgl. für die aktuellen Zahlen BT-Drs. 11/2822 vom 24.8.1988, Antwort der Bundesregierung auf die große Anfrage der SPD zur Lage der Städte, Gemeinden und Kreise: 19ff.; *Hanns Karrenberg/Engelbert Münstermann:* Gemeindefinanzbericht 1990, in: Der Städtetag, Jg. 1990, Heft 2: 82ff., insbes. 116ff.

14 Vgl. *Adrienne Windhoff-Héritier:* Politik der Abhängigkeit. Kommunale Sozialpolitik in der fiskalischen Krise, in: Archiv für Kommunalwissenschaft, 2. Halbjahresband, Jg. 1984: 177ff.; *Jürgen Krüger:* Kommunale Sozialpolitik und die Krise des Wohlfahrtsstaates. Zur Verortung der sozialpolitischen Dezentralisierungsdebatte, in: *Jürgen Krüger* und *Eckhard Pankoke* (Hrsg.), Kommunale Sozialpolitik, München u.a., 1985: 11ff.

15 Vgl. *Aloys Prinz:* Die Finanzierung der Sozialhilfe im Finanzverbund zwischen Bund, Ländern und Gemeinden, in: Finanzarchiv, Jg. 1983: 431ff.; *Berhard Happe:* Städte und Soziallasten, in: Der Städtetag, Jg. 1983: 535ff.; *Frank Klanberg/Aloys Prinz:* Was taugt der Albrecht-Vorschlag?, in: Wirtschaftsdienst, Jg. 1988, Heft 6: 291; *Wolfgang Kitterer* (Hrsg.), Sozialhilfe und Finanzausgleich, Heidelberg 1989.

16 Vgl. *Ottobert Brintzinger:* Wohnungsbau und Stadterneuerung. Kommunaler Investitionsbedarf in der zweiten Hälfte der 80er Jahre, in: Archiv für Kommunalwissenschaften, Sonderband, „Kommunaler Investitionsbedarf in der zweiten Hälfte der 80er Jahre", 1987: 163ff.

17 Vgl. z.B. das „Zeitgespräch" über „Wende in der Wohnungspolitik?", in: Wirtschaftsdienst, Jg. 1989, Heft 11: 535ff.

18 Vgl. *Marianne Rodenstein:* Konflikte zwischen Bund und Kommunen, in: *Rolf-Richard Grauhahn* (Hrsg.), Lokale Politikforschung, Bd. 2, Frankfurt/M. 1975: 310ff., 315.

19 Vgl. *Hans Nokielski:* Von der Ansiedlungswerbung zur lokalen Strukturpolitik, in: Die Verwaltung, Jg. 1981: 19ff.; *Klaus Lange:* Möglichkeiten und Grenzen kommunaler Wirtschaftsförderung, Köln 1981; *Christian Grätz:* Kommunale Wirtschaftsförderung. Kritische Bestandsaufnahme ihrer Funktionen und Organisation, Bochum 1983; *Wilfried Beimann/Martin Hennicke:* Neue Ansätze in der Wirtschaftsförderung, in: Der Städte- und Gemeinderat, Jg. 1987: 191ff.; *Roman Sartowski:* Organisation und Praxis kommunaler Wirtschaftsförderung dargestellt am Beispiel der Kommunen Schleswig-Holsteins, Düsseldorf 1990.

20 Vgl. *Hans E. Meyer/Helmut Wallmann* (Hrsg.), Lokale Beschäftigungspolitik, Basel 1985; *Hubert Heinelt:* Kommunale Arbeitsmarkt- und Beschäftigungspolitik, in: Archiv für Kommunalwissenschaften, 1. Halbjahresband, Jg. 1989: 86ff.; *Olaf Sund:* Wirtschafts- und Arbeitsmarktpolitik – die Funktion der Kommunen bei der Bewältigung des ökonomischen Strukturwandels, in: *Joachim-Jens Hesse* (Hrsg.), Erneuerung der Politik „von unten"?, a.a.O.: 92ff.

21 Vgl. *Karl Ganser:* Umweltpolitik: Verändertes Verständnis – neue Politik, in: ebenda: 122ff.

22 Vgl. *Hannes Rehm:* Neue Modelle zur Finanzierung kommunaler Investitionen, in: Zeitschrift für öffentliche und gemeinwirtschaftliche Unternehmen, Jg. 1989: 45ff.

23 Vgl. *Deutsche Bundesbank:* Die Entwicklung der kommunalen Finanzen seit dem Jahre 1985, in: Monatsberichte der Deutschen Bundesbank, November 1989: 39ff.; *Institut „Finanzen und Steuern":* Die Entwicklung der Gemeindefinanzen in den 80er Jahren, Bonn 1989.

24 Vgl. *Hanns Karrenberg:* Die Finanzlage der strukturschwachen Städte, in: Wirtschaftsdienst, Jg. 1988, Heft 6: 302ff.

25 Vgl. *Helmut Kesting:* Die Finanzierung der Deutschen Einheit – ein Überblick, in: Die Bank, Jg. 1990, Heft 7: 404ff.; *Hanns Karrenberg:* Zu den Kommunalfinanzen 1991 in der ehemaligen DDR, in: Der Gemeindehaushalt, Jg. 1990, Heft 12: 265ff.

26 Vgl. *Hanns Karrenberg/Engelbert Münstermann:* Städtische Finanzen in den 90iger Jahren, a.a.O.: 92.

27 Vgl. *Georg Milbradt:* Die neuen Bundesländer zügig in die Finanzverfassung einbeziehen – nicht abkoppeln, in: Wirtschaftsdienst, Jg. 1991, Heft 2: 59ff., 61.

28 Vgl. *Rolf Peffekoven:* Finanzausgleich im vereinten Deutschland, in: Wirtschaftsdienst, Jg. 1990, Heft 7: 346ff.; *Otto-Erich Geske:* Die Finanzierung der ostdeutschen Länder nach dem Einigungsvertrag, in: Wirtschaftsdienst, Jg. 1991, Heft 1: 33ff.

29 Vgl. *Martin Gläser:* Die staatlichen Finanzzuweisungen an die Gemeinden. Gestaltungskriterien, Effektivität, Reform, Frankfurt/M. 1989: 121ff.; *Werner Hoppe* (Hrsg.), Reform des kommunalen Finanzausgleichs, Köln u.a. 1985. Ein knapper Überblick über die aktuellen Probleme des kommunalen Finanzausgleichs findet sich bei *Karl-Heinrich Hansmeyer:* Finanzwissenschaft und Kommunalwissenschaft: Eine Bestandsaufnahme an ausgewählten Beispielen, in: *Joachim-Jens Hesse* (Hrsg.), Kommunalwissenschaften in der Bundesrepublik Deutschland, Baden-Baden 1989: 155ff., 184ff.

30 Vgl. die Thesen der *Kommission zur Verbesserung der steuerlichen Bedingungen für Investitionen und Arbeitsplätze,* Bonn 1990.

31 Vgl. *Helmut Willke:* Budgetäre Restriktionen lokaler Politik, in: Archiv für Kommunalwissenschaften, 1. Halbjahresband, Jg. 1984: 25ff.

32 Vgl. *Martin Rosenfeld:* Hat die Dezentralisierung öffentlicher Aufgabenerfüllung eine Chance?, in: Archiv für Kommunalwissenschaften. 1. Halbjahresband, Jg. 1989: 28ff., 31.

33 Vgl. *Karl-Heinrich Hansmeyer/Manfred Kops:* Die Kompetenzarten der Aufgabenzuständigkeit und deren Verteilung im föderativen Staat, in: Hamburger Jahrbuch für Wirtschafts- und Gesellschaftspolitik, Jg. 1984: 127ff.; *Martin Rosenfeld:* Ausgabeneffekte kommunaler Funktionalreformen; Baden-Baden 1985: 126ff.

34 Vgl. *Fritz W. Scharpf/Bernhard Reissert/Friedrich Schnabel* (Hrsg.), Politikverflechtung. Theorie und Empirie des kooperativen Föderalismus in der Bundesrepublik, Kronberg 1976; *Dietrich Tränhardt:* Funktionalreform als Politikinhalt und Politikdeterminante, Einleitung, in: *ders.* (Hrsg.), Funktionalreform. Zielperspektive und Probleme einer Verwaltungsreform, Meisenheim 1978: XV-LXIII.

35 Vgl. *Herbert Edling:* Zentralistische Verflechtungstendenzen im Föderalismus. Eine empirische Analyse und ein bürokratietheoretischer Erklärungsansatz am Beispiel der Bundesrepublik Deutschland, Frankfurt/M. u.a. 1984.

36 Vgl. *Guy Kirsch:* Über zentrifugale und zentripetale Kräfte im Föderalismus, in: *Kurt Schmidt* (Hrsg.), Beiträge zu ökonomischen Problemen des Förderalismus, Schriften des Vereins für Socialpolitik, N.F., Bd. 196, Berlin 1987: 3ff., 14.

37 Vgl. *Dietrich Fürst/Joachim-Jens Hesse:* Zentralisierung oder Dezentralisierung der politischen Problemverarbeitung? Zur Krise der Politikverflechtung in der Bundesrepublik, in: *Joachim-Jens Hesse* (Hrsg.), Politikverflechtung im föderativen Staat, Baden-Baden 1978: 191ff., hier: 193 und 197.

38 Vgl. *Werner W. Pommerehne/Friedrich Schneider:* Fiscal illusion, political institutions, and local public spending, in: Kyklos, Jg. 1978: 381ff.

39 Vgl. *Gerd Schmidt-Eichstaedt:* Bundesgesetze und Gemeinden, Stuttgart u.a. 1981; *Ernst Pappermann:* Mischfinanzierung als Hemmnis der Haushaltskonsolidierung, in: *Hans v. Arnim* und *Konrad Littmann* (Hrsg.), Finanzpolitik im Umbruch. Zur Konsolidierung öffentlicher Haushalte, Berlin 1984: 245ff.

40 Vgl. *Klaus-Dirk Henke:* Neuordnung des Finanzausgleichs im föderativen System der Bundesrepublik Deutschland, in: *Herbert Giersch* (Hrsg.), Wie es zu schaffen ist. Agenda für die deutsche Wirtschaftspolitik, Stuttgart 1983: 128, 130.

41 Vgl. z.B. *Rolf Peffekoven:* Zur Neuordnung des Länderfinanzausgleichs, in: Finanzarchiv, N.F., Bd. 45, Jg. 1987: 204ff.

42 Vgl. *Horst Zimmermann:* Gewichtsverlagerungen im föderativen Staatsaufbau unter EG-Einfluß?, in: Wirtschaftsdienst, Jg. 1990, Heft 9: 451ff.

43 Vgl. *Joachim-Jens Hesse:* Stadt und Staat, a.a.O.: 22.

44 Wittkämper spricht in diesem Zusammenhang von einer „personalistischen" Theorie des Föderalismus. Vgl. *Gerhard W. Wittkämper:* Begründung einer stärkeren Dezentralisierung politischer Entscheidungen aus einer politologischen Theorie des Förderalismus, in: *Institut für Kommunalwissenschaften* (Hrsg.), Dezentralisierung des politischen Handelns, Melle/St. Augustin 1975: 60ff.

45 *Horst Zimmermann:* Föderalismus und Einheitlichkeit der Lebensverhältnisse, in: *Kurth Schmidt* (Hrsg.), Beiträge zu ökonomischen Problemen des Föderalismus, a.a.O.: 35ff., 51.

46 Vgl. *Walter Wittmann:* Steuerung und Versorgung mit Staatsleistungen über das Äquivalenzprinzip, in: *Peter Bohley* und *G. Tollkemitt* (Hrsg.), Wirtschaftswissenschaft als Grundlage staatlichen Handelns, Festschrift für Heinz Haller, Tübingen 1979: 287ff.; *Peter Bohley:* Praktische Probleme bei der Anwendung des Äquivalenzprinzips, in: *Dieter Pohmer* (Hrsg.), Beiträge zum Äquivalenzprinzip und zur Zweckbindung öffentlicher Einnahmen, Schriften des Vereins für Socialpolitik, N.F., Bd. 121, Berlin 1981: 93ff.; *Konrad Kentmann:* Das Äquivalenzprinzip in den Gemeinden, Frankfurt/M. 1978; *Wolfram Engels:* Privater Wohlstand – öffentliche Armut?, in: *Dieter Duwendag* (Hrsg.), Der Staatskorridor in der sozialen Marktwirtschaft, Berlin 1976: 149ff.

47 Vgl. *Horst Claus Recktenwald:* Föderalismus im säkularen Wandel – erste Ergebnisse einer empirischen Analyse, in: *A.S. Koch* und *Hans-Georg Petersen* (Hrsg.), Staat, Steuern und Finanzausgleich. Festschrift für Heinz Kolms, Berlin 1984: 279ff., 282. Dieser Ansatz geht zurück auf *Mancur Olson:* The Principle of „Fiscal Equivalence": The Devision of Responsibilities Among Different Levels of Government, in: The American Economic Review, Jg. 1969: 479ff.

48 Vgl. *Heinz Grossekettler:* Zentralisation und Dezentralisation der Wirtschaftsförderung aus wirtschaftswissenschaftlicher Sicht, Volkswirtschaftliche Diskussionsbeiträge der Universität Münster 1989: 8ff.

49 Vgl. *ders.:* Ökonomische Probleme des Föderalismus, in: Finanzarchiv, N.F., Bd. 47, Jg. 1989: 497ff., 499.

50 Vgl. *Dieter Hesse:* Verteilung öffentlicher Tätigkeiten. Konstruktion und Kritik alternativer Möglichkeiten der Ermittlung ihrer personalen Inzidenz, Berlin 1975: 136ff.; *Richard M. Reichhardt:* Gesellschaftliche Bedarfsanalyse. Ein Ansatz zur Ermittlung der Bürgerpräferenzen für öffentliche Güter, Berlin 1979; *Dieter Rondorf:* Die Bewertung öffentlicher Leistungen durch die Bürger, Frankfurt/M. und Bern 1985; *Klaus Zimmermann:* Budgetstruktur und Präferenzen für öffentliche Ausgaben, in: Der Gemeindehaushalt, Jg. 1986: 169ff.; *Werner Pommerehne:* Ansätze zur Erfassung der Präferenzen für öffentliche Güter. Ein Beitrag zur Verbesserung der kollektiven Willensbildung, Tübingen 1986.

51 Vgl. *Adrian Bothe:* Die Gemeindeausgaben in der Bundesrepublik – Ein nachfrageorientierter Erklärungsansatz, Kieler Studien, Nr. 226, Tübingen 1989.

52 Vgl. *Heinz Grossekettler:* Verwaltungsstrukturpolitik, in: *Hans-Jürgen Ewers* und *Helmut Schuster* (Hrsg.), Probleme der Ordnungs- und Strukturpolitik, Festschrift für Stefan Seidenfuß, Göttingen 1986: 16ff.

53 *Siegfried F. Franke:* Der Finanzausgleich: Problembereich im Spannungsfeld ökonomischer Rationalität und politischer Kompromißbildung, in: Hamburger Jahrbuch für Wirtschafts- und Gesellschaftspolitik, Jg. 1989: 65ff.

54 Vgl. als Überblick aus der zahlreichen Literatur: *Egon Tanner:* Ökonomisch optimale Aufgabenteilung zwischen den staatlichen Ebenen, Bern und Frankfurt 1982; *Erich Thöni:* Politikökonomische Theorien des Föderalismus, Baden-Baden 1986; zum aktuellen Stand der Theorie vgl. *Anthony Congleton:* An Overview of Contractarian Public Finance of James Buchanan, in: Public Finance Quarterly, Jg. 1988: 147ff.

55 *Günter Püttner:* Zentralisierungswirklichkeit und Dezentralisierungspotential des Kommunalrechts, in: Dezentralisierung des politischen Handelns, a.a.O.: 138ff.

56 Vgl. *Holger Bonus:* Öffentliche Güter und der Öffentlichkeitsgrad von Gütern, in: Zeitschrift für die gesamte Staatswissenschaft, Jg. 1980: 50ff.

57 Vgl. *Bodo Richter:* Das kommunale Steuerungsproblem: Reform der Gemeindeordnungen?, in: Erneuerung der Politik von unten, a.a.O.: 141ff.; *Dibrant von Richthofen/Gert Bollermann* (Hrsg.), Eine neue Gemeindeverfassung für Nordrhein-Westfalen?, Hilden; *Jürgen Deppe:* Reform der Gemeindeordnung, Bochum 1986; *Dieter Fischer/Rainer Frey/Peter Paziorek* (Hrsg.), Kommunalverfassung in Nordrhein-Westfalen. Sind unsere Städte noch zu regieren?, Landeszentrale für politische Bildung in Nordrhein-Westfalen, 1988.

58 Vgl. *Bernd Schiefer:* Kommunale Wirtschaftsförderungsgesellschaften, Köln u.a. 1989.

59 Vgl. dazu z.B. *Richard Johns:* Erfolgsrechnung und Bilanz im Kommunalbereich, in: Zeitschrift für betriebswirtschaftliche Forschung, Jg. 1980: 1007ff.; *Karl Oettle:* Kameralistisches Rechnungswesen – Entwicklung, Stand, Reformen, in: *Heinrich Mäding* (Hrsg.): Haushaltsplanung – Haushaltsvollzug – Haushaltskontrolle, Baden-Baden 1987: 168ff.; *Thomas Feige:* Zielbezogene Rechnungslegung und Berichterstattung von Kommunen, Münster 1989; *Günter E. Brauner/Karlheinz Bozem* (Hrsg.), Controlling im kommunalen Bereich, München 1990.

60 Vgl. *Hannes Rehm:* Über die Zukunft von Gebühren und Beiträgen als kommunale Finanzierungsinstrumente, in: Zeitschrift für Kommunalfinanzen, Jg. 1982: 162ff., 206ff., 228ff.; *Heinz Grossekettler:* Options- und Grenzkostenpreise für Kollektivgüter unterschiedlicher Art und Ordnung. Ein Beitrag zu den Bereitstellungs- und Finanzierungsregeln für öffentliche Leistungen, in: Finanzarchiv, N.F., Bd. 43, Jg. 1985: 211ff.

61 „Die Gebührenbemessung ist letztlich immer auch eine Frage der kommunalen Gebührenpolitik" (*Helmut Mohl:* Rechtliche Aspekte städtischer Gebührenordnung, in: Der Städtetag, Jg. 1990, Heft 10: 628ff., 630).

62 Vgl. *Engelbert Münstermann:* Ökonomische Aspekte städtischer Gebührenpolitik, in: Der Städtetag, Jg. 1990, Heft 10: 622ff.; insbes. 626.

63 Vgl. dazu das Urteil des Oberverwaltungsgerichtes Münster gegen die Stadt Düren aufgrund des § 63 der Gemeindeordnung Nordrhein-Westfalen. § 63 Gemeindeordnung Nordrhein-Westfalen enthält, wie vergleichbare Vorschriften der Gemeindeordnung anderer Bundesländer auch, Grundsätze für die Einnahmebeschaffung der Kommunen. Danach sind Steuern nur subsidiär nach Ausschöpfung spezieller Entgelte für die von den Gemeinden erbrachten Leistungen zur Einnahmebeschaffung heranzuziehen. Das Gericht führte u.a. aus: Der Hinweis der Stadt, soziale Gesichtspunkte ließen eine Anhebung mehrerer Gebühren gleichzeitig nicht zu, sei nichtssagend. Entscheidend sei allein, ob die Gemeinde den ihr durch das Kommunalabgabengesetz eröffneten Gebührenrahmen der Höhe nach entsprechend dem in § 63 verankerten Subsidiaritätsprinzip ausgeschöpft habe. Haushaltsrechtlich und haushaltswirtschaftlich vertretbar sei ein Verzicht auf Einnahmen durch zusätzliche Entgelte aber nicht schon deshalb, weil das Gebührenrecht in gewissem Rahmen eine Unterdeckung zulasse (vgl. Handelsblatt vom 17./18.11.1989: 4).

64 Vgl. *Charles Blankart/Werner Pommerehne/Friedrich Schneider:* Warum nicht reprivatisieren? Einige Antworten auf falsch gestellte Fragen, in: *Karl-Heinrich Hansmeyer* (Hrsg.), Staatsfinanzierung im Wandel, Berlin 1983: 205ff.

65 Vgl. *Dietrich Budäus:* Betriebswirtschaftliche Instrumente zur Entlastung kommunaler Haushalte, Baden-Baden 1982: 130.

66 Aus der Fülle der Literatur zur Neuordnung des gemeindlichen Steuersystems seien hier nur folgende Veröffentlichungen angeführt: *Paul Marcus:* Umrisse einer kommunalspezifischen Besteuerungssystematik, Stuttgart u.a. 1986; *Heinz Haller:* Zur Frage der zweckmäßigen Gestaltung gemeindlicher Steuern, Frankfurt/M. u.a. 1987: *Hanns Karrenberg:* Zum Stand der Gewerbesteuerdiskussion, in: Zeitschrift für Kommunalfinanzen, Jg. 1988, Heft 8: 174ff. und *Armin Feit:* Die Gewerbesteuer – ewiges Stiefkind der Steuerreform?, in: *Gert Jahn* (Hrsg.), Besteuerung und Unternehmenspolitik. Festschrift für Günther Wöhe, München 1989: 101ff.

67 Vgl. *Alois Oberhauser:* Ein Vorschlag zur Reform der einheitswertabhängigen Steuern, in: Wirtschaftsdienst, Jg. 1989, Heft 10: 512ff.; *Wissenschaftlicher Beirat beim Bundesministerium*

der Finanzen: Die Einheitsbewertung in der Bundesrepublik Deutschland: Mängel und Alternativen, Bonn 1989.
68 Vgl. die Thesen der *Kommission zur Verbesserung der steuerlichen Bedingungen für Investitionen und Arbeitsplätze,* a.a.O.: 5ff.
69 Vgl. *diess.*: 6.
70 *P. Bernd Spahn:* Zur Reform der Gemeindefinanzen, in Archiv für Kommunalwissenschaften, 1. Halbjahresband, Jg. 1989: 67ff., 82ff.
71 Georg Milbradt: a.a.O.: 63.

Frauen und lokale Politik

Hiltrud Naßmacher

Noch zu keinem Zeitpunkt standen Frauen so im Mittelpunkt von politischen Diskussionen wie in den letzten Jahren (vgl. Meyer 1987: 23ff.). Die 80er Jahre werden zuweilen als das Jahrzehnt gesehen, in dem die Probleme der Frauen in der Gesellschaft durch die Gleichstellungsstellen in das Bewußtsein der Bevölkerung gehoben wurden. Nach dem Quotierungsbeschluß der SPD (1988) und den Empfehlungen der CDU, Frauen entsprechend ihrer Mitgliederzahl bei der Besetzung von Funktionen und öffentlichen Ämtern zu berücksichtigen, scheint der Vorsprung der USA beim Abbau der Frauendiskriminierung nicht mehr gegeben: nun prophezeien manche Beobachter bereits, daß Frauen nun verstärkt in Ämter und Mandate drängen. Die Ausgangslage für Frauen ist also günstig. Noch nie hatten Frauen eine so gute Ausbildung wie heute. Eine große Anzahl von Frauen kann auch auf ausreichende berufliche Erfahrung verweisen, deren Fehlen zuweilen als Restriktion beim beruflichen und politischen Aufstieg von Bedeutung war.

Dennoch erscheint die Mitwirkung von Frauen auf allen Ebenen in Wirtschaft und Gesellschaft in Deutschland noch keineswegs eine Selbstverständlichkeit. Die Untersuchung soll sich einerseits auf die Mitwirkung von Frauen an der Politikgestaltung in Kommunen beziehen und andererseits die Frauen als Zielgruppe kommunaler Politik betrachten.

Der erste Zugriff ist in seiner Bedeutung leicht zu begründen: Gerade im parlamentarischen System der Bundesrepublik Deutschland wird der unteren Ebene des politisch-administrativen Systems (und darin eingeschlossen der unteren Parteiebene) für den politischen Aufstieg eine zentrale Bedeutung zugemessen. Parteiarbeit im Ortsverein oder Ortsverband ist immer häufiger Voraussetzung für den Einstieg in eine politische Karriere. Bereits 1969 hat Fülles gefordert, daß diese Ebene stärker untersucht werden müsse: „Denn hier ist ja der Ausgangspunkt jedes Weges in eine Parteiposition zu suchen" (Fülles 1969: 59).

Der zweite Aspekt der Untersuchung (Frauen als Ziel kommunaler Politik) ergibt sich aus der Tatsache, daß die in den 80er Jahren errichteten Gleichstellungsstellen unmißverständlich darauf aufmerksam gemacht haben, daß die Gleichheitsgarantien des Grundgesetzes in der Praxis auf allen Ebenen des politischen Systems noch keineswegs in angemessener Weise umgesetzt werden konnten und „daß die zunehmend konkreter geführte Gleichstellungsdiskussion ... nun die Ebene erreicht hat, wo Absichtserklärungen nicht mehr ausreichen und Ausflüchte schwerer möglich sind, weil vor Ort ...

die Ernsthaftigkeit der allenthalben verkündeten frauenfreundlichen Politik auf dem Prüfstand steht" (Gotzes 1985: 182).

1. *Entwicklungslinien der Mitwirkung von Frauen*

Die Parteien widmeten den Frauen und ihren Mitwirkungsansprüchen zunächst keine besondere Aufmerksamkeit. Dies war auch in der SPD der Fall, die immerhin angetreten war, die Gesellschaft zu verändern. Immerhin gab es seit 1869 mit August Bebels Buch „Die Frau und der Sozialismus" eine Art „Bibel" (Laurien 1976: 442) für die Befreiung der Frau. Erst 1908 trat das Reichsvereinsgesetz in Kraft, das den Frauen Vereins- und Versammlungsfreiheit zubilligte. Der Frauenanteil in der SPD stieg von 1908 auf 1909 von 5 Prozent auf fast 10 Prozent, 1918 lag er sogar bei 28 Prozent. Bereits 1908 wurde auf einer Frauenkonferenz die Forderung aufgestellt, daß weibliche Mitglieder in ihrem Verhältnis zu ihrem Anteil in der Partei in Vorständen vertreten sein sollen, mindestens sollte aber eine Frau dem Vorstand angehören (Dertinger 1988: 38).
Für die Mitwirkung von Frauen in Kommunalparlamenten der Weimarer Republik gibt es Informationen zu den Mandatsträgern der SPD (Tabelle 1).

Tabelle 1: Kommunale Mandate in der SPD

Jahr	1925	1926	1927	1928
Städte:				
männlich	6 233	6 478	7 188	7 194
weiblich	270	295	372	465
	4,3 %	4,5 %	5,1 %	5,6 %
Gemeinden:				
männlich	30 750	28 638	29 352	31 100
weiblich	197	452	228	248
	0,6 %	1,6 %	0,8 %	0,8 %
Kreise:				
männlich	419	3 099	3 454	3 957
weiblich	11	47	44	60
	2,6 %	1,5 %	1,3 %	1,5 %

Quelle: Fülberth 1985: 103-105 (eigene Berechnungen).

Dabei zeigt sich, daß der Anteil der Frauen in Kommunalparlamenten nicht kontinuierlich anstieg, sondern eher erheblich schwankte. Die hauptamtlichen Positionen in der örtlichen Verwaltung werden bereits in den statistischen Unterlagen nicht nach Männern und Frauen getrennt ausgewiesen. Eine Analyse von Miller (1981: 109ff.) ergibt, daß nur sechs Sozialdemokraten Führungspositionen in der Kommunalverwaltung zwischen 1918 und 1933 einnehmen konnten. „Gerade die bekanntesten unter ihnen unterschieden sich in ihrem sozialen Herkommen, ihrer fachlichen Ausbildung, ihrem beruflichen Werdegang, ihrer gesellschaftlichen Stellung grundlegend von ihren Amtskollegen" (Miller 1981: 109). Frauen hatten zu diesem Zeitpunkt u.a. aufgrund

des Fehlens einer fachlichen Qualifikation, noch weniger eine Chance als selbst ihre Konkurrenten aus dem sozialdemokratischen Lager. Auch die bürgerlichen Parteien besetzten alle Oberbürgermeisterposten mit Männern (Fülberth 1985: 106ff.).
Aus der Parteigeschichte ist dies verständlich: erst 1895 hatte die Christlich-Soziale Partei in Eisenach sowohl die Ausdehnung weiblicher Berufsmöglichkeiten als auch die Einschränkung der Fabrikarbeit verheirateter Frauen gefordert. Bei den Liberalen hatte erst 1896 der von Friedrich Naumann gegründete Nationalsoziale Verein Fragen zur Lage der Frauen aufgegriffen, u.a. ihre Zulassung zum Beruf und ihre persönliche und wirtschaftliche Sicherheit (Laurien 1976: 442). Zwar hat die liberale Frauenbewegung für die Reform der Mädchenausbildung gekämpft und damit den Grundstein für die politische Beteiligung der Frauen gelegt. Diese Bemühungen trugen allerdings noch nicht in der Weimarer Zeit ihre Früchte. Erst mußten auch Töchter aus Mittelschichtfamilien und Arbeitertöchter in Hochschulen vordringen können. Auch die Erwerbstätigkeit von Frauen mußte selbstverständlicher werden (vgl. Becker 1989: 27).
Unmittelbar nach dem Zweiten Weltkrieg hat sich die Mitwirkungsintensität von Frauen (gemessen an der Übernahme politischer Ämter) auch noch nicht entscheidend gewandelt. Frauen wurden in der Nachkriegszeit in Frauenarbeitskreise verwiesen, in denen sie nicht vorrangig ihre eigenen Interessen vertreten sollten, sondern in denen es vor allem darum ging, Frauen zu schulen (z.B. zu Fragen der Ernährung). Bei der CDU sollte die Frauenarbeit zugleich ein Scharnier sein zu den Frauenorganisationen der Caritas, Inneren Mission, Fürsorgevereinigungen, dem Roten Kreuz und den Frauen- und Müttervereinen (Liedtke 1988: 148ff.). SPD-Frauen hatten vor allem Funktionen der Versorgung und Betreuung wahrzunehmen. Auch die SPD-Frauen konnten kaum Einfluß auf die Besetzung einflußreicher Positionen nehmen. Namen wie Luise Schröder (Berlin) und Luise Alberts (Oberhausen) erwecken zwar den Eindruck, als seien Frauenkarrieren in der Kommunalpolitik schon eine übliche Angelegenheit. Als 1972 Elisabeth Roock in Solingen für drei Jahre Oberbürgermeisterin wurde, gab es lediglich eine weitere Amtsinhaberin in einer Großstadt (Oberhausen). Eine Frau als Verwaltungschef hatte in Baden-Württemberg nur eine Kleinstgemeinde (Perouse) nach der kommunalen Verwaltungs- und Gebietsreform. Aber auch als Mandatsträger waren Frauen immer unterrepräsentiert.

2. *Frauen als Akteure in der Kommunalpolitik*

Noch bis 1975 wies das Statistische Jahrbuch Deutscher Gemeinden nicht aus, wieviel Frauen in Räten vertreten waren. Offenbar hatte die Repräsentanz von Männern und Frauen keinen Informationswert. Noch geringere Kenntnisse sind über andere Funktionen von Frauen auf der kommunalen Ebene vorhanden. Das Interesse an solchen Informationen hat sich in den letzten Jahren gründlich geändert: Seitdem ist die Unterrepräsentation von Frauen in Ämtern und Mandaten in aller Munde. Die Parteien des linken Spektrums haben inzwischen neue Maßstäbe gesetzt. Dabei waren die Grünen eindeutig die Promotoren für die Frauenrepräsentation in politischen Ämtern. Bei ihnen ist die innerparteiliche Parität seit ihrer Gründung programmatisch festgeschrieben (Hoecker 1986: 65). Auf dem Parteitag in Hannover 1986 beschlossen sie die paritätische Berücksichtigung von Frauen auf allen Listen und in allen Gremien. Der reine Frauenvorstand der Bundestagsfraktion der Grünen erzielte eine Signalwirkung. Die SPD zog nach langen innerparteilichen Diskussionen mit dem Beschluß zur Quotenregelung auf dem Parteitag in Münster im August 1988 nach. Danach sollen bei der SPD Frauen bis 1994 40 Prozent aller Ämter besetzen, 1999 40 Prozent aller Mandate. Bei der CDU hat Rita Süßmuth eine sogenannte „Sollquotierung" durchgesetzt: Frauen sollen entsprechend ihrer Mitgliederanteile an Ämtern und Mandaten beteiligt werden.

2.1 Frauen als Mandatsträger

Kommunale Mandate sind insbesondere bei Frauen für den Einstieg in politische Führungspositionen auf kommunaler Ebene und überörtlich von erheblicher Bedeutung, da Frauen in der Regel nicht – wie zuweilen Männer – über politiknahe Berufe (Tätigkeit in Verbänden oder Institutionen, einflußreichen privaten Berufspositionen, Tätigkeit in studentischen oder sonstigen Jugendgruppen des vorpolitischen Raumes) einen „Seiten"-Einstieg erreichen können (vgl. Herzog 1982: 78).

2.1.1 Frauen als Ratsmitglieder

Bereits 1987 stellte der Deutsche Städtetag einen deutlichen Anstieg von Frauen in Räten fest. 1987 betrug ihre Zahl 15,5 Prozent von den insgesamt 21.690 Ratsmitgliedern in Städten mit mehr als 20.000 Einwohnern. Jedes sechste Ratsmitglied war also eine Frau. 1990 sind bereits 19,3 Prozent der insgesamt 21.850 Sitze mit Frauen besetzt und damit ist jedes fünfte Ratsmitglied weiblich (Tabelle 2).

Tabelle 2: Weibliche Mandatsträger in den Kommunalparlamenten

Gemeinden mit ... bis unter ... Einwohner	1973	1975	1979	1981/2	1983	1945	1987
500.000 und mehr	12,3	13,2	14,5	15,7	16,3	18,5	21,2
200.000 – 500.000	11,6	12,2	14,7	15,4	15,0	18,0	18,9
100.000 – 200.000	10,7	12,1	14,4	15,4	15,4	17,7	19,0
50.000 – 100.000	9,1	10,1	12,0	13,1	13,5	15,0	15,8
20.000 – 50.000	6,9	8,3	10,3	11,2	11,8	13,1	14,0
zusammen	8,3	10,0	11,4	12,4	13,4	14,4	15,4

Quelle: Schnittger 1990: 226.

In den Großstädten (über 100.000 Einwohner) sind die Frauen sogar noch besser vertreten: Jedes fünfte Ratsmandat hielt 1987 eine Frau, 1990 waren sogar 25 Prozent der Mandatsträger Frauen. Den höchsten Anteil weiblicher Ratsmitglieder verzeichnete 1987 die Stadt Freiburg im Breisgau mit 35 Prozent, gefolgt von München (34 Prozent),

Göttingen (33 Prozent), Bremerhaven (31 Prozent) sowie Nürnberg und Karlsruhe (je 30 Prozent). 1990 führen die Städte Münster und Mainz mit je 37 Prozent, gefolgt von München, Bielefeld und Kassel mit je 34 Prozent und Freiburg mit 33 Prozent. Lediglich in zwei der insgesamt 64 Großstädte blieb 1987 der Anteil der Frauen unter 10 Prozent (Koblenz (9 Prozent) und Bottrop (8 Prozent)), 1990 liegen nur Siegen und Salzgitter unter 15 Prozent. Die Umfragen des Deutschen Städtetages brachten zudem ein weiteres klares Ergebnis: Je kleiner die Kommune, um so geringer ist die Zahl der Frauen im Gemeinderat. Schlüsselt man die weiblichen Ratsmitglieder nach ihrer Parteizugehörigkeit auf, so sind die Grünen mit 28,5 Prozent (1987) bzw. 37,7 Prozent (1990) Frauenanteil bundesweit am stärksten vertreten. Die SPD kommt auf durchschnittlich 17 Prozent bzw. 22 Prozent, die FDP auf 16 Prozent bzw. 18 Prozent und die CDU/CSU auf 12 Prozent bzw. 15 Prozent Frauen unter den Mandatsträgern (Niedersächsischer Städtetag: 9/1987: 64 und Trierischer Volksfreund vom 9/10.6.1990: 8).

Bei den genannten Großstädten, in denen der Frauenanteil sehr hoch ist, handelt es sich sämtlich um Universitätsstädte. Koblenz, Bottrop und Mönchengladbach mit einem Frauenanteil von ca. 9 Prozent (1987) sind dagegen nicht oder erst neuerdings Universitätsstädte. Der Zusammenhang zwischen der Stärke der Grünen und den Universitätsstädten ist bereits mehrfach aufgezeigt worden. Dieser Faktor schlägt auch bei der Repräsentanz von Frauen durch. Nur knapp über der 10-Prozent-Marke liegen Essen, Salzgitter und Remscheid, wobei Essen eher den Trend der Ruhrgebietsgroßstädte widerspiegelt, die alle einen vergleichbar niedrigen Frauenanteil in den Räten haben (bis ca. 15 Prozent der Mitglieder). Dies gilt generell für die alten Industriestädte in allen Bundesländern. Bei allgemein ansteigendem Frauenanteil bleibt die Repräsentation der Frauen in diesen Industriestädten unterdurchschnittlich. Nur Siegen paßt nicht in den allgemeinen Trend.

Dagegen scheint das Kommunalwahlsystem, das in manchen Bundesländern eher persönlichkeitsorientiert ist (mit unterschiedlichen Möglichkeiten zum Kumulieren und Panaschieren; s.d. Heppe 1989: 103ff.) oder in anderen durch die starren Listen der Parteien bestimmt wird, weniger auf die Wahlchancen von Frauen durchzuschlagen. Die häufig wiederholte These, daß Frauen bei stark persönlichkeitsorientiertem Wahlsystem benachteiligt sind, weil sie weniger in etablierten sozialen Zusammenhängen um Stimmen werben können (Vereinen, Verbänden oder am Stammtisch), scheint sich nicht zu bestätigen. Im Gegenteil: Frauen haben – wenn sie nominiert werden – gemessen an ihrer quantitativen Repräsentanz bei stark persönlichkeitsorientierten Kommunalwahlsystemen die bessere Chance, ein Mandat zu erobern: in Bayern, Baden-Würtemberg und Rheinland-Pfalz sowie in Niedersachsen. Frauen wurden deutlich mehr „hochgewählt" als die Männer (Heppe 1989: 106ff.). Dies mag damit zusammenhängen, daß wenige weibliche Kandidaten mehr Aufmerksamkeit erzielen können und sich daraus auch Vorteile gegenüber männlichen Mitbewerbern bei persönlichkeitsorientiertem Wahlsystem ergeben (Tabelle 3).

Tabelle 3: Frauenanteile bei unterschiedlichen Wahlsystemen

	Ratsmitglieder 1988 insgesamt	Frauen 1988 abs.	Frauen 1988 in %	1985 abs.	1985 in %	1980 abs.	1980 in %	1976 abs.	1976 in %
1. BW									
Stuttgart	60	13	21,6	13	21,6	13	21,6	13	21,6
Karlsruhe	66	19	28,8	20	30,3	*64/14	21,9	*60/11	18,3
Mannheim	48	10	20,9	11	22,3	11	22,3	9	18,8
Freiburg/Br.	48	16	33,4	17	35,4	14	29,1	13	27,1
Heidelberg	40	10	25,0	9	22,5	9	22,5	11	27,5
Heilbronn	40	8	20,0	10	25,0	7	17,5	6	15,0
Pforzheim	51	8	15,7	9	17,7	*50/5	10,0	*48/6	12,5
Ulm	40	9	22,5	9	22,5	4	10,0	6	15,0
2. Bay									
München	80	27	33,8	28	35,0	20	25,0	14	17,5
Augsburg	60	12	20,0	12	20,0	7	11,7	8	13,3
Nürnberg	70	20	28,6	21	30,0	16	22,9	12	17,1
Erlangen	50	11	22,0	13	22,0	8	16,0	*44/6	13,6
Regensburg	50	9	18,0	9	18,0	9	18,0	7	14,0
Würzburg	50	9	18,0	9	18,0	8	16,0	8	14,0
3. RLP									
Koblenz	55	6	10,9	5	9,1	5	9,1	5	9,1
Ludwigshafen	59	9	15,3	9	15,3	9	15,3	8	13,7
Mainz	59	12	20,3	11	18,6	9	15,3	9	15,3
4. NS									
Hannover	65	15	22,1	13	20,0	10	15,4	9	13,9
Braunschweig	55	8	14,6	6	10,9	*57/7	12,3	*57/7	12,3
Göttingen	49	15	30,6	10	20,4	*47/5	10,6	*47/5	10,6
Hildesheim	47	10	21,3	6	12,8	5	10,6	6	12,8
Oldenburg	49	10	20,4	6	12,3	6	12,2	5	10,2
Osnabrück	51	14	27,5	7	13,7	6	11,8	5	9,8
Salzgitter	47	5	10,6	3	6,4	2	4,3	2	4,3
Wolfsburg	47	9	19,2	*49/4	8,2	*49/2	4,1	*49/3	6,1
5. HE									
Frankfurt/M.	93	20	21,5	21	22,6	17	18,3	15	16,1
Wiesbaden	81	16	19,8	17	20,1	9	11,1	10	12,4
Darmstadt	71	12	16,9	14	19,7	18	5,4	11	15,5
Kassel	71	15	21,1	15	21,1	16	22,5	11	15,5
Offenbach/M.	71	15	21,1	16	22,5	13	18,3	8	11,3

	Ratsmitglieder 1988	Frauen 1988		1985		1980		1976	
	insgesamt	abs.	in %	abs.	in %	abs.	in %	abs.	in %
6. NRW									
Dortmund	83	13	15,7	13	15,7	12	14,5	10	12,1
Düsseldorf	83	15	18,1	16	19,3	15	18,1	14	16,9
Duisburg	83	14	16,9	13	15,7	8	9,7	8	9,7
Essen	83	9	10,8	12	14,5	7	8,4	7	8,4
Köln	91	16	17,6	17	18,7	10	11,0	11	12,1
Aachen	59	9	15,2	11	18,6	7	11,9	5	8,5
Bielefeld	67	18	26,9	19	28,4	15	22,4	8	11,9
Bochum	75	9	12,0	9	12,0	8	10,7	8	10,7
Bonn	69	17	24,7	17	24,7	*67/12	17,9	*67/3	13,4
Gelsenkirchen	67	9	13,4	9	13,4	13	19,4	9	13,4
Hagen	58	5	8,7	7	12,1	*59/3	5,1	*59/4	6,8
Krefeld	59	7	11,9	7	11,9	5	8,5	4	6,8
Mönchengladbach	67	6	9,0	9	13,4	6	9,0	3	4,5
Münster	67	15	22,4	17	25,4	10	14,9	7	10,5
Oberhausen	59	11	18,6	6	10,2	9	15,3	11	18,6
Wuppertal	67	12	17,9	11	16,4	12	17,9	*75/10	13,3
Bergisch Gladbach	58	13	22,4	*59/13	22,0	*59/9	15,3	*51/8	15,7
Bottrop	59	6	10,1	7	11,9	4	6,8	5	8,5
Hamm	59	9	15,3	9	15,3	7	11,9	3	5,1
Herne	59	10	17,0	11	18,7	7	11,9	6	10,1
Leverkusen	59	9	15,3	9	15,3	9	15,3	7	11,9
Mühlheim/Ruhr	59	11	18,7	14	23,8	11	18,7	11	18,7
Neuss	59	11	18,7	12	20,3	8	13,6	6	10,1
Paderborn	59	11	18,7	11	18,7	8	13,6	6	10,1
Recklinghausen	59	11	18,7	9	15,3	9	15,3	6	10,1
Remscheid	59	7	11,9	8	13,6	10	17,0	7	11,9
Siegen	59	8	13,6	8	13,6	6	10,1	4	6,9
Solingen	59	8	13,6	8	13,6	9	15,3	9	15,3
Witten	59	11	18,7	13	22,0	9	15,3	8	13,6
7. SL									
Saarbrücken	63	8	12,7	7	11,1	6	9,5	9	14,3
8. SH									
Kiel	49	9	18,3	7	14,3	7	14,3	6	12,2
Lübeck	49	13	26,5	6	12,2	7	14,3	7	14,3

* bezeichnet eine Änderung der absoluten Ratsmitgliederzahl.

Quelle: Statistische Jahrbücher deutscher Gemeinden (eigene Zusammenstellung).

2.1.2 Frauen in Bezirksvertretungen

Insgesamt gelten die Räte als die Institutionen, in denen Frauen die meisten Mandate innehaben. Da der Anteil der Frauen in Landtag und Bundestag geringer ist, ließe sich umgekehrt vermuten, daß Frauen in Bezirksvertretungen häufiger vertreten sind. Grundlage für diese Annahme ist, daß sich potentielle Mandatsträger für höherrangige Mandate zunächst auf der unteren Ebene bewähren müssen. Eine entsprechende Funktion wird auch häufiger den Bezirksvertretungen in bezug auf den Rat zugedacht. Ein quantitativer Beweis dieser Hypothese läßt sich allerdings nicht erbringen, da das statistische Material dazu fehlt: Die Frauenanteile in Bezirksvertretungen werden im Statistischen Jahrbuch Deutscher Gemeinden nicht ausgewiesen. So stellt Schäfer (1982: 83) fest: „Die Sozialstruktur von Stadtteilvertretungen ist bislang nur für Berlin, Bremen und Hamburg analysiert worden". Allerdings schien in diesen Städten der Frauenanteil deutlich höher zu liegen als in anderen Vertretungskörperschaften. Ob dies auch in den Stadtteilvertretungen mittlerer und kleinerer Großstädte ähnlich ist, kann auch nach den Erhebungen von Schäfer nicht eindeutig beantwortet werden. Dagegen sind Hypothesen über die Zusammensetzung von Stadtteilvertretungen häufig. So wird vermutet, daß sich hier vielfach die „zweite Garnitur" des politischen Personals finde (Püttner 1976: 12) – und zu dieser zweiten Garnitur werden auch Frauen gezählt.

Zweifellos sind die Aufgaben der Stadtteilvertretungen überschaubarer als die von Räten. In solchen Zusammenhängen lassen sich nach allgemeiner Vorstellung Erfahrungen am besten sammeln. Fast die Hälfte der Mitglieder von Stadtteilvertretungen verbringt erst die erste Legislaturperiode in diesen Gremien, und das deutet auf Einarbeitung oder raschen Wechsel hin (von Kodolitsch u.a. 1985: 77), während Ratsmitglieder meist längere politische Erfahrungen haben. Die Tätigkeit in Stadtteilvertretungen wird von Ratsmitgliedern (und das ergab eine Untersuchung einer repräsentativen Auswahl von Ratsmitgliedern in Nordrhein-Westfalen und Niedersachsen) als wichtige Vorbereitung für die Tätigkeit in Räten angesehen (Kempf/Naßmacher/von Kodolitsch 1989). Wenn Stadtteilvertretungen im Hinblick auf die Sozialstruktur ansonsten bei ihrer Zusammensetzung den Räten im wesentlichen gleichen – und nach der Untersuchung von von Kodolitsch (1985: 20) neben Frauen noch die unter 40-jährigen etwas überrepräsentiert sind – so stellt sich die Frage, wodurch diese Überrepräsentation der Frauen in Bezirksvertretungen zustande kommt.

Als These bietet sich an, daß bei Frauen die Sozialisations- und Einarbeitungsphase in Stadtteilvertretungen als besonders wichtig angesehen wird oder daß sie besonders bereit sind, diese Erfahrung intensiv zu nutzen. Hier würde sich wiederum die allgemeine Vorstellung manifestieren, daß Frauen eine heute für wichtig gehaltene Voraussetzung für eine Mandatsübernahme weitgehend nicht mitbringen: Kenntnisse aus der Berufstätigkeit. Auch das geringe Vertrauen in die eigenen Fähigkeiten könnte hier wieder eine Rolle spielen. Frauen scheinen sich mit überschaubaren Tätigkeiten bei einer Mandatsübernahme leichter abzufinden. Im kleinen Kreise erhoffen sie sich Fähigkeiten anzueignen, die sie sich aufgrund ihrer Rolle in Haushalt und Familie bisher nicht aneignen konnten. Sie wollen sich möglicherweise dadurch für ein höherwertiges Mandat qualifizieren. Dies ist allerdings keineswegs sicher. Es gibt viele Beispiele, daß Frauen, die bereits mehrere Perioden in einer Bezirksvertretung Mandatsträger waren, bei Kandidatenaufstellungen für den Stadtrat immer wieder gegenüber männlichen Bewerbern benachteiligt wurden. Aber auch der umgekehrte Fall ist bekannt geworden: Ein ehemaliges „einfaches" weibliches Ratsmitglied konnte sich durch die zusätzliche Position eines Ortsbürgermeisters eine machtvolle Position in ihrer Fraktion verschaffen.

Tabelle 4a: Anzahl der weiblichen Bundestagsabgeordneten

Wahlperiode	Weibliche Abgeordnete zu Beginn der WP insgesamt		Weibliche Abgeordnete am Ende der WP insgesamt		Weibliche Abgeordnete zu Beginn der WP nach Fraktionen						
	Anzahl	in % aller Abg.	Anzahl	in % aller Abg.	CDU/CSU Anzahl	CDU/CSU in %	SPD Anzahl	SPD in %	FDP Anzahl	FDP in %	Sonstige und Grüne
1. WP 1949-53	28[4]	6,8[4]	38[5]	9,0	11	7,7	13	9,6	0	0,0	4[1]
2. WP 1953-57	45	8,8	52	10,0	19	7,6	21	13,0	3	5,7	2[2]
3. WP 1953-57	48	9,2	49	9,4	22	7,9	22	12,2	3	7,0	1[3]
4. WP 1957-61	43	8,3	49	9,4	18	7,2	21	10,3	4	6,0	-
5. WP 1965-69	36	6,9	41	7,9	15	6,0	19	8,8	2	4,0	-
6. WP 1969-72	34	6,6	32	6,2	14	5,6	18	7,6	2	6,5	-
7. WP 1972-76	30	5,8	36	6,9	15	6,4	13	5,4	2	4,8	-
8. WP 1976-80	38	7,3	41	7,9	19	7,5	15	6,7	4	10,0	-
9. WP 1980-82	44	8,5	-	-	18	7,6	19	8,3	7	13,0	-
10. WP 1983-87	-	-	42	8,1	17	6,7	17	8,5	4	11,4	- 4 14,8
11. WP 1987-90	-	-	67	12,9	15	6,4	24	12,4	6	12,5	21(1) 50,0

1) Zentrum 2 (= 20,0 %), DP 1 (=5,9 %), KPD 1 (= 6,7 %); 2) GB/BHE 2 (= 7,4 %); 3) DP 1 (= 5,9 %); 4) Die in vielen Statistiken angegebene Zahl von 29 ist wahrscheinlich darauf zurückzuführen, daß dabei die Abgeordnete Margarete Hütter als Nachfolgerin für den Abgeordneten Theodor Heuss (ab 15. September 1949) bereits mitgerechnet wurde. Diese Abgeordnete ist auch schon in mehreren alphabetischen Mitgliederlisten zu Beginn der 1. Wahlperiode enthalten. 5) In dieser Anzahl sind 3 Parlamentarierinnen enthalten, die durch die Erhöhung der Anzahl von Vertretern Berlins von 8 auf 19 im Jahre 1952 Mitglied des Bundestages wurden.

Quelle: Handbuch des Bundestages (eigene Erhebungen).

2.1.3 Bedeutung der kommunalpolitischen Aktivitäten für überörtliche Mandate

Die Anzahl der weiblichen Mandatsträger in Landtagen und im Bundtestag ist verglichen mit kommunalen Mandatsträgern extrem niedrig. Sie hat erst in der letzten Wahlperiode des Bundestages die 10-Prozent-Marke überschritten (Tabelle 4a) und liegt seit den ersten gesamtdeutschen Bundestagswahlen im Dezember 1990 gar bei 20 Prozent. Bei den Landtagen ist die Vertretung der Frauen insbesondere in Ländern mit vielen ländlich strukturierten Gebieten schwach (Tabelle 4b).

Tabelle 4b: Anzahl der weiblichen Landtagsabgeordneten

	zwischen 1985 und 1988 Mandate			*zwischen 1980 und 1984* Mandate			*zwischen 1975 und 1979* Mandate		
	gesamt	Frauen	in %	gesamt	Frauen	in %	gesamt	Frauen	in %
Baden-Württemberg	125	11	8,8	126	9	7,1	121	6	4,9
Bayern	204	25	12,3	204	15	7,4	204	15	7,4
Berlin	144	24	16,7	132	14	10,6	135	11	8,1
Bremen	100	24	24,0	100	18	18,0	100	16	16,0
Hamburg	120	35	29,2	120	20	16,7	120	12	10,0
Hessen	110	18	16,4	110	14	12,7	110	11	10,0
Niedersachsen	155	20	12,9	171	11	6,4	155	9	5,8
Nordrhein-Westfalen	227	26	11,5	201	13	6,5	200	11	5,5
Rheinland-Pfalz	100	15	15,0	100	11	11,0	100	10	10,0
Saarland	51	6	11,8	51	3	5,9	50	3	6,0
Schleswig-Holstein	74	18	24,3	74	9	12,2	73	6	8,2
	1 410	222	15,7	1 389	137	9,9	1 368	110	8,0

Quelle: Schnittger 1990: 217.

Die These, daß die kommunalpolitische Tätigkeit zur Qualifikation für Landesparlament und Bundestag Bedeutung hat, wird allgemein akzeptiert (Kaack 1969: 83). Nützlich sind zusätzliche wichtige Parteifunktionen nicht nur auf der örtlichen Ebene, sondern auch auf Kreis-, Landes-, Bezirks- und Bundesebene. Sieht man sich den ersten Aspekt einmal bei den weiblichen Mandatsträgern des Bundestages an, so ergibt sich, daß kommunale Mandate offenbar schon immer für die Rekrutierung von Frauen eine erhebliche Bedeutung hatten. So waren jeweils die Hälfte der CDU- und SPD-Abgeordneten des Bundestages kommunale Mandatsträger, bevor sie in den Bundestag einziehen konnten. Dieser Anteil stieg noch erheblich an, so daß nun bei der CDU nur ca. 1/3 bis 1/4 der weiblichen Abgeordneten nicht auf eine kommunalpolitische Tätigkeit zurückblicken konnte. Bei der SPD ist der Anteil dagegen eher konstant geblieben, zwischenzeitlich etwas gesunken, in der letzten Wahlperiode zeichnet sich jedoch wieder ein Anstieg ab. Dies gilt auch für die weiblichen FDP-Bundestagsabgeordneten. Bei den Abgeordneten der Grünen lassen sich in den wenigen Legislaturperioden noch keine Trends entdecken (Tabelle 5).
Noch interessanter sind die Ergebnisse in bezug auf die Tätigkeit in den örtlichen Parteiorganisationen selbst. Während die Frauen bis zur 6. Bundestagswahlperiode

Tabelle 5: Bedeutung der Kreis-/Gemeindeebene für Bundestagsmandate von Frauen

	CDU/CSU		SPD		FDP		Sonst./Grüne	
1. WP	ja	nein	ja	nein	ja	nein	ja	nein
2. WP	10	10	10	10	2	1	–	2
3. WP	11	11	10	10	2	1	–	–
4. WP	6	11	12	9	3	1	–	–
5. WP	7	8	11	8	1	1	–	–
6. WP	8	6	7	10	1	1	–	–
7. WP	12	3	4	9	1	1	–	–
8. WP	16	3	5	11	2	2	–	–
9. WP	6	12	6	13	4	3	–	–
10. WP	14	4	10	11	2	1	1	9
11. WP	15	4	18	13	2	4	7	18

Quelle: Handbücher des Bundestages (eigene Auswertungen).

noch mit einer Tätigkeit in sozialen Organisationen oder als Vorsitzende/Aktivistin in Frauenvereinigungen auskamen, führen die weiblichen Abgeordneten ab der 7. Wahlperiode immer häufiger eine Aktivität als Ortsvereins-/Ortsverbands-Vorsitzende oder Vorsitzende der örtlichen Parteigliederung (Stadtverband/Unterbezirksvorsitz/Kreisvorsitzende) in ihrem Lebenslauf an. In der 9. und 10. Wahlperiode ist das sogar die Mehrheit der Abgeordneten. Offenbar haben die Frauen diese örtliche Managementfunktion als Schaltstelle für die Kandidatenaufstellung erkannt. In der 11. Wahlperiode ist die Zahl derjenigen Abgeordneten, die eine solche Position vor ihrem Mandat in Bonn innehatten, nicht wesentlich geringer geworden. Aber die Zahl der weiblichen Abgeordneten ist sprunghaft gestiegen, vor allem bei den Grünen (Tabelle 6).

Nun ergibt sich die Frage, ob durch die Quotenregelung die Qualifikation in der Kommunalpolitik an Bedeutung verliert und ob dadurch der Unterrepräsentation von Frauen wirksam begegnet werden kann. Die Wirkungen der Quotenregelung in diese Richtung sind nicht zwingend – wie die Kandidatenaufstellungen bei zwei Landtagswahlen beweisen: Bei der Kandidatenaufstellung für die Landtagswahl in Niedersachsen 1990 klappte es bei der SPD nicht, frei werdende und sichere Wahlkreise durch Frauen zu besetzen, obwohl die vorgesehenen Kandidatinnen erhebliche Erfahrungen in der Kommunalpolitik hatten. Nur unsichere Wahlkreise oder solche, bei denen keine Chance auf Direktwahl bestand, konnten bei der Kandidatenaufstellung von Frauen erobert werden. Eine Kompensation wurde über die Landesliste versucht, so daß über diesen Weg fast genausoviel Frauen in den Landtag einzogen wie direkt gewählt wurden (9 zu 7). Bei den Männern ist das Verhältnis extrem anders: 62 direkt gewählte Abgeordnete stehen drei gegenüber, die über die Liste in den Landtag einzogen. Auch bei der CDU standen Frauen bei der Kandidatenaufstellung sehr hoch im Kurs. Das Ergebnis war jedoch ähnlich: Frauen mit viel kommunalpolitischer Erfahrung durften zwar kandidieren, hatten aber in den Wahlkreisen weniger Chancen, in den Landtag zu gelangen. Das schlechte Wahlergebnis für die CDU bewirkte, daß die Kompensation über die Liste gelang: alle Frauen konnten über diesen Weg in den Landtag einziehen.

Tabelle 6: Bedeutung der Kreis-/Gemeindeebene für weibliche Bundestagsabgeordnete (hier: Vorsitz in Basisorganisationen der Partei)

	CDU/CSU		SPD		FDP		Sonst./Grüne	
	ja	nein	ja	nein	ja	nein	ja	nein
2. WP	–	20	1	19	–	3	–	2
3. WP	3	19	2	18	–	3	–	–
4. WP	–	17	2	19	–	4	–	–
5. WP	–	15	–	19	–	2	–	–
6. WP	2	12	2	16	–	2	–	–
7. WP	5	10	2	11	–	2	–	–
8. WP	6	13	2	14	1	3	–	–
9. WP	14	4	9	10	4	3	–	–
10. WP	9	8	11	10	2	1	2	8
11. WP	6	13	9	22	3	3	3	22

Quelle: Handbücher des Bundestages.

Mit Sicherheit wirken Quoten nur, wenn es um die Besetzung von gleichzeitig mehreren Positionen geht und das wäre nur bei der reinen Listenwahl der Fall, die aber nur in Hessen bei den Kommunalwahlen zur Anwendung kommt.
Als weiteres Beispiel kann Nordrhein-Westfalen dienen. Vor der Landtagswahl im Jahre 1990 zeigten sich ähnliche Wirkungen der Quote wie in Niedersachsen: Der prozentuale Anteil der Kandidatinnen in sicheren SPD-Wahlkreisen war am niedrigsten, in 1985 von der CDU gewonnenen Wahlkreisen am höchsten. Dies verweist auf den gleichen Trend wie in Niedersachsen: Sozialdemokratinnen wurden eher dort aufgestellt, wo sie kaum Aussichten auf einen Wahlsieg hatten und damit das Interesse der Männer an einer Kandidatur offensichtlich geringer war, als bei den SPD-sicheren Wahlkreisen. Vor allen Dingen große Unterbezirke in den SPD-Hochburgen des Ruhrgebietes haben nur Männer für die Landtagswahl 1990 nominiert. Sie beriefen sich dabei auf das autonome Verhalten von Wahlkreiskonferenzen. Auch der Versuch, über die Besetzung der Landesliste die Quote zu realisieren, scheiterte (Weigmann-Hellmich 1990: 196f.).

2.2 Restriktionen beim Zugang zu Mandaten

Daher ist nach wie vor der Frage nachzugehen, welche Restriktionen vor allem bewirken, daß Frauen unterrepräsentiert sind. Spielen hierfür individuelle, soziale oder institutionelle Aspekte die dominierende Rolle? Auf den ersten Aspekt heben die Sozialstruktur- (Frauen sind nicht so kompetent) bzw. die Sozialisations- (Frauen sind nicht so motiviert) und die Diskriminierungsthese (Frauen sind nicht politikfähig) ab. Auf soziale Zusammenhänge verweist die Abkömmlichkeitsthese (Frauen haben keine Zeit). Schließlich befaßt sich die Isolationsthese mit Restriktionen, die durch institutionelle Rahmenbedingungen bedingt sein können.
Alle diese Thesen sind bislang nur wenig empirisch fundiert. Wenn die politische

Karriere mit der Übernahme von Führungspositionen auf der unteren Parteiebene im lokalen Bereich beginnt (Naßmacher 1973: 556), dann sind Informationen über das quantitative und qualitative personelle Reservoir wichtig. „Insgesamt gesehen sind Frauen in den Parteien noch immer weit unterrepräsentiert. Sie stellen nur ein Viertel der Gesamtmitglieder (1989: CDU 22 Prozent, CSU 14 Prozent; SPD 26 Prozent), während der Frauenanteil in der Bevölkerung bei 50 Prozent liegt. Die Zahl der weiblichen Mitglieder steigt jedoch: langsam bei der CDU, rascher bei der SPD" (Naßmacher 1990: 17; zur längerfristigen Entwicklung s. Schnittger 1990: 211).

Eine genauere Bestimmung des personellen Reservoirs hat Hoecker durch eine Untersuchung von Bremer Parteimitgliedern vorgelegt. Dabei wird deutlich, daß in bezug auf den Bildungsstand nur geringe Differenzen zwischen Männern und Frauen bestehen. Dieser ist in der SPD zwischen Männern und Frauen am ausgeglichensten; bei der CDU und der FDP haben mehr weibliche als männliche Mitglieder die mittlere Reife, während bei CDU-Männern das Abitur und bei FDP-Männern das Examen dominiert. Bei der Berufstätigkeit von Parteimitgliedern liegen die Männer klar vor den Frauen (70 Prozent gegenüber 47,9 Prozent). Insgesamt sind die Berufstätigen allerdings im Vergleich zur Gesamtbevölkerung in Parteien überrepräsentiert (Hoecker 1985: 15). In bezug auf das politische Interesse unterscheiden sich Frauen nicht wesentlich von Männern: 87,2 Prozent der Männer und 83,4 Prozent der Frauen bekundeten in der Bremer Umfrage ein „starkes" bzw. „sehr starkes" Interesse an der Politik. Dabei haben die SPD-Frauen das stärkste politische Interesse, gefolgt von den liberalen Frauen und schließlich den Christdemokratinnen (Hoecker 1985: 35).

Bei den Beweggründen allerdings, einer Partei beizutreten, zeigen sich Unterschiede zwischen Männern und Frauen. Während bei Frauen Zugehörigkeitsgefühle und Gemeinschaftsgedanken (Zugehörigkeit zu einer politischen Gesinnungsgemeinschaft) im Vordergrund stehen, ist bei Männern der Wille vorherrschend, politische Ziele durchzusetzen oder die Bereitschaft groß, eine Partei zu unterstützen und auch zu verhindern, daß eine andere Partei an die Macht kommt (Hoecker 1985: 43). Daraus ergeben sich allerdings noch keine Differenzen in bezug auf Bereitschaft, politische Ämter zu übernehmen. „Aktiv und zur Amtsübernahme bereit sind 27,5 Prozent der Frauen und 27 Prozent Männer. Hinzu kommt eine stille Reserve, 11,6 Prozent weiblicher und 17,3 Prozent männlicher Mitglieder, die zwar zeitweilig nicht aktiv sind, aber dennoch Bereitschaft zeigen, ein Amt zu übernehmen. Insgesamt umfaßt also das personelle Rekrutierungsreservoir der Parteien 39,1 Prozent Frauen und 44,3 Prozent Männer" (Hoecker 1986: 72). „Sieht man diese Ergebnisse insgesamt unter dem Aspekt der Personalauslese, so kann die mangelhafte Präsenz von Frauen in innerparteilichen Ämtern jedenfalls nicht an ihrer individuellen Bereitschaft zur Amtsübernahme liegen; ihr Interesse daran ist genauso groß wie das der Männer" (Hoecker 1986: 73).

Dies ist allerdings nicht gleichzusetzen mit einem generellen Aufstiegsinteresse. „Nahezu ein Viertel der Frauen, aber nur 7,8 Prozent der Männer schließen einen politischen Aufstieg für sich aufgrund mangelnden Vertrauens in die eigenen Fähigkeiten aus" (Hoecker 1986: 73). Das geringe Vertrauen in die eigenen Fähigkeiten wird Frauen offenbar auf Versammlungen der örtlichen Ebene vermittelt. Dabei handelt es sich um sehr stark männerdominierte Veranstaltungen. Männer stellen mehr Anträge, melden

sich häufiger zu Wort, sind eher bereit, Informationen vom Vorstand zu fordern und sind eher kritikbereit. Dagegen ist die Mehrzahl der Frauen, die Parteiveranstaltungen besuchen (und dies ist nur etwa die Hälfte), nur stummer Zuhörer. Drei Viertel der Frauen wird zudem von ihrem Ehemann begleitet (Hoecker 1985: 60). Nach diesen Ergebnissen scheinen vor allem die Frauen selbst (durch zu geringe Aktivität, Mangel an Selbstvertrauen) den Einstieg in eine Karriere zu behindern. Dabei mögen aber soziale Komponenten (Begleitung durch den Mann) eine wichtige Rolle spielen.
Die These vom unterentwickelten Selbstvertrauen wird durch eine Untersuchung über das Weiterbildungsverhalten von Ratsmitgliedern bestätigt. 48,6 Prozent der Frauen und nur 34,5 Prozent der männlichen Kollegen nahmen an Weiterbildung teil (Kempf/ Naßmacher/von Kodolitsch 1989: 82). Dabei zeigten Frauen, die bereits ein kommunales Mandat hatten, wesentlich höhere Weiterbildungsbereitschaft als ihre männlichen Kollegen. Offenbar wollten Frauen Probleme kompensieren, die ihnen bei der Kandidatenaufstellung immer wieder verdeutlicht werden, nämlich daß sie weniger Berufserfahrung haben als ihre männlichen Kollegen. Auch die Zahl der Teilnehmertage war bei Frauen höher: 55 Prozent der Befragten Mandatsträgerinnen erklärten, daß sie in den letzten Jahren mehr als 6 Tage an Weiterbildung teilgenommen hatten, ihre männlichen Kollegen nur zu 33,3 Prozent (Naßmacher 1986: 17). Frauen scheinen zudem mehr in die Parteiarbeit zu investieren und dabei einen geringeren Aufstieg zu machen als ihre männlichen Mitbewerber.
So lange Frauen sich um Familie und Kinder kümmern, fehlt es ihnen meist an Zeit, politisch aktiv zu werden. Die geringe Bereitschaft von Männern, praktische Aufgaben zur Entlastung der Frau wahrzunehmen und die geringe Bereitschaft der Männer, die Karriere ihrer Frau zu fördern, ist inzwischen schon mehrfach bewiesen. Nach der Familienphase müssen Frauen nicht nur im Beruf, sondern auch in der Partei oft feststellen, daß ihr Platz von denjenigen eingenommen wird, die kontinuierlich Parteiarbeit machen konnten. Die geschlechtsspezifische Arbeitsteilung, die Tätigkeit der Frau als Hausfrau und Mutter, wird von seiten der Partei nicht mit politischem Aufstieg honoriert (Hoecker 1986: 68, 70). „Zum Kandidieren-dürfen gehört aber auch das kandidieren können. Bildung, materielle Sicherheit und Freistellung sind die Grundlage ..." (Reichart-Dreyer 1987: 13; 1990: 20). Auch in den Parteien scheint sich wie im Beruf ein ähnliches Muster abzuzeichnen: Frauen in gehobenen Positionen haben einen Männern vergleichbaren kontinuierlichen Berufsverlauf (Sessar-Karpp 1986: 28). Nur solche Frauen haben im Beruf eine überdurchschnittliche Karriere gemacht, die zu Hause (Eltern, Ehemann oder Partner) große Unterstützung erhielten. Aber viele Frauen verfolgen auch im Berufsleben mit Rücksicht auf ihr heimisches Privat- und Familienleben ihre Karrierewünsche nicht so nachhaltig (ebd.: 31, 39) und dies gilt auch für Politikkarrieren (Reichart-Dreyer 1990: 20; 1987: 13).

2.3 Frauen in kommunalen Führungspositionen

Nun besagt ein Ratsmandat noch nichts über die Einflußmöglichkeiten in der Kommunalpolitik. Falls kein besonderes Expertenwissen vorhanden ist (meist aus der

Berufstätigkeit) oder besondere Organisationsbindungen (in Vereinen und Verbänden), kann man davon ausgehen, daß Ratsmitglieder erst in der zweiten Ratsperiode Bedeutung gewinnen können. Bei den Ausschußbesetzungen, Sprecherpositionen und Führungspositionen in den Fraktionen spielen Senioritäten eine bedeutende Rolle. Wie eine Untersuchung in Wuppertal ergeben hat (Naßmacher 1972: 53; 1981: 62), sind die meisten Ratsmitglieder nur eine Periode Mandatsträger. Ob sich bei den längerfristig engagierten (in Wuppertal nur 12 Prozent der Stadtverordneten) auch viele Frauen befinden, konnte im Rahmen dieser Studie nicht untersucht werden.

Anzunehmen ist allerdings, daß nur wenige Frauen Führungspositionen des Rates besetzen, also zu den „Vorentscheidern" (Banner) gehören und somit unmittelbar an Steuerung, Koordination und politischer Durchsetzung von verschiedenen Projekten beteiligt sind (Naßmaßer 1981: 61). Ein Indikator dafür ist die Zahl der Fraktionsvorsitzenden. Weibliche SPD-Fraktionsvorsitzende gibt es in fünf Städten über 100.000 EW, davon zwei in Baden-Württemberg, zwei in Nordrhein-Westfalen und eine in Schleswig-Holstein (SGK v. 11.7.1990). Bei der CDU ist die Situation ähnlich. 34 Frauen sind in Gemeinden über 1.000 EW in dieser Position (CDU-Zentrale am 12.10.1990). Bei der FDP hatte im April 1989 das Land Baden-Württemberg mit 5,6 Prozent den höchsten Anteil an weiblichen Fraktionsvorsitzenden, allerdings bezieht sich die Angabe auf alle Städte und Gemeinden, unabhängig von deren Größe (FDP 1989).

Dagegen ist das kontinuierliche Anwachsen der Zahl weiblicher Oberbürgermeister in Nordrhein-Westfalen und Niedersachsen nicht unbedingt ein Hinweis darauf, daß Frauen auf der Ratsseite bei politischer Prioritätenbestimmung und Durchsetzung von Politik immer weiter nach vorne rücken. Zwar hatte sich 1984 die Zahl der weiblichen Oberbürgermeister auf drei erhöht, so daß in Mühlheim/Ruhr, Hamm und Wuppertal eine Frau amtierte (Demokratische Gemeinde 12/1984). 1990 gab es bereits fünf (Essen, Wuppertal, Hamm, Mühlheim/Ruhr und Osnabrück) dazu kommt Siegen[1]. Dabei muß nämlich beachtet werden, daß diese Frauen nach der nordrhein-westfälischen und niedersächsischen Gemeindeordnung auch nur Ratsvorsitzende sind und damit vor allem ein Repräsentationsamt bekleiden. Ob sie dem hauptamtlichen Oberstadtdirekter Konkurrenz machen können, hängt wesentlich davon ab, ob sie ihr Amt quasi hauptamtlich wahrnehmen, weil sie durch ein Landtags- oder Bundestagsmandat oder durch ihre sonstige Tätigkeit (Betriebsratsvorsitzende) die entsprechenden Freiheiten und finanziellen Unabhängigkeiten besitzen (vgl. dazu Frey 1989: 130). Bei den weiblichen Stellvertretern des Bürgermeisters sind Zweifel an deren Steuerungsfunktionen noch eher angebracht. In Nordrhein-Westfalen und Niedersachsen gibt es immerhin in 20 Städten weibliche Stellvertreter des Oberbürgermeisters, in fünf Städten sogar zwei[2].

Vorsitzende eines Koordinationsgremiums des Rates (Hauptausschuß, Finanzausschuß, Verwaltungsausschuß, Personalausschuß und Stadtentwicklungsausschuß), sind Frauen als Bürgermeister kraft Amtes (Hauptausschuß/Finanzausschuß, Verwaltungsausschuß) oder sehr selten. Nur fünf Frauen brachen hier als Vorsitzende des Personalausschusses und des Ausschusses für Stadtentwicklung in typische Männerdomänen ein.

Maximal sieben Ausschüsse werden in Städten Nordrhein-Westfalens und Niedersachsens von Frauen geleitet, wobei Mühlheim/Ruhr eindeutig die Spitzenreiterfunktion einnimmt. Hier sitzen in sieben von sechzehn Ausschüssen Frauen vor, während in Gelsenkirchen, Köln, Paderborn und Hannover kein einziger Ausschuß eine Frau als Vorsitzende hat. Auch gemessen an der Gesamtzahl der zu leitenden Ausschüsse (die Zahl der vom Rat gebildeten Ausschüsse schwankt in Nordrhein-Westfalen und Niedersachsen zwischen 27 und 10) liegt Mühlheim/Ruhr eindeutig vorn (44 Prozent der Ausschußvorsitze nehmen Frauen ein), gefolgt von Münster (mit 31 Prozent) und Oldenburg (mit 30 Prozent). Die meisten Städte (22 von 37) in Niedersachsen und Nordrhein-Westfalen liegen bei der Beteiligung von Frauen in der Leitung von Ausschüssen unter 15 Prozent.

Neben diesen Spitzenpolitikern des Rates müssen auch die hauptamtlich an der Spitze der Verwaltung Tätigen nach einschlägigen empirischen Erkenntnissen (Naßmacher 1981) zum Kreis der einflußreichsten Politiker gezählt werden, hier insbesondere der Verwaltungschef, einzelne Dezernenten und Leiter der wichtigsten Fachämter, weil sie – je nach Funktion in der Kommunalverwaltung – auf spezifische Weise die Mobilisierung von politischem Konsens herbeiführen müssen (Naßmacher 1981: 58) und somit in ihrem Tätigkeitsprofil den Vorentscheidern des Rates vergleichbar sind (ebd.: 61f.). Auch hier ist die Zahl der Frauen, die sich in solchen Positionen befinden, sehr begrenzt. Einen weiblichen Verwaltungschef gibt es nur in Regensburg und Heidelberg. Dezernate mit typischen Querschnittsfunktionen (allgemeine Verwaltung, Kämmerei) werden nur in vier Städten von Frauen geleitet. Nach wie vor geben Kommunalpolitiker Dezernate, die typische Querschnittsaufgaben zu bewältigen haben, lieber an Männer, z.B. die Wirtschaftsförderung in Bochum (FAZ v. 7.6.1990). Nur in einer Stadt (Kassel) konnte eine Frau eine typische Männerposition erobern: das Baudezernat. Quantitativ liegen Frankfurt und Kassel mit weiblichen Dezernentinnen an der Spitze, gefolgt von

Tabelle 7: Rangreihen der Führungspositionen von Frauen in Rat und Verwaltung

Vorsitz in Ausschüssen*	Zahl der Positionen	Leitung von Ämtern	Zahl der Positionen	Wahlbeamte	Zahl der Positionen
Soziales/Gesundheit	17	Gesundheitsamt	17	Schule/Kultur	5
Kultur	11	Bibliothek	14	Schule	3
Jugendwohlfahrt	10	Museen	11	Soziales/Jugend	4
Schule	8	Frauen	8	Kultur	2
Feuerwehr	4	Kultur	8	Soziales/Schule	2
Umwelt	5	Presseamt/		Umwelt/Kultur	2
Vergabe	4	Fremdenverkehr	7	Frauen/	
		Jugendamt	7	Gesundheit	3
Beschwerde	3	Standesamt	4	Kämmerei	2
Werke	2	Umweltamt	4	allg. Verwaltung	2
Wahlprüfung	2	Sozialamt	3	Recht/Sicher-	
				heit/Ordnung	1
Frauen	2	Schulamt	2	Bau	1
Krankenhaus	2	Rechtsamt	1	Personal/Recht	1
Sonstige	5	Sonstige	26	Sport	1

* ehrenamtliche Auschlußvorsitzende aus den Reihen der Ratsmitglieder in Nordrhein-Westfalen und Niedersachsen (eigene Erhebungen im Sommer 1990).

Bielefeld, Offenbach und Regensburg mit 5 bzw. 3 bzw. 2 Dezernentinnen. Insgesamt waren nur 20 Wahlbeamtinnen zum Erhebungszeitpunkt im Amt.
Bei den Querschnittämtern ist die Vertretung der Frauen nicht besser. Nur in drei Städten wird das Stadtplanungsamt, in zwei Städten das Kämmereiamt und das Bauverwaltungsamt, in je einer Stadt das Ordnungsamt, das Rechnungsprüfungsamt und das Personalamt von einer Frau geleitet. Wenn Frauen Dezernate, Amtsleiterstellen oder Führungspositionen des Rates (Ausschußvorsitze) übernehmen, dann bleiben sie bei den Frauen schon immer primär zugewiesene Funktionen: die drei K (Kinder, Kirche, Küche) werden durch die Mitarbeit in Rat und Verwaltung weiterhin tradiert: Schule, Jugend, Soziales und Kultur stehen bei den Tätigkeitsfeldern von Frauen an der Spitze (Tabelle 7).
Die Zahl der Amtsleiterpositionen schwankt in den untersuchten Städten über 100.000 Einwohnern zwischen 6 und 0. An der Spitze liegen Bielefeld, Düsseldorf und Lübeck mit 6, gefolgt von Kassel, Frankfurt, Stuttgart und Göttingen mit 5 Amtsleiterinnen. Schlußlichter unter den großen Städten sind Hannover, Dortmund und Wuppertal, die keine weiblichen Amtsleiter haben.

3. *Frauen als Zielgruppe kommunalen Handelns*

Damit werden Frauen zur Zielgruppe kommunalen Handelns. Dies darf allerdings nicht nur die Arbeit der Gleichstellungsstellen bestimmen.

3.1 Frauenpolitik als Querschnittaufgabe

Wie in anderen „neuen" Politikbereichen (Wirtschaftspolitik, Umweltpolitik, Wohnungspolitik) ist inzwischen erkannt worden, daß Frauen betreffende Fragen in verschiedenen Bereichen des kommunalen Entscheidungssystems behandelt werden: Frauenpolitik ist eine Querschnittsaufgabe. Frauen spüren auf der kommunalen Ebene ihre Benachteiligung hautnah. Hier ist zunächst an eine frauenfeindliche Infrastruktur zu denken: Beschränkung des öffentlichen Nahverkehrs, Angsträume (Tiefgaragen, Unterführungen, die vor allem nachts zum Problem werden), Fehlen und inadäquate Öffnungszeiten von Kindergärten, Mangel an Jugendfreizeiteinrichtungen, Ganztagsschulen. Weiterhin wird immer häufiger die Nahversorgung in den Wohnbereichen dadurch eingeschränkt, daß Supermärkte auf die grüne Wiese verlagert werden, die nur mit Hilfe eines privateigenen PKWs erreichbar sind. Einen weiteren Problembereich stellen die Pflegedienste für ältere Familienangehörige dar. In manchen Regionen fehlen besonders viele Arbeitsplätze und bei der Vergabe sind Frauen häufig benachteiligt. Neben diesen mehr oder weniger alle Frauen betreffenden Fragen gibt es auch Defizite an Leistungen für Frauen in besonderen Situationen, z.B. Frauenhäuser, spezifische Beratungsbedarfe (vgl. Friedrich 1985: 308ff.; s.a. Gattermann 1987: 53). Für diese hier angesprochenen Probleme sind meist mehrere Verwaltungsdienststellen und Fachausschüsse des Rates zuständig, die aus der Sicht der Frauen Politik betreiben

müßten, wenn Frauenpolitik als Zielvorstellung ernst genommen werden soll. Die Mitwirkung von Frauen in all den angesprochenen Bereichen kann hier möglicherweise problemadäquatere Lösungen hervorbringen, denn Frauen sind hier besser orientiert als Männer.
Tatsächlich ist davon die Kommunalpolitik noch weit entfernt und die einzige „Gegenmacht" vor Ort ist in den Gleichstellungsstellen vorgesehen.

3.2 Gleichstellungsstellen

Die Zahl der Gleichstellungsstellen ist in den letzten Jahren sprunghaft angewachsen. Einen Überblick über die quantitativen Potentiale verschafft Goericke (1989: 75) (Tabellen 8a und b).
Nordrhein-Westfalen war das erste Bundesland, das Gleichstellungsstellen in seiner Gemeindeordnung verankert hat: „Die Verwirklichung des Verfassungsauftrags der Gleichberechtigung von Mann und Frau ist auch eine Aufgabe der Gemeinde. Zur Wahrnehmung dieser Aufgabe kann die Gemeinde Gleichstellungsbeauftragte bestellen" (§ 6a, Abs. 4 GONRW).

Tabelle 8a: Besetzungsmodelle der Frauengleichstellungsstellen

Modell 1	1 Leiterin, 1 ständige Vollzeit-Mitarbeiterin als 2. Frauenbeauftragte und mind. 1 ständige Vollzeit-Mitarbeiterin auf Sachbearbeitungsebene	9
Modell 2	2 Frauenbeauftragte wie oben, aber zusätzlich höchstens 1 teilzeit- oder befristet eingesetzte Verwaltungskraft	6
Modell 3	1 Frauenbeauftragte und zusätzlich 1 bis 2 Mitarbeiterinnen (entweder befristet oder in Teilzeit beschäftigt)	8
Modell 4	1 Frauenbeauftragte (oder 2 teilen sich die Planstelle) und höchstens 1 Verwaltungs-/Schreibkraft	23
Modell 5	1 Frauenbeauftragte (wie zuvor), aber ohne Mitarbeiterin	13
Modell 6	1 Frauenbeauftragte befristet	8
Modell 7	1 Frauenbeauftragte in Teilzeit und 1 Teilzeit-Verwaltungskraft	11
Modell 8	1 Frauenbeauftragte in Teilzeit	7
Modell 9	Nebenamtliche Frauenbeauftragte	35
Modell 10	Ehrenamtliche Frauenbeauftragte	14
gesamt		134

Quelle: Goericke 1989.

Tabelle 8b: Besetzungsmodelle verteilt nach Jahrgängen
– alle Angaben absolut und in Prozent

Modelle	1982-1985	1986	1987	gesamt
1 bis 4	12 (52 %)	22 (32 %)	12 (28 %)	46 (34 %)
5 bis 8	3 (13 %)	21 (31 %)	15 (35 %)	39 (30 %)
9	5 (22 %)	21 (31 %)	9 (21 %)	35 (26 %)
10	3 (13 %)	4 (6 %)	7 (16 %)	14 (10 %)
gesamt	23 (100 %)	68 (100 %)	43 (100 %)	134 (100 %)

Quelle: Goericke 1989: 77.

3.2.1 Organisatorische Einbindung der Gleichstellungsstellen

Bei der *Organisation* dieser Verwaltungseinheiten wurde in der Regel der Erkenntnis Rechnung getragen, daß Frauenpolitik eine Querschnittsaufgabe ist: die Gleichstellungsstellen sind in der Regel in der Nähe der Verwaltungsspitze angesiedelt. Zuweilen wurde auch die Dezernatsebene (hier vor allem eine Fachdezernentin) als Zuordnung gewählt. Seltener befinden sich die Gleichstellungsstellen auf der Ebene eines Fachamtes. Dann ist es meist so, daß die Leiterin des Fachamtes die Aufgabe der Gleichstellungsstellen zusätzlich betreut (Goericke 1989: 40).

In der Regel wird die Stabsstelle beim Verwaltungschef als die geeignetste Organisationsform angesehen. Hier ist die Gleichstellungsstelle dann von Weisungen einzelner Verwaltungsdienststellen unabhängig und unterliegt nur dem Weisungsrecht und der Fachaufsicht des Verwaltungschefs. Ob sich die Gleichstellungsbeauftragte dann allerdings auch zwangsläufig direkte Unterstützung beim Verwaltungschef einholen kann – wie vielfach vermutet – ist eine andere Frage. So hat Krautkrämer-Wagner (1989: 28) für die Landesgleichstellungsstellen herausgefunden, daß die Distanz zum Ministerpräsidenten auch bei dieser Anbindung recht groß sein kann. Offenbar kommt es darauf an, ob der Verwaltungschef der Aufgabenstellung aufgeschlossen gegenübersteht und somit auch die generell zu überwindende Barriere für „Neuankömmlinge" in der Verwaltung aktiv mitabbauen will (Niggemann 1987: 32).

In jedem Falle konkurriert Frauenpolitik an der Verwaltungsspitze mit der Wirtschaftsförderung, der Umweltpolitik und dem Datenschutz. All diese Querschnittaufgaben sind zuweilen in Städten der Verwaltungsspitze unmittelbar zugeordnet worden. Ein weiteres Handikap ist, daß den Frauenbeauftragten zum Teil keine uneingeschränkte selbständige Öffentlichkeitsarbeit gestattet wird „um breite Bevölkerungskreise zu informieren und Fälle von Ungleichbehandlung in der Gemeinde öffentlich zu machen" (Czymai/Simon 1985: 80). Vielmehr achten manche Verwaltungschefs streng darauf,

daß die Verwaltung „mit einer Stimme" spricht. Der Verwaltungschef kann zudem bestimmte Vorgänge verwaltungsintern nur einem kleinen Kreis zugänglich machen. Dies gilt besonders für Aufgaben, für die die Kommunalverwaltung unterste Ausführungsebene im politisch-administrativen System ist. Die Verwaltungsspitze kann dann den Eindruck erwecken, als wenn die örtlichen Akteure kaum Entscheidungsmöglichkeiten hätten. Ob in solchen Fragen das Recht auf Akteneinsicht der Frauenbeauftragten eine wichtige Korrektivfunktion ausübt, läßt sich kaum beurteilen. Ein Mitzeichnungsrecht bei allen Verwaltungs-, Rats- und Ausschußvorlagen kann diese Probleme nicht in den Griff bekommen, weil der Rat auch in diesen Fragen keine Entscheidungsbefugnis zugebilligt erhält.
Bei Problemen, die der Rat zu entscheiden hat, wäre es sicherlich günstig, wenn Frauenbeauftragte schon bei der Erarbeitung der Vorlagen mit hinzugezogen würden. Wichtig ist auch, daß die Frauenbeauftragten im frauenfeindlichen Umfeld über frauenrelevante Gesichtspunkte informiert werden. In Berlin soll das dadurch sichergestellt werden, daß offiziell ernannte Kontaktreferenten/innen in anderen Ressorts über frauenpolitische Aktivitäten informieren (Langkau-Herrmann u.a. 1988: 3). Diese Vereinbarung müßte so erweitert werden, daß Kontaktreferentinnen auch von sich aus bei Fragen, die Frauen tangieren, informieren. Dann würden sich auch die Rechte auf Information und Akteneinsicht gegenüber anderen Ämtern und Dezernaten, die 72 Prozent der Frauenbeauftragten haben (Goericke 1989: 87), auszahlen. Eine Frauenbeauftragte in jedem Amt der Verwaltung einzuführen, scheiterte in Hamburg am Widerstand der FDP, die dies für übersetzt hielt (FAZ v. 12.6.1990)
So können die meisten Frauenbeauftragten ihre frauenpolitischen Vorstellungen nicht ohne Kontrolle und Zensur durch die Verwaltungsspitze in Rat und Ausschüssen vertreten oder sie in die Öffentlichkeit hineintragen (Goericke 1989: 92). Dabei wäre vor allem der Rat als Entscheidungsinstanz und die Frauengruppen und -initiativen außerhalb der Verwaltung als Verstärker und als Multiplikatioren von besonderer Bedeutung für die Frauenpolitik. Die Frauenbeauftragten haben oft einen schwierigen Stand innerhalb und außerhalb der Verwaltung, so daß es für sie wichtig und motivierend sein könnte, wenn sie Unterstützung von den örtlichen Frauengruppen erhalten. Basis dafür könnte der Aufbau einer frauenadäquaten Infrastruktur in verwaltungsexternen Bereichen sein. Diese geförderten Institutionen (z.B. Frauenbildungs-, -beratungs- und Kulturprojekte) stärken – soweit sie erfolgreich arbeiten – die offizielle Frauenarbeit. Eine Koordination kann über einen speziellen Ratsausschuß erfolgen. Die Vorteile nach den bisherigen Erfahrungen sind, daß Gleichstellungsbemühungen gezielter angegangen werden, eine Aufwertung der Arbeit der Gleichstellungsstellen zu beobachten ist, eine Erörterung von Frauenfragen auch in den Ratsfraktionen erfolgt sowie die Öffentlichkeitswirkung und Akzeptanz von Entscheidungen verbessert wird (Schlapeit-Beck 1988: 56). Die Möglichkeit zur Öffentlichkeitsarbeit darf dann allerdings nicht nur auf marginale frauenpolitische Probleme konzentiert bleiben, sondern muß auch konkrete Mißstände innerhalb der Verwaltung und der Stadt allgemein aufgreifen können.

3.2.2 Arbeitsschwerpunkte und Defizite bisheriger Arbeit

Im Rahmen einer Frauenpolitik als Querschnittaufgabe sind Arbeitsschwerpunkte unerläßlich. Hier haben Frauenförderpläne für die Verwaltung eine erhebliche Bedeutung. Darin müßte – wie in Bielefeld und jetzt in Hamburg beschlossen – präzise festgelegt werden, in welcher Zeit und mit welchen personellen und organisatorischen Maßnahmen die festgestellte Unterrepräsentanz von Frauen behoben werden könnte. Zwar können solche Frauenförderpläne nicht unmittelbar die Unterrepräsentanz von Frauen in Führungspositionen beseitigen. Längerfristig scheinen sie aber unabdingbar dafür, daß sich auf mittlere Frist etwas bewegt. So lassen sich in bezug auf die fehlende Berufspraxis von Frauen Unsicherheiten bearbeiten, in dem z.B. in Weiterbildungsveranstaltungen der Wandel am Arbeitsplatz nachvollzogen wird (Gesetzesänderungen, technische Innovationen und Managementwandel), so daß das Potential von Frauen für Führungspositionen einfach größer wird. Begleitmaßnahmen müßten die zeitliche Unabhängigkeit von Frauen angehen, z.B. durch Betreuungsmöglichkeiten für die Kinder, Gestaltung frauengerechter Arbeitszeit. Weiterhin scheint das Motivationsmoment solcher Maßnahmen von besonderer Bedeutung (vgl. auch Gotzes/Buddemeier 1987: 94ff.).

Offenbar werden diese Frauenförderpläne allerdings nicht mit der ersten Priorität bearbeitet. 1986 hatten gerade drei Kommunen einen Frauenförderplan. Zur Zeit der Umfrage der Friedrich-Ebert-Stiftung 1988 gab es 29 Kommunen mit Frauenförderplänen (Langkau-Herrmann u.a. 1988: 4, 23). 69 Frauenbeauftragte gaben an, keinen Frauenförderplan erarbeitet zu haben und 9 hatten sich zu dieser Frage nicht geäußert (ebd.). In den Aufgabenbeschreibungen für Frauenbeauftragte wird ein Frauenförderplan nicht ausdrücklich genannt. Vielfach ist nur davon die Rede, daß ein Situationsbericht zur Lage der Frau in der Stadt insgesamt erstellt werden soll. Diese Formulierung kann einen Situationsbericht für die Stadtverwaltung beinhalten, muß es aber nicht.

Frauenförderpläne scheinen ein besonders heikles Unternehmen zu sein. So erhielt das Statement „Besetzung höherer Stellen mit bzw. die Förderung von Frauen" eine besonders schlechte Bewertung (ebd.: 25). Weiterhin wird festgestellt, daß Frauenförderpläne in der Praxis weitgehend wirkungslos gewesen sind. Jedenfalls läßt sich kaum bezweifeln, daß Potentiale für die Besetzung solcher höherwertigen Stellen langfristig vorhanden sind, denn eine geschlechtsspezifische Quotierung für den mittleren oder gehobenen Verwaltungsdienst, für den sich erfahrungsgemäß mehr Frauen als Männer bewerben und wo Frauen meist einen besseren Notendurchschnitt vorweisen, würde sich zwangsläufig zuungunsten der Frauen auswirken (Langkau-Herrmann u.a. 1989: 26). Weiterhin sind Frauen in niedrigeren Positionen formal höher qualifiziert als Männer, d.h. es fehlt ihnen eben an den Möglichkeiten, entsprechend ihrer Qualifikation Zugang zu den höheren Positionen zu bekommen (Langkau-Herrmann u.a. 1988: 20). Der Aufbruch aus der dritten oder vierten Stufe der Hierarchie in höherwertige Tätigkeiten scheitert also nicht an der mangelnden Ausgangsqualifikation.

Wegen der Fülle der an die neuen Frauenbeauftragten/Gleichstellungsstellen heran-

Tabelle 9: Vorhandene und „wünschenswerte" Kompetenzen von Frauenbeauftragten (alle Angaben in Prozent)

Kompetenzen	vorhanden	wünschenswert
Rederecht im Kommunalparlament[1]	21	48
Rederecht in parlamentarischen Ausschüssen	40	37
Mitzeichnungsrecht bei Magistrats-, Rats-, Kreistagsvorlagen	12	60
Mitwirkungsrecht bei Magistrats-, Rats-, Kreistagsvorlagen	27	28
direktes Zugangsrecht zur Verwaltungsspitze	87	8
Informations- und Akteneinsichtsrecht	72	23
Öffentlichkeitsarbeit in Absprache mit der Verwaltungsspitze	72	6
Eigenständige Öffentlichkeitsarbeit	25	40
Möglichkeit zur Teilnahme an Bewerbungsgesprächen	61	28
Vetorecht gegenüber Entscheidungen der Verwaltungsspitze	–	60
Vetorecht gegenüber Beschlüssen des Kommunalparlaments	–	48

N = 134
[1]N = 120 (ohne ehrenamtl. GSS)

Quelle: Goericke 1989: 86.

getragene Forderungen und Erwartungen unterschiedlicher Gruppierungen und Einzelpersonen liefen die Gleichstellungsstellen gerade in der Anfangsphase Gefahr, sich zu verzetteln. Die meisten Frauenbeauftragten haben sich zunächst auf beratende, anregende und teilnehmende Funktionen konzentriert. Darüberhinaus fordern viele in der Frauenpolitik aktive Politikerinnen noch, daß die Frauenbeauftragten auch in Betriebe hineinwirken und in der kommunalen Öffentlichkeit Kommunikationsnnetze etablieren oder festigen sollen. Dagegen könnte die relativ geringe Amtsausstattung dieser Gleichstellungsstellen gerade zwingend vorschreiben, daß sich die Amtsinhaberinnen vor allem auf Funktionen innerhalb der Stadtverwaltung konzentrieren müßten. Dazu ist allerdings eine Erweiterung der Handlungsmöglichkeit unabdingbar und dies wird auch von den Frauenbeauftragten so gesehen: ihr Wunsch besteht eindeutig darin, mehr Kontrollen und Sanktionsmöglichkeiten zu erhalten (Langkau-Herrmann u.a. 1989: 36; s.a. Krautkrämer-Wagner 1989: 139; Gattermann 1987: 128) (Tabelle 9). Gerade in anderen als Querschnittbereichen vor der Frauenpolitik neu entdeckten Politikschwerpunkten (z.B. der Wirtschaftspolitik, der Wohnungspolitik und der Umweltpolitik hat sich auf der kommunalen Ebene gezeigt, daß die Sanktionen doch eine erhebliche Bedeutung haben und die persuasiven Strategien allenfalls ergänzend dazu zur Anwendung kommen müssen. Die Möglichkeit, Gebote und Verbote androhen und exekutieren zu können, gilt in den anderen genannten Querschnittsbereichen als unverzichtbar. Bei der Arbeit der Frauenbeauftragten überwiegen aber die Überzeugungsstrategien bisher bei weitem. Dies gilt leider auch in bezug auf die Implementation von Frauenförderplänen.
Insgesamt sind die Beteiligungsrechte sehr viel stärker ausgeprägt als die Mitwir-

kungsrechte (Goericke 1989: 87). Die Arbeitsmöglichkeiten der Gleichstellungsstellen werden dort generell günstiger eingeschätzt, wo SPD und Grüne oder SPD-Mehrheiten für die Einrichtung verantwortlich waren. Die Aufgabenwahrnehmung ist in Großstädten besser gegeben als im ländlichen Raum. Hier haben diese Einrichtungen häufig ausschließlich Beratungsfunktionen für Frauen und „müssen somit ihrem Charakter nach der traditionellen Sozialpolitik zugeordnet werden" (Goericke 1989: 148).

4. *Ergebnis und Ausblick*

Im Augenblick beschränkt sich die Wirkung der Gleichstellungsstellen am ehesten auf die Verbesserung des frauenpolitischen Klimas, d.h. sie leisten einen Beitrag zur Bewußtseinsbildung und Sensibilisierung für Frauenfragen sowie zur Stärkung einzelner Frauen und Frauengruppen. Insgesamt ist der Beitrag der Gleichstellungsstellen im Zusammenhang mit der Frauenpolitik auf kommunaler Ebene also eher gering einzuschätzen. Wie in allen Querschnittbereichen muß auch hier der „normale" Willensbildungsprozeß in Rat und Verwaltung frauenpolitische Belange besser berücksichtigen, möglicherweise muß das mit einer Umorganisation von Verwaltungsaufgaben einhergehen.
Ein internationaler Vergleich zwischen Italien, Kanada, Polen und Rumänien zeigt, daß sich Frauen überall mit geringerwertigen Positionen in der Politik zufriedengeben müssen. Männer haben überall die besseren Chancen, in der Parteihierarchie aufzusteigen. Hier bildet Kanada eine gewisse Ausnahme (Vianello/Simienska 1990: 174). Die Verbesserung der Situation bei der Beteiligung von Frauen an Kommunalpolitik – und das zeigt diese internationale Studie – ist nur dann möglich, wenn die Frauen selber mehr Beteiligungsbereitschaft zeigen (ebd.: 177f.). Das heißt auch, daß sie die Vorteile nutzen, die durch die Quote gegenüber männlichen Mitbewerbern besteht. Dafür muß sich einerseits das soziale Umfeld wandeln – dies ist ein langwieriger Prozeß – aber andererseits auch das Selbstbewußtsein der Frauen verbessern. Frauen sollten sich nicht mit geringerwertigen Mandaten, quasi zum Einüben von Techniken und Fertigkeiten, zufriedengeben oder sich sonstwie in geringerwertigen Parteiämtern „verschleißen", sondern sollten versuchen, ihre Fähigkeiten außerhalb der Parteiarbeit heranzubilden, damit sie nicht zunächst als zweite Garnitur im Kampf um Mandate abgewertet werden können. Innerhalb der Verwaltung müssen Frauen ihre Bereitschaft zum Ausdruck bringen, an Fortbildungsangeboten teilzunehmen. Nur dann wird der Bedarf für flankierende Maßnahmen, die zuweilen Voraussetzung sind für die Teilnahme, erkannt. Wie langwierig die Implementationsprozesse sind, zeigen aktuelle Beispiele nicht nur aus der Pionierstadt Hamburg bei der Umsetzung von Frauenförderplänen (Stolterfoth 1988: 101ff.) sondern auch aus Kanada (Wilson 1990; Pigg 1990; Kenna 1990), das immerhin nicht nur den Ruf hat, bei der Gleichstellung von Mann und Frau schon ein gutes Stück weiter zu sein als andere Staaten (Vianello/Simienska 1990: 174).

Anmerkungen

Die empirische Untersuchung wurde aus Mitteln der Universität Trier gefördert. Ich danke Herrn cand. rer.pol. Christian Weber für vielfältige Hilfe bei der Auswertung von Informationen und der Materialbeschaffung und Frau Christel Eiden für die technische Hilfe bei der Erhebung und Erstellung des Typoskripts.

1 In Siegen gibt es nur eine Bürgermeisterin, da die Stadt eingekreist ist.
2 Die folgenden Angaben stammen aus einer eigenen Erhebung vom Mai/Juni 1990 bei allen Städten mit über 100.000 Einwohnern der alten Bundesländer. Die Besetzung von ehrenamtlichen Führungspositionen (Oberbürgermeister, Ausschußvorsitze) wurde nur in Nordrhein-Westfalen und Niedersachsen erhoben. Die Rücklaufquote betrug 95,1 bzw. 100 Prozent. An dieser Stelle sei allen Städten für ihre Auskunftsbereitschaft gedankt.

Literaturverzeichnis

Becker, Uwe, 1989: Frauenerwerbstätigkeit – eine vergleichende Bestandsaufnahme, in: Aus Politik und Zeitgeschichte, B 28, 29, 22-33.
Bott, Regula, 1987: Erlaubt ist, was Männer nicht gefährdet, in: *Elke Steg* und *Inga Jesinghaus* (Hrsg.), Die Zukunft der Stadt ist weiblich, Bielefeld, 10-18.
Czymai, R./Simon, B., 1985: Kommunale Gleichstellungsstellen, in: *Udo Bullmann* und *Peter Gitschmann* (Hrsg.), Kommune als Gegenmacht, 71-85.
Dertinger, Antje, 1988: Stationen zur Annäherung, in: Vorwärts v. 21.5.1988, 36-38.
F.D.P., Die Liberalen, 1989: Frauenanteil in der F.D.P. Bonn.
Frey, Rainer, 1989: Das institutionelle Feld der politischen Entscheidungen auf der Kommunalebene, in: *Dieter Schimanke* (Hrsg.), Stadtdirektor oder Bürgermeister, Basel, 121-135.
Friedrich, Marianne u.a., 1985: Wir sind kein „Randkapital" – Frauen in der Kommune, in: *Wolfgang Pohl* u.a. (Hrsg.), Handbuch für alternative Kommunalpolitik, Bielefeld 308-315.
Fülberth, Georg, 1985: Die Beziehungen zwischen SPD und KPD in der Kommunalpolitik in der Weimarer Periode 1918/19 – 1933, Köln.
Fülles, Mechthild, 1969: Frauen in Partei und Parlament, Köln.
Gattermann, Sabine, 1987: Chance oder Alibi: Die kommunalen Gleichstellungsstellen und Frauenbüros, Marburg.
Gießelmann, Helga, 1984: Spleen des vereinigten Linken Bielefelds, in: Alternative Kommunalpolitik, S. 32f.
Goericke, Lisa-Lene, 1989: Kommunale Frauengleichstellungsstellen – Der gebremste Fortschritt, Oldenburg.
Gotzes, Monika, 1985: Kommunale Gleichstellungsstellen – Lobby für Frauen im Rathaus, in: Frauenforschung, 1 u. 2, 39-47.
Gotzes, Monika, 1985: Kommunalpolitik ist Frauenpolitik, in: *Herta Däubler-Gmelin* u.a. (Hrsg.), Handbuch zur beruflichen Förderung von Frauen, Hamburg, 182-189.
Gotzes, Monika/Buddemeier, Ilse, 1987: Vor der eigenen Türe kehren – Frauenförderung in der Kommunalverwaltung, in: *Institut Frau und Gesellschaft* (Hrsg.), Frauenforschung, 3, 93-107.
Heppe, Kathrin, 1989: Bessere Wahlchancen von Frauen durch Personenwahlsysteme?, in: ZParl, 102-113.
Herzog, Dietrich, 1982: Politische Führungsgruppen, Darmstadt.
Hoecker, Beate, 1985: Frauen in den Bremer Parteien, Bremen.
Hoecker, Beate, 1986: Frauen in der Politik: Gängige Hypothesen zum Präsenzdefizit auf dem empirischen Prüfstand in Bremen, in: ZParl, 1, 65-82.
Hoecker, Beate, 1987: Politik: Noch immer kein Beruf für Frauen?, in: Aus Politik und Zeitgeschichte, B 9-10, 3-14.
Kaack, Heino, 1969: Wer kommt in den Bundestag?, Opladen.

Kanitz, Horst, 1988: Das Verhältnis zwischen SPD und Grünen auf kommunaler Ebene in Nordrhein-Westfalen, Recklinghausen.

Kempf, Thomas u.a., 1989: Die Arbeitssituation von Ratsmitgliedern, Berlin.

Kenna, Kathleen, 1990: B.C. launches $40-million pay equity plan, in: Toronto Star, 12.9.1990.

Kodolitsch, Paul von u.a., 1985: Stadtteilvertretungen in Großstädten, Teil 3, Vergleichende Fallstudien, Berlin.

Krautkrämer-Wagner, Uta, 1989: Die Verstaatlichung der Frauenfrage, Bielefeld.

Langkau-Herrmann, Monika u.a., 1988: Frauenförderung in der örtlichen Verwaltung, Zwischenbericht, Bonn.

Langkau-Herrmann, Monika u.a., 1989: Frauenförderung in der örtlichen Verwaltung, Bonn.

Laurien, Hanna-Renate, 1976: Die Union und die Frauen, in: *Hans Maier* u.a. (Hrsg.), Union alternativ, Stuttgart, 440-453.

Liedtke, Wolfgang, 1988: Die politischen Parteien in Düsseldorf nach 1945, Essen.

Mertens, Lothar, 1989: Die Entwicklung des Frauenstudiums in Deutschland bis 1945, in: Aus Politik und Zeitgeschichte, B 28, 3-12.

Mezey, Susan Gluck, 1978: Does Sex make a Difference? A Case Study of Women in Politics, in: The Western Political Quarterly, XXXI, 492-501.

Meyer, Birgit, 1987: Frauen an die Macht!?, in: APUZ, B 9-10, 15-28.

Miller, Susanne, 1981: Sozialdemokratische Oberbürgermeister in der Weimarer Republik, in: *Klaus Schwabe* (Hrsg.), Oberbürgermeister, Boppard a. Rhein, 109-124.

Naßmacher, Hiltrud, 1986: Beratungs- und Fortbildungsangebote für Ratsmitglieder, in: Materialien zur Politischen Bildung, 3, 13-19.

Naßmacher, Hiltrud, 1990: Die Parteien der Bundesrepublik im Umbau, in: *Hiltrud Naßmacher* u.a. (Hrsg.), Parteien in der Bundesrepublik Deutschland, Stuttgart, S. 11-29.

Naßmacher, Karl-Heinz, 1972: Parteien im kommunalpolitischen Zielbildungsprozeß, in: Österreichische Zeitschrift für Politikwissenschaft, 4, 39-65.

Naßmacher, Karl-Heinz, 1973: Funktionen politischen Personals in lokalen Vertretungskörperschaften (Kommunalparlamenten), in: ZParl, 4, 550-566.

Naßmacher, Karl-Heinz, 1981: Empirische Dimensionen einer kommunalen Verfassungsreform, in: *Dietrich Thränhardt* und *Herbert Uppendahl* (Hrsg.), Alternativen lokaler Demokratie, Königstein, 43-84.

Niggemann, Maria, 1987: Chancen und Risiken kommunaler Frauenpolitik – Ein Erfahrungsbericht, in: Frauenforschung, 3, 27-50.

Pigg, Susan, 1990: Women still under 29 % of city workforce, study says, in: Toronto Star, 12.09.1990.

Püttner, Günter, 1976: Einleitung, in: *Michael Borchmann* und *Emil Vesper* (Hrsg.), Reformprobleme im kommunalen Verfassungsrecht, Stuttgart, 9-14.

Reichart-Dreyer, Ingrid, 1987: Warum tun sich Frauen schwer mit der aktiven Politik?, in: Die Frau in unserer Zeit, 3: 12-16.

Reichart-Dreyer, Ingrid, 1990: Beruf, Familie, Politik, in: Die Frauen in unserer Zeit, 3: 20-22.

Schäfer, Rudolf, 1982: Stadtteilvertretungen in Großstädten, Teil 1, Grundlagen und Bestandsaufnahme, Berlin.

Schlapeit-Beck, Dagmar, 1988: Er-mächtigte Ohnmacht?, in: *Marianne Weg* und *Otti Stein* (Hrsg.), Macht macht Frauen stark, Hamburg, S. 53-61.

Schnittger, Elke, 1990: Frauen und Parlamente heute, Oldenburg.

Sessar-Karpp, Ellen, 1986: Beruflicher Werdegang, Hemmnisse und Chancen im beruflichen Fortkommen von Frauenführungspositionen, in: *Friedrich-Ebert-Stiftung* (Hrsg.), Frauen in Führungspositionen, Bonn.

Statistisches Jahrbuch deutscher Gemeinden, verschiedene Jahrgänge, Köln.

Stolterfoth, Barbara, 1988: Macht für Frauen in der Kommunalpolitik, in: *Marianne Weg* und *Otti Stein* (Hrsg.), Macht macht Frauen stark, Hamburg, 62-67.

Vianello, Mino/Siemienska, Renata, 1990: Gender Inequality. A Comparative Study of Discrimination and Participation, London u.a.

Weigmann-Hellmich, Monika, 1990: Politische Gleichstellung von Frauen durch Quotierung: Die Entstehungsgeschichte der satzungsgemäßen Verankerung einer Quotenregelung auf dem Münsteraner SPD-Bundesparteitag, Magisterarbeit der Westfälischen Wilhelms-Universität Münster.
Wilson, Deborah, 1990: B.C. pledges equity for women employees, in: Globe + Mail, 12.9. 1990.

Die Polarisierung der Lebensformen in der Bundesrepublik Deutschland

Neue Probleme der Stadtpolitik

K. Peter Strohmeier

1. *Vorzeichenwechsel – familien- und stadtsoziologische Implikationen demographischer „Übergänge"*

Die historisch-soziologische Familienforschung sieht in der Verbreitung städtischer Lebensbedingungen eine der Voraussetzungen der Ausdifferenzierung der kleinfamilialen Lebensform. Die Familiensoziologie nach dem zweiten Weltkrieg hat mit Talcott Parsons die „moderne Kleinfamilie" mit einem berufstätigen Vater, einer Hausfrau und Mutter und selten mehr als zwei Kindern als die städtischen Lebensbedingungen optimal angepaßte Lebensform angesehen. Bei Stadtforschern und Stadtplanern überwog lange die Einschätzung, „daß nahezu die gesamte Erdbevölkerung in Form von Familien zusammenlebt" (Deilmann et al. 1973: 10). Nach einem Prozeß der „säkularen Nachwuchsbeschränkung" zeigt die nahezu vollständige Verbreitung der modernen Kleinfamilie in Deutschland das Ende des „ersten Geburtenrückgangs" (Linde 1984) bzw. des „ersten demographischen Übergangs" (van de Kaa 1987) an. Seit der Mitte der sechziger Jahre konstatieren wir jedoch mit innerhalb nur eines Jahrzehnt fast um die Hälfte verminderten Geburtenzahlen, schwindender Heiratshäufigkeit und zunehmender Scheidungsneigung, einen erheblichen Plausibilitätsverlust eben dieser Lebensform als „Normallebensform" der erwachsenen Bevölkerung.
Dieser „zweite demographische Übergang" betrifft die Normalität und Plausibilität der familialen Lebensform an sich und bedeutet eine zunehmende Entinstitutionalisierung der Familie (Strohmeier 1988). Nicht mehr nur, wie im ersten Übergang, der in den dreißiger Jahren vollzogen war (Linde 1984), die Familiengröße, sondern auch die Familienform und darüber hinaus Elternschaft und Familie selbst als Bestandteil einer „normalen" Erwachsenenbiographie auf Zeit oder auf Dauer stehen in wachsendem Maße zur individuellen Disposition. Die Bundesrepublik hat in Europa diesen Übergang als erstes Land und am weitesten gehend vollzogen. Auf der Ebene der privaten Lebensformen wird der zweite Übergang charakterisiert durch die „shifts ... from the golden age of marriage to the dawn of cohabitation, ... from the era of the king-child with parents to that of the king-pair with a child, ... from preventive contraception to self-fulfilling contraception, ... from uniform to pluralistic families and households" (van de Kaa 1987: 11). Bezogen auf die Gesamtheit aller Haushalte

Abbildung 1: Der säkulare Geburtenrückgang in Deutschland

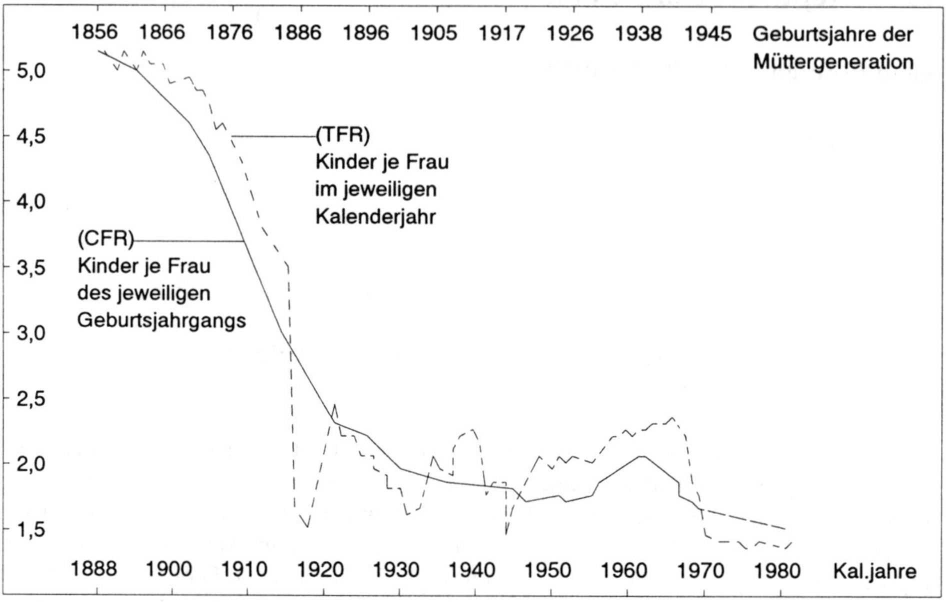

Quelle: Birg/Koch 1987.

stellen heute Familienhaushalte, in denen Eltern und unmündige Kinder zusammenleben, nur noch eine (weiter schrumpfende) Minderheit dar (vgl. Buhr/Kaufmann 1989; Strohmeier 1988).

Aggregierte lange Zeitreihen der natürlichen und der räumlichen Bevölkerungsentwicklung seit dem 19. Jahrhundert (Flora et al. 1987; neuerdings Drewett et al. 1991) zeigen bis Anfang der siebziger Jahre eine gegenläufige Entwicklung zurückgehender Familien- und Haushaltsgrößen (bei zunächst nach wie vor ungebrochener Verbreitung der kleinfamilialen Lebensform) auf der einen und (hinsichtlich Bevölkerung und Fläche!) wachsender Städte auf der anderen Seite. In dieser Zeit wird, durchaus in Übereinstimmung mit den konzentrischen Wachstumsmodellen der sozialökologischen Klassiker, Familie zu einem in den expandierenden Wohnzonen am Rande der Städte räumlich „situierten Sozialsystem", während die innere Stadt von den öffentlichen Nutzungsarten des sich ausdehnenden Central Bussiness-District und der angrenzenden auf ihn bezogenen Nutzungen dominiert wird (Strohmeier 1983: 41, 91ff.). Kritik am städtebaulichen Funktionalismus (z.B. Jacobs 1963) beklagt in dieser Zeit die „Anomie einer funktional zerrissenen Lebenswelt" (so Pankoke 1977) oder einfacher: die Entleerung der Innenstädte und die öde Monotonie der Wohnzonen am Stadtrand.

Mit dem zweiten demographischen Übergang sind die Familien nicht mehr nur kleiner, sondern weniger geworden. Andere, auf Zeit oder Dauer kinderlose Lebensformen verdrängen die Kleinfamilie. Die Gesamtbevölkerung der (alten) Bundesrepublik geht ab Anfang der siebziger Jahre kontinuierlich zurück. Erst am Ende des Jahrzehnts wird der „natürliche" Bevölkerungsrückgang durch Außenwanderungsgewinne überlagert. Im Bevölkerungsrückgang wird Stadtentwicklung mit dem Schrumpfen der Kernstädte und dem Einsetzen von die Stadtgrenzen überschreitenden Suburbanisierungs- und Desurbanisierungstendenzen (Drewett/Schubert 1983) unter geänderten Vorzeichen, den „Bedingungen des Schrumpfens" (Schön 1987) zum Thema, ohne daß in der Stadtforschung jedoch explizite Bezüge zum demographischen Übergang und zur Familienentwicklung hergestellt werden. Wie verändert sich die räumliche Organisation einer insgesamt schrumpfenden und nach Lebensformen zunehmend differenzierten Bevölkerung? Auf diese für die achtziger Jahre in der alten Bundesrepublik charakteristische Frage stehen Antworten noch aus.

Die Lebensform der Kleinfamilie als Normalfall war typisch und optimal angepaßt in einer (wie in den ersten drei Nachkriegsjahrzehnten) am Rande der wachsenden Städte räumlich konzentrierten Bevölkerung. Heute ist die Frage nach den aktuellen und künftig wirksamen räumlichen Verteilungsformen einer nach pluralisierten Lebensformen- und Lebensplänen stärker differenzierten Bevölkerung zu stellen. Zu fragen ist weiter nach lokalpolitisch bedeutsamen Konsequenzen, die sich aus solcherart geänderten Verteilungsprinzipien unter den geänderten Vorzeichen des Schrumpfens sowohl der Städte als auch des „Familiensektors" der Gesellschaft ergeben.

Die sechziger und siebziger Jahre sind in der Bundesrepublik nicht nur die Zeit des (exzeptionellen) Babybooms und des nachfolgenden drastischen Geburtenrückgangs gewesen, sondern zugleich auch die Hochzeit der Suburbanisierung, d.h. des vielfach die Grenzen überschreitenden Ausuferns der großen Städte durch Familienwanderung ins Umland. Mit dem zweiten demographischen Übergang nimmt mit dem Rückzug der familialen Lebensform bei den demographisch „aktiven" jüngeren Erwachsenenjahrgängen das Potential solcher Migrationen ab. Bereits daraus erwächst (unabhängig von allen politischen Steuerungsversuchen der Stadt-Umland-Wanderungen) eine gewisse Verlangsamung der durch Familienwanderung bedingten Suburbanisierungsprozesse. Neuerdings zeichnen sich Tendenzen einer Wiederentdeckung der inneren Stadt als Wohngebiet vor allem durch die „neuen", d.h. nicht-familialen, Haushaltstypen von jungen Erwachsenen der mittleren und höheren Schichten ab (Spiegel 1991). Empirisch erwiesen ist bislang eine hochgradige Altersselektivität der Wanderungen in die innere Stadt mit Wanderungsgewinnen in den jüngeren Erwachsenenaltern unter 25 Jahren (Böltken/Schön 1989).

Darüber hinausgehende Einsichten in die Selektivität der Stadt-Umland-Wanderungen in neuester Zeit sind mit Mitteln der amtlichen Statistik empirisch nicht zu gewinnen. Man ist hier auf die Mikro-Longitudinal-Surveys der neueren Lebensverlaufs- und Familienentwicklungsforschung verwiesen. Einige einschlägige Mikrodatensätze aus der neueren Familien- und Lebensverlaufsforschung (Wagner et al. 1989) sind allerdings, wie z.B. der „German Life History Survey" des Berliner Max-Planck-Instituts für Bildungsforschung und des SFB 3 als das wohl aufwendigste Projekt dieses Typs, auf bundesweite Repräsentativität angelegt. Kleinräumige Differenzierungen, die erforderlich wären, um z.B. stadträumliche Disparitäten in der Verteilung traditioneller und neuer Haushalts- und Lebensverlaufstypen empirisch untersuchen und darstellen zu können, sind nicht möglich. Daneben gibt es jedoch auch neuere Studien, die ein ausgesprochen differenziertes „spatial referencing" erlauben (Klijzing 1991; Kaufmann/Strohmeier et al. 1988; Birg/Flöthmann 1990), allerdings mit z.T. erheblich kleineren Stichprobenumfängen. Auf Befunde einzelner dieser Projekte (sowie auch auf repräsentative Daten des SFB 3) wird im zweiten und dritten Abschnitt eingegangen.

1.1 Alte und neue Polarisierungen

Der Wandel von Lebensformen, z.B. in Gestalt der oben beschriebenen Wandlungen oder der gelegentlich diagnostizierten Krisen der Familie, ist seit den Anfängen des Fachs ein periodisch immer wieder neu aufgegriffenes Thema der Familiensoziologie (neuerdings Kaufmann 1990; Peukert 1991). Der familiensoziologische Befund von der „Ausdifferenzierung der modernen privatisierten Kleinfamilie" (Tyrell 1979) oder, in demographischen terms: der ersten Transition, wurde in der Stadtforschung in seinen morphologischen Aspekten, der zunehmenden Isolation der Funktionsbereiche „Wohnen" und „Arbeiten" und der damit verbundenen „Polarisierung" öffentlicher und privater Räume thematisiert (Strohmeier 1983: 91ff.):
„Eine Stadt ist eine Ansiedlung, in der das gesamte, also auch das alltägliche Leben die Tendenz zeigt, sich zu polarisieren, d.h. entweder im sozialen Aggregatzustand der Öffentlichkeit oder in dem der Privatheit stattzufinden" (Bahrdt 1961: 38; aus der Sicht des Städtebauers neuerdings Allpass 1989). Diese „Polarisierung", durch die „im Leben des Großstädters die Arbeit immer sachlicher, die Freizeit aber immer privater geworden ist" und „die sich damit auftuende Kluft zwischen zwei Bereichen des Tageslaufs", die sich „nicht nur in klaren zeitlichen Abgrenzungen, sondern auch als eine Grenze räumlicher Lebensbereiche in der Großstadt niederschlägt" (Schelsky 1965: 305ff.), hat zugleich zu einer zunehmenden zeitlichen Ausgrenzung von Familienleben in die Freizeit und zur räumlichen Marginalisierung von Familie und Familienleben in die Wohnung am Rande der modernen Großstadt geführt. Familie bzw. Familienleben ist zu einer im Wohnbereich am Stadtrand situierten spezialisierten Raumnutzung geworden (ausf. Strohmeier 1983; Siebel 1989).
Um diese quasi traditionellen Polarisierungen soll es in diesem Beitrag nicht mehr gehen. Unser Augenmerk gilt vielmehr neuen Polarisierungstendenzen, die aus der Dynamik der Veränderung von Lebensläufen und Lebensformen mit der zweiten demographischen Transition innerhalb des privaten Bereichs entstanden sind. Diese Veränderungsdynamik wird gemeinhin mit Pluralisierungstendenzen gleichgesetzt. Die selbstverständliche Voraussetzung der traditionellen Sicht der Polarisierung städtischer Lebensräume in öffentliche und private war die universelle Verbreitung der Kleinfamilie als „private" Lebensform, wie sie vor dem „zweiten demographischen Übergang" in der Bundesrepublik gegeben war[1]. Zur Charakterisierung der seitdem eingetretenen Wandlungen haben Soziologen mit „Individualisierung" bzw. „Pluralisierung" inzwischen ausgesprochen modische (wenngleich keineswegs neue) Schlüs-

selbegriffe geprägt (Beck 1986; Zapf et al. 1987), die bereits in die Alltagssprache übernommen worden sind. Schon 1971 jedoch beschreibt Diederich in einer Arbeit über „Soziographie und Städtebau" gesellschaftliche „Individualisierungs"-Trends, die als „weniger strukturierte soziale Erscheinungen" zudem auch folgenreich für „urbanisierende Prozesse" der Zukunft sein sollten, sieht allerdings die individualisierenden „Auflösungsprozesse großfamiliärer Bindungen" noch bei der „Kleinstfamilie (Mann – Frau – Kind)" für beendet an. Daneben werden „individuelle Bildungs- und Formungswünsche" und „individualisierende Beschäftigungs- und Unterhaltungsbedürfnisse, die keiner Gruppenkontrolle mehr unterworfen sind," konstatiert (Diederich 1971: 8). Auflösung traditionaler Strukturen und Verhaltensnormierungen und Kontrollverlust als zentrale Definitionselemente des Individualisierungskonzepts finden sich auch Ende der achtziger Jahre bei den o.g. Autoren und anderen wieder. Gesellschaftliche Individualisierungs- und Pluralisierungsphänomene werden auch in der neueren Stadtforschung als Hintergründe der neuen Entwicklungstrends „Reurbanisierung" (Kujath 1988) oder „Gentrification" (Blasius/Dangschat 1990) der inneren Stadt genannt. Allerdings werden hier Individualisierung und Pluralisierung gelegentlich synonym im Sinne von Enttraditionalisierung und prinzipiell unbegrenzter Vielvielfältigung von Lebensformen oder von „Lebensstilen" verstanden (so Herlyn 1990: 11ff.). Das Ausmaß der tatsächlichen Veränderungen der privaten Lebensformen im nachtransitionalen Deutschland der achtziger Jahre und die mit diesen einhergegangenen und künftig erwartbaren Veränderungen in der räumlichen Organisation moderner urbaner Gesellschaften würden mit der Hypothese des „Alles fließt" jedoch vermutlich überschätzt. Angesichts des kurzfristig relativ geringen Veränderungsspielraums der institutionellen, wirtschaftlichen und siedlungsräumlichen Randbedingungen der individuellen Lebensführung im letzten Jahrzehnt, wobei einem eher sich verschärfende Restriktionen, z.B. auf den Arbeits- und Wohnungsmärkten oder im Bereich der öffentlichen Dienstleistungsangebote, einfallen als Optionserweiterungen, kann davon ausgegangen werden, daß bestimmte Lebensformen sich im Hinblick auf die Verwirklichung von, zugegeben, zunehmend individuell entscheidbaren Lebensplänen als unterschiedlich praktisch erweisen. Insbesondere mit Blick auf die Pluralität der Lebensformen, die an die Stelle der noch vor wenigen Jahrzehnten universellen „Kleinfamilie" treten, ist zu fragen, ob wir derzeit, wie uns die einschlägige Feuilletonliteratur glauben macht, erst am Anfang oder nicht vielleicht schon am Ende einer Entwicklung stehen.

Nach kurzen Konzeptklärungen hinsichtlich „Individualisierung" und „Pluralisierung" und Spezifikation der jeweiligen Referenzen im zweiten Abschnitt wird anhand einer empirischen Reanalyse aktueller Mikrodaten gezeigt, daß die vorfindbare Pluralität der privaten Lebensformen in der Bundesrepublik Deutschland in der Tat begrenzt ist und daß gesellschaftliche Optionserweiterungen, die in der Vergangenheit wichtige Bestimmungsgründe der stattgefundenen demographischen Transitionen gewesen sind, sich „pluralisierend" nur selektiv in einem privilegierten Segment von Lebensformen auswirken und im wesentlichen nur dort in Anspruch genommen werden. Diese Privilegierungen bestimmter (nicht-familialer) und die entsprechenden Diskriminierungen anderer (nämlich der familialen) Lebensformen haben polarisierenden Charakter. Diese Polarisierungen wiederum finden morphologische, sozialräumliche Entsprechungen, die Folgen für die lokale Politik haben.

1.2 „Siedlungssoziologie" und „Mehrebenenanalyse"

Die Frage nach den stadträumlichen Implikationen des Wandels von Lebensformen konkretisiert die Programmatik einer „Siedlungssoziologie", die nach Friedrichs (1977: 92) die Interdependenzen der „sozialen Organisation" und der „räumlichen Organisation" moderner Gesellschaften untersucht (ähnlich auch Hamm 1977). In der sozialwissenschaftlichen Stadtforschung markiert die Formulierung des siedlungssoziologischen Forschungsprogramms die Neubesinnung einer in den siebziger Jahren vorübergehend zur quantomanischen Faktorialökologie und zur computerisierten „City classification" (Berry 1972) denaturierten empiristischen Stadtforschung auf theoretische Fragestellungen und den Versuch einer stärkeren Anbindung der Analyse von Stadtentwicklung an andere gesellschaftliche Wandlungstendenzen.
Nur in einer statischen Querschnittsbetrachtung ist es dabei möglich, eindeutig kausale Zuordnungen zwischen Merkmalen der sozialen und der räumlichen Organisation moderner Gesellschaften vorzunehmen. In einer dynamischen Perspektive, wie sie z.B. durch die Frage nach dem Zusammenhang von sozialen und räumlichen Veränderungstrends angezeigt ist, erscheint allein die Annahme von Wechselwirkungen mit einer vermutlich größeren Trägheit von Prozessen des Wandels der räumlichen Organisation angemessen (Friedrichs 1977: 92).
Das u.g. Schema stellt eine „variablensoziologische" Zerlegung (Esser) von Beziehungen zwischen (Elementen) der sozialen und der räumlichen Organisation moderner Gesellschaften dar, wobei der Technologie gewisse intermediäre Funktionen zugeschrieben werden. Es spezifiziert jedoch nicht, auf welche Weise Wirkungen in den und zwischen den unterschiedlichen Bereichen erzeugt werden, insbesondere wird die Gleichartigkeit der Wirkungsweisen sozialer auf räumliche und räumlicher auf soziale Phänomene angenommen. Dies mag hinreichend sein, wenn man sich (z.B. in Gestalt der Koeffizienten in einem Pfadmodell) mehr für die Stärke des Zusammenhangs von Variablen als für die Art und Weise von Beziehungen interessiert. Die Unterscheidung „sozialer" und „räumlicher" Variablen im o.g. Schema basiert im übrigen einzig auf der Unterschiedlichkeit der Merkmalsträger, Bevölkerung im Falle von sozialer, andere Gebietsmerkmale, wie Flächennutzungen im Falle von räumlicher Organisation, wobei die Bevölkerung die des fraglichen Gebietes ist. Innerhalb eines solchen Gebietes gilt frei nach Durkheim: „Soziale Differenzierung führt zu räumlicher Differenzierung" (Friedrichs 1977: 72). Zusammenhänge zwischen sozialer und räumlicher Organisation von Gesellschaften werden operationalisiert als Korrelationen zwischen regionaldemographischen, regionalsoziologischen und regionalökonomischen Aggregatmerkmalen von Gebieten. Mögliche Indikatoren von Veränderungen in der Verteilung von Lebensformen in einem Gebiet im Friedrich'schen Schema wären „soziale Ungleichheiten" und „Positionsdifferenzierungen". Diese „führen" (wie?) zu einer steigenden „Zahl von Nutzungen und Gelegenheiten" und über die „räumliche

Abbildung 2: Zusammenhänge zwischen sozialer und räumlicher Organisation einer Gesellschaft

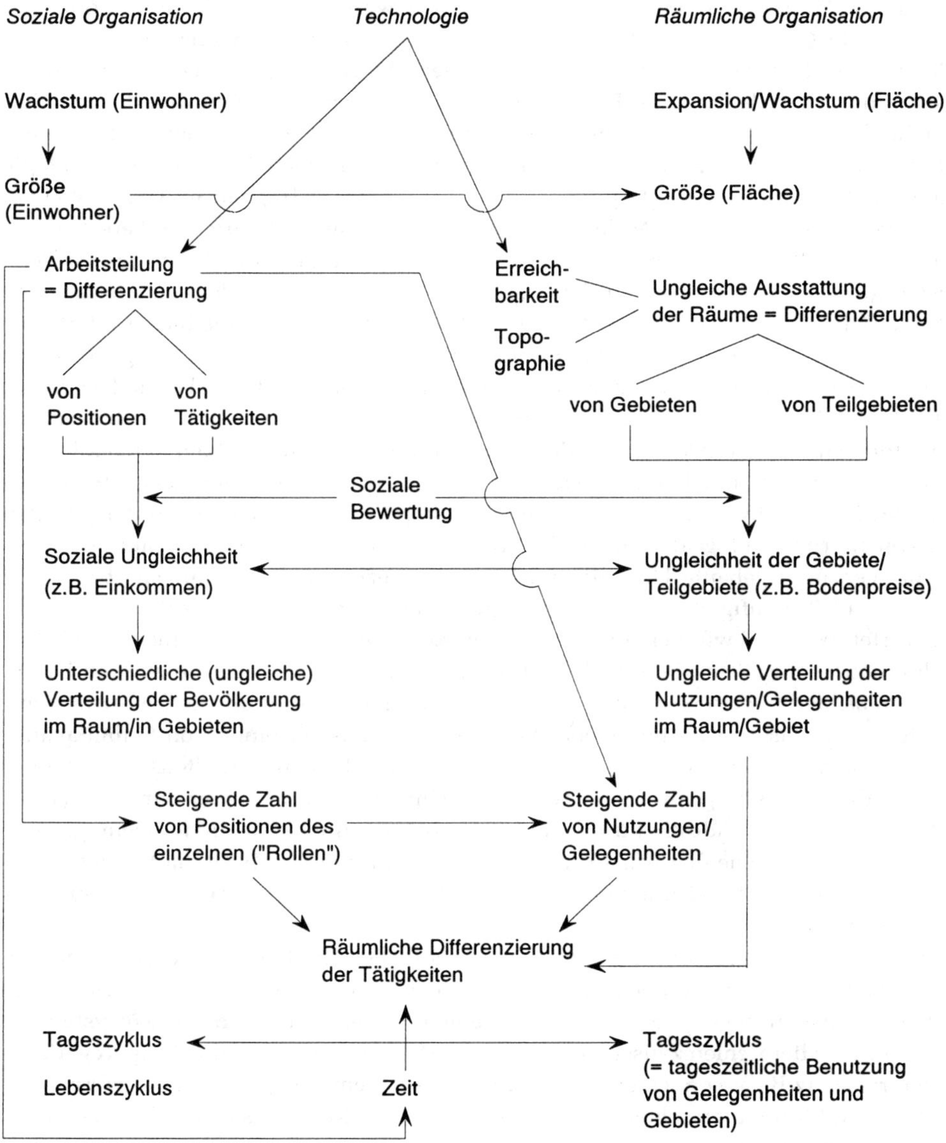

Quelle: Friedrichs 1977: 91

Differenzierung von Tätigkeiten" evtl. zu weiterer Arbeitsteilung und Positionsdifferenzierung. Selbst im Falle solcher Feedback-Schleifen sind grundsätzlich Symmetrie und (in der Regel) die Linearität der behaupteten Beziehungen impliziert[2]. Problemangemesser erscheint in diesem Zusammenhang ein explizit mehrebenenanalytischer Ansatz (Huinink 1989; 1990). Danach wären „soziale Organisation" und „räumliche Organisation" Phänomene auf unterschiedlichen Emergenzniveaus sozialer Wirklichkeit. Die räumliche Ebene definiert dabei Gelegenheiten und Beschränkungen für soziale Prozesse. Beziehungen zwischen beiden Ebenen sind danach hierarchisch und asymmetrisch. Veränderungsprozesse auf beiden Ebenen verlaufen mit unterschiedlichen Prozeßgeschwindigkeiten, wobei, wie auch die Siedlungssoziologie annimmt, räumliche Veränderungen in der Tat eine größere Trägheit aufweisen. Wandel auf der „Makro-Ebene" in Mehrebenensystemen zeichnet sich durch größere Trägheit aus als auf der „Mikro-Ebene". Mit dieser Annahme unterschiedlicher „Zeitskalen" ist zugleich die Annahme nicht-linearer Abhängigkeiten verbunden. Bereits die „einfachen" Invasions-Sukzessions-Zyklen (McKenzie 1974) unterschiedlicher ethnischer Gruppen in amerikanischen Stadtvierteln bei den Klassikern der Chicagoer Schule und neuerdings die „doppelten" Invasions-Sukzessions-Zyklen (Blasius/Dangschat 1990; Kraul 1991) von „Pionieren" und „Gentrifiern" im Zuge der „Gentrification" der inneren Stadt[3] verdeutlichen, daß sozialräumliche Veränderungen in Reaktion auf Wandlungen individueller Lebensformen sich vielfach erst verzögert nach Überschreiten kritischer Schwellenwerte ergeben. Umgekehrt erfolgen Reaktionen der privaten Lebensführung auf geänderte baulich-räumliche Bedingungen gleichfalls, wie Forschungen über gebaute Umwelt und Verhalten gezeigt haben (Mühlich et al. 1978; Joerges 1977) häufig ebenfalls nur verzögert und nicht immer wie (z.B. von Planern) erwartet. Während wir weiter im Bereich mikrosozialer Prozesse von einer erheblichen Fluktuation ausgehen können, die auf der Ebene sozialräumlicher Strukturen häufig folgenlos bleibt, weisen sozialräumliche Strukturen ein hochgradiges Beharrungsvermögen auf, das von individuellen Akteuren durchaus im Sinne von Stabilität und Invarianz wahrgenommen wird. Fluktuation individuellen Verhaltens stellt häufig sogar die Anpassung an allzu invariante „Umwelt"-Bedingungen dar. Birg (1981) wendet in einem Plädoyer für eine regionale Betrachtungsweise in der Demographie die Mackenroth'sche Begrifflichkeit von der Abstimmung der Wirtschafts- und Bevölkerungsweise zur Erklärung individueller Verhaltensweisen (Migrationen, generatives Verhalten) an.

Der Wandel von Lebensformen betrifft im wesentlichen Veränderungen bei Individuen, Haushalten und Familien oder anderen sozialen Gruppen, allgemein: von „Mikrosystemen", denen gegenüber Stadt oder Gemeinde den Rang von „Makrosystemen" aufweisen. Hierarchien zwischen Mikro- und Makrosystemen sind z.B. Aggregationshierarchien (z.B. Person, Haushalt, Nachbarschaft, Gemeinde, ... Welt) oder Organisations- und Einflußhierarchien. Beziehungen zwischen Makrosystemen als „Obersystemen" und Mikrosystemen als „Untersystemen" sind damit immer hierarchischer Natur. Einflüsse (oder „transfers") von Untersystemen auf Obersysteme (z.B. Familie auf Gemeinde, s. Strohmeier 1989a) haben eine andere Qualität als die von Obersystemen auf Untersysteme. Systeme werden hier im Sinne von Aktorsystemen oder „corporate

actors" verstanden. (Der mehrebenenanalytische Ansatz soll hier nur in seinen Grundzügen dargestellt werden, eine ausführliche Begründung und modellmäßige Präzisierung findet sich bei Huinink 1989.)
Der mehrebenenanalytische Ansatz spezifiziert die anzunehmenden Wirkungsweisen im Friedrichschen Variablenordnungsschema (Abbildung 2), indem er es gedanklich um 90 Grad nach links dreht. Einflüsse von Variablen der räumlichen Organisation auf die sozialen Mikrosysteme ergeben sich dann, so Huinink, als „Kontrolltransfers" in Gestalt spezifischer Opportunitäten und Restriktionen, die dem Handeln der Mikroeinheiten gesetzt werden. Die Forschung über gebaute Umwelt und Verhalten oder über die personenbezogenen Effekte politischer Intervention (Kaufmann et al. 1980) hat in dieser Terminologie Kontrolltransfers in Mikrosysteme zum Thema gehabt. Einflüsse in umgekehrter Richtung lassen sich als „Berichtstransfers" oder „aggregierte Mikroinformation" bezeichnen. Das sind kollektive Phänomene, die aus der Aggregation individuell rationaler, insgesamt nicht explizit koordinierter Handlungen entstehen, z.B. Geburtenrückgang aus der individuellen Beschränkung der Kinderzahl, „Stadtflucht" aus dem persönlichen Streben nach dem Haus im Grünen, die Parameter auf höheren Ebenen, z.B. Stadt, Gemeinde, verändern können. Die Mehrebenenperspektive erweist sich sowohl für kontextanalytische Fragestellungen (Umgebungseffekte) als auch für die Analyse der Genese und Veränderungen sozial-räumlicher Kontexte als angemessen.
Der theoretische Ansatz ist ein am „strukturtheoretischen Individualismus" Esserscher Prägung (Esser 1985) orientierter handlungstheoretischer Ansatz. Es gibt allerdings Vorläufer und Parallelen in der Ökonomie und Politikwissenschaft, und auch die Klassiker der Chicagoer Schule sowie neuere sozialökologische Konzepte („arbitrage"- und „tipping"-Theorie, vgl. Kraul 1991) weisen dieselben Grundzüge auf. Sozialräumliche Strukturen und Verteilungen sind das weitgehend ungeplante Ergebnis des Zusammenwirkens der Handlungen von Akteuren und Aktorsystemen unterschiedlicher Ebenen, die jeweils für sich „sinnhaft" im Weberschen Sinn, d.h. auf die Handlungen der anderen bezogen, insgesamt jedoch nicht planvoll koordiniert und nicht koordinierbar sind[4].
Leben in „Lebensformen" sowie der Wechsel des einzelnen zwischen ihnen sind in der modernen Gesellschaft zunehmend „individualisierte", der privaten Sphäre zugeordnete Sachverhalte. Ihre politische Relevanz (im Sinne „aggregierter Mikroinformation") kann heute angesichts der laufenden Debatten um die Folgen des Geburtenrückgangs oder der drohenden Überalterung für die sozialpolitischen Sicherungssysteme als unstrittig angesehen werden. Auffällig ist jedoch, daß die makrostrukturellen Konsequenzen demographischen und familialen „Mikro"-Wandels bei „Obersystemen" in der Regel „ganz oben" im Sinne von Problemen für Staat und Gesellschaft thematisiert werden, während intermediäre Ebenen ausgeblendet bleiben.
Dabei ist gerade die örtliche Ebene (Stadt, Gemeinde) unter den verschiedenen „Emergenzniveaus" der „sozialen Aggregation" (Kaufmann 1980) in einer differenzierten Gesellschaft dasjenige, auf dem sich direkte Zusammenhänge zwischen Veränderungen auf der „individuellen" oder der „Gruppenebene" bzw. der „Interaktionebene" (i.e. Wandel von Lebensformen) mit solchen der „Organisations"- und der „institutionellen"

Abbildung 3: Stadtentwicklung: Akteure und Aktionen

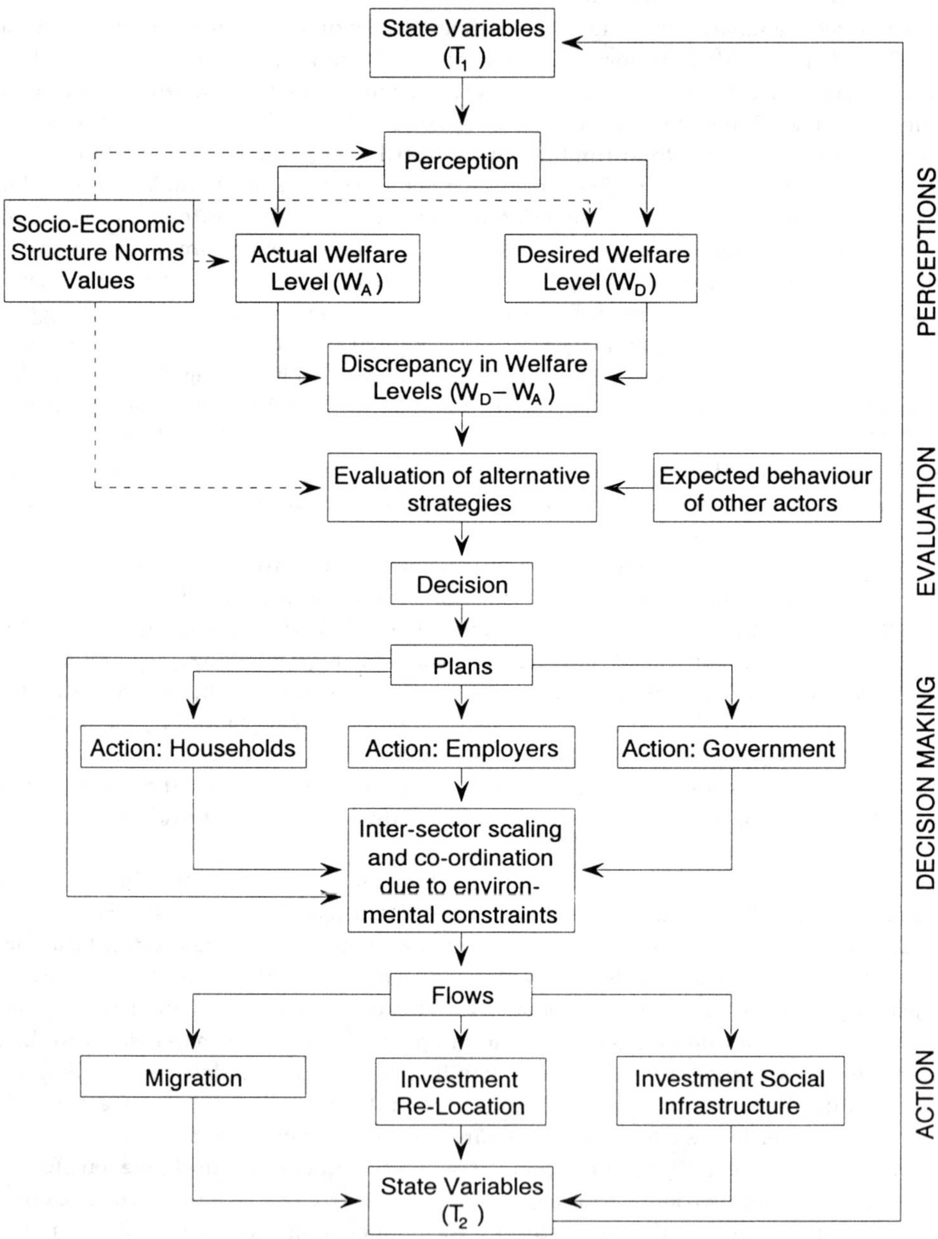

Quelle: Drewett/Schubert 1983: 6

Ebene zeigen lassen (Kaufmann 1980: 256ff.). Gemeinde ist jener soziale Kontext, innerhalb dessen Handelnde politische und gesellschaftliche Wandlungen als „Kontrolltransfers" in Gestalt veränderter Opportunitäten der eigenen Lebensführung, in ihrem Einfluß auf Lebenslagen und Alltagsbewältigung unmittelbar erfahren. Strukturelle Disparitäten individueller Lebenslagen und Alltagsprozesse und deren Veränderung sind im Aggregat auch kollektive Phänomene. Städte und Gemeinden sind jene sozialen Kontexte, innerhalb dessen sich Veränderungen der individuellen Lebensformen zuerst und unmittelbar auswirken.

2. *Individualisierung von Lebensverläufen, Pluralisierung und Polarisierung von Lebensformen*

Die Begriffe „Individualisierung" und „Pluralisierung" werden heute vielfach synonym zur Typisierung des Wandels von Lebensformen und Lebensverläufen in der modernen Gesellschaft benutzt. Mit ihnen sind häufig Zustandsbeschreibungen wie „anything goes" assoziiert. Dabei ist mein Eindruck, daß, nicht zuletzt aufgrund überschätzender Verallgemeinerungen qualitativer Befunde, das tatsächliche Maß an Pluralität, vor allem im Bereich der familialen Lebensformen, sowie die Relevanz eher randständiger Entwicklungen (vgl. Hoffmann-Nowotny 1988) überschätzt werden[5]. Individualisierung und Pluralisierung sind jedoch keineswegs gleichbedeutend mit der simplen, möglicherweise fortschreitenden Vervielfältigung biographischer Muster.

2.1 Individualisierung und Pluralisierung

Der Begriff der „Individualisierung" soll hier ausschließlich zur Charakterisierung des Phänomens der Herauslösung des Lebenslaufs aus traditionellen Präformationen, in erster Linie durch Geschlecht, Alter und soziale Herkunft bestimmt, verwendet werden. Damit ist sowohl das Eintreten bestimmter Ereignisse und Übergänge im Lebensverlauf als auch ihr timing (z.B. durch Auflösung von Altersnormen) gemeint. Eine wesentliche Bedingung gesellschaftlicher Individualisierungsprozesse ist die mit der Demokratisierung der Bildung gegebene Erweiterung von Lebenschancen gewesen. Diese Optionserweiterung hat die Frauen um beinahe eine Generation verzögert erst mit den Nachkriegsjahrgängen erreicht (Kaufmann 1988). In ihrem Ergebnis wächst die soziale Akzeptanz von auf Dauer oder zumindest auf Zeit kinder- und familienlosen Lebensformen. Mit der Erweiterung des „biographischen Universums" für jedes Individuum (Birg et al. 1989) sinken die Geburtenzahlen.
Individualisierung in diesem Sinne der Enttraditionalisierung von Lebensverläufen bedeutet jedoch nicht, daß damit die eigene Lebensplanung ausschließlich in das persönliche Belieben des Individuums gestellt wäre. Entscheidungen über das eigene Leben in bestimmten Bereichen haben Bindungswirkungen auch in anderen. Insbesondere die Entscheidung für ein Kind bedeutet (lebens-)lange Festlegungen. Zwischen den einzelnen „Karrieren" von Lebensverläufen bestehen hierarchische Beziehungen.

Abbildung 4: Individualisierte biographische Karrieren, pluralisierte Lebensformen

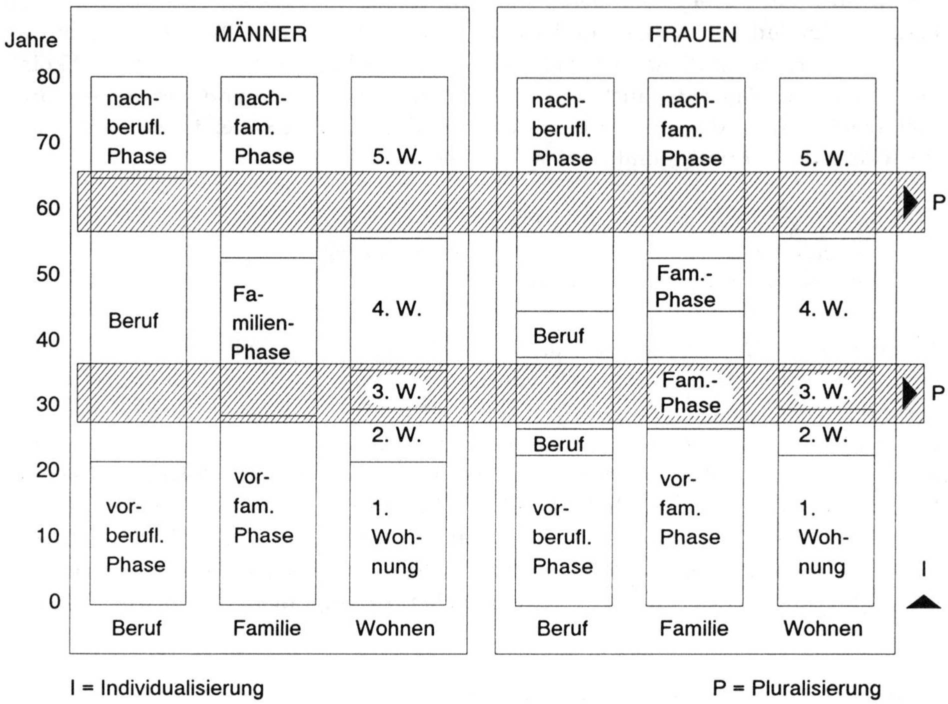

(Karrieren sind Sequenzen von Ereignissen eines Typs, z.B. Berufskarriere, Partnerkarrieren, Familienkarriere, Migrationskarriere.) Martin Kohli (1986) stellt heraus, daß die Enttraditionalisierung des Lebenslaufs mit neuen Normierungen und Standardisierungen einhergeht. Der Lebenslauf in der modernen Gesellschaft orientiert sich in zunehmendem Maße am Verlauf der „normalen" Berufsbiographie, die eine vorberufliche, eine berufliche und eine nachberufliche Phase kennt, andere biographische Karrieren werden zunehmend an diesen Sequenzen der Berufskarriere organisiert. So gilt für Männer in unserer Gesellschaft die Synchronisation der vorelterlichen Phase mit der vorberuflichen und, mit einem lag, der elterlichen mit dem ersten Stück der beruflichen Phase. Für Frauen gilt dies nur im Prinzip, faktisch ist vielfach noch von sich ausschließenden Alternativen in Familien- und Berufskarriere auszugehen. Individualisierung von Lebensverläufen in der modernen Gesellschaft führt zur Ausdifferenzierung eines zwar erweiterten, nach wie vor jedoch begrenzten Repertoires von (dominanten und varianten) Lebensverlaufsmustern, die an die Stelle institutionalisierter Normalbiographien treten, und – „from institution to choice" (Kaufmann) – Objekte von rational choice zwischen diskreten unterschiedlich bewerteten Alternativen geworden sind.

Abbildung 4 schematisiert im Längsschnitt den Verlauf von Karrieren im Rahmen individueller Lebensverläufe. Im Querschnitt resultiert in jedem Zeitpunkt aus der Individualität von Lebensverläufen im Aggregat die Pluralität von Lebensformen bzw. von „Lebensstilen". Damit sind Kombinationen der von den Mitgliedern einer Population in unterschiedlichen Lebensphasen und Haushaltstypen zu einer bestimmten Zeit in einem bestimmten Raum eingenommenen biographischen Zustände gemeint. Einer endlichen Vielfalt individualisierter Lebensverlaufsmuster mit dominanten und varianten Verläufen (vgl. Kaufmann et al. 1982; 1984) entspricht dabei unter den jeweils herrschenden gesellschaftlichen Verhältnissen (Opportunitäten und Restriktionen) eine durchaus endliche Menge von Lebensformen bzw. von „Lebensstilen". Das modische Lebensstilkonzept vermascht mit Bezug aufeinander eigentlich erklärungsbedürftige Bedingungen und Merkmale sozialer Ungleichheit in der modernen Gesellschaft, indem es sie allesamt als Indikatoren bzw. „Elemente" eines überkomplexen Konstrukts gelten läßt (z.B. Lüdtke 1985). Wir wollen uns dennoch kurz mit der Pluralisierung von „Lebensstilen" befassen, so wie Zapf et al. (1987) sie in einer vielbeachteten Schrift bestimmt haben, um auf diese Weise zu einer theoretischen Klärung des Inhalts von Pluralisierung (über die Vervielfältigung hinaus) und der Operationalisierung dessen zu gelangen, was mit „Lebensformen" sinnvoll angesprochen werden kann.
„Lebensstil" bezeichnet „relativ stabile Muster der Organisation des Alltags im Rahmen gegebener Lebenslagen, verfügbarer Ressourcen und getroffener Lebensplanungen ...

Abbildung 5: Konzeptuelle Bestandteile des Lebensstils

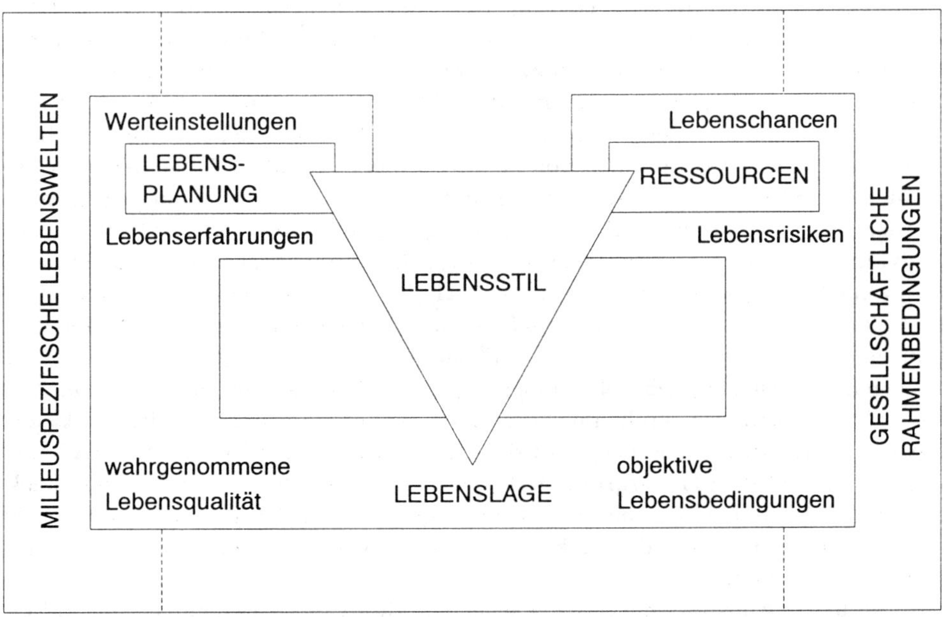

nach Zapf et al. 1987: 15

Lebensstile sind individuelle Gestaltungsleistungen (auf der Mikroebene) im Rahmen milieuspezifischer Wahlmöglichkeiten und Zwänge (mittlere Ebene) sowie gesamtgesellschaftlicher Niveaus und Erfahrungen (Makroebene)" (Zapf et al. 1987: 14). „Lebensstile wandeln sich im Lebensverlauf und im Verlauf gesellschaftlicher Entwicklung". Sie „sind transitorische Ordnungsmuster bei abnehmenden Zumutungen und steigenden Wahlmöglichkeiten" (ebd.: 15).

„Lebensstile" in diesem Sinne sind zugleich Gegenstand gesellschaftlicher Pluralisierungstendenzen und individueller Wahlen. Das Konzept ist mehrdimensional und für andere als deskriptive Zwecke kaum brauchbar. Es enthält zu viele variable Größen, nämlich alles, was, einschließlich der Lebens- und Milieubedingungen auf der lokalen Mesoebene, an Bedingungsfaktoren und Formen der privaten Lebensführung derzeit fließend und variabel erscheint. „Lebensstil" ist damit nichts anderes als der Versuch, die Kontextabhängigkeit des Wandels von Lebensformen, Lebenslagen und Formen der Alltagsorganisation in einem Begriff zu fassen. Auf sichereren begrifflichen Boden gelangen wir, wenn wir versuchen die Zapfschen „Konstruktionselemente von Lebensstilen", d.h. die empirischen Indikatoren des solcherart vermaschten Konstrukts auf diese vertrauteren Begrifflichkeiten zu reduzieren, denen eindeutig empirische Indikatoren zugeordnet werden können (vgl. Zapf et al. 1987: 14ff.).

Den „Rahmen" bilden „milieuspezifische Wahlmöglichkeiten und Zwänge", womit zweifellos lokale Opportunitäten und Restriktionen als Merkmale räumlicher Kontexte gemeint sind. „Familien- und Haushaltsstrukturen" sowie die „Erwerbsbeteiligung der Haushaltsmitglieder" sind Indikatoren von Lebensformen. „Lebensformen" bezeichnen die „sozialstrukturelle Basis von Lebensstilen" (Zapf et al.). Der Begriff stellt eine Erweiterung traditionell haushaltsdemographischer Kategorien (Schmid 1988) um Erwerbstätigkeit als zentrales Merkmal der Einbindung von Haushalten in ihre soziale Umwelt und um die Verteilung der Erwerbsarbeit auf die erwachsenen Haushaltsmitglieder als wichtigen Indikator der Alltagsorganisation dar. Er enthält neben der personellen Zusammensetzung damit die zentralen Aspekte der Außenbeziehungen und der Binnenorganisation von Haushalten bzw. Familien. Differenziertere Indikatoren der Alltagsorganisation, die nicht durch die Lebensform eindeutig definiert werden, sind „Konsummuster" sowie „Zeit- und Aktivitätsbudgets". Indikatoren der individuellen oder familialen Lebenslage schließlich sind „soziale Beziehungen und Netzwerke" und „Wohnformen" einschließlich der von Zapf nicht explizit genannten wirtschaftlichen Lage. Es ist in diesem Zusammenhang arbiträr, ob man „Werteinstellungen, Lebenspläne, Lebensziele" als Indikatoren der Lebenslage zuschlägt oder sie ein eigenes Konstrukt „Lebensleitvorstellungen" bilden läßt. Pluralisierung von „Lebensstilen" bedeutet so gesehen nichts anderes als die Auflösung traditionaler Determinationsverhältnisse zwischen Lebenslagen, Lebensformen und Mustern der Alltagsorganisation auf dem Hintergrund gestiegener gesellschaftlicher Opportunitätsspielräume und differenzierter biographischer Optionen. Pluralisierung bemißt sich an der gewachsenen Kontingenz der Verknüpfungen von Lebensformen, Lebenslagen und Alltagsorganisation.

Eine strategische Bedingungsvariable scheint in diesem Zusammenhang der individuelle Bildungsgrad zu sein. Gysi et al. (1986) zeigen nämlich, daß in einer Gesellschaft

Abbildung 6: Die Pluralisierung von Lebensformen

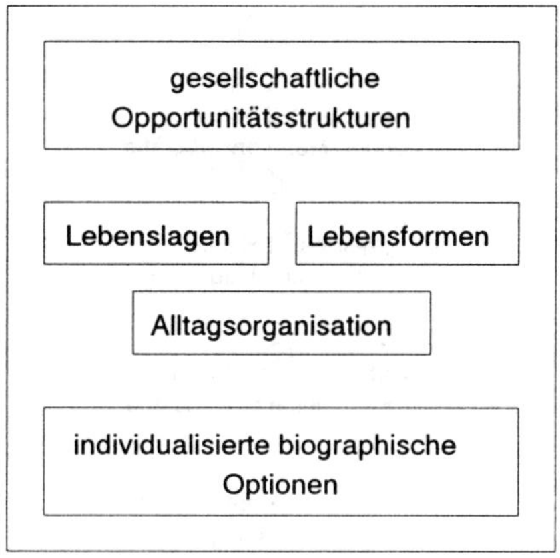

mit kaum differenzierten und insgesamt restringierten Opportunitätsstrukturen sowie mit eingeschränkten biographischen Wahlmöglichkeiten wie in der DDR, Differenzierungen der „Lebensweise" und der Alltagsorganisation vor allem bildungsabhängig gewesen sind.

2.2 Pluralisierung und Polarisierung

Die Aussage, die Verknüpfungen im o.g. Schema würden zunehmend kontingent, bedeutet nun aber nicht, daß damit die Regeln der Kombinatorik die Soziologie ersetzten. Lebensformen, operationalisiert durch Merkmale der Haushaltsstruktur und durch die Einbindung der erwachsenen Haushaltsmitglieder ins Erwerbsleben weisen allen Individualisierungs- und Pluralisierungstendenzen zum Trotz (van de Kaa 1987: 92) nach wie vor eine hohe Indikatorqualität sowohl im Hinblick auf typische Elemente der Lebenslage (z.B. wirtschaftliche Benachteiligung von Familien mit nur einem Einkommen; vgl. Buhr et al. 1988) und der Alltagsorganisation auf (z.B. traditionell „arbeitsteilige" Erledigung von Haushaltsarbeit auch in Familien mit berufstätigen Müttern, Neuregelung der Zuständigkeiten von Männern und Frauen im traditionellen Sinn nach Geburt eines Kindes; vgl. Simm 1987) auf. Die empirische Untersuchung pluralisierter Lebensformen zeigt, wie schon das Studium individualisierter Lebensverläufe (Kaufmann/Strohmeier 1988), daß sich bestimmte Verknüpfungen von „Konstruktionsmerkmalen" als ausgesprochen verbreitetet und stabil und damit unter den gegebenen Umständen offenbar als besonders praktisch erweisen. Abbildung 7 zeigt die häufigsten Lebensformen bei 25- bis 44-jährigen Männern und Frauen in der Bundesrepublik Deutschland auf der Grundlage des 1984er Wohlfahrtssurveys.
Die Abbildung zeigt, daß die sog. Normalfamilie, d.h. die „Hausfrauenfamilie" mit zwei und mehr Kindern in den hier erfaßten Jahrgängen im reproduktionsfähigen

Abbildung 7: Lebensformen 25- bis 44-jähriger Männer und Frauen in der Bundesrepublik Deutschland

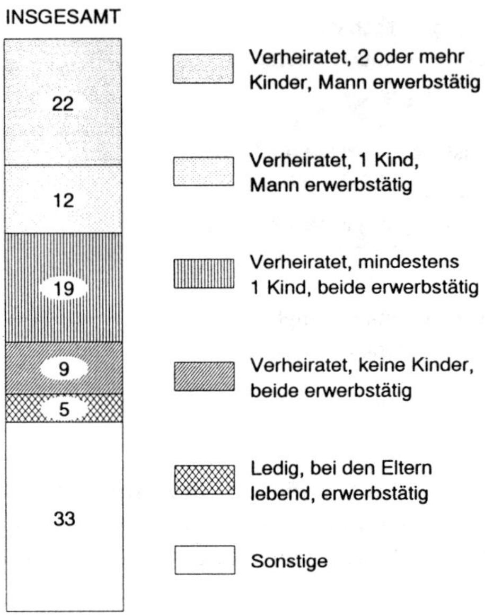

nach Zapf et al. 1987: 37

Alter nur mehr die Lebensform einer Minderheit ist. Sie weist ferner neben den dargestellten sechs häufigsten Typen einen hohen Anteil und eine große Anzahl „sonstiger" Lebensformen aus. Beides wird von den Verfassern als Ausdruck von Pluralisierungstendenzen gedeutet. Es bleibt jedoch offen, ob hier mit Pluralisierung der zurückliegende Prozeß der „Entnormalisierung" der Normalfamilie gemeint ist, der zur in den achtziger Jahren vorfindbaren Pluralität der Lebensformen geführt hat, oder ob ein Fortschreiten von Pluralisierungstendenzen angenommen wird.

Der hohe Anteil der „sonstigen" in Abbildung 7 wird von den Zapf et al. wie auch von den zahlreichen Autoren, die diese Daten aufgreifen (z.B. Herlyn 1990) als Indiz für fortschreitende Pluralisierungstendenzen interpretiert. Die Reanalyse des von Zapf et al. verwendeten Datensatzes zeigt jedoch, daß bei Ausweis der acht häufigsten Lebensformen (anstatt sechs wie in der Abbildung) sich der Anteil der „sonstigen" auf rund 15 Prozent reduziert. Die meisten Differenzierungen der Lebensformen in dieser Restgruppe resultieren im übrigen aus Unterschieden in der Art der Erwerbstätigkeit bzw. Nicht-Erwerbstätigkeit, weniger aus Familienstand oder Haushaltszusammensetzung. Im übrigen erscheint es nicht unproblematisch, aus dieser Momentaufnahme des Jahres 1984 und der Querschnittvariation, die sie ausweist, auf Wandel in der Zeit zu schließen.

Die von 1980 bis 1990 im Zweijahresabstand regelmäßig durchgeführten ALLBUS-Erhebungen stellen eine repräsentative Datengrundlage dar, auf der die Frage nach der zunehmenden Pluralisierung von Lebensformen in den achtziger Jahren empirisch beantwortet werden kann. (Leider konnte aus technischen Gründen der 1990er ALLBUS hier noch nicht berücksichtigt werden.) Die folgende Übersicht 1 weist die acht jeweils häufigsten Lebensformen zu Beginn (ALLBUS 1980) und am Ende der achtziger Jahre aus (ALLBUS 1988). Die Altersgruppe ist die gleiche wie in Abbildung 7, Männer und Frauen von 25 bis 44 Jahren. Erwerbstätigkeit haben wir der Einfachheit halber dichotomisiert: Berufstätige, Personen in Ausbildung sowie die wenigen, die angaben arbeitslos zu sein, wurden als erwerbstätig gezählt; als nicht erwerbstätig wurden Hausfrauen/männer, Rentner und sonstige Nicht-Erwerbstätige bezeichnet. In der hier betrachteten Altersgruppe resultieren aus dieser Rundung nur geringfügige Änderungen.

Übersicht 1: Die acht häufigsten Lebensformen bei 25- bis 44-jährigen Männern und Frauen 1980 und 1988 (in Prozent)

1980		1988
25 %	verheiratet, 2 und mehr Kinder, Mann berufstätig	22 %
12 %	verheiratet, 1 Kind, beide berufstätig	11 %
11 %	verheiratet, 2 und mehr Kinder, beide berufstätig	11 %
11 %	verheiratet, 1 Kind, Mann berufstätig	10 %
11 %	verheiratet, keine Kinder, beide berufstätig	11 %
6 %	ledig, alleinlebend, berufstätig	8 %
5 %	verheiratet, keine Kinder, Mann berufstätig	2 %
5 %	ledig, bei den Eltern lebend, berufstätig	8 %
15 %	sonstige	17 %
n = 67	Anzahl der verschiedenen Lebensformen	n = 64

Quelle: ALLBUS-Datensätze, eigene Berechnungen.

Die ALLBUS-Daten zeigen (bei zurückgehender Gesamtzahl) eine beachtliche Konstanz der Lebensformen der 25- bis 44-jährigen in den achtziger Jahren. Die acht häufigsten Typen decken 1980 und 1988 jeweils gut 85 Prozent der Befragten ab. Der Anteil der Hausfrauenehen mit zwei und mehr Kindern geht etwas zurück, die Anteile der ledigen berufstätigen Singles und der bei den Eltern lebenden Berufstätigen erhöhen sich. Die kinderlose Hausfrauenehe stirbt als Lebensform in den achtziger Jahren so gut wie aus. Ihr Anteil geht bis 1988 auf ein Drittel des Wertes von 1980 zurück! Gegenüber 1980 vervierfacht sich dagegen der Anteil der unverheiratet mit dem Partner zusammenlebenden Personen von 2 auf 8 Prozent, entsprechend reduziert sich der Anteil der verheiratet zusammenlebenden. Diese Befunde deuten nicht auf eine zunehmende Pluralisierung der Lebensformen, sondern allenfalls auf geringe Verschiebungen der Gewichte innerhalb einer gegebenen und insgesamt beschränkten Vielfalt hin.

Betrachtet man die Veränderungen der Lebensformen in den achtziger Jahren differenzierter nach der Kinderzahl und dem Partnerstatus der untersuchten Männer und Frauen (Übersichten 2 und 3), so wird deutlich, daß wir es mit zwei unterschiedlichen

Übersicht 2: Lebensformen 25- bis 44-jähriger Männer und Frauen 1980, differenziert nach Kinderzahl und Partnerstatus (in Promille)

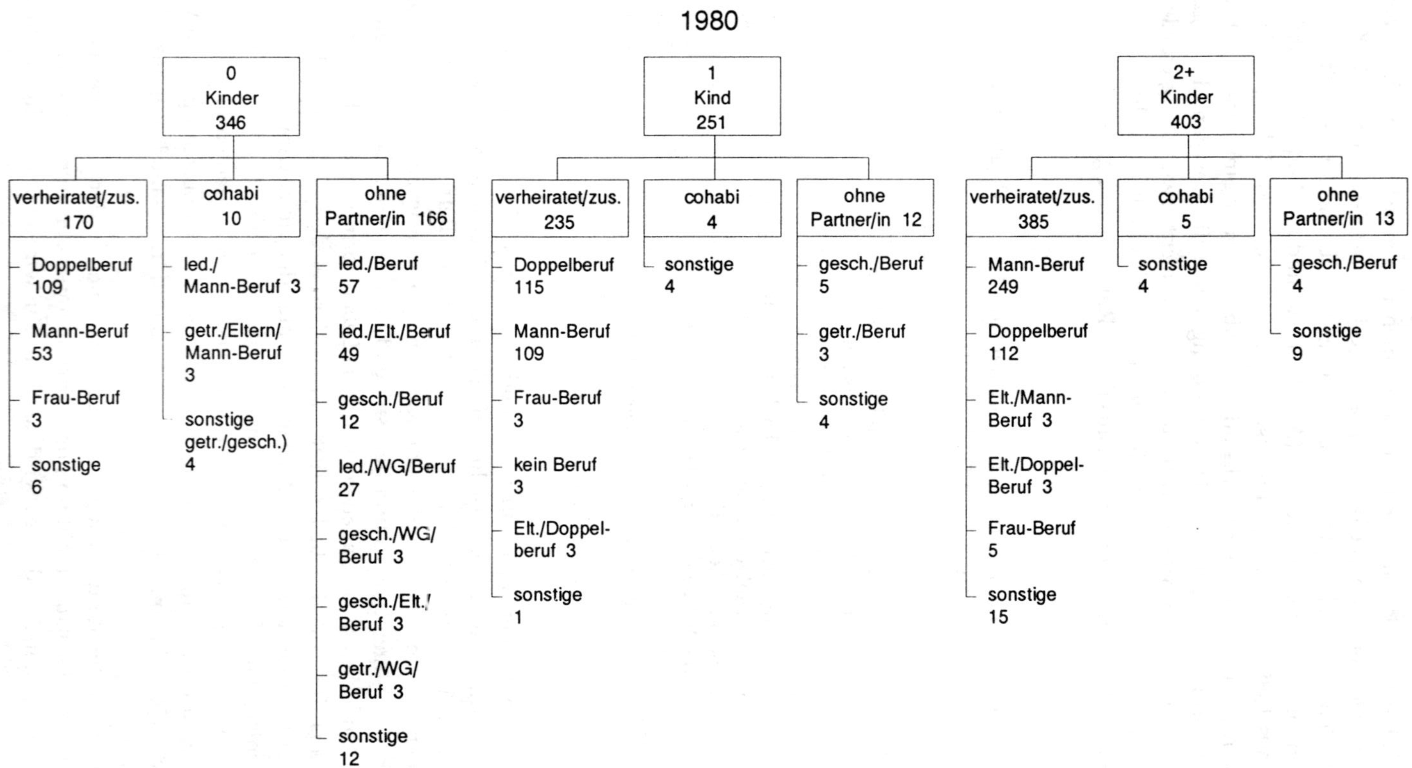

Quelle: ALLBUS 1980, eigene Berechnungen.

Übersicht 3: Lebensformen 25- bis 44-jähriger Männer und Frauen 1988, differenziert nach Kinderzahl und Partnerstatus (in Promille)

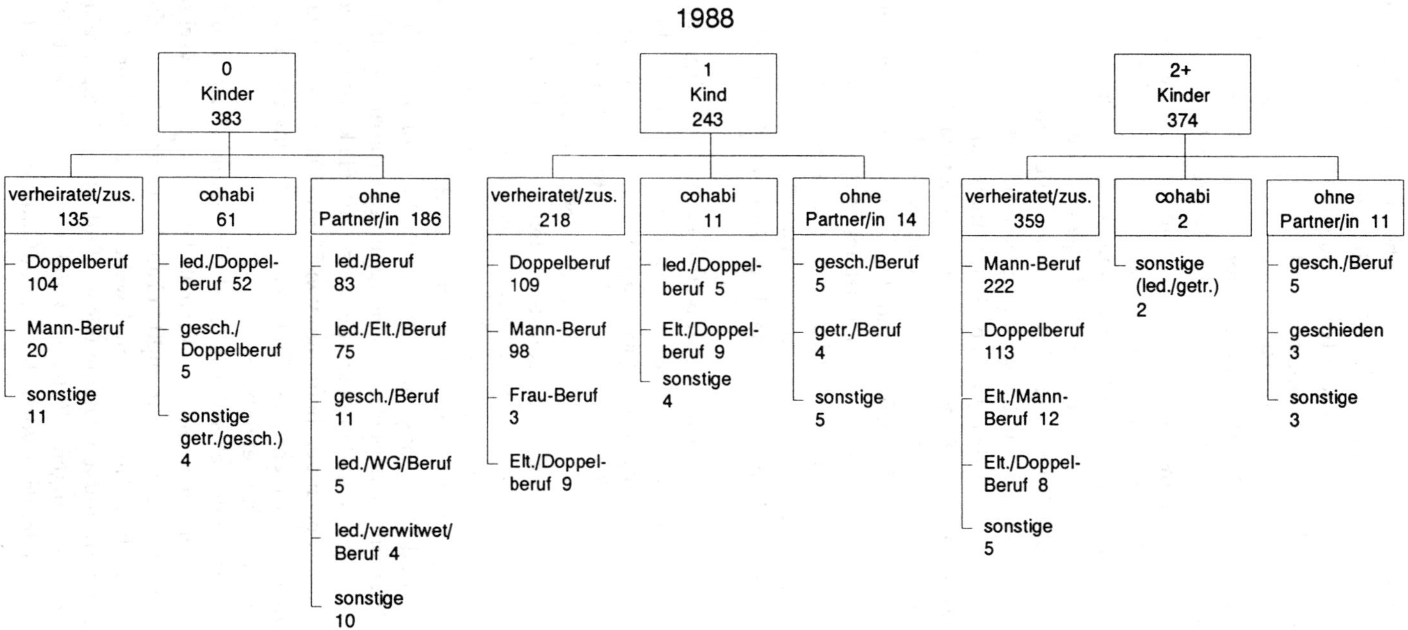

Quelle: ALLBUS 1988, eigene Berechnungen.

Entwicklungen zu tun haben: Zum einen sehen wir eine Polarisierung in einen Familiensektor und einen Nicht-Familiensektor der Gesellschaft, wobei das Wachstum des kinderlosen Nicht-Familiensektors bei konstanter Proportion von Ein-Kind-Familien zu Lasten der „kinderreichen" mit zwei und mehr Kindern geht. Zum anderen finden wir eine erkennbare und in der Verteilung der Gewichte wachsende Pluralität von Lebensformen nur im „Nicht-Familiensektor", während der „Familiensektor" Tendenzen zunehmender Konzentration auf je nach Kinderzahl ausgesprochen typische Lebensformen mit abnehmender Varianz zeigt. In Deutschland ist damit der letzte der vorn für den zweiten demographischen Übergang als charakteristisch zitierten „shifts", nämlich der „from uniform to pluralistic families and households" (van de Kaa 1987) nur partiell im Nicht-Familien-Sektor vollzogen worden.

Betrachten wir zunächst nur jene Erwachsenen, die mindestens ein Kind haben (im folgenden gelegentlich „Familiensektor" genannt), so lebten 1980 89 von hundert in den beiden häufigsten Lebensformen „Ehe.Mannberuf" (55 Prozent) und „Ehe.Doppelberuf" (34 Prozent). 1988 waren es bei etwa konstanten Relationen fast genauso viele (88 Prozent). Bei den Kinderlosen dagegen finden wir 1980 und 1988 jeweils weniger als die Hälfte der Befragten in den beiden häufigsten Lebensformen, wobei sich hier aber deutliche Gewichtsverschiebungen zugunsten der Lebensformen ohne festen Partner und der cohabitierenden unverheirateten Paare (versechsfacht!) ergeben haben. Die kinderlose Ehe ist auf dem Rückzug, die kinderlose Hausfrauenehe stirbt aus und wird in der Rangordnung der Lebensformen durch das cohabitierende doppelberufstätige Paar ersetzt.

Die Pluralisierung von Lebensformen betrifft nach diesen Ergebnissen vor allem den – wachsenden – Nicht-Familien-Sektor der Gesellschaft, wärend der – schrumpfende – Familiensektor eine angesichts nach wie vor gegebener Restriktionen (das Problem der Vereinbarkeit von Familie und Beruf bei defizitären Betreuungsmöglichkeiten der Kinder berufstätiger Mütter und fehlender partnerschaftlicher Organisation des Alltags ist in den achtziger Jahren nicht gelöst worden) nicht verwunderliche Stabilität aufweist. Diese unterschiedliche Entwicklungsdynamik beinhaltet eine Polarisierungstendenz: gesteigerte biographische Wahlmöglichkeiten nur solange die Option Elternschaft ausgeschlossen wird, Reduktion der individuellen Freiheitsgrade schon nach dem ersten Kind! Diese Einschränkungen betreffen vor allem Frauen. Während insgesamt die Verbreitung der Lebensformen zunimmt, die die Berufstätigkeit von Frauen einschließen, bleibt sie im familialen Sektor so gut wie konstant. Die Ein-Kind-Familie erweist sich dabei nach den Befunden von Simm (1987) als familiale Kompromiß-Lebensform, innerhalb derer es den Frauen am ehesten möglich ist, Berufstätigkeit und Familie miteinander zu vereinbaren.

Die eingangs erwähnte Lebensform der „Normalfamilie" ist zwar nicht mehr, wie bis in die sechziger Jahren hinein, die Normallebensform der erwachsenen Bevölkerung insgesamt, innerhalb des geschrumpften Familiensektors kommt ihr allerdings immer noch außerordentliche Normalität zu! Zwei Drittel der verheirateten Mütter von zwei und mehr Kindern sind am Anfang wie am Ende der achtziger Jahre Hausfrauen. Ein Großteil der berufstätigen Mütter ist zudem nur teilzeitbeschäftigt oder nebenher erwerbstätig. Auf der Basis von Lebensverlaufdaten des „German Life History Survey" gelangt auch Huinink (1989) zur These von einer zunehmenden Polarisierung der Lebensformen in familiale und kinderlose Arrangements. Bei abnehmender Bedeutung von Bedingungen vertikaler sozialer Ungleichheit (Klasse, Schicht; vgl. Rothenbacher 1985) für die Differenzierung von Lebensformen organisiert sich die Gesellschaft zunehmend horizontal in einen familialen und einen nicht-familialen Sektor.

2.3 Biographisch selektive Wohnstandortwahlen – neue stadträumliche Polarisierungen

Individualisierte biographische Selektionen führen im Querschnittsaggregat zu Polarisierungen in der Verteilung von Lebensformen. Diese Polarisierungen haben auch einen sozialräumlichen Aspekt. Biographische Selektionen schließen in wachsendem Maße Wohnstandortwahlen (einschließlich der Entscheidung zu bleiben) im Hinblick auf den für das „eigene Leben" auf Zeit oder Dauer am besten geeigneten Wohnort mit ein. Aus neueren wanderungssoziologischen Studien (Wagner et al. 1989; Strohmeier 1989b) erfahren wir, daß Wohnstandortwahlen heute überwiegend nicht mehr arbeitsplatzorientiert, sondern bei weitgehender Entflechtung von Arbeits- und Wohnungsmärkten (Koch 1983) lebensphasenspezifisch und innerhalb bestimmter Lebensphasen im Zusammenhang mit der gewählten Lebensform erfolgen. Von der Familienwanderung ins Umland der Städte in der Phase der Familienerweiterung war bereits die Rede. Die individuelle Berufsbiographie als Teilpfad des Lebenslaufs beeinflußt zwar die Familienkarriere, immer seltener jedoch auch die Wohngeschichte. Dagegen besteht eine direkte Abhängigkeit der individuellen Wohngeschichte im Lebenslauf von der Familienkarriere.
Die Daten der Longitudinalstudie „Familienentwicklung in NRW" zeigen in den achtziger Jahren eine hochgradige räumliche Selektivität der Wohngeschichten junger Frauen im Zusammenhang mit familienbezogenen bzw. „alternativen" Orientierungen und Lebensleitvorstellungen. Lediglich die Berufsorientierung (einschließlich der faktischen Berufstätigkeit) weist keine regionale Variation auf. (Der Vergleich der Pendlerzahlen in den Großzählungen von 1970 und 1980 macht allerdings deutlich, daß bei insgesamt enorm gestiegener Automobilisierung immer weniger Menschen tatsächlich dort arbeiten, wo sie wohnen (Strohmeier 1991), so daß heute die Realisierung von Berufswünschen kaum noch Restriktionen durch den Wohnort unterliegt.) Abbildung 8 zeigt allerdings, daß darüber hinaus die ländlichen und suburbanen Zonen in signifikant höherem Maße als die Großstädte Zielorte der Wohngeschichten traditionell und familienorientierter junger Frauen sind, während die Großstädte ihrerseits größere Anziehungskraft auf nicht traditionell familienorientierte Frauen ausüben.
Die Abbildung gruppiert die in einem dreiwelligen Panel (1981, 1983/84, 1986) befragten Frauen der Jahrgänge 1952 bis 1963 hinsichtlich ihrer Wohnorte nach Vollendung des achtzehnten Lebensjahres bis zur dritten Befragung. „S" bezeichnet großstädtische (mehr als 100.000 Einwohner), „L" ländliche Wohnorte (in über 80 Prozent der Fälle unter 20.000). Die Kombination dieser Wohnorttypen klassifiziert die Befragten als „Mover" oder „Stayer" in städtischen oder ländlichen Wohnorten. Für jede so

Abbildung 8: Biographische Orientierungen junger Frauen in NRW mit unterschiedlichen Wohngeschichten

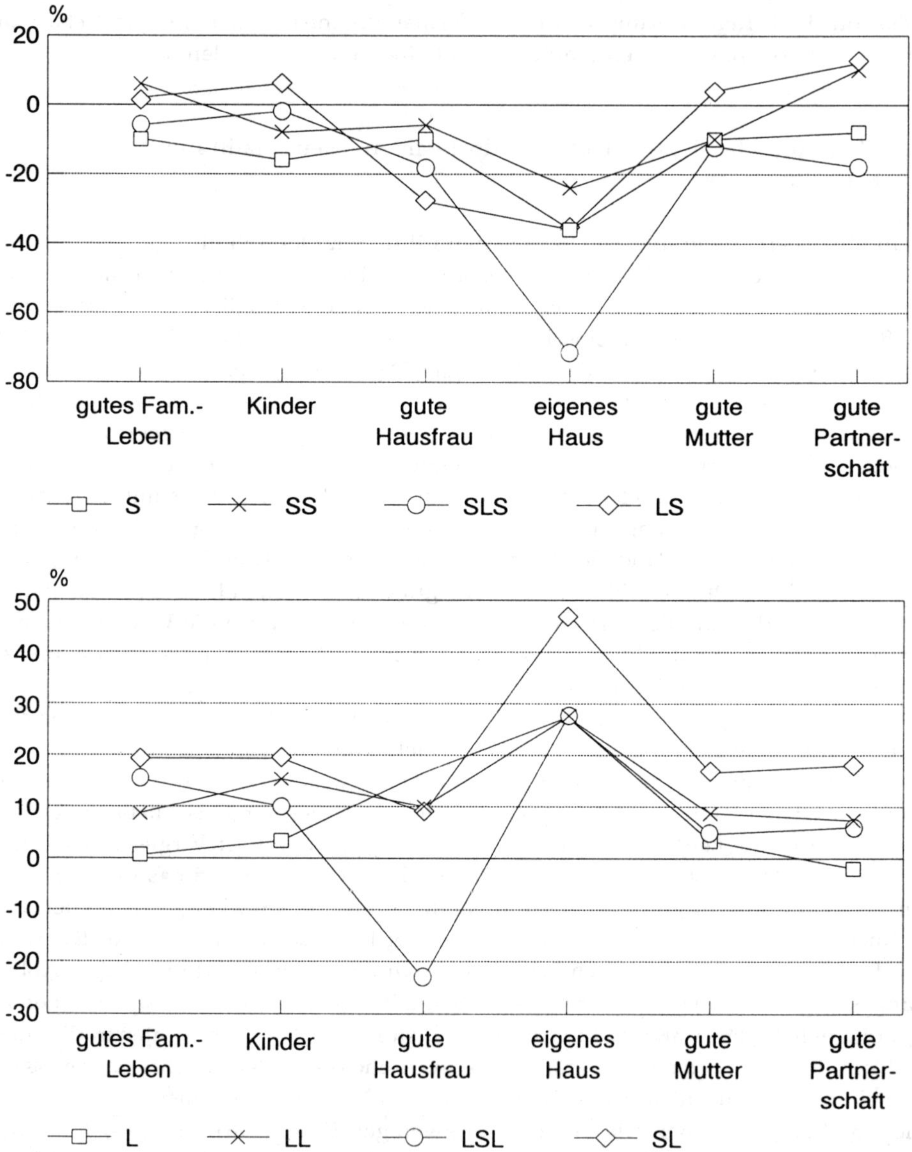

Quelle: Strohmeier 1991

konstruierte Gruppe sind die Mittelwertabweichungen (vom Gesamtmittel) bei zu Beginn der Untersuchung gestellten Einstellungsfragen angegeben. Mit Ausnahme der relativ gering besetzten Rückwandererklassen SLS und LSL, die einen gewissen Ausreißerstatus haben, weisen die Frauen mit Zielort Großstadt sowie die nicht gewanderten dortigen Stayer nur unterdurchschnittliche Werte mit Bezug auf „gute Mutter" bzw. „gute Hausfrau" sein, „Kinder" und „eigenes Haus" als Lebensziele aus. Bei den Frauen mit kleinen oder ländlichen Gemeinden als Zielorten finden wir dagegen spiegelbildlich entgegengesetzte Orientierungen. Die am Ende der o.g. Untersuchung erhobenen Familienverhältnisse der einzelnen Gruppen stehen im Einklang mit diesen prospektiven Orientierungen. Die in ihren Familienorientierungen zu Beginn der Studie traditionellste Gruppe sind die Stadt-Umland-Wanderer. Diese Gruppe ist in der untersuchten Population am Ende der Untersuchung auch die kinderreichste.
Dieser Befund vom Zusammenhang der biographischen und räumlichen Selektivität individueller Wohnstandortwahlen und ihrer Bedeutung für die kleinräumigen (Stadt-Land) Unterschiede von Lebensformen (in der Demographie als Problem der „regionalen Unterschiede der Geburtenhäufigkeit" untersucht) wird auch von seinen Kritikern unfreiwillig bestätigt. In einem Versuch, die These von der Bedeutsamkeit der Wanderungen für die regionale Differenzierung der Lebensformen zu widerlegen, liefern z.B. Birg und Flöthmann (1990: 23) unfreiwillig den (nach Umrechnung der präsentierten Zahlen ersichtlichen) Beleg, daß auch in der von ihnen durchgeführten, nach Arbeitsmarktregionen differenzierten Retrospektivuntersuchung, von Lebensverläufen die meisten gewanderten Personen mit zwei und mehr Kindern in den ländlichen Räumen und die meisten gewanderten Personen ohne Kinder in den Dienstleistungszentren zu finden sind.

3. *Stadträumliche Entwicklungstrends und Probleme der Stadtpolitik am Beginn der neunziger Jahre*

Die aktuellen und im nächsten Jahrzehnt erwartbaren stadträumlichen Entwicklungstrends, soweit sie aus der zuvor behandelten Polarisierung von Lebensformen resultieren und soweit sie Probleme für die Politik auf der kommunalen und regionalen Ebene beinhalten, sollen in diesem abschließenden Abschnitt in Form von Thesen behandelt werden, denen jeweils Begründungen und Erläuterungen nachgestellt werden.

1. These:

> Unterhalb der traditionellen Polarisierungen des Stadtraums und des städtischen Alltagslebens in öffentliche und private Räume und diesen jeweils zugewiesene Handlungsschemata finden wir heute innerhalb des privaten Sektors eine wachsende auch räumlich wirksame Polarisierung in familiale und nicht familiale „neue" Lebensformen.

Der Stadtrand und die ländlich-suburbanen Zonen im Umland der großen Städte sind schon vor dem zweiten demographischen Übergang Zielorte biographisch-selektiver Wohnstandortwahlen gewesen. Die Suburbanisierung der sechziger und (nach dem Babyboom der sechziger) besonders der siebziger Jahre ist vor allem Familienwanderung gewesen. Die Verbreitung der Kleinfamilie führte damals dazu, daß sich aus den individuellen Wohnstandortwahlen der mobilen Haushalte ein zentrifugaler Wanderungsstrom ergeben hat. Spätestens mit dem zweiten Kind erfolgte der Umzug aus der Stadt i.d.R. ins Eigenheim im Grünen (Familie und Wohnen 1975). Noch 1981 war in den ländlichen Zonen in Nordrhein-Westfalen jedes zweite zweite Kind das Kind von als Familienwanderer zugezogenen Eltern. An den Rändern der damals noch entleerten innenstadtnahen Lagen fanden sich auch schon vor dem Übergang in „segregierter Armut" (Vaskovics 1976) die immobilen A-Gruppen (Siebel 1989) Arme, Alte, Ausländer, Alleinerziehende.
Auf dem Höhepunkt der Suburbanisierungswelle waren zentripetale Wanderungsströme in die innere Stadt (außer bei Angehörigen eben dieser A-Gruppen; vgl. Bick 1988) kaum ausgeprägt. Mit der Schrumpfung des Familiensektors nach dem zweiten demographischen Übergang (und mit dem Gesamtrückgang der Wanderungen bei gleichzeitig steigender Pendlermobilität) ist dieser zentrifugale Strom zurückgegangen. Gleichzeitig beobachten wir zunehmende zentripetale Kräfte, gelegentlich schon vor-

Abbildung 9: Altersselektive Wanderungssalden nach Stadtteilen

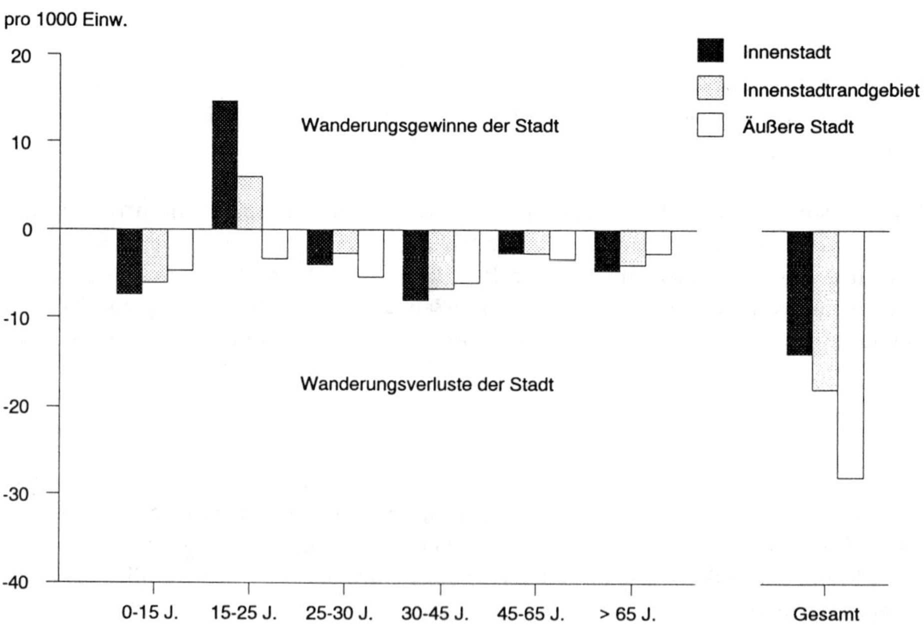

Quelle: innerstädtische Raumbeobachtung der BFLR, Böltken/Schön 1989: 834.

schnell als „Re-Urbanisierung" gefeiert (Kujath 1988), die gegenwärtig vor allem durch Zuzüge junger Erwachsener der in den sechziger Jahren und danach geborenen Kohorten gespeist werden.

Die Wanderungsgewinne der inneren Stadt gehen in den achtziger Jahren nicht mehr auf das Konto von Unterprivilegierten und Randgruppen. Im Gegenteil, die Innenstädte werden zunehmend als Wohnorte attraktiv für Personen mit höherer Bildung und für solche in gehobenen und höheren Einkommensgruppen, deren Lebensplanung zumindest für den Augenblick Kinder und Familie nicht vorsieht. Die neuere stadtsoziologische Forschung unterscheidet hier in meist dem alternativen Spektrum zuzurechnende „Pioniere" und in einkommensstarke „Gentrifier" (Blasius/Dangschat 1990), die ihnen nachfolgen und mit ihrer entsprechenden Potenz auf dem innerstädtischen Wohnungsmarkt die angestammte Innenstadtbevölkerung (i.d.R. einkommensschwächere Haushalte einschließlich der genannten A-Gruppen) verdrängen. Der geschrumpfte Familiensektor der Gesellschaft gruppiert sich dagegen zunehmend am Stadtrand oder in den jenseits seiner Grenzen in den in den Ring der gewachsenen funktionalen Stadtregion hineingewachsenen Umlandgemeinden. Abbildung 10 zeigt, wie sich die oben in der Unterschiedlichkeit ihrer Lebensziele beschriebenen Mover- und Stayer-Gruppen auf die ländlich-suburbanen Zonen und auf die großen Städte

Abbildung 10: „Mover" und „Stayer" in NRW unterschieden nach den Zielorten der Wohngeschichten

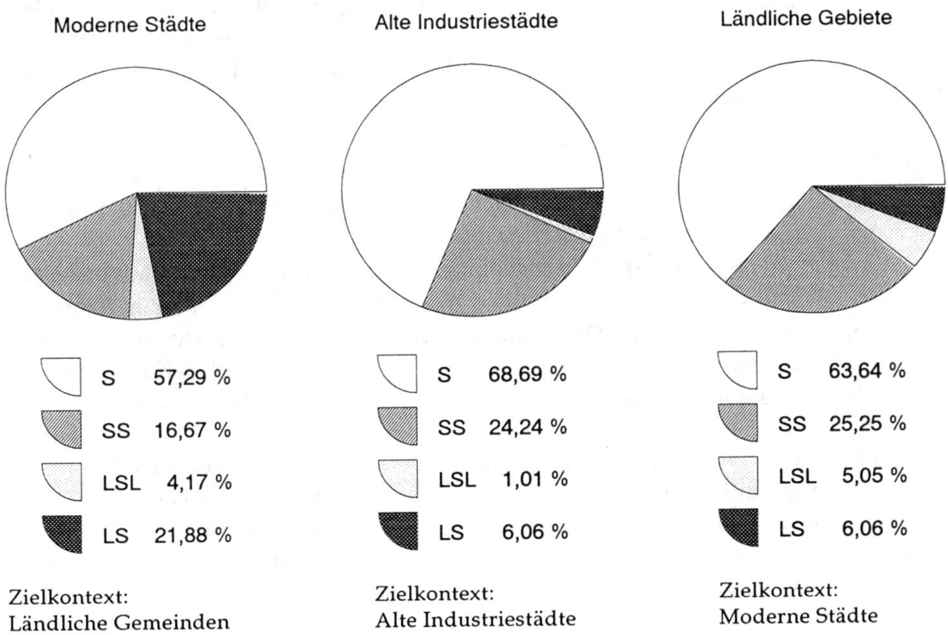

(unterschieden in alte Industriestädte, hier des Ruhrgebiets, und moderne Großstädte industriellen und tertiären Zuschnitts) verteilen.
Auch wenn die laufende Raumbeobachtung der BFLR nach wie vor dominante Suburbanisierungstrends im Wanderungsverhalten der Gesamtbevölkerung ausmacht (Böltken/Schön 1989), zeigen die Abbildungen 9 und 10, daß in den jüngeren, die demographische Entwicklung tragenden Jahrgängen (zumindest mit Blick auf die Städte mit entwickelter Infrastruktur und hohem Wohn- und Freizeitwert), bereits ein umgekehrter Trend auszumachen ist. Dieser Trend wird sich, zumindest in Gestalt wachsender Nachfrage nach innerstädtischem Wohnraum bis zur Jahrtausendwende vermutlich verstärken. Dafür sind nicht nur die steigenden Zahlen kinderloser junger Erwachsener aus der Generation des Nachkriegsbabybooms ausschlaggebend, die nicht familiale Lebensverlaufsmuster zumindest auf Zeit vorziehen und für die im Rahmen dieser Lebensverläufe typischen Lebensformen die Standortvorteile der Großstädte suchen, sondern auch die „jungen Alten" ihrer Elterngeneration, die den Beginn der nachelterlichen Phase (früher einmal „leeres Nest" genannt) vielfach zum Anlaß nehmen, das Eigenheim im Grünen mit einem Wohnort in der inneren Stadt zu vertauschen. Entsprechende Befunde liefert Klijzing (1991) für die Niederlande. Auch hier profitieren von solcherart selektiven Zuwanderungen nur ausgesprochen attraktive Städte mittlerer Größenordnung. (Die Verhältnisse in den alten Bundesländern dürften sich von denen in den Niederlanden nicht so sehr unterscheiden.)
Die Verdrängung der innerstädtischen Armen via Gentrification ihrer angestammten Wohnquartiere kann im Einzelfall, wie z.B. in Glasgow, einer früheren „culture city of Europe", als Ausweis erfolgreicher Stadtentwicklungspolitik benutzt werden. Gentrification löst jedoch, wie das Beispiel Glasgow zeigt, nicht das Problem der städtischen Armut, sondern verlagert sie lediglich aus der city und vom Cityrand in die Sozialwohnungsblocks der „new towns" in der Nachbarschaft.

2. These:

> Die Polarisierung der Lebensformen in einen Familiensektor und einen Nicht-Familiensektor der Gesellschaft hat in Gestalt neuer Strukturen der residentiellen Segregation Folgen für die räumliche Organisation der modernen städtischen Gesellschaft. Sie wird begleitet von einer Restrukturierung gewachsener Raumnutzungsmuster und führt zu Disparitäten in der räumlichen Allokation von demographischen Potentialen für Nutzung und Finanzierung der lokalen Infrastruktur und von „Humanvermögen" (z.B. in Gestalt informeller Solidarpotentiale).

Es steht nicht zu erwarten, daß die „reurbanisierenden" Wanderungsströme in die innere Stadt quantitativ noch erheblich zunehmen werden. Dem stehen zum einen Beschränkungen des innerstädtischen Wohnraumangebots, zumal bei gestiegenen Wohnflächenansprüchen, entgegen. Zum anderen nimmt seit den ersten Nachkriegsjahren die Wanderungsneigung in der Bundesrepublik kontinuierlich ab. Diese Abnahme wird kompensiert durch eine erheblich gestiegene rekurrente Mobilität einer zunehmend automobilen Gesellschaft. In der solitären Ballung Bielefeld z.B. weisen

Fallstudien eine von 1970 bis 1987 um 50 Prozent gestiegene Einpendlerzahl und eine über 100prozentige Steigerung der Auspendlerzahlen aus. Gleichzeitig hat sich die Intensität der Pendlerverflechtungen zwischen den Umlandgemeinden erheblich gesteigert (Eckey 1990; in kombinierter Betrachtung mit Arbeitsmarkt- und Wanderungsdaten: Strohmeier 1991). Gegenüber fast einem Drittel im Jahre 1970 hat sich der Anteil der Einpendler, die mit Bussen und Bahnen fuhren, dabei bis 1987 auf vier Prozent vermindert. Dagegen kommen neunzig von einhundert Einpendlern in Bielefeld 1987 mit dem eigenen Auto in die Stadt. Immissionen sowie permanente Überlastung und Ausweitung der innerstädtischen Verkehrswege scheinen der Preis zu sein, den die Städte heute für die Auslagerung des Familiensektors ins Umland zu zahlen haben. Automobilisierung stellt gemäß Abbildung 2 jene „Technologie" dar, die die derzeitige Form der räumlichen Organisation einer schrumpfenden und sich dabei sozial weiter differenzierenden Gesellschaft erst möglich macht.

Aus der zunehmenden Polarisierung in einen familienlosen Kern und eine bislang wachsende, demnächst jedoch (aufgrund der Geburtenentwicklung im zweiten demographischen Übergang und der sie tragenden Individualisierungstrends) stagnierende und möglicherweise schrumpfende „Familienzone der Gesellschaft" im Ring und Umland der Städte ergeben sich erhebliche Probleme sowohl im Hinblick auf die Auslastung (z.B. der Schulen im Innenstadt- und Außenstadtbereich) als auch auf die Finanzierung von Einrichtungen der kommunalen Infrastruktur. Die diesbezüglichen Probleme (im Bereich der kommunalen Arbeitsmarktpolitik noch verschärft durch die Abwanderung von Produktionsbetrieben aus den Innenstadtlagen) haben mit der Entstehung immer größerer funktionaler Stadtregionen zunehmend regionalen Zuschnitt. Autonome Umlandgemeinden werden zu Wohnzonen oder Industriestandorten, die Kernstadt wird zum Servicezentrum innerhalb eines gewachsenen Stadtsystems. Die kommunale Autonomie kann sich hier als durchaus kontraproduktiv erweisen.

Im Bereich der kommunalen Sozialpolitik erwachsen aus der räumlichen Polarisierung von Lebensformen für die Kernstädte und die Familienzonen an ihren Rändern gänzlich unterschiedliche Steuerungsprobleme. Im zunehmend familienlosen Innenstadtbereich ist vom Nachfrageschwund für familienbezogene Infrastruktur (z.B. soziale Dienste) aber auch vom zunehmenden Ausfall der bislang im Bereich familialer und verwandtschaftlicher Solidarbeziehungen erbrachten unentgeltlichen „Sozialleistungen" (Kaufmann et al. 1989) auszugehen. Ob wir es hier aber tatsächlich mit der drohenden Überlastung der öffentlichen Träger in einer zunehmend singularisierten Gesellschaft zu tun haben werden oder ob neue „alternative" Formen nicht-familialer Solidarbeziehungen die Leistungen der Familie z.B. für die Alten künftig ersetzen werden, bleibt abzuwarten (Wingen 1987).

Allerdings ist diesbezüglich in den Familienzonen am Stadtrand und im Umland keineswegs Entwarnung angesagt. Gegenwärtig werden dort bei (z.B. in den ländlichen Zonen Nordrhein-Westfalens) z.T. defizitärer Versorgung sowohl im Bereich der Kinderbetreuung als auch in der Betreuung der Alten die schon mittelfristig erwartbaren Versorgungsengpässe dramatisch unterschätzt. Vier von zehn Kleinkindern der von uns in NRW zwischen 1981 und 1986 befragten berufstätigen jungen Mütter (Buhr et

al. 1988) werden mangels kommunaler Angebote von der Großmutter betreut. Zugleich tragen diese Großmütter auch noch die Hauptlast der Pflege ihrer eigenen Elterngeneration. Die mit dem zweiten demographischen Übergang gegebenen „shifts" (s.o.) lassen erwarten, daß mit dem altersbedingten Ausfall der Leistungen dieser gelegentlich „Sandwich-Generation" genannten Frauenjahrgänge, die nachgewachsenen stärker an Selbstverwirklichung und am Anspruch auf das eigene Leben orientierten Generationen solche Leistungen nicht mehr (zumindest nicht mehr unentgeltlich) erbringen werden. Aus solchen qualitativen Veränderungen im „Humanvermögen" (Kaufmann, pers. Kommunikation) erwachsen erhebliche Nachfragesteigerungen im Hinblick auf Leistungen und Angebote der Kommunen, die gegenwärtig kaum antizipiert werden.
Eine unvermeidbare Unsicherheit bei der Formulierung solcher Szenarien ergibt sich aus der Tatsache, daß im Zusammenhang mit der Verwirklichung von Teilsequenzen individualisierter Lebensverläufe (z.B. Ausbildungskarrieren in der vorberuflichen Phase) bestimmte Wohnorte selektiv auf Zeit aufgesucht werden. Gerade mit Bezug auf die Umland-Stadt-Wanderung („LS" in Abbildung 10) ist hier aber keine erhebliche Modifikation zu erwarten. Der Anteil der Rückwanderer in Abbildung 10, „LSL" wie „SLS", ist in der bei Befragung immerhin schon 24 bis 36 Jahre alten Stichprobe nur gering gewesen.
Die ersten beiden Thesen haben im wesentlichen auf neue stadträumliche Polarisierungen Bezug genommen, die sich aus der Polarisierung der privaten Lebensformen in einen Familiensektor und einen Nicht-Familiensektor und ihrer unterschiedlichen Lozierung im Stadtraum ergeben, und haben die daraus erwachsenden spezifisch lokalen Steuerungsprobleme aufgegriffen. In der dritten These geht es (teilraumunspezifisch) um ein gegenwärtig vorwiegend als gesamtgesellschaftliches thematisiertes, allerdings weitgehend auf der kommunalen Ebene zu lösendes Problem. Denn auf dieser Ebene konkretisieren sich die die strukturelle Inflexibilität des Familiensektors konservierenden und für sein Schrumpfen mit verantwortlichen „gesellschaftlichen Rücksichtslosigkeiten" (Kaufmann 1990) gegenüber der Familie:

3. These:

> Die Pluralisierung von Lebensformen ist im wesentlichen irreversibel, soweit sie eine Folge der Erweiterung der individuellen biographischen Optionen in der Moderne (Lüscher et al. 1988; Berger 1986) darstellt. Ihre Polarisierung hingegen erscheint dort politischer Intervention zugänglich, wo sie auf politisch erzeugte (bzw. nicht verhinderte) Benachteiligungen der familialen Lebensformen gegenüber den nicht familialen zurückgeführt werden kann. Benachteiligung von Familien wird vor allem in Gestalt lokaler Restriktionen der Lebensführung erfahren.

Die Übersichten 3 und 4 im vorigen Abschnitt haben einerseits gezeigt, daß die Familie mit Kindern als Normallebensform von Erwachsenen im dritten bis fünften Lebensjahrzehnt auf dem Rückzug ist und daß andererseits der schrumpfende Familiensektor sich überwiegend noch entsprechend der familialen Normalität der sechziger Jahre organisiert. Es spricht viel dafür, daß das eine die Folge des anderen ist. Die Familie mit Kindern ist bei nur einem Einkommen heute trotz Familienlastenausgleich mit Bezug auf wirtschaftliche Lage, Wohnraumversorgung und Lebensstandard depriviert (Buhr et al. 1988), die Standards auf den Wohnungs- und Gütermärkten werden von kinderlosen Haushalten, häufig mit mehreren Einkommen bestimmt. Die Berufstätigkeit von Müttern wiederum ist in der Bundesrepublik nach wie vor schwierig. Die Bedeutung der Großmütter im Bereich der Kinderbetreuung ist bereits angesprochen worden. Trotz des allgemein gestiegenen beruflichen Qualifikationsniveaus stellt heute die zweite Schwangerschaft Frauen noch vor die Alternative: Beruf oder Kind? Nach der Geburt des zweiten Kindes sind acht von zehn Müttern Hausfrauen, wobei zwei Drittel derer, die „wegen der Kinder" ihren Beruf aufgegeben haben, gern wieder berufstätig wären (Strohmeier 1985). Der Wiedereinstieg in den Beruf an der „dritten Schwelle" gelingt nur relativ selten, solange noch Kinder zu betreuen sind. Familie ist so eine hinsichtlich ihrer objektiven Lebensumstände belastete (und als solche wahrgenommene) Lebensform, hinsichtlich der Erfüllung heute legitimer Lebensansprüche der Frauen ist sie überfordert.

Ein Großteil dieser Belastungen und Überforderungen wird erfahrbar im alltäglichen sozialräumlichen Umfeld der Familie: belastende Wohn- und Wohnumfeldverhältnisse, zuwenig Platz für Kinder, unzureichende Kinderbetreuungsmöglichkeiten mit zudem starren und unpraktischen Öffnungszeiten usw. Damit ist das Aufgabenfeld einer kommunalen Familienpolitik umrissen. Angesichts der Tatsache, daß bis auf den Familienlastenausgleich nahezu das gesamte Maßnahmen- und Leistungsrepertoire der Familienpolitik in der Bundesrepublik auf der kommunalen Ebene implementiert ist, ist es erstaunlich, daß (neben vereinzelten Initiativen) Familienpolitik konzeptionell im Sinne unserer Mehrebenenhierarchien „ganz oben" als Thema der Bundes- und Landespolitik behandelt wird, während eine Diskussion um Strategien und Möglichkeiten einer kommunalen Familienpolitik kaum geführt wird. Entsprechend den oben behandelten räumlichen Differenzierungstrends wird kommunale Familienpolitik im Ballungskern sich vermutlich stärker an der besonderen Benachteiligungssituation der dort verbliebenen Familien und Kinder orientieren, während im Ballungsrand und im ländlichen Umland der „Familienzone" und Pendlerzone weniger die materielle Benachteiligung als die Betreuungsproblematik und die Vereinbarkeit von Familie und Beruf für Frauen im Vordergrund stehen. Die Erwerbsquote von Müttern ist in den ländlich-suburbanen Zonen bereits höher als in den Kernstädten (Buhr et al. 1988).

Im Hinblick auf die „demographische Zukunft" der west- und mitteleuropäischen Städte stellen Puralisierung und Polarisierung von Lebensformen quasi die systematische, grundlagenwissenschaftlich inzwischen gut erklärte und deswegen auch im Prinzip vorhersagbare Komponente dar. Diese wird überlagert durch das Problem einer drohenden Unterschichtung der Städte im Zuge einer Ost-West- und Süd-Nord-Armutswanderung, die gegenwärtig nicht abzusehen ist. Von dieser werden vermutlich aber vor allem quantitative Relationen, z.B. der Anteil der innerstädtischen „A-Gruppen", nicht jedoch das Prinzip der räumlichen Organisation einer schrumpfenden nachtransitionalen Gesellschaft beeinflußt.

Anmerkungen

1 Der erste demographische Übergang, in Deutschland bis etwa Mitte der dreißiger Jahre, war bei noch ungebrochener normativer Stützung und faktischer Verbreitung von Ehe und Elternschaft mit der „Nachwuchsbeschränkung" (Linde 1984) auf das „Bestanderhaltungsniveau" von etwas mehr als 2 Kindern pro Familie abgeschlossen.

2 Dabei geht es um das Einsickern von (vorwiegend „neuen") Haushaltstypen der mittleren und oberen Schichten in traditionell von Familienhaushalten der unteren Schichten bewohnte innenstadtnahe Wohngebiete und um die „Übernahme" dieser Gebiete.

3 Aktuelle Beispiele für den damit angesprochenen Zusammenhang: Der Zusammenbruch der ostdeutschen Konsumgüterindustrie nach dem faktischen Kaufboykott der Ex-DDR-Bürger oder der bei Kaufmann (1986) begründete Zusammenhang von Sozialpolitik und Geburtenrückgang, nach dem die entfaltete Sozialpolitik den Geburtenrückgang begründet hat, der jetzt ihren Bestand gefährdet.

4 So sieht Hoffmann-Nowotny (1988) die Familie der Zukunft im getrennt lebenden Paar, das sich ein „mobiles" Kind teilt.

5 So ist die kontinuierliche Verlagerung des Alters bei Geburt des ersten Kindes Ergebnis der Verlängerung der vorberuflichen Phase; Kinder zu haben steht während der beruflich aktiven Phase zunehmend in Konkurrenz zu berufsspezifischen Gelegenheiten (vgl. Birg et al. 1989).

Literatur

Allpass, J., 1989: Development of Public Space as the Base for Urban Life. Ms., Kopenhagen.

Bahrdt, H.-P., 1961: Die moderne Großstadt, Hamburg.

Beck, U., 1986: Risikogesellschaft. Auf dem Weg in eine andere Moderne, Frankfurt/M.

Berger, J. (Hrsg.), 1986: Die Moderne – Kontinuitäten und Zäsuren, in: Soziale Welt, Sonderband 4.

Berry, B.J.L. (Hrsg.), 1972: City Classification Handbook: Methods and Applications, New York/London u.a.

Bick, W., 1988: Entwicklungstrends und soziale Probleme in einer schrumpfenden Stadt. Das Beispiel Duisburg, in: *D. Lipphard* (Hrsg.), Trends der räumlichen Entwicklung in der Bundesrepublik. Arbeitsberichte Regional- und Raumplanung, Heft 11, Bielefeld, 20-39.

Birg, H., 1981: Bemerkungen zu einer regional differenzierten Betrachtungsweise inder Demographie, in: Vierteljahreshefte zur Wirtschaftsforschung; Deutsches Institut für Wirtschaftsforschung, Heft 4, Berlin, 351-356.

Birg, H./Flöthmann, E.-J., 1990: Regionsspezifische Wechselwirkungen zwischen Fertilität und Migration im Lebenslauf, in: Acta Demographica, Bd. 1, 1-26.

Birg, H./Flöthmann, J./Reiter, I., 1989: Biographic Analysis of the Demographic Characteristics of the Life Histories of Men and Women in Regional Labour Market Cohorts as Clusters of Birth Cohorts. Paper read at the Symposion „Life Histories and Generations", NIAS Wassenaar.

Birg, H./Koch, H., 1987: Der Bevölkerungsrückgang in der Bundesrepublik Deutschland, Frankfurt/M./New York.

Blasius, J./Dangschat, J.S., 1990: Gentrification. Die Aufwertung innenstadtnaher Wohnviertel. Frankfurt/M./New York.

Böltken, F./Schön, K.P., 1989: Zur Entwicklung und Struktur von Städten in der Bundesrepublik Deutschland. Aktuelle Befunde aus der innerstädtischen Raumbeobachtung, in: Informationen zur Raumentwicklung, Heft 11/12, 823ff.

Buhr, P./Kaufmann, F.-X., 1989: Familie und Bevölkerungsentwicklung, in: Handbuch der Familien- und Jugendforschung, Bd. 1: Familienforschung, hrsg. von *R. Nave-Herz* und *M. Marketka*, Neuwied/Frankfurt/M., 513-522.

Buhr, P./Strack, P./Strohmeier, K.P., 1988: Lebenslage und Alltagsorganisation junger Familien in Nordrhein-Westfalen - regionale Differenzierungen und Veränderungen im Zeitablauf, IBS-Materialien, Bd. 25, Bielefeld.

Deilmann, H./Kirschenmann, J.C./Pfeiffer, H., 1973: Wohnungsbau. Nutzungstypen, Grundrißtypen, Wohnungstypen, Gebäudetypen, Stuttgart.

Diederich, J., 1971: Soziographie und Städtebau. Mit Ergebnissen soziographischer Untersuchungen in der Stadt Hanau, Berlin/New York.

Drewett, R./Schubert, U., 1983: The Macro-Dynamics of Urban Population Change and the Micro-Decision Background, in: *Ch.W. Matthiessen* (Hrsg.), Urban Policy and Urban Development in the 80s. Rapport 16, Bygeografisk Skriftserie, Kopenhagen, 3-26.

Drewett, R./Hoehn, T./Sacks, S., 1991: The Crowding and Uncrowding of European Cities - Secular Population Trends 1750 to 1986, in: *K.P. Strohmeier* und *Ch.W. Matthiessen* (Hrsg.), Innovation and Urban Population Dynamics as a Multi-Level-Process (im Druck).

Eckey, H.-F., 1990: Erreichbarkeits- und Verflechtungsanalyse für die Stadt Bielefeld, Kassel.

Esser, H., 1985: Soziale Differenzierung als ungeplante Folge absichtsvollen Handelns: Der Fall der ethischen Segregation, in: Zeitschrift für Soziologie 14, 435-449.

Familie und Wohnen, 1975: Gutachten des wissenschaftlichen Beirats für Familienfragen beim Bundesminister für Jugend, Familie und Gesundheit. Bd. 20 der Schriftenreihe des BMJFG, Stuttgart/Berlin/Köln/Mainz.

Flora, P./Kraus, F./Pfenning, W., 1987: State, Economy, and Society in Western Europe 1815-1975. A Data Handbook in two Volumes. Vol. II: The Growth of Industrial Societies and Capitalist Economics. Frankfurt/M./London/Chicago.

Friedrichs, J., 1977: Stadtanalyse. Soziale und räumliche Organisation der Gesellschaft, Reinbek bei Hamburg.

Gysi, J./Otto, A./Staufenbiel, N., 1986: Zur Lebensweise von Familien in der DDR, Berlin.

Hamm, B., 1977: Die Organisation der städtischen Umwelt. Ein Beitrag zur sozialökologischen Theorie der Stadt, Frauenfeld/Stuttgart.

Herlyn, U., 1990: Leben in der Stadt. Lebens- und Familienphasen in städtischen Räumen, Opladen.

Hoffmann-Nowotny, H.-J., 1988: Ehe und Familie in der modernen Gesellschaft, in: Aus Politik und Zeitgeschichte. Beiträge zur Wochenzeitung 'Das Parlament'. B13/88, 3-13.

Huinink, J., 1989: Mehrebenensystem - Modelle in den Sozialwissenschaften, Wiesbaden.

Huinink, J., 1990: Sozialwissenschaftliche Mehrebenenmodelle und Gentrification, in: *J. Blasius* und *J.S. Dangschat* (Hrsg.), Gentrification. Die Aufwertung innenstadtnaher Wohnviertel. Frankfurt/M./New York, 251ff.

Jacobs, J., 1963: Tod und Leben großer amerikanischer Städte, Gütersloh: Bertelsmann.

Joerges, B., 1977: Gebaute Umwelt und Verhalten. Über das Verhältnis von Technikwissenschaften und Sozialwissenschaften am Beispiel der Architektur und der Verhaltenstheorie. Bd. 11: Planen. Studien und Materialien zur wirtschafts- und sozialwissenschaftlichen Beratung. Hrsg. von *Rolf E. Vente*, Baden-Baden: Nomos.

van de Kaa, D., 1987: Europe's Second Demographic Transition. Population Bulletin, Vol. 42, Nr. 1.

Kaufmann, F.-X., 1980: Wirtschaftssoziologie, in: Handwörterbuch der Wirtschaftswissenschaften, 30/31. Lieferung, Stuttgart/New York u.a., 219-267.

Kaufmann, F.-X., 1986: Sozialpolitik und Bevölkerungsprozeß. Referat anläßlich der gemeinsamen Konferenz der Europäischen und der Deutschen Gesellschaft für Bevölkerungswissenschaft „Demographische Wirkungen politischen Handelns" in Bielefeld, 11.-14.3.1986.

Kaufmann, F.-X., 1988: Familie und Modernität, in: *K. Lüscher, F. Schultheis* und *M. Wehrspann* (Hrsg.), Die „post-moderne" Familie. Familiale Strategien und Familienpolitik im Übergang, Konstanz: Universitätsverlag, 391-415.

Kaufmann, F.-X., 1990: Zukunft der Familie. Schriftenreihe des Bundeskanzleramts, Bonn.

Kaufmann, F.-X./Herlth, A./Strohmeier, K.P. (unter Mitarbeit von *H.-J. Schulze*), 1980: Sozialpolitik und familiale Sozialisation. Bd. 76 der Schriftenreihe des Bundesministers für Jugend, Familie und Gesundheit, Stuttgart.

Kaufmann, F.-X./Herlth, A./Quittmann, J./Simm, R./Strohmeier, K.P., 1982: Familienentwicklung – Generatives Verhalten im familialen Kontext, in: Zeitschrift für Bevölkerungswissenschaft, 8. Jg., 523-545.
Kaufmann, F.-X./Strohmeier, K.P./Quittmann, J./Schulz, M./Simm, R., 1984: Familienentwicklung in Nordrhein-Westfalen – Sozialräumliche Kontexte, Modellierung und Mikrosimulation. IBS-Materialien Nr. 17, Bielefeld.
Kaufmann, F.-X./Strohmeier, K.P. et al., 1988: Partnerbeziehungen und Familienentwicklung in Nordrhein-Westfalen. Generatives Verhalten im sozialen und regionalen Kontext. Heft 50 der Schriftenreihe des Ministerpräsidenten des Landes Nordrhein-Westfalen, Düsseldorf.
Kaufmann, F.-X./Engelbert, A./Herlth, A./Meier, B./Strohmeier, K.P., 1989: Netzwerkbeziehungen von Familien. Materialien zur Bevölkerungswissenschaft, Sonderheft 17, Bundesinstitut für Bevölkerungsforschung.
Klijzing, E., 1991: On the interaction between fertility and migration as life course trajectories: an attempt at multi-level analysis, in: *C.W. Matthiessen* und *K.P. Strohmeier* (Hrsg.), Innovation and Urban Population.
Koch, F., 1983: Innerregionale Wanderungen und Wohnungsmarkt. Bd. 5 der Forschungsberichte des Instituts für Bevölkerungsforschung und Sozialpolitik, Frankfurt/M./New York.
Kohli, M., 1986: Gesellschaftszeit und Lebenszeit. Der Lebenslauf im Strukturwandel der Moderne, in: *J. Berger* (Hrsg.), Die Moderne – Kontinuitäten und Zäsuren, 183-208.
Kraul, D., 1991: Theorien residentieller Segregation und neuere Tendenzen stadträumlicher Entwicklung. Unveröffentl. Diplomarbeit, Fakultät für Soziologie, Bielefeld.
Kujath, H.J., 1988: Re-Urbanisierung, in: Leviathan 1, 23-43.
Linde, H., 1984: Theorie der säkularen Nachwuchsbeschränkung 1800-2000. Bd. 8 der Forschungsberichte des Instituts für Bevölkerungsforschung und Sozialpolitik, Frankfurt/M./New York.
Lüdtke, H., 1985: Die theoretische Bedeutung der Untersuchung von Lebensstilen. Vortrag anläßlich der Frühjahrstagung der Sektion „Familien- und Jugendsoziologie" der DGS, Bielefeld.
Lüscher, K./Schultheis, F./Wehrspaun, M. (Hrsg.), 1988: Die „post-moderne" Familie. Familiale Strategien und Familienpolitik im Übergang, Konstanz: Universitätsverlag.
McKenzie, R.D., 1974: Konzepte der Sozialökologie (gekürzte Übersetzung von: „The Scope of Human Ecology". Publications of the American Sociological Association, Vol. 20, 1926, 141-154), in: *P. Alteslander* und *B. Hamm* (Hrsg.), Materialien zur Siedlungssoziologie, Köln, 101-112.
Mühlich, E./Zinn, H./Kröning, W./Mühlich-Klinger, J., 1978: Zusammenhänge von gebauter Umwelt und sozialem Verhalten im Wohn- und Wohnumweltbereich. Schriftenreihe Städtebauliche Forschung des Bundesministers für Raumordnung, Bauwesen und Städtebau, 03.062.
Pankoke, E., 1977: Polis und Regio. Sozialräumliche Dimensionen kommunaler Kultur, in: Sociologia Internationalis, Heft 42, Bd. 15, Kommunale Integration in urbanen Räumen, 31-61.
Peukert, R., 1991: Familienformen im sozialen Wandel, UTB 1607, Opladen.
Rothenbacher, F., 1985: Soziale Differenzierung und Haushaltsstruktur. SFB3, Arbeitspapier Nr. 183, Frankfurt/M./Mannheim.
Schelsky, H., 1965: Ist der Großstädter wirklich einsam?, in: *H. Schelsky* (Hrsg.), Auf der Suche nach Wirklichkeit, Düsseldorf/Köln, 305-309.
Schmid, J., 1988: Principles emerging from sociology for definitions and typologies of household structures, in: *N. Keilmann, A. Kuijsten* und *A. Vossen* (Hrsg.), Modelling of Household Formation and Dissolution, Oxford, 13-22.
Schön, K.P. (Hrsg.), 1987: Stadtentwicklung unter Bedingungen des Schrumpfens. Arbeitsberichte Regional- und Raumplanung, Heft 10, Bielefeld.
Siebel, W., 1989: Wohnen und Familie, in: Handbuch der Familien- und Jugendforschung. Bd. 1: Familienforschung. Hrsg. von *R. Nave-Herz* und *M. Markefka*, Neuwied/Frankfurt/M.: Luchterhand, 265-286.
Simm, R., 1987: Partnerschaftsdynamik und Familienentwicklung. Die interne Dynamik von Partner- und Familiensystemen und ihre strukturellen Bedingungen und Folgen. IBS-Materialien Band 26, Bielefeld.

Spiegel, E., 1991: Biographische und räumliche Mobilität jüngerer Erwachsenenhaushalte in innenstadtnahen Wohngebieten. Fallstudie Hamburg. Ms., Akademie für Raumforschung und Landesplanung. Arbeitskreis „Räumliche Mobilität im Lebenslauf", Hannover.

Strohmeier, K.P., 1983: Quartier und soziale Netzwerke. Grundlagen einer sozialen Ökologie der Familie. Forschungsberichte des Instituts für Bevölkerungsforschung und Sozialpolitik, Bd. 4, Frankfurt/M./New York.

Strohmeier, K.P., 1985: Familienentwicklung in Nordrhein-Westfalen – Generatives Verhalten im sozialen und regionalen Kontext. Heft 47 der Schriftenreihe des Ministerpräsidenten des Landes NRW, Düsseldorf.

Strohmeier, K.P., 1988: Geburtenrückgang als Ausdruck von Gesellschaftswandel. Soziologische Erklärungsversuche der Bevölkerungsentwicklung in der Bundesrepublik, in: Bevölkerungsentwicklung und Bevölkerungspolitik in der Bundesrepublik. „Bürger im Staat", Bd. 1081, Stuttgart: Kohlhammer, 55-83.

Strohmeier, K.P., 1989a: Familie und Gemeinde, in: *R. Nave-Herz* und *M. Markefka* (Hrsg.), Handbuch der Familien- und Jugendforschung. Bd. 1: Familienforschung, Neuwied/Frankfurt/M., 453-473.

Strohmeier, K.P., 1989b: „Movers" und „Stayers". Regionale Mobilität und Familienentwicklung, in: *A. Herlth* und *K.P. Strohmeier* (Hrsg.), Lebenslauf und Familienentwicklung. Mikroanalysen des Wandels familialer Lebensformen, Leverkusen.

Strohmeier, K.P., 1991: Population Decline and Urban Growth in West-Germany – The Spatial Organization of a Shrinking Population and its Sociological Background, in: *K.P. Strohmeier* und *C.W. Matthiessen* (Hrsg.), Innovation and Urban Population Dynamics as a Multi-Level-Process. Urban Europe Series, Aldershot (im Druck).

Tyrell, H., 1979: Familie und gesellschaftliche Differenzierung, in: *H. Pross* (Hrsg.), Familie – wohin? Leistungen, Leistungsdefizite und Leistungswandlungen der Familie in hochindustrialisierten Gesellschaften, Reinbek bei Hamburg, 13-77.

Vaskovics, L.A., 1976: Segregierte Armut. Randgruppenbildung in Notunterkünften, Frankfurt/M./New York.

Wagner, M., 1989: Räumliche Mobilität im Lebensverlauf. Eine empirische Untersuchung sozialer Bedingungen der Migration, Stuttgart.

Wagner, G./Ott, N./Hoffmann-Nowotny, H.-J. (Hrsg.), 1980: Familienbildung und Erwerbstätigkeit im demographischen Wandel, Berlin/Heidelberg/New York u.a.

Wingen, M., 1987: Eine gesellschaftspolitische Herausforderung, in: Bevölkerungsentwicklung und Bevölkerungspolitik in der Bundesrepublik. Der Bürger im Staat. 37. Jg., Heft 3, 182-188.

Zapf, W./Breuer, S./Hampel, J./Krause, P./Mohr, H.-M./Wiegand, E., 1987: Individualisierung und Sicherheit. Untersuchungen zur Lebensqualität in der Bundesrepublik Deutschland. „Perspektiven und Orientierungen", Schriftenreihe des Bundeskanzleramtes, Bd. 4, München.

II. Länderstudien im Vergleich

DDR: Vom sozialistischen Einheitsstaat in die föderale und kommunale Demokratie

Christoph Hauschild

Der Übergang der DDR vom sozialistischen Einheitsstaat in die föderale und kommunale Demokratie kann nur unter Einbeziehung der Gesamtheit des äußeren und inneren Staatsaufbaus adäquat erfaßt werden. Das Staatssystem der DDR beruhte auf den Prinzip der „Einheit der Staatsorgane", das sowohl in horizontaler als auch in vertikaler Hinsicht eine Gewalteneinheit statt einer Gewaltentrennung verwirklichen sollte. Auch wenn ab 1988 Bestrebungen aufkamen, Städten und Gemeinden eine besondere kommunalpolitische Leistungs- und Integrationsfunktion zukommen zu lassen, konnte dennoch nicht von einer gegenständlich abgrenzbaren Kommunalverwaltung gesprochen werden. Die Staatsrechtswissenschaft der DDR unterschied bis zuletzt nur zwischen zentralen und örtlichen Staatsorganen. Die örtliche Verwaltung selbst war dreistufig in die Bezirks- und Kreisebene sowie die Ebene der kreisangehörigen Städte und Gemeinden gegliedert[1].
Die Konstituierung der fünf neuen Länder Brandenburg, Mecklenburg-Vorpommern, Sachsen, Sachsen-Anhalt und Thüringen, der Aufbau von Landesverwaltungen und ihrer Fachverwaltungen sowie die Reorganisation der Kreise, Städte und Gemeinden zu kommunalen Selbstverwaltungskörperschaften stehen für die Umgestaltung des Verwaltungssystems der ehemaligen DDR. Das auf einem dirigistischen Weisungssystem beruhende Verhältnis zwischen den früheren „staatlichen Leitungsebenen" wurde abgelöst von autonomen Entscheidungsbefugnissen bei den Landes- und Kommunalaufgaben. Daß es hierbei zu Spannungen angesichts der gesetzlich im einzelnen noch vorzunehmenden Aufgabenabgrenzung kommt, ist selbstverständlich in einem derartig weitreichenden Umgestaltungsprozeß. Aber dieser Übergang zu einer föderalen und kommunalen Demokratie ist nur in einer Gesamtsicht adäquat zu erfassen, die den Zusammenhang zwischen der Bildung neuer Landesverwaltungen und der Institutionalisierung der kommunalen Selbstverwaltung anerkennt.

1. *Transformation des Verwaltungssystems*

Zum Bezugsrahmen und Maßstab für die Veränderungen wurde die Abkehr von der sozialistischen Staatsordnung[2]. Die Instrumentalisierung der staatlichen Verwaltung durch die SED, das politisch-ideologische Selbstverständnis der Staatsfunktionäre und die Erstarrung der politisch-administrativen Strukturen besonders seit Mitte der achtziger Jahre belasten dabei den Aufbau einer funktionsfähigen Verwaltung über den 3. Oktober 1990, das Datum der staatlichen Einigung in Deutschland, hinaus. Für Planungs- und Handlungsversagen sowie staatliche Willkür beim Verwaltungsvollzug tragen die bisherigen Bezirks- und Kreisverwaltungen eine unmittelbare Mitverantwortung trotz der zentralisierten Machtstrukturen[3]. Die regionale Mittlerfunktion der Bezirke bei der Planung und Kontrolle der zentralen Staatspolitik, aber auch die dominante Stellung der Landkreise gegenüber den kreisangehörigen Städten und Gemeinden beim Verwaltungsvollzug gehören zu den nachwirkenden Strukturelementen der örtlichen Verwaltung der DDR, die in die politischen Entscheidungen zum Verwaltungsumbau einfließen.

Gegenständlich ist vom Staats- und Verwaltungssystem der DDR nur die örtliche Verwaltungsgliederung erhalten geblieben. Die Zentralverwaltung ist mit dem über Art. 23 Abs. 2 GG herbeigeführten Beitritt in der Bundesverwaltung aufgegangen. Der Parteiapparat der SED mit seiner Querschnittskompetenz gegenüber der staatlichen Verwaltung hatte seine Staatsfunktionen schon mit der politischen Öffnung im November 1989 eingebüßt: Das in Art. 1 Abs. 1 DDR-Verf. verankerte Führungsmonopol der „Arbeiterklasse und ihrer marxistisch-leninistischen Partei" wurde formell am 1. Dezember 1989 aus der Verfassung gestrichen[4].

Für den Aufbau einer klassisch-europäischen öffentlichen Verwaltung in den fünf neuen Ländern, der mit einer gleichzeitigen Integration in das in einer vierzigjährigen Staatspraxis gewachsene Gleichgewicht der föderalen Staatsordnung der Bundesrepublik zu bewältigen ist, gibt es keine historischen Vorbilder. Es galt zunächst die „allgemeine systemische Grenze"[5] zu überwinden, die die Staatsordnungen Ost- und Westeuropas trennte. König vermeidet daher für den Umgestaltungsprozeß den Begriff der Verwaltungsreform und spricht vielmehr von der Transformation einer real-sozialistischen in eine klassisch-europäische Verwaltung[6]. Anders als in den anderen bisher sozialistischen Staaten Mittel- und Osteuropas trat in der DDR das zuvor genannte Integrationserfordernis hinzu.

Die in der Folge des Verwaltungsumbaus aufzuhebenden Systemgegensätze betrafen die Gesamtheit der öffentlichen Verwaltung und nicht nur Einzelbereiche. König gliedert das übergreifende Transformationserfordernis in folgende Kategorien[7]:

- *Aufgabenbestand:* vom allumfassenden Planungsanspruch zu den Ausgleichsfunktionen, die für eine soziale Marktwirtschaft charakteristisch sind;
- *öffentlicher Dienst:* von der Kaderverwaltung mit politischen Qualifikationsmerkmalen zu öffentlich-rechtlichen Dienstverhältnissen auf der Grundlage professioneller Geeignetheit;
- *Organisation:* von der Gewalteneinheit zur horizontalen und vertikalen Gewaltentrennung;
- *Verfahren:* von dem Führungsanspruch der Staatspartei zu rechtlich gebundenen Verwaltungsverfahren.

Hinzufügen ließe sich noch für den äußeren Staatsaufbau: von staatlichen Leitungsebenen zu Gebietskörperschaften.

Diese Umgestaltung ist zunächst qualitativer Art und impliziert nicht von vornherein den generellen Abbau von Verwaltung. Vielmehr kommen neue Aufgaben hinzu, die

bislang in der DDR zum Teil gar nicht oder mit großen Anwendungsdefiziten wahrgenommen wurden. Beispielhaft können hier die Bereiche Finanzverwaltung, das Raum- und Bauordnungswesen sowie der Umweltschutz genannt werden. So erforderte etwa der sehr geringe Anteil der von der Bevölkerung erhobenen Steuern an den Staatseinnahmen weder ein detailliertes Abgabenrecht noch eine fachlich hochspezialisierte Steuerverwaltung.
Die neu gewonnene Aufgaben- und Ausgabenverantwortung der Länder und Kommunen ist auch administrativ mit adäquaten Verwaltungsmitteln zu bewältigen. Der Umweltschutz als ein Beispiel für eine vernachlässigte Staatsaufgabe war zwar im Landeskulturgesetz von 1970 zum Staatsziel erhoben[8], aber nicht in den Wirtschaftsplanungsprozeß integriert worden[9]. Es ist daher sicher richtig, daß, wie Ellwein angemerkt hat, die Umgestaltung und der Neuaufbau der Verwaltung sich an den funktionalen Erfordernissen der Fachkunde und Örtlichkeit statt an der Schematik des äußeren Verwaltungsaufbaus in den westlichen Bundesländern orientieren sollte[10].
Die Umsetzung der Transformationsziele geschieht über die Gesetzgebung, die Bildung neuer Verwaltungseinheiten und den Austausch von Personal. Dabei kam der Rechtsetzung eine für die DDR bis dahin nicht bekannte Steuerungsfunktion zu: Die ab Dezember 1989 im Gesetzblatt der DDR verkündeten Gesetzesmaßnahmen der Volkskammer und des Ministerrats sind zugleich eine Chronologie der Transformation.

2. *Zielvorstellungen zum Verwaltungsumbau in der Übergangszeit*

Die aus den Volkskammerwahlen vom 18. März 1990 hervorgegangene Koalitionsregierung unter dem Ministerpräsidenten Lothar de Maizière sah sich dem Ziel verpflichtet, den Bruch mit der sozialistischen Staatsordnung nicht nur deklaratorisch zu vollziehen. Die Koalitionsvereinbarung vom 12. April 1990[11] läßt erkennen, daß die Regierungsparteien vor der endgültigen Wiederherstellung der staatlichen Einheit noch von einer längeren Übergangszeit der Eigenstaatlichkeit ausgingen. Die Zielvorstellung im Frühjahr 1990 war, vor der staatlichen Einheit bundesstaatliche Demokratie und soziale Marktwirtschaft auf dem Gebiet der DDR herzustellen. Ohne daß eine „Gegenverfassung" zum Grundgesetz der Bundesrepublik ausgearbeitet werden sollte, war dennoch eine umfassende Verfassungsreform der DDR-Verfasung i.d.F von 1974 vorgesehen, zu der es bekanntlich nicht gekommen ist. In der Koalitionsvereinbarung hieß es noch hierzu: „Die Koalition tritt bei der weiteren Gestaltung der Verfassung für Übergangsregelungen ein, die sowohl die Verfassung von 1949 als auch den Verfassungsentwurf des Runden Tisches berücksichtigen"[12].
Der dort erwähnte Verfassungsentwurf des Runden Tisches bleibt ein wichtiges Zeitdokument: Er repräsentiert die Gegenvorstellungen zu dem mit dem späteren Einigungsvertrag eingeschlagenen Weg[13]. Der Ost-Berliner Runde Tisch aus Vertretern von Bürgerrechtsbewegungen wie von Parteien hatte am 7. Dezember 1989 einer Arbeitsgruppe den Auftrag erteilt, einen Entwurf für eine neue Verfassung der DDR auszuarbeiten. Die Arbeitsgruppe legte ihren Entwurf am 4. April 1990 vor[14].
Bei dem hier in erster Linie interessierenden Fragenkreis der Staats- und Verwaltungs-

organisation bekennt sich der Entwurf zu einer bundesstaatlichen Ordnung. In Anlehnung an Art. 30 GG sieht Art. 47 Abs. 2 des Verfassungsentwurfs vor, daß den Ländern die Wahrnehmung der staatlichen Aufgaben zusteht, soweit sie nicht durch diese Verfassung dem Bund oder den Trägern der Kommunalautonomie zugewiesen sind.

Eine Zuständigkeitsvermutung zugunsten der Gemeinden in den Angelegenheiten der örtlichen Gemeinschaft enthält Art. 50 Abs. 1. Der Entwurf verwendet allerdings durchgehend den umständlichen Begriff der „Träger der Kommunalautonomie". Abgesehen davon, daß es nicht erkennbar ist, inwieweit sich Kommunalautonomie von kommunaler Selbstverwaltung qualitativ unterscheiden soll, bleibt es unbestimmt, welche Gebietskörperschaften zu den kommunalen Gebietskörperschaften gerechnet werden. Dies erscheint bei der hohen Regelungsintensität des Entwurfs, der in Art. 50 Abs. 3 sogar eine enumerative Aufzählung kommunaler Aufgabenverantwortung enthält, verwunderlich. Die Regelungslücke läßt sich nur damit erklären, daß es im Frühjahr 1990 in der DDR durchaus noch umstritten war, ob den Landkreisen angesichts ihrer bisherigen Stellung im Verwaltungssystem der DDR der Status von Selbstverwaltungskörperschaften zukommen sollte[15]. Ansonsten folgt der Entwurf in Art. 50 Abs. 4 S. 1 der hergebrachten dualistischen Aufgabengliederung in Selbstverwaltungs- und Auftragsangelegenheiten.

Ein weiteres zentrales Anliegen der Verfassungsdiskussion bestand darin, Wege aufzuzeigen, um die Legitimationskrise der staatlichen Institutionen zu überwinden. Die Herrschaftsordnung der DDR kannte zuvor kein öffentliches Gegengewicht zu den zentralisierten Machtstrukturen in der Partei- und Staatsorganisation. In offenen Gesellschaften vermag demgegenüber politischer Pluralismus übermäßige Zentralisierungserscheinungen in der staatlichen Aufgabenwahrnehmung auszugleichen[16]. Die Schematik der Staats- und Verwaltungsorganisation ist demnach nicht isoliert zu sehen, sondern in der Wechselbeziehung zur institutionellen Ausgestaltung der staatlichen Willensbildung. Schon in der Staatslehre Hellers heißt es, die Staatsorganisation sei „der von den Beteiligten ständig erneuerte status, in welchem sich Organisierende und Organisierte zueinander befinden"[17]. Über die politischen Mitwirkungsrechte der Bürger erfährt diese „gegenseitige Bezogenheit"[18] ihre verfassungsrechtliche Konkretisierung. Von einem „effektiven Einfluß auf die Ausübung der Staatsgewalt" durch das Volk und einem „Zurechnungszusammenhang zwischen Volk und staatlicher Herrschaft" spricht das Bundesverfassungsgericht in seinem Urteil zum Hamburger Ausländerwahlrecht[19].

Zu den traditionell kontroversen Fragen des deutschen Staatsrechts gehört dabei das Maß an plebiszitären Elementen in der staatlichen Willensbildung. Bereits die Frage, ob das Grundgesetz einen antiplebiszitären Charakter besitzt[20], ist nicht eindeutig zu beantworten. Der Verfassungsentwurf des Runden Tischs bekennt sich hingegen unzweifelhaft zu Formen der unmittelbaren Demokratie[21]. In Art. 21 Abs. 1 heißt es hierzu: „Jeder Bürger hat das gleiche Recht auf politische Mitgestaltung. Die Verfassung und die Gesetze gestalten aus, wie das Recht unmittelbar oder durch frei gewählte Vertreter ausgeübt wird."

Aufgrund dieses rechtspolitischen Anliegens, die Teilhabe des Volkes an der staatlichen

Willensbildung unmittelbar auszugestalten, finden sich die Instrumente des Volksbegehrens und des Volksentscheides in Art. 98 des Verfassungsentwurfs.
Im Hinblick auf die Funktionalität plebiszitärer Entscheidungsformen wird u.a. zu bedenken gegeben, daß diese nur dann ein Mindestmaß an Qualität gewinnen können, wenn sie durch politische Traditionen eingeübt sind[22]. In existenziellen Fragen könnten plebiszitäre Kompetenzen überdies nicht die Legitimation der Entscheidung für die Unterlegenen erhöhen[23]. Aber für die politische Aufbruchphase in der DDR waren Funktionalitätskriterien sicher zweitrangig. Primäres Anliegen dürfte gewesen sein, der wiedergewonnenen politischen Gestaltungskraft des Volkes verfassungsrechtlich Ausdruck zu verleihen, wobei insgesamt eine gewisse Überschätzung der Fähigkeit von Verfassungsrecht zur Politiksteuerung zu konstatieren ist[24]. Von einem eher pragmatisch-technokratischen Ansatz läßt sich andererseits der am 31. August 1990 unterzeichnete Vertrag zwischen der Bundesrepublik Deutschland und der Deutschen Demokratischen Republik über die Herstellung der Einheit Deutschlands (Einigungsvertrag)[25] leiten.

3. *Länderbildung*

Der Weg der DDR von einem zentralistischen in einen föderalen Staatsaufbau war eine der Grundvoraussetzungen für die Herstellung der staatlichen Einheit. Die Schaffung kompatibler Länderstrukturen zur Bundesrepublik gehörte folglich zu den primären politischen Zielen der Koalitionsregierung de Maizière. Nach den ursprünglichen Vorstellungen war die Transformation der DDR in eine föderale Republik noch für die Übergangszeit und damit vor der Vollendung der staatlichen Einheit geplant. Die Koalitionsvereinbarung enthielt den Auftrag an die Regierung, die Konstituierung von Landesparlamenten und die Ausarbeitung von Landesverfassungen zu ermöglichen sowie vorbereitende Maßnahmen für die Bildung einer Länderkammer zu treffen[26].
Die Regierungspläne für die Länderbildung orientierten sich von vornherein an den Länderstrukturen, wie sie bis 1952 bestanden[27]. Es erhob sich damit die naheliegende staatstheoretische Fragestellung, ob die Wiederbegründung der ursprünglichen DDR-Länder als Reföderalisierung des Staatsaufbaus der DDR zu qualifizieren sei. Insbesondere Bernet hat sich frühzeitig gegen eine derartige Einordnung ausgesprochen: Es handele sich um eine Föderalisierung des Staatsaufbaus, da eine vergleichbare föderale Ordnung vorher in der DDR nicht existiert habe[28]. Zutreffend ist, daß selbst der auf das Verfassungsrecht beschränkte Vergleich zwischen der föderalen Ordnung des Grundgesetzes und der DDR-Verfassung von 1949 eine mindere Eigenständigkeit der DDR-Länder vermittelt.
Dem Auftrag zur Länderbildung kam die Regierung mit der Vorlage des Ländereinführungsgesetzes nach, das am 22. Juli 1990 von der Volkskammer beschlossen wurde[29]. Das nach Art. 106 n.F. DDR-Verf. zum „Verfassungsgesetz“[30] qualifizierte Ländereinführungsgesetz, das das aus dem Jahr 1952 stammende Gesetz über die weitere Demokratisierung des Aufbaus und der Arbeitsweise der staatlichen Organe in den

Ländern der DDR außer Kraft setzte und mehrere Verfassungsartikel strich (vgl. § 25 Abs. 2 und 3), sah in dem Abschnitt zur territorialen Gliederung die Bildung von fünf Ländern mit Wirkung vom 14. Oktober 1990 vor. Ausgehend von den vierzehn Bezirken legte das Gesetz in § 1 diese zu den neuen Ländern Mecklenburg-Vorpommern, Brandenburg, Sachsen-Anhalt, Sachsen und Thüringen zusammen. Deren Konstituierung erfolgte indessen bereits mit dem Wirksamwerden des Beitritts der DDR zur Bundesrepublik Deutschland am 3. Oktober 1990.
Die vorgezogene Länderbildung findet ihre Rechtsgrundlage in Art. 1 Abs. 1 EinigungsV i.V. mit Anl. II Kap. II Sachgebiet A Abschnitt II. Danach gehören zum fortgeltenden Recht der DDR auch die Bestimmungen des Ländereinführungsgesetzes, die sich unmittelbar auf die territorialen Länderstrukturen beziehen mit der Maßgabe des vorgezogenen Datums. Im Sachzusammenhang der Länderbildung vollzog sich nach Art. 1 Abs. 2 EinigungsV die Vereinigung Berlins[31]. Das Ländereinführungsgesetz sah in seiner ursprünglichen Fassung in § 1 Abs. 2 noch die Übertragung eigenständiger Landesbefugnisse an Ost-Berlin vor.

a) Ländergliederung

Die Gliederung des ehemaligen Staatsgebietes der DDR in fünf Länder ist auf erhebliche raumfunktionale und wirtschaftliche Einwände gestoßen[32]. Im Vergleich zwischen den dreizehn Flächenländern gehört selbst das von der Einwohnerzahl größte Land, das Land Sachsen, nur zu den mittelgroßen Ländern. Kleiner als Thüringen und Mecklenburg-Vorpommern ist abgesehen von den Stadtstaaten Hamburg und Bremen nur das Saarland[33]. Von west- und ostdeutschen Experten erging daher frühzeitig die Empfehlung, bei der Länderbildung die Grundsätze zu beachten, die Art. 29 Abs. 1 GG für die Neugliederung des Bundesgebietes bereithält: Fähigkeit zur wirksamen Erfüllung der Landesaufgaben, Berücksichtigung der landsmannschaftlichen Verbundenheit, der geschichtlichen und historischen Zusammenhänge, der wirtschaftlichen Zweckmäßigkeit sowie der Erfordernisse der Raumordnung und Landesplanung. Die Richtbegriffe des Art. 29 Abs. 1 GG widersprechen sich zwar gegenseitig[34], lassen aber einen Optimierungsauftrag erkennen. Gegen diesen Auftrag wird der grundsätzliche Einwand erhoben, daß das Funktionieren föderalistischer Systeme nicht das Ergebnis einer technokratisch optimalen Organisationsstruktur sei. Diese Kritik stellt zugleich den Neugliederungsauftrag selbst in Frage[35].
Im Hinblick auf die Fünf-Länder-Gliederung ist insbesondere bezweifelt worden, ob bei einer derartig kleinräumigen Struktur der Anforderung der Leistungsfähigkeit entsprochen werden kann. Aber auch bei der Berücksichtigung landsmannschaftlicher und historischer Aspekte hätte danach anderen Modellen der Vorzug gegeben werden müssen: Die bis 1952 bestehende Gliederung sei Ausdruck von Bedürfnissen preußischer Machtpolitik und den Interessen der sowjetischen Besatzungsmacht gewesen[36]. Als denkbare Varianten zur Fünf-Länder-Gliederung wurden Modelle für die Bildung von vier, drei und sogar nur zwei Ländern entworfen[37]. Nach Expertenauffassung lag mit dem Vier-Länder-Modell, wonach von der Bildung des Landes Sachsen-Anhalt[38]

abgesehen werden sollte, wenn auch nicht eine optimale, aber eine durchaus realistische Alternative zur Fünf-Länder-Gliederung vor. Man vermutete in dem nur zwischen 1947 bis 1952 existierenden Land Sachsen-Anhalt eine geringere regionale Identität und traditionelle Bindung der Bevölkerung als in den anderen Ländern[39].
Bei der Kritik an der frühzeitig gefundenen Ländergliederung wurde zunächst unterschätzt, daß sie gegenüber zahlreichen Forderungen nach einer weit größeren Zahl von Ländern selbst nur ein Kompromiß war[40]. Das regionalistische Denken in der Bevölkerung orientierte sich zunächst an den Bezirken und ihrer Zuordnung an die zukünftigen Länder. Die regionale Identität der Bevölkerung in Sachsen-Anhalt war insofern nicht minder ausgeprägt als in anderen Teilen der DDR. Das stark ausgeprägte Regionalbewußtsein ist rückblickend der entscheidende Grund, daß es nicht zu einer Optimierung der Länderstruktur kommen konnte[41].

b) Aufbau der Landesverwaltungen

Beim Jahresbeginn 1991 konnten die neuen Länder noch keine funktionsfähige Verwaltung in ihrem Wirkungsbereich vorweisen: Die Ministerialebene befindet sich seit der Wahl der Landesregierungen noch im organisationellen und personellen Aufbau. Aber die ersten Planungen und Vorbereitungsmaßnahmen zum Aufbau föderaler Strukturen setzten bereits unter der Regierung Modrow ein. Entsprechende Initiativen erfuhren unmittelbar finanzielle und personelle Unterstützung von westdeutschen Ländern. Die baden-württembergische Landesregierung entsandte auf der Grundlage eines schon am 29. Januar 1990 gefaßten Beschlusses Berater nach Sachsen, die im „Koordinierungsauschuß zur Vorbereitung der Gründung des Landes Sachsen" den Aufbau der Landesverwaltung mit planten[42]. Der Koordinierungsausschuß war in die Räte der Bezirke eingebunden, bei denen das sogenannte Runde-Tisch-Spektrum die alte SED-Verwaltungsspitze abgelöst hatte. Die Möglichkeit der Übernahme von Führungsfunktionen in den Bezirksverwaltungen durch Vertreter der Runden Tische hatte ein Beschluß der Volkskammer vom 29. Januar 1990 eröffnet[43]. Die äußere Aufbauorganisation der Bezirke blieb in der seit 1952 bestehenden Form bis zum 31. Mai 1990 erhalten. Mit Wirkung dieses Datums wurde die Legislaturperiode der Bezirkstage für beendet erklärt und der Ministerpräsident beauftragt, in den Bezirken Regierungsbevollmächtigte einzusetzen[44].
Der in Sachsen vorgenommenen Einbindung des Koordinierungsausschusses in die Bezirksverwaltungen lagen die Zweckmäßigkeitserwägungen der Verfahrens- und Entscheidungsrationalität zugrunde. Die Rolle der Bezirke bei der Umsetzung der früheren Staats- und Parteipolitik trat bei diesen Überlegungen notwendigerweise zurück. Anders in Thüringen, wo gerade dieser politische Gesichtspunkt zur Rechtfertigung diente, daß eine Einbindung in die Bezirkstrukturen unterblieb. In von den Bezirken unabhängigen Kommissionen wurde hier die Bildung des Landes Thüringen vorgeplant.
In beiden Ländern kam es in der Vorbereitungsphase zu einer organisatorischen Aufgliederung der Fachaufgaben, die bei ressortmäßig durchgegliederten Arbeitsstäben

angesiedelt wurden[45]. Im Fall von Sachsen habe sich ihr Aufgabenbereich, nach dem bei der Jenaer Verwaltungstagung[46] vorgetragenen Bericht des Leiters der Verbindungsstelle Sachsen der baden-württembergischen Landesregierung in Dresden Hirschle, am baden-württembergischen Geschäftsverteilungsplan der Ministerien orientiert. Mit der Bildung der sächsischen Landesregierung sei die Übernahme des Vorsitzes der Arbeitsstäbe durch den jeweiligen Minister vorgesehen gewesen. Das parallele Bestehen alter Verwaltungsstrukturen in den Bezirken und der neuen Verwaltungen in den Arbeitsstäben habe indessen den Aufbauprozeß belastet. Behördenintern sei es zu gezielten Störversuchen gekommen. In Übereinstimmung mit Berichten anderer westdeutscher Berater, die leitende Verwaltungsfunktionen in der Aufbauphase ausübten[47], beklagte Hirschle überdies die fehlende Fähigkeit zur Abstimmung und zur Erfüllung von Querschnittsfunktionen.
Die Vorbereitungsmaßnahmen zur Bildung der Ministerialverwaltungen waren zugleich durch einen hohen Grad der Informalität und geringe Transparenz gekennzeichnet. So ist nicht ersichtlich, mit welchen Befugnissen und in welcher rechtlichen Beziehung zur Zentralregierung die an der vorläufigen Verwaltungsspitze stehenden Landessprecher agierten. Erst der Einigungsvertrag sorgte für eine gewisse Formalisierung. Für die Übergangszeit zwischen Wirksamwerden des Beitritts und Bildung der neuen Landesregierungen ordnete Art. 15 Abs. 1 EinigungsV die vorläufig herausgebildeten Verwaltungsstrukturen in den neuen Länder in die Regierungsgewalt des Bundes ein. Bis zur Wahl der Ministerpräsidenten sollten auf der Landesebene die Landessprecher und auf der Bezirksebene die Regierungsbevollmächtigten ihre bisherigen Aufgaben in der Verantwortung der Bundesregierung wahrnehmen (Art. 15 Abs. 1 Satz 1 EinigungsV). Die Landessprecher unterstanden dabei dem Weisungsrecht der Bundesregierung, das dem fachlich zuständigen Bundesminister zustand. Die Bezirksverwaltungen sowie die Kreise und Gemeinden im übertragenen Aufgabenbereich unterstanden wiederum der Weisungsbefugnis der Landessprecher (Art. 15 Abs. 1 Satz 2 EinigungsV).

aa) Regierungsorganisation in den neuen Ländern

Mit der Bildung der Landesregierungen war eine gesetzliche Regelung der Regierungsgewalt zu treffen. Bis zum Inkrafttreten der Landesverfassungen ist dies in vorläufigen Organisationsgesetzen bzw. Landesstatuten erfolgt[48]. Die Bestimmungen betreffen die Stellung und Befugnisse des Landtages, des Ministerpräsidenten und der Minister. In Sachsen-Anhalt ist das vorläufige Landesstatut auf die Landesregierung beschränkt. Im Vergleich der landesgesetzlichen Regelungen zeichnen sich zwar Übereinstimmungen in den Organisationsgrundsätzen ab, dennoch wird das Bestreben nach landesspezifischen Eigenheiten offenbar. Zu den gemeinsamen Grundsätzen gehören die Richtlinienkompetenz des Ministerpräsidenten, die grundsätzliche Personalhoheit des Ministerpräsidenten zur Ernennung und Entlassung der Landesbediensteten sowie die Ressortverantwortlichkeit der Minister. Aber schon das Recht des Ministerpräsidenten, Minister zu ernennen und zu entlassen, erfährt landestypische

Differenzierungen. In Sachsen ist dies die alleinige Angelegenheit des Ministerpräsidenten (§ 5 Abs. 3 Vorschaltgesetz), ohne daß eine Bestätigung der Landesregierung durch den Landtag vorgesehen ist. Demgegenüber bedarf in Thüringen die Landesregierung in ihrer Gesamtheit einer derartigen Bestätigung und nach der Bestätigung ernannte Minister bedürfen der Einzelzustimmung des Landtages (§ 11 Abs. 2 Landessatzung). Der brandenburgische Landtag besitzt wiederum das Recht, durch Beschluß der Mehrheit der gesetzlichen Anzahl der Mitglieder des Landtages dem Ministerpräsidenten die Entlassung eines Ministers zu empfehlen (§ 20 des vorläufigen Landesstatuts).

Keine Regelung erfährt in den vorläufigen Landesstatuten die Frage der Bildung staatlicher Mittelinstanzen. Die Umbildung der ehemaligen Bezirke – in Sachsen die Bezirke Leipzig, Dresden und Chemnitz (Karl-Marx-Stadt) – in Regierungsbezirke betrieb als erste Landesregierung die von Sachsen. Eine funktionale Notwendigkeit für Regierungsbezirke als Bündelungsbehörden erkennt Ellwein bestenfalls auch nur für Sachsen. In den übrigen Ländern sei eine Mittelbehörde durchaus verzichtbar, wie das Beispiel Schleswig-Holstein zeige[49]. Vor allem wohl aus der Befürchtung einer Schmälerung des kommunalen Aufgabenbestandes hat sich der Gesamtvorstand der kommunalen Spitzenverbände gegen die Bildung von Regierungsbezirken ausgesprochen[50]. Ob die Frage allein mit funktionalen Argumenten beantwortet werden kann, ist allerdings zu bezweifeln. Es dürften ebenso regionalpolitische Gesichtspunkte – die regionalparitätische Verteilung von Verwaltungssitzen auf die ehemaligen Bezirksstädte – zum Tragen kommen.

Ausdrücklich geregelt ist in den Landesstatuten, daß diese mit Inkrafttreten einer Landesverfassung selbst außer Kraft treten. Fristen für den Erlaß einer Landesverfassung finden sich in Thüringen und Brandenburg. Die thüringische Vorläufige Landessatzung ist nach § 18 Abs. 2 spätestens bis zum 31. Dezember 1992 durch eine Verfassung zu ersetzen. In Brandenburg soll dem Landtag nach § 42 Abs. 5 des betreffenden Landesgesetzes bereits bis zum 30. Juni 1991 ein Verfassungsentwurf zur Beschlußfassung vorgelegt werden. Aber nur das sächsische Vorschaltgesetz regelt speziell das Verfahren zur Annahme der Landesverfassung: die Sächsische Verfassung ist durch Volksentscheid oder mit den Stimmen von zwei Dritteln der Mitglieder des Landtages zu beschließen (§ 10 Abs. 2).

Parallel mit der Ausarbeitung des Verfassungsentwurfs des Runden Tisches entstanden bereits im Frühjahr 1990 Entwürfe für Landesverfassungen. Sie bezeugen den Willen, den politischen Umschwung auf der Landesebene verfassungsrechtlich zu artikulieren und damit unumkehrbar zu machen. Einen ersten Entwurf der „Gruppe der 20" für eine Verfassung des Landes Sachsen veröffentlichte die Dresdner Tageszeitung „Die Union" am 29. und 30. März 1990[51]. Auf diese und andere Vorarbeiten weisen Mitverfasser des Ghorischen Entwurfs[52] für eine sächsische Landesverfassung in einem Begleittext zum Verfassungsentwurf hin[53]. Gleichzeitig mit dem Ghorischen Entwurf unterbreiteten sächsische Hochschullehrer ihre Textfassung für eine Verfassung des Freistaates Sachsen[54]. Ebenso wie in Sachsen lagen im Sommer 1990 Entwürfe für Vollverfassungen mit einem eigenen Grundrechtsteil und einem Katalog von Staatszielbestimmungen für Mecklenburg-Vorpommern, Brandenburg und Sachsen-Anhalt vor.

Die Verfassungsdiskussion in den einzelnen Ländern, in die von bundesdeutscher Seite Ministerialbeamte der Partnerländer und Verfassungsrechtler als Berater einbezogen sind[55], will vergleichbar mit dem Entwurf des Runden Tisches einen Beitrag zur Fortentwicklung des Verfassungrechts leisten. Die bei der Verfassungsreform in Schleswig-Holstein[56] erfolgte Stärkung der Stellung der Abgeordneten und des Parlaments gegenüber der Regierung[57] ist in den Entwürfen von Mecklenburg-Vorpommern und Brandenburg in den Bestimmungen zu den Rechten der parlamentarischen Opposition und den Ausschüssen aufgegriffen worden. Zugleich tragen die Verfassungsentwürfe den Forderungen nach unmittelbar demokratischen Beteiligungsformen Rechnung.

Den Verfassungsgebungsprozeß überlagern allerdings seit der Bildung der Landesregierungen die finanziellen und personellen Probleme beim Aufbau der Landesverwaltungen.

bb) Finanzen und Personal

Lösungen für die akute Finanzkrise der neuen Länder und ihrer Kommunen werden vom Bund und den westlichen Bundesländern erwartet. Die durch den Beitritt der DDR erforderlich gewordene Neuverteilung der Finanzmassen zwischen Bund, Ländern und Kommunen beeinträchtigte allerdings schon bei den Verhandlungen zum Einigungsvertrag das Bund-Länder-Verhältnis[58]. Mit der Bildung des Fonds „Deutsche Einheit" (Art. 7 Abs. 2 EinigungsV) und den Ausnahmen zur Umsatzsteuerverteilung zwischen den Ländern (Art. 7 Abs. 3 EinigungsV) wurde zunächst eine Übergangsregelung gefunden, die insbesondere den Interessen der bisherigen Länder Rechnung trug[59]. Bei einer Konferenz der Ministerpräsidenten der Länder beim Bundeskanzler in Bonn am 28. Februar 1991 erklärten sich die Regierungschefs der bisherigen Länder mit einer vollen Beteilung der neuen Länder am Umsatzsteueraufkommen einverstanden. Die ungelösten Fragen im Länderfinanzausgleich rechtfertigen die fortbestehende Ausklammerung des horizontalen Ausgleichsinstrumentariums des Art. 107 Abs. 2 GG.

Bundesfinanzminister Waigel ging ursprünglich davon aus, daß beim Einigungvertrag insgesamt die gesamtwirtschaftliche Verantwortung von Bund und Ländern gewahrt worden sei: Die dortigen Finanzregelungen erlaubten den neuen Ländern und ihren Gemeinden Ausgaben pro Einwohner von schätzungsweise 80 bis 85 % der pro Kopf-Ausgaben in den westlichen Länder, obwohl deren Wirtschaftskraft pro Kopf der Bevölkerung nur eine Vergleichshöhe von 40 % erreiche[60]. Eine Erklärung für die in dem eingetretenen Ausmaß nicht erwartete Finanzmisere könnte in der noch sehr unterschiedlichen Ausgabenstruktur gesehen werden. So belasten etwa hohe Zuschüsse an die öffentliche Wohnungswirtschaft die Haushalte der Gemeinden in den neuen Länder. Die Auswirkungen defizitären Kommunaleigentums auf die Haushalte scheinen gerade bei Befürwortern einer umfassenden Kommunalisierung des Volkseigentums unterschätzt worden zu sein[61].

So wenig die Finanzverfassung selbst die Finanzkrise in den neuen Ländern zu überwinden vermag, so wenig sind die personellen Probleme mit der Grundsatzentscheidung für die Einführung des Berufsbeamtentums (Art. 20 Abs. 2 EinigungsV) gelöst. Der Bereich des Besoldungsrechts erweist sich als eine der wesentlichen Hürden für den Aufbau des öffentlichen Dienstes in den neuen Ländern. Die von der Bundesregierung auf der Grundlage des § 73 BBesG beschlossene, aber nicht verkündete Erste Besoldungs-Übergangsverordnung (1. BesÜV)[62], die in § 3 Abs. 1 i.V. mit § 3 Abs. 2 Satz 1 für Beamte in den neuen Ländern die Besoldungshöhe auf maximal 35 % der Besoldungordnungen begrenzt, knüpfte an die bisher dort geltenden Bezügeregelungen an[63]. Der Bundesrat hatte der Verordnung nur mit der Maßgabe zugestimmt, daß den Beamten der Besoldungordnung B ein 14 %iger Zuschlag gewährt werden kann[64]. Für die Rekrutierung geeigneter Fachkräfte bedarf es unstreitig besoldungsrechtlicher Anreize. Die Überleitung und schrittweise Anpassung der Besoldungsstruktur[65] verbleibt daher eine der Grundvoraussetzungen für die Herstellung der vollen Handlungsfähigkeit der neuen Länder. Die Kooperationsbeziehungen zwischen den Ländern und mit dem Bund verdanken ihre Funktionsfähigkeit nicht zuletzt der Homogenität in den Strukturen des öffentlichen Dienstes, die von Frido Wagener mit dem Begriff der „Fachbruderschaften" versinnbildlicht wurden[66].

4. *Aufbau der kommunalen Selbstverwaltung*

Einen inneren verfassungsrechtlichen Zusammenhang zwischen der Bildung der Länder und dem Aufbau der kommunalen Selbstverwaltung stellte das Ländereinführungsgesetz vom 22. Juli 1990 her. Es konkretisierte die zuvor im Juni 1990 zu Verfassungsgrundsätzen erhobenen staatsorganisatorischen Rahmenregelungen, die die DDR zu einem föderativen Rechtsstaat erklärten, der die kommunale Selbstverwaltung gewährleistet[67]. Das Ländereinführungsgesetz garantierte den Gemeinden in § 3 Abs. 3 Satz 1 das Recht, alle Angelegenheiten der örtlichen Gemeinschaft im Rahmen der Gesetze in eigener Verantwortung zu regeln. Es erkannte im nachfolgenden Satz das Selbstverwaltungsrecht ebenso den Kreisen zu. Eine derartige Verfassungsgarantie der kommunalen Selbstverwaltung beinhaltete nicht schon die Kommunalverfassung vom 17. Mai 1990[68]. Zwar hob Art. 101 KV die Art. 41 sowie 81 bis 85 DDR-Verf. auf und erklärte die Kommunalverfassung zum verfassungsändernden Gesetz, änderte oder ergänzte aber nicht ausdrücklich den Wortlaut der Verfassung. Wie Boden zutreffend ausführt, war damit den Anforderungen des Art. 106 DDR-Verf. a.F. für eine Verfassungsänderung in formeller Hinsicht nicht Genüge getan[69].

Während man sich durchaus über den Zeitpunkt streiten kann, wann die kommunale Selbstverwaltungsgarantie im Rahmen des Transformationsprozesses Verfassungsrang erhielt, bleibt es unbestritten, daß die Veränderungen in Staat und Gesellschaft der DDR einen wesentlichen Ausgangspunkt in den Kommunen hatten. Legitimation und Akzeptanz der Verwaltungen in den Landkreisen, kreisfreien Städten sowie kreisangehörigen Städten und Gemeinden waren durch die Wahlfälschungen bei den Kommunalwahlen am 7. Mai 1989[70] derartig in Frage gestellt, daß im Ad-Hoc-Verfahren ergangene gesetzliche Maßnahmen die Tätigkeit der Kommunalverwaltungen über die Einbeziehung von Bürgerbewegungen zu legitimieren suchten. Auf den Beschluß der Volkskammer vom 29. Januar 1990, der die Tätigkeit von Vertretern der Bürgerbewegungen in den örtlichen Verwaltungsorganen zuließ, ist bereits oben im Zusammenhang mit den Bezirksverwaltungen eingegangen worden. Darüber hinaus gewährte eine Verordnung des Ministerrats vom 1. März 1990 Bürgerkomitees das Recht, in die Vorbereitung lokaler Entscheidungen einbezogen zu werden, von den Verwaltungsorganen Auskünfte zu erlangen sowie die Berechtigung, den örtlichen Räten Vorschläge zur Behandlung kommunaler Belange zu unterbreiten[71]. Die rechtsnormative Ausgestaltung der Rechte der Bürgerbewegungen durch Volkskammer und Ministerrat war indessen nur reaktiv, indem eine seit dem Oktober 1989 vorzufindende Praxis[72] bestätigt wurde.

Vergleichbar mit den Föderalisierungsbestrebungen verband sich mit den Forderungen nach gebietskörperschaftlichen Selbstverwaltungsrechten[73] die Vorstellung einer weitgehenden Dezentralisation des Staatsaufbaus[74]. In der Ausrichtung gegen den Zentralstaat wird die nicht nur bei den Bürgerbewegungen[75] anzutreffende Differenzierung zwischen bürgerschaftlicher Selbstverwaltung und staatlichem Organisationsbereich verständlich[76]. Mit dieser „außerstaatlichen" Einordnung des Instituts der kommunalen Selbstverwaltung befanden sich die Staatsrechtswissenschaftler der DDR im Einklang mit der kommunalpolitischen Reformdiskussion in anderen ehemaligen sozialistischen Staaten Mitteleuropas[77].

Der grundlegende Konsens, der die Diskussion zur Kommunalverfassungsreform kennzeichnete, ist auch damit zu erklären, daß die strukturellen Defizite in der kommunalen Verwaltungspraxis seit längerer Zeit für die Bürger offenkundig[78] und in internen Studien eingehend analysiert waren[79]. Es ist infolgedessen zunächst kein Widerspruch, daß in den Programmen für eine sozialistische Erneuerung der DDR die Herausbildung kommunaler Selbstverwaltungsstrukturen ebenfalls enthalten war[80]. Eine im Frühjahr 1990 von Wissenschaftlern der Friedrich-Schiller-Universität Jena in der Stadtverwaltung Plauen durchgeführte Befragung bestätigt, daß im kommunalen Bereich die Eigenverantwortung völlig fehlte. Die aus der Einbettung in ein zentralistisches Weisungssystem resultierenden Dysfunktionen werden für die Bereiche Bauwesen, Gewerbewesen, Sozialwesen sowie Wohnungspolitik aufgezeigt[81]. Die Feststellung, daß der DDR-Verwaltung ökonomisches Denken und jede Kostenverantwortung schon im Ansatz fremd geblieben sei[82], wirkt auf den Aufbau der kommunalen Selbstverwaltung fort. So beklagt etwa Waigel, daß die Gemeinden nicht in der Lage seien, die ihnen zur Verfügung stehenden Mittel kurzfristig in Investitionen umzusetzen[83]. Trotz der Unzulänglichkeiten in den Kommunalverwaltungen war es aber die kommunale Ebene, die in der Übergangssphase stabilisierend wirken sollte[84]. Im interkommunalen Verhältnis lag hierbei die Verantwortung allerdings überwiegend bei den Landkreisen und kreisfreien Städten, die schon zu DDR-Zeiten die am stärksten ausgebildete Verwaltungskraft im lokalen Bereich besaßen.

a) Zur Entstehung der Kommunalverfassung vom 17. Mai 1990

Die Wiedereinführung der kommunalen Selbstverwaltung brachte im Einheitsstaat der DDR ein einheitliches Republikgesetz: Es war die Kommunalverfassung vom 17. Mai 1990, die die Dezentralisation der Verwaltungsstrukturen einleitete. Sie gehört nach dem Einigungsvertrag[85] zum fortgeltenden Recht der DDR. Der in der dortigen Fußnotenregelung zur Fortgeltungsvorschrift aufgenommene Vorbehalt zur Weitergeltung des § 13 Abs. 2 Satz 2 KV, der Ausländern den Status von Gemeindebürgern und damit i.V. mit § 22 Abs. 1 KV das kommunale Wahlrecht ermöglichen sollte, ist mit den Urteilen des Bundesverfassungsgerichts zur Verfassungswidrigkeit des Ausländerwahlrechts[86] wirksam geworden.
Unzweifelhaft ist, daß die Kommunalverfassung als Landesrecht fortgilt. Die einschlägige Regelung des Art. 9 Abs. 4 EinigungsV knüpft für das in Anlage II aufgeführte fortgeltende DDR-Recht an die Gesetzgebungszuständigkeit an: Die Materie des Kommunalrechts, die im wesentlichen Organisationsrecht ist, gehört zur ausschließlichen Gesetzgebungskompetenz der Länder[87]. Mit der Einordnung des fortgeltenden DDR-Rechts in das grundgesetzliche Kompetenzgefüge hat sich zugleich die Frage erledigt, ob die Kommunalverfassung als ein die Länder bindendes Rahmengesetz zu qualifizieren ist, das nur eine weitere Ausgestaltung zuläßt[88]. Diese Streitfrage wäre nur dann relevant geworden, wenn vor dem Beitritt die Konstituierung der Länder erfolgt wäre und die Länder eigene Kommunalgesetze erlassen hätten. In der Gestaltungs- und Entscheidungsfreiheit eines jeden Landes liegt es jetzt, die Kommunalverfassung durch eigene Gemeinde- und Kreisordnungen zu ersetzen.
Der Übergangscharakter der Kommunalverfassung ist schon in ihrer Entstehungsgeschichte angelegt. Es galt, möglichst kurzfristig das Gesetz über die örtlichen Volksvertretungen (GöV) aus dem Jahre 1985 außer Kraft zu setzen, das mit dem Organisationsprinzip des demokratischen Zentralismus untrennbar verhaftet war. So entstand die Kommunalverfassung in wenigen Wochen zwischen März und Mai 1990[89]. Die Grundlinien einer künftigen Kommunalverfassung wurden am 20. und 21. März auf dem kommunalrechtlichen Symposium der Hochschule für Recht und Verwaltung, Potsdam-Babelsberg, von Vertretern der Wissenschaft und Praxis aus beiden Teilen Deutschlands diskutiert. Es war die erste kommunalrechtliche Tagung überhaupt in der Geschichte der DDR. Ein erster Entwurf für eine Kommunalverfassung[90] lag den Teilnehmern des von der Konrad-Adenauer-Stiftung in Sankt Augustin vom 18. bis 20. April durchgeführten Expertenseminars vor. Er bildete die Grundlage für den Anfang Mai in die Volkskammer eingebrachten Regierungsentwurf[91].
Schon der genannte Zeitrahmen ließ keine andere Lösung als die weitgehende Übernahme vorgefundenen Kommunalrechts aufkommen. Daß die maßgeblichen Eckpunkte das bundesdeutsche Kommunalrecht vorgab, erklärt sich zwanglos aus der Rationalität des Einigungsprozesses. Immerhin war es Ziel, sich nicht von einem bestimmten Kommunalverfassungsmodell leiten zu lassen[92]. Zugleich sollte das neue Gesetz den kommunalrechtlichen Maßstäben der Europäischen Charta der kommunalen Selbstverwaltung gerecht werden[93]. Internationale Übereinkommen beruhen aber typischerweise auf einem Minimalkonsens. Dies trifft in gleicher Weise auf die Kommunalcharta

zu[94]. Der in der bundesdeutschen Kommunalgesetzgebung erreichte Grad von Selbstverwaltungsbefugnissen reicht über den in der Kommunalcharta international vereinbarten Standard hinaus. So läßt etwa Art. 4 Abs. 3 der Charta ausdrücklich zu, daß die Allzuständigkeit der Gemeinden in örtlichen Angelegenheiten nach Effizienz- und Wirtschaftlichkeitskriterien eingeschränkt werden kann. In der DDR konnte angesichts des Transfers weitergehenden bundesdeutschen Rechts die Rückbesinnung auf eine westeuropäische Verfassungskonvention nur eine deklaratorische Funktion haben: der verlorengegangene Anschluß an die europäische Verfassungsentwicklung wurde gesucht. Im mitteleuropäischen Reformprozeß vermochte hingegen die Kommunalcharta ihren Zweck gemäß den ursprünglichen Intentionen zu erfüllen. In Ungarn wurden bereits 1988 deren Maßstäbe für die Reform der Gemeindeverfassung aufgegriffen, ohne daß dies jedoch angesichts der damals noch maßgeblichen marxistisch-leninistischen Staatsrechtsdoktrin offiziell erklärt werden konnte.

Neben der Übernahme des im westlichen Rechtskreis vorgefundenen Kommunalrechts sollte desweiteren „Eigenständiges" in die Kommunalverfassung eingebracht werden[95]. Anfänglich kam dieses Bestreben sowohl im Aufgaben- als auch im Organisationsbereich zum Ausdruck. Der Entwurf für eine Vorläufige Kommunalverfassung enthielt nicht nur die hergebrachten Kategorien des Aufgabendualismus mit der Trennung der Selbstverwaltungs- und Auftragsangelegenheiten, sondern auch mit § 4 eine Bestimmung, die mit „Gesamtgesellschaftliche Mitverantwortung" überschrieben war. Danach sollte es Aufgabe der Gemeinden sein, für die Verständigung zwischen den Völkern und für die Erhaltung des Friedens zu wirken, den Prozeß der europäischen Einigung zu fördern und dazu partnerschaftliche Beziehungen zu Gemeinden und kommunalen Verbänden anderer Staaten zu entwickeln. Das Grundprinzip der auf die örtlichen Angelegenheiten beschränkten Selbstverwaltungsbefugnisse wurde damit verlassen. Nur der letzte Halbsatz konnte eindeutig dem kommunalen Wirkungskreis zugeordnet werden und fand dementsprechend Eingang in die Kommunalverfassung (§ 2 Abs. 4 KV).

Scheinbar „systemneutrale" Institute des Staatsorganisationsrechts der DDR sollten ursprünglich für die Organisation der Landkreise fortgeführt werden. Der Landkreisordnung lag in dem Entwurf für eine Vorläufige Kommunalverfassung das alte Organisationsmuster für den Aufbau der Staatsorgane zugrunde: Die Bildung ständiger Kommissionen war ebenso vorgesehen wie eine kollegiale Verwaltungsspitze in Form des Rates des Landkreises[96]. Der Entwurf wies hier eine auffällige Unstimmigkeit zwischen der Gemeindeordnung, die sich überwiegend am „Bürgermeistermodell" orientierte, und der Landkreisordnung auf. Erst der spätere Regierungsentwurf stellte eine innere Konkordanz zwischen Gemeinde- und Kreisorganisation her, wobei weder das Institut der ständigen Kommissionen[97] noch das kollegiale Verwaltungsorgan in die Kommunalverfassung Eingang fanden.

Zu den über das Entwurfsstadium beibehaltenen „Eigenständigkeiten" kann sicher die Qualifizierung der Gemeinde als Bürgergemeinschaft in § 1 Abs. 2 KV gezählt werden. In der Kommentierung heißt es hierzu, „daß die Gemeinden keine technokratischen Verwaltungsbezirke, sondern lebendige Bürgergemeinschaften mit eigenen Rechten und Pflichten sein sollen"[98]. Der Begriff der Bürgergemeinschaft war für die

DDR nicht neu: In der unmittelbar nach der Verfassungsreform 1968 in der Staatsrechtswissenschaft geführten Auseinandersetzung über die Stellung der Städte und Gemeinden stand er noch für ein Gegenmodell zur tradierten kommunalen Selbstverwaltung.

b) Zu den Aufgaben der Gemeinden und Kreise

Mit der Kommunalverfassung erhielten die Gemeinden und Kreise auf dem Gebiet der ehemaligen DDR wieder den Status einer kommunalen Gebietskörperschaft (§ 1 Abs. 3 und § 71 Abs. 3 Satz 1 KV), den sie mit der Aufhebung der Demokratischen Gemeindeordnung von 1946 und der Demokratischen Kreisordnungen von 1946/1947 verloren hatten. Die aus diesem Status folgende Eigenschaft der Gemeinden und Kreise als juristische Person ist die eigentliche Grundlage der Transformation der kommunalen Verwaltungsstrukturen. Juristische Person war zuvor allein der Rat in seiner Funktion als Verwaltungsorgan, und dies lediglich um Vertragsabschlußkompetenzen zu begründen (§ 81 GöV 1985)[99].
Erst aus dem Status der Selbstverwaltungskörperschaft leitet sich die Befugnis zur eigenverantwortlichen Aufgabenwahrnehmung ab, die nicht mehr der uneingeschränkten Weisungsbefugnis übergeordneter Ebenen unterliegen darf. Der Orientierungshilfe für die kommunale Praxis, welche Aufgaben überhaupt dem eigenen Wirkungskreis zuzurechnen sind, dient die katalogmäßige Auflistung der Aufgaben der örtlichen Gemeinschaft in § 2 Abs. 2 KV. Aus der Aufzählung kann zwar kein rechtlich geschützter Aufgabenbestand abgeleitet werden[100], sie dürfte aber das Bewußtsein der Kommunalpolitiker für ihren Verantwortungskreis schärfen.
In gewissem Widerspruch zu der Intention, den gemeindlichen Wirkungskreis nach vierzigjähriger Bedeutungslosigkeit zu regenerieren, ist die Kompetenz-Kompetenz der Kreise[101] in die Kommunalverfassung aufgenommen worden. Mit der in § 72 Abs. 3 KV festgelegten Zweidrittelmehrheit kann der Kreistag durch einen von der Rechtsaufsichtsbehörde zu genehmigenden Beschluß den Gemeinden eine gemeindliche Selbstverwaltungsaufgabe entziehen, wenn dies das öffentliche Wohl im Kreis erfordert und die zu übernehmende Aufgabe das Leistungsvermögen der beteiligten Gemeinden übersteigt. Bei den absehbaren Schwierigkeiten der durchschnittlich sehr kleinen Gemeinden bei der Erfüllung öffentlicher Versorgungsaufgaben könnten die Kriterien des § 72 Abs. 3 Satz 1 KV sogar dahingehend ausgelegt werden, daß den Landkreisen eine aus einer Ermessensreduzierung begründete Pflicht zur Aufgabenübernahme entsteht. Bereits jetzt schon sehen Landräte eine Pflicht zur unmittelbaren und ersatzweisen Aufgabenwahrnehmung[102]. Die Möglichkeit, Verwaltungsgemeinschaften (§ 31 KV) auf freiwilliger Grundlage zu bilden[103], ist ein Weg, einem möglichen Aufgabenentzug vorzubeugen. Ein anderes von der Kommunalverfassung vorgesehenes Instrument kommunaler Kooperation ist die kommunale Gemeinschaftsarbeit (§ 6 KV). Hierzu zählt die Kommunalverfassung neben Zweckverbänden und Interessengemeinschaften auch die aus dem früheren DDR-Recht vertrauten Kommunalverträge, deren Anwendungsbereich § 62 KV rechtlich konkretisiert. Die vorgesehenen Formen der

gemeindlichen Kooperation beruhen gänzlich auf dem Prinzip der Freiwilligkeit. Die Rahmenbedingungen für die Wahrnehmung von Selbstverwaltungsaufgaben hätten allerdings auch eine gesetzliche Pflicht zur kommunalen Zusammenarbeit gerechtfertigt. Eine derartige Pflicht könnte zugleich ein sinnvolles Instrument sein, den Aufgabenbestand kreisangehöriger Städte und Gemeinden zu begründen und zu bewahren.

c) Zur inneren Kommunalverfassung

Die Umgestaltung der inneren Kommunalverfassung konnte nicht allein in der Konzeption eines Gegenmodells zum vorherigen „System der Staatsorgane" bestehen. Der Widerspruch zwischen Staatspraxis und staatsorganisatorischer Gesetzgebung erlaubte keine einfache Alternativlösung. Weder waren die Volksvertretungen „allmächtig" noch bestimmte „Kollektivität" die Entscheidungsfindung im Rat, obwohl die Staatsrechtslehre in ihrem legitimatorischen Bemühen nicht müde wurde, dies stets von neuem als Realität hinzustellen. Die tatsächliche Funktion der Volksvertretungen bestand in nicht viel mehr als in der Absegnung der zuvor im Partei- und Staatsapparat getroffenen Entscheidungen. Der Rat konnte sich schon deshalb nicht zu einem kollektiven Exekutivorgan entwickeln, da dessen Mitglieder der uneingeschränkten Weisungsbefugnis des Vorsitzenden des Rates unterstanden.

aa) Zur Stellung der Vertretungskörperschaften

Erst die institutionelle Garantie der Selbstverwaltung, die die eigenverantwortliche kommunale Politikgestaltung bei den Gemeinden und Kreisen ansiedelt[104], erlaubt den Gemeindevertretungen, Stadtverordnetenversammlungen und Kreistagen tatsächlich die Stellung eines obersten Willens- und Beschlußorgans (§ 21 Abs. 1 bzw. § 85 Abs. 1 KV) auszufüllen. Der enumerative Katalog ausschließlicher Beschlußkompetenzen (§ 21 Abs. 3 bzw. § 85 Abs. 3 KV) behält den kommunalen Vertretungskörperschaften u.a. die grundsätzlichen Entscheidungen im Personal- und Haushaltsbereich, die Rechtsetzungsbefugnis sowie die Verfügungsrechte über das gebietskörperschaftliche Vermögen vor. Gegen das Recht verstoßende Beschlüsse der Vertretungskörperschaften können nur noch von der Rechtsaufsichtsbehörde unter den Voraussetzungen des § 66 KV aufgehoben werden. Die behördliche Rechtsaufsicht löst die „Vertretungskörperschaft-Hierarchie" ab, nach der die Volksvertretung befugt war, Beschlüsse der ihnen nachgeordneten Volksvertretungen aufzuheben, wenn diese gegen Gesetz, andere Rechtsvorschriften oder Beschlüsse einer übergeordneten Volksvertretung verstießen (§ 7 Abs. 2 GöV).
Bürgermeister, Landrat und Beigeordnete sind nach der Kommunalverfassung von der Gemeindevertretung bzw. dem Kreistag zu wählen. Deren Amtszeit ist an die Wahlperiode der Vertretungskörperschaften gebunden. Eine Abwahlmöglichkeit ist ebenfalls vorgesehen[105]. Nomenklatursystem und die Befugnis der Kreisverwaltung, die Bürgermeister der kreisangehörigen Städten und Gemeinden auszuwählen, hatte

die Befugnisse der kommunalen Volksvertretungen bei wichtigen Personalentscheidungen im Ergebnis auf ein rein formelles Zustimmungsrecht reduziert. Der Verzicht auf die im Gesetzgebungsprozeß eigentlich favorisierte Urwahl des Bürgermeisters in der Kommunalverfassung[106] kann auch als Zugeständnis an die neu gewonnenen Freiheiten der Gemeindevertretungen interpretiert werden. Nach Berichten ging in einigen Gemeinden deren Autonomieverlangen so weit, daß unter Mißachtung der Kommunalverfassung in Anlehnung an die norddeutsche Ratsverfassung Gemeinde- bzw. Stadtdirektoren zu hauptamtlichen Leitern der Gemeindeverwaltung und ehrenamtliche Bürgermeister gewählt wurden[107]. Hier überwog wohl die „Loyalität" zum entsprechenden Kommunalrecht des Partnerlandes von Brandenburg (= Nordrhein-Westfalen) und von Sachsen-Anhalt (= Niedersachsen) gegenüber der Akzeptanz der von der Volkskammer verabschiedeten Kommunalverfassung.

bb) Zur Stellung der kommunalen Verwaltungsorgane

Das Bestreben, dem Neuanfang in institutionellen Veränderungen Ausdruck zu verleihen, war ein wesentliches Motiv für die Einführung einer monokratischen Verwaltungsspitze in der Form des Bürgermeisters und Landrates[108]. Die Absage an eine kollegiale Verwaltungsspitze gehörte daher zu den frühen Grundentscheidungen in bezug auf die Reorganisation der Gemeinde- und Kreisverwaltungen[109]. Kollegialität bzw. Kollektivität gehörten zu den Grundwerten, auf denen das Staats- und Gesellschaftsystem der DDR aufbaute. Trotz des generellen Abgrenzungsbestrebens nimmt die Kommunalverfassung nicht gänzlich von der Kollegialität Abschied. So sind vom Bürgermeister bzw. Landrat zur Sicherung einer einheitlichen Verwaltungsführung regelmäßig Beratungen mit den Beigeordneten durchzuführen, „um eine kollektive Erörterung der laufenden Verwaltungsangelegenheiten zu gewährleisten"[110]. Die Kommentierung zu dieser Regelung unterstreicht allerdings ausdrücklich, daß es nicht beabsichtigt sei, ein neues kollegiales Organ zu schaffen, das an die Stelle der früheren örtlichen Räte treten solle[111].
Die Übertragung wesentlicher Kompetenzen an den Haupt- bzw. Kreisausschuß[112] kann ebenso dem Ziel zugeordnet werden, die kollegiale Entscheidungsfindung in Kommunalangelegenheiten institutionell neu auszuformen[113]. Kommunalrechtlich ist der Haupt- bzw. Kreisausschuß zwar als Unterorgan der Gemeindevertretung bzw. des Kreistags zu qualifizieren[114], aufgrund seiner Verbindungsfunktion zwischen den kommunalen Hauptorganen kommt ihm aber faktisch die Stellung eines dritten Kommunalorgans zu. Die integrative Funktion verwirklicht sich über die Regelung, daß dem jeweiligen Verwaltungschef der Vorsitz über den Haupt- bzw. Kreissausschuß von Amts wegen zukommt (§ 26 Abs. 4 Satz 4 bzw. § 90 Abs. 4 Satz 5 KV).

cc) Unmittelbare Mitwirkungsformen der Einwohner und Bürger

Die vom Grundsatz der repräsentativen Demokratie geprägten Formen kommunaler Entscheidungsfindung werden ergänzt durch unmittelbare Einwirkungsrechte der Gemeindeeinwohner bzw. Gemeindebürger[115]. Das Ziel einer kontinuierlichen Rückkoppelung kommunaler Aufgabenwahrnehmung leitet sich ab aus der maßgeblichen Rolle der lokalen „Runden Tische" bei der Überwindung des real-sozialistischen Staates in den Kommunen und dem Bestreben, den Einfluß der politischen Parteien begrenzen zu können[116]. Die partizipatorischen Vorstellungen setzte die Kommunalverfassung indessen nur unvollkommen und in in sich widersprüchlicher Form um.
Bereits die Ausgangsvorschrift des § 16 KV, der die Pflicht des Bürgermeisters und der Beigeordneten statuiert, die Einwohner über Gemeindeangelegenheiten zu unterrichten, ist unscharf gefaßt. Trotz der in der Legaldefinition enthaltenen Unterscheidung zwischen den Begriffen „Einwohner" und „Bürger" in § 13 KV soll für das terminologische Verständnis der in § 16 vorgesehenen *Einwohner*versammlung, *Bürger*aussprachen und -foren der allgemeine Sprachgebrauch maßgeblich sein[117]. Ein Widerspruch zu den ursprünglichen Intentionen kann ebenfalls darin gesehen werden, daß die folgenden Vorschriften die Mitwirkungsrechte auf den Gemeindebürger begrenzen. So soll nur Gemeindebürgern das Recht zukommen, einen Antrag an die Gemeindevertretung zur Behandlung einer wichtigen Gemeindeangelegenheit richten zu können (§ 18 Abs. 1 Satz 1 KV)[118]. Eine vom Statusaspekt her gesehen konsequentere Differenzierung zwischen den plebiszitären Instrumenten enthalten hingegen die vergleichbaren Regelungen der § 16 a bis § 16 g in der Neufassung der Gemeindeordnung für Schleswig-Holstein[119]. Dort sind nur die weitestgehenden Formen unmittelbarer Mitwirkung – der Bürgerentscheid und das Bürgerbegehren (vgl. § 16 g GO) – angesichts der mit diesen Instrumenten verbundenen rechtlichen Bindungswirkungen den Einwohnern vorenthalten.
Eine Umsetzung unmittelbarer Mitwirkungsformen ist auf der Kreisebene völlig unterblieben. Angesichts des erheblichen kreislichen Aufgabenbestandes[120], der Kompetenz-Kompetenz des Kreises zur Übernahme gemeindlicher Angelegenheiten und der genannten rechtspolitischen Zielsetzungen muß in diesem Punkt eine nicht unerhebliche Inkonsequenz beim Gesetzgeber festgestellt werden. Anders in Schleswig-Holstein, wo im Wege der Kommunalverfassungsreform für die Gemeinde- und Kreisebene identische Strukturen geschaffen wurden[121].

5. *Verwaltungsreform statt Transformation*

Die Kategorien des Systemgegensatzes sind mit der zumindest verfassungsrechtlich vollzogenen Transformation entfallen. Fortbestehende Entwicklungsunterschiede in Wirtschaft und Gesellschaft kontrastieren in gewisser Weise die geschaffene Homogenität in der Staats- und Verwaltungsorganisation. Bullinger erkennt insofern einen grundsätzlichen Nachholbedarf in den fünf neuen Ländern: Für sie gehe es zunächst darum, in einem schmerzhaften Umstellungsprozeß wirtschaftlichen Anschluß an die Informationsgesellschaft zu finden[122].

Der innere Zusammenhang zwischen der Funktions- und Leistungsfähigkeit der öffentlichen Verwaltung und der wirtschaftlichen Entwicklung liegt für die fünf neuen Länder offen zu Tage. Es ist hier der Rationalisierungsprozeß öffentlicher Verwaltung, der die geschichtliche Entstehung der modernen Verwaltung kennzeichnet und auf dem der Idealtypus des Weberschen Bürokratiemodells beruht[123], nachzuvollziehen. Die Überwindung systemischer Gegensätze kann infolgedessen nur als das Erreichen eines ersten Etappenziels gewertet werden.

Im kommunalen Bereich zeichnen sich mit dem Bestreben nach länderspezifischen Gemeinde- und Kreisordnungen[124] und der allgemein für notwendig erachteten Gebietsreform naheliegende Gegenstände für Verwaltungsreformen ab. Deren Konzeption fällt nunmehr allein in die Zuständigkeit der Länder Mecklenburg-Vorpommern, Brandenburg, Sachsen-Anhalt, Thüringen und Sachsen; das politische Handlungsvermögen der Landesregierungen und die Leistungsfähigkeit ihrer Verwaltungen entscheiden über die Durchsetzbarkeit künftiger Verwaltungsreformen. Ob es dabei zu einfachen Transferlösungen aus den „Partnerländern" kommt oder aber Fortentwicklungen festzustellen sein werden, bleibt noch abzuwarten. Schon absehbar ist der andersartige politische Entscheidungsdruck, unter dem etwa eine kommunale Gebietsreform durchgeführt werden muß, als dies in den sechziger und siebziger Jahren in den alten Ländern der Fall war.

Anmerkungen

1 Vgl. zum örtlichen Staatsaufbau der DDR die Gesamtdarstellungen: *H. Roggemann*, Kommunalrecht und Regionalverwaltung in der DDR, Berlin 1987; *C. Hauschild*, Die örtliche Verwaltung im Staats- und Verwaltungssystem der DDR, Baden-Baden 1991.

2 *W. Bernet*, Zur landes- und kommunalrechtlichen Entwicklung in der DDR, Speyerer Forschungsberichte Nr. 91, Speyer 1990, S. 1; *H. Melzer*, Verwaltungsreform in der DDR, StuR 1990, S. 535.

3 *Bernet*, ebd. S. 29; *S. Petzold*, Der Übergang zur kommunalen Selbstverwaltung: Bestandteil des demokratischen Erneuerungsprozesses in der DDR, in: *F.-L. Knemeyer* (Hrsg.), Aufbau kommunaler Selbstverwaltung in der DDR, Baden-Baden 1990, S. 30f.

4 Gesetz zur Änderung der Verfassung der Deutschen Demokratischen Republik vom 1. Dezember 1989, GBl. I, S. 265.

5 *K. König*, Zum Verwaltungssystem der DDR, in: *ders.* (Hrsg.), Verwaltungsstrukturen der DDR, Baden-Baden 1991, S. 16.

6 *K. König*, Verwaltung im Übergang – Vom zentralen Verwaltungsstaat in die dezentrale Demokratie –, DÖV 1991, S. 177ff.

7 Vgl. ebd.

8 Vgl. die Präambel des Gesetzes über die planmäßige Gestaltung der sozialistischen Landeskultur in der Deutschen Demokratischen Republik (Landeskulturgesetz) vom 14. Mai 1970, GBl. I, S. 67. Zu den Zielen der DDR-Umweltpolitik siehe auch *E. Oehler*, Umweltschutz und Umweltrecht in der DDR, DVBl. 1990, S. 1322ff.

9 Ebd., S. 1330.

10 Vgl. *W. Seibel*, Verwaltungsreform in den ostdeutschen Bundesländern (Bericht), DÖV 1991, S. 199.

11 Koalitionsvereinbarung der DDR-Regierungsparteien: Grundsätze der Koalitionsverein-

barung zwischen den Fraktionen der CDU, der DSU, dem DA, den Liberalen, DFP, BFD, FDP und der SPD vom 12. April 1990, Beilage zu Informationen, hrsg. vom Bundesministerium für innerdeutsche Beziehungen in Zusammenarbeit mit dem Gesamtdeutschen Institut – Bundesanstalt für gesamtdeutsche Aufgaben –, Nr. 8/1990.

12 Ebd., S. 6.

13 Vgl. *H.-J. Will/R. Will*, Die Verfassungsfrage in der DDR auf dem Weg zur deutschen Einheit, KritV 1990, S. 162 ff; vgl. auch *E. Fischer*, Verfassungsgeschichte der DDR 1990, KJ 1990, S. 415ff.

14 *U. K. Preuß*, Der Entwurf der Arbeitsgruppe „Neue Verfassung der DDR" des Runden Tisches für eine Verfassung der Deutschen Demokratischen Republik, KJ 1990, S. 222: Der Entwurf ist abgedruckt in: KJ 1990, S. 226-262.

15 *Petzold* (Anm. 3), S. 30.

16 *König* (Anm. 5), S. 31.

17 *H. Heller*, Staatslehre, hrsg. von *G. Niemeyer*, Leiden 1934, S. 237.

18 Ebd.

19 BVerfG, DVBl. 1990, S. 1401.

20 So *H. Hofmann*, Die Entwicklung des Grundgesetzes nach 1949, in: *J. Isensee/P. Kirchhof* (Hrsg.), Handbuch des Staatsrechts der Bundesrepublik Deutschland, Bd. 1, Heidelberg 1987, § 7 RN 73; dagegen *P. Krause*, Verfassungsrechtliche Möglichkeiten unmittelbarer Demokratie, in: ebd., Bd. 2, Heidelberg 1987, § 39 RN 1.

21 Vgl. *H. Roggemann*, Die Verfassungentwicklung der deutschen Staaten auf dem Wege in die gesamtdeutsche Föderation, JR 1990, S. 272.

22 *Krause* (Anm. 20), § 7 RN 25.

23 Ebd., § 7 RN 3; *D. Grimm*, Die Zukunft der Verfassung, Staatswissenschaften und Staatspraxis 1990, S. 28.

24 Vgl. eingehend zur Frage, inwieweit Verfassungsrecht sich als Steuerungsinstrument des Wohlfahrtsstaates eignet, *Grimm*, ebd., S. 5ff.

25 BGBl. II, S. 889 sowie GBl. I, S. 1629. Zustimmungsgesetze zum Einigungsvertrag: Gesetz zum Einigungsvertrag (Einigungsvertragsgesetz) vom 23. September 1990, BGBl. II, S. 885 sowie Gesetz zum Einigungsvertrag (Verfassungsgesetz) vom 20. September 1990 GBl. der DDR I, S. 1627.

26 Koalitionsvereinbarung (Anm. 11), Präambel.

27 Ebd., S. 7.

28 *Bernet* (Anm. 2), S. 33.

29 Verfassungsgesetz zur Bildung von Ländern in der Deutschen Demokratischen Republik – Ländereinführungsgesetz –, vom 12. Juli 1990, GBl. I, S. 955.

30 Nach Art. 106 Satz 1 DDR-Verf. n.F. konnte die Verfassung nur durch Gesetz geändert werden, das ausdrücklich als „Verfassungsgesetz" bezeichnet war (Art. 9 Verfassungsgrundsätze).

31 Siehe eingehend *K. Finkelnburg*, Verfassungsfragen des wiedervereinigten Berlins, LKV 1991, S. 6ff.

32 *K. Blaschke*, Alte Länder – Neue Länder: Zur territorialen Neugliederung der DDR, Aus Politik und Zeitgeschichte, Beilage zur Wochenzeitung Das Parlament, B 27/90 vom 29. Juni 1990, S. 54; *K.-H. Hansmeyer/M. Kops*, Die Gliederung der Länder in einem vereinten Deutschland, Wirtschaftsdienst 1990, S. 234; *W. Rutz*, Denkschrift zur Länderneubildung auf dem Gebiet der gegenwärtigen DDR, Politische Studien 1990, S. 609 f; *E. Thiel*, Länderneugliederung: eine vertane Chance, Wirtschaftsdienst 1990, S. 434f.

33 Vgl. die Übersicht bei *Blaschke*, ebd., S. 47.

34 *T. Maunz/R. Herzog* in: *Maunz-Dürig-Herzog-Scholz*, Kommentar zum Grundgesetz, München 1990, RN 24 zu Art. 29.

35 *M. Bothe* in: Kommentar zum Grundgesetz, Reihe Alternativkommentare, 2. Aufl., Neuwied 1989, RN 9 zu Art. 29.

36 *Blaschke* (Anm. 32), S. 42.

37 Vgl. die Lösungsvorschläge bei *Blaschke* (Anm. 32), S. 45ff. und *Rutz* (Anm. 32), S. 610ff.

38 Nach diesem Vorschlag sollte der Bezirk Magdeburg in das Land Brandenburg eingeglie-

dert und der Bezirk Halle auf die Länder Sachsen und Thüringen aufgeteilt werden: vgl. *Rutz* (Anm. 32), S. 610ff.

39 *Rutz* (Anm. 32), S. 609; *Blaschke* (Anm. 32), S. 43f.; so auch *Melzer* (Anm. 2), S. 540.

40 Nach der Länderbildung: Mehr Macht für den Bund? (Tagungsbericht), Demokratische Gemeinde 1990, S. 13; vgl. auch den Bericht von *H. Klatt*, Bundesstaaten vor den Herausforderungen der Gegenwart, Staatswissenschaften und Staatspraxis 1990, S. 590.

41 *Bernet* (Anm. 2), S. 33; *ders.* Aspekte zur Wiedereinführung der Länder, LKV 1991, S. 3; *K. Frhr. von Rotberg*, Die DDR auf dem Weg zu den Ländern, Die Kommunalverwaltung 1990, S. 6.

42 Die partnerschaftliche Hilfe Baden-Württembergs für Sachsen, Die Kommunalverwaltung 1990, S. 130; *Seibel* (Anm. 10), S. 199f.

43 Beschluß der Volkskammer über die Tätigkeit von Vertretern aller Parteien, gesellschaftlichen Vereinigungen und politischen Gruppierungen der Runden Tische in den örtlichen Volksvertretungen und ihren Räten vom 29. Januar 1990, GBl. I, S. 32.

44 Beschluß der Volkskammer der Deutschen Demokratischen Republik zur Beendigung der Legislaturperiode der Bezirkstage vom 17. Mai 1990, GBl. I, S. 269.

45 Partnerschaftliche Hilfe (Anm. 42), S. 131; *Seibel* (Anm. 10), S. 200.

46 Tagung der Rechtswissenschaftlichen Fakultät der Friedrich-Schiller-Universität Jena und der Deutschen Vereinigung für Politische Wissenschaft, 9. und 10. November 1990 Jena.

47 Vgl. *K. Adomeit*, Der mühsame Übergang zum Rechtsstaat, FAZ vom 29. Januar 1991, S. 10.

48 Vorläufiges Statut für das Land Mecklenburg-Vorpommern vom 26. Oktober 1990, GVBl. Mecklenburg-Vorpommern, S. 2; Gesetz über die vorläufige Sicherung der Arbeitsfähigkeit des Landtages und der Regierung des Landes Brandenburg vom 1. November 1990, GVBl. Brandenburg, S. 2; Gesetz über die vorläufige Ordnung der Regierungsgewalt im Land Sachsen-Anhalt vom 28. Oktober 1990, GVBl. Sachsen-Anhalt, S. 1; Gesetz zur Herstellung der Arbeitsfähigkeit des Sächsischen Landtages und der Sächsischen Landesregierung (Vorschaltgesetz) vom 27. Oktober 1990, Sächsisches GVBl., S. 1; Vorläufige Landessatzung für das Land Thüringen vom 7. November 1990, GBl. Thüringen, S. 1.

49 *Seibel* (Anm. 10), S. 199.

50 Verwaltungserledigung in den neuen Bundesländern, Entschließung des Gesamtvorstandes der kommunalen Spitzenverbände vom 26. 10. 1990, Stadt und Gemeinde 1990, S. 421.

51 Vgl. *K. Bönniger*, Verfassungsdiskussion in Sachsen, LKV 1991, S. 9.

52 Verfassung des Landes Sachsen – Ghorischer Entwurf –, Dresden 1990.

53 Vgl. *S. Heitmann/A. Vaatz*, Nachbemerkung zu „Verfassung des Landes Sachsen – Ghorischer Entwurf", Dresden 1990, S. 51;

54 *Bönninger* (Anm. 51), S. 11f.

55 *Heitmann/Vaatz* (Anm. 53), S. 53; *Adomeit* (Anm. 47), S. 10.

56 Die schleswig-holsteinische Reformdiskussion ist dokumentiert bei *R. Lippold*, Eine Verfassung für Schleswig-Holstein, DÖV 1989, S. 663ff. und *S. Rohn*, Verfassungsreform in Schleswig-Holstein, NJW 1990, S. 2782ff.

57 *Lippold*, ebd., S. 665ff.; *Rohn*, ebd., S. 2784f.

58 *J. Fiedler*, Die Regelung der bundesstaatlichen Finanzbeziehungen im Einigungsvertrag, DVBl. 1990, S. 1264; *A. Benz*, Perspektiven des Föderalismus in Deutschland, DÖV 1991, S. 593.

59 *Fiedler*, ebd., S. 1270; *J. J. Hesse/W. Renzsch*, Zehn Thesen zur Entwicklung des deutschen Föderalismus, Staatswissenschaften und Staatspraxis 1990, S. 571f.; *F. W. Scharpf*, Föderalismus an der Wegscheide: eine Replik, Staatswissenschaften und Staatspraxis 1990, S. 580f.

60 *T. Waigel*, Zur finanziellen Situation der Länder und Gemeinden in den neuen Bundesländern, KStZ 1991, S. 1.

61 Ohne Berücksichtigung der Haushaltsauswirkungen *L. Penig*, Kommunales Eigentums- und Unternehmensrecht in der DDR, DÖV 1990, S. 824f. und *H. O. Schützenmeister*, Zur Entwicklung von Kommunaleigentum, Gemeindevermögen und kommunaler Selbstverwaltung im Rahmen des Einigungsvertrages, LKV 1991, S. 26ff.

62 Erste Verordnung über besoldungsrechtliche Übergangsregelungen nach Herstellung der Einheit Deutschlands, BR Drucks. 813/90.

63 Vgl. Vorblatt BR Drucks. 813/90, S. 2; Angaben zur bisherigen Gehaltshöhe finden sich in dem Beschluß des Ministerrates der DDR vom 17. Januar 1985 zur Ordnung über die Zahlung von Gehalt und Dienstaufwandsentschädigung an die Vorsitzenden, Stellvertreter der Vorsitzenden, Sekretäre und Mitglieder der örtlichen Räte, Auszug abgedruckt bei *K. König* (Hrsg.), Verwaltungsstrukturen der DDR, Baden-Baden, 1991, S. 403ff. Eine Anhebung der Tariflöhne auf 60 % der vergleichbaren Bezüge im westdeutschen öffentlichen Dienst vereinbarten die Tarifvertragsparteien Anfang März 1991 mit Wirkung zum 1. 7. 1991.

64 Beschluß des Bundesrates vom 14. Dezember 1990, BR Drucks. 813/90.

65 Zu den personalpolitischen Zielen der Bundesregierung vgl. das Interview mit Bundesinnenminister *Wolfgang Schäuble* in DBB Magazin Januar 1991, S. 4 f; siehe auch Entschließung des Bundesrates, BR Drucks. 813/90 (Beschluß), S. 5.

66 *F. Wagener*, Der öffentliche Dienst im Staat der Gegenwart, VVDStRL Heft 37, Berlin/New York 1979, S. 238.

67 Vgl. Art. 1 Gesetz zur Änderung und Ergänzung der Verfassung der Deutschen Demokratischen Republik (Verfassungsgrundsätze) vom 17. Juni 1990, GBl. I, S. 299.

68 Gesetz über die Selbstverwaltung der Gemeinden und Landkreise in der DDR (Kommunalverfassung) vom 17. Mai 1990, GBl. I, S. 255: im folgenden abgekürzt als KV.

69 *L. Boden*, Zum Entwurf einer Gemeindeordnung für Sachsen, Speyerer Forschungsberichte Nr. 96, Speyer 1990, S. 7ff.; a. A. offenbar *Petzold*, der die verfassungsändernde Wirkung der KV betont: *S. Petzold*, Zur neuen Kommunalverfassung in der DDR, DÖV 1990, S. 817.

70 Vgl. dazu *Boden*, ebd., S. 4.

71 Verordnung über die Tätigkeit von Bürgerkomitees und Bürgerinitiativen vom 1. März 1990 (dort § 4 Abs. 1), GBl. I, S. 112.

72 Vgl. den Bericht von *H. Wagener*, Gruppe der 20 vertritt die Interessen der Dresdner Bürger, in: Bürgerbewegungen für Demokratie in den Kommunen, Berlin 1990, S. 13f.

73 Neben den Gemeinden und Kreisen ist in Mecklenburg-Vorpommern die Bildung von Landschaftsverbänden in der Form von Selbstverwaltungskörperschaften im Gespräch: *E. Röper*, Landschaftsverbände für Mecklenburg-Vorpommern, StuR 1990, S. 717f.

74 *W. Bernet*, Wege zur Demokratisierung der Kommunalverwaltung in der DDR, Der Bürger im Staat 1990, S. 88; *W. Erlebach/J. Misselwitz*, Kommunale Selbstverwaltung in Deutschland (Thesen), StuR 1990, S. 545; *H. Melzer*, Die Verwaltungsreform in der DDR, DVBl. 1990, S. 405; *Petzold* (Anm. 3), S. 29.

75 Vgl. dazu die Beiträge in: Bürgerbewegungen für Demokratie in den Kommunen, Berlin 1990.

76 *Petzold* (Anm. 3), S. 28; *H. Melzer*, Kommunale Demokratie: Erwartungen, Probleme, Lösungen, in: *F.-L. Knemeyer* (Hrsg.), Aufbau kommunaler Selbstverwaltung in der DDR, Baden-Baden 1990, S. 36.

77 Vgl. zu Polen, *S. Piatek*, Neue Gemeindeordnung in Polen, DÖV 1990, S. 717; *Z. Niewiadomski*, Die Wiedereinführung der kommunalen Selbstverwaltung in Polen durch das Gesetz über die territoriale Selbstverwaltung vom 8. März 1990, AfK 1990, S. 317.

78 *Bernet* (Anm. 2), S. 1.

79 *H. Bartsch*, Aufgaben und Struktur der örtlichen Verwaltung, in: *K. König* (Hrsg.), Verwaltungsstrukturen der DDR, Baden-Baden 1991, S. 123f.

80 Vgl. die Regierungserklärung von DDR-Ministerpräsident *Modrow* vom 17. November 1989, abgedruckt in: Informationen Nr. 22/1989, Dokumentation, S. XII; zuvor *E. Krenz*, der in seiner Antrittsrede als Generalsekretär des ZK der SED „die Erhöhung der Eigenverantwortung der Städte und Gemeinden" zu den „herangereiften politischen Notwendigkeiten" zählte, FAZ vom 20. Oktober 1989, S. 4.

81 *W. Bernet/H. Lecheler*, Die DDR-Verwaltung im Umbau, Regensburg 1990.

82 Ebd., S. 42f.

83 *Waigel* (Anm. 60), S. 1.

84 Vgl. *Seibel* (Anm. 10), S. 199.

85 Vgl. Anl. II, Kapitel II, Sachgebiet B, Abschnitt II EinigungsV.

86 Zum Ausländerwahlrecht des Landes Schleswig-Holstein BVerfG, DVBl. 1990, S. 1397ff., des Landes Hamburg BVerfG, DVBl. 1990, S. 1401ff.

87 BVerfGE 22, 180 (210); *Maunz* in: *Maunz-Dürig* (Anm. 34), RN 15 zu Art. 30 ; *K. Stern*, Staatsrecht der Bundesrepublik Deutschland, Bd. I, 2. Aufl., München 1984, S. 429.

88 So *Petzold*, der von Grundsatzregelungen spricht: *Petzold* (Anm. 69), S. 821; dagegen *Boden* (Anm. 69), S. 11.

89 Die Entstehungsgeschichte ist eingehend in dem von *F.-L. Knemeyer* herausgegebenen Band, Aufbau kommunaler Selbstverwaltung in der DDR, Baden-Baden 1990, dokumentiert.

90 Vorläufige Ordnung über die Selbstverwaltung der Gemeinden und Landkreise in der DDR (Vorläufige Kommunalverfassung): unveröffentlichter Entwurf.

91 Der Regierungsentwurf ist abgedruckt bei: *F.-L. Knemeyer* (Hrsg.), Aufbau kommunaler Selbstverwaltung, Baden-Baden 1990, S. 140ff.

92 *Petzold* (Anm. 69), S. 818; siehe auch das Vorwort von dem Minister für Regionale und Kommunale Angelegenheiten *Preiß* in: *Schmidt-Eichstaedt/Petzold/Melzer/Penig/Plate/Richter*, Gesetz über die Selbstverwaltung der Gemeinden und Landkreise in der DDR (Kommunalverfassung), Kommentar, Köln 1990, S. VI.

93 Ebd.; die Kommunalcharta ist in den verschiedenen Vertragssprachen abgedruckt in: *F.-L. Knemeyer* (Hrsg.), Die Europäische Charta der kommunalen Selbstverwaltung, Baden-Baden 1989, S. 259ff.

94 Vgl. *P. Blair*, Vorbereitung der Charta im Rahmen des Europarats und gegenwärtiger Stand der Unterzeichnung und Ratifikation, in: *F.-L. Knemeyer* (Hrsg.), ebd., S. 45f.

95 *Petzold* (Anm. 69), S. 818.

96 Die Bezeichnung für das kollektive Verwaltungsorgan der Bezirke, Kreise, Städte und Gemeinden war in Abweichung zum Sprachgebrauch in anderen früheren sozialistischen Staaten Rat des Bezirkes, Rat des Kreises etc. mit Ausnahme der Stadtverwaltung von Ost-Berlin, für die die traditionelle Bezeichnung Magistrat von Berlin beibehalten wurde.

97 Die Kooptation von Bürgern in Gemeinde- bzw. Kreisausschüsse ist weiterhin bei Ausschüssen mit beratendem Charakter zulässig (§ 26 Abs. 9 bzw. § 90 Abs. 5 KV).

98 *Schmidt-Eichstaedt* u.a. (Anm. 92), S. 34.

99 Kommentar zum Gesetz über die örtlichen Volksvertretungen in der DDR, Leitung des Redaktionskollegiums: *S. Petzold*, Berlin (Ost) 1989, S. 337.

100 *Schmidt-Eichstaedt* u.a. (Anm. 92), S. 39.

101 Vgl. *E. Schmidt-Aßmann*, Kommunalrecht, in: *I. von Münch* (Hrsg.), Besonderes Verwaltungsrecht, 8. Aufl., Berlin/New York, S. 192.

102 *V. Kunze*, Verwaltungsgemeinschaften in den neuen Bundesländern, das rathaus 1991, S. 14.

103 Ebd., S. 15.

104 *Schmidt-Aßmann* (Anm. 101), S. 114ff.; *H. Faber* in: AK-GG (Anm. 35), RN 27 zu Art. 28.

105 Die für die Gemeinde- und Kreisebene identischen Bestimmungen finden sich in den §§ 27, 28, 30 sowie in den §§ 91, 92, 93 KV.

106 Vgl. dazu *Schmidt-Eichstaedt* u.a. (Anm. 92), S. 113.

107 *C. Möller*, Zur neuen Kommunalverfassung der DDR, Die Kommunalverwaltung 1990, S. 9.

108 Bürgermeister und Landrat bilden zusammen mit der Gemeindevertretung bzw. dem Kreistag die Organe der jeweiligen Gebietskörperschaft (§ 20 und § 84 KV).

109 *Melzer* (Anm. 76), S. 45.

110 Vgl. § 24 Abs. 4 Satz 1 KV; ähnlich § 92 Abs. 3 Satz 1 KV.

111 *Schmidt-Eichstaedt* u.a. (Anm. 92), S. 226f.

112 Nach § 26 Abs. 3 bzw. § 90 Abs.4 KV besitzen der Haupt- bzw. Kreisausschuß eine Koordinierungs- und Eilzuständigkeit in Gemeindeangelegenheiten.

113 *Melzer* (Anm. 76), S. 45.

114 Zur Stellung der Ausschüsse im System der Kommunalorgane vgl. *Schmidt-Aßmann* (Anm. 101), S. 145.

115 Zur Fragestellung allgemein: *H. H. von Arnim*, Möglichkeiten unmittelbarer Demokratie auf Gemeindeebene, DÖV 1990, S. 85; ausführlich zu den entsprechenden Vorschriften in der KV: *P.-P. Humpert*, Bürgerantrag, Bürgerentscheid und Bürgerbegehren in der Kommunalverfassung der neuen Bundesländer, DÖV 1990, S. 999ff.

116 *C. Hauschild*, Die Zukunft der kommunalen Selbstverwaltung (Bericht), DÖV 1990, S. 743; *Melzer* (Anm. 76), S. 46; *Boden* (Anm. 69), S. 41f.
117 *Schmidt-Eichstaedt* u.a. (Anm. 92), S. 66.
118 Vgl. zur Aktivlegitimation *Humpert* (Anm. 115), S. 1002.
119 Gemeindeordnung für Schleswig-Holstein in der Fassung vom 2. April 1990, GVBl. Schleswig-Holstein 1990, S. 160; der Einwohnerantrag ist jetzt auch in § 24 des Entwurfs für die Gemeindeordnung Sachsen vorgesehen: Der Entwurf ist abgedruckt bei *Boden* (Anm. 69), S. 103ff.
120 *Schmidt-Eichstaedt* u.a. (Anm. 92), S. 194.
121 Zu den Mitwirkungsrechten vgl. § 16 a bis § 16 g Kreisordnung für Schleswig-Holstein in der Fassung vom 2. April 1990, GVBl. Schleswig-Holstein 1990, S. 193.
122 *M. Bullinger*, Verwaltung im Rhythmus von Wirtschaft und Gesellschaft, JZ 1991, S. 59.
123 *C. Hauschild*, Die Modernisierung des öffentlichen Dienstes im internationalen Vergleich, VerwArch 1991, S. 88.
124 *A. Quecke*, Kommunalverfassung im Übergang, Die Kommunalverwaltung 1990, S. 19; *Bernet* (Anm. 2), S. 30; *Boden* (Anm. 69), S. 12.

Kommunalpolitik und -verwaltung in Ostdeutschland: Institutionen und Handlungsmuster im „paradigmatischen" Umbruch. Eine empirische Skizze*

Hellmut Wollmann

1. Fragestellung

Der gewaltige ökonomische und gesellschaftliche Umbruch, der sich nach dem Kollaps des SED-Regimes und nach dem Beitritt der DDR zur Bundesrepublik in Ostdeutschland abspielt, stellt die politisch-administrativen Institutionen und ihre Akteure in Ostdeutschland vor eine beispiellose Herausforderung, und dies in einer Phase, in der die politisch-administrativen Institutionen und Akteure in der ehemaligen DDR – im Zuge der Einfügung in und Anpassung an die Verfassungs-, Politik- und Verwaltungswelt der Bundesrepublik – selber in den Sog eines alles Alte umkrempelnden Veränderungsprozesses gerissen sind.

In dieser umstürzenden Entwicklung sind die politisch-administrativen Institutionen und Akteure auf der Ebene der Kreise, Städte und Gemeinden in besonderem Maße gefordert. Stellen sie doch das einzige Stück institutioneller Kontinuität in der Erscheinungen Flucht im Übergang von der alten DDR in die neue Bundesrepublik dar, wohingegen der zentrale Regierungsapparat der alten DDR mit der Vereinigung zu bestehen aufgehört hat, die Bezirksverwaltungen als Rückgrat und Bollwerk der zentralistischen Partei- und Staatsmacht der DDR weitgehend geschliffen worden sind und die Landesregierungen erst neu aufgebaut werden mußten. Und begründet das westdeutsche Kommunalmodell doch für die Kreise, Städte und Gemeinden Aufgaben und Verantwortlichkeiten, die ihnen eine enorme Problemlast zumal in einer sozioökonomischen Situation aufbürden, die vom Zusammenbruch der alten Wirtschaftsstrukturen, von hochschießender Arbeitslosigkeit und davon gekennzeichnet ist, daß die wirtschaftlichen und sozialen Folgen dieser Entwicklung in individuellen Schicksalen und Nöten vor allem auf der lokalen Ebene aufbrechen und hier wirksame Abhilfe erheischen. Es läßt aufhorchen, daß selbst solche politischen und gesellschaftlichen Gruppen und Akteure, die in der Vergangenheit meist kritische Töne gegenüber der öffentlichen Verwaltung in der alten Bundesrepublik anschlugen, jetzt nach einer leistungsfähigen öffentlichen, zumal kommunalen, Verwaltung in Ostdeutschland als wesentliche Voraussetzung für den wirtschaftlichen Aufschwung rufen[1].

Bei dem Umbau und Neubau von leistungsfähiger Verwaltung geht es zum einen um die Schaffung und Umgestaltung von Organisationen. Zum anderen aber dreht es sich um die Veränderung von Einstellungen, Wahrnehmungs- und Handlungsmustern „in den Köpfen" der in den Organisationen tätigen Menschen.

Im Systembruch und -übergang („Transition") erweist sich die ehemalige DDR, verglichen mit den anderen ehemals *real-sozialistischen Ländern Mittel- und Osteuropas*, zweifellos als Extremfall: Folgt man der von Juan Linz und Alfred Stepan vorgeschlagenen Typologie, die zur Kennzeichnung nicht-demokratischer Regime zwischen „Totalitarismus", „Post-Totalitarismus", „Autoritarismus" und „Sultanismus" unterscheiden (vgl. Linz/Stepan 1991), so war die DDR einerseits bis zum Zusammenbruch des SED-Regimes in Oktober 1989 vor allem darin als „post-totalitär" (eher in Richtung auf „totalitär")[2] zu charakterisieren, daß das SED-Regime seinen Anspruch auf ungeschmälertes Machtmonopol, insbesondere durch die allgegenwärtige „Staatssicherheit" („Stasi"), bis zuletzt rigoros durchsetzte und die Formierung oppositioneller Gegeneliten unterband (so auch Linz/Stepan 1991). Demgegenüber konnten die kommunistischen Regime in Polen und in Ungarn in dem Maße zunehmend als „autoritär" eingestuft werden, wie der Monopolanspruch der kommunistischen Partei durch Gegenkräfte und Gegeneliten (in Polen insbesondere durch die katholische Kirche und die Arbeiterbewegung Solidarnocz) erfolgreich erodiert wurde.

Andererseits vollzog sich der Zusammenbruch des alten Regimes in der DDR so rasch und gründlich wie in keinem anderen der ehemaligen sozialistischen Länder. In zeitlich gerafften Schritten, wesentlich mit der Währungsreform vom 1.7.1990 und dem juristischen Beitritt der DDR zur Bundesrepublik nach Art. 23 GG am 3.10.1990 fast „über Nacht", wurde das gesamte politische, ökonomische und gesellschaftliche System der DDR aufgelöst und durch das der Bundesrepublik ersetzt. Das Ausmaß des in diesem Aufsatz interessierenden Einstellungs- und Kompetenzwandels ist vermutlich wesentlich dadurch gekennzeichnet, daß das „post-totalitäre" Herrschafts- und Kommandosystem die Politik- und Verwaltungswelt der DDR praktisch bis zu deren Ende prägte und abrupt, buchstäblich „über Nacht" vom demokratisch-parlamentarischen und marktwirtschaftlichen System der Bundesrepublik abgelöst wurde.

Die veränderten Einstellungen und Handlungsmuster, die den kommunalen Politikern und Verwaltungsleuten nach dem Systemwechsel abverlangt werden, lassen sich ohne große Übertreibung geradezu als einen *„Paradigmenwechsel"* (*„epistemic shift"*, Wollmann 1991b) kennzeichnen, dessen Dimensionen stichwortartig so beschrieben werden sollen:

- *Neubestimmung der vertikalen Machtverhältnisse im politisch-administrativen System.* Während die Kommunen im Staatsaufbau der DDR als die Ebene „örtlicher Staatsorgane" aufgefaßt wurden, deren Akteure formal und praktisch den Vorgaben und Weisungen der zentralisierten Partei- und Staatsmacht unterlagen, ist den Kommunen im Verfassungsmodell der Bundesrepublik ein Bereich kommunaler Selbstverwaltung (z.B. Kommunalhaushalt, Personalhoheit, Stadtplanung, Bauleitplanung) eingeräumt.
- *Neubestimmung der horizontalen Machtverhältnisse*, insbesondere in den Beziehungen zwischen Gemeindevertretung und Kommunalverwaltung. Während die „örtlichen Volksvertretungen" auf der kommunalen Ebene in der DDR kaum mehr als eine propagandistisch-symbolische Funktion spielten, nehmen die Gemeindevertretun-

gen im Verfassungsmodell der Bundesrepublik gegenüber der Kommunalverwaltung eine Initiativ- und Kontrollfunktion war, die einer „Parlamentarisierung der Kommunalpolitik und -verwaltung" nahekommt (vgl. Gabriel u.a. 1984: 17).

- *Neubestimmung des Verhältnisses von Kommune und Wirtschaft.* Während den „örtlichen Staatsorganen" im Rahmen der zentralistischen Kommandowirtschaft die Aufgabe zukam, den zentral gelenkten Kombinaten und Betrieben die lokalen Standortbedingungen zu sichern und die „örtlichen" Versorgungsbetriebe zu leiten, haben die Kommunen im dominant privatwirtschaftlichen System, sieht man von den traditionellen Feldern eigener wirtschaftlicher Aktivitäten der Kommunen (öffentlicher Nahverkehr, Versorgungs-, Entsorgungsleistungen usw.) ab, in erster Linie die Aufgabe, die Rahmenbedingungen (planerische Flächenausweisung, Infrastruktur usw.) für privatwirtschaftliche Betätigung zu schaffen und zu sichern.
- *Neubestimmung des Verhältnisses von Verwaltung und gesellschaftlich-politischem Umfeld.* Während das Verwaltungshandeln in der DDR von einem „binnen-orientierten" Selbst- und Rollenverständnis geprägt war, in dem es als erste Aufgabe des Verwaltungsangehörigen angesehen wurde, die von den Vorgesetzten in Partei und Staat erteilten Vorgaben und Weisungen zu vollziehen, ist das Selbst- und Rollenverständnis des Verwaltungsangehörigen in der Bundesrepublik (nach der Erosion jener verschiedentlich als „klassisch" bezeichneten Einstellung, die, ebenfalls eher „binnen-orientiert", auf in Gesetzen oder bürokratischen Routinen vorgeschriebenen Handlungen und Entscheidungen fixiert war) eher durch eine Grundhaltung charakterisiert, die, insofern eher „außen-orientiert", bereit ist, sich bei der Erarbeitung von Problemlösungen – neben den gesetzlichen Vorgaben – von der Berücksichtigung gesellschaftlicher Interessen und deren Ausgleich leiten zu lassen.
- *Neubestimmung des Verhältnisses von Verwaltung und „Publikum"/Klientel.* Während die Verwaltung in der DDR im Umgang mit den Bürgern von einem obrigkeitsstaatlichen „Verwaltungspaternalismus" (Bernet/Lecheler 1990: 34) geprägt war, ist das Bild von Verwaltung in der Bundesrepublik, insbesondere im Bereich der (Dienst-)Leistungsverwaltung, in der Bundesrepublik zunehmend von der Vorstellung „bürgernaher", wenn nicht „partizipativer", neue Interaktionsformen mit dem Bürger suchender Verwaltung bestimmt.
- *Neubestimmung der rechtsstaatlichen Bindung von Verwaltungshandeln.* Während im Verwaltungsvollzug der DDR die Weisungen der übergeordneten Partei- und Staatsorgane im Vordergrund standen und rechtliche Regelungen eine untergeordnete, jedenfalls der Durchsetzung der „von oben" kommenden Vorgaben und Weisungen dienende („Rechtsnihilismus", Will 1990: 421) Rolle spielten, hat sich in der Bundesrepublik die Bindung der Verwaltung an Gesetz und Recht, durch eine schier lückenlos judizierende Verwaltungsgerichtsbarkeit bekräftigt, zu einem – freilich durch Spielräume „informalen Handelns" teilweise wieder abgeschwächten – Grundzug der Verwaltungswirklichkeit entwickelt.
- *Neubewertung des Stellenwertes administrativer Handlungskompetenz.* Während in der „real sozialistischen Kaderverwaltung" und der Kaderpolitik der SED bei der Rekrutierung, Beförderung usw. des Verwaltungspersonals das Kriterium der politisch-ideologische Zuverlässigkeit im Vordergrunde stand, die fachliche Kompetenz

hingegen eher nachrangig war, wird das in der Bundesrepublik geltende Modell „klassisch europäischer Verwaltung" vom Bild des „Berufsbeamten", dessen fachlicher „Geschultheit" (Max Weber) und administrativen Kompetenz bestimmt (vgl. König 1991b).

Wie kommen die in Kommunalpolitik und -verwaltung tätigen Akteure in Ostdeutschland mit dem ihnen angesonnenen Einstellungs- und Kompetenzwandel zurecht? Diese Frage steht im Mittelpunkt der nachstehenden Überlegungen und Ausführungen. Hierbei wird konzeptionell einerseits vermutet, daß Tempo und Richtung des Bewußtseins-, Einstellungs- und Kompetenzwandel der Akteure in Kommunalpolitik und -verwaltung von der Bestimmungskraft abhängen, mit der sich das westdeutsche Kommunalmodell mit seinen Einstellungs- und Kompetenzerwartungen, also der *neue* Handlungskontext, geltend macht.

Andererseits wird vermutet, daß Tempo und Richtung des Einstellungs- und Kompetenzwandels der politischen und administrativen Akteure von Einstellungs- und Handlungsmustern beeinflußt und gesteuert werden, die während der Jahrzehnte des SED-Regimes geprägt und ausgestanzt worden sind und als mentale und kognitive „Hinterlassenschaft" („legacy") der *alten* Politik- und Verwaltungswelt, als „innere Eingestelltheiten" (Max Weber)[3] in den Köpfen erst einmal festsitzen und sich gegen Umstellung und Einpassung in andere Wahrnehmungs- und Handlungsmuster sperren[4].

Um diese „wirkungsgeschichtliche" Frage nach kognitiven usw. „Hinterlassenschaften" („legacies") der Politik- und Verwaltungswelt der DDR zu verfolgen, sind Kenntnisse und Erkenntnisse darüber vonnöten, was sich in der Politik- und Verwaltungswelt auf der Bezirks-, Stadt- und Gemeindeebene in der früheren DDR tatsächlich abspielte. Die Durchsicht der verfügbaren Literatur zeigt allerdings, daß gesichertes Forschungswissen über die hier interessierenden Wirklichkeitsfelder noch immer spärlich ist. Insbesondere fehlen systematische empirische Untersuchungen.

Dies gilt zum einen für die politische und administrative Entwicklung, die sich auf der kommunalen Ebene nach der „Wende" in den ostdeutschen Ländern abgespielt hat; hierüber ist systematisch gewonnenes empirisches Forschungswissens bislang kaum verfügbar[5]. Aber auch darüber, wie es in der Politik- und Verwaltungswelt der DDR, insbesondere auf Ebene der Stadt- und Landkreise, kreisangehörigen Städte und Gemeinden, „denn eigentlich gewesen ist", liegen empirisch gesicherte Aussagen kaum vor[6].

Indem die nachstehenden Ausführungen – in Ermangelung systematischer Untersuchungen – auf verstreute und teilweise eher „impressionistische" Informationen angewiesen sind (Berichte aus der Praxis, Presseartikel, erste Forschungsergebnisse, beginnende eigene Forschungsarbeiten, Gespräche[7]), haben sie denn auch eher „explorativen" Charakter und formulieren eher offene Forschungsfragen denn schlüssige Antworten.

In einem ersten Abschnitt soll der kommunal*politische*, in einem zweiten der kommunal*administrative* Kontext beleuchtet werden.

2. Der kommunalpolitische Kontext im Umbruch und Übergang

Die Prägemuster, die die Politik- und Verwaltungswelt der früheren DDR auf der Ebene ihrer Kreise, Städte und Gemeinden kennzeichneten, wurden durch das – 1952 eingeführte, dem stalinistischen Staatsaufbau der UdSSR nacheifernde – System des „demokratischen Zentralismus" geformt und eingebleut, in dem die (14) Bezirke – als eine Art „Mittelinstanz" – das administrative Rückgrat der Herrschaft der zentralen Partei- und Staatsführung bildeten und die 27 Stadtkreise und 191 Landkreise als untere administrative Vollzugsebene dienten, während die 7.500 (kreisangehörigen) Städte und Gemeinden, von denen 5.500 weniger als 1.000 Einwohner und 3.500 sogar weniger als 500 Einwohner hatten (vgl. Dudek 1991: 2), eine politisch-administrative Kümmerfunktion spielten.

Der zentralistische Grundzug kam vor allem darin zum Ausdruck, daß die Kreise, Städte und Gemeinden – in bewußter Abkehr von der „bürgerlich-liberalen" deutschen Kommunaltradition (vgl. Melzer 1991: 328) – als „örtliche Organe der Staatsmacht" (vgl. Petzold 1988: 66) und damit „fester Bestandteil der einheitlichen, sozialistischen Staatsmacht, des Hauptinstruments des von der Arbeiterklasse und ihrer Partei geführten werktätigen Volkes zur weiteren Gestaltung der entwickelten sozialistischen Gesellschaft der DDR" (Petzold 1988: 50) begriffen wurden. Hinzu trat als scharfschneidiges Herrschaftsinstrument der Grundsatz der „doppelten Unterstellung": Die im „Rat", also dem kollektiven Verwaltungsorgan, der jeweiligen „örtlichen" Ebene institutionalisierten Sektoralverwaltungen waren auf der einen Seite (horizontal) „ihrem" Rat als dem Kollektivorgan und hierbei insbesondere dessen Vorsitzenden fachlich unterstellt. Auf der anderen Seite und vor allem waren sie jedoch (vertikal) der Weisung und Kontrolle der entsprechenden Sektoralverwaltung auf der nächst höheren Ebene der Partei- und Staatsführung unterworfen (vgl. Petzold 1988: 51). Zwar kamen – über die „Wahl" des „Rates" (des Bezirks, des Kreises, der Stadt und der Gemeinde) durch die jeweilige „Volksvertretung" und seine „Unterstellung" unter diese – zumindest formal gewisse Elemente der demokratischen Legitimierung zum Ausdruck[8]. Jedoch gewährleistete die „doppelte Unterstellung", daß innerhalb der jeweiligen Fachverwaltung ein Weisungs- und Kontrollstrang von oben nach unten lief, der das Herrschaftssystem der „einheitlichen, sozialistischen Staatsmacht" bis in die letzte Dienststelle auf örtlicher Ebene hinein sicherstellte.

Zwar verdient festgehalten zu werden, daß in der kommunalwissenschaftlichen und auch kommunalpolitischen Diskussion in der DDR die Vorstellung von einer Autonomie der Kommunen, wie sie der – durch das NS-Regime unterbrochenen – deutschen Kommunaltradition entsprach, niemals ganz in Vergessenheit geraten war. Unmittelbar nach dem Ende des Zweiten Weltkriegs waren überdies – ähnlich wie in den westlichen Besatzungszonen – in der damaligen Sowjetischen Besatzungszone „gerade die Kommunen das erste und Hauptfeld für den Neubeginn und Neubaufbau. In den ersten Nachkriegsjahren erwies sich ... die kreative Kraft kommunaler Selbstverwaltung, um das Leben wieder in Gang zu bringen" (Melzer 1991: 323). Nachdem diese „kommunale" Phase 1952 mit der Einführung des stalinistischen Herrschaftsprinzips des „demokratischen Zentralismus" abrupt abgebrochen worden war, regte sich die Diskussion um eine gewisse Eigenständigkeit der kommunalen Ebene, zumindest unter Wissenschaftlern, wieder zunächst in den späten 60er Jahren, der Endzeit der Ulbricht-Ära, und dann verstärkt in den späten 80er Jahren, gegen Ende der DDR (vgl. Melzer 1991). Jedoch änderten diese weitgehend wissenschaftsintern verharrenden Debatten nichts daran, daß sich der zentralistische Zugriff und Durchgriff der Partei- und Staatsführung auf die „örtlichen Staatsorgane" im Laufe der 80er Jahre eher noch verfestigte und weiter verknöcherte.

Durch die Kommunalverfassung vom 17.5.1990, die von der im März 1990 demokratisch gewählten Volkskammer der DDR beschlossen und die dem in den westdeutschen Ländern geltenden Modell kommunaler Selbstverwaltung weitgehend folgte (vgl. Hauschild in diesem Band), und durch die Übernahme der westdeutschen Gesetzeswelt wurden die Stellung und das Aufgabenprofil insbesondere der Städte und Gemeinden, auch und gerade der kreisangehörigen Gemeinden, in ihrer „vertikalen" Einbindung („intergovernmental relations") ebenso wie ihre „innere Verfassung" radikal verändert. Wenn zunächst darauf verzichtet wurde, sogleich eine kommunale Gebietsreform in Angriff zu nehmen (man erinnere sich: die knappe Hälfte der 7.500 kreisangehörigen Gemeinden zählt weniger als 500 Einwohner!), so wohl vor allem deshalb, weil man sich verbreitet scheute, die Wiederbegründung der kommunalen Demokratie in Ostdeutschland mit einer Reduktion der gemeindlichen Vertretungsorgane und damit der lokalen Partizipationschancen zu beginnen und zu verbinden.

In einer scharfen Gegenreaktion gegen das zentralistische Kommandosystem der Vergangenheit zeigen sich die Gemeinden, einschließlich der vielen Klein- und Kleinstgemeinden, in ihren *„vertikalen Machtbeziehungen"* vielfach entschlossen und bestrebt, von ihren neuen kommunalen Entscheidungsbefugnissen möglichst ungeschmälerten Gebrauch zu machen und sich „von oben", sei es Kreis-, sei es Ministerialebene, nicht mehr „hineinreden" zu lassen. Besonders ausgeprägt ist dies im Bereich der Bauleitplanung zu beobachten, wo viele Gemeinden insbesondere darauf aus sind, großzügig neue Gewerbegebiete auszuweisen – etwa in der Hoffnung, Betreiber von Großmärkten in die Kommune zu ziehen –, während Landesministerien und Kreisbehörden den kommunalplanerischen Wildwuchs durch erste landes- und regionalplanerische Vorgaben und Konzepte zu steuern suchen. Die Unwilligkeit und auch das Unverständnis der kommunalen Politiker, vorab der Bürgermeister, gegenüber der Forderung, die kommunalen Entscheidungen in interkommunale und regionale Konzepte einzufügen, hängt – neben dem unmittelbaren und vitalen Interesse, durch notfalls hemdsärmelige Flächenausweisung wirtschaftliche Entwicklungschancen zu sichern und bis zur nächsten Kommunalwahl kommunalpolitisch Vorweisbares zu schaffen – zweifellos auch mit einer nachhaltigen Gegenreaktion gegen frühere zentralistische Fremdbestimmung und mit der Unvertrautheit eigenverantwortlicher interkommunaler und regionaler Kooperation und Abstimmung zusammen.

Umgekehrt wirkt bei den Kreisverwaltungen die frühere Figur der zentralistischen „Unterstellung" der kreisangehörigen Gemeinden darin nach, daß sich das Kreispersonal auch nach der „Wende" vielfach noch nicht daran gewöhnt hat, daß dem Landratsamt gegenüber den kreisangehörigen Kommunen in deren Selbstverwaltungsangelegenheiten, etwa auf dem Felde der Bauleitplanung, nunmehr lediglich eine Rechts-

aufsicht zukommt und für die (barsche) Einzelanweisung „von oben" kein Platz mehr ist. Selbst die neue Garde von Landräten, die in der Regel Politik- und Verwaltungs„neulinge" sind, scheint vielfach geneigt, sich diese überkommene zentralistische Handlungslogik der Kreisverwaltung zu eigen zu machen. Hierzu dürften nicht nur der weitgehende Fortbestand des übrigen Personals der Kreisbehörden, sondern auch die Auffassung Vorschub leisten, daß die fortdauernden Handlungsprobleme und -schwächen insbesondere der der kreisangehörigen Klein- und Kleinstgemeinden ein beherztes „Hineinregieren" des Kreises geradezu erfordern.
Wenn die ostdeutschen Landesregierungen – mit unterschiedlicher Zielsetzung und zeitlicher Dringlichkeit – inzwischen eine Gebietsreform für die Kreise und Gemeinden vorbereiten, so steht hierbei – neben dem Ziel, die Verwaltungskraft der Kreis- und Gemeindeverwaltungen zu stärken (vgl. Dudek 1991) – auch die Absicht Pate, dem planerischen Wildwuchs kleiner und kleinster Gemeinden zu steuern.
In den *„horizontalen Machtbeziehungen"* der kommunalpolitischen Arena scheint das Verhältnis von Gemeindevertretung und Kommunalverwaltung vielerorts von einer starken Stellung des (Ober-)Bürgermeisters gekennzeichnet. In dieser ausgeprägten „exekutiven Führerschaft" des (von der Gemeindevertretung gewählten) Ober-/Bürgermeisters dürfte zum einen ein Prägemuster der alten Politik- und Verwaltungswelt der DDR nachwirken, in der der „Bürgermeister" als Vorsitzender des „Rats der Stadt" verwaltungsintern wie -extern der „starke Mann" war. Des weiteren und vor allem dürfte das „exekutive Übergewicht" dadurch bedingt und gefördert werden, daß die Gemeindevertretungen vielerorts eine recht schwache Rolle spielen.
Hierfür lassen sich mehrere Gründe vermuten. Ganz praktisch fehlt es den Gemeindevertretungen und ihren Fraktionen in vielen Kommunen nach wie vor an der notdürftigsten sächlichen und finanziellen Ausstattung (Räume, Telefon, Kopierer usw.). Die institutionelle Selbständigkeit des Gemeindevertretung scheint mancherorts auch dadurch geschwächt, daß dort – eine Merkwürdigkeit der kommunalpolitischen Praxis in Ostdeutschland – Gemeindevertretungsmandat und hauptamtliche Kommunalverwaltungstätigkeit vermengt werden; „so sind viele (Ober-)Bürgermeister, Dezernenten, Beigeordnete weiterhin Mitglieder ihrer Fraktion, teilweise sogar Fraktionsvorsitzende" (Frank 1990: 75). Vermutlich spiegelt dieser Zustand die schmale Personaldecke wider, über die die Parteien auf der kommunalen Ebene verfügen.
Die Stellung und Funktionsfähigkeit der Gemeindevertretungen als maßgebliche Akteure in der demokratischen Erneuerung der kommunalen Ebene dürften nachhaltig dadurch geschwächt werden, daß der Bestand und die Zusammensetzung der Mitglieder der Gemeindevertretungen insgesamt abbröckeln und erodieren. Dieser Prozeß ist daran ablesbar, daß in Gemeindevertretungen und Landkreistagen eine wachsende Zahl von Mandatsniederlegungen zu beobachten sind. In den Motiven für die Mandatsaufgabe dürften die allgemeine soziale Verunsicherung und eine allgemeine politische Entfremdung und Ernüchterung bestimmend sein. Diejenigen, die von Arbeitslosigkeit bedroht sind oder bereits arbeitslos sind, sehen sich von ihren elementaren Alltagssorgen insbesondere um Arbeit und Wohnung in einer Weise übermannt, die die Ausübung des Mandats nicht mehr duldet. Andere wiederum, in der Suche nach einem neuen Arbeitsplatz erfolgreich, ziehen in eine andere Gemeinde. Aber

auch diejenigen, die eine neue berufliche Chance ergriffen haben, ziehen es oft vor, sich deren Nutzung voll zu widmen, was wiederum der Ausfüllung des Mandats im Wege steht.
Inzwischen – anderthalb Jahre nach den letzten Kommunalwahlen und zweieinhalb Jahre vor den nächsten – hat die Rücktrittswelle von kommunalen Mandatsträgern in einigen Gemeinden ein Ausmaß erreicht, daß selbst die Nachrücker-Listen aufgebraucht sind und, um ein beschlußfähiges Quorum wiederherzustellen, in diesen Orten Nachwahlen notwendig werden[9].
Der Eindruck, daß es um die Entstehung und Festigung der der demokratisch-politischen Teilhabe der Bevölkerung dienenden kommunalen Institutionen als kommunalpolitische „Input-Strukturen" gegenwärtig nicht gut steht, wird noch durch Hinweise darauf ergänzt, daß die politischen Parteien nach wie vor erhebliche Schwierigkeiten haben, sich auf der örtlichen Ebene zu organisieren und hier eine aktive kommunalpolitische Rolle zu spielen[10], und daß sich insgesamt die Anzeichen einer sich verbreitenden Einstellung mehren, die von einem Vertreter des „Neuen Forum" eine „wieder gestörte Kommunikation zwischen Staat und Gesellschaft" und eine „übelgelaunte Passivität" der Menschen genannt wurde[11].

3. *Der kommunaladministrative Kontext*

Wie bereits ausgeführt, bildeten in der Politik- und Verwaltungswelt der früheren DDR die (27) Stadt- und (191) Landkreise – als administrative Gliederung unterhalb der (14) Bezirke als des eigentlichen Rückgrats des DDR-Verwaltungsapparats – die maßgebliche untere Vollzugsebene, während die kreisangehörigen Gemeinden eine völlig untergeordnete administrative Rolle spielten. Die unterschiedlichen Gewichte der Funktionszuweisung zwischen Kreisen und kreisangehörigen Gemeinden spiegelt sich eindrücklich darin wider, daß die Kreisverwaltungen („Rat des Kreises", „Rat der Stadt"), die sog. „Kernverwaltung" und die sog. „unterstellten bzw. nachgeordneten Einrichtungen" einschließend, zwischen 180 und 300 Beschäftigte umfaßten (vgl. Barm 1985: 448)[12], während die kreisangehörigen Gemeinden – vielfach kaum anderes als „Zwerggemeinden" mit einigen Hundert Einwohnern – nur ganz wenige Verwaltungsbeschäftigte zählten[13].
In der Aufgabengliederung und Zusammensetzung des „Rats des Kreises" folgten die Kreisverwaltungen der DDR einem einheitlichen Schema, das neben dem Vorsitzenden des Rats des Kreises[14] 18 weitere Mitglieder des Rates (mit Zuständigkeiten u.a. für Kreisplankommission, Landwirtschaft und Nahrungsgüterindustrie, Handel und Versorgung, Finanzen und Preise, Wohnungspolitik und Wohnungswirtscahft, Kreisbaudirektor usw.) vorsah (vgl. die Darstellung bei Petzold 1988: 71).
Nach der Übernahme des westdeutschen Kommunalmodells und Rechtssystems samt der aus ihm folgenden Zuweisung von kommunalen Aufgaben und Verantwortlichkeiten wurde die organisatorische Landschaft in den Kreis- und Stadtverwaltungen Gemeinden völlig umgepflügt. Die Notwendigkeit, die Aufgabengliederung „aufbauorganisatorisch" vollständig umzukrempeln, folgte schon daraus, daß den Aufgaben,

einschließlich der örtlichen Versorgungswirtschaft, die die Kreise und auch Gemeinden innerhalb der zentralistisch „gelenkten" Staatswirtschaft zu erfüllen hatten – und diese staatswirtschaftliche Einbindung bildete wohl den Kern der kreislichen und gemeindlichen Aufgaben –, nunmehr der Boden entzogen ist, während sich die Kreise und Gemeinden nach dem bundesrepublikanischen Zuständigkeits- und Aufgabenmodell jetzt völlig oder zumindest doch weitgehend neuen Aufgaben (in der Wirtschaftsförderung, Stadtplanung, Bauleitplanung, Sozialpolitik usw.) gegenübersehen. Wenn auch in Grundzügen übereinstimmend, haben die Kreise und Städte ihre (aufbauorganisatorische) Verwaltungsgliederung im einzelnen verschieden geregelt, bald eher den Empfehlungen der einflußreichen Kommunalen Gemeinschaftsstelle für Verwaltungsvereinfachung (KGSt), bald dem Vorbild und Ratschlag ihrer jeweiligen westdeutschen „Partner-Stadt" folgend.
Gemessen an der neuen kommunalen Aufgabenverteilung, wirkt sich die verwaltungspersonelle Hinterlassenschaft der DDR für die Gebietskörperschaften durchaus unterschiedlich aus. Die Kreisverwaltungen bringen umfangreiche Personalbestände mit. Jedoch drängen sich diese in einzelnen überkommenen, in Zukunft wegfallenden Aufgabenfeldern, während in den neuen Aufgabenfeldern qualifizierte Leute fehlen. Bei den kreisangehörigen Gemeinden hingegen herrscht ein Personalmangel, der um so eklatanter ist, als die kreisangehörigen Gemeinden in der alten DDR, wie erwähnt, ja nur wenige Beschäftigte hatten und sich nunmehr finanziell außer Stande sehen, neue Mitarbeiter in einem Umfange einzustellen, der dem gewaltigen Aufgabenzuwachs gerecht würde; so haben viele Bauämter nur ein Viertel des Personalbestandes vergleichbarer westdeutscher Städte (vgl. Scheytt 1991a: 78). (Hierauf ist weiter unten noch einmal zurückzukommen.)

3.1 „Neues Personal" oder „alte Kader"?

Obgleich systematische Erhebungen noch fehlen, deuten vorliegende Informationen und eigene Beobachtungen darauf hin, daß auf Kreis- und Gemeindebene die politisch-administrativen Führungs- und Leitungspositionen (Ober-/Bürgermeister, Dezernenten, Amtsleiter) überwiegend von „politisch unbelasteten" Personen übernommen worden sind, die teils den früheren „Blockparteien" angehörten und bereits vor der „Wende" in Kommunalpolitik und/oder -verwaltung tätig waren, teils aber sich früher von jeglicher politisch-administrativer Tätigkeit ferngehalten und insoweit „völlige Neulinge"[15] sind. Das Gros der nachgeordneten Verwaltungspositionen wird jedoch nach wie vor von Verwaltungspersonal besetzt, das bereits „vor der Wende" hier oder in einer nachgeordneten Verwaltungseinrichtung tätig war („alte Kader").

3.2 „Neue Führungspersonen"

Ohne Zweifel hängt die Veränderungs- und Innovationsfähigkeit und Dynamik von Kommunalpolitik und -verwaltung in Ostdeutschland entscheidend davon ab, ob es den „neuen Führungspersonen", die seit der „Wende" - zunächst in der Phase der „Runden Tische", dann als Ergebnis der Kommunalwahlen vom Mai 1990 - Führungsaufgaben in den Kreisen, Städten und Gemeinden übernommen haben (Bürgermeister, Dezernenten, Amtsleiter, aber auch Fraktionsvorsitzende), gelingt, sich in diesen Positionen zu behaupten und zu bewähren. Vielfach aus „politik- und verwaltungsfernen" Berufen kommend (Ingenieure, Mediziner, Lehrer usw.) und in der Regel bar jeder Verwaltungserfahrung, haben sie sich - so kann beobachtet werden - bemerkenswert rasch und kompetent in ihre Politik- und Verwaltungsaufgaben eingearbeitet und sind in ihre Führungsaufgabe hineingewachsen. Der „Elitenaustausch", der sich in den Führungspositionen auf der kommunalen Ebene geradezu schlagartig vollzogen hat, dürfte eines der bemerkenswertesten Phänomene des Systemwechsels in der DDR sein.

Auch wenn auch hierüber systematische Erhebungen fehlen, deuten vorliegende Informationen darauf hin, daß sich in den kommunalen Führungspositionen (Bürgermeister, Dezernenten, Amtsleiter) inzwischen eine recht hohe Fluktuation abspielt. Zum einen mehren sich die Rücktritte von solchen Ämtern, für die eine Reihe von Gründen genannt werden. Teils werden die Amtsträger, zunächst politisch „unbelastend" scheinend, dann doch vom Schatten einer möglichen Stasi-Verwicklung eingeholt; teils ergreifen sie Gelegenheit, aus der schlecht bezahlten kommunalen Betätigung in eine Position besserer Entgeltung und verlockenderer beruflicher Chance, zumal bei privaten Unternehmen, zu wechseln; teils werfen sie aber auch das Handtuch, weil von der politischen und administrativen Führungsaufgabe vor dem Hintergrunde ihrer bisherigen Ausbildung und Qualifikation überfordert.

Zwischen den neuen Führungseliten und den „alten Kadern" sind Spannungen und Konflikte vor allem dort zu beobachten, wo sich diese in bestimmten Verwaltungseinheiten zusammengefunden haben und zusammenhalten. So „versuchen alte SED/PDS-Mitarbeiter, aber auch Mitglieder der Blockparteien ihre Interessen über Seilschaften gegenüber den neuen Chefs durchzusetzen. Informationsblockade, Informationsselektion gehören genauso dazu wie Abwanderungsprozesse solcher Mitarbeiter zu solchen Dezernenten, in welchen ein Vertreter der alten Blockparteien Verantwortung trägt" (Frank 1990: 76)[16].

3.3 „Kaderverwaltung" als Hinterlassenschaft

Die Tatsache, daß mithin der überwiegende Teil des Verwaltungspersonals in den Kommunalverwaltungen den „alten Verwaltungskadern" zuzurechnen ist, wirft die Frage nach möglichen Prägemustern der „Kaderverwaltung" und nach deren Überwindung auf.

Das Konzept von „real sozialistischer Kaderverwaltung" und „Kaderpolitik" war im Kern davon bestimmt, daß die staatliche Verwaltung und ihr Personal eine gegenüber dem Führungsanspruch der kommunistischen Partei dienende und unselbständige Funktion hatte. Auf die Durchsetzung dieses Führungsanspruchs der Partei war wesentlich das „Nomenklatursystem" gerichtet, eine „dem indischen Kastenwesen ver-

gleichbares Rang- und Vorrechteordnung" (König 1991b: 19), die, auf der Kooptation durch die Parteielite beruhend, den Führungsanspruch in Partei, Staat und Wirtschaft sichern sollte (vgl. Glaeßner 1977). Aus dieser auf Herrschaftssicherung zielenden Grundprämisse folgte, daß die ideologisch-politische Verläßlichkeit und Ergebenheit der Positionsinhaber erstrangiges Kriterium für die Rekrutierung und Beförderung nicht nur der „Nomenklaturkader" als der politisch-administrativen Führungselite, sondern auch der „normalen" Verwaltungskader war. In dem Maße, wie „die Grundqualifikation des Verwaltungskaders ... seine politisch-ideologische Eignung" (König 1991b: 19) war, spielte die fachlich-administrative Schulung und Ertüchtigung – die ein Kernelement in dem am Bild des „Berufsbeamten" orientierten „westlich europäischen Modell" ist – eine nachrangige Rolle. Pointiert wird das Produkt dieses administrativen Kontextes denn als „politisierte Inkompetenz" (Derlien 1991), „trained incapacity" (König 1991b: 20) und „politisch-ideologische Deformation" (Bernet/Lecheler 1990: 3). Die *„real sozialistische Kaderverwaltung"* und das Modell *„westlich europäischer Verwaltung"* einander gegenüberstellend (vgl. König 1991b), ist pointiert davon die Rede, daß hier „zwei Verwaltungskulturen zusammentreffen, die sich wie Feuer und Wasser unterscheiden" (Bernet 1991b: 45).
Allerdings könnte die Tatsache, daß die SED in ihrer „Kaderpolitik" seit den 70er Jahren der *fachlichen Aus- und Weiterbildung* ihrer präsumptiven administrativen Eliten zunehmende Aufmerksamkeit zuwandte, geeignet sein, dieses zugespitzte Bild von den „zwei Welten" zu differenzieren. In den Vorstellungen der SED sollte die Aus- und Weiterbildung der Verwaltungskader „die Voraussetzung dafür schaffen, daß die Kader den ständig wachsenden Anforderungen gerechtwerden ... Sach- und Rechtskenntnisse (müssen) ständig vervollkommnet werden" (so das Politbüro der SED in einem Beschluß vom 30.9.1986, zit. nach Assmann 1988: 86). Das Ergebnis dieser Neuorientierung ist daran abzulesen, daß ein zunehmender Anteil der in der Staatsverwaltung (in dem „höheren Dienst" der westdeutschen Laufbahnordnung vergleichbaren Positionen) Tätigen einen Hochschul- oder Fachschulabschluß sowie einen zusätzlichen Abschluß (insbesondere „Diplomstaatswissenschaftler" an der Akademie für Staats- und Rechtswissenschaft in Babelsberg als „Kaderschmiede" für „Nomenklaturkader") hatte (für Einzelheiten vgl. Bernet 1991a). Infolgedessen kann einerseits davon ausgegangen werden, „daß die Verwaltung in der DDR – wie die klassisch europäische Verwaltung – Fachverstand in Sachen des Verkehrswesens, der Gesundheitsdienste, der Raumordnung usw. als amtliche Kenntnisse und Fertigkeiten gesammelt und gespeichert hatte" (König 1991b: 32).
Freilich bleibt hervorzuheben, daß eine eigens auf die Verwaltungstätigkeit als eigene „Beruflichkeit" zugeschnittene Verwaltungsausbildung in der DDR nicht existierte. Dies gilt zum einen für die Hochschulausbildung für *Leitungspositionen* (also – denkt man in den Kategorien des westdeutschen Laufbahnrechts – für den „höheren Dienst"). So kannte die Juristenausbildung zwar eine Spezialisierung für Wirtschaft und Justiz, nicht aber für Verwaltung (vgl. Bernet 1991b: 188). Auch in der fachdisziplinären Ausbildung, aufgrund derer „Ärzte, Finanzökonomen, Ingenieure, Pädagogen, Architekten usw." im Verwaltungsdienst arbeiteten (Bernet, ebd.), blieb die Verwaltung als solche ein blinder Fleck. Aber auch für die *mittleren und unteren* Verwaltungspositionen

(der „gehobene Dienst" wird im westdeutschen Verwaltungsmodell gelegentlich als das „Rückgrat" der Verwaltung bezeichnet; hierauf ist die Ausbildung an den Fachhochschulen für Verwaltung zugeschnitten) fehlte eine berufliche Vorbereitung und Ausbildung in der DDR völlig.

Im Ergebnis ist mithin festzuhalten, daß in der „Kaderpolitik" der SED zwar zunehmend auf eine fachliche Ausbildung und Kompetenz (neben der politisch-ideologischen Linientreue) geachtet wurde, die Verwaltung als Gegenstand und Stoff einer Professionalisierung indessen ausgeblendet blieb.

Mit Bezug auf die Verwaltungen auf der Bezirksebene ist darauf zu verweisen, daß von den administrativen Führungskräften in den Verwaltungen („Räten") der Kreise und kreisfreien Städte 35 Prozent einen Hochschul- und 32 Prozent einen Fachschulabschluß hatten (nach Liebe 1973: 21, 107 für 1971; aktuellere Daten waren nicht zu finden)[17]. Demgegenüber dürfte die Hochschul- und Fachhochschulquote der in den kreisangehörigen Gemeinden Tätigen – entsprechender der Kümmerfunktion der kreisangehörigen Kommunen (vgl. Bernet 1991b: 189) und ihres niedrigen Status in der Machtpyramide[18] – sehr schmal gewesen sein.

Für die Beantwortung der Frage, ob und welche Hinterlassenschaft die „Kaderverwaltung" für die im Um- und Neubau begriffene Kommunalverwaltung darstellt, ist der verfügbare Informationsstand wenig schlüssig. Allerdings scheint das schroffe Wort von der „politisierten Inkompetenz" der „alten Verwaltungskader", allgemein gesprochen, vor allem insofern überzogen, als es zum einen die fachliche Kompetenz verfehlt, auf die in der „Kaderpolitik" der SED, ungeachtet ihrer „Politisierung", zunehmend Wert gelegt wurde, und zum anderen die auch administrative „Professionalisierung" verkennt, die in der Verwaltung Tätigen (und dies schließt auch und besonders die mittleren und unteren Ränge ein) in Formen eines „training on the job" durchliefen.

3.4 Erfahrungen in der Verwaltungswelt der früheren DDR – eine Handlungsressource?

Auf der einen Seite deuten Beobachtungen darauf hin, daß die in den ostdeutschen Verwaltungen Tätigen in ihrem Verwaltungshandeln und Entscheidungsverhalten vor allem insofern durch eine Hinterlassenschaft des alten Kommandosystems geprägt sind, als sie sich scheuen, eigenverantwortlich tätig zu werden und, wo es gilt, eine Entscheidung zu treffen, doch lieber auf eine „Vorgabe von oben" warten. War das alte Kommandosystem und seine Sanktionsmechanismen doch darauf angelegt, den Vollzug der Instruktionen der Partei- und Staatsführung in jener „rationalen Disziplin" sicherzustellen, die nach Max Weber „nichts anderes als die konsequent rationalisierte, d.h. planvoll geschulte, präzise, alle eigene Kritik bedingungslos zurückstellende, Ausführung des empfangenen Befehls" darstellt (Max Weber 1972: 681).

Auf der anderen Seite ist jedoch darauf hinzuweisen, daß das zentralistische Kommandosystem in der Politik- und Verwaltungswirklichkeit der DDR längst durch „informelle" Interaktionsformen und -wege unterlaufen und durchkreuzt war, die so etwas wie eine *„zweite Wirklichkeit"* darstellten und dazu dienten, die Handlungs- und Überlebensfähigkeit des überzentralisierten und verknöcherten Systems, und sei es auch notdürftig und prekär, sicherzustellen. Für diese „zweite Wirklichkeit" war auch kennzeichnend, daß die Akteure auch und gerade auf der kommunalen Ebene längst dazu übergangen waren, vielfältige Grauzonen „informellen Handelns" zu entwickeln, die darauf gerichtet waren, die Starrheit der zentralisierten Strukturen und Vorgaben durch dezentrale und lokale Handlungsnetzwerke und Formen des „Natural- und Dienstleistungstausches" schmiegsamer zu machen, beispielsweise durch die Kooperation der Kreise und Städte und mit regional und lokal ansässigen „volkseigenen" Betrieben die Ungereimtheiten der Planwirtschaft zu mildern (vgl. Melzer 1991: 332; Neugebauer 1978: 193, 204, der geradezu von einer „relativen" Autonomie der unteren Instanzen gegenüber dem Parteiapparat der SED spricht)[19]. Diese Bemühungen, dem zentralistischen System und seiner Starrheit lokaler Problemlösungen willen ein Schnippchen zu schlagen, können im Rückblick als ein politisch-gesellschaftliches Praxis- und Übungsgelände gesehen werden, auf dem die politischen und administrativen Akteure „vor Ort" Eigeninitiative und Findigkeit in der Sache beweisen und Fertigkeiten („skills") in der Interaktion und in „Beziehungs- und Tauschgeschäften" entwickelten konnten. Diese interaktiven Verhaltensweisen und Handlungskniffe dürften schon in der Politik- und Verwaltungswelt der DDR, wenn auch eher vereinzelt und insulär, ein Gegengewicht zu dem Konformitäts- und Passivierungsdruck des zentralistischen Kommandosystems gebildet haben und könnten in der gegenwärtigen Phase des Umbruchs und Übergangs den politischen und administrativen Akteuren „vor Ort" sehr zustatten kommen. Ähnliches gilt für die intensive Situationskenntnis und das Problemwissen „vor Ort" überhaupt, das ein Angehöriger der Politik- und Verwaltungswelt der DDR über die Jahre erworben hat und das sich ebenfalls als eine wichtige Handlungsressource im Übergangsprozeß erweisen kann.

Allerdings ist nicht zu verkennen, daß Angehörige der „alten Kader" im behördlichen Verkehr mit den Bürgern vor allem dann auf Ablehnung, ja Wut und Aggression stoßen, wenn sie der früheren Verquickung mit Stasi- oder anderen repressiven Tätigkeiten verdächtig sind[20]. Verschiedentlich wird von gewalttätigen Auseinandersetzungen in den Arbeitsämtern berichtet, wo Arbeitslose unschwer auf frühere „Bonzen" der Partei- und Staatsbürokratie treffen können, die, nicht zuletzt aufgrund ihrer administrativen Vorkenntnisse und Erfahrungen, in der Arbeitsverwaltung Anstellung gefunden haben und nach dem Systemwechsel – aus der Sicht der Betroffenen – erneut über deren Schicksal mitentscheiden.

3.5 (Dis-)Kontinuität von kommunalen Aufgabenfeldern? Zum Beispiel: kommunale Sozialpolitik

Für die Beantwortung der Frage, ob und in welcher Weise die Verwaltungswelt der DDR im Um- und Neubau der Kommunalverwaltung in Ostdeutschland weiterwirkt, könnten empirische Aufschlüsse dadurch gewonnen werden, daß dieser Frage entlang einzelner Problemfelder und deren administrativer „Bearbeitung" empirisch nachgegangen wird. Im folgenden seien einige Überlegungen und Vermutungen am Beispiel des Feldes kommunaler Sozialpolitik skizziert.

Zwar weisen die sozialpolitischen Aufgaben, die den Kreisen und Gemeinden in der DDR gesetzlich und durch Beschlüsse der SED zugewiesen waren, auf nicht unerhebliche Überschneidungen mit und Anknüpfungspunkte für das westdeutsche kommunale Aufgabenmodell hin. Den Kreisen[21] und – deutlich abgeschwächt – den kreisangehörigen Gemeinden[22] war in der ehemaligen DDR ein umfangreiches Bündel sozialpolitischer Aufgaben übertragen. Indem „Schutz der Gesundheit" und „soziale Betreuung der Bürger" auf Bezirks- und Kreisebene zusammengefaßt und Bezirks- bzw. Kreisarzt als zuständigen Mitglied des Rates unterstellt waren, wurde als sozialpolitische Aufgabe insbesondere „die soziale Betreuung der Bürger, vor allem die Verbesserung der Arbeits- und Lebensbedingungen der Familien mit Kindern, die Förderung junger Ehen, die Betreuung und Erziehung der Kinder in den Kindereinrichtungen, die Unterstützung und Betreuung der Bürger im höheren Lebensalter sowie die Fürsorge für gesundheitlich geschädigte und andere soziale bedürftige Bürger" (Gläß 1988: 295) gerechnet; praktisch bezog sie sich insbesondere auf die Hilfe für alleinerziehende Mütter, Mietbeihilfen, Pflegegeldleistungen für Kinder, Feierabend- und Pflegeheime (vgl. Bernet/Lecheler 1990: 28ff.). In der Finanzierung und Erbringung der sozialpolitischen Aufgaben (Betreiben von Kindergärten, Integration von Stafentlassenen usw.) war den („volkseigenen") Betrieben am Ort eine bezeichnend wichtige Rolle zugedacht (vgl. Lüders 1991).

Ungeachtet dieser ansatzhaften Ähnlichkeiten stellt sich die Übernahme und Anwendung des im Bundessozialhilfegesetz verlautbarten kommunalen Zuständigkeits- und Handlungsmodells konzeptionell, organisatorisch, personell und finanziell geradezu als „Paradigmenwechsel" dar, für den die Kreis- und Stadtverwaltungen nicht gerüstet sind. Dies fängt mit der neuen Aufgabe der Städte an, seit 1.7.1990 Sozialhilfe auszuzahlen, „ohne daß bis dahin irgendein Mitarbeiter mit der teilweise recht komplizierten Materie des Sozialhilferechts vertraut war" (vgl. Scheytt 1991a: 78). Dies betrifft aber auch und insbesondere das grundlegende kommunale Handlungsverständnis, da „dezentrale, mit Gestaltungskompetenzen ausgestattete Sozialverwaltungen und ein Pluralismus nichtstaatlicher Träger ... der ehemaligen DDR-Gesellschaft nicht nur fremd, sondern sind deren zentralisierten Entscheidungs- und monopolisierten Trägerstrukturen geradezu entgegengesetzt" (Backhaus-Maul u.a. 1991: 239). Überwiegend handelt es sich um kommunale Mitarbeiter/innen, die bis zur „Wende" in sog. nachgeordneten Einrichtungen (Rehabilitationszentren usw.) tätig waren. Aufgrund der angespannten Personalsituation besteht allerdings kaum die Gelegenheit für notwendige Weiterbildung und wird „keine hinreichenden Möglichkeiten zu einer umfassenden fachlichen Qualifizierung, sondern nur Kurzeinführungen in relevante Sozialgesetze angeboten" (Backhaus-Maul u.a. 1991: 240).

3.6 Bedrohung des administrativen Um- und Neubaues durch unzureichendes Gehaltsniveau

Zweifellos wird der Aufbau qualifizierter Verwaltungsstäbe in den ostdeutschen Kommunen derzeit durch das geltende niedrige Entgeltungsniveau für Kommunalbeschäftigte massiv beeinträchtigt (vgl. Frank 1990). Gegenüber der Entgeltungsregelung in den alten Bundesländern diskriminieren die für die ostdeutschen Kommunalbediensteten geltende Entgeltungsregelung („BAT-Ost") gleich in dreifacher Weise (vgl. Hagedorn 1991):

- Die Eingruppierungen (nach BAT) wird in aller Regel weit unter der in der alten Bundesrepublik geltenden Eingruppierung vorgenommen wird, so daß der einzelne Beschäftigte einen weit niedrigeren „Einstieg" hat (z.B. BAT V statt BAT III).
- Die Vordienstzeiten werden nur teilweise angerechnet, daß ein Beschäftigter ungeachtet seiner abgeleiteten Dienstjahre gehaltlich praktisch wie ein Berufsanfänger behandelt wird.
- Die Entgeltung des ostdeutschen Verwaltungsbeschäftigten beträgt 60 Prozent des sich in Westdeutschland errechnenden Salärs. (Berücksichtigt man den Effekt der zu niedrigen BAT-Einstufung und der Nichtberücksichtigung der Vordienstzeiten, ergibt sich eine Bezahlung, die faktisch bei 50 Prozent, wenn nicht 40 Prozent im Vergleich zu funktional gleicher Tätigkeit in den alten Bundesländern liegt.)

Es liegt auf der Hand, daß die derzeitige Entgeltungsregelung für die Kommunen in ihren Bemühungen weitgehend die Hände bindet, neue qualifizierter Mitarbeiter und Mitarbeiterinnen zu gewinnen oder auch nur die Abwanderung qualifizierter und motivierter Beschäftigter zu anderen Arbeitgebern, insbesondere zur privaten Wirtschaft, aber auch zur Finanz- und Arbeitsverwaltung, die ein höheres Entgeltungsniveau haben, zu verhindern. Damit erfahren die Kommunalverwaltungen einen ständigen personellen Aderlaß, und dies in einer Periode, in der sie ihrer Handlungsfähigkeit willen auf Rekrutierung und Beschäftigung qualifizierten Personals dringender angewiesen sind denn je. Die finanziellen Bedrängnisse, in denen sich gerade auch die kreisangehörigen Kommunen sehen, legen ihnen zudem Fesseln an, wo es darum ginge, ihren aus der DDR „geerbten" kümmerlichen Personalbestand in einem Umfange aufzustecken, der sie für Erfüllung der neuen kommunalen Aufgaben rüstet. Die Verwaltungen der Stadt- und Landkreise und – noch zugespitzter – der kreisangehörigen Kommunen geraten damit in personellen und qualifikatorischen Teufelskreis, dem auch durch die Einstellung von ABM-Kräften, der sich die Kommunen in erheblichem Maße bedienen, nicht zu entrinnen ist.

3.7 „Verwaltungshilfe"

Um dem Mangel an qualifiziertem kommunalem Verwaltungspersonal und Verwaltungswissen („know how") ein Stück abzuhelfen, werden – hiervon soll hier nur in Stichworten gehandelt werden – von westdeutscher Seite für die kommunale Ebene administrative Unterstützungsleistungen angeboten, die (mit einem – verräterisch –

der Entwicklungsländerpolitik entlehnten Begriff) als *„Verwaltungshilfe"* bezeichnet werden. Hierzu sind die Beratungs- und Hilfeleistungen innerhalb der Städtepartnerschaften ebenso zu rechnen wie die vorübergehende Abordnung westdeutscher Kommunalbediensteten für eine Tätigkeit in ostdeutschen Kommunalverwaltungen (vgl. ausführlich Scheytt 1991b). Über die Wirksamkeit der „Verwaltungshilfe" und deren Einschätzung durch die Kommunalpraktiker in Ostdeutschland liegen durchaus widersprüchliche Informationen vor. Insgesamt scheint sich der kritische, wenn nicht ablehnende Grundton zu verstärken, der sich in der ostdeutschen kommunalen Praxis gegenüber „Beratern" aus Westdeutschland geltend macht. Zu dieser Grundstimmung dürften mehrere Faktoren beitragen.
Zunächst dürften, ganz im allgemeinen, die negativen Erfahrungen eine Rolle spielen, die zahlreiche Ostdeutsche unmittelbar nach dem Fall der Mauer, zunächst reichlich naiv und vertrauensselig, mit der ersten Welle von Geschäftemachern und Glücksrittern aus dem Westen machten. Das ursprüngliche ausgedehnte Vertrauen scheint inzwischen verbreitetem Mißtrauen als psychologische Grundstimmung gewichen zu sein. In der Einschätzung der „Verwaltungshilfe", die die ostdeutschen Kommunen durch vorübergehend bei ihnen tätige „Westbeamte" erhalten, scheint zunehmend von der ostdeutschen Wahrnehmung bestimmt zu sein, wonach die „Westbeamten" zwar mit dem Anspruch professioneller Kompetenz aufträten (gelegentlich auch als „Besserwessie"- und „Kolonialherren"-Art apostrophiert), jedoch vielfach die Fähigkeit vermissen ließen, sich sensibel den Problemen „vor Ort" zu stellen[23]. Überdies gewinnt aus ostdeutscher Sicht offensichtlich die Deutung Boden, daß die aus Westdeutschland kommenden „Verwaltungshelfer" in ihrer heimatlichen Dienststelle keineswegs zur „ersten Garnitur" zählten und sich letztlich in Ostdeutschland einen Karrieresprung erhofften, der ihnen im Westen versagt scheint. Schließlich erweist sich das Förderprogramm der Bundesregierung, wonach ein „West-Beamter" – neben dem fortlaufenden „West-Bezügen" – eine (im Jargon der „West-Beamten" verräterischerweise „Buschgeld" genannte) zusätzliche Entgeltung von monatlich DM 2.500,– – erhält, als ein psychologischer Bumerang. Verschärft sich die Gehaltsverzerrung hierdurch doch nur noch mehr (allein in Form der Zusatz-Entgeltung verdient der „West-Beamte" soviel, wie der am Schreibtisch neben ihm arbeitende Ost-Beschäftigte als Monatssalär insgesamt bezieht!), und bringt dies doch eine weitere Spannung und Irritation in die Zusammenarbeit zwischen den einheimischen Beschäftigten und den „Westbeamten".
Gegenüber diesen Unzuträglichkeiten ist hervorzuheben, daß unter den ostdeutschen Kommunalpraktikern einhellig die laufende Unterstützung gewürdigt und gelobt wird, die sie im Rahmen von Städte-Partnerschaften erhalten und die sich in regelmäßigen Ost-West-Telefonaten auf der Ebene der Fachverwaltungen, in der konkreten Beratung in einzelnen Entscheidungsfällen usw. niederschlägt.

4. *Abschließende Bemerkungen*

Wie bereits eingangs betont worden ist und wie der weitere Argumentationsgang erwies, kommt der Aufsatz angesichts des bislang noch kargen Forschungsstandes nicht umhin, eher Fragezeichen zu setzen und Vermutungen zu formulieren, denn schlüssige Antworten zu geben und gesicherte Ergebnisse mitzuteilen.

Der Um- und Neubau der politischen und administrativen Institutionen in der ehemaligen DDR bietet kein einheitliches Bild. Während die Institutionen auf der Ebene der neu eingerichteten Länder insgesamt neu gebildet wurden und über die Schaffung neuer institutionell-organisatorischer Kontexte ebenso wie durch die gezielte Rekrutierung neuen Personals die institutionell-personellen Rahmenbedingungen für einen „Neuanfang" bieten, knüpft der administrative Um- und Neubau in ungleich stärkerem Maße an die Institutionen und das Personal der früheren Politik- und Verwaltungswelt der DDR an. Damit werfen die Veränderungen auf der kommunalen Ebene die politikwissenschaftlich wie politisch gleichermaßen fesselnde Frage auf, ob, in welchem Umfange und auf welche Weise sich die institutionellen und individuellen Prägemuster jener „alten Politik- und Verwaltungswelt" sich im Umbruch und im Übergang in eine vom westdeutschen Verfassungs-, Politik-, Verwaltungs- und Wirtschaftsmodell bestimmte Wirklichkeit – hemmend oder auch fördernd? – geltend machen. Die Tatsache, daß die Verwaltungsapparate auf der kommunalen Ebene, sieht man von den Führungspersonen ab, weitgehend von den „alten Kadern" getragen und betrieben werden, lenkt das Untersuchungsinteresse auch auf die Frage, wie sich der Einstellungs- und Kompetenzwandel beim Verwaltungspersonal seit der Wende vollzieht und wie sich die in der alten Politik- und Verwaltungswelt der DDR eingeübten „Eingestelltheiten" (Max Weber) als „in den Köpfen" der „alten Kader" festsitzende Hinterlassenheit auf diesen Formierungs- und Lernprozeß auswirken.

Der Diskussions- und Forschungsstand belehrt darüber, daß vorliegende Erfahrungsberichte, Zeitungsartikel und erste Forschungsergebnisse, einschließlich eigener, zwar empirische Impressionen und Einschätzungen erlauben, daß jedoch die systematische Erforschung des institutionellen und personellen Umbruch- und Veränderungsprozesses in Kommunalpolitik und -verwaltung noch aussteht. Um die („wirkungsgeschichtliche") Frage nach den möglichen Kontinuitäten oder Brüchen zwischen der kommunalen Politik- und Verwaltungswelt der alten DDR und jener der neuen Bundesländer aufzugreifen, müßte sich das Untersuchungsprogramm mit der systematischen Erforschung der laufenden Veränderungsprozesse ebenso beschäftigen wie damit, die möglicherweise relevanten institutionellen und individuellen „Hinterlassenschaften" der kommunalen Politik- und Verwaltungswelt der DDR empirisch (historisch) aufzuhellen.

Zugleich sollte ein solches Forschungsprogramm von vornherein darauf zielen, den Veränderungsprozeß in der ehemaligen DDR in einen vergleichenden Fragerahmen und Zusammenhang mit der entsprechenden Entwicklung in den anderen ehemals sozialistischen Ländern zu stellen. Zwar erweist sich hier der Umbruchprozeß in der ehemaligen DDR insofern fast als Sonderfall, als, wie eingangs gesagt, die DDR einerseits bis zur Wende, anders als Polen und Ungarn, noch dem Modell „post-totalitärer" Herrschaft zuzurechnen war und andererseits nach der Wende der Übergang zu und die Eingliederung in das Politik-, Wirtschafts- und Gesellschaftsmodell der Bundesrepublik fast über Nacht, jedenfalls im Zeitraffer, passierte. Gerade diese Unterschiede und Variationen zwischen den Ländern – innerhalb ihrer Grundgegebenheit als des Übergangs von einem real-sozialistischen und einem demokratisch-parlamentarischen und marktwirtschaftlichen System – dürfte die Ausweitung zur international vergleichenden Untersuchung des hier interessierenden institutionellen und Einstellungswandels in Kommunalpolitik und -verwaltung lohnend und ergiebig machen.

Anmerkungen

* Der Aufsatz geht in Teilen auf ein anläßlich des XIII. Konstanzer Verwaltungsseminars (11./12.4.1991) gehaltenes Referat zurück.

1 Vgl. den Präsidenten des Deutschen Industrie- und Handelstages (DIHT), Stihl, der wiederholt das Nichtfunktionieren der öffentlichen Verwaltung in Ostdeutschland ein Haupthindernis für private Investitionen nannte; eine funktionierende Gemeindeverwaltung sei derzeit wichtiger „als fünf Kilometer neue Autobahn" (FAZ v. 5.2.1991, S. 13).

2 Linz/Stepan kennzeichnen den „totalitären" Regimetypus so: „No significant economic, social or political pluralism. Official party has de jure and de facto monopoly of power ... Leadership rules with undefined limits and great unpredictability ... Recruitment to top leadership is highly dependent on success and commitment in party organization".

3 Zwar zeigt sich, daß die Regelhaftigkeit, Aktenkundigkeit und verwaltungsprofessionelle Geschultheit, die für Max Weber unverzichtbare Merkmale des „voll entwickelten bürokratischen Mechanismus" sind (vgl. Max Weber 1972: 127, 561), in der „Kaderverwaltung" der DDR gerade nicht anzutreffen waren und die „Kaderverwaltung" vermöge ihrer ideologisch-personalistischen Grundstruktur insofern nachgerade das Gegenmodell zu Max Webers Bürokratie war (vgl. Balla 1973; König 1991b; Derlien 1991). Jedoch erfaßt ein anderer der Bürokratie zentral zugrundeliegender Begriff, nämlich jener der „rationalen Disziplin", im Kern das Funktionsprinzip der Kaderverwaltung in der DDR: „Die rationale Disziplin ... ist inhaltlich nichts anderes als die konsequent rationalisierte, d.h. planvoll geschulte, präzise, alle eigene Kritik bedingungslos zurückstellende, Ausführung des empfangenen Befehls, und die unablässige innere Eingestelltheit ausschließlich auf diesen Zweck" (Max Weber 1972: 681).

4 In diesem Zusammenhang sei auch an das vielzitierte Diktum der Klassikers des Verwaltungsrechts, Otto Mayer, erinnert, der – die revolutionäre Verfassungsänderung von 1919 im Blick und die Erhaltung der alten Ordnung im Sinn – ungerührt konstatierte: „Verfassungsrecht vergeht, Verwaltungsrecht besteht".

5 Was die Entwicklung auf der kommunalen Ebene nach der „Wende" im Oktober 1989 und dem Beitritt der DDR zur Bundesrepublik im Oktober 1990 anlangt, mehreren sich inzwischen zwar die auf Praxisbeobachtungen gestützten Erfahrungsberichte (so vor allem Frank 1990, 1991 und Scheytt 1991) und Tagungen, in denen Praktiker aus ostdeutschen Kreisen und Städten mit Erfahrungsberichten zu Worte kamen und Wissenschaftler erste Forschungsergebnisse vorgelegten (zur Entwicklung auf der Kreisebene z.B. Schubel/Schwanengel 1991a). Wertvolle Einblicke in die kommunale Verwaltungswelt in Ostdeutschland vor der Wende und im Übergang geben Bernet/Lecheler 1990 in ihrer Fallstudie über einzelne Politikfelder (Bau-, Wohnungs- und Sozialwesen) in der Stadt Plauen sowie Beckers 1991 in seiner Fallstudie über die Entwicklung von Politik und Verwaltung im Ostberliner Stadtbezirk Friedrichshain. Zu den (den ersten demokratischen) Kommunalwahlen in der DDR im Mai 1990 liegt eine Untersuchung vor, die u.a. mit Befragungen von Bürgern und Kandidaten in 6 Städten und Gemeinden der damaligen DDR arbeitet (Lüders u.a. 1990).

6 Die Durchsicht des verfügbaren Schrittums zeigt an, daß empirisch ergiebige Forschungsarbeiten zu Politik und Verwaltung auf der Ebene der Kreise, Städte und Dörfer in der früheren DDR nicht greifbar sind. Der in der Bundesrepublik verfolgten sog. DDR-Forschung war der empirische Zugang zum „Innenleben" von Politik und Verwaltung begreiflicherweise versperrt (vgl. Glaeßner 1990). Die in der DDR geübte Sozialforschung brachte unter den Bedingungen des „Geheimhaltungsstaats" (König 1991a: 7) keine ernsthaften

politik- und verwaltungswissenschaftlichen Forschungsansätze und -erträge hervor. Die aus der Zeit vor der „Wende" von DDR-Autoren vorliegenden Veröffentlichungen orientieren sich überwiegend an den normativen und postulativen Vorgaben von Parteitagsbeschlüssen und Gesetzen und beschränkten sich auf weitgehend formale Zuständigkeitsübersichten (vgl. z.B. Akademie für Staats- und Rechtswissenschaften 1988, aber auch noch Bartsch 1991). Erst nach dem Regimewechsel meldeten sich einzelne DDR-Wissenschaftler mit empirisch gehaltvolleren Darstellungen zu Wort (so z.B. Bernet 1991a, 1991b zur Ausbildung und Qualifikation der Verwaltungskader und Melzer 1991 zu Entwicklungen auf der kommunalen Ebene in den späten 80er Jahren).

7 Stellvertretend für andere möchte ich insbesondere Helmut Melzer, vormals Institut für Staat und Recht, Akademie der Wissenschaften der DDR, als mehrjährigem kollegialem Gesprächspartner danken, dem ich wichtige Einsichten schulde.

8 § 1, Abs. 1 Gesetz über die örtlilchen Volksvertretungen und ihrer Organe in der DDR vom 4. Juli 1985.

9 Ein erstes Beispiel im Lande Brandenburg liefert eine kleine Gemeinde (660 Wahlberechtigte) bei Oranienburg. Die aus 15 Mitgliedern bestehende Gemeindevertretung war durch Mandatsniederlegungen auf 6 Mitglieder geschrumpft, so daß 9 Mitglieder „nachzuwählen" waren. Die Nachwahl war zunächst auf den 4.8.1991 festgesetzt worden, konnte jedoch nicht durchgeführt werden, weil die Parteien und Listen die erforderliche Zahl von Kandidaten nicht zusammenbrachten (vgl. TAGESSPIEGEL v. 9.11.1991, S. 6). Inzwischen fand sie am 9.11.1991 statt. Die Wahlbeteiligung war mit 70 Prozent bemerkenswert hoch. Während die CDU bislang fast alle Mandate stellte und SPD und F.D.P. nicht vertreten waren, errang eine Listenvereinigung von SPD und F.D.P. nunmehr 7 (der insgesamt 15) Sitze (vgl. TAGESSPIEGEL v. 12.11.1991: 9).

10 Dies gilt besonders ausgeprägt für die SPD, die – anders als CDU und die Liberalen als frühere Blockparteien – weder an Organisationsstrukturen noch an Mitgliederbestände anknüpfen konnte. „Der SPD, so spotten Parteimitglieder, könne im Osten gar nichts Schlimmeres passieren als eine Reihe von Wahlsiegen bei den Kommunalwahlen in zweieinhalb Jahren. Die Partei würde es beim derzeitigen Mitgliederstand kaum schaffen, die ihr zufallenden Ämter und Ausschußsitze zu besetzen" (SPIEGEL 1991, Nr. 43: 66).

11 So Sebastian Pflugbeil vom „Neuen Forum" auf der Veranstaltung, die am 4.11.1991 zum 2. Jahrestag der gewaltigen „Alexanderplatz"-Demonstration stattfand. Hatten sich vor einem Jahr noch immerhin 8.000 Teilnehmer eingefunden, waren es in diesem Jahr ganze 350! (vgl. TAGESSPIEGEL v. 5.11.1991: 9). Die allgemeine politische Entfremdung kommt auch darin zum Ausdruck, daß sich in einer jüngsten repräsentativen Befragung in Ostdeutschland nur 51 Prozent der Befragten mit der Demokratie „eher zufrieden" und 48 Prozent eher unzufrieden äußerten. Unter den Westdeutschen zeigten sich demgegenüber 67 Prozent „eher zufrieden" und 31 Prozent „eher unzufrieden" (Sample: 1.062 in West- und 1.130 in Ostdeutschland), nach: „ZDF-Pilotbarometer" für November 1991 (vgl. SZ v. 9./10.11.1991: 12).

12 Schubel/Schwanengel (1991b) nennen für den Kreis Jena-Land 295 und für Erfurt Land 256 Beschäftigte (Stand Herbst 1989), einschließlich der nachgeordneten Einrichtungen und des dort tätigen technischen Personals (Hausmeister, Fahrer usw.). Sie machen indessen darauf aufmerksam, daß durch die in der DDR-Verwaltung übliche Unterscheidung zwischen „Kernverwaltung" und „unterstellten bzw. nachgeordneten Einrichtungen" (Polikliniken, Kindergärten usw.) präzise Angaben zum Personalbestand schwankend und unsicher sind.

13 Nach Bernet (1991c) hatten die meisten der 1.694 Gemeinden Thüringens 2 bis 4 Beschäftigte. Hierbei ist allerdings zu berücksichtigen, daß bei einer Gemeindegröße von nur wenigen Hundert Seelen die für sie durchaus übliche Personalausstattung mit einem hauptamtlichen Bürgermeister, einer Haushaltsbearbeitungsstelle und einer halben Sekretärinnenstelle – zumal angesichts der administrativen Kümmerfunktion dieser Gemeinden – geradezu eine „Überpersonalisierung" darstellte.

14 In den Stadtkreisen führte der Vorsitzende des Rats die Dienstbezeichnung Oberbürgermeister, die Mitglieder des Rates die Bezeichnung Stadträte.

15 Eine unlängst veröffentliche Untersuchung zu den Jugendämtern in den neuen Bundesländern ergab, daß in den insgesamt 50 untersuchten Jugendämtern 20 Prozent Amtsleiter

ehemalige Mitarbeiter der früheren Referate Jugendhilfe, vielfach als deren Leiter, tätig gewesen sind, nach: Die Neue Verwaltung, 1991, Nr. 4, S. 42.

16 Bürokratiesoziologisch gesehen, sind diese Konfliktlinien nicht überraschend. Wie Max Weber herausgearbeitet hat, sind Bürokratien durchaus in der Lage, politische Entscheidungen, die ihnen nicht zupaß sind, „entgleisen" zu lassen. Arnold Brecht sprach in diesem Zusammenhang einprägsam von „bürokratischer Sabotage" (Brecht 1936).

17 Ein Teil von ihnen rechnete zur „Nomenklaturordnung": Innerhalb der 3-rangigen Nomenklaturordnung gehörten auf Kreisebene
zum 1. Rang: der Vorsitzende des Rats des Kreises
zum 2. Rang: Erster Stellvertreter des Vorsitzenden und andere Räte sowie Abteilungsleiter der Räte,
zum 3. Rang: Stadtbaudirektoren (nach Glaeßner 1977: 240).

18 Siehe allerdings Neugebauer 1978: 159, Anm. 236, der vermutet, daß die Bürgermeister der kreisanhörigen Gemeinden, also die Vorsitzender der Räte der Gemeinden, immerhin dem 3. Rang der Nomenklatur angehörten.

19 Beckers interpretiert dieses Phänomen am Beispiel der Erfüllung des 5-Jahres-Plans zutreffend in der folgenden Weise: Die Erfüllung des 5-Jahres-Planes „konnte nur gelingen, wenn die Akteure ihre individuelle Kreativität einbrachten (z.B. Natural- und Dienstleistungstausch). Dort findet sich der Ermessensarum, der informell geduldet und erwartet wurde ... Um die normativen Bedingungen und die informelle 'Grauzone' in Einklang zu bringen, wurde ein Netz von persönlichen Unterstellungsverhältnissen installiert ... Auf diese Weise konnte 'von Fall zu Fall', pragmatisch und informell, 'unter vier Augen', entschieden werden, ohne daß die Kontrolle vernachlässigt wurde" (Beckers 1991: 74).

20 Vgl. hierzu den Bericht in der SZ vom 20.3.1991, wo als Ausdruck einer verbreiteten Stimmung in der Bevölkerung wiedergegeen wird: „Aber auf den Ämtern immer noch dieselben Gesichter, in den Bertrieben die alten Bonzen, die Stasi-Leute haben schon wieder neue Jobs, 'nur der Kleine wird bestraft'".

21 Vgl. § 55, II Gesetz über die örtlichen Volksvertretungen vom 4.7.1985: „Der Kreistag und der Rat des Kreises sichern die Erziehung und Betreuung der Kinder in den Kinderkrippen und in anderen Einrichtungen des Gesundheitswesens, die Unterstützung der Familien mit vielen Kindern ... entscheidet im Zusammenwirken mit den Räten der Städte und Gemeinden über die Aufnahme von älteren und pflegebedürftigen Bürgern in die unterstellten Feierabend- und Pflegeheime", vgl. auch Kommentar 1989: 238ff.

22 Vgl. § 78, II Gesetz über die örtlichen Volksvertretungen vom 4.7.1985: „Die Räte der Städte und Gemeinden unterstützen im Zusammenwirken mit den Betrieben, Genossenschaften und Einrichtungen sowie mit den gesellschaftlichen Kräften die Sicherung und Verbesserung der materiellen Voraussetzungen für die medizinische und soziale Betreuung der Bürger", vgl. auch Kommentar 1989: 327ff.

23 Vgl. die Einschätzung eines (neuen) Stadtbezirksrats aus Berlin (Ost) mit Blick auf westliche Amtshilfe und Amtshelfer: „Bloß habe ich manchmal den Eindruck gehabt: 'Die stehen wie (der Ochs) vor dem neuen Tor und begreifen nichts'... Denkstil und Arbeitsstil, der eigentlich für unsere Situation völlig unangepaßt ist. Die bringen im Kopf eine Verwaltungsmaschine mit, die sich hier nicht anwenden läßt" (Interview, nach Beckers 1991: 77).

Literatur

Akademie für Staats- und Rechtswissenschaft der DDR (Hrsg.), 1988: Verwaltungsrecht, 2. Aufl., Berlin (Ost).

Assmann, Walter, 1988: Die Leiter und Mitarbeiter im Staatsapparat, in: Akademie für Staats- und Rechtswissenschaft der DDR (Hrsg.), 80ff.

Backhaus-Maul, Holger/Prengel, Gudrun/Schwitzer, Klaus-Peter, 1991: Transformationsprozesse, in: Blätter der Wohlfahrtspflege – Deutsche Zeitschrift für Sozialarbeit, 238ff.

Balla, Balint, 1973: Kaderverwaltung. Versuch zur Idealtypisierung der „Bürokratie" sowjetisch-volksdemokratischen Typs, in: Zeitschrift für Soziologie, 101ff.

Barm, Werner, 1985: Die Kreise in der DDR, in: Der Kreis – Ein Handbuch, Bd. 3, 349ff.

Beckers, Peter, 1991: Die Stadtbezirksverwaltung in Berlin (Ost) im Kontext des deutsch-deutschen Vereinigungsprozesses, am Beispiel des Stadtbezirks Friedrichshain, Dipl. Arbeit (FU Berlin).

Bernet, Wolfgang, 1990: Entwicklung und Zustand der Verwaltungsrechtswissenschaft der DDR, in: Der Staat, 389ff.

Bernet, Wolfgang, 1991a: Vom Staatsdienst zum öffentlichen Dienst, in: DÖV, Heft 5, 185ff.

Bernet, Wolfgang, 1991b: Zur normativen Regelung des Staatsdienstes und zum Rollenverständnis der Staatsfunktionäre mit Bezug auf Rechtsbindung, in: Zeitschrift für Beamtenrecht, Heft 1-2, 40ff.

Bernet, Wolfgang, 1991c: Zu Strukturen und Verklammerungen zwischen der Landesregierung in Thüringen sowie der kommunalen Selbstverwaltung, unveröff. Ms.

Bernet, Wolfgang/Lecheler, Helmut, 1990: Die DDR-Verwaltung im Umbau, Regenburg.

Bosetzky, Horst, 1991a: Verwaltungsmissionare gesucht, in: Zitty 6, 14ff.

Brecht, Arnold, 1936: Bureaucratic Sabotage, in: The Annals 189, 48ff.

Derlien, Hans-Ulrich, 1991: Regimewechsel und Personalpolitik. Zum Problem der Integration der Staatsfunktionäre der DDR in das Berufsbeamtentum, unveröff. Ms.

Derlien, Hans Ulrich/Mayntz, Renate, 1988: Einstellungen der politisch-administrativen Elite des Bundes 1987, Bamberg.

Dudek, Rainer, 1991: Kommunale Selbstverwaltung und kommunale Gebietsreform, in: Die Neue Verwaltung, Heft 2, 2.

Frank, Rainer, 1990, 1991: Innovation in Politik und Verwaltung. Über den Aufbau der kommunalen Selbstverwaltung in den neuen Bundesländern – eine Zwischenbilanz, in: Die demokratische Gemeinde, 1990, Heft 12, 71ff. sowie 1991, Heft 1, 49ff.

Gabriel, Oscar W./Haungs, Peter/Zender, Matthias, 1984: Opposition in Großstadtparlamenten, Melle.

Gläß, Klaus, 1988: Aufgaben und verwaltungsrechtliche Befugnisse der Organe des Staatsapparates und staatlichen Einrichtungen beim Schutz der Gesundheit und bei der sozialen Betreuung der Bürger, in: Akademie für Staats- und Rechtswissenschaft der DDR, 278ff.

Glaeßner, Gert-Joachim, 1977: Herrschaft durch Kader, Opladen.

Glaeßner, Gert-Joachim, 1990: Vom „realen Sozialismus" zur Selbstbestimmung. Ursache und Konsequenzen der Systemkrise in der DDR, in: Aus Politik und Zeitgeschichte, B 1-2/90, 3ff.

Hagedorn, Werner, 1991: Zur Lage des öffentlichen Dienstes in den neuen Bundesländern, in: Die Neue Verwaltung, Nr. 4, 10ff.

König, Klaus (Hrsg.), 1991a: Verwaltungsstrukturen der DDR, Baden-Baden.

König, Klaus, 1991b: Zum Verwaltungssystem der DDR, in: *Klaus König* (Hrsg.), Verwaltungsstrukturen der DDR, Baden-Baden, 9ff.

König, Klaus, 1991c: Verwaltung im Übergang. Vom zentralen Verwaltungsstaat in die dezentrale Demokratie, in: DÖV, 177ff.

Kommentar 1989: Gesetz über die örtlichen Volksvertretungen in der DDR, Berlin

Liebe, G., 1973: Entwicklungen von Nachwuchskadern für die örtlichen Volksvertretungen, in: Akademie für Staats- und Rechtswissenschaften der DDR (Hrsg.), Berlin.

Linz, Juan/Stepan, Alfred, 1991: Democratic Transition and Consolidation: Eastern Europe, Southern Europe and Latin America (im Erscheinen)

Lipp, Wolfgang, 1978: Bürokratische, partizipative und Kaderorganisation als Instrumente sozialer Steuerung, in: Die Verwaltung, 3ff.

Lörler, Sighard, 1988: Aufgaben und verwaltungsrechtliche Befugnisse der Organe des Staatsapparates auf dem Gebieten Handel und Versorgung und örtliche Versorgungswirtschaft, in: Akademie für Staats- und Rechtswissenschaft der DDR (Hrsg.), 266ff.

Lüders, Klaus, 1991: Zur sozialpolitischen Funktion der kommunalen Ebene in der DDR, in: *Hubert Heinelt* und *Hellmut Wollmann,* (Hrsg.), Brennpunkt Stadt, Basel, 336ff.

Lüders, Klaus u.a., 1991: Die Kommunalwahlen in der DDR am 3.5.1990, Fallstudien in 6 Kommunen, unveröff. Ms.

Melzer, Helmut, 1990: Die Verwaltungsreform in der DDR. Probleme und Diskussion, in: DVBl., 404ff.

Melzer, Helmut, 1991: Lokale Politikforschung in der DDR zwischen Zentralismus und kommunaler Selbstverwaltung, in: *Hubert Heinelt* und *Hellmut Wollmann* (Hrsg.), Brennpunkt Stadt, Basel, 321ff.

Neugebauer, Gero, 1978: Partei- und Staatsapparat in der DDR, Opladen

Petzold, Siegfried, 1988: Die Organe des Staatsapparates mit vollziehend-verfügender Tätigkeit und die staatlichen Einrichtungen, in: Akademie für Staats- und Rechtswissenschaft der DDR (Hrsg.), 50ff.

Petzold, Siegfried, 1990: Gemeinden und Landkreise – Träger der kommunalen Selbstverwaltung. Zur Kommunalverfassung in der früheren DDR, in: Der Landkreis, Heft 10, 477ff.

Scheytt, Oliver, 1991a: Kommunen im Umbruch, in: Das Rathaus, Heft 2, 77ff.

Scheytt, Oliver, 1991b: Verwaltungshilfe für die Kommunen in den neuen Ländern der Bundesrepublik Deutschland, in: Archiv für Kommunalwissenschaften, 1. Hjb.

Schubel, Christian/Schwanengel, Wito, 1991a: Verwaltungsreform in den ostdeutschen Bundesländern, in: LKV (im Erscheinen).

Schubel, Christian/Schwanengel, Wito, 1991b: Funktionelle Probleme beim Aufbau von Landkreisverwaltungen in Thüringen, in: LKV (im Erscheinen).

Schwanengel, Wito, 1991: Rechtsstaatlichkeit des Verwaltungshandelns. Anforderungen an die Statuierung eines qualifizierten Verwaltungsdienstes (Referat 13. Konstanzer Verwaltungsseminar) (Publ. in Vorbereitung).

Seibel, Wolfgang, 1991: Verwaltungsreform in den ostdeutschen Bundesländern, in: Die Öffentliche Verwaltung, Heft 5, 198ff.

Sliwa, Hildegard/Unrath, Bärbel, 1986: Zum Kaderprogramm 1986-1990 in den örtlichen Staatsorganen, in: Organisation 4, 38ff.

Staat und Recht, 1990: Staats- und Rechtswissenschaft vor großer Herausforderung. Umfrage unter Staats- und Rechtswissenschaftlern, Heft 1, 3ff.

Ule, C.H., 1990: Zur Beharrlichkeit sozialistischer Rechtsvorstellungen in der DDR, in: DVBl., 793ff.

Weber, Max, 1972: Wirtschaft und Gesellschaft, 5. Aufl., Tübingen.

Will, Rosemarie, 1990: in: Recht und Staat, 30ff.

Wollmann, Hellmut, 1989: Policy Analysis in West Germany's Federal Government: A Case of Unfinished Governmental and Administrative Modernization?, in: Governance 3, 235ff.

Wollmann, Hellmut, 1991a: Die regionalen Akteure könnten phantasievolle Wirtschaftsförderung betreiben ..., in: Die Mitbestimmung 2, 81ff.

Wollmann, Hellmut, 1991b: The reconstruction of municipal administration in the former GDR – in a period of regime rupture, socio-economic turbulance and paradigm change, unpubl. Ms.

Gegen den Strom nationaler Politik: Zum Verhältnis zwischen Metropolen und Zentralstaat – das Beispiel London und New York

Adrienne Windhoff-Héritier

Metropolen löcken gerne wider den Stachel zentralstaatlicher Politik und erzielen dabei einen Aufmerksamkeitseffekt, der aus ihrer ökonomischen, soziokulturellen und politischen Bedeutung fließt. Ihr Verhältnis zum Zentralstaat wird dadurch jedoch ein gespanntes. Aber warum sollten Metropolen einen Konfliktkurs zur Zentralregierung steuern? Sind sie als solche eher in der Lage und willens, eine Oppositionsstrategie des „lokalen Staates" gegen den Zentralstaat zu fahren? Einige Faktoren unterschiedlicher Art sprechen dafür: Manche Städte – zumal in Westeuropa – erheben einen historisch begründeten konkurrierenden Führungsanspruch gegenüber dem Nationalstaat. Bei allen Metropolen leitet sich ein solcher aus der Zentralität ihrer ökonomisch-finanziellen Funktionen sowie aus ihrer sozio-kulturellen Führungsrolle ab, die maßgeblich an der Konstruktion kritischer Gegenentwürfe zur bestehenden Gesellschaft beteiligt ist. Spannungen wurzeln schließlich in dem Umstand, daß im Zuge der Industrialisierung die armen Massen in die Städte strömten, eine Kluft zwischen Arm und Reich und ein politisches Unruhepotential entstand, über das der Zentralstaat immer besorgt seine Kontrolle zu etablieren suchte. Da die großen Städte in massierter Form mit den schwierigen Lebensbedingungen der Armen unmittelbar konfrontiert sind, drängen sie mit ihrem sozialdemokratisch oder sozialistisch orientierten Wählerpotential auf wohlfahrtsstaatliche Interventionen und treten zu dieser in Opposition, sofern deren Politik konservativ-bürgerlich orientiert ist. Frühe Beispiele dafür bieten die „Poplar's Bewegung" im London der 20er Jahre, in deren Rahmen ein von Labour kontrolliertes Council und eine Armenbehörde gegen den Willen der Zentralregierung mehr Unterstützungsleistungen bezahlte und dafür ins Gefängnis wanderte (Gyford 1985: 10), oder die Initiativrolle des New Yorker „Tammany" Politikers Al Smith bei der Entwicklung sozialpolitischer Leistungen in den 20er Jahren, die dann als Vorbild für den New Deal dienten (Caro 1975).

Im folgenden Beitrag wird anhand der beiden Beispiele London und New York der Frage nachgegangen, unter welchen unterschiedlichen Bedingungen diese Metropolen ihr Potential eines Politikkorrektivs zum Nationalstaat in den 70er und 80er Jahren entfalteten, und welche Konsequenzen dies hatte. Zunächst werden in allgemeiner Form die Voraussetzungen für die Herausgehobenheit oder „Saliency" (Gurr/King 1987: 74ff.) der Metropolen in der staatlichen Politik analysiert, um dann nach den besonderen Voraussetzungen für das Heraufdämmern eines Konfliktes zwischen Metropolen und den Zentralregierungen zu fragen. Anhand der beiden Fälle London und

New York werden die unterschiedlich gelagerten Formen des „Schwimmens gegen den Strom zentralstaatlicher Politik" und deren spezifische Bedingungen untersucht, und schließlich die Konsequenzen, insbesondere politischen Kosten behandelt, die für London und New York dadurch entstanden, daß sie sich auf Gegenentwürfe zur zentralstaatlichen Politik einließen.

1. *Die politische Herausgehobenheit von Metropolen*

Verschiedene Faktoren tragen dazu bei, das politische Gewicht und den Stellenwert großer Städte aus der Sicht der Zentralregierung zu erhöhen. Es sind dies die Größe ihrer Einwohnerzahl und das sich damit verbindende politische Potential, die Zentralität ihrer ökonomisch-finanziellen Funktionen in der nationalen Wirtschaft und der Weltwirtschaft, ihre soziokulturelle Führungsfunktion sowie die Bedeutung ihrer administrativen Aufgaben sowohl im nationalstaatlichen als auch suprastaatlichen Rahmen[1].

Eine zentrale Basis der Bedeutung einer Metropole ist schlicht ihre einwohnermäßige Größe. Zum einen impliziert auf der Ebene des politischen Entscheidungsprozesses allein die Masse der Wahlberechtigten in den großen Städten, daß sich hier ein Einflußpotential zusammenballt, das von großer Tragweite sein kann, wenn diese Möglichkeiten ausgeschöpft werden, d.h. wenn effektive politisch-kollektive Organisationen existieren, die die Belange der Stadt gegenüber dem Staat vertreten. So finden wir in New York City bei einer Einwohnerzahl von 7,3 Millionen rd. 5 Millionen wahlberechtigte Bürger; für Greater London mit seinen rd. 6,7 Millionen Einwohnern läßt sich eine solche Vergleichszahl nicht nennen, weil keine politische Einheit Greater London mehr existiert. Die Größe der Einwohnerzahl ist aber auch auf der Leistungsseite des politischen Prozesses, oder policy-mäßig relevant, weil in diesen Agglomerationszentren viele Steuereinnahmen zusammenfließen, oder etwa hohe Pensions-Fonds der kommunalen öffentlichen Bediensteten zur Verfügung stehen, die in ihrer Größenordnung die Möglichkeiten einer mittleren Stadt weit übersteigen und es beispielsweise erlauben, gezielte Umverteilungsmaßnahmen zugunsten sozial benachteiligter Gruppen zu ergreifen.

Die ökonomisch-finanzielle Zentralität einer Stadt sowohl für die nationale als auch die internationale Ökonomie ist von entscheidender Bedeutung für die politische Herausgehobenheit einer Stadt. Je größer der Anteil einer Stadt an der Gesamtproduktion der privaten Güter und Dienstleistungen einer Nation, umso höher deren Gewicht. Dabei spielen nicht nur die genauen quantitativen Anteile der in diesen Industrien Beschäftigten oder deren Anteil am Bruttosozialprodukt eine Rolle, sondern ebensosehr die symbolträchtigen Aspekte und sichtbaren Symbole der wirtschaftlichen Bedeutung wie die Zahl der Konzernzentralen, die in einer Metropole ansässig sind (Gurr/King 1987: 87). Sowohl London als auch New York kommt eine hohe Zentralität im ökonomischen Prozeß ihrer Staaten zu. Gleichzeitig sind beide Städte „Global Cities", die an der Spitze der Arbeitsteilung eines weltweiten Produktionsprozesses stehen. New York City stieg im Zuge der Industrialisierung im 19. Jahrhundert und einer politischen Territorialreform, der Begründung von Greater New York 1898, zur Weltstadt auf und trat als Bankenzentrum und Handelsstadt neben die Weltmetropolen London und Paris (Sutcliffe 1986: 14), damit in eine Beziehung wechselseitiger Annäherung, Rivalität und Nachahmung (Sutcliffe 1986: 18). Obwohl London von dem technologisch bedingten Industrialisierungsaufschwung in der Textilindustrie nicht ebenso profitierte wie andere englische Städte, büßte es als nationales Zentrum und Regierungssitz, als Handelsort und größter Hafen England sowie als Finanzzentrum seine zentrale Rolle als „the metropolis" nicht ein. Heute gehören beide Metropolen, New York und London, zum Typ der post-industriellen Dienstleistungs- und Verwaltungsstadt, die Command-and-Control Funktionen im Prozeß der weltweiten Arbeitsteilung ausüben, mit Informationen und Finanzen handeln, weltweite wirtschaftliche Aktivitäten koordinieren und kontrollieren. In dieser Funktion sind sie Sitz von Verwaltungszentralen internationaler Konzerne, von Banken und Investment Firmen. Dahingegen ist der Anteil der in der gewerblichen Produktion Beschäftigten in beiden Städten stark gesunken. So hat London mehr an gewerblicher Beschäftigung verloren als jedes andere Ballungsgebiet im United Kingdom: 243.000 Stellen zwischen 1960 und 1970, und 472.000 zwischen 1971 und 1977. Der Anteil der im Dienstleistungssektor Beschäftigten stieg von 66,6 Prozent 1971 auf 77,1 Prozent 1984 (Keeble 1986: 177). Insgesamt gingen in innerstädtischen Bereichen in Großbritannien zwischen 1971 und 1981 32,6 Prozent der Arbeitsplätze verloren (Fothergill/Gudgin 1982: 89; Gurr/King 1987: 161). Zwar weist London heute die größte Konzentration an elektronischen Industrien auf, aber diese befinden sich – weitgehend von der Verteidigungsindustrie abhängig – in einer rückläufigen Entwicklung.

Auch New York ist heute nicht mehr eine weiße ethnische „Blue Collar"-Stadt, in der die gewerbliche Produktion dominiert, sondern eine postindustrielle Dienstleistungsstadt, geprägt vom „Corporate Headquarter Complex" und dem FIRE-Sektor (Finances, Insurances, Real Estate). Die gewerbliche Produktion, die 1969 noch 35,4 Prozent der Arbeitskräfte umfaßte, sank bis 1980 auf 21,8 Prozent (Mollenkopf 1987: 4), von 1982 – 1986 verlor die Stadt weitere 87.000 Stellen (Ehrenhalt 1987: 10). Die Internationalisierung der Wirtschaft und die Arbeitsteilung im weltweiten Maßstab hat diesen Strukturwandel und die Verlagerung von gewerblich-produktiven Funktionen aus den großen Städten mit ihren hohen Standortkosten beschleunigt und viele relativ gut bezahlte, gewerkschaftliche organisierte gewerbliche Arbeitskräfte freigesetzt. Gleichzeitig wanderten zunehmend billige Arbeitskräfte aus der Dritten Welt in die beiden Metropolen (Fainstein 1987: 323). Beide Entwicklungen erzeug(t)en einen hohen sozialen Problemdruck. Die Verschlechterung der Lebensqualität in den Städten zog wiederum einen Massenexodus der weißen Mittelschicht aus den Metropolen nach Suburbia nach sich und verursachte hohe Verluste an städtischen Steuereinnahmen bei gleichzeitig steigendem sozialpolitischem Handlungsbedarf. Es war jedoch nicht nur ein „urwüchsiger" globaler Wirtschaftsprozeß, der diese Entwicklung beschleunigte. Vielmehr haben staatliche Maßnahmen in beiden Ländern den ökonomischen und sozialen Strukturwandel in den Metropolen gefördert, so in den Vereinigten Staaten die steuerpolitische Förderung der Eigenheimbaus, der die Abwanderung aus den Städten und das explosive Wachstum der Vorstädte begünstigt(e). Ebenso ermöglichte erst der Ausbau von Fernstraßennetzen die Ansiedlung von Industrie außerhalb der Ballungszentren (Smith 1984; Mollenkopf 1987; Smith/Feagin 1987). Auch in Großbritannien, wo der Niedergang der Städte im internationalen Vergleich demjenigen in den USA am nächsten kommt, finden wir einen Zusammenhang zwischen gezielten Maßnahmen der Zentralregierung zur Streuung von Siedlungsmustern (Gurr/King 1987: 79) einerseits sowie den städtischen Deindustrialisierungsprozessen und Armutsproblemen andererseits.

Die im Laufe der Jahrzehnte sich wandelnden ökonomischen Führungsfunktionen der Metropolen brachten für deren sozioökonomische Eliten einen materiellen Reichtum, der die Entwicklung kultureller Spitzenleistungen begünstigte. Sie sind nationale Zentren der Kultur und der höheren Bildung, der Massenkommunikation und der Unterhaltung. Der Bedarf nach hoch qualifizierten professionellen Dienstleistungen privater und öffentlicher Art, die auf den Kontakt und den Austausch mit einer Vielfalt anderer Dienstleistungen angewiesen sind (Thienel-Saage 1986: 133), sowie die Entfaltung von Konsumentendienstleistungen zum Zweck einer „conspicuous consumption" in den Metropolen hat diese Entwicklung gefördert und dazu beigetragen, daß sich traditionell in den Metropolen professionelle Berufsgruppen, „die Intelligenz", die Künste und die Publikationsindustrie wiederfinden. Stimuliert werden kulturelle Innovationen auch durch die ethnisch-kulturelle/rassische sowie soziale Vielfalt der Weltstädte. Diese kulturellen Führungsfunktionen begründen einen wichtigen Aspekt der „Saliency" der Metropolen. Allein der Umstand, daß in London und New York die wichtigsten überregionalen Presseorgane ihres Landes erscheinen, verschafft auch den Geschehnissen in beiden Metropolen einen höheren Aufmerksamkeitswert als dies für eine Stadt ohne solche Sprachrohre gilt.

Auch die Bedeutung der Verwaltungsfunktionen einer Metropole machen ein wichtiges Element ihrer Herausgehobenheit aus. Als Sitz der zentralstaatlichen Regierung und der militärischen Führung nimmt London im Vergleich zu New York sehr viel bedeutendere Verwaltungsaufgaben wahr und ist als nationale Hauptstadt entsprechend mit öffentlicher Infrastruktur – Bauten und Dienstleistungen – ausgestattet. Mit dieser administrativen und politischen Zentralität kompensierte Greater London zwischen 1951 und 1974 den größten proportionalen Bevölkerungsverlust aller Städte in Großbritannien (Gurr/King 1987: 85).

New York City hingegen erwächst administrative „Salience" höchstens durch seine internationalen Verwaltungsfunktionen (Vereinte Nationen). Im übrigen ist es in erster Linie eine Hochburg der Verwaltung privaten Kapitals. Es existiert jedoch ein umfassender kommunaler öffentlicher Sektor. Durch das Einsetzen einer gezielten Verwaltungskapazität gelang es in Verhandlungen mit der Bundesregierung häufig, Zuschüsse in die Stadt zu lenken.

Die Herausgehobenheit oder Saliency einer Stadt kann sich im positiven Fall in eben solchen Leistungszuwendungen niederschlagen. Die Begünstigung nimmt verschiedene Formen an, sei es diejenige intergouvernementaler Zuschüsse, sozialer Transferleistungen, öffentlicher Beschäftigung, oder der Vergabe von öffentlichen Aufträgen für die Industrie der Metropolen. So hat beispielsweise die Politik des „Public Procurement" des US Verteidigungsministeriums die neuen Metropolen und Fackelträger der Südwestens wie Dallas bewußt gefördert und die alten Industriestädte des Nordostens eher benachteiligt (Smith 1984). Die elektronische Industrie Londons profitierte hingegen von Aufträgen des Britischen Verteidigungsministeriums. Die Frage, ob und in welchem Umfang eine Metropole nun in den Genuß der positiven Leistungen des Zentralstaates kommt, hängt weitgehend davon ab, ob sich Konflikte zwischen der Politik der Metropole und des Zentralstaates ergeben. Diese haben unterschiedliche Wurzeln und kommen unter je spezifischen Rahmenbedingungen zum Tragen.

2. *Ursachen und Rahmenbedingungen des Konfliktes*

Der Humus, auf dem Konflikte zwischen Zentralstaat und Metropole gedeihen, liegt zum einen in der Divergenz der politisch-sozialen Orientierung der Metropolen und des Gesamtstaates. Die Konzentration von Armen in den großen Städten kann - unter der Bedingung einer bürgerlich-konservativen Regierung auf Zentralstaatsebene - zu einer Kollision von Staat und Metropole führen. Traditionell war der Zentralstaat im westeuropäischen Nationalstaat immer darauf bedacht, Ordnung und Autorität bei den städtischen Massen aufrechtzuerhalten (Tilly 1975), denn seit der frühen industriellen Revolution waren die großen Städte - so auch London und New York City - Stätten der radikalen sozialen und politischen Unruhen (Tilly/Tilly 1975; Castells 1983). Je größer das Ausmaß der politischen Unruhen, umso mehr politische Aufmerksamkeit wandte der Zentralstaat ihnen zu, wenn als nötig erachtet, auch in Form von Gewalt, wie die Geschichte der Entstehung der Polizei in westlichen Gesellschaften zeigt[2]. Heute befürchtet der Zentralstaat in den Metropolen weniger den politischen Aufruhr (obwohl auch dies vorkommt - man denke an die Demonstrationen gegen die Poll Tax 1990 in London), als vielmehr - im Falle einer konservativ-bürgerlichen Regierung - die organisatorisch kanalisierte, demokratische Opposition mit ihrem großen Stimmenpotential in den Metropolen. Es sind die spezifischen Lebens- und Arbeitsbedingungen in den Metropolen und deren Funktion als Sammelbecken der Einkommensschwachen und Armen, ihre Rolle als Zielpunkte der Zuwanderung von Armen aus aller Herren Länder, die solch divergierende Einstellungen hervorbringen. Bereits Mitte des 19. Jahrhundert erzeugte die Migration von Arbeitslosen und politisch Verfolgten in die sich industrialisierenden Metropolen, beschleunigt durch die Entwicklung der Eisenbahnnetze und der Dampfschiffverbindungen, gravierende Probleme der Verdichtung, der Verarmung und der sozialen Polarisierung. Die daraus fließenden sozialen und politischen Unruhen konfrontierten die Metropolen mit gravierenden Problemen, wenn es um die Aufrechterhaltung öffentlicher Ordnung und politischer Stabilität ging (Sutcliffe 1986: 18). Auch im 20. Jahrhundert ergossen sich in verschiedenen Phasen neue Zuwanderungsströme der Armen aus der eigenen Nation und aus aller Welt in die großen Metropolen, die mit ihrer Anonymität, ihren Sozialleistungen und bestehenden Einwanderer-Netzen eine noch heute andauernde Anziehungskraft entfalten.

Als Resultat umfassen die großen Metropolen eine soziale und ethnisch/rassische Einwohnerschaft, die überwiegend der Unterschicht oder unteren Mittelschicht angehört. Die Stadtregierungen werden mit den massierten konsumptiven Interessen nach kollektiven Gütern dieser Armen unmittelbar konfrontiert und geben diese Forderungen zu einem wesentlichen Teil an den Zentralstaat weiter, damit dieser die sozialstaatlichen Leistungen erweitert. Diesen Erwartungen wurde in der Vergangenheit, so in den USA während des New Deal und während des Krieges gegen die Armut, eher entsprochen, wenn sie durch effektive politische Aktionen in den Städten untermauert wurden (Mollenkopf 1987). Sind die armen Wählermassen in den Metropolen politisch wenig aktiv, finden die Parteien wenig Rückhalt in der Bevölkerung und bestehen keine organisatorischen Verbindungen zwischen der Ebene der „Communal politics" auf Stadtteilebene, oder sind Parteiorganisationen nur schwach ausgebildet, oder fragmentiert, so bleibt das Durchsetzungspotential gegenüber der Zentralregierung gering. Der Zentralstaat kann selbst die Voraussetzungen für eine Mobilisierung der städtischen Massen und die Handlungschancen der politischen Akteure vor Ort, deren Koalitions- und Mehrheitschancen nicht unerheblich beeinflussen, sowohl auf der Ebene von „Policies" als auch auf der Ebene von „Politics". So haben die bundesstaatlichen Programme der Great Society in den USA mit ihrem Ziel der aktiven Armutsbekämpfung insbesondere der Demokratischen Partei Chancen geboten, politisches Kapital zu schlagen, Koalitionen zu bilden und einen neuen politischen „Unternehmertyp", den „Armutspolitiker", hervorgebracht. Auch setzt der Staat Parameter, indem er politische Institutionen und Verfahrensstrukturen vorschreibt, etwa die Wahlregistrierpflicht verschärft, Vorwahlen einführt etc.

Zentrale Konflikte zwischen Metropolen und Zentralstaat gründen natürlich auch in den finanziellen Beziehungen zwischen den beiden Ebenen: Eine hohe Abhängigkeit der Kommunen von finanziellen Zuweisungen des Zentralstaates implizieren geringere Handlungsspielräume für die Gestaltung einer eigenen innovativen Politik. Allerdings hängt dies im einzelnen davon ab, ob diese Finanzzuweisungen zweckgebunden sind oder nicht.

Das Konfliktmoment „Wohlfahrtsstaatsorientierung der Metropole", das aus deren politisch-sozialer Struktur fließt und in eine Konfrontation mit einer konservativen Regierung münden kann, sowie die Spannungen, die aus den finanziellen Beziehungen zwischen Staat und Kommune resultieren, werden durch unterschiedliche *Rahmenbedingungen* geprägt, von denen die Verfassungsstruktur, eher parteipolitische Mehrheitskonstellationen und die konjunkturelle Lage, die wichtigsten sind.

Die unitarische politische Verfassung Großbritanniens erlaubt den unmittelbaren Zugriff des Zentralstaates auf die Kommunen, während in den Vereinigten Staaten noch die Ebene der Einzelstaaten dazwischenliegt, die die Kontrolle des Bundesstaates abfedern kann. Nach der Verfassung der Vereinigten Staaten und der sog. „Dillon's Rule" existieren die Kommunen als rechtliche Körperschaft gar nicht, vielmehr teilen sich Bundesregierung und Einzelstaaten die Regierungsgewalt. Alle Kommunen sind rechtlich gesehen Schöpfungen der Einzelstaaten (Gottdiener 1987: 26). Im Verlaufe der Zeit räumten viele Staaten ihren Kommunen jedoch ein weitgehendes Recht auf Selbstregierung, auf „Home Rule", ein. Die schnell wachsende ökonomische Bedeutung von New York City und der rapide Anstieg der Bevölkerung der Stadt verlieh ihr ein wachsendes Gewicht in den politischen Organen des Staates New York, das dazu genutzt wurde, die Entscheidungsrechte der Stadt auszudehnen. Das Amt des Gouverneurs von New York wurde in den letzten Jahrzehnten immer von Demokraten und progressiven Republikanern (Herbert Lehman, Nelson Rockefeller, Hugh Carey, Mario Cuomo) eingenommen; im Senat der Zwei-Kammer Legislatur dominieren die konservativen Republikaner und in der Assembly besteht eine Mehrheit der Demokraten (Benjamin 1987: 132f.).

Während in den Vereinigten Staaten die Kommunen im Prinzip alles tun können, was der Verfassung und den Gesetzen des Bundes und ihres Einzelstaates nicht widerspricht, ist es in Großbritannien gerade umgekehrt: Die Local Authorities dürfen nichts tun, was ihnen nicht explizit durch die Zentralregierung erlaubt wird. Die Tradition der zentralstaatlichen Kontrolle ist in England stark ausgeprägt (Goldsmith/Newton 1983: 216ff.). Während einerseits der direkte Zugriff des Zentralstaats auf die Kommunen in Großbritannien möglich ist, handelt es sich andererseits um eine „dual polity", weil die personelle Abschottung eine Verklammerung zwischen den beiden Ebenen verhindert. Dies ist geeignet, Spannungen zwischen Zentralstaat und Stadt zu fördern, ganz anders als etwa im französischen politischen System, in dem die Préfets dazu benutzt werden, die Kommunen zu kontrollieren, und in dem das System des „Cumul de mandats", nach dem Politiker mehrere Wahlämter auf verschiedenen Ebenen innehaben, eine Interpenetration der städtischen und zentralstaatlichen politischen Eliten hervorbringt (Rhodes 1991: 85)[3].

Die zweite Rahmenbedingung, die den Verlauf von Auseinandersetzungen zwischen Zentralstaat und Metropolen stark beeinflussen kann, ist die spezifische ökonomische Situation. Unter den Bedingungen eines rückläufigen Wachstums und der Ressourcenknappheit sind Konflikte häufiger und eskalieren schneller, können Kommunen aber auch leichter diszipliniert werden als unter den Bedingungen wirtschaftlicher Prosperität, hoher Steuereinnahmen und größerer Verteilungsspielräume. Die Phase des konsultativen Verhandelns zwischen Zentralregierung und Local Authorities in den 60er und 70er Jahren in Großbritannien und der anti-armutspolitische Gleichschritt der amerikanischen Bundesregierung und der großen Städte in der gleichen Zeit in den USA legen davon ein Zeugnis ab. Umso heftiger und verbissener fallen die Verteilungskämpfe und die Kontrollbestrebungen des Staates gegenüber den Kommunen in Zeiten der Austerität aus.

In einem Zwischenfazit läßt sich somit festhalten, daß die Metropolen aufgrund ihrer ökonomisch-finanziell und soziokulturell zentralen Funktionen national und international einen Führungsanspruch erheben. Ihr großes Wählerpotential kann ihnen Gewicht in der nationalen Politik verleihen und die politisch-soziale Zusammensetzung ihrer Wählerschaft veranlaßt sie, wohlfahrtsstaatliche Forderungen zu erheben, die der politischen Agenda einer konservativen Regierung zuwiderlaufen können. Aus welchen Gründen und unter welchen Rahmenbedingungen haben sich solche Konflikte in London und New York zugespitzt und welche Folgen zeig(t)en sie für die beiden Metropolen?

3. *Gegen den Strom nationaler Politik:*

3.1 Das Greater London Council und die London Borough Councils

Die Konflikte zwischen dem Labour-dominierten Greater London Council und etlichen der 14 von Labour kontrollierten Borough Councils von London, die sich in den 80er Jahren eskalierten, müssen vor dem Hintergrund der traditionellen politischen Beziehungen zwischen Staat und Local Authorities in Großbritannien gesehen werden. In der Nachkriegszeit bemühten sich beide großen Parteien darum, die festgefahrene Kluft zwischen lokaler und zentraler Ebene zu überbrücken, widerspenstige Local Councillors zu zähmen und die kommunale Politik besser mit der Politik der Regierung abzustimmen. Diese Phase der „Nationalisierung" der Beziehungen zwischen Zentralstaat und Kommunen wird unter dem Eindruck der Konflikterfahrungen der 80er Jahre als Zeit der „reasonably consensual dealings" (Rhodes 1986: 126) eingeschätzt, die sich unter den Rahmenbedingungen ökonomischen Wachstums und dem gemeinsamen Ziel, einen Wohlfahrtsstaat und eine „mixed economy" zu schaffen, relativ friedlich gestaltet hatte (Gyford/Leach/Game 1989: 15). Unter dem sog. „Municipal Labourism" erbrachten die Kommunen nach 1945 ihren Beitrag zur Entwicklung des Wohlfahrtsstaates. Dieser wiederum beruht auf einer Tradition, die bis in 1930er Jahre zurückreicht: In Labour kontrollierten Councils wurden großzügigere öffentliche Unterstützungszahlungen geleistet, vielfältigere Mutterschafts- und Jugendwohlfahrtsleistungen geboten (Gyford 1985: 5)[4].

Die Divergenzen zwischen der damaligen politischen Einheit Greater London und der Regierung vertieften sich Ende der 70er Jahre und in den 80er Jahren auf der Policy-Ebene nun, als der ökonomische Strukturwandel die Arbeitslosigkeit und die sozialen Disparitäten in der Stadt verschärften (Townsend 1990: 118ff.). London erlitt, wie wir gesehen haben, in den beiden letzten Jahrzehnten einen Einbruch an Beschäftigung, einen Verlust an gut bezahlten gewerblichen Arbeitsplätzen. An deren Stelle traten und treten vermehrt Arbeitsplätze im Dienstleistungssektor, die jedoch eine dualisierte Einkommens- und Qualifikationsstruktur aufweisen. Dieser wirtschaftliche und soziale Strukturwandel machte eine Neubewertung und Neugestaltung der Wirtschaftsförderungspolitik für die Metropole erforderlich (Rees/Lambert 1985: 123). Der Ruf nach neuen kommunalen Initiativen und staatlichen Maßnahmen wurde immer lauter, um soziale und wirtschaftliche Probleme zu mildern.

Die soziale und wirtschaftliche Krise der Städte löste nun in den englischen Großstädten, London allen voran, politische Unruhen und soziale Konflikte aus, die auch die Regierung zur Verabschiedung verschiedener Programme veranlaßte, um Arbeitslosigkeit und soziale Not in den Städten zu bekämpfen. Die ernstesten Zwischenfälle ereigneten sich 1985 am Broadwater Farm Estate in Tottenham, London. Hier wie bei anderen Zwischenfällen eskalierten sich die Konflikte zwischen jungen Leuten und der Polizei (Benyon/Solomos 1990: 26). Im Unterschied zum Greater London Council, das die Ursachen für die sozialen Unruhen, vor allem bei den Schwarzen, eher in ökonomischen und sozialen Faktoren der Deprivation sah, stellte die Regierung Aspekte der Kriminalität in den Vordergrund und forderte mehr Polizeikontrollen (Gurr/

King 1987: 165). Erst als die politische Legitimität des Staates und die städtische öffentliche Ordnung ernsthaft bedroht erschienen, erhöhte der Zentralstaat sein finanzielles Engagement für die Städte und verabschiedete gezielte Maßnahmen, um die Folgen der Arbeitslosigkeit und der sozialen Disparitäten in den Städten zu bekämpfen. Parallel zu diesen nationalen Programmen engagierten sich auch das Greater London Council unter der Führung von Ken Livingstone, dem Vorsitzenden der Labour Fraktion (1981 bis 1986), und die seit 1982 mehrheitlich von Labour dominierten Borough Councils von London in beschäftigungs- und sozialpolitischen Maßnahmen. Die kommunalen Akteure schätz(t)en die Programme der Regierung als unzureichend ein, weil diese vor allem auf „enterprise zones" und eine öffentlich-private Partnerschaft abhoben (Rees/Lambert 1985: 156f.), wohingegen das Greater London Council mehr eine aktive öffentliche Beschäftigungspolitik verfolgte, die insbesondere die strukturelle Arbeitslosigkeit mildern sollte. Die Regierung hingegen, entschlossen „to roll back the state", verabschiedete Gesetze, die darauf abzielten, das Ausgabenverhalten der Local Authorities stärker zu kontrollieren und die Privatisierung von Dienstleistungen voranzutreiben. Damit stieß sie im Greater London Council und den Borough Councils auf den Widerstand von Labour, den Allianz Parteien, ja gar der Konservativen „Wets" und das Klima zwischen Staat und Stadt gestaltete sich immer frostiger: „Consensual Bargaining" und „Consultation" wurde 1979 durch „Direction" und „Unilateralism" (Rhodes 1991: 88) abgelöst. Die folgenden scharfen Auseinandersetzungen erstreckten sich nicht nur auf programmatisch-ideologische Policy-Differenzen, sondern mündeten in die grundsätzliche Frage seitens der Regierung, ob die traditionelle Form des Local Government noch angemessen sei (Gyford/Leach/Game 1989: 20).

Das Greater London Council und die anderen großstädtischen Councils gerieten im Zuge dieser Auseinandersetzung voll in die Polarisierung zwischen Konservativen und Labour, obwohl die Parteipolitisierung der Councils in England insgesamt sich in den letzten Jahrzehnten nur langsam verstärkte. Eine große politische Distanz eröffnete sich zwischen den „dry conservatives", die die schnelle Privatisierung von kommunalen Leistungen und Dienstleistungen anstreb(t)en[5] und den „hard left" Labour Councillors, die gewillt sind, die Aufrechterhaltung der Council Services entschiedenst zu verteidigen (Gyford/Leach/Game 1989: 19). Zwar waren und sind sich Konservative und Labour in ihrer Kritik an den hauptamtlichen Council Beamten einig, ihre Vorstellungen darüber jedoch, wie diese Mängel zu beheben sind, gehen stark auseinander. Während Labour eine stärkere Demokratisierung und Dezentralisierung wünscht, betonen die Konservativen die Notwendigkeit, durch die Einführung von Marktmechanismen die Effizienz zu steigern. Labour suchte in der Auseinandersetzung die politische Unterstützung von Minderheiten, radikalen Community Gruppen, der Frauenbewegung sowie den lokalen Gewerkschaftsorganisationen (Gyford 1985: 15). Die Konservativen Councillors ihrerseits wandten sich an die Business Community und die Regierung in London, bei der sie bereitwillige Unterstützung für ihre Politik der Privatisierung fanden. Damit waren die Fronten für die Auseinandersetzung zwischen dem Greater London Council und der Regierung abgesteckt.

Mit den Wahlen von 1982 trat eine neue Generation linker Labour Politiker in zahlreichen Borough Councils von London an, so in Camden, Greenwich, Hackney, Ha-

ringey, Islington und Southwark. 1981 waren bereits das Greater London Council und die Inner London Education Authority unter die Kontrolle von Labour gekommen (Gyford 1985: 14). Das Greater London Council entwickelte nun Policy-Strategien zur Bekämpfung der städtischen Krise, die denjenigen des Regierung diametral entgegenliefen. 1983 wurde als Antwort auf einen erneuten Beschäftigungsverlust von 400.000 Stellen (1979-1984) das Greater London Enterprise Board eingerichtet (Wheen 1986), um insbesondere auch die strukturelle Arbeitslosigkeit benachteiligter Gruppen zu mildern und Problemgruppen des Arbeitsmarktes wie Frauen, ethnische und rassische Minderheiten und Behinderte langfristig in den Arbeitsmarkt zu integrieren (Wheen 1986: 79f.; Rees/Lambert 1985: 170ff.). Das Greater London Enterprise Board finanzierte seine Aktivitäten zum einen mit einer Steuererhöhung, die nach dem Local Government Act von 1974 von bis zu 2 Prozent möglich war, zum anderen mit Hilfe des Pensions-Fonds der im kommunalen Dienst von Greater London Beschäftigten. Damit kamen finanzielle Mittel in einer erheblichen Größenordnung zusammen, die der Metropole einen finanziellen Spielraum und damit Handlungsmöglichkeiten für gezielte redistributive Maßnahmen eröffneten. Die 2%ige local rate Erhöhung brachte rd. 40.000.000 Pfund (in den West Midlands nur 9.000.000) (Rees/Lambert 1985: 177). Diese Ressourcen wurden u.a. dafür verwendet, um einzelne Firmen und damit Arbeitsplätze vor dem Konkurs zu retten. In diesem Zusammenhang suchte man auch die Arbeiter an der Gestaltung betrieblicher Strategien zu beteiligen. Auch wurden genossenschaftliche Eigentumsformen erprobt und die Methode des „popular planning“, angewandt, die sich an einem Modell „gesellschaftlich nützlicher Produktion“ orientierte (Rees/Lambert 1985: 176f.).
Während Westminster und Downing Street somit eine monetaristische und betont marktwirtschaftliche Politik verfolgten, fuhren die politischen Akteure im Greater London Council und der Mehrheit der 14 Borough Councils von London mit Hilfe von Zuschüsse und Ausgaben der öffentlichen Hand den Kurs einer Keynesianischen Beschäftigungspolitik, ja, experimentierten mit Formen des Gemeineigentums. Der offene Konflikt zwischen der zentralen und lokalen Ebene war vorprogrammiert: „You cannot have a free market government using public spending for doing what is properly done within the public domain and at the same time municipal socialism with its ideology that there should be public ownership of land, of enterprise, houses and other buildings, because the two are in conflict. So if they insist on pursuing municipal socialism we will redirect our resources away from local authorities“ (Nicholas Ridley, zit. nach Gyford/Leach/Game 1989: 332). Auch im Bereich der Wohnungs-, Bürgerrechts-, und Transportpolitik sowie im Polizeiwesen[6] leiteten die kommunalen Akteure im Greater London Council und den Bezirks Councils Maßnahmen ein (Gurr/King 1987: 166), die sie auf einen direkten Konfrontationskurs mit der Regierung brachten.

3.2 New York City

Anders als die Politik des Greater London Council, die sich von Anfang an und grundsätzlich als Alternative zur Politik der konservativen Regierung verstand, bewegte sich New York City zunächst im Gleichklang mit der Bundesregierung und New York State, die sich beide seit Ende der 60er Jahre und Anfang der 70er Jahre einer engagierten Politik der Armutsbekämpfung verschrieben hatten. New York City schwamm zunächst also *mit* dem Strom der Bundespolitik, die im übrigen auch der eigenen sozialpolitischen Tradition entsprach. Denn New York City gilt seit langem als „sozialdemokratische Hochburg", dominiert von der Demokratischen Partei, die mit Hilfe des bewährten Tausches „Patronage und Sozialleistungen gegen Stimmen" die Integration der armen Einwanderer in die amerikanische Gesellschaft vorantrieb. So leitete der New Yorker Maschinenpolitiker Al Smith, Gouverneur von New York State in den 20er Jahren, im Staat wichtige sozialpolitische Maßnahmen ein, die dann in Roosevelt's New Deal Politik Eingang fanden. Nicht überraschend stieß die Armutspolitik der Kennedy- und Johnson-Administrationen somit auf begeisterte Resonanz in New York, das sich mit Erfolg darum bemühte, in den Genuß einer Vielzahl von direkt den Kommunen zugedachten Zuschüssen zu gelangen. Bewährte parteipolitische Kanäle zwischen Washington und New York City und das Verwaltungsgeschick und die Verwaltungsmacht einiger New Yorker Administratoren wie Robert Moses, dem langjährigen Stadtplaner, erwiesen sich in diesem Zusammenhang als nützlich, um einen Löwenanteil von Bundeszuschüssen nach New York zu lenken. Der Umstand, daß auf beiden Ebenen die Demokratische Partei regierte, spielte dabei eine begünstigende Rolle.

Die angebotenen Bundesmittel wurden von den lokalen politischen Akteuren nun als Chance gesehen, Ressourcen und Patronage so zu verteilen, daß dadurch die eigene Wählerbasis gefestigt wurde. Bürgermeister Robert Wagner suchte die Mittel über City Hall zu lenken, wurde daran aber von dem New Yorker Politiker und zuständigen Vorsitzenden des Kongreß-Unterausschusses, Adam Clayton Powell, gehindert, der damit seine eigene politische Basis lokaler politischer Bewegungen, von Civil Rights und Black Populism Gruppen, die sich in Kirchgemeinden und Stadtteilen in Harlem gebildet hatten, konsolidieren wollte. Dieser war daher an einer Verteilung von Mitteln an diese Gruppen interessiert und schob einer – innerhalb der Stadt – zentralen Steuerung der Mittel- und Stellenvergabe einen Riegel vor, indem er auf die gesetzliche Auflage der „maximum feasible participation" hinwies. Demgegenüber warnte City Hall vor der Gefahr einer zunehmenden Fragmentierung des politisch-administrativen Systems der Stadt: „We have been in the process over the last few years of doling out pieces of the City of New York to various groups such as Mobilization for Youth, Haryou (Harlem Youth) Ltd., Youth in Action ... After you would delineate the area, fund the organization ... they would say, 'Don't come here with any of your services, don't anyone impinge on our prerogative, because this is our piece of real estate'. What would happen ultimately ... We would have a number of little private governments in the City of New York ..." (Paul Screvane, in: Savitch 1990: 248). Auf dem progressiven Flügel der Republikanischen Partei drängte dagegen John Lindsay, Mitglied des Repräsentantenhauses, darauf, die Armutsprogramme von unten zu entwikkeln, „lest the city fall into the trap of welfare colonialism" (Savitch 1990: 248), aber auch um seine eigenen Chancen, Bürgermeister von New York zu werden, zu verbessern. Nach seiner Wahl erfuhr der programmatische Gleichklang zwischen Bundesregierung unter Lyndon B. Johnson (1963-1969) und Stadt keine Beeinträchtigung, vielmehr wurde das Armuts-Imperium ausgebaut und umgebaut: An dessen Spitze trat die Mammutbehörde „Department of Human Resources", die sich nach unten immer weiter verzweigt und vielfältig örtlich verwurzelt ist (Morris 1980). Lindsay führte die Gruppe derjenigen Bürgermeister in den USA an, die eine aktive Lobby in Washington und Albany betrieben, um in den Genuß immer weiterer staatlicher Mittel zu gelangen. Während seiner Amtszeit flossen mehr Bundesmittel als je zuvor nach New York City: Das Haushaltsvolumen der Stadt erhöhte sich bis zum Ende seiner zweiten Amtszeit von $ 4 auf $ 10 Milliarden; während die städtischen Ausgaben sich insgesamt verdoppelten, stiegen die Bundeszuschüsse um das Vierfache (von 11,8 Prozent des städtischen Haushaltes in 1967, auf 14,8 Prozent 1969, auf 16,6 Prozent 1971, auf 20,5 Prozent 1973 auf 19,7 Prozent 1974 (Morris 1980)). New York wurde zur Wohlfahrtsmetropole. Aber es waren Bundesmittel, die entscheidend waren für die starke Ausweitung der städtischen Sozial- und Infrastrukturpolitik und die die städtischen Ausgaben in die Höhe trieben: So beteiligte sich die Stadt an Medicaid-Zahlungen, dem medizinischen Versorgungsprogramm für Einkommensschwache (während in vielen anderen Staaten die Kommunen sich an diesen Aufwendungen nicht beteiligen müssen), zu 20 bis 30 Prozent an den Armutsprogrammen und dem Model Cities Programmen sowie den Mental Health Centers, am Bau von Straßen und dem Ausbau der Massenverkehrsmittel.

Als 1969 eine konservative Republikanische Administration unter Nixon antrat, kam das böse Erwachen. Die Bundeszuschüsse für Armutsprogramme flossen nicht mehr im gleichen Umfang den Kommunen zu und die New Yorker Regierung ging zu partiell unsoliden Finanzierungspraktiken über. Die Politik der Stadt geriet in den Gegenwind zur nationalen Politik, als Washington einen Kurswechsel einleitete, den die Stadt nicht nachvollziehen konnte und wollte. Denn die Verteilungspolitik der Stadt, die die Minderheiten der Stadt, aber auch die traditionellen Pfeiler der Demokratischen Partei, die städtischen Gewerkschaften, als ihrer Wählerschaft zusammenzubinden trachtete (Shefter 1980; Mollenkopf 1987), verhinderte, daß eine einschneidende Sparpolitik durchgesetzt wurde. Nachdem die Banken anfangs 1974 schon auf die sinkende Kreditwürdigkeit der Stadt hingewiesen hatten, verkündeten sie Ende 1974, daß die Finanzmärkte keine New Yorker Wertpapiere mehr annähmen. New York stand vor dem finanziellen Bankrott.

Mit der fiskalischen Krise und einer Republikanischen Administration in Washington veränderten sich die Beziehung zwischen Stadt und Bundesstaat, aber auch – mit einiger Verzögerung – die Politik in der Stadt selbst. New York City, das zunächst an seinen wohlfahrtsstaatlichen Leistungen festhielt, wurde zum Bittsteller in Washington und erfuhr in dieser Rolle wichtige Unterstützung durch die Demokratische Regierung des Staates New York. Bei ihren finanziellen Bittgängen nach Washington wurden Bürgermeister Abraham Beame und Gouverneur Hugh Carey von der Ford Administration (1974-1977) ihr „Welfarism" vorgehalten: Die Stadt habe im Vergleich zu anderen Kommunen „exzessive" Ausgaben in der Wohnungspolitik, in der Transportpolitik (die Transitzuschüsse für die Subway) und der Bildungspolitik (das freie Studium an der City University, der traditionellen Aufstiegsinstitution für einkommens-

schwache New Yorker) getätigt. Die Ford Administration wurde in dieser Haltung durch die Mehrheit der Mitglieder des Kongresses unterstützt. Ein Abgeordneter meinte: „In my state when college students want to go to college, they pay tuition. If they cannot afford it, they work" (nach Savitch 1990: 257). Worauf Abe Beame trotzig erwiderte: „If I were not for free tuition, I would not be here today" (New York Times, 25.5.1975). Mit dem Verweis auf überhöhte Wohlfahrtsausgaben wurden die Bitten New York's um finanzielle Unterstützung zunächst zurückgewiesen. Der Chef der Federal Reserve Bank, Arthur Burns, sprach sich gegen eine Unterstützung aus, weil andere Kommunen dann dem Beispiel New Yorks folgen würden, allen aber nicht geholfen werden könne. Präsident Ford verkündete am 15.10.1975, daß er jedes Gesetz des Kongresses mit einem Veto belegen würde, das eine finanzielle Hilfe für New York City vorsehe. Diese Aussage wurde am nächsten Tag in den New Yorker Daily News mit den bekannten Worten wiedergegeben: „Ford to City: Drop Dead".
Welche Kosten entstanden den beiden Metropolen nun dafür, daß sie – London von Anfang an, New York erst später – mit ihrer Politik des Ausbaus des Wohlfahrtsstaates ins Gegenfahrwasser zur nationalen Politik gerieten?

4. *Das Schwimmen gegen den Strom: Kosten*

4.1 Greater London

London hatte sowohl auf der fiskalischen als auch auf der institutionellen Ebene einen hohen Preis für seine „Politik gegen Strom" zu bezahlen: Die finanziellen Spielräume der Kommunen wurden drastisch eingeschränkt. Das jahrhundertealte Prinzip, wonach die lokalen Behörden das Recht haben, ihre eigenen Ausgaben und Steuersätze zu bestimmen, wurde drastisch eingeschränkt und das Greater London Council und die Metropolitan County Councils abgeschafft. „Mrs Thatcher's governments succeeded in doing the unthinkable. They rescued students from the terminal boredom of lectures on local government by making the subject interesting, even humurous for those with a taste for black comedy" (Rhodes 1991: 86).
Mit der sich vertiefenden finanzielle Krise Großbritanniens in der Mitte der 70er Jahre suchte die Regierung zunehmend den öffentlichen Sektor und die öffentlichen Ausgaben einzugrenzen.[7] So schrieb schon die Labour-Regierung den Kommunen Obergrenzen für die laufenden Ausgaben vor und der Anteil der kommunalen Ausgaben am Bruttosozialprodukt sank von 15,4 Prozent in 1976 auf 12,4 Prozent in 1979 sank (Newton/Karran 1985: 11). Diese Entwicklung wurde von der Konservativen Regierung unter Thatcher intensiviert und es begann ein richtiger „guerrilla warfare ... between central and local government in the 1980s" (Parkinson 1986: 7): 1980 wurde der „Local Government Planning and Land Act" verabschiedet, der ein neues Bezuschussungssystem einführte und Strafen über Kommunen verhängt, die die zentral vorgegebenen Ausgabenniveaus überschreiten. Das neue Gesetz ersetzte den „Rate Support Grant". Dieser Zuschuß, die wichtigste Einnahmequelle der Kommunen, war vor 1980 an die Local Authorities nach den von ihnen selbst etablierten Ausgabenmu-

stern vergeben worden, wobei die Zentralregierung die fehlende Summe zwischen dem, was eine Kommune aus ihren Steuern einnahm und dem prognostizierten Ausgaben ausgeglichen hatte (Gurr/King 1987: 174). Das neue System nun basiert auf einer zentralen Einschätzung darüber („grant related expenditure assessment"), was eine Kommune – orientiert an Erfahrungswerten für durchschnittlich erforderliche Dienstleistungsniveaus in vergleichbaren Gemeinden – ausgeben sollte (Byrne 1985: 201). Um das Niveau und die Qualität ihrer Dienstleistungen aufrechtzuerhalten, reagierten nun viele Local Authorities, allen voran diejenigen Londons, damit, ihre kommunalen Eigentumssteuern zu erhöhen. So wurden die „Rates" in manchen Londoner Bezirken wie in Ealing und Waltham Forest um 50 Prozent und mehr heraufgesetzt, um Dienstleistungsdefizite auszugleichen, die – so die Argumentation – von den vorhergehenden Konservativen Councils hinterlassen worden waren (Gyford/Leach/Game 1989: 311). Kommunen mit einem besonders hohen Anteil an Armutsbevölkerung haben Schwierigkeiten, die festgelegten Ausgabengrenzen nicht zu überschreiten. Das Greater London Council und die Inner London Education Authority hielten sich infolgedessen auch nicht daran: das Greater London Council Budget lag 1983 53 Prozent über der Linie, die die Regierung festlegt hatte (Forrester/Lansly/Pauley 1985: 41). Beide wurden von der Regierung als notorische „Overspenders" gerügt. Um die Erhöhung der lokalen Steuern zu verhindern, schrieb die Regierung eine gesetzliche Obergrenze lokaler Steuern vor (rate-capping), worauf einige von Labour kontrollierte Borough Councils in London und andere metropolitane Councils damit reagierten, daß sie zu einem offenen Boykott der nationalen Gesetzgebung durch Nicht-Implementation aufriefen. So weigerten sich beispielsweise Bezirke von London wie Bromley und Lambeth in London sowie die Metropolitan County Councils von Liverpool und Sheffield einfach, Steuersätze und Budgets innerhalb der restriktiven Richtlinien der Regierung zu verabschieden, woraufhin 1986 80 Labour Councillors aus Lambeth (London) (und Liverpool) durch ein Gerichtsurteil des High Court mit einer persönlichen Buße („surcharge") zwischen 5000 und 8000 Pfund belegt und für fünf Jahre von öffentlichen Ämtern gesperrt wurden (Gurr/King 1987: 176). Diese Opposition der Labour Councillors brach dann zusammen, unter anderem, weil diese andere Mittel und Wege fanden, die Kürzung von Leistungen zu umgehen und gleichzeitig die legalen Steuersätze einzuhalten. Ungeahnte Phantasie und Akribie wurden entwickelt, um Methoden des „creative accounting" zu entfalten: Kredite wurden umgeschuldet, Spezialfonds geschaffen, Hypothekarkredite verkauft (Gyford/Leach/Game 1989: 309), um mehr Einnahmen zu gewinnen. Die Mehrheit der Labour Councillors schwenkten vom Boykott auf diesen „moderaten" Kurs der Einhaltung der gesetzlichen Steuersätze ein, zumal ihr Parteivorsitzender Neil Kinnock ihnen auf der Höhe des „Rate-capping"-Kampfes nahegelegt hatte: „Better a dented shield than no shield at all. Better a Labour council doing its best to help than Government placemen extending the full force of Government policy" (zit. nach Gyford/Leach/Game 1989: 309)[8].

Nach dem ersten Teil des Dramas, in dem die Regierung nicht eben erfolgreich die kommunalen Ausgaben einzudämmen gesucht hatte[9] – die Regierung gestand ein, daß die laufendenden Ausgaben der Kommunen in den 80er Jahren real um jährlich

1,5 Prozent gestiegen waren (Rhodes 1991: 98) –, holte die Konservative Regierung über die fiskalische Ebene hinaus zu weit drastischeren institutionellen Maßnahmen aus: Die Local Authorities sollten radikal umgestaltet werden. Ganz unverblümt brachte das White Paper „Streamlining the Cities" des Department of the Environment die Intention zum Ausdruck, daß die oberste kommunale Ebene, d.h. die sechs Metropolitan County Councils und das Greater London Council, abzuschaffen sei. 1985 wurden die Funktionen der Metropolitan Governments auf die untere Ebenen der District Councils verlagert und, im Falle von London, auf eine Anzahl von Joint Boards, die stadtweite Dienstleistungen in den Bereichen Feuerschutz, Polizeischutz, Transport erbringen (Wheen 1986: 35). Diese „quasi-elected local government organizations" (QUELGOs) wie das London Regional Transport Board verfügen über das Recht zu substantiellen Mittelvergaben. Ihre Mitglieder bestehen aus Delegierten lokaler Councils sowie nominierten Vertretern von Interessengruppen. Die Council Delegierten auf diesen Boards sind ihrer Wählerschaft nur indirekt verantwortlich, und entziehen sich einer direkten demokratischen Kontrolle. Greater London existiert damit als politische Einheit nicht mehr. Die Metropole als Ganzes verfügt über keine politisch-organisatorische Form, über keine politische Arena, in der alle Belange der Stadt diskutiert und Konflikte ausgetragen werden können, und an dieser orientiert sich auch ein politisches Engagement und eine politische Identifizierung mit der Stadt herausbilden kann. Sie ist vielmehr politisch und administrativ fragmentiert. Die Regierung begründete die Notwendigkeit dieser institutionellen Reform damit, daß die metropolitane County Ebene über zu wenige Aufgaben verfüge, daß sie mit ihren Mitteln verschwenderisch umgegangen sei, daß sich zu viele Konflikte mit den District Councils ergeben hätten.[10] Überwölbt und entscheidend geprägt wurde das Ganze jedoch durch die beschriebenen ideologisch-parteipolitischen Policy-Differenzen zwischen den Labour dominierten Metropolitan Councils und der Regierung in der Beschäftigungs- und Wirtschaftsförderungspolitik. Gerade die Ebene der großen Metropolitan Councils und des Greater London Council war es jedoch, die aufgrund ihrer heterogenen Bevölkerungsbasis und ihres großen Mittelpools aber in der Lage war, auch Umverteilungsentscheidungen herbeizuführen (Flynn/Leach/Vielba 1985).

Ironischerweise verhalf die Regierungskampagne zur Abschaffung des Greater London Councils (und der Metropolitan County Councils) diesen zu bisher unbekannter Beliebtheit; die Öffentlichkeit lehnte mehrheitlich die „Abolition" ab. Als dies dennoch geschah, erwuchs Labour ein wahlpolitischer Vorteil in den Kommunalwahlen von 1986: Die Partei gewann all die Council-Sitze zurück, die sie 1982 während der Falkland Krise an die Konservativen verloren hatte, und erlangte die Kontrolle über die Borough Councils von Brent, Ealing, Hammersmith and Fulham and Waltham Forest sowie die Mehrheit in der neu direkt gewählten Inner London Education Authority (ILEA) (Gyford/Leach/Game 1989: 306). Weil eine beträchtliche Zahl von Labour Councillors aufgrund der High Court Entscheidung in der Frage Rent-Capping für 5 Jahre von der Berwerbung um politische Wahlämter gesperrt waren, betrat eine neue, radikalere Generation von Labour Councillors, einschließlich einer großen Zahl von Frauen und Schwarzen, die politische Bühne: „The new urban left flourished in metropolitan areas" (Rhodes 1991: 98).

Es waren inbesondere diese neuen Councillors, die sich auf die Strategie des „Creative Accounting" verlegten, und sich auf offensiv um eine Politik der Chancengleichheit, der Anti-Nuklear- und Anti-Apartheidpolitik bemühten. Diese Aktivitäten wurden wiederum genüßlich von der Konservativen Parteizentrale und der Regenbogenpresse benutzt, um eine Kampagne gegen die „Loony Left"-Labour Councillors in Brent, Haringey, Lambeth, Wouthwark, Camden, Hackney, Islington und Ealing zu lancieren (MacGregor/Pimlott 1990: 14). „It was estimated that between 1981 and 1987 there were some 3000 of these 'loony left' stories in the national tabloids alone, a large proportion of which were partially or entirely fabricated, and all of which were aimed at swinging public and political opinion against a relatively small number of mainly inner London Labour councils" (Gyford/Leach/Game 1989: 312). Diese Bemühungen blieben nicht ohne Erfolg. In der General Election von 1987 wandten sich viele weiße traditionelle Labour Wähler von ihrer Partei ab, um gegen die „crazy schemes" zu protestieren, die angeblich von den „Loony London Councils" unterstützt und finanziert wurden (Gyford/Leach/Game 1989: 312). Damit war vorerst die Hoffung auf eine erneute Labour Regierung geschwunden. Als auch der Boykott gegen das zentral verordnete „Rate-Capping" zusammenbrach, verbreitete sich auch unter den Labour Councillors in London Ernüchterung und stärkerer fiskalischer Realismus; allerdings gingen dem erbitterte Auseinandersetzungen innerhalb der Partei voraus. „There is more talk (among Labour Councillors, A.W.-H.) of 'making the system work', 'making services better', and of the need to improve management and training, develop new financial procedures, introduce value for money audits, performance monitoring and review, and make some hard choices about increasing efficency'" (Labour Co-Ordinating Committee 1988: 49f.).

Insgesamt brachten die „institutionelle Reform" und die Maßnahmen zur fiskalischen Zentralisierung ein Weniger an politischer Teilhabe, eine stärkere Betonung der reinen Dienstleistungsfunktionen der Local Authorities sowie eine Erhöhung des Einflusses der lokalen Beamten. Denn die Zentralregierung gibt die Ausgabenhöhe der Kommunen vor („Precept-capping"), und die Vielzahl an Joint Boards u.a., die Funktionen des Greater London Council übernommen haben, sind demokratisch nicht legitimiert und fördern eine Depolitisierung von Local Government (Gyford/Leach/Game 1989: 299ff.).

Nach 1987 wurden weitere Maßnahmen verabschiedet, deren Ziel es ist, die politischen Entscheidungsräume der Local Governments weiter auszuzehren und die letzten Spuren des „Municipal Socialism" zu tilgen: Der Local Government Finance Act von 1988 beschloß die Abschaffung der domestic rates und führte eine „flat-rate community charge" oder „Poll tax" für alle Erwachsene ein (Gibson 1990: 152); die lokalen kommerziellen Steuern wurden 1988 durch uniforme zentral freigesetzte Business rates ersetzt (Rhodes 1991: 100). Im Education Reform Act von 1988 wurde einzelnen Schulen die Möglichkeit eröffnet, auf mehrheitlichen Wunsch der Eltern hin aus dem Schulsystem der Local Authorities auszutreten, und direkt von der Zentralregierung über Grants finanziert zu werden; die Finanzbefugnisse sowie das Recht, Lehrer einzustellen von Schulleitern und schulischen Beiräten wurden erhöht. Der Housing Act von 1988 führte das Recht für Mieter von kommunalen Wohnungen ein, einen Vermieter ihrer

Wahl zu bestimmen, sei es eine gemeinnützige Wohnungsgesellschaft oder privater Vermieter, oder ihr Haus zu kaufen (Gyford/Leach/Game 1989: 315f.).
Die Kosten, die für London dafür entstanden, daß es gegen den Strom der Politik des Zentralstaats schwamm, waren somit hoch: Die politische Einheit Greater London wurde abgeschafft, administrativ zerstückelt, kommunale Aufgaben in Teilen privatisiert. Alle Kommunen wurden finanziell an enge Zügel gelegt (bis zu 75 Prozent der kommunalen Einnahmen sind durch die Regierung bestimmt – Rhodes 1991: 105). Trotz der Evidenz dieser Wirkungen für die politische Einheit London und des Handlungsspielraums der verbliebenen Bezirkseinheiten soll das nicht heißen, daß die Zentralregierung ihre Ziele der kommunalen Ausgabenkürzung und des politischen „Streamlining“ erreicht hat. Mit wenigen Ausnahmen „... Instability, ambiguity and confusion, not 'cuts', were the products of its actions. The relationships between central and local government was a policy mess. No level of government could attain its objectives“ (Rhodes 1991: 105).

4.2 New York City

New York, das im Gegensatz zu Greater London, zunächst auf der Woge der nationalstaatlichen Politik der Armutsbekämpfung mitschwamm, mit deren Hilfe die Wohlfahrtsleistungen der Stadt weiter ausbaute, hielt zunächst trotz der veränderten Zeichen in der Republikanischen Bundespolitik und trotz heraufdämmernder Finanzkrise an der Stoßrichtung seiner Politik fest. Unter diesen Bedingungen erteilte die Ford Administration der Stadt jedoch eine schroffe Absage, als sich diese hilfesuchend nach Washington wandte, um die finanzielle Krise zu überwinden. Damit hatte New York zunächst keine Wahl, als zu versuchen, sich selbst zu helfen und einen dezidierten Sparkurs in allen städtischen Leistungsbereichen einzuschlagen, Personal abzubauen, Wohlfahrtszahlungen einzufrieren, Armutsprogramme auslaufen zu lassen, die Preise für den öffentlichen Nahverkehr anzuheben und an der City University Gebühren einzuführen: Der New Yorker „Wohlfahrtsstaat“ fiel auseinander. All diese Maßnahmen reichten jedoch bei weitem nicht aus, um das Finanzdefizit der Stadt zu beheben und die Kreditfähigkeit der Stadt zu reetablieren.
Nach der ersten Absage durch Washington suchte eine heterogene Koalition von Wirtschaft, Gewerkschaften und Politikern – mit mehr Erfolg – nun Druck auf einer anderen Ebene auf die Bundesregierung auszuüben, derjenigen der ökonomisch-finanziellen „Saliency“ der Stadt. Immer wieder wiesen die New Yorker Banken und Investment Firmen in ihren Gesprächen mit Kongreßmitgliedern auf die Gefahr hin, daß ein finanzieller Konkurs der Stadt viele Dritte (271 Banken in 34 Staaten, die jede zu mehr als 20 Prozent ihrer Gesamteinlagen Wertpapiere der Stadt hielten) in den Sog finanzieller Probleme reißen würde, denn ca. 160.000 Investoren in den USA hielten New Yorker Wertpapiere. Rund zwei Drittel davon im Werte von $ 4,9 Mrd. waren im Besitz von Versicherungsgesellschaften, Renten-Fonds, weitere im Wert von rd. $ 3 Milliarden im Besitz kommerzieller Banken (Savitch 1990: 258). Hatte die Betonung der Dringlichkeit der Aufrechterhaltung städtischer sozialer Leistungen die Bundes-

regierung in keiner Weise überzeugt, so erwies sich diese Argumentation als sehr viel wirksamer und weichte die starre Ablehnung von Washington auf. Ford bat den Kongress, eine Anleihe des Schatzamtes an die Stadt zu genehmigen, was schließlich vom Repräsentantenhaus mit 213 zu 203 Stimmen angenommen wurde. Nur 38 Republikanische Repräsentanten stimmten dafür; allein ein Drittel von ihnen kamen aus New York State. Im Senat wurde die Vorlage mit 57 zu 30 Stimmen angenommen, nachdem zunächst ein Filibuster die Entscheidung zu verhindern suchte (Morris 1980). Das Gesetz, der New York Seasonal Financing Act, autorisierte Anleihen bis zu $ 2,3 Mrd. pro fiskalischem Jahr für die Stadt bis 1978, die jährlich zurückbezahlt werden mußten. Die Stadt akzeptierte ihrerseits ein Schuldenmoratorium für kurzfristige Wertpapiere, die Municipal Unions erklärten sich mit Lohnstops einverstanden und stellten große Teile ihrer Pensionsfonds zur Verfügung, um städtische Wertpapiere zu kaufen (Lankevich/Furer 1984).

Einen hohen Preis für die Unterstützung durch Zentralstaat und Einzelstaat hatte New York City auf der politischen Ebene zu bezahlen, wurden seine demokratischen Entscheidungsrechte im Haushaltsprozeß doch drastisch beschnitten und sind bis heute nicht ganz restituiert. Auf Druck des Staates New York und der Industrie hin wurden finanzielle Überwachungsinstitutionen eingerichtet, die das Haushaltsgebaren, die Wertpapierveräußerung und das Investitionsverhalten der Stadt überwach(t)en: Das Emergency Financial Control Board kontrollierte das Budget, den Investitonsplan und alle städtischen Verträge. Ein spezieller stellvertretender State Comptroller überwacht die Haushaltsführung der Stadt und die Municipal Assistance Corporation übernahm die Aufgabe, Wertpapiere für die Stadt zu verkaufen. Sie behält auch einen Teil der städtischen Steuereinnahmen. Die Stadt kam also 1975 unter finanzielle Tutèle, die in Teilen bis heute fortbesteht.

Immerhin verblieb der Metropole aufgrund ihrer „politischen Saliency" die Genugtuung, daß sie mithilfe ihres Stimmenpools die Wiederwahl von Gerald Ford verhinderte und sich damit für dessen erste brüske Zurückweisung der um Hilfe suchenden Stadt („Drop Dead, New York") „rächen" konnte. Die Äußerung Fords wurde von der Demokratischen Wahlkampfführung 1976 dankbar aufgegriffen und mit der Behauptung, der Demokratische Präsidentschaftskandidat, Jimmy Carter, hätte der Stadt seine Hilfe nie so brutal verweigert, ausgeschlachtet. Ford verlor – gemäß dem „Winner-take-all"-Prinzip – die Elektorenstimmen des Staates New York mit der knappen Marge von 276.000 von 6,4 Millionen abgegebenen Stimmen (Carter erzielte 3.335.433 Stimmen, Ford 3.059.154) (Lynn 1976: A1). Von den 2.144.701 in New York City abgegebenen Stimmen gingen 1.423.389 oder 66 Prozent an Carter (Scammon/McGillivray 1988: 352). Carter gewann die Stadt mit einem respektablen Vorsprung von 696.000 Stimmen. Dieses Ergebnis muß vor dem Hintergrund gesehen werden, daß in den Jahren davor Republikaner wie Senator Javits, Gouverneur Nelson Rockefeller und Richard Nixon die Mehrheit der Stimmen der Stadt nur sehr knapp gewonnen oder verfehlt hatten (Lynn 1976: A1). Hätte Ford jedoch die 41 Elektorenstimmen des Staates New York gewonnen, wäre er wiederum Präsident geworden.

Unter Präsident Carter und Bürgermeister Edward Koch, der als ehemaliges Mitglied des Repräsentantenhauses über vielfältige nützliche Kongreßkontakte verfügte, war

es für die Stadt leichter, das Weiße Haus und den Kongreß nochmals um finanzielle Hilfe anzugehen. 1978 wurde New York eine langfristige Kreditbürgschaft bis zu $ 1,65 Mrd. über 15 Jahre zugestanden.
Jedoch blieb die Kürzungspolitik bestehen und kam unter Koch in ihrer vollen Schärfe zum Tragen. Die Bestrebungen waren darauf gerichtet, Unternehmen in der Stadt zu halten oder neu anzusiedeln (Fainstein 1987). Durch Steueranreize, Deregulierung und Zuschüsse wurde Washington signalisiert, daß New York nicht mehr die „Wohlfahrtsmetropole" sei, sondern ein freundliches Klima für die Wirtschaft biete, „... that it is a place to create jobs and to make a buck" (Koch 1976). Kommerzielle und residentielle Bauherren erhielten Förderungen und Steuerstundungen, um verlassene Grundstücke und Gebäude zu rehabilitieren, neue Gebäude zu errichten, auch in den dicht besiedelten Gebieten von Manhattan. Paradoxerweise nahm die „Wohlfahrtsmetropole New York" mit ihrer Politik der Wirtschaftsförderung und der „Trickle-Down" Sozialpolitik für die ärmeren New Yorker in den ersten 8 Jahren der Koch Administration wichtige Elemente der neokonservativen Politik von Reagan in den 80er Jahren voraus.

5. *Schlußfolgerungen*

Eine Metropole verfügt über Ressourcen in Form eines massierten Wählerpotentials, ökonomischer Führungsfunktionen im weltweiten Maßstab, soziokultureller Spitzenleistungen, die es ihr erleichtern, die Politik des Zentralstaates unter bestimmten Bedingungen herauszufordern und einen eigenen innovativen politischen Kurs zu verfolgen, der der Politik der Zentralregierung entgegegenläuft.
Die Herausforderer-Rolle (Jain 1991: 3) von Metropolen wird begünstigt, wenn unterschiedliche parteipolitische Mehrheiten auf Zentralstaats- und Stadtebene regieren. Wird deren Politik durch effektive politische Organisationen getragen, die zu kohärentem und integriertem Handeln fähig sind, um Policy-Initiativen durchzusetzen und gegenüber den höheren politischen Ebenen zu behaupten, und werden diese von breiten sozialen Kräften in der Stadt unterstützt, so erhöht sich deren politische Herausgehobenheit und deren Durchsetzungschancen gegenüber dem Zentralstaat.
Im Falle von London ist diese Voraussetzung einer divergierenden parteipolitischen Mehrheit auf zentraler und lokaler Ebene gegeben, und führte zu einer entschiedenen von Labour getragenen alternativen Politik durch das Greater London Council. Um diese auszuschalten, schaffte die Regierung die politische Einheit Greater London und die Metropolitan County Councils ab, und nahm die Kommunen eng an die fiskalische Leine. Heute gibt es keine gesamtstädtische politische Bühne Londons mehr, gerade weil diese als oppositioneller Akteur gegen die Zentralregierung angetreten war. Geblieben sind die 14 Bezirks Councils, sowie ein Konglomerat von quasi-gouvernementalen Organisationen, die demokratisch nur partiell und indirekt verantwortlich sind, und sich aus Council- und Verbandsmitgliedern rekrutieren.
New York City verfügt zwar über einen gesamtstädtischen rechtlich-politischen Rahmen, der politische Prozeß der Stadt befindet sich jedoch in einem Prozeß der „Desorganisation". Zwei Faktoren schwächen das politische Potential der Stadt: Die das

politische System der Stadt prägende Demokratische Partei, hat auf der gesamtstädtischen Bühne aufgrund verschiedener Faktoren wie des Einflusses des Fernsehens an Macht eingebüßt; gleichzeitig hat der wirtschaftliche und soziale Strukturwandel in der Stadt, die hohen Zahlen von nicht-weißen Einwanderern, der Bedeutungsverlust der Gewerkschaften im privaten Sektor, die Feminisierung der Arbeitskräfte zu einer Auflösung der alten Konfliktlininen und politischen Koalitionsstrukturen beitragen und eine relative Desorganisiertheit (Mollenkopf 1987) des politischen Systems der Stadt entstehen lassen, in dem sich deutliche neue Cleavage Strukturen und stabile Koalitionsmöglichkeiten nicht erkennen lassen. Damit geht eine relativ hohe politische Indifferenz und geringe Beteiligung einher, sei es in Form von Wählerregistrierung, Teilnahme an Wahlen und Vorwahlen, des Parteiengagements, oder der Beteiligung an Stadtteil-Politik. Die dezentralen Organisationen, die zu einer Wiederbelebung von kleinräumigen politischen Netzwerken auf der Ebene der Stadtteile beitragen könnten, wie die Local Community Boards und die Local School Boards werden jedoch von den auf Bezirksebene noch funktionierenden Demokratischen Parteiorganisationen für ihre Patronagezwecke instrumentalisiert. So gehen von diesen keine neuen programmatische Anstöße aus, die einer Erneuerung der städtischen Politik dienen könnten. Die Regierung von Bürgermeister David Dinkins unternahm zwar schüchterne Versuche, eine neue liberale Koalition von Schwarzen, Latinos, Gewerkschaften und einigen Demokratischen Clubs zu bauen, um eine Politik des sozialen Ausgleichs in der Stadt auch gegen die Gezeiten der nationalen Politik der Bush Regierung zu verfolgen. Angesichts der zunehmenden rassischen Polarisierung in der Stadt sowie der erneuten restriktiven Bedingungen einer erneuten fiskalischen Krise, in der New York sich befindet, sind diesen Bestrebungen jedoch sehr enge Grenzen gesetzt.

Weltstädte sind somit, obwohl ökonomische Riesen, zuweilen politische Zwerge, denn ihr politisches Potential, ihre wirtschaftlichen Funktionen als Command-and-Control Center der Weltwirtschaft und ihre soziokulturellen Führungsfunktionen übersetzen sich nicht einfach in politische Stärke nach innen, sondern werden durch vielfältige Faktoren der politischen Verfassung und politisch effektiven Organisation, der parteipolitischen Mehrheiten, der konjunkturellen Lage, der soziopolitischen Struktur der Wählerschaft u.a.m. geprägt.

Anmerkungen

1 Die Herausgehobenheit einer Metropole hängt auch vom Rahmen des nationalen Territorialstaates ab. Ist er groß, steigert er die Bedeutung der Metropole. So hat etwa die Auflösung der österreichisch-ungarischen Monarchie die Bedeutung von Wien in seiner geographischen Randlage in einem kleinen neutralen Territorium zurückgehen lassen. Seit 1918 ist Wien keine Weltstadt mehr (Sutcliffe 1986: 14).

2 Die Geschichte der Entwicklung der Polizei in westlichen Gesellschaften zeigt das Interesse des Staates daran, die öffentliche Ordnung in Städten aufrechtzuerhalten. So wurde in Paris 1667 durch die politischen Eliten die erste gesonderte Polizeikommandantur geschaffen. Diese wurde dem Monarchen und nicht der kommunalen Verwaltung unterstellt. In London wurde 1829 eine uniformierte Polizei eingerichtet und auch der Zentralregierung, nicht der Kommune unterstellt, damit der Zentralstaat die Massen in London kontrollieren konnte

(Gurr/King 1987: 33). Es läßt sich für verschiedene europäische Städte zeigen, daß professionelle städtische Polizeikräfte eingerichtet, ausgedehnt und reformiert wurden, nachdem es Ausbrüche kollektiver politischer Gewalt gegeben hatte (Bayley 1975: 360). In den USA waren Aufruhre und Verbrechen ein typischer Zug der städtischen Landschaft im 19. Jahrhundert. Es gab keine effektiven öffentlichen Mittel, um diese zu kontrollieren bis zur Einrichtung einer uniformierten Polizei in New York City 1853, die dem Vorbild von London folgte.

3 Gleichzeitig bildet die Verfassung der Metropole selbst eine wichtige Rahmenbedingung für den Verlauf eines Konfliktes zwischen Stadt und Staat. So beispielsweise der Grad der politischen Dezentralisierung innerhalb der Metropole. Sind die Rechte der dezentralen politischen Einheiten stark ausgebildet, und bieten sich diese als politische Bühnen für unterschiedliche parteipolitische Akteure an, um ihre Konflikte auszutragen, so können die Beziehungen zum Zentralstaat über die Binnenkonflikte in den Metropolen stark bestimmt werden. So entwickelte sich in London beispielsweise ein Zwist zwischen den von Labour einerseits und von den Konservativen regierten Councils andererseits über einen angemessenen Gegenkurs des Greater London Council in der Transportpolitik (Rhodes 1991: 87). Ganz anders erstickt die faktische Einparteien-Herrschaft der Demokratischen Partei in New York City eine gewichtige Oppositionsfunktion der Local Community Boards und der Local School Districts, weil diese durch die Demokratischen Partei-Organisationen weitgehend instrumentalisiert werden.

4 Die Tradition der rebellischen Labour Councils, deren Forderungen über diejenigen des konventionellen Municipal Labourism herausgingen, bildete sich schon in den 20er Jahren heraus. Er entzündete sich in der Regel daran, daß die Councils das, was die Bedürfnisse der örtlichen Gemeinschaft waren, anders interpretierten als die Zentralregierung und das Parlament. „This phenomenon of the 'rebel' council took an early and dramatic shape in the 1920s in the case of Poplar where Labour controlled both the borough council and the board of guardians who administered the Poor Law. In a protest against the government's failure to equalize the rate burden as between rich and poor areas of London the council refused in 1921 to levy the precepts of the London County Council, the Metropolitan Police and the Metropolitan Asylums Board. Thirty councillors were sent to prison where they remained for six weeks ...; but legislation was soon passed which secured a pooling of the cost of outdoor poor relief in London ... In 1922 the Minister of Health issued an Order prohibiting payment of relief in excess of the approved scale and imposing surcharges on the guardians for payments over the limit. The payments continued however and not attempt was made to apply the Order or to collect the surcharge" (Gyford 1985: 10f.) Nachdem das Armengesetz 1929 abgeschafft worden war und die Guardians durch Local Authority Public Assistance Committees ersetzt worden waren, folgten mehr als 20 lokale Behörden dem Vorbild von Poplar und zahlten den Arbeitslosen höhere Unterstützungsbeiträge, als die Regierung dies vorschrieb. Dies mündete in die „... the most widespread rebellion by local government in the 20th century" (Stevenson 1984 nach Gyford 1985: 11). Der Begriff „Poplarism" wurde für die Konservativen zum Synonym für die Herausforderung der Zentralregierung durch – gewöhnlich – Labour kontrollierte Local Authorities, die mehr ausgeben wollten, als die Zentralregierung zuließ. Aber auch für die zentrale Führung der Labour Partei wurde Poplarism zum Inbegriff zur Verachtung von Central Government Statesmanship und wurde als potentielle Herausforderung einer Labour Regierung in Frage gestellt und kritisiert (Gyford 1985: 12).

5 Die „Wet Conservatives" betonen weiterhin die Notwendigkeit, öffentliche Dienstleistungen zu erbringen.

6 In London gibt es keine lokale Polizeibehörde. Einige Labour Councils, so das GLC und 10 Bezirke, haben deswegen 1982 ihre eigenen Polizei Komitees eingerichtet. Insbesondere sollte damit das Verhalten der Polizei gegenüber ethnischen Minderheiten verbessert werden (Gyford 1985: 48).

7 Im Zusammenhang mit der IMF Anleihe für Großbritannien sah sich die englische Regierung unter verstärktem Druck, die Staatsausgaben einzuschränken, so auch für die local authorities für die die Zuschüsse nicht mehr automatisch der Inflationsrate angepaßt wurden.

8 Die Labour Councillors, die „Creative Accounting" betrieben, hatten gehofft, daß sie damit nur eine Zeitspanne zu überbrücken hätten, um anschließend nach einer von Labour gewonnenen General Election durch eine Labour Regierung mittels erhöhter Zuschüsse saniert zu werden (Labour Co-Ordinating Committee 1988: 8, zit. nach Gyford/Leach/ Game 1989: 310).

9 Die Ausgaben für Dienstleistungen erhöhten sich zwischen 1984/1985 and 1987/1988 um 4 Prozent bei denjenigen Dienstleistungen, die von den Metropolitan County Councils auf die Distrikte übertragen worden waren (Rhodes 1991: 91). Zwischen 1983/84 und 1987/88 stiegen die lokalen laufenden Ausgaben um 11 Prozent in real terms, während die Kapitalausgaben, nachdem sie bis zur Wahl von 1983 um rd. 19 Prozent gestiegen waren, sanken. Die Gesamtzahl der von den Kommunen Beschäftigten erhöhte sich.

10 Die meisten Konflikte zwischen den verschiedenen Local Governments ergaben sich aus der Art und Weise, wie die Grenzen zwischen ihnen in der 1974er Reorganisation gezogen worden waren, nicht aus der Tatsache, daß es zwei Ebenen der kommunalen Verwaltung gibt (Gurr/King 1987: 178).

Literatur

Bayley, David H., 1975: The Police and Political Development in Europe, in: *Charles Tilly* (Hrsg.), The Formation of National States in Western Europe, Princeton, 328-379.

Benjamin, Gerald, 1987: The Political Relationship, in: *Gerald Benjamin* und *Charles Brecher* (Hrsg.), The Two New Yorks, State-City Relations in the Changing Federal System, New York: Russell Sage Foundation, 107-150.

Benyon, John/John Solomos, 1990: Action and Inaction in the Cities, in: *Susanne MacGregor* und *Ben Pimlott* (Hrsg.), Tackling the Inner Cities, a.a.O., 22-43.

Byrne, Tony, 1985: Local Government in Britain, Harmondsworth: Penguin Books.

Caro, Robert A., 1975: The Power Broker. Robert Moses and the Fall of New York, New York: Vintage Books.

Castells, Manuel, 1983: The City and the Grassroots, Berkeley, Calif.: University of California Press.

Cockburn, Cynthia, 1975: The Local State, Management of Cities and People, London: Pluto Press.

Ehrenhalt, Samuel M., 1987: Looking to the 90s: Continuity and Change, Paper Presented at the 20th Annual Institute on Challenges of the Changing Economy of New York City, Sponsored by the New York City Council on Economic Education, New York.

Ewers, H.J./J.B. Goddard/H. Matzerath (Hrsg.), 1986: The Future of the Metropolis, Berlin, London, Paris, New York, Economic Aspects, Berlin, New York: Walter DeGruyter.

Fainstein, Susan, 1987: Local Mobilization and Economic Discontent, in: *Michael Peter Smith* und *Joe R. Feagin* (Hrsg.), The Capitalist City, Oxford, New York: Basil Blackwell, 323-342.

Flynn, Norman/Steve Leach/Carol Vielba, 1985: Abolition or Reform? The GLC and the Metropolitan County Councils, London: George Allen and Unwin.

Forrester, Andrew/Stewart Lansley/Robin Pauley, 1985: Beyond Our Ken: A Guide to the Battle for London, London: Fourth Estate.

Fothergill, Stephen/Graham Gudgin, 1982: Unequal Growth, Urban and Regional Employment Change in the UK, Heinemann Educational Books.

Gibson, John, 1985: Why Block Grant Failed, in: *Stewart Ranson, George Jones* und *Kieron Walsh* (Hrsg.), Between Centre and Locality, 58-80.

Gibson, John, 1990: The Implications of the Reform of Local Government Finance for the Inner Cities, in: *Susanne MacGregor* und *Ben Pimlott* (Hrsg.), Tackling the Inner Cities, a.a.O., 148-174.

Goldsmith, Michael/Kenneth Newton, 1983: Central-Local Relations: The Irresistible Rise of Centralised Power, in: West European Politics, 26-233.

Gottdiener, Michael, 1987: The Decline of Urban Politics, Political Theory and the Crisis of the Local State, Newbury Park u.a.: Sage Publications.

Gurr, Ted Robert/Desmond S. King, 1987: The State and the City, London: Macmillan Education Ltd, Houndmills.

Gyford, John, 1985: The Politics of Local Socialism, London, Boston, Sydney: George Allen and Unwin.

Gyford, John/Steve Leach/Chris Game, 1989: The Changing Politics of Local Government, London u.a.: Unwin Hyman.

Hall, Peter, 1986: National Capitals, World Cities and the New Division of Labour, in: *H.J. Ewers, J.B. Goddard* und *H. Matzerath* (Hrsg.), The Future of the Metropolis, a.a.O., 135-148.

Jain, Purnendra, 1991: Subsidiary, Supporter or Challenger? National-Local Relations in Japan, prepared for presentation at the XVth World Congress of the International Political Science Association, July 21-25, Buenos Aires.

Keeble, David, 1986: The Changing Spatial Structure of Economic Activity and Metropolitan Decline in the United Kingdom, in: *H.J. Ewers, J.B. Goddard* und *H. Matzerath* (Hrsg.), The Future of the Metropolis, a.a.O., 171-199.

Labour Co-Ordinating Committee, 1988: Labour Councils in the Cold: A Blueprint for Survival, LCC, January.

Lampard, Eric E., 1986: The New York Metropolis in Transformation: History and Prospect. A Study in Historical Particularity, in: *H.J. Ewers, J.B. Goddard* und *H. Matzerath* (Hrsg.), The Future of the Metropolis, a.a.O., 27-110.

Lankevich, George J./Howard B. Furer, 1984: A Brief History of New York City, Port Washington, N.Y., New York City, London: National University Publications, Associated Faculty Press, Inc.

Lynn, Frank, 1976: Democratic Riding Crest in New York, in: New York Times, 15.11.1976, A1, A29.

MacGregor, Susanne/Ben Pimlott (Hrsg.), 1990: Tackling the Inner Cities, The 1980s Reviewed, Prospects for the 1990s, Oxford: Clarendon Press.

Mollenkopf, John H., 1987: The Decay of Reform, One-Party Politics: New York Style, in: In Search of New York, Special Issue, Fall, Dissent, 492-495.

Morris, Charles R., 1980: The Cost of Good Intentions, New York City and the Liberal Experiment, 1960-1975, New York, London: W.W. Norton & Company.

Newton, Kenneth/T.J. Karran, 1985: The Politics of Local Expenditure, London: Macmillan.

Parkinson, M., 1986: Creative Accounting and Finanical Ingenuity in Local Government: the Case of Liverpool, in: Public Money 5, 4, 27-32.

Parkinson, M., 1986: Decision-making by Liverpool City Council: setting the rate 1985-86, in: Aspects of Local Democracy, research Volume IV, Committee of Inquiry into the Conduct of Local Authority Business, HMSO, 36-80.

Ranson, Stewart/George Jones/Kieron Walsh (Hrsg.), 1985: Between Centre and Locality, London et al.: Allen and Unwin.

Rees, Gareth/John Lambert, 1985: Cities in Crisis, The Political Economy of Urban Development in Post-War Britain, London: Edward Arnold.

Rhodes, R.A.W., 1986: The National World of Local Government, London: Allen and Unwin.

Rhodes, R.A.W., 1991: Now Nobody Understands the System: The Changing Face of Local Government, in: *Philip Norton* (Hrsg.), New Directions in British Politics, Essays on the Evolving Constitution, Aldershot, Hants: Edward Elgar Publishing Company, 83-112.

Savitch, H.V., 1990: The Federal Impact on City Politics, in: *Jewel Bellush* und *Dick Netzer* (Hrsg.), Urban Politics, New York Style, Armonk, N.Y., London: M.E. Sharpe, Inc., 245-267.

Scammon, Richard M./Alice V. McGillivray, 1988: America at the Polls 2, A Handbook of American Presidential Election Statistics, 1968-1984, Congressional Quarterly, Washington.

Shefter, Martin, 1980: New York City's Fiscal Crisis: The Politics of Inflation and Retrenchment, in: *Charles H. Levine* (Hrsg.), Managing Fiscal Stress, Chatham, N.J.: Chatham House Publishers, 71-94.

Smith, Michael Peter (Hrsg.), 1984: Cities in Transformation, Class, Capital and the State, Beverly Hills, London, New Delhi: Sage Publications.

Smith, Michael Peter/Joe R. Feagin (Hrsg.), 1987: The Capitalist City, Oxford, New York: Basil Blackwell Ltd.

Stewart, John, 1985: Dilemmas, in: *Stewart Ranson, George Jones* und *Kieron Walsh* (Hrsg.), Between Centre and Locality, a.a.O., 23-35.

Sutcliffe, Anthony, 1986: Historical Dimensions of the Modern Metropolitan Problem, in: *H.J. Ewers, J.B. Goddard* und *H. Matzerath* (Hrsg.), The Future of the Metropolis, a.a.O., 13-26.

Thienel-Saage, Ingrid, 1986: Railroads, Manufacturing and Services as Decisive Factors in Shaping the Metropolis, Berlin 1850 – 1920, in: *H.J. Ewers, J.B. Goddard* und *H. Matzerath* (Hrsg.), The Future of the Metropolis, a.a.O., 117-134.

Tilly, Charles (Hrsg.), 1975: The Formation of the National States in Western Europe, Princeton: Princeton University Press.

Tilly, Charles/Louise Tilly/Richard Tilly, 1975: The Rebellious Century, 1830-1930, Cambridge, Mass.: Harvard University Press.

Townsend, Peter, 1990 Living Standards and Health in the Inner Cities, in: *Susanne MacGregor* und *Ben Pimlott* (Hrsg.), Tackling the Inner Cities, a.a.O., 93-126.

Wheen, Francis, 1986: The Battle for London, London: Pluto Press.

Kommunalfinanzen: Alternative Modelle und britische Städte

Glen Bramley

Beschrieben wird die Entwicklung der britischen Kommunalfinanzen in den letzten Jahrzehnten und Überlegungen zu ihrer Zukunft werden angestellt. Die 80er Jahre werden als eine Zeit der Spannungen bewertet, die letztlich zum teilweisen Zusammenbruch des Systems und zum Verlust des Konsenses, der es zusammengehalten hatte, führten. 1989-90 war das Jahr der grundlegenden Reformen, in deren Mittelpunkt die Einführung der Poll Tax („Kopfsteuer") stand. Es läßt sich bereits absehen, daß die Reform in vielerlei Hinsicht gescheitert ist. Die Wahrscheinlichkeit weiterer einschneidender Reformen ist hoch. Der Einfluß dieser Veränderungen auf die kommunale Finanzierung wird für Bristol und eine Reihe ähnlicher mittlerer Großstädte untersucht.

1. Einleitung

Zukünftige Historiker werden 1990 als Epoche machendes Jahr in der Geschichte der britischen Kommunalfinanzen betrachten. In diesem Jahr wurde die einschneidendste Reform in diesem Jahrhundert durchgeführt: die „Domestic Rates" (kommunale Einkommenssteuer) wurden abgeschafft und die „Poll Tax" oder „Community Charge" (Kopfsteuer für Erwachsene) eingeführt. Daher ist dieser Aufsatz in zwei Teile untergliedert, die die Zeit vor und nach der Poll-Tax, die bisherige Entwicklung und die Zukunftsaussichten der Kommunalfinanzen behandeln. Bevor die 80er Jahre, eine Zeit der Belastung, des Konflikts und der Instabilität in der Beziehung zwischen der Zentralregierung und der lokalen Ebene, dargestellt wird, wird das „traditionelle" System der Nachkriegszeit beschrieben. An den Erfahrungen der wichtigsten mittelgroßen englischen und walisischen Städte, und insbesondere am Beispiel Bristols, sollen die finanziellen Schwierigkeiten empirisch untersucht werden. Danach werde ich mich der jüngsten Reform zuwenden, ihr Grundprinzip erläutern und zeigen, welche Auswirkungen sie insbesondere auf die Städte und den politischen Entscheidungsprozess haben. Es läßt sich bereits resümieren, daß die Reform ein Desaster war und weitere Reformen unausweichlich sein werden. Daher werde ich ich mich abschließend mit Reformvorschlägen sowohl aus der Experten- wie aus der Politikarena beschäftigen und mögliche Auswirkungen unterschiedlicher Systeme auf die Städte und die Beziehung zwischen Zentralregierung und lokaler Ebene aufzeigen.

2. *Vor der Poll Tax*

2.1 Die herkömmliche britische Kommunalfinanzierung

In diesem Abschnitt werden die Merkmale der britischen Kommunalfinanzierung, wie sie sich bis in die 80er Jahre herausgebildet haben, beschrieben. Diese Zeit war durch eine relative Stabilität und Kontinuität, durch Konsens und Interessenausgrenzung gekennzeichnet. Großbritannien ist ein einheitlicher Zentralstaat, kein Bundesstaat, was wichtige Auswirkungen auf das Verhältnis zwischen zentraler, regionaler und kommunaler Gewalt hat (Foster et al. 1980). Trotzdem gibt es grundlegende Unterschiede zwischen Schottland und Nordirland einerseits und England andererseits, die die unterschiedlichen Rechtssysteme und Gesetze widerspiegeln. Wales hatte vor 1980 im Prinzip das gleiche System wie England.

Im internationalen Vergleich wird deutlich, daß die britische Kommunalverwaltung für einige große und wichtige Bereiche zuständig war, besonders im Bildungswesen und im sozialen Wohnungsbau. Während der letzten 30 Jahre betrug der Anteil der Kommunen am Bruttoinlandsprodukt zwischen 8 Prozent (1960 und wieder 1988) und 11,6 Prozent (1976), das entspricht einem Viertel aller Regierungsausgaben (DOE 1989).

Die kommunalen Behörden in Großbritannien erfreuten sich traditionellerweise großer Entscheidungsfreiheit, was die Höhe der steuerfinanzierten Ausgaben betrifft. Dies gilt für einzelne Leistungen, aber auch insgesamt. Die Kreditaufnahme unterlag ständiger Kontrolle, so daß die Zentralregierung letztlich immer in der Lage war, auch die Ausgaben ziemlich genau zu kontrollieren. In der Praxis wurde, zumindest bei einigen Vorhaben, die Genehmigung von Ausgaben von der Ausgabebereitschaft bestimmt, besonders, weil die Gelder oft nicht frei verfügbar waren, sondern durch Kredite finanziert werden mußten. Den britischen Kommunalverwaltungen war es formell verboten, die regelmäßigen Ausgaben durch Kredite zu decken. Verschuldung und Kreditwürdigkeit waren nie ernstzunehmende Probleme.

Eine kommunale Budgetautonomie war dadurch möglich, daß die Kommunalbehörden Zugriff auf eine feststehende und umfassende kommunale Vermögenssteuer, die „Rates", hatten. Die Steuereinkommen aus dieser Quelle deckten ein Drittel bis die Hälfte der Nettosteuerausgaben, während durch Zuweisungen der verbleibende Teil getragen wurde. In die Nettoausgaben fließen keine Einnahmen aus Gebühren ein, also z.B. Mieten, die über die Jahre neben den „Rates" eine ähnlich wichtige Einnahmequelle darstellten. Das zeigt, daß der Löwenanteil der kommunalen Bruttosteuereinnahmen aus frei verfügbaren kommunalen Geldern bestand.

Etwas mehr als die Hälfte der Einnahmen durch die „Rates" kam von Körperschaften (z.B. Unternehmen), etwas weniger als die Hälfte direkt von Einwohnern der Gemeinde, ein Umstand, der bei der neuesten Reform von Wichtigkeit war.

Die Form der Zuweisungen für die Kommunen trug zu deren Autonomie entscheidend bei. Seit 1958 wurden die meisten Zuweisungen in einem allgemeinen Zuschuß („block grant") zusammengefaßt, der nicht an bestimmte Vorhaben gebunden war. Es gab auch zweckgebundene Zuweisungen, die aber nicht unbedingt erloschen, wenn die entsprechenden Ausgaben verfielen. Seit 1948 (und bis 1990) war das britische Sub-

Abbildung 1a: Trends in Revenue Income
(Real Terms Composition of L A Revenues 1948–84 England)

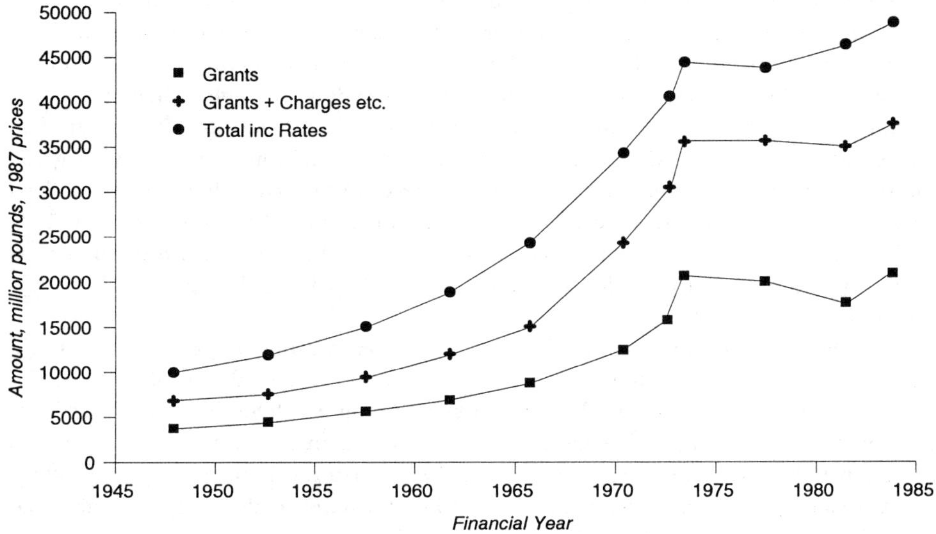

Abbildung 1b: Local Spending and GDP (UK L A Expenditure as % GDP 1958–85)

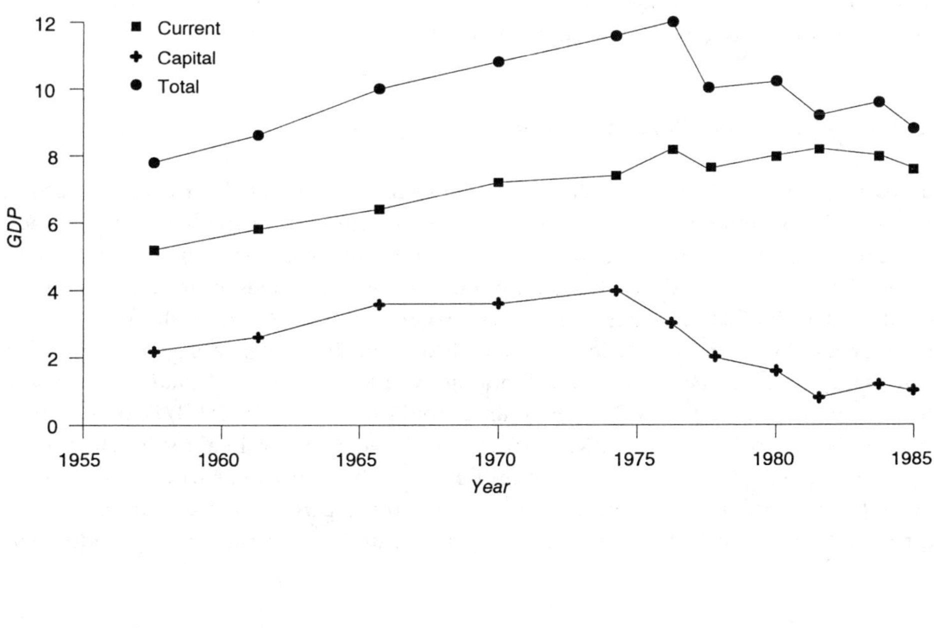

ventionssystem dem „Prinzip des Ausgleichs" verpflichtet. Die kommunalen Behörden erhielten einen Ausgleich (a) für Unterschiede in ihrem kommunalen Steueraufkommen und (b) in gewissem Maß für Unterschiede in ihren relativen Ausgabenotwendigkeiten. Der Umfang und der Perfektionsgrad dieser Ausgleichsmechanismen nahm bis in die frühen 80er Jahre stufenweise zu (Bramley 1990, Kap.1). Die kommunale Autonomie läßt unterschiedliche Dienstleistungs- und Ausgabenniveaus erwarten. Bis zu einem gewissen Grad waren diese Unterschiede auch vorhanden und hielten sich hartnäckig. Andere, ausgleichende Faktoren haben jedoch diese Entwicklung nivelliert und zu der Situation geführt, daß britische Dienstleistungen im internationalen Vergleich relativ gleichförmig erscheinen. Nivellierende Faktoren sind zum einen die Ausgleichssubventionen, zum anderen die Größe der Kommunalbehörden, besonders seit 1974. Andere Faktoren sind die Professionalisierung in den britischen Kommunalverwaltungen, wie auch die richtliniensetzenden Aktivitäten der Zentralgewalt ihrer Aufsichtsämter (Stewart 1983).

Diese Uniformität mag mit einem weiteren Merkmal zusammenhängen, das am Anfang dieses Abschnitts erwähnt wurde: Konsens und Konfliktvermeidung. Bis zu den 80er Jahren war ein Kennzeichen der Kommunalverwaltung im allgemeinen und der Kommunalfinanzverwaltung im besonderen das Hintanstellen der politischen Gegensätze sowie ein hohes Maß an Übereinstimmung. Wenn also die Zentralregierung, wie in den Mittsiebzigern, Ausgabenkürzungen verlangte, wurden die Ausgaben eben gekürzt (Bramley/Stewart 1981). Die Verbände der kommunalen Amtsträger wurden in die Beratungen über gesetzliche und finanzierungstechnische Änderungen miteinbezogen und ihre Ansichten berücksichtigt (Rhodes 1986). Der Grad der Politisierung in den Kommunalverwaltungen war niedrig. Besonders auf dem Land war ein größerer Anteil der Ratsmitglieder nicht in politische Parteien eingebunden. Möglicherweise trug das allgemeine Klima der Steigerung von Sozialausgaben, das die kommunale Ebene einschloß, zur Atmosphäre des Konsenses bei. Juristische Streitigkeiten von lokalen Behörden gegen ministerielle Anordnungen waren selten.

2.2 Das System unter Belastung in den 1980er Jahren

Dieses ausgewogene System war in den 80er Jahren ernsthaften Belastungen ausgesetzt und begann zusammenzubrechen. Eine Reihe von Gründen für die Belastung können genannt werden: Erstens wurden, wie in anderen europäischen Ländern, die finanziellen Grundlagen für Verwaltungsaktivitäten erheblich eingeschränkt. Der Wendepunkt in der Entwicklung der Kommunalausgaben war 1976 (Abbildungen 1a und 1b), aber möglicherweise wurden die Auswirkungen dieser Belastungenen erst nach 1980 akut. Als Ursache dieser Verschiebung könnte man eine „Fiskalkrise" sehen, obwohl ich glaube, daß das Problem eher chronisch als akut ist (Hill/Bramley 1986, Kap. 5). Es gibt wirtschaftliche Komponenten: Die steigenden Realkosten staatlicher Dienstleistungen, demographische Veränderungen, höhere Ansprüche. Es gibt auch politisch-wirtschaftliche Komponenten: Widerstand gegen die Besteuerung, Mangel an finanzpolitischem Vertrauen in die Regierung, und die damit einhergehende Zurückhaltung bei der Kreditvergabe, sinkendes Vertrauen in oder der Wunsch nach allumfassenden staatlichen Leistungen.

Zweitens: Großbritannien erlebte in diesem Zeitraum eine beträchtliche politische Polarisierung, da sich bei den Konservativen unter Frau Thatcher der Fundamentalismus der „Neuen Rechten" durchsetzte, während die Labour Party nach links zog. Es gab in Großbritannien immer schon den Trend zum „inversen Wahlverhalten" von nationaler und lokaler Ebene, so daß die Opposition auf nationaler Ebene in den Kommunen immer stark ist. Das Zusammentreffen dieser Tatsache mit der erwähnten Polarisierung und der wachsenden Politisierung auf Kommunalebene führte zum Zusammenbruch des beschriebenen Konsenses, insbesondere zwischen der Zentralregierung einerseits sowie den Labour-Stadträten und den Londoner Boroughs (Stadtteilen) andererseits. Die konservative Regierung der 80er Jahre schien in steigendem Maße eine Strategie des „Zurückweisen des Staats in seine Grenzen" zu fahren. Die kommunale Verwaltung stellte sie in den Mittelpunkt ihres Angriffs auf staatliche Institutionen.

Drittens entwickelte die Regierung in den 80er Jahren einen ziemlich stürmischen Stil der Einmischung in die kommunale Finanzpolitik mit häufigen Kurswechseln. Zum Beispiel durchlief das zentrale System der Subventionszuweisung und der Ausgabenkontrolle folgende grundlegende Veränderungen: die Einführung eines neuen Block-Zuweisungssystems (1980/81); die Einführung von Ausgabengrenzen (1981), deren Ausgangsbasis sich jährlich änderte; rückwirkende Zuweisungsabzüge für das Überschreiten der Grenzen (1982); Abschaffung der „supplementary rates" (1982); selektives „Capping" der „Rates" (1984); Abschaffung der Grafschaftsräte (metropolitan county councils) von Groß-London und Umgebung (1985/86); Ersetzung der Zuweisungskürzungen durch ein Zuweisungssystem, das happige zusätzliche Kosten der örtlichen Steuerzahler für Ausgaben einführte (1986); Festlegung der Zuweisungen zu Jahresbeginn (1987); Vorschlag einer radikalen Reform des gesamten Systems (vorgeschlagen 1986, umgesetzt 1989-90) (s.u.). Die bis 1986 ergriffenen Maßnahmen, wurden ad hoc vorgenommen, und sind als unüberlegt und inkrementalistisch zu bezeichnen (Bramley 1985, 1986). Sie destabilisierten das ganze System, schufen große Unsicherheit unter den kommunalen Behörden und einen Anreiz zu dysfunktionalem Verhalten (z.B. „kreative" Buchführung, Defizitfinanzierung). In ihrer Gesamtheit führten die Maßnahmen nicht zum Ziel der Regierungspolitik, der Verringerung kommunaler Ausgaben (Abbildung 1a), obwohl die Investitionen starkt gesenkt wurden (Abbildung 1b). Sie erhöhten auch die Zahl und Kosten von Prozessen, in die Kommunalbehörden verwickelt waren. Die meisten Kommentatoren stimmen darin überein, daß diese Maßnahmen die Autonomie, die die kommunalen Behörden gegenüber der Politik hatten, besonders in bezug auf die Mehrausgaben verminderten (Rhodes 1986; Loughlin et al. 1985; Newton/Karran 1984).

Das wichtigste Druckmittel der Regierung, um die kommunalen Behörden zur Ausgabenreduzierung zu zwingen, war die Kürzung der Block-Zuweisungen (Abbildung 1a und Abbildung 3 zeigen dies deutlich). Die tatsächlichen kommunalen Ausgaben sanken jedoch wegen der schon beschriebenen politischen und wirtschaftlichen Situation nicht. So mußte das Geld aus den „Rates", der lokalen Vermögenssteuer, kommen.

Die „Rates" stiegen in dieser Zeit beträchtlich (Abbildungen 1b und 3). Wie ich an anderer Stelle ausgeführt habe (Bramley 1990), war der Realanstieg der „Rates" und ihr, verglichen mit der Vermögenssteuer vergleichbarer Länder, relativ hohes Niveau ein wichtiger Faktor, der zum Zusammenbruch der politischen Unterstützung für dieses System und zur Durchführung einer fundamentalen Reform führte.

2.3 Die Städte unter finanziellen Belastungen

Wie gingen die Städte in den 80er Jahren damit um, daß das kommunale Finanzsystem unter Druck geriet? Konzentrierten sich die widrigen Folgen der finanziellen Belastungen besonders in den Städten? Trugen die kommunalen Finanzprobleme ihren Teil zur allgemeinen wirtschaftlichen Entwicklung der Städte bei? Und waren die Erfahrungen Bristols in dieser Hinsicht typisch? Es ist sicher so, daß der politische Konflikt zwischen der Zentral- und den Kommunalregierungen besonders von großen städtischen Kommunalbehörden ausgetragen wurde, insbesondere von den Londoner Stadtteilen, aber auch von Provinzstädten. In der Regel waren es große, ausgabenstarke Behörden mit Labour-Räten, die in manchen Fällen eher eine radikal-linken Linie vertraten. Diese Kommunalverwaltungen waren dann die ersten, auf die das 'Rate-capping' angewandt wurde. Tabelle 1 zeigt einige Indikatoren für die Finanzbelastungen Bristols und zehn anderer mittelgroßer Städte. Sie wurden als die nach der Bevölkerungszahl zehn größten mittleren Großstädte ausgewählt und werden als Gruppe mit Hilfe dieser Indikatoren mit anderen Gruppen von Kommunen und dem nationalen Durchschnitt verglichen.

Die mittelgroßen Städte weisen pro Einwohner und auch relativ zum staatlich vorgegebenen Ausgabemaßstab relativ hohe Ausgaben auf. 1989 lagen die Ausgaben dieser Städte durchschnittlich 15 Prozent über diesem Maßstab, das ist etwas mehr als Zentral-London und erheblich mehr als die anderen großstädtischen Kreise. Dieser Vergleich wird jedoch durch den beschränkten Leistungsumfang der nicht-großstädtischen Kreise verzerrt, sie geben als Gruppe viel aus. Unter den Städten hat Bristol relativ hohe Ausgaben. Die Werte der staatlichen Abschätzung des kommunalen Ausgabebedarfs liegen für die Städte weit über dem Durchschnitt (44 Prozent über dem Durchschnitt nichtstädtischer Regionen von 1989). Das heißt, sie erhielten hohe Zuweisungen, tauchen aber nur mit mäßig hohen Investitionen in dem eben genannten Index auf. Diese Städte hatten 1989 mäßig hohe Steuersätze (d.h. „Rate"-Sätze), niedriger als die Großstädte, aber höher als London. Bristol fällt als führend in dieser Gruppe auf, während von den übrigen Städten nicht alle über dem Durchschnitt lagen. Im Verhältnis zu ihrem Ausgabenniveau haben die mittelgroßen Städte relativ niedrige Steuerreserven, ein weiteres Anzeichen finanzieller Anfälligkeit.

Die Ausgabentrends während der 80er Jahre zeigen, daß diese Städte relativ gleichbleibende Pro-Kopf-Realausgaben hatten. Für die meisten Städte, wenn auch nicht für Bristol, wurde die Kluft zwischen Ausgaben und „Bedürfnissen" während der zehn Jahre kleiner. Der reale kommunale Steuersatz stieg in dieser Zeit (1981-89) um 44 Prozent und lag danach erheblich über der Durchschnittssteigerung (23 Prozent) und

Tabelle 1: Indicators of Fiscal Stress

	Relative Expenditure		Relative Tax Rate		Relative Tax Increase	
City/Authority	TExp /GRE Index abs	TExp /SSA Index abs	Rate pndg Index all	Poll Tax Index all	'89-90 Index all	'81-89 Index all
Bristol	143	196	127	137	199	223
Cardiff	87	133	91	71	63	63
Leicester	143	134	111	113	248	281
Nottingham	101	125	111	109	160	160
Plymouth	91	100	94	98	192	191
Hull	119	143	125	86	108	212
Stoke-on-Trent	110	140	101	87	168	220
Derby	95	105	119	128	186	186
Southampton	103	123	91	89	162	149
Milton Keynes	150	144	103	111	163	92
Warrington	117	119	108	110	170	170
Summary: 11 Cities						
Simple Average	114	133	107	104	165	177
Standard Deviation	21	24	12	18	45	58
Minimum	87	100	91	71	63	63
Maximum	150	196	127	137	248	281
Classes of LA: Summary Statistics						
Inner London	112	121	74	106	17	75
Outer London	106	113	91	102	44	29
All London	114	115	79	103	34	46
Met Districts	107	114	121	102	94	114
All Met Areas	108	113	121	102	94	114
English Counties	101	107	102	101	121	110
Welsh Counties	102	104	107	65	89	89
N M Districts Eng	115	126	102	101	121	110
Welsh N M Districts	100	115	107	65	89	89
Non Met Areas	103	109	102	98	119	108
England & Wales	106	111	100	100	100	100

Notes on Table 1:
TExp = Total Net Revenue Expenditure
GRE = Old (pre'89) spending needs assessment
SSA = Standard Spending Assessment (i.e. new needs assess.)
Pndg = Poundage, i.e. tax rate per pound of taxable value.
abs = absolute ratio;
all = relative to all LAs in England;
class = relative to the relevant class of LA (Non Met Districts)

Abbildung 2: Real Expenditure by Bristol by Service
(1979 – 1900 at 1990 price; volume terms)

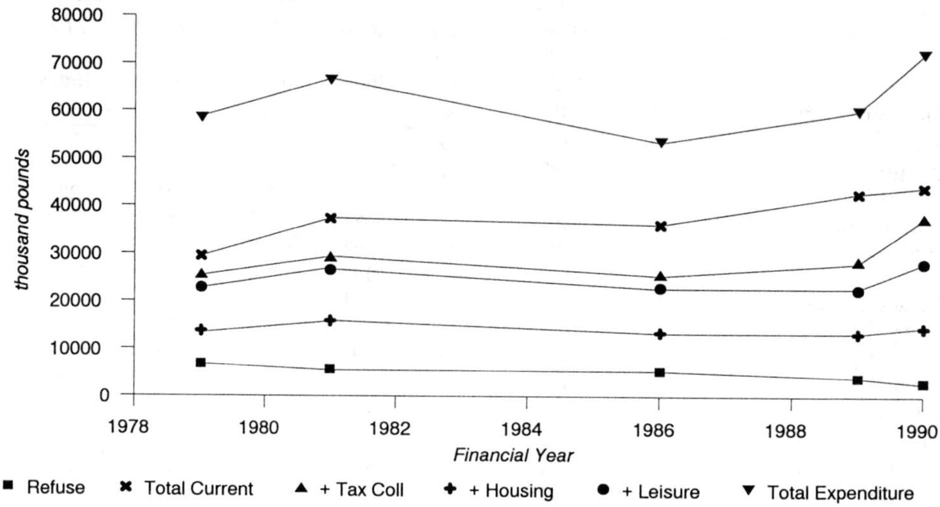

Abbildung 3: Rates/Poll Tax, Grant and Total Local
(Expenditure as % of household income; Bristol and Avon C.C.)

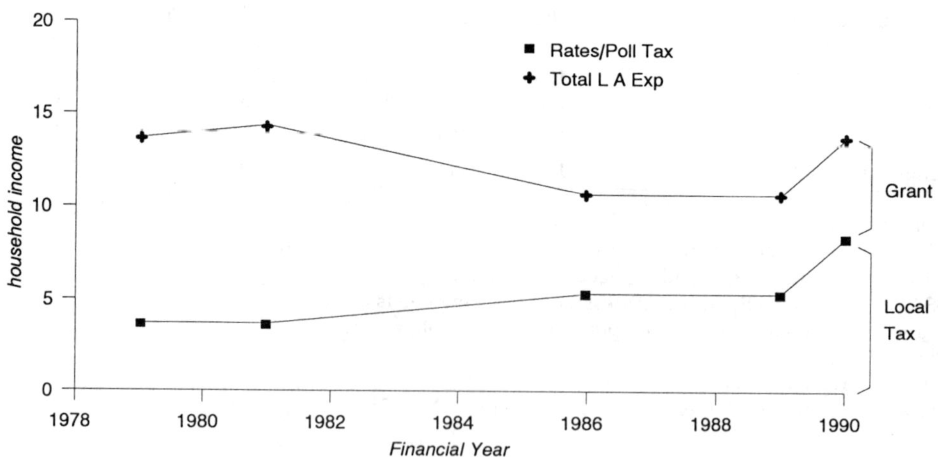

der Steigerung der anderen Gruppen der Kommunalverwaltungen (besonders London). Der Hauptgrund für steigende kommunale Steuern war die Kürzung der Block-Zuweisungen.

Abbildung 2 zeigt die Bewegung in Bristols Ausgaben während der 80er Jahre deutlicher: eine Steigerung in den frühen Jahren, dann ein Rückgang, dann wieder eine Steigerung. Die laufenden Ausgaben stiegen an, aber Kreditgebühren und andere Finanzierungselemente sanken deutlich. Die Realausgaben (incl. der Ausgaben für das Bildungswesen) der nächsthöheren Verwaltungsebene, des Avon County Council (Grafschaftsrat), waren bis 1989 relativ stabil. Abbildung 3 zeigt, daß der prozentuale Anteil der kommunalen Gesamtausgaben am Haushaltseinkommen in den 80ern deutlich fiel, aber daß das Steueraufkommen (in Form der „Rates") wegen der Zuweisungskürzungen stieg. Dieses Bild traf in den 80er Jahren wohl auf die meisten Gegenden des Landes zu.

Wichtige Faktoren, die die kommunale Finanzsituation beeinflussen, sind auch die Migration aus den Städten, der Umbau der Wirtschaft und Veränderungen der Kreditlage der kommunalen Behörden. In Großbritannien gab und gibt es einen ausgeprägten Trend zur Stadtflucht, was zu deutlichen Bevölkerungsverlusten in den Städten geführt hat. In einigen wohlhabenden (d.h. südlichen) Städten, darunter Bristol und London, verlangsamte sich dieser Prozeß jedoch während der 80er Jahre. Bristol verlor immerhin noch 11 Prozent seiner Bevölkerung (1981-89); die meisten anderen Städte hatten niedrigere Verluste, während die Neugründung Milton Keynes 50 Prozent Zunahme hatte.

Wenn die Bevölkerungszahl fällt, sinkt damit a) die Zahl der Steuerzahler und b) das benötigte Dienstleistungsvolumen für ein gegebenes Niveau. Wenn eine Kommunalverwaltung ihre Realausgaben nicht parallel zum Bevölkerungsverlust verringert, wird sich die steuerliche Situation verschlechtern. Die allgemeine Erfahrung zeigt, daß britische Kommunalverwaltungen, vor allem die der Städte, Schwierigkeiten haben, ihre Ausgaben bei Bevölkerungsrückgang entsprechend zu verringern. Dies gilt zum Beispiel für den Bildungssektor (Bailey 1982). Ein Teil der Schwierigkeiten resultiert aus politischen und organisatorischen Bedingungen, zum Beispiel aus dem Widerstand gegen Schulschließungen. Die mittelgroßen Städte wie Bristol sind in gewissem Maß von diesen Problemen verschont geblieben,- dank des Umstands, daß für das Bildungswesen und andere teuere Dienstleistungen die vorgesetzte Behörde verantwortlich ist, die die Kosten umlegen kann.

Die Besteuerung in britischen Kommunen blieb wegen des umfassenden Ausgleichssystems herkömmlicherweise von den Veränderungen der kommunalen Wirtschaftslage unberührt. Wo Städte unverhältnismäßig unter wirtschaftlichen Umstrukturierungen gelitten haben, wurden sie für den Verlust besteuerbarer Unternehmen entschädigt. Das Ausbleiben der Aufwertung von Eigentum zwischen 1973 und 1989 benachteiligte jedoch die nördlichen Städte, in denen die Werte im allgemeinen sanken. Bristol und andere südliche Städte haben steuerlich einträgliche Unternehmen, insbesondere Verwaltungen, schon immer stark angezogen.

Die Städte waren traditionell hoch verschuldet, belastet mit umfangreichen Wohnungsbauprogrammen und Maßnahmen zur Stadterneuerung. Der Umfang der wichtigsten

Programme wurde in den 80er Jahren einschneidend zurückgeschraubt (Abbildung 1b), so daß die Gesamtverschuldung jetzt sinkt. Sie geht in den Städten jedoch langsamer als anderswo zurück, weil die weniger städtischen Gebiete stärker von Privatisierung von gemeindeeigenen Wohnungen profitiert haben. Die 80er Jahre waren ein Jahrzehnt hoher Kreditzinsen, so daß sich die Last der anhaltenden Verschuldung weiter verstärkte.

Zusammenfassend kann man sagen, daß die mittelgroßen britischen Städte in den 80er Jahren überdurchschnittliche Finanzschwierigkeiten erlebten, obwohl die meisten beim Konflikt mit der Regierung über die Finanzen nicht in der ersten Reihe standen. Ihre Probleme spiegeln teilweise strukturelle Faktoren wieder und teilweise ihre (Un-) Fähigkeit, auf Veränderungen zu reagieren. Man muß sagen, daß diese Schwierigkeiten durch die Ausgleichszuweisungen und die übergeordneten Verwaltungen, die die Kosten teuerer Dienstleistungen umlegten, gemildert wurden.

3. *Nach der Poll Tax*

3.1 Die Reform von 1990: Ziele und Massnahmen

Im Januar 1986 veröffentlichte die Regierung ein Diskussionspapier mit dem Titel „Paying for Local Government". Es enthielt Vorschläge für „die radikalste Reform der Kommunalfinanzierung Großbritanniens in diesem Jahrhundert" (Abs. 10.1.). Es gab drei miteinander verzahnte Komponenten der Reform:

a) die Ablösung der „Rates" durch die „Poll Tax" (also Wählersteuer), die offiziell „Community Charge" (Gemeindeabgabe) genannt wurde;
b) die landesweite Festsetzung der „Non-Domestic Rates" („Rates" der Unternehmen = NDR) auf gleiches Niveau und die Verteilung der Einnahmen als Teil der Zuweisungen an kommunale Behörden auf Pro-Kopf-Basis;
c) die Vereinfachung des Zuweisungssystems durch Streichung des Steueraufkommensausgleichs und die Einführung einer Pauschalzuweisung aufgrund einer einfacheren Bedarfsberechnung.

Diesen Vorschlägen lag die Annahme zugrunde, daß die kommunalen Ausgaben unangemessen hoch seien und keiner Kontrolle unterlägen. Der Grund hierfür wurde darin gesehen, daß die kommunalen Behörden ihren Wählern nicht ausreichend rechenschaftspflichtig seien. Es wurde argumentiert, daß alle Bürger, die für örtliche Dienstleistungen stimmen und von ihnen profitieren, auch die vollen zusätzlichen Kosten zu tragen hätten. Die Poll Tax erweitert die Reichweite der lokalen Steuern grundsätzlich, da sie alle erwachsenen Familienmitglieder einschließt. Die „NDR" brachten keine Rechenschaftspflicht mit sich, da sie nicht direkt von Wählern kamen und ihre tatsächliche Herkunft (d.h. wer sie wirklich zahlt) im Dunkeln blieb, ja, zum großen Teil außerhalb der Gemeinde lag. Wenn das Verhältnis zwischen Ausgaben und kommunalen Steuersätzen ausgewogen sein soll, müssen die Zuweisungen im voraus festgelegt und stabil sein. Die ersten beiden Vorschläge machten außerdem den Ausgleich der Steueraufkommen letztlich nicht mehr notwendig (Bramley 1987 sieht das anders).

Die Argumentation der Regierung mit der Rechenschaftspflicht läßt sich in zwei Bestandteile zerlegen: in individuelle Verantwortlichkeit (es zahlen die, die auch wählen) und in kollektive Verantwortlichkeit (Extraausgaben als zusätzliche Kosten der örtlichen Steuerzahler/Wähler). Es wurde gezeigt, daß das wirkliche Verhalten nicht für das erste Argument spricht, wogegen das zweite Argument einiges für sich hat (Barnett/Knox 1991). Das heißt, daß bei der Entscheidung für die Poll Tax von falschen Voraussetzungen ausgegangen wurde. Die Reform des Zuweisungssystems und der „NDR" scheinen sich dagegen durchaus begründen zu lassen. Aber auch diese wird unter dem Gesichtspunkt der Gerechtigkeit umstritten bleiben, da ärmere Gegenden mit hohem Bedarf und Kosten durch pauschale Zuweisungen systematisch benachteiligt werden.
Neben dem Hauptargument der Rechenschaftspflicht wurden weitere unterstützende Begründungen entwickelt: Die „Rates" seien überholt, unbeliebt und regressiv. Die Kommunalverwaltung eine Dienstleistungsbehörde sei solle die kommunale Besteuerung als Gebühr („charge") für Dienstleistungen betrachtet werden (daher der Name „Community Charge"), und nicht als eine redistributive Steuer wie die Einkommenssteuer. Unternehmen müßten vor unsinnigen und nicht voraussagbaren Steuerforderungen geschützt werden. Entscheidungen über Wirtschaftsstandorte sollten nicht durch Unterschiede in der Höhe der „Rates" beeinflußt werden. Das vorhandene Subventionssystem sei verwirrend kompliziert und wenig kalkulierbar geworden.
Die ursprünglichen Vorschläge wurden mit gemischten Gefühlen aufgenommen. Die Aussagen der Experten standen dem Reformelement der Poll Tax eher kritisch gegenüber, verhielten sich in manchen Fällen zu den beiden anderen Elementen aber eher zustimmend. Die öffentliche Meinung kristallisierte sich erst langsam heraus, als die Reformvorhaben umgesetzt wurden.
Wie anfänglich vorgesehen wurde die Reform 1989 in Schottland und 1990 in England vollzogen. Der Gesetzgebungsprozeß fand in England 1988 statt, bis zum Ende gegen den Widerstand konservativer Hinterbänkler. Der Kern der Reform wurde 1986 eingebracht, aber die Übergangsbestimmungen wurden im einzelnen stark verändert.

3.2 Ergebnisse der Reform von 1990

Im April 1990 wurden in England die „Domestic Rates" durch die „Commmunity Charge", allgemein Poll Tax genannt, ersetzt. Im Zusammenhang damit wurde die Reform des Subventionssystems und die landesweite Vereinheitlichung der „NDR" durchgeführt. Trotz beträchtlicher Anstrengungen bei der „Präsentation" kann die Einführung der Poll Tax in England nur als völliges politisches und finanzielles Desaster für die Regierung bezeichnet werden. Außerdem hat die Reform den Kommunalverwaltungen beträchtliche verwaltungstechnische und finanzielle Belastungen gebracht sowie das Verhältnis von Zentralregierung und Kommunen weiter verschlechtert.
Die Regierung veröffentlichte Richtwerte für das Anfangsniveau der Steuern von durchschnittlich £ 265 pro Erwachsenem. Die von den Kommunalbehörden veranschlagten Werte betrugen jedoch nicht weniger als £ 354. Sie lagen damit 34 Prozent

über dem Richtwert, der von fast allen Behörden, egal welcher politischen Richtung, überschritten wurde. Es gab eine Reihe von Gründen für diese Diskrepanz, darunter eine realistische Einschätzung der Inflation und der hohen Kosten für das Einziehen der Poll Tax sowie vorsichtige Schätzungen über nicht gezahlte Steuern. Außerdem hatten die Kommunalbehörden richtig angenommen, daß die Zentralregierung, die die Steuer initiiert hatte, die politische Verantwortung tragen würde, und ergriffen die Gelegenheit zur Ausgabenerhöhung (Abbildungen 2-4). Die normalen Regeln des Spiels der Verantwortlichkeitszurechnung greifen nicht, wenn sie verändert werden. Fast zwangsläufig schritt die Regierung 1990/91 bei 20 Kommunalverwaltungen zum „Capping" des Poll Tax-Steueraufkommens. Diese Maßnahme entsprach in vielem dem Rate-Capping der 80er Jahre, war allerdings umfassender. Für 1991/92 kündigten die Ministerien die Capping-Kriterien schon vor dem Erstellen des Haushaltsplans an und ließen dadurch erkennen, daß sie sich zur Durchsetzung von Ausgabendisziplin und gemäßigten Poll Tax-Sätzen auf diese Waffe verlassen wollten.

Die einzige andere Möglichkeit, die die Regierung hatte, um die finanziellen Schwierigkeiten im zweiten Jahr zu lindern, war, mehr Geld in das System zu pumpen. Die Entscheidung, dies in Form von 3 Milliarden Pfund zu tun, wurde im Juli 1990 bekanntgegeben. Trotz dieser Freigiebigkeit lag der Richtwert der Regierung für die 1991er Poll Tax bei £ 380 pro Erwachsenem, während Kommunalbehörden und unabhängige Experten £ 400-450 veranschlagten. Nach dem Führungswechsel in der Regierung Ende 1990 wurde für den Haushalt von 1991 eine erhebliche Reduzierung der Poll Tax angekündigt, was durch eine Mehrwertsteuererhöhung finanziert werden soll.

Wie wir gesehen haben, wurde die Reform vor allem mit der besseren Durchschaubarkeit der Verantwortlichkeiten auf kommunaler Ebene begründet. Doch die Art und Weise ihrer Umsetzung und wie sie kurzerhand politisch akzeptabler gemacht wurde, führt das „Rechenschaftsargument" ad absurdum. „Sicherheitsnetze" und Übergangsarrangements lösen den Zusammenhang zwischen den Ausgaben und der Höhe der Poll Tax auf. Die Wechselwirkung von schwankender Ausgabenhöhe und der Höhe der Steuern wird jedes Jahr durch die unregelmäßige Zuweisung empfindlich gestört. Die Ursache dafür ist die starke Verzahnung innerhalb des neuen Zuweisungssystems. 1991 wurden hohe Beträge an Sonderzuweisungen hineingepumpt. Das weitverbreitete Capping führt die Behauptung ad absurdum, daß in dem neuen System der Druck durch den örtlichen Wähler die Ausgaben kontrollieren würde und die Poll Tax so konsequenterweise zu weniger Kontrolle durch die Zentrale führen würde.

Die Eintreibung der Poll Tax gestaltet sich noch schwieriger und teurer als die Experten angenommen hatten. Die fixen Kosten der Poll Tax-Erhebung werden auf 3,15 Prozent ihres Ertrags geschätzt, das ist fast das Vierfache der Kosten für die „Rates". Sie sind damit anteilmäßig höher als für jede andere wichtige Steuer (Coopers/Lybrand Deloitte 1990). Die hohen Kosten sind der Poll Tax inhärent. Das liegt an den Schwierigkeiten, einer mobilen Bevölkerung und der großen Zahl kleiner Transaktionen auf der Spur zu bleiben als auch die Steuer von Personen mit eingeschränkter Zahlungsfähigkeit und/oder -willigkeit einzuziehen. Die Zahlungsverweigerung ist ein grundlegendes Problem, das zu den Verwaltungskosten und den oben genannten Schwierigkeiten dazukommt. Sie treibt die durchschnittliche Abgabenhöhe über die Richtwerte der Regierung und erhöht die Budgetunsicherheit. Nach einem halben Jahr hatten die Behörden laut Umfrage erst 84 Prozent der erwarteten Einnahmen eingezogen, und im Januar 1991 wies die Rechnungsprüfungskommission darauf hin, daß in den „widerständigsten" Gebieten, den Innenstädten, 20 Prozent Verweigerung die Regel bleiben könnte.

3.3 Ergebnisse für die Städte

Auf lange Sicht führen das neue Zuweisungssystem und die landesweite „NDR" zu einer Umverteilung zu Gunsten der Kommunalbehörden, bzw. Steuerzahler, in den südlichen Grafschaften und Vorstädten und zu Ungunsten Londons und der nördlichen städtischen Gegenden. Im ersten Jahr wurden, um den Umschwung abzufangen, „Sicherheitsnetze" installiert, die durch eine Umlage bei den profitierenden Regionen finanziert wurden. Dies ist der Hauptgrund für die hohe Poll Tax in vielen Grafschaften der Konservativen, und erklärt auch die beträchtliche Unruhe auf den konservativen Hinterbänken. Zusätzlich wurden die neuen Abschätzungen des kommunalen Ausgabebedarfs (Standard Spending Assessments = SSAs) leicht zu Gunsten Londons korrigiert, zweifellos auch um den Druck der hohen Poll Tax in einigen Bezirken Zentral- Londons zu lindern (Tabelle 2).
Das neue SSAs-System weist mehr Kontinuität als Veränderung auf. Tabelle 2 zeigt, daß die größten mittleren Städte einen geringeren Anstieg in der Bedarfseinschätzung aufweisen als alle Vergleichsgruppen. Dennoch liegen ihre „SSAs" noch mehr als 40 Prozent über dem Durchschnitt der Dienstleistungsausgaben auf Kreisebene nichtgroßstädtischer Gebiete. Unter dem alten System erhielten diese Städte das Doppelte der durchschnittlichen pro-Kopf-Unterstützung der nichtgroßstädtischen Kreise. Unter Berücksichtigung von Dienstleistungen auf Grafschaftsebene erhielten London und die Großstädte allerdings mehr Zuweisungen. Unter dem neuen System liegt die pro-Kopf-Unterstützung von außen für alle Dienstleistungen (incl. der Grafschaften) knapp unter dem landesweiten Durchschnitt und unter dem Niveau von Inner London und den Großstädten.
Die landesweite Vereinheitlichung der „NDR" führt eher zu einem Rückgang der Steuereinnahmen der Städte. Sie hatten relativ hohe Ausgaben, die aus dieser Quelle gedeckt wurden. Es ist jedoch kompliziert, die tatsächlichen Auswirkungen dieser Änderungen zu berechnen. Für Bristol nimmt die Regierung zum Beispiel an, daß die Bürger als Ergebnis der Änderungen im Zuweisungs- und „NDR"-System um £ 23 je Erwachsener schlechter dastehen werden. Ein Verlust von fast £ 100 pro Erwachsenem entsteht aus der landesweiten Vereinheitlichung der „NDR". Dies wird aber dadurch ausgeglichen, daß die Forderung der sehr großen Grafschaft Avon zwischen Bristol und den umliegenden Kreisen aufgeteilt wird, weil die Besteuerung von Eigentum durch die Besteuerung der erwachsenen Bevölkerung ersetzt wird. Die Bristoler Unternehmen, wie auch die der meisten der 11 Städte, profitierten von einem unterdurchschnittlichen Anstieg der „Business Rates". Die Höhe der Besteuerung von Unterneh-

Tabelle 2: Indicators of Resources

	Needs Assess.		Grants	NDR Base Capital			
	Old	New	Old	New	Old	New	BCA
	Index class	Index class	Index class	Index all	Index all	Index all	Index class
Bristol	146	132	160	84	114	121	237
Cardiff	201	158	329	127	96	94	87
Leicester	167	195	276	103	117	91	221
Nottingham	173	161	251	97	117	106	179
Plymouth	131	131	206	82	69	66	162
Hull	184	152	359	121	80	69	245
Stoke-on-Trent	123	117	172	86	85	76	228
Derby	125	131	163	80	91	65	177
Southampton	153	137	218	83	111	112	184
Milton Keynes	79	106	0	85	104	136	149
Warrington	97	94	48	80	97	78	60
Summary: 11 Cities							
Simple Average	144	138	198	93	98	92	175
Standard Deviation	35	26	103	16	15	23	56
Minimum	79	94	0	80	69	65	60
Maximum	201	195	359	127	117	136	245
Classes of LA: Summary Statistics							
Inner London				183	339	388	
Outer London				94	106	110	
All London				155	237	253	
Met Districts							
All Met Areas				114	80	65	
Non Met Areas				83	78	80	
England & Wales				100	100	100	100

Notes on Table 2

GRE = Old (pre'89) spending needs assessment
SSA = Standard Spending Assessment (i.e. new needs assess.)
BG = Block Grant
ES = External Support
abs = absolute ratio
all = relative to all LAs in England;
class = relative to the relevant class of LA (Non Met Districts)
ND Rate Base = Business etc. rateable (taxable) property value per head
BCA = Basic Credit Approval (i.e. limit on borrowing, etc., annual)

men spiegelt den Druck auf Kommunalbehörden und Einwohner wider. Die größten Unternehmensgewinne lassen sich im wenig begüterten Norden (z.B. Derby, Hull, Warrington) erzielen.

Wie schon in der Vergangenheit, haben die Städte relativ große Investitionsprogramme und erhalten gewöhnlich die Genehmigung für überdurchschnittlich hohe Ausgaben. Das läßt sich der Tabelle 2 aus den BCAs (Basic Credit Approvals) im ersten Jahr nach

Einführung des neuen Systems entnehmen. Die Städte erhalten gewöhnlich Zuweisungen, die deutlich (durchschnittlich 75 Prozent) über dem mittelstädtischen Durchschnitt liegen, obwohl sie wahrscheinlich argumentieren würden, daß sie im Verhältnis zu ihrem Bedarf und ihren Mitteln unzureichend sind.

Das Ausmaß, in dem die englischen Kommunalverwaltungen die Regierungsvorgaben (SSA, vorher: Grant Related Expenditure) überschritten, stieg von 6 Prozent für 1986 auf 12 Prozent für 1990 an. In unseren 11 Städten wuchs die Diskrepanz von 15 Prozent auf 33 Prozent und in Bristol von 43 auf 96 Prozent an. Sowohl die Stadt Bristol als auch die Grafschaft Avon liebäugelten in den 80er Jahren mit dem Rate-Capping, unter der Poll Tax wären sie unzweifelhaft unter den ersten, denen dies selbst bevorstehen würde. Capping wurde bis jetzt bei keiner der 10 vergleichbaren Städte angewandt, aber verwundbar sind die meisten offensichtlich. Wir haben bereits darauf hingewiesen, daß die Ausgaben in Bristol und Avon während der 80er Jahre nicht dramatisch anstiegen, daß es jedoch einen scharfen Aufwärtsknick für 1990 gab (Abbildungen 2-4). Zusätzlich zu den Problemen, mit denen alle zu kämpfen hatten, beschlossen diese beiden Verwaltungen einige Dienstleistungsverbesserungen und mußten mit den Auswirkungen einiger besonderer Faktoren fertigwerden, insbesondere mit einer Änderung der Finanzierungsgrundlagen eines großen Kredits, der in den 70er Jahren für den Bristoler Hafen aufgenommen worden war. Daraufhin und vielleicht auch als Resultat davon privatisierte die Stadt das Hafenunternehmen. Nach dem Capping mußten in diesem Titel Einsparungen vorgenommen werden, um die Poll Tax um £ 40 pro Erwachsenem zu senken.

Am Beispiel Bristols zeigt Abbildung 4, wie das neue System fixer Zuweisungen bei höheren Ausgaben zu einer noch stärker steigenden Poll Tax führt (sog. 'Gearing'-Ef-

Abbildung 4: Expenditure, Grant and Poll Tax (Govt Guideline vs Actual, Bristol, 1990)

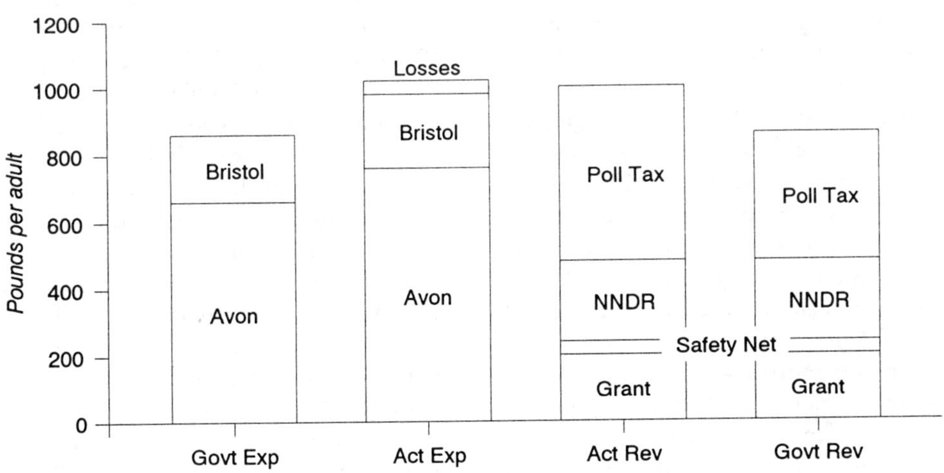

Abbildung 5: Components of the Increased Tax Bill (Bristol, 1990 vs 1989, percent of £ 1987)

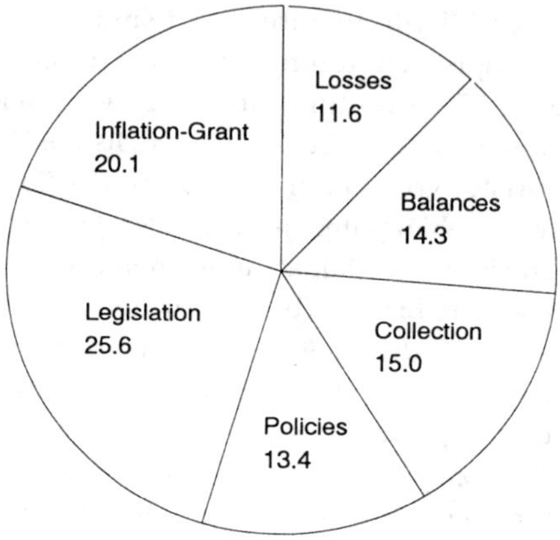

fekt). Abbildung 5 zeigt die Faktoren, die im ersten Jahr der Poll Tax in Bristol zu einem enormen Anstieg der lokalen Steuerforderungen geführt haben.

3.4 Politische Konsequenzen der Poll Tax

Die Poll Tax war 1990 die unbeliebteste Maßnahme der konservativen Regierung und führte zusammen mit der sich verschlechternden wirtschaftlichen Situation und hohen Zinssätzen zu einem ernstzunehmenden Popularitätsverlust. Die Poll Tax wurde in Meinungsumfragen nie gutgeheißen und ihre Popularität sank, seit sie erstmalig vorgestellt wurde (Game 1988). Die Leute betrachteten sie als unfair, auch wenn sie persönlich profitierten. Die Zahl der Verlierer muß beträchtlich sein. Der starke Anstieg der durchschnittlichen Besteuerung im April 1990 machte klar, daß die meisten schlechter dastehen würden. Bis April 1990 waren 75 Prozent der Wähler in den vorher unentschiedenen Wahlbezirken gegen die Poll Tax. Ein Drittel der konservativen Wähler von 1987 hatte hier die Partei gewechselt. Die Hälfte von ihnen gab die Poll Tax als Grund an (Travers/Moon 1990). Im Frühjahr 1990 gewann die Labour Party die Nachwahl in Mid-Staffordshire. Sie hatte einige gute Ergebnisse in der Region um London, und erzielte in einer landesweiten Meinungsumfrage einen großen Vorsprung.

Von militanten Gegnern und Zahlungsverweigerern wurden zahlreiche Demonstrationen gegen die Steuer organisiert. In Provinzstädten, von denen man so etwas bisher nicht kannte, fanden beachtliche Demonstrationen statt. In London endete eine Demonstration in Gewalt. Die Zahlungsverweigerungskampagne steht weiterhin im Augenmerk der Öffentlichkeit, da gegen Verweigerer Prozesse angestrengt werden.

Wie sich an dem Widerstand gegen die 1988er Gesetzgebung zeigt, wurde die Poll Tax nie von der gesamten konservativen Fraktion unterstützt. Gegen Ende 1990 verbanden sich die Bedenken gegen die Poll Tax mit der Unruhe über den Zustand der Wirtschaft, das Verhältnis zu Europa und den allgemeinen Führungsstil von Frau Thatcher. Dies kulminierte in der Herausforderung von Frau Thatchers Führungsposition durch Michael Heseltine, die Reform der Poll Tax stand dabei im Mittelpunkt seiner Kampagne. Obwohl schließlich ein Mitglied des bestehenden Kabinetts, John Major, Premierminister wurde, blieb Heseltine als Umweltminister in der Regierung. Er bekam den Auftrag, eine kritische Untersuchung zur Poll Tax und zu der Finanzierung der Kommunen durchzuführen.

4. *Alternative Reformvorschläge*

4.1 Die politischen Parteien

Da 1992 allgemeine Wahlen anstehen, ist es sinnvoll, die Haltung der großen politischen Parteien im Hinblick auf die Kommunalfinanzen zu untersuchen. Die Labour Party hatte in der Opposition viel Zeit, sich ihre Vorschläge zu überlegen. Aus ihrer Gegnerschaft zur Poll Tax hat sie beträchtliches politisches Kapital geschlagen. Trotz allem ist sie nur langsam mit der Entwicklung von Alternativen vorangekommen. Die Politik, die sie letzten Sommer angekündigt hat, bleibt so mehrdeutig wie verworren. Vorgesehen ist die Abschaffung der Poll Tax, sobald das machbar erscheint, und die Wiedereinführung der „Domestic Rates". Nach einer Übergangsphase soll die Vermögenssteuer in Zukunft neu berechnet werden. Aber die Labour-Politik scheint die Heranziehung von Marktwerten vermeiden zu wollen. Statt dessen werden Umbau- und Reparaturkosten in Betracht gezogen. Erleichterungen für Steuerzahler mit niedrigen Einkommen sollen sofort ausgebaut werden, während die neue Vermögenssteuer irgendwie mit der landesweiten Einkommenssteuerberechnung verbunden werden soll, so daß die Vermögenssteuer über ein gleichmäßiges „Zahlungsfähigkeitsprinzip" geregelt würde. Was das genau bedeutet, ist ziemlich unklar. Die zentralen Regierungszuweisungen würden wieder angehoben werden, und der Ausgleich für die Steuermittel würde eher auf der Basis der kommunalen Einkommen als per se nach der Vemögenssteuer berechnet werden. Die „NDR" sollen den Kommunen als frei verfügbare Steuern zurückgegeben und das Capping soll abgeschafft werden. Außerdem wird eine strukturelle Reform der Kommunalverwaltung in Betracht gezogen,so daß große Städte wie Bristol einstufige Gesamtverwaltungen werden können und regionale Behörden geschaffen werden. Kurz, obwohl es Ansätze neuen Denkens gibt, sind die Details der Neuerungsvorschläge vage. Oder, anders gesagt, ein guter Teil der Labour-Politik entspricht der Politik der Vergangenheit, wie sie im ersten Teil beschrieben wurde.

Den Liberalen können wir weniger Aufmerksamkeit widmen. Auch wenn sie ein wenig radikaler sind, werden sie doch mit aller Wahrscheinlichkeit nicht die nächste Regierung stellen. Sie haben sich einige Jahre lang für eine örtliche Einkommenssteuer als autonomer kommunaler Hauptsteuereinnahme ausgesprochen. Ihr Grundsatzforderung ist mehr kommunale Autonomie und weniger zentrale Kontrolle. Was eine Stru-

kurreform angehnt, sind sie für eine einstufige örtliche Verwaltung, aber sie würden es den Bürgern überlassen, sich in ihrer Region für eine Verwaltungsebene zu entscheiden (zum Beispiel für die Benutzung vorhandener Grafschaften oder Kreise).
Die konservative Regierung mußte ihre Politik im Hinblick auf die anstehenden Wahlen völlig ändern. Die Poll Tax, ihr Flaggschiff, ist jetzt in völlig desolatem Zustand. Kurzfristig können die Probleme durch eine Kombination von höheren Zuweisungen und umfassenderem Capping gebändigt werden. Für die Zeit danach herrscht die Erkenntnis vor, daß die Poll Tax nicht bleiben kann, es sei denn, sie würde gesenkt. Der logische Weg, dies zu tun, wäre, die Kommunalverwaltungen von den Kosten des größten Teils des Bildungswesens und anderer Dienstleistungen, wie der Polizei, an denen die Zentralregierung größtes Interesse hat, zu entbinden. Dieser Weg scheint dadurch zwingend, daß zum einen die Politik auf diesen Gebieten sowieso schon stark interventionistisch ist (z.B. dem landesweiten Lehrplan). Zum anderen wird im Bildungswesen die Finanz- und Verwaltungshoheit auf die Schulen selbst übertragen wird. Abgesehen von weiterführenden Schulen wurde diese Lösung allerdings noch nicht wirklich angenommen. Die Gründe dafür mögen in der Ablehnung durch das Finanzministerium liegen und in der bequemen Möglichkeit, die örtlichen Schulbehörden für Versagen im Schulwesen verantwortlich zu machen (zur Sündenbockfunktion der Kommunalverwaltung vgl. Bramley 1990b).
Noch wichtiger ist allerdings die Erkenntnis, daß die Poll Tax an Glanz verloren hat und sich praktisch nicht umsetzen läßt. Zur Zeit ist vorgesehen, auf eine entsprechend veränderte Vermögenssteuer zurückzukommen. Diese Steuer würde auf den Marktwert von Gebäuden erhoben mit Ermäßigungen für Einzeleigentümer und Gruppen mit geringem Einkommen sowie Befreiungen für die ärmsten Haushalte – also wie es vor 1988 gewesen war. Die vorgeschlagene „Council Tax" ist damit, wie Hills und Sutherland (1991) gezeigt haben, eine Vermögens-, Haushalts-, Einkommenssteuer und Poll Tax in einem. Sie weisen mit Recht daraufhin, daß die örtlich variable Steuer nur 14 Prozent der gesamten Nettoausgaben decken wird, weil die fixen Zuweisungen und das „NDR" System im wesentlichen unverändert bleiben werden. Das System wird zum „high gearing" führen. Das örtliche Steuerniveau wird also ein sehr empfindlicher Punkt bleiben und daher auch der Kontrolle durch das zentrale „Capping" unterliegen.
Der Wechsel in der konservativen Regierung eröffnete auch die Möglichkeit zu strukturellen Reformen, die wahrscheinlich in einigen Gebieten zur Abschaffung der Grafschaftsräte als oberer Verwaltungsebene führen werden. Am wahrscheinlichsten ist dies in den 'künstlichen' Grafschaften (wie Avon und Bristol, Humberside und Hull) sowie andere Gebeiete um mittelgroße Städte.

4.2 Übereinstimmung der Experten?

Bezüglich der Kommunalfinanzen herrscht bei den Fachleuten in einigen Punkten, aber nicht allen, Übereinstimmung. Die Debatten und Anfragen nahmen seit 1976 nicht ab (DOE 1976, 1977, 1981, 1986; House of Commons Environment Committee

1982). Fast alle Experten lehnten die Poll Tax von Anfang an ab. Es wurde erstens angeführt, daß es kaum ausländische Beispiele für solch eine lokale Steuer gibt. Zweitens ist die Poll Tax praktisch eine regressive Steuer, insbesondere bei niedrigsten und höchsten Einkommen. Drittens ist sie dem Wesen nach kompliziert und schwierig einzutreiben, wie oben gezeigt wurde. Viertens haben sich die Gründe, die für die Poll Tax vorgebracht wurden, nicht als stichhaltig erwiesen. Zum Beispiel gibt es viele Schwächen in der Anwendung (z.B. „High Gearing", Übergangsarrangements, Subventionsänderungen, Capping und die Behandlung von Ehegatten). Die Forderung nach einer kommunalen „Nutzungssteuer" (analog einer Gebühr) führt nicht notwendigerweise zur Poll Tax (Bramley et al. 1989). Fünftens zeigt die Abschaffung der einzigen Steuer auf Besitz ein Mißverhältnis von Besteuerungssystem und Wohnungsmarkt. Die Einführung der Poll Tax hat darüber hinaus verschiedene Verletzungen der Bürgerrechte zur Folge und wirkt hemmend auf die Wählerregistrierung.

Die möglichen anderen Steuern, die von der Kommunalverwaltung genutzt werden könnten, sind erschöpfend behandelt worden. Wenn man die Kriterien der Durchführbarkeit und Angemessenheit zu Grunde legt, insbesondere im Hinblick auf die Möglichkeit, genügend Mittel für die umfangreichen Kommunalausgaben bereitzustellen – herrscht Konsens darüber, daß es nur zwei Möglichkeiten gibt, zum einen eine kommunale Einkommenssteuer („Local Income Tax, LIT"), zum anderen eine kommunale Vermögenssteuer, wie die „Rates". Es herrscht nahezu Einstimmigkeit darüber, daß eine kommunale Vermögenssteuer nach Marktwert berechnet werden sollte, statt nach dem alten angenommenen Miet-/Pachtwert, wobei es über die Einzelheiten der Berechnung unterschiedliche Auffassungen gibt. Eine regional differenzierte Umsatzsteuer wird für Großbritannien im allgemeinen abgelehnt, da die EG auf Vereinheitlichung dringt. Veränderliche Sätze bei einer mehrstufigen Steuer wie der Mehrwertsteuer wären ein Alptraum. Eine einfache Umsatzsteuer würde dagegen verzerrend wirken, was in einem kleinen Land wie Großbritannien, im Gegensatz zu den USA, grenzüberschreitendes Einkaufen zur Folge hätte. Die meisten Fachleute neigen dazu, den Kommunalbehörden Autonomie zu geben und fordern deren Stärkung durch eine Senkung des Zuweisungsniveaus und einen stärkeren Rückgriff das kommunale Steueraufkommen. Diese Sichtweise geht quer durch das gesamte politische Spektrum. Die Rechte beruft sich auf Tiebout (1956) und ähnliche Modelle kommunaler Verwaltung mit dem Ziel, die Effektivität zu erhöhen, während sich die Linke und die Liberalen verstärkt für Dezentralisierung und Delegierung als Weg zu mehr Verbrauchernähe und mehr Demokratie bei Wohlfahrtsleistungen einsetzen.

Es herrscht Übereinstimmung, daß die Rechenschaftspflicht ein wesentlicher Punkt ist, obwohl einige die Sichtweise der derzeitigen Regierung als zu ökonomistisch betrachten. Es ist ebenso unstrittig, daß die Finanzen im Zusammenhang mit Struktur und Funktion gesehen werden müssen, und daß jede Reform alle drei Aspekte berücksichtigen muß. Systematische Untersuchungen der Beziehung zwischen Finanzen und Funktionen gibt es kaum, der vor kurzem erschienene Bericht von Coopers und Lybrand Deloitte (1990) ist hier eine Ausnahme. Der Bericht nimmt eine vierfache Untergliederung der Dienstleistungen (need, protective, facility, amenity) vor und schlägt für die Dienstleistungssparten jeweils unterschiedliche Finanzierungsmodelle

vor, unter anderem auch die vermehrte Anwendung von Benutzergebühren für öffentliche Einrichtungen.
Was die Art einer Strukturreform angeht, ist man von einer Übereinstimmung noch weit entfernt. Gleichwohl hat die bestehende Verwaltung der nichtgroßstädtischen Regionen nicht gerade viele enthusiastische Befürworter, teils weil die Überprüfbarkeit von zwei Verwaltungen, die sich die gleiche Steuerquelle teilen, schwierig ist. Das Argument der Balance, das zur Strukturreform von 1974 führte, wird weitgehend als irreführend angesehen, besonders angesichts der vielen späteren Rückzieher. Andererseits lehrt die Erfahrung, daß alle Reorganisationsversuche teuer und desintegrierend sind. Die Meinungsverschiedenheit unter den Experten in bestimmten Punkten ist ebenso groß wie die Übereinstimmung in anderen Punkten. So denken einige, daß die „NDR" eine landesweite, einheitliche Steuer sein sollte, während es andere befürworten, den Kommunen eine gewisse Handlungsfreiheit im Umgang mit dieser Steuerquelle zu geben, woraus zwangsläufig die Notwendigkeit von Ausgleichsmaßnahmen folgt. Von einigen wird das alte Ausgleichssystem über Zuweisungen, die mit der Höhe der kommunalen Ausgaben schwanken, abgelehnt und Zuweisungen als festgelegte Pauschalbeträge gefordert, während andere, darunter auch ich, dem nicht zustimmen. Das Ausmaß an Kompliziertheit, das Zuweisungen haben müssen, um etwas auszurichten, ist ein anderes Streitthema. In der Vergangenheit gab es eine klare Differenz zwischen denen wie Foster, Jackman und Perlman (1980), die behaupteten, das entscheidende Verhältnis zur Wahrung der Rechenschaftspflicht sei das zwischen Grenzausgaben und Grenzsteuern („Ein Pfund für ein Pfund"), und denen wie Jones und Stewart (1983), die meinten, daß die durchschnittliche Subventionshöhe und das proportionale Verhältnis von Ausgaben und Steuern wichtiger sei. Die Erfahrung mit dem sich hochschaukelnden System von 1990 mag dazu geführt haben, daß die letztgenannte „Schule" mehr Anhänger hat.
Nicht weiter diskutiert wurde die Idee, die Kommunen ihre steuerlichen Grundlagen selbst wählen zu lassen (Le Grand 1990). Dieser Gedanke wurde durch die Mannigfaltigkeit des US-Steuersystems inspiriert, obwohl dies natürlich ein föderatives System mit großer Autonomie der Bundesstaaten ist. Die Vorbehalte gegen diesen Vorschlag richten sich gegen die Gefahr weiterer Steuerverschiebungen (d.h. Besteuerung von Unternehmen und nicht von Wählern) und des Wettbewerbs um Steuerquellen. Verschwendung, unklare Rechenschaftsverhältnisse und Ungerechtigkeiten könnten die Folge sein.
Was die Strukturreform betrifft, gibt es viele verschiedene Vorschläge: große zentralistische Behörden, regionale Verwaltungen oder kleinere Ämter auf niedrigerer Verwaltungsebene, wie in anderen Ländern. Meiner Meinung nach ist die Finanzierung ein geringeres Hemmnis, als in der Vergangenheit angenommen wurde. Im EDV-Zeitalter können Einkommenssteuern auch relativ kleinen Kommunalbehörden zugeordnet werden. Wenn man Ausgleichszuweisungen in Kauf nimmt, können selbst kleinste Behörden mit extrem unterschiedlichen kommunalen Steuerquellen arbeiten. Wie auch immer, einige Fachleute können sich mit diesen Zuweisungen nur wenig anfreunden, weil sie das System verkomplizieren und dadurch die Durchschaubarkeit einschränken, außerdem werden sie, aus neuesten Erfahrungen heraus, als Mittel zentraler

Kontrolle angesehen. Im Prinzip könnte das Zuweisungssystem von Organisationen mit Repräsentanten aus örtlichen oder regionalen Behörden kontrolliert werden, wie dies in einigen föderalen Systemen (z.B. Australien) geschieht (Coopers/Lybran Deloitte 1990).

4.3 Auswirkungen auf die Städte

Über die möglichen Auswirkungen der oben vorgestellten verschiedenen Modelle zukünftiger Kommunalfinanzierung auf die mittelgroßen Städte können wir nur spekulieren. Die Beibehaltung irgendeiner Form der Poll-Tax würde für die Städte wahrscheinlich weiterhin zu Nachteilen führen; erstens weil sie unverhältnismäßige Schwierigkeiten haben, die Steuer von einer relativ mobilen und armen Bevölkerung einzuziehen und zweitens, weil diese relative Armut in Verbindung mit dem Wegfall des Steueraufkommensgleichs und unzureichender Rückvergütung die Situation der Bürger verschlechtern und den Rahmen für Dienstleistungsausgaben erheblich einengen würde. Außerdem würde Capping, da es eine Folge dieser Steuer ist, selektiv auf große städtische Verwaltungen angewandt werden und ihre tatsächliche Autonomie einschränken.

Eine Ersetzung durch eine kommunale Einkommenssteuer wäre zwar generell verlokkender, aber für die Städte wäre sie, sofern sie nicht mit einem Steuermittelausgleich verbunden wäre, nicht besonders vorteilhaft. Daß sie auf niedrigerer Verwaltungsebene eingeführt würde, ist sowieso wenig wahrscheinlich, und ohne Ausgleich wäre dies auch nicht wünschenswert. Eine örtliche Vermögenssteuer wäre für die Städte immer noch attraktiver. Die Vermögenswerte sind im Vergleich zum Einkommen höher, die Besteuerungsgrundlage wäre also günstiger – vorausgesetzt, es gäbe keinen Ausgleich, durch den dieser Vorzug verdeckt würde. Diese Bemerkungen basieren jedoch auf der traditionellen, heute weniger zutreffenden Annahme von sinkenden Vermögenswerten in der monozentrischen Stadt. Eine augenscheinlich hohe Steuergrundlage mag den Ortsbehörden vorteilhaft erscheinen, aber irgendwer muß die hohen Steuern bezahlen. Für die Bürger wäre es nur von Vorteil, wenn Teile der Last verlagert werden könnten (z.B. auf reiche Grundbesitzer oder Vermieter oder in andere Gegenden). Wenn der Vorschlag der Labour Party, das Einkommen zur Grundlage des Ausgleichs zu machen, angenommen würde, wären die Städte eindeutig Gewinner. Es scheint also auf den ersten Blick vorteilhaft zu sein, den Städten den „NDR"-Topf ganz oder teilweise zugänglich zu machen, auch wenn dies für die wohlhabenden südlichen Städte stärker gilt als für den wirtschaftlich weniger einträglichen Norden. Doch auch hier gilt, daß diese Vorzüge geringer werden, falls ein Ausgleich eingeführt wird.

Wenn größerer Gebrauch von Eintrittsgeldern und Dienstleistungsgebühren gemacht würde, könnten diese die Einkünfte derjenigen Städte erhöhen, die immer schon über die entsprechenden regionalen Einrichtungen verfügten (Kunstgalerien, Theater, Freizeitzentren etc.). Dagegen muß die Wahrscheinlichkeit des Nutzungsrückgangs gehalten werden, der von der Belastbarkeit der Nachfrage abhängt. Einige kleine Städte mit ausgeprägtem Tourismus (ein gutes Beispiel ist Bath) verdienen mit diesen Ein-

richtungen soviel, daß sie, nach Erhalt einer großzügigen Subvention von der Zentralregierung, kaum noch eine Poll-Tax für Dienstleistungen auf Kreisebene zu erheben brauchen. Die größeren Städte sind im allgemeinen nicht in einer so glücklichen Lage. Die Preisermäßigungen für Rentner oder Arbeitslose stehen hier wohl im Vordergrund der Überlegungen. Die Verteilungswirkungen wettbewerbsgerechter Preise sind politisch sicher kaum zu akzeptieren.
Was Zuweisungen betrifft, so haben wir bereits gesehen, wie sehr die Wirkungen verschiedener Steuern mit der Frage des Mittelausgleichs verknüpft sind. Es ist nicht klar, ob die Städte vom Ausgleich überhaupt profitieren würden. Den nördlichen Städten wäre damit wohl erheblich mehr gedient als den südlichen; Ein Ausgleich auf der Basis der Einkommen scheint hier attraktiver. Ich übergehe hier das Problem der möglichen Kapitalisierung differenzierter Zuweisungen in Eigentumswerten. Ausgleichssubventionen für Dienstleistungen zur Befriedigung der Grundbedürfnisse wird es wahrscheinlich auf irgendeine Art und Weise weiterhin geben, obwohl es Versuche geben könnte, sie für die niedere Verwaltungsebene, die für die Maßnahmen zur Verbesserung der Lebensqualität zuständig ist, vollständig abzuschaffen. Im allgemeinen scheinen für die Städte einfache Bedarfsabschätzungen weniger vorteilhaft zu sein als ausführliche Berechnungen. Andererseits werden die Städte durch Systeme und entsprechende Zuweisungssregelungen begünstigt, die den Bedarf anhand früherer Ausgaben (direkt oder durch Regressionsanalyse) berechnen (Bramley 1990a).
Diskutiert wurden hier vor allem die wiederkehrenden Ausgaben und die Steuereinnahmen der städtischen Verwaltungen. Doch ist die politische Einflußnahme in Bezug auf Investitionsmittel oft noch größer, insbesondere weil diese eng mit Stadtentwicklung, Planung, Wohnungsbau, Umwelt und der kommunalen Ökonomie verknüpft sind. In den 80er Jahren gab es für Neuinvestitionen auf Kreditbasis kaum Genehmigungen, dagegen wurde stark auf Mittel aus Vermögensverkäufen und aus den Kniffen „kreativer Buchführung" zugegriffen. Die 90er Jahre werden für letzteres weniger Spielraum bieten, für ersteres könnte die Zentralregierung Anwendungsbeispiele finden (oder auch nicht). Das Britische Finanzministerium, das ankündigte, öffentliche Verschuldungen für Investitionen wie Verschuldungen für die Deckung von Defiziten zu behandeln, ist sehr kritisiert worden. Eine Änderung dieser Beschlüsse könnte eine Wiederbelebung von Investitionen in die Infrastruktur erleichtern. Wie in der Vergangenheit ist es wahrscheinlich, daß die Städte einen unverhältnismäßig hohen Teil solcher Mittel an sich ziehen werden.

5. *Schlußbemerkungen*

Ich habe einen Überblick über die örtliche Finanzsituation in Großbritannien aus der Sicht mittelgroßer Städte wie Bristol gegeben. Dabei wurden zentrale Themen der wissenschaftlichen und politischen Diskussion hervorgehoben. An Stelle einer Zusammenfassung sollen abschließend subjektive Reflexionen darüber angestellt werden, was aus diesen Erfahrungen gelernt werden könnte.
Erstens: Die Finanzierung der Kommunalverwaltungen hat sich als nur schwer zu

kontrollierender Moloch erwiesen. Die zentralen Widersprüche liegen hier zum einen darin, daß die Versuche, zusätzliche Kontrollen einzuführen, das System destabilisieren und zu weniger Kontrolle im Sinne von Vorhersehbarkeit führen. Zum anderen führt die Entwicklung dazu, daß die Regierung schließlich die Zuweisungen für aufsässige Gemeindebehörden erhöht, um mehr Kontrollmöglichkeiten zu haben oder die politischen Kosten der Kontrollmaßnahmen zu lindern.

Der Konflikt zwischen der Zentralregierung und der lokalen Ebene scheint zu einem Rückschritt in den Zentralismus zu führen. Inwieweit dies ein besonderer Ausdruck der politischen Kultur Großbritanniens oder seiner ungeschrieben Verfassung ist, ist unklar. Die Entwicklung scheint eingleisig in Richtung Zentralismus zu gehen. Wie in den 90er Jahren wieder echte 'lokalistische' Strukturen aufgebaut werden könnten, ist nicht erkennbar.

Die Poll Tax war ein groß aufgezogenes, ideologisches Experiment, das auf dem politischen Kampfplatz eine eindeutige Niederlage erlitt. Damit stellt es eines von wenigen solcher Beispiele der Thatcher-Ära dar. Darüber hinaus ergeben sich aber ernstzunehmende Fragen nach dem gedanklichen Unterbau der Reform und danach ob, 'Public Choice' als politische Theorie angemessen ist (Bramley 1990b). Warum kam es zu der Niederlage? Ein Faktor war die Unterminierung durch die lokalen Behörden. Gerechtigkeit ist der Bevölkerung wichtig, und die Ungerechtigkeit der Poll Tax war zu offensichtlich. Die Steuer hatte wenig Freunde, sogar unter der Basis der „Tories" oder den Bürokraten von Whitehall.

Die mittelgroßen Städte spielten in dem Prozeß des Aufstiegs und des Niedergangs der Poll Tax keine besonders entscheidende Rolle. Zentral-London stellte sicherlich das „Problem" dar, das mit der Steuer gelöst werden sollte. Letztlich abgelehnt wurde die Steuer allerdings in den Grafschaften der „Tories". Wenn die Zentralregierung ihrer politischen Couleur entspricht, haben die Städte natürlich einen größeren Einfluß. Wenn man die jüngste Erfahrung Großbritanniens als Maßstab nimmt, scheinen die Städte mehr unter finanziellen Belastungen und Krisen zu leiden. Zu einem gewissen Grad wurde dies durch den Konflikt zwischen Zentralregierung und lokaler Ebene verschärft. Diese Belastungen könnten zurückgehen, wenn sich die 90er Jahre tatsächlich als Jahrzehnt der Übereinstimmung erweisen. Andererseits sind einiger der zugrundeliegenden Probleme struktureller Art. Höhere Belastungen führen außerdem zu höheren Steuern und schlechteren Leistungen, die den Niedergang der Städte auf lange Sicht beschleunigen.

Im Hinblick auf diese Zusammenhänge sollte bei Strukturreformen mit größter Vorsicht vorgegangen werden. Organisationsreformen, die eine teilweise Abschaffung von Grafschaftsräten und einheitliche städtische Verwaltungen einschließen, sind für manche Politiker sehr attraktiv. Aber aus verschiedenen oben angesprochenen Gründen müssen solche Reformen nicht immer im Interesse der Städte und ihrer Einwohner liegen.

Übersetzung: *Georg Bräuer* und *Petra Gerkens*

Literatur

Audit Commission, 1991: The Administration of the Community Charge, London: HMSO.

Bailey, S., 1982: Central city decline and the provision of education services, in: Urban Studies 19, 263ff.

Bailey, S./Paddison, R. (Hrsg.), 1988: The Reform of Local Government Finance in Britain, London: Routledge.

Barnett, R./Knox, C., 1991: Accountability and local budgetary policy: unitary principles. Ulster Papers in Public Policy and Management No. 9. Jordanstown, Co Antrim, N. Ireland: University of Ulster.

Bramley, G., 1985: Incrementalism run amok? Local government finance in Britain, in: Public Administration, 63:1, 100-7.

Bramley, G., 1986: Financial and political pressures and uncertainty, in: Public Finance Foundation Local Authority Budgeting Under Stress. (Proceedings of a Foundation seminar, March 1986; PFF Discussion Paper No. 12). London: PFF.

Bramley, G., 1987: Horizontal disparities and equalisation: a critique of „Paying for Local Government", in: Local Government Studies, Jan/Feb.

Bramley, G., 1990a: Equalization Grants and Local Expenditure Needs: the price of equality, Aldershot: Avebury.

Bramley, G., 1990b: Explaining the puzzles in policy change: local finance reform in Britain, in: Journal of Public Policy, 10:1, 45-65.

Bramley, G./Stewart, M., 1981: Implementing public expenditure cuts, in: *S. Barrett* und *C. Fudge* (Hrsg.), Policy and Action, London: Methuen.

Bramley, G./Le Grand, J./Low, W., 1989: How far is the Poll Tax a „Community Charge"? The implications of service usage evidence, in: Policy and Politics, 17:3, 187-205.

CIPFA, 1981: Financial, General and Rating Statistics 1981-82. (SIS Ref 41.82), London: CIPFA (Chartered Institute of Public Finance and Accountancy).

CIPFA, 1989: Finance and General Statistics 1989-90. (SIS Ref 41.90), London: CIPFA.

CIPFA, 1990: Finance and General Statistics 1990-91. (SIS Ref 41.91), London: CIPFA.

Coopers/Lybrand Deloitte, 1990: Alternatives to the Community Charge (by *G. Hollis* et al.), York: Joseph Rowntree Foundation.

Department of the Environment (DOE): Local Government Finance: report of the Committee of Enquiry. (The Layfield Report) Cmnd. 6453. HMSO.

DOE, 1987: Local Government Finance. Cmnd. 6813, London: HMSO.

DOE, 1981: Alternatives to Domestic Rates. Cmnd. 8449, London: HMSO.

DOE, 1986: Paying for Local Government, London: HMSO.

DOE, 1989: Local Government Financial Statistics England No. 1 1989, London: HMSO.

Foster, C./Jackman, R./Perlman, M., 1980: Local Government Finance in a Unitary State, London: Allen and Unwin.

Game, C., 1988: The underwhelming demand for the poll tax, in: Public Money and Management, 8:4.

Hill, M./Bramley, G., 1986: Analysing Social Policy, Oxford: Blackwell.

Hills, J./Sutherland, H., 1991: Banding, tilting, gearing, gaining and losing: an anatomy of the proposed Council Tax. Welfare State Programme Discussion Paper 63, London: London School of Economics.

House of Commons Environment Committee, 1982: Enquiry into Methods of Financing Local Government in the Context of the Government's Green Paper. (Second Report, Session 1981/2), London: HMSO.

Jones/Stewart, 1983: The Case for Local Government, London: Allen and Unwin.

Le Grand, J., 1990: What to do about the Poll Tax, in: New Statesman and Society.

Loughlin, M./Gelfand, D./Young, K. (Hrsg.), 1985: Half a Century of Municipal Decline, 1935-85, London: Allen and Unwin.

Newton, K./Karran, T., 1985: The Politics of Local Expenditure, London: MacMillan.

Rhodes, R., 1986: The National World of Local Government, London: Allen and Unwin.

Stewart, J., 1983: Local Government: the conditions of local choice, London: Allen and Unwin.

Tiebout, C.M., 1956: A pure theory of local expenditure, in: Journal of Political Economy 64, October, 416-424.
Travers, T./Moon, N., 1990: A Losing Battle, in: Local Government Chronicle, 22 April.

Dezentralisierung und Kontrolle

Die Beziehungen zwischen der zentralen Regierung und den Kommunen in Schweden*

Ingemar Elander/Stig Montin

Die Frage, ob die kommunalen Regierungen mit der Ausweitung des Wohlfahrtsstaates in der Nachkriegszeit von der zentralen Regierung unabhängiger geworden sind oder nicht, ist unterschiedlich beantwortet worden.
Wir meinen – mit Blick auf verfassungsrechtliche, politische, finanzielle und professionelle Ressourcen (d.h. unter einer „mehrdimensionalen Ressourcenperspektive") –, daß die kommunalen Regierungen als potentiell stark gesehen werden können. Als jedoch in den 80er Jahren mehrere Dezentralisierungs- und Deregulierungsprogramme durchgeführt wurden, stärkte die zentrale Regierung ihre finanzielle Kontrolle über die kommunalen Regierungen. Es wurde auch eine steigende Interdependenz zwischen Kommunalverwaltungsbehörden und privaten Institutionen festgestellt. Somit können die derzeitigen Beziehungen zwischen der zentralen und den kommunalen Regierungen auf folgende Formel gebracht werden: Zentralisierung (finanzieller) Macht, Dezentralisierung von Verantwortung.

Einführung

Während der letzten Jahrzehnte ging eine Dezentralisierungswelle durch die westliche Welt (Smith 1985; Dente/Kjellberg 1988). Für diese Tendenz gab es verschiedene Wurzeln. Aus einer Top-down-Perspektive war die Zentralisierung eine bewußte Strategie, mit dem erhofften Effekt, die Überforderung und die finanzielle Belastung zu reduzieren, die das Wachstum eines Wohlfahrtsstaates einer zentralen staatlichen Verwaltung auferlegt (Hirsch 1981). Aus einer Bottom-up-Perspektive andererseits wurde der Trend zur Dezentralisierung als ein Ergebnis weitverbreiteter Forderungen nach lokaler Autonomie und Selbstverwaltung interpretiert, oder sogar als ein Ersatz der (zentralstaatlichen) Planwirtschaft durch „ein neues historisches Projekt", genannt die „Wiederentdeckung der politischen Gemeinde" (Friedmann in: Flyvberg 1986). Natürlich

---

* Für die englische Formulierung „local government" haben wir im Deutschen entweder Kommune, Gemeinderat, oder kommunale Regierung verwendet. Der Aufsatz wurde vor den letzten Wahlen zum Reichstag abgeschlossen. Eine frühere Fassung erschien in: Policy and Politics, Vol. 18, No. 3, 1990.

schließen die beiden Erklärungen einander nicht aus, und sie können wechselseitig eine Entwicklung hin zur Dezentralisierung gestärkt haben.
Das Dezentralisierungskonzept hat jedoch viele Dimensionen, die sowohl in der politischen als auch in der wissenschaftlichen Diskussion oft zu verschwimmen scheinen. Eine andere Komplikation, die oft übersehen wird, ist, daß Dezentralisierung und Zentralisierung normalerweise in verschiedenen Mischungen auftreten (Fesler 1965, 1968). Es ist gut möglich, daß die Dezentralisierung einer Funktion, sagen wir der Ausführung, von der Zentralisierung einer anderen, z.B. der Kontrolle, begleitet ist. Wenn aus politischem Interesse nur der Anteil der Dezentralisierung betont wird, führt das in die Irre.
Ziel dieses Aufsatzes ist es, neuere Entwicklungen in den Beziehungen zwischen der zentralen Regierung und den Kommunen in Schweden zu beschreiben und zu analysieren. Es werden die Formen der aktuellen Dezentralisierungstrends beschrieben und eine Interpretation angeboten. Die Analyse nimmt als Ausgangspunkt eine systematische Beschreibung der Beziehungen zwischen der zentralen Regierung und den kommunalen Regierungen bis zu den 80er Jahren.

Die Beziehungen zwischen der zentralen Regierung und den kommunalen Regierungen in Schweden – eine Ressourcen-Perspektive

Kontext

„Gemessen an den Ausgaben waren die 40 Jahre seit 1945 tendenziell eher durch Dezentralisierung als durch Zentralisierung des modernen demokratischen Staates gekennzeichnet" (Sharpe 1988: 369). Schweden paßt genau in dieses Bild. Erstaunlicherweise werden die starken lokalen Wurzeln und Erscheinungsformen des schwedischen Wohlfahrtsstaates oft vernachlässigt. Hans Magnus Enzensberger, der deutsche Schriftsteller, scheint auf der richtigen Spur gewesen zu sein, als er während eines Besuchs in Schweden die alten, patriarchalischen industriellen Gemeinden als die Wiege der schwedischen Wohlfahrtsgesellschaft beschrieb (Enzensberger 1982). In diesem örtlichen Zusammenhang sind Kapital und Arbeit in Schweden zusammen aufgewachsen, haben sich allmählich angenähert und ihre Konflikte miteinander in einem „demokratischen Klassenkampf" reguliert (Korpi 1981).
Bevor wir fortfahren, sollten wir einige grundlegende Fakten über kommunale Regierungen in Schweden umreißen. Es gibt in Schweden zwei Arten kommunaler Regierungen: Gemeinden (*kommuner*) und Provinziallandtage (*landsting*). Die 24 Provinziallandtage sind in erster Linie für das Gesundheitswesen zuständig, das Betreiben von Krankenhäusern und gewisse Aus- und Weiterbildungsmaßnahmen eingeschlossen. Die 284 Gemeinden sind für viele Dienstleistungen verantwortlich: Bereitstellung von Infrastruktur, Wohnungen, Erziehung, sozialem Wohlstand, Freizeitaktivitäten und Kultur. Kommunale Regierung in Schweden schließt beides ein, Gemeinden und Provinziallandtage, und das schwedische Wort *„kommun"* kennzeichnet beide Typen der Selbstverwaltung, zumal ihre Position gegenüber der zentralen Regierung dieselbe

Abbildung 1: Das politische und Verwaltungssystem in Schweden

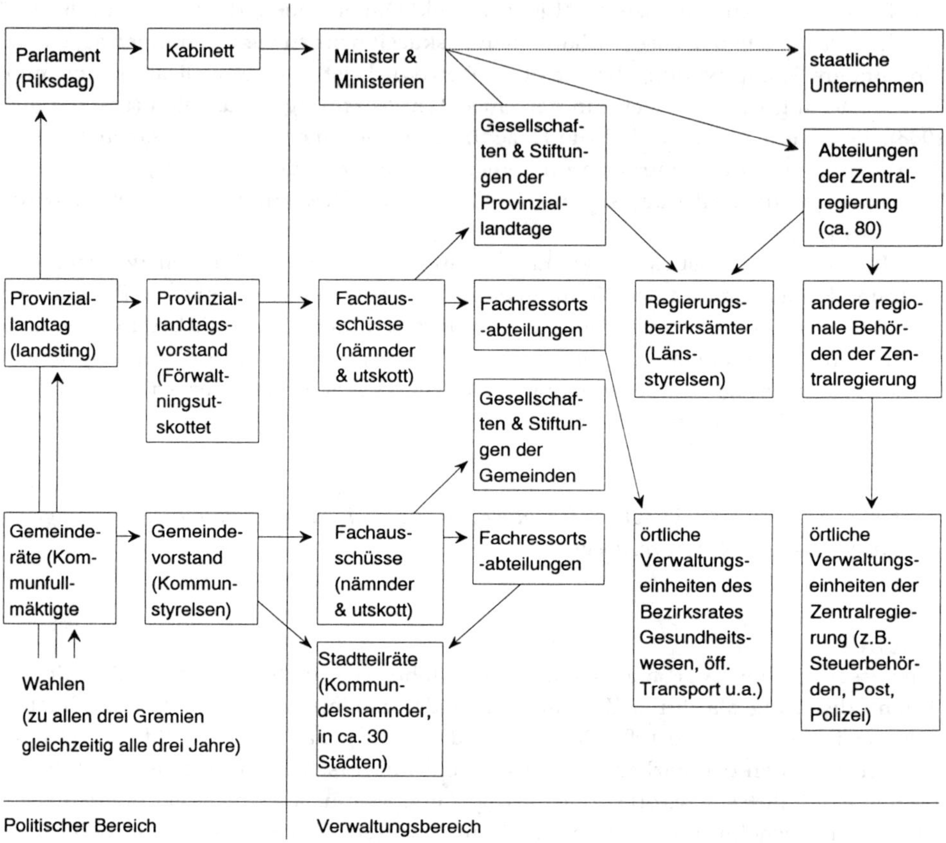

(nach Reade 1989: 30)

ist. Es gibt zwischen den beiden keine hierarchischen Bindungen. In diesem Artikel konzentrieren wir uns in erster Linie auf die Gemeinden. Das schwedische politische und administrative System wird in *Abbildung 1* gezeigt.

Als ein Ergebnis der kommunalen Verwaltungsreform sank die Anzahl der Gemeinden von 2.498 in 1951 auf 1.037 in 1952 und auf 280 in 1974. Weitere Neuorganisationen steigerten die Anzahl auf 284 in 1989. Mit der drastischen Reduzierung der Anzahl der Gemeinden bekamen die kommunalen Regierungen im neuen System eine stärkere Steuerbasis und daher größere ökonomische und administrative Ressourcen. Im Jahr 1946 hatte die idealtypische Gemeinde ungefähr 3.000 Einwohner. Die zweite große Gemeindereform, die in den Mittsiebzigern durchgeführt wurde, verordnete als ideale Bevölkerungsanzahl mindestens 8.000 Einwohner. Die durchschnittliche Bevölkerungszahl in den Gemeinden liegt nun bei 16.000 Einwohnern (Medianwert).

Die erste Reform betraf nur ländliche Gemeinden, während die zweite von der Zentrentheorie (central place theory) beeinflußt wurde, nur einen einzigen Typus von Gemeinden einzuführen, anstatt wie vorher drei, Städte, Bezirke und ländliche Gemeinden. Bedenkt man das enorme Wachstum öffentlicher Aufgaben, so läßt diese Entwicklung eine Dezentralisierung von der zentralen Regierung zu den Kommunen erkennen. Aus der Sicht des einzelnen Bürgers jedoch war die Entwicklung nicht so einfach. Für diese bedeutete sie in vieler Hinsicht eine Zentralisierung, da der Abstand zu den kommunalen Behörden sich vergrößerte.

Die Struktur der kommunalen Regierungen ist eng mit dem Parteiensystem verbunden. Die Parteien, die im Parlament vertreten sind, sind auch die wichtigsten auf der kommunalen Ebene. Das sind die Sozialdemokratische Partei *(Socialdemokratiska Arbetarpartiet, SAP)*, die Linke Partei (ehemals Kommunisten) *(Vänsterpartiet (Kommunisterna), VP(K))*, die Zentrumspartei *(Centerpartiet)*, die Liberale Partei *(Folkpartiet)*, die Gemäßigte Partei *(Moderata Samlingspartiet)* und eine neue Rechtspartei mit dem Namen „Neue Demokraten" *(Ny Demokrati)*. Die Grüne Partei *(Miljöpartiet – de Gröna)* war seit der letzten Parlamentswahl 1988 im Parlament vertreten, hat aber 1991 alle ihre Sitze wieder verloren. Die sozialdemokratische Partei war die stärkste mit ununterbrochener Regierungsamtszeit von 1932 bis 1976 und Rückkehr an die Macht von 1982 bis 1991. Diese sechs Parteien sind auch in den kommunalen Regierungen in ungefähr derselben Verteilung wie im Parlament vertreten. Aber im letzten Jahrzehnt hat die Stärke lokaler Parteien zugenommen. Nach der Wahl 1991 bekamen 171 Gemeinden eine nicht-sozialistische Mehrheit, in 74 Gemeinden hatten die Sozialdemokraten allein oder zusammen mit den Kommunisten eine Mehrheit, und in 41 Gemeinden waren die Grünen oder lokale Parteien sogar das Zünglein an der Waage (Kommun-Aktuellt 1991, No. 29).

Eine bemerkenswerte Eigenschaft des „schwedischen Modells" ist die enorme Expansion der sozialen Dienstleistungen (Gesundheits- und medizinische Fürsorge, Kinderbetreuung, Altenpflege, Erziehung), die von den lokalen und regionalen Regierungen bereitgestellt werden. Diese Entwicklung kann als Ausdruck eines „Gemeindesozialismus" interpretiert werden. Obwohl es selten in fundamentalen ideologischen Begriffen ausgearbeitet wurde, könnte der Ausbau dieser Dienstleistungen das erfolgreichste und wirklich schwedische strategische Element der Sozialdemokratie gewesen sein. Verglichen mit dieser Idee des „Gemeindesozialismus" waren Staatssozialismus und Revolution weniger brauchbare Alternativen für die sozialdemokratische Partei (Karlbom 1985: 87-103).

Die Kommunen sind neben den sozialen Dienstleistungen auch für die physischen Infrastrukturanforderungen von Industrie, Handel und der Öffentlichkeit verantwortlich, d.h. für Straßen, Wasserversorgung und Abwasserentsorgung. Andererseits haben die Kommunen kein Recht zu direkter Intervention in privatwirtschaftliche Betriebe; dies in Übereinstimmung mit der sozialdemokratischen Ideologie, die hauptsächlich auf die Förderung kollektiver Konsumtion auf der Basis kapitalistischer Produktionsbeziehungen setzt. In ihren eigenen ideologischen Begriffen hat die Sozialdemokratie eine Strategie des „Konsumsozialismus" oder „Verteilungssozialismus" verfolgt (Elander 1978: 10-15).

Kurz, die Nachkriegsentwicklung in Schweden wurde charakterisiert durch einen enormen Zuwachs an Funktionen und Ausgaben der Kommunen; eine große Anzahl kleiner ländlicher Gemeinden wurde durch wenige und größere ersetzt, alle mit einem städtischen Kern. Anstelle der alten Verwaltung ausschließlich durch Laien, stieg die Professionalisierung. Kommunalpolitik wurde mit nationaler Parteipolitik immer mehr vereinheitlicht und ihr immer ähnlicher, und letztlich wurden die Gemeinden verstärkt von anderen organisierten Interessen als der Parteipolitik durchdrungen (Strömberg/ Westerståhl 1984).

Läßt diese Entwicklung auf größere Ermessensspielräume der Kommunen schließen? Gab es auf lange Sicht eher eine Zunahme oder eine Abnahme der Abhängigkeit kommunaler Behörden von der Zentralregierung?

Innerhalb der letzten 20 Jahre wurden in Schweden zwei größere Forschungsprojekte über kommunale Regierungen durchgeführt. In einer Zusammenfassung der beiden Projekte wird die Schlußfolgerung gezogen, daß „bis heute die schwedische Forschung über kommunale Regierungen viel zu kurz kommt, daß so wenig bisher getan wurde, um detaillierter die Abhängigkeit der kommunalen Selbstverwaltung von externen Faktoren zu studieren" (Strömberg/Westerståhl 1984: 69). Mit „externen Faktoren" meinen die Autoren in erster Linie „staatliche Vorschriften", aber auch „Empfehlungen des Verbands der Kommunen" und verschiedene Typen von ausgehandelten Regelungen, z.B. zentrale Lohnvereinbarungen, die außerhalb der Kontrolle der einzelnen Kommunen liegen. Natürlich hat der Umfang der Aktivitäten der Gemeinden immens zugenommen, aber nach Strömberg und Westerståhl „wächst auch die Abhängigkeit von externen Faktoren, vielleicht sogar schneller als die Ressourcen. Wenn diese Entwicklung weitergeht, ist es wahrscheinlich, daß die Entscheidungsfreiheit der Kommunen über die Werteverteilung weiter eingeschränkt wird".

Laut anderen Beobachtern jedoch „weitet sich der Umfang der institutionellen Autonomie im schwedischen kommunalen Regierungssystem ganz sicherlich aus" (Lane/Magnusson 1987: 24). Ein Problem mit diesen beiden divergierenden Schlußfolgerungen ist, daß keine der beiden sich ausdrücklich auf die verschiedenen Dimensionen bezieht, die die Beziehungen zwischen der zentralen Regierung und den Kommunen ausmachen. Es wird nie so recht klar, mit welcher Elle bei den Schlußfolgerungen gemessen wurde. In diesem Aufsatz versuchen wir, Veränderungen in der Beziehung zwischen der zentralen Regierung und den kommunalen Regierungen einzuschätzen, und zwar entlang einiger fundamentaler Ressourcen-Dimensionen, die wir einer von Rhodes entwickelten konzeptuellen Grundstruktur entnommen haben (Rhodes 1980, 1981, 1986a, 1986b).

Wir unterscheiden fünf Arten von Ressourcen: verfassungsrechtliche, regulatorische (entsprechend dem, was Rhodes (1980) „hierarchisch" nennt), finanzielle, politische und professionelle. Die Grenzen zwischen den verschiedenen Kategorien können diskutiert werden, und vielleicht gibt es auch andere Typen von Ressourcen, die in Betracht gezogen werden sollten. Diese Kategorisierung beinhaltet jedoch die Hauptressourcen, die für eine Analyse der Beziehung zwischen der zentralen Regierung und den Kommunen relevant zu sein scheinen. Diese Grundstruktur macht es möglich, Veränderungen in den Beziehungen zwischen zentraler Regierung und Kommunen anhand der fünf Ressourcendimensionen einzuschätzen, und dies könnte ein Weg sein, das Problem der oben erwähnten verschiedenen Schlußfolgerungen zu überwinden. Wenden wir diese Sichtweise auf die „goldene Ära des schwedischen Wohlfahrtsstaates" (1946-1975) an, so schaffen wir einen Ausgangspunkt, um neuere Trends in diesen Beziehungen zu bewerten.

Reichweite und Funktionen

Offensichtlich gibt es keine einfache Erklärung für die Stärke einer kommunalen Regierung. Als *Ausgangspunkt* jedoch scheint eine Frage unvermeidlich: *Welchen Anteil haben die Kommunen an der Gesamtheit der Regierungsentscheidungen?* (Rowat 1980: 601). Man kann die Frage mit den Begriffen des kommunalen Prozentanteils an den gesamten öffentlichen Ausgaben und den Beschäftigtenzahlen beantworten, wenn man die Begrenztheit der beiden Maßstäbe im Gedächtnis behält (Sharpe 1988: 365-366). So haben die Kommunen in Schweden und den anderen skandinavischen Ländern einen höheren Prozentanteil von Ausgaben und Arbeitskräften als Großbritannien, das seinerseits die südeuropäischen Länder in dieser Hinsicht übertrifft. In Schweden ist also der Anteil der Kommunen an den gesamten öffentlichen Entscheidungen groß, wenn auch nicht außerordentlich (Page/Goldsmith 1987: 157).
Was die Verteilung der öffentlichen Ausgaben und Aktivitäten für spezifische Funktionen angeht, scheint die soziale Wohlfahrt im weiteren Sinne die Hauptaufgabe der Kommunen zu sein. So machen Erziehung und Sozialfürsorge mehr als 40 Prozent der Ausgaben aus und mehr als 60 Prozent des Personalanteils. Beides sind Pflichtaufgaben, dank des Schulgesetzes und des Gesetzes über soziale Dienstleistungen, die die Verantwortung für die Grundschul- und weiterführende Schulausbildung und die Sozialfürsorge den Gemeinden zuschreiben. Mehr als zwei Drittel aller Gemeindebudgets werden im allgemeinen für solche Pflichtdienstleistungen reserviert, obwohl dies zwischen Gemeinden verschiedener Größe und in verschiedenen Teilen des Landes beträchtlich variiert.
In den 60er und 70er Jahren gab es nur kleinere Veränderungen in den Funktionen der zentralen Regierung und der Kommunen. Die größte Veränderung in dieser Hinsicht fand statt, als 1965 die Polizei, die Staatsanwaltschaft und die Gerichte zentralisiert wurden. Jedoch wurde in den 80er Jahren eine Reihe öffentlicher Funktionen „kommunalisiert", z.B. ziviler Bevölkerungsschutz, öffentlicher Transport und Umweltschutz. Die Kommunen haben auch ihre eigenen „selbstbestimmten" Aktivitäten ausgedehnt, speziell auf dem Gebiet der kommunalen Wirtschaftspolitik.
Reichweite und Funktion an sich sagen noch nichts über die Ermessensspielräume aus, die die kommunalen Behörden haben. Eine kommunale Regierung kann wohl die Verantwortung über eine breite Palette von Funktionen haben, aber sie kann gleichzeitig von der zentralen Regierung genau überwacht sein. Andererseits kann eine kommunale Regierung die Verantwortung für nur einige wenige Funktionen und in diesem begrenzten Feld große Ermessensspielräume haben. Um also den Anteil der Kommunen an der öffentlichen Entscheidungsfindung als Ausgangspunkt zu nehmen,

müssen wir unsere Analyse einen Schritt weiterbringen. Deshalb kehren wir zurück zur Betrachtung der Ressourcen, die wir weiter oben vorgestellt haben.

Verfassungsrechtliche und regulatorische Ressourcen

Verfassungsrechtliche Ressourcen beziehen sich auf die Funktionen, die nach Maßgabe der Verfassung oder durch parlamentarische Gesetze formal den Kommunen übertragen werden. Ein hohes Ausmaß kommunaler Autonomie in dieser Dimension bedeutet nicht notwendigerweise auch ein hohes Ausmaß kommunaler Autonomie in der Praxis. Die zentrale Regierung kann die kommunale Autonomie durch eine Reihe von Mechanismen der Überwachung und Kontrolle eingeschränkt haben, was uns zu einer anderen Art von Ressourcen führt:

Regulatorische Ressourcen, die ihre Legitimation von der verfassungsrechtlichen Grundstruktur eines Staates ableiten, beziehen sich auf den Umfang und die Stärke von Regeln, die von der zentralen Regierung eingesetzt werden, um Kommunen zu steuern und zu kontrollieren. Laut Hancher und Moran (1989: 130) kann Regulierung definiert werden, als „die Aufstellung und Durchsetzung von rechtlichen und Verwaltungsregeln". Deregulierung ist selbstverständlich das Spiegelbild von Regulierung und bedeutet „die ausdrückliche Änderung, Erweiterung oder Abschaffung eines Sets von Regeln". Hancher und Moran geben auch eine abstraktere, theoretisch fundierte Definition der Konzepte Regulierung und Deregulierung, aber die einfacheren Formulierungen sind für unsere Zwecke gut geeignet. Wichtig ist, daß Deregulierung nicht zwangsläufig die Abschaffung von Regeln bedeutet. Es kann auch den Ersatz oder die Systematisierung von Regeln bedeuten. Im letzten Fall ist Deregulierung „eine Art regulatorischer Reform, deren Ziel es ist, Regulierung effizienter zu machen" (Hancher/Moran 1989: 131). In wenigstens einem Fall wurde der Begriff „Re-regulierung" benutzt, um dieses Phänomen zu bezeichnen, d.h. „Schritte, die unternommen werden, um bestehende Regulierungen effektiver zu gestalten, oder um Regeln durch andere Instrumente zu ersetzen, die dazu entworfen wurden, wirksamer und effizienter dieselben Verhaltensänderungen zu erreichen, nach denen mit dem ursprünglichen regulatorischen System getrachtet wurde" (Hanf 1989: 193).

Deregulierung ist nicht nur ein „zentrales Charakteristikum der politischen Ökonomie von hochentwickelten kapitalistischen Nationen" (Hancher/Moran 1989: 136), sondern auch ein überraschendes Charakteristikum in den osteuropäischen Ländern, und dies schon vor 1989 (Elander 1991). In der Tat dürfen regulatorische Ressourcen nicht ausgelassen werden, wenn man die Beziehungen zwischen der zentralen Regierung und den kommunalen Regierungen eines Landes analysiert.

Die Verantwortlichkeiten der Kommunen in Schweden haben eine starke gesetzliche Grundlage. Kommunale Selbstverwaltung findet sogar ihren Platz im ersten Paragraphen der schwedischen Verfassung von 1974. Eine detailliertere Regelung kommunaler Selbstverwaltung, die auf den Prinzipien der Verfassung beruht, gibt das Kommunalgesetz von 1974. Dieses Gesetz ersetzte eine Reihe von Vorläufern, die bis 1862 zurückgehen. Das Kommunalgesetz regelt solche Dinge wie organisatorische Struktur,

Finanzen, Besteuerung und die Einspruchsrechte der Bürger. Diese Regelung greift jedoch nicht in die Inhalte der Pflichtbereiche wie Erziehungs-, Gesundheits- und Sozialpolitik ein. Diese Politikbereiche werden durch andere Gesetze geregelt, wie das Gesetz über soziale Dienstleistungen oder das Schulgesetz.

Die Finanzhoheit der kommunalen Selbstverwaltung ist im Prinzip unbeschränkt, obwohl es Einflußbereiche der zentralen Regierung kraft Gesetzes gibt. In der Praxis hat die zentrale Regierung Zugriff auf sowohl rechtliche als auch auf ökonomische Ressourcen; dadurch kann sie die Ausgaben der Gemeinden einschränken, ohne die Finanzhoheit der Kommunen an sich zu verletzen. So kann die zentrale Regierung z.B. den Kommunen Zuschüsse vorenthalten, wenn eine Kommune sich weigert, sich dem politischen Ziel der Reduzierung öffentlicher Ausgaben unterzuordnen. Natürlich spiegelt dies die grundsätzliche Asymmetrie der Beziehung zwischen der zentralen Regierung und den kommunalen Regierungen wider, in der das Zentrum „ein faktisches Monopol der rechtlichen Ressourcen besitzt. Das Zentrum kann 'hegemoniale Führung' ausüben, oder die Spielregeln umstrukturieren" (Rhodes 1986b: 20).

Verfassungsgemäß hat eine kommunale Regierung einen dualen Charakter, gleichzeitig „Antenne" der zentralen Regierung und „Stimme der Peripherie" zu sein (Miliband 1969: 52-53). So gibt es zwei Verwaltungsbereiche der Kommunen, die freiwilligen Aufgaben und die Pflichtaufgaben. Im ersten Bereich können die Kommunen ihre eigenen Entscheidungen frei treffen, im zweiten Bereich regeln zentral verabschiedete Gesetze, was Kommunen tun sollten oder nicht tun dürfen. Die politische Geschichte Schwedens zeigt auf, daß der zweite Bereich schneller gewachsen ist als der erste, und ca. drei Viertel der Ausgaben der Gemeinden beziehen sich auf speziell geregelte Pflichten. Diese Pflichten können als eine Widerspiegelung sozialdemokratischer und sozialliberaler Wohlfahrtsambitionen gesehen werden, was die Sozial-, die Gesundheits- und die Erziehungspolitik angeht. In solchen Bereichen wie Kultur und Freizeit jedenfalls können die Gemeinden frei entscheiden. Die Tatsache, daß die überwältigende Mehrheit der Aktivitäten der kommunalen Regierungen durch zentrale Gesetze geregelt ist, muß nicht *per se* als Anzeichen einer geringen Autonomie interpretiert werden. Solche Regeln können auf verschiedene Arten genutzt werden; sie können gegeneinander ausgespielt werden, häufig sind sie aber sogar für Ermessensspielräume ausgelegt. Überdies sind sie oft ein Ergebnis kommunaler Forderungen, die ursprünglich an den Zentralstaat gerichtet worden sind.

Die Verfassung überträgt darüber hinaus einige grundlegende Prinzipien vom zentralen politischen System auf die kommunale Selbstverwaltung: allgemeines und gleiches Wahlrecht, ein repräsentatives System, Gewaltenteilung zwischen entscheidenden und durchführenden Körperschaften und Unparteilichkeit gegenüber den Bürgern.

Finanzielle Ressourcen

Finanzielle Ressourcen beziehen sich auf die Mittel, die Kommunen aus Steuern, Gebühren für Dienstleistungen, zentralen Zuschüssen und Anleihen zur Verfügung haben. Diese Dimension ist eng verbunden mit der vorhergehenden, denn Zuschüsse der zentralen Regierung sind oft von genauen Regelungen bezüglich ihrer Verwendung begleitet. Aber zentrale Zuschüsse sind nicht immer zweckgebunden. Sie können ebensogut „Blockzuschüsse" sein, die nicht die kommunalen Entscheidungsspielräume einschränken. Das Recht, Steuern zu erheben, ist wahrscheinlich die grundlegende finanzielle Voraussetzung für kommunale Entscheidungsspielräume.

Entsprechend der Verfassung ist es Gemeinden und Provinziallandtagen erlaubt, Steuern von ihren Bürgern zu erheben, obwohl das Parlament Gesetze erlassen kann, die die Form der Besteuerung spezifizieren. Steuern, in Gestalt einer proportionalen, lokalen Einkommensteuer, bilden einen stabilen Anteil der Gesamtressourcen (etwas über 40 Prozent) für die Gemeinden, und ca. 20 Prozent mehr für die Provinziallandtage. Zuschüsse der zentralen Regierung haben ihren Anteil am Gesamteinkommen auf 25 Prozent für die Gemeinden vergrößert und ca. 10 Prozent oder weniger für die Kreise, während die Nettoanleihen gesunken sind und nun eine scheinbar unbedeutende Rolle spielen, besonders für die Provinziallandtage (Murray 1985: 310).

Das Kommunalgesetz enthält in Übereinstimmung mit der Ideologie kommunaler Selbstverwaltung einige wenige detaillierte Regeln, die das Management kommunaler Finanzen regulieren. Jedoch hat die zentrale Regierung auf vielfältigen Wegen versucht, kommunale Regierungen zu beeinflussen, beispielsweise mittels allgemeiner Wirtschaftspolitik, Planungen und Vereinbarungen über Steuersätze. Bis zur Mitte der 70er Jahre stiegen die Steuern an, und großzügige Zuschüsse der zentralen Regierung begleiteten das Wachstum des Wohlfahrtsstaates. In den 80er Jahren wurden die Kommunen mit einer völlig anderen Situation konfrontiert. Da sich die zentrale Regierung einer Finanzkrise gegenübersah, versuchte sie die Wachstumsrate des öffentlichen Sektors zu verringern (Murray 1985). Angesichts der dominanten Rolle, die die Kommunen in diesem Sektor gespielt haben, mußte die zentrale Regierung neue Strategien finden, um die kommunalen Ausgaben zu reduzieren. Auf dieses Thema kommen wir später zurück.

Politische Ressourcen

Politische Ressourcen beziehen sich sowohl auf den Zugang der Kommunen zu den zentralen, öffentlichen, entscheidenden Strukturen als auch auf das Recht, öffentliche Unterstützung aufzubauen, die auf die Volksvertreter durch die *Legitimierung* aus Wahlen übertragen wird. Ein wichtiger Aspekt des Zugangs beinhaltet die Möglichkeit der kommunalen Regierungen in einem Land, ein „Nationales System kommunaler Regierungen" zu bilden, das sich in nationalen Verbänden der Kommunen manifestiert, die „die nationale Rolle und die Ansichten in der Gesamtheit der Kommunen definiert" (Dunleavy, zitiert nach Rhodes 1986a: 23). Aber wenn kommunale Regierung tatsächlich „Regierung" bedeuten soll, und nicht nur „dekonzentrierte" zentralstaatliche Verwaltung, muß sie auch territorial definierte kommunale Wahlkreise repräsentieren, wo Wahlen für das Volk eine mehr als symbolische Bedeutung haben, nicht nur eine demokratische Fassade, hinter der sich ein autoritäres Top-down-Regime verbirgt. Eine Situation, wo Gemeinderäte Zugang zu den national entscheidenden Strukturen haben, ohne daß sie rechtmäßig in der Gesellschaft verankert sind, impliziert eher einen starken Einfluß der zentralen Regierung auf die Kommunen als umgekehrt (Elander 1991).

Traditionell setzten sich die kommunalen Regierungen aus Laien zusammen, direkt als Bürgerversammlungen, oder in größeren Städten als lokale Räte. In der Tat wurde das repräsentative System erst 1953 verbindlich eingeführt, und es gab sogar gegen Ende der 50er Jahre noch Gemeinden ohne jegliches angestelltes Verwaltungspersonal. Natürlich wurde die Anzahl der Vertreter durch die Gemeindereformen drastisch reduziert (Strömberg/Westerståhl 1984: 54).

Parallel zu dieser Entwicklung wurden die Räte immer mehr „parteipolitisiert", da die Nominierung der Kandidaten unter die Kontrolle der kommunalen Parteiorganisationen kam. Um dem Einfluß der angestellten Verwaltungsbeamten entgegenzuwirken, wurden als Vorsitzende der wichtigeren Ausschüsse immer häufiger vom Rat gewählte Kommunalräte eingesetzt (sozusagen als Vollzeit-Beschäftigte); dies bedeutete eine Professionalisierung der Parteipolitik. Als Widerspiegelung des breiteren Umfangs der politischen Funktionen der Gemeinden, wurden die Bande zwischen nationalen und kommunalen Parteiorganisationen enger. Die kommunale Parteiebene fing an, sich mehr wie die nationale Ebene in links-rechts-Dimensionen zu organisieren und zu verhalten. Dieser Entwicklung folgend, spielten der schwedische Verband der Kommunen und sein Gegenpart auf Provinziallandtagsebene eine wachsende Rolle als politische Vermittler zwischen zentraler Regierung und kommunalen Regierungen. Sie versuchten, die Bedürfnisse und Forderungen der kommunalen Regierungen zu sammeln und sie mit den Prioritäten der Zentralregierung, Steuern, öffentliche Ausgaben usw. betreffend, abzustimmen.

Wenigstens ein großer Unterschied bleibt bislang noch zwischen dem kommunalen und dem nationalen politischen System. Obwohl es mehrere Versuche gab, das kommunale System zu „parlamentarisieren", behält es seinen Charakter einer „Koalitionsregierung", die auf den Proportionen der Parteien im Rat basiert.

Eine tiefergehende Analyse wäre notwendig, bevor Schlußfolgerungen darüber getroffen werden können, ob Ressourcen hauptsächlich zum Vorteil der zentralen Regierung oder der Kommunen genutzt werden. Das politische System in Schweden ist tief durchdrungen von Parteipolitik, und die zentral-kommunale Dimension liegt quer zu den Denk- und Handlungsweisen der Aktivisten innerhalb jeder der politischen Parteien. Das ruft ständig innere Konflikte hervor, jedenfalls in einer Periode finanzieller Einschränkungen. Eine politische Ressourcenbasis von besonderem Interesse ist das „national-kommunale Regierungssystem" (Rhodes 1986a, 1986b), das sich in Schweden in Form des Verbands der Kommunen und seines Gegenstücks auf Provinziallandtagsebene für die regionalen Fragen manifestiert. Diese Verbände repräsentieren ein wichtiges Set sowohl politischer als auch professioneller Ressourcen.

Professionelle Ressourcen

Professionelle Ressourcen beziehen sich auf „das Vorhandensein von Leuten, Fähigkeiten, Land, Gebäuden, Material und so die Möglichkeiten, eher direkt zu agieren, als durch Mittler" (Rhodes 1986b: 17). Es hat auch mit der Kapazität, Daten zu sammeln und zu verarbeiten zu tun. Diese Kapazität wiederum erfordert Personal, das Wissen und Erfahrung repräsentiert. In der Verwaltung tätige Menschen haben eine komplizierte Stellung, sie sind oft in der Position, ihre Kompetenz entweder einer von beiden Regierungsebenen zur Verfügung zu stellen oder ihre eigenen Interessen zu verfolgen. Wie oben gezeigt, gab es eine Entwicklung von einer Verwaltung durch Laien hin zu einer professionellen Verwaltung in den Kommunen. 1983 waren nicht weniger als 894.000 Personen, das ist ca. ein Viertel aller Berufstätigen in Schweden, bei den Gemeinden und Kreisen angestellt. Diese Zahl schließt Vollzeit- und Teilzeitbeschäftigte ein. Ungefähr 80 Prozent der Angestellten bei den Kommunen sind Frauen.

Als ein Ergebnis der Ortszusammenlegungen hat sich der Verwaltungsapparat der Gemeinden radikal verändert. Anstelle eines einheitlichen Stadtamts haben die Gemeinden nun eine differenzierte Verwaltungsorganisation mit individuellen Ämtern, gebunden an unterschiedliche Behörden (Schulbehörde, Sozialbehörde usw.). Diese organisatorische Differenzierung war begleitet von einem Anstieg der Arbeitsteilung und der Spezialisierung.

An der Spitze der organisatorischen Hierarchie sind „leitende Angestellte" mit konzentrierten Machtbefugnissen über verschiedene Verwaltungsfelder. Sie spielen eine wichtige Rolle im Fortgang der Politik, sowohl in der Vorbereitungs- als auch in der Durchführungsphase. Laut einigen Theoretikern sind aber die wichtigsten Akteure im politischen Prozeß nicht diejenigen an der Spitze, sondern eher die Männer und Frauen „auf der Straße", wie Lehrer, Sozialarbeiter, Kontrolleure der Umweltämter usw., die direkt mit den Klienten zu tun haben (Lipsky 1980). Man kann unterscheiden zwischen dem Einfluß, den diese Leute bei ihrer täglichen Arbeit ausüben und dem Einfluß ihrer Gewerkschaften. Durch die Arbeitsrechtsgesetzgebung der 70er Jahre erhielten die Angestellten des öffentlichen Dienstes annähernd dieselben Rechte wie die anderen Arbeitnehmer, in Verhandlungen über Gehälter und generelle Arbeitsbedingungen ihre Rechte wahrzunehmen. Manche denken, daß der Einfluß der Angestellten und Beamten des öffentlichen Dienstes zu groß geworden ist und ihnen am Parlament vorbei eine korporative Macht verleiht, die dem Geist der Verfassung fremd ist (Gustafsson 1988: 27-28).

Dezentralisierung und kommunale Entscheidungsspielräume können direkt aus der größeren Kompetenz der Professionalisierung folgen (Hage 1980). Kompetenz ist eine notwendige Bedingung für Dezentralisierung, die mehr sein soll als Dezentralisierung innerhalb der zentralen Regierung („Dekonzentration"). Da die Einstellung und der Aufstieg in der kommunalen Verwaltung stark sektorisiert und leistungsorientiert geworden sind, repräsentieren die kommunalen Verwaltungsangestellten große professionelle Kompetenz. Ob diese Kompetenz eine Ressource von Kommunen gegenüber staatlicher Macht ist, eine zentralstaatliche Ressource gegenüber der Macht der Kommunen oder eine Ressource, die in erster Linie dem Eigeninteresse der Bürokratie selbst dient, darüber kann gestritten werden. Wahrscheinlich variiert das von Bereich zu Bereich und von Mal zu Mal. Wenn die kommunale Verwaltung als Ganzes bedroht wird – etwa in Zeiten der Kürzung öffentlicher Ausgaben –, kann sie beträchtliche Kräfte über verschiedene Kanäle mobilisieren, um ihre Position zu verteidigen. Ein solcher Kanal sind die Gewerkschaften, in denen fast alle öffentlichen Angestellten organisiert sind.

Ressourcen und Entscheidungsspielräume

In der Wirklichkeit mag es schwierig sein, die verschiedenen Sets von Ressourcen auseinanderzuhalten, und wie schon oben gesagt, die Liste ist nicht unbedingt erschöpfend. Jedoch kann sie als Ausgangspunkt dienen. Für eine tiefere Analyse kann die Ressourcen-Perspektive auch als Instrument zur Einschätzung dienen, in welche *Richtung* sich die Beziehungen zwischen der zentralen und den kommunalen Regierungen eines Landes entwickeln. In der Tat scheinen Zeitreihenanalysen der Beziehung zwischen der zentralen und den kommunalen Regierungen eines Landes eine notwendige Voraussetzung für eine internationale Analyse dieser Beziehungen (Wolman 1988). Was an der Oberfläche wie ein allgemeiner Dezentralisierungsprozeß aussehen kann, kann vielleicht mittels einer Ressourcen-Analyse als ein viel komplizierteres Phänomen enthüllt werden. Die zentrale Regierung kann ein Interesse daran haben, sich als Promotor von Dezentralisierung zu zeigen, obgleich sie sich nicht immer gemäß ihren Worten verhält.

Weiterhin darf nicht übersehen werden, daß normalerweise eine grundlegende Asymmetrie in den Beziehungen zwischen der zentralen und den kommunalen Regierungen existiert.

Das Konzept der *Entscheidungsspielräume* wurde definiert als „der Raum für Winkelzüge in Entscheidungen, den Entscheidungsträger haben" (Rhodes 1981: 108), wobei „Entscheidung" hier in ihrem weitesten Sinn betrachtet wird und das Ganze des Politikzyklus umfaßt, nicht nur das formale Entscheidungsstadium. Entscheidungsfreiraum ist eine Frage des Ausmaßes, und sogar eine kommunale Behörde, die schärfster Überwachung durch eine zentrale Behörde ausgesetzt ist, wird in einem gewissen Ausmaß einen Entscheidungsfreiraum haben. Das Ausmaß der Entscheidungsfreiheit kann zudem deutlich zwischen den verschiedenen Ressourcen-Dimensionen variieren. Eine kommunale Behörde kann rechtlich gesehen ein großes Ausmaß an Entscheidungsspielraum haben, und doch gleichzeitig von der zentralen Regierung im Bereich der Finanzen scharf überwacht werden. Auch kann das Ausmaß der Entscheidungsspielräume nach Dienstleistungen variieren. So folgern die Herausgeber einer Studie, in der sie die Beziehungen zwischen zentralen und kommunalen Regierungen in sieben westeuropäischen Ländern untersucht haben: „Es gibt keine klaren Unterschiede im Ausmaß der Entscheidungsspielräume, die die kommunalen Behörden in den sieben Ländern genießen: Kommunale Entscheidungsspielräume scheinen mehr zwischen Dienstleistungsbereichen als zwischen Staaten zu variieren, und es ist unmöglich festzustellen, daß irgendein Land ein restriktiveres Regime hat als ein anderes" (Page/Goldsmith 1987: 161).

Sie gehen sogar soweit, festzustellen, daß „es nicht möglich ist, zu einer allgemeinen Schlußfolgerung zu kommen, noch nicht mal eine impressionistische, über das Ausmaß der Entscheidungsspielräume in Dienstleistungen, die kommunale Behörden praktisch haben" (Page/Goldsmith 1987: 158). Diese Schlußfolgerung ist ein starkes Argument dafür, den Fokus auf die Politik-*Inhalte* der Beziehung zwischen zentraler und kommunalen Regierungen zu verlagern. Erforscht man die Bewegungen bestimmter Politikbereiche eine Zeitlang, und überprüft man die Beziehungen zwischen den beteiligten Akteuren und Interessen, so kann dies ein Weg sein, die formalen Aspekte der Beziehungen zwischen der zentralen und den kommunalen Regierungen zu durchdringen und den Weg für Schlußfolgerungen, wie über das Ausmaß der Entscheidungsspielräume für die Kommunen, zu ebnen. In diesem Artikel beschränken wir uns darauf, die grundlegenden formalen Beziehungen zwischen der zentralen Regierung und den Kommunen zu analysieren.

Nach unserer konzeptuellen Grundstruktur ist die Entscheidungsfreiheit für Kommunen ein Konzept, das die *Potentiale*, die die verschiedenen Sets von Ressourcen zulassen, zusammenfaßt. Folgt man unseren fünf Ressourcenkategorien, so haben kommunale Regierungen in Schweden eine starke verfassungsrechtliche Grundlage, gestützt von einer Reihe von Gesetzen, die die Beziehungen der kommunalen Regierung zur zentralen Regierung und zu den Bürgern regelt. Sie haben ihre eigene Finanzhoheit, ihre politische Organisation beruht auf direkten und proportionalen Wahlen, die kommunale Regierungen ein wenig qualifizierter macht als „dekonzentrierte" staatliche Verwaltung, und letztlich repräsentieren die angestellten Verwalter und „Arbeiter im Feld" eine große professionelle Kompetenz. Zusammengenommen stellen diese Faktoren ein Set von Ressourcen dar, das den kommunalen Regierungen ein *starkes Potential* für Entscheidungsspielräume in ihren Aktionen gibt.

Was ist nun in den letzten Jahren in den Beziehungen zwischen zentraler Regierung und kommunalen Regierungen geschehen? Es wurde eine Menge über Dezentralisierung und wachsende Autonomie gesprochen, und etliche Reformen wurden als „dezentralistisch" bezeichnet. Sind das nur leere Hülsen oder entspricht das einer tatsächlichen Veränderung? Im folgenden diskutieren wir eine Reihe von Elementen, die mit diesem Dezentralisierungstrend in Schweden zusammenhängen.

Neuere Dezentralisierung in Schweden – Formen und Gründe

In diesem Abschnitt konzentrieren wir uns auf neuere Dezentralisierungen von der zentralen Regierung zu den Kommunen, also schließen wir dabei „Dekonzentration" innerhalb des zentralstaatlichen Apparates selbst aus (für eine breiteren Überblick siehe Söderlind/Petersson 1986: 118-128). Ebenso schließen wir aus unserer Diskussion neuere Übertragungen bestimmter Funktionen von der zentralen Regierung auf die kommunale Ebene aus, wie Zivilschutz, öffentlicher Transport und Umweltschutz. Stattdessen konzentrieren wir uns auf einige dezentralistische Trends, die in einem breiteren Umfang stattfinden und in mehreren Politikbereichen weitverbreitet sind. Diese Trends werden unter zwei Hauptgesichtspunkten diskutiert, nämlich Formen und Gründe der Dezentralisierung.

1. Formen der Dezentralisierung

Von den verschiedenen Formen der Dezentralisierung beginnen wir mit einem Kommentar zu dem *Trend hin zu Gesetzen mit Ermessensspielräumen*. Eine Reihe solcher „Rahmengesetze" wurden in den 80er Jahren verabschiedet. Sie ersetzten ältere Gesetze, die die fraglichen Aktivitäten im Detail regelten. Beispiele sind das Gesetz betreffend die sozialen Dienstleistungen (1982), das Gesetz zur Gesundheits- und medizinischen Fürsorge (1983), das Gesetz zur Erhaltung natürlicher Ressourcen (1987) und das Gesetz zu Planung und Bauen (1987).
Oberflächlich betrachtet können diese Gesetze interpretiert werden, als ob der Zentralstaat Teile seiner Macht an die Kommunen abgeben würde. Eine andere und realistischere Interpretation könnte die sein, daß die zentrale Regierung entdeckt hat, daß sie eine „Kontrolle" verloren hat, die sie niemals besessen hat. Mit anderen Worten kann hier eine Angleichung an Entwicklungen, die schon seit einiger Zeit stattgefunden haben, vorliegen (Hjern 1984; Gustafsson 1987a). Vielleicht wurde Politik noch nie als einfache vertikale Kette von der zentralen Regierung auf die Ebene der Kommunen vollzogen? Wenn dem so ist, würde die zentrale Regierung besser daran tun, dies zur Kenntnis zu nehmen und aufzuhören, so zu tun, als wäre sie der oberste Souverän.
Seit den späten 70er Jahren wurden einige Deregulierungs- und Dezentralisierungsprogramme initiiert und durchgeführt. Die wichtigsten werden weiter unten vorgestellt und diskutiert.

Die Veränderungen in der Rolle zentraler Behörden: der Fall des Nationalen Amts für Gesundheit und soziale Angelegenheiten *(Socialstyrelse)*

Ein Schlüsselthema in der Debatte während der 70er Jahre über die politisch-administrativen Zusammenhänge war, daß die zentralen Behörden zuviel politische Macht, Entscheidungsfreiheit und Selbstherrlichkeit gegenüber den Kommunen und den Bürgern hätten. Ab 1976 sprachen einige Regierungsausschüsse dieses Problem an. Während der 80er Jahre wurden verschiedene deregulative Reformen und andere Maßnahmen durchgeführt, um Teile des zentralen Behördenapparats zu demontieren. Die nationale Regierung wollte, daß die zentralen Behörden ihre Rolle gegenüber den Kommunen neu definieren sollten, weg vom Politikformulieren, vom Richtlinienschreiben, normativem Koordinieren und Kontrollieren, hin zu einer Rolle der *Politik-Übermittlung und Bewertung* (Statskontoret 1987, 1988; Socialdepartementet 1988).
Politik-Übermittlung beinhaltet, auf die Kommunen durch „Marketing" der Ziele und Ambitionen, die vom Parlament gesetzt wurden, einzuwirken. Nimmt man das *„So-*

cialstyrelse" als Beispiel, so bedeutete dies die häufige Präsentation „guter Übungsbeispiele" in sozialer, Kinder- und Altenfürsorge (Bladh 1987).
Die andere Funktion – Bewertung – ist als integrierter Teil des Politikprozesses ein ziemlich neues Phänomen in Schweden. Man glaubte, daß Politikern anscheinend ein detailliertes und systematisches Wissen über die Prozesse innerhalb des Sektors der sozialen Wohlfahrt auf der Ebene der Gemeinden fehle. Würden Programme zur sozialen Wohlfahrt systematisch ausgewertet, wird angeführt, so würden die Politiker eine solide Grundlage für künftige Politik erhalten. Das „*Socialstyrelse*" ist derzeit dabei, ein System von Bewertungsstudien zu entwickeln, genannt „Nationale Ergebnis-Analyse". Die Absicht ist, Meßmethoden für Zielerfüllung, für Produktivität und für Effizienz zu entwickeln. Jedoch sind hier noch viele methodologische und politische Probleme zu lösen. Zum Beispiel haben die Gemeinden wenig Vertrauen in das „*Socialstyrelse*". Es wird oft als ein bürokratisches Monster auf tönernen Füßen und ohne jeden Sinn für kommunale Bedürfnisse und Tagesordnungen angesehen. Das „*Socialstyrelse*" sammelt jedes Jahr Sozialstatistiken von den Gemeinden. Die kommunalen Akteure senden häufig die Daten nicht ein. Damit wird die Validität und die Reliabilität der Statistiken fraglich (Finansdepartementet 1988). Kommunale Akteure erklären auch häufig, daß sie keine Empfehlungen des „*Socialstyrelse*" bräuchten, sie hätten ihre eigene professionelle Kompetenz. Auch ist es wichtig, eine Unterscheidung zu treffen zwischen Bewertung als Meßinstrument dafür, bis zu welchem Grad angebotene kommunale soziale Dienstleistungen tatsächlich kommunale Bedürfnisse treffen oder als Meßinstrument für *Effizienz in monetären Begriffen*. Bislang wurde dem letzteren eine höhere Priorität gegeben als dem ersteren.
Wenn die Bewertungsfunktion sich so entwickelt, wie die neue Strategie vorsieht, kann das die Kontrolle der zentralen Regierung über die Sozialpolitik der Kommunen eher stärken als reduzieren. Wie von Simon (1957: 234-240) angeführt wird, kann Bewertung ein effektives Instrument zentraler Kontrolle sein.

Das freie-Gemeinden-Experiment

Als die sozialdemokratische Partei 1982 an die politische Macht zurückkam, begann sie sofort, ein Programm zur Erneuerung des öffentlichen Sektors zu entwickeln. Ein wichtiges Instrument dieses Programms war die sogenannte „*freie Gemeinden Reform*". Neun Gemeinden und vier Provinziallandtagen wurde gestattet, ihre Aktivitäten selbst zu organisieren und staatliche Subventionen mit einem größeren Freiheitsgrad zu nutzen. Mit Ausnahme einiger weniger Regulierungen durch die zentrale Regierung war ihnen freigestellt, eine eigene Struktur von Gütern und Dienstleistungen zu erstellen, die an die kommunalen Bedürfnisse angepaßt war. Das Vorgehen war so, daß diese „freien Gemeinden" sich an übergeordnete Stellen wenden konnten, um Befreiung von bestimmten nationalen, politischen Erfordernissen zu erhalten.
Es ist interessant, daß ungefähr 15 Prozent der 284 Vorschläge, die im Laufe dieses Experiments entwickelt wurden, ohne eine spezielle Zustimmung durch die zentrale Regierung sowieso hätten eingeführt werden können. Das zeigt eindeutig, daß kom-

munale Beamte mit den Details der staatlichen Regulierungen für kommunale Regierungen nicht besonders vertraut sind. Eine andere interessante Feststellung ist, daß einige Vorschläge eine generelle Deregulierung forderten, d.h. Zuschüsse und Beihilfen der Regierung nach ihren eigenen Präferenzen zu nutzen. So waren nur ca. 35 Prozent der Vorschläge mit der Grundidee des Experiments konsistent.

Insoweit waren also die Effekte der „freien Gemeinden Reform" nicht sehr aufregend. Die Bewertungsforschung scheint jedenfalls anzudeuten, daß kommunale Regierungen oft ihre eigenen, lokal angepaßten Lösungen für Probleme finden, trotz zentraler Regulatorien. Regeln konnten immer umgangen, gegeneinander ausgespielt oder auf verschiedene Arten ausgelegt werden (Montin 1987). Ähnlich wie die „Rahmengesetze" könnte die „freie Gemeinden Reform" eher wie eine Anpassung der zentralen Regierung an die Praktiken der Kommunen sein, die schon lange Zeit so betrieben werden. Überdies war das Experiment von Beginn an begrenzt. So stellt ein offizieller Bewertungsbericht (SOU 1988: 28: 10) fest, „eine grundsätzliche Begrenzung ergibt sich daraus, daß die Regierung und das Parlament die Möglichkeit behalten müssen, eine Politik für das Land als Ganzes durchzuführen, z.B. in Hinsicht auf gleiche Standards und gerechte Verteilung der sozialen Dienstleistungen".

Diese Ergebnisse können darauf hindeuten, daß das Experiment nicht insgesamt als dezentralistisches Programm definiert werden sollte. Es beinhaltet ebenso eine Tendenz, zentralstaatliche Kontrolle über Aktivitäten der Kommunen zu stärken (Rose 1989). Vielleicht ist es sogar bis zu einem gewissen Grad eine „regulatorische Reform, deren Ziel es ist, Regelungen effizienter zu gestalten" (Hancher/Moran 1989: 131).

Unter-Gemeinderäte

Eine andere Reform, die größere Entscheidungsspielräume für kommunale Regierungen anzudeuten scheint, ist die *„Unter-Gemeinderäte Reform"*. Bis 1988 hatten 28 kommunale Behörden ihre Territorien in Untereinheiten aufgeteilt, die von Unter-Gemeinde- oder Unter-Provinziallandtagsräten regiert wurden (Kommun-Aktuellt 1988, No. 41: 14). Diesen Räten wurde nicht die Verantwortung für alle Funktionen übertragen, die von kommunalen Regierungen erfüllt werden. Ihnen wurde für einen oder mehrere Politikbereiche Vollmachten zugestanden, hauptsächlich die „weichen" Sektoren, wie Kultur, Freizeit, Grundschulausbildung und soziale Dienstleistungen. Die Unter-Gemeinderäte-Reform kann als ein Versuch gesehen werden, etwas von der kommunalpolitischen Kultur mit den kleineren territorialen Gebieten aus der Zeit vor den Gemeindereformen zu restaurieren. Sie kann auch als Versuch gesehen werden, eine streng sektorale, funktionale Organisation durch die Einführung einer geographischen Dimension zu modifzieren. Und zudem kann sie als Kunstgriff betrachtet werden, der dazu benutzt wird, die Verantwortlichkeit der kommunalen Regierungen für die Eindämmung des Wachstums der öffentlichen Ausgaben zu erhöhen. Natürlich schließen sich die drei Interpretationen nicht gegenseitig aus.

Diese Unter-Gemeinderäte-Reform, die in den frühen 80er Jahren eingeführt wurde, wurde für ein sehr wichtiges Instrument zur Belebung kommunaler Demokratie gehalten. Sobald jedoch Bewertungen darauf hindeuteten, daß die Reform den Partizipationslevel nicht erwartungsgemäß anheben würde, definierten die Verfechter der Reform ihren Zweck neu, indem sie dann den Aspekt der Effizienz für die Gemeinden hervorhoben. Heute wird also die Reform unter Politikern und Staatsbeamten als eine Reform kategorisiert, die darauf ausgerichtet ist, die Effizienz der Verwaltung zu verbessern, nicht die demokratische Beteiligung. Die Ratsmitglieder sollen jetzt mehr als zuvor die Rolle politischer Manager der Verwaltung spielen, d.h. Ziele formulieren, die Umsetzung von Entscheidungen überwachen und die Produktion von Dienstleistungen bewerten. Die Kommunalpolitiker verwenden vielleicht mehr Energie auf diesen Aspekt, als sie es auf traditionelle politische Funktionen tun, d.h. politische Partizipation der Bürger anzuregen und zu unterstützen.

Geschäftsmäßiges Management

Ob nun eine ökonomische Krise existierte oder nicht, die politische Elite begann Ende der 70er Jahre die Situation in diesen Begriffen zu definieren. Obwohl nicht in großem Maße Privatisierungen vorkamen, wurden andere Strategien entwickelt, um das Anwachsen der öffentlichen Haushalte zu verlangsamen. Die zentrale Regierung verhandelte mit dem nationalen Verband der Kommunen über eine freiwillige Vereinbarung, die Steuern nicht zu erhöhen. Sie wurde auch restriktiver in der Vergabe von Zuschüssen an die Kommunen. Gleichzeitig entwickelten die kommunalen Regierungen Strategien, um die Effekte der Restriktivität der zentralen Regierung zu minimieren. So wurden eher geschäftsmäßige Methoden des Managements eingeführt. Wir werden dies anhand von drei Beispielen zeigen.

Erstens: Mitte der 80er Jahre führten viele Kommunen *„Cash-Management"* ein. Kurz gesagt bedeutet dies, daß verfügbares Kapital in eine Reihe verschiedener Anlagen (konvertierbar) investiert wird. Mit solchem eher spekulativem Umgang mit Geld machen Kommunen einen Drahtseilakt zwischen legalem und illegalem Verhalten (Kommun-Aktuellt 1987, Nr. 5). Zweitens: Einige Kommunen haben den Begriff *„kleinste Ergebniseinheit" (minsta resultatenheter)* aus der Privatwirtschaft entlehnt. Das bedeutet kurz gesagt, daß Beamten auf kommunaler Ebene im Dienstleistungssystem mehr ökonomische Verantwortung zugestanden wird. Ziel dieser Art Delegierung ist eine effizientere Nutzung von Ressourcen. In Verbindung mit der Anwendung neuer Informationstechniken ist es auch leichter, Schlampigkeit und Ineffizienz in gewissen kommunalen Dienstleistungseinheiten zu entdecken. Dementsprechend haben einige Kommunen ein *internes Wettbewerbssystem* entwickelt. Separate Dienstleistungseinheiten arbeiten als Subunternehmen innerhalb des kommunalen Dienstleistungssystems (Finansdepartementet 1989). Drittens werden die *Löhne* nun auf einer individuelleren Basis als zuvor ausgehandelt, was das Lohnsystem von einem auf Gleichheit ausgerichteten zu einem offen, auf Konkurrenz beruhenden Lohnsystem verändert.

Während der 80er Jahre tauchte eine deutliche Kluft zwischen den Sozialdemokraten und den bürgerlichen Parteien über die Legitimation nicht-öffentlicher Verantwortung für die Bereitstellung von nominal öffentlichen Dienstleistungen auf. Während die

bürgerlichen Parteien für die Privatisierung der Verantwortung eintraten, verteidigten die Sozialdemokraten den öffentlichen Sektor vor Privatisierungen, obwohl sie nicht-gewinnorientierte Verbände, Interessenverbände und Kooperativen nicht von der Übernahme von Verantwortlichkeit für manche Wohlfahrts-Dienstleistungen ausschlossen. Jedoch ist es nicht dasselbe, nicht-öffentlichen kollektiven Akteuren die Übernahme ausgesuchter Dienstleistungen zu erlauben, wie zu sagen, daß alle Verantwortlichkeiten abgegeben werden sollten. Hier macht Lundqvist (1988) eine nützliche Unterscheidung zwischen drei Aktivitäten: *Regulierung* (Planung, Festlegen von Politik und Regeln), *Finanzierung* (tatsächliche Bezahlung) und *Produktion* (Eignerschaft, Management).
Die Art der Privatisierung der öffentlichen sozialen Dienstleistungen, die hier diskutiert wird, steckt immer noch in einem sehr frühen Stadium und betrifft in erster Linie Produktions- und Finanzierungsaspekte. Ein Beispiel für den Trend von öffentlicher zu nicht-öffentlicher Verantwortung stammt aus dem Kinderbetreuungsbereich. Heute sind in zunehmendem Maße im Bereich der Kinderbetreuung Kooperativen und auch privat geführte Dienstleistungseinrichtungen vorzufinden. Aktivitäten in diesen Kinderbetreuungsstätten sind Regulierungen der Kommunen unterstellt und an die Kinderbetreuungspläne der Gemeinden angeschlossen. Da sie hauptsächlich von kommunalen Beihilfen finanziert werden, haben private Betreiber weniger, aber besser ausgebildetes Personal, in kooperativ geführten Institutionen führen Eltern anstatt angestellten Personals einige der täglichen Aktivitäten durch. Erst vor einigen Jahren waren einige Gemeinden, in denen Sozialdemokraten dominierten, strenge Kritiker jeder Form von Kinderbetreuung unter nicht-öffentlicher Schirmherrschaft (Tarschys 1988). Hauptsächlich aus Gründen der Kostensenkung und als Antwort auf Forderungen der Eltern hat sich dieses Bild nun gewandelt. Gegenwärtig (in 60 von 284 Gemeinden) hat sich die Anzahl der „Familien-Kooperativen" als Kinderbetreuungseinrichtungen zwischen 1985 und 87 um 80 Prozent erhöht (Lieberg/Engström 1987).
Wenn sich also auch die Privatisierung noch nicht sehr verbreitet hat, sind wir doch Zeugen eines Wachstums von *halbprivaten Institutionen*, sowohl national als auch kommunal. Diese Institutionen sind oft für spezifische und zeitlich begrenzte Zwecke eingerichtet worden, damit stellen sie ein Element der Flexibilität in dem komplexen politisch-wirtschaftlichen System dar. Diese *ad-hoc-Institutionen* integrierten oft sowohl öffentliche Akteure als auch Vertreter von verschiedenen Interessengruppen.
Formen politisch-privater Partnerschaft haben sich z.B. im Bereich der Industriepolitik der Kommunen entwickelt. Wie schon weiter oben angeführt, war Industriepolitik traditionell eine Angelegenheit der zentralen Regierung, aber die Beteiligung der Kommunen ist in den 70er und 80er Jahren angewachsen. In zunehmendem Maße haben Kommunen eine selektive Industriepolitik entwickelt, oft, um kleinen und mittelgroßen Betrieben zu helfen, sich zu entwickeln. Diese kommunale Industriepolitik könnte als eine Art „demokratischer Korporatismus" beschrieben werden, mit ständigen politischen Verhandlungen zwischen Kommunen, Firmen, Interessengruppen, regionalen Staatsämtern und politischen Parteien (Olsson 1989).
Ebenso gibt es eine wachsende Anzahl von Gesellschaften und Stiftungen im Besitz der Kommunen. Diese wurden gegründet, um Aufgaben im öffentlichen Sektor zu übernehmen. 1988 hatten die Gesellschaften der kommunalen Regierungen größere

ökonomische Ressourcen, als alle kommunalen Regierungen zusammen (Kommun-Aktuellt 1988, No. 3). Der Grund für diese Art Einrichtungen ist, daß sie nicht Gegenstand derselben Art öffentlicher Kontrolle und politischer Verantwortlichkeit sind, wie traditionellere öffentliche Organisationen. Deshalb werden sie als fähiger angesehen, den neuen Anforderungen der Öffentlichkeit gerecht zu werden. Sie können schneller und geschäftsmäßiger vorgehen. Ein Beispiel kann vom nationalen System der Kommunen selbst gegeben werden. Die beiden nationalen Vereinigungen von Kommunen betreiben eine Reihe eigener Gesellschaften zur Beratung in verschiedenen Problembereichen. Diese Gesellschaften haben sich darauf spezialisiert, öffentliche Institutionen mit Neuen Techniken zu versorgen, zum Beispiel in den Feldern Planung in Wohnungsfragen oder Datenverarbeitung. Sie bieten auch noch eine Reihe anderer Waren und Dienstleistungen an, die von den Kommunen intensiv genutzt werden.
Die umrissene Entwicklung zeigt zusammengefaßt anwachsende Verbindungen zwischen Behörden der zentralen Regierung und der Kommunen und privaten Institutionen. Manchmal sind die öffentlichen und die privaten Organisationen einander wechselseitig so angepaßt, daß sie Institutionen bilden, die die Grenze zwischen Markt und Politik überschreiten (Gustafsson 1987b).

Kontrolle über die Ausgaben der Kommunen

Um ihre Wohlfahrtsfunktionen erfüllen zu können, sind die Kommunen in großem Maße abhängig von zentralstaatlichen Zuschüssen. Im letzten Jahrzehnt jedoch wurden die Kommunen in Schweden, wie in einigen anderen Wohlfahrtsstaaten auch, immer mehr davon abhängig, andere, kommunale Ressourcen zu mobilisieren. Teilweise ist das ein Ergebnis des Rückgangs der Zuschüsse und von Veränderungen im System der Bezuschussung. So wurden in Schweden die zentralen Zuschüsse in der Zeitspanne von 1980 bis 1985 real um 0,8 Prozent pro Jahr gesenkt (Murray 1985: 315). Diese Senkung war größer als in vielen anderen Wohlfahrtstaaten (Wolman/Goldsmith/Kousgaard 1989). Während der 80er Jahre wurden die Bedingungen geändert, unter denen einige speziell festgelegte Zuschüsse gezahlt wurden. Sie wurden allgemeiner gefaßt, und der Hauptgrund dafür war, die „steigende Kostenentwicklung zu reduzieren" (Kabinettsvorschlag 1983/84: 9). Das System der Bezuschussung zu ändern, wurde ausdrücklich als Strategie genannt, die finanzielle Kontrolle über den öffentlichen Sektor allgemein, und den Bereich der kommunalen Regierungen im besonderen zu verstärken (Kommunforbundet 1987). Dies geht jedoch nicht einfach so neben dem Prozeß der Dezentralisierung und Deregulierung vor sich. Dezentralisierung und Deregulierung werden bei der neuesten jährlichen Verabschiedung des Staatshaushalts als wichtige Instrumente gesehen, im Bereich der Kommunen die Effizienz zu steigern und die Kosten zu reduzieren (Kabinettsvorschlag 1988/89: 100; Anlage 15).

Ein neues Kommunalgesetz?

Im Herbst 1990 schlug die sozialdemokratische Regierung ein neues Kommunalgesetz vor. Die Neuerungen, verglichen zum Kommunalgesetz von 1977, können in vier Teilen beschrieben werden.

Erstens beinhaltet das neue Gesetz eine Systematisierung von Regeln. Einige zusätzliche Gesetze und rechtliche Anwendungen wurden während der letzten zehn Jahre geschaffen. Diese Regeln sind nun in den Gesetzesvorschlag eingearbeitet worden. So beinhaltet der Vorschlag z.B. das ausdrückliche Recht der Kommunen, die lokale Wirtschaft zu unterstützen, im Falle von Arbeitslosigkeit oder drohender Arbeitslosigkeit. Traditionell ist Industriepolitik eine nationale Angelegenheit, aber während der letzten zehn bis fünfzehn Jahre haben die Kommunen ihre Spielräume die Unterstützung lokaler Industrie betreffend ausgebaut. Die vorgeschlagene Änderung ist eine Angleichung an diese Entwicklung.

Zweitens wird dem Rat und den Fachausschüssen vorgeschlagen, mehr an untergeordnete Ausschüsse und Beamte zu delegieren. Das Argument dafür, die Entscheidungsfreiheit der Verwaltung zu erhöhen, ist, ein neues Kontrollsystem („goal steering") zu entwickeln. Das bedeutet, daß der Rat oder die Ausschüsse Gesamtziele festlegen, während die Verwaltung relativ frei ist, die Mittel zu wählen. Ohne zu weitreichende Schlüsse ziehen zu wollen, bedeutet dies, daß den Professionellen und Verwaltungsleitern eine stärkere Position im Politikprozeß gegeben wird.

Drittens sollen die Kommunen nach dem neuen Gesetz freier im Umgang mit finanziellen Ressourcen sein (z.B. durch Cash-Management). Der Haushalt muß in Zukunft nicht mehr jedes Jahr ausgehandelt werden, sondern nur noch alle drei Jahre. Also könnten die finanziellen Ressourcen flexibler genutzt werden, um finanzielle Investitionen profitabler zu machen. Diese Regeländerung ist ebenso eine Angleichung an die faktischen Veränderungen auf kommunaler Ebene.

Viertens, und das ist neu, den „Benutzern" kommunaler Dienstleistungen soll eine stärkere Position in der Dienstleistungsproduktion eingeräumt werden. Während der 80er Jahre wurde „Benutzer-Demokratie" als Schlüsselbegriff in der Modernisierungsrhetorik etabliert. Das vorgeschlagene Kommunalgesetz schreibt vor, daß Fachausschüsse verstärkt Benutzer zu Beratungen heranziehen sollten (z.B. Eltern von Schulkindern und Kindern in Kinderbetreuungseinrichtungen).

2. *Gründe der Dezentralisierung*

Die Gründe der Dezentralisierung können entlang mindestens dreier Linien diskutiert werden, wovon zwei externe Bereiche sind, da sie von der Beziehung zwischen dem öffentlichen Sektor und der Gesellschaft handeln und der dritte Bereich sich auf interne organisatorische Umstände bezieht.

Anfang der 80er Jahre fanden sich die schwedischen Gemeinden und Provinziallandtage in einer neuen Situation wieder. Die Ausgaben der Kommunen und der kommunalen Steuern stiegen beträchtlich langsamer, teilweise als verspätete Antwort auf die zurückhaltenden Einsparungsversuche, die von der zentralen Regierung seit Mitte der 70er Jahre gemacht worden waren (Ysander/Nordström 1985). Wenn man den großen Anteil der kommunalen Regierungen am öffentlichen Sektor beachtet, ist es kein Wunder, daß die zentrale Regierung versuchte, die Verantwortung für das Krisenmanagement nach unten zu verlagern. Den Griff auf die Geldbörse zu verstärken und dabei den kommunalen Regierungen freiere Hand zu lassen, wo und wie sie Einsparungen vornehmen, war eine bewußte Strategie seitens der zentralen Regierung. Schweden scheint sich in dieser Hinsicht an einen allgemeinen internationalen Trend anzupassen (Hirsch 1981: 603f.). Das national integrierte Parteiensystem bedeutet, daß kommunale Räte und Behörden empfänglich, wenn auch nicht nachsichtig gegenüber den Kürzungsstrategien der zentralen Regierung sind. Trotzdem wäre es ein Fehler, die Dezentralisierungstrends ausschließlich als Instrument der zentralen Regierung anzusehen, um Ausgabenkürzungen glatter durchzubringen. Wir müssen die Gründe für Dezentralisierung in einem viel breiteren Kontext betrachten.

Schon vor der ökonomischen Krise gab es in Schweden, wie anderswo auch, Stimmen, die aus rein ideologischen Gründen auf Dezentralisierung drängten. In Schweden begannen die Reaktionen gegen die „zentralistischen" und „bürokratischen" Elemente des Wohlfahrtstaates hauptsächlich außerhalb des Parteiensystems durch eine Reihe von sozialen Bewegungen, angefangen bei der Vietnam-Bewegung in den späten 60er Jahren. Indem die Zentrumspartei ihre traditionell agrarische Einstellung in eine grün/dezentralistische veränderte, gelang es ihr zunächst, Teile des breiten Protests gegen die sozialdemokratisch-liberale, zentralistische Politik aufzufangen. Heute, nachdem sie einige Jahre in bürgerlichen Koalitionsregierungen verbracht hat, erscheint sie nicht mehr als *die* ökologische Alternative. Dezentralistische Ideologie jedoch hat sich in den anderen Parteien breitgemacht und großen Anklang in der öffentlichen Diskussion gefunden. Selbst innerhalb der sozialdemokratischen Partei mit ihrem Ruf, den Zentralismus hochzuhalten, haben es die dezentralistischen Tendenzen geschafft, alte Diskussionen über „Gemeindesozialismus" und öffentliche Selbstverwaltung wiederzubeleben. Die derzeitige Stärke dezentralistischen (und ökologischen) Gedankenguts in der schwedischen Politik hat sich klar während der Wahlen 1988 gezeigt, als die Grünen erstmalig genügend Stimmen bekamen, um im Parlament vertreten zu sein. In einem breiteren ideologischen Kontext könnte das als Anstrengung interpretiert werden, die „politische Gemeinde wiederzuentdecken" (Friedmann 1987) und als Antwort auf eine „unwiderstehliche" Forderung nach kommunaler Autonomie (Castells 1981).

So wichtig sie auch sein mögen, dezentralistische Tendenzen können nicht nur von diesen beiden „externen" Gründen hergeleitet werden. Das enorme Wachstum des öffentlichen Sektors in Schweden hat eine Reihe von Problemen mit sich gebracht, die mit interner „Steuerung" zu tun haben. Nach der Verfassung sollte der Politikprozeß einer „demokratischen Kette" folgen: Das Parlament entscheidet über Gesetze, die der zentralen Regierung die rechtliche Basis geben, die Verwaltung zu regieren, wo die Durchführung stattfinden soll. Dieses Schulbuch-Modell der „Volksregierung" in Schweden ist zunehmend in Frage gestellt worden, seitdem sehr viel neuere Forschung ein ganz anderes Bild zeichnet. Es ist ein Gemeinplatz geworden aufzuzeigen, wie das „Modell der Volksregierung" nicht mit der Realität übereinstimmt. Bürokratie, Interessengruppen (Lobbies) und Bürgerinitiativen sind Schlagworte, die benutzt werden, um einige der „treibenden Kräfte" des Politikprozesses zu kennzeichnen. Wie dem auch sei, es gibt einige Gründe, wieso es für das Parlament und die Regierung nicht möglich ist, die Verwaltung zu steuern.

Die Beziehungen innerhalb der Organisation der Regierung sind so komplex, da sie in so viele Sektoren und Ebenen unterteilt ist, daß sie von oben undurchschaubar geworden sind (man mag sich fragen, ob sie je durchschaubar waren). Der Staat hat für so viele Aufgaben die Verantwortung übernommen, daß eine Koordination nicht mehr möglich ist. Der Spielraum für Entscheidungen ist riesig, und viele Bewertungsberichte enthüllen verblüffende Diskrepanzen zwischen Zielen und Ergebnissen, selbst in Politikbereichen hoher Priorität.

Eine tiefere Analyse der Steuerungsprobleme, die hochentwickelten kapitalistischen Staaten eigen sind, kann natürlich in den Arbeiten von Habermas, Offe u.a. nachgelesen werden. Held (1987: 221-242) gibt eine kritische und hervorragende Einschätzung verschiedener „Krisentheorien". Nach Habermas (1976) bringt die Unfähigkeit des Staates, selbst seine eigene interne Organisation zu steuern, das Risiko mit sich, daß sich diese Rationalitäts-„Krise" zu einer Legitimationskrise entwickelt; damit wird ein Durcheinander geschaffen und die ganze Gesellschaft unterminiert. Diese Art der Argumentation wird selbst in den schwedischen Staatskommissionberichten reflektiert (SOU 1983: 39).

Ein Weg der zentralistischen Regierung, mit dieser Situation umzugehen, ist zu versuchen, die öffentlichen Anforderungen an sie selbst herunterzuschrauben, Verantwortung auf die regionale und kommunale Ebene zu delegieren, Teile staatlicher Funktionen zu privatisieren und Formen der Zusammenarbeit mit organisierten Interessen zu finden. Für diese „verteilende Krisenmanagement"-Strategie können in Schweden viele Beispiele gefunden werden. Die Rahmengesetze mit Entscheidungsspielraum, die oben erwähnt wurden, sind ein Beispiel, wo kommunalen Regierungen explizit die Verantwortung für die Durchführung ziemlich diffuser Politikziele übertragen wurde. Eine Privatisierung einiger Funktionen der kommunalen Regierungen findet statt, obschon seitens der sozialdemokratischen Partei oft zögerlich. Organisierte Interessen werden in vielen Fällen dazu angeregt, sich an der Durchführung von Politik zu beteiligen, was noch zu dem Bild von der gemischten Verwaltung, die sich spontan entwickelt hat, dazukommt.

Von den drei Gründen des Dezentralisierungstrends denken wir, daß der erste (finanzielle) die entscheidende Rolle dabei spielte, eine Reihe von Maßnahmen zu provozieren, die aber auch von anderen Faktoren unterstützt wurden. Das Unregierbarkeitsproblem wurde akut, als der Staat sich finanziellen Problemen stellen mußte. Es wurde unmöglich, die fundamentaleren Steuerungsprobleme damit zu vertuschen, ständig neue Aufgaben zu übernehmen. *Also wurden dezentralistische Ideologien vom Zentralstaat teilweise aus anderen Gründen benutzt, als aus denen, die überzeugte Anhänger des Dezentralismus inspiriert.* Erst nachdem sich herausgestellt hatte, daß Dezentralisierung ein Mittel zur finanziellen Kontrolle ist, wurde sie als offizielle Strategie eingeführt. Und die Politik der Ausgabenkontrolle wurde erst auf die Tagesordnung gesetzt, als die

Situation des Staates mit dem Begriff Krise belegt wurde. Die Rückkehr der Sozialdemokraten an die Macht in 1982 stellt einen Wendepunkt in dieser Hinsicht dar (Andersson 1987). Von da an wurden die Kommunen unter eine gänzlich restriktive Politik untergeordnet, um verlorene Marktanteile und industrielles Wachstum für den schwedischen Kapitalismus zurückzugewinnen.

Schlußfolgerungen

Diskutiert man die aktuelle Dezentralisierung in Schweden, so ist es verblüffend, wie lange die Kommunen fest in das „schwedische Modell" zur Bereitstellung des Wohlfahrtstaates integriert waren. In diesem Sinne *ist* das politische System in Schweden dezentralisiert, vielleicht mehr als in den meisten anderen Ländern. Kommunale Regierungen tragen die Verantwortung für die Durchführung einer großen Palette von Funktionen sozialer Wohlfahrt, und dabei brauchen sie eine ganze Reihe lebenswichtiger Ressourcen.

In den 80er Jahren wurden zahlreiche Reformen durchgeführt, um die Autonomie der kommunalen Regierungen zu erhöhen. In der Tat bedeutete dies eine weitere Stärkung der verfassungsrechtlichen Ressourcen der kommunalen Regierungen, und die Rolle der zentralen Regierung gegenüber den Kommunen als Regulationsfaktor wurde schwächer. Mehr noch, die Kommunen stärkten ihre Ressourcenbasis gegenüber der zentralen Regierung durch die Mobilisierung lokaler Ressourcen, d.h. „Cash-Management" und Kooperation mit privaten und halbprivaten Interessengruppen. Natürlich sind Dezentralisierung und Deregulierung nicht die einzigen Dimensionen, die in diese Entwicklung mit einbezogen sind. Jedoch scheinen diese beiden Konzepte übergeordnete *Symbole* zu sein, die den Geist der Reformen und Prozesse zusammenfassen.

Am Anfang des Artikels haben wir die Frage aufgeworfen, ob es eine Zunahme oder eine Abnahme in der Abhängigkeit der kommunalen Regierungen von der zentralen Regierung gab. Wir bezogen uns auf zwei auseinandergehende Schlußfolgerungen zu dieser Frage, wie sie von verschiedenen schwedischen Wissenschaftlern gezogen werden. Jedoch waren beide Schlußfolgerungen ziemlich „impressionistisch", keine von beiden basierte auf expliziten Maßstäben. In dem Artikel haben wir versucht, die Frage unter Verwendung einer mehrdimensionalen konzeptionellen Grundstruktur zu beantworten. Unsere Schlußfolgerungen sind in Tabelle 1 zusammengefaßt.

Man kann sagen, daß kommunale Regierungen schon so große Entscheidungsspielräume haben, daß die laufenden Reformen nur am Rande Effekte auf die Beziehungen zwischen der zentralen Regierung und den kommunalen Regierungen haben. Neuere Forschung über die Auswirkungen der „freien Gemeinden" kann vorsichtig dahingehend interpretiert werden, um nur ein Beispiel zu nennen (Montin 1987; Montin, in Kürze erscheinend; Rose 1989). Die bloße Existenz einer Menge zentraler Regeln stellt nicht unbedingt ein Hindernis für Entscheidungsspielräume in den Aktionen der Kommunen dar. Die Regeln können umgangen, flexibel genutzt oder gegeneinander ausgespielt werden. Mehr noch, ihre Ausführung gibt im allgemeinen an sich eine Menge Entscheidungsspielräume (Ham/Hill 1985, Kap. 6).

Tabelle 1: Haupt-Ressourcen-Dimensionen, die in Perioden der Neustrukturierung der Beziehungen zwischen der zentralen Regierung und den kommunalen Regierungen betroffen sind

Ressource	*Goldenes Zeitalter des Wohlfahrtsstaates 1946 – 1975*	*Periode der Dezentralisierung und Deregulierung 1976 – ?*
Verfassungsrechtlich	Kommunen als Vehikel des Wohlfahrtsstaates, Ausweitung der Funktionen	Die starke Position der Kommunen in Gesetzgebung und Praxis wird gefestigt
Regulatorisch	Zentrale Regierung versucht, Kommunen durch detaillierte Regeln zu steuern und zu kontrollieren	Kommunen werden angehalten, zentrale Regeln zu lockern, aber unter Bedingungen der zentralen Regierung
Finanziell	Enormes Wachstum für zentrale Regierung und Kommunen	Zentrale Regierung versucht, Ausgaben der Kommunen zu reduzieren, Kommunen führen geschäftsmäßiges Management ein
Politisch	Drastische Reduktion von Kommunen und gewählten Vertretern in Kommunen	Wachsende Rolle des Verbands der Kommunen als Mittler; Stärkung der kommunalen Parteien
Professionell	Professionalisierung der kommunalen Regierungen mit Hilfe der zentralen Regierung	Weitere Professionalisierung; neue professionelle Organisationen; Sachverstand vom privaten Markt

Andererseits denken wir, daß viele der derzeitigen Dezentralisierungssignale einen gleichzeitig vor sich gehenden *Zentralisierungsprozeß* verdecken können. Eine der Hauptprioritäten der zentralen Regierung in den 80er Jahren war, die Wachstumsrate der öffentlichen Ausgaben zu reduzieren. Um erfolgreich zu sein, mußte sie Maßnahmen durchführen, die darauf abzielten, das Anwachsen der Ausgaben der kommunalen Regierungen als Ganzes zu reduzieren. Eine Strategie war es, die Verantwortlichkeiten für Einsparungen abwärts auf einen breiteren Kreis von Institutionen und Personen auszudehnen, wobei gleichzeitig die Erwartungen an die zentrale Regierung reduziert wurden.

Mit Hirsch (1981: 603) können wir von einer „Konflikt-Diversifikations-Strategie" sprechen, „die die Effekte der strukturellen Krise im Staatsfinanzierungssystem (in Form von Besteuerung und Ausgabenpolitik) auf die Gemeinden und die regionale Ebene verlagert". Ähnliche Schlußfolgerungen, mehr im Detail ausgearbeitet, werden in einer vergleichenden Studie über Dänemark und Großbritannien (U.K.) gezogen (Goldsmith/Villadsen 1986).

Mit dem Versprechen, den kommunalen Regierungen mehr Autonomie zu gewähren, kann die zentrale Regierung ihren Griff auf die Geldbörse gleichzeitig verstärken und damit ihre Möglichkeiten verbessern, allgemein die öffentlichen Ausgaben zu reduzieren. Ihre Kontrollfunktion kann vielleicht leichter aufrechterhalten werden, wenn nicht so viele Stränge zu ziehen sind. Aus dieser Sichtweise können die derzeitigen

Beziehungen zwischen der zentralen Regierung und den kommunalen Regierungen auf die Formel gebracht werden: *Zentralisierung von (finanzieller) Macht – Dezentralisierung von Verantwortung.* Diese vorläufige Schlußfolgerung mag ein wenig überraschend anmuten angesichts der öffentlichen Debatte in Schweden. Jedoch wird teilweise in der Dezentralisierungsliteratur die Möglichkeit der Nutzung von Dezentralisierung als Mittel, zentrale Kontrolle zu vergrößern, klar erkannt. So folgert Fesler (1965) in einem wichtigen Artikel: „Dezentralisierung von der nationalen Regierung zu einer Provinzialregierung oder einem regionalen Verwaltungsbüro kann tatsächlich die zentralisierte Kontrolle über kommunale Regierungen oder die Verwaltungsbüros der Bezirke verschärfen."

Also ist die Schlußfolgerung, daß neuere Reformen der kommunalen Regierungen in Schweden (wie es wahrscheinlich auch irgendwo anders der Fall ist) zweischneidig sind. Auf der einen Seite werden sie ausgegeben als radikale Dezentralisierungs- und Deregulierungsreformen, die scheinbar die Autonomie der kommunalen Regierungen erhöhen, und dies tun sie definitiv auch in einem rechtlichen Sinne. Auf der anderen Seite sind sie auch ein Ausdruck ansteigender staatlicher Kontrolle über die Ausgaben der kommunalen Regierungen. Die Botschaft der zentralen Regierung an die kommunalen Regierungen kann so zusammengefaßt werden: *Ihr seid freier als vorher zu tun, was ihr wollt, aber innerhalb eines engeren finanziellen Rahmens.*

Natürlich können auch viele andere Effekte des Dezentralisierungstrends wahrgenommen werden. Nach Aussagen ihrer Verfechter führt Dezentralisierung zu einer Verteilung lokaler Macht, zu erhöhter Beteiligung, besserer kommunaler Koordination und Effizienz, zu kommunaler Entwicklung und Kreativität etc. (Gidlund 1986: 68f.). Wenn man die kurze Zeitspanne seit der Einführung der Dezentralisierungsreformen bedenkt, ist es zu früh, irgendwelche Schlußfolgerungen über tatsächliche Effekte zu ziehen. Wie schon oben bemerkt, kann sich sehr wohl die politische Macht zentralisiert haben in Hinsicht auf finanzielle Ressourcen, obwohl neue verfassungsrechtliche Ressourcen vielleicht die Entscheidungsfreiheit der Gemeinden etwas vergrößert haben. Die Partizipation mag sich vergrößert haben, wenigstens in dem begrenzten Sinn, daß die Untergemeinden-Reform – in 28 von 284 Gemeinden durchgeführt – die Anzahl der gewählten Vertreter erhöht hat. Bessere Integration der Dienstleistung der Kommunen, ebenso wie wachsende kommunale Kreativität sind Effekte, die in manchen Fallstudien entdeckt wurden. Kommunale Wirtschaftspolitik ist ein verblüffendes Beispiel für Kreativität. Früher wurde kommunale Wirtschaftspolitik als nicht im Einklang mit dem Kommunalgesetz angesehen, während sie sich heute als Experimentierfeld kommunaler Kreativität herausgestellt hat. Jedoch der greifbare Effekt dieser Initiativen scheint bescheiden, wahrscheinlich haben sie einen größeren kulturellen und symbolischen Wert, als Teil von Strategien, kommunales (Selbst-)Bewußtsein zu bestärken. Die Großzügigkeit der zentralen Regierung in dieser Hinsicht – den kommunalen Regierungen ein größeres Ausmaß an Entscheidungsspielräumen zu erlauben als vorher – muß im Kontext ihrer finanziellen Restriktivität gesehen werden, die deutlich demonstriert wird in einem Kabinettsvorschlag vom April 1990, der weitere Steigerungen kommunaler Besteuerung untersagt.

Danksagung

Dies ist eine zusammengefaßte Version zweier Aufsätze, die einzeln von den Autoren auf der ECPR (European Consortium for Political Research) Plenumssitzung in Paris vom 10. bis 15.4.1989 vorgestellt wurden (Elander 1989; Montin 1989). Teile der Forschung wurden getragen von Zuschüssen des Schwedischen Rats für Gebäudeforschung, und dem Forschungskomitee für den öffentlichen Sektor des Ministeriums des Inneren. Wir danken Robert W. Lake, Center for Urban Policy Research, Rutgers University, New Jersey, USA und einen anonymen Beurteiler des Herausgebers von „Policy and Politics" für Kommentare zu einem früheren Entwurf des Papiers. Ebenso danken wir Sabine Hegner für die Übersetzung des Manuskripts vom Englischen ins Deutsche.

Literatur

Andersson, J.O., 1987: The economic strategies of the Nordic countries, in: *H. Keman, H. Paloheimo* und *P.W. Whiteley* (Hrsg.), Coping with the Economic Crisis: Alternative Responses to Economic Recession in Advanced Industrial Societies, London: Sage, 163-181.

Bladh, A., 1987: Decentraliserad förvaltning. Tre ämbetsverk i nya roller (Decentralised public administration: three government agencies in a new role), Lund: Studentlitteratur.

Cabinet Proposals, 1983/84: 9, 1988/89: 100.

Castells, M., 1981: Local government, urban crisis and political change, in: *M. Zeitlin* (Hrsg.), Political power and social theory: a research annual, Vol. 2, Greenwich, Connecticut: JAI Press, 1-19.

Dente, B./Kjeliberg, F. (Hrsg.), 1988: The dynamics of institutional change: local government reorganization in Western democracies, Beverly Hills und London: Sage.

Elander, I., 1978: Det nödvändiga och det önskvärda. En studie av socialdemokratisk ideologi och regionalpolitik 1940-72 (The necessary and the desirable: social democratic ideology and regional policy 1940-72), Lund: Arkiv.

Elander, I., 1989: Central-local government relations in a resource perspective - the case of Sweden. Paper for the workshop „Local self government: economic and political challenges to local autonomy", European Consortium for Political Research (ECPR), Paris, 10-15 April 1989.

Elander, I., 1991: Analyzing Central Local Government Relations in Different Systems. A Conceptual Framework and Some Empirical Illustration, in: Scandinavian Political Studies 14, 1, 31-58.

Enzensberger, H.M., 1982: Svensk Höst (Swedish Autumn) Stockholm: Dagens Nyheter.

Fesler, J.W., 1965: Approaches to the understanding of decentralization', in: The Journal of Politics 27, 536-566.

Fesler, J.W., 1968: Centralization and decentralization', in: *D. Sills* (Hrsg.), International encyclopedia of the social sciences, 370-379.

Finansdepartementet (Ministry of Finance), 1987: Kommuner i lörändring. Helhet och särdrag (Local government in change), Bilaga 25 till Långtidsutredningen 1987, Stockholm: Kommunförbundet.

Finansdepartementet (Ministry of Finance), 1988: Kvalitetsutvecklingen inom den kommunala barnomsorgen (The development of quality within the public childcare sector), Expertgruppen för studier i offentlig ekonomi, Ds 1988: 1, Stockholm: Liber.

Finansdepartementet (Ministry of Finance), 1989: Beställare-Utförare - ett alternativ till entreprenad i kommuner (Orderer-executor - an alternative to contract work in local government), Expertgruppen för studier i offentlig ekonomi, Ds 1989: 10, Stockholm: Liber.

Flyvbjerg, B., 1986: The project of planning: an interview with John Friedmann, in: Scandinavian Housing and Planning Research, 3(2), 103-117.

Friedmann, J., 1987: Planning in the public domain: from knowledge to action, Princeton: Princeton University Press.
Gidlund, J., 1986: Fria ämbetsverk eller självständiga kommuner (Independent civil service departments or self-governing municipalities), Stockholm: Sekretariatet för framtidsstudier.
Goldsmith, M./Villadsen, S. (Hrsg.), 1986: Urban political theory and the management of fiscal stress, Aldershot: Gower.
Gustafsson, A., 1988: Kommunal slälvstyrelse (Municipal self-government), 5. überarb. Aufl., Stockholm: Liber.
Gustafsson, G., 1987a: Decentralisering av politisk makt. En studie av svensk byräkrati i kontakt med sin omvärld (Decentralization of political power trends in Swedish government agencies), Stockholm: Carlssons.
Gustafsson, G., 1987b: Deregulation as decentralization or privatization – changes in Swedish central local government relationships, Paper to the European Consortium for Political Research in Amsterdam, 11-15 April, 1987.
Habermas, J., 1976: Legitimation crisis, London und Edinburgh: Heinemann.
Hage, J., 1980: Theories of organizations: form, process and transformation, New York: Wiley.
Ham, C./Hill, M., 1984: The policy process in the modern capitalist state, Brighton: Wheatsheaf.
Hancher, L./Moran, M., 1989: Introduction: regulation and deregulation, in: European Journal of Political Research 17, 2, 129-136.
Hanf, K., 1989: Deregulation als Regulatory Reform: The Case of Environmental Policy in the Netherlands, in: European Journal of Political Research 17, 193-207.
Held, D., 1987: Models of Democracy, Oxford: Basil Blackwell.
Henning, R., 1987: Näringspolitik i obalans (Economic policy out of balance), Stockholm: FA-Rådet.
Hirsch, J., 1981: The relative autonomy of the state, the reproduction of capital and urban conflicts, in: *M. Dear* und *A.J. Scott* (Hrsg.), Urbanization and urban planning in capitalist society, London und New York: Methuen, 593-608.
Hjern, B., 1984: Implementationsforskning om decentralisering (Implementation research on decentralization), in: *O. Wennås* (Hrsg.), En decentraliserad skola (A decentralized school), Stockholm: Skolöverstyrelsen, 115-122.
Holm, L., 1984: Dagens Nyheter, DN-debatt (Debate-article), 1984-02-17: 1984-03-10.
Karlbom, R., 1985: Revolution eller reformer – studier i SAP:s historia 1889-1902 (Revolution or reforms – studies in the history of the Social Democratic Party of Sweden, 1889-1902), University of Gothenburg and University of Karlstad.
Kommun-Aktuellt (Local Government News), 1987: 5, 1987: 18, 1988: 3, 1988: 36.
Kommunförbundet (Swedish Association of Local Governments), 1987: Kommuner i förändring, Helhet och särdrag, Bilaga 5 till LU 87 (Local governments in change, Supplement 5 to the State Committee on the Future Economic Development).
Korpi, W., 1981: Den demokratiska klasskampen. Svensk politik i jämförande perspektiv (Democratic class struggle – politics and policy in Sweden in a comparative perspective), Stockholm: Tiden.
Laffin, M., 1986: Professional communities and policy communities in central-local relations', in: *M. Goldsmith* (Hrsg.), New research in central-local relations, Aldershot: Gower, 108-121.
Lane, J.-E./Magnusson, T., 1987: Sweden, in: *E.C. Page* und *M. Goldsmith* (Hrsg.), Central and local government relations: a comparative analysis of West European Unitary States, London: Sage, 12-28.
Lieberg, M./Engström, C.-J., 1987: Föräldrakooper-ativadaghem – den tredje vägen inom barnomsorgen (Family co-operative child-care institutions – the third way), Lund: Kooperativa Institutet.
Lipsky, M., 1980: Street-level bureaucracy: dilemmas of the individual in public services, New York: Russell Sage.
Lundqvist, L.J., 1988: Privatization: towards a concept for comparative policy analysis, in: Journal of Public Policy 8, 1-19.
Miliband, R., 1969: The state in capitalist society, London: Waidenfeld and Nicolson.

Montin, S., 1987: Att öka den kommunala självstyrelsen - en kritisk granskning av det svenska frikommunförsöket (Increasing municipal self-government - a critical examination of the free commune reform in Sweden), Paper vid VIII nordiske statskunskapskongres, Kopenhagen, 16. bis 19. August 1987.

Montin, S., 1989: Decentralizing the welfare state - local institutional change and local autonomy in Sweden, Paper for the workshop Local Self Government: Economic and Political Challenges to Local Autonomy, European Consortium for Political Research (ECPR), Paris, 10. bis 15. April 1989.

Montin, S., 1989: Från demokrati till managament. Decentralisering i kommunerna (From democracy to management: Sub-municipal decentralization), Statsvetenskaplig Tidskrift 2, 77-87.

Murray, R., 1985: Central control of the local government sector in Sweden', in: *E.M. Gramlich* und *B.-C. Ysander* (Hrsg.), Control of local government, Stockholm: The Industrial Institute for Economic and Social Research, 195-345.

Olsson, J., 1989: Förhandlingsekonomiska tendenser i den lokala näringspolitiken - exemplet Sverige (Negotiations in local economic policy - the case of Sweden), in: *K. Nielsen* und *O.K. Pedersen* (Hrsg.), Forhandlingsökonomi i Norden, Jurist- og Ökonomforbundets Forlag, 271-295.

Page, E./Goldsmith, M., 1987: Centre and locality: explaining cross-national variation, in: *E. Page* und *M. Goldsmith* (Hrsg.), Central and local government relations: a comparative analysis of West European States, London: Sage, 156-168.

Page, E./Goldsmith, M., 1987: Centre and locality: functions, access and discretion, in: *E. Page* und *M. Goldsmith* (Hrsg.), Central and local government relations: a comparative analysis of West European Unitary States, London: Sage, 1-11.

Reade, E. (Hrsg.), 1989: Britain and Sweden: current issues in local government, Research report, SB: 18, Gävle: The National Swedish Institute for Building Research.

Rhodes, R.A.W., 1980: Developed countries, in: *D.C. Rowat* (Hrsg.), International handbook on local government reorganization: contemporary developments, London: Aldwych Press, 563-581.

Rhodes, R.A.W., 1981: Control and power in central-local government relations, Aldershot: Gower.

Rhodes, R.A.W., 1986a: Power dependence. Theories of central-local relations: a critical reassessment, in: M. Goldsmith (Hrsg.), New research in central-local relations, Aldershot: Gower, 1-33.

Rhodes, R.A.W., 1986b: The national world ol local government (The new local government series 26), London: Allen and Unwin.

Rose, L.E., 1989: Nordic experiments with liberated local government: increased autonomy or continued central control?, Paper presented at the workshop on „Local self government: economic and political challenges to local autonomy", ECPR, Joint Workshop, Paris, 10. bis 15. April 1989.

Rowat, D.C., 1980: Concluding remarks, in: *D.C. Rowat* (Hrsg.), International handbook on local government reorganization: contemporary developments, London: Aldwych Press, 594-603.

Sharpe, L.J., 1988: The growth and decentralization of the modern democratic state, in: European Journal of Political Research 16, 4, 365-380.

Simon, H.A., 1957: Administrative behavior, 2. Aufl., New York: Macmillan.

Smith, C.B., 1985: Decentralization: the territorial dimension of the state, London: George Allen and Unwin.

Socialdepartementet (Ministry of Social Affairs), 1988: Socialstyrelsen i förändring (The National Board of Health and Welfare in Change), Ds 1988: 74, Stockholm: Liber.

Söderlind, D./Petersson, O., 1986: Svensk Förvaltningspolitik (Administration policy in Sweden), Uppsala: Diskurs.

Statens Offentliga Utredningar (State Commission Reports): SOU 1983: 39, 1988: 26.

Statskontoret (Office for Administrative Rationalization and Economy), 1987: Socialstyrelsen inför 1990-talet (The National Board of Health and Welfare on the Eve of the 1990s), Rapport 1987: 58, Stockholm.

Statskontoret, 1988: Har de centrala ämbetsverken en framtid? Ett diskussionsinlägg (Do the central agencies have a future?) Rapport 1988: 6, Stockholm: Statskontoret.
Strömberg, L., 1980: Sweden, in: *D.C. Rowat* (Hrsg.), International handbook on local government reorganization: contemporary developments, London: Aldwych Press, 308-320.
Strömberg, L./Westerståhl, J., 1984: The new Swedish communes: a summary of local government research, (Research Reports 1984: 1), Gothenburg: University of Gothenburg, Department of Political Science.
Tarschys, D., 1988: PGO:s in Sweden, in: *C. Hood* und *F. Schuppert* (Hrsg.), Delivering public services in Western Europe: sharing Western European experience of para-governmental organizations, Beverly Hills und London: Sage, 63-74.
Wallin, G., 1980: Proposals for Sweden, in: *D.C. Rowat* (Hrsg.), International handbook on local government reorganization: contemporary developments, London: Aldwych Press, 174-183.
Wolman, H., 1988: Decentralization: what it is and why we should care, Paper prepared for Presentation at the International Conference on Intergovernmental Decentralization, Washington D.C., 22. bis 24. Februar 1988.
Wolman, H./Goldsmith, M./Kousgaard, P., 1989) Local government fiscal condition: the capacity for action, unveröffentlichtes Manuskript.
Ysander, B.-C./Nordström, T., 1985: Local authorities, economic stability and the efficiency of fiscal policy, in: *E.M. Gramlich* und *B.-C. Ysander* (Hrsg.), Control of local government, Stockholm: The Industrial Institute for Economic and Social Research, 347-398.

Die Gemeinde als Co-Staat

Dezentralisierung in den Niederlanden

Peter L. Hupe/Theo A.J. Toonen

Zusammenfassung

Die vorherrschende Meinung über Dezentralisierungspolitik in den Niederlanden ist, daß diese Politik stagniert. Andererseits wird eine Wiederbelebung und eine zunehmende Bedeutung der Lokalregierung und der dezentralisierten Verwaltung in den frühen 1990er Jahren gesehen. Beobachter, die eine Stagnation der Dezentralisierungspolitik erkennen, fordern oft mehr lokale Autonomie. Autonomie kennzeichnet eines der formalen Prinzipien, die im niederländischen System der wechselseitigen Regierungsbeziehungen (intergovernmental relations) niedergelegt sind. Ein weiteres wichtiges Prinzip ist das von der Idee der Selbstverwaltung abgeleitete Prinzip der medebewind (wörtlich: Co-Herrschaft). Eine nähere Betrachtung der Konzeption des niederländischen dezentralisierten Einheitsstaats führt zu einer Neubewertung der Prinzipien von Co-Herrschaft und Autonomie. Die Konsequenz ist eine andere Diagnose der Situation, in der sich die Dezentralisierung in den Niederlanden befindet. Außerdem können verschiedene Lehren für eine Dezentralisierungspolitik gezogen werden.

1. *Einführung*

In westeuropäischen Ländern wie den Niederlanden ist die Dezentralisierungspolitik in den letzten Jahren aktiv verfolgt worden[1]. Allerdings waren die bisherigen Ergebnisse relativ enttäuschend. In den Niederlanden denkt das Parlament, daß die Dinge sich zu langsam bewegen. Der Verband niederländischer Gemeinden läßt seit Jahren keine Gelegenheit aus, seine Besorgnis über den geringen Fortschritt der Dezentralisierung auszudrücken. Auch der niederländische Innenminister hat erkannt, daß die Dinge sich nicht schnell genug bewegen[2]. In einem 1986 vorgelegten Bericht über den Fortschritt der Dezentralisierung, gab der Minister zu, daß die Ergebnisse der letzten Jahre recht dürftig gewesen waren. Ende der 1980er Jahre erkannten allerdings viele Beobachter – aus der Regierung, der Wissenschaft und den Gemeinden – im allgemeinen ein erneuertes Selbstbewußtsein und eine wiedergefundene Kraft der dezentralisierten Gemeinderegierung. Die Regierung hat diesen politischen „Erfolg" schon für sich beansprucht. Tatsächlich hat, gemessen an jedem „policy evaluation"-Standard, die offiziell ausgerufene Dezentralisierungspolitik nur sehr wenig erreicht. Die mit Recht erkannte Wiederbelebung der Bedeutung und des Selbstbewußtseins der Gemeinde, muß als Ergebnis einer *de facto* Dezentralisierung verstanden werden. Die aktuelle Debatte in den Niederlanden ist durch die Situation charakterisiert, in der eine funktionale Dezentralisierung von nationalen Aufgaben, Kompetenzen und Geldmitteln einer Wiederbelebung der Lokalregierung zu folgen scheint, anstatt sie zu veranlassen. Dieser Aufsatz wird dieses Paradox untersuchen, indem er die grundlegenden Prinzipien von *autonomie* (Autonomie) und *medebewind* (Co-Herrschaft) genauer betrachtet, wie sie in dem niederländischen dezentralisierten Einheitsstaats im neunzehnten Jahrhundert niedergelegt wurden. Es wird angenommen, daß eine Neubewertung dieser Prinzipien auf eine andere Diagnose hinausläuft und eine andere Abhilfe für die Dezentralisierung erkennen läßt. Dies hat Folgen für die „offizielle" Dezentralisierungspolitik und die Art, in der die „Entlastung des Zentrums" in der niederländischen Verwaltung vor sich gehen könnte.

Zunächst werden die Merkmale von wechselseitigen Regierungsbeziehungen (intergovernmental relations – IGR) in den Niederlanden umrissen. Der dritte Abschnitt behandelt die Entwicklung der formalen Autorität, der Aufgaben und finanziellen Kompetenz von Lokalregierungen in den Niederlanden. Anschließend wird die vorherrschende Meinung über Dezentralisierung betrachtet. Im fünften Teil wird die Konzeption des niederländischen dezentralisierten Einheitsstaat analysiert, gefolgt von einer Neubewertung der Prinzipien von Autonomie und Co-Herrschaft (sechster Teil). Im siebenten Teil wird gezeigt, welche theoretischen Folgen diese Neubewertung für die Wiedereinführung der grundlegenden Prinzipien der Regierungsdezentralisation hat. Darauf aufbauend wird die tatsächliche Situation der Dezentralisierung in den Niederlanden untersucht (achter Teil). Abschließend werden einige Schlußfolgerungen für die Dezentralisierung gezogen (neunter und zehnter Teil).

2. *Wechselseitige Regierungsbeziehungen in den Niederlanden*

Der konstitutionelle und rechtliche Rahmen der niederländischen wechselseitigen Regierungsbeziehungen ist im 19. Jahrhundert geschaffen worden. Trotz Veränderungen und Anpassungen gelten immer noch die in der Verfassung von 1848 niedergelegte Struktur und die folgende organische Gesetzgebung, die Provinzregierungs-Verordnung von 1850 und die Gemeinderegierungs-Verordnung von 1851. Es gibt drei Regierungsebenen: eine National-, Provinz- und eine Gemeinderegierung. Auf der nationalen Ebene sind die Ministerien die Hauptakteure. Im Moment gibt es 13 Ministerien. Die Zahl ist nicht festgelegt und kann im Prozeß der Kabinettsbildung verändert werden. Jedem Ministerium steht ein Minister vor, der sowohl das Ministerium leitet als auch Mitglied im Ministerrat oder Kabinett ist. Vorsitzender des Rats ist der Premierminister, der politische Führer des Kabinetts. Formell haben die Mitglieder des Ministerrats die gleiche Macht.

Gegenwärtig gibt es zwölf Provinzen, die sich erheblich in Größe, Bevölkerungszahl und ökonomischer Struktur unterscheiden. Ihre Grenzen sind hauptsächlich die Folgen geschichtlicher Umstände. Nach dem Zweiten Weltkrieg wurde aus dem wiedergewonnenen Gebiet des ehemaligen Zuiderzee eine zwölfte Provinz. Formell ist der Provinzrat die höchste Autorität. Die Größe der Provinzräte reicht von 47 bis 83 Mitgliedern. Die Provinzexekutive besteht aus Personen, die der Provinzrat für vier Jahre aus seinen eigenen Reihen wählt. Vorsitzender der Exekutive und des Provinzrats ist ein Königlicher Kommissar, der von der nationalen Regierung ernannt wird. Die Provinzregierung hat ihre eigene Gerichtsbarkeit, Aufgaben und Politikbereiche. Trotzdem wird ihre Stellung in den wechselseitigen Regierungsbeziehungen am besten als „Zwischenhändler und Koordinator" zwischen Nationalregierung und Gemeinden (Toonen 1987b) beschrieben. Die Provinzen spielen beispielsweise eine wichtige Rolle bei der physischen und regionalen Wirtschaftsplanung und in den Bereichen Wohnen und Umwelt. Trotzdem sind Provinzbudgets relativ klein, weil die Mehrzahl von subnationalen Aufgaben und Maßnahmen von den Gemeinden übernommen werden.

Die Schlüsselbeziehung in dem System besteht zwischen Zentral- und Gemeinderegierung. In den Niederlanden ist „Lokalregierung" praktisch synonym mit „Gemeinderegierung". Zur Zeit gibt es etwa 600 Gemeinden. Eine Gemeinde kann eine Stadt oder ein Dorf sein. Die vier größten Städte des Landes sind Amsterdam (die Hauptstadt), Rotterdam, Den Haag (Regierungszentrum) und Utrecht. Diese vier Städte liegen an den Grenzen eines Gebiets namens Randstad. Dieses westliche Gebiet, das die Provinzen Südholland, Nordholland (teilweise) und Utrecht (teilweise) umfaßt, wird informell als das ökonomische und politische Zentrum des Landes angesehen.

Gemeinden sind territoriale Regierungen mit umfassenden Aufgaben. Entsprechend der Gemeinderegierungs-Verordnung ist der Gemeinderat die höchste Autorität innerhalb der Gemeindeverfassung. Die Größe der Gemeinderäte reicht von 7 bis 45 Ratsmitgliedern, abhängig von der Anzahl der Einwohner der betreffenden Gemeinde. Ratsmitglieder werden in direkter Wahl für vier Jahre gewählt. Betrachtet man die Befugnis und die tägliche Regierungs und Administrationsarbeit, ist das Herz der Gemeinderegierung die Gemeindeexekutive. Die Exekutive besteht aus einem Bürgermeister und Ratsherren (Burgemeester en Wethouders). Die Ratsherren müssen Mitglieder des Gemeinderats sein. Sie werden alle vier Jahre nach den Kommunalwahlen vom Gemeinderat gewählt. Eine Gemeinde mit bis zu 20.000 Einwohnern hat zwei Ratsherren. In einer Gemeinde mit einer Bevölkerung von über 100.000 kann der Gemeinderat entscheiden, vier, fünf oder sechs Ratsherren zu benennen. Der Burgomaster wird für eine Dauer von sechs Jahren von der Nationalregierung ernannt; eine zweite Amtsperiode ist möglich.

3. *Die Entwicklung der Gemeindeaufgaben*

Zur Zeit gibt es in den Niederlanden etwa 11.000 Gemeinderatsmitglieder, 1.800 Ratsherren, 600 Bürgermeister und 250.000 Gemeindeangestellte (Denters 1989). Dies ist das Ergebnis einer stetigen Entwicklung in den Aufgaben von Gemeinden, die als

Lokalregierung in den Niederlanden arbeiten (Veldheer 1989; Toonen 1991). In der Zeit vor 1850 waren die Hauptaufgaben der Gemeinde gerichtlicher und administrativer Natur und dienten der öffentlichen Ordnung. Die zentrale Aufgabe bestand darin, Recht und Ordnung zu bewahren. Ab 1870 werden die Gemeinden mit den Konsequenzen der Industrialisierung, Urbanisierung, dem raschen Bevölkerungszuwachs und der Gesundheitssituation konfrontiert. In zunehmendem Maße richten die Gemeinden ihr Augenmerk auf die Versorgung der Armen, der Arbeitslosen, der Kranken, auf Bildung, Wohnen etc. Sozialpolitik wird zu einem integralen Teil der Gemeindeaufgaben.

In der Zeit nach 1914 nimmt das Interesse des Staates an der Durchführung von Gemeindeaufgaben zu. Aufgaben, die von der Gemeinde übernommen worden waren, werden vom Staat übernommen oder zumindest reguliert. Die Gemeinden sind via *medebewind* (Auftragsangelegenheiten) daran beteiligt, nationale Vorschriften zu implementieren. Die Abnahme von Aufgaben die *autonom* erledigt werden, läuft parallel zu der Zunahme von Aufgaben, die als *medebewind* erledigt werden. Die Gesamtzahl der Gemeindeaufgaben steigt. Nach dem Zweiten Weltkrieg spielen die Gemeinden eine Rolle im Wiederaufbau der Wirtschaft und Gesellschaft und der Einrichtung des holländischen Wohlfahrtsstaats. In dieser Entwicklung ist die Nationalregierung führend. Lokale Akzente liegen im sozialen und kulturellen Bereich. Wirtschaftspolitik ist hauptsächlich Aufgabe der Nationalregierung gewesen. Vor allem in letzter Zeit haben sich die größeren holländischen Städte als Unternehmer dargestellt, die „city-marketing" betreiben. Im allgemeinen konzentrieren sich Gemeinden auf die Bereiche Sozialeinrichtungen, Sport, Erholung, Bildung und Kultur. Die Form der Gemeindeaufgaben ist sehr unterschiedlich. Zu nennen wären: Gründung und Erhaltung von sozialen und kulturellen Zentren, Konzertsälen, Theatern, Museen, Bibliotheken, Sportanlagen, Nachbarschaftszentren, Spielplätzen und anderen Einrichtungen für Kinder und Jugendliche. Außer der Verfassung hat auch die Gesetzgebung für verschiedene politische Gebiete die Position der Lokalregierung beeinflußt. Nach und nach verzichtete die Nationalregierung darauf, die Verordnungen und Gesetze für die Implementation vorzugeben. Statt sie aufzufordern, bestimmte Weisungen höherer Stellen aufzuführen, werden die Gemeinden angewiesen, bestimmte Bereiche zu regeln. Inzwischen fällt der Hauptteil der Gemeindeaktivitäten unter die Kategorie Co-Herrschaft, während nur ein sehr geringer Anteil von Autonomie geprägt ist (Toonen 1987b).

Finanzen

Die Höhe der Ausgaben von Lokalregierungen vermittelt eine Vorstellung davon, welchen relativen Anteil und Rang die Gemeindeangelegenheiten an der Gesamtheit von Regierungprodukten und leistungen besitzen. Im Jahre 1900 betrug dieser Anteil 5 Prozent des Nationaleinkommens. 1939 war er auf 17 Prozent gestiegen. Nach dem Zweiten Weltkrieg blieb der Anteil der Gemeinden an den öffentlichen Ausgaben relativ konstant zwischen 15 und 17 Prozent. 1986 war der Anteil der lokalen Ausgaben allerdings auf 23 Prozent des Nationaleinkommens gestiegen (Denters 1989). Dies entspricht mehr oder weniger dem Ausgabenanteil der Nationalregierung, wenn man die separate „funktional dezentralisierte“ Kategorie der Sozialversicherungsausgaben zunächst außer acht läßt. Die lokalen Ausgaben umfassen: öffentliche Sicherheit, allgemeine Kosten, Wohnen, Infrastruktur („openbare werken“), soziale Angelegenheiten. Der größte Teil der Gemeindeausgaben (23 Prozent) wird für Bildung, Kultur und Erholung verwendet (Denters 1989).

Bei der allmählichen Entwicklung des holländischen „Verzorgingsstaat“ übernahm die Nationalregierung die Verantwortung für Einkommens-, Arbeits-, Wohnungs-, Gesundheits- und Bildungsaufgaben (De Swaan 1988). Auf lokaler Ebene manifestierte sich diese Entwicklung in einer Zunahme der Aufgaben die durch *medebewind* erledigt wurden. Diese Zunahme spiegelt sich auch in den finanziellen Beziehungen zwischen nationaler und lokaler Regierung wider. Für die Erledigung bestimmter Aufgaben erhalten die Gemeinden spezifische Zuschüsse (*specifieke uitkeringen*). Dies sind die finanziellen Zuschüsse, die die Nationalregierung den Gemeinden für die Erledigung einer bestimmten Aufgabe zur Verfügung stellt. 1932 machten spezifische Zuschüsse 25 Prozent der gesamten lokalen Einnahmen aus. 1987 betrugen diese Zuschüsse allerdings fast 60 Prozent der gesamten lokalen Einnahmen (Denters 1989). Neben den spezifischen Zuschüssen gibt es noch einen Fond, der *Gemeentefonds* (Gemeindefond) genannt wird. Es handelt sich dabei um eine Art von Einnahmenteilung, bei der ein gewisser Prozentsatz (zur Zeit etwa 11 Prozent) der nationalen Steuern an einen allgemeinen Fond geht, der dann zwischen den Gemeindeverwaltungen verteilt wird. Die Transfers von dem *Gemeentefonds* werden allgemeine Zuschüsse genannt. Der Gemeindefond bleibt das Hauptinstrument der zentral-lokalen Finanzen. Finanzielle Kürzungen, sowohl beim Gemeindefond wie auch bei den spezifischen Zuschüssen, haben zu niedrigeren Einnahmen für die Gemeinden geführt. Heutzutage bestehen die Einnahmen zu ca. 10 Prozent aus Lohnsteuern, 35 Prozent aus allgemeinen Zuschüssen und 55 Prozent aus speziellen Zuschüssen.

4. *Die vorherrschende Meinung über Dezentralisierung*

In den niederländischen wechselseitigen Regierungsbeziehungen werden die Entwicklungen bei Aufgaben und Finanzen im allgemeinen als ein allmählicher und stetig fortschreitender Zentralisierungsprozeß charakterisiert. Schon 1962 warnte ein Regierungskomitee vor der Zentralisierung des Systems und dem Schwund der lokalen Autonomie. Es dauerte bis 1980, bevor der Ruf nach Dezentralisierung zur offiziellen Politik wurde, die das Ziel hatte, Aufgaben und Autorität von „höheren“ zu „niedrigeren“ Regierungen zu verschieben. Diese Politik hat bislang nur Enttäuschung und Kritik an der mangelnden Substanz geerntet (Toonen 1987b). Es werden verschiedene Gründe für die Stagnation oder sogar das Versagen genannt, die Dezentralisierung in Kraft zu setzen. „Beobachter weisen auf den Mangel an Kohärenz in den Vorschlägen hin: die Machtlosigkeit des Innenministeriums im Machtkampf mit den Kreisministerien, die der Dezentralisierungspolitik eine nationale Regulation vorzogen; den Mangel an politischer Unterstützung auf ministerieller und auch parlamentarischer Ebene;

der Widerstand von national organisierten Interessenvertretungen und Standesorganisationen; das Zögern der staatlichen Behörden, Macht abzugeben; und die mangelhaften 'Dezentralisierungsstrategien', die das Innenministerium anwandte" (Toonen 1987b: 114). Dieses sind unzureichende Erklärungen für die Stagnation. „Sie blicken nur auf den Widerstand auf *nationaler* Ebene und ignorieren die Möglichkeit, daß Akteure auf subnationaler Ebene einen Anteil an 'territorialer' Politik haben" (Toonen 1987b: 114).

An anderer Stelle faßt Toonen die vorherrschende Meinung über Dezentralisierung in den Niederlanden folgendermaßen zusammen: „Es ist in den Niederlanden beliebt, von einem weitreichenden und fortschreitenden Zentralisierungsprozeß zu sprechen. Diese Ansicht wird von einer Reihe administrativer Fakten bestätigt. Es wird auf die Verschiebung von Autonomie hin zur Co-Herrschaft bei der Durchführung lokaler Aufgaben hingewiesen; die größere finanzielle Abhängigkeit der Lokalregierungen, die sich in der Bedeutung von spezifischen Zuschüssen als Quelle des Gemeindeeinkommens manifestiert; die Verschiebung von allgemeiner Aufsicht ex post zu detaillierter Aufsicht über Gemeinden ex ante; den Zuwachs in der Zahl der Rundschreiben und Richtlinien, mit der Behörden versuchen, die Lokalpolitik zu beeinflussen; und auf alle Arten von Verpflichtungen, die den örtlichen Behörden in Form von Planungs- und Informationssystemen auferlegt werden" (Toonen 1984).

Diese „gängige Ansicht" (Rhodes 1981) basiert – auch in den Niederlanden – auf einem vorgefaßten hierarchischen Verständnis des Einheitsstaatkonzepts. Es ist die Frage, ob sich diese vorherrschende Auffassung über Dezentralisierung in den Niederlanden immer noch aufrechterhalten läßt, wenn sie mit den grundlegenden Prinzipien des niederländischen „dezentralisierten Einheitsstaats" konfrontiert wird. Also müssen wir dessen Konzeption untersuchen.

5. Die Theorie des dezentralisierten Einheitsstaats

Die ursprüngliche Konzeption für das niederländische System der wechselseitigen Regierungsbeziehungen wird oft als „dezentralisierter Einheitsstaat" bezeichnet. Toonen hat die ursprüngliche und die aktuelle Bedeutung dieses Konzepts untersucht (Toonen 1987a; 1990b). Der paradoxe Begriff (setzt die Einheit nicht eine Zentralisierung voraus?) wird oft als ein historischer Kompromiß aus der Mitte des letzten Jahrhunderts dargestellt. In den Niederlanden werden viele Probleme der modernen subnationalen Prozesse zwischen Behörden und zwischen Regierungen untereinander auf die Tatsache zurückgeführt, daß der Begriff des dezentralisierten Einheitsstaats versucht, unvereinbare Werte zu verbinden: Zentralisierung und Dezentralisierung. Während Zentralisierung für Einheit, Einheitlichkeit und Hierarchie steht, bedeutet Dezentralisierung Pluralität, Verschiedenheit und Autonomie. Das ursprüngliche theoretische Konzept, das dem institutionellen Muster des heutigen niederländischen Systems von wechselseitigen Regierungsbeziehungen zugrundeliegt, basiert auf Annahmen, die sich sehr von denen unterscheiden, die im allgemeinen der Idee eines Einheitsstaats zugeschrieben werden – selbst einem zentralisierten Einheitsstaat (Toonen 1987; 1990b).

Der Konsens-Staat

Es ist nicht bekannt, von wem und warum das Konzept des dezentralisierten Einheitsstaats entwickelt wurde (Toonen 1987). Der Ausdruck wird rückblickend gebraucht, um die Verfassungs und Rechtsstruktur zu charakterisieren, die Mitte des letzten Jahrhunderts begründet wurde. Johan Rudolf Thorbecke (1798-1872) ist größtenteils für den Entwurf des Systems verantwortlich. Thorbeckes Name ist mit dem bereits beschriebenen niederländischen IGR-System eng verbunden, so wie es mit der Verfassung von 1848, der Provinzregierungs-Verordnung von 1850 und der Gemeinderegierungs-Verordnung von 1851 eingeführt wurde. Abgesehen von marginalen Änderungen, gelten diese Verordnungen immer noch. Thorbecke war zu jener Zeit Premierminister. Davor war Thorbecke Professor für Geschichte und öffentliches Recht und ein erklärter Befürworter der Organischen Staatstheorie. Diese Theorie hat ihren Ursprung in der deutschen Schule des historischen Rechts. Diese Schule kann als „eine theoretische Artikulation der romantizistischen Reaktion auf den Rationalismus der französischen Aufklärung und dem bürokratisch-zentralistischen Ansatz der napoleonischen Ära" verstanden werden (Toonen 1990b: 283).
Thorbecke war ein engagierter Befürworter der Göttinger Schule (Verkade 1935; Boersema 1949). Er wurde mit dieser Schule während der vier Freijahre nach Abschluß seiner Dissertation vertraut (1820-1824). Seine Auffassung der Theorie des organischen Staats ist in dem Aufsatz „Über das Wesen und den organischen Charakter der Geschichte" (1824) niedergelegt (in: Verkade 1935: 337f.). Dieser Aufsatz enthält eine sympathisierende aber kritische Betrachtung der Ideen der Göttinger Schule und ist auch als „der Brief an Eichhorn" bekannt geworden. Thorbecke schrieb und dachte also in der Tradition, die später auch in der Arbeit von Lorenz von Stein (1815-1890) enthalten ist. Beuckers (1983: 150) hat jedoch richtig betont, daß Thorbecke im Vergleich zu seinen deutschen Zeitgenossen eine recht individuelle und einmalige Position entwickelt hat. Genauer gesagt: „Die Stellung des Individuums in der Geschichte ist die zentrale Thematik Thorbeckes, die ihn über die Historische Rechtsschule hinausführt. Das Individuum ist Mitträger der Geschichte als Glied im Ganzen" (Beuckers 1983: 51). Thorbecke weicht also entscheidend von einigen der grundlegenden Postulate der Hegelschen Philosophie ab. In den Niederlanden hat Thorbeckes eigene Position innerhalb der „Historischen Rechtsschule" oft zu fundamentalen Mißverständnissen seiner intellektuellen und politischen Stellung geführt: „Thorbeckes Liberalität (innerhalb des Rahmens der Vorstellung vom 'organischen' Staat – PH/TT) wurde ... wegen ihrer Eigenständigkeit mißdeutet und mit philosophischen und politischen Zeitströmungen verwechselt und auch fälschlich als Niederländischer Liberalismus etikettiert" (Beuckers 1983: 150; Toonen 1987: 45f.).
In Thorbeckes Ansatz wird der Staat als ein gegebenes, historisch entwickeltes und komplexes „Ganzes" beschrieben, das systematisch aus organischen, d.h. „lebendigen" oder dynamischen „Teilen" zusammengesetzt ist. „Der Staat wird nicht mit der nationalen Regierung identifiziert, sondern National-, Provinz- und Lokalregierungen werden als verbindende, innerlich komplexe organische Teile des gesamten Staats interpretiert" (Toonen 1990b: 284). In Anbetracht des dynamischen Charakters von

Staatsangelegenheiten, sind Gewalt und zentrale Steuerung relativ zwecklos. Es wird angenommen, daß ein mächtiger Staat sich auf die innere Akzeptanz von und die Kooperation mit den Regeln und Entscheidungen verlassen kann, die im Namen des Gesamtstaats oder seiner wichtigen Teile erlassen werden. „Trotzdem die Autorität eine selbst-verstärkende Tendenz hat, ist die Staatsautorität nicht die Quelle, sondern das Ergebnis von Einheit (d.h.: Konsens) zwischen den relativ autonomen Teilen. Diese Einheit ist nicht gegeben und muß von den Bestandteilen und Elementen entwickelt werden" (Toonen 1990b: 284).

Die „organische" Gemeinde besitzt eine eigene relative Autonomie und unabhängige Stärke. Thorbecke betont, das Recht der Gemeinde zur Erledigung der eigenen Angelegenheiten sei die Verkörperung des Prinzips der Gemeindeautonomie. Deshalb ist in Thorbeckes Verfassung von 1848 und der folgenden Gemeinderegierungs-Verordnung von 1851 eine offene statt einer enumerativen Formulierung enthalten, um das Ausmaß der Gemeindeautomomie zu betonen. Die Verwaltung des „eigenen Haushalts" bleibt der Initiative der Gemeinden „überlassen". Die betreffende Autonomie bleibt beschränkt. „Wenn die Gemeinde ihr Recht auf Initiative völlig frei ausübt, könnte das System als Ganzes gefährdet sein. Es könnte anderen Teilen des Staats, beispielsweise anderen Gemeinden, schaden. Deshalb wird die tatsächliche Ausübung des Rechts auf Gemeindeautonomie von der Zustimmung oder zumindest dem 'fehlenden Widerstand' der anderen Teile des Ganzen abhängig gemacht. Dies geschieht durch die Schaffung von Aufsichtsinstanzen auf der nächsten, umfassenderen Regierungsebene, d.h. den Provinzen. Nach Thorbeckes Ansicht ist die provinziale Aufsicht eine Vorkehrung für die Konfliktbewältigung auf der lokalen Regierungsebene und zwischen Gemeinden. Eine Initiative der Gemeinde unter provinzialer Aufsicht ist die operationale Verkörperung von Thorbeckes Prinzip der beschränkten Gemeindeautonomie" (Toonen 1990b: 285).

In Thorbeckes Version der organischen Betrachtung gibt es zu viele verschiedene nicht-zentrale und spontane Formen der Administration, Organisation, Integration und Koordination, um sie alle als „Dezentralisierung" zu bezeichnen. Außerdem geht Thorbeckes Theorie nicht davon aus, daß Einheit Zentralisierung voraussetzt. Für Thorbecke soll der institutionelle Entwurf und die Staatsbildung der Schaffung von konfliktregulierenden Arrangements und anderen institutionalen Vorkehrungen dienen, die die konsensbildenen Herrschafts und Entscheidungsprozesse vereinfachen. Thorbeckes Auffassung vom Einheitsstaat kann wahrscheinlich am besten als „der Konsensstaat" bezeichnet werden (Toonen 1987: 135).

Der zusammengesetzte Einheitsstaat

Der zweite bedeutende „Gründungsvater" des niederländischen IGR-Systems ist J.T. Buys (1829-1893). Er war Professor für öffentliches Recht und schrieb ein Standardwerk über die niederländische Verfassung. Sein Name ist mit der sogenannten „klassischen Theorie" verbunden, die das niederländische IGR als ein dreistufiges System sieht. Buys übernimmt im allgemeinen die gleiche, wenn auch etwas differenziertere theo-

retische Perspektive wie Thorbecke, aber er wendet die Theorie auf einen anderen Aspekt des niederländischen IGR-Systems an. Buys (1874) nutzte die Ideen des deutschen Gelehrten Gneist über lokale Selbstverwaltung als eine Quelle der Inspiration für die Entwicklung seiner Auffassung von dem was heute „medebewind" (Co-Herrschaft) genannt wird (Toonen 1987).
„Die Theoretiker des organischen Staats argumentieren, daß es in einem dynamischen Staatssystem keine objektiven und festen Kriterien für eine mehr oder weniger fortlaufende Arbeitsteilung zwischen verschiedenen Regierungsebenen gibt" (Toonen 1990b: 286). Buys argumentiert, daß das Konzept der Gemeindeautonomie sich auf *legislative Macht* bezieht und auf die Art wie diese auf verschiedenen Regierungsebenen verteilt ist. Zentralisierung bezieht sich dagegen auf die Konzentration der *exekutiven* oder administrativen Macht auf der Ebene der Nationalregierung. Buys empfiehlt die Interdependenz der drei Regierungsebenen. „Buys' zentrales Anliegen ist nicht so sehr die Trennung, als vielmehr die Verteilung der Regierungsgewalt an Einheiten auf unterschiedlichen Regierungsebenen" (Toonen 1990b: 287). Nach Buys' Auffassung ist die Durchführung nationaler Gesetzgebung in der Gemeinde ein Weg, die nationale Regierung von der lokalen Ausführung abhängig zu machen. Buys' Auffassung des wünschenswerten niederländischen Systems der wechselseitigen Regierungsbeziehungen könnte als „zusammengesetzter Einheitsstaat" bezeichnet werden.

Der dezentralisierte Einheitsstaat

In der Weiterentwicklung der Interpretation des niederländischen Systems der wechselseitigen Regierungsbeziehungen hat G.A. van Poelje (1884-1976) eine wichtige Rolle gespielt. Er hatte den ersten Lehrstuhl für Öffentliche Verwaltung in den Niederlanden inne. Seine Arbeit dokumentiert eine Entwicklung hin zu einem spezialisierteren und funktionaler organisierten System von wechselseitigen Regierungsbeziehungen in den Niederlanden nach dem Ersten Weltkrieg. Für Van Poelje war der „moderne Staat" zu einem Konglomerat von spezialisierten und organisierten Gruppen und Vereinigungen geworden. In den 1960er und 1970er Jahren werden die von Van Poelje festgestellten Charakteristiken des niederländischen IGR als Zeichen eines überholten, ineffizienten und undemokratischen Herrschaftssystems gesehen. Die Idee der IGR gründet sich auf eine Definition, in der der Staat nicht mehr ein dynamisches („organisches") System der Konsensbildung ist, sondern lediglich als „die nationale Regierung" identifiziert wird; und die Regierung wird als eine umfassende Organisation aufgefaßt. Verschiedene Regierungseinheiten und -ebenen werden als administrative Agenturen innerhalb einer umfassenden („bürokratischen") organisatorischen Struktur gesehen. In diesem Konzept schließt das Prinzip des Einheitsstaats die IGR mit ein, als ein System, in dem die Zentralregierung verantwortlich ist für die Organisation, Koordination, Integration und Führung des Systems. In den 1960er und 70er Jahren findet man allgemeine Übereinstimmung, daß das IGR-System zu zentralistisch geworden sei. Aufgaben sollten auf den niedrigsten Ebenen der administrativen Hierarchie erfüllt werden. „Die Idee, daß ein Zentrum für Koordination und Integration nötig ist, kann trotzdem nicht aufgegeben werden, weil es, um ein Chaos zu verhindern, für die Einheit innerhalb des Systems für nötig befunden wird" (Toonen 1987: 145). Also bleibt nur eine Lösung: „der dezentralisierte Einheitsstaat".

6. *Autonomie und Co-Herrschaft*

In den Niederlanden ist die Norm des Einheitsstaats nicht kritisiert worden. Zeitgenössische Interpretationen nehmen an, daß eine zentrale Staatsautorität zur Herstellung von Einheit nötig ist. Der ursprüngliche Entwurf des niederländischen Einheitssystems ist allerdings weniger von der Idee inspiriert, daß zentrale Einheit und einseitige zentrale Steuerung nötig sind, als von einer Theorie, die betont, daß „Konsensentscheidungen in einer polyzentrischen institutionalen Regierungsstruktur nötig" sind (Toonen 1990b: 283). Staatsautorität hängt von der Einheit – dem Konsens oder der Zustimmung – zwischen den Bestandteilen und Elementen (Individuen) des Staates ab. Die Einheit ist nicht zwangsläufig gegeben. Sie ist das Ergebnis von Prozessen der Konsensbildung, Verhandlung und Konfliktbewältigung. Nicht die Einheit durch Hierarchie und zentrale Integration, sondern die Einheit im Sinne der Konsensbildung und wechselseitigen Anpassung stellt sich als das zentrale Anliegen der theoretischen Väter des niederländischen Staatssystems heraus. Interdependenz und Verschiedenheit, nicht Hierarchie und Einheitlichkeit, waren die Hauptanliegen von Thorbeckes Theorie des Einheitsstaats. Nicht die Trennung von Regierungsebenen, sondern die dynamische Interaktion zwischen relativ unabhängigen Einheiten innerhalb des gesamten Staatssystems, ist eins der zentralen Elemente in Buys' Analyse (Toonen 1990b). In seinem Konzept der IGR betont Buys, daß die Inkraftsetzung von nationaler Gesetzgebung in der Gemeinde eine Möglichkeit ist, die Nationalregierung von den lokalen ausführenden Organen abhängig zu halten. Der Schlüssel des Problems ist also die Entwicklung von angemessenen Verbindungen zwischen Durchführung und Gesetzgebung. Buys betont, das Hauptproblem der Staatsreform und -modernisierung sei die Aufnahme der Erfahrungen auf der Implementationsebene in den Entwurf und Neuentwurf von Gesetzes- und Politikprogrammen auf der nationalen Regierungsebene.

Bei einer einseitig zentralistischen Interpretation von Co-Herrschaft (medebewind) wird die Tatsache übersehen, daß die lokale Durchführung von nationaler Gesetzgebung so organisiert werden kann, daß die Gemeinden übergangen werden. Die Tradition der Co-Herrschaft hat die Rolle der Gemeinden im IGR-Netz verstärkt. Die nicht-ausführende Rolle der Nationalregierung, wie sie in der Theorie der Co-Herrschaft angelegt ist, wird heute aus einer komparativen Perspektive als der bedeutendste Faktor bei der Bestimmung der Macht der lokalen Regierungen in der Gesamtstruktur bezeichnet (Toonen 1990b). Aus dieser Perspektive wird das heutige niederländische System der wechselseitigen Regierungsbeziehungen durch eine allgemeine Fähigkeit charakterisiert, die gegenseitige Anpassung der wichtigsten administrativen Institutionen zu verstärken – durch eine institutionalisierte Interdependenz, die zu „Kontrolle und Gleichgewicht" innerhalb des gesamten IGR-Systems beiträgt, und eine institutionale Struktur, die relativ autonome Regierungsebenen zur gegenseitigen Mitwirkung zwingt (Toonen 1990c).

7. Co-Herrschaft und Dezentralisierung

Nach der „gängigen Auffassung" der in Abschnitt vier beschriebenen Dezentralisierungstheorie, würden die Probleme des niederländischen IGR-Systems verschwinden, sobald die Gemeinden mehr Autonomie besäßen. Alles wäre in Ordnung, wenn die Lokalregierung von der Einmischung der Nationalregierung befreit würde ... Aus dieser Sicht bedeutet Dezentralisierung, die Beziehungen zwischen den „höheren" und „niedrigeren" Regierungen zu beschneiden, zu stutzen und zu entflechten und die spezifischen Zuschüsse, Instrumente, Aufsichtsbeziehungen und ähnliches zu reorganisieren und zu reduzieren. Konsequenterweise wird *medebewind* als eine Form von Zentralisierung gesehen. Nur wenige Beobachter wissen noch, daß für die Co-Herrschaft der Provinz und der Gemeinde im letzten Jahrhundert gekämpft werden mußte. Gekämpft wurde gegen die Befürworter einer Nationalregierung, die fürchteten, durch die Einführung einer „Co-Herrschaft" die zentrale Administration zu schwächen. Viele zogen dem ein System der direkten (dekonzentrierten) nationalen Administration vor. Paradox an dem Erfolg des Co-Herrschaftsprinzips ist, daß die Erhaltung und Stärkung der Position der Gemeinden als Teil des gesamten Administrationssystems, gleichzeitig auch die Kritik daran fördert. Eine Analyse der Konzeption des niederländischen dezentralisierten Einheitsstaats läßt erkennen, daß bei verflochtener Staatstätigkeit auf mehreren Ebenen die *de jure* autonome Gemeinde *de facto* eine machtlose Gemeinde wäre. Indem er das Prinzip der Autonomie betont, muß der Gesetzgeber entscheiden, ob er die Autorität vollständig den Gemeinden überläßt, oder ob er diese durch funktionale Dezentralisierung oder Dekonzentration der Implementation umgeht.

In der konventionellen niederländischen Auffassung der Dezentralisierung werden die Beziehungen zwischen den Regierungen in den Niederlanden als notwendiges Übel gesehen, das auf ein Minimum reduziert werden muß. Wenn man das Prinzip der Co-Herrschaft als Ausgangspunkt nimmt, dann sind die Beziehungen zwischen den Regierungen innerhalb eines Landes von entscheidender Bedeutung - nicht nur für ein gesundes Verwaltungssystem, sondern auch für eine starke dezentralisierte Regierung. Gemeindepolitikern und -beamten und auch den Bürgern geht es besser, und sie sind vergleichsweise stärker in den Ländern, wo die Nationalregierung nicht ihre Gesetze, Programme und Politik selbst in Kraft setzt, sondern dies der Lokalregierung überläßt (Toonen 1990a).

8. Zentralisierung oder Formalismus?

Auf der Basis der vorher skizzierten „klassischen" theoretischen Ansicht über Co-Herrschaft und Dezentralisierung, ergibt sich eine andere Diagnose der Situation der

Dezentralisierung in den Niederlanden. Es gibt immer noch relativ wenig empirische Informationen über die tatsächliche Situation, in der sich die Beziehungen zwischen nationaler und lokaler Regierung befinden. Vieles von dem, was bei der konventionellen Auffassung vertreten wird, scheint wahr zu sein und auf extensiven Formalismus und Über-Regulierung hin zu deuten. Es bleibt jedoch die Frage, ob dies nicht ein einseitiges Bild der Wirklichkeit ergibt (Korsten/Derksen 1986; Derksen/Korsten 1989). Das Ausmaß der Abhängigkeit zwischen National- und Lokalregierungen ist sehr unterschiedlich. In diesem Zusammenhang läßt sich eine Reihe von Kontinua erkennen: Zwang - fehlende Kooperation; Abhängigkeit - politische Entscheidungsfreiheit und zentrale Kontrolle - Verhandlung (Rhodes 1981). Rhodes erklärt, selbst wenn ein Partner in einer Beziehung den anderen vollständig zu dominieren scheine, sei die Abhängigkeit gegenseitig. Diese Beziehung der gegenseitigen Abhängigkeit bedeutet, daß der finanziellen Abhängigkeit der Gemeinden die politikfeldbezogene und organisatorische Abhängigkeit der nationalen Ministerien (Behörden) von Gemeinden und Provinzen entgegensteht. Der sehr gut ausgebildeten und sektoralisierten Expertise der Behördenvertreter steht der Vorteil von lokalisierter Expertise und Information der lokalen Vertreter gegenüber. Neben die nationalen Interessenvertretungen tritt die Unterstützung von organisierten lokalen Interessen (Toonen 1984). Die niederländische Vereinigung der Gemeinden (VNG) gilt als eine der stärksten Interessenvertretungen im niederländischen politischen System.

Es gibt eine ganze Menge von verschiedenen Kommunikationskanälen zwischen den Regierungsebenen. Größtenteils arbeiten nationale Ministerien isoliert voneinander. Dies scheint auch für die Abteilungen der Ministerien und die Behörden innerhalb einer Gemeinde zu gelten. Deshalb kann man von einem sehr dichten Kommunikationsnetz mit teilweise überlappenden Kanälen reden. Wenn die Kommunikationsmuster zwischen der Zentralregierung und den lokalen Behörden so vernetzt sind, dann ist das Bild einer zentralisierten Ausübung von Macht nicht mehr überzeugend. *Die* Zentralregierung gibt es nicht mehr.

Ebenso bedeutet die Existenz von potentiellen Kontrollmöglichkeiten nicht unbedingt, daß sie genutzt werden. Eine ganze Menge der rechtlichen Kompetenzen, die die Nationalregierung „von oben herab" (top down) nutzen könnte, werden nicht angewandt oder werden zu Einflußkanälen „von unten nach oben" (bottom up). In einer Reihe von Fällen scheint die Ausübung von „top down"-Macht eher die Bestätigung von vorher gelaufenen „bottom up"-Geschäfts- und Verhandlungsprozessen zu sein oder wird nur pro forma erledigt (Toonen 1985). Die tatsächliche Ausübung dieser Autorität unterscheidet sich bei den Ministerien ebenso wie innerhalb eines beliebigen Ministeriums (vgl. Rhodes 1981). In bezug auf Finanzen, Wissen, Information und administrative Sanktionen, reguliert formale Autorität hauptsächlich den Zugang zu diesen Ressourcen und das Recht, über sie zu verfügen (Toonen 1984). Lokalregierungen tätigen ihre Ausgaben sehr unterschiedlich. Dies könnte bedeuten, daß Lokalbehörden wirklich eigenständige politische Systeme sind, die zentralen Direktiven nicht blind folgen. Innerhalb vorgegebener Grenzen treffen sie ihre eigenen Entscheidungen über Höhe und Art ihrer Ausgaben (Rhodes 1981). Sie werden beim Mobilisieren von Ressourcen aktiv, anstatt nur passiv nationale „Zuteilungen" abzuwarten. Wenn Lokalregierungen wirklich (Co-)Regierungen sind und wie diese funktionieren, bedeutet dies, daß sie versuchen werden, vorhandene Möglichkeiten, auch unzureichende, zu nutzen, um politisch zu handeln. Mangelnde Klarheit in bezug auf Aufgaben und Regulierungen schafft Handlungsspielraum. Wann immer sie *de facto* Entscheidungsfreiheit haben, können sie verhandeln. Wenn Zentralbehörden versuchen, strikte Kontrolle auszuüben, werden Lokalregierungen versuchen, dem auszuweichen. Die vernetzte Struktur der Nationalregierung eröffnet die Möglichkeit, Koalitionspartner zu finden und Risiken zu verteilen. Überlappung schafft Wahlmöglichkeiten. Akteure betreiben eine Haushaltsplanung mit mehreren Kassen (Porter/Warner 1973). So gesehen, sind Klagen über den wenig geschäftsmäßigen und den bürokratischen Charakter der Zentralregierung Teil des Spiels zwischen den Regierungen.

Diese Bemerkungen sollen die „Realität" der vorherrschenden konventionellen Meinung über Dezentralisierung in den Niederlanden in eine kritische Perspektive rücken. Zunächst müssen diesbezügliche Annahmen an den empirischen Tatsachen und Beziehungen überprüft werden. Die Realität ist weniger einseitig hierarchisch, als es uns die Verteilung von formaler Macht glauben machen will. In bezug auf die entscheidenden Faktoren die im IGR wirksam sind, scheint es viel Spielraum zu geben. Also sollte die Möglichkeit, daß die Gemeinden vom status quo profitieren, nicht unterschätzt werden (Toonen 1987b).

Natürlich gibt es andere Faktoren, die die administrative Organisation beeinflussen und hier nicht berücksichtigt wurden. Dazu zählen die dominante politische und administrative Kultur, die mit der Zeit gewachsenen Beziehungen (die *psychologische Lücke* zwischen den Regierungsebenen), rechtliche Regelungen und Traditionen. Trotzdem haben die Lokalregierungen innerhalb der existierenden *nationalisierten* administrativen Struktur eine bessere Chance, ihre eigenen Interessen zu verfolgen, als gemeinhin angenommen wird. Wenn dies zutrifft, dann sind es nicht so sehr die zentralisierenden Entwicklungen die problematisch sind, sondern es sind die Ambiguität, Freiwilligkeit und die Tradition vom Angebot ohne Mitwirkung in den Beziehungen zwischen administrativen Ebenen. Die Klagen über „Zentralisierung" beziehen sich tatsächlich meistens auf eine Irritation auf seiten der Gemeinde über Unvorhersehbarkeit und die ad hoc-Entscheidungen der nationalen Behörden. Dies hängt natürlich mit den akuten schweren finanziellen Problemen der subnationalen Regierungen zusammen.

9. *Lehren für die Dezentralisierung*

In den vorangehenden Abschnitten haben wir versucht zu zeigen, daß die Neubewertung der Prinzipien von Co-Herrschaft und Autonomie für die theoretische und empirische Sicht der Dezentralisierung in den Niederlanden Konsequenzen hat. Jetzt wollen wir einige empfehlende Schlußfolgerungen ziehen. Wir schlagen die folgenden Prinzipien für eine modifizierte Dezentralisierungspolitik in den Niederlanden vor:

1. *Alle niederländischen Regierungen werden für die Organisation und Funktion des administrativen Systems verantwortlich gehalten.* In einer Empfehlung hat vor kurzer Zeit der

Niederländische Rat für wechselseitige Regierungsbeziehungen einige der hier vertretenen Ideen aufgegriffen. Der Bericht heißt „Co-Herrschaft: von autonomem Wert" und dort heißt es: „Politikinhalte und die Formung der optimalen administrativen Organisation für diese Politik ist eine gemeinsame Aufgabe der administrativen Ebenen. Es geht nicht um die einseitige Zunahme der (relativen) Autonomie von Gemeinden (und Provinzen), sondern um die Verbesserung der Funktion der gesamten Administration der zentralen und der lokalen Regierung" (Raad voor het Binnenlands Bestuur 1988: 5).
Das Innenministerium kann für die Dezentralisierungspolitik als Meta-Politik verantwortlich gemacht werden (siehe Hupe 1990). Dieses Ministerium kann jedoch nicht mit der Nationalregierung gleichgesetzt werden. Die Nationalregierung besteht aus zahlreichen Einheiten und ist darüber hinaus nicht das gleiche wie „der Staat", der auch die Provinzen und die Gemeinden als konstituierende Elemente einschließt. Deshalb ist es nützlich, das administrative System in den Niederlanden als ein System von mehreren Akteuren zu sehen, in dem eine Reihe von ihnen auf viele andere Akteure angewiesen ist. Das Innenministerium, der angebliche Hauptakteur, ist ebenso abhängig von anderen und deshalb nicht der strukturell dominante Akteur, als der er oft gesehen wird oder zumindest gesehen wurde. Dies bedeutet, daß das Ministerium nicht die alleinige Verantwortung für die Organisation und Funktion des administrativen Systems trägt. Andere Akteure, sowohl auf der Ebene der funktionalen Ministerien wie auch auf der Ebene der subnationalen Regierungen, sind ebenbürtige Regierungen, und deshalb müssen in der Dezentralisierungspolitik ihre eigenen Interesse wie auch die „nationalen" Ziele realisiert werden. Die administrative Organisation und das IGR-System sind das Ergebnis eines „push and pull" von verschiedenen Regierungen.

2. *Die administrative Organisation in den Niederlanden kann als Ergebnis von Interaktion und Evolution gesehen werden.* Eine ausgeglichene Verteilung von Aufgaben und formaler Macht ist nicht schriftlich festgehalten, sondern das Ergebnis von Interaktionsprozessen zwischen allen Regierungsebenen. Diese Prozesse verlaufen mit Feedback-Mechanismen zwischen der Formulierung und Implementation von Gesetzen und politischen Strategien. Gemeinden und (mutatis mutandis) Provinzen können als Politikmacher gesehen werden. Innerhalb der Grenzen der existierenden Machtverhältnisse verhalten sie sich als unabhängige Verhandlungspartner, die ihre Ressourcen, Aufgaben und ihre Macht politisch nutzen. Innerhalb gegebener politischer Beziehungen und Kulturen machen sie ihre eigenen Berechnungen und folgen ihren eigenen Strategien. Diese Tatsache muß anerkannt werden. Gemeinden müssen als ebenbürtige Regierungen erkannt werden, mit denen Abkommen geschlossen werden können. So gesehen, muß der Gebrauch administrativer Vereinbarungen zwischen Regierungsebenen gefördert werden. Diese Vereinbarungen sind Verträge zwischen ebenbürtigen Regierungen auf verschiedenen Ebenen[3]. Im Prinzip gilt das gleiche für die Förderung von Aktivitäten der Gemeinden als *Marktteilnehmer mit einer öffentlichen Aufgabe* (Hupe 1983). Der Gedanke einer „public-public" Partnerschaft – anstelle von „public-private" – könnte weiterentwickelt werden.

3. *Die Beziehung zwischen der Nationalregierung und den Gemeinden ist kein Nullsummenspiel, sondern eher ein Spiel mit variablem Ergebnis.* Die Beschreibung des Aufgaben- und Machttransfers erweckt den Eindruck, als ob Lokalregierungen nur tun können und dürfen, was ihnen die Nationalregierung erlaubt. Dezentralisierung bedeutet jedoch eine Dezentralisierung im Zusammenhang mit Co-Herrschaft. Es geht also nicht um die Elimination von Beziehungen zwischen den Regierungen, sondern um die Gestaltung der Interaktion zwischen ihnen. Dafür kann die Reduzierung spezifischer Zuschüsse als Beispiel dienen. Bis jetzt war das zentrale Thema der niederländischen Dezentralisierungspolitik die Reduktion dieser spezifischen Zuschüsse und die Finanzverteilung via Gemeindefond und allgemeinen Zuschüssen. Das bedeutet eine Zentralisierung der Geldverteilungsmechanismen. In einem System, das auf dem Prinzip der Co-Herrschaft basiert, sind die spezifischen Zuschüsse bei der funktionalen Verbindung von verschiedenen Bereichen der (nationalen) Gesetzgebung und der (lokalen) Implementation hilfreich. Diese Zuschüsse machen flexibel. Außerdem hat die allgemeine Kürzung von allgemeinen Zuschüssen einen allgemeinen Effekt und mobilisiert weniger Widerstand, als spezifische Kürzungen spezifischer Zuschüsse für spezifische Interessen. Institutionell würde eine vollständige Reorganisation und Reduktion von spezifischen Zuschüssen bedeuten, daß die Gemeinden viele potentielle Koalitionspartner im politischen Sektor und in den funktionalen Ministerien verlieren würden. Bei spezifischen Programmen hat ein funktionales Ministerium immer noch einiges Interesse an der Finanzierung, die nötig wird, wenn Gemeinden Aktivitäten einführen, für die das Ministerium innerhalb der Co-Herrschaft die (Mit-)Verantwortung trägt (Toonen 1990a).

4. *Umfassende Pläne schaffen unzureichende Handlungsimpulse für Teil-Akteure, die die Dezentralisierung befürworten.* Politisches Handeln wird nur teilweise von dem Gehalt formaler politischer Aussagen bestimmt. Dies verringert die Bedeutung umfassender politischer Pläne. Bei der Dezentralisierung muß berücksichtigt werden, daß sie für jeden politischen Teilabschnitt ausgeführt werden muß. Aber diese politischen Sektoren bilden verschiedene, getrennte Welten. In umfassenden Dezentralisierungsplänen können die Motive für Dezentralisierung (wie Demokratie, Effizienz, Reduzierung von Überbelastung, Zunahme von Effektivität) nur sehr allgemein formuliert werden. Diese normativen Aspekte reichen nicht aus, die beteiligten Akteure dazu zu bringen, Elemente der Dezentralisierungspolitik in ihre eigenen Strategien aufzunehmen und so ihre Handlungen an die von der Dezentralisierung beabsichtigten Ziele anzupassen.

5. *Die allgemein gültige optimale Administrationsebene gibt es nicht, hat es nie gegeben und wird es nie geben. Sie variiert von Aufgabe zu Aufgabe, von Funktion zu Funktion und von Problem zu Problem* (Toonen 1990a)[4]. Verschiedene Aktivitäten in unterschiedlicher Größenordnung können nur mit den interorganisatorischen Netzwerken der Co-Herrschaft bewältigt werden. Die Gemeinden brauchen Zugang zu den verbindenden Organisationssystemen, um ihre lokalen Aufgaben effizient erledigen zu können. In bezug auf Ausmaß und institutionelle Form können diese Netzwerke viele Formen haben und viele Arten von Organisationen einschließen. Co-Herrschafts-Netzwerke können aus autonomen administrativen Organen (zelfstandige bestuursorganen) be-

stehen, aus Einrichtungen von privaten sozialen Initiativen und aus kommerziellen Kooperationen. Diese Organisationen haben ein lokales, nationales und bald auch ein internationales Operationsfeld[5]. Bestimmte Organisationsformen in diesen Netzwerken können von der Lokal-, Provinz- oder der Nationalregierung beaufsichtigt werden (Toonen 1990a). Die vorherrschende Interpretation der „bürokratischen Gemeinde", die die öffentlichen Dienste produziert, könnte reformiert und neugestaltet werden: in Richtung der Thorbeckschen Auffassung von Gemeinden als einem dynamischen Zusammenschluß verschiedener Interessen, um gemeinsame Bedürfnisse zu erkennen und über sie zu entscheiden und um Konsens - Einigkeit - über gemeinsame Richtungen und Strategien zu erreichen.

10. Schluß

Dieser Aufsatz hat die Frage behandelt, welche Konsequenzen sich aus einer Neubewertung der Prinzipien von Autonomie und Co-Herrschaft - theoretisch, empirisch und für die Formulierung von Empfehlungen - für die vorherrschende Meinung über Dezentralisierung in den Niederlanden ergeben. Die Konsequenzen sind skizziert worden. Nicht Einheitlichkeit und Hierarchie, sondern Verschiedenartigkeit und Interdependenz waren die grundlegenden Begriffe für die Ideen der theoretischen Väter, als sie einige fundamentale Merkmale des heutigen niederländischen, dezentralisierten Einheitsstaats entwarfen. Wir haben erkannt, daß die gängige Auffassung von zentral-lokalen Beziehungen in den Niederlanden zu eng gefaßt ist. Diese Beziehungen sind im allgemeinen eher durch Formalismus und Bürokratie gekennzeichnet, als durch (effektiven) Zentralismus. Gemeinden haben keinen Anteil an der Stärkung ihrer formalen Autorität, sondern an ihrer Position der Co-Herrschaft. Bei letzterer ist ihre Position als ein entscheidender Teil des Staates deutlich geworden. Gemeinden haben Anteil an der gemeinsamen Regierungsverantwortung, die kollektiven Bedürfnisse der Gesellschaft zu erfüllen. Deshalb können sie als Co-Staaten und Partner für gemeinsame Entscheidungen gesehen werden.

Übersetzung: *Kim Gallop*

Anmerkungen

1 Dieser Aufsatz baut auf einem früheren Artikel von Hupe auf: Implementing a meta-policy: the case of decentralization in the Netherlands (erschienen in Policy and Politics, Bd. 18, Nr. 3, 1990: 181-91) und bringt einige Elemente aus verschiedenen Veröffentlichungen von Toonen zusammen (siehe das Literaturverzeichnis).

2 In den Niederlanden ist Het Ministerie van Binnenlandse Zaken für die Dezentralisierungspolitik verantwortlich. Dieses Ministerium ist auch für die Polizei und für Einkommen und rechtliche Position der Beamten verantwortlich. Abhängig von der Situation in dem jeweiligen Land, kann das Ministerium als Home Administration, Home Office (Great Britain) oder Innenministerium übersetzt werden. In diesem Kapitel verwende ich letztere Bezeichnung - gelegentlich abgekürzt als Das Innere (auf niederländisch: BiZa).

3 Aus der Perspektive der Co-Herrschaft gesehen, sind Abkommen und Verträge eine praktische Lösung, die positiv beurteilt werden sollten. Das Problem ist jedoch, daß das niederländische Grundgesetz nicht dafür vorgesehen ist, Initiativen dieser Art zu verarbeiten. Es gibt wenige Vorkehrungen für die Schlichtung von Konflikten über Abkommen, Verträge, administrative Satzungen, politische Vereinbarungen oder andere Arten öffentlich-öffentlicher oder öffentlich-privater Partnerschaften.

4 Im Moment wird in den Niederlanden viel über eine regionale administrative Ebene diskutiert. Dabei würde eine regionale Kooperation auf einer formalen vierten Ebene institutionalisiert. 1990 schlugen der Innenminister und sein Stellvertreter vor, daß die urbanen Ballungsgebiete selbst regionale Kooperationen bilden sollten. Trotzdem warnten sie davor, daß eine Gesetzgebung folgen könnte, wenn diese Formen der regionalen Kooperation nicht gebildet würden.

5 Für die Übertragung des Co-Herrschafts-Begriffs auf eine internationale, europäische Ebene: Toonen 1990c.

Literatur

Beuckers, H.G., 1983: Robur Animi: Niederländische Liberalität der J.R. Thorbecke und Positivistischer Liberalismus, Frankfurt/M.

Boersema, K.H., 1949: Johan Rudolf Thorbecke: een historisch-critische studie, Leiden.

Denters, S.A.H., 1989: Gemeentelijke taken, in: *W. Derksen* und *A.F.A. Korsten* (Hrsg.), Lokaal bestuur in Nederland, a.a.O.

Derksen, W./A.F.A. Korsten (Hrsg.), 1989: Lokaal bestuur in Nederland. Inleiding in de gemeentekunde, Alphen aan den Rijn.

De Swaan, A., 1988: In care of the state: health care, education and welfare in Europe and the USA in the modern era, Cambridge.

Hupe, P.L., 1983: De overheid in de verzorgingsmaatschappij: alleshoeder, zwart schaap of marktpartij?, in: Beleid en Maatschappij 10, 10. Jg., Oktober, 263-276.

Hupe, P.L., 1990: Implementing a meta-policy: the case of decentralization in the Netherlands, in: Policy and Politics 3, 18. Jg.

Korsten, A.F.A./W. Derksen (Hrsg.), 1986: Uitvoering van overheidsbeleid. Gemeenten en ambtelijk gedrag belicht, Leiden.

Raad voor het Binnenlands Bestuur, 1988: Medebewind: van autonome waarde. Tweede advies over decentralisatie, Den Haag.

Rhodes, R.A.W., 1981: Control and power in cental-local government relations, West Mead.

Toonen, Th.A.J., 1984: Bestuurspolitieke aspecten van decentalisatie, in: *M. Oosting* (Hrsg.), Aspecten van decentralisatie, Raad voor het Binnenlands Bestuur, Den Haag.

Toonen, Th.A.J., 1985: Implementation research and institutional design: the quest for structure, in: *K.I. Hanf* und *Th.A.J. Toonen* (Hrsg.), Policy implementation in federal and unitary systems, Dordrecht.

Toonen, Th.A.J., 1987a: Denken over binnenlands bestuur. Theorieën van de gedecentraliseerde eenheitdsstaat bestuurskundig beschouwd, Rotterdam.

Toonen, Th.A.J., 1987b: A decentralized unitary state in a welfare society, in: West European Politics 4, 10. Jg., 108-129.

Toonen, Th.A.J., 1990a: De autonome gemeente is de machteloze gemeente. Het Nederlandse lokale bestuur anno 1990 en de dreiging van het 'Laaninisme', in: Bestuur 2, Februar.

Toonen, Th.A.J., 1990b: The unitary state as a system of co-governance: the case of the Netherlands, in: Public Administration 68, Herbst.

Toonen, Th.A.J., 1990c: Internationalisering en het openbaar bestuur als institutioneel ensemble. Naar een zelfbestuurskunde, inaugural address, Leiden.

Toonen, Th.A.J., 1991: Change in Continuity: Local Government and Urban Affairs in the Netherlands, in: *J.J. Hesse* (Hrsg.), Local Government and Urban Affairs in International Perspective: Analyses of Twenty Western Industrialized Countries, Baden-Baden.

Veldheer, V.C., 1989: Gemeentelijke taken in historisch perspectief, in: *W. Derksen* und *A.F.A. Korsten* (Hrsg.), Lokaal bestuur in Nederland, a.a.O.
Verkade, W., 1935: Overzicht der Staatkundige Denkbeelden van Johan Rudolf Thorbecke (1798 – 1872), Arnheim.

Der lokale Staat in Frankreich

Rainer Neef

Von der französischen Revolution bis zu den 80er Jahren hatte der Zentralstaat die Gemeinden Frankreichs institutionell fest im Griff. Der sprichwörtliche französische Zentralismus galt weithin als von der jakobinischen Ideologie einer uniformen Regel-Verwaltung geprägt und mit bürokratischer Schwerfälligkeit geschlagen. Grundlage der Beziehungen zwischen Staat und Gemeinden war

- die Ideologie einer durch den Staat als Inkarnation des Gemeinwohls garantierten *Gleichheit* der Bürger und ihrer Verwaltung - den Gemeinden wurden Sonderinteressen und damit eine mindere Legitimation zugeschrieben;
- die *Kontrolle* der Gemeinden geschah durch staatliche Bevollmächtigte (Präfekten), die gleichzeitig Exekutive der übergeordneten Gebietseinheiten (Départements) waren. Eine Flut staatlicher Verordnungen und eine Reihe staatlicher Institutionen dienten zusätzlich der Steuerung und Leistungserbringung in den Gemeinden.

Im Laufe der Zeit hat sich ein Geflecht enger Zusammenarbeit zwischen staatlichen und kommunalen Funktionären und Institutionen herausgebildet. Insofern kann für Frankreich mit noch größerer Berechtigung als etwa für die Bundesrepublik oder Großbritannien von einem lokalen Staat gesprochen werden - d.h. von einem Verbund staatlicher Instanzen auf lokaler Ebene, der erhebliche Eigeninteressen, besondere Kompetenzen und eigenständige Verbindungen zu Wirtschaft und Bürger aufweist. Das französische staatlich-kommunale Beziehungsgeflecht konnte seinen Machtbereich vor allem seit den 60er Jahren ständig erweitern und hat sich gegenüber politischen und ökonomischen Umbrüchen als sehr widerstandsfähig erwiesen. Die Dezentralisierungs-Reform ab 1981 erscheint als Abschluß dieser Entwicklung; sie wurde vom Zentralstaat ins Werk gesetzt, aber sie hat das lokale Beziehungssystem begünstigt, freilich auch die Konkurrenz und Differenzierung der territorialen Körperschaften vorangetrieben.

1. *Traditionelle Kompetenzen und Machtbeziehungen im französischen lokalen Staat*

Seit den Zeiten Napoleons I. ist Frankreich in 95 Départements eingeteilt, deren vom Zentralstaat eingesetzte Verwaltung - die Präfektur - zunächst die Politik in den Gemeinden beherrschte. Seit 1884 sind die Gemeindevertretungen frei gewählt und haben eine eigene Verwaltung und einen eigenen Wirkungsbereich. Aber bis in die 60er Jahre unseres Jahrhunderts bedurfte jeder halbwegs wichtige kommunale Be-

schluß und insbesondere der Gemeindehaushalt der Zustimmung des Präfekten. Die kommunalen Ressorts hingen an der Leine einer Vielzahl ministerieller Verordnungen, Normen und Finanzierungs-Angebote (Branciard 1984: 13ff.; Becquart-Leclercq 1989). Es gibt noch heute in Frankreich 37.000 selbständige Gemeinden mit Gemeinderat und eigenem Bürgermeister, der als Verwaltungschef agiert und gleichzeitig staatliche Gesetze, Verordnungen und Kontrollmaßnahmen durchführt. Die Aufgabenbereiche haben sich durch die Dezentralisierung ab 1982 geringfügig, die Kompetenz-Zuordnungen erheblich geändert – das bis dahin über 200 Jahre entwickelte lokal-zentrale Beziehungsgeflecht hat aber ein derartiges Eigengewicht, daß zum Verständnis der neueren Entwicklung der 'alte' Zustand dargestellt werden muß.
Die 24.000 Dörfer mit weniger als 500 Einwohnern und die Mehrzahl der 12.000 kleinen Gemeinden mit weniger als 5.000 Einwohnern hatten als Aufgaben Abfallbeseitigung, Gemeindestraßen, Ordnung der Landwirtschaft, Friedhöfe, und zum Teil auch Wasserver- und -entsorgung. Hierfür mußten sie sich mangels Finanz- und Personalkapazitäten vorwiegend zentralstaatlicher Institutionen der Präfektur und staatlicher technischer Dienste wie z.B. der Gesellschaften für Straßen und Brückenbau bedienen. Gemeinden mit mehr als 10.000 Einwohnern hatten weitere Dienste und Ordnungsaufgaben: Gemeindepolizei, eigene Sozial- und Kultureinrichtungen, Wochenmärkte. Zusammen mit Präfektur und Départementsräten betrieben sie Bau und Unterhaltung von (vor allem) Grundschulen und seit den 20er Jahren Büros für sozialen Wohnungsbau (Offices d'H.L.M.). Den Departements unterstand ansonsten die Sozialfürsorge (Browaeys/Chatelain 1984: 16ff.; Machin 1982: 48ff.). Neben diesen lokalen und zentralstaatlichen Institutionen sind, ähnlich wie bei uns, eine Reihe halböffentlicher Gesellschaften und Vereine tätig, v.a. im sozialen Wohnungsbau und im Sport-, Erziehungs- und Kulturwesen. Private Großunternehmen herrschen vor in der Wasserver- und -entsorgung und im Überlandbusverkehr, und sie expandieren in Planung, Durchführung und z.T. Betrieb öffentlicher Tiefbauten und Versorgungsnetze. Da alle diese Aktivitäten durch Verträge und Risiko-Ausgleich mit staatlichen Institutionen verbunden sind, können sie zum 'lokalen Staat' mit hinzugerechnet werden (Lorrain 1989). Seit den 20er Jahren haben sich die Mittel und Großstädte – vor allem diejenigen, die von linken Parteien geführt wurden – neue Aktionsbereiche erschlossen. Die Eröffnung eigener Wirtschaftsunternehmen und -institutionen wurde ihnen 1930/31 vom Staat weitgehend untersagt. Ausgedehnte Aktivitäten entwickelten sie aber seitdem im Sozial, Kultur und Bildungswesen, von eigenen Sozialhilfe-Institutionen über Museen und Bibliotheken bis zu Kinderkrippen und Erwachsenenbildungs-Einrichtungen. Freilich waren hierfür staatliche Genehmigungen und zusätzliche Finanzmittel nötig, die nur bei guten Verbindungen zu Präfektur und Pariser Ministerien gesichert werden konnten. Seit den 20er Jahren mußten die Gemeinden freilich auch Aufgaben an zentrale staatliche Institutionen abgeben: Mieten-Politik und Wohungsbauförderung wurden Staatsaufgabe – bei letzterer haben die Gemeinden allerdings über die Sozialwohnungs-Büros erhebliche Mitsprachemöglichkeiten. Die staatliche „Sécurité Sociale" übernahm von den Gemeinden weitgehend die Aufgaben sozialer Sicherung der Gemeindebürger (Ashford 1982: 186ff.; Fournier/Questiaux 1984: 33ff.; Laroque 1986: 73ff.). Die Gemeinden von neun großen Agglomerationen haben wesentliche gemein-

deübergreifende Aufgaben vor allem im Bereich der räumlichen Planung, des Infrastrukturausbaus, des Baus großer Wohnsiedlungen, des öffentlichen Verkehrswesens und der Abfallbeseitigung an Gemeindeverbände (Communautés urbaines) abgegeben (Becquart/Leclercq 1989; Thoenig 1982).

Die *Finanzmittel* zur Durchführung kommunaler Aufgaben setzten sich (Anfang der 80er Jahre) ähnlich zusammen wie in der Bundesrepublik: ein Drittel waren kommunale Steuern (davon liefert die Gewerbesteuer die Hälfte, eine Grund- und eine Wohnsteuer den Rest); ca. ein Sechstel sind Gebühren und sonstige Eigeneinnahmen; staatliche Zuweisungen decken ein Drittel der Einnahmen; der Rest (ca. ein Sechstel) stammt aus Kreditaufnahmen (Krämer/Neef 1989: 143). Insgesamt ist das finanzielle Gewicht kommunaler Aktivitäten im Vergleich zu zentralstaatlichen in Frankreich niedrig: 14 Prozent der öffentlichen Ausgaben sind kommunal, gegenüber 21 Prozent in der Bundesrepublik und 28 Prozent in Großbritannien (Neef 1992). Die kommunalen Finanzen standen immer unter strenger staatlicher Kontrolle; seit den 60er Jahren wurde diese teils lockerer, teils flexibler gestaltet. Steuerhebesätze sind staatlich normiert; staatliche Zuweisungen waren zunächst rein zweckgebunden, heute sind sie großenteils globalisiert; die kommunalen Kredite sind genehmigungspflichtig und wurden bis in die 80er Jahre nur von der öffentlichen „Caisse des Depôts et Consignations" zinsgünstig vergeben – gegenwärtig setzen sich Markt-Kredite durch; bis 1970 wurden die kommunalen Haushalte von der Präfektur streng überwacht, seitdem von einer staatlichen Institution („Schatzmeister") verwaltet (Cathelineau 1982: 199f.; Hoffmann-Martinot/Nevers 1985; Guengant/Uhaldeborde 1989).

Die *Präfektur* als zentrale Vermittlungsinstanz zwischen Staat und Gemeinden setzte staatliche Normen und Verordnungen in Anweisungen um, kontrollierte die Kommunalverwaltung und informierte die Zentralregierung über lokale Vorgänge, und führte *Départementsaufgaben* aus: Bau von Départements-Landstraßen, Landpolizei, Grundschulwesen, Sozialfürsorge, Planung und Koordination der Wirtschaftsförderung. Sie sollte zugleich die Arbeit sonstiger zentralstaatlicher Einrichtungen koordinieren. Ihr stand ein nur indirekt gewählter und mit wenig Kompetenzen versehener Departementsrat zur Seite. Neben der Präfektur entstanden selbständige *staatliche Betriebe und Organe*: Die schon im frühen 19. Jahrhundert eingerichteten Gesellschaften für Straßen- und Brückenbau (Ponts et Chaussées) betrieben Planung und Instandhaltung aller öffentlichen Tiefbauten, Vergabe und Expertisen zu allen öffentlichen Bauarbeiten, und übernahmen die später entstandenen Organe und Funktionen der Planung, Kontrolle und zum Teil den Betrieb von Infrastruktureinrichtungen. Seit den 50er und 60er Jahren trugen staatliche Planungsbüros und -gremien, vor allem die 1963 eingerichteten Delegationen für Raumordnung und Regionalpolitik (DATAR – Délégation à l'aménagement et à l'action territoriale) die überörtliche Wirtschaftsförderung, übergreifende regionale und städtische Entwicklungs- und Bebauungsplanung und Planung und Finanzierung von Infrastruktureinrichtungen. Daneben gab es staatliche Finanzämter und Rechnungshöfe und die teilweise weisungsgebundenen Verwaltungsgerichte. Diese zentralstaatlichen Dienste wurden mit hochqualifiziertem, vom Zentralstaat eingesetzten Personal ausgestattet. Sie kooperierten, z.T. an der Präfektur vorbei, mit den kommunalen Mandatsträgern und Verwaltungsstellen. Während die *direkten* staatli-

chen Eingriffsrechte und Eingriffe seit den 60er Jahren immer mehr zurückgenommen wurden, lastet die *indirekte* Kontrolle durch eine gewachsene Flut von Normen und Verordnungen stärker auf den lokalen Bürokratien (Ashford 1982: 189ff.; Becquart-Leclercq 1989; Branciard 1984: 15ff.; Grémion 1976: 185ff.; Thoenig 1982).
Dieses bürokratische und im Lauf der Entwicklung immer unübersichtlichere System zentralstaatlicher und kommunaler Instanzen, geprägt vom Anspruch des Zentralstaats, als Vertreter des Allgemeinwohls bis in die kleinsten Winkel kommunaler Politik hineinzuregieren, wäre gegenüber der wachsenden Vielfalt kommunaler Aufgabenstellungen an der eigenen Komplexität erstickt – wenn es nach den vorgegebenen hierarchischen Regeln funktioniert hätte. Tatsächlich aber sind die Beziehungen zwischen den staatlichen Exekutiv- und Kontrollorganen und dem lokalen Entscheidungs- und Verwaltungssystem seit Einführung des allgemeinen Wahlrechts erstaunlich harmonisch geblieben, denn nicht staatlicher Durchgriff, sondern informelle Kooperation, Flexibilität und Kompromißbildung herrschten vor und sicherten dem zentralistischen System das Überleben bis in die Gegenwart.
Politische Soziologen erklären diese Zählebigkeit des an sich obsoleten Zentralismus übereinstimmend aus einem zentral-lokalen Beziehungssystem von erheblichem Eigengewicht und Beharrungsvermögen. Nach Grémion (1976: 190ff.) ist staatliche Verwaltung, territoriale zumal, angewiesen auf die Kooperation örtlicher Bevölkerungs- und Wirtschaftrepräsentanten. Während die untersten Ebenen staatlicher Institutionen vom Typus Schalterbeamter streng nach Regeln arbeiten, müssen von Inhabern höherer Ämter staatliche Vorgaben interpretiert und umgesetzt, Entscheidungen getroffen und durchgesetzt werden. Die Führungskader der juristisch allmächtigen Präfekturen und staatlichen Dienste sind „von oben" eingesetzt und grundsätzlich außerhalb der Region rekrutiert (jede mittlere und höhere staatliche Karriere führt in fernliegende Städte! vgl. Browaeys/Chatelain 1984: 65ff.). Mit einer informationsfeindlichen, auf Autonomie bedachten Basis-Verwaltung konfrontiert, sind sie auf Zusammenarbeit und Entgegenkommen derjenigen angewiesen, denen sie gerade Anweisungen geben sollten: führende Kommunalpolitiker, zuvörderst die Bürgermeister. Um gesellschaftlich wirksam zu werden, müssen sie sich zudem die Kooperationsbereitschaft örtlicher Wirtschaftsfunktionäre (z.B. der Industrie- und Handelskammern, örtlicher Unternehmerverbände) und, aus Gründen politischer Legitimation, z.T. auch der Repräsentanten wichtiger Bevölkerungsgruppen (berufsständische Organe, Gewerkschaften ...) sichern. Diese drei Typen territorialer Repräsentanten werden in Frankreich „Notabeln" (dieser Begriff reicht weiter als „Honoratioren") genannt. Ihnen darf der staatliche Funktionsträger nicht als Vollstrecker von Zwangsregeln entgegentreten, da er deren Durchsetzbarkeit und Wirkungen zu wenig kontrolliert. Er muß ihnen vielmehr ein freiwilliges Eingehen auf staatliche Vorgaben abhandeln. Das geht nur um den Preis einer Verteilung von Gratifikationen (Gelder, Genehmigungen, Positionsvorteile, Informationen), zu denen er (und nur er) Zugang hat. Das gilt sowohl für die Präfekten als auch für die leitenden Funktionäre staatlicher Dienste.
Die Funktionsbedingungen des lokal-zentralstaatlichen Beziehungssystems führen nach Grémion (ähnlich Becquart-Leclercq 1989; Thoenig 1982) zur Entpolitisierung und teilweisen Abdichtung der Entscheidungsvorgänge gegen die lokale soziale Basis,

und zu strukturellem Konservatismus. Nur allseitige „Diskretion" über das Ausmaß von Interessenberücksichtigung für wichtige lokale gesellschaftliche Gruppen, und über die herausgehandelten staatlichen Leistungen und Regelabweichungen, garantiert den Bestand von Ressourcen und Macht. „Die Komplizenschaft zwischen territorialer Bürokratie und lokalen Repräsentanten beruht auf ihrer ausschließlichen Verfügung über die Möglichkeiten einer Adaption oder Verkehrung der zentralen Regel" (Grémion 1976: 254). So entstand ein Machtgeflecht von großer Beharrungskraft.

Die Verwaltungen der Vielzahl finanzschwacher Dörfer sind zur Durchführung ihrer Aufgaben auf Beziehungen zu Präfektur und staatlichen Diensten angewiesen. Die Verwaltungsspitzen und vor allem die Bürgermeister größerer Städte dagegen pflegen eigene Beziehungen 'nach Paris'. Diese Beziehungen sind aus zwei spezifisch französischen Gründen einträglich:

- der französische Zentralstaat steht stärker als etwa der deutsche oder britische in der Verantwortung für das Wohlergehen von Bürgern und Wirtschaft – seine Bürokratien haben aber wegen ihrer großen Entfernung zur Basis nur eine schwache Legitimation. Daher sind sie in besonderem Maße auf lokale Notabeln angewiesen, die ihnen gegen entsprechende staatliche Leistungen diese Legitimation vor Ort beschaffen. Bürgermeister und Gemeinderäte genießen in Frankreich (im Gegensatz zur Bundesrepublik und Großbritannien) bei der Bevölkerung ein weitaus größeres Vertrauen als Politiker und Institutionen des Zentralstaats (Sadran 1983: 47; vgl. ansonsten Grémion 1976: 162ff.; Lojkine 1985).
- Politische Spitzenfunktionen in großen Städten sind in Frankreich das Sprungbrett zur politischen Macht – und der lokale Hintergrund nationaler Politiker bleibt ihre wesentliche Machtbasis. Die Häufung (Kumulation) lokaler, regionaler und nationaler Mandate ist gesetzlich kaum eingeschränkt und gilt als besonders prestigeträchtig. Sie ermöglicht wiederum den lokalen Vertretungen und Bürokratien einen informellen Zugang 'nach Paris' (Becquart-Leclercq 1989).

Die Regel enger informeller und diskreter Zusammenarbeit staatlicher Machthaber und lokaler Notabeln gilt selbst dort, wo diese in jahrzehntelanger politischer Opposition stehen – wie das etwa der Fall war bei sozialistischen und kommunistischen Stadtregierungen gegenüber der 24 Jahre lang herrschenden konservativen Zentralregierung. Ungeachtet heftiger Agitation gegen die in dieser verkörperte Verfilzung von Staat und Großkapital, nutzten auch linke Notabeln ihre Kanäle 'nach oben' für materielle Vorteile zugunsten ihrer Klientel: Teile der Arbeiterschaft, aber auch, ähnlich wie in konservativen Städten, öffentliche Angestellte und lokale Klein und Mittelunternehmen – aber die von ihnen mobilisierten Ressourcen und Ausnahme-Verfügungen dienten auch einer anerkannt guten kommunalen Sozialpolitik zum Nutzen des „ganzen Volks" in ihrer Stadt. Mehrheitlich verhielten sich auch diese linken Repräsentanten wie „klassische *Notabeln als Schaltstelle*: Sie intervenieren beim Zentralstaat und sind letztlich Garanten und Agenten seiner Macht"; in einzelnen Städten Nordfrankreichs oder des „roten Gürtels" um Paris entwickelte sich aber auch eine „Tendenz *Notabeln als Sprecher*, die ... ihre Funktion als Volksvertreter durch die Kämpfe breiter Volksschichten *gegen* Zentralstaat und herrschende Klasse bestimmt" sahen (Lojkine 1985: 179). Die oppositionellen Notabeln hatten zwar nicht so gute Kontakte 'nach Paris' wie konservative, glichen das aber aus durch große Sachkunde, besonderes Verhandlungsgeschick und durch das politische Gewicht ihrer Massenbasis, und sie erhielten so nicht weniger Subventionen und Zugeständnisse als kleinbürgerliche oder konservative Notabeln (Schain 1985: 65ff. und 88ff.).

Kurz gesagt: Basis-Kontakt ist nicht gleich Basis-Einfluß. Kennzeichen der Notabel-Herrschaft ist vielmehr der *Klientelismus*: der jeweilige lokale 'Chef' hat vielfältige Kontakte zu maßgebenden Führungspersonen und Institutionen und bedient wie ein Patriarch seine jeweilige Klientel, die ihn unterstützt, ohne seine Aktion beeinflussen zu können. Nur ein Teil der von linken Parteien regierten Städte öffnete sich in den 70er Jahren für Bewohner-Mitbestimmung.

Nachdem die politischen Erschütterungen 1968/69 gezeigt hatten, wie fragil die politische Legitimation des Zentralstaats und wie unvorhersehbar der Volkswille war, entwickelte sich in den 70er Jahren das lokale Beziehungssystem zu einer Hauptstütze zentralstaatlicher Macht und Legitimation. Die Regierung unterließ nun alle Versuche einer Gemeinde und Verwaltungsreform (s.u.) und erweiterte ihre traditionelle Praxis, „staatliche Subventionen auf eine Weise zu verteilen, daß eine Reihe lokaler Funktionsträger von der Zentralregierung abhängiger wird“, wodurch auch „der Bürgermeister der Opposition seine Anti-Regierungs-Affekte mäßigte und sich zur Kooperation mit dem Präfekten oder dem Abgeordneten der Regierungsmehrheit bereitfände“ (Thoenig 1982: 95). So haben sich durch die politisch-gesellschaftlichen und ökonomischen Krisen seit Ende der 60er Jahre die Macht und Besitzstände des lokalen Beziehungssystems erweitert – aber gesellschaftliche Modernisierung, wirtschaftliche Krisen und institutionelle Änderungen schwächten seine eigene Legitimation.

2. *Die verfehlte Modernisierung des lokalen Staats in den 70er Jahren*

Im Zuge der De-Kolonisierung und der europäischen Integration hat Frankreichs Wirtschaft eine rasche Modernisierung durchgemacht. Deren Zugpferd war der Zentralstaat; er betrieb Wirtschaftsplanung, finanzielle Schwerpunkt-Förderung, nutzte nationalisierte Großunternehmen (vor allem Banken) für Strukturpolitik, und baute durch große Investitionen in die Wirtschafts- und Verkehrsinfrastruktur und in Neubausiedlungen viele Städte zu Großindustrie-Standorten aus. So gelang es ihm „strategische Branchen“ wie Stahlindustrie, Kraftfahrzeugbau, Großchemie, Luft und Raumfahrtindustrie, Elektronik oder Finanzwesen zu international wettbewerbsfähigen Konzernen auszubauen. In anderen französischen Branchen, vor allem denen des Konsumgüterbereichs, gibt es freilich bis heute nur schwache bzw. eher kleinbetriebliche Unternehmensstrukturen (Krämer/Neef 1989: 154ff.; Mazier u.a. 1984; Uterwedde 1989). In den 60er Jahren und vor allem nach 1968 hat der Zentralstaat auch die sozialen Leistungen stark ausgeweitet. Die soziale Sicherung wurde zu einem weitgehend geschlossenen, fast die ganze Bevölkerung umfassenden System ausgebaut. Mit einer Vielzahl zentralstaatlicher Programme wurden soziale Dienstleistungen und Einrichtungen in den Gemeinden entwickelt bzw. gefördert (Fournier/Questiaux 1984: 46ff.).

Diese bereichsweise Modernisierung der Wirtschaft und der staatlichen Sozialleistungen bedeutete einen tiefgehenden Umbruch in den lokalen Lebensverhältnissen und Politikmöglichkeiten – besonders in den Städten Mittel-, West- und Südfrankreichs, die bis in die 60er Jahre von mittelständischem Unternehmertum und traditioneller Notabelherrschaft geprägt waren, aber auch in einzelnen Modernisierungs-Standorten im industriellen Norden und Osten Frankreichs und in der Agglomeration Paris. Die Ansiedlung und Expansion großer Zweigbetriebe von Industrie und Dienstleistungskonzernen sowie staatlich geplante und finanzierte Großbauprojekte veränderten grundlegend die Bau- und Nutzungsformen und Lebensweisen in den Städten. Binnen 30 Jahren wuchs die Bevölkerung von Agglomerationen mit mehr als 50.000 Einwohnern um 15 Millionen – bei einer Gesamtbevölkerung von 50 Millionen (Thoenig 1982: 84). Für die vom Land zugezogenen Menschen oder die aus absteigenden traditionellen Industrien und Arbeitersiedlungen umgesetzten Arbeiterfamilien änderte sich die Lebens- und Arbeitssituation grundlegend, besonders, wenn sie in den neben neuen Gewerbegebieten rasch hochgezogenen Großwohnanlagen landeten. In der Arbeitssphäre zeitigte der Verlust oder die Änderung bisheriger Lebenszusammenhänge eine höhere Militanz der Lohnabhängigen – in der Konsumsphäre führte das Herausreißen aus traditionellen Sozial- und Quartiersbeziehungen und das steigende Konsumniveau eher zu Privatisierung und zum Rückzug in die Kleinfamilie. So erhöhte sich zwar einerseits die Bedeutung der Gewerkschaften, und linke Parteien gewannen neue Anhänger – aber die vielfältige, die Arbeits- und Konsumsphäre umspannende Kultur der Arbeiterbewegung zerbrach. In der sozialen Versorgung verloren Familie und Verwandtschaft an Bedeutung, in den Vordergrund traten hier die Büros der staatlichen Sozialbürokratien (Browaeys/Chatelain 1984; Neef 1986). In der Kommunalpolitik mit ihren für den Reproduktionssektor bedeutenden Leistungen und ihrer wirtschaftspolitischen Machtlosigkeit ging die Aktivität der traditionelle Basis der Arbeiterparteien zurück. In bürgerlichen Gemeinden blieb die Kommunalpolitik Sache der örtlichen Notabeln aus dem absteigenden Klein- und Mittelkapital und den traditionellen freien Berufen – und da deren Bedeutung sank, wurde auch die soziale Basis konservativer Stadtregierungen schmaler. Die in den Städten neu angesiedelten Großkonzerne verhandelten meist direkt 'mit Paris' (Bleitrach u.a. 1981: 132ff. und 166ff.; Krämer/Neef 1989: 154ff.; Nevers 1983; Thoenig 1982)

Die öffentlichen territorialen bzw. lokalen Verwaltungen haben die Modernisierung ihrer Orte eher gebremst, vielfach aber – vor allem in kleinen Gemeinden – überhaupt nicht in den Griff bekommen, was sich z.B. in Form wildwuchernder Gewerbeansiedlung oder miserabler Versorgung von Großwohnanlagen niederschlug. Der Interessenverbund von Präfekten, staatlichen 'Auslegern', Bürgermeistern und sonstigen lokalen Notabeln suchte eher die Besitzstände von lokaler mittelständischer Wirtschaft, die Arbeitsplätze der traditionellen Arbeiter- und Angestelltengruppen und die eigenen politischen Pfründen zu schützen. Freilich wurden die Provinzpolitiker und -verwaltungen, vor allem die der um große Städte gelegenen kleinen und mittleren Gemeinden, von großen privaten und staatlichen Operationen oft förmlich überrollt.

Die Modernisierung von Wirtschaft und Gesellschaft konnte vor Ort nicht allein in der Hand der zentralen Bürokratien bleiben, denn diesen fehlte es an Ortskenntnis und an Kontakt zu lokaler Wirtschaft und Bevölkerung; zudem sollte diese Modernisierung mit einer Entlastung des „Wasserkopfs Paris", vor allem durch Dezentralisierung seiner Großindustrie und einiger staatlicher Institutionen, verbunden werden. In diesem Zusammenhang stand eine Reform der staatlichen Territorialverwaltungen dringend an – sie konnte ohne die Mitarbeit des lokalen Beziehungssystems nicht erreicht werden, ist aber *durch* dessen Mitarbeit und die politische Immobilität der Zentralregierung in den 70er Jahren weitgehend im Sande verlaufen.

- Das gilt insbesondere für die *Regionalreform*. In den 60er Jahren wurde die Einrichtung von 22 Regionen vorbereitet, die unter Einbeziehung „neuer dynamischer Kräfte" vor Ort die wirtschaftliche und gesellschaftliche Modernisierung vorantreiben und das lokale politische Beziehungssystem umgehen sollte. In den Regionen wurden Planungsinstanzen des Wirtschaftsministeriums und der staatlichen Planungskommission eingerichtet; da diese aber nur koordinierende und beratende Funktionen hatten und den Präfekten zugeordnet wurden, blieben sie, obwohl, oder vielleicht auch, weil sie Zugang zu neuen staatlichen Ressourcen verschafften, politisch machtlos und wurden von den „alten Kräften" teils besetzt, teils kaltgestellt (Grémion 1976: 20ff., 74ff.; Thoenig 1982). Der Versuch, hieraus Regionen als selbständige staatliche Ebenen zu entwickeln, scheiterte 1969 (Ablehnung in der Volksabstimmung, worauf de Gaulle zurücktrat). In den 70er Jahren unterließ die Regierung jeden grundsätzlicheren Reformversuch, weil sie nach dem Mai 1968 um die innenpolitische Stabilität fürchtete. Sie erweiterte lediglich die Planungsbefugnisse der Regionalinstitutionen und gab ihnen mehr Mittel für örtliche Wirtschaftsförderung (Albertin 1988; Branciard 1984: 24ff.; Grémion 1976: 143ff. und 348; Thoenig 1982: 89ff.).
- Ab 1969 wurden den *Gemeinden* Möglichkeiten *freiwilliger Zusammenarbeit* untereinander und mit staatlichen Institutionen angeboten (Gemeindezusammenschluß, Gemeinschaftsverwaltung, Zweckverband). Obwohl mit staatlichen Subventionen verbunden, wurden diese Möglichkeiten nur von wenigen Gemeinden vor allem im Umfeld großer Städte wahrgenommen. Von einiger Wirkung war nur der Zusammenschluß von neun städtischen Agglomerationen mit 6 bis 86 Gemeinden zu Gemeindeverbänden mit 90.000 bis 1,1 Mio. Einwohnern – dieser diente einerseits der Entlastung des Wasserkopfs Paris, andererseits der Bildung regionaler Entwicklungspole. Der Zusammenschluß von Bordeaux, Lille, Lyon und Straßburg erfolgte 1968/69 durch staatliches Dekret, die fünf anderen Stadtverbände schlossen sich freiwillig zusammen. Äußerst reserviert verhielten sich die Gemeinden auch gegenüber der ab 1970 gebotenen Möglichkeit freier Planungs- und Finanzierungsverträge zwischen Gemeindeverbänden und staatlichen Institutionen, die der Entwicklung großer wirtschaftsnaher und sozialer Infrastrukturen und der Vergabe von Wirtschaftsförderungsmitteln dienen sollten. Eine grundlegende *Gemeindereform* ist bis heute ebenso unterblieben wie die seit den 70er Jahren geplante institutionelle *Bürgerbeteiligung* in größeren Städten (Becquart-Leclercq 1989; Fernique 1985; Sorbets 1983; Thoenig 1982).

In den 70er Jahren stagnierten einerseits dringende Modernisierungsvorhaben, andererseits wuchs seit der Rezession 1974 die Notwendigkeit, staatliches Handeln zu effektivieren und Staatsausgaben einzudämmen. Für Reformen im städtischen Bereich, vor allem in der sozialen Versorgung wurde nun der Weg großer, mit eigenen Finanzmitteln und Kompetenzen versehener zentralstaatlicher Aktionen gewählt – z.B.: quartiersnahe Gesundheitsvorsorge; ambulante Pflege; Erneuerung von Großwohnanlagen. In Zusammenhang damit wurden meist neue Gremien und Institutionen in zentralen Orten etabliert, die an den traditionellen Ämtern mit ihren Beziehungssystemen vorbei agierten, mit diesen aber gleichwohl kooperieren und Innovation anregen sollten. Sie hatten durchweg nur mäßige Erfolge, denn sie rieben sich an den Egoismen der großen Bürokratien und am Widerstreben lokaler Notabeln, die ihre Klientelbindungen nicht an übergeordnete Instanzen abgeben wollten. Jede neue Programmphase schuf so neue staatliche Institutionen *neben* den schon bestehenden, mit neu 'eroberten', aber beschränkten Klientengruppen. Im selben Maße wuchsen Zuständigkeitswirrwarr und Parallelherrschaft.

Insofern konnte das traditionelle lokale Beziehungssystem auch in der Periode rascher Umstrukturierung der Gesellschaft und der städtischen Agglomerationen seine Positionen behaupten – aber es bezahlte das mit Verlust etlicher Kompetenzen und mit politischer Unterhöhlung: institutionell verlor es durch parallel arbeitende neue staatliche Dienste, Organe und Aktionen, inhaltlich durch das Übergewicht und die Federführung staatlicher Bürokratien bei wirtschafts- und sozialpolitischen Großprojekten, politisch durch die verminderte Bedeutung der Notabeln bei der Verteilung von Leistungen und durch Schrumpfen der Basis in Bevölkerung und Wirtschaft. Der stückweise Legitimationsverlust drückte sich auch aus im Bedeutungsschwund der von der Flut neuer Anforderungen und zusätzlichen Aufgaben überforderten Gemeindeparlamente; wie bei uns sind in Frankreich die Gemeinderäte nur ehrenamtlich tätig. Als Träger örtlicher Macht kristallisierten sich diesen gegenüber seit Ende der 60er Jahre professionelle Politiker und Verwaltungsspezialisten heraus, die aber weniger Kontakt zur Basis hatten, häufig in die Gemeinde 'importiert' waren, und stärker als die traditionellen Politiker die Zusammenarbeit mit den Spezialisten der staatlichen Stellen suchten (Nevers 1983).

Wenn in der französischen Literatur der 70er und frühen 80er Jahre von einer *Krise des lokalen Staats* die Rede ist, dann ist offenbar dies gemeint: Erstarrung in überkommenen Positionen, Kompentenzchaos, politische Unterhöhlung und ein unter Amtsinhabern weit verbreitetes Gefühl unhaltbarer Zustände. Nach Ansicht einiger marxistischer Autoren führte dies unter Bedingungen von ökonomischer Krise und staatlicher Sparpolitik zu einer Hegemoniekrise überhaupt. Der Diskreditierung des Herrschaftssystems durch Wirtschaftsmalaise, Massenarbeitslosigkeit und Kürzung staatlicher Sozialausgaben konnten die traditionellen Notabeln auf lokaler Ebene zu wenig entgegensetzen (Bleitrach u.a. 1981: 212ff.; Preteceille 1985a).

Bei genauerem Hinsehen erscheint des Reden von „Hegemoniekrise" unangemessen. Der Krisenbegriff wird nicht genauer expliziert – erkennbar sind in den 70er Jahren Legitimationsverluste und Funktionsschwächen, nicht ein tiefgehender System- und Entwicklungsbruch. Um den legitimatorischen Schaden zu begrenzen, hat der Zentralstaat die lokalen Institutionen von Ausgabenkürzungen weitestgehend verschont (s.u. Teil 4); gerade in den von der linken Opposition regierten Städten verbesserte das lokale Beziehungssystem den Kontakt zur Bevölkerung und entwickelte eine flexible lokale Wirtschafts- und Sozialpolitik.

3. *Erneuerungsansätze aus lokaler Opposition*

Die lokalpolitische Immobilität und sozialpolitische Sparmaßnahmen schlugen so gegen den Zentralstaat aus, denn wider Willen befeuerte er die politische Opposition in den Gemeinden: eine wachsende Zahl von Bewohnerbewegungen und die oppositionellen Parteien der Sozialisten und Kommunisten, die ab 1972 in größeren Städten zunehmend kooperierten.
Beide Parteien konnten in den während der 70er Jahre neu entstandenen territorialen und lokalen Institutionen, vor allem den Regionen, unerwartet viele Positionen besetzen und errangen bei den Kommunalwahlen 1977 einen überwältigenden Erfolg. Besonders die von den Linken neu errungenen Gemeinden entwickelten Reformansätze durch Bewohner-Partizipation und eine eigenständige Wirtschafts- und Sozialpolitik (Bleitrach u.a. 1981: 223ff. und 245ff.; Preteceille 1981 und 1985a).
Die 70er Jahre waren eine Blütezeit von Bewohnerbewegungen. Diese kristallisierten sich vor allem an Problemen neuer Großwohnanlagen (Mietprobleme, schlechte Ausstattung und Bauqualität, kulturelle Öde), an Projekten großflächiger Abrißsanierungen im Herzen der größeren Städte, und an Kosten und Ausbau öffentlicher Verkehrssysteme und Straßenbauvorhaben. Soweit der Zentralstaat hierbei als Hauptverantwortlicher zu identifizieren war, und soweit soziale Gruppen der eigenen Parteibasis involviert waren (z.B. Facharbeiter, neue lohnabhängige Mittelschichten), wurden diese Bewegungen von den linken Parteien begierig aufgegriffen; bei Randgruppen-Bewegungen (z.B. Ausländerfamilien als Sanierungsbetroffenen) die häufiger in direkte Opposition zur Gemeindepolitik traten, wurde z.T. auch mit Repression reagiert. Insgesamt aber suchten viele und vor allem linke Stadtregierungen die Verständigung mit solchen Bewegungen und übernahmen oft ihre führenden Köpfe als „innovative" bzw. „dynamische Kräfte". In Krisenstädten etwa Nordfrankreichs oder in nördlichen und östlichen Vororten von Paris mit ihren wachsenden Problemen von Deindustrialisierung, Arbeitslosigkeit und Armut wurde die Übernahme von Konzepten solcher Bewegungen auch als willkommene, weil kostengünstige, Alternative (Bewohner-Selbsthilfe, Reduzierung oder Streichung großer Bauprojekte) empfunden (Castells 1977; Krämer/Neef 1989: 160ff. und 314ff.; Mehl 1985; Preteceille 1981). Gegen Ende der 70er Jahre war in vielen Städten durch Druck „der Straße" oder in Realisierung von Parteiprogrammen eine große Zahl von Quartiers- und Gemeindekommissionen – als Bürgergremien mit Beratungsfunktion, als Gemeinderats-Ausschüsse mit erweitertem Rederecht – entstanden; neue, ganz oder teilweise von Bewohnern bzw. Bürgervereinen selbstverwaltete Einrichtungen wurden geschaffen – Kulturzentren, Frauenhäuser, Altentreffs, Jugendklubs, Fortbildungseinrichtungen, Sozialstationen, oft mit finanzieller Hilfe des Zentralstaats. Da das anfängliche Niveau von Bewohner-Mobilisierung und öffentlicher Aufmerksamkeit in der Regel nicht aufrecht erhalten werden konnte, standen in der 'Verhandlungsphase' die Führer solcher Bewegungen der Ge-

meinde meist vereinzelt gegenüber, „so daß die Gemeinden bald das Aktionsfeld wieder beherrschten" (Balme 1987: 627; Dion 1984; Krämer/Neef 1989: 160f.).
Insgesamt blieb die Haltung der Stadtregierungen zu den Bewohnerbewegungen zwiespältig. De *politischen Führungen und Parteien* lehnten Bewohneraktivität und -mitsprache als Infragestellung der Legitimität gewählter Vertreter ab, als mögliche Ressource für breitere Unterstützung akzeptierten sie sie, suchten sie jedoch auf parteineutralen „Apolitismus" und auf enge Arbeitsfelder zu beschränken. Die *Gemeindeverwaltungen* erkannten zwar gewisse Vorteile solcher „Frühwarnsysteme", verbaten sich aber eine institutionelle Mitsprache von Bürgerorganisationen wegen deren Unkalkulierbarkeit (Balme 1987: 628f.; Dion 1984: 132ff.). Konservativ regierte Städte tendierten eher zu Konflikt und Rückgewinnung der von Bürgerorganisationen besetzten Arbeitsfelder, „um sich die durch die Arbeit der Vereine bewirkte Unterstützung bei der Bevölkerung anzueignen" (Balme 1987: 633), und da sie den hier vermuteten und oft auch vorfindlichen linksoppositionellen oder nonkonformistischen Tendenzen mißtrauten. Von linken Parteien regierte Städte neigten zur Anerkennung von Bewohnerorganisationen, zumal hier auch eigene Beschäftigte (v.a. Sozialarbeiter bzw. Animateure) und Parteimitglieder mitarbeiteten. Nach einer anfänglichen Partizipations-Euphorie bis Anfang der 70er Jahre machte sich aber Skepsis breit über das Verhältnis von Aufwand und politischem Nutzen; seitdem wurden die Möglichkeiten einer Bewohner Mit- und Selbstverwaltung auch in diesen Städten erheblich eingeschränkt (Dion 1984). Nach dem Wahlsieg der Linksunion 1981, nach den Enttäuschungen über deren Politik sozialer „Härte" ab Ende 1982 und nach den konservativen Erfolgen bei den Kommunalwahlen 1983 ist dieses Element einer Erneuerung des traditionellen Beziehungssystems 'von unten' weitgehend verkümmert (Hoffmann-Martinot/Nevers 1985: 126; Preteceille 1985a).
Das zweite mögliche Reformelement, ebenfalls vorwiegend in links regierten Städten entwickelt, hat besser überdauert. Viele sozialistisch und kommunistisch regierte Städte haben über Jahrzehnte eine Politik vorbildlicher *sozialer Versorgung* für die Masse der Bevölkerung betrieben. Da soziale Transferleistungen ihrem Einfluß weitgehend entzogen sind, bauten sie vor allem soziale und kulturelle Dienstleistungen und Einrichtungen für „das Volk" aus: sozialen Wohnungsbau, Massensport, grundlegende Erziehungs- und Gesundheitseinrichtungen, soziale und kulturelle „Animation". Während die Verwaltungen altindustrialisierter linker Hochburgen eine patriarchalische Politik kostenaufwendiger großer Sozialeinrichtungen und -apparate betrieben, bevorzugten die meist finanzschwächeren jüngeren linken Gemeinden eine quartiersnahe, Bewohner-Selbsthilfe einbeziehende Form 'leichter' sozialer Versorgung (Preteceille 1981; Schain 1985: 63ff.). Die verschärften Krisenentwicklungen nach 1974 und 1981/82 verschlechterten die Lage besonders in alten Industriezentren: „Einige traditionelle Arbeitergemeinden hatten aus ihrem starken Besatz mit Industrie fiskalische Vorteile für eine sehr aktive Politik sozialer Redistribution durch kommunale Leistungen und Einrichtungen ziehen können. ... Heute sind sie von der De-Industrialisierung am stärksten betroffen, ihre Einnahmen sinken, während Arbeitslosigkeit und vielfältige soziale Probleme dem Bedarf an Sozialleistungen erhöhen" (Preteceille 1988: 49). Freilich: entgegen Preteceilles Meinungen sanken die kommunalen Einnahmen nur in

Einzelfällen zeitweilig – insgesamt blieb die Finanzlage auch der meisten Krisenstädte günstig (s.u.).

Diese ist aber auch Ergebnis ihrer aktiveren *Wirtschaftspolitik*; mit einer freilich nur teilweise erfolgreichen arbeitsplatzorientierten Wirtschaftsförderung konnten sie sich Handlungsspielräume erhalten und ihre Standards sozialer Versorgung sichern. Traditionell war den französischen Gemeinden nur *indirekte* Wirtschaftsförderung erlaubt (Gewerbesteuer-Änderungen, Entwicklung von Gewerbegebieten und wirtschaftsnaher Infrastruktur), *direkte* Wirtschaftspolitik durch Subventionen und Verordnungen waren dem Zentralstaat und seit 1972 den Regionen vorbehalten; noch 1976 wurden den Gemeinden wirtschaftspolitische Interventionen ausdrücklich verboten („circulaire Poniatowsky"). Faktisch aber duldete der Zentralstaat seit den 60er Jahren einzelne kommunale Vorleistungen für Betriebsansiedlungen und -erweiterungen und seit Krisenbeginn auch kommunale Förderungsleistungen für die industrielle Umnutzung (Rekonversion) in Krisenregionen; bei einigen spektakulären Betriebsschließungen und -besetzungen blieben selbst Geldhilfen für die Beschäftigten bzw. Beteiligungen einzelner Gemeinden an den umstrittenen Unternehmen unbeanstandet. Seit Anfang der 80er Jahre bezahlen viele Gemeinden auch Starthilfen für kleine Unternehmen (Molis/Rondin 1985: 345ff.; Preteceille 1985b: 248ff.).

Im Verlauf der siebziger Jahre herrschte unter den lokalen Amtsträgern – seien sie staatliche „Ausleger" oder Notabeln – der Eindruck einer wachsenden Malaise. Der enorme Aufgabenzuwachs seit den 60er Jahren, die gesellschaftliche Krise 1968/69 und die wachsenden Wirtschaftsprobleme seit 1974 hatten den Handlungs- und Legitimationsdruck drastisch erhöht. Die *Handlungsfähigkeit* war aber durch Kompetenzenwirrwarr und Parallelherrschaft zentralstaatlicher und kommunaler Organe geschmälert, und die Kluft zwischen Planungs- und Finanzierungsbefugnissen in zentralstaatlicher und Ausführungsfunktionen in kommunaler Hand war eher noch gewachsen. Die Vielfalt der beteiligten Institutionen und kleinen Gemeinden und die zunehmende Unnachgiebigkeit der lokalen Notabeln, die unter dem Druck von Bewohnerbewegungen und vielerorts wachsender sozialer Not standen, machten Kompromisse immer schwerer. Die *Legitimation* der Vertreter des Zentralstaats blieb schwach – die der Notabeln aber war teils bedroht durch Bedeutungsverlust ihrer sozialen Basis (v.a. Kleinbürgertum und Facharbeiter) und fehlende Bodenständigkeit der Technokraten unter ihnen, teils bedrohlich durch das schlagkräftige Bündnis von Bewohnerbewegungen und linken Parteien. Mit immer neuen Zugeständnissen vermied der Zentralstaat grundlegendere Konfrontationen *und* Reformen, verlor aber auch die Fähigkeit zu lokalen Initiativen gegen die Folgen der Wirtschaftskrisen seit 1975. Eine Verlagerung staatlicher Finanznöte auf die lokale Ebene, wie nach 1975 in der Bundesrepublik und Großbritannien, hätte vielleicht die Malaise des lokalen Staats zu einer Krise vorangetrieben.

4. Wirtschaftskrisen ohne lokale Finanzprobleme

Selbst in altindustrialisierten Gemeinden war die Leistungsfähigkeit des lokalen Staats auch in Krisenjahren kaum beeinträchtigt: staatliche Sparpolitik spielte sich fast durchweg auf zentraler Ebene ab. Die tiefe Strukturkrise der französischen Wirtschaft seit 1974 verschärfte die Diskrepanzen zwischen modernen und traditionellen Wirtschaftsbereichen; in Gemeinden und Gebieten, wo letztere vorherrschen, wuchsen die Beschäftigungsprobleme besonders rasch. Die *Diskrepanzen* zwischen Gebieten der Krise und der Prosperität sind zwar bei weitem nicht so scharf wie bei uns, aber die wirtschaftlichen und sozialen Probleme sind in Frankreich größer und langlebiger. Von 1975 bis heute gab es, abgesehen von der kurzlebigen Expansion öffentlicher Beschäftigung nach Machtantritt der Linksunion 1981/82, keinen Beschäftigungsaufschwung mehr. Die Arbeitslosigkeit wuchs ständig bis 1987 (11,1 Prozent der Erwerbsbevölkerung) und bleibt auf diesem Niveau, Langzeitarbeitslosigkeit (ca. 45 Prozent der Arbeitslosen suchen länger als 1 Jahr Beschäftigung) und insbesondere Jugendarbeitslosigkeit (die Quote schwankt zwischen 22 und 25 Prozent) sind hoch. Armutsentwicklungen sind empirisch schlecht erfaßt, mit Sicherheit aber nicht niedriger als bei uns, jedoch stärker auf Minoritätsgruppen konzentriert (Neef 1992; Stat. Jahrbuch der BRD 1990; Uterwedde 1989). Im Gegensatz zu allgemeinen Sparmaßnahmen in der Bundesrepublik und Großbritannien wurden aber bis Mitte der 80er Jahre staatliche Sozialleistungen nur punktuell gekürzt, in einzelnen Bereichen aber auch erweitert (Laroque 1986: 73ff. und 155ff.). Die französischen *Gemeinden* waren durch die rasche Urbanisierung und den starken Ausbau ihrer Infrastruktur und ihres Personals bis Mitte der 70er Jahre relativ hoch verschuldet gewesen und standen unter dem Druck stark wachsender Funktionskosten. Dennoch führten die krisenhaften Entwicklungen von Wirtschaft und staatlichen Finanzen nach 1974 *nicht* zu lokalen Finanzkrisen.

Das lag einerseits an Teilreformen der kommunalen Finanzen Ende der 70er Jahre: der Zentralstaat hat seine Zuweisungen an die Gemeinden großenteils globalisiert, so daß die Gemeinden mit ihnen fest kalkulieren und über sie frei verfügen können. Andererseits ließ er den Gemeinden durchweg höhere Finanzzuwächse zukommen als sich selbst (Guengant/Uhaldeborde 1989: 28ff. und 110ff.). Nur unter den neo-liberalen Austeritätsprogrammen der Regierung Barre 1979-81 mußten die Gemeinden reale Kürzungen der Investitionszuweisungen hinnehmen, die Personalausgaben wuchsen aber weiter; und während der „Politik der Härte" 1983-85, als die expansive Ausgaben- und Beschäftigungspolitik der Linksunion in den Strudeln der Weltwirtschaftskrise endete und durch Sparpolitik und Einkommens-Umverteilung zugunsten wirtschaftlicher Investoren ersetzt wurde, wurden die kommunalen Sachausgaben festgeschrieben und das Wachstum der Personalausgaben an das des Brutto-Inlandsprodukts gebunden (ebd.; Uterwedde 1988).

So haben sich auch seit den Wirtschaftskrisen der 70er und 80er Jahre die *kommunalen Einnahmen* durchweg erhöht. Die staatlichen Zuweisungen wuchsen bis 1982 in schnellerem Rhythmus als die gemeindeeigenen Einnahmen: der Zentralstaat hat wiederholt die Wirtschaft mit Steuererleichterungen anzuregen versucht, aber resultierende Mindereinnahmen der Gemeinden voll ausgeglichen; sein Beitrag zu den Gemeindeeinnahmen erhöhte sich (ebd.: 173ff.). Auch die gemeindeeigenen Einnahmen stiegen ständig, unabhängig von ihrer 1980 weitgehend gelockerten staatlichen Kontrolle; ihre realen Zuwachsraten sanken lediglich von durchschnittlich 8 Prozent in den 60er Jahren auf 5 Prozent in den 80er Jahren (ebd.: 132ff.). Selbst in ausgesprochenen Krisenregionen wie Lothringen sind die Steuereinnahmen der Gemeinden bislang nicht gesunken – freilich sind die Einnahmenzuwächse der kleineren Montanindustrie-Städte gegenüber den zentralen Städten zurückgefallen (Lorrain 1985: 18f.). Die staatlichen Zuweisungen – mit 25-30 Prozent der Gemeindehaushalte haben sie ein ähnliches Gewicht wie in der Bundesrepublik – gleichen wirkungsvoll kommunale Einnahmedifferenzen aus. Krisenhafte Städte etwa Nordfrankreichs haben daher nicht wesentlich weniger Finanzmittel als prosperierende Städte etwa Südfrankreichs – die Finanzmittel von Städten gleicher Größenordnung differieren pro Einwohner um höchstens ein Drittel; bei bundesdeutschen Großstädten liegen die Differenzen dagegen zwischen 40 und 50 Prozent – vom Abstand zu den Städten der ehemaligen DDR ganz zu schweigen (Neef 1992).

Diese günstige Entwicklung der Finanzen von Gemeinden und sonstigen lokalen Körperschaften drückt sich aus in deren wachsendem Anteil am Brutto-Inlands-Produkt – von 1979 bis 87 stieg er von 7,9 Prozent auf 9,2 Prozent, der des Zentralstaates sank von 23,3 Prozent auf 22,4 Prozent (Lorrain 1989: 9; wieweit hier Aufgaben- und Finanzübertragung durch die Dezentralisierung eine Rolle spielen, macht Lorrain nicht klar). Mit anderen Worten: staatliche Austeritätspolitik ging in der Bundesrepublik und Großbritannien zu erheblichen Teilen zu Lasten der Gemeinden – in Frankreich nahm sie der Zentralstaat auf sich.

Die *Ausgaben* der französischen Gemeinden entwickelten sich seit Mitte der 70er Jahre insofern weit günstiger als in der Bundesrepublik und Großbritannien – aber überraschenderweise folgten sie einem ähnlichen Grundmuster:

- die *Investitionen* lokaler Körperschaften (in Frankreich machen sie wie bei uns ca. 3/4 aller öffentlichen Investitionen aus (Lorrain 1989: 10)) blieben erheblich hinter den laufenden Ausgaben zurück. Immerhin stiegen sie in Frankreich 1975-87 real um ein Siebtel, während sie in der Bundesrepublik um ein Fünftel, in Großbritannien gar um drei Viertel sanken (Neef 1992). Faktoren dieser Entwicklung waren einerseits zentralstaatliche Konjunkturprogramme und zwischenzeitliche milde Sparmaßnahmen; hinzu kam der starke Rückgang im öffentlich geförderten Wohnungsbau und das Auslaufen der großen Städtebauprogramme. Die Gemeinden selbst wurden bei Investitionen immer vorsichtiger, da sie mit deren erheblichen Folgekosten in den 70er Jahren schlechte Erfahrungen gemacht hatten. Deshalb nutzten sie die besseren Ausgaben-Spielräume seit 1980 kaum für zusätzliche Investitionen, sondern bauten lieber ihre Verschuldung ab (Hoffmann-Martinot/Nevers 1985: 127f.; Guengant/Uhaldeborde 1989: 16ff.).
- Die *laufenden Ausgaben* erhöhten sich beträchtlich. Die französischen Gemeinden haben auch bis 1981, und ebenso seit der Dezentralisierung ab 1982 ihren Personalbestand ständig erhöht – seit Mitte der 7oer Jahre wuchs er insgesamt um ca. zwei Drittel – und entsprechend stieg der Ausgabenanteil für Personalkosten. Relativ schnell stiegen seit Mitte der 7oer Jahre, real und anteilmäßig, auch die Sozialaus-

gaben – nicht nur soziale Dienst- und Geldleistungen im engeren Sinne, welche ja auch in der Bundesrepublik und Großbritannien unter dem Druck wachsender Verarmung vor allem in Krisenregionen expandierten – sondern auch Ausgaben für gesellschaftliches Leben, Kultur und Sport, die in der Bundesrepublik und Großbritannien stagnierten oder real auch sanken. Ob dieses Ausgabenwachstum mit dem durch Massenarbeitslosigkeit wachsenden Bedarf Schritt hielt, ist eine andere Frage. Anteilmäßig gesunken sind, wie auch in der Bundesrepublik und Großbritannien, laufende Ausgaben in den Bereichen Erziehungswesen, Straßen- und Versorgungsnetze und Wirtschaftsförderung (Hoffmann-Martinot/Nevers 1985: 125; Guengant/Uhaldeborde 1989: 20ff.; Neef 1992).

Die Zurückhaltung des französischen lokalen Staates bei Investitionen und Kreditaufnahmen erklärt sich zum Teil aus seinem Interesse an Erhaltung eines eigenen Handlungspielraums gegenüber Konjunkturschwankungen und wechselnden staatlichen Konjunkturpolitiken. Zum Teil läßt sich hier auch eine veränderte Einflußrichtung der sozialen Basis erkennen: „Während die erste Generation sozialer Bewegungen und städtischer Kämpfe Druck zur Erhöhung sozialer Ausgaben ausübte, hat die zweite, eher von ökologischen Themen inspirierte Generation hier eher eine bremsende Wirkung ausgeübt, so daß etliche kostspielige Projekte (Schnellstraßen, Stadtsanierung) aufgegeben wurden" (Hoffmann-Martinot/Nevers 1985: 128).

Soweit es überhaupt Einschränkungen der Leistungen des lokalen Staats gab, sind sie für die Bürger kaum spürbar geworden – die größeren Einsparungen im Sozialbereich mußte der Sozialstaat verantworten, der ja auch den Ausbau des Sozialsystems vorangetrieben hatte. „Die hoch zentralisierte Form des welfare state à la française hat die Krise der Hegemonie in unserem Land zugespitzt, indem alle negativen politisch-ideologischen Folgen seiner Demontage ihm zur Last gelegt wurden" (Preteceille 1985a: 53). Seit Beginn der Wirtschaftskrise hatten die Gemeinden gezeigt, daß sie öffentliche Mittel sparsamer und effektiver einsetzen konnten als der Zentralstaat und seine örtlichen Institutionen, und daß sie zudem in der Lage waren, bürgerschaftliche Selbsthilfe produktiv zu nutzen – sie erschienen als die geeignetste Instanz zur „Mobilisierung lokaler Ressourcen" (ebd.: 54) in einer Zeit nachlassender Investitionen, wachsender Arbeitslosigkeit und staatlicher Finanzknappheit.

5. *Die Dezentralisierung des lokalen Staats seit 1982*

Das Dezentralisierungsprojekt entstand aus der langjährigen Opposition sozialistischer und kommunistischer Städte gegen die gaullistische, speziell das Großkapital begünstigende Form der Modernisierung der Gesellschaft und dem (auch unter rechten Provinzpolitikern verbreiteten) Widerstand gegen Übermacht und „Kolonialismus" der Pariser Zentrale. Sie war Hauptbestandteil des Reformprogramms der Linken zu den siegreich bestandenen Kommunalwahlen 1977. Bis zum nationalen Wahlsieg der Linken 1981 wurden vielerorts Elemente dieser Reform wie Einführung von Quartiersvertretungen und Bewohner-Mitsprache, lokale Beschäftigungspolitik und erweiterte soziale Hilfen für Arbeitslose, oder Bodenvorratspolitik für systematische Stadtentwicklung realisiert (Kommunalpolitik 1977). Die bis dahin gemachten Erfahrungen führten dazu, daß der Kern dieser Dezentralisierung: der Ausbau der Kompetenzen und Selbständigkeiten lokaler bzw. territorialer Institutionen, rascher und umfassender realisiert wurde, als ursprünglich geplant. Wichtige Begleit-Vorhaben und Rahmenbedingungen wurden freilich im Interesse einer raschen Durchführung und breiten Akzeptanz zurückgestellt oder verwässert.

Da es eine Reihe genauerer Darstellungen der Dezentralisierung gibt, die sich freilich vorwiegend auf die strukturellen, juristischen und machtpolitischen Änderungen beschränken (z.B. Becquart-Leclercq 1989; Halmes 1985; Hidien 1988; zur Stellung der Regionen: Albertin 1988), sollen hier nur die Grundzüge erläutert und dann Interpretationen zu ihrer gesellschaftlichen Wirkung dargestellt werden.

Die wesentlichsten Schritte der Reform wurden 1982 bis 1983 realisiert; obwohl sie die territorialen staatlichen Institutionen grundlegender umorganisierten als alle Veränderungen seit den 19. Jahrhundert zusammengenommen, waren sie von einer breiten Zustimmung in Bevölkerung, staatlicher Verwaltung und politischen Parteien getragen – für ein politisch stark polarisiertes Land erstaunlich. In zwei Schritten wurde

1. 1982 die *staatliche Kontrolle* der regionalen und lokalen Körperschaften *abgeschafft*. Seither unterliegen ihre Aktivitäten wie in der Bundesrepublik nur noch einer staatlichen ex-post-Legalitätskontrolle und im Finanzwesen einer Überprüfung allgemeiner Rahmenvorschriften durch den „Commissaire de la République" (bisheriger Präfekt) bzw. durch staatlich-lokal besetzte Gremien und Verwaltungsgerichte. Regionen und Departements erhielten einen autonomen Entscheidungsapparat. Die staatlichen Dienste, mit Ausnahme des Erziehungswesens, wurden teils dem Commissaire de la République unterstellt und können von den Gebietskörperschaften kostenlos beansprucht werden, teils wurden sie ihnen direkt zugeordnet. Die vor allem von den Gemeinden als beengend empfundene Bevormundung durch ministerielle technische Normen und Ausführungsvorschriften soll durch ein fest definiertes, aber bis heute nicht realisiertes Normenwerk ersetzt werden (Branciard 1984: 42ff.; Halmes 1985; Hidien 1988; Thoenig 1982).
2. 1983 wurden dann die *Kompetenzen* zwischen Staat und Gebietskörperschaften *neu aufgeteilt* und mit einer entsprechenden Übertragungen von Finanzmitteln verbunden. Die hierbei bezweckte klare funktionale Aufgabentrennung erscheint in der Praxis kaum möglich – schon allein wegen der Heterogenität der Gebietskörperschaften (von kleinen Dörfern bis zu Regionen), und wegen des übergreifenden Charakters vieler Aufgaben und Einrichtungen.

Die *Gemeinden* regeln vorwiegend Funktionen, die die Bürger „auf individueller Ebene" (Branciard) betreffen. Zu den bisherigen, nun erheblich selbständiger ausgeführten Aufgaben kamen vor allem die Planung und Regelung der Bautätigkeit auf ihrem Territorium (von der Stadtplanung über Baugenehmigungen bis zum Bau von Erschließungs- und Infrastrukturanlagen). Zudem dürfen die Gemeinden nun im Rahmen regionaler Pläne auch offiziell lokale Wirtschaftsbetriebe fördern (s.u.) und sie übernehmen Einrichtungen und Aufgaben lokaler Kulturpolitik. Da bewußt eine Gebietsreform vermieden wurde, wird die Unzahl kleiner Gemeinden den meisten Aufgaben nicht nachkommen können; sie werden sich unter die Obhut von Département, Region bzw. anderen staatlichen Institutionen begeben müssen.

Den *Départements* wurde vorwiegend die Gesundheits- und Sozialpolitik (Branciard: „Aufgaben mittlerer Reichweite") zugeordnet. Sie übernahmen fast alle bisher vom Zentralstaat getragenen Sozial- und Gesundheitseinrichtungen sowie das Hilfs- und Rettungswesen. Von den Präfekten übernahmen die Départementsräte („Conseils généraux") bzw. deren Präsidenten die allgemeine Haushaltsverwaltung sowie die Ämter für Planung und Realisierung von Départements-Bauten.

Den *Regionen* wurden die „strukturellen Funktionen" (Branciard) übertragen: Mitarbeit an der staatlichen planification; Regionalplanung; Vergabe von Mitteln für Wirtschaftsförderung; berufliche Bildung. In Regional-Ausschüssen wurde die Präsenz der Gewerkschaften erheblich verstärkt.

Insgesamt freilich reservierte sich der Zentralstaat „die Verantwortung für Wirtschafts- und Sozialpolitik und für die Sicherung des Beschäftigungsstandes" (Gesetz vom 2.3.1982). Er behält Eingriffsrechte im „nationalen Interesse" und bei fehlerhafter Gebietsverwaltung, setzt Rahmenvorgaben für Wirtschaftspolitik und Raumordnung, behält sich große Investitionen vor, betreibt Konjunkturpolitik und trägt die Sozialversicherung. Schließlich bleibt der „Commissaire de la République" als Kontrollinstanz, Beirat in territorialen Gremien, Chef staatlicher Dienste und Verteiler von Finanzmitteln v.a. für den Wohnungsbau eine zentrale staatliche Informations- und Vermittlungsstelle (Becquart-Leclercq 1989; Branciard 1984: 53ff.; Halmes 1985; Hidien 1988; Preteceille 1988: 55ff.)

Die meisten Verfasser sind sich darüber einig, daß die Gemeinden weder in Kompetenzen noch finanziell wesentlich zugewonnen haben. Die Region hat durch ihre Planungs-, Finanz- und Wirtschaftskompetenzen einige Macht gewonnen, aber ihre bisherige Finanzmasse und wirtschaftspolitischen Aktivitäten waren eher bescheiden (Molis/Rondin 1985: 350ff.), und als neue Institution ist sie gegenüber den altetablierten Départements im Nachteil. In diesen blieben die alten Notabeln-Beziehungen unangetastet (Branciard 1984: 137f.). „Das Département als Schlüsselinstitution erhielt die meisten zusätzlichen Kompetenzen und Ressourcen. ... Damit wurde diejenige lokale Institution favorisiert, die den Bürgern weit weniger als die Gemeinde zugänglich ist und unter strikter Kontrolle der Notabeln und ihrer Machtbeziehungen steht" (Preteceille 1988: 67).

Die Kosten der Kompetenzverlagerungen werden bis zu einer heute noch ausstehenden Finanzreform überwiegend (außer dem Schulbau) durch eine Globalzuweisung (Dotation Globale de Décentralisation) finanziert. Daneben wurden einige kleinere staatliche Steuern und Gebühren hauptsächlich den Départements überlassen, die auch 3/4 der neu verteilten Finanzmittel erhielten. Um den Gebietskörperschaften ein unabhängiges Finanzgebaren zu ermöglichen, wurden fast alle noch bestehenden staatlichen Zweckzuweisungen 1983 in eine Globalzuweisung für Einrichtungs- und Funktionskosten (Dotation Globale d' Équipement/de Fonctionnement) umgewandelt, wobei wirtschaftlich und demographisch benachteiligte Gebiete höhere Quoten erhalten (Becquart-Leclercq 1989; Branciard 1984: 81ff.). Die Höhe der finanziellen Kompensationen ist teils an die letztjährigen Ausgaben, teils an die Entwicklung des Brutto-Inlands-Produkts gebunden. Da die Sozialausgaben seit 1974 aber schneller als das BIP stiegen, droht längerfristig der „Kompetenzen- und Ressourcentransfer zu einem Lastentransfer zu verkommen" (Halmes 1985: 48; vgl. ansonsten: Becquart-Leclercq 1989: 201f.; Branciard 1984: 100ff. und 161f.).

Die Dezentralisierung, ein Kernpunkt des Regierungsprogramms, sollte rasch realisiert werden, um die Fähigkeit der sozialistischen Regierung zu grundlegenden Reformen zu demonstrieren (Pickvance 1986: 13). Deshalb suchte diese v.a. eine breite Zustimmung der lokalen Mandatsträger, unabhängig von ihrer politischen Position, zu erreichen – ein naheliegender Gedanke, da ein Großteil französischer Spitzenpolitiker, besonders bei den Sozialisten, aus lokalen Mandaten aufgestiegen ist. Im Interesse einer raschen Durchführung wurden daher Vorhaben, die deren Besitzstände angetastet hätten – Dezentralisierung der innerstädtischen Verwaltung, Verbesserung des Status einfacher Gemeinderatsmitglieder, Bewohnermitbestimmung, Gemeindereform und eine evtl. Auflösung der Départements – zurückgestellt. Auch die geplante Steuer- und Finanzreform ist, wahrscheinlich wegen der schwierigen Wirtschaftslage und unter dem Eindruck des Rechtsrucks bei den lokalen Wahlen 1983 und 1984, unterblieben. Danach nämlich machte die siegreiche Rechte die lokalen Körperschaften zu „Bastionen" ihrer Opposition – *sie* wurde nun zu einer Verfechterin der Dezentralisierung. Auch sie verstand auf der Klaviatur von Bevölkerungsbeteiligung und populistischen Kampagnen – v.a. gegen 'unmäßige lokale Ausgabenlasten' – zu spielen, und nutzte die neuen Kompetenzen für spektakuläre neoliberale Projekte, v.a. für Privatisierungen. Die Regierungsmehrheit wollte der Rechten mit zusätzlichen Kompetenzen nicht noch mehr Möglichkeiten für Querschüsse geben, und sie wollte emotionsgeladene Auseinandersetzungen um Gemeindezusammenlegungen vermeiden – die Reform kam ins Stocken. Aus ähnlichen Beweggründen heraus hielt die konservative Regierung 1986 bis 1988 an den bisherigen Reformen fest, baute sie aber nicht weiter aus (Pickvance 1986; Preteceille 1988: 61ff. und 119; Sadran 1983).

6. *Interpretationen zur Dezentralisierung: Machtzuwachs, Marktnähe und erhöhte Effizienz des lokalen Systems*

Die Stärkung der lokalen Ebene und die Betonung des Départements mit seinem traditionellen Notabelnetz – in dieser *ersten Interpretationslinie* sind sich die Kommentare zur Dezentralisierung bemerkenswert einig – läuft auf einen *Machtgewinn für die „grands élus"*, insbesondere für die Bürgermeister, Départements- und Regionspräsidenten und die Repräsentanten großer Städte und Départements mit Mandatskumulation hinaus. Gleichzeitig aber wurde die neu gewonnene lokale Macht auf mehrere Körperschaften und Institutionen verteilt, die Einflußkanäle 'nach Paris' wurden teilweise entwertet. Die Zuständigkeiten sind nun klarer gegliedert, freilich wurde die Struktur durch vier bis fünf verschiedene Ebenen wesentlich unübersichtlicher. Die lokale Selbständigkeit gegenüber staatlichem Durchgriff und nach Opportunität verteilten staatlichen Mitteln ist gewachsen. Machtbeziehungen und Ressourcen-Zugang sind weniger personenbezogen. Das komplizierte Gefüge von Zuständigkeiten und die stärkere Formalisierung der Beziehungen überfordern freilich nicht nur die Bürger, sondern auch viele ihrer ehrenamtlichen Vertreter auf Gemeindeebenen. Ihre ursprünglich geplante hauptamtliche Vergütung wurde nicht realisiert. Auch eine institutionalisierte Bürgerbeteiligung steht bis heute aus.

Der französische lokale Staat befindet sich heute näher am Bürger – doch dessen Einflußchancen sind durch institutionelle Unübersichtlichkeit und Demobilisierung von Bewohnerbewegungen gemindert. So beherrschen die Spezialisten und die Vollzeit-Politiker das Feld, das stärker als früher von juristischen Regeln und technokratischen Normen bestimmt ist. „Die Dezentralisierung brachte Vorteile für die Eliten auf den Zwischenstufen wie die Bürgermeister der großen Städte, für die Eliten der Départements und Regionen ..., die politisch-kulturellen Fundamente des französischen Zentralismus hat sie dagegen unberührt gelassen" (Bequart-Leclercq 1989: 207; vgl. ansonsten: Branciard 1984: 156ff.; Preteceille 1985a: 55ff. und 1988: 69ff. und 120f.; Sadran 1983; Thoenig 1982).

Die *zweite Interpretationslinie* von Seiten der neo-marxistisch oder neo-weberianisch inspirierten „Neuen Stadtforschung" sieht die Dezentralisierung im Licht der verschärften Wirtschaftskrise in den 80er Jahren als Vorbedingung für eine erhöhte Konkurrenz unter den Gemeinden, für eine flexiblere Krisenverwaltung oder eine Verlagerung von Austeritätspolitik in den lokalen Bereich. Hierbei wird von zwei Gesichtspunkten ausgegangen:

1. Solange die Gemeinden extrem zersplittert bleiben und ihre Finanzen nicht tiefgreifender umverteilt werden, wird die größere Selbständigkeit *Ungleichheiten zwischen den Gemeinden verfestigen* und ihre gegenseitige *Konkurrenz erhöhen*. Vor allem in städtischen Agglomerationen sind die oft unverhältnismäßig kleinen Gemeinden extrem ungleich mit Gewerbe, mit einkommensstarker oder einkommensschwacher Bevölkerung und auch mit öffentlicher Infrastruktur besetzt. Angesicht hoher Arbeitslosigkeit und vielerorts wirtschaftlicher Stagnation treten die Gemeinden in verschärfte Konkurrenz um Wirtschaftsbetriebe, d.h. um zusätzliche Einnahmequellen, denn zentralstaatliche Ressourcen sind weitgehend globalisiert und auch von einflußreichen Notabeln nur noch wenig zu beeinflussen. Natürlich bleiben die gut ausgestatteten Gemeinden bevorzugte Wirtschaftsstandorte – die staatliche Finanz-Umverteilung reicht zur Kompensation der Nachteile ärmere Gemeinden nicht aus. Letztlich zahlt sich die gegenwärtige Form einer Dezentralisierung ohne tiefgehende Finanzreform nur für die größeren Städte aus (Preteceille 1988: 56ff. und 115ff.).
2. Die neuen wirtschaftspolitischen Kompetenzen gelten vorwiegend als Ausgangsbasis für eine flexible, den Bedürfnissen von Wirtschaft und Beschäftigten am Ort besser angepaßte und damit letztlich billigere Wirtschafts- und Beschäftigungs-Förderung, als sie der Zentralstaat in der verschärften Krise leisten kann. Die Möglichkeiten direkter und indirekter Wirtschaftsförderung wurden für Regionen und in ihrem Gefolge auch für Gemeinden und Départements erheblich ausgebaut und werden aktiv genutzt. Dem stünden, nach diesen Interpretationen, im *Bereich der Sozialpolitik* absehbare *Finanzknappheit* und, zumindest von Seiten rechter Gemein-

deregierungen, Rückzug aus bisherigen Leistungen gegenüber. Da die staatlichen Mittelzuweisungen, wie erwähnt, nicht mehr schneller als das BIP steigen dürfen, und da in dem Maße, wie das Gewicht staatlicher Zuweisungen wächst, auch die Wirkungen möglicher staatlicher Mittelkürzungen zunehmen, wird trotz einer aktuell relativ guten Finanzlage von vielen Bürgermeistern mit einer zukünftigen Finanzknappheit gerechnet – weitere Gebührenerhöhungen oder Teil-Privatisierung sozialer Dienste wären die Folge. Rechte Gemeinden gelten als Vorreiter einer solchen stärker am Markt orientierten „milden Austeritätspolitik" (Hoffmann-Martinot/Nevers 1985: 130; Lorrain 1985: 20f. und 1991; Preteceille 1985a, 58f. und 1988: 60f.).

Von außen gesehen überrascht der negative Grundton der kommentierenden Literatur. Durch die eindeutige Zuordnung von Kompetenzen an jeweils einen territorialen Träger in Verbindung mit einem klaren Finanzierungssystem und einer ortsnahen Staatsaufsicht ist ein nicht gekanntes Maß an Rationalität und, gemessen an anderen europäischen Ländern, Verteilungsgerechtigkeit eingekehrt. Die französische Tradition des bargaining zwischen Notabeln und Staatsvertretern ist auf größere Projekte mit staatlichem Primat und bei politischen Streitigkeiten auf die Rechtsaufsicht begrenzt; das Commissariat de la République (ex-Präfektur) spielt hier eine zentrale Rolle, zumal es gleichzeitig Dienstleistungszentrum für die kleinen Gemeinden ist. Insgesamt arbeiten die territorialen Verwaltungen regelgerechter, effektiver und bürgernäher als zuvor. Die Verteilung der Kompetenzen auf vier verschiedene Ebenen führt freilich zu einer von Normalbürgern oft nicht mehr handhabbaren Komplexität – das begünstigt den Zugang von Spezialisten und professionellen Interessenten (Becquart-Leclerq 1989). Die Kompetenzverteilung ist von einer der Sache nicht immer angemessenen Pedanterie – die Zuordnung der vier Schultypen Grundschule, Collège, Gymnasium und Berufsschule zu drei Gebietsverwaltungen und der staatlichen Administration etwa (Branciard 1984) erschwert Kooperation und Innovation. Die territorialen Verwaltungen und Volksvertretungen sind ins Zentrum der Interessenpolitik lokaler Machtgruppen gerückt, und sie werden auch beeinflußbarer, da ihre Abhängigkeit von lokal aufgebrachten Finanzmitteln gewachsen ist, und das Gegengewicht staatlicher Instanzen teilweise wegfällt. Position und Selbstbewußtsein des lokalen Beziehungssystems haben sich erweitert, seine staatliche und demokratische Kontrolle ist schwächer, seine zumindest finanzielle Abhängigkeit von lokalen Marktentwicklungen hat zugenommen.
Das Bild der *bisherigen Praxis des lokalen Staats* ist naturgemäß bruchstückhaft. Es bestätigt vor allem die erste Interpretationslinie einer Stärkung der Macht großer lokaler Notabeln. Der neue Bürgermeister von Nîmes etwa, 'Quereinsteiger' in die 1983 siegreiche konservative U.D.F., aus dem Unternehmermilieu stammend, betrieb (nach Hoffmann-Martinot 1988) eine resolute Politik der Verwaltungsmodernisierung und -rationalisierung, legte sich aus einem Herr-im-Hause-Standpunkt heraus mit politischer Opposition, Koalitionspartner, Gewerkschaften, dem Ex-Präfekten gar an, setzte eine Teil-Privatisierung kommunaler Gewerbebetriebe und Dienstleistungsverwaltungen durch, sorgte für eine gezielte und neuartige Wirtschaftsförderung (neben

Steuersenkungen auch Kultur- und Imageförderung für die Stadt), stand aber auch Pate bei einer Reorganisation des in Frankreich zersplitterten und lückenhaften Netzes von Sozialleistungen und Sozialhilfe im Sinne eines allgemeinen Mindesteinkommens (was ohne neue Kompetenzen im Zuge der Dezentralisierung nicht möglich gewesen wäre). – Zentralstaatliche Programme können nun schlicht abgewiesen werden; das geschah etwa mit dem 1983 gestarteten Programm „Lokales Wohnen“: es wurde blockiert von Bürgermeistern derjenigen Gemeinden, die sich mit Sozialwohnungssiedlungen in ihrem Gebiet überlastet fühlten und lieber Bauland für gehobenes Wohnen, v.a. Eigenheime, ausweisen wollten (Ronai 1986: 83ff.).

Zur Stärkung des lokalen Beziehungssystems trug auch das Abflauen städtischer Bewegungen in den 80er Jahren bei. Ursache war zeitweilig, wie schon erwähnt, die teilweise Integration ihrer Führer in Gremien des lokalen Staats und seit Anfang der 80er Jahre das sich-Abschließen des Gemeindeapparats gegenüber Bewohnerbewegungen andererseits ist ihre soziale Basis geschwächt und fraktioniert: Arbeiter und kleine Angestellte befinden sich in zunehmend individualisierten Arbeits- und Lebenslagen. Das Problem der Arbeitslosigkeit ist für sie seit Beginn der 80er Jahre weit drängender als die vom lokalen Staat geregelten Probleme alltäglicher Versorgung. Insofern sind sie für städtische Probleme weniger ansprechbar bzw. können in der Regel nicht mehr auf einheitliche Forderungen gebracht werden, zumal Teile früherer Forderungen erfüllt wurden. Die in städtischen Bewegungen führenden neuen Mittelschichten verfolgen stärker als früher Standesinteressen im Bereich kollektiver Versorgung; schon wegen ihrer sozialen Nähe zu den mehrheitlich mittelständischen Notabeln können sie derartige Interessen auf traditionelle Weise, über Beziehungen, durchsetzen, ein Interesse an breiter Bürgerbeteiligung besteht nicht mehr (Balme 1987: 616 und 624; Dion 1984: 134f.; Preteceille 1988: 68f. und 120ff.).

Insgesamt wurden die neuen Kompetenzen zwar breit, aber im Hinblick auf finanzielle Risiken nur mit Vorsicht genutzt. Ein Beispiel dafür ist die Wirtschaftspolitik, die stark auf Erhaltung und Schaffung von Arbeitsplätzen ausgerichtet ist. Bei den als riskant erachteten Subventionen zur Ansiedlung, Umstrukturierung und Nothilfe örtlicher Wirtschaftsunternehmen halten sich alle Körperschaften zurück. Die Regionen setzen zwar alle Instrumente ein, haben aber ihre Mittel nicht ausgeschöpft. Die Départements beschränken sich meist auf Ergänzungen regionaler Wirtschaftsförderungs-Projekte und auf Infrastrukturinvestitionen; direkte Hilfen vergeben sie kaum. Von den Gemeinden haben ohnehin nur größere Städte das Potential für eigene Arbeitsplatz- und Wirtschaftsförderung; nur sie haben häufiger Unternehmen in Schwierigkeiten geholfen – 1988 wurde ihnen das gesetzlich verboten. Sie bevorzugen ausgabenneutrale oder risikoarme Leistungen (Beratung, Bürgschaften, gewerbliche Immobilien-Kredite, Gewerbesteuersenkungen). Wesentliche Unterschiede zwischen rechten und linken Gemeinden gibt es dabei kaum. Gegenüber den Möglichkeiten der Region und v.a. des Zentralstaats bleibt das Potential kommunaler Wirtschaftspolitik sehr beschränkt – nur 0,2 bis 0,3 Prozent der kommunalen Haushalte wurden für Wirtschaftsförderung eingesetzt (Preteceille 1988: 65; vgl. ansonsten: Albertin 1988; Molis/Rondin 1985; Schlenker 1987).

Im Kontext der weiterhin schwierigen Wirtschaftslage scheint die *Konkurrenz zwischen*

Gemeinden und ihre *Marktorientierung* zu wachsen; insofern mag sich auch die zweite Interpretationsrichtung bestätigen. Der Gesetzgeber fördert zwar mit Finanz-Anreizen die Kooperation in und zwischen Gemeinden, doch diese hüten eifersüchtig ihre Besitzstände und Kompetenzen - bzw. Gemeinden, die die entsprechenden Förderungsmittel 'mitnehmen' wollen, beschränken sich oft auf Zusammenarbeit bei Analyse und Prognose, die Planung endet bei einem wenig tragfähigen Minimalkonsens, die konkreten Umsetzungen verbleiben bei den Gemeinden (Branciard 1984: 144ff.; Fernique 1985; Fourny 1986).

Kommunalkredite wurden von der seit 1987 selbständig gemachten staatlichen Kreditbank in den 80er Jahren weitgehend zu Marktbedingungen ausgegeben. Der Anteil privater Kommunal-Darlehen wächst ständig. Insofern ist der Kommunalkredit inzwischen ähnlich marktwirtschaftlich wie in der Bundesrepublik (Guengant/Uhaldeborde 1989: 64ff.). Die Privatisierung öffentlicher Leistungen hat sich zwar bislang auf wenige Städte und Dienste beschränkt, aber vermehrte Verantwortlichkeiten, schwierige Wirtschaftslage und die immer breitere Durchsetzung eines 'marktwirtschaftlichen Diskurses' begünstigen Wirtschaftsförderung, Verwaltungsrationalisierung und marktnähere Gestaltung der Leistungen des lokalen Staats. Der Ausbau sozialer Leistungen stagniert weitgehend, wurde aber auch nicht zurückgeschraubt. Bei den 1983 in vielen Städten wieder an die Macht gekommenen *rechten* Parteien sind diese Tendenzen sehr ausgeprägt. Sie verbinden Formen der Bewohnerbefragung und -beteiligung (vor allem auf der populären Welle „Senkung der Abgabenlast" und „Selbsthilfe") mit einer Politik „echter Preise", die zwar zusätzliche Gebühren-Belastungen für die Bewohner mit sich bringt, aber keineswegs mit einer allgemeinen sozialen Demontage gleichzusetzen ist (Hoffmann-Martinot/Nevers 1985: 129ff.). Gleichzeitig gab es in diesen Städten spektakuläre Privatisierungen, die sich allerdings auf wenige Dienste und Bereiche erstreckten (Wasserversorgung, Abfallbeseitigung, einzelne Kultur- und Freizeiteinrichtungen, private bzw. halb-öffentliche Wirtschaftsförderungs- und Planungsgesellschaften (Lorrain 1991; Preteceille 1988: 63f.)). Studien wie die von Bleitrach u.a. (1981) über Lille und Marseille, oder, nach der Dezentralisierung, von Fourny (1986) über drei große Pariser Vorortsgemeinden zeigen, daß in *links* regierten Gemeinden eine Krise der örtlichen Wirtschaft *manchmal* frenetische und konzeptionslose Bemühungen um Ansiedlung 'dynamischer Wirtschaftsbetriebe' und einkommensstarker Bevölkerungsgruppen nach sich ziehen kann – dies bleibt *eine* Politikvariante. Andere Gemeinden aber betreiben weiterhin eine an Arbeitsplatz- und Umweltqualität orientierte Wirtschaftspolitik, eine gezielte kommunale Beschäftigungspolitik und eine gute Versorgung gerade sozial bedürftiger Bevölkerungsgruppen – zumindest, solange staatliche Finanz-Umverteilung und wachsende staatliche Mittel noch für eine erträgliche kommunale Finanzlage sorgen.

Diese günstige Finanzlage ist bislang noch gegeben. Da ein Großteil der staatlichen Zuweisungen globalisiert ist und nach einem relativ wirkungsvollen System umverteilt wird, haben die Gemeinden eine recht stabile Finanzbasis. Die Eigeneinnahmen differieren freilich beträchtlich, und die größere Selbständigkeit in der Festlegung von Steuern und Gebühren wird die Disparitäten zwischen den Gemeinden erhöhen (Guengant/Uhaldeborde 1989; Preteceille 1988: 46ff. und 56ff.). Solange der staatliche Anteil an den Gemeindefinanzen wächst, werden diese Differenzen weniger zu Buche schlagen als etwa bei uns – aber dieses Wachsen wird sich *dann* negativ auswirken, wenn staatliche Sparpolitik einmal auf die lokalen Körperschaften durchschlagen wird – die britischen Gemeinden mit ihrem freilich weit höheren staatlichen Finanzierungsanteil von 50 bis 60 Prozent können ein Lied davon singen (Neef 1992). Das Ausbleiben einer Finanzreform, die die staatlichen Globalmittel in die freie Verfügung der lokalen Körperschaften übergäbe, wird zwar in der Literatur als fortbestehende Abhängigkeit vom Staat beklagt (Becquart-Leclercq 1989; Preteceille 1988: 67f.) – aber die starken Finanzdisparitäten deutscher Gemeinden zeigen, daß höhere Finanzautonomie keineswegs nur positiv zu werten ist (Neef 1992). Insofern behalten die französischen Gemeinden eine relativ solide Grundausstattung mit Ressourcen, zumal eine ganze Palette überlokaler zentralstaatlicher Dienste und Unternehmen gerade den vielen kleinen Gemeinden zur Verfügung steht – freilich um den Preis einer Bevormundung durch übergeordnete Körperschaften.

Insofern bleiben die französischen Gemeinden eingepaßt in stark auf Ausgleich wirkende übergeordnete Instanzen und Politiken. Das gilt insbesondere für die Überzahl der kleinen Gemeinden. Die Städte haben zweifellos ein größeres Maß an Unabhängigkeit erhalten. Ihre gewachsene Verantwortlichkeit für Wirtschaftsentwicklung und soziale Situationen am Ort kommt in Form höherer Effizienz und besserer Anpassung an lokale Nachfrage Bewohnern und örtlicher Wirtschaft zugute. Solange die Bewohner-Basis demobilisiert bleibt und die versprochene Demokratisierung (Bewohner-Partizipation, Vergütung der Gemeinderäte) noch aussteht, wird die Selbstherrlichkeit der „großen Notabeln" – Bürgermeister und Spitzen-Technokraten – eher noch zunehmen, aber sie werden dem Einfluß potenter Interessenten am Ort zugänglicher werden. Bestimmte Grundzüge des französischen Typus kommunaler Herrschaft wurden also durch die Dezentralisierung eher noch schärfer ausgeprägt (Becquart-Leclercq 1989; Preteceille 1988: 68ff.; Thoenig 1982). Andererseits wurden einstmals übergeordnete staatliche Instanzen in eine Position manövriert, in der sie sich mit den Gemeinden die Arbeit teilen, tendenziell sogar mit ihnen konkurrieren, sich daher eher an örtliche Bedarfslagen anpassen müssen; jedenfalls treten sie in Mittel- und Großstädten nicht mehr als Vermittler nach 'oben' auf.

Das Legitimationsproblem des französischen lokalen Staats bleibt insofern latent, aber die erhöhte Effektivität der Verwaltung und der fehlende Widerstand von 'unten' unterbinden seine Ausweitung, solange der Zentralstaat lokale Finanznöte verhindert. Der französische lokale Staat wurde durch die Dezentralisierung mehr in die europäische Normalität größerer Eigenverantwortlichkeit und gerade dadurch erhöhter Marktabhängigkeit und Konkurrenz der Gemeinden gebracht (Pickvance 1986) – gerade die Überreste des französischen Zentralismus und Traditionalismus garantieren ihm mehr Stabilität und geringere Krisenanfälligkeit, als es etwa bei britischen und deutschen Gemeinden der Fall ist.

Literatur

Albertin, Lothar, 1988: Frankreichs Regionalisierung – Abschied vom Zentralismus?, in: Frankreich-Jahrbuch, Opladen 1988.
Ashford, Douglas E., 1982: British Dogmatism and French Pragmatism: Central Local Policy Making in the Welfare State, London: Allan and Unwin.
Balme, Richard, 1987: La participation aux associations et le pouvoir municipal, in: Revue française de sociologie 4, 601-639.
Becquart-Leclercq, Jeanne, 1989: Kommunalpolitik in Frankreich, in: *H.-G. Wehling* (Hrsg.), Frankreich, Opladen.
Bleitrach, Danielle/Lojkine, Jean u.a., 1981: Classe ouvrière et social-démocratie: Lille et Marseille, Paris: Editions sociales.
Branciard, Michel, 1984: Le décentralisation dans un pays centralisé, Lyon: Chronique sociale.
Browaeys, Xavier/Chatelain, Paul, 1984: Les France du travail, Paris: P.U.F.
Castells, Manuel, 1977: Les conditions sociales d'émergence des mouvements sociaux urbains, in: International Journal of Urban and Regional Research (IJURR) 1, 45-70.
Cathelineau, J., 1982: Le système financier local, in: *J. Lagroye* und *V. Wright* (Hrsg.), Les structures locales en Grande Bretagne et en France, Paris: La documentation française.
Dion, Stephane, 1984: Les politiques municipales de concertation: néo-corporatisme et démocratie, in: Sociologie du travail (SdT) 2, 121-140.
Fernique, Louis, 1985: En attendant Renault. Les avatars lorrains de l'intercommunale, in: Les Annales de la Recherche Urbaine (ARU) 28, 33-37.
Fournier, Jacques/Questiaux, Nicole, 1984: Traité du social, 4. Aufl., Paris.
Fourny, Marie-Christine, 1986: Politiques locales et désindustrialisation en proche banlieue parisienne, in: Hérodote 43, 123-139.
Grémion, Jean, 1976: Le pouvoir périphérique, Paris: Seuil.
Guengant, Alain/Uhaldeborde, Jean-Michel, 1989: Crise et réforme des finances locales, Paris: P.U.F.
Halmes, Gregor, 1985: Kommunalreformpolitik in Frankreich, in: Archiv für Kommunalwissenschaften (AfK), 24. Jg., 38-51.
Hidien, Jürgen W., 1988: Die französische Kommunalverfassung nach der Dezentralisation, in: AfK, 27. Jg., 216-234.
Hoffmann-Martinot, Vincent, 1988: Gestion moderniste à Nîmes, in: ARU 38, 95-103.
Hoffmann-Martinot, Vincent/Nevers, Jean-Yves, 1985: Les maires urbains face à la crise, in: Les Annales de la Recherche Urbaine 28, 121-132.
Jobert, Bruno, 1981: Le social en plan, Paris: Les éditions ouvrières.
Kommunalpolitik. Beiträge aus der Sozialistischen Partei Frankreichs, Hamburg/Westberlin: VSA.
Krämer, Jürgen/Neef, Rainer, 1989: Stadt und Wohlfahrtsstaat unter Krisenbedingungen, Göttingen: Soziologisches Seminar.
Lagroye, Jacques/Wright, Vincent (Hrsg.), 1982: Les structures locales en France et en Grande Bretagne, Paris: La Documentation française.
Laroque, Michel, 1986: Politiques sociales dans la France contemporaine, 2. Aufl., Paris: Ed. S.T.H.
Lojkine, Jean, 1985: Stadtpolitik und kommunales politisches System, in: *J. Krämer* und *R. Neef* (Hrsg.), Krise und Konflikte in der Großstadt im entwickelten Kapitalismus, Basel u.a.: Birkhäuser.
Lorrain, Dominique, 1985: Textes et contextes, in: ARU 28, 13-21.
Lorrain, Dominique, 1989: La montée en puissance des villes, in: Economie et Humanisme 305, 6-21.
Lorrain, Dominique, 1991: Public goods, Private Operators in France, in: R. Bartley und G. Stoker (Hrsg.), Local Government in Europe, London: Macmillan (Ms.).
Machin, J., 1982: Les formes traditionnelles de gouvernement local en France, in: *Lagroye* und *Wright,* a.a.O.
Mazier, Jacques/Basle, Maurice/Vidal, Jean-François, 1984: Quand les crises durent ... Paris: Economica.

Mehl, Dominique, 1985: Entwicklungslinien städtischer Kämpfe, in: *J. Krämer* und *R. Neef* (Hrsg.), Krise und Konflikte in der Großstadt im entwickelten Kapitalismus, Basel u.a.: Birkhäuser.

Molis, Patrick/Rondin, Jacques, 1985: Les interventions économiques des collectivités locales, in: SdT 3, 354-353.

Neef, Rainer, 1992: The local state and unequal regional developments of unemployment. Erscheint demnächst in: IJURR.

Nevers, Jean-Yves, 1983: Du clientélisme à la technocratie: Cent ans de démocratie communale dans une grande ville, Toulouse, in: Revue française des Sciences Politiques III, 428-454.

Pickvance, Christopher, 1986: Towards an analysis of centralization and decentralization trends in British and French central-local government relations, Ms., Canterbury: Univ. of Kent.

Preteceille, Edmond, 1981: Left-wing local governements and services policy in France, in: IJURR 5, 411-424.

Preteceille, Edmond, 1985a: Crise hégémonique et restructuration territoriale de l'Etat, in: Revue internationale d'action communautaire 13/53, 49-60.

Preteceille, Edmond, 1985b: The industrial challenge and the french left: central and local issues, in: IJURR 8, 273-289.

Preteceille, Edmond, 1988: Transformation des structures urbaines, ségrégation et politiques locales, in: *Edmond Preteceille* (Hrsg.), Mutations urbaines et politiques locales, Bd. 1. Paris: C.S.U.

Ronai, Simon, 1986: La crise des grands ensembles et les nouvelles politique municipales, in: Hérodote 43, 75-89.

Sadran, Pierre, 1983: Les communes face aux autres collectivités territoriales nouvelles, in: Les pouvoirs locaux à l'épreuve de la décentralisation, Paris: Pédone.

Schain, Martin, 1985: French Communism and Local Power, London: Pinter.

Schlenker, L.H., 1987: Local Industrial Strategies. A Key to French Economic Planning in the Eighties?, in: Comparative Politics, April, 267-279.

Sorbets, Claude, 1983: Le pouvoir d'agglomération en France: Projections centrales et écran local, in: Les pouvoirs locaux à l'épreuve de la décentralisation, Paris: Pédone, 57-77.

Statistisches Jahrbuch 1990 der Bundesrepublik Deutschland, Wiesbaden.

Thoenig, J.-C., 1982: Les politiques de réforme des collectivités locales en France, in: Lagroye/Wright, a.a.O.

Uterwedde, Henrik, 1988: Sozio-ökonomische Entwicklungen in den 80er Jahren: Brüche und Entwicklungen, in: Frankreich-Jahrbuch 1988, Opladen.

Uterwedde, Henrik, 1989: Frankreichs Wirtschaft, in: *H.-G. Wehling* (Hrsg.), Frankreich, Opladen.

Die Beziehungen zwischen dem Zentrum und der lokalen Ebene im Rahmen der Förderungspolitik in Süditalien

Simona Piattoni

1. Einführung

Das Problem einer erfolgreichen Integration von Regionen unterschiedlichen Entwicklungsniveaus und von unterschiedlichen kulturellen und sozialen Konfigurationen ist gewiß kein ausschließlich italienisches - die sogenannte „südliche Frage" -, sondern betrifft viele europäische Länder, darunter die Bundesrepublik. Der Begriff der Region hat neuerdings wieder Relevanz erhalten im Rahmen der Theorie der „Regulationsweise"[1]. Nach dem Untergang der fordistischen Regulationsweise und zentral geführten Tarifverhandlungen sollen regionale Ökonomien und Institutionen nationale Strukturen der Produktion sowie der Aggregation und Artikulation kollektiver Interessen ersetzen. Deshalb ist im aktuellen Kontext die Erforschung der Regionen des südlichen Italiens von besonderem Interesse.

Während der Nachkriegszeit hat der italienische Staat eine Vielzahl von Strategien zur Beseitigung des sozio-ökonomischen Gefälles zwischen dem Norden und dem Süden angewandt. Jedoch hat keine dieser Strategien nennenswerte Erfolge verbuchen können. Obwohl der Lebensstandard der südlichen Regionen stark angehoben werden konnte und sich mittlerweile fast dem Niveau des Nordens und der Mitte angeglichen hat, klafft auf dem Gebiet der wirtschaftlichen Leistungsfähigkeit weiterhin eine sehr große Lücke, die während der letzten Zeit eher größer als kleiner geworden ist. Zugegebenermaßen hat sich das Spezialisierungsmuster des Südens stark verändert - mittlerweile wurde die Landwirtschaft von der Industrie und Dienstleistung von der Position als größtem Arbeitgeber verdrängt -, jedoch beträgt das pro Kopf BSP des Südens nur 57,3 Prozent des nördlichen, und der Süden verharrt in der Stellung eines ständigen Netto-Importeurs von Ressourcen aus dem Rest des Landes[2]. Mit anderen Worten: Der Süden ist weiterhin eine abhängige Volkswirtschaft (vgl. Tabelle 1).

Es gibt eine Vielzahl von ökonomischen Erklärungen für dieses Nord-Süd-Gefälle[3]; in diesem Aufsatz werde ich mich jedoch mit der Rolle politischer und administrativer Variablen und ihrem Einfluß auf die wirtschaftliche Leistungsfähigkeit des Südens beschäftigen.

Tabelle 1: Vergleich zwischen Nord-Zentrum und Süden

	Nord-Zentrum	Süden	Italien
Verfügbares Einkommen (pro Kopf, % des Nord-Zentrums)			
1965	100,0	65,6	87,5
1970-73	100,0	69,4	89,4
1974-84	100,0	71,7	90,2
1985-87	100,0	67,7	88,3
Produkt (pro Kopf, % des Nord-Zentrums)			
1965	100,0	55,1	83,7
1970-73	100,0	59,0	85,6
1974-84	100,0	58,7	85,4
1985-87	100,0	58,4	85,0
Landwirtschaftsarbeiter (% der Gesamtarbeiter)			
1951	37,5	56,5	3,7
1971	13,3	30,9	18,6
1989	6,7	15,3	9,3
Industriearbeiter (% der Gesamtarbeiter)			
1951	34,1	20,3	29,5
1971	46,4	31,9	42,1
1989	36,0	23,3	32,2
Dienstleistungsarbeiter (% der Gesamtarbeiter)			
1951	28,4	23,2	26,7
1971	40,2	37,2	39,3
1989	57,4	61,4	58,6

Quelle: ISTAT: Annuario statistico italiano, 1952, 1972, 1990; Wolleb/Wolleb 1990.

2. *Südlicher Klientelismus*

Die Unterentwicklung des Südens wird gemeinhin dem spezifischen Charakter der vom Klientelismus geprägten politischen Verhältnisse zugeschrieben[4]. Nach Ansicht sowohl der italienischen als auch der ausländischen politikwissenschaftlichen Forschung ist der Klientelismus in der Tat ein entscheidendes Merkmal des italienischen politischen Systems im allgemeinen und der politischen Verhältnisse des Südens im besonderen. Viele Erklärungsansätze für die Existenz des Klientelismus wurden entwickelt.

Einer Ansicht nach ist der Klientelismus die Folge des spezifischen Prozesses der Herausbildung des italienischen Nationalstaates. Die industrielle Bourgeoisie des Nordens versicherte sich der Unterstützung des südlichen Landadels mittels der Bestätigung des Dominanzverhältnisses der südlichen Aristokratie über die land- und stimmlose Bauernschaft. Angesichts der außerordentlich geringen Wahlberechtigung[5] konnten Regierungsmehrheiten auf der Grundlage (instabiler) persönlicher Abkommen gebildet werden, die in keinem Verhältnis zu irgendeiner wirtschaftlichen oder sozialen

Programmatik standen. Konsens wurde stattdessen durch Vergünstigungen an mächtige Persönlichkeiten erzeugt (Tarrow 1977).

Wenn der Klientelismus auch dem ganzen politischen System Italiens anhaftete, so war er doch ausgeprägter und tiefer verwurzelt im Süden, wo klientelistische Beziehungen in der Vergangenheit ein konstantes Merkmal der örtlichen Gesellschaft waren. Die unterschiedliche Ressourcenausstattung zwischen dem Landadel und der landlosen Bauernschaft erzeugte mit der Zeit ein System der (dauerhaften) Abhängigkeit. Für den individuellen Bauern konnten die wirtschaftlichen Konsequenzen eines derartigen Typus von Beziehungen nur durch Unterwürfigkeit und Förderung eines paternalistischen Verhaltens seitens seines Gönners abgemildert werden.

Mit der Ausdehnung der Wahlberechtigung auf die beherrschte Klasse wurde die Stimmabgabe für die südlichen Bauern ein zusätzliches Mittel, mit dem versucht werden konnte, die Gunst der Höhergestellten zu erlangen und damit die eigene wirtschaftliche Lage zu verbessern[6]. Dieses Beziehungsgefüge entmutigte kollektives Verhalten der Bauernschaft und flößte ihr ein Mißtrauen gegenüber dem Staat ein, der als Garant dieses Ausbeutungsverhältnisses erschien. Es war eine der größten „Errungenschaften" der Christdemokraten, dieses System aufrechtzuerhalten und zwecks Etablierung ihrer Machtposition im Süden benutzt zu haben (Cadiagli 1977). Dies ist wahrscheinlich die am weitesten verbreitete Erklärung des Ursprungs und der Ausdehnung des südlichen Klientelismus. Unlängst hat ein italienischer Sozialwissenschaftler die Theorie vorgetragen, daß die politischen Unterschiede auf zwei grundverschiedene Begriffe von Autorität zurückgeführt werden können, die in beiden Hälften des Landes vorherrschen. Während die Bürger des Nordens Loyalität einer abstrakten Ordnung gegenüber empfinden – das „kontinentale Modell" –, empfinden die Bürger des Südens Loyalität für eine bestimmte Person – das „mediterrane Modell" (Miglio 1991). Dieser Theorie zufolge ist der Klientelismus kein einzigartiges Merkmal Süditaliens mehr, sondern findet sich auch in anderen Mittelmeerstaaten[7].

Für beide Erklärungsansätze ist der Klientelismus ein stabiles Merkmal der südlichen Gesellschaft, der sich eher bestimmend auf die modernen Institutionen auswirkt und sich eher auf den Rest des Landes ausweiten wird, als daß er beherrscht und eingegrenzt werden kann. Eines der zentralen Anliegen beider Ansätze ist aufzuzeigen, daß die ursprünglichen Charakteristiken der südlichen Gesellschaft trotz des allgemeinen Wahlrechts und der Entstehung von Volksparteien sich reproduzieren und ausweiten konnte[8]. Beide Ansätze betonen demnach die geschichtliche und kulturelle Kontinuität und geben Anlaß zu pessimistischen Schlußfolgerungen.

Ein dritter Erklärungsansatz hebt dagegen die Rolle der öffentlichen Verwaltung und der jeweiligen Politikmaßnahmen für die Ausdehnung klientelistischer Handlungsweisen im Süden hervor[9]. Nach dieser Interpretation entzweite das Wachstum der öffentlichen Verwaltung und ihre zunehmende „Versüdlichung" – d.h. daß Stellen auf allen Ebenen des öffentlichen Dienstes in zunehmendem Maße von Personen südlicher Herkunft besetzt werden – die politische und administrative Klasse. Der vorwiegend juristische Hintergrund der südlichen Beamten und ihre Vorliebe für Formalismus führte zu sehr detaillierten Gesetzen, die den Ermessensspielraum der Verwaltung einschränkten. Als während der Nachkriegszeit ein gewisses Maß an Dezentralisierung durchgeführt wurde, versuchte die politische Klasse ihre Vormachtstellung mittels der Zentralisierung der lokalen Finanzen zu behaupten. Die Sonderprogramme zur Entwicklung des Südens verstärkten diese Tendenz nur noch. Für die lokale Verwaltung bestand die einzige Möglichkeit, einen Ausgleich für diese allgemeinen Rigiditäten und den Mangel an Effizienz darin zu finden, daß in zunehmendem Maße auf persönliche und oftmals parteigebundene Beziehungen rekurriert wurde.

Diese Erklärung hat den Vorteil, daß sie die klientelistischen Verhältnisse im Süden nicht als unveränderlich betrachtet, sondern die aktuelle Situation als Folge der spezifischen Geschichte des italienischen Verwaltungsapparates und der jeweiligen Politikentscheidungen interpretiert. Dies aber heißt, daß die politischen und administrativen Verhältnisse einer Formung durch die Politik zugänglich werden. Trotzdem weist dieser Ansatz einige Gemeinsamkeiten mit den anderen beiden Ansätzen auf.

Erstens wird angenommen, daß klientelistische Verhältnisse die wirtschaftliche Entwicklung beeinträchtigen. Die südlichen „politischen Unternehmer"[10], deren Macht auf dem wirtschaftlichen Gefälle zum Rest des Landes und der sich daraus ergebenden Möglichkeit der Verteilung öffentlicher Gelder im Austausch für Stimmen basiert, haben kein Interesse an einer Änderung dieses Zustandes. Zudem werden die nach politischen Kriterien verteilten Gelder verstreut und leiten keine wirtschaftlichen Entwicklungsprozesse ein.

Zweitens, und meines Erachtens wichtiger, erklärt keiner der Ansätze, weshalb sich einige Regionen des Südens deutlich günstiger entwickelt haben als andere. Wenn klientelistische Beziehungen tatsächlich ein gemeinsames Merkmal südlicher Regionen sind, wenn derselbe personalistische Begriff von Autorität überall im Süden vorherrscht, wenn es eine einheitliche staatliche Politik für den gesamten Süden gab, wie erklären sich dann die unterschiedlichen Leistungsprofile der südlichen Regionen (vgl. Tabelle 2)?

Eine mögliche Erklärung hebt die Bedeutung der historischen, wirtschaftlichen und sozialen Konfigurationen der verschiedenen Regionen hervor. Sie leitet die Unterschiede in den jeweiligen Leistungsprofilen von der An- bzw. Abwesenheit von bedeutenden Handelszentren, handwerklichen Traditionen, „erweiterter Familien" und der „Urbanisierung des Landes" in der Vergangenheit her – Variablen, die der Entstehung und dem Wachstum sogenannter „industrieller Bezirke" sehr zuträglich sind (Bagnasco/Pini 1981; Trigilia 1981). Eine andere Erklärung unterstreicht stattdessen die Verbreitung von Verbänden als Indiz für eine lebhafte bürgerliche Gesellschaft. Diese wiederum erlangt große Bedeutung für die späteren institutionellen Fähigkeiten der Regionen und damit für ihre wirtschaftliche Entwicklung (Putnam 1987).

Obwohl diese Faktoren zweifelsohne von Bedeutung und wahrscheinlich sogar grundlegend für ein Verständnis der Entwicklungsunterschiede zwischen den südlichen Regionen sind, ergeben sie noch kein vollständiges Bild. Obwohl sie vielleicht ex-post-Rationalisierungen der möglichen Determinanten der Entwicklung erlauben, ist es nicht möglich, auf der Grundlage dieser Variablen Entwicklungen vorauszusagen. Man kann nicht übersehen, daß einige der ehemals lebhaftesten kulturellen und kommerziellen Zentren, wie z.B. Neapel, heutzutage zu den problematischsten Regionen des Landes gehören, während Regionen wie Abruzzi, Molise und sogar Basilicata, die

Tabelle 2: Vergleich zwischen südlichen Regionen

	Abruzzi	Puglia	Calabria
Produkt (pro Kopf, % des Nord-Zentrums)			
1965	50,4	52,3	40,5
1970-73	62,5	59,6	48,5
1974-84	67,1	59,5	49,6
1985-87	72,6	59,9	49,4
Verfügbares Einkommen (pro Kopf, % des Nord-Zentrums)			
1965	67,0	65,2	50,2
1970-73	75,7	70,6	64,3
1974-84	80,9	74,1	67,5
1985-87	80,2	65,9	63,9
Landwirtschaftsarbeiter (% der Gesamtarbeiter)			
1971	31,6	36,5	33,2
1981	20,3	28,6	23,0
1989	13,8	17,3	20,0
Industriearbeiter (% der Gesamtarbeiter)			
1971	31,4	27,6	
1981	31,1	26,5	24,4
1989	28,0	24,6	16,9
Dienstleistungsarbeiter (% der Gesamtarbeiter)			
1971	37,0	35,9	
1981	48,6	44,9	52,6
1989	58,2	58,0	63,1
Arbeitslosenquote (%)			
1971	4,3	4,0	5,2
1981	9,0	9,7	13,4
1989	11,9	16,8	26,9

Quelle: ISTAT: Annuario statistico italiano, 1972, 1982, 1990; ISTAT: Le regioni in cifre, 1976, 1980, 1985, 1990; Wolleb/Wolleb 1990.

ehemals zu den ärmsten und isoliertesten Regionen zählten, heute die höchsten Wachstumsraten aufweisen. Stattdessen scheint mir das Zusammenspiel der lokalen Ressourcen mit den politischen und administrativen Institutionen die wichtigste Variable zu sein, die die wirtschaftliche Leistung der jeweiligen Regionen bestimmt. Die ererbten lokalen Gegebenheiten können, müssen aber nicht, durch die staatliche Politik aktiviert werden, deren Ergebnisse in hohem Maße vom Verhalten der lokalen Institutionen abhängen.

Im folgenden werde ich den oben skizzierten dritten Ansatz weiter ausführen und zeigen, daß der administrative Rahmen – insbesondere das Verhältnis zwischen Zentrum und Peripherie – von ausschlaggebender Bedeutung für die (unterschiedliche) wirtschaftliche Entwicklung des italienischen Südens ist. Im nächsten Abschnitt werde ich einen kurzen Überblick über die historische Entwicklung der Beziehungen zwischen

Zentrum und lokaler Ebene geben. Der vierte Abschnitt beschäftigt sich mit der Geschichte der Regionalpolitik nach dem Zweiten Weltkrieg und den einzelnen Modellen, die als Grundlage dienten. Der fünfte untersucht die Art und Weise, auf der administrative, politische und wirtschaftliche Interessen innerhalb der italienischen Regionen interagieren. Der sechste Abschnitt schließlich untersucht, ob sich möglicherweise verschiedene Arten eines solchen Interaktionsmusters im Süden etablieren können.

3. *Beziehungen zwischen dem Zentrum und der lokalen Ebene*

Die Gründung des italienischen Staates wurde vom liberalen Gedankengut des begrenzten Staates und dem Respekt für die individuellen Rechte inspiriert. Die öffentliche Verwaltung bestand deshalb anfangs nur aus wenigen Ministerien, deren Tätigkeit von einem strikten Festhalten an den Grundsätzen des Formalismus und der Gleichheit gekennzeichnet war. Auf provinzieller Ebene wurden die Ministerien von einem sogenannten Präfekten vertreten, dessen Aufgabe zusätzlich darin bestand, dem Zentrum die Wünsche der örtlichen Bevölkerung zu übermitteln. Der Präfekt übte demnach sowohl eine politische als auch eine administrative Funktion aus und stellte die Verbindung zwischen der politischen und der administrativen Klasse her. Die Kommune bildete die zweite Ebene der lokalen Verwaltung und war das eigentliche Zentrum des lokalen politischen und sozialen Lebens und die Wiege der lokalen Autonomie.
Schon um die Jahrhundertwende führte die Ausweitung der staatlichen Aufgaben zu einer Erweiterung des öffentlichen Verwaltungsapparates sowohl im Zentrum als auch in der Peripherie. Die Zahl der Ministerien wuchs an, und mehrere Anstalten des öffentlichen Rechts (enti pubblici) wurden gegründet. Die Präsenz der öffentlichen Verwaltung in der Peripherie verstärkte sich – neben dem Präfekten. Die Beschäftigung im öffentlichen Dienst nahm zu, und das Verhältnis zwischen Beamten, Angestellten und dem Staat änderte sich. Während der Staat vormals als Quelle der Autorität betrachtet wurde, dem die öffentlichen Bediensteten Loyalität schuldeten, wurde er später zu einem bloßen Arbeitgeber und zur Quelle von Einnahmen. Besonders im Süden war eine Stelle im öffentlichen Dienst zur Verbesserung des eigenen Status zweckdienlich. Die anfänglichen geographischen Bande zwischen der administrativen und politischen Klasse – beide hauptsächlich piemontesischer Herkunft und liberaler Überzeugung – zerbrachen damit, und die bekannte „Versüdlichung" der öffentlichen Verwaltung nahm ihren Anfang (Cassese 1983).
Bis 1912 waren nur 8,3 Prozent der Bevölkerung stimmberechtigt. Da die Bevölkerung nicht durch die politische Klasse vertreten wurde und durch die Trennung der politischen von der administrativen Klasse entstanden zwei schädliche Phänomene: „trasformismo" und „clientelismo". Während Koalitionen und Regierungen gebildet wurden ohne Entsprechung zu sozialen Klassen oder sozio-ökonomischen Programmatiken (trasformismo), wurden die Stellen in der öffentlichen Verwaltung jedesmal nach einer Regierungsbildung neu besetzt, um somit Bande zu schaffen zwischen den Ministerien und den Staatsbeamten (clientelismo). Die Trennung und das Mißtrauen zwischen der politischen Klasse und der öffentlichen Verwaltung waren Anlaß zur Verabschiedung

hochgradig detaillierter Gesetze, die die Einengung der Ermessensspielräume der Verwaltung bezweckten. Im Gegenzug versuchte die Verwaltung ihre Unabhängigkeit zu verteidigen, indem sie ein extrem formalistisches Verhalten an den Tag legte bis zu dem Punkt, wo sie die Durchführung der Gesetze durchkreuzte.
Die sich daraus ergebende Ineffizienz der Verwaltung und die Vielzahl der Aufgaben, die der Staat erfüllen sollte, verursachten zwei Entwicklungen: die Vervielfältigung der lokalen Behörden der Ministerien (neben dem Präfekten) und eine wachsende Zahl mit spezifischen Aufgaben beauftragter Behörden[11]. Die Anzahl der Verbindungen zwischen dem Zentrum und der Peripherie stieg damit weiter an. Die Lage wurde noch komplizierter, als nach dem Zweiten Weltkrieg die Regionen ins Leben gerufen wurden. Die ersten Region, die gebildet wurden, waren die sogenannten „Sonderregionen" (Valle d'Aosta, Trentino-Südtirol, Sizilien, Sardinien und Friuli-Venezia Giulia), also Regionen, die aufgrund ihrer linguistischen Eigenheit und unabhängigen Vergangenheit besondere Privilegien genossen. Die anderen fünfzehn „gewöhnlichen" Regionen wurden erst 1970 geschaffen.
Die Regionen sind repräsentative Körperschaften und haben hauptsächlich Befugnisse auf vier Gebieten: Landwirtschaft, öffentliche Arbeiten, Gesundheit und Transport. In der Theorie sollten die lokalen Behörden der Ministerien aufgehoben und ihre Aufgaben den Regionen überantwortet werden. In der Praxis jedoch haben die Ministerien für öffentliche Arbeiten und Transport ihre lokalen Strukturen beibehalten. Zudem deckt sich die regionale Gliederung des öffentlichen Gesundheitsdienstes nicht mit den Regionen, sondern besteht aus unterschiedlich großen Einheiten mit einer oder mehreren Kommunen. Mit anderen Worten: Statt die institutionelle Landschaft zu vereinfachen, hat die Schaffung der Regionen das Phänomen der Duplikation von Strukturen auf niedrigerer Ebene reproduziert. Auf finanziellem Gebiet sind die Regionen fast völlig unabhängig vom Zentralstaat. Mittel werden ihnen jedes Jahr zugeteilt aufgrund fester Parameter, und die Verwendung dieser Gelder wird vom Zentrum zwingend vorgeschrieben (laut Dente (1985) können die Regionen nur über etwa 8 Prozent ihres Etats frei verfügen).
Die Erfolgsbilanz der Regionen ist im besten Fall gemischt. Einigen Autoren zufolge ist dies dem mangelnden Engagement der Gesetzgeber zuzuschreiben, die gleichzeitig mit der Schaffung der Regionen auch Hürden für ihr reibungsloses Funktionieren aufstellten (Bassanini 1985). Von anderen wird eingewandt, daß die regionalen Behörden überhaupt nicht in der Lage waren, Verantwortung zu übernehmen, so daß die Gesetzgeber gar keine andere Wahl hatten, als die Befugnisse der Regionen einzuschränken (Barbera 1985, 1988). Wieder andere Autoren bemerken, daß die Einführung der Regionen immer eine kontroverse Frage war, die die Regierung und die Opposition gegeneinander aufbrachte[12]. Deshalb wäre es naiv gewesen zu glauben, daß die regierende Klasse Institutionen ins Leben rufen würde, die ihre eigenen Befugnisse einschränken könnten, ohne gleichzeitig zu versuchen, diesen Verlust auf irgendeine Art zu kompensieren (Dente 1985, 1988). Andere bemerken, daß, obwohl die tatsächliche Entscheidungsgewalt der Regionen ziemlich gering ist, sie von Anfang an in einer Reihe von Beratungsgremien vertreten waren, die als Forum für Diskussionen und Verhandlungen zwischen ihnen und dem Zentralstaat geschaffen wurden (Cam-

melli 1986; D'Aniello 1981). Schließlich behauptet Trigilia (1989), daß das Fehlen regional organisierter funktionaler Interessenverbände sich sehr nachträglich auf die Regionen auswirkt, weil die nötigen Inputs fehlen.

Wenn schon die Beziehung zwischen den Regionen und dem Zentralstaat verwirrend ist, dann ist es die zwischen den Regionen und den anderen lokalen Körperschaften – Provinzen und Kommunen – um so mehr. Die Regionen beaufsichtigen die Tätigkeit der Provinzen und der Kommunen und übertragen ihnen die Funktionen, die sie auf der untersten Ebene für besser ausgeführt halten. In der Praxis erhalten die Regionen eine wachsende Zahl von Aufgaben vom Zentralstaat, die sie wiederum auf die Kommunen abwälzen. Die Überlastung der Regionen – die jetzt 11,5 Prozent der öffentlichen Aufgaben tätigen, aber nur 2 Prozent der öffentlichen Bediensteten beschäftigen (Cassese 1983) – führt somit zu einer Überlastung der Kommunen. Während die Kommunen versuchen, sich dem Druck der Regionen zu entziehen, verlieren die Provinzen ihre Bedeutung und suchen nach einer neuen Rolle und Identität (Onida 1988; Rotelli 1988)[13].

Die Lage verschlechterte sich noch, als zwischen 1977 und 1982 eine Reihe von Gesetzen zur Reform der lokalen Finanzen verabschiedet wurde (Cassese 1983; Dente 1985). Die Kommunen hatten sich stark bei den Banken verschuldet. Um das Staatsdefizit unter Kontrolle zu bekommen, konsolidierten die zentralstaatlichen Finanzbehörden die Schulden der Kommunen und zentralisierten alle bedeutenden Einnahmequellen. Den Kommunen wurde untersagt, bei den Banken Kredite aufzunehmen, und sie mußten jedes Jahr einen ausgeglichenen Haushalt vorweisen. Nur in Ausnahmefällen konnten sie Kredite bei der Postsparkasse (Cassa Depositi e Prestiti) aufnehmen. Zudem mußten Neueinstellungen vom Zentralstaat genehmigt werden. Die Befugnisse der Provinzen und der Kommunen wurden demnach auch eingeschränkt.

Diese kurze Skizze soll zwei widersprüchlichen Tendenzen in der geschichtlichen Entwicklung der öffentlichen Verwaltung Italiens herausarbeiten. Die erste strebt in Richtung einer stärkeren Dezentralisierung, während die zweite Tendenz hingegen in Richtung einer stärkeren Zentralisierung wirkt. Die Vervielfältigung der Aufgaben, die vom Staat erwartet werden, und ein wachsender Bedarf an Legitimation waren für den Zentralstaat Anlaß, bestimmte Aufgaben auf die unteren Gebietskörperschaften zu übertragen und das lokale System auch den Parteien, die auf nationaler Ebene systematisch von der Regierungsteilnahme ausgeschlossen waren, zu öffnen. Andererseits drängten die Sorgen um das wachsende Haushaltsdefizit und die zunehmende Macht der Oppositionsparteien auf lokaler Ebene in Richtung einer größeren Ausgabendisziplin und Kontrolle. Das Ergebnis dieser beiden gegenläufigen Tendenzen war eine Kompromißsituation, in der die politische Klasse und insbesondere lokale Politiker mit bedeutendem Einfluß im Zentrum eine wichtige Maklerrolle einnehmen konnten.

Die Schaffung der Regionen brachte nicht die von vielen erhoffte Korrektur des Verhältnisses zwischen Politik und Verwaltung und eine Erweiterung der repräsentativen Demokratie (Barbera 1985, 1988; Bartole 1984). Stattdessen wurden die Regionen rasch in das traditionelle klientelistische Muster aufgenommen. Obwohl anscheinend in den nördlichen und mittleren Regionen, wo die Arbeitsteilung zwischen lokalen und nationalen Behörden sich nach dem Ausmaß des jeweiligen Problems richtet, ein „modus vivendi" gefunden werden konnte, wurden die südlichen Regionen von den zentralstaatlichen Strukturen überwältigt. Sie wurden dem vorhandenen Arrangement unterworfen, und ihnen wurde zahlreiche Funktionen genommen (Cammelli 1987).

4. *Förderungspolitik in Süditalien*

Von Anfang an wurden Staatseingriffe in Süditalien als Sondermaßnahme konzipiert. Die zu Beginn des Jahrhunderts erlassenen Gesetze für Neapel, Sizilien und Basilicata sahen alle einen „Sonderbeauftragten" vor, der mit Sondervollmachten für eine vermeintliche (und zeitlich begrenzte) Ausnahmesituation ausgestattet war.

In der Nachkriegszeit überlebte dieses Konzept und verkörperte sich in einer Institution – der berühmten Cassa per gli Interventi Straordinari nel Mezzogiorno –, der die Aufgabe der Förderung der wirtschaftlichen Entwicklung des Südens und der Beseitigung des Nord-Süd-Gefälles übertragen wurde. Während einer ersten Phase – unter dem Gesetz n. 646, 1950 – stützte die Cassa die Landwirtschaftsreform und besorgte die notwendigen Infrastrukturen (hauptsächlich Wasser, Straßen, Strom usw.). In diesem Zeitraum lag der Schwerpunkt beim technischen Sachverstand der Cassa. Obwohl dem Komitee des Ministers für den Süden (Comitato dei Ministri per il Mezzogiorno) die Entwicklung des langfristigen Rahmenplanes für die staatliche Intervention im Süden oblag, hatte „de facto" die Cassa die Macht, das „Ensemble der öffentlichen Arbeiten" (complessi organici di opere), aus dem die Politikmaßnahmen bestanden, zu bestimmen. Die Cassa war als öffentliche Institution gedacht, die die Richtlinien vom Zentrum erhielt und ihre technischen Kenntnisse benutzte, um die effizienteste Anwendung dieser Richtlinien zu erarbeiten (Di Gaspare 1984).

Der verhältnismäßig einfache institutionelle Rahmen wurde zusehends komplexer infolge des Gesetzes n. 384, 1957, das die Industrialisierung des Südens zur Hauptzielsetzung der neuen Strategie des italienischen Staates bestimmte. Diese Entscheidung beinhaltete die Erweiterung der Tätigkeiten der Cassa und die Übertragung von Teilen des Industrialisierungsprogrammes auf staatliche Holdinggesellschaften[14]. Diese beiden Strategien wurden anfänglich als ergänzend verstanden: Die neuen Kreditbedingungen der Cassa sollten vor allem den kleinen und mittleren Firmen zugutekommen, während die Investitionstätigkeit der staatlichen Holdinggesellschaften große Konzerne in der Basisindustrie fördern sollte. Es gab zwei Arten von finanziellen Anreizen für die Firmen aus dem Süden. Die erste Art, von der Cassa selbst verwaltet, belief sich auf eine einmalige Zahlung von 30 Prozent der geplanten Investition. Die zweite Art, von den Instituten für Sonderkredit (Istituto di Credito Speciale) verwaltet, bestand aus günstigen Krediten, die die restlichen 70 Prozent des Investitionsaufwandes abdecken sollten. Da Anträge auf beide Finanzierungshilfen zusammen begutachtet werden sollten, hatte die Cassa die Macht zu entscheiden, wer das Geld bekommen würde und wer nicht. Das institutionelle Modell, das in diesen Jahren vorherrschte, war deshalb immer noch zentralistisch und von der Cassa dominiert.

Im Jahre 1965 änderte das Gesetz n. 717 erneut den institutionellen Rahmen für öffentliche Maßnahmen im Süden. Die politische Allianz zwischen Christdemokraten und Sozialisten führte zu der neuen politischen Formel der „Wirtschaftsplanung"[15]. Diese neue Form der Wirtschaftspolitik kam in der neuen Gesetzgebung für den Süden zum Ausdruck, die die Ausarbeitung der Maßnahmen demselben Gremium überantwortete, das auch für die allgemeine Wirtschaftspolitik zuständig war, nämlich dem Interministeriellen Komitee für Wirtschaftsplanung (CIPE). Der Minister für Sondereingriffe im Süden (Ministro per gli Interventi Straordinari nel Mezzogiorno) erhielt neue Befugnisse, während die Cassa als die leitende Behörde für die Durchführung aller Maßnahmen bestätigt wurde.

Das Gesetz von 1965 stellte jedoch eine symbolische Änderung des institutionellen Rahmens dar, denn die tatsächlichen Planungsbefugnisse des CIPE waren in der Praxis nur sehr beschränkt, und die zentrale Rolle der Cassa blieb weiterhin unangefochten. Für alle praktischen Vorschläge leitete die Cassa nicht nur die Durchführung, sondern traf auch die Entscheidungen bezüglich der Maßnahmen. Einen Hinweis auf die inhärenten Schwierigkeiten einer Umorientierung des Musters des öffentlichen Eingriffes im Süden lieferte der Versuch, die kleinen und mittleren Firmen zu fördern. Das neue Gesetz n. 658, 1967, und die darauf folgenden Durchführungsbestimmungen blieben unerfüllt. Eine Erneuerung wurde vielmehr durch die Implementation der sogenannten „geplanten Verhandlung" (contrattazione programmata) eingeführt. Dies führte zu direkten Verhandlungen zwischen dem Zentralstaat und einigen großen Firmen, deren Ergebnis der Austausch von infrastrukturellen Projekten gegen private Großinvestitionen war. Damit verschob sich das Entscheidungszentrum von der Administration zu den Spitzen der staatlichen Verwaltung.

Das Gesetz n. 853, 1971, stellte eine einschneidende Änderung des institutionellen Modells der staatlichen Politik im Süden dar. Der Begriff Planung wurde aufgegeben, aber dem CIPE blieb weiterhin der Auftrag, den Staatseingriff im Süden mittels der sogenannten „Organischen Eingriffsprojekte" (progetti organici di intervento) festzulegen. Bei der Festlegung der Schwerpunkte der staatlichen Politik wurde dem CIPE jetzt das Komitee der Präsidenten der Regionalen Regierungen (Comitato dei Presidenti delle Giunte Regionali) zur Seite gestellt, das das alte Komitee der Minister für den Süden ersetzte. 1970 wurden, wie schon bemerkt, die repräsentativen Institutionen der fünfzehn ordentlichen Regionen geschaffen. Obwohl diese Regionen auf dem Papier eine Reihe von wirtschaftspolitischen Befugnissen erhalten hatten, war de facto die Machtübergabe noch nicht erfolgt[16]. Trotzdem wurden sie sofort in den wirtschaftspolitischen Entscheidungsprozeß einbezogen.

Dementsprechend wurde die Macht der Cassa verringert. Die sogenannten „angeschlossenen Anstalten" (enti collegati)[17] wurden unabhängiger von der Cassa und bekamen Anweisungen direkt vom CIPE. Mit anderen Worten: Die Macht wurde von den Verwaltungsinstitutionen – der Cassa – zu den politischen – CIPE, Regionen – verlegt. Die ehemals bindende Entscheidung der Cassa über die Finanzierbarkeit der Investitionsprojekte verlor an Wichtigkeit und die der Spezialkreditanstalten und der anderen Bankeninstitutionen, denen gerade erlaubt wurde, Kredite in den Süden fließen zu lassen, wurde hingegen ausschlaggebend.

1976 versuchte das neue Gesetz n. 183, die Staatseingriffe im Süden – die wegen der undeutlichen Arbeitsteilung zwischen der Cassa, den angeschlossenen Anstalten und der Regionen und wegen der Weltwirtschaftskrise erlahmt waren – mittels sogenannter „Sektorenpläne" wieder zu beleben[18]. In Wirklichkeit war die institutionelle Landschaft zu diesem Punkt von so vielen Akteuren bevölkert – jeder in der Lage, ein Veto einzulegen, aber keiner in der Lage, die Durchführung von Entscheidungen zu gewährleisten –, daß der Versuch ihrer Koordinierung mittels eines einfachen amtlichen Dokuments von Anfang an zum Scheitern verurteilt war. Stattdessen stellten sich die politischen Parteien immer mehr als Koordinationsinstrumente der Interessen des Zentrums mit denen der Peripherie heraus.

Zusammenfassend: Die staatlichen Eingriffe im Süden bis zu diesem Zeitpunkt lassen sich in zwei Phasen einteilen. Während der ersten Phase (1950 – 1964) wurde die südliche Frage als ein technisches Problem behandelt, das mit Hilfe technisch qualifizierter Bürokraten gelöst werden könne. Angesichts der fortwährenden Unterentwicklung des Südens wurde die Beseitigung des Nord-Süd-Gefälles während der zweiten Phase (1965 – 1980) zu einer der wichtigsten, wenn nicht sogar zur dominierenden Zielsetzung der nationalen Wirtschaftspolitik. In diesem Kontext wurden zahlreiche Verfahren angewandt – „organische Eingriffsprogramme", „geplante Verhandlung", „Sektorenpläne" –, und, was noch wichtiger ist, der Schwerpunkt der Förderungspolitik verlegte sich von der administrativen zur politischen Arena. Am Ende dieses zweiten Zeitraums war der Süden der Empfänger einer Vielzahl staatlicher Hilfsmaßnahmen geworden. Die meisten dieser Maßnahmen umgingen die ursprünglichen Strukturen der Regionalpolitik für den Süden und liefen stattdessen über klientelistische Kanäle[19]. Viele Gründe – die Enttäuschung über die Unfähigkeit des Staates, die südliche Frage zu lösen; die neue Wirtschaftskrise, die die Aufmerksamkeit zurück zu den industrialisierten Gebieten des Landes leitete; das Bedürfnis, die Existenz der Regionen konkreter anzuerkennen; und nicht zuletzt das Aufkommen einer neuen Theorie, die in den „industriellen Bezirken" die Treibhäuser der Entwicklung der achtziger Jahre identifizierte – verursachten ein Abrücken von der alten Strategie und eröffneten eine neue Phase der Förderpolitik im Süden.

Der Zeitraum zwischen dem 31. Dezember 1980, als die Cassa offiziell aufgehoben wurde, und dem 1. März 1986, als die neue Gesetzgebung verabschiedet wurde, ist eines der finstersten Kapitel in der Geschichte der Staatseingriffe im Süden. Während sich die alte Strategie offenbar erschöpft hatte und eine neue Herangehensweise noch gefunden werden mußte, erfuhr das Land eine neue Wirtschaftskrise, die das Überleben auch der ältesten und solidesten Industriegebiete bedrohte. Zwischen 1980 und 1983 verlängerte eine Reihe von Gesetzen die Existenz der Cassa. Am 6. August 1984 wurde die Cassa dann endgültig aufgehoben und das Liquidierungsverfahren eingeleitet. Das Gesetz n. 651, 1983, zur Aufhebung der Cassa enthielt auch die Umrisse des neuen politischen Ansatzes des Staates für den Süden. Dieses Gesetz bezweckte die vollständige Einbeziehung der Regionen in den Entscheidungs- und Durchführungsprozeß der Regionalpolitik im Süden. In Wirklichkeit geschah jedoch nichts bis zur Verabschiedung des Gesetzes n. 64, 1986, mit dem endlich die neue Politik für den Süden ihren Anfang nahm.

Auf dem Papier strukturiert das Gesetz n. 64, 1986, die außerordentlichen Maßnahmen für den Süden auf recht innovative Weise. Der Minister für den Süden sammelt die

Vorschläge der Regionen und stellt alle drei Jahre einen Plan zusammen, der den Rahmen des Staatseingriffes im Süden abgibt. Der Plan muß vom CIPE und vom Komitee der Präsidenten der südlichen Regionen genehmigt werden. Er enthält die ausgewählten Bereiche für die Sondermaßnahmen und die zu erreichenden Ziele. Die Regionen und die anderen Gebietskörperschaften – Provinzen, Kommunen und Bergkommunen – legen jedes Jahr konkrete Projekte in Übereinstimmung mit den Richtlinien des dreijährigen Planes vor. Für jedes Projekt muß angegeben werden, wie es sich auf Beschäftigung und Produktion auswirken wird, unter wessen Leitung und nach welchem Zeitplan es durchgeführt werden soll und wieviel es voraussichtlich insgesamt kosten wird. Jedem Projektvorschlag muß ein von allen Beteiligten unterzeichnetes Dokument beigefügt werden, das ihre Zustimmung mit dem Inhalt des Projektes und ihre Kooperationsbereitschaft enthält (accordo di programma). Die immer noch bestehenden „angeschlossenen Anstalten", die Spezialkreditanstalten und die öffentliche Verwaltung können ähnliche Projekte vorschlagen.

Dieses Verfahren ist eng mit der Erstellung des Staatshaushaltes verknüpft. Das Ziel ist, die staatlichen Maßnahmen im Süden mit der gemeinsamen Wirtschaftspolitik zu verbinden, um einerseits die zentrale Bedeutung der südlichen Frage für den italienischen Staat hervorzuheben, aber andererseits auch eine größere Kontrolle über das Staatsdefizit zu erlangen. Ebenfalls zu diesem Zweck hat das Gesetz eine Abteilung für Angelegenheiten des Südens (Dipartimento per il Mezzogiorno) im Premierministeramt eingerichtet. Die Abteilung spielt eine beaufsichtigende Rolle: Sie prüft die Durchführbarkeit und Kostenvoranschläge der einzelnen Pläne sowie des gesamten Durchführungsplanes. Noch einmal ist das Ziel, die Verschwendung von öffentlichen Geldern zu verhindern und die Fruchtlosigkeit des staatlichen Eingriffs zu bekämpfen, die hauptsächlicher Grund der Unzufriedenheit mit der Politik des Staates im Süden gewesen ist. Die Abteilung steht auch den verschiedenen Gebietskörperschaften zur Verfügung, um ihnen bei der Ausarbeitung ihrer Projekte behilflich zu sein[20].

Die Hauptzielsetzung des ersten Dreijahresplanes (1985 – 1987) war die Schaffung neuer Arbeitsplätze im Süden. Er versuchte dieses Ziel mittels der Förderung der bereits im Süden vorhandenen unternehmerischen Ressourcen zu erreichen (Industrialisierung „von unten"), statt mittels einer Industrialisierung „von oben", wie in der Vergangenheit. Wenngleich der Gedanke hinter der neuen Politik innovativ ist, so gleicht der Dreijahresplan in seiner konkreten Ausarbeitung doch sehr allen vorangegangenen Dokumenten[21]. Die Planungskapazität der Regionen sowie des Nationalstaates ist immer noch sehr begrenzt. Die südlichen Regionen sind deshalb nicht in der Lage oder nicht willens, den erweiterten Entscheidungsspielraum auszunutzen, den ihnen das neue Gesetz zugesprochen hat – möglicherweise eine Folge der lange Geschichte des zentralisierten Sondereingriffes.

5. *Verwaltungsdualismus?*

In den vorangegangenen Abschnitten habe ich die Entwicklung der Beziehungen zwischen dem Zentrum und der lokalen Ebene in Italien betrachtet. Ich habe gezeigt, wie die gleichzeitige Existenz von sowohl zentralisierenden als auch dezentralisierenden Kräften in der italienischen öffentlichen Administration einerseits zur Regionalisierung geführt hat, in dessen Gefolge beträchtliche Kompetenzen auf die regionalen Körperschaften übergegangen sind, obwohl andererseits die Befugnisse der Regionen wiederum mittels einer Zentralisierung der Finanzen und einer sehr detaillierten Gesetzgebung beschränkt wurden. Während die institutionelle Landschaft in den nördlichen und mittleren Regionen nur von zentralstaatlichen und lokalen Behörden bevölkert war, waren in der südlichen institutionellen Landschaft zusätzlich noch die Behörden der „Sondermaßnahmen" präsent. Diese zentralstaatlichen Strukturen, die geschaffen wurden, weil die von diesen Programmen erforderte institutionelle Schlagkraft eine Umgehung der bestehenden Strukturen unabdingbar zu machen schien, haben ihre eigenen, von „politischen Maklern" (Tarrow 1977) geführten klientelistischen Beziehungen zur lokalen Gesellschaft aufgenommen. Auf diese Art und Weise wurden die Beziehungen zu und zwischen den Parteimitgliedern, die überall im Lande vonnöten waren, um die quietschenden Türangeln der Verwaltung zu schmieren, zu bedeutenden Kanälen des politischen Tausches (von staatlichen Hilfsgeldern gegen Stimmen). Anscheinend jedoch fördern die neuesten Gesetze diesen etablierten Verwaltungsdualismus heraus, indem sie den Regionen größere Spielräume eröffnen und die Sondermaßnahmen wieder der normalen Arbeitsteilung zwischen zentralstaatlichen und lokalen Behörden unterzuordnen scheinen.

Während dies keine vollständige Gewährleistung wirtschaftlicher Entwicklung und einer effizienten Durchführung der Regionalpolitik darstellt, hat die neue Situation doch dreierlei Vorteile. Erstens wäre die südliche institutionelle Landschaft weniger überlaufen, womit auch die Möglichkeiten für einen klientelistischen Austausch geringer werden würden. Zweitens wird den südlichen Regionen die Chance geboten, Entwicklungsprogramme zu entwerfen, die ihrem sozio-ökonomischen Profil und ihren spezifischen Bedürfnissen besser entsprechen. Drittens könnte die Delegation von Befugnissen an die Regionalbehörden, und insbesondere von größeren Spielräumen auf dem Aufgabengebiet, die Anreize liefern. Diese sind laut Olson (1965) erforderlich, um das Ausmaß an Organisation und kollektivem Verhalten zu erzeugen, welches notwendig ist, um die Unterversorgung mit öffentlichen Gütern zu beseitigen. Angesichts des Charakters der öffentlichen Güter, die von den Regionen heutzutage bereitgestellt werden müssen, um erfolgreich auf den globalen Märkten bestehen zu können, ist eine starke Präsenz regional organisierter Interessenverbände von größter Bedeutung (Trigilia 1989). Die wichtigste Hürde auf dem Weg zu einer solchen Veränderung stellt wahrscheinlich das politische System selbst dar. Bis jetzt haben die politischen Parteien, entweder aus Gründen der institutionellen Trägheit oder wegen aktiven Widerstandes den spezifischen Charakter dieses Problems ignoriert und die regionalen Wahlen demnach nur als zweitrangig betrachtet (Caciagli/Corbetta 1987).

6. *Schlußwort*

Zum Schluß möchte ich einige Überlegungen dazu anstellen, ob das politisch-administrative Gefüge in den verschiedenen Regionen auf unterschiedliche Weise mit den lokalen wirtschaftlichen und sozio-ökonomischen Institutionen zusammenwirkt und auf diese Art unterschiedliche Leistungsprofile erzeugt. Beim jetzigen Stand meiner Arbeit kann ich nur auf Sekundärquellen verweisen. Es sollte zudem bemerkt werden, daß die Forschung zu diesem Thema sich insgesamt noch im Anfangsstadium befindet. Die spärlichen Untersuchungen, die jedoch vorhanden sind, gelangen zu einigen wichtigen Schlußfolgerungen.

Einerseits ist die weitverbreitete Ansicht, daß der öffentliche Dienst im Süden weniger effizient sei als im Norden, nicht ohne weiteres zutreffend. Obwohl die Zahl der Beschäftigten im öffentlichen Dienst des Südens in letzter Zeit stark angestiegen ist – was einige dazu verleitet hat, von einer Wasserkopfverwaltung zu sprechen –, ist die relative Dichte der öffentlichen Bediensteten im Süden immer noch geringer als im Norden (Svimez 1990). Zudem ist die Effizienz der Verwaltung auf lokaler Ebene je nach Art der Dienstleistung unterschiedlich. Wie aus einer Studie hervorgeht, bieten die Kommunen im Süden einem größeren Teil des Schulwesens billigere Mahlzeiten

Tabelle 3: Institutionelle Leistungsfähigkeit der ordentlichen Regionen

	Abruzzi	Publia	Calabria	Lombardia
Synthetischer Index der Leistungsfähigkeit (Ordnungszahl)				
1970-75	9	12	15	2
Reformgesetzgebung (Ordnungszahl)				
1970-75	10	13	15	1
1978-84	6	13	15	4

Zufriedenheit der Wähler mit der Region (%)

	1977		1982	
	N-Z	S	N-Z	S
Sehr zufrieden	3	2	3	1
Zufrieden	37	21	39	22
Wenig zufrieden	47	53	46	49
Unzufrieden	13	24	12	28

Zufriedenheit der Wähler mit der Kommune, der Region, dem Staat, 1981-82 (%)

	Kommune		Region		Staat	
	N-Z	S	N-Z	S	N-Z	S
Sehr zufrieden	7	3	3	1	1	2
Zufrieden	48	24	44	18	14	12
Wenig zufrieden	32	37	40	47	41	41
Unzufrieden	13	36	13	34	44	45

Quelle: Putnam/Leonardi/Nanetti 1985.

an als dies im Norden der Fall ist. Auf dem Gebiet der Dienstleistungen für ältere Leute ist die Rangfolge jedoch umgekehrt (Comandini/Volpe 1984).
Andererseits jedoch geht aus einer Querschnittstudie der Leistungsprofile der ordentlichen Regionen während des Zeitraumes 1970 – 1984 hervor, daß die gewählten Funktionäre im Süden durchweg schlechter abschneiden als ihre Kollegen im Norden und in der Mitte (Putnam/Leonardi/Nanetti 1985). Laut dieser Studie üben exogene Faktoren, wie das sozio-ökonomische Entwicklungsniveau und die politische Kultur, einen positiven Einfluß auf die institutionelle Leistungsfähigkeit aus, während der Faktor soziale Mobilität sich negativ auswirkt. Die abweichenden Fälle können teilweise durch eine Reihe von endogenen Variablen, die hauptsächlich die Virulenz von Konflikten innerhalb politischer Strömungen, Parteien und Koalitionen messen, erklärt werden. Als zweiten Indikator des institutionellen Leistungsprofils benutzt diese Studie die Ansprechbarkeit der Regionalbehörden aus der Sicht des einzelnen Bürgers. Anscheinend haben die Bürger des Nordens mehr Vertrauen zu den Regionen als zum Staat, während die Wertung der Bürger im Süden umgekehrt ist (vgl. Tabelle 3).
Die Unterschiede in den institutionellen Leistungsprofilen, sowohl zwischen dem Norden und den Süden als auch innerhalb des Südens, stehen in einer Beziehung zu den unterschiedlichen wirtschaftlichen Leistungsprofilen. Inwiefern dies auch in der Tat zutrifft und welches die genauen Mechanismen sind, die zwischen diesen beiden Variablen vermitteln, kann nur von detaillierten Fallstudien aufgezeigt werden.

Anmerkungen

1 Dieser Begriff – geprägt von der französischen „École de la Regulation" – und seine Relevanz für regionale Ökonomien wurde von Trigilia (1989) untersucht. Siehe auch Sabel (1988).
2 Das verfügbare Einkommen des Südens ist 67,3 Prozent des nördlichen. Deswegen konsumiert der Süden mehr als er liefert (vgl. Wolleb/Wolleb 1990).
3 So finden sich in der Literatur klassische, neo-klassische, keynesianische und dependenztheoretische Deutungen der südlichen Frage.
4 Klientelismus bezeichnet ein Verhältnis, in dem der Klientel Vergünstigungen im Austausch für politische Unterstützung gewährt werden.
5 1861, bei Gründung des italienischen Staates, waren nur ca. 2 Prozent der italienischen Bevölkerung stimmberechtigt. Das allgemeine Wahlrecht für Männer wurde erst 1919 eingeführt, und der weibliche Teil der Bevölkerung erlangte das allgemeine Wahlrecht erst nach dem Zweiten Weltkrieg.
6 Die Bauernschaft befand sich nicht nur hinsichtlich des Bodens, sondern auch des Kredites in einem Abhängigkeitsverhältnis von den Grundbesitzern (vgl. Graziano 1980).
7 „Politische Gönnerschaft" und „Beute-System" (spoils system) waren auch im deutschen und englischen politischen System vorhanden, jedoch hatten sie dort vermeintlich sehr unterschiedliche wirtschaftliche Folgen (Shefter 1977).
8 „Klientelismus" wurde somit im italienischen Sprachgebrauch „Partei-"ismus.
9 Während die ersten beiden Ansätze auf einen „politischen Dualismus" rekurrieren, bezieht sich der dritte eher auf einen „Verwaltungsdualismus".
10 Der Ausdruck stammt von Tarrow (1977).
11 Laut Cassese (1983) wuchs der italienische Staat am schnellsten während der Ära Giolitti und während der dreißiger Jahre.
12 Im Verlauf der Debatten über die republikanische Verfassung sprach sich die Christdemokratische Partei für die Schaffung der Regionen aus, da sie in ihnen ein Bollwerk gegen

diktatorische Regime sah und auch eine Machtbasis für ihre gut organisierten lokalen Parteiverbände. Die Kommunisten und Sozialisten jedoch waren eher zögerlich, da sie davon überzeugt waren, daß ihre Stärke vor allem in den nationalen Parteiverbänden lag. Während der fünfziger Jahre verkehrten sich aber die jeweiligen Positionen in ihr Gegenteil. Die Linksparteien wurden von der Regierungsteilnahme ausgeschlossen, gewannen aber an Popularität in vielen industriellen und ländlichen Gegenden. Auf der anderen Seite profitierten die Christdemokraten vom „Regierungsbonus" und konsolidierten ihre Macht im Zentralstaat. Unter diesen Umständen scharten sich die Oppositionsparteien – insbesondere die Kommunisten – hinter dem Banner der lokalen Autonomie.

13 Dies war die Situation bis zum letzten Jahr, in dem das Gesetz n. 142 über Provinzen, Kommunen und städtische Großräume – eine neu geschaffene Körperschaft – verabschiedet wurde. Die Neuschaffung von „aree metropolitane" mit einer eigenen „autoritá metropolitana" – analog dem bis 1985 existierenden britischen Modell der „metropolitan councils" – will den Besonderheiten der neun großstädtischen Ballungszentren (Mailand, Turin, Rom, Neapel, Genua, Florenz, Bologna, Venedig und Bari), in denen sowohl die Hälfte des Bruttosozialproduktes erwirtschaftet wird als auch die Hälfte der italienischen Bevölkerung lebt, Rechnung tragen. Das Gesetz schuf damit zusätzlich zu den Regionen und Kommunen noch eine dritte Ebene „lokaler Regierungen", deren Kooperation und Koordination mit den anderen weitgehend unklar ist. Endgültig soll diese neue Regelung 1995 in Kraft treten, so daß gegenwärtig noch keine bewertenden Aussagen darüber getroffen werden können.

14 Die staatlichen Holdinggesellschaften (IRI, ENI, EFIM) sind ebenfalls Anstalten des öffentlichen Rechts, die Beteiligung an Firmen in spezifischen Branchen halten und durch diese die italienische Wirtschaft beeinflussen.

15 „Planung" muß in diesem Zusammenhang ziemlich weit gefaßt werden. Im italienischen Kontext bedeutete Planung nie mehr als „indikative Planung", d.h. eine Auflistung der wirtschaftlichen Ziele, die die Regierung erreichen wollte (Wachstum, Vollbeschäftigung, Außenhandelsgleichgewicht usw.), und der dazu erforderlichen Mittel und Wege (Investitionen, Ersparnisse, Lohnkosten usw.). Der einzige Plan, der diesen Namen verdiente, wurde 1966 für die Jahre 1966 bis 1970 aufgestellt, er wurde aber nie erfüllt.

16 Die Übertragung der Aufgaben brachte mehrere Jahre und wurde erst 1977 vollendet. Auch danach war, wie schon erwähnt, der Ermessenspielraum der Regionen beschränkt.

17 Diese waren SVIMEZ, FORMEZ, INSUD, FINAM, FIME, IASM. Sie waren beauftragt mit der Ausarbeitung von Studien über den Süden, dem Training der für die Entwicklung des Südens verantwortlichen Beamten, der Förderung des Tourismus, der Finanzierung landwirtschaftlicher Firmen, der Finanzierung der kleinen und mittleren Unternehmen und der technischen Unterstützung von Firmen und des öffentlichen Dienstes im Süden.

18 Einem Autor zufolge bedeutete dies nichts anderes als einen Rückzug zu einer altmodischen Art von Staatseingriff im Süden, nämlich mehr an der Verwaltung als am politischen Prozeß orientiert (vgl. Di Gaspare 1984).

19 Das Erdbeben von 1980 setzte eine Welle von Notgesetzen in Gang – insbesondere die Gesetze zugunsten von Neapel und der Basilicata –, indem andere Sondergesetze – wie das für arbeitslose Jugendliche – versuchten, etwas für das wichtigste Problem des Südens, die Arbeitslosigkeit, zu erreichen. All diese Gesetze umgingen die ursprünglichen Strukturen und erzeugten andere Kanäle der politischen Vermittlung. Ein paralleles Ereignis – die Ausdehnung des Sozialstaates, die bemerkenswerte Ressourcen im Süden verteilte, insbesondere in Form von Invalidenrenten und Arbeitslosenunterstützung – schwächte die ehemals wichtige Rolle der Cassa.

20 Es kommt oftmals vor, daß Regionen, Provinzen, Kommunen und Bergkommunen unfähig sind, die Infrastrukturen, die sie brauchen, zu erhalten, weil ihnen die technische Fähigkeit fehlt, ausführbare Projekte auszuarbeiten. Hinsichtlich des neuen Gesetzes sollen die Sachverständigen der Abteilung für Angelegenheiten des Südens nicht nur die Durchführbarkeit der vorgelegten Projekte überprüfen, sondern auch den Gebietskörperschaften bei ihren Aufgaben behilflich sein.

21 So waren die Haupteingriffsfelder (azioni organiche) für den ersten Dreijahresplan: 1. Ausdehnung und Verbesserung der vorhandenen Zonen für Industrialisierung, 2. Förderung technischer Innovation, 3. Verbesserung des Managements der bestehenden Infrastruk-

turen, 4. Rationalisierung und Verbesserung der Wasserversorgung der privaten Haushalte, der Industrie und der Landwirtschaft, 5. Reinigung des Gebietes um Neapel, 6. Rationalisierung der Stadtzentren und Revitalisierung der inneren Zonen, 7. Förderung der Viehzucht, 8. Förderung des Ausbaus typisch mediterraner Produkte, 9. Förderung der Aufforstung für industriellen Gebrauch, 10. Verbesserung der touristischen Infrastrukturen.

Literatur

Anderlini, Fausto, 1987: Ceto politico e regolazione localistica, in: Democrazia e Diritto, 6.

Argento, Domenico, 1988: Il ruolo delle istituzioni pubbliche nello sviluppo del Mezzogiorno, in: Il Nuovo Governo Locale, 1.

Bagnasco, Arnaldo/Pini, Rosella, 1981: Sviluppo economico e trasformazioni sociali dei sistemi territoriali a economia diffusa. Economia e struttura sociale, in: Quaderni della Fondazione Giangiacomo Feltrinelli, 14.

Barbati, Carla, 1986: Regioni e partecipazione organica: una rassegna, in: Le Regioni, 3.

Barbera, Augusto, 1985: 1970 – 1985: come superare le insufficienze del decentramento, in: Democrazia e Diritto, 1.

Barbera, Augusto, 1988: Le regioni nel sistema politico, in: Democrazia e Diritto, 6.

Bartole, Sergio, 1984: Il caso italiano, in: Le Regioni, 3.

Bassanini, Franco, 1984: Regioni e riforma istituzionale: note introduttive, in: Quaderni Regionali.

Bassanini, Franco, 1985: La repubblica delle autonomie: rilancio o declino, in: Democrazia e Diritto, 1.

Belligni, Silvano, 1983: Sul sistema partitico dell'Italia contemporanea. Elementi per una rassegna della letteratura politologica, in: Stato e Mercato, 8.

Caciagli, Massimo et al., 1977: Democrazia Cristiana e potere nel Mezzogiorno, Firenze: Guaraldi.

Caciagli, Massimo/Corbetta, Piergiogio, 1987: Elezioni regionali e sistema politico nazionale, Bologna: Il Mulino.

Calise, Mauro, 1987: Organizzare le politiche: arene di partito e arene amministrative a Napoli, 1975-1983, in: Democrazia e Diritto, 6.

Cammelli, Marco, 1987: Le istituzioni nel Mezzogiorno: itinerari di ricerca, in: Stato e Mercato, 20.

Cammelli, Marco, 1988: Mezzogiorno e sistema amministrativo: le istituzioni della diversita, in: Meridiana, 4.

Cantaro, Antonio, 1984: Governo dell'economia e istanze neoliberiste nella vicenda italiana, in: Democrazia e Diritto, 6.

Capotosti, Piero A., 1981: La conferenza permanente per i rapporti fra Stato e Regioni: una tendenza verso il regionalismo cooperativo?, in: Le Regioni, 5.

Casetta, Enzo, 1981: Le Regioni alla soglia degli anni '80, in: Le Regioni, 3-4.

Cassese, Sabino: La regionalizzazione economica in Italia: un sistema alla ricerca di un equilibrio, in: Le Regioni, 11-2.

Cassese, Sabino, 1983: Il sistema amministrativo italiano, Bologna: Il Mulino.

Catanzaro, Raimondo, 1983: Struttura sociale, sistema politico e azione collettiva nel Mezzogiorno, in: Stato e Mercato, 8.

Ciarlo, Pietro, 1986: Intervento straordinario nel Mezzogiorno e sistema delle autonomie, in: Mezzogiorno d'Europa, 2.

Comandini, Vincenzo/Volpe, Mariella, 1984: Produttivitá e costi nei servizi pubblici locali: due casi, in: Politica ed Economia, 10.

D'Albergo, Ernesto, 1984: Indirizzi e assetto normativo per il Mezzogiorno, in: Democrazia e Diritto, 6.

D'Aniello, Emidio, 1981: Regioni e organi collegiali di governo dell'economia, in: Le Regioni, 5.

Dente, Bruno, 1985: Governare la frammentazione, Bologna: Il Mulino.

Dente, Bruno, 1988: Riforma dell'amministrazione locale e analisi delle politiche pubbliche, in: Il Nuovo Governo Locale, 1.

Di Gaspare, Guiseppe, 1984: Indirizzo politico e direzione amministrativa nell'intervento straordinario nel Mezzogiorno (dall'affermazione alla crisi del 'sistema Cassa'), in: Le Regioni, 5.

Fedele, Marcello, 1989: Un teorema regionale per il Mezzogiorno, in: Politica ed Economia, 2.

Fichera, Franco, 1982: Le Regioni: dalla programmazione ai 'governi parziali', in: Democrazia e Diritto, 1.

Graziano, Luigi, 1980: Clientelismo e sistema politico, Milano: Angeli.

Guadagnini, Marila, 1984: Il personale politico dalla periferia al centro: riflessioni su alcuni dati di una ricerca, in: Le Regioni, 4.

Ingrao, Pietro, 1984: Un progetto per le nuove Regioni, in: Democrazia e Diritto, 6.

„La nuova legge dell'ordinamento delle autonomie locali e le riforme istituzionali" (1990), in: Anci Rivista, 10.

Miglio, Gianfranco, 1991: Una costituzione per i prossimi trent'anni, Bari: Laterza.

Modica, Carlo, 1985: Il rapporto tra Regioni e autonomie locali, in: Democrazia e Diritto, 1.

Modica, Carlo, 1989: Potestá ed attivitá legislativa delle Regioni in ordine all'attuazione degli intervento straordinari nel Mezzogiorno: prospettive ed analisi, in: Rivista Giuridica del Mezzogiorno, 2.

Morisi, Massimo, 1982: L'osservazione politologica: alcune preliminari esigenze di ricerca sull'esperienza regionale, in: Le Regioni, 6.

Olson, Mancur, 1965: The Logic of Collective Action.

Onida, Valerio, 1988: La Provincia, ente intermedio nella legislazione statale e regionale: analisi e prospettive, in: Il Nuovo Governo Locale, 1.

Pasquino, Gianfranco, 1985: Le regioni per rappresentare e per decidere, in: Democrazia e Diritto, 1.

Pototsching, Umberto, 1983: La riforma delle autonomie locali nel progetto governativo, in: Le Regioni, 1-2.

Putnam, Robert, 1987: Institutional Performance and Political Culture in Italy: Some Puzzles about the Power of the Past, Center for European Studies, Working Paper Series #8.

Putnam, Robert/Leonardi, Robert/Nanetti, Raffaella, 1985: La pianta a le radici, Bologna: Il Mulino.

Rebora, Gianfranco, 1986: L'organizzazione delle Regioni fra attese deluse e opportunitá di innovazione, in: Il Nuovo Governo Locale, 2.

Rotelli, Ettore, 1988: La prospettiva della Provincia nella riforma delle autonomie, in: Il Nuovo Governo Locale, 3.

Sabel, Charles, 1988: La riscoperta delle economie regionali, in: Meridiana, 3.

Shefter, Martin, 1977: Party and Patronage: Germany, England, and Italy, in: Politics and Society, 4.

Spagnuolo, Valeria/Pennella, Guiseppe, 1989: Modelli e procedure delle pubbliche amministrazioni meridionali: l'accordo o la cooptazione?, in: Rivista Giuridica del Mezzogiorno, 3.

Svimez, 1990: Rapporto 1990 sull'economia del Mezzogiorno, Bologna: Il Mulino.

Tarrow, Sidney, 1977: Between Center and Periphery. Grassroots Politicians in Italy and France, New Haven: Yale University Press.

Torchia, Luisa, 1984: La collaborazione fra Stato e Regioni nella politica di intervento straordinario del Mezzogiorno, in: Le Regioni, 5.

Trigilia, Carlo, 1981: Sviluppo economico e trasformazioni socio-politiche dei sistemi territoriali e economia diffusa. Le subculture politiche territoriali, in: Quaderni della Fondzione Giangiacomo Feltrinelli, 16.

Trigilia, Carlo, 1989: Il paradosso della regione. Regolazione exonomica e rappresentazione degli interessi, in: Meridiana, 6.

Wolleb, Enrico/Wolleb, Guglielmo, 1990: Divari regionali e dualismo economico, Bologna: Il Mulino.

Zecca, Emilio, 1985: Come cambia la periferia, in: Democrazia e Diritto, 1.

III. Ausgewählte Problembereiche

Negativ-Koalition – oder: Die blockierte Verfassungs- und Verwaltungsreform im Stadtstaat Hamburg*

Göttrik Wewer

1. *Warum bleiben Gutachten in der Hansestadt meistens folgenlos?*

Reformen in Hamburg sind schwierig, Innovationen so gut wie unmöglich. Als Ausnahme mag gelten, daß dort Anfang der siebziger Jahre erstmals in der deutschen Geschichte die Opposition in der Verfassung verankert und hervorgehoben wurde (vgl. Busse/Hartmann 1971; Siegloch 1973). Doch die Ergebnisse des Tauschgeschäfts, das damals zwischen den Fraktionen der Bürgerschaft getätigt und von Beteiligten anfänglich als „Magna Charta" der Opposition (Jürgen Echternach) gefeiert wurde, stießen schon bald auf herbe Kritik und sind heute äußerst umstritten (vgl. nur Müller 1984: 163f.).

Charakteristisch für die Verhältnisse im Stadtstaat erscheint jedoch ohnehin eher das Schicksal, das dem Bericht widerfuhr, den eine Kommission zur Überprüfung der Regierungsstrukturen am 16. März 1988 vorgelegt hatte. Zwar wurden die Empfehlungen der Gutachter, nach ihrem Vorsitzenden auch „Benda-Kommission" genannt, vom Senat bereits am folgenden Tage dem Parlament zugeleitet, aber sie sind dort bis heute weder ausführlich debattiert worden noch haben sie zu irgendwelchen praktischen Konsequenzen geführt. Daß dies in Berlin und Bremen genauso aussieht, ist dabei wenig tröstlich. Das Ganze ist auch deshalb bemerkenswert, als es sich bei dem Auftrag nicht um den Vorstoß eines einzelnen Regierungschefs, sondern um eine gemeinsame und zudem überparteiliche Initiative der Bürgermeister aller drei Stadtstaaten handelte.

Die folgenden Überlegungen stellen den Versuch dar, eine Erklärung zu finden, warum ein Gutachten, das immerhin 300.000 Mark kostete, derart folgenlos blieb. Dabei geht es weniger um diesen einen Fall als vielmehr um grundsätzliche Blockaden der Hamburger Politik, die sich daran exemplarisch aufzeigen lassen. So wird seit Jahren, wenn nicht Jahrzehnten, an der Elbe auch über eine Verwaltungs- und Bezirksreform diskutiert, ohne daß es auch dort zu konkreten Maßnahmen gekommen wäre. In jüngster Zeit ist dazu noch eine Debatte um einen „Nordstaat" (Hartwich 1990; vgl. auch Hennings 1983), d.h. um eine Neugliederung bzw. den Zusammenschluß der nördlichen Bundesländer, oder zumindest über eine verbesserte Kooperation unter ihnen, hinzugekommen (Scharpf/Benz 1990).

* Für hilfreiche Kritik an einer Erstfassung dieses Beitrages danke ich Lars Kastning.

In diese zweifellos notwendige Debatte um die Zukunft und Lebensfähigkeit der nördlichen Bundesländer und insbesondere der Stadtstaaten, die durch die struktur- und finanzschwachen neuen Länder noch zusätzliche Aktualität gewonnen hat, soll hier allerdings nicht eingegriffen werden. Auch die Frage, ob es noch zeitgemäß ist, daß sich Hamburg als einziges Bundesland bis heute ein „Feierabend-Parlament" leistet (dazu Tormin 1984; Steffani 1984; Walter 1986), muß an dieser Stelle nicht vertieft werden. Jedoch läßt sich dieser Bereich nicht völlig ausklammern, da manche Überlegungen darauf abzielen, diesen Zustand und auch die 1971 eingeführte Inkompatibilität von Senatorenamt und Abgeordnetenmandat (Art. 38a VerfHamb) wieder abzuschaffen, aber Angehörige des öffentlichen Dienstes zu einer (zeitweiligen) Entscheidung zwischen Mandat und Beruf zu zwingen. In Hamburg ist möglich, daß jemand am Morgen für einen Senator arbeitet und ihm am Abend in der Bürgerschaft aus der Opposition heraus widerspricht. Soweit nötig, sind auch solche Aspekte in die Analyse einzubeziehen. Um die Belege kurz zu halten, werden im übrigen Mitteilungen der Pressestelle der Freien und Hansestadt Hamburg, Artikel aus Zeitungen und ähnliches Hintergrund-Material nicht eigens erwähnt.

2. *Reformmodelle für den Stadtstaat*

Die Berufung der Benda-Kommission im Oktober 1986 erfolgte – von Hamburg aus gesehen – auf Initiative von Bürgermeister Klaus von Dohnanyi, der sich bis dahin schon öfter kritisch über Regierungsstrukturen und Entscheidungsprozesse im Stadtstaat geäußert hatte. Zu dieser Zeit konnten die Sozialdemokraten im Rathaus allein bestimmen. Nach der Wahl im November 1986 verfügte die Regierung jedoch über keine Mehrheit im Parlament mehr und blieb nur als „ewiger Senat" gemäß Art. 37 der Hamburger Verfassung geschäftsführend im Amt (vgl. Saretzki 1987). Die vorgezogenen Neuwahlen vom Mai 1987 führten nach äußerst langwierigen Verhandlungen schließlich zur ersten sozial-liberalen Koalition in der Bundesrepublik nach der Bonner „Wende" (dazu Saretzki 1988).

Die Koalitionsvereinbarung zwischen SPD und FDP vom 1. September 1987 enthielt unter den Stichworten „Verfassung, Verwaltung, Bezirke" nur einige wenige Punkte. Hinsichtlich einer etwaigen Verfassungsreform verständigten sich die Koalitionspartner lediglich auf eine „spätere Überprüfung" der Empfehlungen, die die (parallel arbeitende) Benda-Kommission vorlegen würde.

2.1 Die Empfehlungen zur Verfassungsreform

Der von den fünf Gutachtern im März 1988 vorgelegte Bericht enthielt eine Anzahl von Vorschlägen, die für alle drei Stadtstaaten gemeinsam gelten sollten:

- Zur *Bildung des Kabinetts* sollte künftig nur noch der Regierungschef (und nicht mehr jeder einzelne Senator) vom Parlament in geheimer Abstimmung gewählt werden, zudem die

Geschäftsbereiche selbst festlegen und die Mitglieder seines Kabinetts nach eigenem Gutdünken ernennen und entlassen können. Die Gesamtregierung sollte dann zur Amtsübernahme nach dem Vorbild der Verfassung von Baden-Württemberg einer Bestätigung durch das Parlament bedürfen.

- Die Regierungschefs der Stadtstaaten sollten die *Kompetenz* erhalten, in der laufenden Amtsperiode *Senatoren zu entlassen* und Nachfolger zu ernennen, und zwar ohne – wie bei Bildung des Kabinetts – erneut einer Bestätigung durch das Parlament zu bedürfen.
- Damit sollte zugleich das bisher mögliche *Mißtrauensvotum* gegen jeden einzelnen Senator entfallen und das Vertrauen nur noch dem Regierungschef (und damit der Regierung insgesamt) entzogen werden können (durch ein konstruktives Mißtrauensvotum).
- Abwahl oder Rücktritt des Regierungschefs sollte künftig automatisch auch die *Beendigung der Senatorenämter* bedeuten (während sie bisher in solchen Fällen selbst im Amt bleiben können).
- Im Einvernehmen mit dem Senat, jedoch ohne Beteiligungsrechte des Parlaments, sollte der Regierungschef in Zukunft die *Richtlinien der Politik* bestimmen können und im Zweifel über deren Auslegung entscheiden. Dagegen sollte zwar eine Beratung im Senat beantragt werden können, eine Änderung aber nur mit dem Einvernehmen des Regierungschefs möglich sein. Das Ressortprinzip sollte im übrigen unberührt bleiben.

Im Kern zielten diese Vorschläge darauf ab, die Regierungschefs in den Stadtstaaten ihren Kollegen in den Flächenstaaten gleichzustellen (vgl. auch Dauster 1984). Mehr nicht. Daneben entwickelten die Gutachter noch speziellere Empfehlungen. Für Hamburg bezogen sich diese etwa auf die Bereiche Verwaltung (siehe unten), Gesetzgebung und Haushaltsrecht:

- Im Sinne einer klaren *Trennung* der Verantwortung *zwischen Legislative und Exekutive* sollte das Recht des Senats gemäß Art 49 Abs. 2 der Hamburger Verfassung, bei der Gesetzgebung mitzuwirken, weitgehend ebenso entfallen wie sein Recht, gemäß Art. 50 Einspruch gegen Gesetze der Bürgerschaft einlegen zu können (den diese wiederum mit gesetzlicher Mehrheit überstimmen kann).
- Der Finanzsenator sollte ein *Notbewilligungsrecht* nach dem Vorbild des Art. 112 GG bekommen (§ 37 LHO regelt in Hamburg, abweichend von den anderen Ländern und vom Bund, nur Fälle von übergesetzlichen Notständen; ansonsten muß der Senat Nachbewilligungen entweder gemäß Art. 68 VerfHamb bei der Bürgerschaft oder nach Art. 31 Abs. 2 Nr. 1 beim Bürgerausschuß beantragen). Würde diesem Vorschlag gefolgt, stellt sich die Frage nach der weiteren Existenzberechtigung des Bürgerausschusses insgesamt (Art. 31 VerfHamb).
- Schließlich empfahl die Stadtstaaten-Kommission, für ausgabenerhöhende und einnahmenmindernde Gesetze der Bürgerschaft, die Geltung für einen bereits festgestellten Haushaltsplan haben (ohne daß der Senat sie bisher verhindern kann), analog zu Art. 113 GG ein *Deckungsgebot* vorzusehen und Art. 69 VerfHamb aufzuheben.

Während Bürgermeister Dohnanyi den Bericht begrüßte, weil Handlungsfähigkeit und Beweglichkeit des Stadtstaates vom „Knochengerüst Verfassung" nicht mehr ausreichend gewährleistet seien, und für eine „sehr sorgfältige Behandlung" und unvoreingenommene Diskussion auf allen Seiten plädierte, äußerten sich FDP und CDU eher skeptisch. Henning Voscherau, der nach dem Rücktritt Dohnanyis im Mai 1988 das Amt des Ersten Bürgermeisters übernommen hatte, hielt eine Überprüfung der Verfassung zwar ebenfalls für notwendig, wollte dafür aber keine Zeit verschwenden, wenn bei den anderen Parteien keine Bereitschaft erkennbar sei (vgl. auch die Regierungserklärung des Senats vom 7. September 1988).

In den folgenden Wochen und Monaten drängte die Debatte um eine Verwaltungs- und Bezirksreform diese Thematik in den Hintergrund. Nachdem sich die Koalition im Sommer 1989 eine „Denkpause" für das Gesamtpacket verordnet hatte, übernahm schließlich ein Referenten-Entwurf der Staatsräte Hans-Joachim Kruse und Helmut Raloff aus den Senatsämtern für den Verwaltungsdienst und für Bezirksangelegenheiten vom Januar 1990 die meisten Vorschläge der Benda-Kommission und ergänzte sie noch um Forderungen nach einer Parlamentsreform (Einführung eines kombinierten Wahlsystems [Direktmandate und Listenmandate], Inkompatibilität zwischen öffentlichem Dienst und Bürgerschaftsmandat und Neuregelung des Verfahrens bei Großen und Kleinen Anfragen in der Bürgerschaft). Dabei handelt es sich jedoch um gesetzliche bzw. Änderungen der Geschäftsordnung und keine der Verfassung. Mit der Stärkung des Regierungschefs sollte ferner eine Betonung des Ressortprinzips einhergehen. Als Angebot kam hinzu, mit Beginn einer neuen Wahlperiode auch die Amtszeit und damit die „Ewigkeit des Senats" enden zu lassen.
Nicht aufgegriffen wurde die Empfehlung, die Rechte des Senats bei der Gesetzgebung zu beschneiden und damit Legislative und Exekutive deutlicher zu trennen. Angesichts der Zeitspanne, die inzwischen schon verstrichen war, und der noch erforderlichen Behördenabstimmung sollten die skizzierten Änderungen der Verfassung nach dem Entwurf alle erst „in der nächsten Legislaturperiode", also irgendwann nach der Wahl im Juni 1991, in Angriff genommen werden. Während der sozialdemokratische Landesvorstand das Tempo zu forcieren versuchte und einen Beschluß des Parlaments noch vor diesem Termin anstrebte, stimmte die FDP erst am 28. Juni 1990 im Koalitionsausschuß überhaupt zu, die Reform-Drucksache des Senats in die interne Abstimmung der Behörden gehen zu lassen – praktisch ein Begräbnis erster Klasse.
Für die kommende Wahlperiode meldete Finanzsenator Hans-Jürgen Krupp noch die Forderung nach einem Vetorecht gegenüber ausgabenwirksamen Beschlüssen seiner Kollegen an. Auch in Hamburg muß die Sache vertagt werden, wenn der Finanzsenator Einspruch einlegt. Aber in der nächsten Runde kann dann mit Mehrheit gegen Bürgermeister und Finanzsenator entschieden werden, während in den meisten anderen Ländern die abschließende Zustimmung des Ministerpräsidenten erforderlich ist. Eine derartige „Notbremse" setzt ebenfalls eine Klarstellung in der Verfassung voraus.

2.2 Überlegungen für eine Bezirksreform

Seit 1951 ist der Stadtstaat nach einer Art „Tortenschnitt-Prinzip" in sieben Bezirke (Hamburg-Mitte, Altona, Eimsbüttel, Hamburg-Nord, Wandsbek, Bergedorf und Harburg) eingeteilt, wodurch fast alle einen Anteil am verdichteten Stadtbereich haben und zugleich periphere Gebiete einschließen (vgl. auch Möller 1985: 33). Der Bezirk Wandsbek ist mit ca. 376.000 Bewohnern praktisch eine eigene Stadt und hätte, nach einer Ausgliederung, im alten Bundesgebiet an sechzehnter Stelle gestanden (zum Vergleich: die elf Großstädte dort wiesen bei der Volkszählung 1987 zwischen 2 Millionen [Berlin] und 525.000 Einwohner [Duisburg] auf; Hamburg lag mit 1,6 Millionen an zweiter Stelle, Hannover mit 494.000 Einwohnern knapp unter der definitorischen Grenze von einer halben Million).

Die sieben Bezirke, zu denen insgesamt fünfzehn Ortsämter gehören, besitzen zwar gewisse, gesetzlich festgelegte Kompetenzen, sind aber grundsätzlich nur Verwaltungseinheiten (gemäß Art. 4 Abs. 2 VerfHamb) und nicht etwa selbständige Gemeinden. „In der Freien und Hansestadt Hamburg werden staatliche und gemeindliche Tätigkeit nicht getrennt" (Art. 4 Abs. 1 VerfHamb); sie ist Einheitsgemeinde und Bundesland in einem. Insofern vermischen bzw. überlagern sich Verfassungs-, Verwaltungs- und Bezirksreform über weite Strecken. Ein zentrales Problem liegt in der Mehrstufigkeit der Entscheidungsebenen (Ortsausschüsse, Kerngebietsausschüsse, Bezirksversammlungen, Senat, Bürgerschaft) und der damit verbundenen Doppelarbeit und Schwerfälligkeit. Zudem haben die Bezirksversammlungen inzwischen ein Selbstverständnis entwickelt, das der ursprünglichen Intention eines bloßen Verwaltungsausschusses widerspricht (vgl. Lange 1980b).

Eine radikale Reform würde darauf hinauslaufen, die Bezirke politisch zu verselbständigen, sie also zu weitestgehend autonomen Kommunen wie in den Flächenstaaten zu machen. Ein solches Modell legte zuletzt der (emeritierte) Verwaltungsrechtler Werner Thieme mit seiner Schrift „Gemeinden für Hamburg" im Januar 1989 vor. Gegen eine *Kommunalisierung des Stadtstaates* (Dohnanyi: „Balkanisierung") sind aber nicht nur sämtliche Parteien, sondern sprachen sich aus diversen Gründen u.a. auch Handwerks- und Handelskammer, der Deutsche Beamtenbund (DBB) und die Deutsche Angestellten Gewerkschaft (DAG) aus. Die Bezirksamtsleiter sahen in ihrer Stellungnahme keine Mehrheit für die bei einem solchen Modell erforderliche Änderung der Verfassung.

Die übrigen Modelle zielen auf Reformen unterhalb dieser Schwelle, also auf eine Änderung des Bezirksverwaltungsgesetzes vom 22. Mai 1978 (GVBl. S. 178) und parallele Maßnahmen, die der Senat aufgrund eigener Kompetenz beschließen könnte. Für eine Reform würde dann im Prinzip die einfache Mehrheit genügen. Auch diese Debatte ist in Hamburg ein Dauerbrenner. Die Stadtstaaten-Kommission konnte dieses Thema weitgehend ausklammern, da eine andere „Kommission zur Überprüfung von Verbesserungsmöglichkeiten in der Hamburger Verwaltung" unter Vorsitz des Staatsrates Diether Haas dazu, nach einer Reihe von Vorfällen („Stoltzenberg-Skandal"), bereits 1981 einen umfangreichen Mängelbericht mit konkreten Vorschlägen vorgelegt hatte – ohne daß es freilich bis heute zu grundsätzlichen Änderungen gekommen wäre (vgl. auch Hartwich 1990: 18f. und 106f.).

Die neue Koalition hatte im September 1987 vereinbart, das geltende Gesetz „für Hamburg als Einheitsgemeinde" mit den Zielen Entflechtung und klare Trennung der Verantwortung zu novellieren:

- Durch eindeutige Zuordnung der Aufgaben, der Entscheidungsmöglichkeiten und der Verantwortung sollte die auf vielen Gebieten anzutreffende Doppelarbeit künftig vermieden werden. Mehr als bisher sei davon Gebrauch zu machen, Aufgaben auf ein Bezirksamt zu verlagern und notwendige zentrale Aufgaben zu zentralisieren.
  Zur Konkretisierung verwiesen die Koalitionspartner auf die Wahlprogramme und Beschlüsse beider Parteien und bestimmten, „daß jeder der dort genannten einzelnen Punkte sorgfältig geprüft wird."
- Die Bezirke sollten die als Bezirksaufgaben gesetzlich zu überweisenden Angelegenheiten selbständig und eigenverantwortlich ausführen. Evokation (d.h. das Recht des Senats, Angelegenheiten von überörtlicher Bedeutung an sich zu ziehen) bleibe aber vorbehalten.

Bei Landesangelegenheiten, die einen Bezirk besonders betreffen, sei wie bisher der Bezirksversammlung – ebenso wie der Bezirksverwaltung – vor einer Entscheidung Gelegenheit zur Stellungnahme zu geben. Der Senat müsse in solchen Angelegenheiten jeweils erneut Beschluß fassen.
Entsprechende Gesetzgebungsvorhaben sollten von der Regierung bis zum 1. März 1988 in die Bürgerschaft eingebracht werden, um das Ganze noch im Jahre 1988 verabschieden zu können.

Außerdem vereinbarten die beiden Parteien, bei der Wahl von Bezirksamtsleitern, und zwar für alle Bezirke unabhängig von den jeweiligen Mehrheiten, auf ihre Gliederungen und Fraktionen im Sinne eines möglichst gemeinsamen Abstimmungsverhaltens einzuwirken.
Die auf der Ebene der Koalition und im Senat im Dezember 1987 (Drucksache Nr. 1389) und im April 1988 (Drucksache Nr. 544) erörterten Konzepte stießen wie der in die interne Abstimmung gegebene Entwurf bei mehreren Behörden, den Bezirksämtern und -versammlungen auf Kritik (vgl. FHH, 1989: 30ff.). Keine Gnade fanden auch die radikalen Thesen, die Henning Voscherau dazwischen in die Debatte geworfen hatte. Ein überarbeitetes Modell basierte auf den Grundsätzen der *Dekonzentration von Verwaltungsaufgaben* und der *Delegation von Verantwortung*. Neben dem Basismodell enthielt das Konvolut die Variante einer „dekonzentrierten Fachbehördenverwaltung", nach der einheitlich gegliederte Bezirksämter sich aus verlagerten Teilen der Fachbehörden zusammensetzen sollten, die jeweils der Verantwortung des Ressortchefs im Senat unterstehen. Weil auch die neuen Varianten auf Einwände stießen, setzte der Senat anläßlich der Beratungen der Drucksache 986 die Entscheidung über die Reformmodelle im Juni 1989 „für eine Phase der politischen Diskussion" bis zum Jahresende aus.
Das schließlich im Referenten-Entwurf vom Januar 1990 unter Würdigung der Einwände und Diskussionen entwickelte Konzept sah im wesentlichen diese Eckpunkte vor:

- Rückkehr zur *Einstufigkeit* durch Einteilung des Staatsgebietes in *etwa 14 Bezirke neuer Art* (womit die Kerngebiets- und Ortsausschüsse entfallen);
- Verwaltung der neuen Bezirke durch *„Bürgerämter"*;
- Leitung des Bürgeramtes durch einen *Stadtdirektor*, der *vom Senat ernannt* wird;
- Ersetzung der Bezirksversammlungen durch je eine *Bürgerversammlung* (mit je nach Einwohnerzahl 21 – 41 Mitgliedern), die *direkt gewählt* werden, aber wie bisher Teil der Exekutive, nicht der Legislative bleiben sollen;
- Bildung einer überschaubaren Anzahl von (Fach-)*Ausschüssen* durch die Bürgerversammlung als *einzigem* ehrenamtlichen Gremium;
- Wahl eines oder mehrerer *Bürgervorsteher* aus der Mitte der Bürgerversammlung;
- Mitwirkung der Bürgerversammlung an grundsätzlichen Angelegenheiten, aber nicht an der laufenden Verwaltung, und *bindende Beschlußfassung im Rahmen von globalen Vorgaben* des Senats (siehe unten);
- *Entflechtung* durch Trennung der Aufgaben von Fachbehörden und Bezirken, wobei diese grundsätzlich nicht in Landesangelegenheiten mitwirken und die Fachbehörden nicht in Einzelentscheidungen der Bezirke eingreifen, und das Schaffen klarer Kompetenzen durch Zusammenführung von Aufgabe und Verantwortung;

- *Dekonzentration* durch schrittweise Übertragung aller Exekutivaufgaben, die in den Flächenstaaten üblicherweise von Gemeinden wahrgenommen werden, auf die neuen Bezirke durch den Senat (Kompetenz-Kompetenz);
- Ablösung der bisherigen Anleitung des bezirklichen Verwaltungshandelns durch Fachliche Weisungen der Behörden durch das Prinzip der *Globalsteuerung* (über allgemeine Richtlinien, Haushalts- und Rahmenpläne, Rechts- und Dienstaufsicht, Controlling/Berichtswesen etc.);
- größere Eigenständigkeit und -verantwortung der Bürgerämter durch Zuweisung von *Globalmitteln und Personalstellen*, über die diese nach eigenen Vorstellungen entscheiden können (Prinzip der *Delegation*), nach einem Schlüssel-System.

Eigene Einnahmen der Bezirke, wie sie etwa die Haas-Kommission vorgeschlagen hatte, um die Berücksichtigung des Steueraufkommens zu fördern (Haas: „die gegenwärtige Bezirksversammlung fühlt sich ausschließlich der Wohnbevölkerung verpflichtet, weil sie an Arbeitsplätzen und Steuererhebung kein Interesse hat"), sah das Konzept nicht vor.
Die FDP lehnte das Modell mit drastischen Worten ab – ihr Vorsitzender Robert Vogel bezeichnete es gar als „neues Ermächtigungsgesetz" des Bürgermeisters – und verzögerte entsprechend die weitere Behandlung (siehe oben). Die CDU, die u.a. am 3. März 1988 einen eigenen Gesetzentwurf zur Reform der Bezirksverwaltung vorgelegt hatte, setzte ebenfalls andere Akzente. Als die Bürgerschaft im Januar 1991 einen Zwischenbericht des Rechtsausschusses (Drucksache 13/7463 vom 20. Dezember 1990) zu dieser Frage debattierte, wurden die gegensätzlichen Standpunkte erneut deutlich und endgültig klar, daß auch dieser Teil des Reformpackets vorerst gescheitert ist – entgegen der Vereinbarung der beiden Parteien zu Beginn der Koalition.

2.3 Die ausgebliebene Verwaltungsreform

Für jenen Bereich Verwaltung, der nichts mit den Bezirken zu tun hat, enthielt der Bericht der Benda-Kommission nur zwei konkrete Vorschläge:

- Im Gegensatz zu Bremen, wo sie allerdings eine andere Struktur und andere Aufgaben haben, sollten nach Abwägung von Vor- und Nachteilen die *Deputationen* in Hamburg unverändert beibehalten werden.
- Ersatzlos gestrichen werden sollte dagegen der *Beamtenernennungsausschuß*.

Nach Art. 56 VerfHamb ist das Volk im Stadtstaat „zur Mitwirkung an der Verwaltung berufen", was in erster Linie durch ehrenamtliche Mitglieder der Behörden geschehe. Regional nehmen örtliche Gremien (Bezirksversammlung und Orts- bzw. Kerngebietsausschuß) diesen Anspruch wahr, fachlich vor allem die Deputationen, die bei allen Behörden (Ministerien) existieren. Ihre jeweils fünfzehn Mitglieder werden von der Bürgerschaft, der sie seit 1971 nicht mehr angehören dürfen, nach Proporz gewählt und bilden zusammen mit dem Präses der Behörde (Senator) deren oberstes Entscheidungsgremium (Binnenweisungen). Hinzu kommt bei den übrigen Behörden noch je ein Deputierter der Finanzbehörde.

Der Nutzen der Deputationen ist umstritten (Lange 1980a: 32f.; Bernzen 1983; Hein 1984); die anderen Länder – mit Ausnahme von Bremen, das aber dennoch von Hamburg abweicht – kennen derartige Einrichtungen nicht. Für die Regierung sind diese Gremien eher lästig, zumal die politische Verantwortung für alles doch der Senator allein trägt; für die Opposition bieten sie eine Chance, frühzeitig Informationen aus dem Apparat zu erlangen. In den Sitzungen dominiert der fachlich überlegene Senator bzw. dessen Vertreter. Manche sehen in den Deputationen ein besonderes demokratisches Element in der Exekutive, andere mehr ein zusätzliches Sandkorn im ohnehin schwerfälligen Getriebe der Hamburger Verwaltung. Eine unmittelbare demokratische Legitimation besitzen die Deputierten nicht; die öffentliche Kontrolle der Behörden obliegt prinzipiell der Bürgerschaft. Die Parteien können aktive Mitglieder auf diesem Wege mit Ehrenämtern versorgen oder auch Abgeordnete ein wenig trösten, für die es bei der letzten Wahl nicht mehr gereicht hat. Bürgermeister Dohnanyi schätzte, daß über die Zusammensetzung aller Deputationen bei allen Behörden „insgesamt nicht mehr als höchstens zwanzig Politiker in dieser Stadt wirklich entscheiden", und wies darauf hin, daß wegen des auch dort herrschenden Fraktionszwangs eine unbefangene, kritische, bürgernahe Beratung gar nicht zustande komme (Dohnanyi 1988: 69).

Die Tradition der Deputationen reicht in der Hansestadt bis in das Jahr 1563 zurück und sie leiten ihre Rechte heute aus der Verfassung ab, auch wenn sie dort nicht ausdrücklich erwähnt sind. Wenn der Referenten-Entwurf vom Januar 1990 – im Gegensatz zu FDP, CDU und DAG, aber in Übereinstimmung mit dem Beamtenbund („entbehrlich") und der Arbeitsgemeinschaft sozialdemokratischer Juristen – im Interesse einer klaren Gewaltenteilung ihre Abschaffung vorschlägt, wäre folglich auch dafür eine Änderung der Verfassung erforderlich.

Das gilt auch für den Ausschuß, der in Hamburg Vorschläge für die Ernennung und Beförderung von Beamten vorlegt. Nach Art. 45 Abs. 2 besteht er aus drei Beamten des höheren Dienstes und vier bürgerlichen Mitgliedern, die durch das Parlament für drei Jahre berufen werden. Seine Vorschläge binden den Senat rechtlich nicht, wenngleich er von ablehnenden Beschlüssen des Ausschusses bei Ernennungen kaum abweichen kann. Eine vergleichbare Einrichtung kennen weder das Grundgesetz noch die Verfassungen der übrigen Länder. Der Referenten-Entwurf folgt hier der Empfehlung der Benda-Kommission, dieses Gremium ersatzlos aufzuheben. Während diese Frage der FDP offenbar gleichgültig ist, gibt es in der CDU Stimmen, den Ausschuß nicht zu streichen, sondern lediglich zu entlasten.

Gemessen an den Überlegungen, die auf eine klarere Trennung von Legislative und Exekutive und auf eine Stärkung des Regierungschefs abzielen, und im Vergleich mit der Debatte um die Rolle der Bezirke im Stadtstaat sind diese beiden Punkte aber sicher nachrangig. Die Vielzahl von Regelungen und Maßnahmen, die darüberhinaus einer Straffung der Verwaltung dienen sollen, sind hier ebenfalls nicht von Interesse (vgl. FHH 1989; FHH 1990). Eine Äußerung von Bürgermeister Voscherau, die Zustimmung zur (Bezirks-)Verwaltungsreform sei die Eintrittskarte für die nächste Koalition, wies der FDP-Vorsitzende Vogel vor seinem Landesausschuß im Oktober 1990 zurück: Dessen Vorstellungen seien keine Basis für eine sinnvolle Reform.

Wie dem auch immer sei – fest steht, daß in der abgelaufenen Legislaturperiode im Stadtstaat zwar besonders intensiv über eine Verfassungs-, Regierungs-, Verwaltungs- und Bezirksreform diskutiert wurde, diese Debatten aber wiederum nicht zu irgendwelchen praktischen Konsequenzen geführt haben. Im nächsten Abschnitt wird deshalb der Frage nachgegangen, warum politische Innovationen in Hamburg allem Anschein nach extrem schwierig sind.

3. *Interessen der Parteien als wechselseitige Blockade*

Hamburg steht vor einer grundsätzlichen Weichenstellung entweder in Richtung einer Magistratsverfassung, die die Kommunalpolitik betont, oder aber hin zu einem parlamentarischen Regierungssystem, wie wir es in anderen Bundesländern und im Bund finden. Nach der gegenwärtigen Verfassung, die aus dem Jahre 1952 stammt, ist der Stadtstaat weder das eine noch das andere, sondern ein „Zwitter" mit den unterschiedlichsten Kompetenzüberschneidungen. Für Bürgermeister von Dohnanyi gab es, wie er in der dritten seiner vielbeachteten Grundsatzreden vor dem Übersee-Club sagte, im Prinzip zwei Alternativen für eine Reform: entweder eine konsequente Großstadtverwaltung, d.h. *zentrale Kompetenz mit dezentralen Verwaltungseinheiten* (à la München), oder aber eine *eindeutige Abgrenzung von Landesaufgaben und Bezirksaufgaben*, die jeweils eigenständig entschieden werden. Die Überschneidungen der Zuständigkeiten seien „die wahre Ursache der hamburgischen Probleme", die Frage einer Verkleinerung und Vermehrung der Bezirke, um sie dichter bei den Bürgern anzusiedeln und Mehrstufigkeit abzubauen, demgegenüber weit weniger bedeutsam (Dohnanyi 1988: 76ff.).
Dohnanyi hätte die erste Alternative vorgezogen. Sein späterer Nachfolger Voscherau, gerade vom Fraktionsvorsitz zurückgetreten, hatte zuvor (Anfang 1988) mit „Thesen und Vorschlägen zu hausgemachten Ursachen der hamburgischen Strukturkrise" für Aufsehen gesorgt, die eine Reihe von tradierten Institutionen in Frage stellten, eine Allzuständigkeit des Senats für alle Verwaltungszweige erwogen und im Extrem sogar eine Aufteilung Hamburgs in drei oder vier voneinander unabhängige Großstädte. Die Fraktion, deren Vorstand dem Papier zunächst zugestimmt hatte, lehnte es jedoch mit Mehrheit ab und forderte den Senat auf, anhand einer von Justizsenator Wolfgang Curilla erarbeiteten, gemäßigteren Grundlage einen Gesetzentwurf zu erstellen. Der weitere Gang der Dinge ist bekannt (siehe oben).
Der jüngste Entwurf versucht im Grunde, die von Dohnanyi skizzierten Alternativen zu verbinden: einerseits eine dominierende zentrale Kompetenz mit neugeschaffenen „Bürgerämtern" als vorgelagerten Verwaltungseinheiten, andererseits eine eindeutige Trennung der Aufgaben, eine partielle Verlagerung und einen gewissen Spielraum für die (verkleinerten) Bezirke. Deren Zuschnitt und ihre Kompetenzen beruhen auf gesetzlicher Grundlage, können also – ähnlich wie Gliederung und Aufbau der Verwaltung – im Prinzip mit einfacher Mehrheit geändert werden (Art. 4 und 57 VerfHamb). Das gilt nicht für eine etwaige Abschaffung der Deputationen und des Ausschusses, der sich mit der Ernennung von Beamten beschäftigt, und auch nicht für die Reorganisation der Regierung sowie eine klarere Trennung von Exekutive und Legislative. Diese Reformen sind nur über eine Änderung der Verfassung möglich.
Zu einem Gesetz, mit dem die Verfassung geändert oder – was in Hamburg auch geht – durchbrochen wird, sind in der Bürgerschaft „zwei übereinstimmende Beschlüsse"

erforderlich, zwischen denen ein Zeitraum von mindestens dreizehn Tagen liegen muß und die beide „bei Anwesenheit von drei Vierteln der gesetzlichen Mitgliederzahl und mit einer Mehrheit von zwei Dritteln der anwesenden Abgeordneten" gefaßt werden müssen (Art 51 VerfHamb). Eine solche qualifizierte Mehrheit ist durchaus üblich, der in Hamburg erforderliche „Doppelbeschluß" jedoch eine relativ hohe Hürde (auch wenn etwa bei Änderungen des Grundgesetzes nach Art. 79 Abs. 2 GG eine entsprechende Mehrheit in Bundestag *und* Bundesrat nötig ist).

Das eigentliche Problem besteht allerdings nicht in dieser formalen Hürde, sondern darin, daß die seit Jahren diskutierten Reformen von Verfassung, Regierung, Verwaltung und Bezirken im Stadtstaat zwar sachlich und analytisch voneinander getrennt werden können, aber in der Praxis von taktischen Interessen der Parteien überlagert und dadurch immer wieder vermengt werden. Das heimliche Junktim zwischen den verschiedenen Reformbereichen, das alle Parteien praktizieren, führt in der faktischen Konsequenz zu einer wechselseitigen Blockade und dazu, daß nicht einmal die mit einfacher Mehrheit möglichen Maßnahmen umgesetzt werden. Klaus von Dohnanyi hatte das schon geahnt, als er die Empfehlungen der Benda-Kommission entgegennahm: Es bestehe die „historische Aufgabe, die Macht neu zu verteilen", und er rechne bei Änderungen der Verfassung mit „ernsten Widerständen", denn es sei „immer schwierig, abzugeben, was man hat". Vor dem Übersee-Club war er kurz vor seinem Rücktritt noch deutlicher geworden: „... die etablierte Politik hat ein Interesse an der Aufrechterhaltung des status quo. Und von diesem gemeinsamen Interesse der gesamten etablierten Politik, ob rot, schwarz, grün oder gelb, sind die notwendigen Reformansätze während der letzten hundert Jahre immer wieder blockiert worden" (Dohnanyi 1988: 80).

Daß diese These den Nagel auf den Kopf trifft, ist im folgenden zu belegen. Dabei kann die Grün-Alternative Liste, deren „Frauenfraktion" in der Bürgerschaft sich zuletzt verselbständigte, ausgeklammert bleiben. Die GAL zeigte nie Interesse, Strukturprobleme des Stadtstaates konstruktiv zu lösen, und gilt weithin als politikunfähig. Von dieser Gruppierung, die sich im Oktober 1984 den Bundes-GRÜNEN angeschlossen hatte und zuletzt 2400 Mitglieder angab, spaltete sich zunächst ein Grünes Forum ab und dann, als eine GAL-Mehrheit einen etwas gemäßigteren Kurs ansteuerte, auch noch eine radikalistische Alternative Liste, die bei den Wahlen im Juni 1991 als Konkurrenz antreten wollte. Neben all diesen Grüppchen hat sich außerdem noch ein unabhängiger „Frauenratschlag" zusammengefunden, der zumindest zeitweilig ebenfalls mit dem Gedanken spielte, zur Wahl anzutreten. Ob durch diese Sektiererei alle scheitern oder wer es vielleicht doch schafft, ob in letzter Minute vielleicht wieder Bündnisse zustande kommen – das ist hier und heute (März 1991) nicht abzusehen und ohnehin eine müßige Frage: letztlich würde keine dieser Gruppen für die notwendigen Reformen gebraucht. Für die GAL trug die Benda-Kommission mit ihren Empfehlungen lediglich der „Großmannssucht von Bürgermeister Dohnanyi" Rechnung. Auf diesem Niveau – das ist meine Position – lohnt eine Diskussion einfach nicht.

3.1 Eine zerstrittene und innerlich gespaltene Sozialdemokratie

Hamburg galt schon August Bebel als „heimliche Hauptstadt der Sozialdemokratie". Mit Ausnahme der Jahre 1953 bis 1957, als an der Elbe ein „Bürger-Block" aus CDU, FDP und DP regierte, stellte die SPD seit 1946 immer die stärkste Fraktion in der Bürgerschaft und stets den Ersten Bürgermeister. Nur bei der Wahl im November 1986 gelang es der CDU, sie an Stimmen knapp zu überholen, ohne daß diese jedoch ausgereicht hätten, die Sozialdemokraten in der Regierung abzulösen.

Als „natürliche" Regierungspartei müßte die SPD eigentlich das größte Interesse haben, die institutionellen Strukturprobleme des Stadtstaates zu lösen. Denn sie spürt sie als erste und sie wird stets für die Auswirkungen verantwortlich gemacht. Das Wissen um die Probleme und Schwachstellen ist keineswegs neu. Bereits 1950 hatte der parteilose Senatssyndikus (und spätere CDU-Bürgermeister) Kurt Sieveking in einem privaten Brief an Theodor Eschenburg geschrieben, er habe „manches Mal Anlaß gehabt zu bedauern, daß der Hamburger Bürgermeister in dieser Beziehung (Auswahl des Kabinetts; G.W.) nicht die Stellung eines Ministerpräsidenten hat, der die Richtlinien der Politik bestimmt" (zitiert bei Stubbe-da Luz 1989: 67). Helmut Schmidt äußerte sich bisweilen ganz ähnlich zu den Verhältnissen im Stadtstaat – vom anonymen „Brief an Hamburger Freunde" des damaligen Innensenators (am 28. Juli 1962 in der „Welt") bis zu der Forderung „Hamburg muß neu anfangen" des ehemaligen Bundeskanzlers (am 6. April 1984 in der „Zeit"). Sehr eindringlich hatte sich auch Bürgermeister Hans-Ulrich Klose Mitte der siebziger Jahre in seiner vielzitierten „Tutzinger Rede" mit der „Unregierbarkeit unserer Städte" auseinandergesetzt und den Finger dabei in manche Wunde der Politik im Stadtstaat gelegt (Klose 1975; vgl. auch Klose 1988). Sein Rücktritt 1981 (vgl. dazu Hoog 1982) wie auch der seines Nachfolgers Dohnanyi sieben Jahre später ergaben sich nicht zuletzt aus der relativen Schwäche eines „Regierungschefs" in der Hansestadt, der zwar als Spitzenkandidat in Wahlkämpfen auftritt und in der Öffentlichkeit in besonderer Weise für die Entscheidungen des Senats verantwortlich gemacht wird, aber dort nur *primus inter pares* ist.

Das Parlament in Hamburg wählt keinen Ministerpräsidenten wie in den Flächenstaaten, sondern Senatorinnen und Senatoren – einzeln und geheim. Erst diese wählen unter sich den Präsidenten des Senats, den Ersten Bürgermeister. Und zwar jährlich in der jeweils letzten Sitzung des Jahres. In diesem Kollegialorgan sind alle gleichberechtigt, d.h. der Regierungschef bestimmt nicht die Richtlinien der Politik und kann im Senat durchaus überstimmt werden, muß dann aber praktisch die Politik der Regierung nach außen vertreten.

Parteien sind nicht, wie die ökonomische Theorie der Politik unterstellt, homogene kollektive Akteure. Auch die SPD in Hamburg hat kräftige Flügel (vgl. Pumm 1977). Und diese haben überhaupt kein Interesse, die Position des Regierungschefs zu stärken und ihm zu gestatten, seine Kabinettsmannschaft selbst zusammenzustellen. Denn unter den gegebenen Umständen ist der Einfluß der Parteiflügel und -gliederungen wesentlich größer. Angesichts der geheimen Wahl jedes einzelnen Senators können starke Gruppen innerhalb der Partei im Falle einer unliebsamen Zusammensetzung des Senats auf die gefährdete Mehrheit hinweisen, „höflich und nachdrücklich" (Dohnanyi 1988: 73). Die Gefahr von „U-Booten" zwingt dazu, bei Aufstellung der Senatorenliste sehr stark auf diese Gruppen Rücksicht zu nehmen; eine Änderung der Verfassung würde sie tendenziell entmachten. Als Konsequenz ergibt sich, daß der einzelne Senator in seiner Arbeit nicht auf den Bürgermeister und die Regierung insgesamt ausgerichtet ist, sondern auf die Mehrheiten und seine Hausmacht in Fraktion und Parteigremien. Denn von diesen hängt seine Position und Wiederwahl ab und nicht etwa vom Regierungschef. Senatoren bleiben selbst dann im Amt, wenn der Bürgermeister zurücktritt. Dieser wiederum kann Amtsinhaber, die er für schwach oder ungeeignet hält, nicht ohne hohes Risiko für einen potentiellen Nachfolger und sich selbst auswechseln.

Nach dem Rücktritt Dohnanyis konnte Henning Voscherau als der einzige ernsthafte Nachfolger seiner Partei als Bedingung für eine Kandidatur eine Änderung ihrer Satzung abringen, der immerhin zwei Drittel der Delegierten des Landesparteitages zustimmen mußten (dazu Pumm 1988): Nunmehr wählt der Parteitag nur noch den Spitzenkandidaten bzw. Regierungschef in geheimer Abstimmung – was als Empfehlung an Senatoren und Fraktion gilt – und kann dieser allein die (SPD-)Mitglieder seines Kabinetts vorschlagen; der Gesamtvorschlag bedarf dann nur noch der offenen Akklamation durch die Delegierten.
Dies ist zweifellos eine bemerkenswerte Änderung: Seit 1971 empfahl nämlich der Parteitag (auf Vorschlag des Vorstandes) jeden einzelnen Kandidaten dem Senat und der Fraktion in geheimer Abstimmung. Ein Regierungschef, der unter diesen Umständen nicht massive Rücksichten auf die innerparteilichen Gruppierungen nahm, mußte davon ausgehen, daß unliebsame Kandidaten diese Weihe nicht erhalten würden. Eine solche politische Niederlage galt es tunlichst zu vermeiden – um den Preis vielleicht nicht sonderlich überzeugender Senatoren.
Die Änderung einer Parteisatzung kann eine Verfassungsreform jedoch nicht ersetzen: zum einen ist sie wesentlich leichter zu revidieren, weil dabei nicht noch mindestens eine andere Partei beteiligt ist (und nicht jeder kommende Regierungschef kann ähnliche Bedingungen stellen wie der alternativlose Voscherau vor seinem Amtsantritt); zum anderen überdeckt diese Änderung nur einen Teil der Schwächen, die der Regierung nach der Verfassung anhaften; zum dritten kann in einer Koalition immer noch der Partner die bescheidene Position des Bürgermeisters ausnutzen (siehe unten), der von der Änderung der Satzung einer anderen Partei selbst natürlich nicht betroffen ist.

Alles, was die Machtstellung des Regierungschefs verbessern könnte, stößt in Teilen der großstädtischen Parteibasis auf ein beträchtliches, überwiegend emotionales Mißtrauen nach dem Motto „Wir hier unten gegen die da oben". Ausdruck dafür ist auch der ungeschriebene Grundsatz einer strikten personellen Trennung zwischen Parteivorsitz, Fraktionsvorsitz und Senatsvorsitz („eisernes Dreieck") in der Hamburger SPD, während anderswo der Parteivorsitzende zumeist auch Regierungschef ist. Daß der Landesparteitag Ende März 1990 mit Mehrheit einen Beschluß zur Reform der Hamburger Verfassung faßte, der sich dafür aussprach, die Stellung des Regierungschefs verbessern zu wollen (abgedruckt bei: Arbeitsgemeinschaft [1990]: 12), ist unter den gegebenen Umständen fast sensationell zu nennen.
Innerparteiliche Widerstände gibt es aber nicht nur gegen eine Reorganisation der Regierung. Auf kräftigen Widerspruch stoßen auch die Pläne, aus den bisher sieben Bezirken bis zu vierzehn zu machen und aus dem Rathaus einen Stadtdirektor dorthin zu entsenden. Sozialdemokratische „Bezirksfürsten" und -versammlungen, die sich

längst nicht mehr als untergeordnete Verwaltungsausschüsse, sondern als Kommunalparlamente verstehen, lehnen einen „Landvogt" (ÖTV-Spott) des Senats ab, wollen ihre politische und die Verwaltungsspitze selbst wählen und fordern von der Regierung sogar noch weitergehende Kompetenzen. Dem Bürgermeister ist demgegenüber eher daran gelegen, sich von solchen selbsternannten „Nebenregierungen" zu befreien und sie auf ihre ursprünglichen Aufgaben zurückzuführen. Das Problem wird anschaulich, wenn man weiß, daß mindestens ein Fünftel der Delegierten des SPD-Parteitages als Mitglieder der Bezirksversammlungen oder Ortsausschüsse von einer Reform unmittelbar betroffen wäre.
Bei einer Neuordnung der Bezirke und einer Verlagerung von Aufgaben, wie sie in den jüngsten Entwürfen insbesondere für den Baubereich vorgesehen sind, müßten zudem auch einige Senatoren um ihren Einfluß und ihre Ämter fürchten. Wenn in der Tat Bauordnungs- und Vermessungsfragen an die neuen Bürgerämter abgegeben würden, so wäre etwa die Baubehörde mehr oder minder überflüssig und könnten ihre Reste mit einer anderen Behörde vereinigt werden. Das gilt auch für andere Bereiche. Eine durchgreifende „Dekonzentration" würde also u.a. die Chance bieten, den zuletzt zwölf Mitglieder zählenden Senat zu verkleinern (die meisten Flächenstaaten kommen mit zehn Ministern aus). Daß sich die gefährdeten Senatoren zwar nicht offen gegen die Reform stellen, aber in den Kulissen politisch dagegen mobilisieren, zu „Häuptlingen ohne Indianer" zu werden, wie man im Rathaus hören kann, ist von daher nur allzu verständlich.
Die wenigen Beispiele mögen genügen, um verstehen zu können, warum die „natürliche" Regierungspartei im Stadtstaat mitnichten an einem Strang zieht, wenn es um eine grundlegende Verfassungs-, Verwaltungs- und Bezirksreform geht. Die skizzierten Konfliktlinien auf den Ebenen der Partei reichen dabei hinein bis in Fraktion und Senat. Und selbst wenn man sich dort einig wäre, wenigstens die Maßnahmen umzusetzen, die ohne Änderungen der Verfassung machbar sind, ginge das nur, wenn die FDP (oder aber die oppositionellen Christdemokraten) mitspielen würden. In der letzten Wahlperiode sah es nicht danach aus.

3.2 Die Freidemokraten: den Stadtstaat regierbar machen?

Selbst wenn die SPD in der Hansestadt innerlich nicht so stark gespalten wäre, wie das real der Fall ist, würde ihre Kraft allein nicht ausreichen, eine Verfassungsänderung durchzusetzen. Eine grundlegende Verwaltungs- und Bezirksreform erfordert ebenfalls Änderungen der Verfassung, während manche gesetzliche Regelung auch mit einfacher Mehrheit geändert werden könnte. Damit fällt der Blick zunächst auf die FDP als den „geborenen" Koalitionspartner der SPD. Beide Parteien regierten zusammen von 1948 bis 1953, dann von 1957 bis 1966 und wieder von 1970 bis 1978. Danach scheiterte die FDP viermal hintereinander an der Sperrklausel.

Nach fruchtlosen Gesprächen mit der Grün-Alternativen Liste 1982 (vgl. auch Beyer 1983) und dann noch einmal 1986/87, als Bürgermeister Dohnanyi aufgrund dieser Erfahrung eine solche

Option von vornherein ausgeschlossen hatte, konnte die SPD nur dank einer Bestimmung in der Verfassung (Art. 37) als Minderheit weiterregieren, wonach der Senat bis zur Wahl eines neuen die Geschäfte weiterführt („ewiger Senat"). Während dieser „Hamburger Verhältnisse", als es zweimal zu vorgezogenen Bürgerschaftswahlen kam, trat die FDP mit Slogans an, die Hansestadt „wieder regierbar" machen und „Vernunft ins Rathaus" bringen zu wollen. Allerdings reichte es erst 1987 wieder, nach fast zehnjähriger Abstinenz in die Bürgerschaft einzuziehen.
Während sich die Freidemokraten bei anderen Anläufen nicht von vornherein auf einen bestimmten Partner festgelegt und diese Frage offen gehalten hatten, hatte es jetzt eine Festlegung auf die Christdemokraten gegeben. Der im Rahmen der Gesamtpartei einstmals eher „linke" Landesverband war nach der Bonner „Wende" zunehmend von Mittelständlern unterwandert und radikal umgekrempelt worden. Bei allenfalls 1450 Mitgliedern ist das nicht allzu aufwendig (zum Vergleich: SPD rund 24.000). Im Zuge dieses Wandels zur „Maler-und-Makler-Partei" legte sich die FDP dann vor der Wahl 1987 eindeutig auf eine Ablösung der SPD und eine Koalition mit der CDU fest.
Allerdings ließ das Wahlergebnis diese „Wunsch-Koalition" nicht zu. „Im Interesse Hamburgs und seiner Menschen", wie es in der Koalitionsvereinbarung vom 1. September 1987 heißt, bildete die FDP nach zähem Ringen schließlich doch mit der SPD eine Regierung. Diese mußte dabei inhaltliche Zugeständnisse machen, die manchen größer erschienen als jene bei einer etwaigen Großen Koalition.

Die Dringlichkeit einer Verwaltungs- und Bezirksreform ist unter den Hamburger Parteien im Grunde unstrittig und in vielem, was in den letzten Jahren diskutiert wurde, haben sich ihre Positionen durchaus angenähert. Im Kern sind es einige wenige „Knackpunkte", die letztlich zur wechselseitigen Blockade führen. Diese Streitpunkte sind sachlich kaum zu begründen, sondern resultieren aus taktischen und strategischen Interessen der Parteien.
Warum sich die FDP mit Händen und Füßen gegen eine Positionsverbesserung des Regierungschefs sperrt, liegt auf der Hand: Als eine kleine Partei, die immer wieder Mühe hat, überhaupt die Sperrklausel zu überwinden, kann sie nicht damit rechnen, dieses Amt einmal selbst zu besetzen. Bestenfalls kann sie als Juniorpartner von einer der beiden großen Parteien in den Senat einziehen. Alles, was dem größeren Partner nützt und womöglich hilft, eine absolute Mehrheit zu erringen, kann überhaupt nicht in ihrem Interesse liegen. Mit anderen Worten: Die FDP würde, wie sich an einem konkreten Beispiel illustrieren läßt, bei einer Reorganisation der Regierung im Sinne der Benda-Kommission ihr außergewöhnliches Erpressungs- und Drohpotential im Stadtstaat verlieren.

Schon 1982, nach der ersten vorgezogenen Bürgerschaftswahl (vgl. dazu Müller-Rommel 1983), hatten die allein regierenden Sozialdemokraten die frühere Bundestagsabgeordnete Helga Schuchardt, die sich nach der Bonner „Wende" von der FDP getrennt hatte, als parteilose Kultursenatorin berufen – sicherlich nicht ohne den Hintergedanken, die über Hamburgs Grenzen hinaus bekannte liberale Politikerin könne ihnen eventuell neue Wählerschichten erschließen. Mit Bildung der sozial-liberalen Koalition und dem Eintritt der FDP in den Senat mußte sie ihr Amt aufgeben (hierzu Saretzki 1988: 34).
Als nach dem Rücktritt Dohnanyis und einiger Senatoren der designierte Bürgermeister Voscherau als seinen Wunschkandidaten für das Amt des Innensenators Andreas von Schoeler benannte, legte sich die FDP quer. Die fachliche Kompetenz des früheren Parlamentarischen Staatssekretärs beim Bundesminister des Innern konnte sie dabei schwerlich bestreiten. Aber

sie ließ kräftig durchblicken, daß man eine Kandidatur des einstigen FDP-Mitglieds als Affront auffassen werde und er bei der geheimen Wahl in der Bürgerschaft womöglich durchfallen könnte. Voscherau beugte sich den Realitäten und verzichtete daraufhin vorsorglich auf seinen Wunschkandidaten.

Würde allein der Regierungschef vom Parlament gewählt, dann stünde der kleinere Partner stets vor der Frage, entweder (wie das die größere Partei auch muß) die eine oder andere „Kröte" zu schlucken oder aber immer gleich die ganze Koalition platzen lassen zu müssen. Daß die FDP solche Zwänge, zwischen verschiedenen Aspekten im Interesse des Ganzen abzuwägen, zu vermeiden trachtet, um ihren Einfluß, der weit größer ist als ihr Anteil an Wählerstimmen oder ihre Mitgliedschaft im Stadtstaat, voll ausspielen zu können, kann niemanden wundern. Genau das ist der Grund, weshalb sich diese Partei, die im Senat bestenfalls eine Minderheit bildet, auch mit Vehemenz gegen eine Richtlinienkompetenz des Bürgermeisters wehrt.
Die strategischen Interessen der Freidemokraten sind nachvollziehbar, wenn auch nach außen schwer zu vertreten, weil von der Sache her kaum zu begründen: Wieso sollen Kompetenzen des Regierungschefs, die in den meisten anderen Bundesländern üblich und unstrittig sind, plötzlich in Hamburg „Zentralismus" bedeuten und die Demokratie gefährden? Die betriebene Rabulistik (die Benda-Kommission habe Äpfel mit Birnen verglichen, „Ermächtigungsgesetz" des Bürgermeisters, „Umsturzmodell Voscheraus" u.ä.m.) und eine vordergründige Berufung auf „bewährte Traditionen" (während man zu anderen Zeiten damit warb, „alte Zöpfe" abschneiden zu wollen) können nicht darüber hinwegtäuschen, daß die FDP selbst im Grunde keine Konzepte hat und aus höchst egoistischen Interessen notwendige Reformen im Stadtstaat blockiert – entgegen ihrer Ankündigung, ihn wieder (besser) regierbar machen zu wollen.

3.3 Die CDU: eine mit sich selbst beschäftigte Daueropposition

Für die CDU ist Hamburg das, was Bayern für die SPD ist – eine Diaspora. Abgesehen von der Phase des „Bürger-Blocks" in den fünfziger Jahren kennt die Partei den Stadtstaat nur aus der Opposition. Dieses Schicksal hat zu intellektueller und personeller Auszehrung, zu merkwürdigen innerparteilichen Praktiken (vgl. schon Preuße 1981) und auch zu interner Opposition geführt, die ihre Rechte in den letzten Jahren des öfteren vor staatlichen Gerichten durchzusetzen versuchte. Anders gesagt: Die mit etwa 14.000 Mitgliedern zweitstärkste Partei ist in Hamburg weitgehend mit sich selbst beschäftigt und schon zufrieden, wenn nach einem gewissen Proporz auch CDU-Politiker das eine oder andere öffentliche Unternehmen leiten dürfen.

Eine begründete Position zur Verfassungsreform zu entwickeln, brauchte die Partei relativ lange. Die spontane Skepsis gegenüber den Empfehlungen der Stadtstaaten-Kommission ließ sich insofern schwer halten, als es sich dabei ja nicht um ein reines SPD-Projekt gehandelt hatte, sondern um eine gemeinsame Initiative von sozial- und christdemokratischen Bürgermeistern. Dies hatte sich nicht zuletzt in Proporz ausgedrückt: Neben dem Vorsitzenden Ernst Benda, dem früheren Bundesminister des Innern und Präsidenten des Bundesverfassungsgerichts, gehörte der Kommission von seiten der Union mindestens noch Jürgen Westphal an, von 1966 bis 1973 selbst Mitglied der Hamburger Bürgerschaft und stellvertretender Vorsitzender der CDU-Fraktion und von 1973 bis 1985 Minister für Wirtschaft und Verkehr des Landes Schleswig-Holstein (die politische Zuordnung von Horst Albach, dem Direktor des betriebswirtschaftlichen Seminars der Universität Bonn und Präsidenten der Akademie der Wissenschaften zu Berlin, entzieht sich meiner Kenntnis). Westphal setzte sich auch nach Abgabe des Berichts, zum Beispiel in einem Vortrag vor der Gesellschaft Hamburger Juristen (Westphal 1988), öffentlich für eine Reform der Regierungsstrukturen des Stadtstaates ein. Eine pauschale Ablehnung der Empfehlungen konnte da auf die Dauer kaum überzeugen.

Was liegt in einer solchen Lage näher, als selbst eine Kommission zu berufen? Auf diese Weise kann man zu einer eigenen Position finden, ohne das Gesicht zu verlieren. Und was lag näher, als gerade Westphal den Vorsitz zu übertragen und zudem den einschlägig engagierten Werner Thieme einzubinden, zugleich Mitglied des Hamburgischen Verfassungsgerichts? Die Empfehlungen der vierköpfigen Kommission „Zur Reform der Hamburger Verfassung" (Westphal u.a. 1990), die Rolf Kruse, der Vorsitzende der CDU-Fraktion, am 6. Juli 1990 der Öffentlichkeit vorstellte, wiederholten die meisten Vorschläge der Benda-Kommission, gingen aber in manchen Punkten noch darüber hinaus. So soll danach u.a. das bisherige „Feierabendparlament" in ein „Teilzeitparlament" umgewandelt, die Opposition, der Rechnungshof und das Verfassungsgericht gestärkt und der Bürgerausschuß abgeschafft werden. Volksbegehren und Volksentscheid, denen SPD und FDP offener gegenüber stehen, lehnte die Westphal-Kommission ab.

Mit diesem Papier unternahm die Union ohne Frage einen großen Schritt auf die regierenden Sozialdemokraten zu. Taktische Überlegungen mögen dabei eine Rolle gespielt haben: Mit Blick auf die Streitigkeiten innerhalb der SPD konnte man mit dem Angebot, in Zukunft tatsächlich nur noch den Regierungschef vom Parlament wählen lassen und ihn mit der Richtlinienkompetenz auszustatten, ein bißchen Öl ins Feuer gießen; angesichts der Verweigerung der FDP in diesen Punkten ließ sich ein gewisser Keil in die Regierung treiben und konnte man sich selbst für eine Große Koalition ab 1991 anbieten, die endlich die Probleme anpacken würde. Für die weitaus stärkere Union würden die Befürchtungen der Freidemokraten, ihre überproportionale Machtposition in der Regierung einzubüßen, in einem solchen Fall ohnehin nicht gelten.

Die Verwaltungs- und Bezirksreform konnte die Westphal-Kommission weitgehend ausklammern, obwohl sie betonte, daß diese von einer Verfassungsreform nicht abgetrennt werden dürfe. In diesen Fragen hatte die Union zuvor stark auf Empfehlungen der Haas-Kommission zurückgegriffen und bereits am 3. März 1988 einen eigenen Gesetzentwurf vorgelegt (vgl. die Bürgerschafts-Drucksachen 13/1118, 13/1119 und 13/1120). Danach sollten die sieben Bezirke und auch die Ortsämter erhalten bleiben, ihre Kompetenzen gestärkt und kommunale und Landesaufgaben deutlich getrennt sowie die Bezirke von gewählten Bürgermeistern repräsentiert werden. Ein eigenes Haushaltsrecht über Steuern und Gebühren, wie dies u.a. die Haas-Kommission vor-

geschlagen hatte, sollten sie nicht erhalten, jedoch Globalzuweisungen des Landesparlaments in eigener Verantwortung verwenden können.
Die inhaltlichen Differenzen zwischen den Parteien sind dabei im Grunde geringer als die politische Rhetorik bisweilen suggeriert, zumal weder CDU noch FDP oder SPD das Evokationsrecht der Landesregierung in Frage stellen wollen. Im Kern geht der Streit darum, ob die (alten oder neuen) Bezirke eine größere politische Eigenständigkeit bekommen oder nicht. Die Union – hier einig mit der FDP und auch sozialdemokratischen „Bezirksfürsten" – will dies und sogar von Wählern und Parlament legitimierte Bürgermeister. Das Motiv liegt auf der Hand: Während sie in der Bürgerschaft die Daueropposition stellt, stammt derzeit immerhin eine von sieben Leitern der Bezirksämter aus ihren Reihen. Bekämen die Bezirke eine größere Autonomie, ließen sich womöglich Brückenköpfe bilden, um von dort aus zumindest ein bißchen zum Sturm auf den SPD-geführten Senat blasen zu können. Schon jetzt kommt ein bezirkliches „Sperrfeuer" in irgendwelchen Sachfragen, sehr zum Verdruß der Mehrheit, der Opposition in der Bürgerschaft immer wie gerufen.
Bei verkleinerten Bezirken mit vergrößerten Kompetenzen können in den besseren Wohngebieten etliche solcher potentiellen „Nebenregierungen" entstehen – weshalb der amtierende Bürgermeister anstelle der bisher gewählten Bezirksamtsleiter lieber ernannte Stadtdirektoren in die Fläche aussenden möchte. Dies entspricht im übrigen auch der derzeitigen Verfassungslage, wonach „die", also alle, „Beamten vom Senat ernannt und entlassen" werden (vgl. auch Raloff 1990). Hinzu kommt, daß sich die Bezirksversammlungen in der Vergangenheit keineswegs auf ihre eigentlichen kommunalen Aufgaben beschränkten, sondern sich etwa zur „Atomwaffenfreien Zone Eimsbüttel" erklärten oder (wie in der „Zusammenarbeit zwischen SPD und GAL im Bezirk Nord") eine „Absage an Zivilschutzübungen des Bundes" vereinbarten. Aus dem Rathaus gesehen sprechen derartige Eskapaden eher für eine stärkere Kontrolle als für weitergehende Verselbständigung. Es sind solche, nur selten offen ausgesprochene Überlegungen, die letzten Endes das Reformpaket blockieren.

4. Negativ-Koalitionen: verbreitetes Phänomen politischer Trägheit

Aus Zustand und Interessen der Parteien heraus läßt sich gut erklären, warum Gutachten in Hamburg zumeist folgenlos bleiben und zumal Verfassungsänderungen unwahrscheinlich sind. Eigeninteressen der Behörden, der Bezirksämter und -versammlungen kommen erschwerend hinzu, sind aber nicht die entscheidenden Barrieren. Seit 1981 liegen die Vorschläge der Haas-Kommission auf dem Tisch, seit 1988 die Empfehlungen der Benda-Kommission – passiert ist in beiden Fällen bis heute nichts. Das praktische Problem liegt darin, daß die wechselseitige Blockade aus der Sicht der einzelnen Parteien durchaus rational ist. Man könnte dieses Phänomen, wo individuelle Rationalitäten zu suboptimalen Gesamtergebnissen führen, spieltheoretisch formulieren oder auch als „Negativ-Koalition" bezeichnen: Insgeheim sind sich alle einig, daß der – äußerlich beständig und einmütig beklagte – Status quo immer noch besser ist als eine politische Innovation, die womöglich Einbußen an Macht und Einfluß bringt. Positive Ansätze werden deshalb durchweg zerredet.

Für das Ganze, für die Zukunft des Stadtstaates ist die wechselseitige Blockade der Parteien freilich fatal. Das wirft die Frage auf, ob es nicht doch Wege gibt, die Blockade aufzubrechen. Eine Lösung läuft im Grunde immer auf einen Kompromiß zwischen SPD und CDU hinaus; mit der FDP – soviel steht fest – ist ein „großer Wurf", der Verfassungs-, Verwaltungs- und Bezirksreform zusammenbindet, kaum denkbar. Aber genau das, und nicht nur irgendwelche unabgestimmten Korrekturen im Detail, ist dringend erforderlich. Geredet wurde wahrlich lange genug.

Eine Große Koalition, um das vieldebattierte „Jahrhundertwerk" endlich unter Dach und Fach zu bringen, würde innerhalb der SPD sicherlich auf massive Widerstände stoßen, scheint aber im Prinzip immer noch besser zu sein als eine Fortsetzung der sozial-liberalen „Zwangsehe". Für Änderungen der Verfassung ist die Zustimmung der Union jedenfalls unumgänglich, die FDP dagegen im Grunde entbehrlich. Doch reicht eine umfassende Verfassungs-, Regierungs-, Verwaltungs- und Bezirksreform aus, um eine förmliche Große Koalition hinreichend zu legitimieren? Und wäre es aus der Sicht der SPD klug, den einzigen Partner, der ihr bisher – trotz aller Querelen und Erpressungen – bei Bedarf zur Mehrheit verhalf, zu verprellen und gleichzeitig die CDU in der Regierung „salonfähig" zu machen? Vielleicht haben aber auch einmal die Wähler ein Einsehen und zwingen die beiden großen Parteien zu einem Kompromiß zusammen.

Nach der Wahl vom 2. Juni 1991, nach der die SPD wiederum allein regiert, bietet sich immerhin ein Tauschgeschäft an, bei dem beide aufeinander zugehen. Die jeweiligen Positionen erscheinen inzwischen nicht mehr unüberbrückbar. Es ist jedoch auch denkbar, daß das ganze Projekt auch in der neuen Legislaturperiode wieder an den gegensätzlichen strategischen und taktischen Interessen der Parteien scheitert. Um diesen Knoten zu durchschlagen, müßte dann muß wohl die Strukturkrise des Stadtstaates, dessen Überlebensfähigkeit ebenso wie die von Berlin oder Bremen unter veränderten Bedingungen grundsätzlich fraglich ist, erst noch tiefer werden. Erst wenn auch der letzte eingesehen hat, daß die Lage für taktische Mätzchen zu ernst ist, könnte sich – wenn es dann dafür nicht schon zu spät ist – aus einer Situation des „Neuanfangs" heraus eventuell eine Lösung ergeben. Sollte dieses *Worst-case*-Szenario eintreten, hätten die Hamburger Parteien ihren Teil dazu beigetragen.

Literaturverzeichnis

Arbeitsgemeinschaft sozialdemokratischer Juristinnen und Juristen 1990: Öffnung der politischen Willensbildung. Vorschläge für mehr Volksbeteiligung in Hamburg, zur Reform des Wahlrechts, von Verfassung, Parlament und Partei, Hamburg (vervielf. Manuskript) (zit. Arbeitsgemeinschaft).

Asendorf, Manfred u.a. (Hrsg.), 1984: Geschichte der Hamburgischen Bürgerschaft. 125 Jahre gewähltes Parlament, Berlin: Verlag Frölich & Kaufmann

Bericht der Kommission zur Überprüfung von Verbesserungsmöglichkeiten in der Hamburger Verwaltung, 1981: November (vervielf. Manuskript) (zit. Bericht).

Bernzen, Uwe, 1983: Die Deputationen. Bürgerbeteiligung an der Verwaltung, 3., aktual. Aufl., Hamburg: Landeszentrale für politische Bildung.

Beyer, Arno, 1983: Verfassung und Taktik. Voraussetzungen und Folgen der Hamburger Bürgerschafts- und Bezirksversammlungswahlen im Juni und Dezember 1982, Hamburg: Landeszentrale für politische Bildung.

Busse, Paul/Hartmann, Ulrich, 1971: Verfassungs- und Parlamentsreform in Hamburg. Opposition erstmals Verfassungsorgan, in: Zeitschrift für Parlamentsfragen 2, Heft 2, 200-205.

Dangschat, Jens/Krüger, Thomas, 1986: Hamburg im Süd-Nord-Gefälle, in: *Jürgen Friedrichs, Hartmut Häußermann* und *Walter Siebel* (Hrsg.), Süd-Nord-Gefälle in der Bundesrepublik, Opladen: Westdeutscher Verlag, 188-213.

Dauster, Manfred, 1984: Die Stellung des Ministers zwischen Regierungschef, Parlament und Regierung nach dem Verfassungsrecht der Länder, Köln-Berlin.

Dohnanyi, Klaus von, 1988: Hamburg – Stadtstaat und Verfassung: Eine Existenzfrage (Sonderdruck der Rede vor dem Übersee-Club am 11. Februar).

Freie und Hansestadt Hamburg, 1989: Modelle zur Verwaltungsreform in Hamburg, Juli (vervielf. Manuskript).

Freie und Hansestadt Hamburg, 1990: Neuordnung von Verfassung und Verwaltung in Hamburg, Januar (vervielf. Manuskript mit Materialien).

Friedrichs, Jürgen (Hrsg.), 1988: Soziologische Stadtforschung (= KZfSS-Sonderheft 29), Opladen: Westdeutscher Verlag.

Hartwich, Hans-Hermann, 1990: Freie und Hansestadt Hamburg. Die Zukunft des Stadtstaates, 2. Aufl., Hamburg: Landeszentrale für politische Bildung.

Hein, Joachim von, 1984: Deputationen – Eine Hamburger Spezialität, in: *Manfred Asendorf* u.a. (Hrsg.), Geschichte der Hamburgischen Bürgerschaft, 182-190.

Hennings, Almuth, 1983: Der unerfüllte Verfassungsauftrag. Die Neugliederung des Bundesgebietes im Spannungsfeld politischer Interessengegensätze, Heidelberg: R.v. Decker's Verlag.

Hoffmann-Riem, Wolfgang/Koch, Hans-Joachim (Hrsg.), 1988: Hamburgisches Staats- und Verwaltungsrecht. Bearbeitet von *Jörg Berkemann* u.a., Frankfurt/M.: Alfred Metzner.

Hoog, Günter, 1982: Bürgermeisterwahl in Hamburg. Zur Problematik einer nicht erzwingbaren Verhaltensnorm, in: Zeitschrift für Parlamentsfragen 13, Heft 2, 235-239.

Klose, Hans-Ulrich, 1975: Die Unregierbarkeit der Städte?, in: Aus Politik und Zeitgeschichte B 41 (abgedruckt auch bei: *Helmut Köser* [Hrsg.]: Der Bürger in der Gemeinde. Kommunalpolitik und politische Bildung, Hamburg 1979, 48-63).

Klose, Hans-Ulrich, 1988: Die Unregierbarkeit der Städte – Teil II. Vortrag vor der Hamburgischen Architektenkammer am 7. Oktober (vervielf. Manuskript).

Kowalewski, Eckhard, 1984: Die Parlamente der Stadtstaaten Berlin, Bremen und Hamburg (1966-1971). Eine vergleichende Analyse der Tätigkeit des Abgeordnetenhauses von Berlin während der 5. Wahlperiode (1967-1971), der Bremischen Bürgerschaft (Landtag) während der 7. Wahlperiode (1967-1971) und der Hamburger Bürgerschaft während der 6. Wahlperiode (1966-1970), Frankfurt/M. usw.: Peter Lang.

Kröning, Volker, 1988: Kanzlermodell: Bedürfen die Stadtstaaten einer Stärkung der Stellung des Bürgermeisters? Ein Vergleich Bremens mit Hamburg und Berlin, in: Recht und Politik 24, Heft 1, 1-6.

Lange, Rolf, 1980a: Großstadtpolitik. Analysen – Ziele – Maßnahmen, 3., aktual. Aufl., Hamburg: Landeszentrale für politische Bildung.

Lange, Rolf, 1980b: Selbstverwaltung in Hamburg. Geschichte, Struktur und Funktionen der Hamburger Bezirksverwaltungen, Stuttgart usw: Kohlhammer.

Lange, Rolf, 1984: Bürgerschaft und Bezirksversammlungen, in: *Manfred Asendorf* u.a. (Hrsg.), Geschichte der Hamburgischen Bürgerschaft, 191-194.

Möller, Ilse, 1985: Hamburg, Stuttgart: Ernst Klett Verlag.

Müller, Martin, 1984: Rolle und Selbstverständnis der Opposition, in: *Manfred Asendorf* u.a. (Hrsg.), Geschichte der Hamburgischen Bürgerschaft, 162-166.

Müller-Rommel, Ferdinand, 1983: Die Wahl zur Hamburger Bürgerschaft vom 19. Dezember 1982: Die neue Alte Mehrheit, in: Zeitschrift für Parlamentsfragen 14, Heft 1, 96-109.

Preuße, Detlev, 1981: Gruppenbildungen und innerparteiliche Demokratie. Am Beispiel der Hamburger CDU, Königstein/Ts.: Athenäum-Hain.

Pumm, Günter, 1977: Kandidatenauswahl und innerparteiliche Demokratie in der Hamburger SPD. Eine empirische Untersuchung der Kandidatennominierungen für die Bundestagswahl 1969, die Bürgerschaftswahl 1970, den Senat und die Deputationen, Frankfurt/M.: Peter Lang.

Pumm, Günter, 1988: Verfassungspolitik durch innerparteiliche Satzungsänderung: Der Wechsel von Klaus v. Dohnanyi zu Henning Voscherau, in: Zeitschrift für Parlamentsfragen 19, Heft 4, 453-468.

Raloff, Helmut, 1990: „Buxtehude wäre die ideale Bezirksgröße" (Interview), in: Harburger Rundschau vom 21. September.

Redaktion (1989): Noch einmal: Betroffener als „Verfahrensobjekt", in: Zeitschrift für Parlamentsfragen 20, Heft 3, 363-369.

Röper, Erich, 1986: Tagesordnung und Parlamentsautonomie: Fragwürdige Privilegien der Regierungen in Bremen und Hamburg, in: Zeitschrift für Parlamentsfragen 17, Heft 3, 385-387.

Rosenau, Kersten, 1988: Das „Ruhende Mandat" – die Hansestädte und das Grundgesetz, in: Zeitschrift für Parlamentsfragen 19, Heft 1, 35-43.

Saretzki, Thomas, 1987: Die Wahl zur Hamburger Bürgerschaft vom 9. November 1986: Ende des Traums von der eigenen Mehrheit, oder: Die SPD vor der Bündnisfrage, in: Zeitschrift für Parlamentsfragen 18, Heft 1, 16-37.

Saretzki, Thomas, 1988: Die Wahl zur Hamburger Bürgerschaft vom 17. Mai 1987: Zweite Wiederholungswahl bringt erste sozialliberale Koalition seit der Bonner Wende, in: Zeitschrift für Parlamentsfragen 19, Heft 1, 26-35.

Schachtschneider, Karl Albrecht, 1989: Das Hamburgische Oppositionsprinzip oder Das Hamburgische Verfassungsproblem einer Großen Koalition: Zum Widerspruch des entwickelten Parteienstaates zur republikanischen Repräsentation, in: Der Staat, 173-200.

Scharpf, Fritz W./Benz, Arthur, 1990: Zusammenarbeit zwischen den norddeutschen Ländern. Gutachten im Auftrag der Senatskanzlei Hamburg und der Staatskanzlei Schleswig-Holstein, Köln, September (vervielf. Manuskript).

Schwemer, Holger (Hrsg.), 1987: Hamburger Gesetze – Auswahl, 6. Aufl., Hamburg: W. Mauke Söhne.

Siegloch, Klaus P., 1973: Die Parlamentsreform 1971 in der Hamburger Bürgerschaft. Ein Beispiel für die politische Willensbildung im parlamentarischen Regierungssystem, Hamburg: Kuratorium für staatsbürgerliche Bildung.

Stadtstaaten-Kommission, 1989: Berlin – Bremen – Hamburg. Zur Regierungsstruktur in den Stadtstaaten Berlin, Bremen und Hamburg. Bericht der Kommission zur Überprüfung der Regierungsstrukturen in den Stadtstaaten Berlin, Bremen und Hamburg, Berlin: De Gruyter.

Steffani, Winfried, 1984: Bürgerschaftsarbeit: Kein Geschäft für den Feierabend, in: *Manfred Asendorf* u.a. (Hrsg.), Geschichte der Hamburgischen Bürgerschaft, 158f..

Steffani, Winfried, 1989: Betroffener als „Verfahrensobjekt"? Der „Fall Orgaß" in Hamburg, in: Zeitschrift für Parlamentsfragen 20, Heft 1, 54-65.

Stubbe-da Luz, Helmut, 1989: Die „Güte unserer Institutionen", in: *Landeszentrale für politische Bildung* (Hrsg.), Freie und Hansestadt Hamburg. 40 Jahre Bundesland 1949-1989, Hamburg: Selbstverlag, 66-71.

Thieme, Werner, 1989: Gemeinden für Hamburg, Hamburg: W. Mauke Söhne.

Tiedemann, Bernd (Hrsg.), 1988: Die Bundesrepublik Deutschland – Staatshandbuch. Landesausgabe: Land Freie und Hansestadt Hamburg, Köln usw: Carl Heymanns.

Tögel, Guido Wolfgang, 1989: Die Senate der Hansestädte Hamburg und Bremen. Eine verfassungsrechtliche Untersuchung zum parlamentarischen Regierungssystem in den Hansestädten, Frankfurt/M.: Peter Lang.

Tormin, Walter, 1984: „Feierabendparlament" – oder was sonst?, in: *Manfred Asendorf* u.a. (Hrsg.), Geschichte der Hamburgischen Bürgerschaft, 156.

Walter, Thomas, 1982: Die Wahl zur Hamburger Bürgerschaft vom 6. Juni 1982. Übergangsergebnis mit weitreichenden Folgen, in: Zeitschrift für Parlamentsfragen 13, Heft 4, 482-509.

Walter, Thomas, 1986: Parlamentsreform in Hamburg. Es bleibt beim „Feierabend-Parlament", in: Zeitschrift für Parlamentsfragen 17, Heft 3, 388-395.

Wege, Joachim/Grönwall, Angelika, 1989: Die Bürgerschaft. Geschichte, Aufgaben und Organe des Hamburger Landesparlaments, 3., aktual. Aufl., Hamburg: Landeszentrale für politische Bildung.

Westphal, Jürgen, 1988: Die Regierungsstruktur in Hamburg und ihre Reformbedürftigkeit, Hamburg, 31. Oktober (Presseerklärung).

Westphal, Jürgen, u.a. 1990: Zur Reform der Hamburger Verfassung, (vervielf. Manuskript).

Wieske, Thomas, 1988: Hamburg zwischen Tradition und Erneuerung. Zu den Vorschlägen der Stadtstaaten-Kommission für eine Verfassungsreform, in: Zeitschrift für Parlamentsfragen 18, Heft 4, 447-453.

Neue Politik durch Neue Medien?

Zur Bedeutung lokaler elektronischer Medien für die Politische Kultur in der Kommune - Ergebnisse einer Feldstudie

Otfried Jarren

1. *Problemstellung und Zielsetzung des Beitrages*

Probleme und Perspektiven der Kommunalpolitik im anhaltenden wirtschaftlichen und sozio-kulturellen Strukturwandel werden in der Bundesrepublik seit einigen Jahren intensiver diskutiert. Ist eine – wie Hesse (1986) es wiederholt formuliert hat – „Erneuerung der Politik von unten" zu erreichen und unter welchen Voraussetzungen kann sie erfolgen? Wie ist eine Aktivierung der Potentiale auf der kommunalen Ebene möglich, um die drängenden sozialen, ökonomischen und ökologischen Probleme vor Ort zu bewältigen (vgl. auch: Raschke 1982)?

Unbestreitbar ist Kommunalpolitik von überlokalen Entwicklungen abhängig und in ein dichtes Interdependenznetz unterschiedlicher Politikprozesse einbezogen. Die kommunale Selbstverwaltung ist in ein interorganisatorisches System von staatlichen und nichtstaatlichen Institutionen eingebunden, so daß die Bewältigung der immer komplexer werdenden Aufgaben von den jeweiligen Interaktionsmöglichkeiten *und* zudem von den spezifischen Bedingungen „vor Ort" abhängig ist (Holtmann 1990). Es zeigt sich, daß die Kommunen in unterschiedlicher Weise von ökonomischen, sozialen und soziokulturellen Veränderungen betroffen sind. Allgemeine Programme können weniger denn je zur Problemlösung herangezogen werden. Die Entwicklung lokalpolitischer Konzeptionen und vor allem die Durchsetzung von einzelnen Maßnahmen setzt ein Mindestmaß an Problemverständnis bei allen lokalen Akteuren voraus. Es gilt, die spezifischen lokalen Probleme zu erkennen, zu beschreiben und – im Dialog zwischen den jeweils Betroffenen – zu lösen. Im Grundsatz muß dazu ein, auch von den Bürgern hinreichend akzeptiertes, gemeinsames Verständnis von einer „kommunalen Identität" (Riescher 1988) vorhanden sein, um die kommunale Ebene als Handlungsfeld zu erkennen. Durch lokale Informations- und Kommunikationsprozesse ist der Stellenwert der Kommunalpolitik immer wieder neu zu bestimmen. Dies verweist auf die Bedeutung der Existenz einer „kommunikativen Infrastruktur" in den Kommunen (vgl. Jarren 1984; Schwiderowski 1989).

Das Konzept der „Erneuerung der Politik von unten" bedingt und erfordert die lokalspezifische Definition von unterschiedlichen Aufgabenfeldern für eine aktive Kommunalpolitik. Die Festlegung von politischen Zielen und die Umsetzung einer aktiven

Politik in einer Kommune setzt der Problemstellung adäquate Informations- und Kommunikationsprozesse voraus, an denen die Bürger in hinreichender Weise beteiligt sein müssen. Diese Forderung ist nun nicht nur aus normativen und demokratietheoretischen Überlegungen heraus zu erheben, sondern sie läßt sich auch funktional begründen, eben weil die Notwendigkeit zur Identifikation der Kommunalpolitik als „eigenständig", als relevanter Handlungsebene, durch die Bürger besteht. Trotz wachsender Bedeutung der kommunalen Selbstverwaltung für die Gestaltung der unmittelbaren Lebenswelt der Bürger ist eine abnehmende Beteiligung an kommunalen Wahlen und eine zunehmende Distanz zwischen den Bürgern, den lokalen Parteiorganisationen und eben der kommunalen Verwaltung festzustellen. Benz führt diese Entwicklung nicht zuletzt auch auf die „Entörtlichung der Berichterstattung in den zentralisierten Medien" (Benz 1987: 169) zurück. Zahlreiche Ergebnisse aus der lokalen Kommunikationsforschung bestätigen diese Einschätzung (vgl. zusammenfassend Schwiderowski 1989).
Die Aktivierung von Potentialen auf der lokalen Ebene ist von der Existenz einer „kommunalen Identität" und somit von einer „kommunikativen Infrastruktur" abhängig. Die Frage ist, ob durch die neuen elektronischen Medien, insbesondere durch lokale Hörfunk- und Fernsehangebote, bestehende Defizite in der kommunikativen Infrastruktur ausgeglichen werden können (zusammenfassend: Schlenther 1988).
Der folgende Beitrag geht dieser Fragestellung nach und faßt ausgewählte Ergebnisse einer empirischen Feldstudie zusammen, die im Rahmen des Dortmunder Kabelpilotprojekts durchgeführt wurde (vgl. Jarren/Storll/Bendlin 1989). In dieser Studie wurde – erstmalig für die Bundesrepublik[1] – empirisch untersucht, wie die lokalen Institutionen auf die elektronischen Medien reagierten, welche Veränderungen im Institutionensystem unter dem Einfluß des „Kabelfunk Dortmund", der ein lokales Hörfunk- und ein lokales Fernsehprogramm verbreitete, eintraten. Ferner wurde der Verlauf ausgewählter lokalpolitischer Prozesse analysiert.

2. *Untersuchungskontext und Forschungsstand*

Das lokale Massenkommunikationssystem, bislang im wesentlichen von der lokalen Tagespresse geprägt, hat durch die Präsentation der lokalen Politik in der Berichterstattung als „isolierter Lokalwelt" (Schönbach 1978) mit dazu beigetragen, daß die kommunalpolitische Handlungsebene an Konturen verloren hat. Allein wegen ihrer Angebotsstruktur („Kreis"-Zeitung als dominierender Lokal-Zeitungstyp) ist ein enger, die vielen politischen, sozialen und kulturellen Prozesse in einer einzelnen Kommune berücksichtigender, räumlicher und sozialer Bezug in der Lokalzeitungsberichterstattung vielfach nicht mehr möglich. Aufgrund dieser Angebotsstruktur kann ein Großteil der Lokalzeitungen die Bürger in den einzelnen Gemeinden und Städten nicht mehr adäquat informieren, weshalb die Bemühungen zur Schaffung neuer Informationsmöglichkeiten ständig zunehmen (Kommunalverwaltungen: Herausgabe von Amts- und Gemeindeblättern, Interesse an der Beteiligung von lokalen Rundfunkprogram-

men; Kirchen: Gemeindeblätter; politische Parteien: lokale Parteizeitungen u.a.m.) (vgl. Knemeyer/Wengert 1978).
Bedingt durch die hochauflagigen Lokalausgaben für größer gewordene Verbreitungsgebiete bei relativer Konstanz des redaktionellen Seitenumfangs müssen in der Berichterstattung viele Ereignisse summarisch aufbereitet werden. Der Zwang zur Abstraktion – verbunden mit einem Sprachstil, der wenig Variationsbreite besitzt und formelartige Versatzstücke ständig reproduziert – führt dazu, daß die Bezüge zum politischen Alltag „vor Ort" verloren gehen müssen, und zwar aus zwei Gründen: Zum einen werden Ereignisse und politische Meinungs- und Willensbildungsprozesse nicht in ihrer Bedingtheit und in ihrem Zusammenhang dargestellt, und es werden weder die chronologischen noch die sachlichen Zusammenhänge in einem hinreichenden Maß hergestellt, und zum anderen kann diese Berichterstattungspraxis den Bürgern keine Handlungsempfehlungen geben (vgl. Wilking 1990).
Ferner ist festzustellen, daß die Lokalzeitungen nur unzureichend auf den politischen und kulturellen Wandel in den Gemeinden, Städten und Kreisen reagiert haben. Aus der Unzufriedenheit mit der Medienberichterstattung entstanden in den frühen 70er Jahren an vielen Orten Gruppen- und Initiativzeitungen. Die Erfolgsphase der „Alternativpresse" ist zwar beendet, aber mit den Stadtmagazinen konnte sich eine neue Form der lokalen Publizistik – überwiegend in den Großstädten – fest etablieren (Weichler 1987; Denzler 1988).
Die vorliegenden Studien zur Rolle und Funktion der Lokalpresse im Hinblick auf die Qualität des lokalpolitischen Informationsangebots belegen insbesondere:
- eine weitgehend oberflächliche, kaum Hintergrund und übergeordnete Zusammenhänge (Politikverflechtung) berücksichtigende Berichterstattung (vgl. Arzberger 1980; Schönbach 1978);
- das Vorherrschen einer in der Tendenz kritiklosen, konfliktscheuen Berichterstattung (vgl. Benzinger 1980; Rager 1982);
- keine zur Partizipation anregende Informations- und Berichterstattungspraxis (vgl. Rombach 1983; Wilking 1990);
- geringe Bereitschaft zur lokalpolitischen Kritik in Form von Kommentaren, Glossen etc. (vgl. Rager 1982);
- Übernahme von Presseinformationen etablierter Organisationen ohne Recherche („Verlautbarungsjournalismus") (vgl. Grimme 1991);
- starke Personalisierung in der lokalen Berichterstattung und Vernachlässigung von politischen Strukturfragen (Rager 1982) und
- eine stark an Tagesaktualität ausgerichtete Berichterstattung, die Zusammenhängen nur unzureichend wiedergibt (vgl. Jarren 1984).

Die lokalen Tageszeitungen haben auf ökonomische und soziale Veränderungsprozesse in ihren Verbreitungsgebieten bislang kaum reagieren müssen, weil sie in den meisten Kommunen über eine dominante Stellung als intermediäre Institution verfügen. Wer die lokale Öffentlichkeit erreichen will, ist auf die Thematisierungsbereitschaft und die Vermittlungsleistung der Lokalpresse angewiesen. Da die meisten Lokalzeitungen aufgrund der Konzentrationsprozesse im Tageszeitungsmarkt sich heute in einer außerordentlich starken Marktstellung befinden (Alleinanbieter- oder zumindest Erstanbietersituation) und das Produkt „Lokalteil" nach wie vor eine hohe Akzeptanz beim Medienpublikum besitzt, bestand für Redaktionen und Verlage zumeist keine Notwendigkeit zur Veränderung der publizistischen Aufgabenstellung[2]. Zur lokalen Tageszeitung gab es bislang – also bis zum Zeitpunkt der Einführung lokaler Rundfunksender – weder für die lokalen Organisationen noch für die Bürger eine Alternative. Die Lokalzeitungen sind folglich stark mit den traditionellen lokalen Elite verflochten und befinden sich in einer „Koalition der Etablierten". Neue soziale oder kulturelle Ideen werden nicht oder nur mit erheblichem Zeitverzug aufgegriffen. Insbesondere der soziokulturelle Wandel in den Kommunen vollzieht sich damit gleichsam hinter dem Rücken derjenigen, die – ihrem eigenen Anspruch nach – die „Nase vorn" haben sollten.

Nun sind für diesen status quo nicht allein die Medien verantwortlich zu machen sind: Die lokale Presse ist im hohen Maß in die bestehende kommunale (Macht-)Struktur integriert, von ökonomischen Faktoren (hohe Abhängigkeit von Anzeigeneinnahmen aus dem lokalen Markt) und von den lokalen Eliten abhängig (Wolz 1979). Eine interne Umstrukturierung im lokalen Massenkommunikationssystem oder eine Veränderung in der journalistischen Praxis, also publizistische oder journalistische Innovationen, sind immer auch vom Wandel innerhalb der Umweltsysteme (also lokale Wirtschaft, Kommunalverwaltung, lokale Parteiorganisationen etc.) mit abhängig (Hippler/Kutteroff 1982; Murck 1983). Eine Veränderung der lokalen politischen Kultur ist also allein über die Einführung „Neuer Medien" oder die Veränderung von Medienangeboten nicht zu erwarten. Dieser Hinweis ist deshalb wichtig, weil mit der Einführung der „Neuen Medien" auf der lokalen Ebene immer hohe Erwartungen verknüpft waren – und auch heute vielfach noch sind („interaktive Kommunikation", „Bürger-Medien", Verbesserung der Partizipationsmöglichkeiten u.a.m.) (vgl. u.a. Pätzold 1978; Eurich 1980; Thränhardt/Uppendahl 1982; Deutscher Städtetag 1981; Deutscher Städte- und Gemeindebund 1982, 1984).

Anderseits ist festzustellen, daß die Frage einer Verbesserung der lokalen Kommunikation durch „Neue Medien" heute weder in der Wissenschaft noch in der praktischen (Kommunal-)Politik einen besonderen Stellenwert hat. Die faktische Entwicklung im Zusammenhang mit der Etablierung des privaten Rundfunks in der Bundesrepublik, die zunächst zu einer allgemeinen Vermehrung nationaler (Fernseh-)Programmangebote führte, ist wohl mit dafür verantwortlich zu machen, daß über die Rolle und Funktion elektronischer vermittelter Hörfunk- und Fernsehprogramme in lokalen Kommunikationsräumen nur wenig diskutiert wird, obwohl diese jetzt in großer Zahl vorhanden sind: In den süddeutschen Ländern (insbesondere in Bayern und Baden-Württemberg) existieren zahlreiche lokale und regionale Hörfunkstationen (vgl. Beiträge in Jarren/Widlok 1985; Schmitz-Borchert 1988 und Hesels/Hirsch 1989). Mit lokalen Fernsehanbietern wird zur Zeit experimentiert. In Nordrhein-Westfalen wurde vor wenigen Jahren mit dem Aufbau lokaler Hörfunkstationen nach dem sogenannten „Zwei-Säulen-Modell" begonnen, und mit dem Aufbau weiterer Hörfunk- und Fernsehsender – seien sie nun regional, subregional oder lokal orientiert – in anderen Bundesländern ist in den nächsten Jahren verstärkt zu rechnen (zu NRW: Marcinkowski/Nieland/Jürgens 1990).

3. *Untersuchungsansatz, Fragestellung und Vorgehensweise*

Im Dortmunder Kabelpilotprojekt wurde – unter öffentlich-rechtlicher Trägerschaft (Westdeutscher Rundfunk) – ein lokales Hörfunk- und ein lokales Fernsehprogramm erprobt. Im Kontext eines umfassenden Begleitforschungsprogramms (vgl. Wissenschaftliche Kommission 1989) sollte in einem Teilprojekt empirisch erfaßt werden, ob und in welcher Weise lokale Hörfunk- und Fernsehprogramme Auswirkungen auf die lokale politische Kultur in Dortmund haben. Bei der Konzeption der Untersuchung konnte nicht auf „Vorbilder" zurückgegriffen werden, weil es an Studie zur lokalen und regionalen politischen Kultur mangelt (Wehling 1987; Gabriel 1990). Die konzeptionellen Überlegungen sollen hier kurz vorgestellt werden (vgl. zum Vorgehen und zur Methodik ausführlich Jarren/Storll/Bendlin 1989: 71ff.).

Die klassische Forschung zur politischen Kultur befaßt sich mit den subjektiven Voraussetzungen von Politik, indem mittels Befragung Meinungen, Einstellungen und Werte der Bürger gegenüber dem politischen System und seinen Leistungen (input- und output-Bereich) erfaßt und – vor allem in der Veränderung im Zeitablauf – analysiert werden (vgl. Beiträge in Berg-Schlosser/Schissler 1987). Die Untersuchungsvoraussetzungen und die konkrete Untersuchungssituation in Dortmund erlaubten eine solche Vorgehensweise nicht. Zum einen fehlt es an einer dem klassischen Ansatz zur politischen Kulturforschung Konzept adäquaten „Null-Messung" (Bestandsaufnahme vor Sendebeginn des „Kabelfunks"). Ferner standen zur Durchführung notwendiger Bevölkerungsumfragen (zwei Befragungswellen) nicht die ausreichenden finanziellen Mittel zur Verfügung. Zum anderen ist ein Untersuchungszeitraum von nur einem Jahr zur Messung von Veränderungen bei Meinungen, Einstellungen, Werten oder sogar beim Verhalten zu kurz, um zu aussagefähigen Ergebnissen zu gelangen. Überdies ist zu bezweifeln, ob eine Untersuchung, die sich vorrangig auf subjektive Faktoren konzentriert, für die Analyse eines so komplexen Sachverhalts hinreicht.

Aufgrund der vorgefundenen Situation im Forschungsfeld sowie aufgrund theoretischer Überlegungen wurde ein institutionenorientierter Ansatz auf der Basis des Modells „Kommunale Öffentlichkeit" gewählt und für die empirischen Teilstudien weiterentwickelt (Jarren 1984: 74ff.; vergleichbarer Ansatz: Fuchs 1984). Damit wird das Institutionensystem der Stadt Dortmund selbst Untersuchungsgegenstand, und zwar im Hinblick auf die Frage, ob sich mit der Einführung des „Kabelfunk Dortmund" und mit der Verbreitung lokaler Hörfunk- und Fernsehprogramme durch diese Anstalt strukturelle und prozessurale Veränderungen in der lokalpolitischen Kommunikation ergeben haben. Die Berücksichtigung institutioneller Aspekte ist eine Erweiterung des PK-Konzepts und entspricht der Überlegung, im Rahmen der Untersuchungen neben den subjektiven Dimensionen auch den objektiven Faktoren Aufmerksamkeit zu schenken (vgl. dazu Hinweise bei Pappi 1986 und Rohe 1987). Das lokale Institutionensystem – so die Annahme – prägt das Verständnis der Bürger von „der Politik" und es beeinflußt Inhalt und Verlauf politischer, sozialer und kultureller Prozesse. Lokale Institutionen wie Parteien, Vereine, Bürgerinitiativen u.a.m. sind als Vermittler und Faktoren in der kommunalen Kommunikation aufzufassen (vgl. Göhler 1987). Die Institutionen sind dabei wiederum selbst als das Ergebnis „geronnener Wertentscheidungen" (Max Weber) anzusehen. Sie repräsentieren die politische Kultur, so indem sie nach innen („Innenwelt" der Lokalpolitik) und nach außen („Außenwelt der Lokalpolitik") gleichermaßen wirken. Gesellschaftliche Prozesse und sozialer Wandel sind an Institutionen ablesbar. So sind zu erwartende Veränderungen, die im Zusammenhang mit der Einführung elektronischer Medien im lokalen Raum stehen, zuerst an den lokalen Institutionen festzustellen. Mit einer gewissen Zeitverzögerung dürften sich dann mögliche Meinungs- und Einstellungsänderungen bei den Bürgern, z.B. gegenüber einzelnen Institutionen und dem politischen System, nachweisen lassen. Eine medienorientierte – nicht: medienzentrierte – lokale politische Kulturforschung interessiert sich nun für die Frage, in welcher Weise und mit welcher Intensität die Massenmedien in den Prozeß der politischen Kultur einbezogen sind. Dabei geht es weniger um kurzfristige Einstellungsänderungen oder (langfristige) Sozialisationswirkungen, die durch Medienberichterstattung ausgelöst werden können, sondern vorrangig um strukturelle Veränderungen („Auswirkungen") (vgl. Ronneberger 1986): Es wird also dem Aspekt Wechselbeziehungen zwischen dem politischen System, seinen Institutionen und den Medien besondere Aufmerksamkeit geschenkt. Die lokalen Massenmedien sind in diesem Kontext als Bestandteil des Institutionensystems anzusehen. Medien als Teil der komplexen Infrastruktur eines Gemeinwesens, nämlich als Vermittler und Faktor in der politischen Kommunikation, sind somit als „Mitkonstrukteure" von politischer Kultur aufzufassen (Oberreuter 1986). Die medienorientierte politische Kulturforschung schenkt dem institutionellen Wandel unter medialem Einfluß Aufmerksamkeit: Gibt es spezifische Auswirkungen der Massenmedien auf die Institutionen und welche Veränderungen in der kommunalen Öffentlichkeit lassen sich ausmachen?

4. *„Kabelfunk Dortmund": Symbol und Katalysator des Wandels? – Ergebnisse einer Feldstudie*

4.1 Die lokale Rundfunkanstalt als neue Institution

Mit dem „Kabelfunk Dortmund" wurde eine neue Institution in der von den Folgen der Bergbau- und Stahlkrise nach wie vor betroffenen Stadt Dortmund eingerichtet. Das Dortmunder Kabelpilotprojekt wird in der Stadt vorrangig als eine – weitere – Maßnahme zur Strukturerneuerung und -verbesserung angesehen und weniger als eine medienpolitische Angelegenheit. Der „Kabelfunk" ist – zumindest aus der Sicht der lokalen Elite – als ein weiteres Symbol des Strukturwandels und zugleich aber auch als ein Katalysator eben dieses Wandels anzusehen. Das Pilotprojekt Dortmund war als Strukturmaßnahme innerhalb der Elite von Beginn an unumstritten. Der politische Widerstand gegen diese Maßnahme war insgesamt nur gering und ließ sich zudem schlecht organisieren: So existierte nur für eine kurze Zeit eine Bürgerinitiative „Stop Kabelfernsehen". Im Laufe der Projektzeit und mit zunehmender Akzeptanz der Programme änderte sich das allgemeine Stimmungsbild ständig weiter zugunsten des „Kabelfunks", vor allem zugunsten des lokalen Hörfunkprogramms. Das Programm von „Radio Dortmund" erreichte nach kurzer Zeit eine Reichweite von fast 30 Prozent an einem durchschnittlichen Wochentag und es lag damit knapp vor anderen in Dortmund empfangbaren Programmen (vgl. auch Pätzold 1986; Eckhardt 1987; Jarren 1988).

Die Einführung der neuen Programme verlief allerdings nicht ohne Konflikte: Die Institution „Kabelfunk Dortmund" geriet alsbald aufgrund ihres medienpolitischen Anspruchs, einen „bürgernahen" und „kritischen" Lokaljournalismus – in Abgrenzung zur lokalen Presse – zu betreiben, in einen Konflikt mit der politischen Elite, insbesondere mit Vertretern der SPD-Mehrheitsfraktion sowie mit den Journalisten der drei in Dortmund erscheinenden Lokalzeitungen.

Zum ersten Konfliktfeld: Die sozialdemokratische Mehrheitsfraktion fühlte sich durch einzelne Berichte über Umweltschutzangelegenheiten angegriffen und einzelne Mitglieder von Rat und Verwaltung titulierten „Radio Dortmund" öffentlich als „Grünfunk". Der medienpolitische Anspruch des „Kabelfunks", ein bürgernahes Programm zu veranstalten, führte auch zu Konflikten mit den lokalen Tageszeitungsverlagen und den -journalisten (vgl. dazu: Koller/Hamm/Hehr-Koch 1989). Der öffentlich-rechtlich organisierte Rundfunkveranstalter trat, da in seinen Programmen keine Werbung aufgenommen wurde, zwar nur als publizistischer Konkurrent in den Dortmunder Medienmarkt ein. Von Beginn an existierte aber bei den Dortmunder Zeitungsverlagen die Befürchtung, daß eines Tages eine Werbefinanzierung für die lokalen Programm in Frage kommen könnte. Diese Befürchtung ist als Hauptmotiv dafür anzusehen, daß zu Beginn der Pilotprojektphase der „Kabelfunk" keine Thema für die Zeitungen war (sog. „Presse-Boykott") (zur Berichterstattungsstruktur vgl. Hasebrink/Waldmann 1989).

Zum zweiten Konfliktfeld: Der Anspruch der „bürgernahen" Berichterstattung führte zu einer deutlich spürbaren Verkrampfung des Verhältnisses zwischen Presse- und „Kabelfunk"-Journalisten. Die Presse-Journalisten hielten den Dortmunder Raum für ausreichend lokalpublizistisch versorgt, so daß sie grundsätzlich gegen weitere mediale Angebote waren. Zudem mußten sie in der ersten Pilotprojektphase die Erfahrung machen, daß sich die Vertreter der lokalen Elite besonders um Kontakte mit den elektronischen Medien bemühten und ihre Öffentlichkeitsarbeit auf Hörfunk und Fernsehen ausrichteten. Aus diesem allgemeinen publizistischen Konkurrenzproblem entwickelte sich für die Presse-Journalisten ein – auch individuell bei der täglichen Arbeit spürbares – Statusproblem: Die „Tradition" und die Exklusivität innerhalb der Informationskanäle wurde durch den neue Wettbewerber durchbrochen.

Der „Kabelfunk Dortmund" fand rasch eine beachtliche Akzeptanz beim Publikum: Im Laufe der Projektzeit hat sich vor allem das lokale Radio zu einem relevanten Lokalmedium neben den Tageszeitungen entwickeln können, so daß sich die lokalen Institutionen, aber auch latente Gruppen und Einzelinteressen, mit ihren Anliegen an die elektronischen Medien wenden.

Die Bedeutung des lokalen Hörfunks für die Lokalkommunikation, insbesondere hinsichtlich der Förderung der lokalen Identifikation und möglicher Einwirkungen auf die Prozesse lokalpolitischer Willensbildung, ist zum einen ablesbar an der sozialen Zusammensetzung der Hörerschaft, und zum anderen liefert die Untersuchung (Re-

präsentativbefragung) Hinweise auf den Zusammenhang zwischen Nutzung des lokalen Hörfunks und dem politischen Interesse, den politischen Einstellungen und der politischen Handlungsbereitschaft. In Übereinstimmung mit Studien aus anderen westeuropäischen Ländern (insbesondere: Schweiz) ergibt sich: Das Lokalradio ist vorrangig ein Medium der Jüngeren, doch wird es überdurchschnittlich häufig von Personen mit niedrigem Bildungsniveau genutzt. Im Vergleich finden Tageszeitungen als lokale Informationsquelle bei diesen Bevölkerungsgruppen den geringsten Zuspruch. Offensichtlich werden also durch das lokale Radioprogramm Bevölkerungsgruppen erreicht, die der Zeitung als lokaler Informationsmöglichkeit relativ fernstehen.
Für die politische Kultur ist von Belang, daß das Nutzen lokaler Radioprogramme offensichtlich eng mit einer Reihe von politischen Einstellungs- und Verhaltensmerkmalen verknüpft ist. Regelmäßige „Radio-Dortmund"-Hörer sind überdurchschnittlich stark am lokalen Geschehen interessiert, sie sind auch häufiger in lokalen Vereinen und Organisationen engagiert. Aufschlußreich ist der Zusammenhang mit der Bereitschaft der Dortmunder Bürger zur politischen Beteiligung auf kommunaler Ebene. Mehr als die Hälfte sieht den lokalen Hörfunk als geeignete Instanz, um über diesen Weg auf kommunalpolitische Probleme aufmerksam zu machen und möglicherweise eigene Interessen durchzusetzen. Die lokale Presse hat hier nur einen kleinen Vorsprung (vgl. Jarren/Storll/Bendlin 1989: 193-240).
Die Reaktionen der Institutionen zeigen, daß alte, eingefahrene Informations- und Kommunikationswege – insbesondere zwischen der lokalen Elite und der Lokalpresse – relativ rasch verändert und zum Teil in Frage gestellt werden. Die Dortmunder Lokalpresse ist zur Zeit ohne Zweifel (noch) das Medium der Lokalkommunikation, doch zeichnen sich hier Veränderungen bereits ab: Durch die zunehmende Verbreitung und Akzeptanz elektronischer Medienangebote wird diesen Medien mehr und mehr die Leitfunktion zuerkannt.

4.2 Die lokale Rundfunkanstalt als sozio-kultureller Animateur

Betrachtet man die Auswirkungen der Einführung des „Kabelfunks" in Dortmund in der ersten (Innovations-)Phase, so ist festzustellen, daß durch die Rundfunkanstalt und ihre Programme der lokale Kulturbereich zu neuen Aktivitäten angeregt und stimuliert wurde. Diese Entwicklung überrascht, denn beim Start des Projekts war die Reaktion im kulturellen Bereich auf das Kabelpilotprojekt am Anfang außerordentlich skeptisch (Kritik an der Verkabelung generell). Nach kurzer Projektlaufzeit hat sich das Urteil geändert und es gab vielfältige Formen der Kooperation. Generell wird dabei aber dem lokalen Hörfunk mehr Bedeutung beigemessen als dem lokalen Fernsehen. In der Zusammenarbeit überwogen dabei individuelle Kooperationsformen: Der „Kabelfunk Dortmund" stellt für einige Künstler, insbesondere Musiker und Autoren, eine zusätzliche Möglichkeit dar, sich an ihr Publikum zu wenden.
Andererseits: Die von der Stadt Dortmund geförderten „soziokulturellen Aktivitäten" wurden nicht sonderlich durch den „Kabelfunk Dortmund" angeregt. Die Stadtteilkulturarbeit ist ihrem Verständnis nach eher auf die Förderung personaler Kommu-

nikationsformen im sublokalen Raum angelegt, so daß von den Initiatoren allenfalls ein allgemeines Öffentlichkeitsinteresse existiert. Die durchgeführten Fallstudien zeigten jedoch, daß in einzelnen Konfliktfällen die Berichterstattung in „Radio Dortmund" als wichtig für die Durchsetzung von Forderungen angesehen wird.

Das lokale Radio hat – und dies ist zwar nicht überraschend, wurde aber zunächst bei den Forschungsüberlegungen unterschätzt – im beträchtlichen Umfang zur Förderung der lokalen Musikszene beigetragen. Durch den örtlichen Hörfunksender erhielten bestehende Gruppen neue Auftrittsmöglichkeiten. Zudem wurde die Gründung weiterer Musik-Gruppen angeregt und gefördert. Die Unterstützung durch „Radio Dortmund" führte zu einer engeren Kooperation der Dortmunder Musik-Gruppen untereinander. Zugleich unterstützte die Stadtverwaltung diese Aktivitäten durch eigene Maßnahmen.

Im sozialen Bereich gingen vom Dortmunder „Kabelfunk" vor allem positive Impulse für die Ausländer-Arbeit aus: Mit dem Programm von „Radio Dortmund International" besteht erstmalig in der Bundesrepublik die Chance, daß sich ausländische Mitbürger über das lokale Geschehen im Radio informieren können. Die durchgeführten Fallstudien machen aber auch deutlich, in welch hohem Maß eine erfolgreiche Ausländer-Arbeit von geeigneten Treffpunkten für die verschiedenen Gruppen und von vielfältigen personalen Kommunikationsnetzen abhängig ist.

Die empirischen Teilstudien belegen eindrucksvoll, daß vom „Neuen Medium" vor allem der soziale und der kulturelle Bereich profitieren konnte: Kulturelle und soziale Aktivitäten haben durch den „Kabelfunk" und seine Programme einen deutlichen Auftrieb erhalten. Artikulations- und Auftrittsmöglichkeiten in den elektronischen Medien zeigen dabei aber vor allem Binnenwirkungen, d.h. die Arbeit innerhalb einer Gruppe wird intensiviert und das Wissen der verschiedenen Gruppen über einzelne Aktivitäten nimmt zu. Letzteres bedeutet eine Zunahme von Optionen für kooperatives Handeln.

4.3 Die lokale Rundfunkanstalt als neuer Faktor und Vermittler in der lokalpolitischen Kommunikation

4.3.1 Kommunale Öffentlichkeit und elektronische Medien

Die Untersuchung liefert erste Hinweise auf – auch in anderen Kommunen erwartbare – Veränderungen der Lokalpolitik durch das Hinzutreten elektronischer Medien in den bislang von den Printmedien geprägten lokalen Kommunikationsräumen. Ein zentraler Befund, der für die weitere Diskussion um die Entwicklung der politischen Kommunikationsformen und -möglichkeiten (Offenheit der politischen Kommunikation vs. Elite-Dominanz in der politischen Kommunikation) von zentraler Bedeutung sein dürfte, ist (vgl. auch: Baerns 1985): Aus der Sicht der lokalen Elite hat sich durch die elektronischen Programme die Komplexität im lokalen Raum generell erhöht. Die „Kommunale Öffentlichkeit" ist durch quantitativ und qualitativ erweiterte Medien-

berichterstattung in der Vorstellung der Angehörigen der Elite komplexer und zugleich diffuser geworden. Wie kann dieser Eindruck entstehen?
Zum einen muß diese Wahrnehmung von einem Komplexitätszuwachs auf medienspezifische Besonderheiten der elektronischen Vermittlung zurückgeführt werden. So wissen die Angehörigen der lokalen Elite zwar um die Existenz der elektronischen Lokalmedien, aber sie gehören nicht zu den regelmäßigen Nutzern der Programme. Zum anderen gelangen mit den elektronischen Medien – die überdies lokale Themen anders als die Presse aufbereiten und vermitteln – auch neue Themen in die Lokalberichterstattung, die, zumindest aus der Sicht von Angehörigen der lokalen Elite, für die allgemeine politische Atmosphäre und damit für das politische Handeln von Bedeutung sind.
Zur Reduktion der entstandenen Unsicherheit werden Maßnahmen der Presse- und Öffentlichkeitsarbeit ergriffen: Die „Neuen Medien" und ihre Angebote werden durch die dafür zuständige Einrichtung, zumeist die Pressestelle, „beobachtet", und zugleich wird auf die neuen Informationsanbieter mit einer intensiveren und neuen Öffentlichkeitsarbeit reagiert. Der Ausbau der Presse- und Öffentlichkeitsarbeit im Kontext mit den elektronischen Medien geschieht auch deshalb, weil diesen Medien eine – im Unterschied zur Presse – größere Wirkung beim Publikum unterstellt wird. Diese Wirksamkeitsvermutung wird durch individuelle Erfahrungen im Umgang mit den elektronischen Medien eher noch verstärkt denn abgebaut: Die Informationsweitergabe an Pressejournalisten geschieht meist per schriftlicher Presseinformation und einigen – z.B. bei Pressekonferenzen – mündlichen Erläuterungen dazu. Pressejournalisten übernehmen in der Regel nur wenige Sätze oder Worte als Zitat aus diesen mündlichen Erläuterungen. Hörfunk- und Fernsehjournalisten, an „O-Tönen" und Bildern interessiert, verlangen nun, daß Informationen adäquat für sie vorbereitet werden. In der Regel erfordert dies die Abgabe mündlicher Statements oder die Bereitschaft zu einem Interview vor Mikrophon und laufender Kamera. Diese Form der Informationsweitergabe verlangt vom Handelnden eine gezieltere inhaltliche Vorbereitung und auch eine Entscheidung über Präsentationsformen. Die elektronische Berichterstattung beinhaltet für jeden beteiligten Institutionenvertreter mehr Risiken als eine über die Lokalpresse angestrebte Veröffentlichung. Dieser Tatbestand könnte mit dafür verantwortlich sein, daß den elektronischen Medien auch eine größere Wirksamkeit unterstellt wird. Die elektronischen Medien können Ereignisse oder Gespräche live vermitteln. Den an diesen Sendungen beteiligten Personen bleibt vielfach nur eine geringe Vorbereitungszeit.

4.3.2 Neue Formen der lokalen Informationspolitik (Öffentlichkeitsarbeit)

Die durchgeführten Fallstudien im Rahmen des Forschungsvorhabens machen deutlich, daß die Angehörigen der lokalen Elite relativ schnell auf die elektronischen Programme – und somit auf die erweiterte Medienberichterstattung – reagierten, und zwar mit einem Ausbau der Presse- und Öffentlichkeitsarbeitsstellen. Insbesondere aus der Sicht der politischen Akteure bedarf die Zusammenarbeit mit den elektronischen Medien der gezielten und sorgfältigen Vorbereitung: Aus der punktuell orientierten „Medien-Arbeit" wird zunehmend eine vorausschauende Öffentlichkeitsarbeit, indem die dafür notwendigen strukturellen Maßnahmen ergriffen werden (z.B. Ausbau der Pressestelle und Erlaß neuer Regelungen für die Öffentlichkeitsarbeit). Die Existenz lokaler elektronischer Medien erfordert eine neue Konzeption für die Informationspolitik.

Die Reaktionen der lokalen Akteure sind auch deshalb verständlich, weil sie im hohen Maß von den elektronischen Medien zum Beispiel als Gesprächspartner „nachgefragt" werden: Die elektronischen Medien sind – vielleicht mit Ausnahme des mit einem festen Sendeplatz versehenen lokalen Fernsehens – grundsätzlich nicht an bestimmte Produktionszeiten gebunden. Die Vertreter der elektronischen Medien halten sich nicht an bestimmte – und auf alle Fälle nicht an „gewohnte" – Termine oder Zeiten. Daraus resultiert der Eindruck, daß Journalisten bei den elektronischen Medien „aktiver" sind als Presse-Journalisten. Diese Wahrnehmung kann zum einen darauf zurückgeführt werden, daß beim „Kabelfunk" viele „freie Journalisten" tätig sind, die sich ständig um eigene Themen bemühen müssen und aus diesem Grund Kontakt mit Angehörigen der lokalen Elite pflegen. Zum anderen kann der Eindruck von der höheren Aktivität wohl darauf zurückgeführt werden, daß die Vertreter der elektronischen Medien sich zu ungewohnten Zeiten bei Personen melden, und sich zudem an Personen mit Informationsbitten wenden, die zuvor „weniger gefragt" waren. Zwischen den Presse-Journalisten und lokalen Institutionen bestehen hingegen „eingefahrene" Informations- und Kommunikationsbeziehungen auf der auch formal zuständigen Ebene, also zwischen Journalisten und Pressesprechern. Informationen von Vertrauenspersonen (z.B. Informanten aus der Verwaltung) werden nur in Ausnahmefällen, und dann ohne Nennung der Quelle, weitergegeben. Die Journalisten der elektronischen Medien sind hingegen für ihre Berichterstattung immer auch auf sendefähige Stellungnahmen angewiesen. Da sie natürlich an Stellungnahmen von Personen in verantwortlicher Position interessiert sind, ist von einer Zunahme der Anfragen im Bereich der lokalen Elite also durchaus auszugehen. Zugleich sind sie aber an neuen, an deren „Köpfen" oder „Stimmen" für die Berichterstattung interessiert, so daß die Zahl der in Frage kommenden Partner in der Berichterstattung ansteigt.

Der bei vielen Angehörigen der lokalen Elite vorherrschende Eindruck vom besonderen „Öffentlichkeitsdruck" ist schließlich auch auf die Vermittlungsvorteile elektronischer Medien zurückzuführen: So bringt der Hörfunk Informationen von einer vormittäglichen Pressekonferenz bereits am Mittag und Nachmittag des gleichen Tages. Und im Hörfunk können – ebenso wie im Fernsehen – jederzeit ergänzende Informationen (z.B. Stellungnahmen zur Pressekonferenz) berücksichtigt werden. Der Pressekonferenzveranstalter kann somit unter Umständen bereits wenige Stunden nach dieser Konferenz mit formellen und informellen Reaktionen rechnen. Elektronische Medien stellen also schneller Öffentlichkeit her, und sie besitzen damit gegenüber der Presse einen Aktualitätsvorteil. Doch es ist – aus der Sicht der lokalen Elite und auch der Rezipienten – nicht allein ein zeitlicher Vorteil, sondern auch ein Exklusivitätsvorteil. Dies gibt den elektronischen Medien im lokalen Raum ein besonderes Gewicht. Die ständige Nachfrage nach Informationen führte in einigen Dortmunder Institutionen dazu, daß entsprechende Vorkehrungen getroffen werden mußten, um anfragenden

Journalisten Auskünfte zu erteilen (Aufstockung der Stellen im Bereich Presse- und Öffentlichkeitsarbeit sowie Ausdehnung von Büro-Zeiten). Die Vielzahl der Anfragen war z.B. nicht mehr allein – wie bei der Stadtverwaltung Dortmund – über eine Stelle zu steuern (Presse- und Informationsamt), so daß ein direkter Kontakt einzelner Referate mit recherchierenden Journalisten gestattet werden mußte.
Fassen wir die einzelnen Befunde zusammen: Die lokalen Institutionen haben, ausgelöst durch die elektronischen Medien, sowohl hinsichtlich der Organisation ihrer „Außenbeziehungen" (Presse- und Öffentlichkeitsarbeit) als auch bei der Ausgestaltung ihrer Binnenstruktur (interne Kommunikation) strukturelle Veränderungen vornehmen müssen. Die Differenzierungs- und Spezialisierungsmaßnahmen sollen dazu beitragen, in konkreten Einzelfällen schnell und sachgerecht auf journalistische Anfragen reagieren zu können. Differenzierung und Spezialisierung in der Informations- und Öffentlichkeitsarbeit erfordern aber zugleich die Erschließung weiterer Ressourcen für diese Tätigkeiten und damit auch neue konzeptionelle Überlegungen dahingehend, wie sich eine Institutionen nach außen darstellen will: Da der mit öffentlichkeitsbezogenen Tätigkeiten befaßte Personenkreis sich erweitert, muß die Organisation sich ein allgemeinverbindliches Konzept erarbeiten. Dieses Konzept muß über die Regelung einzelner Vorgänge hinausreichen und es kann nicht allein „reaktiv" ausgerichtet sein (neue „Philosophie" der Informationspolitik).
Für die politische Kommunikation ist wichtig, daß durch diese Entwicklung nicht nur quantitativ (z.B. Anzahl der Fachleute für Journalisten-Gespräche; Anzahl der Pressemitteilungen) und qualitativ (z.B. einheitlichere Außendarstellung; „bessere" Produkte für die Öffentlichkeit) die Reaktionsfähigkeit von Institutionen erhöht wird, sondern daß damit generell die öffentlichkeitsbezogene Aktionsfähigkeit zunimmt.

4.3.3 Lokalpolitische Kommunikationsprozesse und elektronische Medien: Elite- oder Bürgerorientierung?

Wird – so ist zu fragen – durch die zunehmende Elektronisierung der Lokalkommunikation der Einfluß der lokalen Elite auf den Verlauf und das Ergebnis von politischen Meinungs- und Willensbildungsprozessen größer oder ergeben sich neue Möglichkeit zur kommunikativen Partizipation für die Bürger? (vgl. dazu: Roth 1987; Schmitt-Beck 1990) Die Ergebnisse aus der vorliegenden Fallstudie, die nur einen relativ kurzen Zeitraum umfaßt, lassen eine Tendenzaussage zu: Zum einen ist festzustellen, daß durch die elektronischen Medien und ihre Berichterstattung ein größerer Begründungs- und Rechtfertigungszwang, insbesondere auf Akteure des politisch-administrativen Systems, ausgeübt wird. Zum anderen erhöhen die elektronischen Medien für die Angehörigen der lokalen Elite die Möglichkeiten zur „symbolischen Politik". Dieser Befund soll kurz erläutert werden:
Die elektronischen Medien erfordern von den lokalen Institutionen eine neue, eine – in der Tendenz – eher offene Informationspolitik. Da Sachbearbeiter der Verwaltung oder lokale Politiker sich mit „Stimme" und/oder „Gesicht" der Öffentlichkeit präsentieren, sind sie in der Öffentlichkeit mehr denn je als Verantwortliche zu erkennen. Zumindest kann ihnen vom Publikum eine Verantwortlichkeit zugeschrieben werden.

Im Unterschied zur Bundes- oder Landespolitik leben sie unter den Bürgern, denen sie über Hörfunk und Fernsehen bekannt werden. Sie sind prinzipiell ansprechbar, und es kann die Situation entstehen, daß sie Entscheidungen oder Nicht-Entscheidungen auch persönlich und unmittelbar begründen oder vertreten müssen. Nur so ist es erklärlich, daß Angehörige der politisch-administrativen Elite betonen, durch die elektronischen Medien würden Meinungs- und Willensbildungsprozesse komplizierter und länger dauern als bislang gewohnt. Die elektronischen Medien können damit – zumindest in Einzelfällen – den Verlauf politischer Willensbildungs- und Entscheidungsprozesse beeinflussen. Dies insbesondere dann, wenn innerhalb des lokalen politisch-administrativen Systems die Meinungsbildung zu einem Problem noch nicht abgeschlossen ist. Grundsätzlich geht eine solche Wirkung auch von der Presseberichterstattung aus, doch bekommt die Thematisierung in den elektronischen Medien ein besonderes Gewicht allein durch die Präsentationsmöglichkeiten (Wo findet ein Ereignis statt? Wie wird von den Beteiligten ein Sachverhalt vorgetragen? Wer ist bei einem Konflikt anwesend?).

Die Orientierung der lokalen Elite auf die elektronischen Medien wird andererseits von den Gruppen, die Interessen durchsetzen wollen, (aus-)genutzt. Die elektronischen Medien sind damit ein „Einfallstor" für organisations- und konfliktschwache Gruppen, die in den traditionellen politischen Willensbildungs- und Entscheidungsprozessen aufgrund ihres Status allenfalls partiell Berücksichtigung finden. Sie nutzen damit eine Möglichkeit, die ihnen nur die prozeßorientiert arbeitenden elektronischen Medien bieten. Die elektronischen Medien organisieren Dialoge, und sie bringen die Betroffenen zusammen. Dies geschieht zum Beispiel im Rahmen der Produktion eines Fernsehbeitrags über ein Umweltproblem: Politiker, verantwortliche Verwaltungsangehörige und Sprecher einer Bürgerinitiative finden sich „vor Ort" zusammen, um an einer Fernsehproduktion über „ihr Problem" mitzuwirken. Ferner ist die Durchführung einer Diskussionsveranstaltung im Studio zu diesem Problem denkbar. Es gehört – allgemeiner formuliert – zu den produktionsspezifischen Besonderheiten der elektronischen Medien, daß sie beteiligte Akteure „an einen Tisch" oder „vor eine Kulisse" holen. Die Sprecher der Bürgerinitiative werden durch die Medienpräsenz aufgewertet. Aber, und dies ist wichtig, sie erhalten durch die Teilnahme an einer Hörfunk- oder Fernsehproduktion zudem einen direkten Zugang zu den Verantwortlichen, so daß persönliche Gespräche „am Rande" möglich sind. Diese Gespräche können natürlich völlig unverbindlich und im Ergebnis sogar erfolglos verlaufen, doch besitzen sie im lokalen Raum aufgrund der Möglichkeit, nicht-medial vermittelte Kommunikationsprozesse und direkte soziale Handlungen auszulösen, eine andere Qualität als zum Beispiel Fernsehdiskussionen in nationalen Programmen. Die beteiligten Politiker sind allen (direkt) Beteiligten – und auch dem (indirekt beteiligtem) lokalen Medien-Publikum – relativ gut bekannt und es besteht die Möglichkeit, sie persönlich zu erreichen. Der im lokalen Hörfunk oder im lokalen Fernsehen ausgetragene Konflikt hat somit im Unterschied zur Presse eine andere Bedeutung für die am medialen Prozeß beteiligten Personen und für die Zuhörer/Zuschauer gleichermaßen. Den Rezipienten wird ein Ausschnitt eines politischen Prozesses vorgeführt, und sie erleben „ihre" Politiker in der Argumentation mit Bürgern des gleichen Ortes oder sogar „ihre" Nachbarn und der Verhandlungsgegenstand ist ihnen aus eigener Anschauung bekannt. Es wird weiteren Untersuchungen vorhalten sein, zu überprüfen, welche Bevölkerungsgruppen zur lokalen Medienarbeit (z.B. auch im Rahmen „Offener Kanäle") dauerhaft bereit sind (zuletzt: Kamp 1989).

Die elektronischen Medien erhöhen nun andererseits aber die Möglichkeiten für die lokalen Institutionen und die Elite, eine gezieltere Image-Pflege zu betreiben. Für den häufigen Ansprechpartner der elektronischen Medien wird es wichtig, nicht immer nur negative Meldungen nach außen vertreten zu müssen. Gegenüber seiner Institution gilt es als notwendig, auch den Nachweis für eine positive Öffentlichkeitsarbeit zu sorgen. Eine positive Berichterstattung wird entweder dadurch erreicht, daß das Entstehen bestimmter Themen verhindert oder auf ihre mediale Aufbereitung Einfluß genommen wird. Diese Form der direkten oder indirekten Beeinflussung wird bei Presse, Hörfunk und Fernsehen gleichermaßen angewandt. Eine positive Berichterstattung ist aber leichter durch eigene Botschaften zu erreichen. Dem lokalen Institutionensystem bzw. der lokalen Elite steht ein breites Spektrum an Maßnahmen zur Verfügung, die unter der Bezeichnung „symbolische Politik" zusammengefaßt werden können (vgl. Sarcinelli 1987). Journalisten und Angehörige der lokalen Elite sind an der Produktion derartiger Informationen gemeinsam beteiligt. Das gilt insbesondere für den engeren Bereich der politischen Kommunikation: Das Interesse einzelner politischer Akteure, auch positive Meldungen verbreiten zu können, und die ständige Suche der journalistischen Mitarbeiter von Hörfunk und Fernsehen nach neuen – vor allem auch nach „bunten" – Themen (Themen mit „human touch") hat zweifellos mit zur Folge, daß der Anteil der sogenannten „soft news" in den elektronischen Medien so hoch ist. Die Öffentlichkeitsarbeit der lokalen Institutionen richtet sich auf diese Nachfrage ein, so indem mehr Themen – und eben auch „weiche" Informationen – angeboten werden.

Die Existenz elektronischer Medien im lokalen Raum leistet also einerseits einer „Mediatisierung der Politik" auf der lokalen Ebene Vorschub und verstärkt damit die Möglichkeiten für „symbolische Politik". Andererseits erzwingen die elektronischen Medien Hörfunk und Fernsehen zumindest partiell eine offenere Informationspolitik und sie erhöhen damit den Begründungszwang für einzelne Maßnahmen oder für einzelne Akteure. Die vorliegenden Ergebnisse aus der lokalen Politikforschung und der Lokalkommunikationsforschung, in denen die politische Medienkommunikation (Presse) untersucht wurde, deuten allerdings darauf hin, daß die lokale Elite und das lokale Institutionensystem mit Hilfe der elektronischen Medien bestehende Informations- und Kommunikations-Vorteile wird halten und ausbauen können. Es wird weiteren Untersuchungen vorbehalten sein, diese Entwicklung kritisch zu verfolgen.

5. *„Erneuerung der Politik von unten" durch „Neue Medien"?*

Die Ausgangsfragestellung lautete, ob mit Hilfe „Neuer Medien" ein Ansatzpunkt zur Verbesserung der „kommunaler Identität" gegeben ist, um auf dieser Basis eine aktive Lokalpolitik betreiben zu können. Die vorgestellten und diskutierten Befunde aus unserer Fallstudie zeigen, daß die kommunikative Infrastruktur konkret für lokale Willensbildungs- und Entscheidungsprozesse und ganz allgemein für das Entstehen einer „kommunalen Identität" und somit für die Ausprägung der lokalen politischen Kultur nicht unterschätzt werden sollte (neuerdings dazu: Gerhards/Neidhardt 1990). Durch elektronische Hörfunkprogramme sind – unter bestimmten Voraussetzungen – weitere Bevölkerungsgruppen für lokale und lokalpolitische Themen zumindest zu interessieren. Für die lokalen Institutionen ergeben sich neue Möglichkeiten für öffentlichkeitswirksame Maßnahmen, aber auch für die zielgruppengerechte Informationskampagnen.

Das Dortmunder Beispiel macht aber zugleich deutlich, das die rechtlichen, ökonomischen und organisatorischen Rahmenbedingungen für die Funktionsweise und für den (Publikums-)Erfolg einer lokalen Rundfunkanstalt von großer Bedeutung sind. Der öffentlich-rechtlich verfaßte „Kabelfunk Dortmund" konnte sich nicht zuletzt aufgrund seiner relativ großen ökonomischen und politischen Autonomie publizistisch profilieren und dadurch die lokale Kommunikation in Dortmund anregen (Pätzold/Röper 1989).

Sehr aufmerksam sollte in der lokalen Politikforschung der sich abzeichnende medienkulturelle Wandel (Printmedien – Elektronische Medien) im lokalen Kommunikationsraum beobachtet werden: Das Hinzutreten elektronischer Medien zu den Tageszeitungen muß zunächst und zuerst als eine Innovation im Mediensektor begriffen werden (vgl. dazu Saxer/Meier 1980; Holtz-Bacha 1989). Es ist aber zu erwarten, daß mit den Veränderungen allein im Mediensektor weitere Auswirkungen auf die lokalen Kommunikationsbedingungen verbunden sein werden, weil die lokalen Institutionen auf den sich abzeichnenden medienkulturellen Wandel reagieren (u.a. Neubewertung der Medien). Medieninnovationen – so ist zu vermuten – beeinflussen nicht nur unmittelbar die medienbezogenen Kommunikationsbedingungen für lokale Institutionen und damit zugleich auch das Kommunikationssystem einer Kommune, sondern sie beeinflussen mittelbar die systemischen Beziehungen im (lokalen) Institutionengefüge (Intra- und intersystemische Beziehungen) insgesamt. Die – wenigen[3] – weiteren empirischen Studien zu den Auswirkungen des medienkulturellen Wandels im lokalen Raum bestätigen im Kern die hier präsentierten Ergebnisse und Annahmen, und sie machen deutlich, wie wichtig eine empirisch ausgerichtete lokale „Medienkultur-Forschung" ist, um die komplexen Wandlungstendenzen, die natürlich auch zu Veränderungen im individuellen Mediennutzungsverhalten führen, zu erfassen und zu beschreiben. Nicht zuletzt aufgrund des medienkulturellen Wandels werden sich die örtlichen Rahmenbedingungen für die (Kommunal-)Politik verändern.

Anmerkungen

Der Autor führt zur Zeit im Auftrag der Landesanstalt für Rundfunk Nordrhein-Westfalen (LfR) die Begleitforschungsstudie „Lokaler Rundfunk in Nordrhein-Westfalen: Organisationsmodell und Politische Kultur" durch. Im Zusammenhang auch mit diesen Projektarbeiten wurden umfangreiche Bibliographien zum Thema erstellt: Weiterführende Hinweise sind über den Autor zu erhalten.

1 Differenzierte Untersuchungsergebnisse liegen für die Schweiz vor. vgl. dazu: Saxer 1986, 1987 und 1989. Für andere westeuropäische Länder liegen derzeit nur Einzelstudien, in der Regel Nutzungs- und Bewertungsanalysen (Rezipientenbefragungen) vor.
2 Zum Konzentrationsaspekt im Pressemarkt liegen zahlreiche Einzelstudie vor. Zur aktuellen Entwicklung vergleiche die Übersichten in Röper (1989) und Schütz (1989).
3 Überblicke zur Entwicklung in Westeuropa enthalten die Bände Crookes/Vittet-Philippe 1988 und Jankowski/Stappers/Prehn/Svendsen 1991 (im Druck).

Literaturverzeichnis

Arzberger, Klaus, 1980: Bürger und Eliten in der Kommunalpolitik, Stuttgart/Berlin/Köln/Mainz.

Baerns, Barbara, 1985: Öffentlichkeitsarbeit oder Journalismus? Zum Einfluß im Mediensystem, Köln.

Benz, Arthur, 1987: Probleme und Perspektiven der Kommunalpolitik im Strukturwandel, in: *Joachim Jens Hesse* (Hrsg.), Zur Situation der kommunalen Selbstverwaltung heute. Stadtpolitik und kommunale Selbstverwaltung im Umbruch, Baden-Baden, 165-190.

Berg-Schlosser, Dirk/Schissler, Jakob, 1987: Politische Kultur in Deutschland. Forschungsstand, Methoden, Rahmenbedingungen, in: *dies.* (Hrsg.), Politische Kultur in Deutschland. Bilanz und Perspektiven der Forschung, Opladen, 11-26.

Crookes, Philip/Vittet-Philippe, Patrick, 1988: Local Radio and Regional Development in Europe, Manchester.

Denzler, Günther, 1988: Der Einfluß alternativer Zeitungen auf die Kommunalpolitik, Bamberg (Phil. Diss.).

Deutscher Städtetag (Hrsg.), 1981: Die Städte und die neuen Medien, Köln.

Deutscher Städtetag (Hrsg.), 1982: Städte und Kabelkommunikation, Köln.

Deutscher Städte- und Gemeindebund (Hrsg.), 1982: Lokale Öffentlichkeit – Zukunft von Ortspresse und technischen Medien in den Gemeinden, Düsseldorf.

Deutscher Städte- und Gemeindebund (Hrsg.), 1984: Chancen für den Lokalfunk, Göttingen.

Eckhardt, Josef, 1987: Radio Dortmund. Ausgewählte Ergebnisse einer Umfrage im Auftrag des Westdeutschen Rundfunks, in: Media Perspektiven 6, 354-365.

Eurich, Claus (Hrsg.), 1980: Lokales Bürgerfernsehen und die Erforschung seiner Wirkungen, München.

Fuchs, Wolfgang A., 1984: Presse und Organisationen im lokalen Kommunikationsraum, Augsburg (Diss. rer. pol.).

Gabriel, Oscar W., 1990: Lokale politische Kulturen, Bamberg (Unveröffentlichtes Manuskript).

Gerhards, Jürgen/Neidhardt, Friedhelm, 1990: Strukturen und Funktionen moderner Öffentlichkeit. Fragestellungen und Ansätze, Berlin (WZB-Paper FS III 90-101).

Göhler, Gerhard, 1987: Institutionenlehre und Institutionentheorie in der deutschen Politikwissenschaft nach 1945, in: *ders.* (Hrsg.), Grundfragen der Theorie politischer Institutionen. Forschungsstand – Probleme – Perspektiven, Opladen, 15-47.

Grimme, Eduard W.P., 1991: Zwischen Routine und Recherche. Eine Studie über Lokaljournalisten und ihre Informanten, Opladen.

Hasebrink, Uwe/Waldmann, Norbert, 1989: Inhalte lokaler Medien, Düsseldorf (= Bd. 9 „Begleitforschung des Landes Nordrhein-Westfalen zum Kabelpilotprojekt Dortmund").

Hesels, Rainer/Hirsch, Nicola (Hrsg.), 1989: Lokalfunk heute, Düsseldorf.

Hesse, Joachim Jens, 1986: Erneuerung der Politik „von unten"? Stadtpolitk und kommunale Selbstverwaltung im Umbruch, in: *ders.* (Hrsg.), Erneuerung der Politik „von unten"?, Opladen, 11-25.

Hippler, Hans J./Kutteroff, Albrecht, 1982: Medien und Macht im lokalen Kommunikationszusammenhang, in: *Klaus M. Schmals* und *Hans-Jörg Siewert* (Hrsg.), Kommunale Macht- und Entscheidungsstrukturen, München, 231-251.

Holtmann, Everhard, 1990: Kommunalpolitik im politischen System der Bundesrepublik, in: Aus Politik und Zeitgeschichte, B 25/90, 15.6.1990, 3-14.

Holtz-Bacha, Christina, 1989: Die Veränderungen auf dem Medienmarkt – Konsequenzen für die Zeitungen, München (= Gutachten für das Presse- und Informationsamt der Bundesregierung) (Unveröffentlichter Abschlußbericht).

Jankowski, Nick/Stappers, James/Prehn, Ole/Svendsen, Erik Nordahl (Hrsg.), 1991: Communtity Radio and Television: Charting it's course in Europe, London 1991 (im Druck).

Jarren, Otfried, 1984: Kommunale Kommunikation, München.

Jarren, Otfried, 1988: Tageszeitungen und lokale elektronische Angebote im Wettbewerb, in: *Walter A. Mahle* (Hrsg.), Intermediärer Wettbewerb nach dem Ende des öffentlich-rechtlichen Monopols, Berlin, 29-36.

Jarren, Otfried/Storll, Dieter/Bendlin, Rüdiger, 1989: Lokale Medien und politische Kultur in Dortmund, Düsseldorf (= Bd. 10 „Begleitforschung des Landes Nordrhein-Westfalen zum Kabelpilotprojekt Dortmund").

Jarren, Otfried/Widlok, Peter (Hrsg.), 1985: Lokalradio für die Bundesrepublik Deutschland, Berlin.

Kamp, Ulrich (Hrsg.), 1989: Der Offene Kanal. Erfolge und Strukturen, Bonn.

Knemeyer, Franz-Ludwig/Wengert, Paul (Hrsg.), 1978: Kommunen und Medien, Stuttgart.

Koller, Barbara/Hamm, Ingrid/Hehr-Koch, Monika, 1989: Journalistisches Handeln im lokalen Rundfunk, Düsseldorf (= Bd. 12 „Begleitforschung des Landes Nordrhein-Westfalen zum Kabelpilotprojekt Dortmund").

Marcinkowski, Frank/Nieland, Jörg-Uwe/Jürgens, Axel, 1990: Lokalfunk vor dem Start. Empirische Befunde zur Konstituierung der lokalen Radios in Nordrhein-Westfalen, Duisburg (= Bd. 12 „Duisburger Materialien zur Politik und Verwaltungswissenschaft" der Universität Duisburg).

Murck, Manfred, 1983: Macht und Medien in den Kommunen, in: Rundfunk und Fernsehen 3-4, 370-380.

Oberreuter, Heinrich, 1986: Massenmedien und politische Kultur, in: *Walter A. Mahle* (Hrsg.), Langfristige Medienwirkungen, Berlin, 135-144.

Pätzold, Ulrich (Hrsg.), 1978: Kabelkommunikation. Organisation und Programme, München.

Pätzold, Ulrich, 1986: Radio Dortmund – ein Programm auf Erfolgskurs. Ergebnisse einer Telefonumfrage, in: Media Perspektiven 7, 433-443.

Pätzold, Ulrich/Röper, Horst, 1989: Organisationsprobleme des lokalen Rundfunks in der Bundesrepublik Deutschland, Düsseldorf (Bd. 22 „Begleitforschung des Landes Nordrhein-Westfalen zum Kabelpilotprojekt Dortmund").

Pappi, Franz Urban, 1986: Politische Kultur. Forschungsparadigma, Fragestellungen, Untersuchungsmöglichkeiten, in: *Max Kaase* (Hrsg.), Politische Wissenschaft und politische Ordnung, Opladen, 279-291.

Rager, Günther, 1982: Publizistische Vielfalt im Lokalen, Tübingen.

Raschke, Joachim, 1982: Einleitung, in: *ders.* (Hrsg.), Bürger und Parteien. Ansichten und Analysen einer schwierigen Beziehung, Bonn, 9-31.

Riescher, Gisela, 1988: Gemeinde als Heimat. Die politisch-anthropologische Dimension lokaler Politik, München.

Röper, Horst, 1989: Daten zur Konzentration der Tagespresse in der Bundesrepublik Deutschland im IV. Quartal 1988, in: Media Perspektiven 6, 325-338.

Rohe, Karl, 1987: Politische Kultur und der kulturelle Aspekt von politischer Wirklichkeit, in: *Dirk Berg-Schlosser* und *Jakob Schissler* (Hrsg.), Politische Kultur in Deutschland. Bilanz und Perspektiven der Forschung, Opladen, 39-48.

Rombach, Theo, 1983: Lokalzeitung und Partizipation am Gemeindeleben, Berlin.

Ronneberger, Franz, 1986: Auswirkungen der Medienpolitik, in: *Walter A. Mahle* (Hrsg.), Langfristige Medienwirkungen, Berlin, 127-134.

Roth, Roland, 1987: Kommunikationsstrukturen und Vernetzungen in neuen sozialen Bewegungen, in: *Roland Roth* und *Dieter Rucht* (Hrsg.), Neue soziale Bewegungen in der Bundesrepublik Deutschland, Bonn, 68-88.

Sarcinelli, Ulrich, 1987: Symbolische Politik. Zur Bedeutung symbolischen Handelns in der Wahlkampfkommunikation der Bundesrepublik Deutschland, Opladen.

Sarcinelli, Ulrich, 1989: Symbolische Politik und politische Kultur. Das Kommunikationsritual als politische Wirklichkeit, in: Politische Vierteljahresschrift 27, 292-309.

Saxer, Ulrich, 1986: Strukturen und Resultate der schweizerischen Lokalradio-Begleitforschung, in: Media Perspektiven 5, 322-334.

Saxer, Ulrich, 1987: Lokalrundfunk – unter besonderer Berücksichtigung der Schweizer Erfahrungen, in: Rundfunk und Fernsehen 4, 500-510.

Saxer, Ulrich, 1989: Lokalradios in der Schweiz. Schlußbericht über die Ergebnisse der nationalen Begleitforschung zu den lokalen Rundfunkversuchen 1983-1988, Zürich (Manuskript).

Saxer, Ulrich/Meier, Werner, 1980: Die Lokalpresse – ein funktionaler Träger lokaler Politik?, in: Schweizerisches Jahrbuch für Politische Wissenschaft, Zürich, 169-193.

Schlenther, Rolf, 1988: Kommunale Interessen in der Medienpolitik, Frankfurt/Bern/New York/Paris.

Schmitt-Beck, Rüdiger, 1990: Über die Bedeutung der Massenmedien für soziale Bewegungen, in: Kölner Zeitschrift für Soziologie und Sozialpsychologie 4, 642-662.

Schmitz-Borchert, Heinz-Peter (Hrsg.), 1988: Lokalfunk. Anmerkungen und Statements zur Hörfunkentwicklung, Köln.

Schönbach, Klaus, 1978: Die isolierte Welt des Lokalen, in: Rundfunk und Fernsehen 3, 260-277.

Schütz, Walter J., 1989: Zur Struktur der Zeitungen in der Bundesrepublik Deutschland 1989, in: Bundesverband Deutscher Zeitungsverleger (Hrsg.), Zeitungen '89, Bonn, 32-72.

Schwiderowski, Peter, 1989: Entscheidungsprozesse und Öffentlichkeit auf der kommunalen Ebene, München.

Thränhardt, Dietrich/Uppendahl, Herbert (Hrsg.), 1982: Kommunikationstechnologien und kommunale Entscheidungsprozesse, München.

Wehling, Hans-Georg, 1987: Die Bedeutung regionaler Politischer-Kultur-Forschung unter besonderer Berücksichtigung Württembergs, in: *Dirk Berg-Schlosser* und *Jakob Schissler* (Hrsg.), Politische Kultur in Deutschland. Bilanz und Perspektiven der Forschung, Opladen, 259-266.

Weichler, Kurt, 1987: Die anderen Medien. Theorie und Praxis alternativer Kommunikation, Berlin.

Wilking, Thomas, 1990: Strukturen lokaler Nachrichten. Eine empirische Untersuchung von Text- und Bildberichterstattung, München/New York/London/Paris.

Wissenschaftliche Kommission des Landes Nordrhein-Westfalen zur Begleitung des Modellversuchs mit Breitbandkabel, 1989: Abschlußbericht, Düsseldorf (3 Bde.) (Bd. 19, I.-III., „Begleitforschung des Landes Nordrhein-Westfalen zum Kabelpilotprojekt Dortmund").

Wolz, Dieter, 1979: Die Presse und die lokalen Mächte, Düsseldorf.

Kommunale Wirtschaftspolitik

Karl-Heinz Naßmacher

Die wirtschaftliche Tätigkeit von Handwerk und Industrie, Handel und anderen Dienstleistungsbetrieben ist fast immer standortgebunden. Die Standorte von Produktionsstätten, Verteilungsstützpunkten und Verwaltungsbüros stellen eine räumliche Verbindung zwischen wirtschaftlichen Betrieben und kommunalen Gebietskörperschaften her. Die Summe aller in der Vergangenheit getroffenen betrieblichen Entscheidungen zur Standortwahl prägt die räumliche Struktur eines Gebietes; die wirtschaftlichen Möglichkeiten und Probleme einer Stadt resultieren aus ihrem Betriebsbesatz (vgl. K.-H. Naßmacher 1982: 114f.). Betriebe und Städte erscheinen bei dieser Betrachtung füreinander wechselseitig als Element der langfristig angelegten Rahmenbedingungen. Jede betriebswirtschaftliche oder kommunalpolitische Betrachtung, die eine solche Perspektive räumlich fixierter, im Zeitablauf unveränderlicher Zuordnung zugrunde legt, greift freilich zu kurz.
Die wirtschaftliche Dynamik der modernen entwickelten Gesellschaften beruht auf kontinuierlicher Kapitalbildung und regelmäßiger Kapitalvernichtung (Investition und Desinvestition). Die meisten Investitionsentscheidungen beziehen sich auf konkrete Standorte einzelner Betriebe und damit auf spezifische Standortgemeinden. Dies ist mit dem Auf- und Abstieg ganzer Gebiete verbunden (Hall 1981). Die in einer Epoche dominanten Industrien entwickeln sich an den für sie in bezug auf die wirtschaftsgeographische Lage günstigen Standorten; besonders deutlich ist dies im Falle von Bodenschätzen. Der ökonomische Aufstieg der entsprechenden Region und ihr späterer Abstieg sind klar vorauszusehen. So haben alle Flächenstaaten sogenannte sunbelts und rustbelts (Perry/Watkins 1977; Perlman 1982). Da die Städte über Gemeindesteuern unmittelbar mit dem wirtschaftlichen Erfolg der Betriebe verknüpft sind, hat der wirtschaftliche Auf- und Abstieg Folgen für die Stadtqualität insgesamt: Der Abstieg wird durch einen verwahrlosten Zustand von Straßenzügen augenfällig, mittelfristig führt die Abwanderung der Bevölkerung – vor allem qualifizierter Arbeitskräfte – zu Problemen und schließlich verliert die Stadt auch ihre Anziehungskraft auf Käufer und Touristen (s.d. Cameron 1980).

1. *Kommunale Aufgaben im Wandel*

Diesen Problemen kann sich die kommunale Politik nicht entziehen, und so sind Eingriffe in das wirtschaftliche Geschehen weit zurückverfolgbar (s.d. Drexler 1989:

18f.). Als die Auswüchse kapitalistischer Wirtschaftstätigkeit erkennbar wurden, haben Akteure vor Ort in unterschiedlicher Form versucht, steuernd einzugreifen. So kam es beispielsweise in Großbritannien neben der Bereitstellung von sozialen und wirtschaftlichen Infrastrukturleistungen (z.B. Abwasserversorgung und Straßenunterhaltung), die nach den Marktgesetzen nur unzureichend generiert wurden, auch zur Ergänzung des Betriebsberaters, z.B. durch öffentlich betriebene Sägewerke, Druckereien und Pferderennbahnen und Aktivitäten der Lokalverwaltungen im Bereich des Handels (Municipal Trading Functions). „Diese Ansätze wurden von konservativ und liberal geführten Administrationen verfolgt, repräsentierten also einen 'Sozialismus ohne Sozialisten'" (Spies 1986: 237). Ähnliche Zielsetzungen hatte die wirtschaftliche Betätigung der Kommunen in der Weimarer Zeit in Deutschland. Daneben traten Kommunen bei voranschreitender Urbanisierung als Träger gewerbefördernder Maßnahmen auf. Schwerpunkt war die Förderung kleiner Betriebe, die es gegenüber den kapitalintensiven Großbetrieben zu schützen galt (Drexler 1989: 20f.). In allen westlichen Demokratien ist inzwischen auf der kommunalen Ebene eine Vielzahl von Fördereinrichtungen für die Wirtschaft entstanden (für die USA s. Portz 1990: 20f.; für GB s. Bovaird 1990: 7ff.).

Neben gezielten Maßnahmen wird die kommunale Politik in vielfältiger Weise mit dem wirtschaftlichen Geschehen befaßt. Rechnet man zu den Aufgaben der Stadt nicht nur die bürgernahe Bereitstellung einer Vielzahl von öffentlichen Dienstleistungen, sondern auch die kleinräumige Gestaltung der menschlichen Umwelt (Naßmacher/ Naßmacher 1979: 39f.), dann gehen von der Kommunalpolitik mehr oder weniger regelmäßig Impulse aus, die sich auf die Standortqualität(en) für konkrete Betriebe auswirken; solche Impulse bleiben zunächst vielfach unbeachtet. Innerhalb des politisch-administrativen Gesamtsystems resultiert die Notwendigkeit, Probleme der ortsansässigen Betriebe durch kommunale Politik zu bearbeiten, aus zwei Vorgaben für die Stellung der Kommunen im öffentlichen Planungs-, Aufgaben- und Finanzverbund, die trotz unterschiedlicher globaler Ziele in den einzelnen politischen Systemen doch recht ähnlich sind: Die Stadt oder eine entsprechend ortsnahe Verwaltungseinheit bis hin zur Region ist als Träger der Planungshoheit Anlaufstelle für alle betrieblichen Standortprobleme. Durch Ausweisung geeigneter Flächen können und sollen am Ort die planungsrechtlichen Voraussetzungen für betriebliche Bauvorhaben geschaffen werden. Über ihre Steuern, Gebühren und Leistungsentgelte versuchen Städte, günstige Bedingungen für ansiedlungsbereite Betriebe zu schaffen, um damit an deren wirtschaftlichen Erfolg anzuknüpfen. Dennoch steht die Wirtschaftsentwicklung nicht immer im Mittelpunkt der Aufmerksamkeit.

Politische Themen bzw. Aufgaben erfahren längerfristig betrachtet unterschiedliche Bewertung. Man kann geradezu von einem themen- bzw. aufgabenspezifischen Konjunkturzyklus (May/Wildavsky 1978) sprechen. In der Kommunalpolitik finden Fragen der örtlichen Wirtschaft immer dann geringes Interesse, wenn wirtschaftliches Wachstum den Wohlstand sichert und der Strukturwandel die jeweilige Region unbeeinflußt läßt. Lediglich die Kernstädte der großen Ballungsräume haben durch abwandernde Betriebe ständig Verluste an Wirtschaftskraft zu befürchten (Fothergill/Gudgin 1982: 4, 111); dort bleibt das Thema „Wirtschaft" permanent auf der Tagesordnung. Viele

Großstädte holten durch umfangreiche Eingemeindungen abgewanderte Betriebe wieder zurück. In Deutschland hat die Gemeindefinanzreform, die den Kommunen einen eigenen Anteil an der Einkommensteuer bescherte, die fiskalische Abhängigkeit vom wirtschaftlichen Erfolg des örtlichen Gewerbes vermindert und damit das Interesse an der kommunalen Wirtschaftspolitik erheblich reduziert.
Ausgangspunkt für die Rückkehr der örtlichen Wirtschaft auf die Tagesordnung der Kommunalpolitik ist eine gesamtwirtschaftliche Entwicklung mit gravierenden örtlichen Folgen (Ramm 1990: 18). Der Strukturwandel und das Ende des Wirtschaftswachstums bescherten den Städten stagnierende Einnahmen und damit verbunden die Einsicht, daß nicht nur die kommunalen Einnahmen und die Arbeitsplätze, sondern letztlich auch der Einwohnerbestand gefährdet sind. Hohe Dauerarbeitslosigkeit ist regional unterschiedlich verteilt, betrifft also einzelne Städte besonders deutlich. Die Stillegung großer Betriebe und die Gefährdung ganzer Branchen schärft das Problembewußtsein. Sobald Arbeitslosigkeit nicht mehr vorübergehend, sondern dauerhaft auftritt, muß die jeweilige Stadt zusätzliche Sozialleistungen aus öffentlichen Kassen erbringen. Die gemeinsamen Resultate dieser Entwicklung waren eine Wiederentdeckung der örtlichen Wirtschaft und eine Renaissance der kommunalen Wirtschaftsförderung.
Seit den achtziger Jahren verstärkt sich allerdings eine Gegenbewegung, die im Wertewandel ihre Ursache hat und die Folgen der Wirtschaftstätigkeit für die Umwelt betont. Die Auswirkungen waren zunächst nur in Universitätsstädten deutlich zu spüren. Nach Einzug postmateriell orientierter Protestparteien in die meisten Räte haben sich auch die Mandatsträger der traditionellen Linken solche Probleme mehr oder weniger zu eigen gemacht. Im Gefolge dieser Entwicklung geraten sowohl alte Gewerbestandorte (meist mitten in der Stadt an Bahnhöfen gelegen) als auch neue Standorte auf der grünen Wiese unter Druck; erstere gegenüber Dienstleitungsangeboten und citynahem Wohnen, letztere gegenüber Freizeit- und Naturschutzinteressen.

2. *Handlungsfelder kommunaler Wirtschaftsförderung*

Im Mittelpunkt der Wirtschaftsförderung stand zunächst regelmäßig das Bemühen, gewerbliche Ansiedlungsinteressenten für die eigene Stadt zu gewinnen. Gerade eine auf Ansiedlung neuer Betriebe gerichtete Wirtschaftsförderung reduziert ihren Beitrag zur Stadtentwicklung vorrangig auf den finanzwirtschaftlichen Erfolg. Die übrigen Folgen für die Stadt werden erst später als Ergebnis reflektiert.

2.1 Ansiedlungspolitik und ihre Folgen

Durch Ansiedlungspolitik wird die betreffende Stadt zum Anbieter auf internationalen, nationalen und regionalen „Standortmärkten" (Heuer 1985; Fry/Radebaugh/Soldatos 1989; Cochrane 1988: 160). Erfahrungsgemäß können ansiedlungswillige Unternehmen zwischen den Angeboten von Städten mit unterschiedlicher Infrastruktur, verschiedenen Förderbedingungen (für GB s. Fothergill/Gudgin 1982: 135ff.) und spezifischen Arbeitskräftepotentialen (zur Bedeutung in Frankreich s. Neef 1986: 163, in GB s. Ramm 1990: 22) wählen. Immer wichtiger wird im Rahmen der Infrastruktur ein vorbildliches Ausbildungssystem. Die Städte agieren also – auch in wirtschaftlich günstigen Zeiten – auf einem „Käufermarkt"; die aufmerksame Beobachtung einschlägiger Aktivitäten konkurrierender Nachbarstädte prägt Problemwahrnehmung und Aktivitätsspektrum der Akteure. Ziel der Städte müßte es daher sein, den Markt für Standorte so zu segmentieren, daß der angebotene Standort auf dem entsprechenden Teilmarkt eine starke Vorrangstellung durch bestimmte Prioritäten erhält.

Dem von der Stadt und ihren führenden Repräsentanten angestrebten Ziel (Ansiedlungserfolg möglichst mit nationaler oder gar internationaler Reputation) ordnen die verantwortlichen öffentlichen Akteure normalerweise Liegenschaftspolitik, Flächenausweisung und auch die Festsetzung von kommunalen Abgaben unter. Zusätzlich werden spezifische Finanzprogramme aufgelegt. Letztere haben sich nach 1982 in Großbritannien als die wichtigsten Instrumente herauskristallisiert (Fothergill/Gudgin 1982: 135f.). Im Gegenstromprinzip versuchen die Städte (durch ihre überörtlichen Repräsentanten oder in Verbindung mit ihren Verbänden) günstige Bedingungen für das vom Staat geschaffene Umfeld (einschließlich der Förderkulisse) zu bewirken. Wenn nationale Grenzen durchlässiger werden als früher (z.B. mit dem EG-Binnenmarkt und dem gemeinsamen nordamerikanischen Markt) geht es im Hinblick auf Konkurrenzfähigkeit nicht nur um Fördermöglichkeiten, die allenthalben kritisch beleuchtet bzw. reduziert werden (Ramm 1990: 25), sondern auch um die Besteuerung von Unternehmen und die Sozialleistungssysteme. Ein wirtschaftsfreundliches Klima vor Ort gilt als selbstverständliche Voraussetzung für den Ansiedlungserfolg.

Der Anwerbung von Neuansiedlungen dient im allgemeinen die ortsbezogene Imagewerbung in Zeitungen und Zeitschriften, auf Ausstellungen und Messen oder gar durch großflächige Plakatierung. Die gezielte Werbung für bestimmte Aufsiedlungsobjekte (neue Gewerbegebiete) durch unmittelbaren Kontakt mit möglichen Einzelinteressenten oder Einschaltung von regionalbezogenen Vermittlern (Medien, Kammern, Verbänden und Unternehmensberatern), also ein Standortmarketing, wird nur gelegentlich praktiziert. Städte machen keine Absatzforschung, überlegen also selten, für welche Unternehmen ihr Standort besonders gut geeignet ist. Die Ausweisung neuer Standorte geschieht vielmehr dort, wo sich ein Gelände aufgrund der Stadtentwicklung und in bezug auf zu erwartende Widerstände für die Gewerbeansiedlung ausweisen und nutzen läßt.

Häufiger ist die Betreuung des gesamten Ansiedlungsvorhabens durch kommunale Wirtschaftsförderungs-Dienststellen oder (privatrechtliche) Wirtschaftsförderungsgesellschaften. Solche Institutionen vermitteln dem ansiedlungswilligen Betrieb alle notwendigen Kontakte am Ort, aber auch die Vergabe öffentlicher Finanzhilfen. Der umfassende Service durch ein solches Projektmanagement endet meist bei Inbetriebnahme der neuen Fertigungsstätte. Zu den üblichen Einzelmaßnahmen der Standortgemeinden gehören regelmäßig:

- planerische Vorbereitung und baurechtliche Ausweisung von Gewerbe- und Industriegebieten,

- administrative Durchführung der für die gewerbliche Nutzung erforderlichen Grundstücksumlegungen,
- Veräußerung stadteigener Flächen oder Vermittlung privater Grundstücke an Ansiedlungsinteressenten,
- Erschließung der gewerblich nutzbaren Flächen unter Vorfinanzierung der Erschließungskosten und Stundung der Erschließungsbeiträge (z.B. Heuer 1985; Spencer 1988: 302).

Vor allem bei der Festlegung von Grundstückspreisen sind die Städte fast immer den Betrieben soweit entgegengekommen, daß neben den bisher üblichen direkten öffentlichen Finanzhilfen, einer befristeten Befreiung von Steuern, der Stundung von Erschließungsbeiträgen auch der unter dem Verkehrswert angesetzte Grundstückpreis als Mittel gemeindlicher Finanzhilfen bei Neuansiedlungen anzusehen ist. Ob sich solche finanziellen Vorleistungen der Stadt in einer nachträglich durchgeführten Kosten-Nutzen-Analyse als wirtschaftlich sinnvoll erweisen, muß vielfach bezweifelt werden. Die ökologischen und stadtwirtschaftlichen Folgen wurden lange in Kauf genommen, zumindest werden die Grenzen dieser Politik erst allmählich erkennbar. Hier scheinen die alten Industriestandorte in einer Vorreiterrolle zu sein (Hansen 1988: 104).

In den letzten Jahren sind solche Aktivitäten der Wirtschaftsförderung in den Städten immer weniger von sichtbarem Erfolg begleitet. Die Ansiedlungserfolge der Vergangenheit und die deutlich gewordenen Probleme einzelner Ansiedlungsvorhaben, haben die auf dem Standortmarkt aktiven Städten in eine paradoxe Situation gebracht: Während ansiedlungswillige Städte mit günstiger Standortqualität sich im Hinblick auf den Charakter anzusiedelnder Betriebe zunehmend wählerischer geben (möglichst geringe Emissionen, vor allem zukunftsorientierte Branchen), sinkt das gesamtwirtschaftliche Verlagerungspotential und damit die Aussicht auf einen wirklich eindrucksvollen Ansiedlungserfolg. Im Jahre 1970 bezogen in Deutschland noch fast 700 Betriebe mit 43 000 Beschäftigten einen neuen Standort; 1980 waren es weniger als 200 Betriebe mit höchstens 10 000 Beschäftigten. Zwar wird erwartet, daß im Zuge der Vollendung des EG-Binnenmarktes die Verlagerungen wieder zunehmen werden. Aber dann ist wiederum von Bedeutung, daß nur wenige Städte im internationalen Wettbewerb über konkurrenzfähige Standorte verfügen. In Nordrhein-Westfalen konnten nur die Regionen Düsseldorf und Köln internationale Ansiedlungserfolge erzielen (NRW 1990). Für die USA wurden solche Erfolge von New York City und Chicago vermeldet.

Wanderungen von Betrieben haben sich vor allem im engeren Umkreis vollzogen (Spencer 1988: 294). Soweit ansiedlungswillige Städte über große Flächenvorräte verfügen, geraten sie unter fiskalischen und politischen Druck. Lediglich der ungebrochene Strukturwandel im Handel und im Dienstleistungsgewerbe sowie speziell die Expansion der „Freizeitindustrie" bieten noch gewisse Aussichten auf vorzeigbare Ansiedlungserfolge; durch Verbrauchermärkte und Diskotheken „auf der grünen Wiese" lassen sich die sonst jahrelang brachliegenden Gewerbeflächen auch in kleinen Städten wenigstens teilweise füllen. Die Folgen für die Innenstädte sind in extremer Form bei amerikanischen Innenstädten zu besichtigen. Wollen die Städte einen Funktionsverlust solcher Stadtquartiere nicht in Kauf nehmen (mit den möglichen Folgen einer Verlagerung der Stadtmitte an den bisherigen Cityrand oder einer Dominanz der Ladengeschäfte auf der grünen Wiese), so müssen sie eine Stadtsanierung in Gang setzen. Der Sanierungsbedarf kumuliert im Zentrum der Städte.

Ein schwerwiegendes Problem für die bisherige Praxis der kommunalen Wirtschaftsförderung bildet auch die gegenläufige Entwicklung des Arbeitsplatzangebotes bei Groß- und Kleinbetrieben. Die kommunale Wirtschaftsförderung strebt traditionell nach dem möglichst großen Ansiedlungserfolg. Diese Orientierung erscheint verblüffend, wenn man bedenkt, daß gerade Großunternehmen in den letzten Jahren ihre Belegschaften (z.T. dramatisch) vermindert haben (Portz 1990: viii), während Klein- und Mittelbetriebe in allen entwickelten Industriegesellschaften eher Neueinstellungen vornehmen (s.d. Fothergill/Gudgin 1982: 113ff.). Auch die bereits am Ort ansässigen größeren Betriebe werden durch Rationalisierungsmaßnahmen oder Produktionseinschränkungen durchweg Arbeitsplätze abbauen. Gerade wenn es der kommunalen Wirtschaftsförderung um zusätzliche Arbeitsplätze am Ort geht, muß sie offenbar ihre Aufmerksamkeit auf eine größere Zahl kleinerer Betriebe mit entsprechendem Wachstumspotential richten. Diese Betriebe weisen die höchste Mobilität auf. Allerdings suchen sie den optimalen Standort nicht rein rational aus. Vielmehr gehen nur wenige Standortalternativen im engen Umkreis in Überlegungen ihrer Inhaber ein. Die Standortinformationen werden nur unzureichend geprüft und schließlich wird zuweilen auch eine subjektiv geprägte Entscheidung getroffen (Kolz/Essling 1986: 678).

Schließlich schaffen die erkennbaren Folgen der bisherigen Ansiedlungspolitik für die kommunale Wirtschaftsförderung zusätzliche Probleme. Die Bereitstellung neuer gewerblich nutzbarer Bauflächen (insbesondere für industrielle Fertigungen oder andere „störende" Betriebe) ist weder wirtschaftlich zweckmäßig noch politisch durchsetzbar. Neue Gewerbegebiete gelten zunehmend als „unerwünschter Landschaftsverbrauch", gegen den Umweltschützer und Genehmigungsbehörden getrennt oder gemeinsam vorgehen. Für die betroffenen Städte wird es zunehmend schwieriger, geeignete Flächen zu finden, auszuweisen und zu erwerben. Die Eigentümer bislang landwirtschaftlich genutzter Grundstücke sehen sich durch die Umwidmung der Flächen in ihrer beruflichen Existenz bedroht. Die Erfahrung, daß viele Grundstückseigentümer in der Vergangenheit „zu billig" verkauft haben, läßt selbst bei angemessenen Marktpreisen keine Verkaufsbereitschaft aufkommen (Heuer/Naßmacher/Roesler 1987: 136).

Unter dem Eindruck der eigenen Anstrengungen geriet jedoch vielfach die wirtschaftliche Ursache erfolgreicher Ansiedlungen aus dem Blickfeld kommunalpolitischer Akteure: In einer wachsenden Wirtschaft erweitern Betriebe den Umfang ihrer Geschäftstätigkeit. Dabei benötigen sie in aller Regel zusätzliche Flächen, die entweder durch Standortteilung oder Standortwechsel beschafft werden. Der Aufbau von Zweigbetrieben (Teilverlagerung) oder der „Umzug" des ganzen Betriebes (Vollverlagerung) sind die massenhaft auftretende Folge wirtschaftlichen Wachstums. Gesamtwirtschaftlich gesehen konkurrieren die Städte miteinander nach Art eines Nullsummenspiels: Der Ansiedlungserfolg einer Stadt ist der Wachstumsverlust einer anderen. Insbesondere die Kernstädte in Ballungsgebieten sind dabei Verlierer, weil sie längst nicht mehr über genügend freie Flächen verfügen, um den Flächenbedarf des örtlichen Gewerbes

zu befriedigen. Die Pflege des Gewerbestandes fand nur unzureichend statt (s.a. Cochrane 1988: 160; Fothergill/Gudgin 1982: 104, 112).
Dennoch haben Städte im letzten Jahrzehnt zunehmend versucht, Betriebsverlagerungen über die Stadtgrenze hinweg zu verhindern, indem sie Teilverlagerungen und Standortsanierungen in engem Kontakt zu Betrieben aktiv betrieben haben, insbesondere, wenn es sich bei dem Betrieb um einen maßgebenden Gewerbesteuerzahler und Arbeitsplatzanbieter handelte. Dynamischer Bestandschutz und Teilverlagerung bilden gewissermaßen die Gegenstrategie der alten Industriestädte zur Abwehr der aus betrieblicher Stadtflucht resultierenden Ansiedlungserfolge von Umlandgemeinden. Aber diese Orientierung auf den Gewerbebestand ist noch sehr wenig ausgeprägt (Cochrane 1988: 160; H. Naßmacher 1987: 252f.).
Voraussetzung für erfolgreiche innerstädtische Verlagerung und Standortsicherung wurde so die Bereitstellung quantitativ und qualitativ ausreichender Flächen für die gewerbliche Nutzung. Solange die Städte durch entsprechende Neuausweisungen zusätzliche Gewerbeflächen schaffen konnten, war es für sie unproblematisch, wenn (durch Betriebsverlagerungen) brachgefallene Flächen einer handwerklichen oder industriellen Nutzung entzogen und einer Wohn- oder Dienstleistungsnutzung zugeführt wurden. Bei ungestörtem Wirtschaftswachstum sorgte der Grundstücksmarkt rasch für neue Nutzungsmöglichkeiten. Heute müssen die Städte zur Sicherung des örtlichen Gewerbebestandes bei dieser typischen Nutzungssukzession (s.d. Henckel 1986; H. Naßmacher 1987: 366ff.) gegensteuern, um die gewerbliche Wirtschaftstätigkeit nicht aus alten Standorten zu verbannen. Denn – so Windhoff-Héritier für New York – „Ufer-Condominiums und Marines schaffen nicht genug Arbeitsplätze, um den Verlust an Beschäftigung in ... kleinen Fabriken zu kompensieren" (1989: 114 unter Bezug auf Sleeper 1987 und Stein 1983). Eine Ausnahme bildeten hier nur die durch den Strukturwandel brachgefallenen Flächen der jeweiligen „Rostgürtel"-Städte: Sie ließen sich auch durch Dienstleistungsexpansion nicht problemlos einer Folgenutzung zuführen, weil in der Regel erhebliche Altlasten als Hypothek einer Wiedernutzung entgegenstanden. Spezifische Strategien mußten hier in Angriff genommen werden, z.B. in Deutschland der „Grundstücksfond Ruhr", in Frankreich der „Fond d'Industrialistion du Bassin Minier" (Hesse/Schlieper 1988: 583), in Großbritannien Stadtentwicklungsgesellschaften als eigenständige Körperschaften (Ramm 1990: 23f.), die sich der Probleme des Flächenrecycling annehmen.

2.2 Dienstleistungsexpansion als neue Herausforderung

Im Hinblick auf die besondere Entwicklung von Betrieben des Dienstleistungsbereichs haben sich für die kommunale Wirtschaftspolitik einige stereotype Betrachtungsweisen eingebürgert. Im Mittelpunkt der Überlegungen für größere Städte steht die Tertiarisierung der Innenstädte: Banken, Versicherungen, Hauptverwaltungen großer Unternehmen und andere Anbieter von Büroarbeitsplätzen finden ihren Standort traditionell in den Zentren der großen Städte. Die Entwicklung der Bodenpreise in Verbindung mit weitgehend sternförmig angelegten Verkehrssystemen hat dazu geführt, die entsprechenden Arbeitsplätze in Form von Büroetagen übereinander zu „stapeln". Hochhäuser scheinen die angemessene Lösung für eine wirtschaftliche Nutzung der knappen Ressource „Boden" im Innenstadtbereich. Die verbleibenden Probleme werden meist auf die Bewältigung des anfallenden Verkehrs (Transport von Mitarbeitern und Besuchern in den Bereich der Bürotürme) reduziert und als Alternative zwischen Individualverkehr (Parkhäuser) und öffentlichem Verkehr (Schnellbahn-Haltestellen) bearbeitet. Inzwischen sind die Mieten für Büros im Innenstadtbereich kaum noch tragbar und ein Trend in Richtung Büroarbeitsplätze auf der grünen Wiese zeichnet sich in den wichtigsten Ballungszentren schon ab (z.B. Düsseldorf, Frankfurt, Paris). Damit werden auch diese Dienstleistungsarbeitsplätze langfristig zur Entvölkerung und zum Attraktivitätsverlust beitragen, der bereits durch das Standortverhalten der Handelsbetriebe vorgezeichnet ist.

Seit Jahren scheint das besondere Problem der Handelsbetriebe die Konkurrenz zwischen Innenstadtstandorten und solchen auf der „grünen Wiese", also in Einkaufszentren am Stadtrand, zu sein. Während die Einkaufszentren aufgrund ihrer Lage wenig Verkehrsprobleme verursachen (zumindest keinen Mangel an Parkplätzen für Pkw), stellt sich für Handelsbetriebe in der Innenstadt die Schere zwischen nachlassender Attraktivität (nicht zuletzt wegen der Anfahrts- und Parkprobleme) und steigenden Flächenkosten (nicht zuletzt wegen der Konkurrenz von weniger flächenintensiven Büroarbeitsplätzen) als Existenzbedrohung dar. Die Einrichtung von Fußgängerzonen als Strategie kommunaler Stadtentwicklung scheint für einige Zeit das Gleichgewicht zwischen beiden „Vertriebsformen" des Handels wiederhergestellt zu haben. Auch eine gewisse Flexibilität bei der Ladenschlußgesetzgebung mag die Wiederbelebung der Innenstädte bewirken. Dennoch ist nicht zu übersehen, daß kommerzielle Vergnügungsangebote (Spielhallen) eine gefährliche Konkurrenz für die Betreiber von Ladengeschäften in gemieteten Räumen darstellen. Langfristig scheint die kommunale Wirtschaftspolitik machtlos zu sein gegenüber dem für Handelsbetriebe unabweisbaren Zwang, die Innenstadtstandorte aufzugeben.

Dadurch wird aber keineswegs die quartierspezifische Versorgung verbessert, denn dies verhindern wiederum die Zentralisierung zahlreicher Dienstleistungen, die Konzentrationsbewegung im Einzelhandel und der Trend zu Verbrauchermärkten als privatwirtschaftlich betriebene Institutionen. Die Deckung des täglichen Bedarfs durch eine fußläufige Versorgung der Bevölkerung in allen größeren Stadtquartieren wird immer seltener. In diesem Zusammenhang stellt sich gleichzeitig das Problem der Ladenhandwerke, der Ärztehäuser oder der Standorte von regelmäßig nachgefragten Reparaturdienstleistungen. So wird auch die Versorgung von Haushalten und Betrieben mit ortsnahen Handwerksleistungen und Produkten für den täglichen Bedarf zu einer Aufgabe der örtlichen Wirtschaftspolitik. Es kann nicht mehr davon ausgegangen werden, daß in gewachsenen Quartieren die Handelsbetriebe und Dienstleistungsangebote erhalten bleiben oder daß sich in neuen Wohngebieten (mit einer gewissen Verzögerung) Einzelhandels- und Dienstleistungsbetriebe automatisch ansiedeln, weil Absatzpotential vorhanden ist.

Der Blick über die Grenzen zeigt, daß die Konkurrenz zwischen Innenstädten und Standorten „auf der grünen Wiese" im Hinblick auf Warenangebot und Dienstleistungen (einschließlich der über den täglichen Bedarf hinausgehenden), ein generelles Problem der Stadtentwicklung in hochentwickelten marktwirtschaftlich organisierten, Gesellschaften darstellt. Extreme Lösungsstrategien wie das Renaissance-Center in der amerikanischen Autometropole Detroit und die West Edmonton Mall in der kanadischen Präriegroßstadt Edmonton verdeutlichen den Zielkonflikt: Kann es gelingen, das Einkaufserlebnis für die ganze Familie in die städtischen Zentren zurückzuholen oder bietet nur die Entwicklung von völlig neuen integrierten Einkaufskomplexen „auf der grünen Wiese" eine von der Masse der Bevölkerung akzeptierte Möglichkeit? Ein der West Edmonton Mall entsprechendes Projekt wurde 1989 für Oberhausen von der Landesregierung Nordrhein-Westfalen abgelehnt (Hoefs 1990: 25). Dieser Zielkonflikt kann sicherlich nicht bereits heute und für alle Standorte eindeutig entschieden werden. Die in Detroit und Edmonton (ähnlich wie in vielen anderen nordamerikanischen Städten) praktizierten privatwirtschaftlichen Lösungen einer Verbindung von Freizeitgestaltung und Einkaufsvergnügen weisen jedoch wichtige Gemeinsamkeiten auf. Mit der Formulierung dieser Gemeinsamkeiten verbindet sich die Erwartung, daß eine für die kommunale Wirtschaftspolitik akzeptable Strategie zur wirtschaftlichen (und nicht nur baulichen) Sanierung der Innenstädte gefunden werden kann, bevor ein Funktionsverlust in amerikanischen Dimensionen eintritt.

Zunächst einmal zeigen das Renaissance-Center in Detroit und die West Edmonton Mall zwei Eigenschaften, die deutschen Innenstädten ganz oder teilweise fehlen: Sobald der Besucher das „Einkaufszentrum" mit seinem Auto erreicht und das Auto auf einem der mit ausreichender Kapazität ausgestatteten Parkdecks verlassen hat, befindet er sich in einer gleichmäßig klimatisierten Einkaufsatmosphäre. Sein Einkaufserlebnis wird durch Regen, Wind, Hitze oder Kälte nicht mehr beeinflußt. Sieht man davon ab, daß – durchaus landesüblich – das Verkehrsproblem (Zu- und Abgang) nur durch den Individualverkehr gelöst ist (ähnliche Einkaufszentren in Montreal und Toronto sind auch von U-Bahn-Stationen zu erreichen), dann erscheint die vollständige Abkopplung des Einkaufserlebnisses von den aktuellen Witterungsbedingungen als wesentliche gemeinsame Errungenschaft dieser Einkaufszentren. Den landesüblichen Bedingungen Nordamerikas entspricht es auch, daß die Öffnungszeiten der Handels- und Dienstleistungsbetriebe nicht durch gesetzliche Beschränkungen wie in Deutschland eingeengt sind.

Das wichtigste Element, das bei der West Edmonton Mall noch deutlicher ausgeprägt ist als bei den Einkaufszentren in Detroit, Montreal und Toronto ist die Verknüpfung von Einkauf und Erholung. Für Erwachsene und Kinder sind neben den Einkaufsmöglichkeiten eine Vielzahl von Freizeitangeboten vorhanden: Essen und Trinken, Kinos, Theater, Eislaufen, Badezentrum, Minigolf, U-Boote und Delphine, um nur einige zu nennen. Das Warenangebot wird nicht nur von den wesentlichen Kaufhauskonzernen des Landes, sondern auch durch alle wichtigen Ketten von Spezialgeschäften und eine Vielzahl von anderen Einzelbetrieben getragen.

Sicherlich bereitet es keine Schwierigkeiten, eine solche Fülle von Einkaufs- und Unterhaltungsmöglichkeiten auf einem Areal von nicht weniger als 24 Baublöcken ohne Problem unterzubringen. Fraglich erscheint jedoch, ob für die deutschen Innenstädte aus den Erfahrungen solcher „Institutionen der Dienstleistungsgesellschaft" nicht auch andere Folgerungen als politische Resignation abgeleitet werden können. Die Mischung von Großbetrieben des Einzelhandels mit z.T. hochspezialisierten Kleinbetrieben und solchen Betrieben, die Unterhaltungsangebote bereitstellen, verbunden mit gigantisch anmutenden Ergänzungsangeboten, für die im wesentlichen die Betreibergesellschaft verantwortlich ist, scheint nicht wiederholbar, insbesondere nicht in den deutschen Innenstädten.

Andererseits ist zu beachten, daß verschiedene Dimensionen des kombinierten Angebots auch und gerade durch Zusammenarbeit von kommunalen Dienststellen, Gemeinschaftsaktionen des Handels und spezifische Leistungen einer Vielzahl von Kleinbetrieben in deutschen Innenstädten vorgehalten werden können. Noch fehlt allerdings ein City-Management, das eine systematische Koordination und die Kontinuität des Angebots garantiert. Die ein- oder zweimal im Jahr durchgeführte Kirmes, die in letzter Zeit stärker verbreiteten Stadtfeste oder Kultursommer deuten bereits an, daß auch deutsche Städte ihre zentralen Geschäftslagen durch kommunale (oder kommunal-koordinierte) Unterhaltungsangebote attraktiv machen wollen. Die Schwäche dieser Angebote scheint lediglich in ihrer Diskontinuität zu liegen.

Offenbar erfordert die Entwicklung von der Industriegesellschaft zur Dienstleistungsgesellschaft auch für die kommunale Wirtschaftsförderung andere Akzentsetzungen und neue Kooperationsformen. Die sektoralisierte Kommunalpolitik, die ohne interne Koordination für angemessene Lösungen des Verkehrsproblems, für ausreichende Freizeitangebote (Programmkino oder Badeanstalt, Jugendzentrum oder Altentreff) sorgt, verpaßt planmäßig die Möglichkeit einer koordinierten Organisation von Einkaufs- und Vergnügungserlebnissen für die ganze Familie bzw. aller Altersstufen. Deshalb gewinnt das Stichwort 'Public-Private Partnership' an Bedeutung. Dabei werden die Innenstädte als Produkt gesehen und auf der Basis eines einheitlichen Konzepts und bei Einbindung privater Anbieter entwickelt, gepflegt und vermarktet. In einigen Städten Deutschlands gab es bereits entsprechende Versuche, jedoch wird mit dieser Vermarktungsidee auch zuweilen Etikettenschwindel getrieben.

Sofern also die Erfahrungen mit großräumigen Einkaufszentren für die wirtschaftliche Rettung der Innenstädte genutzt werden sollen, scheint zunächst ein zentrales Management für den Branchenmix und das Unterhaltungsangebot notwendig zu sein. Darüber hinaus ist ein durchgängiger Betrieb von Unterhaltungsangeboten auf kommerzieller oder nichtkommerzieller Basis sicherzustellen. Vermutlich bedarf es für die Sicherung dieses Angebots einer Auslagerung von Gemeinschaftsfunktionen aus den traditionellen Kleinbetrieben des Handels und der meisten Dienstleistungsgewerbe. Auch die Handelsbetriebe profitieren davon, wenn Eltern in Ruhe einkaufen können, während sich ihre Kinder mit den Freizeitangeboten des Einkaufszentrum „amüsieren". Jede deutsche Stadt könnte die öffentliche Aufgabe „Organisation des Branchenmix in der Innenstadt" gegen eine „Konzessionsabgabe" (wie bei Straßenbahn, Strom und Wasser) an eine Privatgesellschaft vergeben. Diese Gesellschaft würde nach privatwirtschaftlichen Kriterien die Organisation des auf Dauer gestellten Festivals „Einkaufserlebnis Innenstadt" betreiben, dafür von den teilnehmenden Kleinbetrieben entsprechende Umlagen erheben und auf alle privaten Grundstückseigentümer im Innenstadtbereich den zur Einpassung in das Gesamtkonzept nötigen ökonomischen

Druck ausüben. Soweit Maßnahmen öffentlicher Politik für die Steuerung der Stadtentwicklung notwendig erscheinen (Baugebote, Nutzungsgebote, o.ä.) müßte die Stadt in Zusammenarbeit mit den zuständigen Dienststellen für die notwendigen Maßnahmen sorgen. Eine Kombination aus privater Initiative, genossenschaftlicher Aktivität (aller am Standort tätigen Betriebe) und (auf optimale Entfaltung der wirtschaftlichen Möglichkeiten gerichteter) öffentlicher Politik erscheint als notwendiger Bestandteil einer kommunalen Wirtschaftspolitik zur Sanierung, Stabilisierung und Weiterentwicklung der Innenstädte.

In einzelnen Gebieten kann sich die Stadt freilich nicht mit dem Management und der besonderen Führung von überwiegend privaten Aktivitäten begnügen. Brachgefallene Flächen in erheblichem Umfang vor allem in rustbelts oder peripheren Regionen (Henckel 1986: 67) fordern immer häufiger öffentliche Investitionsaktivitäten von z.T. gigantischen Ausmaßen heraus, damit der Anschluß der betreffenden Stadt an die Dienstleistungsgesellschaft erreicht wird. Als Beispiele dafür können das Kongreßzentrum in Birmingham (Die Zeit v. 10.5.1991), das auf das Tagungsgeschäft in ganz Europa abstellt, und entsprechende Freizeitinvestitionen in anderen englischen Industriestädten benannt werden. Zuweilen sind auch nur riesige Ausstellungsflächen und Parkanlagen das Ergebnis der Revitalisierung von Stadtbereichen.

Offenbar handelt es sich bei dem „naturwüchsigen" Ablauf der Stadtentwicklung um einen Beispielfall für das zuweilen konstatierte Marktversagen: Der Marktmechanismus sorgt für eine optimale Allokation der Ressourcen und eine daran orientierte Verteilung der Einkommen, nicht aber für optimale Strukturen im Hinblick auf Betriebsgrößen oder Branchenmix. Außerhalb des Marktmechanismus bleiben zunächst alle Dienstleistungen, die ohne Marktpreis bereitgestellt werden: Geselligkeit, Unterhaltung, Vergnügen sind keine Wirtschaftsgüter, aber soziale Bedürfnisse des Menschen.

3. *Bessere Möglichkeiten politisch-administrativer Bearbeitung*

Die Bearbeitungsformen der kommunalen Wirtschaftspolitik sind in deutschen Städten durch empirische Forschungsvorhaben besonders eingehend untersucht (Robert Bosch Stiftung 1987; H. Naßmacher 1987; Drexler 1989). Hieran knüpfen auch die konkreten Vorschläge für veränderte Bearbeitungsstrategien an. Ähnliche Probleme des Verwaltungshandelns in Kooperation mit privaten Akteuren wurden allerdings auch für die anderen westlichen Demokratien herausgearbeitet (Hesse/Schlieper 1988: 592).

3.1 Probleme des Verwaltungshandelns

Soweit sich Maßnahmen öffentlicher Verwaltungen auf das örtliche Gewerbe (Industrie, Handwerk, Handel und andere Dienstleistungsbetriebe) beziehen, liegt dem Verwaltungshandeln bestenfalls ein mit dem Begriff „Wirtschaftsförderung" einengend bezeichneter Gegenstand zugrunde. Oft fehlt den beteiligten Akteuren bereits das Bewußtsein, daß ihre Maßnahmen für die örtliche Wirtschaft überhaupt bedeutsam sind. Eine Vielzahl öffentlicher Dienststellen, Behörden und Ämter sowie Verwaltungs- und Selbsthilfeorganisationen der Wirtschaft treffen in Erfüllung der Pflichten ihres jeweiligen Aufgabenbereiches nach durchaus unterschiedlichen Zielen und jeweils eigenen Orientierungen Maßnahmen, die die wirtschaftliche Entwicklung einzelner Betriebe oder der gesamten Stadt wesentlich beeinflussen. Sie handeln damit im Bereich „Wirtschaft" ohne ihn jedoch (anders als Wohnen oder Verkehr) als eigenes Politikfeld wahrzunehmen. Drexler geht sogar soweit, dem Amt für Wirtschaftsförderung, der Wirtschaftsförderungsgesellschaft oder der Technologietransferstelle häufig nur einen Symbolwert zuzuordnen (1989: 293).

Die arbeitsteilige Erledigung wirtschaftsrelevanter Verwaltungsaufgaben durch die zuständigen Behörden führt häufig zu einer unkoordinierten Wirtschaftspolitik, die insgesamt wiederum dem Bemühen um ein wirtschaftsfreundliches Klima und der prinzipiellen Bereitschaft „den Betrieben zu helfen" entgegenwirkt. Stadtverwaltungen werden (soweit es nicht um Ansiedlungsvorhaben geht) diskontinuierlich und reaktiv tätig, wenn eine überörtliche Fachbehörde sie zum Einschreiten gegen bestimmte Betriebe auffordert oder der Betrieb selbst mit konkreten Anliegen (meist Bauanträgen) an sie herantritt. Damit ist gleichermaßen eine Privilegierung bestimmter Betriebe (großer) und eine Benachteiligung anderer (kleiner und störender) verbunden. Im Mittelpunkt steht regelmäßig die Bewältigung des „aktenkundig" gewordenen Einzelfalles im Rahmen der eigenen Zuständigkeit, die durchaus mit untypischer verwaltungsinterner Koordination („Entbürokratisierung" in bezug auf den Einzelfall) verbunden sein kann (vgl. Drexler 1989: 295). Es fehlt jede mittelfristige Bewältigung einer Problemkonstellation oder gar die Sicherung der Entwicklungsmöglichkeiten des betreffenden Betriebes. Die bei der Einzelfallbearbeitung vorherrschende situationsbezogene und statische Betrachtungsweise (Momentaufnahme) wurde bislang nur für größere Ansiedlungsvorhaben durchbrochen. Soweit die kommunale Wirtschaftspolitik tatsächlich Pflege und Entwicklung der örtlichen Wirtschaft zu ihrem Leitziel machen will, muß sie eine tiefgreifende Umorientierung zur eigenständigen und umfassenden Gewerbepolitik erfahren.

Nur wenn die verschiedenen Institutionen des gegliederten politisch-administrativen Systems aufgrund genauer Information über typische Verläufe die regelmäßig auftretenden Probleme für die wirtschaftliche Tätigkeit von Betrieben früher erkennen und angemessener bearbeiten können, sind unter veränderten Umweltbedingungen Maßnahmen einer kommunalen Wirtschaftsförderung langfristig erfolgreich. Die wirksame Problembearbeitung erfordert vor allem eine grundlegend veränderte und erheblich erweiterte Wahrnehmung der Probleme für die örtliche Wirtschaft.

Die Stichworte „Querschnittaufgabe" und „Prozeßorientierung" eignen sich in besonderer Weise (K.-H. Naßmacher 1987: 269), um jenen Bewußtseinswandel systematisch zu erschließen und akzentuiert zu beschreiben, der für den Übergang von der traditionellen Wirtschaftsförderung zu einer neuen Gewerbepolitik bei privaten und öffentlichen Akteuren erforderlich ist. Konkrete Probleme der örtlichen Betriebe entstehen weitaus weniger plötzlich als von den Beteiligten angenommen wird; das Problem entwickelt sich oft über Jahre und erscheint, wenn es schließlich aktuell wird, zuweilen

als unlösbar. Eine Gewerbepolitik, die wirtschaftliche Entwicklungen mittel- und langfristig besser verfolgt und auf kurzfristige Problemlösungsversuche verzichtet, unterscheidet sich deshalb von der traditionellen Wirtschaftsförderung zunächst durch ihre Prozeßorientierung.
Die Bewältigung der gewerbepolitischen Probleme bedarf freilich nicht nur der Einsicht, daß öffentliche Politik Entwicklungsprozesse zu gestalten hat, sondern auch des koordinierten Zusammenwirkens einer Vielzahl von öffentlichen und halböffentlichen Akteuren (Ämtern, Dienststellen, Behörden, Kammern und anderen Organisationen) und offenbart zugleich den Querschnittcharakter der Gewerbepolitik. Die neue Akzentuierung

- erfordert einen stärkeren Arbeitsaufwand bei den Verwaltungsmitarbeitern (ein erheblicher Personaleinsatz der Stadtverwaltungen für Beobachtungs- und Betreuungsaufgaben bei den Betrieben sowie für Koordinationsaufgaben zwischen den verschiedenen Akteuren ist unumgänglich),
- verlangt Kenntnisse über die Standortanforderungen und Problemlösungsstrategien der Betriebe (konkrete Standortprobleme der Betriebe sind zwar jeweils individueller Natur aber keineswegs Einzelfälle, für die es keine Ähnlichkeiten im Vergleich zu anderen Fällen gibt).

3.2 *Orientierungen für kommunalpolitisches Handeln*

Empirische Erhebungen in verschiedenen Forschungsvorhaben (Robert Bosch Stiftung 1982; Naßmacher/Schmidt 1987: 276ff.) ergaben, daß die Kenntnis der betrieblichen Lebensgeschichte eine Beurteilung der aktuellen Situation des Betriebes erleichtert. Vereinfachend lassen sich vier betriebliche Entwicklungsphasen unterscheiden:

- die Experimentierphase (ein Existenzgründer etabliert sich mit seinem Produkt am Markt),
- die Expansionsphase (wachsende Marktchancen bedingen einen z.T. raschen Ausbau der betrieblichen Kapazitäten),
- die Ausreifungsphase (auf einem Käufermarkt kann sich der Betrieb nur durch Rationalisierung der Produktion behaupten) und
- die Rückbildungsphase (schrumpfende Absatzmöglichkeiten erzwingen die Einschränkung der Betriebstätigkeit).

Das Modell der betrieblichen Entwicklungsphasen (s.d. Kimberly 1980: 7f.) liefert wichtige Anhaltspunkte für gewerbepolitisches Handeln zur Begleitung betrieblicher Entwicklungsprozesse, schafft aber nicht die im Verwaltungsvollzug übliche, durch Rechtsnormen abgesicherte Gewißheit (Bullinger/Naßmacher 1984: 128, 145ff.). Dennoch lassen sich mit dem Phasenmodell betriebliche Entwicklungsverläufe mit hoher Treffsicherheit wenigstens so genau abbilden, daß für gewerbepolitische Initiativen Maßstäbe gewonnen werden. Jede der vier Phasen wirft nämlich typische (betriebliche und gewerbepolitische) Probleme auf.
Für die Förderung von Betrieben in der Experimentierphase ist überwiegend ein aufmerksames „Abwarten" zu empfehlen. Vor der Gewährung materieller Hilfen durch

die Standortgemeinde sollte der Unternehmer sich am Markt etablieren. Auf den ersten Standort eines neugegründeten Betriebes kann die Stadt nur selten einwirken. Ein (langfristig gesehen) „falscher" Standort ist jedoch der wichtigste städtebauliche und gewerbepolitische Risikofaktor. Als Problemlösung bietet sich die Vermittlung von Mietobjekten für die vorübergehende Unterbringung an, z.B. in Gewerbehöfen Gründer- und Innovationszentren, die häufig als Folgenutzung alter Fabrikgebäude entwickelt und mit geringem Aufwand auf die Bedürfnisse junger Unternehmen zugeschnitten werden. Solche Modelle (s.d. Dose/Drexler 1988; Sinz/Strubelt 1986: 28) sollten auch gezielt die Folgen der Konzentration von Großindustrien durch eine Vernetzung der Klein- und Mittelbetriebe mit dem Know How der Universitäten und Forschungseinrichtungen abmildern. Im Hinblick darauf sind die bisherigen Erfahrungen jedoch eher ambivalent (zur negativen Beurteilung s. Bruch 1988: 335).
Die Expansionsphase ist eine Periode umfangreicher Investitionen durch die Betriebe. Erweiterungsprobleme und Flächenengpässe bilden das zentrale betriebliche Problem. An dem oft zufällig gewählten Standort stoßen betrieblich notwendige Investitionen bald auf räumliche oder baurechtliche Grenzen. Der beste Weg, um zukünftige Flächenengpässe zu vermeiden, bleibt für Betriebe, bei denen Kundenkontakte nicht von besonderer Bedeutung sind, eine Verlagerung in neuerschlossenen Gewerbe- oder Industriegebiete. Bei der Grundstücksvergabe ist aber zu bedenken, daß Unternehmen einem permanenten Veränderungsprozeß unterliegen. Muß ein expandierender Betrieb zur Erfüllung seines Betriebszwecks (z.B. Versorgung) am Standort bleiben, so sollte die Stadt als Vermittler zu den Eigentümern von Grundstücken und Nachbargebäuden auftreten oder (aus dem eigenen Bestand) ein anderes Grundstück zum Tausch anbieten.
Die betriebliche Aktivität in der Ausreifungsphase ist bei stagnierendem Absatzpotential vor allem auf die Erreichung optimaler Produktionsbedingen gerichtet. Rationalisierungsinvestitionen sind ein wichtiges Hilfsmittel dazu. Nach internen Umstrukturierungen werden Vorratsflächen nicht mehr für Erweiterungsinvestitionen gebraucht. Dies ist für Städte in hochverdichteten Regionen angesichts der bestehenden Flächenknappheit besonders ärgerlich. Das Problem der betrieblichen Vorratsflächen kann eine Stadt am besten in den Griff bekommen, wenn sie bei der Aufsiedlung selbst Veräußerer der Grundstücke war. Durch vertragliche Rückkaufrechte für den Fall, daß der Betrieb nicht innerhalb bestimmter Fristen mit der Bebauung des Grundstücks beginnt, kann sich jede Stadt erheblich bessere Zugriffsmöglichkeiten auf die gewerblich nutzbaren Flächen in ihren Grenzen sichern.
Die Rückbildungsphase ist kommunalpolitisch besonders heikel. Die Absicht eines Unternehmens, nicht mehr benötigte Vorratsflächen zu veräußern, um Liquiditätsengpässe zu überwinden, bringt Kommunalverwaltungen in nötigungsähnliche Situationen: Hilft die Stadt bei der Umnutzung (regelmäßig für Wohnzwecke), schafft sie eine Gemengelage; lehnt die Stadt diese Entwicklung aus städtebaulichen Gründen ab, verweigert sie trotz ihres Interesses an der Erhaltung des Betriebes eine dringend erforderliche Liquiditätshilfe (und gefährdet damit die Existenz des Unternehmens). Die einzig sinnvolle Gewerbepolitik besteht in der rechtzeitigen Vermittlung geeigneter Folgenutzer, die eine Wiedernutzung des Geländes und der Gebäude sicherstellen.

Bei der Implementation solcher Orientierungen im Verwaltungshandeln wäre ein betriebliches und quartierspezifisches Frühwarnsystem von Nutzen. Viele Informationen, die sich für den Aufbau eines Informationssystems eignen, fallen im Verwaltungsvollzug an, z.B. Bauanträge, deren Verwirklichung, Grundbesitzverhältnisse an den Standorten, Gewerbesteuerentwicklung, Gewerbesteuerstundung/-erlasse, andere müssen durch zusätzliche Erhebungen hinzugefügt werden, z.B. die tatsächlichen Nutzungsstrukturen, die Entwicklung der Beschäftigtenzahl. Wichtige Voraussetzungen für den Aufbau und die Effizienz eines gewerbepolitischen Informationssystems sind der ämterübergreifende Austausch von Informationen zu einzelnen Quartieren, der über einen Abgleich bei sporadischen Sitzungen hinausgeht, und gezielte Zusatzerhebungen zur aktuellen Entwicklung in einzelnen Quartieren.
Eine wichtige Restriktion für den Aufbau jedes Informationssystems in der Kommunalverwaltung ist die Datenschutzdebatte. Dem Datenschutz, insbesondere wenn es um den Transfer von Daten zwischen verschiedenen Behörden geht, muß natürlich Rechnung getragen werden. Dadurch darf aber nicht generell der Aufbau eines Informationssystems verhindert werden, der auch bereits in anderen Politikbereichen gefordert wird und vorangetrieben wurde, z.B. im Umweltschutz. Zuweilen wird auch die Relevanz der vorgeschlagenen Indikatoren bezweifelt. Sie werden aber überwiegend durch die betriebswirtschaftliche Forschung als wichtig für die Beurteilung der betrieblichen Entwicklung bestätigt. So gelten Betriebsstätten immer dann als gefährdet, wenn sie unselbständig sind. Daß Unternehmen, die ein zu schnelles Wachstum durchlaufen, für Management- und Finanzierungsprobleme anfällig sind, wird ebenfalls allseits akzeptiert. Hinweise darauf bieten die Baugenehmigungspraxis und die Steuerentwicklung.
Zentraler Promotor beim Aufbau eines Frühwarnsystems muß der Wirtschaftsförderer sein, damit kein „Datenfriedhof" entsteht. Dazu gilt es, den Informationsbedarf je nach Stadtgröße festzulegen. Ausgangsfragen sind:

- Welche für die Wirtschaftspolitik wichtigen Informationen fallen wo und in welchen Zeitabständen an?
- Auf welchem Wege können die Informationen zum Wirtschaftsförderer gelangen?
- In welchen Zeitabständen soll dies geschehen?

Die Aufnahme der einzelnen Indikatoren und ihre Relevanz in bezug auf die spezifische Wirtschaftsstruktur muß getestet werden. Daher ist ein schrittweises Vorgehen nötig (H. Naßmacher/Schmidt 1987). Der aktuelle Informationsfluß, die Organisationsstruktur und die technischen Möglichkeiten bilden den Rahmen, in den Vorschläge für die (technische) Verknüpfung von Indikatoren und Empfehlungen für den Zugriff einzupassen sind.
Anspruchsvolle Informationssysteme sind ohne die Hilfen der Informationstechnik kaum zu realisieren. Ziel ist es, vom Wirtschaftschaftsförderer ausgehend, ein Instrumentarium als Grundlage dafür zu schaffen, daß die gesamte Verwaltung Aufgaben der Wirtschaftsförderung besser und anders als bisher vornehmen kann und zusätzlich neue Aufgaben zu bewältigen vermag. Hier ist insbesondere an eine bessere Eingliederung der Wirtschaftsförderung in die Stadtentwicklungspolitik mit Gebietsentwicklungsplanung, dynamischem Bestandsschutz, Bauberatung und flexibler Bodennut-

zung gedacht. Dies alles bedingt zwangsläufig mehr Koordination und Kooperation bei der Bearbeitung der Problemfälle.
Damit ausdifferenzierte Verwaltungen die prozeßorientierte Querschnittaufgabe „Gewerbepolitik" bearbeiten können, sind die jeweils erforderlichen Maßnahmen nicht im normalen Verwaltungsvollzug, sondern nach Art eines Projektmanagements zu bewältigen. Der zuständige Verwaltungsmitarbeiter muß die einzelnen Ämter mit ihren Fachleuten im Sinne der für die Stadtentwicklung formulierten Zielvorstellungen fallweise zur Verwirklichung gewerbepolitischer Maßnahmen heranziehen, sie notfalls zu Koordination und Kooperation „zwingen" sowie selbst als Motor und Initiator der gewerblichen Entwicklung am Ort tätig sein. Eine Auslagerungsstrategie, wie sie in Form der privatrechtlich betriebenen Wirtschaftsförderungsgesellschaften für die Ansiedlungspolitik hilfreich war, wäre jedoch für die Gewerbepolitik kein aussichtsreicher Lösungsansatz, weil im Rahmen der Bestandspflege vor allem Koordinierungsaufgaben innerhalb der Verwaltung selbst zu bewältigen sind.

4. *Neue Problemlösungsstrategien*

Die bisher aufgezeigten Ansatzpunkte für neue Bearbeitungsformen sind selbst dann sehr boden- und kapitallastig, wenn die Managementleistung (Koordination von Aufgaben bzw. Zielen) im Mittelpunkt steht. Dies gilt auch, wenn sich die Wirtschaftspolitik als innovations- und technologieorientiert versteht, also vorwiegend auf Neugründungen und kleine innovative Betriebe abzielt, weil sie sowohl im Zugang zum Know How als auch auf dem Kapital- und Arbeitsmarkt gegenüber Mittel- und Großbetrieben benachteiligt sind (für GB s. Bovaird 1990: 14). Im Hinblick auf innovative und technologieorientierte Wirtschaftspolitik müßte ganz besonders der Faktor Arbeit (Verbesserung der Qualifikation) im Mittelpunkt der Bemühungen stehen. Diese Defizite werden in einzelnen Ländern bereits empfunden.
Eine kontinuierliche Anpassung bestehender Unternehmen verlangt vor allem von dessen Führungspersonal einerseits Aufgeschlossenheit für neue Strategien, andererseits Voraussicht im Hinblick auf weltwirtschaftliche, nationale und regionale Entwicklungen, technologische Neuerungen sowie soziale Trends. Solche Informationen sind kaum von einer Seite bereitzustellen. Als sehr wichtig wird immer häufiger die Kooperation der Wirtschaftsbetriebe untereinander, also der Erfahrungsaustausch, angesehen. Mehr Voraussicht soll durch die enge Verbindung von Wirtschaftsbetrieben mit Forschungs- und Wissenschaftseinrichtungen gewährleistet werden. Hier könnten die Städte einen Beitrag leisten, indem sie für entsprechende Infrastruktur sorgen und Kooperation anregen.
Technologieorientierte Wirtschaftsförderung ist in Deutschland bislang vor allem unternehmer- bzw. führungskräfteorientiert. Hier liegen die Schwerpunkte in anderen Ländern bereits anderswo (Richardson/Henning 1984). Zur endogenen Entwicklung gehört nicht nur die ständige Weiterqualifikation des Managements und dessen Förderung. Auch eine hochqualifizierte und sich ständig weiterbildende Belegschaft ist Voraussetzung für die Erneuerung der Wirtschaft. Ein möglichst großer und differen-

zierter, anonymer Arbeitsmarkt wird demnach als wesentlicher Standortfaktor immer wichtiger. Die Qualifikation des Arbeitskräftepotentials ist erst neuerdings unter dem Eindruck der Arbeitslosenzahlen Gegenstand kommunaler Bemühungen. Bisher wurden Qualifikationen als statische Größen betrachtet. Sie galten als vorhanden; kommunale Akteure hofften, sie durch Neuansiedlung oder zumindest Expansion vorhandener Unternehmen besser ausschöpfen zu können.

Daneben hat die immer wieder formulierte These, daß eine Verbesserung der Lage auf dem Arbeitsmarkt auch durch Engpässe in der Qualifikation erschwert wird, nicht an Gewicht verloren. Vor allem kleine und mittlere Unternehmen sowie Existenzgründer sind in der Konkurrenz um qualifizierte Arbeitskräfte gegenüber großen Unternehmen benachteiligt. Eine auf die Mitarbeiter abzielende örtliche Wirtschaftspolitik wird auch in Deutschland immer nachhaltiger von einzelnen Akteuren, z.B. Industriegewerkschaften, innovativen Arbeitsamtsdirektoren und (zunehmend auch) sozialhilfebelasteten Städten, für nötig gehalten. Im Zuge der steigenden Arbeitslosigkeit in den neuen Bundesländern sind immer breitere Kreise (einschließlich der Regierung) daran interessiert. Das Stichwort heißt „Beschäftigungsgesellschaften". In von Arbeitslosigkeit betroffenen Gebieten, z.B. alten Industriestädten Großbritanniens, haben staatliche Beschäftigungsinitiativen schon eine gewisse Tradition. Die Ansätze in Deutschland waren eher auf einzelne, besonders innovative Städte begrenzt.

Hatten noch bis in die achtziger Jahre die einzelnen Akteure, die bei dieser Orientierung der Wirtschaftspolitik zusammenarbeiten müssen (Arbeitsamt, gefährdete Unternehmen), untereinander wenig Kontakt, so gibt es heute in Deutschland allenfalls eine lockere Kooperation. Daran hat sich auch nicht viel geändert, nachdem allenthalben Koordinationssitzungen oder Gremien initiiert wurden, die Arbeitnehmern als den Betroffenen des wirtschaftlichen Wandels zumindest partiell eine Chance zur vorübergehenden Beschäftigung oder eine Möglichkeit zur Umschulung und Fortbildung verschaffen wollen. Hier scheinen, bedingt durch den Problemdruck, die Städte in den altindustrialisierten Gebieten der USA, Frankreichs und Großbritanniens schon weiter zu sein. Eine ortsbezogene Arbeitsmarktpolitik setzt voraus, daß sich die Akteure vor Ort mit den Folgen der jeweils ortsspezifisch sehr unterschiedlichen technischen Entwicklung auseinandersetzen und sich dabei einer gezielten Förderung des Humankapitals zuwenden. In Großbritannien kam die Initiative aus einer kleinen Zahl von der Labour Party dominierten Städten (Cochrane 1988: 159). Schon vor Jahren wurde auch in der (alten) Bundesrepublik eine lokale Arbeitsmarktpolitik gefordert, die sich ganz auf die örtlichen Bedingungen einstellt, weil Arbeitsmärkte und ihre Probleme regional starke Unterschiede aufweisen (Blankenburg/Krautkrämer 1979). Davon erhoffen sich die Promotoren einen gezielteren Einsatz des vom Arbeitsförderungsgesetz zur Verfügung gestellten Instrumentariums. Innovative Führungskräfte einzelner Arbeitsämter haben bereits erkannt, daß es hier wichtige Aufgaben auszufüllen gilt.

Aus- und Weiterbildung ist aus der Sicht der Unternehmer immer dann unproblematisch, wenn innerbetrieblich eine Qualifikation für vorhandene oder neue Arbeitsaufgaben erfolgt. Für die Auszubildenden und Arbeitnehmer lohnen sich entsprechende Aus- und Weiterbildungsanstrengungen immer dann, wenn nachher ein sicherer Arbeitsplatz winkt. Im ländlichen Raum und in alten Industriegebieten sind diese Bedingungen nicht oder noch nicht vorhanden. Hier müssen zunehmend schulische Angebote und Werkstätten die Chancen einer Erst- oder Wiederbeschäftigung jener verbessern, die erstmals auf den Arbeitsmarkt drängen oder durch Betriebsstillegungen freigesetzt wurden. Wirtschaftsförderung durch Infrastrukturleistungen muß mehr als bisher die Verbesserung des beruflichen Aus- und Weiterbildungswesens einbeziehen. Aber auch die Qualifikation für Berufe mit Zukunft wirft Probleme auf. Eigentlich wird bislang nur die These akzeptiert, daß die Arbeitskräfte der Zukunft höher qualifiziert sein müssen, wenn die Wirtschaftsentwicklung nicht im internationalen Vergleich und Wettbewerb Schaden nehmen soll. Es gibt keine Garantie dafür, daß die schulische Ausstattung dem modernen technischen Standard entspricht. Daß dieser Anforderung zu genügen sei, wurde bislang zumindest von den Befürwortern einer dualen Ausbildung bezweifelt. Solche Befürchtungen werden auch jetzt wieder laut, wenn es darum geht, verlassene Betriebe mit hohem Aufwand in Berufsbildungszentren für die Aus- und Weiterbildung umzuwandeln. Hinter den aktuellen Friktionen werden Defizite erkennbar, die im Sinne der zukünftigen Wirtschaftsentwicklung zügig bearbeitet werden sollten.

Notwendig erscheint eine neue Bildungsoffensive, die nunmehr nicht den Ausbau von Hochschulen, sondern vor allem die berufliche Weiterbildung in den Mittelpunkt stellt. Für Arbeitnehmer, die nicht in Großbetrieben mit ihren differenzierten Qualifikationssystemen arbeiten, bestehen noch zu geringe Chancen einer Weiterqualifikation. Der Schwerpunkt der örtlichen Technologiepolitik müßte sich von der Subventionierung eines hochmodernen Maschinenparks in die Förderung und den Aufbau einer der örtlichen/regionalen Situation angemessenen Kapazität für berufliche Erwachsenenbildung verlagern, die in einem dualen System zwischen Betrieben und Bildungseinrichtungen arbeitsteilig betrieben wird.

Weiterbildungsnotwendigkeiten bestehen allerdings auch in der Verwaltung. Soll es zu jenem flexiblen Einsatz der zur Verfügung stehenden Instrumente kommen, zur Koordination und Kooperation innerhalb der Verwaltung und zwischen den verschiedenen Behörden, die mit Wirtschaftspolitik befaßt oder davon tangiert sind, zwischen Verwaltungsdienststellen und Unternehmen sowie Anbietern von Weiterbildung u.a., so ist es dringend geboten, daß auch die Aus- und Fortbildung der Verwaltungsmitarbeiter ökonomische Grundlagen einschließt. Die Aus- und Weiterbildung darf sich nicht nur auf das Einüben sachlich-fachlicher Kompetenz zur zielgerichteten Erledigung öffentlicher Aufgaben beschränken. Das A und O jeder erfolgreichen Wirtschaftspolitik „von unten" ist die Kommunikationsfähigkeit zwischen Verwaltung, Unternehmern und Öffentlichkeit. In das Management der Vermittlungsprozesse können sich die politischen Entscheidungsträger nur dann zielgerichtet einschalten, wenn auch sie mehr als bisher den Problemen wirtschaftlicher Tätigkeit gegenüber aufgeschlossen sind (H. Naßmacher 1987: 306).

Literatur

Blankenburg, E./Krautkrämer, U., 1979: Aktivierung lokaler Arbeitsmarktpolitik, in: AfK, 61ff.

Bovaird, T., 1990: Entwicklung, Bedeutung und regionale Wirkungen der neuen kommunalen Wirtschaftspolitik in Großbritannien, in: *J. Maier* (Hrsg.), England als Vorbild für Franken? Kommunale Wirtschaftspolitik in der Diskussion, Bayreuth, 7-16.

Bradbury, K.L./Downs, A./Small, K.A., 1982: Future for a Declining City, New York u.a.

Bruch, W., 1988: Einen Technologiepark für Niedersachsen?, in: *N. Dose* und *A. Drexler* (Hrsg.), Technologieparks, Opladen, 328-336.

Bullinger, D./Henckel, D., 1987: Wiedernutzung und Umnutzung von Gewerbeflächen, in: *Robert Bosch Stiftung* GmbH (Hrsg.), Beiträge zur Stadtforschung; Bd. 4: Gewerbeentwicklung und Gewerbepolitik in der Großstadtregion, Gerlingen, 218ff.

Bullinger, D./Henckel, D./Bodenstedt, W., 1987: Quartierspezifische Versorgung, in: *Robert Bosch Stiftung* GmbH (Hrsg.), Beiträge zur Stadtforschung; Bd. 4: Gewerbeentwicklung und Gewerbepolitik in der Großstadtregion, Gerlingen, 239ff.

Bullinger, D./Naßmacher, H., 1984: Entscheidungen und Prozesse in der kommunalen und regionalen Gewerbepolitik, in: *Robert Bosch Stiftung* GmbH (Hrsg.), Beiträge zur Stadtforschung; Bd. 3: Werkzeuge qualitativer Stadtforschung, Gerlingen, 125ff.

Bullinger, D./Schäfer, R., 1987: Gemengelagen, in: *Robert Bosch Stiftung* GmbH (Hrsg.), Beiträge zur Stadtforschung; Bd. 4: Gewerbeentwicklung und Gewerbepolitik in der Großstadtregion, Gerlingen, 195ff.

Cameron, G. (Hrsg.), 1980: The Future of the British Conurbations. Policies and Prescriptions for Change, London u.a.

Cameron, G., 1980: The economics of the conurbations, in: *G. Cameron* (Hrsg.), The Future of the British Conurbations,London u.a., 54-71.

Cochrane, A., 1988: In and against the market? The development of socialist economic strategies in Britain, 1981-1986, in: Policy and Politics 16, 3, 159-168.

Dennis, R., 1978: The decline of manufacturing employment in Greater London: 1966-74, in: Urban Studies, 15, 63-74.

Dose, N./Drexler, A. (Hrsg.), 1988: Technologieparks, Voraussetzungen, Bestandsaufnahme und Kritik, Opladen.

Drexler, A., 1989: Alte und neue Fürsorglichkeit, Opladen.

Eastwood, G., 1976: Skilled Labour Shortages in the United Kingdom, London.

Feuerstein, S., 1981: Aufgabenfelder und Informationsbedarf kommunaler Wirtschaftsförderungspolitik, München.

Fothergill, S./Gudgin, G., 1982: Unequal Growth. Urban and Regional Employment Change in the UK, London u.a.

Fry, E.H./Radebaugh, L.H./Soldatos, P. (Hrsg.), 1989: The New International Cities Era: The Global Activities of North American Municipal Governments, Brigham.

Göb, R., 1987: Kommunale Wirtschaftspolitik, in: AfK, 66-87.

Hall, P., 1981: The Geography of the Fifth Kondratieff, in: New Society, 535ff.

Hansen, S.B., 1988: State Governments and Industrial Policy in the United States, in: *J.J. Hesse* (Hrsg.), Die Erneuerung alter Industrieregionen, Baden-Baden, 89-121.

Henckel, D., 1982: Recycling von Gewerbeflächen, in: AfK, 220ff.

Henckel, D., 1986: Gewerbepolitik und Gewerbebranche: Aspekte der Flächennutzung im Süd-Nord-Vergleich, in: *J. Friedrichs* u.a. (Hrsg.), Süd-Nord-Gefälle in der Bundesrepublik?, Opladen, 51-68.

Henning, R., 1984: Industrial policy or employment policy? Sweden's reponse to unemployment in: *J. Richardson* und *R. Henning* (Hrsg.), Unemployment: policy responses of Western democracies, London.

Hesse, J.J./Schlieper, A., 1988: Ökonomischer Strukturwandel und Regionalpolitik im internationalen Vergleich, in: *J.J. Hesse* (Hrsg.), Die Erneuerung alter Industrieregionen, Baden-Baden.

Heuer, H., 1985: Instrumente kommunaler Gewerbepolitik, Stuttgart.

Heuer, H./Naßmacher, H./Roesler, K., 1987: Ausweisung, Erschließung und Aufsiedlung neuer Gewerbeflächen, in: *Robert Bosch Stiftung* GmbH (Hrsg.), Beiträge zur Stadtforschung, Bd. 4: Gewerbeentwicklung und Gewerbepolitik in der Großstadtregion, Gerlingen, 127ff.

Hoefs, D.H., 1990: Pro-Referat: Oberhausen-Superhausen? – Chancen und Risiken europabezogener Großinvestition in Nordrhein-Westfalen, in: *K.A. Faulenbach* und *D. Thränhardt* (Hrsg.), Die Europäische Stadt. Die Kommunen vor der Herausforderung des Europäischen Binnenmarktes und der Weltwirtschaft, Hamm, 25-42

Hucke, J./Wollmann, H., 1989: Altlasten im Gewirr administrativer (Un-)Zuständigkeiten, Basel u.a.

Keeble, D., 1976: Industrial Location and Planning in the United Kingdom, London.

Kimberly, J.R. u.a., 1980: The Organizational Life Cycles, London.

Kirwan, R.M., 1980: The fiscal Context, in: *G. Cameron* (Hrsg.), The Future of the British conurbations, London u.a., 72-100.

Kolz, H./Essling, H., 1986: Standort-Marketing – ein Konzept zur Kommunalen Wirtschaftsförderung, in: Der Städtetag, 677-678.

Lovering, J., 1988: The Local Economy and Local Economic Strategies, in: Policy and Politics 16, 3, 145-157.

May, J.V./Wildavsky, A. (Hrsg.), 1978: The Policy Cycle, Beverly Hills/London.

Moore, C./Richardson, J./Moon, J., 1985: New partnerships in local economic development: a case study of local entrepreneurship, in: Local Government Studies 11, 5, 19-35.

Müller, T., 1988: Ökonomische und rechtliche Probleme kommunaler Bestandspflegepolitik unter besonderer Berücksichtigung der flächenorientierten Wirtschaftsförderung, Diss. Göttingen

Muller, R./Bruce, A., 1981: Local Government in Pursuit of an Industrial Strategy, in: Local Government Studies, 3ff.

Naßmacher, H., 1985: Informationsprobleme in der kommunalen Wirtschaftsförderung, in: *H. Reinermann* u.a. (Hrsg.), Öffentliche Verwaltung und Informationstechnik, Berlin u.a., 144ff.

Naßmacher, H., 1987: Wirtschaftspolitik „von unten". Ansätze und Praxis der kommunalen Gewerbebestandspflege und Wirtschaftsförderung, Basel u.a.

Naßmacher, H./Naßmacher, K.-H., 1979: Kommunalpolitik in der Bundesrepublik, Opladen.

Naßmacher, H./Schmidt, H., 1987: Informationsgrundlagen in der kommunalen Gewerbepolitik, in: *Robert Bosch Stiftung* GmbH (Hrsg.), Beiträge zur Stadtforschung, Bd. 4: Gewerbeentwicklung und Gewerbepolitik in der Großstadtregion, Gerlingen, 285ff.

Naßmacher, K.-H., 1982: Kommunale Gewerbepolitik. Eine Fallstudie aus der Region Mittlerer Neckar, in: *H.-G. Wehling* (Hrsg.), Raumordnungspolitik, Stuttgart u.a., 114-133.

Naßmacher, K.-H., 1987: Gewerbepolitik als prozeßorientierte Querschnittaufgabe, in: *Robert Bosch Stiftung* GmbH (Hrsg.), Beiträge zur Stadtforschung; Bd. 4: Gewerbeentwicklung und Gewerbepolitik in der Großstadtregion, Gerlingen, 269ff.

Naßmacher, K.-H./Schmidt, H., 1987: Begleitung betrieblicher Entwicklungsprozesse, in: *Robert Bosch Stiftung* GmbH (Hrsg.), Beiträge zur Stadtforschung; Bd. 4: Gewerbeentwicklung und Gewerbepolitik in der Großstadtregion, Gerlingen, 276ff.

Neef, R., 1986: Raumentwicklung, Wirtschaftsbewegung und die Wirkungen der Krise in Frankreich, in: *J. Friedrichs* u.a. (Hrsg.), Süd-Nord-Gefälle in der Bundesrepublik?, Opladen, 153-186.

Oakey, R., 1984: High Technology Small Firms: Regional Development in Britain and the United States, London.

Pelissero, J.P., 1988: A Typology of Suburban Economic Development Policy, APSA-Paper.

Perlman, M., 1982: Patterns of Regional Economics Decline and Growth, Washington/London.

Perry, D.C./Watkins, A.J. (Hrsg.), 1977: The Rise of the Sunbelt Cities, Beverly Hills/London.

Perry, D.C./Watkins, A.J., 1977: Regional Change and the Impact of Uneven Urban Development, in: *dies.* (Hrsg.), The Rise of the Sunbelt Cities, Beverly Hills/London, 19ff.

Portz, J., 1990: The Politics of Plant Closings, Lawrence, KS.

Ramm, R., 1990: Kommunale Wirtschaftsentwicklung im Vereinigten Königreich, in: *J. Maier* (Hrsg.), England als Vorbild für Franken? Kommunale Wirtschaftspolitik in der Diskussion, Bayreuth, 17-33.

Richardson, J./Henning, R. (Hrsg.), 1984: Unemployment: Policy Responses of Western Democracies, London.
Robert Bosch Stiftung GmbH (Hrsg.), 1979: Beiträge zur Stadtforschung; Bd. 1: Vorstudien zu einem Forschungsprogramm, Stuttgart.
Robert Bosch Stiftung GmbH (Hrsg.), 1982: Beiträge zur Stadtforschung; Bd. 2: Pilotstudien zu einem Forschungsprogramm, Stuttgart.
Robert Bosch Stiftung GmbH (Hrsg.), 1987: Beiträge zur Stadtforschung; Bd. 4: Gewerbeentwicklung und Gewerbepolitik in der Großstadtregion, Gerlingen.
Rostow, W., 1977: Regional Change in the Fifth Kondratieff Upswing, in: *D.C. Perry* und *A.J. Watkins* (Hrsg.), The Rise of the Sunbelt Cities, Beverly Hills/London, 83ff.
Sinz, M./Strubelt, W., 1986: Zur Diskussion über das wirtschaftliche Süd-Nord-Gefälle unter Berücksichtigung entwicklungsgeschichtlicher Aspekte, in: *J. Friedrichs* u.a. (Hrsg.), Süd-Nord-Gefälle in der Bundesrepublik? Opladen, 12-50.
Sleeper, J., 1987: Days of the Developers-Boom and Bust with Ed Koch, in: In Search of New York, Special Issue, Dissent, 437-450.
Spencer, K.M., 1988: Public Policy and Industrial Decline in the West Midlands Region of the United Kingdom, in: *J.J. Hesse* (Hrsg.), Die Erneuerung alter Industrieregionen, Baden-Baden, 271-324.
Spies, B.-G., 1986: „Municipal Socialism" – oder Kommunalpolitik als Ausgangspunkt für eine neue Wirtschafts- und Sozialpolitik? Erfahrungen aus Großbritannien, in: *B. Blanke, A. Evans* und *H. Wollmann* (Hrsg.), Die zweite Stadt. Neue Formen lokaler Arbeitsmarktpolitik, Opladen, 232-252.
Storey, D.J./Robinson, J.F.F., 1981: Local Authorities and Attraction of Industry – The Case of Cleveland County Council, in: Local Government Studies.
Webber, M.J., 1984: Industrial Location, Beverly Hills, Cal.
Webman, J.A., 1980: UDAG, A Targeted Urban Economic Development Program: Initial Directions and Prospects, in: *R.P. Nathan* und *J.A. Webman* (Hrsg.), The Urban Development Action Grant Program, Princeton, 87ff.
Wehling, H.-G. (Hrsg.), 1982: Raumordnungspolitik, Stuttgart u.a.
Williams, C.C./Fry, E.H., 1990: Urban Opportunity in a Global Economy, APSA-Paper.
Windhoff-Héritier, A., 1990: Politik in New York City. Kampf der sozialen Polarisierung?, in: *K.A. Faulenbach* und *D. Thränhardt* (Hrsg.), Die Europäische Stadt. Die Kommunen vor der Herausforderung des Europäischen Binnenmarktes und der Weltwirtschaft, Hamm, 101-136.

Regionalisierung der Strukturpolitik in Nordrhein-Westfalen

Rolf G. Heinze/Helmut Voelzkow

Einführung

Seit der deutschen Wiedervereinigung haben die *regionalen Entwicklungsunterschiede* innerhalb der größer gewordenen Bundesrepublik eine neue Aktualität gewonnen. Derzeit macht das Schlagwort von einem „Ost-West-Gefälle" die Runde. Das Bundesland Nordrhein-Westfalen wird dabei wie selbstverständlich zu den erfolgreicheren Westregionen gerechnet, sind doch in den neuen Bundesländern der ehemaligen DDR erhebliche Rückstände im materiellen Lebensstandard festzustellen. Angesichts der Befürchtung, daß sich die wirtschaftliche und soziale Lage der neuen Bundesländer in den nächsten Monaten und Jahren nicht hinreichend schnell an die Situation in den westlichen Bundesländern annähert, ist die Diskussion über den Strukturwandel in Nordrhein-Westfalen in den Hintergrund getreten.

Noch vor wenigen Jahren sah die Einschätzung der Wettbewerbsposition Nordrhein-Westfalens und anderer Länder mit „alt-industriellen Regionen" ganz anders aus. Die innerhalb der alten Bundesrepublik feststellbaren Varianzen in der Entwicklungsdynamik wurden ebenso öffentlichkeitswirksam wie vereinfachend als *„Süd-Nord-Gefälle"* thematisiert (vgl. die Beiträge in Friedrichs et al. 1985), wobei Nordrhein-Westfalen dem weniger erfolgreichen Norden zugerechnet wurde. Dabei stand die These im Vordergrund, daß der Süden der Bundesrepublik den Norden im Wettlauf um die wirtschaftliche Zukunft hinter sich läßt. Allein dieser wechselnde Kontext macht deutlich, daß die Analyse interregionaler Differenzierungsprozesse stark von dem jeweils gewählten Bezugsrahmen abhängig ist.

In den aktuellen Überlegungen über geeignete strukturpolitische Maßnahmen zur wirtschaftlichen Erneuerung der neuen Bundesländer werden vielfach die Erfahrungen in den alten Bundesländern, insbesondere in den Bundesländern mit erheblichen Strukturproblemen, herangezogen, um bestimmte Politikmuster zu entwerfen. In diesem Zusammenhang wird auch die nordrhein-westfälische Strukturpolitik als ein *Modell* zu Erneuerung von Industrieregionen mit Strukturproblemen angeführt.

In ihrem prozeduralen Kern setzt diese Politik auf eine *Regionalisierung* der Programmformulierung und -implementation bei einer gleichzeitigen Stärkung der *Kooperation* verschiedener Akteure in den Regionen. Bevor nun aber allzu schnell einer Übertragung dieses Politikmusters das Wort geredet wird, ist näher zu analysieren, welche *inhärente Logik* die gewählte Strukturpolitik auszeichnet, an welche *Voraussetzungen* ein Erfolg

dieser Politik gebunden ist, und ob diese Voraussetzungen in jenen Regionen, denen die Übernahme dieser Politikmuster empfohlen wird, gegeben sind.
In unserem Beitrag werden zunächst im ersten Abschnitt am Beispiel des Landes Nordrhein-Westfalen einige inter- und intraregionale Differenzierungsprozesse in Erinnerung gerufen, die in ihrem problemerzeugenden Gehalt Anlaß zu einer Reorganisation der regionalen Strukturpolitik gaben. Im zweiten Abschnitt wird gezeigt, wie in diesem Lande angesichts der intraregionalen Struktur- und Entwicklungsunterschiede versucht wurde, der zunehmenden regionalen Heterogenität durch eine zentral gestützte Politik dezentraler Eigenentwicklung Rechnung zu tragen. Im dritten Abschnitt werden einige offene Fragen angesprochen, die sich auf die Tragweite des in Nordrhein-Westfalen gewählten Politikmusters und seine Übertragbarkeit auf die Regionen der ehemaligen DDR beziehen.

1. *Inter- und intraregionale Differenzierungsprozesse in Nordrhein-Westfalen*

Läßt man sich zunächst auf den früheren Vergleich der Entwicklung in den Bundesländern in „Süd-Nord-Richtung" ein, so zeigt sich, daß – von kurzen Ausnahmen abgesehen – das *Wirtschaftswachstum* der norddeutschen Länder einschließlich Nordrhein-Westfalens in den letzten zwei Dekaden deutlich unter dem bundesdurchschnittlichen Wachstum des Bruttoinlandsprodukts lag (vgl. z.B. Landesamt für Datenverarbeitung und Statistik des Landes Nordrhein-Westfalen 1990).
Mit den unterdurchschnittlichen Wachstumsraten reduzierte sich zwangsläufig auch der Anteil der nördlichen Bundesländer am bundesdeutschen *Bruttoinlandsprodukt.* Auch im *Produktivitätswachstum* war ein Rückstand festzustellen. Deshalb fielen die *Arbeitsmarktindikatoren* in den nördlichen Ländern durchweg ungünstiger aus als in den südlichen Ländern. Während beispielsweise Nordrhein-Westfalen wie andere norddeutsche Bundesländer mit einer zeitweiligen Arbeitslosenquote von deutlich über 10 Prozent zu kämpfen hatte, blieben die Arbeitslosenquoten in den südlichen Bundesländern (mit Ausnahme des Saarlandes) deutlich unter dieser Marke. Die Wirtschaftskrise zu Beginn der 80er Jahre führte in eine Talfahrt der Beschäftigung, die allein in Nordrhein-Westfalen bis Ende 1983 knapp 292.000 Arbeitsplätze kostete (vgl. Presseinformation des Landesarbeitsamtes Nordrhein-Westfalen Nr. 72 vom 10. Oktober 1990).
Solche *regionalen Varianzen* in der Arbeitslosigkeit erzeugten zwangsläufig auch Unterschiede im *sozialpolitischen Problembestand.* In Regionen mit hoher Dauerarbeitslosigkeit haben immer mehr Personen ihre Leistungsansprüche aus der Arbeitslosenversicherung verloren. Soziale Benachteiligungen zu Lasten von „Problemgruppen" in „Problemregionen" haben sich dadurch potenziert. Die auch heute noch in verschiedenen Regionen auf hohem Niveau verharrende Arbeitslosigkeit, insbesondere die anhaltende Dauerarbeitslosigkeit, hat so zu einer *gesellschaftlichen Spaltung* geführt. Arbeitslosigkeit und Armut liegen aufgrund der Konstruktionsmerkmale des lohnarbeitszentrierten Systems sozialer Sicherung dicht beieinander (vgl. Gretschmann et al.

1989), denn wer weder Arbeitslosengeld noch -hilfe erhält, ist zumeist auf Sozialhilfe angewiesen.

Die regionalen Varianzen in der Arbeitslosigkeit sind dadurch – trotz der mittlerweile besseren gesamtwirtschaftlichen Lage – als regionales Gefälle in der *Sozialhilfedichte* neu in Erscheinung getreten (vgl. z.B. Krug 1987; Heinelt 1989 und Buhr et al. 1991: insbes. 519ff.). Vor allem die Kommunen der Problemregionen wurden und werden durch einen drastischen Anstieg der Sozialhilfeausgaben bei einem gleichzeitigen Rückgang des Steueraufkommens belastet. Diese sich *öffnende Schere von kommunalen Ausgaben und Einnahmen* hat zwangsläufig die Verschuldung der betroffenen Kommunen erhöht, wodurch die Möglichkeiten für arbeitsschaffende Investitionen gerade dort eingeschränkt worden sind, wo sie aus arbeitsmarktpolitischen Gesichtspunkten besonders dringend wären.

Es läßt sich also festhalten, daß die vielfach formulierte These über ein „Süd-Nord-Gefälle" vor der deutschen Vereinigung durchaus eine gewisse empirische Evidenz hatte. Von daher nimmt es nicht Wunder, daß in den alten Bundesländern mit überdurchschnittlichen Strukturproblemen außer Frage stand, daß den Engpässen der wirtschaftlichen Entwicklung mit einer möglichst *effektiven Strukturpolitik* begegnet werden muß.

Allerdings wird im Vorfeld von strukturpolitischen Entscheidungen recht schnell deutlich, daß ein Vergleich der Bundesländer allein von der Wahl der Aggregatsgröße her eigentlich ein Fehlgriff ist. Es gibt keine wissenschaftlich begründete Grenze zwischen Norden und Süden. Entwicklungen in der Raumentwicklung lassen sich nur dann sinnvoll analysieren, wenn die gewählten Raumeinheiten in verschiedene Kategorien klassifiziert und sodann in Beziehung gesetzt werden können, die anhand eindeutiger Indikatoren (Bevölkerungsdichte, sektoraler Wirtschaftsbesatz, Betriebsgrößenklassen etc.) abgrenzbar und vergleichbar sind. Ein Bundesland umfaßt in aller Regel Raumeinheiten verschiedener Kategorien. Wenn nun Bundesländer verglichen werden, dann handelt es sich dabei um Aggregatsgrößen, die zufälligen politischen Grenzverläufen und nicht einer sinnvollen Kategoriebildung folgen (vgl. Wettmann 1986). Dieser Lernprozeß wird sich vermutlich in den nächsten Jahren im Hinblick auf die Regionen der ehemaligen DDR wiederholen.

Die Strukturpolitik eines Flächenlandes muß sich zunächst intensiv mit den *intraregionalen Varianzen* der wirtschaftlichen Entwicklung befassen. Für eine solche Analyse regionaler Differenzierungsprozesse sollten vorzugsweise Raumeinheiten gewählt werden, die durch sinnvolle Strukturmerkmale gekennzeichnet sind. Das Problem einer solchen *Definition von Regionen* liegt dabei offensichtlich in der Differenzbildung, also in der Beantwortung der beiden logisch zusammenhängenden Fragen, wo die Grenzen der Regionen verlaufen und welche Merkmale zur Abgrenzung von Regionen herangezogen werden sollen. Das Ziel einer solchen Standortanalyse bestünde darin, als Untersuchungseinheiten Regionen zu wählen, die sich innen möglichst kaum, nach außen aber möglichst deutlich unterscheiden. Die zu einer Region zusammengefaßten Raumeinheiten sollten also einerseits ein gewisses Mindestmaß an Ähnlichkeit aufweisen, andererseits sollten sie gegenüber den Raumeinheiten anderer Regionen durch ein gewisses Mindestmaß an Unterschiedlichkeit oder Andersartigkeit gekennzeichnet sein. Eine solche Herangehensweise führt zwangsläufig, wie schon die Diskussion über die Neuabgrenzung der Fördergebiete der Gemeinschaftsaufgabe „Verbesserung der regionalen Wirtschaftsstruktur“ deutlich machte, zu einer Wahl von kleinräumigeren Untersuchungseinheiten (vgl. Klemmer 1985).

In der strukturpolitischen Diskussion Nordrhein-Westfalens wurde recht schnell deutlich, daß dieses Land alles andere als ein einheitliches Gebilde mit gleichförmigen Entwicklungstrends ist. Nordrhein-Westfalen stellt ein politisch erzeugtes Aggregat verschiedener Regionen mit einem jeweils spezifischen Profil dar (vgl. hierzu auch die Beiträge in Bußmann 1988 sowie Boldt/Lhotta 1990). Gleichzeitig gibt es innerhalb des Landes seit jeher *regionale Disparitäten* in der Entwicklung, die sich infolge des Strukturwandels eher noch verstärkt haben. Selbst in jenen „krisenhaften“ Jahren, in denen das Land offenkundig mit erheblichen Strukturproblemen (z.B. Stahlkrise) zu kämpfen hatte, gab es einige Teilregionen, die durchaus im Bundestrend lagen oder sogar eine noch günstigere Entwicklung ausweisen konnten, während andere Wirtschaftsräume in geradezu dramatischer Weise einbrachen. Aus heutiger Sicht ist festzustellen, daß sich diese intraregionalen Differenzierungsprozesse verfestigt haben.

So ergibt eine Analyse der *Arbeitslosigkeit* in Nordrhein-Westfalen erhebliche regionale Unterschiede. Die Varianz bei den insgesamt 33 Arbeitsamtsbezirken reicht von 12,1 Prozent in Gelsenkirchen bis zu 5,8 Prozent in Siegen (Presseinformation des Landesarbeitsamtes Nr. 1/91, Berichtsmonat Dezember 1990). Im Ruhrgebiet liegt mit einer Arbeitslosenquote von 10,8 Prozent (Berichtsmonat Dezember 1990) eindeutig der Schwerpunkt der Arbeitslosigkeit. Demgegenüber liegen die Arbeitslosenquoten zu diesem Zeitpunkt beispielsweise in den meisten Arbeitsamtsbezirken Ostwestfalen-Lippes auf oder sogar unter dem Niveau des Durchschnittswertes für die Bundesrepublik insgesamt. Wäre da nicht das Ruhrgebiet, läge Nordrhein-Westfalen durchaus im Bundestrend. Unübersehbar ist, daß die Arbeitslosenquote auf Bundesebene und im Ruhrgebiet weit auseinanderklaffen. Eine Analyse der Ursachen der Krise des Ruhrgebiets gibt damit zugleich Aufschluß darüber, warum das Land im Vergleich mit anderen, vornehmlich südlichen Bundesländern überdurchschnittliche Arbeitslosenquoten ausweisen muß.

Die regionalen Varianzen wären noch höher, wenn der Arbeitsmarkt des Ruhrgebiets in den letzten Jahren nicht durch *demographische Entwicklungstrends* entlastet worden wäre. So nahm die Bevölkerung in Nordrhein-Westfalen zwischen 1970 und 1987, also vor der Welle der Zuwanderung von Aus- und Übersiedlern, um 1.3 Prozent ab (Bundesdurchschnitt: + 0.8 Prozent). Bevölkerungsverluste gab es vor allem im Ruhrgebiet; sie wurden weitgehend durch Bevölkerungsgewinne außerhalb dieses industriellen Kerngebiets Nordrhein-Westfalens kompensiert. Mit Ausnahme der Großstädte konnten nahezu alle Regionen z.T. erhebliche Zuwächse verzeichnen. Nordrhein-Westfalen insgesamt mußte per Saldo Wanderungsverluste hinnehmen, die mit der Zeit beachtliche Größenordnungen erreicht haben, wobei vor allem – wie gezeigt – das Ruhrgebiet betroffen ist. „Betrachtet man die Entwicklung von Ende 1978 bis Ende 1986, so sind aus dieser Region fast 6 vH der Gesamtbevölkerung abgewandert“ (Schulz 1988: 521).

Die (leichten) Bevölkerungsverluste in den Regionen Nordrhein-Westfalens, die nicht

zum Ruhrgebiet gehören, sind zum überwiegenden Teil dem Geburtendefizit zuzuschreiben; im Ruhrgebiet dagegen gehen die Bevölkerungsverluste in etwa zu gleichen Teilen auf Geburtendefizite wie auf Wanderungen zurück. Die Chancen regionaler Mobilität wurden vor allem durch jüngere und vergleichsweise gut qualifizierte Arbeitnehmer genutzt. Die von hoher Arbeitslosigkeit betroffenen Regionen mußten damit eine gewisse *Auszehrung* ihres Bestandes an qualifizierten Arbeitskräften hinnehmen, was die Revitalisierung naturgemäß erschwerte (vgl. dazu Karr et al. 1987).
Zusammenfassend lassen sich die demographischen Entwicklungen zu der These verdichten, daß der Strukturwandel eine Gewichtsverschiebung bewirkt hat: weg vom Ruhrgebiet, weg von den großen Städten und hin zu den Regionen mit „Verdichtungsansätzen" mit ihren z.T. noch ländlich geprägten Umgebungen (vgl. Michel 1988).
Auch die regionalspezifischen *Erwerbsquoten* wirken für den Arbeitsmarkt des Ruhrgebiets eher entlastend. Während die Varianz bei den Männern vergleichsweise gering ist, weist die Frauenerwerbsquote zwischen den Regierungsbezirken erhebliche Differenzen auf. Das Ruhrgebiet hat eine unterdurchschnittliche Frauenerwerbstätigkeit zu verzeichnen.
Entscheidend für die regional unterschiedlichen Arbeitsmarktbilanzen ist aber letztlich die *wirtschaftliche Entwicklung* der einzelnen Teilräume. Beeindruckend gut haben sich einige ehemals eher ländlich geprägte Regionen entwickelt, namentlich der Raum Ostwestfalen, das Bergische Land und das Siegerland. Aber nicht nur in solchen „Musterregionen", sondern selbst in Teilen der Gebiete und Branchen mit besonderen Strukturproblemen liegen erste Erfolge bei der ökonomischen Umstrukturierung vor.
Die regionalen Varianzen im *Angebot an Arbeitsplätzen* zeigt ein Blick auf die Veränderungen im Zeitablauf von 1984 nach 1990. Die Zahl der sozialversicherungspflichtig Beschäftigten hat nach Angaben des Landesarbeitsamtes in Nordrhein-Westfalen im Vergleich 1984/1990 (jeweils 30. September) um 556.362 oder 10,2 Prozent zugenommen. Auch im Ruhrgebiet war in dem genannten Zeitraum ein Zuwachs zu verzeichnen, dieser aber fiel aber aufgrund der bekannten Strukturprobleme mit 71.111 oder 4,6 Prozent vergleichsweise bescheiden aus. In anderen Regionen konnten hingegen weit über dem Landesdurchschnitt liegende Beschäftigungsgewinne realisiert werden; so beispielsweise in Ostwestfalen-Lippe, wo die Beschäftigung um 96.029 bzw. 16,3 Prozent anstieg (eigene Berechnungen auf Basis der Daten des Landesarbeitsamtes und der Bundesanstalt für Arbeit; vgl. zu der Entwicklung der Arbeitslosigkeit in NRW auch den Beitrag von Kronenwett-Löhrlein 1990).
Zwar waren in Nordrhein-Westfalen – im aggregierten Vergleich zu anderen Bundesländern – das Wirtschaftswachstum unterdurchschnittlich und die Arbeitsplatzverluste Anfang der 80-er Jahre erheblich; daraus kann aber *keine landesweite Wirtschaftsschwäche*, so wie es der vielfach mißbrauchte Begriff eines Nord-Süd-Gefälles nahelegt, abgeleitet werden. Eine genauere Analyse der Entwicklungsdynamik in einzelnen Teilregionen des Landes zeigt vielmehr, daß es neben einzelnen Problemregionen mit erheblichen Strukturproblemen andere gibt, die mit den vielfach angeführten Prosperitätsregionen im Süden durchaus mithalten können oder diese sogar noch übertreffen.
So haben beispielsweise die *ostwestfälischen Industrieunternehmen* im ersten Halbjahr 1990 wie schon in den vorausgegangenen Jahren deutliche Steigerungsraten des Um-

satzes in Höhe von 8,5 Prozent (zum Vergleich: Land NRW 4,8 Prozent und Bund 6,8 Prozent) erreicht. Die Zahl der Industriebeschäftigten stieg in dem Kammerbezirk Bielefeld in den ersten sechs Monaten des Jahres 1990 um 5,1 Prozent. Damit wurden die durchschnittlichen Zuwachsraten des Landes Nordrhein-Westfalen (2,9 Prozent) oder des gesamten Bundesgebietes (4,0 Prozent) deutlich übertroffen (vgl. Ostwestfälische Wirtschaft 10/1990: 7).

Die Entwicklungsunterschiede von Nordrhein-Westfalen im Vergleich zu anderen Bundesländern ergeben sich insofern einzig und allein aus der Divergenz zwischen unterschiedlichen Teilregionen innerhalb des Landes. Für die letzten Jahre und Jahrzehnte läßt sich zeigen, daß schon bei einer Zweiteilung des Landes in das Ruhrgebiet einerseits und die übrigen Regionen andererseits die Varianzen in den sozio-ökonomischen Kennziffern der übrigen Regionen im Vergleich zum Bundesgebiet kaum noch ins Gewicht fallen (vgl. dazu auch Deutsches Institut für Wirtschaftsforschung 1987).

2. *Reaktionen der Strukturpolitik*

Wie unsere kurze Analyse gezeigt hat, haben sich die einzelnen Teilregionen in Nordrhein-Westfalen in ganz unterschiedliche Richtungen entwickelt. Weder die traditionelle Gegenüberstellung von Stadt und Land noch die angesichts der Datenlage vorschnelle These vom Süd-Nord-Gefälle erfassen die *differenzierte regionale Entwicklungsdynamik* angemessen. Die feststellbare Uneinheitlichkeit der regionalen Entwicklungsdynamik erfordert eine *differenzierte regionale Strukturpolitik*. Die Verwendung der öffentlichen Fördermittel muß aus Effektivitäts- und Effizienzgründen den regionalspezifischen Entwicklungsengpässen und Entwicklungspotentialen Rechnung tragen. Die zentralen politischen Instanzen müssen sich daher an den regionalen Besonderheiten der Teilräume ausrichten und die Regionen selbst aktivieren. Inhaltlich bedeutet dies eine Differenzierung der Fördertatbestände, verfahrensmäßig eine zentral gestützte Politik dezentraler Eigenentwicklung. Dies betrifft vor allem Politikfelder, die je nach Schwerpunktsetzung unter die Begriffe „innovationsorientierte Raumordnungs- und Regionalpolitik" oder „regionale Innovationspolitik" subsumiert werden können. Eine solche *polyzentrische Erneuerung* erfordert eine spezifische Gestaltung und Ausformung der Bundes- und Landesprogramme, mit deren Hilfe der Strukturwandel forciert, die Regionen im Umbruch bei der Neuorientierung unterstützt und unvermeidbare regionale Krisen abgefangen werden sollen.

Solche Schlußfolgerungen haben sich in der nordrhein-westfälischen Landespolitik in zwei Schüben durchgesetzt. In einer ersten Phase gewann neben der althergebrachten Politik der Re-Industrialisierung eine Politik der Neo-Industrialisierung an Bedeutung (vgl. zur Begrifflichkeit Läpple 1986 und die dort angegebene Literatur). In der zweiten Phase setzte sich schließlich – den Vorstellungen einer „Erneuerung der Politik 'von unten'" (vgl. zu dieser Diskussion die Beiträge in Hesse 1986) folgend – mit der „Zukunftsinitiative Montanregionen", der „Zukunftsinitiative für die Regionen Nordrhein-Westfalens" und den Regionalkonferenzen zur Erstellung von regionalen Entwicklungskonzepten der Ansatz einer Regionalisierung der Strukturpolitik in der Landespolitik durch.

2.1 Von der Re-Industrialisierung zur Neo-Industrialisierung

Die Politik der Re-Industrialisierung, die in Nordrhein-Westfalen bis Ende der 70er Jahre dominierte, erwies sich angesichts der wachsenden Heterogenität des Landes als nicht mehr ausreichend. Allzu lange waren die politischen und wirtschaftlichen Entscheidungsträger davon überzeugt, durch eine technologieorientierte Förderung des Montankomplexes die Strukturprobleme des Landes, d.h. primär des Ruhrgebietes, überwinden zu können. Typische Beispiele für eine solche Politik der Re-Industrialisierung sind das „Technologieprogramm Bergbau", das „Technologieprogramm Stahl" oder das „Technologieprogramm Energie".
Angesichts des immer noch gegebenen wirtschaftspolitischen Stellenwertes der Sektoren Bergbau (vgl. z.B. Lehner et al. 1988), Stahl und Energie ist durchaus nachvollziehbar, daß die wirtschaftlichen und politischen Kräfte im Lande in den krisenhaften Situationen immer wieder auf eine *Subventionierung und Modernisierung des Montankomplexes* gesetzt haben. In den Köpfen der „Funktionseliten" hatte sich die aus heutiger Sicht problematische Annahme festgesetzt, das Land Nordrhein-Westfalen, reduziert auf die alten Industriehochburgen im Ruhrgebiet, habe so etwas wie einen „natürlichen Produktionsauftrag". Stets wurden die eingesetzten öffentlichen Mittel mit dem Standardargument gerechtfertigt, es gelte eine temporäre Talsohle zu überbrücken; sobald die Talsohle überwunden sei, werde das Land aufgrund der Wirtschaftskraft der am Leben erhaltenen und modernisierten Montanunternehmen der Ruhrwirtschaft neue Aufschwünge erleben[1].
Erst ab Mitte der 70er Jahre konnte sich in der nordrhein-westfälischen Strukturpolitik allmählich die *innovationsorientierte Position der Neo-Industrialisierung* durchsetzen. Die wirtschaftliche Zukunft des Landes erfordert demnach eine breiter angelegte Förderpolitik, die sich auf neue Produkte und Verfahren konzentriert und sich nicht mehr nur auf den Erhalt und die Modernisierung der traditionellen Branchen, also eine Förderung der Problemsektoren in den Problemregionen, beschränkt. Damit wurde in der Strukturpolitik der Sachverhalt registriert, daß sich die wirtschaftlichen Gewichte unaufhaltsam von der bislang auch in Nordrhein-Westfalen vorherrschenden Massenfertigung hin zu einer „flexiblen Spezialisierung" (Piore/Sabel 1985) verschieben. Und auch die wirtschaftlichen Eliten konnten sich diesem Wandlungsprozeß nicht länger verschließen, wenngleich konkrete betriebliche Schritte zur gezielten *Umstrukturierung und Diversifizierung* erst seit Ende der 70er Jahre zu beobachten sind. Diese Hinwendung der Landespolitik zu einer Strategie der Neo-Industrialisierung zeigt sich beispielsweise an dem „Aktionsprogramm Ruhr", dem „Technologieprogramm Wirtschaft" oder der „Nordrhein-Westfalen-Initiative Zukunftstechnologien".
Im Rahmen des Strategiewechsels wurde so in Nordrhein-Westfalen flächendeckend ein *Netzwerk unterschiedlicher Institutionen regionaler Technikförderung* aufgebaut, die gewissermaßen im Auftrag der öffentlichen Hand einen engen Kontakt zu den Unter-

nehmen und Unternehmensgründern sowie zum Management und zu den Arbeitnehmern aufbauen sollen, um über diesen Kontakt Innovation und Qualifikation zu fördern. Wirtschaftsnahe Institutionen wie beispielsweise die Kammern, aber auch andere Interessenorganisationen wie die Gewerkschaften werden aufgefordert, ihrem jeweiligen Klientel den Zugang zu dem Potential der universitären und außeruniversitären Forschung zu erschließen. Gleichzeitig sollen die Transferstellen und Weiterbildungseinrichtungen der Forschungseinrichtungen ihr Angebot auf den artikulierten Bedarf der Praxis ausrichten. Die Kooperation der nachfrage- und angebotsorientierten Institutionen regionaler Wirtschaftsförderung wird durch die landesweit arbeitenden Transferagenturen wie beispielsweise die ZENIT GmbH oder die Landesgruppe des RKW ergänzt (eine Übersicht über die neuen Infrastrukturen zur regionalen Technikförderung findet sich bei Voelzkow 1990).

2.2 Neue Muster der Strukturpolitik: Regionalisierung und „Inszenierter Korporatismus"

Die Förderung von regionalen Infrastrukturen zur Unterstützung des Strukturwandels verbesserte zugleich die infrastrukturellen Grundlagen für eine *Dezentralisierung der regionalen Strukturpolitik*, die im Mittelpunkt der noch laufenden zweiten Phase der Neugestaltung des strukturpolitischen Instrumentariums steht. Die einzelnen Regionen sollen demnach – ausgehend von ihren jeweils spezifischen Entwicklungshemmnissen und -potentialen – ihre eigenen Antworten auf den Umbruch in der Regionalentwicklung suchen und – mit Unterstützung der Landesregierung – ihren spezifischen Weg finden.

Vor dieser Regionalisierung der Politik konnten die Unternehmen und die regionalen Gebietskörperschaften (Städte und Gemeinden, Kreise und Regierungsbezirke) in der Regel nur als Adressaten oder Vollzugsträger der Landesprogramme wirken. Typisch waren Programme, die den einzelnen Akteuren auf der dezentralen Ebene – seien es nun Gebietskörperschaften, Kammern und Verbände oder die Unternehmen selbst – finanzielle Unterstützung (in Form von direkten Subventionen oder Steuererleichterungen) für den Fall zusagten, daß sie sich so verhielten, wie es seitens der zentralen Ebene für sinnvoll gehalten wurde.

Ein Beispiel für solche staatlichen Programme, die teilweise noch fortgeführt werden, sind etwa Maßnahmen, die Klein- und Mittelbetrieben unter der Voraussetzung staatliche Gelder in Aussicht stellen, daß sie zusätzliches Personal für Forschung und Entwicklung einstellen. Derartig ausgestaltete Programme funktionieren nach einer etatistischen Logik. Die zentrale Ebene beschließt, und auf der dezentralen Ebene bleibt den Akteuren nur die Wahlmöglichkeit, sich auf die von oben gesetzten Vorgaben und Bedingungen einzulassen oder nicht.

Dieser Politiktypus ist in den letzten Jahren verstärkt kritisiert worden. Zwar kann kaum bestritten werden, daß etatistisch ausgerichtete Politik auch in Bereichen, die für die wirtschaftliche Entwicklung relevant sind, partiell erfolgreich war, doch wird immer wieder negativ angemerkt, sie löse auch *Mitnahmeeffekte* aus. Denn auch solche

Akteure, die eigentlich gar keine Unterstützung benötigen, aber gleichwohl die Voraussetzungen für eine Förderung erfüllen, können in der Regel nicht von der Partizipation ausgeschlossen werden. Darüber hinaus verschenkt die etatistische Politik die Chance, daß die dezentrale Ebene ihre in aller Regel bessere *Problemkenntnis und „Ortsnähe"* offensiv und fruchtbringend in den politischen Entscheidungsprozeß einbringt.

Für die einzelnen Teilregionen eines Landes ist in aller Regel nicht nur ein bestimmtes Landesprogramm, sondern ein Bündel vielfältiger Konzepte und Maßnahmen relevant. Zu nennen sind hier etwa die Raumordnungspolitik, die Technikförderung, die Verkehrspolitik, die Arbeitsmarktpolitik oder die Berufsbildungspolitik. Ein weiteres Problem etatistischer Politik im Hinblick auf die Regionalförderung besteht nun darin, diese unterschiedlichen Teilpolitiken bezüglich der jeweils spezifischen regionalen Erfordernisse abzustimmen. In aller Regel entwickeln sich die einzelnen Politikbereiche, ohne auf die Heterogenität der Bedingungen in und zwischen den einzelnen Teilregionen ausreichend Rücksicht nehmen zu können.

Einer differenzierten Politik gegenüber der dezentralen Ebene stehen mithin *Informations- und Kompetenzprobleme* der zentralen Ebene einerseits und mangelnde *Konzertierungsmöglichkeiten zwischen den verschiedenen Politikbereichen und Politikebenen* andererseits entgegen. In der wissenschaftlichen Debatte um die Regional-, Wirtschafts- und Technologiepolitik wurden in den letzten Jahren deshalb Antworten auf die angesprochenen Probleme gesucht, die auch von der nordrhein-westfälischen Landespolitik aufgegriffen wurden (vgl. Kruse 1990; Voelzkow 1990, 1991 und die entsprechenden Beiträge in Hucke/Wollmann 1989).

Das Ziel der Strukturpolitik besteht demnach darin, durch eine problembezogene Analyse der regionalen Situation und durch eine entsprechende regionalspezifische Formulierung und Umsetzung von Erneuerungskonzepten höhere Wirkungsgrade zu erzielen. Die damit anvisierte *Integration verschiedener Politikfelder* und die Verdichtung vielfältiger Maßnahmen zu einem gezielten Erneuerungskonzept ist nur durch eine aktive Beteiligung der regionalen Ebene zu leisten[2]. Die Regionalpolitik ist also insbesondere im Hinblick auf die Formulierung des Handlungsbedarfs und die Umsetzung der Initiativen dezentral anzulegen, um nicht – wie bisher – monokausalen Sichtweisen und schematischen Maßnahmen zu folgen. Eine dezentral organisierte Regionalpolitik setzt auf die Sachkenntnis und das Handlungspotential der regionalen und lokalen Akteure, die in Eigenverantwortung neue Koordinierungs- und Kooperationsformen für eine sich selbst tragende Entwicklung ihrer Region finden sollen. Notwendig für eine derart regionalisierte Politik ist damit auch eine *Dialog- und Konsensbereitschaft der wichtigen Akteure* „vor Ort".

Die nordrhein-westfälische Landesregierung hat mit der *„Zukunftsinitiative Montanregionen (ZIM)"* und der *„Zunkunftsinitiative für die Regionen Nordrhein-Westfalens" (ZIN)* sowie den daran anschließenden Regionalkonferenzen, die Entwicklungskonzepte für die Regionen hervorbringen sollen, versucht, solchen Anforderungen zu entsprechen. In unserem Zusammenhang ist vor allem das *Procedere* der Abwicklung der regionalisierten Strukturpolitik bemerkenswert: die Landesregierung setzt dabei – wie den Erklärungen des zuständigen Ministeriums zu entnehmen ist – gezielt auf die Eigenverantwortung, das Engagement und die Kraft zur Selbstorganisation in den Regionen: „Die Landesregierung ruft die Regionen auf, ihre regionale Entwicklung verstärkt in regionaler Selbstverantwortung zu gestalten. Gefordert sind Eigeninitiative, Kreativität und regionale Kooperationen" (MWMT 1990: 1).

Mit dieser Politik soll der Eigenbeitrag der Regionen zur Strukturpolitik erhöht werden. Die Regionen sollen über den Dialog der entscheidungsrelevanten Akteure, über eine gemeinsame Verortung der Stärken und Schwächen, über eine Festlegung von Leitbildern für die regionale Entwicklung und über eine intensivierte Kooperation in strukturrelevanten Politikfeldern ihre Zukunft in die eigene Hand nehmen.

Was mit dieser Regionalisierungspolitik aber offensichtlich auch anvisiert wird, ist eine prozedurale Steuerung für eine möglichst regional angepaßte Verwendung der vom Land bereitgestellten öffentlichen Mittel. Die Landesregierung stellt ihrerseits Geld zur Verfügung, und auf der regionalen oder örtlichen Ebene ist in einem Dialog der verschiedenen Akteure zu klären, was mit dem Geld gemacht werden soll, wobei insbesondere jene Regionen profitieren, die auf der Grundlage einer Analyse der regionalen Schwächen und Stärken ein plausibles Entwicklungskonzept vorlegen können. Damit zielt die Regionalisierungspolitik auch auf eine Verbesserung der vielfach als spannungsgeladen und defizitär kritisierten Zusammenarbeit zwischen den Regionen und deren Gemeinden einerseits und der Landesregierung andererseits (vgl. dazu z.B. die Beiträge in Hesse/Ganseforth/Fürst/Ritter 1983); der Prozeß der föderalstaatlichen Politikformulierung und des Politikvollzuges soll also durch die Regionalisierungspolitik intensiviert werden.

Diese *„von oben" vorgegebene Politik der dezentralen Eigenentwicklung* will darüber hinaus auch „unten", also in den Förderregionen, neue *Kooperationsformen* erzeugen, die nicht nur eine Verbesserung der inner-administrativen Abstimmung, sondern auch eine mehr oder minder formalisierte Einbeziehung organisierter Interessen in Gremien funktionaler Repräsentation, ganz im Sinne einer *„konzertierten Aktion"* für die regionale Entwicklung, vorsehen. Die vertikale Einbindung dieser Politik legt die Vermutung nahe, daß dabei ein lokaler oder regionaler Korporatismus anvisiert wird, so daß es gerechtfertigt wäre, von einem *„inszenierten Korporatismus"* zu sprechen (Heinze/Voelzkow 1991).

Dem Anspruch nach sollen alle struktur- und technologiepolitischen Förderprogramme, soweit sie in Nordrhein-Westfalen zum Einsatz kommen, unter das Dach der „Zukunftsinitiativen" zusammengeführt und nach dem neuen prozeduralen Muster abgewickelt werden. Damit werden auch Mittel der Gemeinschaftsaufgabe „Verbesserung der regionalen Wirtschaftsstruktur", der ergänzenden regionalen Wirtschaftsförderungsprogramme des Landes Nordrhein-Westfalen, der verschiedenen regionalen Gemeinschaftsprogramme der EG, der aufgestockten und ebenfalls nach Subsidiaritätsgesichtspunkten prozedural neugefaßten Strukturfonds der EG (vgl. Heinze/Voelzkow 1990), der Technologieförderungsprogramme des Landes Nordrhein-Westfalen, verschiedener Programme der Förderung von Aus- und Weiterbildung und der Städtebauförderung, der Programme zur Förderung der Hochschulen etc. in die Politik der Aktivierung der Regionen einbezogen. Die Zukunftsinitiativen sind von daher weniger als neue Landesprogramme mit eigenen Finanzmitteln anzusehen (was sie

auch waren), sondern mehr als ein neues Verfahren der Zuteilung strukturpolitischer Fördermittel.
In theoretischer Hinsicht wäre es gewiß reizvoll, diesen Versuch einer strukturpolitischen Reorganisation mit den bereits erwähnten Veränderungen in der sozio-ökonomischen Entwicklungsdynamik zu verbinden und so gewissermaßen „funktionalistisch" zu rekonstruieren. Der Prozeß der Regionalisierung könnte mit dem steigenden Gewicht der „flexiblen Spezialisierung" in Zusammenhang gebracht werden: Die ökonomischen Strukturverschiebungen würden folglich Veränderungen im politischen Bereich auslösen, die ein „Coming Back" der „Region" - verstanden als eine politische Handlungseinheit, die irgendwo zwischen den Kommunen und der (Landes)-Regierung zu finden ist - einschließen (vgl. dazu z.B. Sabel 1989; Junne 1990). Auch auf kommunaler Ebene würde sich deshalb eine regionale Sicht des Problembestandes und der Handlungsanforderungen durchsetzen und die Bereitschaft zur Kooperation erhöhen (vgl. Fürst 1991). Es mag hier dahingestellt bleiben, ob und inwieweit solche Erklärungsansätze der realen Entwicklung angemessen sind. Wir wollen statt dessen einige der eher praktischen Hypothesen und Fragestellungen andeuten, die derzeit in einer wissenschaftlichen Begleitforschung der Regionalisierungspolitik des Landes Nordrhein-Westfalen weiterverfolgt werden[3].

3. *Offene Fragen*

Durch die politikbegleitende Forschung soll genauer geklärt werden, ob und inwieweit die anvisierte Mobilisierung der Regionen durch die modifizierte Landespolitik tatsächlich erreicht wird, welche Probleme dabei auftauchen, und wie diese ggf. überwunden werden könnten.
Für die in den „Zukunftsinitiativen" und in den Regionalkonferenzen angelegten Formen eines „inszenierten Korporatismus" sprechen zunächst die enttäuschenden Erfahrungen mit der herkömmlichen Regionalpolitik. Im „etatistischen" Alleingang ist wohl keine Landesregierung eines großen Flächenlandes imstande, eine den regionalen Gegebenheiten angepaßte, differenzierte und zugleich umfassend angelegte Politik zu formulieren und umzusetzen. Solange die Politikfragmentierung und Kompetenzzersplitterung die allseits gewünschte „ganzheitliche" Problembearbeitung nicht ermöglichen, scheint eine Verbesserung der Situation nur über eine *Aktivierung der regionalen Ebene* und eine wirksame Kooperation der verschiedenen lokalen und regionalen Handlungsträger bei der Ausgestaltung der regionalen Förderung erreichbar zu sein (vgl. Kruse 1990; Voelzkow 1990, 1991).
Des weiteren kann sich der „inszenierte Korporatismus" vermutlich zugute halten, daß sich die *Artikulations- und Durchsetzungschancen* der vergleichsweise wenig organisations- und konfliktfähigen Interessen mit diesem Konzept erhöhen lassen. Sofern die im vertikalen Gefüge übergeordneten Institutionen die Vergabe von Fördermitteln an einen vorausgegangenen Diskurs und Konsens auf der regionalen Ebene binden, können jene Interessengruppen, die bislang weitgehend ignoriert wurden, über das Beteiligungsgebot eine (etwas) bessere Verhandlungsposition gewinnen. Mit dem neu-

en Modus der kooperativen Regionalpolitik würden beispielsweise gleichzeitig neue Handlungsmöglichkeiten einer gewerkschaftlichen Mitwirkung an der Strukturpolitik eröffnet (vgl. Schäffer 1990: 467). Von daher entspräche die Förderphilosophie möglicherweise einem *partizipatorischen Demokratieverständnis* in besonderer Weise.

Andererseits müssen aber auch die Grenzen, Selektivitäten und Instabilitäten des staatlich gestützten Regionalkorporatismus gesehen werden. Bislang kann noch nicht ohne weiteres ausgeschlossen werden, daß diese Politik im Einzelfall nur einer geschickten *Entlastungsstrategie der zentralen Ebenen* gleichkommt, die dort nicht lösbare Konflikte auf die lokale oder regionale Ebene zu verschieben sucht, wobei offen ist, ob damit Regelungsmaterien auf Schultern aufgebürdet werden, die diesem Druck (ebenfalls) nicht hinreichend gewachsen sind. Deshalb muß auch in Zweifel gezogen werden, ob die über einen „inszenierten Korporatismus" erzeugte Kooperation von kommunalen Instanzen und weiteren regionalen Akteuren tatsächlich im Vergleich zu anderen Politikvarianten immer die „besseren Lösungen" gewährleistet.

So wäre näher zu prüfen, ob in den neuen korporatistischen Gremien auf regionaler Ebene (den sogenannten „Regionalkonferenzen") tatsächlich ein Konsens über ein der jeweiligen regionalspezifischen Situation angemessenes Förderprogramm erreicht wird oder ob die verabschiedeten Projektvorhaben nur eine Auflistung darstellen, deren zusammenhanglose Reihenfolge die *Machtpotentiale der organisierten Interessen* und nicht den Handlungsbedarf der Region widerspiegeln.

Sofern aber das in den Landes- und EG-Programmen angelegte Konsensprinzip tatsächlich greift und nur einvernehmliche Projekte aus den Regionen heraus an die Landesregierung übermittelt werden, könnte der Vorwurf berechtigt sein, daß das Korporatismusmodell einem Ausschlußmodell gleichkommt. Wenn der „inszenierte Korporatismus" nur konsensfähige Projekte hervorbringen sollte, ginge dies zu Lasten von *innovativen Ideen*, die zwar möglicherweise für die Regionen wegweisend sein könnten, aber keine allseitige Zustimmung finden.

Im Hinblick auf die *Stabilität des Modells* ist offen, ob die feststellbaren Ausprägungen des lokalen und regionalen Korporatismus auch dann Bestand haben, wenn die Strukturvorgaben „von oben", d.h. vor allem die „Prämien" für die Kooperation in Form von Finanzzuweisungen, wegfallen. Ob die durch prozedurale Vorgaben erzeugte Kooperation in den Regionen auch dann noch trägt, wenn die Landesregierung angesichts knapper werdender Mittel zwar zur Fortsetzung des regionalen Diskurses aufruft, aber keine für die Regionen lukrativen Antragsrunden mehr veranstalten kann, wird sich in Nordrhein-Westfalen schon 1991 zeigen, wenn die Förderkulisse deutlich eingeschränkt wird.

Des weiteren ist noch nicht abschließen geklärt, ob eine Politik der „goldenen Zügel", die kooperative Strukturen honoriert, nicht *Widerstände* auf der dezentralen Ebene erzeugt, die das gesamte Konzept in Frage stellen. Bei der Ausweitung des prozeduralen Politikmusters der „Zukunftsinitiative Montanregionen" auf das gesamte Land sind zumindest in einigen Regierungsbezirken und Kommunen Vorbehalte gegen diesen „Zwang zum Konsens" formuliert worden, die von der Opposition des Landtages aufgegriffen wurden. Die Kritik an der von der Landesregierung gewählten *Verfahrenskette* in der regionalen Strukturpolitik bezieht sich dabei zunehmend auf eine

Schwachstelle, die letztlich alle korporatistischen Strukturen – trotz ihrer pragmatischen Vorteilhaftigkeit im Einzelfall – kennzeichnet: es mangelt an einem soliden demokratietheoretischen Fundament. Es ist deshalb nicht verwunderlich, wenn in verschiedenen Regionen (z.B. in Ostwestfalen-Lippe) über eine demokratisch legitimierte Fundierung in Form eines neuen „Regionalparlaments" nachgedacht wird.

In einer zusammenführenden Sicht der genannten Umsetzungsprobleme der Regionalisierungspolitik soll abschließend auch geklärt werden, ob und inwieweit die in der Praxis deutlich gewordenen Umsetzungsprobleme auf *konzeptionelle Schwachpunkte* (so z.B. Waniek 1990) oder auf *korrigierbare Fehlentwicklungen* in der Anwendung des Konzepts, beispielsweise auf allzu hohen Zeitdruck infolge von zu eng gefaßten Zeitvorgaben der Landesregierung oder auf mangelnde Transparenz der Entscheidungskriterien der Landesregierung bei der Bewilligung der von den Regionen vorgelegten Initiativen, zurückzuführen sind.

Hinsichtlich der *Übertragung* des Politikmusters auf die Regionen der ehemaligen DDR drängen sich vor allem zwei Aspekte auf. Zum einen muß hier wohl vor überzogenen Erwartungen gewarnt werden. Die Reichweite der regionalen Strukturpolitik ist begrenzt. Für die Unternehmen sind die regionalpolitischen Fördermaßnahmen der staatlichen Seite nur ein Entscheidungskriterium unter vielen. Zwar ist unbestritten, daß der wirtschaftliche Aufbau in den neuen Bundesländern einer Unterstützung durch eine regionalpolitische Flankierung bedarf. Da aber die Unternehmen ihre Standort- und Investitionsentscheidungen in aller Regel nicht von der staatlichen Regionalpolitik abhängig machen, dürfen keine „Wunder" erwartet werden (vgl. auch Heine 1991). Auch wenn sich der nordrhein-westfälische Ansatz einer Regionalisierung der Strukturpolitik gegenüber den traditionellen regionalpolitischen Interventionsformen als überlegen erweisen sollte, wird er im Falle seiner Anwendung in den neuen Bundesländern nur beschränkte Erfolge vorweisen können, weil vor allem die sozio-ökonomischen Rahmenbedingungen und weniger die regionalpolitischen Förderansätze den Ausschlag geben.

Zum anderen aber ist offen, ob eine solche regionale Strukturpolitik, die auf die Handlungsfähigkeit der Förderregionen setzt, nicht *überzogene Anforderungen* an die Regionen stellen würde. Eine föderalistische Struktur, die eine politisch-institutionelle Ausstattung der Regionen sicherstellen würde, ist dort erst im Ansatz erkennbar und von daher vermutlich noch nicht hinreichend handlungsfähig. Die politisch-institutionellen Elemente des erforderlichen Netzwerks der regionalen Akteure sind zumeist noch nicht vorhanden. Vor allem der erforderliche „Unterbau" eines inszenierten Korporatismus, also zum einen die Kreise und Kommunen sowie die Regierungspräsidien und zum anderen die gesellschaftlichen Organisationen wie Industrie- und Handelskammern oder Gewerkschaften, muß erst noch aufgebaut werden.

Von daher ist die Situation in den neuen Bundesländern überhaupt nicht mit der in den westlichen Bundesländern vergleichbar. Während es in den westlichen Bundesländern sinnvoll sein mag, die bereits vorhandenen und vergleichsweise gut ausgestatteten politisch-institutionellen Infrastrukturen zur Kooperation zu bewegen, um regional angepaßte Entwicklungsstrategien und dadurch die vielfach beschworenen Synergieeffekte hervorzubringen, müssen in den Regionen der ehemaligen DDR erst noch die Elemente für ein solches regionales Netzwerk aufgebaut werden. „Eine wesentliche Voraussetzung für den Abbau der räumlichen Disparitäten in der DDR ist die Reföderalisierung der Staatsstruktur, da nur so Entscheidungsträger, die in der Lage sind, Entwicklungsbarrieren regional- und ortsbezogen zu beseitigen, entstehen können" (Klemmer/Schrumpf 1990: 130). Solange diese Voraussetzung noch nicht erfüllt ist, könnte es sein, daß die in westlichen Bundesländern entwickelten Strategien einer „kooperativen Regionalpolitik" an den Handlungsmöglichkeiten der neuen Bundesländer noch vorbeilaufen.

Anmerkungen

1 In den letzten Jahren wurde diese Position scheinbar durch den (von Fachleuten so nicht erwarteten) weltweiten Aufschwung der Stahlindustrie bestätigt; allerdings ist der weltweite Boom dieser Branche mittlerweile beendet und von einer Phase des „zyklischen Abschwungs" abgelöst worden. In der Bundesrepublik hält die starke Stahlnachfrage aufgrund der hohen Investitionstätigkeit (in Vorbereitung auf den EG-Binnenmarkt sowie infolge der deutschen Vereinigung) zwar noch an, auf mittlere Sicht aber sind neue Strukturprobleme nicht auszuschließen (vgl. Wienert 1990).

2 Eine vergleichbare Diskussion über eine Reorganisation der Zuständigkeiten zwischen zentralen und dezentralen Politikebenen findet übrigens auch im Hinblick auf die Europäische Integration statt; vgl. dazu die Beiträge in Alemann et al. 1990.

3 An der prozessualen Begleitforschung der Regionalisierung der nordrhein-westfälischen Strukturpolitik, die derzeit für das Ministerium für Wirtschaft, Mittelstand und Technologie des Landes NRW anhand von fünf ausgewählten ZIN-Regionen erstellt wird, sind neben den Verfassern dieses Beitrags Franz-Josef Bade, Volker Eichener, Thomas Forth, Josef Hilbert, Erich Hödl, Franz Lehner, Wolfgang Potratz und Norbert Wohlfahrt beteiligt.

Literatur

Alemann, U.v./Heinze, R.G./Hombach, B. (Hrsg.), 1990: Die Kraft der Region: Nordrhein-Westfalen in Europa, Bonn.

Boldt, H./Lhotta, R., 1990: Nordrhein-Westfalen, in: *F. Esche* und *J. Hartmann* (Hrsg.), Handbuch der deutschen Bundesländer, Frankfurt am Main/New York, 309ff.

Buhr, P./Leisering, L./Ludwig, M./Zwick, M., 1991: Armutspolitik und Sozialhilfe in vier Jahrzehnten, in: *B. Blanke* und *H. Wollmann* (Hrsg.), Die alte Bundesrepublik. Kontinuität und Wandel (Leviathan-Sonderheft 12), Opladen, 502ff.

Bußmann, L. (Hrsg.), 1988: Die Wirtschaft des Landes Nordrhein-Westfalen. Schriftenreihe der Landeszentrale für politische Bildung Nordrhein-Westfalen, Bd. 4, Köln/Stuttgart/Berlin/Mainz.

Deutsches Institut für Wirtschaftsforschung, 1987: Die wirtschaftliche Entwicklung der Bundesländer in den siebziger und achtziger Jahren – eine vergleichende Analyse. DIW-Beiträge zur Strukturforschung, Heft 94.

Friedrichs, J./Häussermann, H./Siebel, W. (Hrsg.), 1985: Süd-Nord-Gefälle in der Bundesrepublik?, Opladen.

Fürst, D., 1991: Stadt und Region in Verdichtungsräumen (Beitrag in diesem Band).

Gretschmann, K./Heinze, R.G./Hilbert, J./Schulz, E./Voelzkow, H., 1989: Neue Technologien und soziale Sicherung. Antworten auf die Herausforderungen des Wohlfahrtsstaates, Opladen.

Heine, M., 1991: Zur Quadratur eines Kreises: Regionalpolitik in den neuen Bundesländern, in: *A. Westphal, H. Herr, M. Heine* und *U. Busch* (Hrsg.), Wirtschaftspolitische Konsequenzen der deutschen Vereinigung, Frankfurt am Main/New York, 155ff.
Heinelt, H., 1989: Arbeitslosigkeit und Sozialhilfebezug als Indikatoren für Armut, in: *I. Breckner, H. Heinelt, M. Krummacher, D. Oelschlägel, Th. Rommelspacher* und *K. Schmals* (Hrsg.), Armut im Reichtum, Bochum, 47ff.
Heinze, R.G./Voelzkow, H., 1990: Subsidiarität und Binnenmarktintegration: Konzeptionelle Überlegungen zur europäischen Regionalpolitik, in: *U.v. Alemann, R.G. Heinze* und *B. Hombach* (Hrsg.), Die Kraft der Region: Nordrhein-Westfalen in Europa, Bonn, 252ff.
Heinze, R.G./Voelzkow, H., 1991: Kommunalpolitik und Verbände: Inszenierter Korporatismus auf lokaler und regionaler Ebene?, in: *H. Heinelt* und *H. Wollmann* (Hrsg.), Brennpunkt Stadt. Stadtpolitik und lokale Politikforschung in den 80er und 90er Jahren, Basel/Boston/Berlin, 187ff.
Hesse, J.J. (Hrsg.), 1986: Erneuerung der Politik „von unten"? Stadtpolitik und kommunale Selbstverwaltung im Umbruch. Opladen.
Hesse, J.J./Ganseforth, H./Fürst, D./Ritter, E.-H. (Hrsg.), 1983: Staat und Gemeinden zwischen Konflikt und Kooperation, Baden-Baden.
Hucke, J./Wollmann, H., 1989: Dezentrale Technologiepolitik? Technikförderung durch Bundesländer und Kommunen (Stadtforschung aktuell, Bd. 20), Basel/Boston/Berlin.
Junne, G., 1990: Chancen für eine Reregionalisierung der Politik, in: *U.v. Alemann, R.G. Heinze* und *B. Hombach* (Hrsg.), Die Kraft der Region: Nordrhein-Westfalen in Europa, Bonn, 376ff.
Karr, W./Koller, M./Kridde, H./Werner, H., 1987: Regionale Mobilität am Arbeitsmarkt, in: Mitteilungen aus der Arbeitsmarkt- und Berufsforschung, Heft 2, 197ff.
Klemmer, P., 1985: Zur Reformdiskussion der regionalen Wirtschaftspolitik, in: Raumforschung und Raumordnung, Heft 4, 147ff.
Klemmer, P./Schrumpf, H., 1990: Probleme einer ökonomischen Umstrukturierung der DDR aus regionalpolitischer Sicht, in: RWI-Mitteilungen, Heft 1/2, 117ff.
Kronenwett-Löhrlein, E., 1990: Arbeitsmarkt und Beschäftigung in Nordrhein-Westfalen – Rückblick auf die achtziger Jahre, in: *W. Fricke* (Hrsg.), Jahrbuch Arbeit und Technik 1990, Bonn, 299ff.
Krug, W., 1987: Nord-Süd- und Stadt-Land-Gefälle in der Sozialhilfedichte der Bundesrepublik Deutschland, in: Informationen zur Raumentwicklung, Heft 9/10, 527ff.
Kruse, H., 1990: Reform durch Regionalisierung. Eine politische Antwort auf die Umstrukturierung der Wirtschaft, Frankfurt am Main/New York.
Läpple, D., 1986: Trendbruch in der Raumentwicklung. Auf dem Weg zu einem neuen industriellen Entwicklungstyp?, in: Informationen zur Raumentwicklung, Heft 11/12, 909ff.
Landesamt für für Datenverarbeitung und Statistik des Landes Nordrhein-Westfalen, 1990: Statistisches Jahrbuch Nordrhein-Westfalen 1990, Düsseldorf.
Lehner, F./Nordhause-Janz, J./Schubert, K./Voß, W., 1988: Die Bedeutung der Ruhrkohle AG für die wirtschaftliche Entwicklung des Ruhrgebietes. Abschlußbericht, Bochum.
Michel, D., 1988: Regionale Verschiebungen der Bevölkerungs- und Arbeitsplatzgewichte in Nordrhein-Westfalen, in: Raumforschung und Raumordnung, Heft 5/6, 248ff.
MWMT, 1990: Ministerium für Wirtschaft, Mittelstand und Technologie des Landes Nordrhein-Westfalen: Handlungsempfehlungen regionale Entwicklungskonzepte, Düsseldorf.
Ostwestfälische Wirtschaft 10/1990 (Zeitschrift der Industrie- und Handelskammer Bielefeld): Wachstum auf hohem Niveau, Bielefeld, 7.
Piore, M.J./Sabel, Ch. F., 1985: Das Ende der Massenproduktion. Studie über die Requalifizierung der Arbeit und die Rückkehr der Ökonomie in die Gesellschaft, Berlin.
Sabel, Ch. F., 1989: Flexible specialization and the reemergence of regional economics, in: *P. Hirst* und *J. Zeitlin* (Hrsg.), Reversing industrial decline. Industrial structure and policy in Britain and her competitors, Oxford, 17ff.
Schäffer, W.D., 1990: Neue Pfade der regionalen Strukturpolitik in Nordrhein-Westfalen, in: WSI-Mitteilungen, Heft 7, 461ff.
Schulz, E., 1988: Tendenzen des Strukturwandels in Nordrhein-Westfalen, in: Deutsches Institut für Wirtschaftsforschung, Wochenbericht 39/88 vom 29. Sept. 1988, 515ff.

Voelzkow, H., 1990: Mehr Technik in die Region. Neue Ansätze zur regionalen Technikförderung in Nordrhein-Westfalen, Wiesbaden.

Voelzkow, H., 1991: Organisatorisch-institutionelle Aspekte einer regionalen Industriepolitik – illustriert am Beispiel Nordrhein-Westfalen, in: *U. Jürgens* und *W. Krumbein* (Hrsg.), Industriepolitische Strategien – Bundesländer im Vergleich, Berlin, 136-154.

Waniek, R.W., 1990: Die Zukunftsinitiative für die Regionen Nordrhein-Westfalens. Ruhr-Forschungsinstitut für Innovations- und Strukturpolitik e.V., Nr. 5, Bochum.

Wettmann, R.W., 1986: Das Süd-Nord-Gefälle – Realität und Perspektiven, in: *R. von Voss* und *K. Friedrich* (Hrsg.), Das Süd-Nord-Gefälle. Gemeinsame Strategien für neue Strukturen, Stuttgart, 23ff.

Wienert, H., 1990: Stahlbericht 1990. Stahlmärkte im Übergang vom Boom zum Abschwung, in: RWI-Mitteilungen, 41. Jg., 279ff.

Lokale Umweltpolitik

Ekhart Hahn

1. *Drei Ausgangsthesen*

These 1: Der ökologische Umbau der Industriegesellschaft ist die zentrale Aufgabenstellung des ausgehenden 20. und beginnenden 21. Jahrhunderts. Die natürlichen Lebensgrundlagen der heutigen und mehr noch der zukünftigen Generationen sind durch die Folgen einer allzu linear und kurzfristig ausgerichteten Optimierung von technischen, sozialen und ökonomischen Einzelsystemen in einem historisch nicht gekannten Maße gefährdet. Gefordert ist ein Umdenken und Umbauen in allen Lebensbereichen und gesellschaftlichen Strukturen. Auf industriegesellschaftlichem Niveau gilt es neue, ganzheitlich ausgerichtete Lebensentwürfe zu entwickeln und zu implementieren. Diese Aufgabe kann nicht am Reißbrett oder in wissenschaftlichen Instituten, sondern nur in der gesellschaftlichen Praxis gelöst werden.

These 2: Die Städte werden eine Schlüsselrolle in diesem Prozeß spielen. Die Städte sind die zentralen Lebens-, Produktions- und Innovationsorte der Industriekultur, von denen heute sowohl die Stoffkreisläufe als auch die Lebensstile der Menschen über die Grenzen der Städte und Länder hinaus in globalem Maße bestimmt werden. Die Städte stellen in besonderer Weise die materialisierte Form der Mensch-Umwelt-Beziehung der jeweiligen gesellschaftlichen Entwicklungsstufe dar. Die Stadt ist „gebautes Denken". Sie ist geprägt durch das Fühlen, Denken und Verhalten der Menschen gegenüber der Umwelt. In den Städten verschärfen sich die Widersprüche gesellschaftlicher Entwicklungen und werden neue Lösungen gefunden. Von den Städten hat die industriegesellschaftliche Umweltkrise ihren Ausgang genommen. In ihnen und mit ihrer Innovationskraft muß sie auch überwunden werden.

These 3: In dem Maße, wie die Umweltkrise einen grenzüberschreitenden und globalen Charakter angenommen hat, die Probleme sich also immer weniger von einem Ort zu einem anderen verschieben lassen, ist auch deren Lösung zu einer internationalen Aufgabe geworden. Gefordert ist lokales wie globales Denken und Handeln. Die Industrieländer als die weiterhin größten Verursacher von Umweltproblemen, aber auch als die Länder mit dem derzeit größten wissenschaftlichen, technologischen und ökonomischen Potential sowie den günstigsten gesellschaftlich-sozialen Bedingungen zu deren Lösungen tragen hierbei eine besondere Verantwortung. Es geht dabei um die Entwicklung und Implementation international abgestimmter Normen und Vereinbarungen sowie von neuen Kooperationsformen und Unterstützungssystemen für den ökologischen Umbau der Städte und industriegesellschaftlichen Systeme in den verschiedenen Teilen der Erde unter Berücksichtigung der jeweiligen spezifischen Bedingungen.

2. *Einschätzung der derzeitigen Situation*

Die bisherige Umweltschutzpolitik in den Städten und Gemeinden zeichnet sich überwiegend durch sektoral und rein technisch ausgerichtete Handlungsstrategien aus. Weitgehend unabhängig voneinander wurden auf der Ressort- und Fachebene Umweltschutzkonzepte in den Bereichen Energie, Wasser, Boden- und Lärmschutz, Verkehr und Abfall entwickelt. Ergänzt werden sie zunehmend auch durch Forschungs- und Pilotprojekte zu stadtökologischen Systemanalysen, vor allem dem Aufbau von städtischen Umweltinformations- und Umweltberichterstattungskonzepten (zum Beispiel Umweltatlas Berlin). Nachgewiesen werden konnte, daß mit den heute verfügbaren technischen und organisatorischen Mitteln in großem Umfang Ressourcen eingespart, Immissionen reduziert und die Umwelt entlastet werden kann. Der Energieverbrauch kann theoretisch um mehr als 50 Prozent reduziert werden, ähnlich ist es beim Wasserverbrauch und auch die städtischen Abfallmengen lassen sich theoretisch in großem Umfang reduzieren. Die theoretisch erreichbaren Umweltentlastungen bei Luftschadstoffen, Abwässerbelastungen und Lärm erreichen in entsprechenden Szenarien sogar noch sehr viel höhere Prozentzahlen.

In der Praxis der Stadtentwicklung konnte trotz dieses inzwischen mehr als zehnjährigen Wissens nur wenig umgesetzt werden. In vielen Fällen haben sich Entlastungen bei genauerer Prüfung auch als „Scheinlösung“ oder „Problemverschiebung“ herausgestellt. So ist die Luft über dem Ruhrgebiet durch die Verringerung von SO_2 und Staub zwar „sauberer“ geworden, dafür mußte aber eine erhebliche Zunahme von CO_2, NO_x oder Risiken durch Atomkraftwerke in Kauf genommen werden. Die „Umweltentlastung“ durch schadstoffärmere Autos und die Einführung von Katalysatoren wurde durch den Ausbau des Straßensystems und die Zunahme des Individualverkehrs sowie größere und PS-stärkere Automobile mehr als kompensiert. Eine Reduzierung des Abfalls konnte ebenfalls nicht erreicht werden, und der Problemstoffanteil hat eher zugenommen. Auch die an sich überzeugenden Programme zur Energieeinsparung und Stadtbegrünung haben in bezug zu dem großen Einsatz an finanziellen Mitteln eher bescheidene Resultate hervorgebracht.

Obwohl die städtische Umweltschutzpolitik in den Ländern Westeuropas als erfolgreicher bezeichnet werden kann als in ehemals planwirtschaftlich gesteuerten sozialistischen Ländern Osteuropas, kann von Problemlösung kaum die Rede sein. Die städtische Umweltpolitik ist daher grundsätzlich zu überdenken; sie erfordert eine sorgfältige Analyse ihrer geringen Erfolge sowie die Entwicklung und Erprobung neuer Lösungsansätze in der gesellschaftlichen Praxis.

3. *Fünf Thesen zum Scheitern bisheriger städtischer Umweltpolitik*

1. Die bisherige städtische Umweltpolitik setzte im wesentlichen an den Erscheinungsformen der Umweltprobleme, nicht aber an deren Ursachen an. Es handelte sich eher um „Krisenmanagement" und das Verschieben von Problemen als um die Entwicklung von langfristigen und tragfähigen Lösungen.
2. Der Schwerpunkt bisheriger Umweltpolitik lag im „technischen Umweltschutz". Hierbei ging es zumeist um sektorale, extrem teure technische Nachsorgestrategien, wie Rauchgasentschwefelungsanlagen, Klärwerke, Müllverbrennungsanlagen, sogenannte „sichere Deponien", oder um sehr aufwendige, aber sozial und ökologisch wenig wirksame Maßnahmen, wie isolierte sektorale Energiesparkonzepte, Versuche mit alternativen Abfallkonzepten, Stadtbegrünungsmaßnahmen usw. Ihnen allen ist gemeinsam, daß sie erst einsetzen, wenn das Umweltproblem bereits entstanden ist. Ein zweites Merkmal ist, daß sie so teuer sind, daß sie in dem notwendigen Maße allenfalls von den „reichen Industrieländern" zu finanzieren sind. Ein drittes Merkmal besteht darin, daß es sich bei genauerem Hinsehen um keine wirklichen Lösungen, sondern um Problemverschiebungen handelt.
3. Der Blick dafür, daß es die heutigen sozio-ökonomischen, gesellschaftlich-organisatorischen und politischen Rahmenbedingungen sind, die anti-ökologische Technikentwicklung, Techniknutzung und Verhaltensweisen geradezu herausfordern, ist noch ungenügend entwickelt. Es dominieren eine weitgehend technisch orientierte Problemsicht und entsprechend technokratische Lösungsorientierung.
4. Die sektorale und ressortbezogene Umweltpolitik der Städte und Gemeinden steht der Notwendigkeit „integrierter" Lösungskonzepte entgegen und erschwert die Überwindung der rein technischen Problemsicht. Nur in „integrierten Maßnahmeansätzen" aber hat der Ökologische Stadtumbau eine Chance, nur durch sie wird er ökologisch wirksam, ökonomisch tragfähig, sozial akzeptabel und politisch durchsetzbar.
5. Als letzte und wichtigste These für die unbefriedigenden Erfolge bisheriger städtischer Umweltpolitik ist die ungenügende Integration der Bewohner und anderen städtischen Akteure in die derzeitigen stadtökologischen Konzepte zu nennen. Die Stadtverwaltung als isolierter Akteur ist hinsichtlich ihrer personellen und materiellen Ressourcen und mit ihren traditionellen Planungsinstrumenten und Verwaltungsmethoden bei der Lösung kommunaler Umweltprobleme überfordert. Umweltprobleme lassen sich nur in gemeinsamen Anstrengungen aller Akteure in neu zu entwickelnden Formen der Kooperation und Koproduktion lösen.

4. *Eckpunkte einer neuen Innovations- und Handlungsstrategie zum Ökologischen Stadtumbau*

In Berlin wurde in den Jahren 1984 bis 1989 eine sogenannte „Pilot- und Anschubphase" zum Ökologischen Stadtumbau durchgeführt. Auf der Ebene von Gebäuden, Straßen-

blöcken und Stadtquartieren wurden wissenschaftlich unterstützte Pilotprojekte realisiert.
Im Rahmen der begleitenden Auswertung wurden vier wichtige Arbeitshilfen für den Ökologischen Stadtumbau entwickelt (siehe *Abbildung 1*):

1. Die Acht ökologischen Orientierungen
2. Das Modell der „Handlungsbereiche und Bausteine"
3. Die „Strategie der ökologischen Quartiersentwicklung"
4. Das Konzept von „Ökostationen"

Abbildung 1: Innovations- und Implementationsviereck zum Ökologischen Stadtumbau

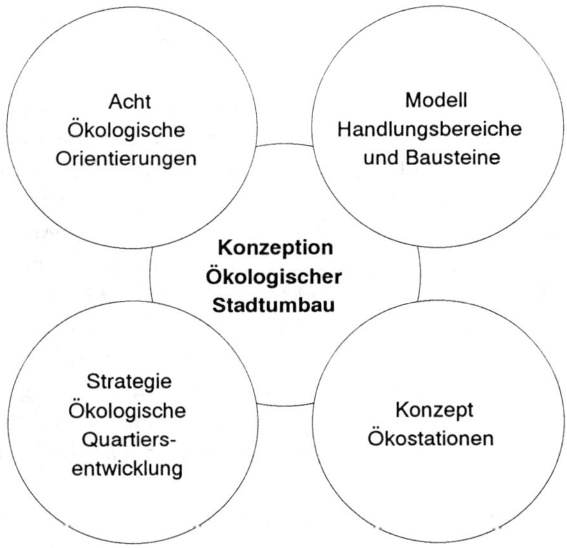

4.1 Acht ökologische Orientierungen

Sie stellen eine inhaltliche Arbeitshilfe dar und geben Antwort auf Fragen wie: Was ist eigentlich unter Ökologischem Stadtumbau zu verstehen, was sind ökologische Planungskriterien, und inwieweit unterscheiden sie sich von den bisherigen, die zu den derzeitigen Umweltproblemen geführt haben?
Mit den Acht Orientierungen (vgl. *Abbildung 2*) wurde eine „streitfähige" Diskussionsgrundlage für die projektbezogenen und städtischen Auseinandersetzungen zwischen den beteiligten Akteuren um die Ziele und Inhalte des Ökologischen Stadtumbaus bereitgestellt. Sie hat sich in der internationalen Diskussion bewährt und soll hier in einer zusammengefaßten Form (ausführliche Darstellung in: Hahn 1991) wiedergegeben werden:

1. *Humanethologische Orientierung*: Ohne ein besseres Verständnis und die planerische Beachtung der „Natur in uns“ können auch keine Lösungen für die „Natur um uns“ entstehen. Der Mensch trägt die Spuren einer Jahrmillionen dauernden Evolution im Naturmilieu und in sozialen Kleinverbänden in sich. Ihre Ignorierung im modernen Städtebau hat zu schwerwiegenden sozialen und ökologischen Fehlentwicklungen geführt, die es heute zu korrigieren gilt. Neu zu bewerten und für Architektur und Städtebau im Sinne zukunftsfähiger Lösungen neu zu durchdenken sind daher menschliche Verhaltenskonstanten wie die Wahrung von Individualabstand und Gruppenterritorium, die Suche nach Identität und Selbstdarstellung, der Wunsch nach Orientierung und sozialen Strukturen.
2. *Beteiligungsorientierung und Demokratisierung*: Das erste ökologische Gesetz ist die Mitwirkung der Bewohner! Die Reduzierung der Stadtbewohner auf reine Konsumenten und ihre damit verbundene Entmündigung war eine soziale und ökologische Sackgasse. Nur durch eigenes Mittun, in den Alltag integrierte Erfahrungsmöglichkeiten und Mitverantwortung gelangen die Wechselwirkungen zwischen eigenem Verhalten und Umweltwirkungen ins Bewußtsein. Die gebaute Umwelt muß wieder Ort individueller und gemeinschaftlicher Selbsterfahrung und Selbstverwirklichung werden. Handlungsansätze dafür sind unter anderem: Dezentralisierung unter Berücksichtigung von Beteiligungs- und Genossenschaftsmodellen, Förderung von Selbstbaukonzepten, bewohnerorientierte Patenschaftsmodelle, die Schaffung geeigneter Infrastrukturen für dezentrale Demokratisierung und Selbsthilfe.

Abbildung 2: Acht Ökologische Orientierungen

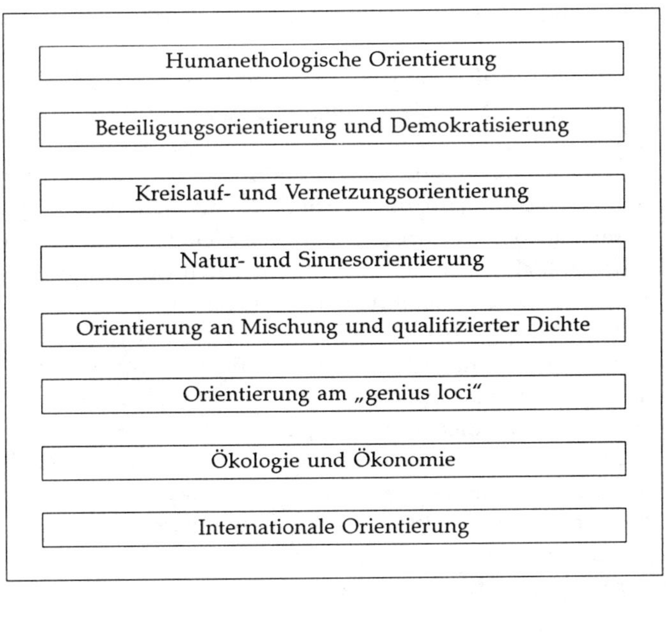

3. *Kreislauf- und Vernetzungsorientierung*: Die Natur ist der ökonomischste und ökologischste Baumeister, dessen Werke sich einfügen in übergeordnete Energie- und Stoffkreisläufe und den lokalen Bedingungen optimal angepaßt sind. Hausbauer, Architekten und Stadtplaner aller vorindustriellen Kulturen waren bemüht, von dieser „Intelligenz der Natur" zu lernen. Schon heute sind durch die Nutzung und Weiterentwicklung aller technischen Möglichkeiten Einsparungen von bis zu 50 Prozent Heizenergie, Strom und Trinkwasser möglich. Bei der Wahl der Baustoffe geht es darum, den gesamten Produktkreislauf in seinen Wirkungen auf den Menschen und die Umwelt in Betracht zu ziehen; das betrifft die Wahl der Rohstoffe und ihrer Reproduktionszyklen, die Herstellungstechnik, Transportgesichtspunkte, die Nutzungsphase und die Nachnutzungsphase.
4. *Natur- und Sinnesorientierung*: Es reicht nicht, die Probleme zunehmender Schadstoffbelastungen, Abfälle und Ressourcenverbräuche nur technisch lösen zu wollen. Kreisläufe und Umweltbeziehungen müssen für den Menschen wieder sinnlich erfahrbar werden. Insofern ist der Ökologische Stadtumbau vor allem auch eine Gestaltungsaufgabe.

   In der Stadtökologie sprechen wir von der Notwendigkeit und vom Entstehen einer neuen Technikgeneration nach dem Prinzip „humanökologische Technikgestaltung".

   Sozio-ökologische Technikgestaltung heißt, die Umwelt- und Sozialbeziehungen von Technik für die Nutzer (wieder) erlebbar und erfahrbar zu machen, die Anonymisierung und das auf das reine Angebot von „Betriebsstoff" reduzierte Verständnis von Umweltressourcen zu überwinden. Es geht also um die Zurückgewinnung der sinnlichen Erfahrbarkeit der Beziehung zwischen Technikentstehung, Techniknutzung und natürlicher Umwelt. Die Rolle des Menschen als verantwortlich handelnder und diese Beziehung gestaltenden Partner der Natur muß wieder deutlich werden.

   Dieses wird als eine wesentliche Voraussetzung für die Veränderung von Bewußtsein und Verhalten der Menschen gegenüber der Umwelt und damit auch von Lebensstilen eingeschätzt.

   Ohne eine solche Neubewertung der Gestaltungsdimension in Architektur und Stadttechnik besteht die Gefahr, daß Sensibilität und Verantwortung der Menschen gegenüber ihren natürlichen Lebensgrundlagen weiter absterben, die Urteilsfähigkeit für Lebensfeindliches und Lebensförderndes in unserer Umwelt, im Verhalten, Denken und Handeln der Menschen. In einer städtischen Umwelt, in der das Erlebnis von Wasser beispielsweise reduziert ist auf seine rein materiellen Zwecke und seine erlebbare Präsenz sich beschränkt auf den Weg zwischen Wasserhahn und Ausguß, ohne Bezug zu dem, was vorher und nachher passiert, müssen Wertschätzung und verantwortlicher Umgang mit diesem Lebenselement veröden.
5. *Orientierung der Mischung und qualifizierten Dichte*: Für die städtischen Quartiere heißt das die Förderung kleinteiliger Mischung städtischer Nutzungen, von Wohnen und umweltverträglichen Arbeits- und Freizeitnutzungen. Es geht um die Schaffung vielfältiger Chancen für Kooperation und Mehrfachnutzung und die Realisierung der damit verbundenen Möglichkeiten zur Einsparung von Zeit, Wegen und Res-

sourcen. Qualifizierte Dichte heißt im besonderen die Kreierung neuer zukunftsweisender städtebaulicher und architektonischer Symbiosen von *einerseits* städtisch-urbaner Dichte mit Erlebnisqualitäten wie städtischer Heterogenität und Vielfalt, das Miteinander und Nebeneinander von Menschen unterschiedlicher Herkunft und Kultur, die Überlagerung und den Wandel von Funktionen und Nutzungen, Konkurrenz- und Austauschbeziehungen von Ideen, Waren und Informationen; *andererseits* die Sicherung und Integration der insbesondere für den aufwachsenden Menschen unverzichtbaren Erlebbarkeit von Naturelementen im urbanen Raum. Gefordert sind baulich-vegetable Strukturen, die ein „künstliches Relief" hoher architektonischer, bauökologischer, nutzungsmäßiger stadt- und standortökologischer sowie natürlicher Wertigkeit und Vielfalt bieten. Das Augenmerk ist zu richten auf Nischen und Zwischenräumen, die differenzierte Lebens- und Erlebnischancen für Mensch, Tier und Pflanze bieten.

6. *Orientierung am „genius loci"*: Nach der Lehre von „Feng shui" (Wind und Wasser) hatten im Alten China der Bau von Gebäuden und Städten sowie die Nutzung des Bodens und Aneignung von Naturressourcen so zu erfolgen, „daß die Landschaft keine Veränderung erfuhr, welche die lebensfördernden Energieflüsse und Wirkungsgesetze der Erde stören konnte". Dies war eine wichtige Hilfe und Voraussetzung für die Identifizierung von Menschen mit ihrer Umwelt, die Fähigkeit, Wurzeln zu schlagen, Halt zu finden, sich in einem naturräumlichen und historischen Kontext einzufügen und sich für seine Erhaltung, Pflege und Weiterentwicklung verantwortlich zu fühlen. In naturräumlicher Hinsicht bedeutet Orientierung am „genius loci", in diesem Sinne mit baulichen und städtebaulichen Mitteln eine erlebbare Beziehung zu definieren zum geographischen, klimatischen und geomorphologischen Umfeld, zur ortscharakteristischen Flora und Fauna. In ihrer kulturhistorischen Dimension meint „genius loci", in der baulichen Gestaltung auf die Geschichte des Ortes einzugehen, die Stadt und ihre Quartiere als lebendiges Gedächtnis zu verstehen, die Planungen, Konzepte und Projekte der Gegenwart und Zukunft einzuordnen in die „historische Kette".
7. *Ökologie und Ökonomie*: Die bisherige, auf akute Umweltschäden bzw. Umweltskandale reagierende, d.h. nachsorgende „Umweltschutzpolitik" hat sich weder als ausreichend noch als langfristig finanzierbar herausgestellt. Statt Krisenmanagement und Symptombehandlung ist die Entwicklung ökologischer Vorsorgestrategien erforderlich, die an den anthropologischen Entstehungsbedingungen der Umweltprobleme ansetzen.

   Ein Hauptproblem besteht darin, daß die ökologischen Folgekosten bzw. Folgewirkungen bei städtebaulichen Investitionsentscheidungen nicht berücksichtigt werden, sondern als ökologische Reparaturkosten gesamtgesellschaftlich umgelegt werden. Diese belaufen sich allein in der Bundesrepublik nach Berechnungen des UBA und von Christian Leipert auf über 160 Milliarden DM pro Jahr.

   Wichtige Voraussetzung für Realisierungs- und Umbaumaßnahmen unserer Städte im Sinne der zuvor beschriebenen Orientierungen ist daher die Herstellung „echter Kosten". Dieses erst schafft die natürlichen und marktwirtschaftlichen Voraussetzungen dafür, daß die Innovationskraft von Architekten, Ingenieuren und Desi-

gnern sowie der Gesellschaft- und Sozialplanung in eine ökologisch verträgliche Richtung gelenkt werden.
In diesem Sinne geht es darum, nicht nur eine ökologische städtebauliche Strategie, sondern ebenso eine ökologisch orientierte Wirtschaftsstrategie zu entwickeln sowie Antworten auf neue Anforderungen im Bereich des Handwerks und der Baubranche zu finden, die sich aus dem Ökologischen Stadtumbau ergeben.

8. *Internationale Orientierung*: Internationale Orientierung heißt zunächst – aber nicht nur –, globales Denken in das lokale Handeln einzubeziehen. Lokale Ursachen können globale Wirkungen zeitigen. Der städtische Verkehr trägt zum Treibhauseffekt bei. Die Vorliebe für Tropenhölzer in den Industrieländern und die daraus resultierenden großflächigen Abholzungen in den Entwicklungsländern sind ebenso Ursache einer drohenden globalen Klimakatastrophe wie die weiterhin stattfindende Energieverschwendung. Etwa 20 Prozent aller Länder – die Industrieländer – verbrauchen 80 Prozent der Weltenergie und tragen mit 80 Prozent zur CO_2-Anreicherung der Atmosphäre bei. Ökologischer Stadtumbau erfordert insofern eine neue Dimension internationaler Problemsicht im lokalen und individuellen Handeln.
Ein zweiter Aspekt ist der internationale Erfahrungsaustausch mit gegenseitiger Unterstützung bei der Entwicklung und Umsetzung stadtökologischer Handlungsstrategien. Das betrifft die nationale und kommunale Ebene, aber auch die Projektebene, wo neue Formen internationaler Kooperation sich als effektiv herausgestellt haben, weil sie konkret sind. Von projektbezogenen und kommunalen Netzwerken für Ökologischen Stadtumbau können insofern entscheidende Anstöße für die internationale Umweltpolitik ausgehen – da sie eine Reaktion auf den Druck „von unten" und „von nebenan" sind. Für ökologisch besonders gefährdete Städte, die sich aus eigener Kraft allein nicht helfen können, sind internationale Unterstützungsprogramme nach dem Prinzip „Hilfe zur Selbsthilfe" zu fordern. Vorschläge zur Finanzierung solcher Programme liegen vor: Neben ersten entsprechenden Programmen der Weltbank ist hier insbesondere auf die Umwidmung von Rüstungsausgaben sowie auf die Erhebung von Ressourcensteuern und Emissionsabgaben hinzuweisen, die in internationale Fonds eingezahlt und im Sinne einer globalen Umweltpolitik umverteilt werden. Die Devise „Global denken, lokal handeln" wird ergänzt in die Devise „Global denken, global handeln".

4.2 Modell der „Handlungsbereiche und Bausteine"

Dieses Modell stellt den Versuch dar, zwischen der Realität weiterhin existierender sektoraler Fachplanungen, Politik- und Verwaltungsressorts und der Notwendigkeit „integrierter" Denk- und Vorgehensweisen zu vermitteln und dabei Einstiegsmöglichkeiten für neues Denken, Planen und Handeln aufzuzeigen.
Die drei folgenden, sich gegenseitig stützenden und ergänzenden Handlungsbereiche haben sich für einen Ökologischen Stadtumbau als besonders wichtig herausgestellt.

- Handlungsbereich: Stadttechnik und Stadtgestaltung
- Handlungsbereich: Stadtdemokratie und Umweltkommunikation
- Handlungsbereich: Ökonomie und Ökologie

Erst in einer vernetzten Vorgehensweise dieser drei Handlungsbereiche haben Strategien des Ökologischen Stadtumbaus eine echte Chance. Andernfalls wird es bei den derzeitigen, gelegentlich exotisch anmutenden und kaum überzeugenden Pilotprojekten bleiben. Die Handlungsbereiche 2 und 3 weisen dabei auf die große Bedeutung von Veränderungen in den ökonomischen und gesellschaftlichen Rahmenbedingungen hin, die wiederum nur im Zusammenhang mit einem neuen Umweltbewußtsein und einer neuen Umweltethik eine realistische Perspektive sind. (Bei der Ableitung der „Acht Ökologischen Orientierungen" wurde dieser Zusammenhang bereits deutlich zu machen versucht.)

Die Handlungsfelder werden durch die „Bausteine" definiert und konkretisiert. Sie beziehen sich auf konkrete Planungs- und Fachplanungsbereiche, Politik- und Forschungsfelder, die für den Ökologischen Stadtumbau von besonderer Bedeutung sind. Damit gibt es, was für die Implementation wichtig ist, direkte Ansprechpartner in Form von Personen, Institutionen und Verbänden. Es können konkrete Aufgaben für das Durchdenken und die Weiterentwicklung bisheriger Planungs- und Handlungsweisen formuliert, die Hindernisse, die ihrer Realisierung entgegenstehen, benannt und Lösungen gefunden und eingefordert werden.

Der Begriff „Baustein" soll deutlich machen, daß jeder Baustein seine Funktion und Tragfähigkeit erst im Zusammenwirken mit den anderen Bausteinen, und zwar aller drei Handlungsfelder erhält. In seiner ökologischen, sozialen und ökonomischen Wirksamkeit und Entfaltungsfähigkeit ist er ohne diese Vernetzung stark eingeschränkt, mit entsprechend geringer Implementationschance. Das heißt nicht, daß bei der Planung und Durchführung konkreter Projekte von vornherein alle Bausteine berücksichtigt werden müssen oder sollten. Das Bausteinmodell ist vielmehr ein Orientierungsrahmen, um die geeigneten Handlungsansätze und Maßnahmen in der konkreten Situation eines Projekts erkennen und lokal gegebene Chancen in die Diskussion bringen zu können.

Unter Implementationsgesichtspunkten hat sich für die Praxis des Ökologischen Stadtumbaus die Einführung von drei Maßnahmenkategorien bewährt, für die erste Maßnahmenkataloge vorliegen:

- *Standardmaßnahmen*: Das sind Maßnahmen, die bereits technisch erprobt und marktgängig sowie in ihrer Realisierung nur mit geringen oder keinen Mehrkosten verbunden sind, wie zum Beispiel wassersparende Sanitärtechnik, Energiesparmaßnahmen, umweltverträgliche Baustoffe, Stadtbegrünung.
- *Sondermaßnahmen:* Das sind ebenfalls technisch erprobte und marktgängige Technologien, die aber unter den gegebenen Bedingungen mit betriebswirtschaftlichen Mehrkosten in Planung, Investition oder Betrieb verbunden sind. Es handelt sich hierbei um ökologisch wirksame und volkswirtschaftlich sinnvolle Maßnahmen, die aber unter den derzeitigen städtebaulichen und wohnungspolitischen Rahmenbedingungen nicht oder noch nicht betriebswirtschaftlich rentabel sind.

Abbildung 3: Handlungsbereiche und Bausteine

Stadttechnik und Stadtgestaltung

Architektur und Bauökologie

Strom- und Wärmeversorgung

Wasser

Verkehr

Abfallvermeidung und ökolog. Recycling

Grünräume und Stadtvegetation

Städtischer Naturschutz

Stadtklima und Atemluft

Boden- und Grundwasserschutz

Lärmschutz

Demokratisierung und Umweltkommunikation im städt. Mikrobereich

Implementation neuer Formen von
Kooperation
Koproduktion
Partizipation
für Umweltaktionen,
Umweltverantwortung,
Umweltverträglichkeitsprüfung

Umweltbildung
Umweltberatung
Qualifizierung
Kindergärten, Schulen
Hochschulen, Volkshochschulen
Betriebe, Einrichtungen
Haushalte, Nachbarschaften
Verwaltungen
Zukunftswerkstätten
ökologische Denkwerkstätten

betroffenenorientierte Umweltinformation und Umweltberichterstattung
Schadstoffmessungen
Bioindikatoren
Bilanzierungen, Zeitreihen
ökologische Buchhaltung
geeignete Visualisierungs- und Dokumentationsformen

(Umwelt-)Märkte für:
Ideen und Produkte
Bau- und Handwerksleistungen
Dienstleistungen

informelle Netzwerke
problem- oder projektbezogen

Makrogesellschaftliche Rahmenbedingungen und Instrumente

ökonomische Instrumente
Umweltsteuern
Umweltabgaben
Subventionen und Förderprogramme
verbrauchsbezogene Abrechnung

rechtliche Instrumente
Grundgesetz
Naturschutzgesetz
Städtebaurecht; dort: Abwägungs- und Beteiligungsgebot, UVP, Satzungen, Ausgleichsgebote, Genehmigungsvorbehalte, Veränderungssperren, Experimentierklausel
Umweltrecht; dort: Grenzwertregelungen, Normen, technische Anleitungen, Regelungen für Emissionszertifikate, ökologische Buchhaltung bzw. Bilanzierungen

Vorreiterrolle des Staates
bei Baumaßnahmen
im Beschaffungswesen
im Qualifizierungsbereich

Politikschwerpunkt Experimentier- und Lerngesellsch.
Konzentration von personellen und materiellen Ressourcen in Pilotprojekten
Entwicklung geeigneter Multiplikatorinstrumente

internat. Vereinbarungen, Programme, Kooperationen
Vereinbarungen zu ökonomischen und rechtlichen Instrumenten
Internationale Projektfonds, Hilfs- und Ausgleichsfonds
Internationale Kooperations- und Austauchprogramme
neue Aufgaben für internationale Organisationen

- *Experimentalmaßnahmen:* Das sind Maßnahmen, die noch nicht Stand der Technik sind, sondern sich im Forschungs- und Entwicklungsstadium befinden. Diese Maßnahmen sind meist nur in Pilot- und Forschungsprojekten mit großem Mehraufwand an Kosten und Betreuung zu realisieren. Sie spielen aber im Sinne der Weiterentwicklung der Bautechnik unter Umweltgesichtspunkten eine wichtige Rolle.

4.3 „Strategie Ökologische Quartiersentwicklung"

These 1: Erst mit zunehmender Vernetzung der ökologisch orientierten Einzelmaßnahmen, Bausteine und Handlungsbereiche hat der Ökologische Stadtumbau eine wirkliche Implementationschance (*Vernetzungsthese*).

These 2: Stadtquartiere als Schnittstelle zwischen Mikro- und Makro-Bereich stellen die geeignetste Handlungsebene für vernetzte Strategien des Ökologischen Stadtumbaus dar (*Quartiersthese* bzw. *Betroffenheitsthese*).

These 3: Auf der Quartiersebene konzentrieren sich in besonderer Weise bisher brachliegende oder uneffektiv genutzte Ressourcen, deren Mobilisierung entscheidend zum Erfolg des Ökologischen Stadtumbaus beitragen kann (*Mobilisierungsthese*).
Diese Thesen sollen im folgenden näher untersucht bzw. begründet werden.

(a) zur Vernetzungsthese

Bisherige sektorale Umweltschutzstrategien haben sich als zu teuer und ökologisch wie sozial als relativ wenig wirksam herausgestellt. Damit verbunden war eine zu geringe sich im Verhalten und Handeln niederschlagende soziale Akzeptanz und politische Durchsetzbarkeit. Gefordert werden daher heute vernetzte ökologische Handlungsstrategien, für deren Entwicklung das „Modell der Handlungsbereiche und Bausteine" als Arbeitshilfe entwickelt wurde. Erst mit der Vernetzung sich gegenseitig ergänzender und fördernder Maßnahmen innerhalb und zwischen den zuvor beschriebenen Handlungsbereichen und Bausteinen können die bisherigen Implementationsschwellen überwunden und Implementationsfaktoren entscheidend verbessert werden (siehe *Abbildung 4*):

(b) zur Betroffenheitsthese

Der Ökologische Stadtumbau wird sich in den konkreten Lebens- und Umweltbedingungen der Menschen entscheiden – und das sind die Quartiere, in denen sie leben und arbeiten. Hier ist die Betroffenheit am größten und Ursache-Wirkungsbeziehungen noch am ehesten überschaubar.
In den letzten Jahren war ein Bedeutungszuwachs der städtischen Mikro-Ebene zu beobachten. Er steht in engem Zusammenhang mit dem Bewußtwerden von umwelt-

Abbildung 4: „Vernetzungsgewinne"

Integrierte Konzepte führen zu „Vernetzungsgewinnen"

- bessere ökologische Effektivität
- höhere ökonomische Effizienz
- höhere soziale Akzeptanz
- größere politische Durchsetzbarkeit
- Multiplikatoreffekte bei Maßnahmen und Wirkungen
- Mobilisierungseffekte bei der Erschließung sozialer, materieller und finanzieller Ressourcen

bedingten Einschränkungen der Lebensqualität oder akuten Gesundheitsgefährdungen. Das Sterben der Wälder, das Ozonloch, die Klimaveränderung, das Abholzen tropischer Regenwälder, all dies ist schlimm, aber die Möglichkeiten, sich dagegen zu wehren, erscheinen vielen Menschen als gering. Wenn jedoch die eigenen Kinder wegen Pseudokrupp ins Krankenhaus müssen, der eigene Vorgarten oder die letzte nachbarschaftliche Grünfläche einer neuen Straßenverbreiterung weichen soll, die eigene Wohnung wegen Dioxin, Formaldehyd, Asbest oder anderer Wohngifte als Gesundheitsrisiko erkannt wird, dann sind Betroffenheit und Handlungsdruck ungleich größer – und so auch die Möglichkeit, sich zu wehren. Das überschaubare, durch besondere Aufmerksamkeit gekennzeichnete eigene Lebensumfeld – das Quartier – ist daher von entscheidender Bedeutung nicht nur für das eigene Wohlbefinden, sondern auch für die gesicherte oder die gefährdete Lebensqualität.

Das Quartier wird wahrgenommen beim Blick aus dem Fenster, auf den täglichen Einkaufswegen, dem Weg zur Arbeit oder dem abendlichen Spaziergang, dem Spielen bzw. Beaufsichtigen der Kinder oder dem Ausführen des Hundes. Bei diesen täglichen Aktivitäten werden im Prozeß von Wertewandel und zunehmender Umweltsensibilisierung immer mehr Defizite in der unmittelbaren Umwelt bewußt. Diese Defizite können sich beziehen auf unerträglichen Lärm, lokale Schadstoffemissionen durch uneffektive veraltete Heizungstechniken oder auf die Emissionen umweltgefährdender Betriebe in der Nachbarschaft. Es kann sich um Altlasten mit Boden- und Grundwassergefährdungen handeln, um ästhetische Umweltverschandelungen, verschmutzte und stinkende Oberflächengewässer, Abfall- oder Deponieprobleme, ungenügende Freiräume, fehlende Einkaufsmöglichkeiten für umweltverträgliche Produkte oder ein unzureichendes ÖPNV-Angebot.

Es kann sich ebenso um fehlende „Sinnesqualitäten" handeln wie um das Fehlen von Naturgeräuschen, von Pflanzen, von Vögeln und Naturerlebnissen ganz allgemein.

Parallel zu der Sensibilisierung für Symptome der Umweltgefährdung an sich erfolgt eine Sensibilisierung über die Verursacher und Verursachungszusammenhänge. Im Mikrokosmos des Quartiers bietet sich dafür reichlich Anschauungsmaterial. Das kann

Betriebe mit ihren spezifischen Produktionsweisen und den damit verbundenen Emissionen im Quartier selbst bzw. in der näheren Umgebung betreffen, es können bestimmte Verkehrssituationen oder -planungen sein, von denen in besonderer Weise Lärm- und Schadstoffemissionen oder weitere Beeinträchtigungen des nachbarschaftlichen Nahraumes ausgehen oder erwartet werden. Es werden aber auch die Zusammenhänge zwischen dem gestiegenen Verbrauch an Energie und Wasser, der ungebremsten „Abfall-Lawine" und der städtischen Ver- und Entsorgung erkannt, und dies betrifft sowohl die technische Seite als auch die Preisgestaltung und den Abrechnungsmechanismus.

Gestützt wird dieser Prozeß der Sensibilisierung für Verursachungszusammenhänge im eigenen Lebensumfeld durch zunehmende Informationen mittels Fernsehberichte, Presse, Umweltliteratur, Bildungsveranstaltungen sowie direkte Kommunikation zwischen betroffenen Bürgern. Die Bürger sind daher immer weniger bereit, lösbare oder vermeidbare Umweltbeeinträchtigungen in ihrer Nachbarschaft zu akzeptieren und sich mit sogenannten „Sachzwängen" meist technokratischer Planungsmechanismen abzufinden. Es findet eine Wiederentdeckung der städtischen Nahräume durch die Bewohner statt. Das Vertrauen in die zentralen Institutionen, angemessene Lebens- und Umweltbedingungen zu schaffen und zu bewahren, ist demgegenüber rapide gesunken. Viele sehen die zentrale Ursache von Fehlentwicklungen in der modernen Stadtentwicklung darin, daß die Bewohner (und Betroffenen!) sich zu wehrlosen Erfüllungsgehilfen einer bürokratischen und technokratischen Sachzwangpolitik entmündigen ließen. Die oben beschriebene weltweite „Grassroot-Bewegung" ist in diesem Zusammenhang zu sehen. Die Betroffenen wollen wieder mitreden und Mitverantwortung tragen, wenn es um ihre eigene Gesundheit und ihre unmittelbaren Lebensbedingungen geht. Sie sind, wie eine Vielzahl von Beispielen zeigt, bereit, sich dafür auch mit Ideen, Zeit und Geld zu engagieren.

(c) zur Mobilisierungsthese

Die Stadtquartiere verfügen über ein mehr oder weniger großes Potential bisher kaum erkannter und brachliegender Ressourcen, die bei geeigneten Rahmenbedingungen für die Vielzahl der aufgezeigten Handlungsmöglichkeiten des Ökologischen Stadtumbaus aktiviert werden können. Hierbei ist zwischen materiellen und finanziellen Ressourcen einerseits und sozialen Mobilisierungsressourcen andererseits zu unterscheiden (siehe *Abbildung 5*).

1. Materielle und finanzielle Ressourcen

Investitions- und Konsumkapital:

In einem Quartier kommt es laufend zu irgendwelchen Investitionen für Neubauten, Umbauten und Sanierungsvorhaben, für die Modernisierung von Produktionsbetrieben und Wohnungen, die sowohl von privater als auch von öffentlicher Seite durch-

Abbildung 5: Ökologischer Stadtumbau – Quartiersebene

betroffene Menschen
Kinder, Jugendliche, Alte
Arbeitnehmer, Unternehmer
lokale Bürgerinitiativen und Interessenorganisationen

lokale Umweltprobleme

Lärm, Luftverschmutzung,
Altlasten, Klima- und Wasserprobleme
Wohngifte
keine individuellen Entfaltungsräume
zerstörte natur- und sinnesbezogene Erlebnisräume
Arbeitslosigkeit und soziale Defizite
Zunahme von Umweltkrankheiten
umweltbedingte Folgekosten

QUARTIER

lokale Verursacher
und Verursachungszusammenhänge

Verkehr
Produktion, Handwerk, Handel und Dienstleistungen
Haushalte und Konsumverhalten
Stadtplanung und Architektur
technische Infrastruktur (Heizung, Wasser, Abfall)
öffentliche und private Grünplanung

Vernetzung

Räume

privat - halböff. - öffentlich
stadtische, naturbezogene Erfahrungs- und Erlebnisräume
Freiräume, gebaute Räume
Verkehrs- und Kommunikationsräume

qualitativ-quantitativ?

Nutzungen

Wohnen, Arbeiten, Freizeit

technische und soziale Infrastrukturen
Verkehr

monostrukturiert - vielfältig?

identitätsbildende Strukturen

historisch gewachsene Gegebenheiten
naturräumliche Gegebenheiten
sozio-kulturelle Gegebenheiten
sonstige

genutzt - brachliegend?

lokale Handlungsmöglichkeiten
siehe "Handlungsbereiche und Bausteine" und "ökologische Orientierungen"

Ressourcen

lokale Selbsthilfepotentiale

Eigeninteresse der Bewohner und lokalen Akteure an gesunden, attraktiven Lebens- und Arbeitsbedingungen

Bewohner, Betriebe, Hausbesitzer, Kirchen, Vereine, Selbsthilfegruppen, Bürgerinitiativen

Stadtverwaltung

personelle, materielle, räumliche Ressourcen, z.B.:
Schulen, Kindergärten, Jugend- und Alteneinrichtungen
Gesundheitseinrichtungen
Gartenbauämter, Kultureinrichtungen, Volkshochschulen
soziale Einrichtungen

Programme

Umwelt-, Arbeits- und Beschäftigungsprogramme

Wohnungsbau-, Infrastruktur- und andere Investitionsprogramme

neue umweltpolitische Instrumente

geführt werden. Auch im Konsum- und Freizeitbereich wird in einem Quartier viel Kapital bewegt, das im Sinne ökologisch verantwortlicher Lebensgestaltung und damit entweder für die Ziele des Ökologischen Stadtumbaus aktiviert werden kann oder aber ungenutzt bleibt. Das betrifft den Einkauf von Nahrungs- und Reinigungsmitteln, von Kleidung, Haushaltsgeräten, von Möbeln und Einrichtungsgegenständen. Der Markt bietet in vielen Ländern inzwischen ein breites Spektrum an Alternativen zum herkömmlichen, die Umwelt und den ökologischen Kreislauf belastenden Produktangebot.

Vorhandene Infrastrukturen und Einrichtungen:
Ein Quartier verfügt über diverse öffentliche, halböffentliche bzw. intermediale Einrichtungen, wie Schulen, Krankenhäuser, Kultur- und Sozialeinrichtungen. Solche Einrichtungen und ebenso die von Kirchen, Vereinen und Wohlfahrtsverbänden stellen in der Zusammenarbeit mit Bürgerinitiativen, Umweltgruppen und Selbsthilfe eine wichtige Ressource für den Ökologischen Stadtumbau dar.
In einer 1987 veröffentlichten „Planungshilfe für die ökologische Stadterneuerung" hat Reinhard Sellnow am Beispiel des Pilotprojekts Nürnberg-Gostenhof eine Analyse der vorhandenen Infrastrukturen und Einrichtungen erstellt, die für den Ökologischen Stadtumbau grundsätzlich genutzt werden können. Sie verfügen über Personal, Räume, Fahrzeuge und Kommunikationsmittel; auch Geräte für Umweltqualitätsmessungen sind vorhanden oder können relativ problemlos beschafft werden. Teilweise besteht dort auch großes Interesse daran, am Prozeß des Ökologischen Stadtumbaus mitzuwirken, insbesondere wenn es sich um überschaubare, kleinteilige Projekte handelt.
Internationale, nationale und kommunale Förderprogramme:
Angesichts zunehmender ökologischer Probleme haben Kommunen, nationale Regierungen und internationale Organisationen Förderprogramme aufgelegt, um besonders belasteten Städten und Gemeinden „Hilfe zur Selbsthilfe" zu leisten. Dazu gehören Arbeitsbeschaffungs-, Qualifizierungs-, Stadtsanierungs- und Umweltprogramme. Es gibt inzwischen eine Reihe von Förderprogrammen für umweltfreundliche Energiekonzepte, für Unternehmensgründungen im Umweltschutzsektor, für Umweltberatung, für die Haus- und Hofbegrünung. Solche Programme dürften weiter an Bedeutung gewinnen und über wachsende Haushaltsanteile verfügen.

2. Soziale Mobilisierungsressourcen

Es reicht jedoch nicht, daß allgemein für Umweltziele materielle und finanzielle Ressourcen bereitgestellt werden. Die für unser Thema entscheidende Frage ist, wie sie für den Ökologischen Stadtumbau möglichst effektiv – und das heißt nicht „isoliert", sondern „integriert" – eingesetzt werden können. Damit kommen wir zu den im Quartier lebenden Menschen, die teilweise über Fähigkeiten verfügen und auf verschiedene Art und Weise darauf Einfluß nehmen können, wie diese Ressourcen verwendet werden.

Von dem Wandel der Einstellungen, einem umweltbewußten Denken und Handeln hängt es ab, ob die vorhandenen materiellen und finanziellen Ressourcen weiterhin im bisherigen, umweltgefährdenden Sinne eingesetzt werden oder aber zum Schutz und zur Verbesserung der Umweltsituation. Es kommt darauf an, daß sich „ökologische Orientierungen“ auch in den „Handlungsbereichen und Bausteinen“ des Ökologischen Stadtumbaus niederschlagen.

Eine Schlüsselrolle in diesem Mobilisierungsprozeß kommt den informellen Aktivitäten in der Gesellschaft zu. Umwelt- und Selbsthilfegruppen sind wichtige Repräsentanten und Akteure des ökologischen Umbaus. Während die formellen Akteure über große Bereiche der materiellen und finanziellen Ressourcen verfügen, können die informellen Akteure mit unkonventionellen Mitteln darauf Einfluß nehmen, wie mit diesen Ressourcen umgegangen wird. In solchen durch Engagement bestimmten Gruppen kann sich die für den Prozeß des Ökologischen Stadtumbaus erforderliche Mobilisierung besser entfalten als in den formellen gesellschaftlichen Strukturen.

Diese informellen „human-ökologischen Mobilisierungsressourcen“ setzen sich zusammen aus (siehe *Abbildung 6*):

Motivation und Kreativität, die sich im Rahmen der Eigeninteressen von Individuen und informellen Gruppen ohne administrative Hemmnisse entfalten können. Umweltwahrnehmung und Umweltbeobachtung durch informelle Akteure haben sich häufig als differenzierter, ganzheitlicher und auch wirksamer erwiesen als die offizielle Umweltpolitik.

Organisation: Selbstorganisierte Umwelt- und Selbsthilfegruppen haben sich vielfach als flexibler und handlungsfähiger herausgestellt als sektoral gegliederte Verwaltungsinstitutionen. Problembezogen können sehr schnell Vernetzungen mit überörtlichen Netzwerken oder informelle Kontakte zu überörtlichen formellen Entscheidungsträgern hergestellt und problemadäquate Handlungsstrategien entwickelt werden.

Qualifikation und Professionalität: Personen und Gruppen, die im informellen Bereich aktiv sind, verfügen durch ihr parallele Tätigkeit im formellen Berufsleben über ein breites Spektrum an Qualifikation und Professionalität. Für den Ökologischen Stadtumbau können diese Ressourcen oft effektiver genutzt werden als in formellen gesellschaftlichen Strukturen.

Politikeinfluß: Informelle Gruppen können eine durchsetzungsstarke Gegenöffentlichkeit bilden. Dies hat sich sowohl bei lokal begrenzten Umweltinitiativen als auch bei problematischen Großprojekten bis hin zur Beeinflussung oder gar Aufgabe ganzer Techniklinien (zum Beispiel AKW-Bewegung) gezeigt. Politischer Druck kann sehr erfinderisch und der Problemlage angepaßt von den informellen Akteuren erzeugt werden; es können aber auch Kontakte zu den formellen Entscheidungsträgern aufgenommen und in Koproduktionen (Hans Spiegel) umgesetzt werden.

Zeit und Arbeitskraft: Mit fortschreitender Entwicklung der Industriegesellschaft finden Verlagerungen im individuellen und gesellschaftlichen Zeitbudget von formeller Arbeitszeit zu Freizeit bzw. informellen Tätigkeiten statt. Eine entscheidende Frage für den Ökologischen Stadtumbau ist es, inwieweit diese „gewonnene“ Zeit im Sinne der zuvor beschriebenen Einfluß- und Gestaltungsmöglichkeiten genutzt wird.

Abbildung 6: Ressourcen für den Ökologischen Stadtumbau

5. „Konzept Ökostation"

Ohne geeignete Voraussetzungen in Form von Kommunikation und Information von Waren- und Dienstleistungsangeboten können die quartiersbezogenen Ressourcen nur schwer mobilisiert, kann der Prozeß des Ökologischen Stadtumbaus in dem beschriebenen Sinne wohl kaum als eigendynamischer Prozeß in Gang gebracht werden. Der Aufbau eines Netzes von „Ökostationen" wird von uns daher als Schlüsselelement für die lokale wie internationale Aufgabe des Ökologischen Stadtumbaus angesehen. Mit dem „Konzept Ökostation" soll eine solche Infrastruktur errichtet werden. Im einzelnen handelt es sich dabei um dezentrale, ökologisch-orientierte Handels-, Dienstleistungs- und Kultureinrichtungen, die vor allem auf die ökologischen Umbauerfordernisse und Marktchancen im Quartier ausgerichtet sind.
Mit den Ökostationen sollen baulich-räumliche Situationen geschaffen werden, in denen sich Personen und Institutionen gegenseitig fördern können. Solche Ökostationen können zu neuen städtebaulichen Funktionselementen werden, die einerseits aus der Notwendigkeit solcher Infrastruktureinrichtungen für eine der zentralen Zukunftsaufgaben resultieren und andererseits zu einem städtebaulichen Symbol eben dieser Zukunftsaufgabe werden können.
Das „Konzept Ökostation" sieht neben lokalen und quartiersbezogenen Aufgaben aber auch gesamtstädtische und überörtliche Funktionen vor. Es ist vorstellbar, daß ein „Netzwerk von Ökostationen" entsteht. Solche Netze würden innerhalb der Städte sukzessive aufgebaut und dann national und international über moderne Kommunikationstechnik miteinander verbunden werden. Netzwerkaufgabe wäre der lokale wie

Abbildung 7: Ökostation – Spektrum möglicher Aufgaben

- Informations-, Demonstrations- und Aktionsort für Ökologischen Stadtumbau
- Markt und Informationsbörse für ökologische Ideen, Produkte, Dienstleistungen
- Beratungszentrum für ökologisch orientierte Betriebsgründungen, Betriebsumgestaltungen, Produktinnovationen
- Unterstützungszentrum „Hilfe zur Selbsthilfe" für ökologisch orientierte Umgestaltungen im Wohn- und Nachbarschaftsbereich (Beratung, Werkstätten, Geräteausleihe etc.)
- Beteiligungsort an öffentlichen Planungsprozessen und Umweltverträglichkeitsprüfungen etc.
- Zentrum für ökologisch orientierte Bildungs- und Qualifikationsveranstaltungen
- Ort des internationalen Erfahrungsaustauschs und der Kooperation zu den Themen Demokratie, Umweltschutz und ökologische Marktwirtschaft
- Das Gebäude, der Ort, seine Gestaltung und sein Betrieb als Demonstrations- und Erfahrungsort für dynamische Prozesse des Ökologischen Stadtumbaus
- Der Ort auch als neues städtebauliches und stadtfunktionelles Zeichen für den ökologischen Umgestaltungsprozeß
- Funktionen im Quartier, quartierübergreifende bis zu gesamtstädtischen Funktionen

überörtliche und internationale Erfahrungsaustausch, die gegenseitige Unterstützung und die projekt- bzw. forschungsbezogene Kooperation.
Die Einrichtung solcher Ökostationen auf Quartiersebene ist dabei von besonderer Bedeutung. Wie schon mehrfach erwähnt, liegt hier die Schnittstelle von Mikro-Bereich und Makro-Bereich des Städtebaus, von direkter Betroffenheit und Mitwirkungsmöglichkeit der lokalen Akteure einerseits und der Neugestaltung der ökonomischen und gesellschaftlichen Rahmenbedingungen des ökologischen Umbaus andererseits. Letzteres kann und sollte nicht ohne Bezug zu den Umbauprozessen an der Basis geschehen.
Als Orientierungsrahmen für den Aufbau solcher „Ökostationen" wurden im Rahmen des Forschungsprojekts mehrere Funktions- und Nutzungselemente abgeleitet. Sie sind als Checkliste zur Prüfung unter den jeweils örtlichen Verhältnissen gedacht.
In den osteuropäischen Ländern können solche „Ökostationen" eine wichtige Rolle sowohl im Demokratisierungsprozeß dieser Länder (siehe Handlungsbereich „Umweltkommunikation und Demokratisierung") als auch beim Aufbau einer ökologischen und marktwirtschaftlichen Ökonomie in den Städten spielen.

Literatur

Allert, T./Reulecke, J./Trepl, L. u.a., 1987: Städtische Lebensformen, in: Stadterfahrung – Stadtgestaltung Bausteine zur Humanökologie, Nr. 2, Tübingen: Deutsches Institut für Fernstudien.

Amery, C., 1978: Natur als Politik. Die ökologische Chance des Menschen, Reinbek.

Arbeitsgemeinschaft Ökologischer Stadtumbau, 1984: Ökologisches Checklistensystem. Ein Arbeitsinstrument für den Ökologischen Stadtumbau auf der Gebäude- und Quartiersebene. Arbeitsbericht, Berlin.

Arbeitsgemeinschaft Ökologischer Stadtumbau, 1984/85: Konzept für eine Pilot- und Anschubphase Ökologischer Stadtumbau Berlin. Strategiepapier. Ms., Berlin.

Arbeitsgemeinschaft Ökologischer Stadtumbau, 1986: Bausteine für eine ökologische Quartiersentwicklung. Arbeitsbericht. Ms., Berlin.

Arbeitsgemeinschaft Ökologischer Stadtumbau, 1986: Sachstandbericht zur Pilot- und Anschubphase Ökologischer Stadtumbau. Ms., Berlin.

Arbeitsgemeinschaft Ökologischer Stadtumbau, 1986 – 1988: Ökologische Quartiersentwicklung in Schöneberg, Block 132 und Sanierungsgebiet P VIII. Diverse Konzeptpapiere und Arbeitsberichte. Berlin.

Arbeitsgemeinschaft Ökologischer Stadtumbau, 1984 – 1990: Projekt „Integriertes Wasserkonzept mit Pflanzenkläranlage Block 6" in Berlin-Kreuzberg. Diverse Konzeptpapiere, Arbeitsberichte und Veröffentlichungen, Berlin.

Arbeitsgemeinschaft Ökologischer Stadtumbau, 1984 – 1990: Projekt „Ökohaus" in der Rauchstraße – Berlin-Tiergarten. Diverse Gutachten und Arbeitsberichte, Berlin.

Arbeitsgemeinschaft Ökologischer Stadtumbau, 1989: Projekt „Moabiter Werder" in Berlin-Tiergarten. Gutachten für eine ökologische Quartiersentwicklung in einem Neubaugebiet, Berlin.

Bargatzky, T., 1986: Einführung in die Kulturökologie. Umwelt, Kultur und Gesellschaft, Berlin: Dietrich Reimer.

Bausparkasse Hameln (Hrsg.), 1988: 5. Workshop des BHW-Forums, 10.6. – 12.6.1988. Dokumentation „Ökologisch Bauen: Mode, Zwang, Zukunftschance?", Hameln.

Beywl, W., 1987: Alternative Ökonomie: Selbstorganisierte Betriebe im Kontext neuer sozialer Bewegungen, in: *W. Roth* und *D. Rucht* (Hrsg.), Neue Soziale Bewegungen in der Bundesrepublik Deutschland, Frankfurt a.M.: Campus, 187-203.

Binswanger, H.C./Frisch, H./Nutzinger, H.G. u.a. (Hrsg.), 1988: Arbeit ohne Umweltzerstörung. Strategien für eine neue Wirtschaftspolitik, Frankfurt a.M.: S. Fischer.
Bowlus, Ch., 1988: Die Umweltkrise im Europa des 14. Jahrhunderts, in: *R.P. Sieferle* (Hrsg.), Fortschritte der Umweltzerstörung, Frankfurt a.M.: Suhrkamp, 13-30.
Bradshaw, A.D./Goode, D.A./Thorp, E.H.P., 1986: Ecology and Design in Landscape. The 24th Symposium of the British Ecological Society in Manchester, 1983, Oxford: Blackwell Scientific Publications.
Brown, L.R./Flavin, C./Postel, S., 1989: Global handeln – Aufriß einer Strategie, in: *Worldwatch Institute Report* (Hrsg.), Zur Lage der Welt – 1989/90. Daten für das Überleben unseres Planeten, Frankfurt a.M.: S. Fischer, 291-339.
Buchwald, K., 1978: Umwelt-Mensch-Gesellschaft: Die Entstehung der Umweltproblematik, in: *Buchwald* und *Engelhardt* (Hrsg.), Handbuch für Planung, Gestaltung und Schutz der Umwelt, München: BLV, 1-46.
Commission of the European Communities, 1990: Green Paper on the Urban Environment. KOM (90) 218, Brüssel.
Demokratische Gemeinde, 1986/87: Die Wiederkehr der Städte. Nachdenken über die Zukunft. Städtebaukongreß der SPD, Bonn: Sozialdemokratische Gemeinschaft für Kommunalpolitik in der Bundesrepublik Deutschland e.V. (= Sondernummer der Demokratischen Gemeinde).
DIFU – Deutsches Institut für Urbanistik, 1987ff.: Kommunale Umeltberichte. Fortschreibung, Berlin: DIFU.
Durning, A.B., 1989: Die Graswurzelrevolution, in: *Worldwatch Institute Report* (Hrsg.), Zur Lage der Welt – 1989/90. Daten für das Überleben unseres Planeten, Frankfurt a.M.: S. Fischer, 255-289.
Eble, J./Sabeth, B., 1989: Entwurf für das Ost-West-Handelszentrum am Moritzplatz. Ms., Berlin.
Eibl-Eibesfeld, I., 1984: Die Biologie des menschlichen Verhaltens. Grundriß der Humanethologie, München: Piper.
Elias, N., 1977: Über den Prozeß der Zivilisation. Soziogenetische und psychogenetische Untersuchungen, Bd. 1-2, Frankfurt a.M.: S. Fischer.
European Communities, European Parliament, 1988/89: Report drawn up on behalf of the Commitee on the Environment, Public Health and Consumer Protection on the Environment in Urban Areas. Session Documents, Series A, A2-0294/88.
Fiebig, K.-H. u.a., 1987: Kommunale Umweltschutzberichte. Berlin: Deutsches Institut für Urbanistik (DIFU).
Friedrichs, J. (Hrsg.), 1985: Stadtentwicklungen in West- und Osteuropa, Berlin, New York: Walter de Gruyter.
Fürst, D. u.a., 1986: Umwelt – Raum – Politik. Ansätze zu einer Integration von Umweltschutz, Raumplanung und regionaler Entwicklungspolitik, Berlin: edition sigma.
Garbe, D./Hoffmann, M., 1988: Soziale Urteilsbildung und Einstellungsänderung in Planungszellen. Werkstatt-Papiere Nr. 25, Wuppertal: Forschungsstelle Bürgerbeteiligung & Planungsverfahren.
Glacken, C.J., 1988: Zum Wandel der Vorstellungen über den menschlichen Lebensraum, in: *R.P. Sieferle* (Hrsg.), Fortschritte der Umweltzerstörung, Frankfurt a.M.: Suhrkamp, 158-190.
Grohé, T., 1987a: Ökologische Orientierung beim Planen, Erneuern und Bauen – ein ganzheitliches Problem, in: Stadterfahrung – Stadtgestaltung Bausteine zur Humanökologie, Nr. 5, Tübingen: Deutsches Institut für Fernstudien.
Grohé, T., 1987b: Grundlagen der ökologisch orientierten Stadtentwicklung, in: Stadterfahrung – Stadtgestaltung, Bausteine zur Humanökologie, Nr. 6, Tübingen: Deutsches Institut für Fernstudien, 1987.
Grohé, T., 1987c: Zur Realisierbarkeit ökologisch orientierten Bauens und Wohnens in der Stadt, in: Stadterfahrung – Stadtgestaltung, Bausteine zur Humanökologie, Nr. 7, Tübingen: Deutsches Institut für Fernstudien.
Grohé, T./Ranft, F. (Hrsg.), 1988: Ökologie und Stadterneuerung. Anforderungen, Handlungsmöglichkeiten und praktische Erfahrungen, Köln: Deutscher Gemeindeverlag.

Hahn, E., 1986: Ökologischer Stadtumbau – Wendepunkt in der Stadtentwicklungsplanung, in: *E. Hahn* u.a.: Ökologische Stadtplanung, Konzeptionen und Modelle, Frankfurt a.M.: Haag und Herchen, 171-200.
Hahn, E. (Hrsg.), 1988: Siedlungsökologie – Ökologische Aspekte einer neuen Stadt- und Siedlungspolitik, Karlsruhe: C.F. Müller.
Hahn, E., 1989: Ökologischer Stadtumbau – Vom 'idealistischen Zukunftstraum' zum 'politischen Programm', in: Der Architekt, Nr. 6, 312-316.
Hahn, E., 1991: Ökologischer Stadtumbau. Konzeptionelle Grundlegung, Frankfurt a.M.: Peter Lang.
Hahn, E./Thomas, P./Zeisel, J., 1988: Dezentrale Wasseraufbereitung – eine Pflanzenkläranlage in der Diskussion, in: *T. Grohé* und *F. Ranft* (Hrsg.), Ökologie und Stadterneuerung. Anforderungen, Handlungsmöglichkeiten und praktische Erfahrungen, Köln: Deutscher Gemeindeverlag, 35-152.
Hahn, E./Simonis, U.E., 1991: Ecological Urban Planning, in: Trialog, Nr. 28, 6-12.
Häußermann, H./Siebel, W. 1987: Neue Urbanität, Frankfurt a.M.: Suhrkamp.
Heide, Henk ter (Hrsg.), 1990: Technological Change and Spatial Policy, in: Netherlands Geographical Studies, 112, Amsterdam, Utrecht, The Hague: Royal Netherlands Geographical Society.
Hesler, A. von, 1987).: Ökologie und Planung, in: Mitteilungen der Deutschen Akademie für Städtebau und Landesplanung: Städteplanung und Landesplanung im Wandel, München.
Hessisches Ministerium für Landwirtschaft, Forsten und Naturschutz, 1988: Grundlagen ländlicher Siedlungsplanung, Wiesbaden.
Hilbert, T./Jessen, J./Mack, J. u.a., 1987: Städtisches Leben: Grundvoraussetzungen und Modellvorstellungen, in: Stadterfahrung – Stadtgestaltung, Bausteine zur Humanökologie, Nr. 3, Tübingen: Deutsches Institut für Fernstudien.
Höfer, F./Schönherr, H.M./Sellnow, R., 1987: Das ökologisch-philosophische Streitgespräch, in: Pädagogische Arbeitsstelle des Deutschen Volkshochschul-Verbandes e.V. (Hrsg.), Arbeitshilfen für die Erwachsenenbildung, Bonn, Frankfurt a.M.: Deutscher Volkshochschul-Verband.
Industriegewerkschaft Bau – Steine – Erden, 1985: Im Spiegel der Medien. Bauen und Umwelt, Frankfurt a.M.
Institut für Landes- und Stadtentwicklungsplanung des Landes Nordrhein-Westfalen – ILS, 1989: Technikgestaltung in der Stadt- und Regionalentwicklung, Dortmund.
Institut für Ökologische Wirtschaftsforschung – IÖW, 1990: Ökonomisch-ökologische Perspektiven für Berlin 2010, Berlin.
Jänicke, M., 1990: in IÖW, Ökonomisch-ökologische Perspektiven für Berlin 2010, Berlin.
Jessen, J./Pesch, F./Schwarz, U., 1987: Stadtleben als Herausforderung: Handlungsbedarf und Handlungsmöglichkeiten, in: Stadterfahrung – Stadtgestaltung, Bausteine zur Humanökologie, Nr. 4, Tübingen: Deutsches Institut für Fernstudien.
Kommission der Europäischen Gemeinschaften, 1990: Grünbuch über die städtische Umwelt. KOM (90) 218, Brüssel.
Leipert, Ch., 1989: Die heimlichen Kosten des Fortschritts, Frankfurt a.M.: S. Fischer.
Leipert, Ch./Zieschank, R. (Hrsg.), 1989: Perspektiven der Wirtschafts- und Umweltberichterstattung, Berlin: edition sigma.
Lötsch, B., 1988: Ökologisches Bauen als Ausdruck eines neuen Bewußtseins, in: *BDA* (Hrsg.), Architektur + Natur, Hamburg.
Lutz, R., 1987: Ökopolis. Eine Anstiftung zur Zukunfts- und Umweltgestaltung, München: Knaur.
Mager, K.-D., 1985: Umwelt – Raum – Stadt: Zur Neuorientierung von Umwelt- und Raumordnungspolitik, Frankfurt a.M.: Peter Lang.
Melosi, N.V., 1981: Garbage in the Cities. Refuse, Reform, and the Environment 1880 – 1980, St. Lewis: Texas A & M University Press.
Ministry of Urban Development and Environmental Protection Berlin, 1990: Project „European Academy of the Urban Environment". Results/Ergebnisse, Berlin: Senatsverwaltung für Stadtentwicklung und Umweltschutz, Referat Öffentlichkeitsarbeit.
Moscovici, S., 1982: Versuch über die menschliche Geschichte der Natur, Frankfurt a.M.

Mühlum, A./Olschowy, G./Oppl, H., 1986: Umwelt – Lebenswelt. Beiträge zu Theorie und Praxis ökosozialer Arbeit, Frankfurt a.M.: Diesterweg.
Nations Unies, Commission Economique pour l'Europe, 1987: Recherche concernant les perspectives à long terme de l'évolution de l'habitat dans la region de la CEE, New York.
Neddens, M.C. 1986: Ökologisch orientierte Stadt- und Raumentwicklung. Eine integrierte Gesamtdarstellung, Wiesbaden, Berlin: Bauverlag.
Norberg-Schulz, Ch., 1982: Genius loci. Landschaft – Lebensraum – Baukunst, Stuttgart.
OECD, 1989a: New Approaches to Urban Environmental Improvement (by *A. Alexandre*). Workshop „The Resource City", Amsterdam, 13. – 17. September 1989, Paris: OECD.
OECD, 1989b: International Conference on Urban Environmental Improvement and Economic Development „The Role and Perspective of the OECD", Berlin, 24. Januar 1989.
OECD – Group on Urban Affairs, Project Group on Policies to Improve the Urban Environment, 1990: Urban Environmental Policies for the 1990s. Draft Final Report, UP/UE (89) 2, Paris: OECD.
Oechsle, M., 1988: Der ökologische Naturalismus. Zum Verhältnis von Natur und Gesellschaft im ökologischen Diskurs, Frankfurt a.M., New York: Campus.
Politische Ökologie, 1989: Schuhmacherbrief, 16/17. Schwerpunkt: Ökologische Erneuerung der Stadt. Ernst-Friedrich-Schuhmacher-Gesellschaft für politische Ökologie e.V., München.
Presse- und Informationsamt der Landesregierung Nordrhein-Westfalen (Hrsg.), 1983: Umweltprogramm Nordrhein-Westfalen. Maßnahmen, Düsseldorf.
Rodenstein, M., 1988: Mehr Licht, mehr Luft, Gesundheitskonzepte im Städtebau seit 1750, Frankfurt a.M., New York: 1988.
Rosenbladt, S., 1988: Der Osten ist grün?, München: Knaur.
Roth, W./Rucht, D. (Hrsg.), 1987: Neue soziale Bewegungen in der Bundesrepublik Deutschland, Frankfurt a.M.: Campus.
Rucht, D., 1987: Protestbewegungen, in: *W. Benz* (Hrsg.), Die Geschichte der Bundesrepublik Deutschland, Bd. 3: Gesellschaft, Frankfurt a.M.: Fischer Taschenbuch, 311-344.
Schäfer, R., 1990: Rechtliche Möglichkeiten und Restriktionen bei der Realisierung ökologischer Projekte. Ms., Berlin.
Schaper, K., 1987: Sozial- und beschäftigungspolitische Aspekte neuer sozialer Bewegungen, in: *W. Roth* und *D. Rucht* (Hrsg.), Neue soziale Bewegungen in der Bundesrepublik Deutschland, Frankfurt a.M.: Campus, 164-183.
Scheer, H., 1990: Das Sozialzeitalter, Karlsruhe: C.F. Müller.
Schmidt, A., 1990: Städtebau und Evolutiver Struktur- und Gestaltungswandel: Überlegungen zur Modellierung von Veränderungsprozessen in der gebauten Umwelt, Frankfurt a.M.: Peter Lang.
Schreiber, H., 1985: Der Preis des Wachstums – oder: Probleme der Umweltpolitik in der Volksrepublik Polen, in: Zeitschrift für Umweltpolitik & Umweltrecht, Nr. 4, 289-322.
Schreiber, H. (Hrsg.), 1989: Umweltprobleme in Mittel- und Osteuropa, Frankfurt a.M., New York: Campus.
Sellnow, R., 1987: Ökologisch denken lernen. Kursmodell einer 'Ökologischen Denkwerkstatt', in: *Pädagogische Arbeitsstelle des Deutschen Volkshochschul-Verbandes e.V.* (Hrsg.), Arbeitshilfen für die Erwachsenenbildung, Bonn, Frankfurt a.M.: Deutscher Volkshochschul-Verband.
Siebert, H., 1978: Ökonomie Theorie der Umwelt, Tübingen.
Simonis, U.E. (Hrsg.), 1988: Lernen von der Umwelt – Lernen für die Umwelt. Theoretische Herausforderungen und praktische Probleme einer qualitativen Umweltpolitik, Berlin: edition sigma.
Simonis, U.E./Weizsäcker, E.U. von, 1989: Globale Umweltprobleme, Globale Umweltpolitik, in: Materialienheft Interdependenz, Nr. 3, Bonn: Stiftung Entwicklung und Frieden.
Sosna, J., 1987: Netzwerk-Selbsthilfe: Eine Idee koordinierender Projektarbeit verändert sich, in: *W. Roth* und *D. Rucht* (Hrsg.), Neue soziale Bewegungen in der Bundesrepublik Deutschland, Frankfurt a.M.: Campus, 204-219.
Spiegel, H., 1987: Coproduction in the Context of Neighborhood Development, in: Journal of Voluntary Action Research, 16, 3.

Streich, B., 1989: Wandelbarer Konsens. Über Entstehung und Wandel von städtebaulichen Leitbildern seit dem Zweiten Weltkrieg, in: Der Städtetag, Nr. 5, Stuttgart: Kohlhammer, 331-337.

Sukopp, H., 1983: Ökologische Charakteristik von Großstädten, in: Grundriß der Stadtplanung, Hannover: Akademie für Raumforschung und Landesplanung, 51-82.

Sukopp, H., 1987: Stadtökologische Forschungen und deren Anwendungen in Europa, Düsseldorf: Düsseldorfer Geobot. Kolloquium.

Sukopp, H./Auhagen, A., 1987: Artenschutzprogramm Berlin. Umsetzung der Arten- und Biotopkartierung, in: Biotop- und Artenkartierung im besiedelten Bereich und deren Umsetzung im Biotopschutzprogramm. 14. Ökologieforum 1984, Freie und Hansestadt Hamburg: Umweltbehörde, 4-25.

Teufel, D./Bauer, P./Beker, G. u.a., 1988: Ökosteuern als marktwirtschaftliches Instrument im Umweltschutz. Vorschläge für eine ökologische Steuerreform, in: UPI-Bericht, Nr. 9, Heidelberg: Umwelt- und Prognose-Institut.

Teufel, D./Bauer, P./Beker, G. u.a., 1989: Die Zukunft des Autoverkehrs. Öko-Bonus als marktwirtschaftliches Instrument im Umweltschutz – Vorschläge zu einer neuen Kostenverteilung im Verkehrsbereich, in: UPI-Bericht, Nr. 17, Heidelberg: Umwelt- und Prognose-Institut.

UNDP, 1990: Human Development Report 1990, New York, Oxford: Oxford University Press.

UNECE, 1980: Urban Renewal and the Quality of Life, New York.

UNECE, 1981: Quality of Life and Human Settlements. Examples of Protection and Improvement in South European Countries, New York.

UNECE, 1987: An Area-Based Approach to Urban Renewal. A Synthesis Report of a Meeting of the Working Party on Urban and Regional Planning of the ECE Committee on Housing, Building and Planning, The Hague: Netherlands Ministry of Housing, Physical Planning and Environment.

UNECE, Committee on Housing, Building and Planning, Working Party on Urban and Regional Planning and Development, 1978: Report of the ad hoc Meeting on the Role of Transportation in Urban Planning, Development and Environment. HBP/WP.3/AC.3/2, Genf: ECE.

UNECE, Committee on Housing, Building and Planning, Working Party on Urban and Regional Planning and Development, Group of Experts on Urban and Regional Research, 1986: Research Colloquium on Livability of Human Settlements in Winter Climates. HBP/WP.3/GE.1/R.97, Genf: ECE.

UNECE, Committee on Housing, Building and Planning, 1989: Report of the Fifteenth Session (12-15 September 1989). ECE/HBP/76, Genf: ECE.

UNESCO, 1988: Towards the Sustainable City?, New York: UNESCO.

United Nations, 1990: Global Outlook 2000, New York: United Nations Publications.

Vilmar, F./Runge, B. (Hrsg.), 1986: Auf dem Weg zur Selbsthilfegesellschaft? 40 000 Selbsthilfegruppen: Gesamtüberblick, Politische Theorie und Handlungsvorschläge, Essen: Klartext-Verlag.

Wicke, L., 1986: Die ökologischen Milliarden, München.

World Commission on Development of Environment, 1987: Our Common Future, Oxford: University Press.

WHO, 1990: Healthy City Project: A Project Becomes a Movement. Review of Progress 1987 to 1990, Kopenhagen: FADL Publisher.

WHO, Regional Office for Europe, 1989: The Healthy City Concept. It's Environmental Dimension. ICP/HSR 640, 0968i/EG/tp, Pécs (Ungarn): WHO.

Worldwatch Institute, 1989: Zur Lage der Welt 1989/90, Frankfurt a.M.: S. Fischer.

Zöpel, C., 1990: „Der Staat der Zukunft – Zum Stand der Diskussion“, in: *H. Hesse* und *C. Zöpel* (Hrsg.), Der Staat der Zukunft, Baden-Baden: Nomos.

Kommunale Politik und öffentliche Gesundheit: Programm und Probleme des „Gesündere-Städte-Projekts" der Weltgesundheitsorganisation[1]

Alf Trojan/Helmut Hildebrandt

Nach Jahrzehnten der Vernachlässigung ist der kommunale Raum wieder zum Ort einer Debatte um Gesundheit und die Förderung gesunder Arbeits- und Lebensbedingungen geworden. Zumindest die wachsende Literatur spricht für eine solche These (vgl. u.a. Trojan 1985; Huber 1986; Labisch 1986; Kickbusch 1986, 1989; Badura/Lenk 1986). Darüber hinaus fand in den letzten Jahren eine Reihe von Tagungen zu Themen der Gesundheitsförderung statt (u.a. Düsseldorf 1986; München 1988; Frankfurt 1989; Bielefeld 1989; Berlin 1989; Hamburg 1989). Direkt oder indirekt bezogen sich dabei nahezu alle RednerInnen und SchreiberInnen auf ein Projekt der Weltgesundheitsorganisation (WHO), genauer gesagt: ein Projekt der Abteilung „Gesundheitsförderung" des Europabüros der WHO, das sog. „Healthy Cities"-Projekt. Dieses ist auch das zentrale Thema des vorliegenden Beitrags. (Zum Hintergrund der WHO-Aktivitäten und zu grundsätzlichen Fragen öffentlicher Gesundheit ist an anderen Stellen ausführlicher berichtet und diskutiert worden; vgl. Hildebrandt/Trojan 1987; Stark/Hildebrandt 1989; Labisch 1986.)

Im Kontext dieses Buches ist die Konzentration auf das Gesündere-Städte-Projekt aus folgenden Gründen gerechtfertigt:

- Es ist u.a. das Ergebnis zahlreicher fruchtloser Bemühungen der WHO, mit den nationalen d.h. zentralen staatlichen Stellen zusammenzuarbeiten und auf diese Weise die Gesundheitspolitik der Mitgliedsländer zu beeinflussen. Die Umsetzung nationaler Programme ließ stets zu wünschen übrig; daraus entstand das erste großangelegte Programm, mit Städten zusammenzuarbeiten.
- Das zugrundeliegende Handlungskozept der „Gesundheitsförderung" ist ein politisches (kein medizinisches). Dies schlägt sich in der Ottawa-Charta (s.u.) in dem Leitprinzip der „gesundheitsfördernden Gesamtpolitik" (healthy public policy) nieder. Konsequenterweise erfordert die Teilnahme am offiziellen Healthy City Programm der WHO (aber auch am deutschen Gesündere-Städte-Netzwerk) einen formellen Beschluß des Stadt- bzw. Kommunalparlaments (und nicht etwa des Gesundheitsressorts).
- Das Projekt geht davon aus, daß nicht nur das genannte Prinzip der „healthy public policy", sondern auch andere Leitprinzipien wie die multisektorale Kooperation und die Bürgerbeteiligung nur auf einer dezentralen Ebene angemessen realisiert werden können. Die Definition von Gesundheitsförderung: „... allen Menschen ein

höheres Maß an Selbstbestimmung über ihre Lebensumstände und ihre Umwelt zu ermöglichen ..." könnte auch einer Lobeshymne auf die kommunale Selbstverwaltung entnommen sein.

- Das Gesündere-Städte-Projekt hat in kurzer Zeit erstaunlich große Resonanz in der lokalen Gesundheitspolitik gehabt. Unseres Erachtens ist diese Resonanz schon jetzt größer als alle anderen Initiativen der letzten zwei Jahrzehnte, wie z.B. Reorganisation und Aufwertung des Öffentlichen Gesundheitsdienstes durch „Modell"-Gesundheitsämter und das sogenannte „ÖGD-Programm" der Bundeszentrale für gesundheitliche Aufklärung; Entwicklung regionaler Arbeitsgemeinschaften für Gesundheitserziehung, kommunale Gesundheitsplanung und -berichterstattung (vgl. Schräder 1986; Thiele/Trojan 1990) u.a.m. Das Projekt wirkt jedoch nicht als *Konkurrenz* zu diesen älteren Reformversuchen, sondern in vielen Städten eher als *Rahmen* für die Wiederbelebung und inhaltliche Erneuerung älterer innovativer Ansätze in der lokalen Gesundheitspolitik.

Im folgenden möchten wir zunächst das Programm des „Gesündere-Städte-Projekts" kurz umreißen, um dann in einem zweiten Abschnitt auf die nicht unerheblichen Fragen und Probleme einzugehen, die sich bei der praktischen Umsetzung einer „gesundheitsfördernden Gesamtpolitik" auf kommunaler Ebene ergeben.

1. Das Programm

1980 reagierten die in der WHO-Euro zusammengeschlossenen 33 europäischen Staaten auf die weltweiten Neufestlegungen der WHO-Politik mit der erstmaligen Formulierung einer gemeinsamen gesundheitspolitischen Strategie. *„Gesundheit für Alle bis zum Jahr 2000"* nannten sie diese Strategie, die dazu führen soll, allen Menschen ein besseres Maß an Gesundheitsmöglichkeiten zu geben, um damit ihr jeweils höchstmöglichstes Potential in Hinblick auf ein sozial und wirtschaftlich produktives Leben verwirklichen zu können. Weil der Titel im Deutschen zu einigen Mißverständnissen Anlaß geben kann, muß betont werden: Nicht die illusionäre Verpflichtung aller zur Gesundheit wurde damit zum Ziel erklärt und es sollte damit auch kein neuer Gesundheitsbegriff geschaffen werden, sondern Umwelt-Voraussetzungen und Lebensbedingungen der Menschen sollen bis zum Jahr 2000 verbessert und damit die Chancen auf Gesundheit erhöht werden. In einem detaillierten Dokument zu den Einzelzielen und den Indikatoren (vgl. Thiele/Trojan 1990) für eine solche Verbesserung, auf das sich auch die Bundesregierung festgelegt hat, werden sechs Schwerpunkte gesetzt:

- Chancengleichheit und Anstrengungen, das vorhandene schichtenspezifische und Nord-Süd-Gesundheitsgefälle abzubauen,
- Akzentsetzung auf die Förderung der Gesundheit, wobei ein positiver und entfaltungsbezogener Gesundheitsbegriff zugrundegelegt wird,
- aktive Beteiligung der Bevölkerung an dem Prozeß,
- multisektorale Zusammenarbeit von allen Politikbereichen und Berufsgruppen,
- Existenz einer primären Gesundheitsversorgung, die – so zugänglich wie möglich – allen zur Verfügung steht,

- koordinierte internationale Zusammenarbeit, da Gesundheits- und Umweltprobleme nicht an Grenzen gebunden sind.

Relativ genaue Prozentvorgaben, welche Verbesserungen in welchem Ausmaß und bis wann erreicht werden sollen, sind erstellt worden, um diesen Prozeß zu leiten und zu kontrollieren. Insgesamt trotz eines immensen Anspruchs eine relativ konkrete Vorgabe. Neu daran ist neben der sehr ins einzelne gehenden Aufschlüsselung von Zielen die Betonung der Beteiligung und aktiven Mitwirkung der Bevölkerung, ressortübergreifende Zusammenarbeit und die Verbesserung der Gesundheitschancen insbesondere für die Benachteiligten, die Behinderten und die schlechter gestellten Bevölkerungsgruppen. Ebenfalls neu daran ist die Abwendung von dem gelegentlich stark missionarische Züge tragenden Eifer mancher Gesundheitserzieher. Problematische Verhaltensweisen, wie übermäßiger Nikotin- und Alkoholkonsum oder gewalttätiges Verhalten werden ansatzweise in ihrer sozialen und kulturellen Verankerung gesehen und als eine durchaus für manche Problemlagen in sich „Sinn-volle" Reaktionsform gedeutet. Ziele der Kampagnen sollten deshalb v.a. die sozialen Ursachen gesundheitsproblematischen Verhaltens sein und nicht die schlichte Verhaltensmanipulation, wenngleich letztere aus vielen WHO-Dokumenten doch immer wieder hervorlugt (vgl. Wenzel 1986; Schmidt 1989).

Eine Weiterentwicklung dieser Strategie, die sich auch gerade der Grundproblematik der Um- und Durchsetzung annimmt, findet sich in der Konzeption, die bei uns unter dem Namen *Gesundheitsförderung* (engl: „Health Promotion") mehr und mehr Interesse findet. Diese Konzeption gründet zu einem ganz entscheidenden Teil auf den Arbeiten der Soziologin und engagierten Gesundheitspolitikerin Ilona Kickbusch (1985, 1986, 1988), die bei der WHO Hauptverantwortliche für diese Neuorientierung ist. Nach einer ganzen Serie von spezifischen Expertentagungen hatte diese Konzeption ihren internationalen Durchbruch mit der sog. *Ottawa Charta zur Gesundheitsförderung* vom Nov. 1986. Gesundheitsförderung – so wird dort definiert – zielt auf einen Prozeß, allen Menschen ein höheres Maß an Selbstbestimmung über ihre Lebensumstände und ihre Umwelt zu ermöglichen und sie damit zur Stärkung ihrer Gesundheit zu befähigen. Wie in der „Gesundheit für alle"-Strategie wird auch hier auf der Bedeutung der gesellschaftlichen Voraussetzungen, wie saubere Umwelt, soziale Gerechtigkeit, angemessene Wohn- und Arbeitsbedingungen usw. bestanden. Realistischer als dort wird dabei zwar den Regierungen weiterhin die Verantwortung dafür gegeben, aber gleichzeitig genauer untersucht, wer sich denn bereits jetzt dafür einsetzt und wen man noch dafür gewinnen könnte. U.a. werden hier engagierte Fachkreise wie aber auch Institutionen der sozialen Sicherung erwähnt, die dazu ermuntert werden, sich anwaltschaftlich für gesündere Lebens- und Arbeitsverhältnisse einzusetzen. Besonders großes Augenmerk wird auch auf die Menschen selbst und ihre Vereine, Bürgerinitiativen und sozialen bzw. politischen Netzwerke gerichtet. Gesundheitsförderer sollen mit diesen Gruppierungen den Dialog suchen und sie in gesundheitsbezogenen Auseinandersetzungen unterstützen.

Gesundheit wird dabei nicht als das einzig gültige Lebensziel angestrebt, sondern Gesundheitsförderung soll als ein Prozeß verstanden werden, der Individuen und

Gemeinwesen (Kommunen, Städte) dazu befähigt, ihr größtmögliches Gesundheitspotential zu entfalten. Ein Auszug:

„Dies umfaßt sowohl Geborgenheit und Verwurzelung in einer unterstützenden sozialen Umwelt, den Zugang zu allen wesentlichen Informationen, die Entfaltung von praktischen Fertigkeiten, als auch die Möglichkeit, selber Entscheidungen in bezug auf die persönliche Gesundheit treffen zu können. Menschen können ihr Gesundheitspotential nur dann weitestgehend entfalten, wenn sie auf die Faktoren, die ihre Gesundheit beeinflussen, auch Einfluß nehmen können. Dies gilt für Frauen ebenso wie für Männer" (WHO 1986).

Dahinter steht die Einsicht: Gesundheit kann man nicht mit medizinischen Laborwerten erfassen, sondern sie spiegelt immer die mehr oder weniger geglückte Auseinandersetzung jedes einzelnen mit sich, seinem Körper, seiner Umwelt, seiner Kultur und seinen Mitmenschen wider. Gesundheit läßt sich daher auch nicht mit einem Trainingsprogramm erreichen, und was des einen Gesundheit ist, kann für den anderen durchaus ungesund sein (vgl. Trojan/Stumm 1991).
Folgerichtig geht die Ottawa-Charta weit über die traditionelle Gesundheitserziehung und -politik hinaus. Sie fordert auf zu einer Gesundheitspolitik, die aktiv an den Ursachen von Kränkungen und Krankheiten eingreift im Sinne der *Entwicklung* einer gesundheitsfördernden Gesamtpolitik. Regional zielt sie auf die Schaffung gesundheitsförderlicher Lebenswelten, unter Anerkennung der engen Bindung zwischen Mensch und sozialer wie physischer Umwelt. Sie ermuntert und unterstützt die Bevölkerung darin, sich für ihre Gesundheitsinteressen einzusetzen: *Unterstützung gesundheitsbezogener Gemeinschaftsaktionen*. Und sie läßt die Kranken und Schwachen nicht allein, sondern ruft auf zu einer *Neuorientierung der Gesundheitsdienste*, bei der die Kranken nicht patronisiert sondern in ihren Rechten und kulturell unterschiedlichen Bedürfnissen respektiert werden.
Als den sozialen Ort für eine Verwirklichung einer solchen neuen Art von öffentlicher Gesundheitspolitik wird von der zuständigen Abteilung der WHO die Stadt bzw. die Region angesehen, in der die Menschen leben und in der sie sich halbwegs auskennen. Und wo gleichzeitig die Probleme von industriellem Wandel, Veränderungen in der Familienstruktur, neue Lebensstile, Hoffnung und Hoffnungslosigkeit für alle sichtbar zum Ausdruck kommen. In einem Umsetzungsprojekt der WHO, dem *Healthy Cities Project*, werden die vorherigen Überlegungen nun zusammengefaßt. In der kurzen Zeit seit dem ersten Aufruf 1986 traf diese Idee bei vielen Städten auf große Resonanz. Gesundheitsaspekte sind in der letzten Zeit überall wichtiger geworden, und der Bedarf nach positiven Meldungen statt der ständigen Skandale offensichtlich auch. Diese Mischung aus PR-Interesse und inhaltlicher Neuorientierung war wohl für viele MitarbeiterInnen von Stadtverwaltungen der Anlaß, sich um eine Mitarbeit in dem engeren Kreis der unmittelbar beteiligten Städte zu bewerben. Von der ursprünglich angepeilten Zahl von etwa 7 Städten mußte der Kreis der teilnehmenden Städte erst auf 11, jetzt sogar auf 30 größere und kleinere Städte erweitert werden, darunter Barcelona, Liverpool, Rennes, Sofia; aus der Bundesrepublik: Bremen, Düsseldorf, München und Frankfurt. In einer Reihe von Ländern ist bereits der Aufbau nationaler „Healthy Cities"-Netzwerke in die Wege geleitet, so auch in der Bundesrepublik. Die

korrekte Übersetzung von „Healthy Cities" ist selbstverständlich „Gesunde Städte", und so lautet deshalb auch die allgemein übliche deutschsprachige Bezeichnung. Aufgrund der besonderen Historie der Bundesrepublik und um den zielorientierten Programmcharakter zu verdeutlichen, ziehen wir eine andere Übersetzung vor: „Gesündere Städte". Auf der lokalen Ebene haben wir uns für die Formulierung „Gesündere Zukunft für Hamburg" statt „Gesundes Hamburg" eingesetzt. Auf mehreren Treffen, zuletzt in München 1988 und Frankfurt 1989, hat sich das deutschsprachige Netzwerk erste Konturen gegeben (vgl. Aktionsprogramm 1989) und ein Sekretariat bestellt, das momentan bei der Hamburger Gesundheitsbehörde angesiedelt ist (vgl. Adresse am Ende des Artikels).

Das Faszinierende an diesem Vorhaben ist der daraus hervorgerufene Innovationsanstoß für die Entwicklung einer neuen, integrativ angelegten Stadt-Gesundheitspolitik. Durch das Signet „WHO" wird dadurch Raum geschaffen für die Diskussion neuer Ideen; Mitarbeiter von Ämtern, die sonst gerade nicht miteinander reden können, können dies über „Gesündere Stadt" tun, in einigen Städten wird sogar auch der Anspruch der Bürgerbeteiligung ernst genommen und realisiert. Insbesondere bei den Bürgerinitiativen und anderen aktiven Gruppen aus der Bevölkerung hat die Idee einer „Gesünderen Stadt" vielerorts gezündet, so daß sie in einigen Städten gar zum Motor des Projektes wurden (nicht ganz ohne Probleme, wie sich bald zeigte).

Viele der unter dem Konzept „Healthy Cities" entwickelten Ideen sind dabei keineswegs völlig neu, einige wurden z.T. unter anderem Vorzeichen bereits in der Umweltdiskussion entwickelt oder waren bisher nur das Steckenpferd zukunftsbewußter Minderheiten. Wenn man sich genau umschaut, dann finden sich einige Vorläufer dieser neuen Diskussionen sogar schon in den Auseinandersetzungen um die Volksgesundheit Ende des letzten Jahrhunderts im damaligen Deutschen Reich, als Ärzte und städtische Politiker für besseres Wasser und Abwasser, für mehr Licht in den Hinterhöfen und trockenere Wohnungen kämpften (vgl. Rodenstein 1988).

Das Verdienst der Abteilung Gesundheitsförderung der WHO liegt darin, einerseits an diese alten Ideen anzuknüpfen und diese andererseits auf die heutigen Bedingungen produktiv verarbeitet zu haben. Im Gegensatz zu den Auswüchsen des selektiven und normativen Denkens im Faschismus, wo unter dem Stichwort „Gesundheit" die „Reinheit" der Rasse, die Unterordnung der Vielgestaltigkeit von Leben unter eine einheitliche Gestaltung von privatem wie öffentlichem Leben erzwungen wurde, setzt die Abteilung Gesundheitsförderung der WHO-Euro auf ökologische und kulturelle Vielfalt, auf die Diskussion zwischen den verschiedenen Interessengruppen und auf die Förderung statt der Erzwingung von Gesundheit. Die WHO-Arbeitsdefinition einer „gesunden Stadt" lautet deshalb:

> Eine gesunde Stadt verbessert kontinuierlich die physischen und sozialen Lebensbedingungen und fördert die Entfaltung gemeinschaftlicher Aktions- und Unterstützungsformen; beides mit dem Ziel, die Menschen zur wechselseitigen Unterstützung in allen Lebenslagen zu befähigen und ihnen damit die maximale Entfaltung ihrer Anlagen zu ermöglichen.

Diese Definition verzichtet ausdrücklich auf eine fixe Zustandsbeschreibung und bezieht sich stattdessen auf einen Prozeß und ein Klima der Entwicklung. Eine solche

Stadt schafft für ihre Bewohner die Möglichkeit, gesund zu sein, ohne sie dazu zu verpflichten und ihnen enge Verhaltensvorschriften zu setzen. Die WHO geht daher auch nicht davon aus, daß in allen beteiligten Städten unbedingt die gleichen Vorgehensweisen und Themen gewählt werden. Sie versteht sich eher als Initiator und Katalysator eines Prozesses, setzt allerdings bestimmte Rahmenbedingungen, die eine gewisse Übereinstimmung in der o.a. Philosophie des Projektes festlegen – Prozeßcharakter, Bürgerbeteiligung, multisektorale Kooperation, Achtung von Minderheiten usw. Von einem im engen Sinne medizinischen Denken von Gesundheit orientiert sich die WHO damit in die Richtung einer sozialeren Sichtweise. Es eröffnet sich die Perspektive auf eine befreiende und emanzipatorische lokale Gesundheitspolitik, die sich einerseits mit den ökologischen und sozialen Lasten der Vergangenheit zu beschäftigen hat, sich andererseits aber zukunftsorientiert schon auf das Jahr 2000 ausrichtet (vgl. Blanke u.a. 1986, Beck 1991 u.a.). – Insgesamt ein Ansatz, dessen Aufgreifen sich u.E. lohnt.

Entsprechend dieser Einschätzung haben sich die Autoren auch in verschiedenen Zusammenhängen des Projekts, auf lokaler, nationaler und internationaler Ebene engagiert[2].

Die folgende Darstellung der Probleme und Fragwürdigkeiten des Projekts beruht daher zwar einerseits auf guten Kenntnissen des „Gesündere-Städte-Projektes", leidet andererseits jedoch wohl auch an mangelnder „wissenschaftlicher Distanz". Für diesen letzten Punkt bitten wir um Nachsicht.

2. *Widrigkeiten und Frag-Würdiges*

Den aktiv beteiligten Unterstützern des Gesündere-Städte-Projekts ist das Wesen der Standardkritik am Gesündere-Städte-Projekt gut vertraut: ob Worte nicht Taten ersetzen, Rhetorik nicht mit Realität verwechselt würde, wird gefragt und der Vorwurf erhoben, daß der Weg vom Papier in die Politik noch nicht gefunden sei. Solche Kritik ist ebenso nichtig wie banal. Visionen, konzeptuelle Entwürfe, Diskussions- und Programmpapiere haben von der Natur der Sache her zunächst einmal mehr den Charakter von Luftschlössern als von soliden Fundamenten für den Aufbau von etwas Neuem. Auch sind in einem Politikprogramm des sozialen Wandels angemessene und allgemein akzeptable Evaluationskriterien nur sehr schwer zu bestimmen. Erst recht schwierig wird dieses Problem dadurch, daß für unterschiedliche Abschnitte eines Weges in die Zukunft sicher auch unterschiedliche Prüfsteine nicht nur gerechtfertigt, sondern nötig sind. Eine Kritik, die in einem auf viele Jahre angelegten Prozeß feststellt, daß Anspruch und Realität der *Ergebnisse* auseinanderklaffen, erfordert zunächst einmal keine großen Handlungskonsequenzen auf seiten der Kritisierten. Schwerer wiegt der Vorwurf einer Kluft zwischen Anspruch und Realität schon, wenn es um die Arbeitsweisen und *Prozesse* eines Programmes geht. Aber auch hier sollte man berücksichtigen, daß das Gesündere-Städte-Projekt dem Versuch gleicht, an einem fahrenden Zug die Räder zu wechseln.

Dies ist die eine Möglichkeit, mit Kritik am „Gesündere Städte"-Projekt umzugehen: Nach kurzen Antworten sich möglichst rasch wieder der wahrhaftig genügend kraft- und zeitzehrenden Alltagsarbeit zuzuwenden. Andererseits sind wir sicher gut beraten, wenn wir in jeder Kritik auch *Hinweise auf einen Kern harter Widerstände und struktureller Barrieren* vermuten. Nur das Ernstnehmen von Problemen und Widrigkeiten kann dazu führen, daß Innovation und sozialer Wandel tatsächlich stattfinden können. Mag auch das Bagatellisieren von Problemen ein unentbehrliches Mittel für die eigene Motivation und Ermutigung sein; ebenso unentbehrlich ist der Mut, der widerständigen, manchmal sogar widerwärtigen Realität furchtlos ins Auge zu schauen. In diesem Sinne sind die folgenden Bemerkungen zum Gesündere-Städte-Projekt zu verstehen.

Universalitätsanspruch und Gesundheitsfetischismus

Einer der Aktionsbereiche der Ottawa-Charta zur Gesundheitsförderung ist die gesundheitsfördernde Gesamtpolitik (Healthy Public Policy). Dieses ist nur eines der vielen Konzepte, die ausgesprochen oder unausgesprochen fordern, daß die Gesundheitsverträglichkeit in allen nur denkbaren Politikbereichen zu einem politikbestimmenden Entscheidungskriterium werden soll. Zu Recht werden dabei so massive Probleme wie soziale Ungleichheit, Arbeitslosigkeit, Umweltbedrohungen (z.T. weltweiter Natur wie das Ozonloch), gesellschaftliche Anonymität, Fehlentwicklungen des Städtebaus und vieles andere mehr als Bedrohungen der Gesundheit im Sinne eines physischen, psychischen und sozialen Wohlbefindens angesehen.
Wir sehen zwar keinen geraden Weg von einer Stärkung des Gesundheitsmotivs in der Politik hin zum Gesundheitsfetischismus, -imperialismus oder gar -faschismus. Trotzdem gibt es *reale Gefahren* einer Fehlentwicklung: Selbst wenn sich überall ein Ausfransen und Durchlöchertwerden der Vormachtstellung des sogenannten „biomedizinischen Modells" feststellen läßt, bleibt festzuhalten, daß nach wie vor die Ärzteschaft als zuständig für den Komplex Gesundheit betrachtet wird und daß das Gesundheitswesen von seiner Ausgabenstruktur her zu weit über 90 Prozent auf Krankenversorgung ausgerichtet ist. Die real bestehende Macht der Ärzteschaft als Profession und das Vorherrschen des medizinischen Modells kann leicht dazu führen, daß Gesundheitsförderung auf das zurechtgeschnitten wird, was im Rahmen des medizinischen Modells und im Interessengefüge der Ärzteschaft Platz findet.
Das „Gesundheitskosten-Reformgesetz" (O-Ton Helmut Kohl) leistet einer solchen Entwicklung mit der Einführung von sogenannten „Gesundheitsuntersuchungen" Vorschub . Auch ist nicht zu verkennen, daß der weitaus überwiegende Teil der Aktivitäten und Programme, die als gemeindeorientierte Prävention laufen, immer noch letztlich auf individuelle Verhaltensänderung abzielt. Selbst wenn man anerkennt, daß die Einrichtung von Nichtraucherzonen und gesünderes Kantinenessen strukturelle Maßnahmen sind, lassen sie sich doch schwerlich als eigentliche Verhältnisprävention betrachten, wie es z.B. Eingriffe in die Verkehrspolitik und die Verringerung von Umweltbelastungen in der Arbeits- und Lebenswelt wären.
Vielleicht wird die einer auf ökonomisches Wachstum orientierten Industriegesellschaft

innewohnende Eigengesetzlichkeit und „Rationalität" unterschätzt. Vielleicht haben wir eine zu romantische Vorstellung von der Stadt als einheitlichem Lebensraum, als sozialem und politischem Gemeinwesen; dafür sprechen jedenfalls viele Prozesse der Ausdifferenzierung in voneinander getrennte „Vergnügungsviertel", „Schlafstädte", Einkaufszentren und die von der Wohnwelt getrennte Arbeitswelt.

Die Idee, städtische Lebenswelten *im ganzen* dem Primat gesundheitsfördernder Gestaltung zu unterwerfen, ist durchaus reizvoll (unter der Voraussetzung, daß Gesundheitsförderung als Steigerung der Lebensqualität begriffen wird, im Sinne von Autonomieförderung und größerer Vielfalt von Lebensentwürfen, und nicht im Sinne einer Ausgrenzung von Krankheit und Tod). Aber dies erfordert, dem derzeitigen Primat ökonomischer Gestaltungskriterien Konkurrenz zu machen. Wer sich auf dieses Vorhaben einläßt, muß das Leiden an einer heroischen Selbstüberforderung einkalkulieren. Jeden Tag wieder wird man darauf gestoßen, daß Gesundheit zwar ein von den Bürgern hoch geschätztes, in vielen Umfragen sogar das am höchsten geschätzte, Gut ist, daß Gesundheit aber andererseits in der Politik den geringsten Stellenwert besitzt (in einem Vortrag wurde kürzlich eine Umfrage zitiert, nach der nur 4 Prozent der Kommunalpolitiker sich aktiv für Gesundheit interessieren).

Darüber hinaus sind die Strukturen der Politik und Verwaltung sektoral gewachsen und gehorchen einer sektoralen Logik. Daß die Grenzen zwischen den Sektoren oft nicht eindeutig sind, eher zu Konflikten und Kämpfen um die Grenzziehung als zu grenzenüberbrückender Kooperation. Selbst dort, wo die Notwendigkeit multisektoraler Zusammenarbeit als notwendig erkannt wird, sind die Instrumente hierfür schlecht entwickelt. Dies gilt etwa für den Bereich der Rehabilitation, der sozial- und gesundheitspflegerischen Betreuung alter Menschen, der Ausländerpolitik und für viele andere mehr; insbesondere die Leit- oder Gleichstellungsstellen für Frauen haben gezeigt, wie schwer es ist, mit einer sektorübergreifenden Leitidee in die einzelnen Politiksektoren einzudringen. Die hier angeschnittene Problematik leitet über zum folgenden Punkt.

Konsens – Maxime

Man kann den konzeptionellen Papieren der WHO zur Gesundheitsförderung und zum Gesündere-Städte-Projekt keinesfalls vorwerfen, daß sie blind sind gegenüber gesellschaftlichen Konflikten und Widersprüchen (allerdings wird dies – zwangsläufig – in der diplomatischen Sprache einer internationalen Organisation formuliert). Für den Umgang hiermit werden zahlreiche Konzepte angegeben, wie z.B. Multisektoralität, Bürgerbeteiligung, gesundheitsfördernde Gesamtpolitik, neue Allianzen und ähnliches mehr. Ganz offensichtlich setzen alle diese Leitprinzipien Kooperation voraus, im allgemeinen freiwillige Kooperation.

Kooperation muß zwar nicht auf der Basis eines Konsens- oder Harmonie-Modells stattfinden, sondern kann auch die offene Austragung von Konflikten einschließen. Insgesamt entsteht jedoch eher der Eindruck, daß darauf vertraut wird, die nüchterne und klare Diagnose gesundheitsgefährdender Probleme würde zu Einigkeit führen im Kampf gegen diese Bedrohungen. Auf der Ebene der Kooperationsstrukturen scheint uns ein ausdrückliches oder unausgesprochenes Konsensmodell der Entscheidungsfindung das bei weitem Vorherrschende zu sein. Gleichberechtigte Zusammenarbeit heißt dabei im wesentlichen, daß jeder erstens das Recht hat, sich jederzeit aus dem Kooperationsgremium zurückzuziehen und zweitens, daß jeder das Recht hat, ein Veto einzulegen, wenn die Interessen der eigenen Institution zu stark angekratzt werden. Diese Struktur eignet sich vor allem für dreierlei:

- für die Verabschiedung von umfassenden, wenn auch unverbindlichen Absichts- und Willenserklärungen programmatischer Art,
- für Vorhaben, die meistens als „Bestandsaufnahmen" umschrieben werden,
- für Beschlüsse über gemeinsame Maßnahmen geringster Reichweite.

Hinsichtlich dieses letzten Punktes läßt sich sagen, daß Übereinstimmung am ehesten darüber erzielt wird, daß traditionelle Bereiche des öffentlichen Gesundheitsdienstes „weiterentwickelt" und verbessert werden sollen und daß bestimmte Maßnahmen der allgemeinen Aufklärung und der individuellen Verhaltensmodifikation, manchmal auch Früherkennungsmaßnahmen, durchzuführen sind.

Je multisektoraler und freiwilliger solche Kooperationsgremien angelegt sind, desto enger wird der Bereich dessen, was durch sie oder mit ihnen realisiert werden kann. Das Kernproblem solcher Gremien besteht darin, daß sie weder einen „Kampfplatz" noch ein Instrument der Konfliktregulierung darstellen. Durch die sogenannte Konsensfalle, d.h. ein vorgreifendes Kompromißverhalten nach dem Muster der „Schere im Kopf", wie es für den Bereich der Selbstverwaltungsgremien der Sozialversicherung beschrieben wurde, verbergen die Beteiligten manchmal sogar vor sich selbst, in wie hohem Maße die Auswahl der Problembereiche und Maßnahmen vorgefiltert ist. Dabei trägt die zweifellos richtige Maxime, daß Verhaltens- und Verhältnisprävention einander ergänzen, andererseits auch zur Vernebelung der Frage bei, welchem Bereich Priorität eingeräumt werden soll.

Weit und breit ist keine Kooperationsstruktuur sichtbar, in der in- und externe Konflikte aufgreif- und bearbeitbar werden: Soweit wir sehen, haben die Vorschläge der WHO, in allen Städten multisektorale politische Komitees und darunter – eher auf der Verwaltungsebene – fachliche Komitees einzurichten, nur recht begrenzte Funktionen; zumal hierdurch auch keiner der beiden später zu besprechenden Punkte, nämlich die Rolle des öffentlichen Gesundheitsdienstes und der Bürgerbeteiligung, plausibel geregelt werden.

Auf dem AOK/WHO-Kongreß in Hamburg im Juni 89 wurde zu Recht kritisiert, daß der § 20 zur Gesundheitsförderung im Gesundheitsreformgesetz zwar eine neue Aufgabe an die Krankenkassen überträgt, sie aber in keiner Weise zur Zusammenarbeit verpflichtet und noch weniger eine organisatorische Basis für die Kooperation schafft. Das Dilemma besteht vor allem darin, daß in einem Gesetzeswerk, das ganz ausdrücklich auf verstärkten Wettbewerb und Konkurrenz unter den Kassen angelegt ist, allein in dem Feld der Gesundheitsförderung an die Kooperationsbereitschaft und -fähigkeit appelliert wird.

Ideen der Kooperation über die verschiedenen Kassen hinaus zwischen den Sozialversicherungsträgern und den Kommunen, wie sie vor allem in dem Konzept der

„Sozialgemeinde" vor über 30 Jahren von Auerbach konzipiert wurden, sind niemals auch nur andeutungsweise Realität geworden. Psychosoziale Arbeitsgemeinschaften und Landesarbeitsgemeinschaften für Gesundheitserziehung haben zweifellos ihre Verdienste und ihren spezifischen Sinn und Ort in der sozialpolitischen Landschaft. Gemessen an den umfangreichen und weitreichenden Ansprüchen der Gesundheitsförderungsprogrammatik und des Gesündere-Städte-Projekts, insbesondere im Bereich der Verhältnisprävention und einer gesundheitsfördernden Gesamtpolitik wäre ein Kooperationsmodell nach diesem Muster jedoch hoffnungslos überfordert. Es bleibt abzuwarten, inwieweit das höchst interessante Projekt „Regionale Gesundheitsförderungskonferenz" auch neue Möglichkeiten für die Kooperation im Bereich der Gesundheitsförderung bringen wird.

Mit den hier dargelegten Überlegungen erliegen wir derselben Versuchung wie tendenziell das gesamte Gesündere-Städte-Projekt: Wir versuchen, die in dem Projekt angelegte Auseinandersetzung über die zentralen Ziele sozialen Wandels auf eine Organisationsfrage zu verkürzen: Welches sind die geeigneten Arbeitsstrukturen, welche Mitglieder sollen die Gremien haben, welche Geschäftsordnung geben wir uns, etc.? Dieses Muster des Bagatellisierens von strukturellen Konflikten kann leicht zu Resignation und Frustration bei den Beteiligten des Gesündere-Städte-Projektes und zu herber Kritik von außen führen.

Ungeklärte Rolle des öffentlichen Gesundheitsdienstes

In den konzeptionellen Papieren der WHO spielt dieses Problem nur eine geringe, in der Praxis des Projektes eine um so größere Rolle. Einerseits wird der ÖGD von allen Beteiligten immer wieder als Ansprechpartner in Sachen des Gesündere-Städte-Projektes angesehen. Andererseits soll das Projekt bei der Spitze der kommunalen Verwaltung verankert sein. Dahinter steht die Annahme, daß multisektorale Kooperation von dort besser zu organisieren und zu stimulieren ist als von dem in den meisten Kommunen unbedeutendsten Politiksektor.

Eine Identifikation von Stadtverwaltungen mit dem Projekt läßt sich zwar beobachten, allerdings nur auf der Ebene von Festtagsreden, nicht jedoch, wenn es darum geht, Initiative zu ergreifen und Rechte und Ressourcen zur Verfügung zu stellen. So hat sich in den meisten Städten herausgebildet, daß die konkrete Arbeit einzelnen Personen im ÖGD zugeschoben wird; dieser hat (jedenfalls in seinen herausragenden Vertretern) angesichts der häufigen Kritik an dieser 3. „Säule" des Gesundheitswesens verständliche und durchaus ehrenvolle Interessen, sich mit innovativen Projekten zu profilieren. Seine Rolle in dem Projekt und in der lokalen Kooperationsstruktuur bleibt jedoch in der Regel verwaschen.

Dies ist nicht verwunderlich, sind doch die Probleme – selbst bei bestem Willen – äußerst vielfältig: Die politisch verantwortliche Spitze hält sich zumeist vornehm zurück. Die Administration ist zunächst einmal ein Instrument, das auf die routinemäßige Verwaltung standardisierter Probleme angelegt ist und in zweiter Linie allen-

falls noch eine Fachinstanz, die sich weitgehend jeder politischen Tätigkeit zu enthalten hat.
Bei dem Versuch des ÖGD, das Gesündere-Städte-Projekt zu sehr als eigenes Kind zu bemuttern und zu kontrollieren, droht sofort, daß die Kooperationspartner sich zurückziehen; dies gilt sowohl für die Krankenkassen - soweit sie überhaupt in die Projekte integriert sind - wie auch für andere Behörden und den gesamten Bereich der Bürgervereinigungen und Initiativen. Zuweilen wird diesem Problem dadurch zu begegnen versucht, daß - überspitzt formuliert - den Basis- und Initiativgruppen die Arbeit, d.h. sichtbare Aktionen und andere Aufgaben zugeschoben werden und man selbst Koordinations- und Repräsentationsaufgaben übernimmt. Der verständliche Wunsch, jegliche Bürokratie zu vermeiden, darf u.E. nicht zu der Fehleinschätzung führen, daß ein solch anspruchsvolles Projekt auf Struktur und gekonntes Management verzichten könnte.
Ein strukturelles Grundproblem aller Versuche, in lockeren Kooperationsgremien unbürokratisch zusammenzuarbeiten, ist die Tatsache, daß alle Beteiligten unterschiedliche Instanzen haben, denen sie rechenschaftspflichtig sind: die Behördenvertreter ihrer jeweiligen Behördenleitung, die Krankenkassenvertreter ihren Geschäftsführungen und Selbstverwaltungen, die Bürgerinitiativen ihrer Basis. Der Schlüssel zu einer effektiveren Kooperations- bzw. Arbeitsstruktur liegt u.E. vor allem darin, neue Instanzen mit neuen Rechenschaftsmechanismen zur kreieren, die einem äußerst heterogenen Verbund von institutionellen Kooperationspartnern ausreichend politische Legitimation geben können, damit auch in gesellschaftlichen Konfliktbereichen das Ziel der Gesundheitsförderung angegangen werden kann.
In den Konzeptpapieren der WHO wird sicherlich zu Recht auf die letztendliche Rechenschaftspflicht gegenüber der lokalen Bevölkerung hingewiesen und eine Anbindung des Projektes auf der politischen Ebene, d.h. bei den demokratisch gewählten politischen Vertretern der Bevölkerung, gesucht. Es wird jedoch vermieden, auf die Probleme einzugehen, die dadurch entstehen, daß hier das Ziel vorgegeben ist, Vertreter der beiden großen Sektoren Markt und Staat zusammen mit Vertretern des informellen Bereiches der Selbsthilfe- und Bürgervereinigungen sowie in der Bundesrepublik auch noch mit den Vertretern der verbandlich organisierten sozialen Leistungsträger zu integrieren, die sich in den meisten Fällen gegenüber in Sozialwahlen bestimmten Vertretern der Selbstverwaltung legitimieren müssen: Mit dieser Aussage wird schon ein Aspekt des im folgenden zu besprechenden Problems aufgegriffen.

Demokratietheoretische Probleme der Bürgerbeteiligung

Die Forderungen der WHO nach Bürgerbeteiligung (synonyme Ausdrücke: community participation, community involvement, citizen participation, strengthening local action) gehen von der sicherlich richtigen Annahme aus, daß häufig die Politik am Bürger vorbei gemacht wird und daß die Verwaltung zu bürgerfern ist: Ohne daß das direkt ausgesprochen wird, steht wohl auch die Annahme dahinter, daß die verbandlich organisierten „Megastrukturen“, insbesondere die verbandlich organisierten Anbieter im Gesundheitswesen, mächtig genug sind; ihre Interessen im Zweifelsfall auch gegen den Willen der politisch gewählten Vertreter der Bevölkerung durchzusetzen. Die Entstehungsgeschichte des Gesundheitsreformgesetzes hat dies mit überdeutlicher Schärfe erst kürzlich wieder gezeigt (und Norbert Blüm ist so weit gegangen, dies in einem Spiegel-Artikel mit relativ ungeschminkten Worten anzuklagen).

Die Forderung nach Bürgerbeteiligung ist letztendlich auch ein Versuch, dem Problem der sozialen Ungleichheit, speziell der ungleichen Durchsetzungschancen von Interessen in der Repräsentativdemokratie, zu begegnen. Insofern ginge es letztendlich um tatsächliche Mitbestimmungsrechte der Bürger in dem Prozeß der Gesundheitsförderung. Dies ist jedoch bisher noch nirgendwo realisiert. Vor allem ist dies ein Ergebnis der derzeitigen Machtverteilung: Die etablierten Träger im Gesundheitsbereich können Partizipation als Legitimationsinstrument leicht mißbrauchen; Bürgerbeteiligung heißt meistens bestenfalls das Anhören ihrer Interessen und Mitsprache in Randbereichen gesundheitsfördernder Politik, in denen die Anbieterinteressen ohnehin nicht berührt werden.

Diese Erklärung reicht jedoch allein nicht aus, um die völlig unzulängliche Entwicklung des Prinzips Bürgerbeteiligung verständlich zu machen. Ein vielleicht mindestens ebenso entscheidender Grund ist, daß es derzeit keinerlei Gremien und Instanzen gibt, die entscheidungsbefugt sind; also gibt es auch keinen sozialen und politischen Ort für echte Mitbestimmung der Bürger in dem Gesündere-Städte-Projekt. Dies liegt daran, daß die bisher entstandenen Arbeitsstrukturen im Grunde genommen als korporatistische Verhandlungssysteme anzusehen sind, in denen der Staat ein Verhandlungspartner unter anderen ist und seine Rolle als parlamentarisch legitimierter Politikgestalter weitgehend abgibt. Trotzdem wird versucht, das Bild aufrechtzuerhalten, daß das Gesündere-Städte-Projekt „demokratisch" sei. Auch die Vertreter der Krankenkassen berufen sich gelegentlich auf ihre demokratisch gewählten Selbstverwaltungsorgane als letzte Instanz, gegenüber der sie sich verantworten müssen.

Die Begründung, warum die Anbieter, aber letztendlich auch Bürgervereinigungen und -initiativen in diesen (gelegentlich auch „neokorporativen Grauzonen" genannten) Gremien mitwirken dürfen, ist ihr Sachverstand. Dabei sind die einen wegen ihres professionellen Wissens, die anderen wegen ihres Erfahrungswissens und ihrer Betroffenheit „Sachverständige". Natürlich vertreten auch die Bürgerinitiativen und Selbsthilfegruppen in aller Regel nur Partikularinteressen, denen jedoch gerade wegen ihrer in der Repräsentativ-Demokratie geringen „Politikfähigkeit" besondere Durchsetzungschancen eingeräumt werden sollen.

Für uns ist eine offene Frage, inwieweit man tatsächlich fördern soll, daß sich die politisch Verantwortlichen durch korporatistische Verbundsysteme unter Einschluß von Bürgervereinigungen aus der Verantwortung stehlen dürfen. Dies ist angesichts der anfangs genannten Begründungen für mehr Bürgerbeteiligung insbesondere deswegen fragwürdig, weil im Konfliktfall in solchen Verhandlungssystemen letztendlich diejenigen entscheiden, die den Zugriff auf die wesentlichen politischen Steuerungsmittel (Geld und Recht) haben, d.h. plakativ gesagt, die „Megastrukturen" und nicht die Vertreter der Bürgervereinigungen.

Auswege aus diesem Dilemma sind denkbar, aber immer mit je spezifischen Nachteilen behaftet. Bausteine für Auswege werden u.E. beispielsweise neutrale unabhängige „Brückeneinrichtungen" (vgl. Hildebrandt 1990b und Trojan/Hildebrandt 1990), die häufige und umfassende Verwendung von Verfahren der direkten Demokratie (z.B. Zukunftswerkstätten, Planungszellen, Bürgergutachten) und Projektetats, die zwar vor allem aus Steuermitteln und Beitragsaufkommen finanziert werden, deren Verteilung jedoch nach pauschaler Bewilligung für das Gesündere-Städte-Projekt dann im einzelnen den Projektgremien überlassen wird (die Etats könnten innerhalb der Kommunalverwaltung, aber besser außerhalb, d.h. in Form von Rechtsgebilden jenseits von Markt und Staat verwaltet werden) sein.

Hieran anknüpfend (und eigentlich als gesonderter Problempunkt zu behandeln), läßt sich feststellen, daß ohne zusätzliche finanzielle Ressourcen natürlich das Gesündere-Städte-Projekt zur Bedeutungslosigkeit verurteilt ist. Die Durchführung der genannten Verfahren direkter Demokratie ist nicht umsonst zu haben. Z.Zt. macht sich das Problem der mangelnden Bürgerbeteiligung noch vordergründiger (auf nationaler wie auch auf internationaler Ebene) bemerkbar: Während die Vertreter formeller Institutionen im Prinzip (wenn auch nicht immer in der Praxis) die Aufwendungen für auswärtige Treffen des Gesündere-Städte-Netzwerkes ersetzt bekommen, ist dies für Bürgerinitiativen und Selbsthilfegruppen kaum möglich; die Folge ist, daß die Treffen von Vertretern offizieller Institutionen dominiert werden.

Das Gesündere-Städte-Projekt ist weitgehend auf der Politikstufe des „Es darf aber nichts kosten" stehengeblieben. Dies, obwohl von der WHO für den Beitritt zum Gesündere-Städte-Netzwerk ausdrücklich eine Verpflichtung gefordert wird, neue Ressourcen für die Teilnahme am Projekt zur Verfügung zu stellen. Die prinzipiellen Barrieren hierfür sind nicht zu unterschätzen: Die geringe Durchsetzungskraft des Motivs Gesundheit, wenn es um die Verteilung knapper gewordener öffentlicher Mittel geht; und die äußerst geringen *frei* verfügbaren Etat-Teile der eigentlich ja enorm hohen Aufwendungen für Gesundheit: über 90 Prozent der Kassenleistungen und der Gesundheits- und Sozialhaushalte sind durch gesetzliche und andere Vorgaben praktisch schon ausgegeben, bevor sie beschlossen werden. Zwar vertreten wir in unerschütterlicher Überzeugung das Prinzip „Wissen ist Macht"; andererseits sollte man auch nicht die notwendige Ergänzung dieses Satzes verschweigen: „Geld ist (meistens) mächtiger".

Das Gesündere-Städte-Projekt ist zwingend darauf angewiesen, Eingang zu finden in die Köpfe, die Herzen und die Büros der bestehenden Institutionen. Es wäre absurd, eine neue Behörde für gesundheitsfördernde Gesamtpolitik zu schaffen. Ebenso absurd ist jedoch der Gedanke, daß ohne erhebliche finanzielle Mittel, sozusagen nur mit den Ressourcen Wissen, Ideen, Kooperationswillen und der „sozialintegrativen Kraft des Solidarischen" die weitreichenden Ziele dieses Projektes in nennenswertem Maße gefördert werden können[3].

3. *Abschließende Überlegungen*

Die bestehenden Probleme sind der WHO keinesfalls verborgen geblieben. Ron Draper (1989) faßt dies in der abgeklärten Sprache eines Mannes zusammen, der seit mehr als 10 Jahren für den Bereich der Prävention und Gesundheitsförderung in internationalem Rahmen arbeitet:
„The problem encountered in Healthy Cities are the ones an experienced organizational analyst would expect to encounter with the introduction of innovative ideas in complex organizational environments. Political support has sometimes turned out to be less stable than expected especially when elected leadership changes. Intersectoral action is frequently too narrowly defined to provide comprehensive approaches to environmental and equity problems. There is not much evidence of new initiatives to encourage community participation. Spending constraints that apply in most cities combined with lack of budgetary flexibility make it difficult to generate funds for new projects."
Diese Probleme erscheinen jedoch in einem milderen Licht, wenn man sich folgendes klar macht: Sozialer Wandel ist in diesem Bereich, wie auch in anderen, nur in kleinen Schritten möglich. Dabei halten wir es für ein besseres Prinzip, daß viele Akteure sofort ungefähr das Neue versuchen (und dabei auch Schritte nachvollziehen, die anderen schon als „alter Hut" erscheinen), als daß versucht wird, Programm und Kurs des Projektes hundertprozentig exakt zu bestimmen und dann (nach diesem Prozeß, der wahrscheinlich nach 10 Jahren noch nicht abgeschlossen ist) die Prinzipien der WHO-Charta zur Gesundheitsförderung umzusetzen.
Ralph Grossman (1989) hat kürzlich sehr überzeugend darauf hingewiesen, daß Gesundheitsförderung lernfähige Organisationen braucht und daß Organisationen vielleicht noch langsamer lernen, als die Menschen allgemein (s. Umweltproblematik). Sozialer Wandel heißt Lernen der Organisationen, – und Lernen braucht Zeit (aber auch Lehrer und Schulen, z.B. Schools of Public Health). Wir meinen, daß der unbestreitbar große Erfolg des Gesündere-Städte-Projektes im Hinblick auf Beteiligung zumindest zeigt, daß die Institutionen des Gesundheitswesens lern*willig* sind; dafür sprechen auch die vielen Weiterbildungsveranstaltungen und Kongresse gerade in diesem Jahr.
Auf der Stufenleiter einer zunehmend weitreichenderen Einflußnahme kann man mit Sicherheit feststellen, daß *Problemdefinitionen* und -wahrnehmungen durch das Gesündere-Städte-Projekt verändert wurden, daß auf der nächsten Stufe auch *Tagesordnungen und Themen* verändert wurden, daß wiederum eine Stufe höher auch im Bereich der *Programmatik* durchaus Veränderungen registrierbar sind, daß jedoch auf den beiden nächsten Stufen, *Entscheidungen* (insbesondere auch über Budgets) und das konkrete *Handeln* zu verändern, die Fortschritte eher mit der Lupe zu suchen sind.
Bei allem gerechtfertigten Optimismus angesichts dieser Bilanz nach weniger als 3 Jahren dürfen doch nicht die ursprünglichen Ziele als Maßstab und die überall für diese Ziele lauernden Gefahren außer acht gelassen werden. Grossmann (1989) formuliert dies folgendermaßen: „Gesundheitsförderung kann leicht, wie andere Reorientierungsprozesse auch, in das Dilemma geraten, daß neue Ziele und Motive durch alte organisatorische Strukturen und Verfahren gepreßt werden, die sie umformen

und redefinieren im Sinne der etablierten organisatorischen Praxis." Würde man diese Entwicklung für das „Gesündere Städte"-Projekt und das Anliegen der Gesundheitsförderung zulassen, liefe das auf ein Endergebnis hinaus, das man kurz und spitz als „Dynamik ohne Wandel" beschreiben kann.
Diese Bemerkung und die in Abschnitt 2 ansatzweise beleuchteten Probleme des Gesündere-Städte-Projekts sollten jedoch nicht als Aufforderung zur kritisch-intellektuellen Distanz verstanden werden, sondern ganz im Gegenteil als Anstoß auch für Wissenschaft und andere Stellen, in ihren jeweiligen Kommunen Sachverstand und unabhängige Kompetenz einzubringen. Nach wie vor halten wir das Gesündere-Städte-Projekt für einen der interessantesten Innovationsanstöße der vergangenen Jahre und eine Initiative, die das Anliegen kommunaler Gesundheitspolitik mit neuem „Geist" und Schwung erfüllen kann.

Anmerkungen

1 Der Aufsatz ist eine überarbeitete und ergänzte Fassung eines Textes, der im Campus-Verlag im Band „Öffentliche Gesundheit - Public Health" im Herbst 1991 erscheinen wird.

2 Mit der Gründung der „Werkstatt Gesundheit", eines gemeinnützigen Aktions- und Innovationsbüros für Gesundheitsförderung engagieren sich die Autoren auf zwei Ebenen: Einerseits auf der kommunalen Hamburger Ebene, wobei der „Werkstatt" die Aufgabe einer Impulsgeberin und „Brückeneinrichtung" zukommt, zum anderen auf der überregionalen Ebene, wo die „Werkstatt" als Beratungsbüro für Verbände, Sozialversicherungsträger und Kommunen Aktivitäten entwickelt (vgl. Werkstatt Gesundheit 1989a, 1989b; Hildebrandt 1990).

3 Einen interessanten neuen Gedanken brachte kürzlich Ilona Kickbusch seitens der WHO ins Gespräch. Sie schlug vor, Gesundheitsförderung als eine Zukunftsinvestition zu betrachten und entsprechend herauszustellen, ob im betrieblichen Kontext oder dem Zusammenhang eines Gemeinwesens (vgl. Blickpunkt Gesundheitsamt 1991). Inwiefern nüchterne volkswirtschaftliche Berechnungen das Anliegen von Gesundheitsförderung weitertragen helfen können, bleibt in Detailstudien weiter auszuloten (vgl. Werkstatt Gesundheit 1991).

Literaturverzeichnis

Aktionsprogramm des Gesunde-Städte-Netzwerkes der BRD: Aktionsstrategien zur kommunalen Gesundheitsförderung. Verabschiedet anläßlich der Gründungstagung am 05./06.06. 1989 in Frankfurt/M.

Badura, B./Lenk, K., 1986: Der öffentliche Gesundheitsdienst: Begräbnis oder Neubeginn?, in: Leviathan, Zeitschrift für Sozialwissenschaft, Sonderheft 7, Opladen: Westdeutscher Verlag.

Beck, U. (Hrsg.), 1991: Politik in der Risikogesellschaft, Frankfurt/M.

Blanke, B./Evers, A./Wollmann, H. (Hrsg.), 1986: Die zweite Stadt: Neue Formen lokaler Arbeits- und Sozialpolitik, Opladen: Westdeutscher Verlag.

Blickpunkt Gesundheitsamt, 1991: Gesundheitsförderung: Eine Investition für die Zukunft. Interview mit I. Kickbusch. Heft 4/90-1/91 der Akademie für öffentliches Gesundheitswesen, Düsseldorf.

Draper, R., 1989: The Who Strategy for Health Promotion. Presentation at the Symposium on „Community Participation and Empowerment Strategies in Health Promotion" 05.-09.06. 1989, Bielefeld.

Grossmann, R., 1989: Gesundheitsförderung braucht lernfähige Organisationen. Thesenpapier für den AOK-WHO-Kongreß „Gesundheit als Herausforderung", 13.-16.06.1989, Hamburg.

Hildebrandt, H., 1990: Infrastruktur für Gesundheitsförderung: Werkstatt Gesundheit. Studie für die Bundeszentrale für gesundheitliche Aufklärung, Köln (erhältlich beim Neuland Verlag, s.o.).
Hildebrandt, H., 1990b: Neue Brücken-Instanzen für Gesundheitsförderung. WHO-Symposiumsbericht im Auftrag der Weltgesundheitsorganisation (erhältlich beim Neuland Verlag, s.o.).
Hildebrand, H./Trojan, A. (Hrsg.), 1987: Gesündere Städte – kommunale Gesundheitsförderung, Hamburg (erhältlich bei: Werkstatt Gesundheit e.V. Klosterallee 13 , 2000 Hamburg 13 oder beim Neuland Verlag, Adenauerallee 45, 2000 Hamburg 1, Preis: DM 28,–)
Hildebrand, H./Trojan, A., 1988: Gesündere Zukunft für Hamburg. Hamburger Innovations- und Aktionszentrum für Gesundheitsförderung (Bestelladresse: Behörde für Arbeit, Gesundheit und Soziales, Abt. Gesundheitsförderung, Tesdorpfstr. 8, 2000 Hamburg 13).
Huber, E., 1986: Berliner Gesundheits-Lehren, in: Leviathan, Zeitschrift für Sozialwissenschaft, Sonderheft 7, Opladen: Westdeutscher Verlag.
Kickbusch, I., 1986: Öffentliche Gesundheit, in: Leviathan, Zeitschrift für Sozialwissenschaft, Sonderheft 7, Opladen: Westdeutscher Verlag.
Kickbusch, I., 1988: The Concept of Health Promotion, in: Innovation, 1. Jg., Heft 2/3, Wien: Interdisziplinäre Forschungsstelle für vergleichende Technologie- und Sozialpolitikforschung.
Kickbusch, I., 1989a: Self Care in Health Promotion, in: Social Science and Medicine, Special Issue on Self Care, Vol. 29, Nr. 2.
Kickbusch, I., 1989b: Good Planets are hard to find. WHO Healthy Cities Project No. 5, Kopenhagen: FADL Publishers.
Kickbusch, I., 1989b: Aktionsmöglichkeiten für Gesundheitsförderung und Prävention, in: Dokumentation AOK-WHO-Kongreß Hamburg, 13.-16.06.1989 (erhältlich über AOK Hamburg) (vgl. dort auch das Schlußwort von Kickbusch S. 117).
Labisch, A., 1986: Gemeinde und Gesundheit. Zur historischen Soziologie des kommunalen Gesundheitswesens, in: Leviathan, Zeitschrift für Sozialwissenschaf, Sonderheft 7, Opladen: Westdeutscher Verlag.
Rodenstein, M., 1988: Mehr Licht, mehr Luft. Frankfurt: Campus.
Schmidt, A., 1989: Hauptsache gesund: Die schöne neue Welt der Gesundheits-Autisten, in: Psychologie heute 7, 52-55.
Schräder, W. u.a., 1986: Kommunale Gesundheitsplanung, Basel: Birkhäuser.
Stark, W./Hildebrandt, H., 1989: Versuche partizipativer Prävention auf kommunaler Ebene: Das „Healthy Cities“-Projekt der WHO, in: *W. Stark* (Hrsg.), Lebensweltbezogene Prävention und Gesundheitsförderung, Freiburg i.Br.: Lambertus.
Thiele, W./Trojan, A. (Hrsg.), 1990: Lokale Gesundheitsberichterstattung. Hilfen auf dem Weg zu einer neuen Gesundheitspolitik?, St. Augustin: Asgard.
Trojan, A., 1985: Ansätze für Mitbestimmung in der Sozial- und Gesundheitspolitik, in: WSI-Mitteilungen 38, Nr. 10, S. 621-630.
Trojan, A./Hildebrandt, H. (Hrsg.), 1990: Brücken zwischen Bürgern und Behörden. Innovative Strukturen für Gesundheitsförderung, St. Augustin: Asgard.
Trojan, A./Stumm, B. (Hrsg.), 1991: Gesundheit fördern statt kontrollieren. Eine Absage an den Mustermenschen, Frankfurt/M.: Fischer Taschenbuch.
Wenzel, E. (Hrsg.), 1986: Die Ökologie des Körpers, Frankfurt/M.: Suhrkamp.
Werkstatt Gesundheit, 1989a: Gesündere Zukunft für Hamburg. Dokumentation einer Fachtagung und Beschreibung des Hamburger Projekts, Hamburg: Eigenverlag.
Werkstatt Gesundheit, 1989b: Selbstdarstellung. Broschüre, Hamburg: Eigenverlag.
Werkstatt Gesundheit, 1991: Wirtschaft & Gesundheitsförderung: Neue Konzepte der Gesundheitsförderung in Betrieben und der mögliche Beitrag der Wirtschaft für eine „Gesündere Zukunft für Hamburg“, Hamburg: Eigenverlag (erhältlich beim Neuland Verlag, s.o.)
WHO, 1986: Ottawa-Charta. Kopenhagen (dt. Übersetzung in: *H. Hildebrandt* und *A. Trojan* 1987: 10).
WHO-Healthy Cities Project, 1988: Promoting Health in the Urban Context, S. 24 (dt. Übersetzung in: *H. Hildebrandt* und *A. Trojan* 1987: 23), Kopenhagen: FADL-Publishers.

Kontaktadresse des bundesdeutschen Netzwerkes: Gesunde Städte Sekretariat, Behörde für Arbeit, Gesundheit und Soziales, – G 220, –, Tesdorpfstr. 8, W-2000 Hamburg 13.

Armut in der Stadt

Zu einer empirischen Untersuchung in Hannover

Ulfert Herlyn / Barbara Lettko

Marginalisierung ist ein Problem, das keine Begeisterungsstürme zu wecken imstande ist, denn wer will schon gerne an die Personen und Gruppen erinnert werden, die „am Rande“ dieser Stadt zum überwiegenden Teil mit Unterstützung der Kommune leben und alltäglich von Ausgrenzung und Stigmatisierung durch die Mehrheit der Bevölkerung bedroht wird. Doch sie gehören zum Bild der Stadt in der Bundesrepublik und anderswo Anfang der 90er Jahre, wo es eine „Armut im Reichtum“ (Breckner u.a. 1989) gibt. Wie groß ist nun der Kreis der Armen?

Geht man zunächst von der Sozialhilfebedürftigkeit als Schwelle zur „absoluten Armut“ aus, dann erhält etwa jeder 20. Bundesbürger Leistungen nach dem Bundessozialhilfegesetz. Von 1963 bis 1986 hat sich die Empfängerzahl von 1,5 Millionen auf 3 Millionen verdoppelt (vgl. Semrau 1990) – heute liegt die Zahl schon darüber. Zu diesem Personenkreis müssen all die Personen hinzugerechnet werden, deren Einkommen deutlich unter dem durchschnittlich erzielten Einkommen liegt, womit relative Armutsquoten erfaßt werden. Diese sind seit Mitte der 80er Jahre konstant: ca. 11 Prozent können nur über 50 Prozent des erzielten Durchschnittseinkommens verfügen. Wichtiger als diese Globalzahl ist jedoch der Befund, daß in diesen Zeitraum von 1984 bis 1989 nur 3/4 aller Personen niemals arm waren, dagegen ein Viertel kurzfristig oder dauerhaft in Armut lebte (Habich/Headey/Krause 1991: 7).

Was die Sozialhilfedichte (Hilfeempfänger je 1000 Einwohner) in Hannover anbelangt, so lag sie 1984 mit 80,5 erheblich über dem niedersächsischen Mittel von 47,9 und gehört mit dem Stadtstaaten Berlin, Bremen und Hamburg zur „Spitzengruppe“ deutscher Großstädte (vgl. Autzen/Becker 1988: 109). 1986 erhielten fast 6 Prozent der Bevölkerung Hannovers laufende Hilfe zum Lebensunterhalt (Benzler/Heinelt 1991: 81). Bei der Betrachtung der Quantität von Armut ist zu bedenken, das sie in der Regel in den Städten räumlich geballt auftritt. Die räumliche Konzentration ist Folge der Art des Wohnungsbestandes insofern, als sich sowohl die mietgünstigen Altbauten als auch die Neubauwohnungen mit städtischen Belegungsrechten in bestimmten Stadtteilen ballen, die daher auch vom Deutschen Städtetag als *'soziale Brennpunkte'* charakterisiert worden sind. Es handelt sich um innenstadtnahe Sanierungsgebiete (wie z.B. in Hannover Lindener Stadtteile), Wohngebiete der Nachkriegszeit (z.B. Mittelfeld) wie auch um Neubausiedlungen der 60er/70er Jahre (z.B. Vahrenheide oder Mühlenberg). Genau diese Tatsache des Zusammenwohnens marginalisierter

Bevölkerungsgruppen in einigen Stadtteilen war Thema einer größeren empirischen Untersuchung[1], bei der es im wesentlichen darum ging, herauszufinden, ob und inwieweit die ökonomischen, sozialen und baulich-räumlichen Bedingungen dieser Wohnquartiere die benachteiligte Lebenslage der Bewohner mildern oder weiter verstärken. Bevor wir näher auf diese Untersuchung (Teil II) eingehen und von ihren Ergebnissen her zu sozialpolitischen Forderungen (Teil III) kommen, sollen zunächst zur Armutspolitik insbesondere auf kommunaler Ebene, sowie zur begrifflichen Erfassung von Armut in einem räumlichen Kontext einige theoretische Ausführungen vorangestellt werden.

I.

Gesellschaftliche Armut gehört heute zu einem zentralen Bestandteil sozialwissenschaftlicher Gegenwartsanalysen. Die rapide Zunahme von Armut seit Beginn der 80er Jahre steht in unmittelbarem Zusammenhang mit dem Auftreten der Massenarbeitslosigkeit im gesellschaftlichen Modernisierungsprozeß, bei dem stetiges Wirtschaftswachstum keine Garantie mehr für Vollbeschäftigung ist.
Die sozialstrukturelle Entwicklung der Bundesrepublik charakterisiert Beck bildhaft durch den sog. Fahrstuhl-Effekt („die Klassengesellschaft wird insgesamt eine Etage höher gefahren"), was Einkommen, Vermögen, Bildung etc. anbelangt (vgl. Beck 1986: 142f.). Ein geringer, jedoch wachsender Teil der Bevölkerung ist in den 80er Jahren durch den Sog der Massenarbeitslosigkeit von einem – um in der Sprache von Beck zu bleiben – „Fahrstuhl-Effekt nach unten" erfaßt. Im Zuge dieser Entwicklung hat sich sowohl der Umfang als auch die Struktur der als arm zu bezeichnenden Bevölkerungsgruppen grundlegend verändert, was spätestens seit der DGB-Untersuchung aus dem Jahre 1984 (Balsen/Nakielski/Rössel/Winkel 1984) mit dem Begriff „Neue Armut" charakterisiert wird. Während Ende der 6oer, Anfang der 70er Jahre Armut als weitgehend beseitigt galt und zu dem Kreis der Armen vorwiegend ältere und gebrechliche Menschen – hauptsächlich Frauen – und deklassierte Randgruppenangehörige gezählt wurden, deren Integration in Gesellschaft und Arbeitsmarkt nicht möglich schien, gehören heute zur Armutsbevölkerung zunehmend jüngere Menschen in erwerbsfähigem Alter (vgl. Adamy/Naegele 1985: 105), die zeitweise oder dauerhaft vom Arbeitsmarkt ausgegrenzt sind, aus den verschiedenen sozialen Gruppen stammen und damit auf die inzwischen große Heterogenität von Armut verweisen (vgl. Bäcker 1990: 381). Bei den überwiegend durch Arbeitslosigkeit ausgelösten Prozessen von Verarmung (vgl. Deininger 1990: 424) und Marginalisierung zeigt sich, daß es sich dabei nicht um eine von der etablierten Mehrheit auf Dauer abgesonderte Gruppe handelt, sondern ein weit größerer Personenkreis wird zeitlich befristet von Arbeitslosigkeit betroffen. Diese breite Streuung der Arbeitslosigkeit deutet darauf hin, daß ca. 1/4 bis 1/3 der Bevölkerung auf Zeit in bestimmten Lebensphasen von neuer Armut bedroht ist bzw. ihr anheimfällt. Sie ist heute „biographisch querverteilt" und „kein Klassen- oder Randgruppenschicksal mehr, sondern generalisiert und normalisiert worden" (Beck 1986: 148f.).

Die Armutsentwicklung in weiten Teilen der Bevölkerung wird gefördert und verstärkt durch das erwerbsarbeitszentrierte System sozialer Sicherung, in dem nur durch Lohnarbeit der Bezug von Leistungen der Sozial-, Renten-, Kranken- und Arbeitslosenversicherung möglich wird. In dem Maße jedoch, wie die Zugangsvoraussetzungen durch Arbeitslosigkeit, diskontinuierliche Berufsverläufe, Beschäftigungsverhältnisse unterhalb der Versicherungspflichtgrenze usw. gegenwärtig eingeschränkt werden, wird das soziale Sicherungssystem funktionslos und „produziert" folglich immer mehr Arme. Für diese wachsende Zahl von Menschen, die durch die Maschen des erst weithin gepriesenen sozialen Netzes fallen, bleibt einzig und allein die Sozialhilfe zur Existenzsicherung übrig (vgl. Riedmüller/Rodenstein 1989). Diese, durch das 1962 in Kraft getretene Bundessozialhilfegesetz (BSHG) festgeschriebene Unterstützungsleistung stellt qua Definition eine letzte und zeitlich befristete Ausfallbürgschaft dar, wenn andere Sicherungssysteme nicht (mehr) greifen. Derzeit ist sie jedoch für weite Kreise der armen Bevölkerung eine dauerhafte und oftmals die einzige Einkommensquelle. Als Ausweg aus dieser „Krise des Sozialstaates" ist vielfach eine Veränderung der bestehenden Sozial- und Wirtschaftsordnung gefordert worden, die insbesondere durch die Einführung einer bedarfsorientierten Grundsicherung bzw. eines garantierten Grundeinkommens unabhängig vom Erwerbseinkommen zu erreichen wäre (vgl. zusammenfassend Hanesch 1988: 183ff.; Arbeitsgruppe Armut und Unterversorgung 1986).

Infolge des starken bundesweiten Anstiegs der Zahl der Sozialhilfeempfänger, der entsprechend dem konjunkturellen Süd-Nord-Gefälle vermehrt in den strukturschwachen Regionen und den ohnehin durch Stahl- und Werftenkrise besonders in Mitleidenschaft gezogenen Städten des Nordens und Westens gravierend ist, sich aber auch den reichen Städten des Südens, wie z.B. in München zeigt (Krummacher u.a. 1986; Breckner u.a. 1989), sind die Kommunen als örtliche Träger der Sozialhilfe durch die enorm gestiegenen Kosten für Sozialhilfeaufwendungen (insbesondere der laufenden Hilfe zum Lebensunterhalt (HLU)) in eine akute Finanzkrise geraten, die die kommunale Selbstverwaltung vielerorts in Frage stellte. Die Abwälzung der Kosten der Massenarbeitslosigkeit auf die Städte und Gemeinden hat zu drastischen Einsparungen in allen anderen kommunalen Politikfeldern und einem Verzicht auf Investitionen gerade im sozialen Bereich geführt, begleitet von einer restriktiven Handhabung des BSHG bei der Gewährung von Sozialhilfe, sowie den Informationen über vorhandene Ansprüche. Mit dieser Konsolidierungspolitik ist es den Kommunen zwar gelungen, die Haushaltskrise fiskalisch zu bewältigen, aber um den Preis einer Verringerung der sozialpolitischen Schutzfunktion für die von Armut Betroffenen. Damit haben die Kommunen „de facto die Politik des Sozialabbaus auf Bundesebene mitgetragen" (Hanesch 1988: 141).

Parallel dazu sind jedoch auch Überlegungen, Ideen und Ansätze einer kommunalen Arbeitsmarktpolitik entwickelt worden, die offensiv und innovativ als Antwort auf fehlende Maßnahmen gegen die Massenarbeitslosigkeit auf Bundesebene und gemäß dem Leitmotiv, lieber Arbeit als Arbeitslosigkeit zu finanzieren, auf eigene Beschäftigungsprogramme und einen zweiten Arbeitsmarkt setzte (vgl. u.a. Fiedler/Fahrenholtz 1986; Vornehm 1986), und mit der zugleich, wenn auch nicht ausschließlich, das Ziel verfolgt wurde, arbeitslose Sozialhilfeempfänger in den Zuständigkeits- und Leistungsbereich der Arbeitslosenversicherung (zurück) zu „befördern".

Nach einer positiven, teilweise fast euphorischen Würdigung dieser kommunalen Arbeitsmarkt- und Beschäftigungspolitik in der Mitte und der zweiten Hälfte der 80er Jahre (Gottian 1983; Maier/Wollmann 1986; Blanke/Evers/Wollmann 1986) ist es derzeit eher still um diese Ansätze geworden, nicht zuletzt wohl deshalb, weil die mit ihnen verbundenen Hoffnungen einer Bewältigung von Armut und Arbeitslosigkeit, ebenso wie die sehr hochgesteckten Ziele einer Erneuerung des Sozialstaates von unten (vgl. Wollmann 1986) nicht realisiert werden konnten. Obwohl eine zusammenfassende und systematische Aufarbeitung dieser, von der Intention her sinnvollen, kommunalen Beschäftigungspolitik noch weitestgehend aussteht, kann aufgrund der partiell sichtbar gewordenen Schwierigkeiten vermutet werden (Eichner u.a. 1988), daß es den meisten dieser Programme, abgesehen von bürokratischen und organisatorischen Problemen, an einer sozialen Implementation, bzw. einer Einbettung in ein Gesamtkonzept einer neuen kommunalen Sozialpolitik mangelte, was der Tatsache Rechnung zu tragen hätte, daß es sich bei dem Adressatenkreis dieser Maßnahmen nicht um Menschen handelt, denen *nur* eine Erwerbsarbeit fehlt, sondern die in den meisten Fällen vielfältige Probleme haben, die sich auf mangelnde berufliche Qualifikationen genau so erstrecken können, wie auf Schwierigkeiten im psychischen, sozialen und familiären Bereich.

Ebenso wie Armut, sei es auf Bundes- oder kommunaler Ebene, über weite Strecken als eine finanz- und nicht als eine sozialpolitische Frage bearbeitet wurde und wird, konzentrierte sich auch die wissenschaftliche Diskussion der letzten Jahre bei der Bestimmung von Armut stärker auf die ökonomische Dimension dieses Phänomens. Armut wird in erster Linie als Einkommensarmut definiert, wobei es sich inzwischen eingebürgert hat, Armut und Sozialhilfeberechtigung synonym zu verwenden. Aber selbst die Beschränkung auf die Einkommensarmut hat den Kreis der armen Bevölkerung nicht einmal hinsichtlich ihres quantitativen Umfangs faßbarer werden lassen, da er je nach Bezugsgröße, an der Armut „gemessen" wird, beträchtliche Schwankungen aufweist, wie die Unterscheidung zwischen absoluter, verdeckter und relativer Armut zeigt (Hauser/Cremer-Schäfer/Nouvertné 1986). So greift die Bestimmung des Ausmaßes von Armut anhand der Zahl der Sozialhilfeempfänger viel zu kurz, auch weil die hohe Dunkelziffer von weiterhin annähernd 50 Prozent unberücksichtigt bleibt (Hartmann 1985; Schütte 1990: 349).

Die Defizite der gegenwärtigen, vorwiegend an ökonomischen Kriterien und ausschließlich an den Sozialhilfestatistiken orientierten Armutsberichterstattung trägt vermutlich nicht unerheblich dazu bei, daß die „Armut im Reichtum" (Breckner u.a. 1989), die die Lebenssituation vieler Menschen in der Bundesrepublik bestimmt, in der öffentlichen und der (sozial-)politischen Diskussion insbesondere auf gesamtstaatlicher Ebene, so gut wie keine Rolle spielt und auch keine Ansätze erkennbar sind, konzeptionelle Veränderungen der bestehenden Sozialpolitik und des sozialen Sicherungssystems, wie sie u.a. durch die Einführung einer sozialen Grundsicherung und neuen, verknüpften Formen von Arbeitsmarkt- und Sozialpolitik angedacht werden (Hanesch 1988), vorzunehmen.

In den letzten Jahren haben eine Reihe von Kommunen, die direkt und in wachsendem Maße mit Armut und mit ihr in Zusammenhang stehenden Problemen konfrontiert sind, damit begonnen, Recherchen zur Armutssituation vor Ort zu betreiben und kommunale Armutsberichte zu erstellen (zusammenfassende Übersicht bei Becker 1989). Trotz dieses positiv zu bewertenden Versuchs, Daten und Informationen problemorientiert zu bündeln und Grundlagen für kommunalpolitisches Handeln zu schaffen, können auch diese Berichte die vorhandenen Informationsdefizite zur Armut, ihren Ursachen und unterschiedlichen Ausprägungen nicht beheben, da ihnen meist keine eigenen empirischen Erhebungen, sondern die vorhandenen statistischen Materialien zugrunde liegen. Darüber hinaus handelt es sich zum einen lediglich um Momentaufnahmen des derzeitigen Zustandes, durch den Entwicklungen nicht erkennbar sind und zum anderen orientieren diese Berichte in erster Linie auf die Probleme der neuen Armut infolge von Arbeitslosigkeit und den damit verbundenen finanziellen Fragen (Buhr/Ludwig/Leibfried 1990).

Sowohl im wissenschaftlichen Bereich der Armutsforschung als auch auf der Seite der Praktiker, die in ihrer täglichen Arbeit mit der Armutsproblematik konfrontiert sind, wird eindringlich auf die Notwendigkeit einer Neuorientierung und Systematisierung von Armutsforschung und die Etablierung einer kontinuierlich fortzuschreibenden Armutsberichterstattung verwiesen (Buhr/Ludwig/Leibfried 1990; Schneider 1989). Das beinhaltet zum einen, daß sowohl die Ursachen für die Entstehung von Armut ebenso erforscht und berücksichtigt werden müssen, wie die unterschiedlichen Dimensionen von Armut, die Benachteiligung in allen zentralen Lebensbereichen spürbar werden lassen. Insbesondere vor dem Hintergrund, daß es sich bei der von Armut betroffenen Bevölkerung um keine homogene Gruppe handelt und auch eine „Pluralisierung" von Armut stattgefunden hat, sind Differenzierungen und mehrdimensionale Betrachtungsweisen dringend notwendig, um Aufschluß über Entstehung wie Verläufe von Armut zu erhalten, die Perspektiven und Handlungsansätze für den längst überfälligen neuen politischen – auch und gerade kommunalpolitischen – Umgang mit Armut bieten könnten.

Die Armutsforschungen, die über die Einkommensperspektive hinausgehen, können zusammenfassend als „Lebenslagenansatz" bezeichnet werden. Dieser, auch von uns favorisierte Ansatz stellt einen Zugang dar, bei dem „nach der tatsächlichen Versorgungslage von Personen, Haushalten oder sozialen Gruppen in zentralen Lebensbereichen" gefragt wird (Döring u.a. 1990: 11). Um Armut in ihrer ganzen Breite erfassen zu können, ist auf die gesamte Lebenslage von Menschen Bezug zu nehmen, die in Anlehnung an Weisser definiert wird als „Spielraum, den die gesellschaftlichen Umstände dem einzelnen zur Entfaltung und Befriedigung seiner wichtigen Interessen bieten." (Nahnsen 1975: 148). Der Handlungsspielraum des einzelnen bezieht sich daher auf alle Lebensbereiche wie Arbeiten, Wohnen, Gesundheit, Freizeit etc. und eine Benachteiligung liegt analog zum Einkommenskonzept vor, wenn die erreichten Standards deutlich unter den in einer bestimmten Bevölkerungspopulation erreichten Niveaus liegen. Das Konzept bezieht sich sowohl auf objektive Lebensbedingungen als auch ihre subjektiven Bewertungen (vgl. den Deprivationsindex von Townsend 1979).

Vor dem Hintergrund der räumlichen Konzentration der Armut in einzelnen Stadtquartieren und der aus dieser Zusammenballung marginalisierter Bewohner entstehenden Bedingungen für die Lebenssituation des einzelnen, bleibt der Lebenslagenansatz jedoch zu allgemein. Um die spezifischen sozialen Verhältnisse von benachteiligten Gruppen im räumlichen Zusammenhang verschiedener Wohnquartiere zu untersuchen, haben wir in dem kürzlich abgeschlossenen Forschungsprojekt auf den Begriff des *sozialen Milieus* zurückgegriffen, der eine lange Tradition in den Sozialwissenschaften hat. Mit Hradil unterscheiden wir:
1) die Ebene struktureller Lebensbedingungen,
2) die Ebene milieuspezifischer Lebenswelten,
3) die Ebene individueller Lebenslagen (Hradil 1983: 112).

Die mittlere Ebene sozialer Ungleichheiten erscheint nun außerordentlich bedeutsam für die Erklärung der Beziehungen zwischen den überindividuellen Ausgangslagen und der individuellen Betroffenheit. Die Vermittlung strukturell ungleicher Lebensbedingungen (Einkommensverhältnisse, Bildungsgrade, Beruf, Machtressourcen usw.) und individueller Betroffenheit wird durch milieuspezifische Lebenswelten geleistet, „die möglicherweise als 'Filter' oder 'Verstärker' für strukturelle Ausgangslagen wirken und so die individuelle Relevanz von Strukturbedingungen erst prägen" (Hradil 1983: 114). Neben der Tatsache, daß „sie die Bedeutung, den Gebrauch und das 'Aufarbeiten' von vorteilhaften und unvorteilhaften Lebensbedingungen regulieren", produzieren sie auch ungleiche Lebensbedingungen durch die Konfrontation von milieuspezifischen Vorstellungen (vgl. Hradil 1987: 167). In dem Milieu-Konzept ist somit neben objektiven Bedingungen auch die Subjektivität der handelnden Betroffenen aufgehoben; sie konstituieren durch die Äußerungen immer aufs Neue das Milieu.
Milieus lassen sich als sozio-kulturelle Zusammenhänge definieren, denen Menschen mit jeweils ähnlichen Lebenslagen und Lebensstilen angehören. Ein starkes Gewicht für Interaktionsprozesse und Bestätigungen ähnlicher Bewußtseinslagen sowie für den Austausch und die Selbstvergewisserung von gemeinsamen Wertorientierungen hat die räumliche Nähe der Mitglieder eines Milieus. Als räumliche Verortung in Stadtvierteln und Wohnquartieren bilden Milieus die sozial-räumlichen Strukturen für Lebensvollzüge und Alltagshandeln der Menschen. Gerade für die immobilen Gruppen der Armen ohne ausgeprägte überlokale Beziehungen ist davon auszugehen, daß der milieuspezifischen Lebenswelt eine zentrale Rolle bei der Abpufferung benachteiligter struktureller Ausgangsbedingungen zukommt und damit spezifische individuelle Handlungsspielräume für die Alltagsbewältigung eröffnet werden. Versteht man so das ganze Wohnmilieu als eine Ressource zur Lebensbewältigung, so lassen sich folgende Teilressourcen unterscheiden:
a) Stadtteil als Chance der Existenzsicherung durch Arbeit,
b) Stadtteil als Ort des Wohnens,
c) Stadtteil als Ort sozialen Austauschs,
d) Stadtteil als Ort der Teilhabe an gesellschaftlichen Einrichtungen.

II.

Um unserer Frage, ob und inwieweit in den quartierlichen Milieus Ressourcen zur Alltagsbewältigung bei marginalisierten Gruppen vorliegen, näher zu kommen, wurde eine empirische Untersuchung in vier Quartieren der Stadt Hannover durchgeführt:
Linden-Mitte: ein hochverdichtetes Altbaugebiet aus dem 19. Jahrhundert, weitestgehend im ursprünglichen Zustand, in innenstadtnaher Lage
Linden-Süd: ein unmittelbar an Linden-Mitte angrenzendes Arbeiterquartier gleicher Entstehungszeit, das durch Sanierung in weiten Teilen eine baustrukturelle aber kaum eine sozialstrukturelle Veränderung erfahren hat
Mittelfeld: ein 50er Jahre Gebiet des Sozialen Wohnungsbaus in peripherer Lage
Mühlenberg: ein hochverdichtetes randstädtisches Neubaugebiet der 70er Jahre
Bei der Untersuchung wurden verschiedene Methoden der quantitativen und qualitativen empirischen Sozialforschung kombiniert. Im Zentrum steht die Befragung von 380 benachteiligten Bewohnern in den vier Stadtteilen.
Die Befragtengruppe läßt sich wie folgt charakterisieren:
- zwei Drittel sind Frauen,
- zwei Drittel gehören den Altersgruppen der bis 40jährigen an,
- ein Viertel sind Ausländer (überwiegend Türken),
- ein Drittel sind alleinerziehende Frauen,
- rund 40 Prozent verfügen über keine Berufsausbildung,
- zwei Drittel sind Sozialhilfeempfänger,
- ein Fünftel sind erwerbstätig,
- fast die Hälfte ist arbeitslos.

Mit diesen Bewohnern und Bewohnerinnen wurden persönliche Interviews anhand eines Fragebogens durchgeführt. Ergänzend zu dieser teilstandardisierten Befragung wurden mit 40 Personen aus diesem Kreis biographisch orientierte Intensivinterviews geführt. Neben der Auswertung von Sekundärdatenmaterial wurden zahlreiche Expertengespräche mit Mitarbeitern/innen unterschiedlicher Institutionen in den Stadtteilen geführt.
Die empirische Untersuchung konnte deutlich machen, daß es nicht gleichgültig für die Lebenslage von marginalisierten Gruppen ist, wo sie in der Stadt, genauer: in welcher Art von Stadtvierteln sie leben. In unterschiedlicher Weise bieten sie Wohnqualitäten, die als wichtige Ressourcen der Lebensbewältigung ernst genommen werden müssen:

a) Stadtteil als Chance zur Existenzsicherung durch Arbeit

Trotz weitgehender Auslagerung oder Nichtansiedlung von Arbeitsstätten sind in den Quartieren in mehr oder minder großem Umfang Arbeitsplätze und -möglichkeiten vorhanden, die den Bewohnern/innen des Stadtteils Beschäftigung bieten. Die von uns befragten Bewohnergruppen sind in besonderem Maße auf wohnungsnahe Arbeitsplätze bzw. Beschäftigungsmöglichkeiten angewiesen, weil sie mehrheitlich über geringe Zugangschancen zum Arbeitsmarkt verfügen.

1. Das *Ausmaß von Arbeitslosigkeit* innerhalb der Befragtengruppe ist im Vergleich zur Gesamtbewohnerschaft der Untersuchungsstadtteile überdurchschnittlich hoch: 48 Prozent der Befragten sind arbeitslos. Die Befunde der Arbeitslosigkeit zeigen an, daß die Mehrheit der Arbeitslosen innerhalb der Befragtengruppe nicht nur vorübergehend sondern permanent vom Arbeitsmarkt ausgegrenzt ist. Mehr als die Hälfte von ihnen ist vier Jahre und länger ohne Arbeit. Dabei lassen sich quartierspezifische Unterschiede feststellen. Während in Linden-Süd der Anteil der arbeitslosen Befragungspersonen überdurchschnittlich hoch ist, sind in Linden-Mitte wie auch in Mittelfeld die Anteile deutlich geringer.

2. Die *ökonomische Situation* der von Arbeitslosigkeit betroffenen Haushalte unserer Untersuchungsgruppe ist dadurch bestimmt, daß überwiegend Sozialhilfe bezogen wird (fast 70 Prozent leben ausschließlich von Sozialhilfe, 18 Prozent bekommen sie ergänzend zur Arbeitslosenunterstützung). Lediglich 9 Prozent der befragten Arbeitslosenhaushalte bekommen Leistungen vom Arbeitsamt (Arbeitslosenhilfe und -geld). In mehr als der Hälfte der Arbeitslosenhaushalte stehen den einzelnen Haushaltsmitgliedern maximal nur 400 DM monatlich zur Verfügung. Die geringen finanziellen Mittel führen zu erheblichen Einschränkungen im alltäglichen Leben, wirken sich als Verlust von Lebensqualität aus, und verstärken die soziale Ausgrenzung dadurch, daß man sich nichts mehr leisten kann und deshalb auf Aktivitäten außer Haus verzichten muß. Ein typisches Kennzeichen für die prekären materiellen Lebensbedingungen ist die hohe Verschuldung der Betroffenen.

3. *Art und Umfang von Schwarzarbeit* in der Befragtengruppe hängen in erster Linie von stadtteilspezifischen Gelegenheiten zur Ausübung informeller Tätigkeiten ab. Von allen Befragungspersonen geben rund 16 Prozent an, gelegentlich informelle Arbeiten wie Reinigungstätigkeiten, Bau- und Reparaturarbeiten, Hilfstätigkeiten im Einzelhandel und Zeitungen oder Prospekte austragen auszuüben. Von allen vier Untersuchungsquartieren bietet Linden-Mitte, aufgrund der dort vorhandenen Gaststätten, Läden, Dienstleistungseinrichtungen etc. und der größeren Bevölkerungsheterogenität die besten Möglichkeiten für gelegentliches Geldverdienen und damit die Chance, ökonomische Benachteiligung zumindest gelegentlich zu mindern. Dies wird auch in hohem Maße von den befragten Bewohnern wahrgenommen. Ungünstiger sind die Bedingungen für Schwarzarbeit in den anderen Stadtteilen. In Mühlenberg gibt es offenkundig kaum Möglichkeiten für Aushilfstätigkeiten, entsprechend gering ist deshalb auch der Anteil der befragten Mühlenberger, der schwarz arbeitet.

4. Die *Bedeutung der Schwarzarbeit* für die benachteiligten Bewohner bezieht sich zum einen auf den ökonomischen Aspekt. Zum anderen verbinden sich mit der Ausübung dieser Tätigkeiten in den meisten Fällen aber auch andere Motive, die aus dem Interesse an der Arbeit und dem Anwenden von Fähigkeiten und Fertigkeiten, die sonst brach liegen, resultieren und damit zur Zufriedenheit und Selbstbestätigung beitragen. In anderen Fällen bieten Aushilfs- und Gelegenheitsarbeiten die Möglichkeit, die eigene

Wohnung zu verlassen und mit anderen Menschen in Kontakt zu kommen. Diese „positiven" Effekte von Schwarzarbeit werden überlagert durch psycho-soziale Belastungen, die mit der Notwendigkeit diese illegalen Tätigkeit zu verheimlichen und der Furcht vor Entdeckung, zusammenhängen.

b) Stadtteile als Ort des Wohnens

Für die Zusammenhänge zwischen Marginalisierungs- und Wohnkarrieren läßt sich allgemein annehmen, daß die individuelle Lebensgeschichte eng mit der Geschichte von Wohnformen und Wohnorten verbunden ist (vgl. Herlyn 1990) und Benachteiligung folglich auch in den Wohnbedingungen und dem Wohnstandort ihren Niederschlag finden.

1. Betrachtet man die *regionale Mobilität*, so zeigt sich, daß ein Viertel der Befragten vor dem Einzug in die zum Befragungszeitraum bewohnte Wohnung aus einer anderen Stadt zugezogen ist, wobei dies insbesondere für Bewohner aus Mühlenberg gilt. Etwa die Hälfte wohnte vorher in einem anderen Stadtteil Hannovers, und ein Drittel ist zuletzt innerhalb des jetzigen Stadtteils umgezogen. Dies trifft häufiger auf Befragte in Linden-Süd zu. Hier wie in Linden-Mitte ist ohnehin die regionale Mobilität der befragten Bewohner eher gering, in Mühlenberg hingegen hoch. Im Hinblick auf damit verbundene Marginalisierungsprozesse zeigt sich, das der Zuzug nach Hannover oftmals durch die räumliche Nähe von Verwandten und Bekannten motiviert wurde, woraus häufig Unterstützungsfunktionen resultieren. Ähnliches ist auch wirksam, wenn die Befragten aus einem anderen Stadtteil Hannovers in ihr jetziges Quartier gezogen sind, wobei die Bedingungen des Wohnungsmarktes nicht zu unterschätzen sind, die eine Wahlfreiheit einschränken. Eine hohe Identifikation mit dem Quartier läßt sich vor allem bei denjenigen feststellen, die innerhalb des jetzigen Stadtteils umgezogen sind (Befragte in Linden). Hier scheinen die milieuspezifischen Ressourcen einen so hohen Einfluß auf die Lebensbewältigung auszuüben, daß ein Verbleiben im Quartier unmittelbar wichtig ist und ein Umzug mit einem Verlust an Lebensqualität verbunden wäre.

2. Die häufigsten *Gründe für den letzten Wohnungswechsel* sind persönliche Gründe bzw. private Probleme, die durch psychische, physische oder soziale Schwierigkeiten hervorgerufen wurden (von 30 Prozent der Befragten genannt). Rund ein Viertel der Befragungspersonen gibt als Ursache für den Wohnungswechsel die Vergrößerung des Haushalts bzw. die beengten Verhältnisse in der früheren Wohnung an. Bei fast jeder 10. Befragungsperson sind entweder die Gründung eines eigenen Haushalts oder der Zuzug nach Hannover aus einer anderen Region Grund für den Wohnungswechsel gewesen. Andere Faktoren wie bauliche Mängel der alten Wohnung oder deren Abriß, Modernisierung oder Privatisierung, Mieterhöhungen und/oder Räumungsklagen und die finanzielle Verschlechterung des Haushaltes spielen insgesamt eine geringere Rolle. Stadtteilspezifische Besonderheiten bestehen darin, daß bei den Befragten in Linden-Süd seltener persönliche Gründe, sondern überdurchschnittlich häufig der

notwendige Umzug in eine größere Wohnung, bzw. bauliche oder rechtliche Veränderungen der alten Wohnung beim Wohnungswechsel eine Rolle spielten.
Unter Einbeziehung der Intensivinterviews läßt sich insgesamt feststellen, daß bei mehr als der Hälfte der Befragungspersonen der letzte Umzug unmittelbar mit dem Marginalisierungsprozeß zusammenhängt, wobei in erster Linie krisenhafte Lebensereignisse wie Trennung, Verlust von Familienangehörigen, Krankheit und Suchtprobleme bedeutsam sind.

3. Über die Hälfte der Befragten (55 Prozent) waren bei der *Wohnungssuche* auf das Wohnungsamt bzw. dessen Kooperation mit dem Sozialamt angewiesen, wobei der Anteil in Linden-Mitte aufgrund des dort sehr geringen Anteils mit Belegungsrechtwohnungen unterdurchschnittlich, in Mühlenberg dagegen außerordentlich hoch ist (fast 70 Prozent). Für diese Personen ist das Wohnen an einem bestimmten Ort, in einem bestimmten Stadtteil oder einer speziellen Straße das Ergebnis einer Wohnraumzuweisung und verdeutlicht damit ihre benachteiligte Situation auf dem Wohnungsmarkt, die auch die Realisierung individueller Wohnwünsche erheblich einschränken dürfte. Von den Befragten, die bei der Wohnungssuche auf Unterstützung durch die Verwaltung angewiesen waren, äußern sich fast zwei Drittel zufrieden damit und geben an, gute Erfahrungen gemacht zu haben.

4. Auch die derzeitige *Wohnsituation* spiegelt mehr oder minder deutlich die Benachteiligung der Befragten wider: nur ein Viertel der Befragten ist mit der jetzigen Wohnung zufrieden – jeder 5. Befragte jedoch völlig unzufrieden. Dies verweist insgesamt darauf, daß nur ein Viertel der Befragten mit dem letzten Umzug seine Wohnungswünsche eindeutig realisieren konnte, da sie die Wohnqualität nicht kritisieren. Dies gilt vergleichsweise häufig für Befragte aus Mühlenberg. Bei einem Fünftel der Befragten sind die Wohnbedingungen dagegen deutlich ein Ausdruck ihrer Marginalisierung, da sie keinerlei Vorteile ihrer Wohnung nennen können. Überdurchschnittlich häufig lassen sich solche Befragte in Linden-Süd und Mittelfeld finden.

5. Vor dem Hintergrund der Intensivinterviews wird deutlich, daß bei der Bewertung der Wohnsituation zwischen *Wohnung und Wohnumfeld* getrennt wird und zwischen beiden oftmals erhebliche Diskrepanzen bestehen. Die völlig gegensätzlichen Wertschätzungen von Wohnung und Wohnumfeld, insbesondere aber die Unveränderbarkeit dieser Bedingungen verdeutlichen die beschränkten Entscheidungsspielräume und Wahlmöglichkeiten benachteiligter Gruppen am Wohnungsmarkt. Zwar ist es z.T. möglich, durch Vorteile in einem Bereich Nachteile im anderen auszugleichen und dadurch eine halbwegs befriedigende Wohnsituation zu schaffen. Sind diese Kompensationsmöglichkeiten nicht vorhanden und kann der Stadtteil bzw. die Wohnung trotzdem nicht verlassen werden, ist dies als Marginalisierung zu werten. In diesem Sinne ist gerade das Fehlen von Mobilität Ausdruck einer benachteiligten Lebenslage.

c) Stadtteil als Ort sozialen Austauschs

Den sozialen Beziehungen im Stadtquartier ist ein hoher Stellenwert für die Kompensation oder Verstärkung von Marginalisierungsprozessen beizumessen. Grob lassen sich drei Beziehungstypen unterscheiden, durch die sich soziale Netzwerke konstituieren können: Nachbarschafts-, Verwandtschafts- und Freundschafts-/Bekanntschaftsbeziehungen.

1. Es lassen sich unterschiedliche Formen *nachbarschaftlicher Milieus* identifizieren, die in ihrer Qualität aber insbesondere hinsichtlich ihrer Unterstützungsfunktion variieren:
- *Milieu mit hoher sozialer Integration:* enges soziales Netzwerk; Freizeitaktivitäten werden gemeinsam unternommen; Beziehungen erfüllen in der Regel auch Unterstützungsfunktionen. Diese Nachbarschaftsbeziehungen dürften bei einem guten Drittel der Befragten vorliegen, und existieren häufiger in Linden-Mitte und Mittelfeld als in Mühlenberg und Linden-Süd.
- *Milieu mit oberflächlicher Beziehungsstruktur:* Beziehungen sind eher oberflächlich; das Interesse an Nachbarschaftskontakten ist gering. Diese Milieus sind in unserer Befragtengruppe am meisten verbreitet, überdurchschnittlich häufig kommen sie in Mühlenberg vor.
- *Milieu mit sozialer Desintegration:* durch ein hohes Konfliktniveau und ein hohes Maß an sozialer Distanz und Abgrenzung gekennzeichnet. Solche Nachbarschaften werden von mehr als der Hälfte aller Befragten explizit genannt, die in Linden-Süd und Mühlenberg überdurchschnittlich häufig existieren.
- *Ambivalentes Milieu:* zeichnet sich durch eine gewisse „Cliquenbildung" aus; Mischform zwischen dem integrativen und dem desintegrativen Typ; so bestehen zu einigen Personen häufig umfangreiche und unterstützungsrelevante Beziehungen, während andere ausgegrenzt sind. Dieses Milieu ist in Linden-Mitte überdurchschnittlich häufig anzutreffen.

2. *Verwandtschaftliche Beziehungen* sind im Verlauf des Marginalisierungsprozesses ein relativ stabilisierender Faktor. Insgesamt drei Viertel der Befragten haben Verwandte in der Stadt Hannover. Nur von einem Drittel leben die Verwandten allerdings auch im gleichen Stadtteil. Jeweils knapp 70 Prozent der Mittelfelder und Mühlenberger Befragten mit Verwandten im Stadtteil und mehr als 80 Prozent der entsprechenden Befragten aus Linden-Süd treffen sich mit ihren Verwandten mindestens ein Mal wöchentlich. Das gleiche gilt nur für knapp die Hälfte der entsprechenden Befragtengruppe aus Linden-Mitte. Die Beziehungen zu den Verwandten nach dem Umzug in den gegenwärtigen Stadtteil haben sich nur bei einem geringen Prozentsatz der Befragten verschlechtert. Insgesamt erbringen in erster Linie Kinder und Eltern außerhalb des Haushalts Hilfeleistungen in Krankheitsfällen, beim Einkaufen und bei Renovierungs- und Reparaturarbeiten.

3. Fast drei Viertel aller Befragten haben *Freunde und Bekannte* im gleichen Stadtteil. In Linden-Mitte und Linden-Süd trifft sich ein überdurchschnittlich hoher Anteil der Befragten täglich bis mehrmals in der Woche ihnen. In Mittelfeld und Mühlenberg ist

dieser Anteil geringer. Dennoch scheint es auch in den randstädtischen Quartieren kein starkes Kontaktdefizit zu Freunden und Bekannten zu geben. Für insgesamt 18 Prozent der Befragten haben sich die Freundschafts- und Bekanntschaftskontakte seit dem Zuzug in das Quartier verschlechtert. Hier spiegelt sich der Marginalisierungsprozeß auch in einem Verlust an sozialer Unterstützung durch diese Personen wider. Auslöser des Wandels von Freundschafts- Bekanntschaftsbeziehungen sind primär Veränderungen der familialen und ökonomischen Situation, die zu einer allmählichen biographischen Auseinanderentwicklung von Lebenslagen führt und häufig mit räumlichen Veränderungen einhergeht.

4. Benachteiligte Lebensbedingungen durch *nachbarschaftliche Selbsthilfe* zu kompensieren, ist von der Mehrheit der Befragten nicht in Erwägung gezogen worden. Lediglich etwa ein Viertel der Befragten hat in der Vergangenheit an einen Zusammenschluß mit anderen Stadtteilbewohnern zum Zwecke der Selbsthilfe gedacht. Dabei liegt der Anteil in Linden-Mitte über dem Durchschnitt, in Mittelfeld ist dagegen eine geringer ausgeprägte Bereitschaft zu nachbarschaftlicher Selbsthilfe zu verzeichnen. Anzunehmen ist, daß der vergleichsweise hohe Prozentsatz in Linden-Mitte mit der insgesamt deutlich positiveren Einschätzung der Nachbarschaftsbeziehungen zusammenhängt. Insgesamt zeigt sich, daß insbesondere diejenigen, die Freunde und Verwandte im gleichen Stadtteil haben und diese auch öfter treffen, überdurchschnittlich häufig solche Zusammenschlüsse für sinnvoll halten.

d) Stadtteil als Ort der Teilhabe an gesellschaftlichen Einrichtungen

Hinsichtlich der Verstärkung bzw. Milderung von Marginalisierung kommt den sozialpolitischen Maßnahmen, den finanziellen Leistungen der städtischen Sozialverwaltung (Sozialhilfe, Wohngeld), wie der Ausstattung der Stadtteile mit sozialer Infrastruktur eine besondere Bedeutung zu, weil sie für die Bevölkerungsteile, die nicht über das ökonomische Potential verfügen, ihre Bedürfnisse individuell befriedigen zu können, die Grundvoraussetzung zur Partizipation am gesellschaftlichen und sozialen Leben darstellen. So wurde untersucht, wie die Betroffenen die Arbeit des Sozialamtes und die Ausstattung ihres Stadtteils für ihre eigene Lebenssituation bewerten und welche Forderungen sie in diesem Zusammenhang an die Stadtverwaltung haben.

1. Die *Erfahrungen mit dem Sozialamt* bei der Beantragung von Sozialhilfe lassen sich wie folgt beschreiben: Insgesamt 41 Prozent der befragten Sozialhilfeempfänger berichten über positive Erfahrungen. Dies gilt für mehr als die Hälfte der Befragten aus Mittelfeld, während sich in Linden nur etwa ein Drittel in dieser Hinsicht positiv äußert. Demgegenüber nennt insgesamt mehr als ein Drittel negative Erfahrungen. Sie weisen z.B. darauf hin, die Mitarbeiter seien stur und unpersönlich gewesen und sie hatten das Gefühl, der Behörde ausgeliefert zu sein oder Leistungen nur durch Konfrontation durchsetzen zu können. Am häufigsten wurde dabei gleichermaßen in allen Untersuchungsquartieren festgestellt, man habe sich bei der Beantragung von Sozialhilfe „wie ein Bettler“ gefühlt. Deutlich wird, daß die negativen Einschätzungen

bei den Sozialhilfeempfängern aus Linden-Süd etwas über dem Durchschnitt liegen, in Mittelfeld dagegen seltener sind.
In den Intensivinterviews wird die Kritik an der Sozialverwaltung bestätigt. Einerseits ist es der persönliche Kontakt zu den Sozialarbeitern, der in stark emotionalisierter Form durch Ablehnung gekennzeichnet ist. Andererseits sind es die amtsinternen Entscheidungsprozesse sowie die bürokratischen Verfahren, die Anlaß zur Kritik geben. Es zeigt sich weiterhin, daß die Kritik am Sozialamt nicht zuletzt durch mangelnde Informationen über zusätzliche Beihilfen begründet ist. Während insgesamt gut ein Viertel der befragten Sozialhilfeempfänger nicht auf solche zusätzlichen Hilfsmöglichkeiten hingewiesen wurde, sind es in Linden-Mitte mehr als 40 Prozent, die sich auch deutlich häufiger negativ zur Sozialverwaltung äußern. Die entsprechenden Befragten aus Mühlenberg und Mittelfeld wurden demgegenüber sehr viel häufiger auf solche Zusatzleistungen aufmerksam gemacht.

2. Bei der *Beurteilung der generellen Infrastrukturausstattung* der Stadtteile zeigen sich eine Reihe von Unterschieden. Während von den Befragten in Mühlenberg überdurchschnittlich häufig die Grün- und Erholungsflächen sowie die Luft positiv hervorgehoben werden (ca. 89 Prozent bzw. 80 Prozent), charakterisieren die Befragten aus Linden-Mitte stärker als in den anderen Stadtteilen die Einkaufsmöglichkeiten sowie die öffentlichen Einrichtungen positiv (ca. 94 Prozent bzw. 79 Prozent). Auf die eingeschränkten Möglichkeiten der Nutzung von Grün- und Erholungsflächen wird vor allem in Linden-Mitte im Kontrast zum randstädtischen Quartier Mühlenberg deutlich häufiger hingewiesen. Berücksichtigt man ergänzend dazu die Verkehrsverbindungen, so zeigen sich aber auch in den beiden peripheren Quartieren häufig positive Bewertungen. Dennoch ist der Anteil der Befragten, die eine negative Einschätzung der Verkehrsverbindungen äußern, mit ca. 12 Prozent in Mühlenberg mehr als doppelt so hoch wie in Linden-Süd.

3. Da die *Infrastruktureinrichtungen zur vorschulischen und schulischen Betreuung* von Kindern in der Befragtengruppe eine besondere Relevanz haben, wurde nach deren Inanspruchnahme und Bewertung gefragt. *Kindertagesstätten* werden insgesamt von drei Vierteln der Haushalte mit Kindern genutzt. Dabei ist die Inanspruchnahme in Mühlenberg unterdurchschnittlich, in Mittelfeld und Linden-Mitte dagegen überdurchschnittlich. Unabhängig von diesen stadtteilspezifischen Unterschieden zeigen die Ergebnisse der qualitativen Befragung und der Expertengespräche, daß die externe Betreuung von Vorschulkindern ein gravierendes, quartiersübergreifendes Problem ist. Insgesamt resultiert aus dem Mangel an Kinderbetreuungsmöglichkeiten das Problem einer nahezu vollständigen Verlagerung der Erziehungsarbeit in den Privatbereich des einzelnen Familienhaushalts. Im Zusammenhang mit der *schulischen Erziehung* wird häufig Kritik am Schulunterricht geübt. Die Schulprobleme werden vor allem auf die Lehrpläne und die hohen Leistungsanforderungen zurückgeführt. Insgesamt geben ca. 13 Prozent der Befragten Schulschwierigkeiten der Kinder an, wobei der Anteil mit etwa 20 Prozent in Mühlenberg überdurchschnittlich hoch ist. Ein milieuspezifisches Problem ist die Kritik am hohen Anteil von Ausländerkindern in

den Schulklassen. Vor allem stellen diese Befragten fest, daß eine geeignete Förderung ihrer Kinder dadurch stark eingeschränkt sei.

4. Die *Verbesserungswünsche an die Stadtverwaltung*, die die Befragten formulieren, gehen in erster Linie auf die Infrastruktur ein und nehmen die Kritik an Sozialverwaltung nicht wieder auf. Am häufigsten werden Verbesserungen der Spielplatz-, Freiflächen- und Grünflächensituation für notwendig gehalten, was mit ca. 34 Prozent bzw. 25 Prozent überproportional häufig für die beiden innenstadtnahen Quartiere Linden-Mitte und Linden-Süd gilt und eher selten für Mühlenberg (ca. 12 Prozent). Im Vergleich zu den anderen Stadtteilen sprechen sich dagegen für eine Verbesserung der sozialen Infrastruktur und des Wohnungsangebotes überdurchschnittlich viele Mühlenberger Befragte aus. Von ihnen werden ebenso wie von den Befragten in Linden-Süd auch häufig repressive Maßnahmen gegen bestimmte Bevölkerungsgruppen (wie Ausländer und Aussiedler und Unruhe stiftende Gruppen) gefordert. Eine Verbesserung des Arbeitsplatzangebotes wurde überdurchschnittlich häufig von Befragten aus Linden-Süd befürwortet. Nichtkommerzielle Freizeiteinrichtungen und Einrichtungen für die Kinderbetreuung werden überwiegend im Neubauviertel Mühlenberg vermißt. Demgegenüber richtet knapp ein Viertel aller Befragten keinerlei Anforderungen an die Stadtverwaltung. Dies gilt vor allem für Befragte aus Linden-Mitte, aber auch für solche aus Mittelfeld.

Zusammenfassend lassen sich die Untersuchungsergebnisse zu folgenden Gesamteinschätzungen der quartierlichen Milieus verdichten:
Linden-Mitte, das innenstadtnahe Altbauquartier steht aufgrund der sozialstrukturellen Mischung sowie der differenzierten baulichen Struktur, die allerdings mit auffälligen Infrastrukturdefiziten kombiniert sind, bei den Befragten am günstigsten da, so daß sich in diesem Quartierstyp die geringsten Umzugsabsichten feststellen lassen.
In *Linden-Süd*, dem angrenzenden sanierten Wohngebiet aus dem 19. Jahrhundert ist demgegenüber ein hohes Maß an sozialen Problemlagen vorhanden, was zu einer eingeschränkten Stadtteilidentifikation führt. Dennoch ist auch hier, allerdings geringer ausgeprägt als im benachbarten Linden-Mitte, das Phänomen der relativen Zufriedenheit vorhanden, das, wie wir ermitteln konnten, auf das Eingebundensein in soziale Netze mit hoher Interaktionsdichte und der Existenz von überlieferten Handlungsmustern bei der Bewältigung von Alltagsproblemen zurückzuführen ist. Gegenseitige Unterstützung und Orientierung helfen insbesondere tendenziell marginalisierten Gruppen aus der Isolierung und schützen vor dem Ausbrechen in abweichendes Verhalten. Während in Linden-Mitte aufgrund dieser guten sozialen Beziehungen eine positive Stadtteilidentifikation überwiegt, „funktioniert" das soziale Milieu in Linden-Süd, das von Konflikten und höheren Anforderungen an die Problembewältigung geprägt ist, auf einem niedrigeren Niveau.
In *Mittelfeld*, einem Gebiet des sozialen Wohnungsbaues aus den 50er Jahren zeigt sich, daß insbesondere die deutlich geringer ausgeprägten Netzwerke und sozialen Beziehungen die Identifikation mit dem Quartier negativ beeinflussen. Dies dürfte der Grund für die relativ starke Umzugsbereitschaft aus diesem Stadtteil sein. Selbst wenn die Beurteilung der Infrastruktur vergleichsweise positive Tendenzen aufweist,

so hat dies doch keine milieukonstituierende Funktion und kann nur begrenzt eine Stadtteilidentifikation hervorrufen. Besonders die sozial- und baustrukturelle Dreiteilung des Quartiers (neben einem Einfamilienhausgebiet gibt es „normalen" Mietwohnungsbau sowie Sozialwohnungsbau, in dem zunehmend „Problemfälle" untergebracht werden) scheint ihrerseits Prozesse der Milieubildung zu behindern. Es entsteht keine „Einheitlichkeit" des Stadtteils.

Das vierte Gebiet, *Mühlenberg*, ist ein hochverdichtetes randstädtisches Neubaugebiet der 70er Jahre. Da die sozialen Beziehungen und unterstützungsrelevanten Netzwerke nur gering ausgeprägt sind, ist auch in Mühlenberg die Stadtteilidentifikation eher gering und die Umzugsbereitschaft hoch. Hinzu kommt, daß die Kritik an den als abweichend definierten Bevölkerungsgruppen die Milieuqualitäten negativ beeinflußt. Diese Kritik ist nicht wie in Linden-Süd mit einer entsprechenden Ausprägung der sozialen Beziehungen verbunden, so daß daraus keine milieuspezifischen Ressourcen zur Filterung der Problemlagen resultiert. Ähnlich wie in Mittelfeld scheint der Stadtteil gerade für die marginalisierten Gruppen also nur wenig an Problemlösungsressourcen zu liefern.

III.

Entsprechend der festgestellten tiefgreifenden Bedeutung der Ressource des lokalen Wohnmilieus für die alltägliche Lebensbewältigung gerade marginalisierter Personen drängt sich die Forderung auf, die verschiedenen Komponenten des Milieus stärker als bisher in einer lokalen Sozialpolitik zu verankern. Diese gezielte Beeinflussung der verschiedenen Dimensionen des Aktionsraumes sozial-räumlich bestimmter Gruppen wird – vor allem in Skandinavien – unter dem treffenden Begriff *„Milieuarbeit"* diskutiert. Es handelt sich um eine Methode der Sozialarbeit, die nicht an einzelnen Personen, sondern am Milieu, „betrachtet als System von Netzwerken, Gruppen und Individuen", ansetzt (Friese 1989: 42). Ausgehend von der Annahme, daß „die Veränderungen im lokalen Milieu die Veränderung von Individuen mit sich bringen" (42), ist das „Milieu selbst der Klient", d.h. es sollen die lokalen Bedingungen verändert werden, um die Lebensbedingungen im Wohnbezirk zu verbessern. Die Akzentverschiebung zur personenbezogenen Sozialarbeit skizzieren die Autoren mit folgenden Gegensatzpaaren:

„- von der Behandlung zur Vorbeugung,
- von der Fallorientierung zur Systemorientierung,
- von der Krankheitsbekämpfung zum psychosozialen Wachstum,
- von der Problemorientierung zur Ressourcenorientierung,
- vom Individual-Niveau zum Gemeinwesen-Niveau,
- von 'Einzelfachlichkeit' zu Mehrfachlichkeit"
(Friese 1989: 63).

Das Milieu wird als eine „sozialökologische Einheit" begriffen, in der sowohl die traditionellen „professionellen Methoden der Einzelfallhilfe, der Gruppenarbeit und der Gemeinwesenorganisation bzw. sozialen Planung" untrennbar mit der Selbsthilfe der Bürger verschmelzen (Wendt 1989: 1). Die ineinander verschränkten Ebenen einer Milieuarbeit sollen im folgenden skizziert werden[2], wobei auf die in Teil I genannten und in Teil II empirisch angereicherten Ressourcen der Lebensbewältigung Bezug genommen wird.

– Stadtteil als Ort der Existenzsicherung durch Arbeit

Jeder Stadtteil sollte möglichst heterogene Gelegenheiten zur informellen Arbeit und damit zur Existenzsicherung bieten, da Arbeitslosigkeit bei den marginalisierten Personen stark verbreitet ist. Dem steht jedoch nicht nur die verbreitete Trennung von Arbeits- und Wohnplätzen in unseren Städten entgegen, sondern auch die Tatsache, daß es sich bei Schwarzarbeiten um illegale Tätigkeiten handelt, deren Aufdeckung negative Sanktionen nach sich ziehen würde.

So ist im Zusammenhang von Arbeit und Arbeitsmöglichkeiten für Sozialhilfeempfänger die Orientierung auf den mehr oder weniger institutionalisierten zweiten Arbeitsmarkt zu richten, der jedoch einiger Modifizierungen und insbesondere einer sozialpolitischen Erweiterung bedarf. Die theoretische wie praxisorientierte Diskussion über zweiten Arbeitsmarkt, lokale Beschäftigungspolitik und örtliche Arbeitsprojekte, wie die vielfältigen Erfahrungen in verschiedenen Kommunen und Regionen, haben die Möglichkeiten aber insbesondere die Grenzen dieser Maßnahmenprogramme zur Beschäftigung von Arbeitslosen und Sozialhilfe beziehenden Personen verdeutlicht (vgl. Maier/Wollmann 1986; Blanke/Evers/Wollmann 1986; GIB 1986; Deutscher Städtetag 1984). Vor diesem Hintergrund ist erstens zu fordern, daß es sich um reguläre versicherungspflichtige Beschäftigungsverhältnisse handeln muß, durch die die Teilnehmer an diesen Maßnahmen anderen Erwerbstätigen gleichgestellt werden. Zweitens ist es notwendig, Arbeitsprogramme für den Kreis von benachteiligten, meist lange Jahre arbeitslose Personen zu entwickeln, die ihnen durch sozialpädagogische Betreuung einerseits, und berufliche Qualifizierung andererseits im Rahmen dieser Beschäftigungsprogramme, die Möglichkeit eröffnen, wieder in den „normalen" Arbeitsmarkt einzumünden. Schließlich sollte es sich bei diesen örtlichen Beschäftigungsmaßnahmen um sinnvolle Arbeiten handeln, die an die Lebensrealität im Wohngebiet anknüpfen. In Anlehnung an das in Nordrhein-Westfalen erprobte Beschäftigungsprogramm „Arbeit statt Sozialhilfe" (Eichner u.a. 1988) sollte daher über Möglichkeiten der Beschäftigung von arbeitslosen Sozialhilfeempfängern nachgedacht werden, die im Bereich der Verbesserung der sozialen Infrastruktur im eigenen Stadtteil angesiedelt sind.

– Stadtteil als Ort des Wohnens

Wohnen die armen Bevölkerungsgruppen in gesonderten Heimen, Siedlungsteilen und Anstalten segregiert von anderen Bewohnern, dann wird der materielle Unterschied in den Wohnbedingungen zumeist überaus deutlich. Im Falle des integrierten Wohnens der Randgruppen in Sozialwohnungsbeständen größerer Wohngebiete fallen die „subventionierten Zwangsbewohner" (Durth/Hammacher 1978: 23) zunächst einmal kaum auf. Die Übernahme der Miete schwächt jedoch in der Regel das Verhältnis zur Wohnung und der Wohnstandort ist zumeist unfreiwillig: sie wurden von den entspre-

chenden Wohnungsagenturen unter den Verhältnissen eines angespannten Wohnungsmarktes in verschiedene Wohngebiete vermittelt. Diese Unfreiwilligkeit bei Einzug schlägt sich u.a. in der Konsequenz nieder, das ca. jeder 4. Befragte den Stadtteil wieder verlassen will.
Marginalisierte Personen sind nicht nur bei der Vermittlung einer Wohnung überdurchschnittlich häufig auf das Wohnungsamt angewiesen, sondern bedürfen eines besonders guten Kontakts zu Vertretern der jeweiligen Wohnungsbaugesellschaften, um ihre Wohnbedingungen schwankenden Bedürfnislagen anzupassen. Als positiv für die Unterstützung marginalisierter Personen haben sich Anlaufstellen der Wohnungsbaugesellschaften in den jeweiligen Wohngebieten herausgestellt. Im Grundsatz geht es darum, die Beteiligung der Problemmieter an dem Wohnprozeß anzuregen bzw. aufrechtzuerhalten. Erst dann, wenn Momente der Identifikation mit dem jeweiligen Wohnmilieu entstehen, kann sich ein Engagement entwickeln, das aus der Gleichgültigkeit und Passivität u.U. auch Geringschätzung hinausführt. Um die Lethargie der benachteiligten Gruppen - und sei es auch nur zeitweise - zu überwinden, bedarf es auch und gerade einer offensiven Strategie der Vertreter der Wohnungsbaugesellschaften, z.B. durch Gespräche mit neu einziehenden Mietern und einer aktiven Informationspolitik.

– Stadtteil als Ort sozialen Austauschs
Die sozialen Netzwerke sind als der Kitt zu verstehen, durch den die Teilhaber eines Milieus zusammengehalten werden (vgl. Keupp 1987). Von der Qualität der unterstützungsrelevanten Netzwerke hängt letztlich die milieuspezifische Kohäsion ab und insofern ist „die Entwicklung von Netzwerken sowohl Mittel als auch Ziel im Kampf um die Verbesserung der Lebensbedingungen" (Jensen 1989: 92). Damit wird gewöhnlich zwischen den informellen und primär sozialen Netzwerken (Freunde, Verwandte, Nachbarn, Arbeitskollegen) und den formell oder sekundären sozialen Netzwerken unterschieden, die durch ein professionelles Interesse zwischen Hilfeleistenden und Hilfeempfangenden entstehen (z.B. zwischen Sozialhilfeempfängern und Sachbearbeitern).
Was das primäre soziale Netzwerk anbelangt, so heben sich hier die älteren, innenstadtnahen Quartiere von den monofunktionalen, peripher gelegenen Quartieren der 70er Jahre ab. Die tendenzielle Erosion der Ressource „soziale Beziehungen" läßt die Wohnrealität in den Neubausiedlungen der 60er/70er Jahre für marginalisierte Gruppen in besonderer Weise problematisch werden. Wenn man davon ausgehen kann, daß ein Minimum an Nachbarschaft ein positives Element der örtlichen Lebensqualität darstellt, dann müßte konkret z.B. gegen die anonymisierenden Baustrukturen in neuen Stadtteilen eine Beziehungsarbeit entwickelt werden, die auf der Grundlage einzelner Hausbewohnerschaften versucht, die Integration unter den Hausbewohnern zu stärken. Mehr als in anderen Wohngebieten scheinen die einzelnen Häuser eine besondere Relevanz für solidarische Hilfegewährung abzugeben. Ein nachbarliches Beziehungsgeflecht ist eine der entscheidenden Voraussetzungen für die Entstehung von kollektiven Selbsthilfeaktionen auf den verschiedenen Praxisfeldern, auch wenn das Selbsthilfepotential unter den marginalisierten Gruppen äußerst gering ist.

Was das sekundäre soziale Netzwerk anbelangt, greifen wir auf die Erfahrungen mit dem Sozialamt zurück. In allen untersuchten Wohnmilieus ergibt sich ein recht negatives Bild (vgl. den Teil II). Dies deutet einmal auf eine personelle Unterbesetzung und damit zusammenhängend Überforderung der Mitarbeiter sowie zum anderen auf ein generelles Defizit bei der Personalrekrutierung und -schulung von Mitarbeitern in Sozialämtern hin. Es kommt einem Skandal gleich, wenn jeder vierte Sozialhilfeempfänger nicht auf das so wichtige Instrument von einmaligen Beihilfen hingewiesen wird. Hinzu kommt die herabsetzende Art und Weise, durch die das für sich schon entwürdigende Hilfeersuchen weiter diskriminiert und stigmatisiert wird. Vor allem werden auch alle anderen Bemühungen professionalisierter Hilfe im Rahmen einer Milieuarbeit in Frage gestellt, wenn diese entscheidende Begegnung verletzend und kränkend stattfindet. Nicht zuletzt diese Behandlungsweise von Menschen, die nicht selten unverschuldet in diese Lebenslage gekommen sind, sind etwas „wessen wir uns schämen müssen in einem reichen Land" ... (Wohlfahrtswerk 1989).

– Stadtteil als Ort der Teilhabe an gesellschaftlichen Einrichtungen
Soziale Infrastruktureinrichtungen stellen wichtige Voraussetzungen für eine milieukonstituierende Kommunikation unter den Bewohnern dar. In den von uns untersuchten Stadtteilen werden vor allem nichtkommerziell betriebene Freizeiteinrichtungen und spezielle Einrichtungen für Kinder und Jugendliche, sei es zum Zwecke zwanglosen Treffens oder der Betreuung vermißt. Diese Knappheit von kinderbezogenen Infrastrukturressourcen kommt nicht zuletzt wegen der größeren Kinderdichte besonders im „jugendlichen" Stadtteil Mühlenberg zum Ausdruck. In der Konkurrenz um die entsprechenden Ressourcen unterliegen zumeist die benachteiligten Bevölkerungsgruppen wie vor allem Ausländer, Aussiedler u.a.. Ein besonderes Problem besteht in dem kulturellen Zusammenstoß von Ausländern und Einheimischen, der sich bei den Kindern in segregierenden Strategien äußert. Solange z.B. Aussiedler als „milieuspezifische Störfaktoren" angesehen werden, wird sich ihre Zugänglichkeit zu den Infrastruktureinrichtungen nicht entscheidend ändern.
Lösungsansätze für dieses Problem liegen nicht in erster Linie in einer reinen Vermehrung des entsprechenden Angebots, sondern in der Verbesserung von Nutzungsmöglichkeiten für die benachteiligten Gruppen. Es wäre also eine intensivere gruppenspezifische Erörterung und Bewußtmachung der Interessen und Bedürfnisse durch Sozial- bzw. Gemeinwesenarbeiter zu fordern, durch die Zugänglichkeiten gesichert würden und erneute Belastungen und Unterprivilegierungen der ohnehin Unterpivilegierten verhindert werden könnten. So führt z.B. bei Alleinerziehenden mit kleinen Kindern das Nichterhalten eines Hort- bzw. Kindergartenplatzes zu einer kaum lösbaren Problemkumulation.
In diesem Zusammenhang wird immer wieder auf den Ersatz öffentlicher Versorgung durch kollektive und individuelle *Selbsthilfe* der Bewohner verwiesen. Für die Gruppe der Marginalisierten ist jedoch festzuhalten, daß sie nur sehr begrenzt zu einer Organisation ihrer Interessen fähig sind. Dies bedeutet, daß die gerade kürzlich detailliert aufgezeigten Möglichkeiten der Förderung von Selbsthilfegruppen (vgl. Asam u.a. 1989) an mangelnden Voraussetzungen bei den marginalisierten Personen in der Regel

scheitern werden. Zu einer skeptischen Einschätzung von Beteiligung durch Selbsthilfeorganisation kommt auch K. Bremen: „Die Geschichte und die gewachsenen Strukturen in Selbsthilfeorganisationen von Armen zeigen, daß ihr Handlungsansatz und ihre gesellschaftlichen Handlungsmöglichkeiten begrenzt sind. In den Gruppen und Initiativen organisiert sich nur ein Bruchteil der Armutsbevölkerung" (1990: 371). Scheidet also im Prinzip eine reine Fürsorge durch staatliche Instanzen ebenso aus wie diverse Partizipationsmodelle, dann ist die einzig weiterführende Konsequenz, eine dauerhafte professionelle Vermittlungsinstanz zwischen den verschiedenen Gruppen und ihren Interessen zu schaffen. Hier könnte ein Treffpunkt der Gemeinwesenarbeit zentrale Koordinationen und Hilfestellungen bzw. Vermittlungsdienste leisten. Wenn alle besonderen sozialstrukturell unterscheidbaren Gruppierungen die Chance erhielten, zu besonderen Problemlösungen im Stadtteil ihre Meinung kundzutun und nicht nur die Folgen von Entscheidungen passiv zu erdulden, dann wäre gesichert, daß die Akzeptanz (sozial-)politischer Entscheidungen steigt und die Identifikation mit dem Wohnquartier zunimmt.

Zusammenfassend bleibt festzuhalten, daß die öffentliche Hand die Lebenslage bestimmter Bevölkerungsgruppen nicht nur durch Veränderung ihres rechtlichen Status (rechtliche Interventionsform) bzw. durch Veränderung der wirtschaftlichen Lage (ökonomische Interventionsform) beeinflussen kann, sondern auch durch eine Veränderung der sozialen Umwelt im Wohngebiet (sozialökologische Interventionsform) (vgl. Kaufmann 1979: 46f). Zu dieser letzten Eingriffsform sollten die Ausführungen einen Beitrag liefern, denn die milieuspezifischen Eingriffe durch eine lokale „Milieuarbeit" sind in der Armutsforschung bisher zu wenig beachtet worden. Gerade weil der Stadtteil bei armen, marginalisierten Bevölkerungsgruppen eine wichtige Ressource der Lebensbewältigung darstellt, ist es um so notwendiger, eine Milieuarbeit zu betreiben, die die lokalen Rahmenbedingungen des Lebens für marginalisierte Gruppen verbessert. Wenn Häußermann und Siebel kürzlich geschrieben haben: „Der eigentliche Ort städtischen Lebens ist der Stadtteil" (1987: 244), dann trifft das vor allem auf die marginalisierten Gruppen zu.

Anmerkungen

1 Herlyn, U./Lakemann, U./Lettko, B.: Armut und Milieu. Benachteiligte Bewohner in großstädtischen Quartieren (erscheint im Herbst 1991 im Birkhäuser Verlag).

2 Vgl. ausführlich das letzte Kapitel in dem Band von Herlyn, Lakemann und Lettko, der demnächst erscheint, in dem auf die verschiedenen Teilressourcen eines Wohngebietes zurückgegriffen wird (vgl. Ende von Teil I).

Literatur

Adamy, W./G. Naegele, 1985: Armenpolitik in der Krise. Bestandsaufnahme und Entwicklungstrends, in: *S. Leibfried* und *F. Trennstedt* (Hrsg.), Politik der Armut und die Spaltung eines Sozialstaats, a.a.O.

Arbeitsgruppe Armut und Unterversorgung, 1986: Bedarfsbezogene integrierte Grundsicherung, in: Neue Praxis.

Asam, W.H. u.a., 1989: Hilfe zur Selbsthilfe. Ein Konzept zur Unterstützung von Selbsthilfegruppen, München.

Autzen, R./H. Becker, 1988: Wohnbestandssicherung, Teil 2: Engpässe in der Wohnungsversorgung, Berlin.

Bäcker, G., 1990: Lebenslage und soziale Reform. Probleme und Anforderungen einer solidarischen Sozialpolitik gegen Ausgrenzung und Verarmung, in: *D. Döring* u.a. (Hrsg.), Armut im Wohlstand, Frankfurt/M.

Balsen, W./N. Nakielski/K. Rössel/R. Winkel, 1984: Die neue Armut, Köln.

Beck, U., 1986: Risikogesellschaft. Auf dem Weg in eine andere Moderne, Frankfurt/M.

Becker, H., 1989: Wohnungsfrage und Stadtentwicklung, Berlin.

Benzler, S./H. Heinelt, 1991: Stadt und Arbeitslosigkeit, Opladen.

Blanke, B./H. Evers/H. Wollmann (Hrsg.), 1986: Die zweite Stadt. Neue Formen lokaler Arbeits- und Sozialpolitik, Leviathan Sonderheft 7, Opladen.

Breckner, I. u.a., 1989: Armut im Reichtum, München.

Bremen, K., 1990: Partizipation und Selbstorganisation von Armen, in: *D. Döring* u.a. (Hrsg.), Armut im Wohlstand, Frankfurt/M.

Buhr, P./M. Ludwig/S. Leibfried, 1990: Armutspolitik im Blindflug. Zur Notwendigkeit einer erweiterten Armutsberichtserstattung, in: *D. Döring* u.a. (Hrsg.), Armut im Wohlstand, Frankfurt/M.

Deininger, D., 1990: Sozialhilfeempfänger 1988, in: Wirtschaft und Statistik, Heft 6.

Döring, D. u.a. (Hrsg.), 1990: Armut im Wohlstand, Frankfurt/M.

Deutscher Städtetag (Hrsg.), 1984: Kommunale Aktivitäten im Bereich Arbeitslosigkeit, Reihe D, DST - Beiträge zur Sozialpolitik, Heft 17, Köln.

Durth, W./D. Hammacher, 1978: Stadtentwicklung alte Problemverschiebung, in: arch +, Nr. 40/41.

Eichner, V./A. Humke/S. Kahlert, 1988: Arbeitslosigkeit und Infrastruktur, Bd. 28 der Schriften des ILS, Dortmund.

Fiedler, J./A. Fahrenholtz, 1986: Möglichkeiten und Grenzen des Zweiten Arbeitsmarktes als Modell regionalisierter Arbeitsmarktpolitik - das Beispiel Hamburg, in: *H.E. Maier* und *H. Wollmann* (Hrsg.), Lokale Beschäftigungspolitik, a.a.O.

Friese, P., 1989: Milieuarbeit - Begriffe und Methoden, in: *K. Ebbe* und *P. Friese* (Hrsg.), Milieuarbeit, Stuttgart.

GIB (Hrsg.), 1987: Dokomentation der Fachtagung „Förderung örtlicher Beschäftigungsinitiativen im Ländervergleich", Bottrop.

Grottian, P. (Hrsg.) 1983: Arbeit schaffen - jetzt! Reinbeck.

Habich, R./Br. Headey/P. Krause, 1991: Armut in der Bundesrepublik mehrheitlich kurzfristiger Natur, in: ISI (Informationsdienst Soziale Indikatoren, Nr. 5).

Hanesch, W., 1988: Armutspolitik in der Beschäftigungskrise, Wiesbaden.

Häußermann, H./W. Siebel, 1987: Neue Urbanität, Frankfurt/M.

Hartmann, H., 1985: Armut trotz Sozialhilfe, in: *S. Leibfried* und *F. Trennstedt* (Hrsg.), Politik der Armut und die Spaltung eines Sozialstaats, Frankfurt/M.

Hauser, R./H. Cremer-Schäfer/U. Nouvertné, 1986: Armut, Niedrigeinkommen und Unterversorgung in der Bundesrepublik Deutschland, Frankfurt, New York.

Herlyn, U., 1990: Leben in der Stadt. Lebens- und Familienphasen in städtischen Räumen, Opladen.

Herlyn, U./U. Lakemann/B. Lettko, 1991: Armut und Milieu. Benachteiligte Bewohner in großstädtischen Quartieren, Basel, Boston, Berlin.

Hradil, St., 1983: Die Ungleichheit der „Sozialen Lage", in: *R. Kreckel* (Hrsg.), Soziale Ungleichheiten, Göttingen.

Hradil, St., 1987: Sozialstrukturanalyse einer fortgeschrittenen Gesellschaft. Von Klassen und Schichten zu Lagen und Milieus, Opladen.

Jensen, B. Skov, 1989: Soziale Netzwerke, in: *K. Ebbe* und *E. Friese* (Hrsg.), Milieuarbeit, Stuttgart.

Kaufmann, F.X. (Hrsg.), 1979: Bürgernahe Sozialpolitik, Frankfurt/M.

Keupp, H., 1987: Soziale Netzwerke. Eine Metapher des gesellschaftlichen Umbruchs?, in: *Ders.* und *B. Röhrle* (Hrsg.), Soziale Netzwerke, Frankfurt/M.

Krummacher, M./H. Wupper/F. Schrooten, 1986: Umbruch der Stadt z.B. Bochum, Bochum.

Leibfried, S./F. Trennstedt (Hrsg.), 1985: Politik der Armut und die Spaltung eines Sozialstaats, Frankfurt/M.

Maier, H.E./H. Wollmann (Hrsg.), 1986: Lokale Beschäftigungspolitik, Basel, Boston, Stuttgart.

Nahnsen, J., 1975: Bemerkungen zum Begriff und zur Geschichte des Arbeitsschutzes, in: *M. Osterland* (Hrsg.), Arbeitssituation, Lebenslage und Konfliktpotential, Frankfurt/M.

Riedmüller, B./M. Rodenstein (Hrsg.), 1989: Wie sicher ist die soziale Sicherung, Frankfurt/M.

Schneider, U., 1989: Armut in Deutschland. Zum politischen Umgang mit Armut und der Notwendigkeit einer Armutsberichterstattung, in: *Wohlfahrtswerk für Baden-Württemberg* (Hrsg.), Armutsbericht des paritätischen Wohlfahrtsverbandes für die Bundesrepublik Deutschland, a.a.O.

Schütte, W., 1990: Die Verwaltung der Armut, in: *D. Döring* u.a. (Hrsg.), Armut im Wohlstand, Frankfurt/M.

Semrau, P., 1990: Entwicklung der Einkommensarmut, in: *D. Döring* u.a. (Hrsg.), Armut im Wohlstand, Frankfurt/M.

Townsend, P., 1979: Poverty in the United Kingdom, Harmondsworth.

Vornehm, N., 1986: Köln mobilisiert das Handwerk, in: *H.E. Maier* und *H. Wollmann* (Hrsg.), Lokale Beschäftigungspolitik, a.a.O.

Wendt, W.R., 1989: Gemeinwesenarbeit. Ein Kapitel zu ihrer Entwicklung und zu ihrem gegenwärtigen Stand, in: *K. Ebbe* und *P. Friese* (Hrsg.), Milieuarbeit. Grundlagen präventiver Sozialarbeit im lokalen Gemeinwesen, Stuttgart.

Wohlfahrtswerk für Baden-Württemberg (Hrsg.), 1989: Armutsbericht des paritätischen Wohlfahrtsverbandes für die Bundesrepublik Deutschland, in: Blätter der Wohlfahrtspflege, Heft 11 und 12.

Wollmann, H., 1986: Stadtpolitik – Erosion oder Erneuerung des Sozialstaats „von unten"?, in: *B. Blanke, H. Evers* und *H. Wollmann* (Hrsg.), Die zweite Stadt. Neue Formen lokaler Arbeits- und Sozialpolitik, Leviathan Sonderheft 7, Opladen.

Lokalpolitikforschung – Die „Probleme beim Adressaten" erfordern verstärkt interdisziplinäre Ansätze und Lösungen

Gerhard W. Wittkämper

1. *Einführung*

Im Jahre 1972 fand sich auf Initiative des Vorstandes der DVPW der Arbeitskreis „Lokale Politikforschung" zusammen. Es tut gut, sich an die Ausgangspunkte dieser verdienstvollen Arbeit zu erinnern. Es war „die Überzeugung, daß sich angesichts der offenkundigen Abhängigkeiten der Gemeindeentwicklung von der gesellschaftlichen Gesamtentwicklung und der lokalen von der zentralen Politik die Gemeinde nicht mehr als ein eigenständiges 'Subsystem' auffassen und im wesentlichen aus sich selbst heraus untersuchen und erklären lasse. Diese Voraussetzung hatte der herkömmlichen Untersuchung lokaler Machtstrukturen und Entscheidungsprozesse, vor allem der amerikanischen 'community-power-Forschung', zugrunde gelegen. Demgegenüber sollte gerade der Stellenwert lokaler politischer Ereignisse und Problemlagen im gesellschaftlichen Gesamtsystem in den wissenschaftlichen Blick gerückt werden. Es ging also darum, die lokale Politikforschung aus dem Ghetto des kommunalpolitischen Systems, definiert durch die Institution der kommunalen Selbstverwaltung, zu befreien. Diese Zielrichtung sollte bereits im Namen des Arbeitskreises, der die institutionell geprägten Begriffe 'kommunal' und 'regional' vermied, zum Ausdruck gebracht werden. Damit mußten auch die gesellschaftlich geprägten Unterschiede innerhalb der lokalen Ebene selbst wieder an Interesse gewinnen, die vom Begriff einer einheitlichen 'Kommunalpolitik' im Gegensatz zur 'Staatspolitik' verdeckt worden waren. Es lag nahe, hier der modernen Entwicklung des Stadt-Land-Gegensatzes verstärkte Aufmerksamkeit zu schenken. Und zwar nicht als einem Gegensatz innerhalb der kommunalen Ebene – als Problem der Gemeindegrößenklassen etwa –, sondern als dynamischen Prozeß der Verstädterung, der mit dem Industrialisierungsprozeß der entwickelten Gesellschaft einhergeht" (Grauhan 1975: 11f.).

Gewiß meinte das beklagte „Ghetto" keine Geringschätzung der politisch-demokratischen Funktion in den Städten, Gemeinden und Kreisen. Im Gegenteil: Gerade dieser Funktion sind Serien von Röntgenaufnahmen gewidmet worden (vgl. die Nachweise bei Hill 1987: 249ff.).

Was aus den innovativen Anstößen des Arbeitskreises und der maßgeblich von Paul Kevenhörster initiierten Studiengruppe für lokale Politikforschung hervorging (Kevenhörster 1977), hat Werner Väth (1985, 1988) in zwei Bestandsaufnahmen umfassend dargelegt und wird durch die von Stefan Kessen erarbeitete Auswahlbibliographie im

Anhang dieses Bandes zusätzlich bestätigt. Es kann kaum einen Zweifel geben: Auch ohne die Sonderprobleme der neuen Bundesländer als neuem Forschungsfeld (vgl. exemplarisch Langguth 1990), gibt es für die lokale Politikforschung weiterhin reichlich Arbeit (ein Beleg unter vielen: Grabow u.a. 1990). Wir haben dies kürzlich, bezogen auf den europäischen Strukturwandel, dargelegt (vgl. Wittkämper 1990a). Im folgenden soll am Beispiel vierzehn kritischer Sektoren einer modernen Stadtpolitik zunächst skizziert werden, wo Forschungsfelder mit „naturgegebenen" Herausforderungen an Interdisziplinarität bestehen. Dieser Teil versteht sich also als Aufruf, verstärkt über interdisziplinäre Ansätze und Lösungen nachzudenken (Teil 2). Im Schlußteil wird der Frage nachgegangen, ob der Denkansatz „Postmoderne Stadt" einen Paradigmawechsel der Lokalpolitikforschung erfordert (Teil 3).

2. *Vierzehn kritische Sektoren warten auf interdisziplinäre Lokalpolitikforschung*

2.1 Die fehlenden urbanen Visionen

Die Bundesrepublik steht unter neuen raumwirksamen Trends, einmal ganz abgesehen von der deutschen Einheit (Raumordnungsbericht 1990, BT-Dr. 11/7589: 12ff.). Das hat Folgen für die ländlichen (vgl. Dorferneuerungsbericht der Bundesregierung 1990) wie für die städtischen (vgl. Städtebaulicher Bericht 1986; Antwort der Bundesregierung 1990) Räume.
Dem derzeitigen Nachdenken über die Wirkungen dieser Trends fehlt eine Vision. „Wo bleiben die Modelle eines urbanen Lebens?", fragen Polster und Voy und fügen hinzu: „Die Reurbanisierung ist ein zartes Pflänzchen, ihre ersten Keime sind höchst widerspruchsvoll, und es ist keinesfalls gesichert, daß daraus ein tragfähiges Modell erwächst" (Polster/Voy 1989: 549ff.)
Es scheint so, als suchten wir bei unserem Nachdenken über die Stadt nach einer Vision, die wir noch nicht gefunden haben, bestenfalls für Teilbereiche haben wir sie gefunden, wie Walter M. Kroner am Beispiel des Konzepts der intelligenten Gebäude in der Architektur deutlich macht: „Moderne Technologien werden die Architektur, die gesamte Bauwirtschaft, Baumaterialien und die Qualität der Gebäude und unserer gebauten Umwelt insgesamt entscheidend verändern. Sogenannte intelligente Gebäude, deren internes Kommunikationssystem neben der Datenverarbeitung und -übermittlung auch die Verwaltung sämtlicher Gebäudefunktionen übernimmt (Energie-, Klima-, Beleuchtungs- und Sicherheitssysteme), stellen grundlegend veränderte Anforderungen an die baulichen Strukturen" (Kroner 1987: 74ff.).
Der deutsche Städtetag hat mit der Verabschiedung des „Bonner Manifest der deutschen Städte. Ohne Städte keine Zukunft" (vom 31. Mai 1989) diesen Bedarf an Visionen gesehen. Er hat versucht, in 10 Leitsätzen den Bedarf an Visionen zu verdeutlichen: „Im Bewußtsein, daß die Stadt als Ort gelungenen Lebens eine ständige Herausforderung bleiben wird, wollen wir einen neuen Aufbruch für die menschliche Stadt. Dabei wissen wir, daß der Spielraum für Veränderungen begrenzt ist. Deshalb wollen wir gemeinsam mit unseren Bürgerinnen und Bürgern und allen Verantwortlichen in

Politik, Wirtschaft und Gesellschaft für die Zukunft der Stadt handeln" (Deutscher Städtetag 1989a: 4).

Die Leitsätze lauten:

„1. Handeln für die Stadt als Wirtschafts- und Lebensraum der Zukunft.
2. Handeln für den Einklang von Stadt und Umwelt
3. Handeln für eine ausgewogene Verkehrsentwicklung
4. Handeln für neue Qualität städtischen Wohnens
5. Handeln für soziale Sicherheit und Toleranz in der Stadt
6. Handeln für die Stadt als Zentrum kultureller Entwicklung
7. Handeln für die Stadt als Bildungszentrum um Schwerpunkt von Sport und Freizeit
8. Handeln für städtische Weltoffenheit
9. Handeln für ein festes finanzielles Fundament
10. Handeln für eine starke Selbstverwaltung der Städte" (ebd.: 5-16).

Eine moderne Stadtpolitik bedarf der Visionen, weil Menschen und soziale Gebilde, wie etwa Unternehmen oder Städte, Visionen benötigen, um erfolgreich zu sein.

Was sind Visionen? „Vision ist ein klares und plastisches Bild von der Zukunft, die man erschaffen möchte. Sie ist ein Ziel, das man sich mit seinem Vorstellungsvermögen so anschaulich ausgemalt hat, daß es einem deutlich vor Augen steht" (zur Bonsen 1987: 49ff.) Merkmale einer Vision sind „Plastizität, Identifikation, Realisierbarkeit, Spitzenanspruch und Präsenz" (ebd.: 50).

Plastizität meint, daß man die Zielvorstellung so plastisch wie möglich ausmalen muß. – *Identifikation* meint, daß eine Zielvorstellung den eigenen Neigungen und Wertvorstellungen ganz und voll entsprechen muß, sie muß von Herzen kommen. *Realisierbarkeit* meint, daß Visionen sich von Utopien unterscheiden, daß sie immer pragmatisch sind, daß es keinen Sinn hat, sich etwas vorzustellen, das nicht machbar ist. – *Spitzenanspruch* meint, daß man in einer Vision an sein Tun und an sein Werk einen sehr hohen Qualitätsanspruch stellen muß, und *Präsenz* meint, daß eine Vision nur dann ihre volle Wirkung entfaltet, wenn man sie immer wieder ins Bewußtsein ruft.

Mit diesen fünf Merkmalen einer Vision wird auch klar, wie anspruchsvoll es ist, von den Städteplanern und Städtepolitikern Visionen zu verlangen. Denn was muß eine Stadtvision nicht an Schnittmengen gesellschaftlicher Probleme bündeln? Als Beispiel seien einige ausgewählte Probleme genannt:

Das ist das Problem der *älteren Menschen*, man denke nur an ein Thema, das den Deutschen Bundestag am 15. März 1989 in einer Anhörung des Ausschusses für Raumordnung und Städtebau beschäftigte: Wohnen im Alter (vgl. Deutscher Bundestag 1989).

In einer Stadtvision müssen auch die *Dynamiken des Wandels der Lebensstile* aufgefangen werden: „Wir begegnen einem täglich sich weiter differenzierenden, in hohem Maße komplexen und vielfach widersprüchlichen Bild des Verhaltens, der Wertorientierung und der gesellschaftlichen Figurationen. Die Ziele und Ansprüche der Menschen werden zunehmend individuell. Nicht mehr eine gesellschaftsethische Selbstverpflichtung, sondern eine individuelle Lebensgestaltung wird zum Ideal einer gelungenen Identität – der unabhängige Lebenskünstler, kreativ, erfolgreich und ein wenig unkonventionell" (Haseloff 1987: 3ff.).

Derselbe Lebenskünstler, der sich immer mehr ins Private wendet, thematisiert zugleich als Erwartung von Lösungen (durch seine Stadt) alle jene „Risiken chemisch und atomar hochentwickelter Technologien", die als „Anlaß politischer Auseinandersetzungen und sozialer Gruppenbildung" zur Genüge bekannt sind. „Diese industriellen Gefährdungen des Lebens von Pflanzen, Tier und Mensch können nicht mehr, wie betriebliche Risiken im 19. und in der ersten Hälfte des 20. Jahrhunderts, lokal und gruppenspezifisch begrenzt werden. Statt dessen entfalten sie eine globale Wirkung, die auf Arbeit und Freizeit ebenso wie Ländergrenzen übergreifen. Es entstehen übernationale und klassenunspezifische Globalgefährdungen mit neuartiger sozialer und politischer Dynamik" (Beck 1987a: 3ff.; 1987b: 525ff.).
Ein letztes Beispiel für das, was Stadtvisionen auffangen müssen, sind *Freizeitpolitik* und neue Strategien auf dem Freizeitmarkt, unter Einschluß der Lust am Reisen und der Lasten des Tourismus.
Bei alledem darf der schnelle Atem nicht vergessen werden, das veränderte Verhältnis von Gegenwart, Zukunft und Vergangenheit, auf das Hermann Lübbe immer wieder aufmerksam macht, wenn er etwa auf folgendes hinweist:

> „Die Zahl der Jahre wird immer geringer, die vergangen sein müssen, damit die Architektur die Chance gewinnt, zum Objekt öffentlich-rechtlicher Denkmalspflege zu werden." Und: „Je rascher sich in Abhängigkeit von der Geschwindigkeit wissenschaftlicher, technischer und wirtschaftlicher Innovationen unsere Zivilisation in ihren Strukturen ändert, um so mehr verkürzen sich zugleich die Jahre, über die hinaus wir damit rechnen dürfen, daß die Zukunft der Gegenwart in wesentlichen strukturellen Hinsichten gleichen werde. Komplementär zur Expansion derjenigen Vergangenheit, die wir ohne spezielle Bemühungen als eigene Vergangenheit gar nicht mehr identifizieren und verstehen können, expandiert auch der Zeitraum der Zukunft, für die wir mit anderen, uns gegenwärtig noch fremden Lebensverhältnissen rechnen müssen. Anders formuliert: Auch in ihrer Zukunftsdimension schrumpft in dynamischen Zivilisationen die Gegenwart. Der zunehmenden Fremdheit unserer Vergangenheiten entspricht die zunehmende Unbekanntheit der Zukunft mit der wir zu rechnen haben aber eben ihrer Unbekanntheit wegen immer weniger tatsächlich rechnen könnten" (Lübbe 1988: 1239ff.).

Mit diesen Hinweisen ist klargestellt: Eine Stadtvision kann sich nicht im Ästhetischen erschöpfen, so sehr mancher auch darauf stolz sein mag, daß die moderne Technik eine eigene Ästhetik hervorgebracht hat, die heute weitgehend das Bild unserer Lebenswelt bestimmt (vgl. Fischer 1989: 29ff.).
Ferner: Eine Stadtvision erschöpft sich nicht im Architektonischen, so sehr Architektur auch Ausdruck der Grundstimmung einer Epoche sein mag, so sehr Stadtvisionen auch über das Teilsystem Architektur realisiert werden mögen (vgl. Cornelius Mayer-Tasch 1988: 732ff.).

2.2 Die Regionalismusdebatte in der EG und in der Bundesrepublik

Betrachtet man die Grundmuster der institutionellen Verwaltungsorganisation in historischer Sicht, so haben immer, besonders nachweisbar seit 1815, drei Prinzipien in ihrer Spannungslage die vertikale gesamtstaatliche Verwaltungsorganisation geprägt:

das Realprinzip oder der Sachbezug, das Regionalprinzip oder der Raumbezug, das politische Prinzip oder der Macht-/Verfassungsbezug (vgl. Becker 1989: §§ 14, 19, 20). Auf dem Boden der Vorgaben und Änderungen des Grundgesetzes sind durch je und je verschiedene Kombinationen dieser drei Prinzipien fünf Standardräume entstanden, in denen sich Verwaltung vollzieht: Der erste Standardraum ist das gesamte Bundesgebiet, der zweite Standardraum ist das Gebiet eines Bundeslandes, der dritte ist ein bezirklicher Raum, etwa ein Regierungsbezirk, der vierte ist der überörtliche Raum, zum Beispiel der Kreis. Der fünfte Standardraum ist der örtliche Raum der kreisangehörigen Städte und Gemeinden sowie der kreisfreien Städte.

Die raumwirksamen Verwaltungsfunktionen, die raumbedeutsamen Fachplanungen und die räumlichen Gesamtplanungen haben sich seit Gründung der Bundesrepublik dynamisch und keineswegs nach einheitlichen Kriterien entwickelt. Ein Verständnis für diese Tendenz zum Wildwuchs gewinnt man, wenn man beispielsweise das Bundesraumordnungsprogramm vom 30. April 1975 mit dem Raumordnungsbericht 1990 vom 19.07.1990 vergleicht und beide wiederum mit den Rahmenplänen der Gemeinschaftsaufgabe „Verbesserung der regionalen Wirtschaftsstruktur", zuletzt dem 19. Rahmenplan der Gemeinschaftsaufgabe vom 21. Juni 1990.

Weitere Einblicke in die Ursachen und Tendenzen zum Wildwuchs in der Zuweisung von Aufgaben an die Standardräume gewinnt man, wenn man die Entwicklung des deutschen Föderalismus, die Konzepte der regionalen und sektoralen Strukturpolitik, oder die unterschiedlichen Ansatzpunkte lokaler Innovations- und Technologiepolitik analysiert. So verständlich die je und je unterschiedlichen Aufgabenzuordnungen und Organisationslösungen in der räumlich vertikalen Dezentralisierung der Bundesrepublik auch sein mögen, sie ändern am Wildwuchsbefund nichts.

Betrachtet man die übrigen Mitgliedstaaten der EG, so herrscht dort eine ähnliche Dynamik in der Kombination von Sach-, Raum- und Macht-/Verfassungsbezug, wenn auch mit zum Teil völlig verschiedenen Konzepten für Standardräume, die auf verschiedenen historischen Wurzeln beruhen. Diese in Europa je und je verschiedene strukturelle Komplexität der vertikalen institutionellen Verwaltungsorganisation ist nun zu einem vordringlichen verfassungspolitischen Problem geworden, seitdem es auf der Grundlage der Einheitlichen Europäischen Akte zur Reform der Strukturfonds der EG und, im Jahre 1989, zum Inkrafttreten und zur Durchführung der neuen Verordnung über die Interventionen des Europäischen Fonds für regionale Entwicklung (EFRE) kam (vgl. Kommission der EG 1989).

Die Problematik ist durch den Beschluß der Kommission vom 24. Juni 1988 akzentuiert worden, einen Beirat der regionalen und lokalen Gebietskörperschaften einzusetzen, der aus 42 Mitgliedern besteht, die auf regionaler oder lokaler Ebene einen Wählerauftrag erfüllen und von der Kommission auf Vorschlag der wichtigsten betroffenen europäischen Organisationen (Versammlung der Regionen Europas, Rat der Gemeinden und Regionen Europas und Internationaler Gemeindeverband) bestellt werden (ABl. L 247 vom 06.09.1988).

Mit der Einsetzung dieses Beirats und der erklärten Absicht, die dezentralen Gebietskörperschaften stärker an der Regionalpolitik der Gemeinschaft zu beteiligen, gab die

Kommission ein deutliches Signal in Richtung der Standardräume unterhalb von Bundes- und Landesgebiet.
Nimmt man eine Gesamtwertung der bisherigen Regionalpolitik der EG vor, so verfolgt die EG-Regionalpolitik letztlich ein Konzept der vier Ebenen oder der vier Standardräume:
Der erste Standardraum ist das Gesamtgebiet der Europäischen Gemeinschaften in seinem jeweiligen Zuschnitt, der zweite Standardraum ist der mitgliedstaatliche Raum, wobei es den Mitgliedstaaten freisteht, diesen, wie etwa in der Bundesrepublik, in den Zentralen Raum I des Bundesgebietes und die Zentralen Räume II der Landesgebiete zu unterteilen. Der dritte Standardraum sind die Regionen unterhalb der gegebenenfalls noch einmal föderativ aufgeteilten zentralen Räume, und der vierte Standardraum ist der örtliche Raum der Polis.
Dieses Vier-Ebenen-Modell wird auch durch eine Inventur der je und je verschiedenen europäischen Entwicklungen bestätigt. Es liegt auch in der Logik der bisher entwikkelten räumlichen Kategorien, zum Beispiel unter siedlungsstrukturellen oder Größenklassen-Kriterien, wie eine mehrjährige Analyse der Arbeiten der Bundesforschungsanstalt für Landeskunde und Raumordnung, zum Beispiel im Bereich der Infrastrukturindikatoren, ergibt (BfLR-Mitteilungen 6/1990: 1f.).
Damit stellt sich für die Bundesrepublik neben der alten Frage der Länderneugliederung, die durch den Prozeß der deutschen Einigung neu gestellt ist und sich in einem Verfassungsauftrag zum kooperationsfähigen Föderalismus zusammenfassen läßt, die weitere Frage nach einem kooperationsfähigen Regionalismus.
Dabei dürfen zwei Fragen nicht miteinander vermischt werden:
Die eine Frage ist die Beteiligung der föderativen staatlichen Einheiten am Handeln des Nationalstaates auf europäischer Ebene. Diese Frage ist durch den Artikel 2 des Deutschen Vertragsgesetzes zur Einheitlichen Europäischen Akte vom 19. Dezember 1986 nur vorläufig beantwortet, weil Abs. 6 dieses Artikels auf eine weitere Vereinbarung zwischen Bund und Ländern abstellt.
Die andere Frage ist die nach dem neuen Standardraumsystem im Europa der vier Ebenen. Diese letzte Frage kann unter dem Kriterium des kooperationsfähigen Regionalismus nur so beantwortet werden, daß über dem örtlichen Raum der Polis ein überörtliches System von Regionen entsteht, die in der Regel größer sind als der heutige überörtliche Raum der Kreise und kleiner als der heutige bezirkliche Raum der staatlichen Mittelbehörden der Länder (soweit vorhanden). Dabei wird ein kleiner Teil der heutigen bezirklichen Aufgaben auf die Landesebene wandern, der allergrößte Teil jedoch auf den überörtlichen Raum der neugeschnittenen Kreise als Inbegriff der Regio.

2.3 Die Heimat der Menschen

„Ich wünsche nicht, mein Haus mit Mauern zu umgeben. Aber keine fremde Kultur soll mich von meinem Mutterboden losreißen" (Mahatma Gandhi).

Gandhi deutet mit diesem Wort auf die Heimat als anthropologisches Grundphänomen hin, und was Karl Steinbuch über „Heimat als informationelle Notwendigkeit" gesagt hat, wird auch für die Rolle der Städte bedeutsam bleiben (Steinbuch 1986: 45ff.):

„Das Thema Heimat scheint an einen Lebensnerv der gegenwärtigen Industriegesellschaft zu rühren. Hermann Lübbe führt in seinem Buch Zeitverhältnisse das gegenwärtig auffallende Ausmaß kultureller Vergangenheits*zu*wendung ... zurück auf die immer raschere Vergangenheits*ab*wendung durch den technischen Fortschritt und den Zukunftsgewißheitsschwund. In einer solch flüchtigen Situation sucht man bleibende Strukturen – vor allem die Heimat."

Es wird weiterhin Frauen und Männer, Junge und Alte, geben, und zwar in größerer Zahl, die auf die Städte als Heimat angewiesen sind. Sie werden dort die Verwurzelung suchen, die sie individualpsychologisch und sozialpsychologisch benötigen, um sich selbst und anderen nicht zu entfremden.
Deshalb muß Hermann Funke in „Die Zeit" vom 10. Januar 1986 widersprochen werden, wenn er in der Überschrift behauptet: „Die Stadt der Zukunft ist ein Unternehmen. Magnet für Menschen und Geschäfte, verwalten reicht nicht mehr – Bürgermeister werden Manager." Dazu ist zu sagen: Ganz gewiß ist es notwendig, daß sich die Städte und Gemeinden im Rahmen der Stadtidentität mit Corporate Identity und den Erkenntnissen darüber beschäftigen, daß sie sich mit Space Marketing oder Stadt-Marketing beschäftigen (vgl. Wittkämper 1990b), aber die Stadt der Zukunft erschöpft sich nicht darin, ein Unternehmen zu sein. Sie ist viel mehr. Sie ist unter anderem Heimat. Und sie muß unter anderem auch Heimat bleiben.

2.4 Das Bürgerleitbild

Es geht hier um das große Kapitel des Wertewandels, der neuen sozialen Bewegungen, der sozialen Selbsthilfegruppen, der Segmentierungen der Lebensstile, der Entwicklung von Ehe, Familie und Partnerschaften in der modernen Gesellschaft, des nachweisbaren Nebeneinanders von gesteigerten Selbstentfaltungs- und Selbstverwirklichungssehnsüchten und gesteigerter Bereitschaft zum sozialen Engagement, des Nebeneinanders von postmodernen Idealen der neuen Einfachheit und erheblichen Ansprüchen an die kulturelle, ökologische und soziale Lebensqualität einer Stadt. Dabei scheint es, daß von drei stabilen Entwicklungslinien im Bürgerleitbild ausgegangen werden kann:

Entwicklungslinie 1 ist die Segmentierung der Lebenswelt. Alle heute erkennbaren Ideale nach Selbstentfaltung und Selbstgestaltung sind langfristig angelegt, damit werden die Städte leben müssen. Die Individualisierung der Lebensformen wird fortschreiten (vgl. Berger/Hradil 1990).

Entwicklungslinie 2 ist die multikulturelle Gesellschaft. Mit der Zunahme der Wanderungsbewegungen im Weltmaßstab, die heutige Ausländer-, Asylanten- und Aussiedlerproblematik ist dazu nur ein Vorspiel, werden die Städte unter multikulturellen Druck geraten und erhebliche Schwierigkeiten haben, eine einheitliche Stadtkultur aufrechtzuerhalten.

Entwicklungslinie 3 ist die Bereitschaft der Menschen zur Selbsthilfe. Die Städte sollten ein Programm des Vertrauens auf soziale Selbsthilfe installieren und dieses Programm bewußt zur eigenen Entlastung installieren. Insoweit ist es zulässig, von einer Tendenz zur Privatisierung des Sozialstaats zu sprechen.

2.5 Die Umwelt

Der Ministerpräsident des Landes NRW hat zu Recht am 1. Februar 1989 zum Abschluß des Kongresses „Gestalt und Gestaltung der Lebenswelt" in Essen darauf hingewiesen, nur eine Stadt, die ökologisch intakt sei, habe auch als Lebens- und Wirtschaftsraum eine Zukunft. Die Einschränkung des Freiraumverbrauchs, die Altlastensanierung, die Abfallentsorgung, Lärm und Abfall der Kraftfahrzeuge, die ökologische Verbesserung des Wohnumfeldes, Maßnahmen zum Denkmalschutz und zur Denkmalpflege von durch Umfeldeinflüsse bedrohten Denkmälern, alles dies wird als dringendes Anliegen erhalten bleiben. Denn die geoökologischen Verflechtungen und die sozialökologischen Verflechtungen der Welt und die nur begrenzten Ressourcen unserer Nachbarstaaten die Umweltproblematik kurzfristig zu lösen, werden uns das Umweltproblem, wenn die Welt überhaupt zu retten ist, erhalten. Es geht nicht nur um ökologisches Bauen, um Baubiologie, neue Wohnformen oder Stadtökologie.
Setzt man die europäischen und die atlantischen Umweltberichte mit den Umweltberichten der Vereinten Nationen zu einem Gesamtbild zusammen, so ergibt sich bei allem Respekt vor der großen Sehnsucht der Menschen nach der grünen Ökopolis, also nach der Stadt der Zukunft, in welcher Mensch und Natur wieder ihren Lebensraum finden, doch die bedrückende Perspektive: Die Weltumweltproblematik treibt dramatischen Höhepunkten entgegen, Treibhauseffekt, Ozonloch, dramatische Steigerung der Wüsten- und Steppenlandschaften sollten uns aus sentimentalen Träumen reißen, die Dramatik des Weltumweltproblems wird auch die lokale Politik prägen, mehr als irgendeine andere Dramatik (vgl. hierzu Umweltbericht, BT-Dr. 11/7168).

2.6 Das Verhältnis Stadt – Verkehr

Um die Jahrhundertwende (zum folgenden vgl. Schneider 1988: 1105ff.) gab es eine Marktstudie von Daimler Benz in Stuttgart, in der zu lesen war: Mehr als eine Million Autos werden wohl nie über die Straßen der Welt fahren. Heute entspricht diese Zahl der Produktion von acht Tagen. Täglich rollten im Jahre 1987 126.000 Autos von den

Fließbändern der Hersteller in Amerika, Europa und Fernost. Nahezu 400 Millionen Autos fahren inzwischen auf den Straßen und stehen auf den Parkflächen der Welt. Nicht nur in Metropolen wie Los Angeles, Tokio oder Paris kommt man heute mit dem Auto zu vielen Stunden langsamer vorwärts als mit dem Fahrrad, sondern während der Hauptverkehrszeit auch schon in vielen kleineren Städten und Gemeinden. Und wenn man so glücklich ist, sein Ziel erreicht zu haben, weiß man nicht, wo man schließlich das Auto abstellen kann.

Können die Städte auf Mobilität mit dem Auto verzichten? Können die Städte auf den Individualverkehr als Wirtschaftsfaktor verzichten? Wie reagieren die Städte auf das (angebliche) Plebiszit, daß es heute in der Bundesrepublik 29 Millionen Fahrzeuge gibt und bis 1995 voraussichtlich eine Steigerung auf 31 Millionen? Die einen hoffen auf Verkehrsberuhigung in Quartier- und Wohnstraßen, nehmen dafür aber die Steigerung des Verkehrs auf dem funktionsfähigen Hauptstraßennetz in Kauf. Die anderen hoffen auf das stadtverträgliche Auto der Zukunft, welches durch Mikroelektronik und neue Werkstofftechnik verbrauchsarm und weitgehend schadstoffrei fährt und sich mit Hilfe von kommunikationsfähigen Bordcomputern den besten Weg im Straßennetz auswählt. Die dritten hoffen auf die Einsicht der Autofahrer und auf den Umstieg auf den öffentlichen Nahverkehr.

Die Perspektive scheint dreischichtig zu sein:

a) Die Verkehrsberuhigung dürfte nicht ausreichen, trotz stadtverträglicher Autos, um das Zukunftsproblem Nr. 1 der Städtebaupolitik, den Stadtverkehr, zu lösen.
b) Der Abschied vom Auto in der Stadt wird vorerst nicht durchzusetzen sein, wohl aber, mit Hilfe des öffentlichen Nahverkehrs und attraktiver Angebote, eine autoärmere Stadt.
c) Die Stellplatzfrage wird vorerst erhalten bleiben, kann aber durch stadtübergreifende Parkraumkonzepte gelöst werden.

2.7 Die Kultur

Es ist keine bundespolitische, landespolitische oder europaweite Tendenz ersichtlich, die den großen Bereich von Gestaltungsfreiheit kommunaler Selbstverwaltung, den die kommunale Kulturarbeit hat, einschränken will. Es ist nicht zu erwarten, daß die heute kaum bestehenden gesetzlichen Vorgaben für das Handeln der Städte, Kreise und Gemeinden im Kulturbereich kommen werden, daher werden die Städte die große Chance haben, ermuntert durch den Bedarf an aktiver Freizeitbetätigung und durch die Tatsache, daß Wirtschaft, Banken, Handel und Industrie Kultur als Imagefaktor erkannt haben, Kulturarbeit zu leisten.

Die ins einzelne gehenden Herausforderungen für die Städte, die im Bereich der Kulturarbeit bestehen, sind in dem dreijährigen Großprojekt von 31 Städten, koordiniert vom Sekretariat für Gemeinsame Kulturarbeit in NRW mit dem Sitz in Wuppertal, das unter dem Stichwort „Projekt Kultur 90" lief, herausgearbeitet worden. Die Ergebnisse des Projektes sind inzwischen dargestellt. Stichworte sind Schulkultur, de-

zentrale Kulturarbeit, autonome Kulturwerkstätten, freie Jugend- und Kulturzentren (vgl. Handbuch Kultur 90, 1989).
Diese Stichworte zeigen, daß konzeptgestützte Kulturarbeit nicht Zentralismus heißen kann, sondern dezentralisierte Kulturarbeit, nicht einheitliche Stadtkultur im Sinne einheitlicher Ausdrucksformen, sondern Stadtkultur mit vielen Ausdrucksformen, nicht Kulturarbeit im Sinne des Managements öffentlicher Zentren, sondern Kulturarbeit im Sinne der Betreuung eines vielgliedrigen Netzwerkes mit vielen Knotenpunkten und Ausdrucksformen. Das meint nicht nur Förderung der Stadtteil-Kultur, das meint Verständnis für viele Kulturbegriffe und ästhetische Konzeptionen.

2.8 Die Medien

Betrachtet man die Entwicklung von Printmedien, Rundfunk und (übrigen) elektronischen Medien, so gibt es eine unumkehrbare Entwicklung zu einer vierten Hauptform der Demokratie, die neben die plebiszitäre Demokratie, die Rätedemokratie und die repräsentative Demokratie als Fortentwicklung der letzteren die kommunikative Demokratie treten läßt (vgl. Wittkämper 1989a, 1990c).
Dies gilt auch und gerade für die Städte. Im einzelnen bestehen sieben Problembereiche der kommunikativen Demokratie:
- neue Rollenverständnisse und Organisationsformen – die Organisationsfrage;
- neuer Schutzbedarf des Menschen – die Grundrechtsfrage;
- neue Bedeutung der Informationsqualität – die Ethikfrage;
- neue Interpretation der Infrastruktur – die Frage der regionalen Chancengleichheit;
- neue Interpretation von Rationalität und Öffentlichkeit – die Berechenbarkeits- und die Imagefrage;
- neues Verständnis von Bildung und Arbeit – die Bildungsfrage;
- neue Bedeutung der Medienordnung und Medienforschung, gerade auch für die Städte – die Forschungsfrage.

Antwort auf diese Probleme werden Konzeptionen kommunaler Öffentlichkeit geben müssen, erarbeitet von Kommunikationswissenschaftlern, Politologen und Juristen, um nur diese zu nennen.

2.9 Europa 1992

Am 7. Dezember 1988 eröffnete der Bundeskanzler die erste nationale Europakonferenz mit einer Erklärung, in der es heißt: „EG-Europa steht mitten in einer entscheidenden Entwicklungsphase zur Sicherung seiner Zukunft. Ich sage bewußt EG-Europa, um klarzustellen, daß die Länder der EG nicht identisch sind mit Europa. Europa umfaßt sehr viel mehr. Es gibt eine ganze Reihe von Ländern, die aus Gründen, die wir zu respektieren haben, jetzt oder auch in Zukunft nicht der Gemeinschaft beitreten wollen. Es gibt hierüber Diskussionen z.B. in Österreich, in der Schweiz oder in Schweden. Auch die Staaten des Warschauer Pakts verfolgen die Entwicklung mit großer Aufmerksamkeit. Und wenn wir von Europa sprechen, dann gehören dazu natürlich immer auch Leipzig und Dresden. Dies sollten wir stets im Auge behalten" (Bulletin Nr. 172, 1988: 1525).

Mit diesen Worten hat der Bundeskanzler nicht die Aufgabe der Vollendung des Binnenmarktes Ende 1992 verkleinern wollen. Er hat aber darauf hinweisen wollen, daß Europa als Lebens- und Wertraum, Europa als Kulturraum, Europa als Sozialraum und Europa als Wirtschaftsraum mehr sind als Europa 1992.

Die Rolle der Städte und Gemeinden stellt sich im Hinblick auf Europa 1992 wie folgt dar (vgl. Wittkämper 1989b):

a) Die Städte und Gemeinden werden sich einerseits mit der Tatsache auseinandersetzen müssen, daß sie im Binnenmarkt in ein völlig neues Netzwerk von Städtechancen, Städtewettbewerb und Städteherausforderungen eingebunden werden.
b) Gerade die Städte und Gemeinden werden angesichts ehrgeiziger Ziele im Bereich der Europäisierung des Rechts darauf achten müssen, daß sie bei der Entwicklung des Gemeinschaftsrechts nicht die Selbstverwaltungsgarantie, wie sie im Artikel 28 Abs. 2 des Grundgesetzes verankert ist, schrittweise entleert sehen.
c) Die Städte und Gemeinden werden sich in besonderer Weise der kommunalen Interessenwahrnehmung auf europäischer Ebene annehmen müssen, die Europäische Charta der kommunalen Selbstverwaltung, die am 1. September 1988 in Kraft getreten ist, bedeutet keine automatische kommunale Interessenwahrnehmung. Gerade die Städte werden die Arbeit der kommunalen Spitzenverbände in Europa zu überdenken und weiter zu entwickeln haben, dies gilt für den Rat der Gemeinden und Regionen Europas, aber auch für den internationalen Gemeindeverband.
d) Die Städte werden auf eine materielle Absicherung ihrer Funktion, die den Abs. 7 der Präambel des Entwurfs eines Vertrages zur Gründung der Europäischen Union ausbaut (verabschiedet vom EP am 14.02.1984; vgl. Teske 1988: 347ff.) und konkretisiert, drängen müssen.

2.10 Regionale Innovation

Das differenzierte Nachdenken über Innovationsprobleme und Erneuerungsprobleme so, wie es noch heute praktiziert wird, begann 1911 mit der, 1926 in zweiter neubearbeiteter Auflage erschienenen, Untersuchung von Joseph Alois Schumpeter: Theorie der wirtschaftlichen Entwicklung.

60 Jahre nach Schumpeter hielt der Nobelpreisträger für Wirtschaftswissenschaften, Simon Kuznets, am 11. Dezember 1971 seine Nobel-Lesung (vgl. Recktenwald 1989: 272ff.). Sie beginnt mit einem Definitionsteil, in welchem Simon Kuznets den Innovationsbegriff weiter faßt, als es seinerzeit Joseph Alois Schumpeter tat. Dabei konzentrierte sich Kuznets bewußt auf Länder, die ihren Wohlstand durch Nutzung fortschrittlicher Technologien erreichen. Im einzelnen unterschied er drei Gruppen von innovationsbestimmenden Faktoren, die zusammenwirken müssen, damit es zu Innovationen kommt:

Die eine Faktorengruppe wird durch geistige Grundlagen, etwa das ordnungspolitische Denken der sozialen Marktwirtschaft, gebildet. Die andere Faktorengruppe ist institutioneller Art, sie umfaßt nicht nur die kleinsten Institutionen der Gesellschaft und ihre Organisation, wie Lebensweise der Menschen und Familienstruktur, sondern insbesondere auch die regionalen Strukturen. Hinzu treten die Technikfaktoren und ihre Verwertung.

Auch gemessen an dieser differenzierten Innovationssicht leidet die Bundesrepublik Deutschland, was die regionale Innovation angeht, unter einer doppelten Gleichgewichtsstörung:

Wenn man die Raumordnungsberichte der Bundesregierung, die Rahmenpläne der Gemeinschaftsaufgabe „Verbesserung der regionalen Wirtschaftsstruktur", die Landesentwicklungspläne oder auch die bisherigen Berichtsrunden der Strukturberichterstattung aus den fünf Wirtschaftsforschungsinstituten mit den in den abgeschlossenen drei Berichtsrunden 1978 bis 1980, 1981 bis 1983 und 1984 bis 1987 entstandenen vielen tausend Seiten Material betrachtet, so herrscht in der Bundesrepublik kein Mangel am Nachdenken über strukturelle Erneuerung top down, das heißt von oben nach unten. Aber wenn es um das innovative Danken bottom up geht, also von den kleinen Einheiten zur Zentralebene hin, sei es des Landes, sei es des Bundes, dann gibt es Defizite.

Der andere Teil der Gleichgewichtsstörung besteht in folgendem:

Gertrud Höhler hat 1988 unter Weiterentwicklung bisheriger Denkansätze folgende These vertreten:

> „Unsere Kultur befindet sich in einem Dauerprozeß der Erneuerung. Nur so führt ein Weg in die Zukunft. Innovation, Ethik, Kreativität – diese Schlüsselbereiche verdanken insbesondere der jungen Generation ihre entscheidenden Impulse. Die älteren bringen wertvolle Erfahrungen ein. Wir brauchen beides" (Höhler 1988: 256ff.).

Der Innovationsbegriff, den Gertrud Höhler dabei verwendet, umfaßt Mensch und Natur, das Verhältnis von Macht und Verantwortung, das Problem der Tugenden in einer unter Umweltkatastrophen leidenden Welt, Fragen des Wertewandels und der Gewinnung neuer Perspektiven. Gertrud Höhler plädiert dafür, junges und nicht akademisches Denken, konventionelles und unkonventionelles mit professionellem und älterem Denken in vielfältigen Formen zusammenzubringen, kurz: eine Dialogkultur zwischen jung und älter, konventionell und unkonventionell, professionell und weniger professionell, zustandezubringen.

2.11 Der technische Wandel

Die Diskussion um Schlüsseltechnologien wie Informationstechnik, Umweltschutztechnik, Biotechnologie, Energietechnik, Werkstoff- und Oberflächentechnik, Meß- und Regeltechnik, Optik, Luft- und Raumfahrt, neue Transport- und Verkehrstechnik berührt die Städte in vielfacher Weise.

Eine ganz entscheidende Prägekraft werden, dies hat die EG-Kommission in ihrem Telematik-Grünbuch (vgl. Ungerer 1989) dargestellt und das Ifo-Institut im Rahmen der Strukturberichterstattung (ifo-Studien 1983), die Transformationswirkungen auf Wirtschaft und Gesellschaft sein, die durch rechnergestützte Informationsverarbeitung und Kommunikation zustande kommen. Vor allem jene Transformationswirkung, die den Produktmix, die Transformation der Märkte, die Transformation der Unternehmensstandorte und die Transformation der Produktionsprozesse betreffen, werden die Städte fundamental berühren.
Mit anderen Worten: Stadtqualität wird in Zukunft an der Informations- und Kommunikationsqualität in allen Wortbedeutungen gemessen werden, von der Bürotelematik über die Produktionstelematik und bis hin zur Wissenschafts- und Forschungstelematik (vgl. Deutscher Städtetag 1989b).
Ulrich Beck hat mit seinen Arbeiten zur „Risikogesellschaft“ (Beck 1986) auf eine andere dominante Berührung der Städte durch den technischen Wandel hingewiesen. Im Ergebnis dürften Aufgaben des städtischen Risikomanagements, die sich hieraus ergeben, über das heutige Risikomanagement hinauswachsen. Der Tschernobyl-Schock hat einen Anwendungsfall störfallunfreundlicher Technologien gezeigt. Es muß, wenn auch bezogen auf andere Technologien, angesichts des technischen Wandels mit weiteren störfallunfreundlichen Technologien gerechnet werden. Gerade die Städte werden gut daran tun, als Agglomerationen verstärkt den Risikodialog mit der Naturwissenschaft zu suchen, unter besonderer Berücksichtigung der Großrisiken.

2.12 Der ökonomische Wandel

Nach drei Runden der Strukturberichterstattung in der Bundesrepublik Deutschland können sicher zum ökonomischen Wandel dreierlei Voraussagen für die lokalen Bereiche gemacht werden:

a) Der nachfragebedingte Strukturwandel, der außenhandelsbedingte Strukturwandel, der technologisch bedingte Strukturwandel, der Wertewandel, der demographiebedingte Strukturwandel und die sich daraus ergebenden Veränderungen der Finanzkraft werden den Städten den ökonomischen Strukturwandel als sicher vorherzusagende Herausforderung erhalten.
b) Hinter dem häufig marktschreierisch zusammengefaßten Etikett: Die Dienstleister kommen, verbergen sich differenziert zu interpretierende Strukturverlagerungen zwischen dem warenproduzierenden Gewerbe und dem Dienstleistungssektor. Die Städte tun gut daran, nicht undifferenziert auf das Wachstum des Dienstleistungssektors zu setzen, sondern alle Veränderungen in der sektoralen Wachstumsdynamik der bei ihnen vertretenen Wirtschaftszweige zu beobachten. Die Mikroelektronik und die übrigen Innovationen in der Industrie begünstigen Entwicklungen zur leisen und sauberen Industrie. Daher wäre es voreilig, ein postindustrielles Stadtzeitalter zu verkünden. Das wird die Städte zu einem Y-Modell zwingen, Dienstleistungen einerseits, leise und saubere Industrien andererseits, und dies alles auf dem Stamm einer soliden Infrastruktur im Bereich rechnergestützter

Information und Kommunikation sowie auf dem soliden Stamm einer ökologischen, kulturellen und humanen Stadtqualität.

c) Der ökonomische Wandel wird uns die „Zukunft der Arbeitsgesellschaft" als Problem erhalten. Der noch schnellere Wandel von Arbeitsplatzmerkmalen und Qualifikationen bleibt als große Herausforderung der Städte erhalten (vgl. die Beiträge zur „Arbeitslandschaft bis 2010", in: MittAB 1/1990).

2.13 Das Verhältnis Städte – Regionen

Das raumbezogene Denken in der Bundesrepublik wurde lange Zeit stark geprägt durch die sogenannten zentralörtliche Typisierung, das heißt die zentralörtliche Einstufung von Siedlungen in ein hierarchisches Schema von:
- Oberzentren mit oberzentralen Einzugsbereichen;
- Mittelzentren mit Mittelbereichen;
- Unterzentren mit Versorgungsnahbereichen;
- Kleinzentren mit Versorgungsnahbereichen.

Dieses Denken wurde und wird vielfältig kritisiert, aber eine Komponente dieses Netzwerksystems ist unleugbar gültig: Es gibt Orte mit einem Bedeutungsüberschuß, die andere Orte mitversorgen, z.B. über die sogenannte Arbeitsplatzzentralität, also Orte, die mehr Arbeitsplätze anbieten als für die Ortsbevölkerung notwendig; über die sogenannte Handelszentralität, also Orte, die mehr oder vor allem qualifizierte Geschäfte anbieten als die Siedlungen des Umlandes bzw. als zur Versorgung der eigenen Ortsbevölkerung notwendig; über die sogenannte Dienstleistungszentralität, das heißt, die öffentliche und private Einrichtungen unterhalten, deren Geltungs- bzw. Zuständigkeitsbereich oder Einzugsbereich über die Ortsmarkung hinausreicht (Benzing u.a. 1978: 93ff.).

Dieses Zentralitätenschema vernachlässigt einen wichtigen Gesichtspunkt, nämlich die Erlebniszentralität, die für den heutigen Menschen mit seinem Freizeitvolumen immer wichtiger ist. Die Städte bieten eine Erlebnisbandbreite an, die von den Nicht-Städten vielfach nicht geleistet werden kann. Dies gilt für eine Vielzahl von Dimensionen unserer Erlebniswelt.

Was ist das Ergebnis dieser Überlegungen?

Trotz Telematik wird es bei der Arbeitsplatzzentralität bleiben, das heißt, die Städte sind als Arbeitsplatzanbieter unentbehrlich. Es wird auch bei der Dienstleistungszentralität bleiben, das heißt die Städte werden öffentliche und private Einrichtungen unterhalten, deren Geltungs- bzw. Zuständigkeits- oder Einzugsbereich über die Stadtmarkung hinausreicht. Die Städte werden mehr denn je Erlebniszentralität bieten.

Was die Handelszentralität angeht, so sehe ich sie auf dem Rückgang, das heißt, im Stadtumland sind beinahe überall in der Bundesrepublik qualifizierte Geschäfte entstanden, so daß die Handelszentralitäten nur noch über die Erlebniszentralität zustande kommt, nicht aber deshalb, weil etwa in der Stadt der bessere Juwelier sitzt als in der Nähe der Stadt, also in der Region.

2.14 Die Sicherheit

Die Entwicklung der Kriminalität hat viel mit der Verödung oder Nichtverödung der Städte zu tun, das heißt, wenn es gelingt, die Städte über vermehrte Kulturangebote neu und vielfältig zu nutzen, auch am Abend, mit gemütlichen Restaurants und flexiblen Ladenöffnungszeiten, wird sich das Sicherheitsproblem anders darstellen, als wenn die Innenstädte veröden.
Die Stadt ist seit jeher von großer Anziehungskraft für das organisierte Verbrechen. Mit der zunehmenden internationalen Vernetzung wächst auch die Gefahr durch das organisierte Verbrechen in den Städten. Dies gilt für die Rauschgiftkriminalität ebenso wie für jene Formen der Kriminalität, deren Opfer oder Objekt vor allem Frauen sind. Die Rauschgiftkriminalität, die Menschenhandelskriminalität und die Eigentumskriminalität werden auf hohem Niveau fortbestehen, möglicherweise bei der Rauschgiftkriminalität und der Eigentumskriminalität mit steigender Tendenz (vgl. Dörrmann u.a. 1990).

3. *Schlußteil: Die postmoderne lokale Einheit – Ist ein Paradigmawechsel der Lokalen Politikforschung erforderlich?*

Um den Begriff der Moderne gibt es eine unendlich vielfältige, komplizierte und häufig auch unscharfe Diskussion (vgl. Berger 1986 sowie die Beiträge in der Beilage B 40/89: Aus Politik und Zeitgeschichte). Viele, die in die Postmoderne aufbrechen, scheinen sich bewußt oder unbewußt an den vier Ausfahrten des Prinzen Siddhatta zu orientieren, wie sie Detlef Kantowsky (in Universitas 12/1987: 1321ff.) in unsere Erinnerung gebracht hat.

> „Der Geborgenheit und des Überflusses im väterlichen Palast überdrüssig, fuhr der Prinz Siddhatta Gotlama vor die Stadt, wurde dort erstmals von Angesicht zu Angesicht mit Alter, Krankheit und Tod konfrontiert. Auf der vierten Ausfahrt begegnete ihm dann der Legende nach ein Mönch und wies ihm die heilsame Richtung aus der leidhaften Vergänglichkeit weltlichen Handelns."

Anders ausgedrückt: In vielen Arbeiten zur Postmoderne läßt sich nur feststellen, daß sich jemand von etwas abwendet und auf den Mönch wartet, der eine neue Botschaft bringt, aber offenbar noch nicht gekommen ist.
Armin Baumgartner hat als Charakteristika der Moderne genannt:
„– die Aufklärung,
– die dazu gehörende vernünftige Legitimation von Wahrheit und Gerechtigkeit,
– den Fortschrittsglauben,
– die Befreiung aus den religiösen und politischen Zwängen,
– den Kampf um Wohlstand" (Baumgartner 1988: 885ff.).
In gleicher Weise unterscheidet Baumgartner sechs Hauptströmungen der Postmoderne, nämlich:

- totaler Antimodernismus, also als Ausstieg aus der modernen Industriegesellschaft;
- vergangenheitsbezogener Antimodernismus, welcher wieder mehr an das Erbe der Antike und des Mittelalters heranrücken will;
- selektiver Antimodernismus, dazu zählt die Haltung all jener, die immer nur eine Seite der Medaille wollen;
- Pluralismus und Anarchismus, letztlich also als Auflösung von Gesellschaftsorganisationen.

Baumgartner weist aber auch darauf hin, daß es in der Postmoderne Menschen gibt, die sich als Transavantgarde verstehen, das sind jene Mitglieder der Avantgarde, die sich selbst überbieten wollen. „Mit Erkern und Zierfenstern an der Fassade kann gegen den Funktionalismus in der Architektur demonstriert werden, daraus wird aber noch lange keine neue Verbindlichkeit."

Schließlich nennt er Postmoderne als zukunftsgerichteten Antimodernismus. Zu dieser Haltung gehören die, die Fortschritt in der Gegenwart für nicht möglich halten und den Fortschritt erst nach einer zukünftigen Revolution für Fortschritt halten.

Folgt man diesen Überlegungen von Baumgartner, so ist der dominierende Zug der Postmoderne eine Orientierungskrise, also das zunehmende Infragestellen jener Überzeugungen, die das moderne Zeitalter prägen und tragen; gemeint ist vor allem das Schwinden des modernen Vernunft- und Fortschrittglaubens.

Betrachtet man nun die verschiedenen Formen dieser Abkehr vom modernen Vernunft- und Fortschrittglauben etwas näher, so begegnet bei den postmodernen Denkern ein Element wieder, das auch schon in der Moderne dominierend war, nämlich die Annahme, daß ein epochaler Wandel, eine Abkehr von der Moderne, planbar und schaffbar ist, also der Glaube an die Planbarkeit, an die Machbarkeit.

Der Deutsche Städtetag hat mit seinem zitierten Bonner Manifest ein anderes Konzept der Postmoderne angeboten. Er plädiert für veränderte Inhalte der Vernunft und ein verändertes Verständnis des Fortschritts, für ein Szenario, welches lautet: Die Stadt als Lebensraum, die human, sozial und ökologisch intakte Stadt, was nur möglich ist, wenn die Stadt auch ökonomisch intakt ist. Die postmoderne Stadt in diesem Sinne ist nicht die Stadt, die sich der babylonischen Sprachverwirrung, den vielfältigen Zweifeln der Postmoderne hingibt, sondern die Stadt, die ihren Vernunftbegriff und ihren Fortschrittsbegriff neu definiert.

Es gibt sieben kennzeichnende Merkmale dieses Denkansatzes: die postmoderne Stadt.

Das *erste* Merkmal ist, daß in diesem Denkansatz Stadtentwicklungspolitik als Daueraufgabe akzeptiert wird.

Das *zweite* Kennzeichen des Denkansatzes ist ganzheitliches Denken.

Ein *drittes* Kennzeichen ist kommunikatives Denken.

Das *vierte* Merkmal des Denkansatzes ist vernetztes Denken.

Das *fünfte* Merkmal ist Denken in der informationellen Infrastruktur und in den Realitäten der Informationsgesellschaft.

Das *sechste* Kennzeichen ist die Bereitschaft zum Denken im strukturellen Wandel.

Das *siebte* Kennzeichen des Denkansatzes ist Denken in menschlichen Lebenslagen und Grundbedürfnissen, ist Denken in der Stadt und Gemeinde als Heimat.

Ist vor diesem Hintergrund ein Paradigmawechsel der lokalen Politikforschung erforderlich?

Die Antwort lautet:

Es gibt eine neue Aktualität jener politischen Geographie, um deren Konturen nun schon so lange gerungen wird. Die lokale Politikforschung muß sich also in Richtung jener politischen Geographie öffnen, deren Gegenstände Klaus-Achim Boesler wie folgt umrissen hat (Boesler 1977: 424f.):

a) Aufstellung alternativer Modelle für zukunftsorientierte raumordnungspolitische Entscheidungen;
b) Beiträge zur Problemlösungseffizienz raumwirksamer Staatstätigkeit;
c) Beiträge zur zielstrategischen Diskussion von Raumordnung, Landesplanung, Regionalpolitik und kommunaler Entwicklungsplanung;
d) Beiträge zum Ausgleich regionaler Entwicklungsunterschiede im Rahmen einer integrierten Entwicklungspolitik. Diese Integration muß die Ordnungs-, die Struktur- und die Prozeßpolitik und die geeigneten Instrumente aus den Bereichen der Sozialpolitik, der Bildungspolitik, der Verkehrspolitik und der Umweltpolitik umfassen.

Literatur

Antwort der Bundesregierung, 1990: „Zur Städtebaupolitik", BT-Dr. 11/6880 vom 04.04.1990.

Baumgartner, A., 1988: Postmoderne als babylonische Sprachverwirrung, in: Universitas 8, 885ff.

Beck, U., 1986: Risikogesellschaft. Auf dem Weg in eine andere Moderne. Frankfurt/M.

Beck, U., 1987a: Vom Leben in der Risikogesellschaft, in: gdi-impuls 3ff.

Beck, U., 1987b: Entmündigung der Sinne – Egalisierung von Gefahren. Zur sozialen Dynamik hochindustrieller Risiken, in: Universitas 6, 525ff.

Becker, B., 1989: Öffentliche Verwaltung, Percha.

Benzing/Gaentzsch/Mäding/Tesdorpf, 1978: Verwaltungsgeographie, Köln.

Berger, J. (Hrsg.), 1986: Die Moderne – Kontinuitäten und Zäsuren. Soziale Welt, Sonderband 4, Göttingen.

Berger, P.A./Hradil, St. (Hrsg.), 1990: Lebenslagen, Lebensläufe, Lebensstile. Soziale Welt, Sonderband 7, Göttingen.

Boesler, K.-A., 1977: Gedanken zur politischen Geographie, in: *Matznetter, J.* (Hrsg.), Politische Geographie, Darmstadt, 423ff.

Bonsen, M. zur, 1987: Was ist Vision?, in: gdi-impuls 4, 49ff.

Cornelius Mayer-Tasch, P., 1988: Architektur und Politik, in: Universitas 7, 732ff.

Deutscher Bundestag (Hrsg.), 1989: Zur Sache. Themen parlamentarischer Beratung 1, Bonn.

Deutscher Städtetag, 1989a: „Bonner Manifest der deutschen Städte. Ohne Städte keine Zukunft" (vom 31. Mai 1989).

Deutscher Städtetag, 1989b: Telematik und Stadtentwicklung, Köln.

Dorferneuerungsbericht der Bundesregierung, BT-Dr. 11/6346 vom 02.02.1990.

Dörrmann, U. u.a., 1990: Organisierte Kriminalität – wie groß ist die Gefahr? Sonderband BKA-Forschungsreihe, Wiesbaden.

Fischer, J.H., 1989: Gestaltungswille und technisches Interesse. Zur Ästhetik des technischen Zeitalters, in: Universitas 1, 29ff.

Grabow, B./Heuer, H./Rühn, G., 1990: Lokale Innovations- und Technologiepolitik. Ergebnisse einer bundesweiten Erhebung, Berlin.

Grauhan, R.R. (Hrsg.), 1975: Lokale Politikforschung 1, Frankfurt/M./New York.

Handbuch Kultur 90, Köln 1989.

Haseloff, O.W., 1987: Lebensstile zwischen Massenkultur und Individualisierung, in: gdi-impuls 4, 3ff.

Hill, H., 1987: Die politisch-demokratische Funktion der kommunalen Selbstverwaltung nach der Reform, Baden-Baden.

Höhler, G., 1988: Offener Horizont. Junge Strategien verändern die Welt, 2. Aufl., Düsseldorf/Wien/New York.

ifo-Studien zur Industriewirtschaft, 1983, Bd. 26, München.

Kevenhörster, P. (Hrsg.), 1977: Lokale Politik unter exekutiver Führerschaft, Meisenheim.

Kommission der EG, 1989: Leitfaden zur Reform der Strukturfonds der Gemeinschaft, Brüssel/Luxemburg.

Kroner, Walter M., 1987: Intelligent Buildings, in: gdi-impuls 1, 74ff.

Langguth, G. (Hrsg.), 1990: Berlin: Vom Brennpunkt der Teilung zur Brücke der Einheit, Bonn.

Lübbe, H., 1988: Zeitverhältnisse. Über die veränderte Gegenwart von Zukunft und Vergangenheit, in: Universitas 12, 1239ff.

Polster, W./Voy, K., 1989: Reurbanisierung. Zurück zur Stadt?, in: Universitas 44, 549ff.

Recktenwald, H.C. (Hrsg.), 1989: Die Nobelpreisträger der ökonomischen Wissenschaft 1969 bis 1988, Band I, Düsseldorf.

Schneider, O., 1988: Stadtentwicklung und Stadtverkehr, Bulletin Nr. 121, 1105ff.

Städtebaulicher Bericht, 1986: Umwelt und Gewerbe in der Städtebaupolitik, BT-Dr. 10/5990 vom 09.09.1986.

Steinbuch, K., 1986: Heimat als informationelle Notwendigkeit, in: *K. Weigelt* (Hrsg.), Heimat, Tradition, Geschichtsbewußtsein. Studien zur politischen Bildung, Bd. 11, Mainz, 45ff.

Teske, H., 1988: Europa zwischen gestern und morgen, Köln.

Ungerer, H., 1989: Telekommunikation in Europa, Brüssel/Luxemburg.

Väth, Werner, 1985: Lokale Politikforschung, in: PVS-Literatur 2, 131-149.

Väth, Werner, 1988: Lokale Politikforschung, in: Politische Vierteljahresschrift, 158-162.

Wittkämper, G.W., 1989a: Kommunikative Demokratie – ein neues Leitbild?, in: Landeszentrale für politische Bildung S-H (Hrsg.), Symposium '88: Massenmedien und politische Kultur – zur Kommunikation in der Demokratie. Gegenwartsfragen 61, Kiel, 9-26.

Wittkämper, G.W., 1989b: Europa 1992 – Eine Herausforderung für die Regionen, in: Eildienst Landkreistag NRW 5, 89-94; 6/89, 109-111 (auch in: Beiträge zur Politikwissenschaft und Verwaltungswissenschaft 9, Münster (ISSN 0930-7206), 30-58 sowie als Sonderdruck Kreis Borken erschienen).

Wittkämper, G.W., 1990a: Kommunalverwaltung und Europäischer Strukturwandel. Sonderdruck KGSt-Mitteilungen, Köln.

Wittkämper, G.W., 1990b: Stadtmarketing – Schlagwort oder Methode, in: Dokumentation Innenstadtgespräch 06.02.1990 (Hrsg. Stadt Mülheim an der Ruhr), Mülheim/Ruhr, 13-20.

Wittkämper, G.W., 1990c: Die kommunikative Verwaltung – ein notwendiges neues Leitbild?, in: VOP 12, Heft 2, 75-83.

Anhang: Lokale Politikforschung – Auswahlbibliographie

Stefan Kessen

1. *Lokale Politikforschung – Übersicht*

Grauhan, R.R. (Hrsg.): Lokale Politikforschung. 2 Bde. Frankfurt/M., New York 1975
Hellstern, G.-M./Wollmann, H.: Perspektiven einer praxisnahen lokalen Politikforschung, in: *Bermbach, Udo* (Hrsg.): Politische Wissenschaft und Politische Praxis. Opladen 1978
Kevenhörster, P. (Hrsg.): Lokale Politik unter exekutiver Führerschaft. Meisenheim 1977
Kevenhörster, P./Wollmann, H. (Hrsg.): Kommunalpolitische Praxis und lokale Politikforschung. Berlin 1978
Voigt, R.: Kommunalpolitik im ländlichen Raum. Ein Plädoyer für die Wiederbelebung der lokalen Politik, in: Aus Politik und Zeitgeschichte
Windhoff-Héritier, A.: Die Policy Output-Analyse – eine Frageperspektive für die deutsche lokale Politikforschung?, in: *Kevenhörster* 1977, 325-353

2. *Forschungsvorbilder aus den USA*

Ammon, A.: Eliten und Entscheidungen in Stadtgemeinden. Die amerikanische „Community-Power"-Forschung und das Problem ihrer Rezeption in Deutschland. Berlin 1967
Bachrach, P./Baratz, M. S.: Two Faces of Power, in: APSR 1962, 947-952
Bachrach, P./Baratz, Morton S.: Power and Poverty – Theory and Practice. New York 1970. (Dt.: Macht und Armut. Frankfurt/M. 1977)
Clark, T. N.: Who Governs, Where, When and With What Effects?, in: *ders.* (Hrsg.): Community Structure and Decision Making. Comparative Analyses. San Francisco 1968, 15 ff
Clark, T. N. (Hrsg.): Comparative community politics. New York u.a. 1974
Dahl, Robert A.: Who Governs? Democracy and Power in an American City. New Haven, 1961
Hawley, W. D./Svara, J. H.: The Study of Community Power – A Bibliographic Review. Santa Barbara, 1972
Hunter, F.: Community Power Structure – A Study of Decision-Makers. Chapel Hill 1953
Leif, Irving P./Clark, Terry N.: Community Power and decision-making. A trend report and bibliography prep. for the International Soc. Ass. under the auspices of the International Comm. for Soc. Science. Information and Documentation. Mouton 1973
Schattschneider, E. E.: The Semisovereign People. New York 1960

3. *Allgemeine und übergreifende Darstellungen*

Beyme, K. v. (Hrsg.): Politikwissenschaft in der Bundesrepublik Deutschland. Entwicklungsprobleme einer Disziplin. PVS Sonderheft 17/1986
Beyme, K. v.: Politikfeldanalyse in der Bundesrepublik, in: *Beyme, K. v./Schmidt, M. G.* (Hrsg.): Politik in der Bundesrepublik Deutschland. Opladen 1990, 18-35
Ellwein, T.: Verwaltungswissenschaft: Die Herausbildung der Disziplin, in: PVS Sonderheft 13/1982, 34-54
Grauhan, R. R.: Politische Verwaltung. Freiburg 1970

Offe, C.: Strukturprobleme des kapitalistischen Staates. Frankfurt/M. 1972
Scharpf, F. W./Reissert, H./Schnabel, F.: Politikverflechtung. Kronberg 1976

4. *Policy-Forschung in der BRD*

Hartwich, H. H. (Hrsg.): Policy-Forschung in der Bundesrepublik Deutschland. Opladen 1985
Jann, W.: Policy-Forschung – ein sinnvoller Schwerpunkt der Politikwissenschaft?, in: Aus Politik und Zeitgeschichte. B 47/83, 26-38. (Interdisziplinarität)
Mayntz, R./Scharpf, F. W. (Hrsg.): Policy-Making in the German Federal Bureaucracy. Amsterdam 1975
Schmidt, M. G.: Vergleichende Policy-Forschung, in: *Berg-Schlosser, D./Müller-Rommel, F.* (Hrsg.): Vergleichende Politikwissenschaft. Opladen 1987, 185-200
Sturm, R.: Policy-Forschung, in: *Beyme* 1986, 231-249
Windhoff-Héritier, A.: Die Policy Output-Analyse – eine Frageperspektive für die deutsche lokale Politikforschung?, in: *Kevenhörster* 1977, 325-353
Windhoff-Héritier, A.: Policy-Analyse. Frankfurt/M. 1987

5. *Kommunalpolitische Forschungsaspekte*

5.1 Allgemeine Darstellungen

Casasus, G.: Die Kommunalpolitik der deutschen Sozialdemokraten und der französischen Sozialisten am Beispiel von Penzberg und Saint-Fons. Eine vergleichende Studie. Beiträge zur Kommunalwissenschaft. Bd. 16. München 1985
Gabriel, O. W. (Hrsg.): Kommunalpolitik im Wandel der Gesellschaft. Eine Einführung in Probleme der politischen Willensbildung in der Gemeinde. Königstein 1979
Hesse, J. J./Ganseforth, H. u. a. (Hrsg.): Staat und Gemeinden zwischen Konflikt und Kooperation. Baden-Baden 1983
Mattar, M.: Die staats- und landesgrenzenüberschreitende kommunale Zusammenarbeit in der Großregion Saarland – Westpfalz – Lothringen – Luxemburg – Trier. Schriftenreihe Zusammenarbeit in Europäischen Grenzregionen. Bd. 4. Frankfurt/M. 1983
Naßmacher, H./Naßmacher, K.-H.: Kommunalpolitik in der Bundesrepublik. Möglichkeiten und Grenzen. Opladen 1979
Rapior, R.: Interkommunale Zusammenarbeit. Eine empirische Untersuchung über die Stadt-Umland-Beziehungen in der Stadtregion Freiburg. Beiträge zur Kommunalwissenschaft. Bd. 15. München 1984
Roemheld, R./Zielinski, H. (Hrsg.): Kommune im Aufbruch. Analysen zum Spannungsverhältnis zwischen kommunaler Identität und Verwaltung. Frankfurt/M., Bern, New York 1983
Thieme, W.: Zur Situation der Forschung im Bereich der Kommunalwissenschaft, in: Archiv für Kommunalwissenschaften 1978, 234-247
Voigt, R. (Hrsg.): Handwörterbuch zur Kommunalpolitik. Opladen 1984
Vorholz, F.: Interkommunale Einrichtungen. Ein Beitrag zur Stadt-Umland-Problematik. Beiträge zur Kommunalwissenschaft. Bd. 1. München 1981
Zoll, R.: Gemeinde als Alibi. Materialien zur politischen Soziologie der Gemeinde. München 1972

5.2 Macht und Mitbestimmung

Arzberger, K.: Bürger und Eliten in der Kommunalpolitik. Stuttgart u. a. 1980
Ellwein, T./Zoll, R.: Wertheim. Politik und Machtstruktur einer deutschen Stadt. München 1982 (an Stelle von Wertheim II erschienen, siehe auch Zoll, Wertheim III)

Frey, R. (Hrsg.): Kommunale Demokratie. Beiträge für die Praxis der kommunalen Selbstverwaltung. Bonn-Bad Godesberg 1976

Gabriel, O. W. (Hrsg.): Bürgerbeteiligung und kommunale Demokratie. Beiträge zur Kommunalwissenschaft. Bd. 13. München 1983

Gabriel, O. W.: Politische Partizipation und kommunale Politik. Strukturen, Bestimmungsfaktoren und Folgen kommunalpolitischer Partizipation, in: Aus Politik und Zeitgeschichte. B 29/88, 3-20

Gabriel, O. W./Kunz, V./Zapf-Schramm, T.: Parteiideologien und Problemverarbeitung in der kommunalen Infrastrukturpolitik, in: Aus Politik und Zeitgeschichte. B 30-31/89, 14-26

Gau, D.: Politische Führungsgruppen auf kommunaler Ebene. Eine empirische Untersuchung zum Sozialprofil und den politischen Karrieren der Mitglieder des Rates der Stadt Köln. Beiträge zur Kommunalwissenschaft. Bd. 12. München 1983

Grauhan, R. R. (Hrsg.): Großstadt-Politik. Texte zur Analyse und Kritik lokaler Demokratie. Gütersloh 1972

Grottian, P./Nelles, W. (Hrsg.): Großstadt und neue soziale Bewegungen. Stadtforschung aktuell. Bd. 1. Basel, Boston, Stuttgart 1983

Hesse, J. J. (Hrsg.): Erneuerung der Politik „von unten"? Stadtpolitik und kommunale Selbstverwaltung im Umbruch. Opladen 1986

Holtmann, E./Killisch, W.: Gemeindegebietsreform und politische Partizipation. Einstellungen in der fränkischen „Rebellengemeinde" Ermershausen, in: Aus Politik und Zeitgeschichte. B 30-31/89, 32-39

Kevenhörster, P./Uppendahl, H.: Gemeindedemokratie in Gefahr? Zentralisierung und Dezentralisierung als Herausforderung lokaler Demokratie in Japan und der Bundesrepublik Deutschland. Baden-Baden 1987

Kirchgässner, B./Schadt, J. (Hrsg.): Kommunale Selbstverwaltung – Idee und Wirklichkeit. Sigmaringen 1983

Möller, Th.: Die kommunalen Wählergemeinschaften in der Bundesrepublik Deutschland. München 1981

Oberndörfer, D./Mielke, G./Schmitt, K. (Hrsg.): Parteien und regionale politische Kultur. Berlin 1989

Siewert, H. J.: Lokale Elitesysteme. Königstein 1979

Thränhardt, D./Uppendahl, H.: Alternativen lokaler Demokratie. Kommunalverfassung als politisches Problem. Münster 1980

Uppendahl, H.: Anatomie einer Kommunalreform. Lokale Selbstregierung in England und Wales. Königstein 1981

Wehland, G.: Stadtplanung, Partizipation und kommunale Öffentlichkeit. Zum politischen Stellenwert von bürgerschaftlicher Mitwirkung im Bauleitplanverfahren. Arbeitshefte des Instituts für Stadt- und Regionalplanung der Technischen Universität Berlin. Heft 30. Berlin 1984

Windhoff-Héritier, A.: Partizipation und Politikinhalte. Voraussetzungen und Folgen direktdemokratischer Bürgerbeteiligung im kommunalen Entscheidungsprozeß. Münster 1983

Zoll, R.: Wertheim III – Kommunalpolitik und Machtstruktur. München 1974

5.3 Kommunale Planungs-, Koordinations- und Entscheidungsprozesse

Evers, A./Lehmann, M.: Politisch-ökonomische Determinanten für Planung und Politik in den Kommunen der BRD. Offenbach 1972

Fürst, D.: Kommunale Entscheidungsprozesse. Ein Beitrag zur Selektivität politisch-administrativer Prozesse. Baden-Baden 1975

Fürst, D./Hesse, J. J.: Landesplanung. Düsseldorf 1981

Haasis, H. A.: Entscheidungsstrukturen in der Kommunalpolitik. Eine Bestandsaufnahme der politikwissenschaftlichen Forschung in der Bundesrepublik, in: *Röser, Helmut* (Hrsg.): Der Bürger in der Gemeinde. Bonn 1979, 175-199

Hellstern, G.-M./Wollmann, H.: Analyse kommunaler Entscheidungsprozesse. *Robert Bosch Stiftung* (Hrsg.): Vorstudien zu einem Forschungsprogramm. Stuttgart 1979

Hesse, J. J.: Organisation kommunaler Entwicklungsplanung. Anspruch, Inhalt und Reichweite von Reorganisationsvorstellungen für das kommunale politisch-administrative System. Stuttgart u. a. 1976

Hesse, J. J. (Hrsg.): Zur Situation der kommunalen Selbstverwaltung heute. Stadtpolitik und kommunale Selbstverwaltung im Umbruch. Baden-Baden 1987

Krischmann, H.: Der Einfluß staatlicher Raumplanung auf die kommunale Planungshoheit. Die Regionalplanung Nordhessen im Verhältnis zu den Bauleitplanungen der Städte Kassel und Baunatal. Beiträge zur Kommunalwissenschaft. Bd. 10. München 1983

Lölhöffel, D. v./Schimanke, D. (Hrsg.): Kommunalplanung vor neuen Herausforderungen. Bausteine für die Verwaltungspraxis der 80er Jahre. Stadtforschung aktuell. Bd. 2. Basel, Boston, Stuttgart 1983

Lücke, M.: Kollektive Planungs- und Entscheidungsprozesse. Dargestellt an der Steuerung kommunaler Entwicklung. Tübingen 1975

Quentmeier, R.: Regionalplanung im Planungsverband. Zur Funktion des Bezirksplanungsrates im Rahmen der Politikverflechtung. Beiträge zur Kommunalwissenschaft. Bd. 9. München 1983

Schwiderowski, P.: Entscheidungsprozesse und Öffentlichkeit auf der kommunalen Ebene. München 1989

Zielinski, H. (Hrsg.): Lokale Politik zwischen Eigenständigkeit und staatlicher Abhängigkeit. Empirische Analysen zu Handlungsspielräumen, Gebietsreformen und zur Selbstverwaltung. Königstein 1980

5.4 Sonstige Aspekte

Albertin, L./Keim, E./Werle, R.: Die Zukunft der Gemeinden in der Hand ihrer Reformer. Geplante Erfolge und politische Kosten der kommunalen Neugliederung. Fallstudien in Ostwestfalen-Lippe. Forschungsberichte des Landes Nordrhein-Westfalen. Fachgruppe Wirtschafts- und Sozialwissenschaften Nr. 3124. Opladen 1982

Baumheier, R.: Altlasten als aktuelle Herausforderung der Kommunalpolitik. München 1988

Blanke, B./Evers, A./Wollmann, H. (Hrsg.): Die zweite Stadt – Neue Formen lokaler Arbeits- und Sozialpolitik. Leviathan Sonderheft 7/1986. Opladen 1986

Blanke, B./Heinelt, H./Macke, C.-W.: Großstadt und Arbeitslosigkeit. Ein Problem im Netz lokaler Sozialpolitik. Opladen 1987

Eichenauer, H.: Das zentralörtliche System nach der Gebietsreform. Geographisch-empirische Wirkungsanalyse raumwirksamer Staatstätigkeit im Umland des Verdichtungsgebietes Siegen. Beiträge zur Kommunalwissenschaft. Bd. 1. München 1983

Heinze, R. G./Hilbert, J./Voelzkow, H.: Arbeit und Umwelt in der Kommunalpolitik, in: Aus Politik und Zeitgeschichte. B 46-47/86, 14-28

Henkel, G. (Hrsg.): Kommunale Gebietsreform und Autonomie im ländlichen Raum. Vorträge und Ergebnisse des Dorfsymposiums in Bleiwäsche vom 12./13. Mai 1986. Paderborn 1986

Hucke, J./Ueberhorst, R. (Hrsg.): Kommunale Umweltpolitik. Stadtforschung aktuell. Bd. 5. Basel, Boston, Stuttgart 1983

Hucke, J./Jordan, J.: Mehr Natur in die Stadt. Perspektiven einer kommunalen Grünpolitik. Bonn 1986

Joachim, P./Tank, H.: Dienstleistungssektor und kommunale Wirtschaftsförderung. Notwendigkeit und Möglichkeiten einer Erweiterung der Wirtschaftsförderung im Strukturwandel. Forschungsberichte des Landes Nordrhein-Westfalen. Fachgruppe Wirtschafts- und Sozialwissenschaften Nr. 3169. Opladen 1983

Maier, H. E./Wollmann, H. (Hrsg.): Lokale Beschäftigungspolitik. Stadtforschung aktuell. Bd. 10. Stuttgart u. a. 1986

Mayntz, R. (Hrsg.): Kommunale Wirtschaftsförderung. Ein Vergleich: Bundesrepublik Deutschland – Großbritannien. Stuttgart u. a. 1981

Naßmacher, H. (Hrsg.): Wohnen und kommunale Politik. München 1985

Naßmacher, H.: Wirtschaftspolitik 'von unten'. Ansätze und Praxis der kommunalen Gewerbebestandspflege und Wirtschaftsförderung. Stadtforschung aktuell. Bd. 15. Stuttgart u. a. 1987

Naßmacher, H.: Kommunale Gewerbepolitik, in: Aus Politik und Zeitgeschichte. B 29/88, 29-37

Oertzen, H. J. v./Thieme, W. (Hrsg.): Schriftenreihe: Die kommunale Gebietsreform. div. Bde., Baden-Baden 1979 ff. u. a.:

1. *Grundlagen, Voraussetzungen und Durchführung der Reform*

- *Unruh, G. Chr. v./Thieme, W./Scheuner, U.*: Die Grundlagen der kommunalen Gebietsreform. 1981
- *Thieme, W./Prillwitz, G.*: Durchführung und Ergebnisse der kommunalen Gebietsreform. 1981

2. *Auswirkungen auf den Bürger*

- *Hill, H.*: Die politisch-demokratische Funktion der kommunalen Selbstverwaltung nach der Reform. 1987
- *Zahn, H.-H.*: Die Einstellung der Bürger zu ihrer Gemeinde. Dargestellt am Beispiel Brackwede-Bielefeld. 1982
- *Derlien, H.-U./Queis, D. v.*: Kommunalpolitik im geplanten Wandel. Auswirkungen der Gebietsreform auf das kommunale Entscheidungssystem. 1986
- *Poschen, E.*: Die ökonomischen Folgen der kommunalen Gebietsreform für die betroffenen Bürger und Unternehmen. Eine Untersuchung am Beispiel von ausgewählten Modellfällen in der Bundesrepublik Deutschland. 1983

3. *Auswirkungen auf die Finanzwirtschaft*

- *Engelhardt, G./Brockmann, G./Rosenfeld, M./Thiede, W.*: Finanzwirtschaftliche Folgen kommunaler Gebiets- und Funktionalreformen. Problembereiche und Hypothesen im Überblick. 1986
- *Thiede, W.*: Auswirkungen der Gebietsreform im Bereich des kommunalen Finanzausgleichs. 1981
- *Brockmann, G./Rosenfeld, M.*: Auswirkungen der Gebietsreform im Bereich der Ausgabenpolitik der Gemeinden. 1984
- *Rosenfeld, M.*: Ausgabeneffekte kommunaler Funktionalreformen. 1985

4. *Auswirkungen auf das Personalwesen*

- *Fuchs, K.*: Dienstrecht und Gebietsreform. 1979
- *Kübler, H./Fuchs, K.*: Personalwesen und Gebietsreform. 1979
- *Kieseler, B.*: Berufliche Weiterverwendung von Hauptverwaltungsbeamten. Untersuchung am Beispiel Nordrhein-Westfalens. 1979

5. *Gemeindeübergreifende Auswirkungen*

- *Knemeyer, F.-L.*: Gebietsreform und Landesplanung. 1980
- *Thieme, W./Blumenthal, Th.*: Die Auswirkungen einer Behördenverlegung auf die Sitzgemeinde. 1983
- *Knudsen, H.*: Auswirkungen des Verlustes des Kreissitzes. Untersuchungen am Beispiel Schleswig-Holstein. 1979

6. *Auswirkungen auf öffentliche Einrichtungen*

- *Kulartz, H.-P.*: Kommunale Gebietsreform und Energieversorgung. 1982
- *Bischoff, K./Langhammer, R.*: Auswirkungen der Gebietsreform auf die Deutsche Hundespost. 1979
- *Rost-Haigis, B./Hohmann, F.-P.*: Auswirkungen der Gebietsreform auf das Sparkassenwesen. 1981

Rakers, J.: Kommunale Verschuldung. Dimensionen und Konsequenzen finanzieller Restriktionen. Eine Untersuchung zum kommunalen Verschuldungsverhalten. Frankfurt/M. 1979

Rehm, H. (Hrsg.): Kommunale Wirtschaftsförderung. Münster 1988

Steinmetz, H.-P.: Die Koordinationsfunktion der Gemeinschaftsaufgabe 'Verbesserung der regionalen Wirtschaftsstruktur'. Anspruch und Wirklichkeit. Frankfurt/M. 1983

Zimmermann, M./Hucke, J. (Hrsg.): Umweltschutz, was können die Gemeinden tun? Stadtforschung aktuell. Bd. 8. Stuttgart u. a.1984

5.5 Empirische Untersuchungen

(Schriften bereits in anderen Kapiteln aufgeführt)

Albertin, L./Keim, E./Werle, R.: Die Zukunft der Gemeinden in der Hand ihrer Reformer. Geplante Erfolge und politische Kosten der kommunalen Neugliederung. Fallstudien in Ostwestfalen-Lippe. Forschungsberichte des Landes Nordrhein-Westfalen. Fachgruppe Wirtschafts- und Sozialwissenschaften Nr. 3124. Opladen 1982

Casasus, G.: Kommunalpolitik in Penzberg und Saint-Fons. Ein Vergleich der Gemeindepolitik der deutschen Sozialdemokraten und der französischen Sozialisten. Beiträge zur Kommunalwissenschaft. Bd. 16. München 1985

Eichenauer, H.: Das zentralörtliche System nach der Gebietsreform. Geographisch-empirische Wirkungsanalyse raumwirksamer Staatstätigkeit im Umland des Verdichtungsgebietes Siegen. Beiträge zur Kommunalwissenschaft. Bd. 1. München 1983

Gau, D.: Politische Führungsgruppen auf kommunaler Ebene. Eine empirische Untersuchung zum Sozialprofil und den politischen Karrieren der Mitglieder des Rates der Stadt Köln. Beiträge zur Kommunalwissenschaft. Bd. 12. München 1983

Holtmann, E./Killisch, W.: Gemeindegebietsreform und politische Partizipation. Einstellungen in der fränkischen „Rebellengemeinde" Ermershausen, in: Aus Politik und Zeitgeschichte. B 30-31/89, 32-39

Krischmann, H.: Der Einfluß staatlicher Raumplanung auf die kommunale Planungshoheit. Die Regionalplanung Nordhessen im Verhältnis zu den Bauleitplanungen der Städte Kassel und Baunatal. Beiträge zur Kommunalwissenschaft. Bd. 10. München 1983

Rapior, R.: Interkommunale Zusammenarbeit. Eine empirische Untersuchung über die Stadt-Umland-Beziehungen in der Stadtregion Freiburg. Beiträge zur Kommunalwissenschaft. Bd. 15. München 1984

Tessin, W./Knorr, T./Pust, C./Birlem, T.: Umsetzung und Umsetzungsfolgen in der Stadtsanierung. Die industriellen Auswirkungen erzwungener Mobilität im Rahmen von Sanierungsmaßnahmen am Beispiel der Berliner Stadterneuerung. Stadtforschung aktuell. Bd. 4. Basel, Boston, Stuttgart 1983

Wehland, G.: Stadtplanung, Partizipation und kommunale Öffentlichkeit. Zum politischen Stellenwert von bürgerschaftlicher Mitwirkung im Bauleitplanverfahren. Arbeitshefte des Instituts für Stadt- und Regionalplanung der Technischen Universität Berlin. Heft 30. Berlin 1984

Zielinski, H. (Hrsg.): Lokale Politik zwischen Eigenständigkeit und staatlicher Abhängigkeit. Empirische Analysen zu Handlungsspielräumen, Gebietsreformen und zur Selbstverwaltung. Königstein 1980

Zoll, R.: Wertheim III – Kommunalpolitik und Machtstruktur. München 1974

6. Entwicklungsfelder Lokaler Politikforschung

6.1 Stadtforschung

Eichenauer, H.: Die Stadt im Spannungsfeld von Zentralisierung und Dezentralisierung. Siegen 1985

Frey, R./Wittkämper, G. W./Bellers, J. (Hrsg.): Die Zukunft unserer Städte. Politikwissenschaftliche Analysen. Münster 1988

Fürst, D./Hesse, J. J./Richter, H.: Stadt und Staat. Verdichtungsräume im Prozeß der föderalstaatlichen Problemverarbeitung. Baden-Baden 1984

Grauhan, R. R./Lindner, W.: Politik der Verstädterung. Frankfurt/M. 1974
Haasis, H. A.: Bodenpreise, Bodenmarkt und Stadtentwicklung. München 1987
Hellstern, G. M./Spreer, F./Wollmann, H. (Hrsg.): Applied Urban Research. 3 Bde. Bonn-Bad Godesberg 1982
Hesse, J. J.: Stadtentwicklungsplanung. Stuttgart u. a. 1972
Hesse, J. J.: Stadtpolitik, in: PVS Sonderheft 13/1982, 431-446
Hesse, J. J./Wollmann, H. (Hrsg.): Probleme der Stadtpolitik in den 80er Jahren. Frankfurt/M. 1983
Heuer, H.: Sozioökonomische Bestimmungsfaktoren der Stadtentwicklung. Stuttgart 1977
Kevenhörster, P./Windhoff-Héritier, A./Crone, M.: Politik in einer neuen Großstadt. Entscheidungen im Spannungsfeld von City und Stadtbezirken. Opladen 1980
Köhler, G./Schäfers, B.: Leitbilder der Stadtentwicklung in der Bundesrepublik Deutschland, in: Aus Politik und Zeitgeschichte. B 46-47/86, 29-39.
Robert Bosch Stiftung (Hrsg.): Beiträge zur Stadtforschung. 6 Bde. Stuttgart 1979-1984.
Tessin, W./Knorr, T./Pust, C./Birlem, T.: Umsetzung und Umsetzungsfolgen in der Stadtsanierung. Die industriellen Auswirkungen erzwungener Mobilität im Rahmen von Sanierungsmaßnahmen am Beispiel der Berliner Stadterneuerung. Stadtforschung aktuell. Bd. 4. Basel, Boston, Stuttgart 1983

6.2 Implementations- und Evaluationsforschung

Hellstern, G.-M./Wollmann, H.: Evaluierungsforschung – Ansätze und Methoden am Beispiel des Städtebaues. Basel 1983
Hellstern, G.-M./Wollmann, H. (Hrsg.): Handbuch zur Evaluierungsforschung. Bd. 1. Opladen 1984
Hucke, J./Mueller, A./Wassen, P.: Implementation kommunaler Umweltpolitik. Frankfurt/M. 1980
Mayntz, R. (Hrsg.): Implementation politischer Programme (I). Kronstein 1980.
Mayntz, R. (Hrsg.): Implementation politischer Programme (II). Opladen 1983
Windhoff-Héritier, A.: Politikimplementation. Ziel und Wirklichkeit politischer Entscheidungen. Königstein 1980
Wollmann, H. (Hrsg.): Politik im Dickicht der Bürokratie. Beiträge zur Implementationsforschung. Leviathan Sonderheft 3/1979. Opladen 1980
Wollmann, H./Hellstern, G.-M. (Hrsg.): Evaluierung und Erfolgskontrolle in Kommunalpolitik und -verwaltung. Stadtforschung aktuell. Bd. 6. Basel, Boston, Stuttgart 1984

6.3 Spezielle Felder

Evers, A./Lange, H.-G./Wollmann, H. (Hrsg.): Kommunale Wohnungspolitik. Stadtforschung aktuell. Bd. 3. Basel, Boston, Stuttgart 1983
Fürst, D./Nijkamp, P./Zimmermann, K.: Umwelt-Raum-Politik. Ansätze zu einer Integration von Umweltschutz, Raumplanung und regionaler Entwicklungspolitik. Berlin 1986
Jaedicke, W./Wollmann, H.: Wohnungspolitik zwischen Staatsintervention und Markt, in: *Beyme, K. v./Schmidt, M. G.* (Hrsg.): Politik in der Bundesrepublik Deutschland. Opladen 1990, 203-226

Verzeichnis der Autoren

Herausgeber:
Blanke, Bernhard, Prof., Dr., Institut für Politische Wissenschaft, Universität Hannover, Schneiderberg 50, 3000 Hannover 1

Benzler, Susanne, Dr., Institut für Politikwissenschaft, Justus-Liebig-Universität Gießen, Karl-Glöckner-Str. 21, 6300 Gießen

Bramley, Glen, Dr., Deputy Director School for Advanced Urban Studies, University of Bristol, Rodney Lodge, Grange Road, Bristol BS 8 4 EA, United Kingdom

Bullmann, Udo, Dr., Institut für Politikwissenschaft, Justus-Liebig-Universität Gießen, Karl-Glöckner-Str. 21, 6300 Gießen

Elander, Ingmar, Department of Politics and Centre for Housing and Urban Research, Örebro University, P.O. Box 923, 701 30 Schweden

Fürst, Dietrich, Prof. Dr., Institut für Landesplanung und Raumforschung der Universität Hannover, Herrenhäuser Str. 2, 3000 Hannover 21

Häußermann, Hartmut, Prof. Dr., Wissenschaftliche Einheit Stadt- und Sozialforschung, Universität Bremen (FB 9), Postfach 33 04 40, 2800 Bremen 33

Hahn, Ekhart, Dr., Wissenschaftszentrum Berlin für Sozialforschung, Schwerpunkt Technik - Arbeit - Umwelt, Reichpietschufer 50, 1000 Berlin 50

Hauschild, Christoph, Dr., Bundesakademie für öffentliche Verwaltung im Bundesministerium des Innern, Friedrich-Ebert-Str. 1, 5300 Bonn 2

Heinelt, Hubert, PD Dr., Institut für Sozialpolitik und Stadtforschung e.V. (ISPS), Im Moore 13, 3000 Hannover 1

Heinze, Rolf G., Prof. Dr., Ruhr-Universität Bochum, Fakultät für Sozialwissenschaften, Lehrstuhl Soziologie, Postfach 10 21 48, 4630 Bochum 1

Herlyn, Ulfert, Prof. Dr., Institut für Freiraumentwicklung und Planungsbezogene Soziologie der Universität Hannover, Herrenhäuser Str. 2a, 3000 Hannover 1

Hildebrandt, Helmut, Werkstatt Gesundheit, Klosterallee 67, 2000 Hamburg 13

Hupe, Peter L., Dozent für öffentliche Verwaltung, Erasmus Universiteit Rotterdam, Postbus 1738, NL-3000 DR Rotterdam, Niederlande

Jarren, Otfried, Prof. Dr., Institut für Journalistik, Universität Hamburg, Allende-Platz 1, 2000 Hamburg 13

Lettko, Barbara, Institut für Freiraumentwicklung und Planungsbezogene Soziologie der Universität Hannover, Herrenhäuser Str. 2a, 3000 Hannover 1

Mayer, Margit, Prof. Dr., John F. Kennedy-Institut für Nordamerikastudien, Abteilung Politik, Freie Universität Berlin, Lansstr. 5-9, 1000 Berlin 33

Montin, Stig, Department of Politics and Centre for Housing and Urban Research, Örebro University, P.O. Box 923, 701 30 Schweden

Naßmacher, Hiltrud, PD Dr., Alma-Rogge-Str. 14, 2900 Oldenburg

Naßmacher, Karl-Heinz, Prof. Dr., Institut für Politikwissenschaft I - Vergleichende Politikforschung, Universität Oldenburg, Ammerländer Heerstr. 114-118, 2900 Oldenburg

Neef, Rainer, Soziologisches Seminar der Georg-August-Universität, Platz der Göttinger Sieben 3, 3400 Göttingen

Piattoni, Simona, MIT, 1010 Massachusetts Avenue, Apt. 26, Cambridge, MA 02138 USA and Corso di Porta Nuova, 15, I-20121 Milano, Italien

Rehm, Hannes, Dr., Geschäftsführendes Vorstandsmitglied des Deutschen Sparkassen- und Giroverbandes, Simrockstr. 4, 5300 Bonn 1

Strohmeier, K. Peter, Dr., Institut für Bevölkerungsforschung und Sozialpolitik, Universität Bielefeld, Universitätsstr., 4800 Bielefeld 1

Toonen, Theo A.J., Prof. Dr., Vergleichende Regierungslehre und Öffentliche Verwaltung, Rijksuniversiteit te Leiden, Leiden, Niederlande

Trojan, Alf, Prof. Dr., Universitäts-Krankenhaus Eppendorf, Institut für Medizin-Soziologie, Martinistr. 52, 2000 Hamburg 20

Voelzkow, Helmut, Dr., Ruhr-Universität Bochum, Fakultät für Sozialwissenschaften, Lehrstuhl für Soziologie, Postfach 10 21 48, 4630 Bochum 1

Wewer, Göttrik, Dr., Staatskanzlei Schleswig-Holstein, Referat Denkfabrik, Düsternbrooker Weg 70, 2300 Kiel 1

Windhoff-Héritier, Adrienne, Prof. Dr., Fakultät für Soziologie, Lehr- und Forschungsgebiet Politikwissenschaft, Universität Bielefeld, Universitätsstr., 4800 Bielefeld 1

Wittkämper, Gerhard W., Prof. Dr. jur., Direktor, Institut für Politikwissenschaft, Westfälische Wilhelms-Universität Münster, Scharnhorststr. 100, 4400 Münster

Wollmann, Helmut, Prof. Dr., ZI 6 Verwaltungsforschung, Freie Universität Berlin, Malteserstr. 74-100 Geb. H, 1000 Berlin 46.

Aus dem Programm Politikwissenschaft

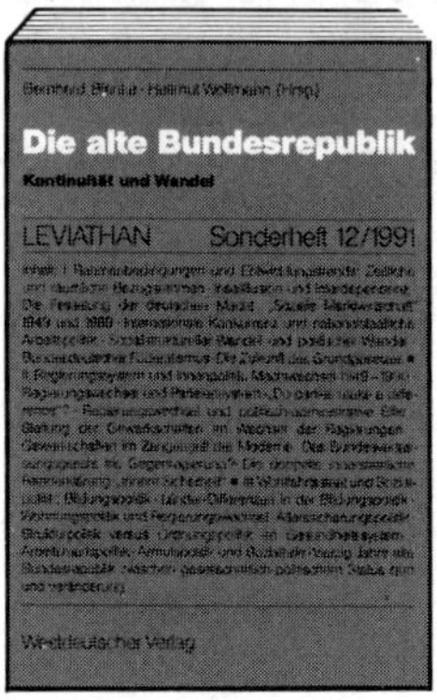

Bernhard Blanke und
Hellmut Wollmann (Hrsg.)

Die alte Bundesrepublik

Kontinuität und Wandel.

1991. 579 S. (Leviathan-Sonderheft 12/91) Kart.
ISBN 3-531-12197-9

41 Jahre nach Gründung der Bundesrepublik und im Übergang zu einem vereinten Deutschland ziehen die Autoren, durchweg bekannte Politik- und Sozialwissenschaftler, in zentralen Bereichen der „alten" bundesrepublikanischen Politik Bilanz und versuchen, Perspektiven aufzuzeigen. Eine wichtige Frage hierbei ist, ob Regierungswechsel einen nachhaltigen Einfluß auf die Entwicklung sowohl des Regierungssystems insgesamt als auch auf die einzelnen Politikfelder ausüben konnten oder ob nicht Kontinuität, d. h. ein Prozeß „kumulativer" Politikentwicklung, prägend war.

Oscar W. Gabriel (Hrsg.)
unter Mitarbeit von
Frank Brettschneider

Die EG-Staaten im Vergleich

Strukturen, Prozesse, Politikinhalte.

1992. 639 S. Kart.
ISBN 3-531-12282-7

Mit der zum Beginn des Jahres 1993 vorgesehenen Einrichtung des europäischen Binnenmarktes wird sich die gesellschaftliche, wirtschaftliche und politische Verflechtung innerhalb der Europäischen Gemeinschaft intensivieren. Die Vertiefung der Zusammenarbeit zwischen den EG-Staaten wird nicht nur die europäischen Institutionen verändern, sondern auch die Abläufe in den nationalen politischen Systemen beeinflussen. Für das Verständnis der politischen Vorgänge im integrierten Europa ist eine gründliche Kenntnis der nationalen politischen Systeme erforderlich. Diese Informationen vermittelt dieser Band in einer systematischen, vergleichenden Übersicht über die politischen Strukturen und Prozesse der EG-Mitgliedsstaaten und über ausgewählte Inhalte der staatlichen Politik.

Hans-Dieter Klingemann,
Richard Stöss und
Bernhard Weßels (Hrsg.)

Politische Klasse und politische Institutionen

Probleme und Perspektiven der Elitenforschung.

1991. 481 S. (Schriften des Zentralinstituts für sozialwissenschaftliche Forschung der FU Berlin, Bd. 66) Kart.
ISBN 3-531-12306-8

Im Mittelpunkt der 18 Originalbeiträge steht das für die Entwicklung moderner Gesellschaften zentrale Problem der Wechselbeziehung von politischen Institutionen. In theoretischer und empirischer Perspektive wird vor allem ein Thema variiert: die Bedeutung politischer Führungsgruppen für die politische Willensbildung der Gesellschaft. Neben den klassischen Fragen der Elitenforschung zur Herkunft und Rekrutierung der politischen Klasse sowie Fragen der politischen Repräsentation werden die Aspekte von Konflikt und Konsens, von Innovation und Wandel behandelt.

WESTDEUTSCHER VERLAG

OPLADEN · WIESBADEN